谨以此书献给

为中国水运基础设施建设事业作出贡献的决策者、建设者、管理者

"十四五"时期国家重点出版物出版专项规划项目

Record of
Port and Waterway Engineering
Construction in

China

中国水运工程建设实录
（1978 — 2015）

第九卷·重要水工工程

中华人民共和国交通运输部

人民交通出版社股份有限公司

北 京

内 容 提 要

本书分为发展篇、管理篇、科技篇、开放篇、成就篇，共九卷十三章。内容包括改革开放以来的中国水运事业、水运基础设施建设规划及前期工作、水运工程建设法律法规、水运工程建设与管理、水运工程建设技术标准、水运工程建设科技创新与应用、水运工程建设对外合作与交流、沿海港口与航道工程、内河港口工程、内河航道工程、内河通航建筑物（船闸与升船机）、水运支持保障系统工程、重要水工工程等。

本书集中梳理了改革开放以来我国水运事业的发展历程，特别是水运基础设施建设方面的巨大成就，较为系统地总结了我国水路交通发展的实践经验，具有很强的学术价值和史料价值，可供水运工程建设行业相关人员阅读、学习与查询参考。

图书在版编目（CIP）数据

中国水运工程建设实录：1978—2015 ／ 中华人民共和国交通运输部组织编写. — 北京：人民交通出版社股份有限公司，2021.6

ISBN 978-7-114-17354-7

Ⅰ.①中… Ⅱ.①中… Ⅲ.①航道工程—工程建设—中国—1978—2015 Ⅳ.①U61

中国版本图书馆 CIP 数据核字（2021）第 100900 号

审图号：GS（2021）2063 号

Zhongguo Shuiyun Gongcheng Jianshe Shilu（1978—2015） Di-Jiu Juan · Zhongyao Shuigong Gongcheng

书　　　　名	中国水运工程建设实录（1978—2015）　第九卷·重要水工工程
著　作　者	中华人民共和国交通运输部
本卷责任编辑	韩亚楠　张　斌　陈　鹏　朱明周
本卷责任校对	孙国靖　魏佳宁
责 任 印 制	张　凯
出 版 发 行	人民交通出版社股份有限公司
地　　　　址	（100011）北京市朝阳区安定门外外馆斜街 3 号
网　　　　址	http://www.ccpcl.com.cn
销 售 电 话	（010）59757973
总　经　销	人民交通出版社股份有限公司发行部
经　　　销	各地新华书店
印　　　刷	北京印匠彩色印刷有限公司
开　　　本	787×1092　1/16
印　　　张	354.75
字　　　数	6620 千
版　　　次	2021 年 6 月　第 1 版
印　　　次	2021 年 6 月　第 1 次印刷
书　　　号	ISBN 978-7-114-17354-7
定　　　价	2980.00 元（全九卷）

（有印刷、装订质量问题的图书由本公司负责调换）

《中国水运工程建设实录(1978—2015)》
编审委员会

顾　　问	杨传堂	李小鹏	刘小明		
主　　任	黄镇东	李盛霖			
副 主 任	何建中	徐祖远	许立荣	王彤宙	李建红
	费维军				
委　　员	邱　江	李天碧	徐成光	吴春耕	苏　杰
	王　韬	卢尚艇	庞　松	李　扬	孙有恒
	王　雷	王魁臣	唐建新	贾福元	田　林
	张　林	陆永泉	陈利幸	程跃辉	李　擎
	陈鹏程	高立平	唐彦民	朱汉桥	肖文伟
	陆亚兴	陈鸿起	姚建勇	陈永忠	陈乐生
	韩剑波	万振江	王海民	孙家康	褚宗生
	苏新刚	宋德星	王海怀	王洪涛	唐冠军
	王建华	朱鲁存	王先进	贾大山	张华勤
	朱伽林	刘　建	莫鉴辉	孙玉清	唐伯明
	门妍萍	张　页	彭翠红		
特邀专家	徐　光	汪临发	付国民	解曼莹	王明志

参 编 单 位

交通运输部办公厅

交通运输部政策研究室

交通运输部综合规划司

交通运输部人事教育司

交通运输部财务审计司

交通运输部水运局

交通运输部科技司

交通运输部国际合作司

交通运输部海事局

交通运输部救助打捞局

天津市交通运输委员会

河北省交通运输厅

辽宁省交通运输厅

黑龙江省交通运输厅

上海市交通委员会

江苏省交通运输厅

浙江省交通运输厅

安徽省交通运输厅

福建省交通运输厅

江西省交通运输厅

山东省交通运输厅

河南省交通运输厅

湖北省交通运输厅

湖南省交通运输厅

广东省交通运输厅

广西壮族自治区交通运输厅

海南省交通运输厅

重庆市交通局

四川省交通运输厅

贵州省交通运输厅

云南省交通运输厅

陕西省交通运输厅

中国远洋海运集团有限公司

招商局集团有限公司

中国交通建设集团有限公司

交通运输部长江航务管理局

交通运输部珠江航务管理局

交通运输部规划研究院

交通运输部科学研究院

交通运输部水运科学研究院

交通运输部天津水运工程科学研究院

水利部交通运输部国家能源局南京水利科学研究院

人民交通出版社股份有限公司

中国交通通信信息中心

中国船级社

大连海事大学

重庆交通大学

上海海事大学

上海航运交易所

中国引航协会

参编人员

（按姓氏笔画排序）

丁军华	丁武雄	于广学	于传见	于金义	于海洋
万东亚	万 宇	万 亨	马兆亮	马进荣	马 良
马绍珍	马格琪	马朝阳	王大鹏	王义青	王文博
王平义	王 东	王目昌	王仙美	王永兴	王吉刚
王吉春	王达川	王 伟	王多银	王庆普	王阳红
王如正	王纪锋	王孝元	王 杨	王 坚	王 岚
王灿强	王 宏	王 坤	王 奇	王欣铭	王建华
王建军	王洪海	王艳欣	王晓明	王 晖	王 敏
王 烽	王 琳	王 辉	王瑞成	王 魁	王 鹏
王 新	王嘉琪	王慧宇	韦世荣	韦华文	韦国维
牙廷周	毛元平	毛亚伟	毛成永	尹海卿	邓 川
邓志刚	邓晓云	邓 强	孔令元	孔 华	孔德峰
石 晨	卢永昌	申 霞	叶建平	叶 智	田红旗
田佐臣	田轶群	田 浩	史超妍	付 广	付向东
付秀忠	付昌辉	付春祥	白雪清	冯小香	冯 玥
边 恒	母德伟	邢 艳	曲春燕	吕春江	吕勇刚
吕海林	朱立俊	朱吉全	朱红俊	朱 昊	朱剑飞
朱晓萌	朱逢立	朱悦鑫	朱 焰	乔 木	仲晓雯
任宏安	任建华	任建毅	任胜平	任 舫	任 超
向 阳	庄明刚	庄儒仲	刘 广	刘广红	刘元方
刘亚平	刘光辉	刘华丽	刘如君	刘孝明	刘 虎
刘国辉	刘明志	刘 岭	刘建纯	刘俊华	刘 洋

刘晓东	刘晓峰	刘润刚	刘雪青	刘常春	刘 祺
刘 颖	刘新勇	刘德荣	闫 军	闫岳峰	关云飞
许贵斌	许 麟	牟凯旋	纪成强	孙卫东	孙小清
孙百顺	孙林云	孙相海	孙洪刚	孙 敏	孙智勇
严 冰	严超虹	杨文武	杨立波	杨 华	杨宇民
杨远航	杨 武	杨国平	杨明昌	杨宝仁	杨建勇
杨树海	杨胜发	杨 艳	杨钱梅	杨 靓	杨 瑾
杨 鹤	杨 蕾	李一兵	李广涛	李天洋	李 云
李中华	李文正	李 玉	李东风	李永刚	李光辉
李 刚	李传光	李兆荣	李秀平	李作良	李 坦
李旺生	李国斌	李 明	李 凯	李佳轩	李金泉
李金海	李定国	李建宇	李建斌	李玲琳	李思玮
李思强	李俊涛	李 航	李 涛	李海涛	李培琪
李雪莲	李 博	李景林	李 锋	李 椿	李 群
李 静	李歌清	李德春	李 毅	李鹤高	李耀倩
李 巍	肖仕宝	肖 刚	肖胜平	肖 富	吴 天
吴凤亮	吴 昊	吴相忠	吴 俊	吴晓敏	吴彬材
吴 颖	吴新顺	吴蔚斌	吴 颜	时荣强	时梓铭
岑仲阳	邱志勇	邱逢埕	邱 梅	何升平	何月甫
何 杰	何国明	何海滨	何继红	何 斌	何静涛
何 睿	余高潮	余 辉	佘小健	邹 鸽	邹德华
应翰海	汪溪子	沈 忱	沈益华	宋伟巍	宋昊通
张子闽	张公振	张凤丽	张 平	张光平	张 伟
张 华	张华庆	张华麟	张 军	张红梅	张远红
张志刚	张志华	张志明	张 兵	张宏军	张 玮
张幸农	张金善	张怡帆	张学文	张宝华	张建林
张俊勇	张俊峰	张娇凤	张晓峰	张 涛	张 婧

张绪进	张越佳	张筱龙	张　鹏	张　黎	张　霞
张　懿	张懿慧	陆永军	陆　彦	陆培东	陈一梅
陈　飞	陈小旭	陈长荣	陈凤权	陈正勇	陈　竹
陈传礼	陈　冰	陈志杰	陈良志	陈　明	陈明栋
陈　佳	陈治政	陈　俊	陈美娥	陈娜妍	陈　勇
陈振钢	陈晓云	陈晓欢	陈晓亮	陈　峻	陈　鹏
陈源华	陈　飚	邵荣顺	范亚祥	范明桥	范海燕
范期锦	茅伯科	林一鹏	林小平	林　鸣	林和平
林鸿怡	林　琴	林　巍	易涌浪	易　纛	罗小峰
罗　冬	罗　军	罗春艳	罗海燕	罗　毅	季荣耀
金宏松	金晓博	金震宇	金　鏐	周大刚	周小玲
周世良	周立伟	周　兰	周永盼	周永富	周发林
周安妮	周欣阳	周　炜	周承芳	周柳言	周炳泉
周　培	周隆瑾	周　朝	庞雪松	郑艺鹏	郑文燕
郑　东	郑冬妮	郑尔惠	郑学文	郑惠明	郑锋勇
孟祥玮	孟德臣	封建明	赵玉玺	赵世青	赵吉东
赵志垒	赵岸贵	赵洪波	赵　晖	赵培雪	赵德招
赵　鑫	郝建利	郝建新	郝晓莹	郝润申	胡亿军
胡文斌	胡玉娟	胡　平	胡亚安	胡华平	胡旭跃
胡旭铭	胡冰洁	胡　军	胡　浩	胡瑞清	柳恩梅
哈志辉	钟　芸	钮建定	俞　晓	逢文昱	饶京川
施海建	姜正林	姜　帅	姜兰英	洪　毅	宣国祥
祝振宇	姚二鹏	姚小松	姚育胜	姚　莉	班　铭
班　新	袁子文	袁　茁	耿宝磊	聂　锋	贾石岩
贾吉河	贾润东	贾　楠	夏云峰	夏　炜	夏炳荣
顾祥奎	柴信众	钱文勋	徐　力	徐　飞	徐子寿
徐业松	徐思思	徐宿东	高万明	高江宁	高军军

高纪兵	高　敏	高　超	高翔成	郭玉起	郭　枫
郭　钧	郭剑勇	郭晓峰	郭　超	唐建新	唐家风
谈建平	陶　伟	陶竞成	桑史良	黄风华	黄东旭
黄召标	黄克艰	黄昌顿	黄明毅	黄　河	黄　莉
黄莉芸	黄　铠	黄维民	黄　超	黄　淼	黄　锦
黄　群	黄　磊	梅　蕾	曹民雄	曹桂榕	曹　辉
曹慕蠡	龚正平	盛　乐	鄂启科	崔乃霞	崔坤成
崔　建	崔　洋	麻旭东	梁　正	梁　桁	梁雪峰
梁雄耀	寇　军	宿大亮	绳露露	彭职隆	董成赞
董　政	董徐飞	董溪涧	蒋龙生	蒋江松	蒋昌波
韩亚楠	韩　庆	韩　俊	韩振英	韩　敏	韩静波
覃规钦	程永舟	程泽坤	焦志斌	储祥虎	童本标
童翠龙	曾光祥	曾　莹	曾　越	谢臣伟	谢殿武
谢耀峰	赖炳超	赖　晶	雷　林	雷　潘	詹永渝
雍清赠	窦运生	窦希萍	蔡正银	蔡光莲	蔡晶晶
廖　原	翟征秋	翟剑峰	樊建华	樊　勇	黎江东
滕爱国	潘军宁	潘　峰	潘展超	薛　扬	薛润泽
薛　淑	薛翠玉	戴广超	戴济群	戴菊明	戴　葳
鞠文昌	鞠银山	魏　巍			

参与咨询的专家

奋力谱写加快建设交通强国水运篇

习近平总书记强调,经济要发展,国家要强大,交通特别是海运首先要强起来。水运业是经济社会发展的基础性、先导性、战略性行业和服务性产业,是综合交通运输体系的重要组成部分,在支撑经济发展、促进国土开发、优化产业布局、促进对外贸易、维护国家安全等方面发挥着重要作用。

自古以来,水运以其舟楫之利成为十分重要的运输方式。新中国成立后,海运是最先走出去的领域。改革开放40多年来,我国水运业走过了不平凡的发展历程。改革开放初期,沿海港口吞吐能力严重不足,对经济社会发展形成瓶颈制约。之后,港口率先改革开放,依托港口设定经济特区和开放14个沿海港口城市。1983年交通工作会议提出了"有河大家走船,有路大家走车",在放宽搞活方针指引下,水运进入快速发展时期,逐步缓解水路运输"瓶颈"制约,解决了"有没有"的问题。1992年,邓小平同志南方谈话后,交通运输行业加快培育和发展水运市场体系,港口和内河航道建设成绩斐然,船舶运力加快发展,涵盖散货船、油船、集装箱船等主要船型和LNG船等高技术、高附加值船舶,运输全面紧张状况得到缓解,"瓶颈"制约状况得到改善。2001年我国加入世界贸易组织(WTO),水运行业抓住机遇,实现了大发展,高等级航道和港口建设成绩突出,深水泊位大幅增加,吞吐能力显著增强,专业化水平不断提高,基本适应了经济社会发展需要,解决了"够不够"的问题。

党的十八大以来,习近平总书记高度重视水运事业发展,强调经济强国必定是海洋强国、航运强国,强调要努力打造世界一流的智慧港口、绿色港口。推动我国水运事业发展取得历史性成就、发生历史性变革,进入高质量发展的新阶段。截至2020年底,全国内河高等级航道达标里程1.61万公里,长江南京以下12.5

米深水航道全线贯通,黄金水道发挥黄金效益。西江航运干线扩能升级加快推进,通航能力显著增强。沿海港口万吨级及以上泊位数2530个。我国水运量、港口货物吞吐量和集装箱吞吐量等指标均稳居世界第一。世界前十的集装箱港口中,我国占据7席。运输船队运力跻身世界前列,船舶大型化趋势明显,30万吨级原油船、40万吨级铁矿石运输船舶等陆续投入使用。水运科技创新能力大幅跃升,高坝通航、离岸深水港和巨型河口航道整治等建设技术迈入世界先进或领先行列,洋山港四期、青岛港等自动化码头引领全球港口智能化发展。上海国际航运中心基本建成,国际航运网络进一步完善,投资建设运营"一带一路"支点港口成绩斐然,希腊比雷埃夫斯港成为"一带一路"合作旗舰项目,在服务国家重大战略中彰显力量,为畅通国际物流大通道发挥了重要作用。期间涌现出许振超、包起帆等一批行业先锋,生动诠释了新时代奋斗者的深刻内涵,凝聚起新时代交通精神的磅礴伟力。

总的来看,水运对经济社会需求的适应程度经历了由"瓶颈制约"到"初步缓解"再到"总体缓解""基本适应"的历史性变化,并在"基本适应"的基础上向"适度超前"迈进了一大步,探索走出了一条具有中国特色的水运发展道路。这些成绩的取得,根本在于以习近平同志为核心的党中央的坚强领导和习近平新时代中国特色社会主义思想的科学指导,在于发挥了我国社会主义制度集中力量办大事的制度优势,在于坚持人民交通为人民的根本宗旨,在于不断深化改革、扩大开放、创新驱动,解放和发展了水运生产力。

"十四五"时期是我国开启全面建设社会主义现代化国家新征程的第一个五年,是加快建设交通强国的第一个五年,水运业面临加快建设、提升发展能级等重大机遇。要把握新发展阶段、贯彻新发展理念,按照构建新发展格局的要求,充分发挥水运运能大、成本低、能耗小、占地少、污染轻等比较优势,加快补齐内河水运基础设施短板,加快服务功能升级,推进安全绿色智慧发展,提高支撑引领水平,打造安全、便捷、高效、绿色、经济的现代水运体系,更好服务经济社会发展和高水平对外开放,为加快建设交通强国当好先行。要着力加快高等级航道建设,提升航道区段间、干支间标准衔接水平,推进运河连通工程建设,打造与城市、文化、旅游等融合的旅游航道。要着力打造高能级港口枢纽和辐射全球的航运枢纽,推进区域港口高质量协同发展,提升服务现代产业发展、促进国内国际双循环的能力。要着力发展高水平运输,优化运输组织,发展现代物流,改善营商环境,提升客运服务品质,加快构建现代化物流供应链体系。要着力提升智慧运输发展水平,推动5G、区块链、北斗、大数据等现代技术在水运领域的深度应用,推进水运安全绿色发展。要着力提升港航服务国际化水平,提高海运船队国际竞争力,深化国际港航海事合作。要着力完善治理体系,强化法规制度保障、深化行业管理改革,提升治理能力与水平。

潮平岸阔催人进,风起扬帆正当时。写好加快建设交通强国水运篇这篇大文章,使命光荣、责任重大、机遇难得。让我们更加紧密地团结在以习近平同志为核心的党中央周围,砥砺奋进、不懈努力,奋力谱写加快建设交通强国水运篇,为全面建设社会主义现代化国家当好先行。

2021 年 2 月 1 日

前言
Foreword

习近平总书记指出:"中国特色社会主义是全面发展、全面进步的伟大事业,没有社会主义文化繁荣发展,就没有社会主义现代化。要坚定文化自信,推动中华优秀传统文化创造性转化、创新性发展,继承革命文化,发展社会主义先进文化,不断铸就中华文化新辉煌,建设社会主义文化强国。"❶2017 年 6 月,交通运输部决定编纂《中国水运史(1949—2015)》和《中国水运工程建设实录(1978—2015)》,并印发了交办政研〔2017〕86 号文件,明确指出"编纂《中国水运史(1949—2015)》和《中国水运工程建设实录(1978—2015)》是我国交通文化工程的重要内容,也是一项光荣而艰巨的重要历史任务,必须以高度的责任感和使命感抓紧抓好"。三年多来,在承办单位交通运输部水运科学研究院及各参编单位的共同努力下,完成了《中国水运工程建设实录(1978—2015)》(以下简称《实录》)的编纂工作。

《实录》集中梳理了改革开放近 40 年来我国水运事业,特别是水运基础设施建设方面的历史进程和巨大成就,较为系统地总结了我国水路交通发展的实践经验。改革开放初期的 1978 年,我国主要港口(不含港、澳、台地区,以下同)的生产性泊位只有 735 个,其中万吨级泊位 133 个。经贸快速发展带动港口吞吐量快速增长,港口再次出现严重的"三压"(压船、压车、压货)现象,成为制约国民经济发展的"瓶颈"。经过艰苦努力,到 2015 年,全国港口生产性泊位达到了 31259 个,其中万吨级泊位 2221 个,分别增长了 41.5 倍和 15.7 倍,10 万吨级以上泊位达到 331 个,大型化、专业化供给结构明显改善。我国轮驳船达到

---

❶ 习近平在教育文化卫生体育领域专家代表座谈会上的讲话(2020 年 9 月 22 日),《人民日报》2020 年 9 月 23 日 01 版。

16.6 万艘,净载重量 2.7 亿吨,集装箱箱位 260 万 TEU,载客量 101.7 万客位,海运运力规模跃居世界第三位,形成初具规模的上海国际航运中心和多个区域性航运中心。水路交通对经济社会需求的适应程度经历了由"瓶颈制约""初步缓解""全面缓解"到"基本适应"并迈向高质量发展的历史性变化。特别是 2001 年我国加入世界贸易组织(WTO)后,经济发展融入全球化,水路国际运输航线通达全球逾 100 个国家和地区,1000 多个港口。2015 年,全国港口吞吐量 127.5 亿吨,是 1978 年 2.8 亿吨的 45 倍,其中外贸吞吐量增长了 61 倍。港口集装箱吞吐量自改革开放初期由几乎为零起步,到 2015 年达到 2.1 亿 TEU。2015 年,全国已有 33 个港口(沿海 23 个、内河 10 个)货物吞吐量超亿吨,其中 10 个港口位列世界前 20 位。集装箱吞吐量世界前 20 位中,中国占有 10 席(包括香港特别行政区、台湾地区的港口)。中国已是名副其实的航运大国,水路交通包括水运基础设施建设,许多领域已处于国际领先的位置,这不仅是国家综合实力的重要体现,更是中华民族伟大复兴的重要标志。中国水运发展受到了国际社会的高度关注和称誉,世界银行列专题组织专家进行了"新时代的蓝色航道:中国内河水运发展"(Blue Route for a New Era: Developing Inland Waterways Transport in China)和"中国港口发展回顾"(Retrospective Review of China Port Sector Development)的研究,将中国发展经验介绍给世界。2020 年 10 月 13 日,世界银行发布研究报告指出,中国目前拥有世界上最繁忙的内河水运体系,2018 年中国内河水运货运量已达到 37.4 亿吨,是欧盟或美国的 6 倍。报告认为,中国内河水运发展成就,源于持续有力的政策支持、分工明确的管理体制、大量投入的建设资金、与基础设施建设同步进行的船型标准化和航道等级划分、完善的水运教育体系等,值得更多国家学习借鉴。世界银行的报告分析全面,评价中肯,体现了国际社会对中国水运发展的肯定。

《实录》全面翔实地反映了改革开放近 40 年,中国水运事业的历史性变化和探索中国特色社会主义交通运输发展道路的历程。回望探索发展的历程,我们始终不能忘记敬爱的周恩来总理在 1973 年 2 月提出的"三年改变港口面貌""力争 1975 年基本上改变主要依靠租用外轮的局面"的重要指示,和 1975 年嘱咐争取到 1980 年建设 250~300 个泊位的遗愿;不能忘记 1978 年 3 月交通部向国务院呈报的《关于实现交通运输现代化的设想(汇报提纲)》;不能忘记 1983 年全国交通工作会议提出了"有河大家走船,有路大家走车"的改革方针,坚决冲破计划经济束缚,开放运输市场;不能忘记1990年交通部提出关于发展交通基础设施"三主一支持"❶的规划设想;不能忘记1998年交通部提出实现交通运输现代化"三阶段"的发展战略❷;不能忘记2006—2008年交通部不断探索转变发展方式,提出了发展现代交通业"三个转变"❸和"三个服务"❹的重大决策;不能忘记2014年全国交通运输工作会议提出了"四个交通"❺的理念,推动交通运输科学发展;我们更不能忘记习近平总书记在党的十九大报告中明确指出要加快建设创新型国家,把"交通强国"作为新时代建设现代经济体系重要战略目标之一……这一项项遵循党中央国务院重大战略部署,结合我国交通运输发展实际做出的具有里程碑意义的决策,使交通运输,特别是水路交通铸就了无愧于时代的历史性变化,走出了一条具有中国特色社会主义交通运输发展的道路。

改革开放以来水路交通走过的历程可谓爬坡过坎,披荆斩棘,取得的成就来之不易。回答中国水运事业特别是水运基础设施建设为什么能实现历史性的变化,是怎样实现历史性变化的,这就是我们编纂《实录》的初衷。回顾总结水运发展可从多方面阐述,但核心的就是三条:没有社会主义制度的优越性,就不能集中力量办大事、办难事、办成事,就没有水运事业的历史性变化;没有改革开放,就不能调动、发挥各方面积极性,就没有水运行业科学的、持续的发展,就没有水运事业的历史性变化;没有人民群众对发展水运事业的殷切期盼,就没有发展水运事业的力量源泉和动力,也就没有水运事业的历史性变化。最根本的一条就是在党中央国务院坚强领导下,全体交通人特别是水运行业的广大干部职工筚路蓝缕、

---

❶ "三主一支持"是1989年2月27日在全国交通工作会议上正式提出的,从"八五"开始用了几个五年计划实施的交通基础设施建设长远规划。1990年在此基础上,增加"三主",就是公路主骨架、水运主通道、港站主枢纽,"一支持"即交通支持保障系统。

❷ "三阶段"发展战略即第一阶段从"瓶颈制约,全面紧张"走向"两个明显"(交通运输的紧张状况有明显缓解,对国民经济的制约状况有明显改善);第二阶段2020年前从"两个明显",再到"基本适应";第三阶段2040年前从"基本适应"到"基本实现现代化"。

❸ "三个转变"即交通发展由主要依靠基础设施投资建设拉动向建设、养护、管理和运输服务协调拉动转变;由主要依靠增加物质资源消耗向科技进步、行业创新、从业人员素质提高和资源节约环境友好转变;由主要依靠单一运输方式的发展向综合运输体系发展转变。

❹ "三个服务"是交通运输部提出的交通发展要服务国民经济和社会发展全局、服务社会主义新农村建设、服务人民群众安全便捷出行。

❺ "四个交通"是交通运输部综合分析形势任务,立足于交通运输发展的阶段性特征,更好地实现交通运输科学发展,服务好"两个百年目标",由部党组于2014年研究提出的当时和此后一个时期的战略任务,即全面深化改革,集中力量加快推进综合交通、智慧交通、绿色交通、平安交通的发展。

砥砺奋进,水运事业才取得了令世人瞩目和彪炳史册的巨大成就,成为国民经济发展的"先行官"。

《实录》在谋篇布局上紧扣编纂初衷,由五篇十三章及附录构成,力求回答国际、国内社会特别是交通运输行业人士关注的问题,也为今后研究分析改革开放以来,我国水运基础设施建设的历程和规律提供了翔实的资料。《实录》分为九卷,每卷既是《实录》的一部分,又是水运基础设施建设一个相对独立的领域,便于研读分析。

第一卷为"综合",由四篇七章组成。第一篇"发展篇"中的第一章"改革开放以来的中国水运事业",对改革开放以来我国水运事业发展进行了系统回顾总结,分为历史性变化的阶段性特征、发展成就、基本经验和结语四个方面,全面阐述了在探索中国特色社会主义交通发展道路进程中实现了水运事业的历史性变化。第二章为"水运基础设施建设规划及前期工作",重点阐述了四个规划,即1993—1994年编制的《全国水运主通道、港口主枢纽总体布局规划》,2006年编制的《全国沿海港口布局规划》,2007年编制的《全国内河航道与港口布局规划》《国家水上交通安全监管和救助系统布局规划》。这是20世纪80年代交通部提出"三主一支持"规划设想,以及1998年交通部关于实现交通运输现代化"三阶段"设想的交通发展战略,在我国水运事业特别是基础设施建设方面的重要布局规划,指导了改革开放尤其是"八五"之后的水运基础设施建设,体现了交通发展的规划引领作用。重点项目的前期工作作为从规划安排到项目建设的重要转换环节,是水路交通建设可持续发展的保证,也是基础设施建设不可或缺的重要工作。第二篇"管理篇"的第三章"水运工程建设法律法规"和第四章"水运工程建设与管理",阐述了改革开放以来,我国水运工程建设吸收国际先进管理经验,结合我国工程建设实践建立起一套行之有效的法律法规,体现了全面依法治国理念在水运基础设施建设中的实践。第三篇"科技篇"的第五章"水运工程建设技术标准",展示了水运工程主要技术标准的发展,体现了我国水运工程建设的软实力。新中国成立之初,向苏联学习,采用的是"苏标"。历经几代水运建设者的艰苦奋斗,在水运工程实践中逐步形成了完整的中国水运工程标准规范体系,涵盖了水运工程所有领域,标志着中国水运工程标准从'无'到'有',由'弱'变'强'。第六章"水运工程建设科技创新与应用",从水运领域的港口、航道、枢纽、海工、疏浚吹填、地基处理、港口设备、环境保护、综合技术等方面，总结了改革开放近40年来水运工程技术创新与进展，体现了水运基础设施建设践行"科学技术是第一生产力"的理念和水运事业发展中的"亮点"。第四篇"开放篇"的第七章"水运工程建设对外合作与交流"，记载了以企业为主的市场主体在国际水运工程，如港口码头建设、航道疏浚开发和营运管理等方面开展的国际合作与交流，特别是党中央提出"一带一路"倡议之后，水运工程在援建、施工承建、项目总承包以及投资和技术装备等方面取得的业绩，共收录了84个项目，反映了改革开放近40年来水运工程建设领域由"引进来"迈向"走出去"的历史性变化。

第二卷至第五卷为第五篇"成就篇"，包括第八章"沿海港口与航道工程"（第二卷、第三卷）与第九章"内河港口工程"（第四卷、第五卷）。由于沿海港口的航道一般是港口（港区）的公共或专用航道，所以沿海的港口航道工程与港口码头泊位建设合并阐述，但内河航道是公共、公益性水运基础设施，为航道沿线各港口和航行的船舶服务，故对内河航道的工程建设单设一章（第十章）。第八章"沿海港口与航道工程"和第九章"内河港口工程"的最大区别在于收录入书的标准不同，第八章收录的是拥有万吨级泊位的沿海港口，第九章收录的是拥有500吨级泊位的内河港口。根据2015年《全国交通运输统计资料汇编》，港口货物吞吐量1000万吨以上沿海港口和200万吨以上内河港口为规模以上港口，沿海港口39个、内河港口54个，本书全部收录。对规模以下的港口，有万吨级以上泊位的8个沿海港口收录入书，有500吨级以上泊位以及国际河流边境贸易口岸港口等有特别典型意义的53个内河港口也收录入书。这样，第八章"沿海港口与航道工程"共收录港口47个，第九章"内河港口工程"共收录港口107个。第二卷至第五卷对沿海、内河港口的编撰内容，按港口的管理体制及地域位置，分省区市、港口、港区、工程项目四个层面展开。第八章"沿海港口与航道工程"共录入大中小型工程项目1054个（包括1978年和2015年在建项目），万吨级以上泊位1739个。第九章"内河港口工程"共录入工程项目1133个，500吨级以上泊位3028个。由于从20世纪90年代开始的长江口深水航道治理工程和长江南京以下12.5米深水航道整治工程实施完成，长江南京以下港口可接纳5万吨级船舶直接靠泊、10万吨级船舶乘潮或减载靠泊，实现了海港化的功能，故《实录》收录的码头泊位视同海港，按万吨级泊位入书标准收录。此外，长江干线上的水富港是云南进入长江的"北大门"，黑龙江、澜沧江边境河流的港口，泊位等级有些达不到500吨级，但这些港口在对外开放、发展边境贸易方面意义重大，也都收录入书。

第六卷为"成就篇"的第十章"内河航道工程"，遵循2007年国务院批准的《全国内河航道与港口布局规划》明确的"两横一纵两网十八线"和我国通航河流分布特征设置"节、目"。2015年，我国内河通航里程12.7万千米，其中等级航道6.62万千米，四级以上的航道为2.22万千米，占等级航道的33.5%，故确定通航500吨级船舶的四级及以上航道工程收录入书。此外，对"两横一纵两网十八线"规划以外，一些在区域经济发展中有突出意义的内河航道建设工程，如赤水河等十二条河流的航道建设工程也收录入书。共收录了包括长江口深水航道治理工程、长江南京以下12.5米深水航道整治工程在内的256个项目工程。对"寸水寸金"的内河航道来说，这些工程极大地发挥了基础设施的服务能力，对发展我国水运事业的意义和作用不言而喻。

第七卷为"成就篇"的第十一章"内河通航建筑物(船闸与升船机)"。按我国大江大河(包括运河)水系分布状况以及航道发展"两横一纵两网十八线"的规划与分布设置"节、目"。发展内河航运是水资源综合利用的重要方向，船闸、升船机是内河通航建筑物中较为常见的工程设施。改革开放以来，我国在发展水利事业的同时，通过船闸、升船机建设，极大地改善了航道条件，提高了我国内河航运能力，助推国民经济的发展。第十一章收录改革开放以来，通过能力500吨级及以上船舶的船闸、升船机建设项目;对不在规划河流上或通过能力不够500吨级船舶的船闸、升船机，但对区域经济发展和科技创新有典型意义，如澜沧江景洪水力式升船机也收录入书。第十一章共收录改革开放以来工程项目168个，含220座船闸、9座升船机。

第八卷为"成就篇"的第十二章"水运支持保障系统工程"。水运支持保障系统由海事管理、救助打捞、船舶检验、科技教育、通信导航、船舶引航等构成，是水路运输不可或缺的重要组成部分。改革开放以来，我国在大力发展港口、航道水运基础设施的同时，高度重视支持保障系统建设，不断提高为水运发展的服务能力。第十二章按上述系统构成设置"节、目"，共收录工程项目396个。相对港口、航道建设项目，支持系统的中小型项目居多，由于数量较大，在收录入书时对部分项目进行了汇总合并。

第九卷为"成就篇"的第十三章"重要水工工程",收录了六项重大水运工程。改革开放以来,我国的水运工程建设项目多达数千项,奠定了中国在全球的航运大国、交通大国地位,也为我国从航运大国、交通大国向航运强国、交通强国迈进奠定了坚实的基础。第十三章收录的六项工程,建设规模大,科技创新突出,对我国经济社会发展有重大意义,在国际上有重要影响,是我国水运发展辉煌成就的标志性工程。葛洲坝水利枢纽航运工程与长江三峡水利枢纽航运工程,特别是三峡工程的双线连续五级船闸和升船机为当今世界规模最大的内河通航建筑物。长江口深水航道治理工程,建成了12.5米的深水航道,获得了2007年国家科学技术进步奖一等奖,是世界上巨型河口航道治理的成功范例,连同长江南京以下12.5米深水航道整治工程,不仅使长江南京以下港口功能海港化产生巨大的经济社会效益,而且是党中央国务院关于建设长江黄金水道重大决策的基础性工程。上海国际航运中心洋山深水港区工程,不仅标志着我国在外海深水建设港口的技术进步,而且洋山深水港区四期工程自动化集装箱码头建成投产,使我国集装箱码头智能化建设处于世界领先地位。港珠澳大桥岛隧工程是极为复杂的水工工程,取得了一系列技术突破,标志着我国水工工程技术水平处于国际领先的第一方阵,大桥建成通车有力支撑了粤港澳大湾区发展。这六大工程是我国水工工程中的典型,在《实录》第十三章中做了比较细致的阐述。这一卷还有大事记、纪年图表等内容,不仅体现《实录》作为史书的完整性,而且便于读者查阅,比较直观地反映了改革开放以来,我国水运工程建设取得的成就。

在交通运输部的领导下,经过三年多的努力,《实录》编纂工作如期完成。编纂这部作为交通文化建设工程的书籍,凝聚了全行业的力量,众多的参编者为之付出了心血和智慧。特别是改革开放初期的文献,由于时间久远、机构变化、人员更迭,很多资料缺失,参编者千方百计,走访老同志,翻阅档案,力求《实录》的完整性、准确性。《实录》综合了改革开放近40年的水运基础设施建设项目,对此我们组织水运工程方面的专家编写了项目模板,并委托上海国际港务(集团)股份有限公司开发了电脑软件;第一次项目综合时,请重庆交通大学河海学院20多位师生进行了系统合成。《实录》编纂过程中,召开了多次专家咨询会、评审会,专家们为《实录》编纂建言献策,助推了编纂工作。交通运输部水运科学研究院承办《实录》

综合编纂工作,组织编写人员全力以赴,深入调查研究,及时解决编纂中存在的专业问题,确保《实录》编纂质量。本着对历史负责、对子孙负责的精神,参加综合编写的同志兢兢业业,按照时间节点的进度要求,完成各自的编写工作。人民交通出版社股份有限公司的编审同志,认真校审,为确保《实录》的出版质量做了大量的工作。最后,我们还要对支持《实录》编纂工作的中国远洋海运集团有限公司、招商局集团有限公司、中国交通建设集团有限公司表示衷心的感谢。

《中国水运史》《中国水运工程建设实录》

编审委员会

黄镇东 李盛霖

2020 年 11 月 10 日

总目录
Contents

第一卷 综 合

一、发 展 篇

二、管 理 篇

第二卷　沿海港口与航道工程（上）

五、成就篇（一）

第三卷　沿海港口与航道工程（下）

五、成就篇（二）

第四卷　内河港口工程（上）

五、成就篇（三）

第五卷　内河港口工程（下）

五、成就篇（四）

第六卷　内河航道工程

五、成就篇（五）

第七卷 内河通航建筑物

五、成就篇（六）

第八卷 水运支持保障系统工程

五、成就篇（七）

第九卷　重要水工工程

五、成就篇（八）

《中国水运工程建设实录（1978—2015）》纪年图表

《中国水运工程建设实录（1978—2015）》大事记

综合类

工程类

附　录

目录
Contents

五、成就篇（八）

《中国水运工程建设实录（1978—2015）》纪年图表

《中国水运工程建设实录（1978—2015）》大事记

附 录

Record of
Port and Waterway Engineering
Construction in
China
中 国 水 运 工 程 建 设 实 录
(1978 — 2015)

五、成就篇(八)

第十三章
重要水工工程

第一节 葛洲坝水利枢纽航运工程

一、葛洲坝水利枢纽工程概况

(一)葛洲坝水利枢纽工程介绍

1.葛洲坝水利枢纽工程基本情况

葛洲坝水利枢纽工程(以下简称葛洲坝工程)位于湖北省宜昌市三峡出口南津关下游约3千米处。长江出三峡峡谷后,水流由东急转向南,江面由390米突然扩宽到坝址处的2200米。由于泥沙沉积,在河面上形成葛洲坝、西坝两岛,将长江分为大江、二江和三江。大江为长江的主河道,二江和三江在枯水季节断流。葛洲坝水利枢纽工程横跨大江、葛洲坝、二江、西坝和三江。

葛洲坝工程主要由挡水大坝、电站、船闸、泄水闸、冲沙闸等组成。工程对三峡坝址三斗坪至南津关约38千米山区河道的天然状态进行渠化,改善了航道条件。3座船闸可通过万吨级大型船队。

2.葛洲坝工程的主要建筑物

葛洲坝工程挡水大坝全长2595米,最大坝高47米,坝顶高程70米,宽30米。水库总库容15.8亿立方米,设计最大通航流量6万立方米/秒,最大水头差为27米。

3座船闸均为单级船闸,一、二号船闸闸室有效长度为280米、净宽为34米,可通过大型客货轮及万吨级船队,每次过闸时间为51~57分钟,其中充水或泄水8~12分钟。三号船闸闸室的有效长度为120米、净宽为18米,可通过3000吨以下的客货轮,每次过闸时间约40分钟,其中充水或泄水5~8分钟。3座船闸上、下闸首工作门均采用人字门,其中一、二号船闸下闸首人字门每扇宽19.7米、厚2.7米、高分别为34.6米和34米,质量分别为609吨和589吨。3座船闸年单向通过能力为5000万吨,年通航天数为335天(一号船闸为320天)。

2座电站的厂房分设在二江和大江。二江电站设2台17万千瓦和5台12.5万千瓦的水轮发电机组,总装机容量为96.5万千瓦。其中17万千瓦水轮发电机组的水轮机,直径为11.3米,发电机定子外径为17.6米,是当前世界上最大的低水头转桨式水轮发电机组之一。大江电站设14台12.5万千瓦的水轮发电机组,总装机容量为175万千瓦。二江、大江电站机组21台总装机容量为271.5万千瓦,年平均发电量为157亿千瓦时。

二江泄水闸共27孔,是主要的泄洪建筑物,最大泄洪量为83900立方米/秒。三江和大江分别建有6孔和9孔冲沙闸,最大泄洪量分别为10500立方米/秒和20000立方米/秒,总过流能力可满足设计流量86000立方米/秒、校核流量110000立方米/秒的要求。其主要功能是引流冲沙,采取"静水通航,动水冲沙"的方式,定期开闸冲沙,防止航道泥沙淤积,防汛期参加泄洪。27孔泄水闸和15孔冲沙闸全部开启后的最大泄洪量,可达11万立方米/秒,发挥了葛洲坝拦洪、泄洪及航道清淤功能。

3. 葛洲坝工程建筑物的布置

葛洲坝工程沿坝轴线设航道2线、船闸3座、电站2座、泄水闸1座、冲沙闸2座及混凝土和土石坝挡水建筑物。主要建筑物从右至左(按照河流左右岸规定)依次为:右岸混凝土坝、大江泄洪冲沙闸、一号船闸、大江防淤堤、大江电厂、二江泄水闸、二江电厂、三江防淤堤、二号船闸、三江冲沙闸、三号船闸、左岸土石坝。枢纽布置采取"一体两翼"格局,即从南津关以下到二江泄水闸的长江主泓为"一体",两侧航道为"两翼"。

葛洲坝工程的2座电站分别布置在大江和二江上。通航建筑物布置采取两线三闸总格局,两线分居枢纽两侧的大江和三江航道,由导航隔流建筑物与主流隔开。左线上游用三江防淤堤、下游利用西坝导航隔流;右线上游用大江防淤堤、隔流墙和上导航墙导航隔流,下游用导航隔流墙、江心堤导航隔流,形成左右两条独立的静水航道。泄水闸布置在二江上,是葛洲坝工程的主要泄洪排沙建筑物。2座冲沙闸分别布置在大江和三江航道上。大江航道左侧和三江航道右侧上游设有防淤堤,大江上游防淤堤长860米、三江上游防淤堤长1750米。设置防淤堤是为稳定上游坝区河床断面,防止和减少上游航道的泥沙淤积,将航道与长江主流隔断,形成单独的人工静水航道。航道冲沙时,防淤堤起到破除回流、导水和束水攻沙的作用。三江引航道全长6400米,其中上游引航道长2500米,下游引航道长3900米。大江航道全长3500米,其中上游航道长1500米,下游航道长2000米。葛洲坝水利枢纽工程主要建筑物布置见图13-1-1。

(二)建设背景与意义

1. 葛洲坝工程建设背景

葛洲坝工程是我国万里长江上建设的第一座大坝,是我国在三峡水利枢纽工程完工前建设最大的一座水电工程,是长江三峡工程的航运梯级,起着改善三峡大坝至葛洲坝间河道航运条件、对三峡电站日调节非恒定流进行反调节和利用河段落差发电的作用。

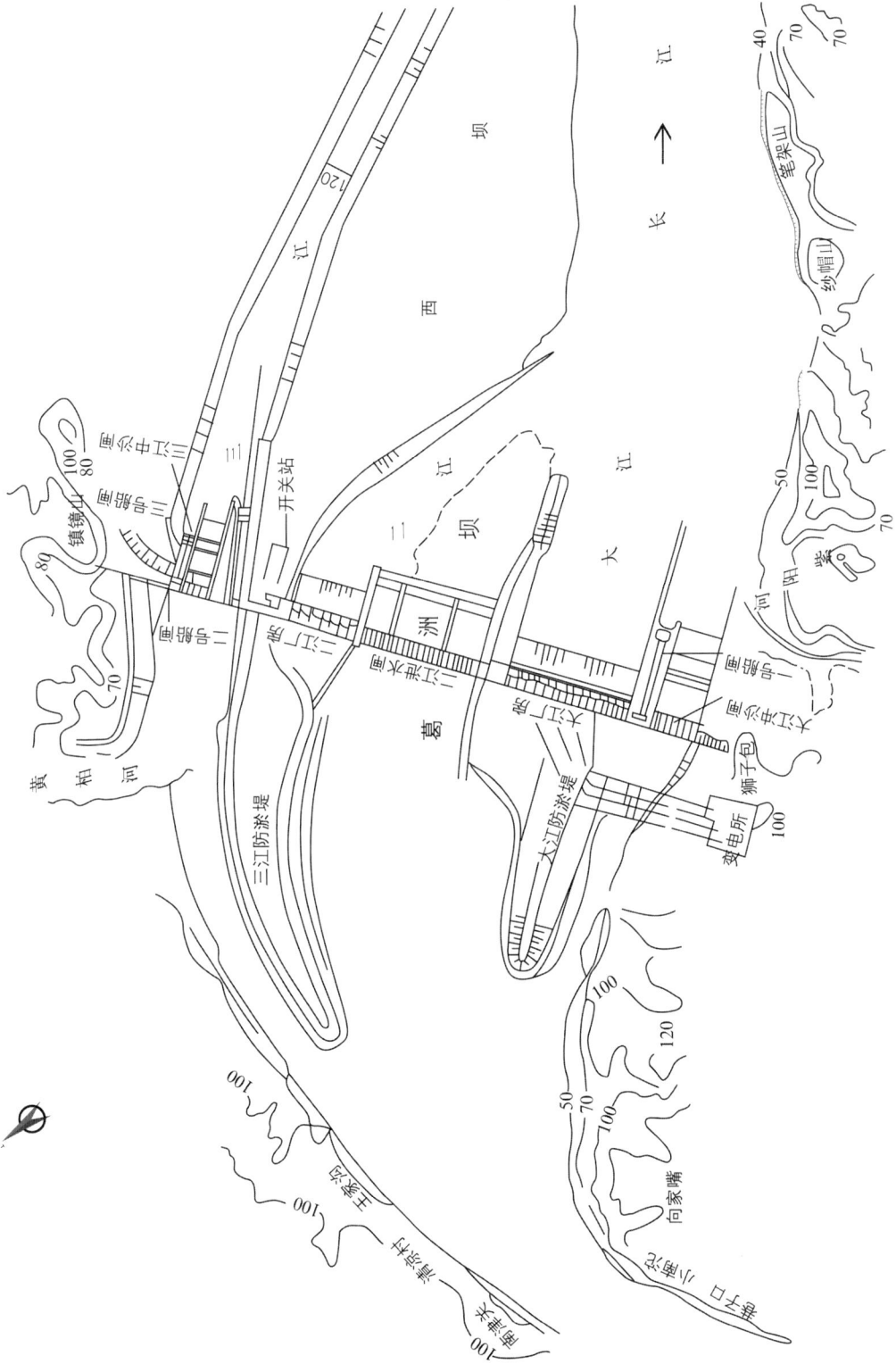

图 13-1-1 葛洲坝工程总平面示意图

葛洲坝工程建设受到党和国家领导人的高度关注。1970年12月26日,毛泽东在兴建葛洲坝工程的报告上批示:"赞成兴建此坝",工程于当月30日正式动工。1972年11月21日,周恩来对工程技术委员会说:"修葛洲坝要成为三峡大坝的试验坝""搞好了葛洲坝就是大成功"。1980年7月12日,邓小平来到葛洲坝,寄厚望于建设者,希望这支队伍建好葛洲坝、进军大三峡。1982年6月20日时任中共中央主席胡耀邦在宜昌视察时说:"要看现代化,就看葛洲坝!"当时的葛洲坝工程成为一个时代的标记。

2. 葛洲坝工程建设意义

葛洲坝工程具有发电、改善峡江航道等效益,年发电量达157亿千瓦时,相当于每年可节约原煤1020万吨,对改变华中地区能源结构,减轻煤炭、石油供应压力,提高华中、华东电网安全运行保证都起了重要作用。仅发电一项,在1989年底葛洲坝工程就可收回全部工程投资。葛洲坝水库回水110～180公里,由于提高了水位,淹没了三峡中的21处急流滩点、9处险滩,因而取消了单行航道和绞滩站各9处,大大改善了航道,使长江巴东县以下航道各种船只能够通行无阻,提高了长江客货运输能力。

葛洲坝工程在世界上也是超大水利枢纽工程之一。水利枢纽的设计水平和施工技术,都体现了我国当前水电建设的最新成就,是我国水电建设史上的里程碑。

葛洲坝工程施工范围大,仅土石开挖回填就达1亿多立方米,混凝土浇筑超过1000万立方米,金属结构制作安装达22万吨。它的建成不仅发挥了巨大的经济和社会效益,同时提高了我国水电建设方面的科学技术水平,培养了一支高水平从事水电建设设计、施工和科研的队伍,为我国的水电建设积累了宝贵的经验。这项工程的完成,再一次向全世界显示了中国人民的聪明才智和巨大力量。

"葛洲坝大江截流"荣获国家优质工程金质奖章,葛洲坝二、三江工程及水电机组安装荣获国家科技进步特等奖。

(三)论证决策过程

1. 论证与设计过程

1950年2月,长江水利委员会成立(1953年3月改为长江流域规划办公室,简称长办),负责全面开展长江流域的综合治理规划和三峡工程的勘测、科研、设计工作。

葛洲坝工程论证和设计与三峡工程紧密相关,包括三峡工程坝址选择,航运梯级与反调节,三峡枢纽与葛洲坝枢纽建设先后顺序,葛洲坝枢纽建筑物总体布置,防洪、发电、通航设计标准等重大问题的论证与设计。

1954年冬,长办为研究开发三峡水利资源查勘了三峡河段,建议三峡水利枢纽坝址选在三斗坪至茅坪一带,同时建议建设葛洲坝枢纽作为三峡枢纽的航运梯级。为解决三峡枢纽坝下峡区航道问题,曾探索过三类方案:第一类是整治原河道方案;第二类是另辟新航道,包括右岸的卷桥河方案和左岸的天河方案;第三类是修建航运梯级并回收落差发电方案,在三峡大坝下游修建一个反调节梯级,比较过葛洲坝、西坝、古老背三个反调节枢纽坝址。经比较,前两类方案工程浩大,施工艰巨,耗资过多,难以实现;第三类方案修建航运梯级并回收落差发电方案,则以建设葛洲坝水利枢纽为最好。因此,不论选择哪个坝区,下游必须修建一个反调节水库。1959 年 3 月,长办提出了《三峡初步设计要点报告》,建议选择三斗坪坝段作为进一步研究对象,得到了苏联专家组的赞同。10 月,第二次三峡科研大会赞成三斗坪坝址。12 月,在三峡枢纽航运会议上,长办与交通部讨论了三峡坝址选择与通航问题,在听取介绍和参观水工模型后,意见得到统一。至此,葛洲坝枢纽作为三峡枢纽的重要组成部分正式得到肯定。

1959—1960 年,三峡枢纽进行初步设计的同时,对葛洲坝工程与三峡工程的关系也进行了研究。根据经济论证,葛洲坝枢纽与三峡枢纽同时建成,可节约三峡工程的总工程量。1960 年 9 月,长办曾编写过一个初步设计简要报告初稿。该报告选择了位于葛洲坝中部的中坝线(即后来采用的坝轴线),但未送审,以后工程研究未再进行。

1969 年 5—6 月,中共中央主席毛泽东在武汉听取了湖北省革命委员会(简称革委会)副主任张体学汇报三峡工程问题后认为,"在目前战备时期,不宜作此想"。9 月,张体学传达这一指示。10 月,长办提出先建设葛洲坝枢纽的建议,方案总工期 3 年,总投资13.6 亿元。由于湖北省电力缺乏,该方案得到了湖北省和水利电力部的积极支持。12月,水利电力部军事管制委员会(简称水电部军管会)要求长办革委会提出设计报告报批。

1970 年 4 月,长办提出《葛洲坝水利枢纽初步设计要点报告》(未经正式审批)。5 月30 日,水电部军管会将《关于停建鄂西清江水电站、兴建长江葛洲坝水利枢纽的报告》上报国务院业务组,得到李先念等领导人的同意。此后,葛洲坝枢纽的建设工作由原来负责清江水电建设的鄂西水电站工程指挥部统一领导。9 月,鄂西水电站工程指挥部提出《长江葛洲坝水利枢纽初步设计报告(初稿)》。10 月初,武汉军区和湖北省革委会给中共中央的报告中建议兴建葛洲坝水利枢纽。10 月 30 日,周恩来主持召开国务院会议,同意兴建葛洲坝工程。11 月,中共中央政治局对此进行了讨论,原则批准。12 月,葛洲坝工地集中 1.1 万人组成施工队伍及勘测设计团,进行设计、科学试验及施工准备工作,并编写了《长江葛洲坝水利枢纽补充设计简要报告》。12 月 16 日,周恩来等国务院领导在北京听取了补充设计简要报告的汇报和长办主任林一山的不同意见。周恩来指出报告"只说改善了航道,没有说与三峡大坝的关系,这是你们与林一山争论的焦点,这问题不能回避,要暴露矛盾,解决矛盾""林一山也要写出自己的观点,让主席知道你们这两种不同意见"。12 月 17 日,林一山在给周恩来写的"关于修建葛洲坝和三峡工程的意见"信中指出:长江流域规划报告曾研究过先修三峡、后建葛洲坝或者两者同时修建的方案,没有考虑过先修葛洲坝的方案,葛洲坝提前兴建蓄水,抬高三峡坝址枯水期水位20米,将给三峡工程围堰施工和岩石开挖等造成一系列困难;先修葛洲坝工程还有一个泥沙淤积问题,其淤积变化规律如何、将出现什么新的情况,目前尚无法了解,而且三峡一期工程的规模、发电量、投资等方面基本与葛洲坝工程相同,除发电时间较长外,其他优点远非葛洲坝所可比拟;中央若决定先修葛洲坝工程,建议专门讨论研究,克服葛洲坝工程给三峡工程施工造成的各种困难,并在葛洲坝工程蓄水发电前,做好三峡水下部分工程。12月24日,周恩来总理将中共中央给武汉军区、湖北省革委会关于兴建葛洲坝水利枢纽工程的批复稿送毛泽东主席审批,并在送审报告中说:"去年10月,主席在武汉曾对修建三峡大坝的提议说到,目前备战时期不宜作此想。后来他们转而设想修建下游宜昌附近的葛洲坝低坝。武汉军区和湖北省革委会当年10月就此提出报告,请求列入'四五'计划。中央政治局11月会议讨论原则批准。至于三峡大坝,'需视国际形势和国内防空技术力量的增长,修高坝经验的积累',再在'四五'期间考虑何时兴建。"中央批复稿提到,中央同意关于兴建宜昌长江葛洲坝水利枢纽工程的报告,责成武汉军区和湖北省革委会主持,由水电部、交通部、第一机械工业部(简称一机部)和长江流域规划办公室等有关方面参加,组成坚强的施工指挥部,进行现场设计。12月25日,中共中央批复又指出:"修建葛洲坝水利枢纽是有计划、有步骤地实现'高峡出平湖'伟大理想的实战准备""一定要精心设计、精心施工,妥善解决各项技术问题"。这一批复将葛洲坝工程从过去偏重解决湖北省近期用电的考虑,提高到为三峡作实战准备的高度。批复还指出,在1970年年内提出设计方案报国家建委审定,为争取时间,可组织力量进行施工准备。12月26日,毛泽东主席在这个批复稿上批示:"赞成兴建此坝。现在文件设想是一回事。兴建过程中将要遇到一些现在想不到的困难问题,那又是一回事。那时,要准备修改设计。"至此,关于葛洲坝水利枢纽的总体论证告一段落,中央正式批准兴建葛洲坝枢纽,由湖北省主导,按照边设计、边准备、边施工的"三边"原则,开始建设葛洲坝工程。

1971年7月,长办根据周恩来总理的指示精神,对枢纽的总体布置提出了初步设计报告讨论稿,降低了原定的泄洪标准和导流标准,泄洪的设计和校核标准由补充设计简要报告中的110000立方米/秒和120000立方米/秒,分别降至86000立方米/秒和110000立方米/秒;导流按66800立方米/秒设计,按71100立方米/秒校核。

1971年10月,《二江泄水闸技术设计简要报告》完成,国家基本建设委员会(简称建委)、计划委员会(简称计委)、水电部、交通部、一机部和农林部组成的联合工作组,对设计和施工进行了检查。由于勘察发现二江地质结构存在新的问题等,对二江工程进行了设计调整,致使工程量和投资都大幅度增加,投资由15亿元增至25.9亿元。同时提出三江技术方案还需要修改,以适应基础情况,泥沙淤积也需要再做试验。经过讨论、修改,12

月提出《长江葛洲坝水利枢纽初步设计报告》,这是工程停工前初设阶段的最后成果。该报告建议三江建两个船闸,并布置6孔冲沙闸;二江布置大机组6台,泄水闸16孔;大江布置大机组7台,泄水闸15孔,冲沙闸6孔。由于这一报告对地质情况仍未勘查清楚,大江截流和厂房导流的技术措施没有落实,鱼道和三江两线船闸及防淤堤的尺寸均未充分论证,泄水闸的消能防冲未予以足够的重视,因此总造价偏低。

1972年11月,国务院决定葛洲坝主体工程暂停施工并修改设计。周恩来总理决定组建葛洲坝工程技术委员会(以下简称"技术委员会"),对国务院全权负责,林一山任主任,成员有钱正英(水电部副部长)、张体学、王英先(水电部副部长)、马耀骥(交通部副部长)、沈鸿(一机部副部长)、谢北一(国家建委副主任)、袁宝华(国家计委副主任)和廉荣禄(三三〇工程指挥部副指挥长)共8人。技术委员会聘请了张瑞瑾(武汉水电学院)、严恺(华东水利学院)和张光斗(清华大学)三位教授为技术顾问。技术委员会的主要任务是协调各部门关系,组织科研大协作,决定重大技术问题。技术委员会的决议只报国务院备案存档,无须再经过审查。从此,葛洲坝工程有了一个强有力的、具有权威性的领导机构。

1974年9月,根据国务院指示,国家建委在北京召开葛洲坝工程座谈会,技术委员会成员及有关单位代表共28人参加这次会议。会上,就一些实质性问题展开了认真讨论。最后统一了意见:有关修改初步设计的重大问题基本上都得出了肯定的回答,有些具体问题需要进一步研究和试验,可在技术设计阶段和施工实践中逐步解决。至此,复工的条件已经具备,国务院批准了这次座谈会的综合简报。10月,葛洲坝主体工程正式宣布复工。由于按原坝线施工投资已很多,坝轴线决定不改动,故有些重大布置的修改设计受到限制,对枢纽大江部分的设计当时所做的工作不够深入。10月,葛洲坝枢纽主体恢复全面施工,由葛洲坝工程局负责。

1977—1978年初,技术委员会委托水电部和交通部分别审查了二江电站、泄水闸、三江航道及二号船闸技术设计,审查意见经技术委员会第十次会议通过。连同此前已审查通过的三号船闸和三江冲沙闸技术设计,一期工程技术设计基本告一段落。

2.重大问题研究情况

(1)关于工程规模和设计标准问题

20世纪60年代初所研究的是先建设三峡大坝,葛洲坝工程是三峡工程的一个组成部分。葛洲坝工程只考虑通过三峡水库调蓄后的下泄流量来进行设计,因此其规模为18孔泄水闸,二江布置20台机组共装机200万千瓦的电站,双线船闸一座,大江全为土石坝,其总体规模约相当于实际建设中的一期工程。而先建设葛洲坝则得不到三峡水库调节,泄洪、导流流量与天然来水量无异,在泄洪建筑物布置上相应要比原方案规模扩大一倍以上。

(2)关于通航建筑物

由于先建设葛洲坝,葛洲坝通航过坝设施也需要重新研究。为满足航运需求,根据交通部门提出的要求,将原设计的一线通航改为 2 条航线,同时建设 3 个大型船闸。这样的规模,在国内外也少有先例。

根据泄洪、导流、通航、发电等方面的需要,葛洲坝工程的通航建筑物从左到右为:三江布置两座船闸,其间设有 6 孔冲沙闸;二江布置 7 台机组的厂房及 27 孔泄水闸,并挖掉长江中的葛洲坝小岛;大江布置 14 台机组的厂房、一座船闸及 9 孔泄洪冲沙闸;由于航运的要求,在三江及大江分别布置防淤堤和上下游引航道。这一布置方案保证了 1981 年初大江的顺利截流和一期工程的通航和发电;同时如不将葛洲坝小岛挖除,二江泄水闸就不能扩大到 27 孔,1981 年的第一个汛期 71000 立方米/秒洪水就难以顺利宣泄,可能在安全和经济效率上蒙受重大损失。这些充分证明了这一布置方案的正确。

(3)关于泥沙防治问题

由于先建设葛洲坝工程,上游没有能拦蓄泥沙的三峡大坝,使泥沙防治问题更为突出,因此吸取了丹江口水库及国内低水头枢纽航道泥沙淤积问题的经验教训,在设计时对坝区和水库回水变动区泥沙淤积和通航问题十分重视。

坝区大江及三江航道采用"静水过船,动水冲沙"的方针。根据实测资料,边滩淤积物多为粉细沙,起动流速一般低于 1 米/秒,因此只需保持一定流速就可将泥沙冲走。防淤冲沙的措施是利用束流建筑物破坏回流,改善流态减少落淤,再按需要放水冲沙。葛洲坝工程在大江和三江上引航道口门分别修筑一道长 1000 米和 1800 米的防淤堤束窄主流,并在航道内各布置一座泄洪冲沙闸,在汛期末及枯水季放水冲沙。经淤积模型试验,效果较好。在上引航道口门区发生沿程冲刷,起到将淤沙拉走的作用,对下游引航道也产生明显的冲沙效果,保证了通航的要求。

从一期工程建成后三江航道运行四个汛期的实测资料来看,运行情况良好。实测数值表明下引航道已趋平衡不会再增加淤积量,可以保证航道水深的要求;上引航道每年可拉走当年淤沙量的 50%～80%,也不会妨碍通航。若适当改进冲沙闸的运行方式,则效果将更为明显。

大江航道上游口门位于南津关弯道凸岸一侧,淤积速率较快,淤沙颗粒较粗。经技术委员会决定,当流量大于 35000 立方米/秒时,大江 9 孔泄洪冲沙闸即可开启冲沙。经模型试验测得,大江航道的淤积可以得到解决,而且还能减少进入大江电厂的泥沙。至于局部地区航道的边角部位可能会有少量残余淤积物,一般不碍航,只要辅以少量机械清淤就能排除。

(4)关于通航问题

宜昌以上的川江天然航道,通航条件较差、滩险多、水流湍急、水面坡降大、流速高。根据实际观测,南津关天然航道航宽为 100～184 米,当流量为 38700 立方米/秒时,巷子口航道表面流速为 3.72 米/秒,航道内流态紊乱,有强烈的泡漩。当流量超过 40000 立方米/秒时,船只停航。

　　筑坝壅水以后,青滩、浅滩、崆岭等险滩淹没。在距坝址188千米的黛溪以下河段,水面坡降均有减少,流速降低,流量5000立方米/秒时各河段的平均坡降从天然情况1/2600~1/1500降至1/40000~1/30000。洪水季节也有大幅度降低,当流量为40000立方米/秒时,茅坪至太平溪控制河段坡降可从1/1500降至1/4000。南津关泡漩区的强度也大为减弱,实测60000立方米/秒时的泡高只及天然(建库前)20000立方米/秒时的数值。当洪峰流量为49700立方米/秒时,船只仍可通航。由此可见,葛洲坝工程兴建后,流态改善,流速减低,滩险被淹没,航行条件大为改善,上下水航行时间均得到缩短,航行安全也大为改善。

　　由于船闸通航经验不多,因而存在一些疑虑,认为船只过闸总是不方便。设想了许多通航条件和要求,据此进行船模试验,基本满足了各种要求。

　　(5)关于大型设备设计制造问题

　　葛洲坝工程主体建筑物有数量众多、规模巨大的闸门及启闭机。其中二江泄水闸闸门调度运行很复杂,经分析研究采用双扉门,下层为弧形门,上层为平板门。一般洪水只需开启弧形门,遇大洪水时再开启平板门。弧形门布置启门机一台,既可单闸门在现场手动控制启闭,又可在控制室进行分区按程序自动启闭和自动调整,可达到相邻闸门开度相对误差不大于0.1米,操作运行方便灵活。设计中考虑了下游水跃打击闸门,从而使闸门产生共振等问题,为此做了详细的计算和试验研究工作,认为共振可能性不大,但在设计中仍采用了一些减振、抗振措施,实际运行情况良好。

　　葛洲坝二号船闸下闸首人字门单扇门高34米、宽19.7米、重589吨,操作时最大淹没水深达20.5米,参照国外经验采用扇形齿轮曲柄连杆电机驱动方式启闭机。由于各有关部门通力协作,在设计制造安装方面取得了成功,为我国建设大型船闸设备积累了经验。

　　3.葛洲坝工程三座船闸的设计标准

　　建筑物级别:葛洲坝水利枢纽一、二、三号船闸按一级建筑物设计,船闸通航保证率与长江沿线航道的通航保证率相适应,设计指标见表13-1-1。

葛洲坝船闸建筑物设计指标　　　　　　　　　　　　　　　　表13-1-1

项　　目		单　　位	一号船闸	二号船闸	三号船闸
船闸尺度	闸室有效长度	米	280	280	120
	净宽	米	34	34	18
	槛上水深	米	5.5	5	3.5
最大水头		米	27	27	27
船闸中心线与坝轴线交角		度	90	81.5	90

续上表

项　目		单　位	一号船闸	二号船闸	三号船闸
船闸总长度		米	441.5	427	207.5
闸墙顶高程		米	▽70	▽70	▽70
闸墙最小顶宽		米	13.5	8	8
上闸首门槛高程		米	▽57	▽55	▽56.5
下闸首门槛高程		米	▽33.5	▽34	▽35
闸室底板顶高程		米	▽33.5	▽34	▽35
输水廊道底部高程	进口	米	▽45	▽45	▽47
	阀门处	米	▽23.5	▽25	▽27
	中部	米	▽23.5	▽28.5	▽28.5
输水廊道孔口尺度	进口(宽×高)	米	4.5×7	4.5×7	2.5×4
	阀门处(宽×高)	米	5×5.5	5×5.5	3×3
	中部(宽×高)	米	5×7	5×7	2×4
输水廊道进水孔数		—	2×5	2×6	3×4
闸室下泄水量(最大水头下)		立方米	28.62	28.62	8.03
双边输水时充水时间		分钟	11~13	12.45	—
单边输水时充水时间		分钟	22	22.75	—
双边输水时泄水时间		分钟	11~13	14.59	—
单边输水时泄水时间		分钟	23	22.86	—
回填土高程	左闸墙外侧	米	无	(三角体▽58/48)	▽58
	右闸墙外侧	米	▽42	▽65	▽56
基础廊道	观测廊道 形式	—	环形	环形	右侧
	观测廊道 底部高程(平均)	米	▽28	▽25.5和▽34	▽26.7
	观测廊道 断面尺寸(宽×高)	米	城门拱形2×3	城门拱形2.5×3	城门拱形1.5×2.5
	排水廊道 形式	—	环形	与观测廊道共用	环形
	排水廊道 底部高程(平均)	米	▽22	▽25.5	▽26.7
	排水廊道 断面尺寸(宽×高)	米	梯形1.5×2.5	马蹄形2.5×2.5	梯形1.5×2.5
管线廊道	廊道数量	个	左右各一	左右各一	左右各一
	底部高程	米	▽66.0	▽65.5	▽66.5
	断面尺寸(宽×高)	米	矩形2×2.5	矩形1.6×2.5	矩形1.6×2.5
通航净空		米	18	18	18

4.葛洲坝工程三座船闸平面布置

葛洲坝工程的通航建筑物布置采取两线三闸总格局,两线分居枢纽两侧的大江和三江航道,由导航隔流建筑物与主流隔开,左线上游用三江防淤堤、下游利用西坝导航隔流,右线上游用大江防淤堤、隔流墙和上导航墙导航隔流,下游用导航隔流墙、江心堤导航隔流,形成左右 2 条独立的静水航道。

3 座船闸中,一号船闸布置在大江航道上,二号船闸和三号船闸布置在三江航道上。设计一号和二号船闸可通过大型客货轮及万吨级船队,设计日运行 23 闸次,每闸次历时 51～57 分钟。三号船闸可通过 3000 吨级以下的大型客货轮和地方船队,设计日运行 36 闸次,每闸次历时 40 分左右。3 座船闸年单向通过能力为 5000 万吨,年通航天数为 335 天(一号船闸 320 天)。

三江引航道全长 6400 米,其中上游引航道长 2500 米,下游引航道长 3900 米。大江航道全长 3500 米,其中上游航道长 1500 米,下游航道长 2000 米。三江引航道和大江航道是两条独立的人工静水航道。

(四)管理体制与建设历程

1. 葛洲坝工程建设的管理体制

(1)主体工程建设管理体制及参建单位

葛洲坝工程的建设单位为葛洲坝工程局,施工单位为葛洲坝工程局,设计单位为长江流域规划办公室。

(2)葛洲坝枢纽航运工程建设管理机制沿革

①筹建长航三三〇航运工作组。1970 年 12 月 30 日,葛洲坝水利枢纽工程破土动工。由于当时确定采取"边勘测、边设计、边施工"的"三边"建设方针,涉及航运方面的诸多问题均需在工程现场及时研究解决。1971 年 2 月 16 日,长江航运公司军事管制委员会、长江航运公司革命委员会为了贯彻执行"三边"方针,决定组建"长航驻宜昌三三〇航运工作组"到工程现场办公,工作组为长江航运公司设在宜昌的临时办事机构。工作组的职能职责是及时掌握葛洲坝工程建设情况,研究和处理工程建设与长江航运方面相关的问题,配合三三〇工程指挥部进行通航建筑物规模、规划设计及通航设施基本建设的筹划工作。实行组长负责制,对组员进行任务分工管理。

②组建长航三三〇船闸筹备处。1972 年 4 月,长江航运公司党委为切实做好三三〇水利枢纽航运工程设计、建设的配合工作和船闸的接管运行准备,决定进行三三〇工程船闸管理机构的筹备工作。长江航运公司革命委员会于当年 5 月 4 日向重庆、宜昌、武汉三地的 8 个单位发出《关于抽调三三〇工程船闸管理处筹备工作人员的通知》(长航革〔1972〕字第 138 号),共抽调人员 21 人,6 月船闸筹备处开始办公。

1973 年 4 月 28 日,水利电力部和交通部联合行文下发《关于成立葛洲坝船闸筹备处的通知》(交人字〔1973〕840 号),明确船闸筹备处的组建由长江航运公司负责。6 月 2 日,长江航运公司革命委员会发布《关于成立长江航运公司三三〇船闸筹备处的通知》(航革人〔1973〕字第 502 号),并于 6 月 5 日开始办公。

1975 年 10 月 1 日,随着长江航运公司的体制调整,长江航运公司三三〇船闸筹备处更名为"长江航运管理局三三〇船闸筹备处"。

船闸筹备处的职能职责是配合设计和施工单位做好三三〇水利枢纽航运工程的设计、建设工作;培训葛洲坝船闸技术管理人员,熟悉船闸技术情况,掌握船闸管理技能;做好葛洲坝船闸的接管运行准备工作。

1976 年 4 月 24 日,长江航运管理局(简称长航局)政治部批复同意三三〇船闸筹备处成立党支部,归属宜昌港务局党委领导。7 月 26 日,宜昌港务局党委批复同意三三〇船闸筹备处成立党支部,李永泉同志任书记。1979 年 1 月 25 日,长航局党委在征得三三〇工程局党委同意后,决定成立长航三三〇船闸筹备处党组,高尚志同志任书记。党组受三三〇工程局党委和长航局党委的双重领导,执行党的一元化领导体制。这时,船闸筹备处工作人员增至近 200 名,处内设置了党政办公室、政治处、共青团、工会、人事教育、财务、行政管理、供应、技术安全等部门,以及船闸管理所、维修车间等二级管理机构。

依据水电部、交通部(73)交人劳字 840 号文,长航三三〇船闸筹备处的组建经费,在三三〇工程基本建设费用中列支。

③成立长航三三〇船闸管理处。1979 年 10 月 26 日,长航局根据交通部(79)交计字第 1660 号文的批复,决定长航三三〇船闸筹备处从 1980 年 1 月 1 日起改为"长航三三〇船闸管理处",纳入事业单位管理。自此,长航三三〇船闸管理处正式成为葛洲坝船闸运行的管理机构。

船闸管理处的职能职责是负责葛洲坝船闸通航建筑物的接管工作;负责做好葛洲坝船闸的运行管理及维修工作;继续配合设计和施工单位做好三三〇水利枢纽航运工程的设计、建设工作;负责完成枢纽通航配套设施的建设;配合公安消防机关做好辖区的治安、消防管理。长航局核批的人员编制总数暂定为 400 人(不含航政、通信、电讯人员)。机关设置为 3 室 5 科,即政工室、办公室、调度室,人事科、财务科、供应科、机务设备科、行政管理科;基层生产单位设二号船闸、三号船闸和维修车间。

长航三三〇船闸管理处受长航局和三三〇工程指挥部双重领导,行政业务和干部管理以长航局领导为主,党的领导关系以三三〇工程局党委领导为主,党政领导关系实行党委领导下的主任负责制,事业经费主要在三三〇工程基建费中列支。通航配套设施建设费未纳入三三〇工程建设计划,经交通部批准,由长航局在基本建设计划中列支。

④设立三三〇通航设施建设指挥部。1979 年,葛洲坝工程计划在 1980 年 11 月—1981 年 6 月进行截流断航施工,航运部门在大江截流前和葛洲坝断航期间,必须有效地组织完成两大任务:一是要全力保证进出川物资和旅客运输的组织指挥,二是务必确保有关设施赶在 1980 年 11 月前建成完工。长航局于 1979 年 3 月 6 日向湖北省革委会请示成立"三三〇通航设施建设指挥部",并提出了指挥部必须有宜昌地、市、县的领导同志参加

组织领导工作的意见和指挥部正副指挥长的建议名单。经湖北省革委会批准,三三〇通航设施建设指挥部于3月28日正式成立。6月16日,三三〇通航设施建设工程会议在汉口召开,会议决定三三〇通航设施建设指挥部下设港口、船闸、航道、航政、通信5个分部,作为葛洲坝工程建设单位在现场的专门办事机构,各建设分部接受建设单位和三三〇通航设施建设指挥部的双重领导。

三三〇通航设施建设指挥部主要职能是:负责对通航配套设施工程现场实行统一领导,统一安排;负责工程组织计划的实施;督促检查各建设单位的施工进度;负责内外联系与协调工作。

(3)工程建筑物运行管理体制

1981年,国务院及时确定了葛洲坝水利枢纽的管理体制,交通部和长航局对葛洲坝枢纽河段的航运管理进行了分工界定,确立和完善了葛洲坝船闸管理的组织机构。葛洲坝通航管理体制与机构的确立,为三峡河段航运的起步和发展提供了坚实可靠的组织保障。1月9日,水利部、交通部、电力部根据赵紫阳总理在葛洲坝工地的指示,由水利部部长钱正英主持,电力部副部长李鹏、交通部副部长陶琦参加,对葛洲坝工程的运行管理体制进行协商,达成了共识。2月9日,水利部、交通部、电力部三部联名向国务院递呈《关于葛洲坝工程运行管理体制的报告》;3月6日,国务院发布《关于批转葛洲坝工程运行管理体制报告的通知》(国办发〔1981〕18号),正式确立葛洲坝水利枢纽管理体制。该文件系权威性长效文件,其基本原则至今依然适用,所涉通航管理有如下内容:

葛洲坝工程是一个整体,为保证工程的安全、发挥通航发电的效益,实行以电力部为主的统一管理体制,有关建筑物及设备的运行管理,由电力部、交通部分工负责。

水库的调度运用,由华中电业管理局葛洲坝水力发电厂根据葛洲坝工程技术委员会历次会议的决定、设计文件、电力部和交通部的有关规程规范进行统一调度。二江电厂由华中电业管理局进行统一调度。三江二号、三号船闸(包括活动桥)及其上下航道、锚地由长江航运管理局进行统一调度。

一期工程的主要建筑物包括二江泄水闸、二江电厂、三江二号船闸和三号船闸(包括活动桥)及其上下航道、三江冲沙闸、防淤堤、左岸土石坝、黄草坝。其分工为:华中电业管理局葛洲坝水力发电厂分工管理二江泄水闸、二江电厂、三江冲沙闸、防淤堤及黄草坝右半部分的运行、观测、维护保养和检修;长航局葛洲坝船闸管理处分工管理三江二号、三号船闸(包括活动桥)及其上下航道、左岸土石坝、锚地、防淤堤及黄草坝左半部分的运行、观测、维护保养和检修。

二期工程的分工管理范围参照上述原则,待二期工程投入运行前再具体划分。

为了实施上述管理体制,由华中电业管理局、长航局、葛洲坝水力发电厂、葛洲坝船闸管理处各派一名领导干部组成领导小组,华中电业管理局任组长,长航局任副组长,统一

协调运行管理中相互有关的问题,规定了几项原则:

①在二期工程施工期间,由工程局、发电厂、船闸管理处、长办各派一名领导干部,组成工程协调小组,工程局任组长,发电厂和船闸管理处任副组长,统一指挥工程防汛工作,协调运行管理和施工中的矛盾问题。当工程安全与通航发电有矛盾时,服从工程安全的需要。

②对建筑物及设备实行"谁管谁修"的办法。葛洲坝船闸管理处所辖二号、三号船闸、左岸土石坝、黄草坝的基础渗压排水观测和帷幕排水设施的维护检修,由葛洲坝水力发电厂承担。

③按所划分的管理范围,双方(葛洲坝船闸管理处、葛洲坝水力发电厂)分别负责建筑物及设备的验收和接管。

④三江二号、三号船闸的活动桥,在二期工程施工期间,应列入船闸的统一调度运行计划,兼顾通航和施工交通的需要。由船闸管理处和工程局成立协调小组。由船闸管理处任组长,统一指挥活动桥的运行。

⑤工程投入运行后,技术上继续由长办指导,并对设计问题负责到底。根据技术委员会批准的设计原则,在运行规程的范围内,设计方面发出的通知对调度运行有约束力。发电厂、船闸管理处在观测试验等各方面予以积极配合。为运行管理所必需的观测、分析经费,由发电厂负责。

⑥葛洲坝工程的水工建筑物和电厂、船闸永久设备的固定资产属于电力部华中电业管理局葛洲坝水力发电厂。

⑦船舶过闸实行免费制度,船闸及其上下航道、锚地的管理费用和大修更新改造费用,经领导小组审定后,在电力成本中开支。

国办发〔1981〕18号文有关主体的变更情况:一是长江航运管理局于1984年变更为长江航务管理局;二是葛洲坝水力发电厂的主管单位于1996年由华中电业管理局变更为中国长江三峡开发总公司,2002年葛洲坝水力发电厂变更为中国长江电力股份公司;三是中国长江三峡开发总公司于2009年变更为中国长江三峡集团公司;四是长江葛洲坝工程局于1994年变更为中国葛洲坝水利水电集团公司;五是葛洲坝船闸管理处于1989年变更为葛洲坝船闸管理局,1998年船闸管理局成建制并入长江三峡通航管理局,是行使葛洲坝船闸运行管理职能的事业单位。

葛洲坝水利枢纽工程完工后,其电厂、泄洪闸、冲沙闸、船闸等通航设施的资产交中国长江电力股份有限公司接管(接管时机构名称为"葛洲坝水力发电厂"),船闸设施运行及通航管理由交通部长江三峡通航管理局负责(接管时机构名称为"葛洲坝船闸管理局")。

2.葛洲坝工程建设历程

葛洲坝工程于1970年12月30日破土动工,1988年底整个葛洲坝工程建成。全部工期耗时18年,分为两期:第一期工程1981年完工,实现了大江截流、蓄水、通航,二江电站第一台机组发电,三江航道及二、三号船闸的建成并通航;第二期工程1982年开始,主要工程有大江电厂、一号船闸及大江引航道、冲沙闸等建设项目,1988年底整个葛洲坝水利枢纽工程建成。1991年11月27日,第二期工程通过国家验收,葛洲坝工程宣告全部竣工。

二、葛洲坝工程二号船闸、三号船闸

根据《长江葛洲坝水利枢纽初步设计报告》的葛洲坝工程建筑物总体布置、坝址河道分布、工程设计及建设分期,三江河道设计为独立的航运通道,因此三江航道及二、三号船闸航运工程放在第一期工程,先于大江航道及一号船闸建设,1970年12月30日开工,1981年6月15—22日试通航,1985年4月18日竣工验收。一号船闸在二、三号船闸通航、大江截流后开建。

(一)前期研究

1971年12月,长办提出了《长江葛洲坝水利枢纽初步设计报告》。报告建议三江建2个船闸,并布置6孔冲沙闸;二江布置大机组6台,其中2台导流,二江泄水闸为16孔,二江厂闸导墙内设升鱼机;大江布置大机组7台,泄水闸15孔,冲沙闸6孔。

1973年3月,长办重新对可能的坝线进行比较,除原坝线以外,还补充研究了两条分别下移450米和700米的坝线,提出了坝轴线比较报告,建议采用原坝线。4月,第三次技术委员会会议对这一问题进行讨论,争论比较热烈。一种意见认为原坝线可以成立,比坝线下移的地质条件好、工程量小;一种意见认为原坝线距南津关太近,上游引航道的直线段和冲程(静水段)不够,尤其是大江船闸直线段更短,主张坝线下移。后来,技术委员会与设计单位以及技术顾问张瑞瑾等研究,提出了"坝线不变,船闸下移"的方案,避开了坝线下移的困难。经过进一步试验和采取措施,船闸不下移可满足航道要求,确定了坝线。

1973年4月,长江航运公司和有关单位在鄱阳湖口进行了实船模拟试验,提出泡漩将影响船队进入三江航道口门问题。为了查明泡漩对航行的影响,长办和有关单位进行了实地调查、航行试验和水工模型上自航船模的试航验证,证明通过河道整治,可以改善南津关航道水流条件。

1973年9月,第四次技术委员会会议讨论审查长办提出的修改初步设计基本方案。经过一个月的讨论,多数委员和有关部门同意长办提出的方案,认为在修改初步设计阶段,需要解决的重大技术问题已经基本落实,暂时不能统一的意见可以在技术设计阶段解决;交通部门认为在通航方面的一些重大技术问题大部分尚未落实,至少应等坝区淤积和南津关整治有了解决方案再定基本方案。由于认识不一致,将技术委员会关于修改初步设计基本方案的报告(讨论三稿)改作长办的报告,并附上交通部委员马耀骥的意见,一并上报。为此,长办继续进行试验,研究通航方面的方案。

1974年2月，长办提出了修改初步设计送审稿，报技术委员会审查。同月，在北京召开第五次技术委员会会议，并作出决策：通航方面，认为通过模型验证，适当延长防淤堤或导航墙，采用静水通航、动水冲沙、辅以局部挖泥的措施，可以解决航道内泥沙淤积问题；切除两岸山咀约150万立方米，可以满足45000立方米/秒时的正常通航要求，至于将通航流量提高到60000立方米/秒，还需进行下一步试验。对闸下消能防冲和导流截流问题，通过设计和试验研究，采取挖掉葛洲坝、扩宽二江泄水闸的办法，能妥善解决泄洪、导流和截流问题。会议还审定同意了大型闸门和启闭机及结构、布置上的重大问题。枢纽布置和南津关整治方案，在考虑了交通部意见后进行了改进。多数委员认为送审稿已能满足修改初步设计阶段要求，设计批准后，即可恢复主体工程施工。交通部委员马耀骥认为，航道泥沙淤积和南津关整治方案并未妥善解决，需进行一些必不可少的模型试验后，才能确定最后方案。会议从2月27日一直持续到4月27日，仍不能取得一致意见。9月，由国务院副总理谷牧主持，在国家建委召开葛洲坝工程座谈会，技术委员会成员及有关单位代表共28人参加会议，认为复工条件已经具备。10月，国务院批准主体工程正式复工。根据技术委员会会议的决定，以及葛洲坝工程座谈会综合简报的最终结论，河势方面，挖掉葛洲坝小岛，二江泄水闸由19孔增至28孔，二江电站安装机组由4台增至7台，解决了降低大江截流和围堰度汛的难度、增加导流和消能防冲的安全度，以及增加一期发电效益等几个问题，奠定了修改初步设计中二江布置的基础；通航方面，按12月第六次技术委员会会议审定的三江航道采用一大一小两座船闸，上游防淤堤长度由800米增为1800米（后改为1750米），左侧设导航堤，继续进行南津关整治方案的试验研究改进，使三江航道的方案得到了落实。

1975年4月，长办向技术委员会呈报《长江葛洲坝枢纽修改初步设计报告》；7月，技术委员会审查后，基本同意该报告，枢纽布置得到确认，总投资为34.27亿元。同年，由国家经委和水电部审定总预算为35.56亿元。

1976年8月起，长办陆续完成了三江航道、三江冲沙闸、二号船闸、二江泄水闸、二江电站建筑物部分、二江电站通风部分、二江电站机电部分、混凝土设计、温度控制、大江混凝土纵向围堰、大江截流及围堰、大坝外部变形观测、一期工程主要建筑物内部原型观测等13个单项技术报告。

1977年1月，第九次技术委员会会议在北京召开。会议除讨论三江航道标准外，重点研究了河势规划问题。关于三江下游航道标准问题，根据两个船队相会时约需航宽120米，设计提出可将修改初步设计提出的下游航道宽度150米改为120米，门口宽180米改为150米，既能够满足要求，又可省去大量开挖，少拆不少房屋。讨论中，交通部有不同意见，经报请国务院，李先念、谷牧等批示同意修改意见。会议对河势规划整体布置的单槽方案和双槽方案进行了专题讨论，鉴于双槽方案难以适应坝区复杂的水流条件、工程量大、施工困难,决定下阶段应首先集中力量研究单槽方案。另对三江防淤堤长度,根据试验成果,定为1750米。

1977年12月—1978年1月,交通部水运规划设计院邀请有关单位,在北京对三江航道和二号船闸技术设计进行了审查。至此,一期工程主要建筑物的单项技术设计均已审查完毕。

(二)葛洲坝二、三号船闸的基本情况

1. 葛洲坝二、三号船闸平面布置

葛洲坝二号船闸位于三江右岸,与葛洲坝水利枢纽坝轴线斜交,其交角为81.5°;三号船闸位于三江左岸,与葛洲坝水利枢纽坝轴线正交。船闸的主要建筑物由桥墩段、上闸首、闸室、下闸首、上下导航墙和靠船墩等组成。为解决过船与坝顶过车的矛盾,在船闸桥墩段建有铁路、公路两用活动桥。

二号船闸,闸室有效尺寸为280米×34米×5米(长×宽×槛上最小水深)。输水主廊道宽5米、高7米,布置在闸室两侧墙内,支廊道布置于闸室底板,纵向4支、横向6支。闸室输水采用底部分散式三区段纵横支廊道侧向出水加消能明沟的布置形式,采取对冲消能措施。在三江上游600米处引航道右岸,设有11个靠船墩,下游600米以外的引航道右侧设有9个靠船墩,墩距25米。上下游导航墙分别布置在引航道右侧,各长200米。二号船闸主体段自上游至下游依次布置有现场调度室、活动桥、事故检修闸门、上下闸首人字闸门及启闭机、充泄输水阀门及启闭机、上下游廊道检修门、防撞装置、集中控制室等,下游检修门为浮式检修门。二号船闸闸室两侧各设置12个随水位升降的浮式系船柱。

三号船闸,闸室有效尺寸为120米×18米×3.5米(长×宽×槛上最小水深)。输水主廊道布置在闸室两侧墙内,闸室输水采用底部分散式简单等惯性二区段纵向支廊道顶部出水加消能盖板的布置形式,纵支廊道布置于闸室底板。在上下游引航道左侧360米(上游)、120米(下游)处分别设有6个靠船墩,墩距为20米。上游导航墙布置在引航道左侧,长70米,下游导航墙设于下游引航道右侧,长135米。三号船闸主体段设施布置与二号船闸不同的是充泄水启闭机共用一套系统、下游检修门为叠梁门。二号船闸闸室两侧各设置7个随水位升降的浮式系船柱。

三江引航道全长6400米,其中上游引航道长2500米,下游引航道长3900米,上游防淤堤长1750米。在二、三号船闸之间,设有6孔冲沙闸。

2. 葛洲坝二、三号船闸建设管理基本信息

(1)船闸工程建设管理体制

葛洲坝二、三号船闸项目建设单位为建设项目法人机构葛洲坝工程局,设计单位为长

江流域规划办公室,施工单位为葛洲坝工程局。

（2）船闸项目基本信息

工程项目名称为葛洲坝二号船闸、三号船闸,开工时间为1970年12月30日,试通航时间为1981年6月15—22日,竣工时间为1985年4月18日。

3.葛洲坝二、三号船闸主要参数

（1）二号船闸主要参数

船闸等级：Ⅰ级;代表船舶、船队及尺度:万吨级船队;设计年通过能力:3座船闸设计单向年通过量:5000万吨;设计水头:27米;船闸级数线数:1级;闸室有效尺寸:280米×34米×5米(长×宽×槛上最小水深);闸首闸室结构形式:上闸首、闸室为分离式混凝土重力式结构,下闸首为整体式钢筋混凝土结构;输水系统类型:底部分散式三区段纵横支廊道侧向出水加消能明沟的布置形式;充泄水时间:船闸充泄水时间分别为10.45分钟和12.90分钟,时间跟水位、阀门开启方式等实际情况有关;船闸的闸阀门形式、启闭机械形式:工作闸门为人字门,人字门启闭机为扇齿轮曲柄连杆式启闭机,工作阀门为反弧门,反弧门启闭机为液压启闭机;一次过闸时间:51～57分钟;引航道的平面布置及尺度:三江航道全长6400米,上游航道设计最小宽度为180米(口门宽度为230米),下游航道设计最小宽度为120米(口门宽度为150米)。

（2）三号船闸主要参数

船闸等级：Ⅰ级;代表船舶、船队及尺度:3000吨以下客货船舶;设计年通过能力:三座船闸设计单向年通过量为5000万吨;设计水头:27米;船闸级数线数:1级;闸室有效尺寸:120米×18米×3.5米(长×宽×槛上最小水深);闸首闸室结构形式:上闸首为分离式结构,闸室为分离式重力式结构,下闸首为分离式结构;输水系统类型:分散式简单等惯性两区段纵向支廊道加消能盖板的布置方式;船闸的闸阀门形式、启闭机械形式:工作闸门为人字门,人字门启闭机为齿轮曲柄连杆式启闭机,工作阀门为反弧门,反弧门启闭机为液压启闭机;一次过闸时间:40分钟;引航道的平面布置及尺度:三江航道全长6400米,上游航道设计最小宽度为180米(口门宽度为230米),下游引航道设计最小宽度为120米(口门宽度为150米)。

（三）船闸的建设过程

葛洲坝工程一期通航建筑物的建设主要包括二号船闸和三号船闸、三江引航道及6孔冲沙闸的建设,以及南津关航道整治。建设期为1970年12月—1981年6月。

1.船闸主体建设

葛洲坝二、三号船闸工程设计由长江流域规划办公室承担,1971年6月—1972年

11月，完成初步设计。1973—1974年，对工程初步设计进行修改，就船闸、航道布置和船闸尺寸重新研究，完善设计方案。1975年4月，编制完成《葛洲坝水利枢纽修改初步设计报告》，同年7月和9月，葛洲坝工程技术委员会两次对船闸的结构类型、充泄水时间等问题进行研究审查并修改方案。

葛洲坝二、三号船闸工程施工由葛洲坝工程局承担，于1970年12月30日动工。1972年11月，因枢纽通航、泥沙淤积、工程地质、消能防冲、大江截流等重大技术问题需进一步研究，主体工程停工；同时继续进行勘探和科学实验等工作，并由长江流域规划办公室负责地质勘测、科研和修改设计。1974年10月20日，经国务院审查批准，主体工程复工。工程建设主要包括基础开挖、土建施工、金属结构机电安装、联调等。工程累计土石方开挖158.72万立方米、土石方回填45.3万立方米、混凝土浇筑137.98万立方米。1976年5月—1980年6月，完成二号船闸、三号船闸的闸、阀门及其启闭机械、活动桥、电气设备安装。金属结构安装8441吨，其中二号船闸金属结构安装6122吨，三号船闸金属结构安装2319吨。

1980年10月，葛洲坝工程进行了大江截流前工程中间验收；12月24日，二江泄洪闸开始过水。1981年1月4日，大江截流；4月，船闸单机调试完毕；5月，进行了启闭机的单项运转调试和充水前的总体调试；5月23日16时45分，开始按高程分4级蓄水；6月5日，库区蓄水至60米高程；6月6—14日，船闸进行有水调试；6月15—22日，进行20000立方米/秒级流量试航；随后船闸经过4天检修，于6月27日投入试运行。

2. 三江航道建设

长江流域规划办公室承担葛洲坝三江航道技术设计，1975年4月编制完成了《葛洲坝水利枢纽修改初步设计报告》。该办公室曾三次召开坝区河势规划座谈会，对航道泥沙淤积、口门流速流态、防淤堤布置，以及为改善上游水流条件进行的南津关航道治理等问题进行讨论研究，编写了《关于葛洲坝水利枢纽三江航道设计有关问题》，并上报葛洲坝工程技术委员会。该技术委员会第九次会议对该报告进行了审定，在设计标准和布置上做了部分变动。1977年9月，长办编制了《葛洲坝水利枢纽三江航道技术设计报告》。引航道工程施工由葛洲坝工程局承担，工程建设主要包括基础开挖、土建施工、护坡护脚施工等。设计土石方开挖894.02万立方米、填方1013.92万立方米、护坡护脚混凝土浇筑70.34万立方米。1981年6月葛洲坝水利枢纽三江航道建成通航。

三江航道是一条独立的人工航道，由上游引航道、二号船闸、三号船闸、冲沙闸和下游引航道组成，全长6400米。上游航道上起王家沟，经前坪、过黄柏河口进入三江口至坝前，设计最小宽度为180米（口门宽度为230米），上游正常通航水位63~66米。二期施工期起始通航水位58~60米，第一年汛期及汛后水位60米，第二年及以后水位63米。下游引航道自船闸出口至镇川门与大江主河槽汇合，设计最小宽度为120米（口门宽度为

150 米),两岸边坡均为 1∶2.5,渠底高程为 34.5 米,底坡接近水平。设计最低通航水位 39 米,相应葛洲坝电站下泄流量 32000 立方米/秒。下游最高通航水位 54.5 米,相应流量 60000 立方米/秒。葛洲坝三江引航道设计指标、通航标准,分别详见表 13-1-2,表 13-1-3。

葛洲坝三江引航道设计指标　　　　　　　表 13-1-2

项　　目	单　　位	上 引 航 道		下 引 航 道	
航道最小宽度	米	180		120	
口 门 宽 度	米	230		150	
船闸		二号船闸	三号船闸	二号船闸	三号船闸
闸前直线段长	米	960	≥360	≥650	≥360
弯曲半径	米	1000	600	≥720	600
通航水深	米	4.5	3.5	4.5	3.5

葛洲坝三江引航道通航标准　　　　　　　表 13-1-3

水流条件	通航流量（立方米/秒）	坝上水位（米）	上引航道口门以上 500 米及航道内		航宽（米）	上游口门内回流速（米/秒）
			纵向流速（米/秒）	横向流速（米/秒）		
	45000	63	≤2.0	≤0.3	200	≤0.4
	60000	66	≤2.0	≤0.3	120	
通航水位	上游最高通航水位（米）	66.0	通航流量	正常通航流量（立方米/秒）		45000
	上游最低通航水位（米）	63.0				
	下游最高通航水位（米）	54.5		最高通航流量（立方米/秒）		60000
	下游最低通航水位（米）	39.0				

　　三江航道建设中,重点加强了口门流态的改善和南津关航道的整治。斜流是影响三江航道口门通航水流条件的主要因素,为改善口门附近流态,在建设中主要采用以下工程措施,减小口门区横向流速:一是在三江上游右侧西坝头部的黄草坝布置长 1750 米防淤堤,压缩回流范围和缩小缓流范围,束窄航道,拦沙并稳定主槽,造就独立的人工静水航道;二是岸线调整,通过开挖岸线,调整航道中心线与斜流的夹角;三是控制口门附近底部地形,清除口门淤泥。南津关航道整治,包括对右岸巷子口区、向家嘴区、大堆子区和左岸玉井区的突出岸嘴进行削平山嘴、整平山梁的施工处理,使得岸线平顺,从而改善了引航道上游流态。

　　3. 一期工程航运配套设施建设

　　葛洲坝水利枢纽一期工程通航配套设施建设,主要包括港口配套设施、航政配套设施、船闸配套设施、航道配套设施和通信配套设施的建设。港口配套设施项目,有锚地设施、临时客运设施、船舶供油设施等,合计概算投资 2295.5 万元;航政配套设施项目,有航政设施、信号综合楼等,合计概算投资 248 万元;船闸配套设施项目,为船闸调度信号台、船闸管理基地设施等,投资 117 万元;航道配套设施项目,为航道维护设施,投资 2373 万元;通信配套设施项目,有通信设施、建设指挥部等,合计概算投资370万元。

葛洲坝枢纽通航配套设施项目建设的投资主体为交通部。通航配套设施是枢纽航运必不可少的硬件保障,应与枢纽工程通航建筑物建设相匹配。但因三三〇工程投资未将其纳入计划之中,交通部另出资5300多万元,作为通航配套设施项目和各类房屋土建33000多平方米的建设投资。

通航配套设施建设项目,由长航局报交通部审核批准。各建设项目的具体实施,由三三〇通航设施建设指挥部下设的5个分部负责完成,建设项目的竣工验收由交通部和长航局组织。通航配套设施建设坚持和遵循"先水下后水上、先特急后紧急、先整体后个体、先生产后生活"的基本原则,优先安排和重点保障通航最急需解决的设施建设,确保通航配套设施在1980年11月—1981年6月截流断航期间,基本建成和投入使用。

1980年9月20日,交通部委托长航局会同湖北省及宜昌地、市、县,对葛洲坝通航配套设施第一期抢在大江截流前竣工的工程进行了验收。主要项目有:陡山沱码头及临时候船室、宜昌港临时候船室、宜昌港至陡山沱43千米公路及长途通信线路、陡山沱载波机房、坝上供油设施、43辆客车等。陡山沱临时港务站于11月9日开始运营。

4. 葛洲坝二、三号船闸试航

（1）试航方案研究与确定

1981年4月22日,长航局为做好三江船闸、航道试航方案的研究工作,副局长顾永怀在宜昌港务局主持召开了葛洲坝三江航道、船闸试航方案讨论会,湖北省交通局系统、三三〇工程局、长办设代处、华中电管局、葛洲坝电厂、重庆轮船公司、湖南省航运局、长办科学院、南京水利科学研究所、上海船舶研究所和长航系统共38个单位103名代表参加了会议,交通部和水利部工作组派人出席了会议。会议讨论和议定了试航总体安排和试航的组织领导机构等事项。5月11日,长航局向交通部报送《葛洲坝三江航道试航方案讨论会议纪要》和《葛洲坝三江航道试航方案》。5月28日,长航局又在宜昌召开了葛洲坝水利枢纽三江航道、船闸试航准备工作汇报会,交通部副部长陶琦、交通部水运局局长刘云舟、长航局党委书记解莅民等领导同志听取了试航准备汇报,再次周密布置了试航准备工作。6月1日,交通部党组听取了陶琦同志关于长航局对葛洲坝试航准备工作的汇报,并对试航准备工作的相关问题进行了讨论研究。次日,交通部党组致电长航局解莅民、张绍震同志,指示:"葛洲坝通航是关系国家全局的大事,要千方百计地保证试航成功! 同意批准《关于葛洲坝三江航道试航实施方案》和陶琦同志在宜昌讨论意见,同意试航委员会和指挥部名单,试航工作由陶琦和解莅民同志负总责,试航工作要以长航为主,复航时间一定要经过2万和4万流量的试航成功后方能正式宣布。"

（2）第一阶段试航

第一阶段试航的目的主要是检验三江航道、船闸在2万流量级时的适航性能。试航起止时间为 1981 年 6 月 15 - 22 日,共 8 天。试航科目为组织客货轮、顶推船队、拖驳船队、油驳船队、木排拖带、危险品拖带、工程船拖带和客轮夜航等 8 种不同运输方式的试航。试航共调集船舶 62 艘(1790 客位,17783 吨位,14904.88 千瓦,计 3 艘客轮、16 个船队)。对试航船舶进行的主要测试项目,包括航行轨迹、口门内冲程、闸室充泄水船舶系缆拉力、纵横倾、迎向进出闸航速、会船、船舶驾驶操纵、下引航道航速的测定,并进行靠船墩试泊和雷达摄影等。

1981 年 5 月 30 日,长航局组织长航驻宜昌单位在宜昌港务局召开葛洲坝水利枢纽三江航道、船闸试航动员大会,党委书记解莅民作动员报告。6 月 5 日,库区蓄水至 60 米高程,经水利部、电力部、交通部三部工作组验收,葛洲坝工程已具备通航发电条件。6 月 8 日,葛洲坝一期工程通航发电蓄水前中间验收工作结束。6 月 12 日,葛洲坝三江航道、船闸试航委员会举行第一次会议。会议审查并批准了葛洲坝三江航道、船闸试航实施方案和试航运行作业计划,决定从 6 月 15 日开始试航。

6 月 15 日,葛洲坝三江航道、船闸第一阶段试航正式进行。08:30,试航委总指挥顾永怀在船闸中心调度室发布试航命令,"东方红 51"号轮从南津关发航通过二号船闸,"向阳 1"号轮从黄柏河发航通过三号船闸,下驶至宜昌港码头;13:45,两轮按上午航线返抵南津关;15:30,试航结束。6 月 16 日,葛洲坝三江航道、船闸进行重载拖驳船队试航。"长江 2074"号轮梭顶 3 艘千吨甲板驳,载重 3040 吨,船队总长 172 米、宽 22.6 米。06:00,船队从艾家河锚地发航,17:00,至平善坝解队,按计划通过二号船闸,三出二进上口门。航行中,对轨迹、冲程、闸室充泄水船舶系缆拉力、纵横倾等项目进行了测试和雷达摄影。顾永怀同志坐镇三号船闸集控室指挥试航,交通部副部长陶琦、长航局党委书记解莅民亲临"长江 2074"船队指导试航。同日,交通部部长彭德清批示,同意从 6 月 27 日起客货轮过闸通航。6 月 17 日,葛洲坝三江航道、船闸进行重载货驳船队通过二号船闸、客货班轮通过三号船闸试航。06:30,"人民 27"号轮梭顶两艘 800 吨级货驳,总载重量 1435 吨,船队长 119.5 米、宽 21.7 米,从艾家河锚地上驶;16:00,抵平善坝锚地解队,两进两出二号船闸,在上下导航墙各做调头试验一次,并进行了迎向进出船闸航速测定、会船和雷达摄影。"东方红 51"号轮从南津关至宜昌港 13 码头往返通过三号船闸试航,为满足电影拍摄需要,增加母猪咀至黄柏河口折航一次。6 月 18 日,"人民 33"号油轮右梭两艘 6 吨级空油驳,自载 250 吨,总长 128.15 米、宽 23 米,从平善坝发航下驶,三进两出上口门,通过二号船闸至艾家河锚地,进行了航迹、船舶驾驶操纵、口门内冲程、迎向进闸航速、下引航道航速等项目测定,试泊了靠船墩,并进行了雷达摄影。6 月 19 日,葛洲坝三江航道、船闸进行 1471 千瓦蒸汽机拖轮重载船队通过二号船闸试航。06:30,"长江 2008"号轮梭顶两艘千吨级甲板驳及一艘 800 吨级货驳,重量 2648 吨,船队长 156 米、宽 22 米,从艾家河锚地发航上驶通过二号船闸,三出两进上口门,试泊了导航墙、靠船墩,并做黄柏河口调头试验。地方船舶"宜昌202"船队、"市轮1"号、"川航802"号和三三〇船队分别驶过了二号船闸和三号船闸。试航船舶进行了航速、航行轨迹、口门内冲程、船舶操作等项目测定及雷达摄影。同日,试航指挥部致电长航局、重庆和武汉分局,重庆、武汉、巴东和宜昌港,葛洲坝船闸管理处,根据葛洲坝三江船闸、航道5天的试航情况,试航委商定从6月27日起,各线客、货班轮正式过闸通航,并对各线班轮过闸时间及首航船舶的过坝作了具体安排。6月20日,葛洲坝三江航道、船闸进行拖排船队过闸试航。08:00,"2008"轮拖带"镇江1"号"镇江2"号木排,在"长江836"号轮助拖下通过二号船闸,拖带量为3200立方米,船队总长241.25米、宽23米,拖轮吃水1.75米,由鲤鱼潭发航,平稳通过清凉树;09:23,进上口门,航速8.3千米/时;11:41,驶出下口门,按预定方案完成了试航任务。同日19:30,"东方红37"号轮由宜昌港13码头发航,夜航试过三号船闸,出上口门后返航,上下水两次通过三号船闸;22:40,泊13码头,顺利完成了第一次夜间过闸试航。水利部副部长陈赓仪,交通部副部长陶琦,三三〇工程局、长办、葛洲坝电厂等单位的领导同志及试航委、试航指挥部成员解苢民、赵春和、顾永怀等同志随船参加了夜航试验。6月22日,葛洲坝三江航道、船闸第一阶段试航结束,交通部向试航委员会发出贺电,祝贺试航获得圆满成功。

第一阶段试航历时8天,先后组织进行了客货轮、顶推船队、拖驳船队、油驳船队、木排拖带、危险品拖带、工程船拖带和客轮夜航等8种不同形式的试航。拖驳船队最大拖带量为3艘千吨货驳,载货3040吨,船队最大长度为172米。木排最大拖带量为3400吨,船队总长241米。试航期间,接待有关各方来宾21000多人次。第一阶段2万级流量的试航,二号船闸和三号船闸共运行54闸次,通过船舶233艘次,过闸货物11913吨、木排6600立方米。

6月27日,葛洲坝船闸管理处和试航指挥部向试航委员会及各相关单位报送《葛洲坝三江船闸和航道试航第一阶段工作报告》。长江葛洲坝河段恢复通航,长江航运集团(简称长航)进出川5条航线客货班轮全面恢复直达。试航指挥部在《葛洲坝三江航道、船闸第一阶段试航总结报告》中认为:在2万级流量条件下,船舶进出三江航道、船闸操纵良好,船闸主要设备运转正常。试航中测定的各类资料数据,对日后的船闸运行管理、调度指挥、船舶安全过闸和正式通航均具有重要意义。

(3)第二阶段试航

第二阶段试航的目的主要是检验三江航道、船闸在4万流量级时的适航性能。试航起止时间为1981年6月30日—7月31日,扣除故障检修和防洪停航时间,实际试航时间为28天。试航采用的基本方式为"边试边通"。试航主要测试项目包括船舶航行轨迹、驾驶操纵测定、会船、口门内冲程、迎向进出船闸航速等测定工作。

1981 年 6 月 30 日,入库流量 38700 立方米/秒,"长江 3074"号轮梭顶 2 艘和 3 艘千吨驳分别作进出二号船闸上口门的重载试航。三驳船队载重 2751 吨,船队总长 172 米、宽 23 米,进行了航行轨迹和驾驶操纵测定。"东方红 260"号轮和"东方红 43"号轮满载旅客,分别通过三号船闸。7 月 5 日,入库流量 34900 立方米/秒,"长江 2008"号轮拖双排 3380 吨,船队总长 246 米、宽 23 米,在护拖"长江 836"号轮配合下作上口门试航,拖排船队平稳驶过清凉树泡漩区,顺利进入上口门。7 月 11 日,入库流量 34500 立方米/秒,"人民 26"号轮汽油船队梭顶单驳,于凌晨上行通过二号船闸和上口门。与此同时,长航和地方客轮坚持边试边通,至 16 日防洪封航,流量在 45000 立方米/秒以下时,均能正常进出三江航道、船闸和上下口门。在汛期船闸封航时,还组织进行了 54000 立方米/秒流量 588.4 千瓦单船和 69800 立方米/秒流量 1941.71 千瓦单船进出上口门试航。第二阶段 4 万级流量的试航,二号船闸和三号船闸共运行 290 闸次,通过船舶 1408 艘次、旅客 113776 人次、货物 124655 吨。

1981 年 7 月 31 日,葛洲坝三江航道、船闸试航全部结束。试航期间船闸主要设备运行正常,其他配套设施亦能满足通航需要,达到了试航的预期目的。8 月 1 日,葛洲坝三江航道、船闸试航委员会在宜昌召开第二次会议,全面总结了试航工作,认为试航验证了三江航道、船闸的适航性能,试航是成功的。会议对地方船舶过闸作了规定,根据试航情况,建议葛洲坝工程技术委员会考虑在二期工程施工期间把封航流量从 4.5 万立方米/秒提高到 5 万立方米/秒。会议认为试航委员会和指挥部的任务已经完成,建议予以撤销,撤销后的尾工工程和今后的签证验收等工作由葛洲坝工程局、葛洲坝船闸管理处和长办设计代表处组成验收小组负责组织实施。8 月 8 日,交通部、水利部向国务院、国家建委、国家经委上呈《关于报送葛洲坝试航委员会第二次会议纪要的报告》,报告同意葛洲坝试航委员会第二次会议纪要,认为南津关航道、三江航道适航性能良好,两座船闸虽在电器和自控方面暴露出一些问题,但主要设备运转正常,能保证船舶正常通过。

5.通航配套设施验收

1981 年 12 月 1—4 日,长航局组成验收领导小组对三三〇通航配套设施建设第二批工程项目进行竣工验收,宜昌市基本建设委员会、建设银行,长航局计划处、财务处、物资处、基建处、通信总站,三三〇通航设施建设指挥部,葛洲坝船闸管理处,宜昌港务局,宜昌航政分局,宜昌航道区等单位共 69 人参加了验收会。主要验收项目有坝上坝下锚地、南津关综合楼、通信设施工程和 18 栋宿舍,共 27344 平方米,全部土建投资 917.25 万元;转固定资产船舶 45 艘,投资 1340.35 万元。验收领导小组对工程项目进行了会审和质量评定,同意验收项目投入使用。

1984 年 12 月 20—21 日,长航局在宜昌主持召开三三〇通航配套设施建设最后一批工程项目的竣工验收会,主要验收项目有:葛洲坝船闸管理处办公楼(通信综合楼)、二号船闸管理室、庙嘴综合楼。会议认为,船闸综合楼质量优良,二号船闸管理室和庙嘴综合楼质量合格,竣工资料齐全,同意交付使用。

三、葛洲坝工程一号船闸

第一期工程完工实现了大江截流、蓄水、通航,二江电站第一台机组发电,三江航道及二、三号船闸的建成并通航,同时具备大江截流条件,第二期工程中的葛洲坝一号船闸及大江引航道于1982年开始建设,至1988年8月29日首次通航,1990年5月1日投入试运行。

(一)前期研究与设计

1. 前期研究过程

葛洲坝工程一号船闸由长办设计,设计充分采纳了葛洲坝工程技术委员会历次会议形成的有关决定和初步设计大江部分补充报告的审查意见。1979年12月和1981年12月,长办两次向葛洲坝工程技术委员会报送了《长江葛洲坝水利枢纽修改初步设计大江部分补充报告》。该补充报告涉及大江航运工程设计修改的有:上闸首底坎高程由58米改为57米,下闸首底高程由34米改为33.5米,大江航道泄洪排沙流量由15000立方米/秒提高到20000立方米/秒,上游导航墙改为防淤堤,上下闸首采用分离式结构,闸室采用连底分离式结构,在下闸首门后增设近坎冲淤设施。1982年3月20—31日,水利电力部受国家建委和技术委员会委托,对报告进行了审查。经国家经委1983年2月以"经基〔1983〕154号"文审批同意,确定了大江一号船闸的总体布置、尺度,对大江航道设计通航流量明确按3.5万立方米/秒设计,有关最高通航流量标准待试航后再定。

2. 葛洲坝一号船闸设计主要技术指标

葛洲坝一号船闸位于大江右侧,左邻大江电站,右邻9孔大江冲沙闸,与葛洲坝水利枢纽坝轴线正交。船闸主要建筑物由上闸首、闸室、下闸首、上进水段、下泄水段、下闸首公路桥和上下游导航墙组成。船闸设计最大水头27米,最大通航流量35000立方米/秒。闸室有效尺寸为280米×34米×5.5米(长×宽×槛上最小水深)。输水主廊道布置在闸室两侧墙体内,输水方式为对称侧面进水,闸室底部输水采用主体分流四区段纵向支廊道加消能盖板形式(四区段八支管)。船闸上、下游导航墙长度分别为191.5米(含进水段)和390米。一号船闸自上游至下游依次布置有事故检修闸门、上下闸首人字闸门及启闭机、充泄水阀门及启闭机、公路桥、集中控制室等。闸室两侧各设有9个随水位升降的浮式系船柱。

3. 葛洲坝大江航道工程设计

大江航道工程由长办设计,是根据1979年12月初步设计大江部分补充报告的审查意见进行设计的,并在此基础上进一步补充了水工和泥沙模型试验。1981 年 12 月,长办第二次报送了《葛洲坝水利枢纽修改初步设计大江部分补充报告》,并建议采用长 250～320 米的混凝土导航墙,其下接 700 米混合式隔流堤。1983 年《重新修编葛洲坝水利枢纽二期工程修改概算》中建议取消混合式隔流堤,延长下导航墙以全长 400 米计算工程量及投资上报。1984 年 2 月,重新编制《大江葛洲坝水利枢纽大江下游航道导航隔流堤的设计》,决定大江下游导航隔流堤总长度为 400 米(实际建设为 390 米)。1984 年 9 月 6 日,交通部根据南京水利科学研究院 1984 年 3 月提出的《大江下游航道导航堤试验报告》结论,给国家计委报送了《关于葛洲坝大江船闸下游导航隔流堤长度和在引航道内设置靠船墩的报告》,提出长办设计的导航隔流堤长 400 米方案不能满足安全通航的要求,建议堤长按 1250 米进行设计,增设靠船墩并与大江工程同步建设。但水电部门的专家认为,导航隔流堤长度 400 米就已足够。最终确定导航隔流堤的长度为 400 米,建设靠船墩的意见也未予采纳。葛洲坝一号船闸及大江航道设计主要技术指标详见表 13-1-4。

葛洲坝一号船闸及大江航道设计主要技术指标 表 13-1-4

项　　目		单　　位	指　　标	项　　目	单　　位	指　　标
设计最大水头		米	27.0	全长(上口门至下口门) 其中:上游航道长 下游航道长 上闸首至下闸首	米	3500
挡水前沿长度		米	86.2			1500
槛上高程	上闸首	米	57.0			2000
	下闸首	米	33.5			366.5
槛上最小水深	上闸首	米	6.0	最大通航流量	立方米/秒	35000
	下闸首	米	5.5	上游通航水位	米	63～66
	闸室	米	5.5	下游通航水位	米	39～50.6
通过最大船队吨位		吨	12000	下游最高检修水位	米	46.0
船队过闸时间		分钟/次	51～57	下游导航隔流堤长	米	390
下游航道底高程×有效宽度		米	33.5×140	上游防淤堤顶长度×最大宽度	米	860×220

(二)葛洲坝一号船闸建设管理基本情况

1. 葛洲坝一号船闸建设工程项目基本信息

(1)船闸工程建设管理体制

葛洲坝一号船闸项目建设单位为葛洲坝工程局,项目设计单位为长办,项目施工单位为葛洲坝工程局。

(2)船闸项目基本信息

葛洲坝一号船闸项目开工时间为 1982 年 1 月,试通航时间为 1988 年 8 月 29 日—9 月 1 日,投入试运行时间为 1990 年 5 月 1 日,竣工时间为 1991 年 11 月 27 日。

2. 葛洲坝一号船闸主要参数

船闸等级：Ⅰ级；代表船型：12000 吨船队；设计年通过能力：三座船闸合计设计年单向通过能力为 5000 万吨；设计水头：27 米；船闸级数线数：1 级；闸室有效尺寸：280 米 × 34 米 × 5.5 米（长 × 宽 × 槛上最小水深）；输水系统类型：4 区段 8 支管加顶部出水盖板消能的等惯性系统；船闸的闸阀门形式、启闭机械形式：工作闸门为人字门，人字门启闭机为扇齿轮曲柄连杆式启闭机，工作阀门为反弧门，反弧门启闭机为液压启闭机；一次过闸时间：51 ～ 57 分钟；引航道的平面布置及尺度：大江航道全长 3500 米，其中上游航道 1500 米，最小航宽 160 米，口门及口门内宽 200 米，下游航道长 2000 米，最小航宽 140 米。

（三）葛洲坝一号船闸的建设过程

1. 船闸主体建设

葛洲坝一号船闸工程于 1982 年 1 月动工，1988 年工程建设基本完工。工程建设主要包括基础开挖、混凝土浇筑、金结机电安装、联调等。一号船闸设计基础土石方开挖 78.9 万立方米、混凝土浇筑 157.16 万立方米、金属结构安装 4537 吨。土建及金属结构工程于 1986 年 3 月基本结束并进入单机调试。1988 年 4 - 6 月，对机电设备进行了检查修理和有水调试；8 月 29 日—9 月 1 日，由长航局组织进行了首次试航，一号船闸逐步由葛洲坝船闸管理局管理。1989 年 10 月 13 日，通过中间验收。1990 年初，组织进行枯水期试航；5 月 1 日，投入试运行。

2. 大江航道建设

葛洲坝大江航道建于葛洲坝枢纽右侧，由上游航道、一号船闸和下游航道组成。大江航道全长 3500 米（不包括一号船闸的长度），其中上游航道 1500 米，最小航宽 160 米，口门及口门内航宽 200 米，向家咀弯道设计航道中心线曲度半径 1000 米；下游航道长 2000 米（大江竣工验收鉴定书明确航运管理范围中将下游航道移至卷桥河，下游航道长 4400 米），最小航宽 140 米。在笔架山附近与天然航道相接处航宽约 170 米，设计底高程 33.5 米，凹岸航道转弯半径 1000 米，一号船闸下闸首建有长 390 米的导航隔流堤，旨在起隔流、防沙、束水冲沙和导航的作用。大江航道设计最大通航流量 35000 立方米/秒，采用"静水通航，动水冲沙"的运用方式，以解决航道泥沙淤积问题。

大江航道工程主要包括航道基础开挖、围堰拆除等，设计土石方开挖 460.21 万立方米（含围堰拆除，其中上游航道 174.24 万立方米、下游航道 285.97 万立方米）。

1986 年 3 月 31 日，通航设施建设完工，下游基坑进水，坝前水位由 63.5 米逐步抬高到 66 米。1988 年 7 月 16 日、7 月 28 日和 8 月 25 日，大江航道经过三次过流冲刷，过流能力达到了设计标准 20000 立方米/秒，实测航道最小航深为 5.3 米。1988 年 8 月 29 日—

9月1日,进行了检验大江航线适航情况的实船试验,试航验证了南京水利科学院的试验方案:400米的导航隔流堤不能有效地起到冲沙和防沙作用;二江泄水的水流折冲大江下游引航道,大江下游航道的实际通航流量尚无法达到设计通航流量。1989年10月,通过中间验收,鉴定书中明确大江航道及船闸最大通航流量按等于或小于25000立方米/秒投入运行,实际运行中最大通航流量按20000立方米/秒的控制。1990年3月9—10日,组织了流量4900立方米/秒的枯水试航;1990年5月1日,开始在20000立方米/秒流量以下白天单向试运行。

为改善葛洲坝大江下游航道的通航水流条件,长江水利委员会组织了可行性专题研究,于1997年向国务院三峡工程建设委员会报送了《葛洲坝水利枢纽下游河势调整专题研究报告》,推荐采用“江心堤方案”调整大江下游的河势,即在大江电站尾水渠下游的江心洲上段兴建长900米、堤顶高程52米的江心堤。该工程于2004年12月17日开工,2006年6月建设完工。葛洲坝大江下游航道河势调整工程的建设完成,改善了大江下游航道的通航水流条件。经长航局组织试航确认,大江航道最大通航流量达到原设计的35000立方米/秒标准。

葛洲坝大江上下游未建靠船墩,致使一号船闸不能正常待闸迎向运行,船闸通航效率大受影响,尤其在枢纽通过能力接近饱和的现状下,问题更加凸显。

3. 二期工程通航配套设施建设

葛洲坝二期工程通航配套设施,由于建设期主客观条件的影响及投资金额的限制,未同步设计。1979年6月经国家计委同意,交通部审批通航配套设施投资5404万元〔交通部(79)交水基字1012号〕,用于建设通航设施。1980—1990年,通航配套设施建设完成了上下游5个锚地(即两坝间平善坝普通锚地、鲤鱼潭危险品锚地、黄柏河地方船舶待闸锚地、葛洲坝下中水门地方船舶待闸锚地和艾家河锚地)、50门电话总机及其配套设施、船闸2号工作船、3套全天候矩阵密束灯光调度信号系统、雷达导航监控系统、信号楼大江右岸船闸处职工宿舍等。其中二期工程通航配套设施建设,主要包括信号台改建、工作艇建造和大江右岸职工宿舍建设等。通航配套设施的建设完成,为葛洲坝三江、大江航运工程投入试运行,提供了可靠保证。

其中信号台改建项目的建设过程为:随着葛洲坝一号船闸的完建,原船闸调度信号(机械箭头)不能满足两线通航调度信号指挥,需进行信号台改建。1986年8月5—8日,长航局在南津关召开葛洲坝船闸调度信号台方案研讨会,确定了“四站二点”的选址传信方案。1987年2月17日,设计获长航局批准,工程投资78.10万元。1988年5月8日,调度信号系统设备通过专家组鉴定。1989—1990年,船闸调度灯光信号系统在庙嘴、南津关信号台安装调试(计划中的黄柏河信号台一套系统一直未安装)。1990年5月15日,全天候矩阵密束灯光调度信号系统投入使用,结束了篾制箭头和电马灯作为调度信号的时代,标志着船闸调度信号由人工型转变为自动控制型,为船舶安全通过葛洲坝水域提供了信号引导保障。

4. 葛洲坝一号船闸及大江通航建筑物的试航

葛洲坝大江通航建筑物的试航,是经水电部驻葛洲坝代表处和长航局多次协商研究,并报请各自上级机关同意后决定进行的。1988 年交通部以"交函基字 480 号"批复,决定对大江航道、船闸进行两个流量级的实船试航。

1988 年 7 月 15 日,长航局组织成立了试航领导小组、试航指挥部和试航专业组三级试航机构。试航领导小组由长航局、水电部驻葛洲坝代表处、长办、葛洲坝工程局、宜昌市人民政府、长江轮船总公司、交通部内河局和基建局、湖北省交通厅、四川省交通厅、葛洲坝船闸管理处、长江航道局等单位的领导组成。长航局为组长单位,长航局岑毅生任试航领导小组组长,喻献焕任试航指挥部指挥长。指挥部下设办公室和驾引安全、船舶调度、船舶测试、航道、船闸运行、交通安全保卫、后勤等 7 个专业组,分别执行试航指挥部确定的各项工作。试航工作的目的是:验证和观察船闸设备和建筑物的实际运行工况,为中间阶段验收做准备;验证大江航道的航深、航宽、弯曲半径、流速、流向、波浪航迹,为制订"过闸船舶驾驶操作方法"及"两线三闸过坝运行规程"、航标布置方案等提供科学依据。试航范围由小南沱出南津关、经向家咀过一号船闸至李家河航段,全长近 6 千米。试航主要测试船舶操纵性能、航行轨迹、纵横摇、轮驳间升沉、轮驳间系缆受力;测定船闸充泄水和闸门开启时船舶系缆受力;观测水位及流速流向、观察流态;测试船闸设备运行工况等。试航船舶有"江渝 9"号客轮、"长江 02015"船队(1941.71 千瓦拖轮 + 3 × 1000 吨驳船)、"长江 830"单船、"四川 804"船队(882.6 千瓦拖轮 + 3 × 500 吨驳船)、"长江 02015"船队(1941.71 千瓦拖轮 + 6 × 1000 吨驳船)及工作船舶。

1988 年 7—8 月,召开了三次试航领导小组和指挥部会议,最终确定了试航方案。

1988 年 8 月 29 日—9 月 1 日,进行了 20000 ~ 27000 立方米/秒和 30000 ~ 35000 立方米/秒两个流量级的实船试航。试航期间,一号船闸尚未达到设计标准运行状态,为配合试航,采用集控单机手动操作方式运行,为了限制超灌超泄,采取单边廊道充水和动水关阀的非设计运行方式进行控制,共运行 10 闸次。试验中先单船、后船队,先上行、后下行,功率拖带量先小、后大。8 月 29 日,入库和出库流量均为 24000 立方米/秒,"长江 02015""长江 839"作单船上、下水往返的预备性试航。8 月 30 日,入库和出库流量均为 24600 立方米/秒,"江渝 9"号轮、"长江 02015"顶推 3 × 1000 吨组成的品字形船队进行了上、下水往返试航。8 月 31 日,入库流量 28000 立方米/秒,利用水库蓄水保持出库流量 26800 立方米/秒,"长江 02015"顶推 3 × 1000 吨组成的梭形船队上水试航和顶推 6 × 1000 吨组成的品字形船队下水试航,"四川 804"轮顶推三驳船队上、下水试航。9 月 1 日,入库流量 30200 立方米/秒,利用水库泄水出库流量在船队过闸时保持 32600 立方米/秒,"长江

02015"顶推3×1000吨组成的品字船队进行了上、下水试航。

此次试航是在特定的要求和航道尺度未达到设计条件(下游近坝航道水下炸礁整治尚未完成)下进行的,试航结果只能反映一定条件下的船舶航行和过闸情况。经过对流量10000~35000立方米/秒的流速流态测量及水下地形的测量,基本掌握了航道和水流特性;试航取得了船舶驾驶操作、航行轨迹、航速、航态、系缆力、制动冲程等大量实测数据和资料,为日后分析航道条件的改善、泄水阀门开启方式的选择和下游防淤隔流堤的合理长度、靠船设施位置的研究,提供了定性的基础资料;上游流速分布梯度和口门区横向流速对船舶航行的影响,原型比模型小;坝下急流区的情况大体相似,但涌浪对船队航行的影响原型比模型更大,涌浪对下游人字门关闭及其全关对中的准确运行,以及船舶在闸室内的安全停靠有直接影响。试航流速、流向的观测资料表明,大江下游航道笔架山至李家河一带为急流区,最大流速达4.0米/秒以上,且隔流堤下约300米范围内左右涌浪大,船舶航行起伏摇晃显著。这次试航,对船闸运行只需满足闸阀门启闭和充泄水的功能,没有全面检验船闸设备系统运行性能。试航运行中发现口门区泥沙淤积致使出现下游人字门错位、事故检修门尚不能落位等现象,认为应从速予以解决。

汛期试航后,一号船闸没有投入正常运行。汛期后,下游人字门内外泥沙淤积严重,人字门开启后不能关拢,泥沙挤卡造成底枢移位。1989年11月—1990年1月,施工单位将一号船闸排干进行整修,对闸室、井下进行清淤,下游人字门顶门复位并加装自压式近坎冲淤装置。

1990年3月10日,长航局在葛洲坝大江水域组织了大江航道、船闸枯水期实船试验。葛洲坝水利枢纽出库流量分别为4800立方米/秒和4940立方米/秒,6艘千吨驳组成顶推船队进行了上、下水往返试航。试验表明:一号船闸隔流堤下游400米范围内,因电厂下泄水流扩散,形成与航道斜交的斜向水流,流速1.57米/秒,流向与航道轴线交角25~28度,横向流速达到0.69米/秒,超过船闸规范允许流速($v=0.3$米/秒)的标准。本次试航共运行了4闸次,及时发现了存在问题,为日后航道水流条件改善的研究提供了资料。

5. 大江航道河势改造工程

长江葛洲坝水利枢纽下游河势改造调整工程由江心堤修筑和二江河槽开挖两个项目组成,于2004年12月—2006年6月施工,主要目的是通过修筑江心堤将二江泄水与大江电站尾水之间隔开,开挖二江河槽导引水流分道下泄的综合工程技术措施,改善大江航道的通航条件,提高大江航道的通航流量。

(1)工程概况

长江葛洲坝水利枢纽通航建筑物由三江航线和大江航线组成。三江航线设二号船闸和三号船闸,上游引航道右侧设1750米长的防淤堤,下游利用西坝隔流,使三江航线成为独立人工航道，三江航线运行超过 20 年，情况良好。大江航线设一号船闸，上游引航道左侧设 1000 米长的防淤堤，下游修建 390 米长的导航隔流墙，使大江航线为独立的人工航道。在葛洲坝工程建成投运时，由于西坝凸嘴因拆迁困难未能切除，解决大江下游引航道通航条件问题的技术方案，尚待深入研究，二江泄水闸泄水受西坝凸嘴挑流的影响，水流折冲大江下游引航道，在泄水波和折冲水流作用下，大江下游航道的实际通航流量尚无法达到设计通航流量 30000 立方米/秒的要求。工程验收时决定大江航道的通航流量，先按不大于 25000 立方米/秒掌握，待坝下河床稳定后，再进一步寻求改善措施。在工程投运后，大江航线实际通航流量一般为 20000 立方米/秒。三峡工程蓄水后，库区航道的通航条件得到改善，通过坝址的运量和船闸的通过能力迅速提高。但葛洲坝水利枢纽下游河势在未进行调整以前，大江船闸的通航流量为 20000 立方米/秒，两坝的通过能力不相匹配，因此，迫切需要改善大江下游航道的通航条件，使通航流量达到设计流量，争取达到 35000 立方米/秒。

（2）设计过程

葛洲坝工程建设从开始修改初步设计开始，便是一个不断改进提高的发展过程。在大量的设计科研、原型观测的工作基础上，对于葛洲坝下游河势条件复杂性已有足够的认识。原葛洲坝工程技术委员会主任林一山，根据工程河势的复杂性对葛洲坝工程提出了必须处理好三江冲沙闸、二江电站、二江泄水闸、大江电站、大江泄洪冲沙闸的"五水汇流"，使葛洲坝下游河床形成 W 形河槽断面，以便使二江泄水闸下泄水流与大江电站泄流相互分开、各行其道的总体设计思想。

1981 年大洪水后（流量为 72000 立方米/秒）坝下河床出现了显著的变化，二江河床在西坝凸嘴以下形成了一个深坑，笔架山以下出现了一道深槽。二江深坑使二江泄流开始左移，大江船闸下游的通航水流条件有所改善。河床与水流变化，进一步印证了下游形成 W 形河槽的思路，对解决葛洲坝工程下游复杂河势问题具有一定的科学性和可行性。

1982 年 3 月，葛洲坝工程技术委员会在北京召开的第 13 次会议上，提出了在葛洲坝工程一、二期工程完成后，针对坝下游的通航条件受限问题，可根据工程运行实践经验，适当采取一些工程量和投资额不大而效益显著的工程措施，提出补充设计，进一步提高整个工程的运用标准和效益。按照上述要求，设计和科研部门先后进行了两个阶段的设计、科研和原型观测工作。在工程建设期间，完成了第一阶段模型试验工作，并在钢板桩纵向围堰下，实施了长 230 米、右偏 1 度的下游导流堤和大江船闸下游长 390 米的导航隔流墙。

1988 年开始对葛洲坝下游河势进行第二阶段研究工作，重点是如何有效降低影响大江下游航道通航流量的波高问题。经过多年、多方案的水工、泥沙模型探索，长江水利委员会于 1997 年向国务院三峡工程建设委员会报送了《葛洲坝水利枢纽下游河势调整专题研究报告》，推荐采用"江心堤方案"调整大江下游的河势，进一步提高大江船闸通航流量。

长江三峡工程蓄水后,三峡库区航道大大改善,过坝货运量猛增,葛洲坝大江船闸通航流量偏低,与三峡船闸通过能力不匹配。为使两坝的通过能力相适应,中国长江三峡开发总公司决定,按照长江水利委员会长江勘测规划设计研究院提出的设计,于2004年实施葛洲坝下游河势调整工程,以提高大江航道的通航流量。

(3)方案选择

为改善大江下游航道的通航水流条件,在葛洲坝工程建设期间已完成的下游河势调整一期工程项目包括:

①在下游围堰以内,大江一号船闸下游兴建长390米、顶高程53米的混凝土导航隔流墙。

②保留二江右侧下游钢板桩纵向围堰,并在末端增建长230米、右偏1度、顶高程52米的混合式导流堤。

上述大江下游河势调整的一期工程完工后,葛洲坝下游河床总体形态为上段宽敞河床按W形双槽发展,下段为单槽,与规划设想的河床形态基本一致。但W形双槽的形态尚不理想,还不能解决大江航道受二江下泄水流挤压的影响,横向波浪较大,大江通航实际流量只能达到20000立方米/秒。继续对坝下河势调整,进一步开展研究工作,以减小大江航道横向波为主要目标,结合尽量减少对电站尾水位抬高,以及恢复宜昌船厂水域的水深等,各类工程经1/100水工模型试验初步验证,提出初步方案再进行1/150泥沙模型试验。葛洲坝下游河势调整工程措施及试验结论见表13-1-5。

大江下游河势调整试验方案一览表　　　　　　表13-1-5

方　　案	试　验　内　容	结　　论
对原工程方案用1988年汛后水下地形进行不同流量级试验	1/100水工模型对枢纽不同泄量,大江泄洪冲沙闸不过流,观测右岸波浪爬高	波浪爬高的大小对枢纽总泄量相当敏感。由于泄量增加值均通过二江泄水闸下泄,证明波源主要来自二江泄洪
对二江泄水闸进行调度试验	二江泄水闸的不同调度对大江波浪的影响	不能单靠优化调度方案解决问题,而须以整治工程为主
延长大江船闸下游隔流墙(堤)	1/150泥沙模型做了不同长度的试验,堤身有实墙和浮堤两种形式	延长隔流墙,对延长线内的大江航道上的横波及船闸下闸首处的波高值的降低作用比较明显,但对口门外区域的横波没有改善
进一步延长二江泄水闸右侧下游导流堤(潜堤)	二江右侧下游导流堤延长到680m和1100m	在堤长相近情况下,延长二江右侧下游导流堤比延长闸门下游隔流堤更有效,但对大江、二江电站尾水位有一定影响
二江挖槽	二江深坑以上或以上开槽,或上、下都开槽	二江开挖方案,对大江右岸爬浪的影响并不明显,不能降低波浪的能量,对改善大江下游航道的波浪条件收效不大

方　案	试 验 内 容	结　论
填筑江心堤加设大江浮堤	导航隔流墙以下接300m长的浮堤,并在二江深坑设长200m江心堤,堤顶高程加高至52m	可使大江航道(包括浮堤内和浮堤外)右岸波浪爬高全面降低
江心堤加二江挖槽	大江电站下游中部心滩背脊上修建长450m,顶高程52m的实堤,加二江深坑上、下开挖	对大江入股道波高的降低较为明显,又由于二江挖槽,对二江电站的原水位影响不大
综合治导	延长二江下游右侧导流堤300m(潜导堤),二江挖槽,大江导航隔流堤下游设300m长浮堤	可降大江下游航道波高;浮堤内航道上的横波改为纵波;浮堤自身安全难以保证,运行管理困难

对比分析模型试验成果,从工程设计、施工、运行管理等综合考虑,决定采用江心堤方案。该方案是在大江电站尾水渠下游河床中顺水流方向淤积的"心滩"上修建一防浪隔流的江心堤,将河床分隔为理想的 W 形河床。兴建江心堤后,二江泄水闸下泄水流与大江电站尾水分开,各行其道,在笔架山河段逐渐汇合,至李家河附近,形成五水归槽的态势。

(4)工程设计

①江心堤修筑工程。江心堤位于大江电站尾水渠下游"心滩"上,全长约 900 米,四面环水,结构形式采用混合式,下部为土石堤,上部为混凝土挡墙,为满足大江航道最大通航流量挡浪的要求,按流量为 35000 立方米/秒时的下游水位考虑,堤顶高程为 52 米。江心堤位于河床中部,两侧的受力条件随枢纽运行情况变化而改变,作用在建筑物上的荷载主要有水流冲击力、波浪压力、船行等;当大于通航流量时,江心堤成为潜堤,水流和波浪翻过堤顶形成迭水冲刷堤坡。

江心堤下部土石堤堤顶高程和宽度,由施工水位、施工条件和尽可能减少兴建江心堤过多地侵占大江电站尾水渠的过水断面考虑确定,堤顶高程为 40 米、顶宽为 19 米。土石堤堤身回填料为开挖砂砾石料,两侧设中型石块作过渡层,外抛大块石护坡。江心堤上部混凝土墙坐落在土石堤上,采用阶梯式断面,墙基高程为 39 米、墙高 13 米。根据江心堤的运行条件分析和结构稳定计算,混凝土墙基础宽度为 10 米。堤顶不考虑行人交通要求,顶宽 1.5 米。第一级台阶高度为 2 米,第二、三级台阶高度为 4 米,最后一级台阶高度为 2 米,各级台阶高程分别为 42 米、46 米、50 米、52 米。

②二江河槽开挖工程。二江河槽开挖工程位于葛洲坝水利枢纽下游笔架山河段河床左侧,该河段在高程 42 米时的江面宽度约为 730 米,高程 48 米时的江面宽度约为780 米,该水域为中华鲟繁殖水域。为了尽可能减少对中华鲟繁殖水域的影响,对二江下槽开挖位置在模型试验的基础上作了适当调整。二江下槽开挖的调整方案为右边线向左移 50 米,左边线向左移 30 米。纵向开挖调整为:上游端通过高程为 27 米的平台与河床天然地

形衔接,下游通过坡比为1∶60的反坡与下游29.5米平台连接,反坡高差为2.5米,下游槽底局部开挖宽60米、高程28.5米形成宽齿条带状;横向开挖两侧边坡均为1~2.0,由于横底开挖高程高差1米,两侧开挖边坡仍可形成宽齿条带状,以利于形成紊流,上游端反坡及以上开挖的右侧与河床天然地形衔接。

(5)工程施工

葛洲坝下游河势调整工程主要工程量:水下土石方开挖约117万立方米,土石方填筑约7万立方米,混凝土浇筑约6.8万立方米,钢筋制作安装约259吨。工程投资约1亿元。

①江心堤施工。2004年12月—2005年6月施工高程40米以下的土石堤,2006年1—6月再施工上部混凝土墙。土石堤填筑施工程序:按堤身砂砾石、两侧中型石块、大块石护坡的顺序施工。堤身砂砾石填筑直接利用水下开挖料,采用砂驳上的皮带运输机送料,一次性填出水面,采用15吨以上的振动碾压实。两侧中块、大块石料,由牛扎坪料场开采,在右岸上船运输至江心堤两侧,长臂反铲在抛石船上,沿江心堤两侧抛投。下部土石堤施工完成后,挖除高程39米以上部分砂卵石料,再进行混凝土施工。根据现有的水上混凝土施工设备,混凝土施工采用拌和船,泵送混凝土入仓。

②二江河床开挖。枯水期施工时水位为39.5~43.3米,水下最大开挖水深13.3米,最小开挖水深1~4米。河床砂砾石经多年沉积而未被水流冲走,大多已板结,二江河床开挖采用挖掘能力强的4立方米、8立方米抓斗式挖泥船、250立方米/时链斗式采砂船,开挖料采用280立方米开底(体)驳运至指定渣场。

(6)工程效果

①布置在枢纽建筑物下游的通航建筑物引航道,应解决好泄水建筑物泄水对通航建筑物通航条件的影响,葛洲坝大江航线下游引航道水流条件与枢纽下游河势和二江泄水闸泄水的关系十分复杂,通过采用工程先满足小流量投入运行,继续采用对通航条件进行原型监测,对多种方案进行设计研究,至后期,在比较有把握的基础上,对工程进行完建,以提高船闸的通航流量,能够较简单地向下游延伸船闸的导航隔流堤,减少工程可能承担的风险,更实事求是、合理地解决好工程的技术问题。

②葛洲坝大江下游航道通过在下游形成W形河床断面,修筑江心堤,将二江泄水与大江电站尾水之间隔开,并通过开挖二江河槽,导引水流分道下泄的综合工程技术措施,改善了大江航道的通航条件,提高了大江航道的通航流量,使葛洲坝船闸与三峡船闸的通过能力相匹配,充分发挥长江"黄金水道"的作用。

(四)航运设施运行管理技术创新

葛洲坝船闸技术改造的制度化建设,始于20世纪80年代中后期,形成于1990年,正式启用于1991年。1990年之前,主要是调查研究,提出建议方案,为制度化建设筹备阶段。1990年,葛洲坝工程运行管理领导小组为了保证葛洲坝船闸工程长期安全运行,决定划出部分定额费用作为大修和更新改造的专用资金。继而又制定了《葛洲坝航运大修、更新改造工程计划管理实施细则》,明确规定:"更新改造工程分常规性和非常规性两类。非常规性更新改造指大型更新改造工程,常规性更新改造资金无法承担,需另申请资金的项目。"该决定和细则,成为船闸技术改造的制度保证。1991年开始,葛洲坝船闸的技术改造与常规性大修一起,迈入经常化、制度化的正常轨道。

1. 人字门近坎冲淤装置的研制

当葛洲坝水利枢纽泄洪、冲沙时,船闸下闸首泥沙淤积。如1981年7月葛洲坝水利枢纽第一次泄洪时,二号船闸下闸首泥沙淤厚达3~4米,当下游人字门开启过闸运行时,淤沙向上游方向塌倾,致使闸门再无法关闭运行,不得不停航清淤,严重影响船闸的通过能力,造成大量船舶积压。1981—1983年,泄洪5次,停航清淤用了404.16小时,冲沙8次,仅二号船闸停航清淤就用了235.22小时。面对下闸首淤积严重带来的停航清淤,罗其华等工程师在积极探索诸多清淤、减淤措施的基础上,利用淹没射流原理研制了"船闸近坎自压冲淤装置"。人字门近坎冲淤装置的原理是在人字门面板上开孔,设置管路和控制阀,利用大坝上、下水位差作为动力,对人字门门坎进行冲淤。

1981年7月,近坎冲淤装置方案正式提出,并报上级主管部门审核。当时,无论上级主管部门,还是葛洲坝水力发电厂,包括葛洲坝船闸管理处都存在人字门上开孔装阀冲淤会引起人字门振动等顾虑。对于这些顾虑,技术人员进行了大量的工作,反复认真地计算、研究、试验,对可能出现的问题均考虑了极为可靠的应急措施,并多次征求有关专家的意见。1984年春,二号船闸大修中实施了人字门近坎冲淤装置制造安装工作。当年4月23日,在二号船闸大修复航前的充水调试中,首次投入运用,实测门体无异常。

1984年7月9—12日,三江连续72小时泄洪,人字门和近坎冲淤装置运行正常,实测距门下游6米范围内没有泥沙。1985年和1988年,曾两次抽干二号船闸检修,检查发现下人字门门坎的沥青防渗层完好无损。1985年,近坎冲淤装置推广应用到三号船闸;1990年,推广应用到一号船闸。至今,三江多次冲沙、泄洪,其间运用了近坎冲淤装置,冲沙、泄洪后多次实测距门下游6米范围内没有泥沙,达到了冲沙、泄洪后立即复航的目的。人字门近坎冲淤装置在国内外尚无先例,该成果被授予1989年度"国家发明奖"四等奖。

2. 反弧门门楣通气装置研究及其成果应用

葛洲坝船闸投入运行后,输水反弧门段空化及声振严重,尤以一号船闸最为剧烈。原设计的用压缩空气向门楣补气难以达到理想效果,且难于实现随机补气。船闸充水时,液压系统部分元器件激烈振动,压力继电器经常误动而停机;闸面建筑物颤动,伴有巨大的爆炸式声响;声振易造成反弧门吊耳销轴松脱,支铰地脚螺母松动,顶止水损坏,井下检修平台冲垮;空化使反弧门面板及门楣气蚀严重。

葛洲坝船闸管理局与南京水利科学研究院进行合作研究,通过原型观测试验,提出了在反弧门门楣上加装空气腔,接管连通至井面,开阀时实现门楣自动补气的方案,以解决葛洲坝船闸反弧门段空化及声振问题。在研究的基础上,设计了反弧门门楣通气装置。

在1993年1月一号船闸整顿性大修中,制作安装了反弧门门楣通气装置,并委托南京水利科学研究院进行了运行测试。原型观测成果表明,增加门楣通气装置后,反弧门运行中实现了向门楣稳定地自然通气,空化声振大为减轻,运用效果明显。

3. 葛洲坝船闸实现"三闸一控"的集中运行管控模式

2011年11月9日,葛洲坝船闸集中运行管控中心交工验收,"三闸一控"主体工程完工,标志着葛洲坝信息化、数字化建设取得新的突破,跻身船闸集控技术世界先进行列。该项目对葛洲坝三座船闸的集控系统全部更新,工程包括25个现场控制站、3个集控室、1个管控中心。工程效果为实现葛洲坝一、二、三号船闸的运行控制集中在一个管控中心操作(简称"三闸一控"),提高了信息化水平和运行效率。

4. 反弧门启闭机改造

(1)反弧门启闭机液压系统改造

葛洲坝二、三号船闸的反弧门启闭机原液压系统存在许多问题,易出现液控单向阀无法开启、时开时闭造成压力冲击、阀门超速关闭等问题,造成关阀工作不稳定;系统为油箱与阀件分立管连接组合形式,阀件可靠性差,检修、故障处理均不易。一号船闸液压系统采用国内试制的插装阀阀塔结构,阀件制造质量差,运行极不可靠,故障频发,又难以维修。

葛洲坝船闸管理局完全依靠自有工程技术人员,研究设计改造反弧门启闭机液压系统,实现系统油箱与液压组件相对集成化,满足系统的运行性能稳定、高可靠性和易维护性。

新系统将原来的"单向节流阀+液控单向阀"改为它控平衡阀,用于稳定关阀速度;管式系统改为板式集成系统,阀件选用20世纪80年代中期引进的力士乐系列阀件;取消了油箱内的电加热器,增加了棒式磁滤器、高压滤油器及应急操作用的上下腔连通球阀。

反弧门启闭机液压系统改造:1993年在二号船闸右充试点,1994年开始推广应用,1994年4月完成二号船闸右泄的改造,1996年1月完成二号船闸左充、左泄和一号船闸右充的改造,1998年6月完成一号船闸其余3套和三号船闸2套的改造。

三座船闸液压系统改造后,系统运行稳定,故障率大大降低,维修量大为减少,并增加了检修调试辅助功能。

（2）反弧门启闭机油缸改造

反弧门启闭机原油缸密封件寿命较短,一般为 2～3 年,活塞导向套与缸体干磨,夏季油缸易出现爬行异向,故障率较高,检修周期较短。

在 2001 年二号船闸计划性大修中,对油缸进行了改造,采用了进口的 Merkel 密封件和具有自润滑功能的导向元件,相应地对活塞、下端盖、活塞杆进行了改造。改造后,油缸运行状况良好,检修周期得到了延长,后陆续在 2004 年三号船闸计划性大修、2005 年一号船闸计划性大修和 2007 年二号船闸计划性大修中,将 3 座船闸的油缸进行了相同的改造。改造后的油缸运行情况良好,在一个大修周期(6 年)中不需要进行检修。

5.高精度多点同步升降系统应用于人字门顶门检修

船闸人字门顶、底枢检修时,需要将人字门顶起 300 毫米以上才能进行。2004 年以前门体顶、落施工方法是:在 4 个顶升点架设常规的手动千斤顶,在各顶点架设百分表监测各点的升降值,监测人员全过程读报百分表值,千斤顶操作人员根据读值对各顶的操作进行相应调整,保证各顶同步升降,受百分表量程限制,每顶落约 10 毫米就要停下,调整百分表以满足监测要求,再进行下一次的顶落;受千斤顶行程限制,施工过程包含换顶操作工序,即千斤顶行程到位后,需要用保镦将门体支撑住,千斤顶活塞缩回、全伸,在其上增减垫铁块,然后再进行千斤顶下一行程的顶落。顶落门施工时间长,一般需要 3～4 小时,且各点的同步精度较低,使底枢回位精度较低,存在较大的安全风险。从 2004 年底开始,长江三峡通航管理局(简称三峡局)开展了高精度多点同步升降系统的研制工作,在 2005 年底一号船闸计划性大修前完成研制,2006 年 1 月 4 日、1 月 7 日系统首先应用于左上人字门的顶、落施工,获得了成功。后陆续应用于葛洲坝船闸和三峡船闸人字门检修,均获得了圆满成功。高精度多点同步升降系统采用同步精度 0.5 毫米,不需要经过换顶过程一次性将门体顶落到位,顶落各需 45 分钟。系统应用于人字门顶门检修,缩短了检修时间,提高了检修的安全性,社会和经济效益巨大。中华人民共和国国家知识产权局于 2007 年 9 月 12 日授予三峡局"多点同步升降装置"实用新型专利,2011 年 7 月 20 日授予三峡局"多点同步升降装置及其升降方法"发明专利。

四、葛洲坝水利枢纽通航设施运行管理

(一)运行管理

1.葛洲坝船闸运行管理体制机制

1981 年 3 月 6 日,国务院以《关于批转葛洲坝工程运行管理体制报告的通知》(国办发〔1981〕18 号),确定了葛洲坝水利枢纽的管理体制。交通部和长江航运管理局对葛洲坝枢纽河段的航运管理进行了分工界定,确立和完善了葛洲坝船闸管理的组织机构,正式

确立葛洲坝水利枢纽管理体制,为三峡河段航运的起步和发展提供了坚实可靠的组织保障。该文件系权威性长效文件,其基本原则至今依然适用。

(1)枢纽通航管理职能的划分

长航局为做好葛洲坝枢纽的通航管理工作,于1981年3月组成了长航驻葛洲坝船闸管理处工作组,本着有利于葛洲坝枢纽河段的通航、安全和提高船闸通过能力的原则,实行按专业分管。

①三江航道的管理、观测、维护和清淤保深工作,由长江航道局(宜昌航道区)负责。

②坝上平善坝和坝下艾家河锚地以及陡山沱等临时旅客转运设施的管理和调度指挥,由宜昌港务局负责。

③宜昌地区的通信设施,由长航宜昌通信段负责。船闸内部的通信设施由船闸处负责,其业务工作受宜昌通信段领导。

④船闸的计划和事故修理,由长航宜昌船厂负责;船闸的日常养护维修和弱电部分的检修,由船闸处负责。三江航道的两岸护坡和船闸水工建筑物的维护修理,委托三三〇工程局承担。

⑤陡山沱至艾家河航段的水上安全监督(包括海事处理),由宜昌航政处负责。为加强葛洲坝工程水上运行的安全监督,航政处增设陡山沱、平善坝、南津关、黄柏河、船闸和庙嘴6个监督站。

⑥公安保卫工作。由于葛洲坝工程是个整体,工程的安全实行以电力部为主的统一管理体制,长航宜昌公安分局在船闸处设立派出所,水上消防机构由长航宜昌公安分局直接领导。

(2)船闸管理机构的演变

①三三〇船闸管理处更名为葛洲坝船闸管理处。1981年3月21日,交通部根据国务院办公厅《关于批转葛洲坝工程运行管理体制报告的通知》,决定将长航三三〇船闸管理处名称改为葛洲坝船闸管理处,单位性质为事业单位,级别定为地师级。葛洲坝船闸管理处这一单位名称沿用至1989年7月。其主要负责葛洲坝三座船闸及其相关通航建筑物、设施设备的运行、观测、维护保养和检修工作;在葛洲坝工程施工期负责对火车过坝、船舶过闸及其有关业务实行集中统一的调度指挥;配合公安机关做好辖区的治安、消防管理。

1984年12月4日,葛洲坝船闸管理处增设二级管理处室,实行三级管理体制。1989年5月3日,长航局批复葛洲坝船闸管理处,同意对机构设置及人员编制进行调整。机关处室机构设:党群系统设党办、纪委、工会、团委;行政系统设处办公室、调度室、计财处、人事教育处、设备处、安全处、行政处。基层单位机构设:一号船闸处、二号船闸处、三号船闸处、水工处,通信站、南津关管理站、生活服务公司、电修车间、机修车间。本次机构调整是在中共"十三大"确定的政治体制改革方针大背景下进行的,撤销了党委组织部、宣传部、纪委办公室和各单位专职书记,将组织和理论教育工作划归党委办公室,宣传工作划归处办公室,干部工作划归人事教育处。经费渠道仍然执行国务院办公厅(国办发〔1981〕18 号)文中之"原则规定"中的第七条规定不变。

②葛洲坝船闸管理处更名为葛洲坝船闸管理局。1989 年 7 月 11 日,交通部(89)交人劳字 380 号文批复长航局,同意将"葛洲坝船闸管理处"更名为"葛洲坝船闸管理局",其单位性质、任务、级别不变。葛洲坝船闸管理局这一单位名称沿用至 1997 年 10 月。葛洲坝枢纽船闸、航道、锚地的管理费用和大修更新改造费用,依然为经葛洲坝工程运行领导小组审定后由华中电管局拨付的经费。葛洲坝船闸管理局的运行管理经费,在 1987 年之后伴随着物价的上涨和政策性工资改革,曾做过两次微调。

2. 葛洲坝三座船闸运行管理情况

(1)三江通航建筑物的接管运行

1981 年 12 月 30 日和 1982 年 1 月 20 日,葛洲坝船闸管理处正式接管三号船闸和二号船闸,开始对两座船闸行使运行管理职权。

接管初期运行管理难度大,遗留工程尾工和设备缺陷较多,设备又处于磨合期,运行故障频发,先后出现人字门启闭机齿面胶合、二号船闸下人字门顶枢 A 杆断裂、底枢抱死等较大的设备缺陷和事故,导致船闸被迫停航检修,直接影响了船闸安全运行、制约了效益发挥。

针对运行初期设备故障较多的情况,葛洲坝船闸管理处将保障船闸运行作为第一要务,以快速反应和服务一线为基本要求,对内部管理机构及运行维修保障机制进行了调整与完善,初步形成了船舶过闸调度、船闸运行操作及跟班维护、设备设施检修、供电运行维护保障和水工建筑物管理与维护的运行管理机制。

葛洲坝三江两座船闸运行初期,葛洲坝船闸管理处针对船闸运行中出现的各种问题,不断探索,对船闸设备设施进行了大量整修、完善和改进,逐步降低了设备设施的故障率,使故障碍航率大幅下降,到 1992 年设备停机故障率已低于 1%,船闸通航率已超过设计值,通航效率实现了大幅提升。

1982 年 3 月,二号船闸在运行中发生左下人字门顶枢 A 杆断裂事故,事故处理联合工作组经过调查分析后,认定为属于设备加工制造有缺陷和人字门门格泥沙淤泥致负荷过重所致,决定由原安装单位葛洲坝工程局实施抢修。一是采用双层叠焊杆件(加大断面尺寸),更换取代下人字门原用的 A、B 拉杆;二是在下人字门水下门格中填充泡沫,减轻泥沙淤积附加负荷。1983 年 2 月,二号船闸右下人字门底枢摩擦缺油抱死,由葛洲坝船闸管理处实施抢修,根据顶门查出的原因,采取了改进底枢密封强度、修理加固润滑管道,改用针入度低的润滑脂和单设底枢润滑油泵供油等措施。

1985 年 4 月 18 日,国家验收委员会对二、三江工程进行了竣工验收,船闸设施正式移交葛洲坝船闸处管理。

（2）大江通航建筑物的接管运行

1989年10月20日，葛洲坝一号船闸由葛洲坝船闸管理局正式接管，三三〇工程局与葛洲坝船闸管理局在交接协议书上正式签字（只交运行，不交工程尾工和设备缺陷），葛洲坝船闸管理局开始对一号船闸行使独立的运行管理职权。接管初期，葛洲坝船闸局建立了船闸运行管理及设备运行操作的各项规章制度，并与施工单位一起对工程建设中存在的65项尾工缺陷项目进行了处理完善。1990年5月1日开始，一号船闸在20000立方米/秒流量以下白天试运行，实现了葛洲坝设计初衷的两线通航。1990年5月—1991年5月试运行期间，由于受流量限制、跨江高压电缆临时抢修、大江航道水下爆破开挖施工、泥沙淤积受阻及设备系统缺陷等原因的影响，一号船闸未连续运行，仅运行91天，发生设备故障65次，闸次故障率高达61%（运行故障率＝故障次数/总闸次数×100%）。一年试运行共运行107闸次，通过各类船舶426艘次，通过货运量161770吨。

葛洲坝一号船闸在1991年1月前，只能间歇通航；1991年1月—1993年2月，基本维持季节性白天通航，运行故障率仍较高；1993年3月—1994年12月，白天基本正常通航；1994年12月以后，实现20000立方米/秒流量以下的全天通航。

2011年是长江三峡河段通航史上具有标志性意义的一年，葛洲坝、三峡船闸货物通过量分别于12月12日和12月25日突破亿吨大关，其中葛洲坝船闸运行30年来首次突破亿吨，三峡船闸提前19年达到设计通过能力。葛洲坝、三峡船闸年度累计运行19361闸次，通过船舶59133艘次、旅客126271人次，货运量104175269吨；三峡两线船闸累计运行10347闸次，通过船舶55610艘次，旅客400014人次，货运量100323809吨。截至2015年，除2012年受航运大环境的影响，客货通过量有所回缩外，2013年回稳后各项运行指标持续提高。

（3）三座船闸通过量统计

1981—2015年，葛洲坝三座船闸共运行482539闸次，通过船舶234359艘次、货物1099013833吨、旅客74448135人次，总运量增长了78倍。1981—2015年葛洲坝一、二、三号船闸通过量统计，详见表13-1-6。

1981—2015年葛洲坝一、二、三号船闸通过量统计 表13-1-6

年份（年）	指标			
	闸　次	艘　次	货运量（吨）	客运量（人次）
1981（二、三号闸）	2909	12967	1470210	645760
1982（二、三号闸）	6880	35356	3468114	1265377
1983（二、三号闸）	7606	59705	4591647	1553176
1984（二、三号闸）	9221	66659	5523912	1775930
1985（二、三号闸）	9015	66533	5548250	2180589

续上表

年份（年）	指　标			
	闸　　次	艘　　次	货运量（吨）	客运量（人次）
1986（二、三号闸）	8600	61965	5494784	2498571
1987（二、三号闸）	10315	62702	6370640	2724586
1988（二、三号闸）	12090	70068	7707745	3296994
1989（二、三号闸）	11571	73480	8731581	2967993
1990（二、三号闸）	10652	63063	7084950	2684479
1991（二、三号闸）	10009	62982	7326473	3124188
1992（二、三号闸）	13057	75092	9284553	4163455
1990.5—12（一号闸）	72	285	114272	0
1991（一号闸）	36	145	50898	0
1992（一号闸）	759	5996	993003	205090
1993（一、二、三号闸）	12131	77519	9524212	4185768
1994（一、二、三号闸）	14353	89405	10453813	4436083
1995（一、二、三号闸）	16341	112201	14300577	4412494
1996（一、二、三号闸）	18257	117788	15912609	4829713
1997（一、二、三号闸）	14616	98816	13860760	4792376
1998（一、二、三号闸）	10946	73146	10369019	3031074
1999（一、二、三号闸）	12422	69305	10569021	3150080
2000（一、二、三号闸）	12528	67147	12027136	2699900
2001（一、二、三号闸）	13791	73048	15140136	2656297
2002（一、二、三号闸）	14313	70416	18027625	2568318
2003（一、二、三号闸）	9788	49299	17442714	958334
2004（一、二、三号闸）	15323	75313	30418931	1528571
2005（一、二、三号闸）	16966	68473	35415477	1690487
2006（一、二、三号闸）	16252	63002	42316406	1479726
2007（一、二、三号闸）	16224	58909	49855329	767430
2008（一、二、三号闸）	17058	59670	56356667	744319
2009（一、二、三号闸）	16444	56298	63943282	525240
2010（一、二、三号闸）	17873	62397	82087392	269439
2011（一、二、三号闸）	19361	59133	104175269	126271
2012（一、二、三号闸）	19361	59133	104175269	126271
2013（一、二、三号闸）	17809	49109	90382299	76931
2014（一、二、三号闸）	28971	49109	102967886	39979
2015（一、二、三号闸）	18619	48725	115530972	266846
合计	482539	2324359	1099013833	74448135

注：葛洲坝一号船闸自 1990 年 5 月开始运行，其当年的统计数据则为 1990 年 5～12 月。

（4）船舶过闸调度机制的建立

1981 年 5 月 21 日，葛洲坝船闸管理处为做好船闸的船舶过闸调度工作，成立了船闸调度室，业务接受长江航务管理局运输管理部门的指导。船闸调度室下设计划统计组、调度值班组和庙咀、黄柏河、南津关 3 个信号台，人员编制 36 人。船闸调度室主要职责是负责管理船舶过闸申请，编制船舶昼夜过闸作业计划；召集每日运行调度会议，检查分析上昼夜计划执行情况；审议、发布下昼夜作业计划，组织好船舶过闸衔接工作；协调内外关系，及时调整、修改、发布、补充计划，落实安全措施；随时了解有关航道技术状况，调度指挥过闸船舶安全通行；及时汇报过闸船舶发生的海损事故，编制船舶过闸各类统计报表；根据港航监督部门决定，通报船舶停航、断航及复航情况。

1980 年，长航三三〇船闸管理处受长航局委托，开始着手编写葛洲坝通航调度规程。1981 年 5 月 11 日，形成了《葛洲坝船闸调度工作规程》初稿，并报长航局审核，当月长航局审查转报交通部审批。1981 年 6 月 4 日，交通部正式发布《葛洲坝船闸调度工作规程》，该规程自船闸试航之日起试行。

1988 年葛洲坝水利枢纽二期工程基本结束，大江船闸启动试航。为了适应葛洲坝 3 座船闸通航管理的需要，葛洲坝船闸管理处对原《葛洲坝船闸调度工作规程》进行了修订，形成了新的《葛洲坝船闸船舶过闸调度规程》（报审稿），并于 1989 年 6 月 2 日上报长航局。同年 6 月 28 日，长航局颁布试行新规程。新规程共分 7 章 17 条，7 个附件，涵盖了葛洲坝船闸调度管理的基本规定、调度机构和职责、过闸作业计划、调度工作制度、调度纪律等内容，是船闸调度管理工作的基本依据。

3. 葛洲坝船闸建筑物管理与维修制度的建立

（1）船闸设备管理体系的建立

根据"国办发〔1981〕18 号"文精神，葛洲坝船闸建筑物的左岸土石坝、黄草坝的渗压排水观测和帷幕排水设施的维护检修，由葛洲坝电厂负责；船闸其余设备设施的维护检修，由交通部门负责，最后落实到葛洲坝船闸管理处负责。初始，长航局规定船闸大修由长航宜昌船厂负责，但该船厂实际未负起应担职责。1984 年初，长江航运体制改革后，长航宜昌船厂划归长江轮船总公司，所承担船闸大修职责自然取消，全部转移到葛洲坝船闸管理处。船闸实际执行的维修类别，是在 1990 年葛洲坝工程运行管理领导小组会议上确定并经以后的领导小组会议逐步规范，分为一般性维修、常规性大修及更新改造、计划性大修和抢修。船闸一般性维修经费，在船闸年度运行管理费中定额单列、专款专用。常规性大修及更新改造、计划性大修，均实行单项工程申报审批制，由葛洲坝船闸管理局编报项目计划，经葛洲坝电厂审核、葛洲坝工程运行管理领导小组批准，船闸管理局按批准计划执行。所不同的是，常规性大修及更新改造工程项目计划与实施，为每年一轮，年度费用规模定额控制、专款专用，而计划性大修则严格实行立项申报审批制度。1990 年起，计划性大修周期规定每 6 年一次,应急抢修实行先修后核项目管理制。

1990 年,葛洲坝工程运行管理领导小组会议确立了枢纽船闸及航道维护修理制度和经费保障制度,并建立了航、电两方面的运行管理定期协调体制机制,从制度层面落实了"国办发〔1981〕18 号"文规定的葛洲坝枢纽工程航电分管原则精神。船闸设备管理先后由机务科、运行调度处、设备处统一负责,各基层单位负责设备的运行与维护,项目维修以上的设备检修由职能部门负责编制计划和组织实施。

（2）船闸设备维修制度的确立

葛洲坝工程实行集中与分散相结合的船闸维修体制,总工办、设备处分别为船闸技术和设备管理的主管部门,负责制定设备维修及设备管理规章制度。船闸处负责船闸设备的日常维护保养和简单项目修理,大修时承担部分单项修理工程任务;机电维修中心是船闸检修的专业队伍,平时负责船闸金属结构及大型启闭机项目修理、单台设备大修,计划性大修和抢修时为船闸修理的主力队伍;船闸水工建筑物管理观测与维修、供电设备运行管理与维修、通信设备管理与维修,按专业对口,分别由水工处、电修车间和通信站负责。

船闸计划性大修是具有任务集中、工期限制性强、施工场面立体交叉、管理和协调要求高等诸多特点的系统工程,通常被视为一项阶段性的全局性工作。1991 年起,每逢船闸计划性大修,都会成立大修工程现场指挥部,行使大修组织指挥权,负责工程任务分解实施,实行进度控制、质量控制、费用控制、技术管理及施工安全管理。经过多年实践探索,葛洲坝船闸管理局形成了船闸大修工程施工组织与管理的基本模式,建立和完善了一套大修工程管理制度。

（3）船闸设施检修及更新改造制度的确立

1990 年葛洲坝工程运行领导小组会议正式确定葛洲坝通航设施的检修(包括更新改造)制度和机制。会议明确的相关规定主要有:船闸检修分为日常维修、大修和抢修,大修又分为常规性和非常规性两种,非常规性大修最终定名为计划性大修;船闸和航道常规性大修与更新改造实行年度总费用额度控制(年度总费用额度相对稳定,每年 300 万元),由船闸、航道管理部门编制年度计划报批;船闸计划性大修周期定为六年一次,由葛洲坝船闸管理局编制计划报批;大修及更新改造实行工程项目管理制,项目计划由葛洲坝电厂审查,运行领导小组批准,船闸和航道管理部门分别组织实施,葛洲坝电厂拨付费用并组织工程验收;船闸应急抢修实行先报备实施后核定费用的管理机制。1991 年这些制度开始正式实行。1995 年运行领导小组会议决定,葛洲坝船闸日常维修费用在船闸年度运行管理费中单列,每年定额 100 万元,专款专用。

（4）船闸计划性大修模式的形成与制度的确立

葛洲坝船闸管理局从 1991 年开始,着眼于具有葛洲坝特色的船闸计划性大修工程管理模式的创新,经历了模式探索与建立、制度规范制定与完善和不断总结提高的过程。1991 年三号船闸计划性大修开始组织管理探索;1994 年二号船闸计划性大修时,建立起基本成形的工程组织管理体系和部分管理制度;1997 年三号船闸计划性大修时,管理组织体系进一步完善,管理制度和工作程序更加规范,并汇编成册;1999 年一号船闸计划性大修时,对制度进行了增补和修订,形成了船闸大修工程管理的规范性文本。

规范船闸大修工程管理的指导思想是规范大修施工组织,明确工程管理职责和程序,完善各项规章制度,实现大修施工组织与管理的科学化、高效化和规范化。最终形成的大修工程管理规范性文本,对船闸大修工程的组织管理机构,职责与权限,工作流程与工作制度,技术、质量、安全、经费和进度控制,精神文明建设,奖励与处罚等,均作出了明确具体的规定,具有极强的可操作性和鲜明的葛洲坝船闸特色。

（5）船闸检修规程的研究与制定

为了规范船闸检修工作,提高船闸检修标准化、科学化水平,1995 年初,葛洲坝船闸管理局开始组织研究编写《葛洲坝船闸检修规程》,成立编审委员会,组建分专业编写小组,抽调人员负责集中编写工作,确定分专业主审人员。经过《葛洲坝船闸检修规程》大纲编审、分章节组稿、专业组会审改稿、集中编辑、分专业主审后再修改编辑、编审委员会总审等若干环节,至 1997 年 11 月完成了规程编制,并以正式技术标准向局属各单位颁布施行。葛洲坝船闸管理局近 60 位专业技术人员参加了《葛洲坝船闸检修规程》的研究编制工作。该规程的成功编制,是一次集船闸检修技术大成、检验全局技术队伍实力、实现自我总结提高的重要成果,为三峡局后续系列技术标准的制定开创了先例,积累了经验。

《葛洲坝船闸检修规程》共分 4 篇、36 章,约 50 万字,按船闸机械设备检修规程、船闸电气设备检修规程、船闸通信设备检修规程和船闸水工建筑物维修规程四部分编纂,篇中按设备设施类别划分单项检修规程,单项检修规程内容包括检修内容、适用范围、检修工期及主要技术标准、检修工艺、验收质量标准等。该规程中的技术规定,以国家标准、行业标准和设计技术要求为依据,并吸纳了葛洲坝船闸检修实践的经验和成果,具有技术先进性和较强的适应性。

《葛洲坝船闸检修规程》颁布后,成为船闸检修的技术规范文件,对规范检修行为、统一技术要求、控制施工质量、提高检修效益等发挥了巨大作用。《葛洲坝船闸检修规程》是全国船闸行业中的第一部检修技术规程,对同类型船闸的检修具有推广应用价值。该成果于 2004 年荣获中国航海科技二等奖。

（6）船闸水工建筑物的观测与维护

1981 年 3 月 6 日,国务院批准了水利部、电力部、交通部提出的《关于葛洲坝工程运行管理体制的报告》。该报告明确对葛洲坝一期工程主要建筑物的管理进行了分工:"……长江航运管理局葛洲坝船闸管理处分工管理三江 2 号、3 号船闸（包括活动桥）及其上下航道、左岸土石坝、锚地、防淤堤及黄草坝左半部分的运行、观测、维护保养和检修。"
"二期工程的分工管理范围参照上述原则,待二期工程投入运行前再具体划分。"同时,报
告规定了几项原则,其中有"2、对建筑物及设备实行谁管谁修的办法。葛洲坝船闸管理
处所辖2号、3号船闸、左岸土石坝、黄草坝的基础渗压排水观测和帷幕排水设施的维护
检修,由葛洲坝水力发电厂承担"。

根据"国办发〔1981〕18号"文精神,1988年葛洲坝二期工程竣工后,划分给长江航务
管理局葛洲坝船闸管理处分工管理的范围是大江一号船闸(包括公路桥)及其上下航道、
防淤堤的运行、观测、维护保养和检修。

为了解和掌握船闸的运行状态,设计单位根据有关规范和每座船闸的工程及地质情
况,采用当时大坝安全监测的先进技术,在葛洲坝枢纽上设计布置了整体联系监测网、基
础岩体变形量测、主要建筑物变形量测、基础渗流量测、温度监测及应力状态量测等监测
系统。其中船闸范围内的变形监测,主要包括垂直位移(闸基和闸面)、水平位移(闸基和
闸面顺水流方向的纵向位移和垂直水流方向的横向位移)、挠度,以及各监测基点的控制
测量等项目;内部监测包括基岩变形监测,结构缝、裂缝、闸体和基岩接触缝开合度监测,
钢筋应力监测,混凝土应力应变监测,闸体温度监测等。针对上述监测项目,安装了相应
的量测设施。

（7）通信服务与保障

葛洲坝枢纽通信设施的建设由三三〇通航设施建设指挥部通信分部组织实施。通信
工程建设中,以长航宜昌港务局通信段为中心站,投资建设了三三〇船闸管理处、南津关、
平善坝、陡山沱、艾家河等通信站点,以保障三三〇船闸通航初期的通信及与长航内线的
通信需要。

葛洲坝船闸通信分段、南津关通信分段与港务局通信段的有线电话通信,由有线电缆
相连。南津关、平善坝、陡山沱、艾家河等站点,由12路载波保持通信。其中葛洲坝船闸
管理处有一台50门供电式电话人工转接总机,南津关站有一间50门供电式人工转接电
话总机房、12路载波机机房和一个电力室。葛洲坝中心调度室、二号船闸、三号船闸配置
有小型调度电话总机,以保障各闸首、人字门机房等和南津关、黄柏河、庙咀等信号台的调
度通信指挥与联系。闸室停靠的现场调度,闸调和各闸集控室装有有线广播系统,可进行
现场呼叫指挥。

1981年8月5日,葛洲坝船闸处至宜昌港务局音频电报正式开通。船舶过闸计划由
船闸通信分段以有线报务发布和传送,船闸处直接与宜昌电台联络。凡是船闸有线报房
工作量和业务情况,按时向长航通信总站汇报。1984年,葛洲坝船闸管理处安装了400门
纵横制自动电话交换机并开通运行,解决了船闸电话用户与市话、国内长途的通信业务需
求。同时,与闸调、集控室的调度总机之间也实现了电话的可控接转,使葛洲坝船闸通航

运行管理的有线通信保障提高到了新的层次。

葛洲坝枢纽初期通航的无线组网工程由长航通信总站设计,主要是由平善坝、南津关、上地航锚地、中心调度室、庙咀、下地航锚地、宜昌港务局、艾家河8个通信点构成无线网络,以保证各通信点与该点管辖范围内的船舶之间实现无线通话,各点与有线话路可实现转接。葛洲坝无线通信设施工程建设中,考虑到当时船舶暂未配备甚高频无线电话,故暂时配置了一定数量的DH-5短波电台,作为船岸之间临时通话使用。葛洲坝枢纽通航前,在平善坝、南津关、中心调度室安装了4台无线短波设备,实现了三点互通,保证了最需要地段的通话要求。为满足船闸调度、运行、维修、水工观测、电力及通信野外作业,先后配备了JXD-3、JDW-303、DF74-2等对讲机及FF2500无绳电话。

葛洲坝船闸通信分段的无线组网,是临时安装的调度和二、三号船闸集控室,以及陡山沱、南津关、庙咀、艾家河4个信号台的无线设备,为船舶过闸调度的无线通信保障。该无线网络,船闸中心调度和两个集控室配置使用两套DH-5无线电话设备,其他通信站点只用一套设备。初期使用的为中频(JZD-8型),短暂使用几个月后,即换为恩施产的高频。此后,陆续增加了高频无线电话使用单位。到了20世纪90年代初,高频无线电话已在葛洲坝船闸中心调度室、三座船闸集控室,以及黄柏河、南津关和庙咀3个信号台等船舶调度和船闸运行单位使用。

JZD-8型甚高频无线电话、JJD-4型单工调频超短波无线电话及DH-5C型短波无线电台在平善坝锚地、南津关信号台、庙咀信号台、西坝二号船闸提升楼调度室、艾家河锚地、黄柏河信号台的安装使用,使得葛洲坝船闸的无线保障质量大幅提升。闸调对各闸集控室、信号台、过闸船舶的无线通话质量,也有了大幅提高。1985年8月21日,宜昌地区无线电管理委员会批复同意葛洲坝船闸管理处报房设置使用77型接收机。无线抄收通电的开通,为船舶过闸调度提供了重要的无线通信保障。

启用HJ905型400门纵横制自动电话交换机之前,葛洲坝船闸电话用户与宜昌市的市话、国内长途,是通过宜昌港务局通信段电话总机转接的,包括长航内线长途电话,均由用户呼叫通信分段总机话务员,然后由话务员做好记录,代理用户接通被叫后,再转呼主叫用户实行通话。其通话费用由总机话务员记账,通信分段代收代缴。

4.葛洲坝枢纽航运维护制度的建立

(1)港监机构及其管理职责

根据1979年11月14日长江航政管理局"航政监〔1979〕246号"公布的各分支机构管理范围,宜昌航政处管辖北岸天兴阁至鳊鱼溪全长479千米,南岸洪山头至川鄂界沟全长478千米,其范围涵盖葛洲坝枢纽通航水域。

1981年9月19日,长江航政管理局《关于宜昌航政处改为宜昌航政分局的通知》(航政党〔1981〕第028号)批准宜昌航政处改为交通部长江航政管理局宜昌分局。为加强葛洲坝工程水上运行的安全监督,5月30日,长江航政管理局"航政人〔1981〕第077号"批准宜昌航政分局成立葛洲坝中心监督站,并设立平善坝、南津关、黄柏河、庙咀、艾家河监督站,具体负责葛洲坝枢纽水域的安全监督工作。监督站主要职责为:贯彻执行国家水上安全监督法律法规和规章制度;负责管辖水域范围内的水上安全监督管理工作,包括船舶登记、船员考试、船舶签证、安全宣传、安全维护、水工审批、船舶载运危险货物监督管理及污染防治监督、海事处理、违章处罚等;负责葛洲坝工程水上运行的安全监督,包括过闸安全检查、危险品船舶过闸安全监督维护、船舶过闸秩序管理等。1984年7月28日,长江航政管理局"航政人〔1984〕第157号"批准葛洲坝中心监督站改为葛洲坝航政处。1989年8月1日,《关于长江航政系统机构更名的通知》(交通部交人劳字〔1989〕338号)、长江航政管理局"航政人教字〔1989〕第141号",决定将宜昌航政分局更名为宜昌长江港航监督局,所属各处站分别更名,职责不变。1992年12月18日,宜昌长江港航监督局"宜长督人〔1992〕115号"决定撤销葛洲坝港监处及其管理的庙咀监督站,成立葛洲坝监督站、白沙脑监督站、南津关监督站,直属宜昌长江港航监督局管理。

(2)港航监督管理规定

葛洲坝枢纽水域通航安全管理的规定主要有:1981年5月26日,交通部《长江葛洲坝水利枢纽三江通航安全管理试行办法》(交港监字〔1981〕1079号)批准公布施行,这是葛洲坝枢纽通航安全管理的第一个规范性文件。其后制定并经交通部颁布了《长江葛洲坝水利枢纽大江航道、船闸试运行期间安全管理规定》《装运危险货物船舶通过船闸的安全管理规定》等规范性文件。宜昌航政处会同宜昌市相关部门制定公布了《三江客运渡船安全规则》,使安全技术监督和现场监督管理做到了有法可依、有章可循。1991年,长江航政管理局颁布实施《长江葛洲坝水利枢纽三江通航安全管理规定》。

(3)港航监督主要工作

①船舶过闸安全监督与维护。根据船闸运行规律,对船舶实行闸闸维护,对大型客轮和特种船舶实行条条、队队维护。每年枯水洪水、冲沙及时召开船舶单位会议和联席会议,加强安全预测、预防、预控,制定防浅、防洪、防碰等安全措施,推行安全责任制,适时发布通告通电。洪水期及冲沙时,对黄柏河、三江下引航道实施昼夜维护,枯水期增派监督艇在坝下维护船舶航行秩序,杜绝超载等违章航行。

②通航安全整治。对进出葛洲坝坝区船舶航行秩序的整顿,以南津关为重点,守口把关,切实加强对船舶航行的检查、抽查,对进出坝区客轮每月至少登轮现场检查并签证一次,特别是对乡镇船舶的管理,协助乡镇政府落实安全责任书,做到定期检查、重点抽查,对查出的超载、违章航行等突出问题,严抓督促整改,对消防救生设备不齐和破旧的小机船免费提供灭火机、救生衣等,将安全隐患消除在过闸之前。针对葛洲坝三江航道渔船多、游泳多和轮渡对驶等碍航问题,建立和执行联席制度、汇报制度、联合检查制度,同地

方政府、船舶单位、地方港监、电厂、船闸、过闸处建立了坝区交通安全管理网络,解决了许多难以解决的问题,及时消除安全隐患。

③船舶载运危险货物及防污染监督。航政部门对装运危险货物的船舶(队)根据需要进行检查或抽查;对地方船舶运输危险品进出坝区的签证必须到现场登轮检查、复核。实行危险品船舶深夜过闸,采取昼夜维护,并对过闸危险品船舶现场检查放行。对坝区防止船舶污染水域的环境保护工作,建立了群防现场监督组织。

(4)治安消防管理

①安保协调小组及其职责。1986年9月24日,葛洲坝工程安全保卫协调小组(简称协调小组)正式成立,并召开第一次会议。商定了协调小组及办事机构人员组织、任务和工作制度。

协调小组由葛洲坝工程局、葛洲坝水力发电厂、葛洲坝船闸管理处三家行政主要领导和长办设代处一名总工程师组成,由葛洲坝工程局局长担任组长。下设一个联络组为日常办事机构,联络组由葛洲坝工程局公安处、葛洲坝水力发电厂公安处、长航宜昌公安分局主要领导组成,由葛洲坝工程局公安处处长任组长。

协调小组负责协调工程防汛抢险时的安全保卫工作;负责协调重大节日期间工程安全保卫工作;负责协调重大警卫接待任务时的安全保卫工作;负责协调大坝坝面需要各家统一行动的有关安全保卫工作;三家党政领导认为需要协调的有关坝面的安全保卫工作。二期工程施工部位、发电厂、船闸的安全保卫工作,由工程局、电厂、船闸处各负其责,大坝路面交通管理由葛洲坝工程局公安处负责。协调小组每半年定期召开一次会议(如遇特殊情况可随时召开),听取各单位情况汇报,研究工程安全保卫方面需要协调解决的问题,由协调小组组长召集,所有成员除出差、生病等特殊情况外,均须参加会议,会议协调确定的事情,各方都要保证圆满完成。联络组负责日常联络与协调,与各单位公安保卫部门保持经常性联系,及时互通情报,相互支持,主动协调。

②葛洲坝船闸治安消防管理。葛洲坝船闸治安消防管理,由长江航运公安局宜昌分局负责。为此,设立了葛洲坝船闸派出所,派出所在葛洲坝一号、二号和三号船闸分别设置民警值班室。

1979年初,葛洲坝水利枢纽工程中的葛洲坝二、三号船闸等一期工程的主体建筑即将竣工。同年11月,长江航运公安局局长孙靖亚率工作组到宜昌、巴东、枝城等单位调研在宜昌建立公安保卫机构的问题,并征求宜昌市委、市公安局、宜昌地区公安局的意见。在此基础上,长江航运公安局认为长航在宜昌的公安保卫组织应予加强,有必要建立一个专门公安机关,加强船闸保卫,统一领导长航宜昌区段的公安保卫工作。1980年3月,交通部批复同意成立长江航运公安局宜昌分局,当时的主要任务是负责保卫葛洲坝船闸的安全。同年10月,该分局开始着手研究、部署船闸的治安保卫工作,成立了由一科、二科以及船闸民警队组成的政审小组对葛洲坝船闸处职工进行政审,重点走访了解即将直接从事二、三号船闸操作、维修而在外单位接受培训人员的工作表现以及社会环境,为船闸要害保卫掌握了第一手资料。1981年11月5日,宜昌分局葛洲坝船闸派出所正式接收葛洲坝工程局公安处移交的三江航道、船闸安全保卫工作,这为长航宜昌公安分局治安保卫工作注入了新的内涵。1982年2月13日,宜昌市公安局、葛洲坝工程局公安处和长江航运公安局宜昌分局联合起草发布了《葛洲坝船闸治安管理联合公告》。同年12月15日,葛洲坝三江船闸坝面交通协调小组召开会议,就三江船闸通航和坝上交通安全管理工作进行了协商并形成会议纪要,纪要指出:坝轴线上的火车和一切车辆交通秩序由葛洲坝工程局交通科负责,除坝轴线外,在闸面的车辆交通管理由长航宜昌公安分局葛洲坝船闸派出所负责。

自葛洲坝三江通航至1984年底,闸面和大坝交通由葛洲坝工程局公安处负责。其间,宜昌市公安局为加强葛洲坝枢纽治安管理工作,设置了葛洲坝公安分局,负责葛洲坝封闭管理和大坝交通管理,同时撤销葛洲坝水力发电厂公安处。在职责分工方面,葛洲坝船闸闸区治安消防管理由长江航运公安局宜昌分局负责,自此形成葛洲坝公安分局和长江航运公安局宜昌分局共同行使葛洲坝枢纽公安管理事权的格局。

③水上治安消防管理。三峡河段的水上治安消防管理机关,为长江航运公安局宜昌分局。1981年,该局圆满完成了三江船闸航道试航的治安、消防管理任务;1988年,该局圆满完成了大江船闸航道试航的水上治安消防管理任务。

葛洲坝工程在建设期间,其工程施工区域的治安消防管理由三三〇工程指挥部负责,在葛洲坝水利枢纽通航建筑物转交给葛洲坝船闸处管理后,长江航运公安局宜昌分局全面承接并完成了葛洲坝水利枢纽水域的治安、消防管理工作。

(5)航道维护管理

①助航设施维护。三江航道全长6.5千米,其中上游引航道长2.5千米,下游引航道长4.0千米。上游引航道左岸中部有支流黄柏河汇入,下游引航道中部有公路桥一座。

根据三江航道岸线清晰、河床相对稳定、水位变幅小的特点,航道部门在上下游引航道各建立了一个航道站,两个航道站共同担负三江上下游引航道的航标维护与管理任务。三江航道航标配置始于1981年,确定以岸标配布为主,航道两侧均"锁链"配布航标、标示航道界限的原则,三江上下游引航道两岸全部为固定岸标,上游引航道设7座,下游引航道设10座,导流墩设浮标1座,其中在三江航道下口门左右配布白、红浮标各1座,上口门防淤堤头设置红色岸标1座,庙咀以上两岸,每隔500米左右按左白右红规定设置岸标,共计左岸10座,右岸7座。同时,在南津关、庙咀及黄柏河口均设有调度信号台,二、三号船闸均设有进闸信号,以指挥船舶进出引航道及船闸。所配航标选用国家标准《内河助航标志》中的杆型灯桩,灯质除右岸 7 号标及左岸 6 号、7 号标为单闪光外,其余均为定光灯。航标采用下口门起分左右岸自下而上一次编号的方法命名。三江航道所有航道标志,全部为常年发光标志。

三江航道启用后,在两岸对称设置了"三江航道里程标"。按三江航道全长 6.5 千米设计,以每百米为基本单位,自下而上依次连续划分设置。

大江航道试通航始于 1990 年 5 月 1 日,航标配置始于 1989 年。大江航道共配置航标 22 座,其中上游航道 7 座,下游航道 15 座。大江防淤堤头设灯塔 1 座。航标维护工作由葛洲坝上下游南津关和庙咀两个航道站分别承担,在试通航期间,对航道进行了扫床、设置航标等维护工作。

②航道观测。为保证做好葛洲坝枢纽的航道维护管理工作,长江航道局于 1980 年 5 月专门组建了宜昌航道测量队伍,在葛洲坝枢纽通航以后,独立完成了葛洲坝枢纽大江航道、三江航道的平面控制、高程控制、水下地形、流速流向、航迹观测、涌浪观测、工程测量、水文观测等各种测量任务,为航标维护、疏浚施工和航道科研工作,提供了丰富、详细、可靠的原始数据。

③航道疏浚。三江航道运行初期,每年泥沙淤积量一般都有数百万立方米,每年汛末,按设计运行的技术要求,在入库流量为 24000～26500 立方米/秒左右进行 2～3 次冲沙,每次冲沙时间不超过 24 小时,冲沙流量为 8000～9000 立方米/秒。采用这种方法,大部分淤积在引航道内的泥沙都可以冲走,局部地区的清淤效果不是很好,如三江上引航道的王家沟边滩、二号船闸上游边滩、三江下引航道的三号船闸下游边滩及下口门区等。因此每年仍有一定数量的剩余淤积量,其中需要予以清除的碍航泥沙有数十万立方米,每年汛后至枯水期都需安排挖泥船实施清淤施工。

（二）经验总结与启示

1. 水利枢纽航运工程建设与管理经验

（1）在涉及多部门管理的水利枢纽运行中,"国办发〔1981〕18 号"文是交通运输部及其所属部门行使葛洲坝通航建筑物管理职权的法理依据,建立健全、独立、科学的通航设施运行管理体制机制,可以为水利枢纽通航设施接管及运行管理,以及枢纽航道通航维护,提供强有力的组织领导保证。

（2）建立枢纽船闸运行、船舶过闸组织、通航设施维修、航行安全监管、航道疏浚维护、通信信息保障的组织管理体系,是全面、正确、精细实施葛洲坝通航运行管理与服务的机制保障。

（3）不断进行的设备设施更新改造、维修技术工艺创新、管理装备先进优良,是保持通航设施稳定、高效运行,辖区航安全、行畅通的硬件保障。

（4）现代化、智能化的枢纽通航组织信息技术，以及交通监管系统的运用，是保持船舶过闸高效、畅通的技术保障。

（5）由重管理到重服务的理念转变，"三峡通航、一路阳光"的通航文化品牌建设，"一切为了通航、一心服务船方"核心价值观的践行，是保持船舶过闸公平、和谐的文化精神保障。

（6）大型水利枢纽工程中通航建筑物一般都由非水运部门建设，因此航运管理部门应及时介入，做好技术跟踪、人才准备等前期工作，这是顺利接管（获受托管理）并平稳运行的必要条件。

2. 水利枢纽航运工程建设与管理启示

（1）对三峡工程建成后的下泄水流泥沙含量减少引起河床下切，导致三江航道通航水深降低的问题研究不够。

（2）对三峡下游出口出现不稳定流态影响船舶航行的研究不够。

（3）对船闸门槛设计高程过高影响吃水较大船舶通行的考虑不到位。

（4）大江下游航道隔流堤缩短后使一号船闸通航流量降低，通过后期河势改造高程有了改善，但仍不能达到设计通航流量。

（5）重要水工工程建筑物的资产主体与运行管理主体的分离，影响航运设施维护与改造、扩建的问题依然存在。

第二节　长江三峡水利枢纽航运工程

一、长江三峡水利枢纽工程概况

（一）长江三峡水利枢纽工程介绍

1. 长江三峡水利枢纽工程基本情况

长江三峡水利枢纽工程（以下简称"三峡工程"）坝址地处长江干流西陵峡河段、湖北省宜昌市三斗坪镇，枢纽工程为Ⅰ等工程，由拦河大坝、电站建筑物、通航建筑物三大部分组成。主要建筑物的类型、位置及布置方案为：泄洪坝段位于河床中部，即原主河槽部位，两侧为电站坝段和非溢流坝段；水电站厂房位于两侧电站坝段坝后，另在右岸留有后期扩机的地下厂房位置；永久通航建筑物（双线五级连续船闸及垂直升船机）位于左岸。

拦河大坝为混凝土重力坝，坝轴线全长2309.5米，坝顶高程185米，最大坝高181米，主要由泄洪坝段、左右岸厂房坝段和非溢流坝段等组成。水库正常蓄水位175米，相应库容 393 亿立方米。汛期防洪限制水位 145 米,防洪库容 221.5 亿立方米。挡泄水建筑物按千年一遇洪水设计,洪峰流量 98800 立方米/秒;按万年一遇加大 10% 洪水校核,洪峰流量 124300 立方米/秒。主要建筑物地震设计烈度为Ⅶ度。

三峡工程是开发和治理长江的关键骨干工程。坝址距已建成的葛洲坝水利枢纽 38 千米,控制流域面积约 100 万平方千米,年平均径流量 4510 亿立方米,输沙量 5.3 亿吨。对外交通方面,铁路可至宜昌市,市区距坝址约 40 千米,水路和公路可直通坝区,并有一条全封闭的高速公路直抵坝区,适合工程建设。

三峡工程三斗坪坝址河谷开阔,两岸岸坡较平缓,江中有中堡岛顺江分布,具备良好的分期施工导流条件。

三峡工程坝址地基岩石为坚硬完整的花岗岩体,岩石抗压强度为 100 兆帕。坝区岩体断层、裂隙不发育,且大多胶结良好,岩体透水性微弱。山体处岩石风化壳较厚,一般在 20~40 米,河床内则几无风化层,坝址上下游 15 千米范围内无大的不良地质构造。坝区地震活动强度小、频度低,属弱震环境。经国家权威部门多次鉴定,坝区基本地震烈度定为Ⅵ度。

2. 三峡工程的主要建筑物

三峡工程电站实际建设建筑物由坝后式电站、地下电站和电源电站组成。坝后式电站安装 26 台 70 万千瓦水轮发电机组,装机容量 1820 万千瓦;地下电站安装 6 台 70 万千瓦水轮发电机组,装机容量 420 万千瓦;电源电站安装 2 台 5 万千瓦水轮发电机组,装机容量 10 万千瓦。电站总装机容量为 2250 万千瓦,年平均发电量为 882 亿千瓦时。

三峡工程通航建筑物由船闸和垂直升船机组成。船闸为双线五级连续船闸,主体结构段总长 1621 米,单个闸室有效尺寸为长 280 米、宽 34 米、槛上最小水深 5 米,年单向设计通过能力 5000 万吨。升船机最大提升高度为 113 米,承船厢有效尺寸长 120 米、宽 18 米、水深 3.5 米,最大过船规模为 3000 吨级。三峡工程主要建筑物布置见图 13-2-1。

3. 三峡工程投资情况

国家正式批准的三峡工程初步设计静态总概算(1993 年 5 月末价格,不包括物价上涨及施工期贷款利息)为 900.9 亿元,其中枢纽工程投资 500.9 亿元,水库淹没处理及移民安置费用 400 亿元。

三峡工程施工期长达 17 年,且其资金来源呈多元化,计入物价上涨及施工期贷款利息的动态总投资,估算约为 2039 亿元。

三峡工程建设资金采用多元化的方法筹集,包括:三峡工程建设基金、葛洲坝电厂发电收入、三峡电站施工期发电收入、国家政策性银行贷款、商业银行贷款、企业债券、国外出口信贷及商贷、股份化集资。

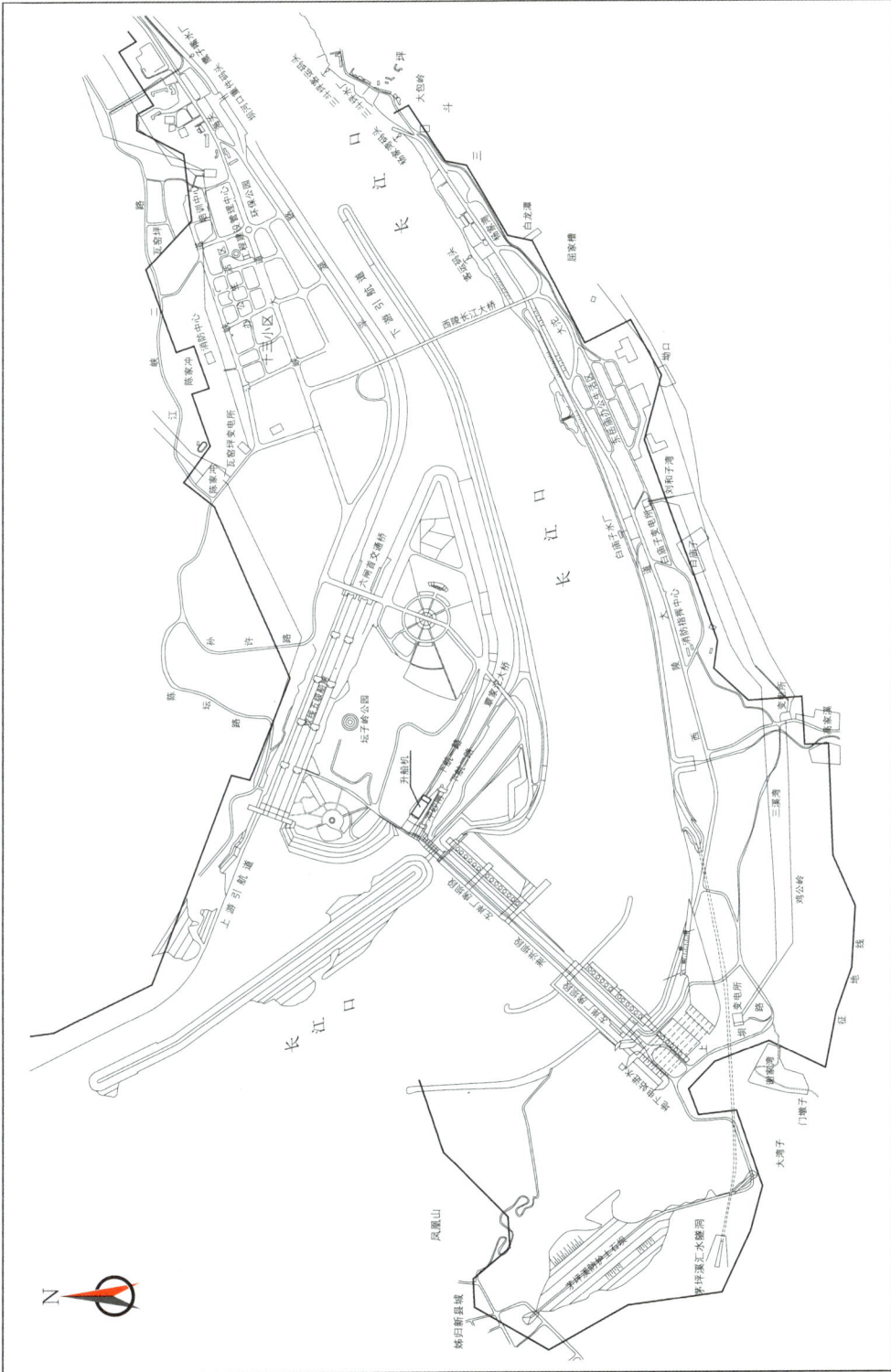

图13-2-1　三峡工程建筑物总平面示意图

(二)三峡工程的建设背景与意义

1.三峡工程建设背景

三峡工程建设可上溯至 1919 年,孙中山先生在《建国方略之二——实业计划》中谈及对长江上游水路的改良时写道:"改良此上游一段,当以水闸堰其水,使舟得溯流以行,而又可资其水力。"这是最早提出建设三峡工程的设想。

中华人民共和国成立后,三峡工程迅即被纳入国家战略,从 20 世纪 50 年代起,党和国家领导人毛泽东、周恩来、刘少奇、朱德、邓小平、李先念、江泽民、李鹏等专程亲临三峡视察,关注三峡工程规划论证工作。

毛泽东主席针对三峡工程和长江水利建设问题,自 1953 年 2 月乘"长江舰"视察长江三峡到 1958 年 1 月的南宁会议五年间,先后六次会见长江流域规划办公室主任林一山及其他有关同志。他对三峡工程兴趣浓厚,多次向林一山垂询诸如三峡工程在技术上有无可能性、坝区地质基础如何、水库会不会变成泥库、能不能长期使用、需要多少投资等问题,同时听取正反两方面的意见。1958 年 3 月 30 日,毛泽东主席视察了三峡枢纽大坝坝址和葛洲坝枢纽工程坝址。1970 年,中共中央决定先建设作为三峡总体工程一部分的葛洲坝工程,以解决华中地区电力供应问题,同时为三峡工程建设做准备。当年 12 月 26 日,毛泽东主席亲笔批示:"赞成兴建此坝"。葛洲坝工程于 1970 年 12 月 30 日开工,1989 年底全面竣工,通过国家验收。

在 1958 年南宁会议上,三峡工程和长江流域规划工作明确由周恩来总理主管。1958 年 3 月,周总理在中共中央成都会议上作了关于长江流域和三峡工程规划的报告,会议通过了《中共中央关于三峡水利枢纽和长江流域规划的意见》,明确提出:"从国家长远的经济发展和技术条件两个方面考虑,三峡水利枢纽是需要修建而且可能修建的,应当采取积极准备、充分可靠的方针进行工作。"当月,周总理登上三斗坪中堡岛,与随行专家共同研究三峡工程坝址优选方案。由于 20 世纪 50 年代工程技术界对修建三峡工程存在争论和 60 年代的国民经济困难,三峡工程建设被搁置。

党的十一届三中全会后,中共中央从国家的四个现代化建设需要兴建一批骨干工程的角度考虑,又将一度中止的三峡工程提上议事日程。1980 年 7 月中旬,邓小平同志自重庆乘船东下,途中视察了三斗坪坝址、葛洲坝工地和荆江大堤,听取了长江流域规划办公室关于三峡工程的汇报。抵达武汉后,又召集国务院其他领导人研究三峡工程问题。1982 年 11 月,邓小平同志在听取兴建三峡工程的汇报时果断表示:"看准了就下决心,不要动摇!"邓小平的观点也得到了当时中央主要领导人陈云、李先念、万里等的认同。1989 年 7 月 24 日,江泽民担任中共中央总书记不久,就视察了三斗坪坝址、葛洲坝工程和荆江大堤,并到长江流域规划办公室了解三峡工程和长江中下游防汛情况。

三峡工程是中华民族的百年梦想,倾注了历代伟人的心血与智慧。

2.三峡工程建设意义

三峡工程是治理和开发长江的关键性骨干工程,主要由枢纽工程、移民工程及输变电工程三大部分组成。三峡工程是当今世界上最大的水利枢纽工程,具有防洪、发电、航运、水资源利用等巨大的综合效益,控制流域面积约 100 万平方千米。

(1)防洪

三峡水利枢纽是长江中下游防洪体系中的关键性骨干工程。其地理位置优越,可有效地控制长江上游洪水。水库防洪库容 221.5 亿立方米,可使荆江河段防洪标准从十年一遇提高到百年一遇,当遇千年一遇或更大洪水时,配合分蓄洪工程的运用,可防止荆江两岸发生干堤溃决的毁灭性灾害,减轻中下游洪水淹没损失和对武汉市的洪水威胁,并为洞庭湖区的根本治理创造条件。

(2)发电

三峡水电站设计装机总容量 1820 万千瓦,预计年平均发电 846.8 亿千瓦时,可替代原煤 4000 万～5000 万吨,主要供电区域为经济发达而资源不足的华东、华中地区,小部分供应川东地区。可为华中和华东地区提供可靠、廉价、清洁和可再生的能源,对经济发展和减少环境污染起到重大作用。

(3)航运

三峡成库后大大改善了长江宜昌至重庆 660 千米的航道,三峡水库为一座长 600 千米、最宽处 2000 米、面积 10000 平方千米且水面平静的峡谷型水库,万吨级船队可直达重庆港,降低运输成本 35%～37%。因三峡水库的调节,宜昌下游枯水季最小流量可从3000 立方米/秒提高至 5000 立方米/秒以上,从而使长江中下游枯水季航运条件得到显著改善。

三峡枢纽工程还可促进水库渔业、旅游业的发展,改善长江中下游枯水季水质,有利于南水北调的开展。

(三)三峡工程论证决策过程

1.三峡工程的论证决策

1919 年,孙中山先生在《建国方略之二——实业计划》中最早提出建设三峡工程的设想。民国时期,国民政府对建设三峡工程也进行了尝试和努力,工商部曾于 1930 年初拟在长江上游筹设水电厂,并着手收集有关资料。1932 年,国民政府建设委员会组成的长江上游水力发电勘测队,在三峡进行了两个月的勘查和测量,提交了《扬子江上游水力发电测勘报告》,拟定了葛洲坝、黄陵庙两处低坝方案,这是我国专为开发三峡水力资源进行的第一次勘测设计工作。1944年4月,中国战时生产局顾问美国专家潘绥向国民政府提交了一份题为《利用美贷筹建中国水力发电厂与清偿贷款方法》的报告,建议由美国贷款9亿美元并提供设备,在三峡修建一座装机容量为1000万千瓦的水电厂和年产500万吨的化肥厂,中国用向美国出口化肥的办法偿还债务。同年,世界著名水坝专家、美国垦务局总工程师萨凡奇博士应国民政府之邀抵达重庆。他到任后首先考察了大渡河和岷江,接着便冒险查勘西陵峡,提出了《扬子江三峡计划初步报告》,建议在南津关至石牌之间选定坝址,修建电站;电站设计坝高225米,总装机容量1056万千瓦,兼有防洪、航运、灌溉之利。这个以发电为主的综合利用方案,当时被视为水利工程的一大创举。1945年,国民政府原则同意萨凡奇的三峡计划。随后,资源委员会邀集全国水利委员会、扬子江水利委员会和国民政府交通、农业、地质、科研等部门组成三峡水力发电计划技术研究委员会,同时在四川长寿设立全国水力发电工程总处,在宜昌设立三峡勘测处,负责坝区的测量钻探工作。1946年,扬子江水利委员会组队入峡进行地形测量和经济调查。资源委员会分别与美国马力森公司、垦务局就坝区地质钻探、工程设计等事项签约。根据合约,46名中国工程技术人员赴美参与设计。钻探、航空测量等各项工作也逐渐展开。1947年5月,面临崩溃的国民政府,在国内经济形势日趋恶劣的情况下,中止了三峡水力发电计划的实施,撤回在美全部技术人员,三峡大坝的建设设想终被搁置。

中华人民共和国成立后,三峡工程迅即被纳入国家战略。自1955年起,在中共中央、国务院领导下,三峡工程展开了系列化大规模的规划、勘测、科研、设计与论证工作。

关于三峡工程的论证不可谓不充分,正反两方有过多次交锋论战,论证时间持续了四五十年,充分体现出了专家学者和决策层对建设三峡工程的科学、严谨、慎重态度。

(1)20世纪50—60年代的首次争论

1953年,毛泽东主席在听取长江干流及主要支流修建水库规划的介绍时,希望在三峡修建水库,以"毕其功于一役"。他指着地图上的三峡说:"费了那么大的力量修支流水库,还达不到控制洪水的目的,为什么不在这个总口子上卡起来?""先修那个三峡大坝怎么样?"1956年,长江水利委员会(以下简称"长委会")主任林一山在《中国水利》杂志上刊发长文,推荐"235方案",提出修建三峡工程的主张。对于这篇文章,时任燃料工业部水电建设总局局长李锐认为"这种观点完全不切实际"。李锐也撰写长文,并组织了一批水电专家就工程技术和施工等方面的问题,分别撰写了专文《长江规划专号》,在1956年第9期《水力发电》杂志上刊出。1958年1月,中央南宁会议上,李锐与林一山就三峡工程展开争论,毛泽东表态:"中央并没有要修建的决定,对三峡我还是有兴趣的。"1960年4月,中共中央中南局在广州召开经济协作会,讨论了在"二五"期间投资4亿元,准备1961年开工建设三峡工程的问题。后因经济困难和国际形势影响,三峡工程建设步伐不得不放缓停滞。20世纪70年代,转而研究并先期建设葛洲坝枢纽工程。

（2）20 世纪 80 年代的大讨论

1979 年，水利部向国务院报告关于修建三峡水利枢纽的建议，三峡工程的新一轮论证开始。1984 年 4 月，国务院原则批准由长江流域规划办公室（以下简称"长办"）组织编制的《三峡水利枢纽可行性研究报告》，初步确定三峡工程实施蓄水位为 150 米的低坝方案，拟于 1986 年正式开工。1984 年底，重庆市对三峡工程实施低坝方案提出异议，认为这一方案会让重庆以下较长一段川江航道得不到改善，万吨级船队不能直抵重庆，建议将正常蓄水位提高到 180 米。1985 年 3 月，在全国政协六届三次会议上，167 位委员或联名或单独提案，对三峡工程的投资、移民、生态、防洪等问题发表意见，建议三峡工程"慎重审议""不要匆忙上马"。由此，三峡工程建设第三度推延。

1986 年 6 月，中共中央和国务院决定对三峡工程建设作进一步的扩大论证，成立了以钱正英为组长的三峡工程论证领导小组，领导小组下设 14 个专家组，412 位专家参与，又进行了时长两年八个月的全面论证。最终，14 个专题论证报告有 9 个获专家组成员一致签字通过，5 个专题报告分别有 1～3 位专家组成员（共 9 位专家 10 人次）未签字。论证报告推荐的工程总体蓄水建设方案是一级开发，一次建成，分期蓄水，连续移民；初期蓄水位 156 米，正常蓄水位 175 米，坝顶高程 185 米。论证总体结论是："三峡工程是难得的具有巨大综合效益的水利枢纽，经济效益是好的，财力上是可行的，也在国力能承受的范围之内，三峡工程建比不建好，早建比晚建有利，建议早作决策。"1989 年 1 月，长办根据论证意见，重新编制完成了《长江三峡水利枢纽可行性研究报告》，论证领导小组审查通过了这一报告，1989 年 9 月正式报送国务院。

1990 年 7 月 6—14 日，国务院组织召开了三峡工程论证汇报会，中共中央政治局、中顾委、全国人大、全国政协、国务院各部委、各民主党派等有关方面负责人 175 人参加了会议，会议听取了三峡工程论证领导小组副组长兼技术总负责人潘家铮代表论证领导小组所做的《关于三峡工程论证情况的汇报》，充分肯定了参加三峡工程论证各方面专家的工作成果，并决定将在此论证基础上重新编制的《长江三峡工程可行性研究报告》正式提请国务院三峡工程审查委员会审查。

1991 年 7 月 9—12 日，国务院三峡工程审查委员会在北京召开第二次会议，审议《长江三峡工程可行性研究报告》，听取了长委会关于该报告的汇报和 10 个预审专题主持人关于预审情况的汇报，并决定进一步修改后在下次会议上通过；8 月 3 日国务院三峡工程审查委员会在北京举行第三次会议，会议一致通过了《关于对"长江三峡工程可行性研究报告"的审查意见》，并正式上报国务院。

1992 年 1 月 17 日，李鹏主持国务院第 95 次常务会议，讨论了国务院三峡工程审查委员会对《长江三峡工程可行性研究报告》的审查意见，会议原则同意建设三峡工程；2 月 20—21 日，中共中央总书记江泽民主持中央政治局常务委员会第 169 次会议，邹家华代表国务院汇报了关于对《长江三峡工程可行性研究报告》的审查意见,会议原则同意国务院关于审查意见的汇报,并请国务院根据会议讨论的意见,对建设三峡工程的有关问题作进一步研究后,将兴建长江三峡工程的议案,提交七届全国人大五次会议审议;3月11—15日,全国政协第七届委员会常务会议第18次会议在北京召开,邹家华到会作了《关于"长江三峡水利枢纽可行性研究报告"的审查情况》的报告,会议对兴建三峡工程的决策表示赞同,对建设方案的实施提出了不少具体建议;3月16日,李鹏向全国人大七届五次会议提交了《国务院关于提请审议兴建长江三峡工程的议案》;4月3日,全国人大七届五次会议2633名代表对关于兴建长江三峡工程的决议进行了投票表决,以1767票赞成、177票反对、664票弃权、25人未按表决器的结果通过。会议批准将兴建长江三峡工程列入国民经济和社会发展十年规划,由国务院根据国民经济发展的实际情况和国家财力、物力的可能,选择适当时机组织实施。

三峡工程从1993年1月开始施工准备,至2008年10月右岸电站机组全部投产发电,经过16年的努力,除批准缓建的升船机外,提前一年完成初步设计建设任务。

2. 河床下切问题补充论证

三峡工程兴建后,改变了下泄水沙条件及过程,从而引起葛洲坝水利枢纽下游河床普遍冲刷及河势调整,给航运、港口带来新的问题。坝下河床冲刷及河势调整对航运的影响,在三峡工程施工期即出现并逐时逐段向下游发展。相关部门开展了长江中下游重点河段航道、港口的变化及整治措施研究。

由于三峡水库运行后相当长时期内,下泄水流含沙量较天然情况大为降低,将使葛洲坝水利枢纽下游河段的河床冲刷远较葛洲坝水利枢纽单独运用时剧烈。在三峡工程施工期间,流量得不到调节补偿而河床下切势必引起葛洲坝水流枢纽下游水位进一步降低,从而使目前业已存在的碍航现象更加严重。三峡工程正常蓄水运用后,坝下航运问题将会普遍暴露。对于砂卵石河床来说,由于砂质覆盖层较薄,其冲刷—粗化—稳定的过程将在不到十年的时间完成,砂卵石浅滩将因下游砂质河床冲刷幅度大、自身冲刷幅度小而出现水浅流急的现象。

由于芦家河、枝江等砂卵石浅滩对于控制宜昌水位下降有重要作用,如果芦家河浅滩稳定的卵石层床面被冲刷,或是采取拓宽局部卡口河段或降低砾卵石层面高程等措施改善航运条件,均可能使砂卵石浅滩对上游河床水位下降的控制作用降低甚至消失,宜昌水位会进一步下降而造成葛洲坝船闸下槛及下引航道出现严重碍航。因此,不仅要研究芦家河砂卵石浅滩的河床演变及对航运的影响,还要研究其治理措施对葛洲坝船闸通航条件的影响。对于砂质河床而言,其河势调整比较复杂,河床冲刷从上向下发展,三峡工程运用初期所冲刷的泥沙必然要在下端落淤,而且由于砂质河床冲刷下切的时间长、冲刷距离长、深度大,由此带来的水位下降、局部河道崩岸及展宽、主流摆动、断面形态变化等均有可能导致原有老浅滩恶化、新浅滩产生,也可能对沿江港口的港区水流条件及正常运用带来影响。

在"八五"期间,交通部三峡工程航运领导小组办公室组织长江航道局规划设计研究院和武汉水利电力大学,以芦家河浅滩为试点开展水文泥沙及河床组成观测和水槽概化模型试验,又组织天津水运工程科学研究所开展三峡建坝后长江中下游重点河段航道、港口的变化及整治措施和重点河段整治的数值模拟研究,以便为"九五"攻关奠定基础。

(1)专题攻关任务和目标

本专题研究工作开始于1991年,在"七五"期间已开展研究的基础上,继续通过原型观测及河床组成勘探、实验室水槽概化模型试验、数学模型计算及浅滩演变分析等手段对坝下重点河段的河床演变带给航运的影响进行研究。本专题的攻关任务和攻关目标如下。

①以芦家河、枝江浅滩河段为试点,开展水文泥沙测验、砂卵石观测和河床组成勘探并进行浅滩演变和河床组成分析,为深入研究、解决葛洲坝船闸下闸槛和引航道水深不足,以及沿程有关港口、河段泥沙问题奠定基础。

②通过水槽概化(物理)模型试验,探讨芦家河浅滩河段的水沙运动规律和河床粗化机理,提出适用于该河段的砂卵石起动流速公式、输砂率计算公式及形成粗化层的水流条件,为"九五"期间设计、制作芦家河浅滩河段泥沙模型必须解决的关键技术奠定基础。

③通过对重点浅滩及港口河段原型观测资料分析,了解其演变规律及荆江裁弯工程、葛洲坝工程的影响。根据二维数学模型计算,提出典型浅滩现状整治意见,并通过利用已建枢纽(葛洲坝、丹江口)下游冲刷资料,进行下游河段演变对航道影响的类比分析,预测三峡工程对荆江航道的影响。

④通过对宜昌—武汉河段长系列数学模型计算和荆江典型浅滩段整治工程二维动床数学模型研究,解决船闸下闸槛及下游河段通航水位的衔接问题,预估三峡建库后宜昌至武汉河道冲刷和水位下降过程,预测三峡工程对上荆江典型浅滩的影响。

根据以上攻关任务和目标,按照有关承担单位的科研条件、勘测设备等特点和取长补短的原则,将专题分解成若干子课题并将研究工作做如下分工:长江航道局规划设计研究所承担了子课题《三峡工程引起长江中下游河道演变影响航运的整治河段勘测试验研究》(编号:85-16-02-03-01)和《三峡工程引起长江中下游河道演变影响航运的整治河段数学模型原型观测研究》(编号:85-16-02-03-03);武汉水利电力大学泥沙室承担了子课题《三峡工程引起长江中下游河道演变影响航运的整治河段模型关键技术研究》(编号:85-16-02-03-02);交通部天津水运工程科学研究所承担了《三峡工程引起长江中下游重点险工段和其他的变化及整治措施研究》(编号:85-16-02-03-04)和《三峡工程下游重点河段整治的数学模拟研究》(编号:85-16-02-03-05)。

（2）专题执行情况

①在原型观测及河床组成勘探方面：完成钻孔 67 个，钎孔 40 个，洲滩取样 97 处，坑测 4 处；进行了芦家河水道两个洪水期卵石推移质和四个洪水期的水文泥沙观测；进行了枝江—江口河段两次枯水期水文泥沙观测，对所有观测成果进行了整理分析。

②在模型试验方面：进行了水槽试验和两个概化模型试验，对非均匀沙起动、卵石起动、河床粗化机理、推移质输沙率以及动床冲刷模型相似条件、尾门水位控制、粗化后的河床形态及抗冲保护层破坏的规律进行了研究和探讨。

③在数学模型计算方面：进行了宜昌—武汉航道长系列长时段冲刷计算和枝城至枝江段（含芦家河）受三峡工程影响二维数学模型计算，以及典型航道浅滩（芦家河、周公堤、天星洲、窑集老至大马洲）现状的整治工程数学模型研究。

④在河床演变方面：进行了葛洲坝水利枢纽下游重点河段（宜昌、芦家河、周天、窑监大）和重点港口（宜昌港、枝城港、沙市港）的演变分析，同时预估三峡工程对这些浅滩航道和港口的影响；进行了葛洲坝、丹江口水库下游冲沙对航道影响的类比分析。

（3）专题攻关主要成果

在"八五"科研攻关期间，交通部三峡工程航运领导小组办公室对本专题工作给予了直接指导和大力支持，各子课题承担单位相互协作，共同努力全面完成了专题攻关任务，取得了一批颇具理论和实际运用价值的研究成果，对于坝下河床演变与泥沙航运问题研究具有重要意义。主要研究成果如下：

①长江航道局规划设计研究所的《三峡工程下游重点河段原型观测研究报告》。

②武汉水利电力大学的《三峡工程下游芦家河浅滩模型试验关键技术研究报告》。

③交通部天津水运工程科学研究所的《三峡建坝后荆江重点河段航道港口变化规律及治理措施研究报告》。

④交通部天津水运工程科学研究所的《三峡建坝后荆江重点河段整治的数值模拟研究报告》。

3. 三峡工程的设计过程

三峡工程设计包括可行性研究、初步设计、单项工程技术设计、招标设计、施工详图设计等 5 个阶段。三峡工程的设计最早可以追溯到 1919 年，孙中山先生在《建国方略之二——实业计划》中提出了改善川江航运条件、开发三峡水能资源的设想。最早提出可称为开发计划的，是美国垦务局总工程师萨凡奇。他于 1944 年考察了三峡，编写了一份《扬子江三峡计划初步报告》。

三峡工程的前期设计研究工作始于 20 世纪 50 年代中期。中共中央在 20 世纪 50 年代初期即考虑尽早修建三峡工程，用以解决长江防洪问题。但考虑到三峡工程规模巨大、技术复杂，中央采取了积极而又慎重的态度。1970 年，中央决定先修建葛洲坝工程，为三峡工程做"实战准备"。1984 年,国务院原则批准了三峡工程 150 方案的可行性研究报告,并决定立即开始进行施工前期准备工作。后来由于有关部门和专家提出了一些不同的意见和建议,1986 年中共中央、国务院决定组织重新论证。经过近 3 年的补充论证工作,通过了 14 个专题论证报告。

三峡工程的设计工作由水利部长江水利委员会全面承担。1989 年,长江流域规划办公室根据重新论证成果完成可行性研究报告后,即着手开展初步设计阶段的工作。1992 年 4 月 3 日,全国人大七届五次会议通过《关于兴建三峡工程的决议》后,初步设计工作全面展开。初步设计报告分为枢纽工程、水库淹没处理和移民安置、输变电工程三大部分。初步设计(枢纽工程)于 1992 年 12 月编制完成上报,1993 年 7 月由国务院三峡工程建设委员会审查批准。随后即开展单项工程技术设计和部分工程的招标设计、施工详图设计。在三峡水利枢纽设计中,大坝、水电站厂房、双线五级船闸、垂直升船机、二期上游围堰等属于重要单项技术设计。

1992 年全国人大审议通过的三峡工程设计方案是:水库正常蓄水位 175 米,初期蓄水位 156 米,大坝坝顶高程 185 米,"一级开发,一次建成,分期蓄水,连续移民"。按初步设计方案,三峡工程土石方开挖约 1 亿立方米,土石方填筑约 3000 万立方米,混凝土浇筑约 2800 万立方米,金属结构安装约 26 万吨。结合施工期通航的要求,三峡工程采取分三期导流的方式施工。一期围中堡岛以右的支汊,主河槽继续过流、通航。在一期土石围堰保护下,开挖导流明渠,修建混凝土纵向围堰及三期碾压混凝土的基础部分,同时在左岸修建临时船闸,并进行升船机、永久船闸及左岸 1～6 号机组厂、坝的施工。一期工程包括准备工程在内共安排工期 5 年。二期围左部河床、截断大江主河床,填筑二期上下游横向土石围堰,在二期围堰保护下修建泄流坝段、左岸厂房坝段及电站厂房,继续修建永久船闸和升船机,江水改由右岸导流明渠宣泄,船舶由导流明渠和左岸临时船闸通过。二期工程具备挡水和发电、通航条件后,进行导流明渠截流,利用导流明渠的碾压混凝土围堰及左岸大坝挡水,蓄水至 135 米时,双线五级船闸及左岸部分机组开始投入运行。二期工程共安排工期 6 年。三期封堵导流明渠时,先填筑三期上下游土石围堰,在其保护下,浇筑三期上游碾压混凝土围堰至 140 米高程,水库水位由已建成的河床泄流坝段的导流底孔及永久深孔调节。在三期围堰保护下修建右岸厂房坝段、电站厂房及非泄流坝段,直至全部工程竣工。三期工程安排工期 6 年。

(四)三峡工程管理体制与建设历程

1. 三峡工程主体建设的管理体制

三峡工程建设由全国人大七届五次会议授权国务院适时组织实施,国务院成立了三峡工程建设委员会,委员会主任由国务院总理或常务副总理担任,并设置了建设委员会办公室和三峡工程移民局两个常设性办事机构和管理机构。1998年,国务院成立了三峡工程质量检查专家组和三峡工程稽查小组两个非常设性咨询、监督机构,分别负责工程质量监督和投资及效益稽查,两个工作组向三峡工程建设委员会负责。

(1)建设单位

成立三峡开发总公司,国务院授权其负责三峡工程的建设及运营管理。

三峡工程建设管理实行业主负责制、合同管理制、招投标制和工程监理制,三峡开发总公司为工程业主。

(2)设计单位

长委会是三峡工程的设计总成单位,三峡工程代表局是长委会派驻三峡工程现场的代表机构,代表长委会管理、协调长委会派驻三峡工地的勘测、规划、设计、科研、水文及监理等各专业及职能部门的工作。三峡工程现场设计代表工作在长委会三峡工程代表局统一领导下进行。现场设计代表工作的总体任务是做好现场技术服务,主要包括:组织施工详图和技术文件的供应,进行设计交底;研究解决施工中与设计有关的技术问题,进一步完善和优化设计;根据业主委托承担施工地质以及水文、勘测和科研试验工作;参加工程检查和验收;按照与业主签订的供图协议,为满足工程进度的需要,长委会三峡工程代表局积极配合后方完成施工图设计并参与若干单项技术设计、专题报告以及招标文件的编制。对一些紧迫的或需紧密结合施工实际的设计项目,长委会三峡工程代表局积极组织现场设计,以满足工程紧急需要。

(3)施工单位

①葛洲坝集团三峡指挥部。该指挥部是葛洲坝集团公司负责三峡工程合同履约和施工管理的直属项目部,所承建的主要施工项目有:长江三峡水利枢纽右岸一期工程,升船机及临时船闸一、二期工程,古树岭人工碎石加工系统工程,三峡大江截流及二期土石围堰工程,茅坪溪防护大坝一、二期工程,三峡大坝和电站厂房二期土建与金属结构(以下简称"金结")机电安装(泄洪坝段)工程,右岸地下电站进水口开挖工程,永久船闸金结机电安装与调试工程,三峡右岸导流明渠截流与三期土石围堰工程,三期碾压混凝土(RCC)围堰工程,右岸大坝工程B标段,右岸电站厂房工程B标段,偏岩子码头工程,三峡左岸水厂工程等。

②湖北宜昌三峡工程建设三七八联营总公司。该公司先后在三峡工程中标承建的项目有:左岸厂房一、二期开挖工程,左岸电站厂房土建与金结埋件安装工程,永久船闸三、四、五、六闸首、闸室土建与金结安装工程,下岸溪人工砂石系统建设与运行管理,左岸高程98.7米、高程82米混凝土拌和系统建筑安装与管理,杨家湾粉煤灰系统建设,高程215米高位水池(20000吨)工程,江峡大道进厂段及长堤路公路工程,长江护岸工程,右岸24~26号厂坝基础开挖及场地平整工程,右岸高程84米混凝土拌和系统建筑安装工

程,通航建筑物隔流堤等。

③青云水利水电联营公司。该公司先后中标三峡工程摆塔式缆机安装、运行、拆除,临时船闸隔流堤连接段工程、右岸地下电站进水口预建工程,三峡工程电源电站工程,三峡右岸高程 150 米混凝土拌和系统建筑安装工程,三峡三期右岸厂房坝段工程。

④中国人民武装警察水电三峡工程指挥部。该指挥部承担的主要工程项目有:永久船闸一期开挖工程,永久船闸二期地面工程,通航建筑物上游隔流堤主体段工程,二期上游围堰拆除工程,导流明渠下游截流,临时船闸改建冲沙闸及电源电站等施工任务。

⑤宜昌三峡三联总公司。该公司于 1996 年中标承建三峡工程永久船闸地下输水系统工程。

(4)监理单位

①长委会三峡工程建设监理部主要承担:一期土石围堰、导流明渠及混凝土纵向围堰,二期工程泄洪坝段及左岸 11～14 号机组厂房坝段土建与金结安装工程,高程 79 米/高程 90 米混凝土生产系统、6 台塔(顶)带机及供料线等施工设备运行管理及拆除,左岸厂坝工程金属结构设备制造,三峡二期围堰拆除等合同工程项目。

②西北勘测设计研究院三峡工程建设监理中心主要承担三峡一期工程工岸 1～6 号厂坝开挖及坝区的房建、道路及配套设施等工程的监理工作;二期工程左岸 12 号坝段至左岸 10 号机组厂房坝段及左岸电站厂房、右岸三期电站厂房的监理工作。

③中南勘测设计研究院三峡建设监理中心主要承担三峡永久船闸工程建设的全面监理,负责对永久船闸的土建、安装、设备制造工程进行质量控制、进度控制、投资控制,以及负责安全监督管理、信息技术管理、合同管理和建设各方的协调。

④华东勘测设计研究院三峡工程建设监理中心先后承担临时船闸及升船机一期工程、临时船闸、升船机及左岸 1～11 号坝段第二阶段工程、升船机左侧山体排水洞、临时船闸改建冲沙闸工程、临船坝段冲沙闸设备建造、电源电站土建及安装工程、通航建筑物下游引航道工程、上下游引航道整治工程、永久船闸旁侧泄水箱涵工程、通航建筑物上游全包隔流堤工程,以及左岸上坝路、金覃路、苏刘路、下航一二路、坝苏路等大小 20 多个项目的监理任务。

⑤东北勘测设计研究院承担的主要工程监理项目有:茅坪溪防护土石坝二期工程、三峡右岸地下电站进水口混凝土和金结安装工程。

⑥长江三峡技术经济发展有限公司是中国长江三峡工程开发总公司的全资子公司,以水利水电工程监理业务为主,同时承担国际、国内工程技术咨询与服务、项目管理及工程总承包等业务。

2. 三峡工程航运设施建设管理体制

(1)组建三峡工程现场航运指挥部

1991年12月29日,交通部在三峡工程即将开工建设之际,为加强三峡工程航运工作的领导,做好工程的准备与实施,决定设立三峡工程施工现场通航指挥部。1992年3月30日,长江航务管理局(以下简称"长航局")决定成立三峡工程施工现场通航指挥部(筹备),1993年4月28日,交通部正式将其定名为三峡工程现场航运指挥部(以下简称"三峡航运指挥部")。1993年8月18日,三峡航运指挥部在宜昌市挂牌成立。

三峡航运指挥部在1993年成立时,交通部和长航局赋予其的职能职责是:负责坝区现场航运指挥,保证坝区水上、岸域的施工和通航安全;了解和掌握三峡工程有关航运方面的施工建设进度、质量并为通航管理做好准备工作;参与三峡航运工程监理工作;负责航运配套设施的建设管理;统一负责与三峡工程现场设计、施工、建设和管理单位的联系,协调处理三峡工程航运建设与管理的具体事宜;负责通航管理的准备工作,保证坝区水上施工通航安全。

1994年8月12日,交通部对三峡航运指挥部的职能职责进行了扩充,确定三峡航运指挥部是长航局在三峡工程现场航运的派出机构,全面负责三峡坝区现场航运维护工作;长航局在宜昌的各单位均实行双重领导,凡涉及三峡工程的航运工作,由三峡航运指挥部集中领导、统一指挥、统一对外,对各有关单位的人力、设备及有关工作,根据三峡工程施工与通航的需要,三峡航运指挥部有临机处置权。

1993年7月17日,长航局批准三峡航运指挥部机构设置为5个处室,即办公室、总工室、通航管理处、计财处、基建处。1994年3月23日,长航局决定将三峡航运指挥部机构设置调整为8个处室,撤销原通航管理处,增设航道处、港航监督处、公安消防处和通信导航处。

三峡航运指挥部的行政经费来源,一是由长航局拨付的行政经费,二是与三峡开发总公司商签的"三峡工程航运部分三项费用分年拨款协议书"中的临时通航管理费;基本建设经费的来源,是根据建设项目的属性分别由交通部或三峡开发总公司拨款,三峡开发总公司拨付的基本建设经费,主要为"三峡工程航运部分三项费用分年拨款协议书"中的航运配套设施工程费和航道整治工程费。三峡工程航运部分三项费用均列自三峡工程建设费用概算。

(2)组建长江三峡通航管理局

交通部"交人劳发〔1997〕603号"文确定长江三峡通航管理局(以下简称"三峡局")为交通部长江航务管理局设置在长江干线三峡河段(庙河至中水门,全长59千米),统一负责该河段通航管理的具有行政管理职能的事业单位(正局级),其主要职责是:宣传贯彻国家有关方针、政策,根据国家及交通部的法规,结合三峡河段通航实际,制定有关规章制度,并监督执行;负责长江三峡和葛洲坝水利枢纽通航建筑物及其通航配套设施的运行、维护管理工作;负责辖区内通航和水上水下施工安全及水上交通秩序的维护等管理工作;负责辖区内治安、消防、刑侦、警卫等管理工作;负责辖区内航道、内部通信的维护管理工作;负责对过往船舶(队)安全通过辖区的统一调度和指挥以及断航、碍航的应急组织管理工作;负责制订辖区内通航设施基本建设规划、中长期计划和年度计划,经批准后组织实施;参与辖区内岸线的规划并负责岸线的管理工作,负责审议或审查与通航有关的跨河、临河水工建筑物的通航技术标准;负责本单位的精神文明建设工作;负责辖区内与通航有关事宜的协调工作,承办交通部、长航局交办的其他事项。

交通部"交人劳发〔1997〕603 号"文确定三峡局机关设置 14 个职能处室,基层站点的设置按规定程序审批。据此,长航局于 1998 年 1 月 5 日制定下发了《成立三峡局有关实施细则和办法》(长航体〔1998〕9 号),明确了三峡局直接从事通航管理与运行维护基层站点的设置,以及通航管理与运行维护辅助服务性机构的设置。

机关设置为:机关由综合部门、业务部门和党群部门构成。综合部门设有局办公室、总工程师办公室、计划财务处、基建设备处、人事处;业务部门设有总调度室、船闸管理处、长江三峡航道处、长江三峡港航监督处、长江三峡航运公安处;党群部门设有党委办公室、纪委监察室、工会、团委。其中三峡航道处、三峡港航监督处实行双重领导、以三峡局为主的管理体制,即三峡航道处、三峡港航监督处为三峡局的业务职能部门,由三峡局统一管理。同时,三峡航道处接受长江航道局的业务领导,对外列入长江航道局直属机构序列,行使长江航道局直属机构的职权;三峡港航监督处同时接受长江港航监督局的业务领导,对外列入长江港航监督局直属机构序列,行使长江港航监督局直属机构的职权。2002 年中央机构编制委员会办公室(以下简称"中编办")批复确定三峡海事局为长江海事局的分支机构(中编办复字〔2002〕32 号)。2003 年 1 月 27 日,长江三峡港航监督处正式更名为中华人民共和国三峡海事局,该局在三峡局 2004 年机构改革时,由机关处室改为局属基层单位。三峡公安处是长江航运公安局的派出机构,列入国家公安序列,其党的关系和行政关系列入三峡局,由三峡局统一管理。三峡公安处的公安业务实行长江航运公安局与当地公安局的双重领导、以长江航运公安局为主的管理体制。三峡公安处与长江航运公安局宜昌分局互不隶属。根据国务院 2002 年 1 月 7 日发布的《关于长江港航公安管理体制改革有关问题的批复》(国函〔2002〕1 号)、交通部 2003 年 6 月 17 日发布的《关于长江航运公安局主要职责机构设置和人员编制的通知》(交人劳发〔2003〕245 号)、交通部2003 年 11 月 14 日发布的《关于做好长江港航公安管理体制改革有关工作的通知》(交公安发〔2003〕489 号)文件精神,三峡公安处于 2004 年 2 月成建制并入长江航运公安局宜昌分局。

通航管理与运行维护单位设置为:葛洲坝一号船闸处、葛洲坝二号船闸处、葛洲坝三号船闸处、三峡临时船闸处、水工所、电力所、葛洲坝通航管区、三峡通航管区。

站点设置为:三峡坝区调度室、葛洲坝船闸调度室、伍厢庙锚地调度组、乐天溪锚地调度组、庙咀(中水门)锚地调度组、南津关信号台、黄柏河信号台、庙咀信号台。

通航辅助单位设置为:机电维修中心、航运通信中心、综合服务中心、教育培训中心、离退休办公室、葛洲坝船闸实业开发总公司。

1998—2001年间,三峡局事业经费由葛洲坝船闸运行管理费及航道维护费(由葛洲坝电厂拨付),以及三峡工程建设航运配套设施维护费两部分构成。2002年8月29日,三峡局与三峡开发总公司签订《三峡船闸日常运行维护生产准备委托协议》,三峡开发总公司给三峡局支付三峡永久船闸生产准备费。2004年中编办批准三峡局体制改革后,中央财政补拨了三峡局2002年度部分事业费。

(3)海事和航道综合管理机构改革

为了进一步优化和完善三峡河段通航现场安全管理,优化资源配置和综合利用,2004年1月,三峡局对局内海事航道业务实行综合管理机构改革,主要内容包括:实行三峡海事局和三峡航道处合并,成立三峡海事航道局(对外保留原机构名称和行政主体资格),进行内部职能整合;三峡、葛洲坝管区实行海事航道职能整合;现场站点合并设置,船艇统一海巡艇标志,一艇两用;现场工作人员统一配置,一专多能,逐步统一归于海事人员系列。

本次改革坚持从充分履行法定职责和满足实际工作需要出发,积极稳妥地实施机构改革和制度创新。通过改革,三峡海事航道局按照"统一指挥、综合管理、精简效能"的原则,实行一级管理,机构分机关科室和基层单位两部分;基层单位为全能派出机构(副处级),原则上不设内部机构;机关对外实行"一门两牌",即三峡海事局、三峡航道局;基层对外实行"一门三牌",即通航管区、海事处、航道处。

机关机构由综合部门和业务部门两部分组成,综合部门设1个:综合办公室;业务部门设6个:船舶监督科、通航管理科、危管防污科、安全管理科、航道管理科、工程管理科。从"方便管理、突出重点"的原则出发,三峡海事航道局下设两个通航管区:三峡通航管区、葛洲坝通航管区。

按照"统一管理、快速反应、精简增效"的原则,基层单位根据现场管理重点设办事处,实行"三合一"(办事处、艇、趸合一)的管理模式,但不作为一级管理机构。其中三峡通航管区现场设立茅坪办事处和黄陵庙办事处,葛洲坝通航管区现场设立南津关办事处和庙咀办事处。另设置船舶安全检查站挂靠三峡通航管区管理,业务上受三峡海事局直接领导。设置局值班室,业务归口三峡海事局安全管理科领导。

(4)三峡船闸管理处的成立与管理机制

依据《国务院办公厅关于长江三峡枢纽工程建设期通航建筑物管理体制有关问题的

通知》(国办函〔2002〕86 号)中关于"由三峡通航管理局负责组建三峡船闸管理队伍,三峡总公司委托其承担船闸(含待闸锚地)的日常运行维护"的规定,为适应三峡永久船闸通航运行管理的需要,长航局于 2002 年 12 月 10 日批复同意三峡局成立三峡船闸管理处,负责三峡船闸运行维护管理,单位级别为正处级,编制核定为 115 人。

长江三峡通航管理局三峡船闸管理处作为二级事业法人,接收三峡总公司委托,负责三峡船闸的运行维护管理。2003 年 11 月,三峡船闸管理处与三峡总公司正式签订《三峡船闸(含待闸锚地)日常运行维护委托管理协议》,就委托管理范围及工作内容、双方责任与义务、运行管理经费作出了具体规定。以后每年度签订当年的运行管理经费协议,直至 2009 年 5 月 31 日。

三峡船闸管理委托方与受托方基本职责划分为:三峡船闸管理处负责三峡船闸主体建筑物范围内的设施设备日常运行维护管理(其中室外照明设备的维护、水工建筑物观测、闸区保安与保洁等部分单项工作由三峡总公司另行委托其他单位负责),负责编报设备设施修理计划和备品备件采购计划,负责待闸锚地运行维护管理(在三峡局内由待闸锚地处负责)。三峡总公司负责提供三峡船闸(含待闸锚地)运行管理经费,负责基于船闸资产所有者责任的维修保障和更新改造,负责闸区封闭管理及安全保卫,负责供应船闸日常维护所需的备品备件。

2009 年,三峡枢纽初步设计范围内的工程全部完工,三峡船闸运行维护委托管理协议到期。交通运输部及长航局、三峡局认为,三峡枢纽工程建设期已经结束,三峡船闸管理应当转入最终管理体制,遂不同意续签委托管理协议,并启动拟定三峡枢纽通航建筑物最终管理体制有关工作。该工作迟迟未定,三峡船闸(含待闸锚地)运行维护实际沿用既往模式;但交通运输部、三峡局认为协议终止后的运行维护管理事权属于三峡局,双边关系中的受委托方主体已经不再是三峡船闸管理处,而是三峡局。

3.三峡工程主体建设历程

按工程初步设计,三峡工程从 1993 年开工到 2009 年竣工,总工期为 17 年,工程建设施工划分为三期。

1993—1997 年的建设期为一期工程,主要任务是完成准备工程,进行一期围堰填筑,导流明渠开挖,修筑混凝土纵向围堰,修建左岸临时船闸,并开始修建左岸永久船闸、升船机(升船机除上闸首部分土建工程外的主体工程中途缓建)及左岸部分土石坝段的施工。

1998—2003 年的建设期为二期工程,主要任务是修筑二期围堰,左岸大坝的电站设施建设及机组安装,完成永久船闸的施工建设。

2003—2009 年的建设期为三期工程,主要任务是进行右岸大坝和电站的施工,完成全部机组安装。一度缓建的升船机在 2008 年继续施工。

三期工程又细分为围堰发电期和初期运行期。围堰发电期时间为2003年6月16日—2006年9月15日，运行水位为135～139米。初期运行期时间为2006年9月15日至工程竣工验收日，分为两个阶段：第一阶段为156米水位运行期，从2006年9月15日起，至2007年5月1日永久船闸完建结束时止；其间，一线船闸完建施工，另一线船闸通航，运行水位为144～156米。第二阶段为175米试验性蓄水运行期，时间为2007年5月1日至国家正式验收日，运行水位为145～175米，分年枯期逐渐提高库区蓄水位运行，直至设计标准最高水位175米，检验整体工程运行性能，并检查处理库岸地质缺陷。正常运行期自国家验收通过之日起。

4. 三峡工程临时通航设施建设

（1）导流明渠的建设与运行

①导流明渠概况。导流明渠是三峡工程建设中一条新开辟的人工航道，担负着二期施工通航和工程导流的双重任务。导流明渠位于三斗坪坝址右岸，沿中堡岛右侧后河布置，进口段始于茅坪镇东侧的长江漫滩，出口段位于高家溪口上游侧长江漫滩。右岸边线总长3950米，明渠轴线全长3410.3米，渠底宽350米，采用高低渠结合（左低右高）的复式断面，以调整断面上的流速分布。纵向围堰轴线长1217.7米。明渠分四段，其中纵向围堤头至主河道为上游进口段，纵向围堰上堤头至坝轴线为渠身段，坝轴线至纵向围堰下堤头为渠身下段，弯道顶点以下1500米河段为下游出口段。

②导流明渠建设。导流明渠由长江水利委员会设计院设计，葛洲坝集团公司施工。工程建设主要包括基础开挖、土建施工等。工程土石方开挖于1993年开工，1997年末基本开挖到位，设计开挖土石方2155万立方米，土石方填筑2172万立方米，混凝土浇筑370.5万立方米。导流明渠于1997年5月1日破堰进水，9月10—11日，交通航运部门组织具有较强代表性的16艘船舶进行了12个航次的适应性试航，10月6日上午9时，明渠正式通航。

③导流明渠试航。为了确保导流明渠安全通航，长航局从1997年9月起先后组织了导流明渠第一阶段适应性试航、明渠汛期试航和明渠补充试航。

1996年8月，长航局组织编写了《三峡工程明渠试航方案》，1997年6月，交通部以交三峡发〔1997〕333号文件批复同意实施该方案。试航目的是通过水下地形和水流条件的原型观测，初步探清明渠内的通航条件；通过实船试验观测船舶（队）航行明渠的实际情况，以便驾引人员熟悉水道、摸清航路、适应环境，解决主河槽截流过程中船舶通过明渠时的安全航行问题；为初步制订明渠通航管理办法和调整明渠航标配布等提供参考，同时为长江主河槽截流后的第二、三阶段试航积累经验。基本结论为导流明渠流量在12000立方米/秒时水流基本平稳，能基本满足船舶（队）过坝的要求。1998—2002年明渠通航情况见表13-2-1。

1998—2002 年明渠通航情况统计表　　　　表 13-2-1

年份(年)	日历天数(天)	通航天数(天)	停航天数(天)	通过船舶艘次	货运量(万吨)	客运量(万人次)
1998	365	323	42	151233	1103.5	293.3
1999	365	355	10	131836	1068.8	291.2
2000	366	358	8	132018	1181.0	272.4
2001	365	365	0	143646	1501.2	270.9
2002	304	300	4	126846	1430.3	260.6

注：2002 年导流明渠通航至当年 10 月 31 日明渠截流前为止。

（2）临时船闸的建设与运行

三峡临时船闸系为配合右岸导流明渠承担三峡工程二期施工期通航任务的一座临时性建筑物。当长江主汛期导流明渠因流量大封航时，临时船闸承担通航任务。临时船闸布置在三峡大坝左岸低山区，船闸中心线与坝轴线呈 76 度交角，航槽由开挖山坡形成。建筑物主要由上游引航道、临时船闸坝段、上闸首、闸室、下闸首和下游引航道等组成，全长约 5600 米，闸室有效尺寸为 240 米×24 米×4 米（长×宽×槛上最小水深）。采用短廊道集中输水方式，矩形短廊道环绕闸首布置，上、下闸首输水系统分别采用明沟格栅式消能室消能和消力池与消力槛联合消能。临时船闸自上游至下游依次布置有 24 节封堵叠梁、事故检修闸门及桥式启闭机、上下闸首人字闸门、平板输水阀门及液压启闭机、集中控制室、下闸首叠梁检修门。闸室两侧设置固定式系船柱。

临时船闸上下游引航道均布置在长江左岸，上游引航道长约 905 米，口门区长约 400 米，口门外连接段长约 938 米，引航道设计底高程为 61.7 米。下游引航道经望家坝至坝河口与主河道连接，全长 4171 米，底宽 80 米，底高程 58 米，口门区长约 530 米，维护宽度160 米，口门外连接段长约 1125 米，底高程为 56.5 米。设计确定临时船闸运行期，下引航道维护底高程为 61.6 米，最大通航流量为 45000 立方米/秒。

三峡临时船闸由长江水利委员会设计院设计，葛洲坝集团公司施工。工程建设主要包括基础开挖、土建施工、金结机电安装、联调等，1994 年动工，1998 年 4 月完工。临时船闸 1998 年 2 月 28 日破堰进水，3 月 10 日至 4 月 28 日调试验收，4 月 29 日第一次试航，5 月 1 日举行通航仪式。5 月 15 日三峡局与三峡开发总公司正式签订临时船闸（包括引航道和明渠）委托管理协议书，经过一个月的试运行后，6 月 15 日开始进入正式运行。

2003 年 4 月 9 日 23 时 48 分，临时船闸完成通航使命后封航。临时船闸在 160 天的单闸运行中，共运行了 3019 个有载闸次（日均 18.87 闸），通过船舶 20753 艘次（日均129.7 艘）货物 7925462 吨（日均 49534.14 吨）、旅客 84031 人次（日均 525.19 人），分别占五年运行总和的 39.37%、43.55%、62.63%、12.72%，在碍航期通航中充分发挥了主力军作用，它的历史功绩将永载于当代长江三峡通航发展史册。

临时船闸的统计数据显示，若按各运行年份的资料进行统计，货物总运量最少的是

1999 年,为 88.1 万吨,最多的是 2002 年,为 412.5 万吨;闸次最少的是 1999 年,约为 800 个闸次,最多的是 2002 年,接近 2000 个闸次。数据详见表13-2-2。

1998—2003 年临时船闸运行情况统计表

表 13-2-2

年份(年)	1998	1999	2000	2001	2002	2003
闸次	554	807	1137	996	1948	2004
船舶艘次	3411	6765	6391	5924	12077	12954
货运量(万吨)	33.4	88.1	121.8	122.9	412.5	449.6
客运量(万人次)	14.8	25.9	7.6	4.7	6.2	6.9

注:临时船闸 1998 年 5 月正式投入运行;2003 年 4 月 9 日停运。

(3)三峡枢纽翻坝转运工作

从 2002 年 11 月 1 日导流明渠截流至 2003 年 6 月 16 日三峡船闸开始试运行,经历了临时船闸单独运行 160 天的碍航期和临时船闸封堵后 67 天的断航期。在碍、断航期,除采取货物分流运输以及超前、滞后、储备等多种措施减少过坝运量外,对旅客和货物进行翻坝转运,部分解决了客、货过坝问题。在此期间,由翻坝设施通过的客、货运量如下:

2002 年 11 月 1 日至 2003 年 5 月 20 日(2003 年 5 月 21 日至 6 月 16 日,因蓄水期水位变化大,过坝运输被迫短期停止)累计转运旅客 120.3 万人次,转运客车 39342 辆次(对应客船 8595 艘次),转运载货汽车 117180 辆次(对应滚装船 4860 艘次)。2003 年 4 月 10 日至 5 月 20 日期间,翻坝设施还转运集装箱 9410TEU,转运商品车 6820 辆次,共计转运件杂货约 1.2 万吨。总之,2002—2003 年三峡工程蓄水碍断航期的翻坝转运工作圆满完成,基本实现了国务院提出的"安全、畅通、有序"的总体目标。

(4)航运配套设施(135 米水位运行期)应急工程

2003 年 6 月,三峡水库蓄水至 135 米水位运行,坝区通航环境发生重大变化。为确保蓄水期间和蓄水后船舶航行安全,以及通航管理工作的正常进行,避免因水上工程变为水下工程造成航运配套设施工程投资损失,交通部于 2003 年 2 月以交规发〔2003〕44 号文批复同意实施三峡枢纽坝区航运配套设施应急工程,并明确在三峡工程一、二期航运配套设施建设资金中安排。2003 年 4 月,"交水发〔2003〕99 号"文批复应急工程初步设计,工程投资 1300 万元。工程内容包括建设三峡坝上航标 14 座、航行水尺 4 处,对坝上 16 千米航道进行库底测量,制作交通管制标志牌 7 块;建设庙河危险品锚地、仙人桥大船锚地、沙湾小船锚地;通航调度、坝上综合管理基地征地及工作船码头 142 米高程以下的工程建设。工程于 2003 年 5 月正式开工,2006 年 1 月 20 日完工。该工程经交工验收后及时投入试运行,为蓄水期间和蓄水后船舶航行安全及通航管理工作提供了强有力的支持保障。

(5)航道整治工程

①变动回水区航道整治工程。

三峡工程建成后,将使库区常年水深增加、水流减缓,除个别河段水流条件不能满足船舶航行要求外,大部分河段航行条件得到显著改善。但变动回水区水库和天然河道状态交替出现,会改变天然情况下的河床演变规律,部分礁石将形成新的碍航条件,给航行带来严重危害,制约着航运的进一步发展,需要实施长江三峡水利枢纽施工期变动回水区航道整治工程。

1994 年 2 月,长委会在《三峡工程变动回水区航道及港口整治》工程设计文件中,要求交通部门对施工期及 135 米和 156 米水位运用前需要实施的航道整治工程措施,提出设计方案与实施意见,并于 1996 年底提交成果报告。1995 年 2 月,受三峡开发总公司和三峡航运指挥部委托,长江航道局按照《长江三峡水利枢纽施工期变动回水区航道整治工程设计工作大纲》,进行了变动回水区航道整治工程的设计工作,工程包括分布在宜昌以上 484.5 ~ 605.3 千米范围内的蚕背梁、观音滩、灶门子、土脑子、花滩、和尚滩、青岩子、马风堆、上洛碛 9 个急流险滩的整治,个别重点滩段还进行了河工模型试验和数值模拟研究。

变动回水区航道整治工程内容包括对 9 处险滩进行炸礁石、石梁和疏浚。蚕背梁炸低瓦子浩航槽;花滩炸除凸岸石梁;马风堆和灶门子险滩炸低礁石,拓宽航道宽度;青岩子、土脑子、上洛碛属淤沙浅滩,对其进行炸礁石和疏浚;观音滩炸除两岸的突出石梁;和尚滩炸除郭家咀和和尚滩石盘。

变动四水区航道整治工程有效地平顺了岸线,消除了滑梁水,达到了改善水流流态、满足三峡工程施工期变动回水区船舶安全航行的航运条件。

②航道障碍清理整治。

三峡工程导流明渠 1997 年 10 月阶段性验收后,尚有多处尾工没有完成,1997—1998 年枯水期仍在继续施工。同时,对明渠航道上下游连接段的礁石,如墩滩、明渠下口、毡帽石、南虎、钓鱼嘴等礁石群进行整治,对临时船闸引航道上下游的礁石进行整治,清除了鹰子嘴、流荒背等对安全通航有严重影响的施工遗漏礁石浅滩。在临时船闸和导流明渠正式开通之前,组织实施了临时船闸和导流明渠航道的全面扫床,确保了航道的安全畅通。

③三峡明渠绞滩设施建设。

三峡工程在长江主航道截流以后,船舶须经临时船闸或导流明渠通过。当导流明渠在汛期流量处于 15000 ~ 35000 立方米/秒时,流速和比降大,上行船舶需采取施绞助航措施。1996 年 10 月初,国务院三峡工程建设委员会办公室会议上提出了"在导流明渠增设绞滩和大马力轮船助推"等措施。1997 年 4 月,交通部三峡工程航运领导小组办公室提出了"三峡工程明渠汛期绞滩与换推"方案,报三峡总公司组织审查。随后长江航道局、三峡航运指挥部和重庆长江轮船公司依据模型试验资料,共同开展了《三峡工程明渠汛期换推与绞滩措施研究》。1997 年 5 月,课题组完成了研究报告,认为采取换推与绞滩相结合的措施,上行过明渠的通航流量可提高到 30000 ~ 35000 立方米/秒。1997 年 7 月 30

日,国务院三峡工程建设委员会批准明渠绞滩与换推设施建设项目立项,工程总投资3800万元。工程主要项目为:新建245千牛双机绞滩船1艘、760千瓦递缆船2艘、32米×6.2米×2米递缆定位船1艘,改造117.6千牛双机绞滩船1艘;绞滩附属设施为建设3个主缆桩、2个备用主缆桩,4个横缆桩,1个倒缆桩、1个备用倒缆桩,3处支杠磴及人行梯道和生活用水用电等。工程由中国船舶工业总公司719所、长江船舶设计院及武汉通达工程技术开发公司承担设计,武汉汇江实业有限公司承担船舶建造工作,武汉南华高速船舶工程有限公司和葛洲坝集团公司三峡建设承包公司进行建设施工。明渠绞滩设施建设工程于1997年8月开工,1998年4月通过验收。1998、1999年汛期投入施绞助航,其间经受了1998年长江三峡百年一遇的特大洪水考验,明渠通航流量由20000立方米/秒提高到40000立方米/秒。

二、长江三峡水利枢纽双线五级船闸

(一)三峡工程航运建筑物概况

三峡工程通航建筑物由三峡永久船闸(即三峡船闸)、升船机及上游导航墙、上游引航道、待闸锚地组成。三峡船闸位于三峡大坝左侧坛子岭下,采用双线连续五级形式,两线船闸平行布置,中心线相距94米。升船机布置在左岸非溢流坝段部位,位于双线五级船闸右侧,左非7号、8号坝段之间,为单线一级垂直升船机。上游导航墙采用浮式导航墙,分别布置在南线船闸南侧和北线船闸北侧上游,上游引航道直线段南北两侧各设9个靠船墩。待闸锚地分布在三峡坝上及三峡—葛洲坝两坝间河段,共有7座锚地。

(二)前期研究

1. 交通运输部门参与通航设施论证

(1)参与三峡工程航运专题论证

1986年6月19日,水电部遵照中共中央、国务院"中发〔1986〕15号"文件精神,成立三峡工程论证领导小组,对三峡工程进行重新论证。6月23—24日,领导小组召开第一次会议,决定论证工作分为地质地震、枢纽建筑物、水文、防洪、泥沙、航运、电力系统、机电设备、移民、生态与环境、综合规划与水位、施工、投资估算、综合经济14个专题进行。其中与航运相关的有枢纽建筑物专题、泥沙专题和航运专题3个论证专家组。

1986年8月21日,航运专家组成立。8月21—24日召开专家组第一次会议,讨论通过航运专题论证工作大纲。航运专家组的主要任务是在过去三峡航运方面论证工作的基础上,根据长江航运前景,研究提出川江运量预测、航运发展对三峡工程的要求、通航建筑物布局、航道与港口以及水位方案选择的意见。参加论证的单位主要有长航局、长江轮船总公司、长江航道局、长办科学院和枢纽处等。自1986年8月至1988年9月,航运论证工作经历了2年的时间,召开了6次专家组会议及19次专家工作组会议;在开展各项调查研究和试验论证工作中,各单位认真对每项专题进行了全面、深入的论证,共完成专题论证报告44篇,取得了9项主要专题论证研究成果,这些研究成果为国务院三峡工程建设委员会的工程决策提供了有力依据。

为研究三峡工程船闸引航道及大坝上下航道尺度,1986年3月27—30日,交通部三峡办、长航局、葛洲坝船闸管理处和长江轮船总公司等10多个单位在葛洲坝枢纽组织进行了万吨级船队六驳、九驳过二号船闸实船试验,同年12月提出了试验报告,为实现万吨级船队渝汉直达提供了实船试验数据支撑。

遵照中共中央、国务院1986年发布的《关于长江三峡工程论证工作有关问题的通知》精神,交通部组织有关科研单位和规划设计、船舶驾引运输和运行管理部门的科技人员,开展了各项调查研究和试验论证工作。1986年11月23—24日,交通部在北京召开了三峡水利枢纽通航问题工作会议,会上提出建设三峡水利枢纽要满足下列六方面的条件,并解决好相应的问题:重庆港水域不能淤废;万吨级船队全年有一半时间能够从汉口直达重庆;三峡水利枢纽通航能力不低于葛洲坝,要满足远期运量下水单向5000万吨/年的要求;渝汉间航道尺度要达到3.5米×100米×1000米的要求;葛洲坝下泄的流量应能够保持在5000立方米/秒以上;施工期间的通航设施满足航运需要。

交通部三峡办在组织研究长江三峡库区通航标准的基础上,于1987年2月19日正式提出了《长江三峡工程通航标准》,供三峡工程初步设计可行性研究阶段科研试验使用。

1987年3月,枢纽建筑物专家组在杭州召开会议,审议并确认长办提出的分期蓄水方案。船闸运行从初期水位到后期水位的过渡措施为:初期第一闸首用叠梁门,第二闸首用矮人字门;后期第一、第二闸首加高闸槛9.5米,二闸首人字门及启闭机移高并重新安装,一闸首人字门安装启闭机(船闸完建工程)。5月,航运专题论证工作转入对175米方案的经济技术论证,开展航运替代方案与航运效益的研究。5月30日至6月3日,枢纽建筑物专家组航运小组在天津召开会议,决定采用分散三级船闸方案或采用连续五级船闸方案,建议适当调整上下游引航道进出口位置和方案,加长下游引航道直线段长度,研究防淤、冲淤等措施。12月,枢纽建筑物专家组在北京召开第5次会议,提出了枢纽建筑物论证报告。报告指出:"永久通航建筑物为双线连续五级船闸及一线一级垂直升船机,施工期另建一线一级临时船闸结合利用升船机及导流明渠通航",并暂以连续五级船闸Ⅲ线方案作为本次论证的代表方案。

1988年2月,泥沙专家组提出的论证报告在南京形成。3月23日,航运专家组形成《三峡工程航运论证报告》。7月,交通部水运规划设计院和长航局提出了《三峡水利枢纽永久通航——船闸布置方案初步研究》。与此同时,长办枢纽处提出了《三峡水利枢纽分期蓄水方案永久船闸布置论证》报告。

重新论证结束后,1989年5月,长办重新编制了正常蓄水位175米的《长江三峡水利枢纽可行性研究报告》。

（2）参与三峡工程航运项目技术设计

1994年,三峡通航建筑物技术设计进入全面审查阶段,就通航建筑物总体布置、船闸输水系统和船闸水力学、永久船闸高边坡设计、永久船闸水工结构、升船机、技术设计阶段的科研6个部分展开研讨。交通部船闸技术设计审查专家组和设计单位利用3年多时间,对三峡工程永久船闸、升船机、上下游河道整治3个航运项目的技术设计进行了审查,通过充分的科学试验、论证和工程实践,解决了船闸总体设计、超高水头船闸输水、高陡边坡岩体稳定和大型衬砌式船闸结构、防淤清淤措施、主要金属结构及机电设备制造和技术、五级船闸监控系统等重大难题。

1995年,长航局组织葛洲坝船闸管理局等有关单位,对长委会1994年11月编制的《长江三峡水利枢纽单项工程技术设计报告（第三册）——永久船闸设计》涉及的航运问题进行了研究。在总结葛洲坝船闸和借鉴国内外其他船闸运行管理经验教训的基础上,对永久船闸有关船闸总体布置、船闸输水系统、船闸结构、上下游引航道、防淤清淤措施、船闸金属结构及启闭机、船闸机电、船闸消防、暖通空调、生活给排水10个方面的设计提出了52条意见和建议,1995年4月22日以《关于三峡工程永久船闸设计建议的函》函告长委会。主要建议如下:①建议补充上、下游引航道口门区与主航道连接段的通航水流条件。如果无法满足通航水流条件,需采取工程措施。②三峡船闸闸室的浮式系船柱设计仅有20个,对船舶合理排挡和提高闸室利用率不利,建议增设2个。③两线船闸上游进水口布置在上游引航道底部,会导致大量泥沙进入闸室,建议改为侧向进水（未采纳,运用实践表明无妨碍）。④闸室停泊条件未满足要求,纵横系缆力超过了5吨和3吨的允许值,建议调整改善（未采纳,2012年开始改造系船柱）。⑤支、枕垫的润滑对减少A、B杆受力和人字门正常运行至关重要,设计时应采取技术措施。

三峡工程通航建筑物总体布置,是三峡工程建成后设计船队安全畅通过坝的关键,需满足不同阶段的设计船队通航水流条件的要求,而通航水流条件受到不同阶段船型船队、泥沙淤积的制约和影响。针对上述情况,航运专家组对通航流量标准、通航水流条件、引航道防淤减淤和清淤措施、上引航道布置及隔流防淤堤线路等进行了技术设计审查。同时,组织科研单位直接参加为解决航运要求而提出的有关重要课题的研究,为设计工作提供了宝贵的成果资料。航运专家组在技术设计审查中提出的主要建议如下:①1994年8月3—7日的三峡工程泥沙和枢纽建筑物专家组联席会上,航运专家组在讨论纪要中提出:"三峡通航标准可与葛洲坝枢纽三江一致……三峡工程的最大通航流量56700立方米/秒。"②1997年5月9—11日,泥沙和航运两个专家组在审查通航水流条件的联席会上,审查永久船闸和升船机上下游引航道的通航水流条件和碍航淤积问题时,建议"进一步研究解决三峡工程永久船闸上下游引航道口门区及连接段水流和泥沙淤积碍航问题的措施"。提出了隔流防淤堤堤头段暂不填筑至135米的意见,待下一阶段工作完善后再定。③在引航道防淤减淤和清淤措施上,专家审议意见认为仍应以隧洞冲沙为主,辅以机械清淤;隧洞进水口和出水口尾段应与船闸同期建成,同时应进一步做好有关模型试验和设计补充工作。冲沙设施最终选择为将临时船闸通道改建成冲沙闸。④在审查上游引航道布置和隔流防淤堤线路时认为,将升船机置于隔流堤外侧,汛期清淤困难,水流条件和水深都难以满足正常通航要求,故会议确定不予采用。多数专家认为,"大包"(上游引航道隔流防淤堤将永久船闸、升船机包在堤内)和"全包"(上游引航道隔流防淤堤将永久船闸、升船机和临时船闸全包在堤内)两方案都具有改善永久船闸和升船机通航水流条件的类似优点,都是可取的。经过综合研究,从配合施工进度考虑,初步确定以"全包"方案、分步实施作为设计依据。"全包"后来成为建设方案。

船闸专家组对永久船闸输水系统设计的审查意见为:船闸输水系统进水口正向布置满足不了通航建筑物总体布置的要求,应改为侧向进水;船闸闸室输水形式设计为等惯性底部纵支廊道四区段分散出水盖板消能方式,科研试验单位提出"三峡永久船闸腔体水平分流、带纵坡的闸底纵支廊道二区段闸室出水及高效消能盖板、减少闸室泥沙淤积的输水系统布置方案"。

2.三峡船闸的设计

三峡船闸建设业主单位为三峡开发总公司,负责对三峡工程建设进行统一管理。三峡船闸工程设计由长江水利委员会长江勘测规划设计研究院承担,1991年9月编制完成《长江三峡水利枢纽初步设计永久船闸布置方案选择专题报告》,推荐双线连续五级船闸布置方案,通过三峡工程建设委员会(以下简称"三峡建委")审查。1993年7月,三峡建委批准了三峡工程初步设计(枢纽部分)。1998年,永久船闸技术设计报告经审查专家组分专题审查通过。

三峡船闸主要设计通航标准见表13-2-3。

三峡船闸主要设计通航标准　　　　　　　　　　　　表13-2-3

项　　目		单　　位	设　计　标　准
船闸形式			双线五级连续
运行方式			三级不补水、四级补水、四级补水、五级补水、五级不补水
单闸室 有效尺度	长	米	280
	宽	米	34
	槛上最小水深	米	5

续上表

	项 目	单 位	设 计 标 准
最大通航流量	围堰发电期	立方米/秒	45000
	后期	立方米/秒	56700
工作水头	最大总水头	米	113
	输水阀门最大工作水头	米	一、六闸首22.6,二到五闸首45.2
	人字门最大挡水高度	米	一闸首26,二闸首35,三到六闸首37.5
通航水位	上游最高通航水位	米	围堰发电期135,初期156,后期175
	上游最低通航水位	米	初期135,后期145
	下游最高通航水位	米	围堰发电期71.8,后期73.8
	下游最低通航水位	米	62.0
下游最高检修水位		米	68.0
通航净空		米	18
最大通航风级			6 级
通航能力	最大船队	吨	万吨级船队
	年单向通过能力	吨	5000 万
	年平均通航天数	天	335
	日均运行闸次数		22.1
引航道尺度	上游引航道底宽	米	180
	下游引航道底宽	米	前段160,后段180
	上游引航道底高程	米	131
	下游引航道底高程	米	56.5
船舶过闸航行速度	进闸及闸室间行进速度	米/秒	≤0.6
	出闸速度	米/秒	≤1.0

注:数据来源于《长江三峡水利枢纽初步设计报告》(1992 年12 月)。

船闸过闸方式:正常情况下,采用单向过闸,南线船闸过下行船舶、北线船闸过上行船舶。当一线船闸检修时,另一线采用单向成批过闸,定时换向运行。在特殊情况下,可采用双线船闸同向运行的过闸方式。

船闸运行方式有四级补水上(下)行、四级不补水上(下)行、五级补水上(下)行、五级不补水上(下)行等8 种,根据不同水位组合选择船闸的运行方式。三峡船闸不同水位组合与船闸运行方式详见表13-2-4。

三峡船闸不同水位组合与船闸运行方式   表13-2-4

上游水位（米）	下游水位（米）	运 行 级 数	补 水 部 位	补水厚度（米）
145.0 ~ 148.25	62 ~ 73.8	4	—	—
148.25 ~ 152.4	62 ~ 72.4	4	—	—
	72.4 ~ 73.8	5	二闸室	—

续上表

上游水位（米）	下游水位（米）	运 行 级 数	补 水 部 位	补 水 厚 度（米）
152.4～156	65.6～69.34	4	—	—
	低于65.6	5	二闸室	—
	高于69.34	5	二闸室	—
156～165.75	62～73.8	5	二闸室	0～13.35
165.75～175	62～73.8	5	—	—

（三）三峡双线五级船闸的基本情况

1. 三峡船闸的布置与功能

三峡双线五级船闸（建设期间对应临时船闸称"永久船闸"，建成运行期简称"三峡船闸"）采用双线连续五级形式，是当今世界船闸史上连续级数最多、总水头和级间输水水头最高的内河船闸，位于三峡大坝左侧坛子岭下，是三峡工程最主要的通航建筑物。船闸线路总长6442米，其中主体段长1621米，上游引航道长2113米，下游引航道长2708米。船闸设计总水头113米，最大通航流量56700立方米/秒，两线船闸平行布置，中心线相距94米。输水主廊道布置在闸室两侧山体内，闸室底部输水廊道采用4区段8支管顶部出水加消能盖板形式，级间最大输水水头45.2米。下游引航道底部布置有中隔墙的两条输水隧道，分别与南北两线船闸左右输水廊道连接，将五闸室下泄水流引出下游引航道隔流堤外。六闸首设辅助输水短廊道及阀门，用以克服主廊道输水出口与六闸首口门之间静态水位差对闸室输水的影响。

每线船闸自上游至下游依次布置有第一闸首事故检修闸门、叠梁门及桥式启闭机；第一至第六各闸首人字闸门、输水阀门及液压启闭机；每一闸首两侧各设一个液压启闭机房，共24座；浮式检修闸门（两线共用）；第六闸首辅助泄水廊道工作阀门及启闭机。每级闸室布置有浮式系船柱22个，在第二、三闸首布置有人字闸门的防撞警戒装置。

上游导航墙采用浮式导航墙，分别布置在南线船闸南侧和北线船闸北侧上游，全长250米，由4个重力式支墩和4节钢筋混凝土趸船组成。下游导航墙布置在第六闸首下游左、右两侧，全长196米，上游段16米为重力式结构，下游段180米为墩板式结构。

上游引航道直线段南北两侧各设9个靠船墩，间距25米，墩顶高程177.5米，最大墩高61.5米，两线靠船墩依南下游北上游顺序错开150米布置。下游引航道直线段南北两侧布置9个靠船墩，间距25米，墩顶高程76.3米。

集控楼内设有南、北线船闸集中控制室、船舶过闸调度室、船闸通信机房和消防控制系统等。

2. 三峡船闸工程的基本信息及主要参数

（1）基本信息

长江三峡水利枢纽工程永久船闸开工时间为 1994 年 4 月;试通航时间为 2003 年 6 月 16 日;竣工时间为 2003 年 5 月 29 日,国务院三峡建委第十二次会议批准国务院三峡工程验收委员会的验收意见;船闸建设单位为中国长江三峡开发总公司。

（2）主要参数

船闸等级为 1 级,闸首、闸室和输水廊道系统为一级建筑物,进水箱涵、泄水箱涵、导航墙、靠船墩为二级建筑物,引航道隔流堤及其他建筑物为三级建筑物;代表船型为万吨级船队;设计单向年通过能力为 5000 万吨;设计最大总水头 113 米;船闸级数线数为五级两线;闸室有效尺寸:280 米 ×34 米 ×5 米(长 × 宽 × 槛上最小水深);船闸的闸阀门形式、启闭机形式:闸门为人字门,输水阀门为反弧门,启闭机为液压启闭机。

集控楼内设有南、北线船闸集中控制室、船舶过闸调度室、船闸通信机房和消防控制系统等。

设计船舶过闸一闸次间隔时间见表 13-2-5。

设计船舶过闸一闸次间隔时间 表 13-2-5

项　　目	设计时间(分钟)
船舶进入第一闸室	10.8(万吨船队)
关第一闸首人字门	6
第一闸室泄水	12
开第二闸首人字门	4
船舶由第一闸室向第二闸室移泊	8.9(万吨船队)
关第二闸首人字门	4
第一闸室充水	12
开第一闸首人字门	6
闸次间隔	63.7

3. 三峡船闸工程建设管理体制

（1）三峡船闸工程建设业主单位

三峡船闸工程建设业主单位为中国长江三峡工程开发总公司,负责对三峡枢纽进行统一管理。

建设项目法人机构为长江三峡开发总公司,成立于 1993 年 9 月 27 日,主要工作为全面负责三峡工程资金筹集、工程建设和投产后的经营管理。

（2）三峡船闸项目参建单位

三峡船闸项目设计单位为长江水利委员会长江勘察规划设计研究院。

施工单位包括武警水电三峡工程指挥部、中国葛洲坝集团公司三峡工程施工指挥部、宜昌三峡工程三七八联营总公司、宜昌三峡工程三联总公司、中船重工集团公司第七〇九研究所、长江岩土工程公司三峡工程指挥部和铁道部武汉大桥局。

主要金属结构和机电设备制造由武昌造船厂、江南造船厂、夹江水工厂、葛洲坝集团有限公司、中国水利水电第八工程局、中船重工集团(七〇九研究所、七〇四研究所、三八八厂、四七一厂)、南京洛普公司和大连大起集团等单位承担。

监理单位有国电公司中南勘测设计研究院三峡建设监理中心、国电公司华东勘测设计研究院三峡建设监理中心和国电公司郑州机械设计研究所三峡项目监造部等。

质检单位有水利部牵头成立的长江三峡二期工程船闸通航验收委员会(下设专家组),主持船闸通航验收工作。

研究单位有长江科学院、南京水利科学研究院、长江水利委员会、水利水电科学研究院、武汉通达公司、清华大学、葛洲坝水电工程学院、解放军工程兵学院、重庆建筑大学、华中理工大学等。

(四)三峡船闸的建设过程

1.三峡船闸主体工程建设

三峡五级连续船闸建设分为"三峡船闸135米水位施工"和"三峡船闸完建工程的施工"两个阶段。前一阶段工期为1994年4月高边坡山体开挖至2003年6月,在三峡水库135米水位试通航,满足三峡工程建设期通航条件;后一阶段工期为2006年9月15日至2007年5月1日,完建后满足三峡水库145~175米水位永久通航条件。

(1)三峡船闸135米水位施工

1991年9月,长江水利委员会长江勘测规划设计研究院编制完成《长江三峡水利枢纽初步设计永久船闸布置方案选择专题报告》,推荐双线连续五级船闸布置方案,通过三峡建委审查。1993年7月,三峡建委批准了三峡工程初步设计(枢纽部分)。1998年,永久船闸技术设计报告经审查专家组分专题审查通过。

船闸建设工程主要包括基础开挖及边坡支护工程,高边坡山体排水工程,上下游引航道及隔流堤工程,基础处理、混凝土及渗控工程,金属结构和机电设备制造、安装与调试工程,集中监控系统设备安装及调试工程等。

1994年4月—1996年4月,完成了高边坡山体一期开挖,地面工程直立墙以上及上、下游引航道开挖,地下输水系统施工支洞开挖。

1996年3月—2003年3月,完成了船闸主体段土建施工及上下游引航道建设。包括地面工程开挖、高边坡支护、船闸结构混凝土浇筑,基础渗控工程施工,地下输水系统开挖、支护、混凝土浇筑。两期工程累计完成土石方开挖5587万立方米,锚索4376索,混凝土浇筑 465 万立方米，钢筋制作安装 173880.4 吨。

2000 年 7 月 16 日—2003 年 5 月，为三峡船闸金属结构安装、机电设备安装与调试施工期，完成金属结构及机电设备安装 43260 吨。

2002 年 6 月 30 日，完成单机和单闸首机、电、液联合调试；2002 年 8 月 16 日，完成船闸无水联合调试并通过了阶段性验收；2002 年 9—11 月北线完成第一阶段 5 次抽水联合调试后，进行排干检查和缺陷处理，2003 年 2—3 月完成第二阶段第 6 次抽水联合调试，再次进行排干检查；2002 年 11 月 6 日南线开始进行有水抽水联合调试，至当年 12 月底完成了 10 次有水联调；2003 年 1—4 月进行排干检查和缺陷处理。

2003 年 5 月 21 日通过国务院三峡工程验收委员会枢纽验收组组织的蓄水前验收。2003 年 6 月 1 日 0 时，三峡工程正式下闸蓄水。6 月 10 日 22 时，三峡水库蓄水至 135 米。6 月 11—12 日，完成了补充有水系统调试工作，通过调试取得满足设计要求的可供船闸运行需要的各项技术参数，并确定了试运行期间主要采用四级补水运行方式。6 月 13—15 日，进行了三峡船闸围堰发电期第一阶段试航。6 月 16 日开始试通航，6 月 18 日向社会船舶开放。

（2）三峡船闸完建工程的施工

三峡南线船闸完建施工期为 2006 年 9 月 15 日—2007 年 1 月 20 日，合计 127 天；北线船闸完建施工期为 2007 年 1 月 20 日—5 月 1 日，合计 101 天；两线船闸完建总工期 228 天。工程的主要内容包括：一、二闸首人字门底槛由 131 米高程加高至 139 米高程，一闸首人字门启闭机安装、调试，二闸首人字门、启闭机房底层平台及启闭机孔口抬高 8 米，二闸首人字门启闭机拆除、回装及调试，船闸集控系统及现地控制系统相应修改完善，联动调试等。完建工程最具挑战性的还是将单扇重达 800 多吨的二闸首人字门整体上移，加高门槛后再还原安装。经过多方研究试验比选，最终采用同济大学的多点同步升降油缸整体吊起人字门的施工方案，在二闸首临时架设大型悬梁，架设油缸提放人字门。

完建工程于 2007 年 5 月 15 日通过国务院三峡三期工程验收委员会枢纽工程验收委员会的验收。

2. 航运配套设施建设

1993 年 6 月，国务院三峡建设委员会批准《长江三峡水利枢纽工程初步设计》，其中通航配套设施工程由交通部负责组织建设，费用概算 1.76 亿元。经枢纽设计单位确认后，长江航运规划设计院于 1994 年 8 月编制了《三峡枢纽坝区航运配套设施建设工程扩大初步设计》，经三峡开发总公司技术委员会审查，同意将其纳入三峡工程初步设计项目。长航局三峡工程现场航运指挥部于 1994 年 1 月与三峡开发总公司签署《关于三峡工程航运部分"三项费用"分年拨款协议》，三项总费用 3.838 亿元。其中航运配套设施费 1.76 亿元，库区航道整治工程费 7250 万元，施工临时通航管理费 1.35 亿元。

为便于工程管理,更好适应三峡工程建设和三峡通航管理需要,有利于向三期施工期过渡,工程实施过程中,长航局先后以签报和"长航计〔1997〕761 号"文对工程项目及投资进行了适当调整,工程项目建设计划时间安排为 1994 年至 2003 年末。1994—1998 年通航配套设施完成了坝河口航管中心综合楼建设,乐天溪管理站、黄陵庙管理站、高家溪信号台、茅坪信号台、流荒背信号台、太平溪信号台、乐天溪信号台、黄牛岩通信机房等土建工程和"一点多址"微波、800 门程控交换机等建设,相应建成趸船 11 艘、交通船 1 艘、500 吨供油船 1 艘、航标艇 2 艘、测量艇 1 艘、监督艇 3 艘、公安巡逻艇 1 艘及标志船 56 艘等,还完成了三峡明渠绞滩设施建设;截至 1998 年累计完成投资 10965 万元。这些项目经交工验收后及时投入运行,为保证大江截流和三峡工程施工一、二期的坝区航运安全及三峡工程的顺利施工,提供了强力支持与保障。

(1)坝区航道助航设施建设

①信号台的选址。近坝河段设置乐天溪、三斗坪、流荒背、太平溪共 4 座信号台。

②航标配布。临时船闸引航道内的标志配布间距宜与葛洲坝船闸引航道内航标配布的间距一致;明渠渠身段主要在其右岸马道上布置 3～4 座,左侧纵向围堰上布置于上下堤头处各 1 座;临时船闸和明渠以外的航道按川江主航道当时标志配布方法配布;锚地水域标志按规定设置。

③航行水尺设置。近坝河段新设水尺 13 处。其中,主航道部分坝下大象溪(左岸)、黛石(右岸)、坝上流荒背(左岸)、长福沱附近(右岸)共 4 处;明渠渠身段纵向围堰下堤头和右岸对应位置各 1 处,坝轴线左右岸各 1 处,坝轴线上游 600～700 米右岸 1 处,共 5 处;临时船闸下引航道口门处左、右岸各 1 处,临时船闸与永久航道分界处 1 处,上引航道口门处左岸 1 处,共 4 处。庙河、偏岩子、莲沱原有航行水尺予以整饰。所有新增 13 处水尺均采用资用吴淞高程,原有水尺零点不变。水尺根据地形特点和施工图设计要求,采用了不同的结构类型,高程均从 65 米起,所有水尺均按四等水准要求接测。

④航道里程牌。在三峡坝区长江左、右岸设置航道里程牌共计 102 处。临时船闸航道自下引航道口门以下 2500 米为零千米起算,沿航道中心线度量,每隔 100 米设置一组里程牌,直至上游流荒背止。引航道内为左右岸对应设置,口门外航行区只在左岸设置。明渠航道自坝轴线下游 3000 米为零千米起算,沿航道中心线度量,每隔 100 米设置一组里程牌,直至上游墩滩止。渠身段左右岸对应设置,渠外段只在右岸设置。

航道助航设施建设工程投资 1.76 亿元,在航运配套设施费中支出,工程于 1997 年动工,1998 年建设完工,并通过竣工验收交付使用。

(2)坝河口航管中心综合楼建设

坝河口航管中心综合楼是三峡工程施工现场船闸运行、锚地作业、航道维护、安全监督、消防保卫、通信导航等航运管理的中枢。工程总投资 3320 万元,工程主要建设内容为主楼8161平方米、附楼3083平方米、辅助设施407平方米。该工程于1995年底动工,1998年7月完工,并通过验收交付使用。

(3)通信系统及程控交换机建设

"一点多址"通信系统是引进加拿大生产的产品,1997年5月施工安装并投入使用,主要承担三峡局与市话公网及长航专网的中继连接。通信系统工程总投资550万元,建有坝河口中心站1个,磨基山和黄牛岩中继站2个,太平溪、茅坪、高家溪、临时船闸、黄陵庙、南津关、葛洲坝、宜昌分局外围站8个。800门程控交换机是引进美国哈里斯公司的产品,工程总投资450万元,于1998年1月动工,3月初交换机通过"一点多址",采用四线EM与宜昌通信分局、葛洲坝站联网,5月完成主体项目安装调试,6月安装语音信箱,8月安装红外线测试仪和声光告警器,10月建设完工,并通过中间交工验收。两系统投入运用后,满足了三峡局两坝基地通信联网和三峡坝区站点无线通信的需要。

(4)三峡待闸锚地建设

①三峡待闸锚地初步设计。三峡待闸锚地是三峡水利枢纽通航建筑的重要配套设施,其主要功能是:组织船舶安全有序通过大坝,提供船舶集结和船队编解泊位,维护三峡坝区通航秩序和防止水域污染。

三峡待闸锚地由三峡大坝坝上庙河、沙弯、仙人桥三座锚地和坝下乐天溪、青鱼背两座锚地,共7艘锚泊趸船组成。在三峡工程二期通航期设计建设,围堰发电期启用。三峡水利枢纽待闸锚地适用条件及功能详见表13-2-6。

三峡水利枢纽待闸锚地适用条件及功能一览表　　　　　　　　　表13-2-6

序号	名　称	范　围	运用水位(米)	设施功能及容量
1	庙河危险品锚地	长江上游航道里程60.5~61.7千米左岸柳林溪溪口内1000米水域	170.00~175.00	配置40米防爆锚趸1艘(锚趸405),锚界浮标4艘,锚位标3个。停靠二级危险品船舶(队)。靠泊4艘3000吨级船舶
2	沙湾锚地	长江上游航道里程55.9~57.1千米右岸一侧,水域长1100米、宽130米	145.00~175.00	配置40米锚趸2艘(锚趸402、404),锚界浮标4艘,锚位标3个。停靠小型普通船舶(队)。同时靠泊2个船队
3	仙人桥锚地	长江上游航道里程54.5~55.7千米右岸一侧的仙人桥水域内,靠船墩外侧水域长300米、宽100米,内侧水域长300米、宽70米	145.00~175.00	配置40米锚囤2艘(锚趸407、403囤),锚界浮标4艘,锚位标3个。停靠大型普通船舶(队)。库水位155.00米以下时,同时靠泊16~44艘单船;库水位155.00米以上时,同时靠泊2个船队和10~30艘单船
4	乐天溪锚地	长江上游航道里程35.5~37千米处左岸水域	62.50~66.50	配置40米锚趸1艘(锚趸406),锚界浮标2艘,锚位标3个。停靠小型普通船舶(队)。靠泊14艘船舶
5	青鱼背锚地	长江上游航道里程34.5~36.0千米	62.50~66.50	配置40米锚趸1艘(锚趸401),锚界浮标2艘,锚位标3个。停靠大型普通船舶(队)。靠泊两个5×1000吨船队

②三峡航运指挥部建设设置的锚地情况。自1996年起,三峡航运指挥部陆续完成7艘40米×10米锚泊趸船的建造及泊定工作。锚泊趸船名依次为三峡锚趸401号至三峡锚趸407号。具体布置的锚位为三峡坝上庙河、沙湾、五厢庙、杨四庙、太平溪锚地,以及下游临时船闸下引航道口门、青鱼背锚地,每地各1艘。

在三峡航运指挥部时期,三峡待闸锚地主要围绕三峡枢纽导流明渠的绞滩及换推锚地、三峡临时船闸待闸锚地,以及三峡为永久船闸135米水位四级运行期提供配套锚地开展建设。建设工程主要是对三峡枢纽二期锚地建设工程的锚地水域及锚泊趸船进行改建与调整。主要功能是为三峡水利枢纽建设期间的导流明渠及其后的临时船闸提供等待通过明渠或船闸期间的集泊,以及因其他原因禁、限航期间的临时锚泊。

③三峡局成立后锚地的调整。2002年,三峡局根据三峡船闸通航船舶对待闸锚地的需要,对三峡枢纽二期锚地建设工程建设的锚地水域及锚泊趸船进行了调整。重新划定五座待闸锚地水域,并根据待闸锚泊需要,配布锚泊趸船。其中杨四庙锚地调到了茅坪港区,五厢庙锚地在135米蓄水后撤销。

三峡临时船闸通航时期,上游的待闸锚地具体布置为庙河、沙湾、五厢庙、杨四庙、太平溪五座锚地,各配布40米×10米锚泊趸船一艘。2002年12月10日,在临时船闸单线运行期,为了挖掘临时船闸的通过潜力,在临时船闸上引航道唤鱼石附近水域设置了临时靠泊趸船。

2012年,青鱼背锚地撤销,调整为乐天溪上锚地,原乐天溪锚地改名为乐天溪下锚地。调整原因是青鱼背锚地设置靠近主航道水域,水流条件也不佳。

④三峡待闸锚地的续建。经过三峡枢纽通航二期锚地建设及调整,截至2003年,三峡枢纽共有5座待闸锚地,7艘锚泊趸船。具体分布为:三峡坝上庙河危险品船舶待闸锚地,锚泊趸船1艘;沙湾、仙人桥普通船舶待闸锚地,各配置锚泊趸船2艘;三峡坝下乐天溪、青鱼背普通船舶待闸锚地,各配置锚泊趸船1艘。

2005年11月,青鱼背锚地及其锚泊趸船迁至左岸乐天溪水域。

2006年11月20日,新建的仙人桥主锚地10座直立式靠船墩投入使用。

2008年3月24日,156米水位配套设施兰陵溪、杉木溪危险品锚地建成并投入使用。

三峡坝区通航船舶服务区待闸锚地建设工程完工后,主锚地仍称仙人桥锚地,靠泊设施为直立式靠船墩。原仙人桥锚地的三峡锚趸403、三峡锚趸407移出该水域,调作他用。副主锚地仍称沙湾锚地,设置1艘65米锚泊趸船,原沙湾锚地三峡锚趸402、三峡锚趸404移出该水域,调作他用。

2008年6月23日,庙河水域的三峡锚趸405移泊到兰陵溪危险品锚地。设置两坝间平善坝水域的待闸锚地,调剂三艘趸船定位,在右岸新建小平善坝锚地。

2009年4月13日,由于三峡坝上杉木溪危险品待闸锚地左岸滑坡体蠕动加剧,其后的危险化学待闸船舶安排在庙河危险品停泊区锚泊。

2012年5月30日,长江乐天溪上锚地结束浅点礁石炸除施工,交付待闸锚泊使用。乐天溪上、下锚地位于三峡船闸下引航道末端,因水下存在多处浅点礁石,影响待闸锚地的容量及待闸船舶安全。工程总投资1.57亿元的"三峡—葛洲坝两坝间乐天溪航道整治工程"中,以炸除乐天溪锚地及船舶航行水域14处碍航礁石,炸礁总量27.7万立方米为主要项目。工程后的乐天溪锚地水域面积扩大,河床加深,可满足三峡船闸两个闸次船舶的待闸锚泊需求,并可停泊5000吨级单船。此次启用的上锚地有4个锚泊区16个泊位。2012年10月16日,长江乐天溪下锚地启用临时锚泊,以满足通过三峡船闸的船舶待闸锚泊需要。临时启用是根据乐天溪锚地整治工程分期、分段施工的需要,在对乐天溪上锚地邻近石梁炸除施工的正常安排。

平善坝锚地建设工程于2013年11月开工,2015年4月完工,项目投资8050万元,新建65米、90米趸船各1艘,90米防爆趸船2艘,123米×15米岸壁式靠泊平台1座,主要用于下水通过葛洲坝的船舶待泊及上水船舶应急靠泊,以及防范船舶漂流危及葛洲坝安全。

三峡船闸上游待闸锚地完善建设工程,项目总投资17900万元,主要建设端方溪、百岁溪、老太平溪、靖江溪、沙湾、银杏沱6处普通货船锚地和杉木溪1处危险品船锚地,新增5000吨级普通锚位87个和3000吨级危险品船锚位6个。配套建设锚地现场管理用房、应急减载船和锚地工作及锚地标志牌、隔离墙,以及供电、照明、给排水等设施。该项目"十二五"期完成工程可行性报告批复、初步设计批复及相关专题评价、地质初勘等。项目建成后将有效缓解三峡坝上锚地资源紧张,保障大量积压船舶安全锚泊。同时,通过建设锚地监控配套设备设施和三峡坝上航标大型化工程,将大力提升锚地信息化管理水平。

(5)支持保障和应急救助设施完善建设

支持保障设施建设包括实施三峡—葛洲坝航运联合调度及航道生产基地工程、三峡通航检测维修设施建设工程、三峡坝区通航管理综合信息系统建设工程和船艇建造等。

三峡—葛洲坝航运联合调度及航道生产基地工程进一步提升了三峡通航管理能力和服务水平,对两坝间河段船舶过坝交通组织、航行安全监管和航道生产管理业务不断增长发挥了积极作用。基本形成了以左坝头、坝河口和西坝3个生产基地为核心,包含仙人桥、南津关2个监管救助基地,太平溪、黄陵庙、石牌和庙咀等监管救助工作站为补充的较为完整的生产及监管救助站点布局。

三峡坝区通航管理综合信息系统工程项目在总结前期三峡信息化建设成果的基础上,充分利用现有网络通信系统、数据库系统及应用系统建设成果,整合升级现有的办公平台、业务系统和政务网站,建立统一的数据存储和交换中心,并通过网络扩容工程、数据中心工程、综合应用系统工程及相关配套工程的建设,降低了现有各系统间数据冗余度,搭建了统一数据平台,在提高内部管理协同水平的同时,进一步丰富了对外信息服务手段。

在船艇建设方面,完成航标船、交通船、20 米级航道测量船、40 米巡航救助船、中型多功能溢油回收船、绞锚艇等的建造。

应急救助设施建设包括实施南津关救助基地改扩建工程和应急通信指挥平台购置。

南津关救助基地改扩建工程项目总投资 4900 万元,主要新建工作船码头 1 座,新建业务用房 2302 平方米和装卸作业场地、训练场地;建设供电、照明、安防、通信、给排水、消防、暖通、环保等配套工程。该项目改善了南津关救助基地基础设施条件,拓展了基地功能,提高了长江干线两坝间河段水上交通安全保障能力、污染防治能力和应急救助水平,进一步完善了《国家水上交通安全监管和救助系统布局规划》在三峡库区的规划布局,增强了辖区水上交通安全保障能力。

3. 三峡船闸的试航

（1）试航组织

三峡船闸的试航,由交通部统一领导,长航局负责组织,三峡局具体实施,长航局局属单位及有关港航企业参与和配合。2003 年 4 月 25 日,按照试航方案总体要求,长航局组织成立了试航领导小组、试航指挥部和试航专业组三级试航机构。试航领导小组由长航局、三峡开发总公司、三峡局、中国长江航运（集团）总公司、长委会等单位的领导组成。长航局为组长单位,副局长袁宗祥任组长。试航领导小组负责统一领导试航工作,审订试航实施方案,协调各单位间的工作关系并对重大问题进行研究决策,审定试航总报告。2003 年 5 月 6 日,长航局批复三峡局《关于成立试航指挥部及各专业组组成人员的报告》,三峡局为指挥长单位,局长张庆松任指挥长,副局长高雄、唐冠军、计玉健任副指挥长。指挥部负责试航的准备和组织指挥,贯彻试航方案所定的试航测试任务。指挥部下设办公室和船闸运行、船舶调度、船舶测试、航道测量、驾引技术、安全保障、宣传、后勤8 个专业组,分别执掌所划定的试航工作。

（2）第一阶段试航

2003 年 6 月 13—17 日进行了第一阶段试航。

试航水域范围:从坝上九岭山以上 500 米（上测试点）至坝下鹰子咀以下 500 米（下测试点）,全长 10.6 千米。

测试项目:测试单船与船队的操纵性能及水位、流速流向流态,船队对会和会让试验,航迹线、系缆力测试等。

试航实施过程:2003年6月10日22时,三峡水库提前蓄至135米水位,6月12日,试航领导小组在宜昌召开第二次会议,交通部副部长翁孟勇出席会议,研究和布置了试航工作。6月13日开始第一阶段单船通航测试,江渝15号轮和民风集装箱船上午上行,下午下行,测试单船操纵性能。6月14日进行船队通航测试和试通航仪式两个航次的预演。6月15日,长江21008船队上午上行,下午下行,生中船队下午下行,测试船队操纵性能及进行水位、流速流向观测、流态观察。

6月16日上午8时30分,举行了盛大的三峡船闸试通航仪式。中共中央政治局委员、国务院副总理曾培炎做了重要讲话并宣布试通航开始;交通部部长张春贤就三峡船闸的试航及运用做了讲话。8时35分,大型船队长江21008缓缓驶入三峡船闸南线第二闸室,宣告中断了69天的长江三峡坝区河段正式复航。试通航仪式船舶过闸后,安排了部分实船试验项目。

6月17日,生中船队上行,先在下引航道弯道处与下行出闸的长江02008船队对会(左舷互会),后经北线过闸后与停泊在北线靠船墩的长江21008船队会让,长江02008船队下午上行,在上引航道弯道处与下行进南线船闸的生中船队对会,测试船队对会和会让试验、航迹线、系缆力测试等。

(3)第二阶段试航

2003年7月14日、15日,当流量为40000立方米/秒时,进行了第二阶段大流量试航。7月16日坝区流量陡降,不能满足试航流量要求,直到9月3日流量为42000立方米/秒时,进行了最后一个测试项目的试航。

试航水域范围:从九岭山以上500米至上引航道口门范围,计2300米;下隔流堤头至鹰子咀以下500米范围,计1900米。

测试项目:单船航迹线、操纵性能、横倾测试、同步过闸试验,船队航迹线、操纵性能、横倾及对会试验、冲程试验等。

大流量试航实施过程:2003年7月14日,民俗轮、江渝15号轮上午先后同线相邻通过南线船闸下行,下午同线相邻通过北线船闸上行,完成同步过闸试验。7月15日,长江02013船队下行,生江号船队上行,测试船队航迹线、操纵性能、横倾等。9月3日,生南号船队下驶过闸后,在下隔流堤头至鹰子咀之间水域与上水进闸的长江02015船队对会(左舷互会),测试船队对会、冲程试验等。在实施两阶段实船试航中,三峡船闸进行了船闸设备运行的操作、机电设备运行的测试、船舶在闸室间移泊及排挡方式的检验。经过试航运行,船闸各设备运转状态基本正常,北线出现4次故障,南线无故障发生。控制程序及工艺总体良好,未发现重大设备缺陷和问题,通过设备磨合,主要运行设备故障逐步减少,运行效率逐步提高。船舶在闸室间移泊时基本能自觉按照船闸指挥的要求依次序移泊,但速度缓慢,花费时间较长。

（4）主要试航成果及基本结论

①三峡水利枢纽通航建筑物总体设计是成功的,总体布置能满足船舶(队)安全过坝的要求。

②坝区航道适航性能较好。上引航道口门至靠船墩处水流平稳;口门以外连接段在流量 40000 立方米/秒时水流基本平稳,最大纵向流速为 0.82 米/秒,最大横向流速为 0.15 米/秒,航道水流条件好;下引航道口门以内水流条件良好;口门以外鹰子咀至乐天溪水域在流量 40000 立方米/秒时,最大纵向流速为 2.68 米/秒,口门区左侧有较强的回流,回流强度为 0.29 米/秒,水流条件比较复杂;航道尺度满足现行船舶(队)航行和停泊的安全要求,达到国家现行规范标准要求。

③三峡船闸设备设施运行正常,能够满足船舶过闸要求。船闸充泄水时间总体满足设计要求,充泄水时闸室水面流态平稳,闸室停泊条件良好;船闸设备控制程序及运行工艺总体良好;船闸主要运行指挥系统基本满足船舶过闸沟通、联络、指挥需要。

（五）技术创新

三峡双线五级船闸系世界上总水头最大、连续级数最多的大型船闸,其开挖边坡高度、衬砌式结构高度为世界之最,人字门尺寸和重量也均属世界之最。

1. 双线五级船闸高边坡施工技术

双线五级船闸纵贯枢纽左岸山体,上下游设引航道与长江主河道相连,全长 6442 米,其中主体建筑物段长 1607 米。两侧均为连续高边坡,最大边坡高度达 170 米,而边坡高度连续超过 120 米的范围,长约 460 米。

作为双线五级船闸的边坡,不仅要确保整体和局部稳定,而且对流变也必须严格控制,以满足船闸人字门正常运行的要求。

针对双线五级船闸高边坡的特殊性和重要性,采取了山体内排水,地表水堵、截、排,安装预应力锚索和高强锚杆,喷混凝土支护等措施。在施工中,严格控制施工程序,采用整套控制爆破技术,加强原型监测和反馈分析,并实行动态设计等综合措施。通过对埋设在船闸各个部位 3268 支各类监测仪器原型监测资料的综合分析,自 1999 年 4 月开挖基本结束后,岩体变形开始趋于稳定。船闸投入运行后,闸室充水过程中闸首的位移不大于 0.5 毫米,完全满足船闸人字门正常运用的要求。

2. 船闸金属结构技术

三峡双线五级船闸金属结构和机电设备制造安装总量达 4 万多吨,不仅数量多,而且技术难度大。针对工作水头高、技术要求严的特点,开展了一系列的试验研究,着重研究闸门的抗扭刚度及增大抗扭刚度的措施,顶枢、底枢结构形式与受力状态,支枕垫的安全传力等问题。最终选用门侧两端布置连续支枕垫块传递水压力,并兼作止水;顶枢采用楔形块调整方案;底枢采用固定式,与连续的刚性支枕垫相配合使用。第一闸室人字门高37米,最大淹没水深达35米,为目前世界上淹没水深最大的船闸人字门。船闸运行采用计算机集控调度的方式。

3. 较好地解决了船闸水力学及高边坡稳定问题

采用"加大淹没水深、快速启门、门楣通气、门后突扩体型、优化阀门形式"等综合技术,解决了船闸阀门和闸室水力学难题。

两线船闸间采用保留中隔墩岩体的衬砌式直立闸室墙和分离式闸首结构形式;采用高强锚杆、预应力锚索衬砌闸室闸墙和闸首后排水等措施,解决了高边坡的稳定问题。

(六)运行管理

1. 三峡船闸运行维护管理情况

长江三峡通航管理局三峡船闸管理处自 2003 年 11 月与三峡总公司正式签订《三峡船闸(含待闸锚地)日常运行维护委托管理协议》,负责三峡船闸的运行维护管理后,实施管理制度创新,从运行生产准备起,就编制了船闸运行维护规程和成套管理制度,规范工作标准和工作流程,确定统计指标体系,建立各类记录台账,并不断总结完善。之后又于2008 年编制完成《三峡船闸检修规程》,使得管理制度和技术规程形成两大体系。2005年开展贯彻标准工作,2007 年全面修订统计考核指标体系,陆续补充各种应急预案,大力推行日常工作规范化、规范管理日常化,不断提高船闸运行维护管理精细化水平。2008 年自主开发三峡船闸运行管理系统,投入应用并不断完善,走上管理信息化发展之路。

三峡船闸管理处创新内部体制机制,包括打破职工身份界限,实行全员考试竞争上岗和岗位聘任制;实行岗位工资制,按岗定工资系数,岗变薪变;开展全员技术基础和岗位技能培训,不合格不上岗;实行运行维护一体化基层班组设置和主管(运行维护值班主管和技术主管)负责制,以效率优先的原则设置机构、配置人员。

2. 三峡船闸通过量统计

2011 年 12 月 25 日,三峡船闸货物通过量过亿吨,提前超过设计通过量。三峡枢纽船闸通过能力的扩展和服务水平的提升,对促进长江航运繁荣、推进长江经济带发展具有重大意义。

自 2003 年三峡南北两线船闸试通航至 2015 年,三峡船闸累计运行 116086 闸次,通过船舶 683507 艘次,旅客 11160912 人次,货运量 863681317 吨,2015 年货运量为 2003 年的 8 倍。分年度统计见表 13-2-7。

2003—2015 年三峡船闸通过量统计　　　　　　　　　　表 13-2-7

年份(年)	指　　标			
	闸　　次	艘　　次	货运量(万吨)	客运量(人次)
2003	4386	34880	13770000	1081432
2004	8719	75056	34306000	1726084
2005	8336	63949	32911000	1883504
2006	8050	56383	39390000	1619939
2007	8087	53312	46859200	848749
2008	8661	55351	53702600	854953
2009	8082	51815	60887300	739943
2010	9407	58302	78803900	507488
2011	10347	55610	100323800	400014
2012	9713	44263	86110566	24408
2013	10770	45669	97066724	432330
2014	10794	44458	108980148	521034
2015	10734	44459	110570079	521034
合计	116086	683507	863681317	11160912

3. 通航调度指挥模式创新

2003 年 6 月,三峡船闸通航,枢纽通航实行"两坝五闸"联合调度指挥,船舶过闸一次申报、统一计划、统一调度、分坝实施。

枢纽通航调度从一坝单一到两坝联合的模式转变,不单是范围的延伸和通道的增加,而是调度工作内涵的扩充和质的转变。一是由单一的船舶过闸调度上升为两坝枢纽水域通航组织指挥,进而延伸到明渠通航调度、应急翻坝组织和枢纽碍航时段的限航应对等;二是由调度为主转变为调度与控制并重,两者同时贯穿于计划与实施全过程,控制的任务和目的是保证两坝间水域船流量适度、航行有序和不发生危及枢纽的安全事故;三是除了原有的一坝多线通道过船适配外,增加了两坝过船及时有序动态衔接的重要内容;四是增加了水情气象信息收集发布和对外与水库调度部门及时联系协调的重要职能。

2006 年 6 月,筹建的三峡通航指挥中心运转,枢纽通航实行"三峡通航指挥中心与调度中心三权分离"的调度指挥(船舶登录环节与计划编制环节分离,计划编制职能与调度执行职能分离,船舶计划调整与现场调度指挥权力分离),筹建的三峡通航指挥中心在 2006 年 8 月 15 日正式履行调度计划编制与调整的工作职能;2008 年 1 月,三峡通航指挥中心正式成立,调度中心同时停止运作。同期,船舶交通服务(VTS)系统即将建成。全球定位系统(GPS)和调度系统改造完善后,纳入交管系统综合应用平台。新的三峡通航指挥中心被赋予通航组织调度与船舶航行安全监管指挥的中枢功能。三峡通航指挥中心利用建成的 VTS 系统、调度系统、GPS、闭路电视(CCTV)等现代科技信息综合平台,实施动态计划、动态调度,形成了以船方为中心的新型业务流程,实现了集安全监视、船舶过闸计划组织、调度指挥等多种功能于一体的现代化组织管理方式,取得了三峡通航调度服务方式的革命性突破。

GPS 和新调度系统的运转,改变了原有调度模式,进行了两次改革。一是 2008 年 9 月 20 日,停止了电话和传真远程申报,执行 GPS 船舶远程申报和到锚申报两种申报方式,到 2011 年底,GPS 远程申报的比例已达 97%。二是 2008 年 10 月 7 日 15 时起,实施 GPS 船舶 4 小时动态调度作业计划编制,并通过调度系统、GPS、三峡局门户网站对船方和社会发布。新的调度模式试运行,打破了船闸通航 27 年的传统计划申报、计划编制、计划发布模式。船方直接通过 GPS 提交过闸申报,计划编制由 24 小时一次变为根据船舶动态适时控制,每 4 小时发布一次滚动计划,信息沟通由相对封闭变为开放式交流,调度与船方的连接由多站接触到一站式服务再到无接触服务,真正保障了过闸调度公平、公正、公开,实现了"阳光通航"。全新的调度模式带来了通航服务方式的转变,在为船方提供安全助航和信息服务的同时,给航运企业带来了显著效益,得到了港航企业和社会各界的高度评价。

4. 编制三峡船闸维护管理与检修规程

(1)编制《三峡船闸管理处管理规程》和《三峡船闸管理处运行维护规程》

为了使三峡船闸的运行维护管理工作做到有章可循,有据可依,三峡局于 1999 年至 2003 年 9 月组织进行了三峡船闸运行管理研究。此项研究工作主要包括《三峡船闸管理处管理规程(试行)》和《三峡船闸运行维护规程(试行)》的编制,经过考察、大纲编审、约稿、修编、分专业初审、修改整理、审定、校印等多个阶段,完成了规程编制工作。

《三峡船闸管理处管理规程(试行)》约 12.5 万字,分 9 章,内容包括三峡船闸管理各个方面的制度规定。《三峡船闸运行维护规程(试行)》规定了三峡船闸主要运行设备的操作标准、维护要求等,约 8 万字,共分 10 章。

《三峡船闸管理处管理规程》和《三峡船闸管理处运行维护规程》的制定与实施,使三峡船闸管理从坚实的基础上起步,纳入规范化、标准化轨道,为船闸管理创一流水平起到了良好的促进作用。

(2)编制《三峡船闸检修规程》

为保证三峡船闸检修工作安全有效地开展,三峡局于 2005 年 2 月启动《三峡船闸检修规程》的研究、编制工作,该规程编写历时将近 3 年,于 2008 年 7 月完成《三峡船闸检修规程》的全部编制工作并发布实施。

《三峡船闸检修规程》由总则、检修工作规程和分项技术规程三部分组成,约 18 万字,基本涵盖了三峡船闸所有设备设施的检修,明确了检修的分类与周期,确定了各类检修的内容、施工工艺及流程、安全技术措施、验收检验程序方法及标准等。

　　5. 三峡待闸锚地运行管理与维护

　　待闸锚地 1998 年前,由三峡工程现场航运指挥部委托宜昌港务局管理,1998 年起由三峡局管理。

　　自 1996 年起,三峡工程现场航运指挥部和三峡局陆续完成了 7 艘 40 米 × 10 米锚泊趸船的建造及泊定工作。锚泊趸船船名依次为三峡锚趸 401 号至三峡锚趸 407 号,具体布置在三峡坝上的庙河、沙湾、五厢庙、杨四庙、太平溪锚地和下游临时船闸下引航道口门、青鱼背锚地。

　　2002 年,为配合三峡船闸 135 米水位运行,三峡枢纽上、下游锚地进行了调整、改建。调整改建后,坝上设庙河危险品船舶待闸锚地,沙湾、仙人桥普通船舶待闸锚地;坝下设乐天溪、青鱼背普通船舶待闸锚地。对 7 艘锚泊趸船进行调整定位,具体配置为庙河锚地设40 米防爆趸船 1 艘,沙湾、仙人桥锚地各设 40 米趸船 2 艘,乐天溪、青鱼背锚地各设 40 米趸船 1 艘。在三峡工程二期施工停航期,三峡局内部未设专门的锚地管理机构,三峡枢纽水域的锚地由葛闸实业开发总公司港埠公司管理,主要是派员值守锚泊趸船,船舶待闸自由靠泊。

　　2003 年 12 月 22 日,三峡待闸锚地管理处成立后,逐步建立起船舶待闸指泊、登记与统计等管理服务职能。葛洲坝枢纽船舶待闸锚地分布及管理情况为:坝上平善坝编队锚地、坝下艾家河锚地,由宜昌港务局管理;黄柏河地方船舶待闸锚地,由湖北省航运管理局葛洲坝地方船舶过闸管理处管理。

　　三峡—葛洲坝枢纽通航待闸锚地的设施维护,包括锚泊趸船及其设备维护,直立式靠船墩及系船柱维护,锚地岸界标及浮标的修复及调整,锚地水域河床扫测及清淤。

　　待闸锚地设施维护经费由两部分组成,一部分来源于三峡总公司锚地委托管理包干经费中的维持费,用于维护该公司投资建造的 7 艘锚泊趸船;另一部分来源于国家财政支出的三峡局行政事业经费,用于交通运输部投资建设的锚泊设施维护。

　　锚泊趸船的修理由三峡局通航工程技术中心修船厂承担;趸船设备日常保养由锚地处制订保养计划,趸船船员按下达的计划内容执行;锚泊设施的巡检,依照“锚泊设施巡检记录表”规定的内容及周期,定期进行;直立式靠船墩维护及水域河床扫测、清淤,由三峡局通航工程技术中心根据设施状况或维护需要组织实施。自 2012 年起,锚地处负责三峡枢纽二期通航调整的 5 座锚地水域和其后新建锚地的水域及其设施的维护。

　　2015 年,三峡通航锚地管理完成了所属待闸锚地使用水域划定手续办理,实现锚地设置和运行合法化,辖区锚地有庙嘴、杉木溪、兰陵溪、沙湾、仙人桥、曲溪、乐天溪、平善坝、葛洲坝大江船闸上游 9 处,直立式靠船墩 14 座,靠泊平台 1 座,锚泊趸船 10 艘,设计泊位容量达到190个。其间,完成三峡通航锚地使用水域划定资料准备,促成了海事管理机构办理锚地水域对外公告相关手续,实现三峡待闸锚地的设置和运行合法化。

6.水上安全监督管理

三峡局水上安全监督管理管辖水域范围划分:三峡海事局辖区范围,上界为左岸野猫石(长江上游航道里程63.7千米)与右岸老鼠洞(长江上游航道里程63.8千米)的连线;下界为左岸镇江阁(长江上游航道里程4.5千米)与右岸孝子岩(长江上游航道里程4.5千米)的连线。管辖范围涵盖辖区干线所有支(汉)河水域(黄柏河桥内水域除外)。黄柏河支流水域以黄柏河长江溪桥上沿为界,其下游水域由三峡海事局管辖,其上游水域由地方海事机构管辖。

根据交通部海事局《关于长江水监体制改革后长江海事局与湖北省地方海事局及长江沿线机构船舶管理和船员管理业务分工的通知》(海船舶〔2005〕131号),有关船舶管理和船员管理分工如下。

①现场执法方面。水上安全监督管理现场执法包括:船舶、船员证照检查,船舶安全检查,船舶进出港签证,船舶防污染监督,船舶载运危险货物监督,通航秩序维护,水上、水下施工安全监督,航行通(警)告发布,水上搜救,水上交通事故调查处理,船舶、船员违章处理,执行行政处罚,征收船舶港务费等工作。确定由三峡海事局管辖水域的水上安全监督现场执法工作由三峡海事局负责,其他水域的水上安全监督现场执法由湖北省地方海事机构负责。

②船舶登记及船员管理。按照长江海事局要求,属于三峡海事局对口的船舶登记和船员管理业务统一由宜昌海事局与宜昌市港航管理(地方海事)局进行交接,三峡海事局参与审核等工作。三峡海事局积极主动联系宜昌海事局,力求及时掌握业务交接进展动态,确保人财交接与业务交接同步进行。

(七)经验总结与启示

1.实行三峡通航集中统一管理模式

1998年2月,三峡局正式挂牌,标志着三峡通航几十年来按专业分工管理的分散管理模式已经结束,新的集中统一综合管理模式正式诞生,三峡河段的船舶调度、船闸、港监、航道、公安、通信等业务由三峡局实行集中统一管理。

2002年11月,国务院办公厅在《关于长江三峡枢纽工程建设期通航建筑物管理体制有关问题的通知》中明确,"由交通部负责对三峡枢纽工程和葛洲坝枢纽工程河段航运的行政管理工作。交通部要加强该河段的安全、海事、调度、公安、消防、航道、通信、锚地等行政管理工作,所需行政经费纳入中央财政列支。如需增加行政编制,由交通部报请中央机构编制委员会核定;未核定前由交通部按现行管理方式通过三峡通航管理局对该河段进行管理",这从国家层面上确定了三峡通航的综合行政管理模式。

三峡通航的集中统一管理模式主要体现在三个方面:一是三峡河段的通航行政管理及两坝枢纽通航建筑物运行维护等通航业务由三峡局实行集中领导、统一指挥、统一对外;二是实现了对辖区海事、航道、通信、船闸、调度、锚地、公安、消防等各专业的集中统一管理和工作无缝衔接;三是实行通航发展统一规划、管理站点统一布局、设备设施统一配置、各类人员统一调配、两坝过闸统一调度、安全工作统一部署、行政许可统一受理、财务管理统一核算,在现场实行一艇(趸)多用、一站多能、一岗多责,实现了政令畅通统一、系统功能提升和资源整合利用、行政效率的最优化。

2. 实行三峡通航管区综合管理模式

三峡局成立之初,三峡河段的航道、港航监督、治安消防等现场通航管理沿用了行业上下对口管理的原有模式,这一模式与三峡通航现场管理的实际存在较多的不相适应,条块分割管理方式导致综合管理的职能优势未能充分发挥。三峡局在充分调研的基础上,提出了组建现场通航综合管区的构想,形成了组建三峡、葛洲坝通航管区的实施方案。

1998 年 8 月,为加强三峡工程二期施工现场和葛洲坝水域通航管理,三峡局党委决定正式组建三峡和葛洲坝通航管区。将三斗坪和银杏沱航道站、三峡坝区港监站、三斗坪派出所合并成立三峡通航管区,负责莲沱—庙河 31.5 千米的水上交通、治安管理以及消防、警卫和航道保障工作,下设茅坪和黄陵庙两个现场管理组,现场管理组设警区;将庙咀和南津关航道站、葛洲坝港监站、葛洲坝船闸派出所合并成立葛洲坝通航管区,负责中水门—莲沱 28 千米水域的航道维护、水上交通秩序维护和治安、消防、警卫等工作,下设南津关和庙咀现场管理组、葛洲坝派出所,现场管理组设警区。通航管区职工总数为 174 人,其中三峡管区 95 人,葛洲坝管区 79 人。通航管区与三峡局航道处、港监处、公安处在业务工作上既有分工,又有合作,同时分别接受三个业务处的领导。由此形成了通航管区履行辖区航道、港监、公安现场业务职能的综合管理模式,建立了以值班室为现场指挥网络中心、以现场组为基地、以巡逻和巡航为重要手段、以应急和机动为补充的联合执法、整体对外工作机制,实现了现场管理统一指挥、人员统一调配、船艇统一调用,达到了一专多能、一人多职、一艇多用的综合效能。

通航管区的组建打破了航道、港监、公安船艇的专业界限,精简了船艇数量,提高了利用效率,精简了工作人员,提升了行政效率。此举为三峡局在长江之上首创的现场联合执法综合管理模式,后被长航局推广运用于长江全线。

3. 三峡船闸的通航成就

船闸通过量屡创新高。2011 年两坝船闸货物通过量双双过亿吨,三峡船闸提前19 年达到设计通过能力。正常情况下货运船舶平均待闸时间由29小时左右缩短为不超过8小时,客运船舶平均待闸时间少于2小时,危险品船舶待闸时间大大缩短;年均每闸次通过货运量从3140吨提高到9682吨,船舶过闸运输效率显著提高。船闸设备完好率98.78%,通航保证率达到100%,保证了占过闸货运量比例86%以上的煤炭、钢材、石油等国计民生重点物资便捷过坝,为长江航运和沿江经济社会发展提供了有力的支持。

辖区通航安全畅通稳定。紧盯重点水域、重点部位、重点船舶、重点时段,严控"四客一危"船舶,密切掌握大风大雾等极端气候变化,加强安全预警与交通管制,构建水陆一体的应急装备体系,妥善处理了2010年"3·14"客船因雾滞留闸室,及时处置了2009年"8·10"集装箱落水等事故,成功化解了2010年"8·31"油船漂流危及葛洲坝枢纽等重大险情。确保重点对象和三峡水库175米蓄水、汛期、春运、黄金周等季节性通航安全万无一失,全力以赴确保了国庆60周年、上海世博会等重大水上安保期间重点目标的绝对安全。强力整治,打造平安文明无违章河段,出台"十项严管措施",建立健全安全长效机制,辖区安全状况不断好转。2009—2011年,辖区没有发生一次死亡(失踪)10人以上重特大水上交通事故、船舶漂流撞坝事故、重大船舶污染水域事故和闸室沉船事故,客渡船连续13年安全无事故。

通航保障服务设施不断完善。科技项目和基建项目的实施,使三峡通航的服务设施更加完备,船舶监管系统实现了辖区全方面覆盖,24小时运行,重点河段、船闸、锚地、港区等实现可视化,信息网络覆盖所有基层站点的局域网基本成型,安全监管、通航指挥、政务服务、应急救助体系更加完善,现代化服务能力有效提升。

"四个中心"建设提升核心竞争力。建设三峡通航指挥中心,定位于通航指挥中枢、通航安全源头、通航效率先导、通航服务窗口,着力于交通组织智能化、安全监控现代化、窗口形象标杆化建设,率先打造全国内河航运管理示范窗口。建设三峡通航工程技术中心,定位于通航设施保障主力军、工程经济开拓者,着力于检测检修基地化、设备维护专业化、工程项目产业化、运营管理现代化建设,打造集通航工程技术服务、船闸通航设备设施保障、工程项目实施为一体的经济实体。建设三峡通航信息中心,着力于通航智能化、服务社会化建设,以三峡通航智能信息平台和社会公众信息综合服务网为载体提供增值服务,打造三峡智能通航信息中心、提升三峡通航信息经济。建设枢纽通航科技研发中心,着力于三峡通航科技引领、辐射、示范的前瞻性、主导性枢纽通航科技的研究与开发,以"黄金水道通过能力提升技术"重大专项"枢纽通航安全保障及畅通运行关键技术"课题研究,及船闸安全检测、行业技术培训和职业技能认证等为突破口,打造三峡通航科技品牌和提升三峡通航科技经济。

民生工作成效显著。积极实施"春暖行动",出台15项服务措施,与航运单位共度金融危机;开辟"绿色通道",保障民生物资快速便捷过闸;开展客渡船"三免一送"帮扶活动;开发三峡 GPS 船舶管理系统、语音查询系统等,为船公司交通运输组织和船舶管理提供便利服务;三峡船闸船舶过闸吃水提高到 4.0～4.2 米;在船舶待闸积压高峰时期,为船方送米送油送药,发放急需物资。在长航系统船东满意度测评中,三峡局持续稳居前列。

内部管理更加科学规范。完善以船方为中心的通航管理业务流程,"两个监管"逐步到位,统一指挥、现场快速反应的全新工作模式初步形成,三峡局综合管理体制机制更加优化,综合管理优势和作用更加明显。实施 ISO9001 和 OHSAS18001(质量管理和职业健康安全管理)体系管理,将各种规范、程序、流程固化成体系文件,与国际接轨推行科学管理,使管理上层次、更规范,并持续改进。

三峡船闸投入运行后实现了预期效果,长江中上游的通过能力由三峡工程建设前的年单向 1000 万吨提高到 5000 万吨,通行的最大船队由 3000 吨级提高到万吨级。每年万吨级船队可直达重庆的时间约占 50%,运输成本降低约 33%,长江真正成为名副其实的"黄金水道"。

三、长江三峡水利枢纽升船机

(一)前期研究

在 1993 年 7 月国家批准的《三峡工程初步设计报告》中,升船机型式采用"钢丝绳卷扬全平衡垂直提升式"。1995 年 4 月,三峡建委办公会议研究决定三峡升船机工程缓建。为进一步提高升船机的安全可靠性,充分借鉴和吸收国外升船机建设方面的成功经验,中国长江三峡集团公司委托德国联邦航道工程研究院对三峡升船机采用齿轮齿条爬升式方案进行了可行性研究。

2000 年 6 月,中国长江三峡集团公司组织国内专家对德国联邦航道工程研究院提交的《三峡升船机主体部分可行性研究报告》进行了评审,建议对齿轮齿条爬升式方案进行补充完善和深化研究,作为三峡升船机的比选方案。随后,长江水利委员会长江勘测规划设计研究院(以下简称长江委设计院)对齿轮齿条爬升式升船机方案的主体部分进行了专项设计研究,提出了《三峡齿轮齿条爬升式升船机主体部分设计研究报告》《三峡钢丝绳卷扬提升式升船机安全保障体系专题研究报告》和《三峡垂直升船机主体部分方案比选报告》。2003 年 3 月,中国长江三峡集团公司组织对报告进行了审查,专家审查会同意升船机方案由钢丝绳卷扬提升式改为齿轮齿条爬升式。2003 年 9 月,经三峡建委第十三次全体会议批准,同意三峡升船机型式由"钢丝绳卷扬全平衡垂直提升式"修改为"齿轮齿条爬升式"。

2007 年 6 月,长江委设计院提出《长江三峡水利枢纽升船机工程总体设计报告》,受三峡建委委托,三峡枢纽工程质量检查专家组于 2007 年 7 月、8 月组织并完成了对升船机工程总体设计报告和设计概算的审查工作。2007年8月,三峡建委以《关于转发〈长江三峡水利枢纽升船机工程总体设计报告及设计概算审查意见〉的函》(国三峡办函技字〔2007〕110号)进行了批复。

(二)三峡升船机的基本情况

1. 三峡升船机布置与结构

长江三峡水利枢纽通航建筑物由船闸和垂直升船机组成。升船机是三峡工程的通航设施之一,其主要作用是为客货轮和特种船舶提供快速过坝通道,并与双线五级船闸联合运行,加大枢纽的航运通过能力和保障枢纽通航的质量。

升船机布置在左岸非溢流坝段部位,位于双线五级船闸右侧,左非7号、8号坝段之间,为单线一级垂直升船机。升船机工程由上游引航道、上闸首、船厢室段、下闸首和下游引航道等部分组成,从上游口门到下游口门升船机工程全线总长约7300米。升船机主体段轴线与主坝轴线成80度交角。

升船机上闸首、下闸首的洪水设计标准与大坝相同,均为按千年一遇洪水设计,万年一遇加10%洪水校核。

升船机最大提升高度为113米,上游通航水位变幅30米,下游通航水位变幅11.8米,下游水位变率±0.5米/时。具有提升高度大、提升重量大、上游通航水位变幅大和下游水位变化速率快的特点,是目前世界上技术难度和规模最大的升船机。

升船机全线的基础开挖和边坡支护在三峡枢纽一期工程中已基本完成,上闸首高程185米以下的挡水结构、上游引航道中的靠船建筑物和导航建筑物也随主体工程完建,并在三峡二期工程通过验收。

升船机船厢室段、下闸首及下游引航道二期开挖及支护;船厢室段塔柱混凝土工程、金结埋件、承船厢及设备;上闸首坝顶活动公路桥,高程185米以上排架柱,上闸首工作闸门及启闭机;下闸首混凝土工程、金属结构及机电设备;下游交通桥,下游引航道导航、靠船建筑物等为升船机复建工程。

2. 三峡升船机主要设计参数

升船机型式为船厢钢结构,外形长132米,两端分别伸进上、下闸首5.5米,船厢标准横断面外形宽23米、高10米。船厢结构、设备及厢内水体总重约15500吨,船厢由256根直径74毫米的钢丝绳悬吊,平衡重总重量与船厢总重相等。

升船机工程等级为I级,上闸首、船厢室段塔柱结构为一级建筑物,下闸首、塔柱顶部机房结构为二级建筑物,上、下游导航及靠船建筑物为三级建筑物。

升船机设计船型为单船(排水量3000吨),84.5米×17.2米×2.65米(长×宽×吃水深），最大提升高度为113米，船厢有效水域尺寸为120米×18米×3.5米（长×宽×水深），设计升降速度为0.2米/秒；平均年工作天数为335天；日工作时间为22小时。

引航道的平面布置及尺度：上游引航道在上闸首以上以400米长的直线段、弧长286米（弯曲半径600米、圆心角23°）的弯段以及又一个直线段与船闸的上游引航道相连。上游引航道开挖底高程130米，运行期最低通航水位145米，清淤高程139米，引航道内布置有导航浮堤、靠船墩及隔流堤。下游引航道总长约4400米，分为两段：从口门至升船机与船闸引航道分叉部位约1800米，底宽180米，口门拓宽为200米，航道底面高程56.5米；分叉部分往上游至升船机下闸首约2600米，航道底宽80～90米，航道底面高程58米。下游引航道布置有导航墙、靠船建筑物和隔流堤。

3. 三峡升船机的主要构件

（1）主体段

升船机主体段包括上、下闸首，船厢室段，以及金属结构及机电设备、监控设备、辅助设备及公用系统。

（2）承船厢

承船厢布置在闸厢室内，采用盛水结构与承载结构为一体的自承式结构。船厢承载结构由箱式主纵梁、主横梁、工字形横梁、底铺板及其下部的T形纵梁、厢头结构及4个侧翼结构组成。船厢内两侧壁上各布置有三道高200毫米的护舷，以利于船只进出船厢时保护主纵梁。船厢两端设下沉式弧形闸门，闸门开启后卧于船厢底部的门龛内每扇门由两台液压油缸启闭，在船厢两端的机舱内分别布置一套液压泵站，用于操作布置在船厢两端的间隙密封机构、防撞装置、船厢门启闭机及其锁定装置，以及船厢横导向装置的液压油缸。船厢上设有10个电气设备室，用于布置变电器、控制柜、开关柜等电气设备，船厢上设置了必要的交通通道，供运行维护人员到达船厢上的主要设备区域。

（3）支承导向结构

为了承受船厢的横向载荷，并引导船厢沿着齿条的对称中心线垂直运动，在船厢上设置有4套横导向机构，分别布置在每套驱动机构的下方，以齿条作导轨。为了引导船厢沿着纵向导向导轨垂直升降，并且将纵向地震荷载及船厢与上、下闸首对接时的间隙水压力传递给塔柱结构，设置了纵向导向机构与顶紧装置。纵导向装置位于船厢的中心线，由1根弯曲梁及2套双向导向—顶紧装置组成，弯曲梁安装在船厢底铺板结构下方，2套导向—顶紧装置安装在弯曲梁的两端。

（4）驱动装置

升船机船厢通过驱动机构小齿轮沿齿条运动实现垂直上升。4套驱动机构布置在船厢两侧，由齿条及其埋件、小齿轮驱动机构、可伸缩万向联轴器、同步轴系统以及向安全机构传递动力的锥齿轮箱和传动轴等组成。

（5）事故装置

事故装置包括安全锁定装置、对接锁定装置、防撞装置。安全机构共4套，对称布置于船厢两侧的侧翼平台上，分别通过机械轴与相邻的驱动机构连接，二者同步升降。安全机构主要由旋转螺杆、支撑杆、球面轴承、上/下导向小车等组成。

4.三峡升船机工程建设基本信息

（1）升船机建设项目法人机构

升船机建设项目法人机构为中国长江三峡工程开发总公司（现中国长江三峡集团有限公司）。

（2）升船机项目参建单位

升船机项目设计单位为长江勘测规划设计研究有限责任公司，主要施工单位有中国葛洲坝集团有限公司三峡工程施工指挥部、中船重工武汉船舶工业公司、葛洲坝集团机电建设有限公司、南京消防股份有限公司，主要监理单位为长江三峡技术经济发展有限公司，设备监造单位为华电郑州机械研究院有限公司，安全监测单位为长江勘测规划设计研究有限责任公司，监测单位为三峡集团监测中心。

（三）升船机的建设过程

1.升船机工程建设

（1）主体工程建设

2007年10月，升船机复建工程恢复施工。

2010年5月，上闸首排架柱混凝土开始浇筑，2013年6月，上闸首排架柱混凝土浇筑完成。

2007年12月，船厢室段塔柱底板混凝土开始浇筑，2008年3月，船厢室段底板混凝土浇筑完成；2009年6月，船厢室段塔柱1～4号筒体混凝土开始浇筑，2012年8月，浇筑完成；2014年4月，升船机顶部机房钢屋架施工完成。

2010年2月，下闸首左、右岸边墙混凝土浇筑到顶高程84.5米，2014年7月，下游引航道通航建筑物浇筑完成；2014年6月，下闸首检修闸门安装完成；2014年8月，下闸首排架柱混凝土浇筑完成；2014年9月，下闸首下游基坑进水。

2012年10月，承船厢首节分段结构开始进场安装；2014年2月，船厢主体结构整体安装完成，2014年3月，船厢开始充水；2015年12月，船厢全行程等单项调试完成；2015年12月21日，升船机以现地控制方式首次过船（"长江电力"轮）调试；2016年3月，采用集控方式自动运行流程进行了升船机带船调试。

2016年9月18日，三峡升船机开始试运行。

三峡升船机主体工程标段划分情况见表13-2-8。

三峡升船机主体工程标段划分情况　　　　　　　表13-2-8

序号	合同名称	合同编号	设计单位	施工单位	监理单位	监造单位
1	长江三峡水利枢纽升船机二期开挖及船厢室段底板工程	TGP/ME-SC-200701	长江设计院	中国葛洲坝集团有限公司三峡工程施工指挥部	长江三峡技术经济发展有限公司	—
2	长江三峡水利枢纽升船机主体工程土建及部分设备安装工程(复建项目)	TGP/ME-SC-200801	长江设计院			—
3	长江三峡水利枢纽升船机主体设备安装、调试工程	0303903	长江设计院	武汉船舶工业公司	长江三峡技术经济发展有限公司	—
4	长江三峡水利枢纽升船机闸首设备及剩余机电设备安装工程	0303904	长江设计院	葛洲坝集团机电建设有限公司	长江三峡技术经济发展有限公司	—
5	左岸临时船闸及升船机一期工程	TGP/CⅢ-1	长江设计院		—	—
6	临时船闸及升船机第二阶段工程	TGP/CⅢ-2	长江设计院	中国葛洲坝集团有限公司三峡工程施工指挥部	—	—
7	升船机山体排水洞(包括支洞)洞挖(属于垂直升船机山体排水系统工程)	TGP/CⅢ-10	长江设计院		—	—
8	升船机山体排水洞(包括支洞)洞挖(属于垂直升船机山体排水系统工程)	SXJ/1454	长江设计院		—	—
9	通航建筑物上游隔流堤工程	SXJ/185	长江设计院	中国人民武装警察部队水电三峡工程指挥部	—	—

三峡升船机原设计为钢丝绳卷扬全平衡一级垂直升船机,为进一步提高升船机的安全可靠性,1995年4月,三峡建委办公会议研究决定三峡升船机工程缓建,并推迟至2009年以后建成。

升船机缓建的主要是船厢室段和下闸首的建设,而属于大坝挡水组成部分的上闸首以及上游引航道等,在三峡二期工程建设中完成。2003年末三峡二期工程结束时,上游引航道和上闸首的土建工程基本完成,船厢室段基本开挖至设计高程,仅剩保护层开挖和局部扩挖,下闸首除工作门槽等少量部位尚未开挖外,已基本按设计要求开挖完毕,下游引航道已完成初期开挖与支护。

在升船机主体部分缓建期间,升船机的建设技术方案研究并未停止,三峡集团公司(原三峡总公司)组织专家对升船机的安全可靠性做了进一步的论证和方案比选,选用了安全可靠性更高的"齿轮齿条爬升式升船机"技术,并于2007年8月通过了国务院三峡工程质量检查专家组组织的审查。

2008年10月,三峡升船机主体工程土建及部分设备安装施工正式开工,由葛洲坝集团承建;2010年11月,三峡升船机主体设备制造、安装及调试工程正式开工,由中船重工武汉船舶工业公司承建;2012年初,三峡升船机上、下闸首设备制造工程正式开工,由江南重工有限公司承建。

(2)2014年三峡升船机建设进度

①土建工程。上闸首活动桥基础结构混凝土完成浇筑,下闸首中块预留段及宽槽结构混凝土浇筑至设计高程58米,下闸首检修门排架柱混凝土浇筑至设计高程95.221米。上闸首84.0米高程廊道和下游整流溏完成清理。齿条二期混凝土施工至设计高程178.985米,螺母柱二期混凝土施工至设计高程187米。完成高程196米中控室及电气设备室装修,高程196米观光平台及筒体内检查通道不锈钢栏杆安装,防火门安装86%。完成下游引航道清理,并于2014年9月5日完成基坑进水前验收。9月28日启动下游围堰拆除,完成水上部分拆除及石渣运输。上闸首5号、6号观光电梯外框钢结构于8月16日出厂验收,进行现场安装。

②金结埋件安装工程。1~4号塔柱齿条二期埋件安装至设计高程178.945米,1~4号塔柱螺母柱二期埋件安装至设计高程187.075米。

③主体设备安装及调试工程。1号、2号塔柱齿条组件安装至第19层,3号塔柱齿条组件安装至第21层,4号塔柱齿条组件安装至第20层。1号塔柱螺母柱设备安装至第15层,2号塔柱螺母柱设备安装至第14层,3号、4号塔柱螺母柱设备安装至第17层。完成船厢沉船、水满厢、水泄空事故工况试验。完成船厢机械设备安装,包括驱动点减速器及锥齿轮箱精确定位、船厢机械同步轴系统安装、齿轮齿条及同步轴系统甘油润滑系统安装等。完成上下游船厢门及启闭机的无水调试,船厢驱动点制动器系统单机调试,齿轮齿条甘油润滑系统调试,同步轴甘油润滑系统调试,驱动点液气弹簧单机调试(不带执行机构),纵导向顶紧机构、横导向机构机械设备动作调试,上、下游防撞装置启闭机构单机调试。完成船厢供电系统的安装与调试,上、下厢头现地站设备安装与单机调试,4个驱动点传动控制站及变频调速设备安装与单机调试。完成全部钢丝绳安装及与船厢连接,剩余平衡链进行安装,平衡重T形导轮安装,平衡重井高程175米支撑梁系拆除。

④闸首设备及剩余机电安装。完成上闸首2×2500千牛、2×1500千牛桥机安装调试并投入运行。上闸首工作叠梁门完成安装并落入门槽处于挡水状态,上闸首工作大门完成整体拼装焊接并落入门槽。上闸首活动公路桥完成临时桥拆除,基本完成永久公路桥安装。完成上闸首泄水系统管路及阀门安装。完成下闸首工作大门门体整体拼装焊接及液压系统、充压止水设备安装。完成下闸首工作大门液压启闭机安装,下闸首2×800千牛桥机及其轨道梁安装及负荷试验。下闸首检修叠梁门完成安装并落入门槽处于挡水状态。完成上闸首工作门控制设备安装及线缆敷设、接线与单机调试。完成上闸首

泄水系统电气柜、活动桥电气柜的设备安装及线缆敷设、接线。完成下闸首工作门启闭机电气设备安装、调试,完成下闸首卧倒门电气设备的安装及单机调试。完成高程196米南北变电所电气设备试验,并投入运行。

（3）2015年三峡升船机建设进度

①土建工程。196米高程顶部机房装饰工程完成墙面铝单板、砂岩板、吊顶、卫生器具安装和地板铺设。200.2米高程变电所机房顶部完成防水处理。上闸首127米高程廊道完成排水孔钻孔及排水管安装。1号、2号、3号、4号塔柱螺母柱三期灌浆至设计高程185.075米,1号、2号、3号、4号塔柱齿条三期灌浆至设计高程176.635米。船厢下缓冲装置埋件浇筑完成。1月下旬,下游围堰水上部分开挖完成。4月20日,下游围堰开挖水下部分施工完成。下游引航道覃家沱以下边坡治理工程于11月19日开工,完成施工便道清理,进行边坡开挖和回填。下游引航道覃家沱以下水下清淤及疏浚工程于11月16日开工,截至该12月已清淤70000立方米,挖除石块体约3000立方米。下游主辅导航墙新增平台浇筑、预制盖板安装完成。

②现场设备安装。上闸首工作门卧倒小门滑块、止水完成安装。上闸首活动公路桥支铰间隙完成加垫,道闸装置安装、调试完成。5号、6号电梯结构安装完成。完成上、下闸首塔柱摄像机、广播喇叭安装。上、下闸首工作门浮动标识镜设备安装完成。上游航槽段水位标尺安装完成。高程127米泄水阀门室盘柜安装完成。升船机高程179米电缆廊道至三峡船闸中控室光缆的敷设完成。四个塔柱螺母柱及加高节安装完成,齿条及螺母柱预应力钢筋张拉完成。船厢补排水系统检修平台制作安装完成。船厢2号、4号驱动点全行程传感器格雷母线安装完成,船厢局部行程传感器KH53标尺安装完成。平衡重框架下导轮安装完成。驱动点齿轮齿条甘油润滑系统改造完成。下闸首工作门充压止水空气压缩机电控系统改造完成。下闸首工作大门位置检测传感器、船舶探测传感器、水位测量传感器、充气式水位计安装及接线完成。下闸首工作大门侧轮、定轮改造回装完成。

③现场设备调试。2月上旬,2号、4号驱动点10千伏吊挂电缆核相、耐压、绝缘及变压器完成冲击试验。3月10日,集中监控系统设备上电并开始系统测试。6月中旬,船厢四个驱动点制动器SOBO控制器冗余测试完成。7月30日,升船机短行程升降运行试验完成。9月下旬,上闸首工作门卧倒小门检修、现地及集控方式下调试完成,上闸首活动桥集控方式下调试完成,上闸首泄水系统现地、集控方式下调试完成。船厢纵导向、横导向、对接锁定、液气弹簧等装置在集控方式下测试完成,船厢下游对接密封机构、间隙充泄水系统调试完成,船厢消防栓及泡沫联用系统调试完成。11月28日,船厢与上闸首对接试验完成。12月上旬,船厢400伏备自投试验完成。12月10日,三峡升船机船厢高高程运行试验完成,力矩均衡及行程同步方式下驱动系统现地操作船厢上游、下游准确停位找点试验报检完成。12月20日、21日,三峡升船机进行带船联合调试,完成上行两次和下

行一次过船流程。

(4)2016年升船机建设情况

三峡升船机建设完成建筑装修施工、现场设备安装、系统联合调试及部分验收工作。

①土建工程。升船机建筑装修完成施工。4月25日,下游引航道清淤及疏浚完成施工。下游主、辅导航墙新增平台及新增绿化项目施工完成。

②现场设备安装。6月3—19日,升船机船厢排干检查,并进行上闸首工作门止水座板加宽施工,完成上、下闸首工作门间隙密封框发讯板安装,液压系统油液循环冲洗,船舶吃水检测试验装置安装,运行工艺流程及程序修改等项目。

③设备调试及验收。1月14日开始系统联合调试。3月30日过船调试,进行两上两下共4个厢次的集控自动流程方式操作。5月8—11日,三峡升船机工程验收专家组在三峡坝区召开长江三峡水利枢纽升船机工程试通航前验收技术预验收会议,通过了《长江三峡水利枢纽升船机工程试通航前验收技术预验收报告》。5月12—14日,国务院长江三峡工程整体竣工验收委员会枢纽工程验收组在三峡坝区召开长江三峡水利枢纽升船机工程试通航前验收会议,通过了《长江三峡水利枢纽升船机工程试通航前验收鉴定书》。9月13日,三峡升船机通过消防工程专项验收。

2.升船机建设中的主要变更

(1)塔柱地震标准的改变

初步设计阶段,升船机为钢丝绳卷扬全平衡垂直提升形式,与挡水建筑物上闸首的抗震设防标准一致,采用7度设防,其相应的地震加速度为0.1g(本书中取其近似标准值9.8米/秒²,余同)。

1995年5月决定升船机缓建。2003年9月,三峡建委第十三次全体会议批准了对三峡升船机型式的修改,由钢丝绳卷扬提升式改为齿轮齿条爬升式。随着对齿轮齿条爬升式升船机设计工作的逐步深入,地震荷载产生的船厢与塔柱结构间过大的耦合力,导致船厢纵、横导向机构相当复杂,安装难度较大,还可能影响正常运行的可靠性。为此,根据现行抗震设计规范,对设计地震震动加速度进行重新核定。2005年11月,中国长江三峡工程开发总公司召开三峡升船机设计地震参数取值专题讨论会后,升船机塔柱抗震设计标准调整为基准期50年超越概率5%,相应水平向地震加速度为0.067g。2007年6月,《长江三峡水利枢纽升船机总体设计报告》按0.067g对塔柱结构进行抗震设计。

(2)增加右侧连接下航二路的交通桥

与初步设计相比,增加右侧连接下航二路的交通桥,并于2007年7月通过审查。

(3)塔柱底板厚度的改变

2007年7月,国家审查通过的《长江三峡水利枢纽升船机总体设计报告》中,塔柱船厢室底板厚2.0米,施工详图阶段考虑底板与建基面之间布置排水沟网、结构计算抗冲切和抗剪的要求,将底板厚度加大为 2.5 米。

（4）增加上闸首电梯

升船机建筑方案审查时,取消下游塔柱在高程 185 米、196 米的外部平台,塔柱顶部机房屋顶由原不上人屋顶改为上人屋顶,并在上闸首左右侧下游端部和塔柱的上游端增设电梯和配套楼梯,分别为 5 号和 6 号电梯。该电梯可直达塔柱顶部机房屋顶和 196 米高程机房层,上闸首桥机的操作人员可由上闸首闸面到机房屋顶,再经钢梯上到桥机轨道顶。由于增设了上述电梯,因此取消了上闸首排架柱 ZZ2 和 YZ2 上桥机轨道梁的楼梯。

3．三峡升船机配套设施建设

（1）引航道建设

①上游导航及靠船建筑物布置。三峡升船机工程由上游引航道（与双线五级船闸共用）、上闸首段、船厢室段、下闸首段和下游引航道等建筑物组成。

支墩式导航浮堤布置在升船机上游引航道右侧,主要起导航、防浪隔流及供单向过闸时船舶停靠作用,浮堤轴线与升船机中心线平行,内边线距升船机中心线 9 米。

升船机上游支墩式导航浮堤总长 130.6 米,分为 2 段,自上游至下游布置依次为:1 号支墩—1 号浮箱—2 号支墩—2 号浮箱—上闸首,支墩中心距 65.3 米。堤艏及两段浮箱间设定位导向支墩,堤艉与上闸首右边墩相连。浮箱采用钢筋混凝土箱形结构,每节浮箱长 57.8 米、型宽 9.4 米、型深 5 米、吃水约 3.2 米。

上游靠船建筑物布置在引航道左侧,由 4 个间距为 30 米、直线排列的靠船墩组成,总长 90 米,自上游至下游依次为 1~4 号靠船墩。靠船墩轴线连线与升船机上游引航道中心线呈 25 度夹角（左偏）,下游靠船墩轴线距升船机上闸首上游面 253 米,距上游引航道中心线 73 米。靠船墩总高度为 51.5 米,墩身为直径 6 米的圆柱形。

②导航浮堤。导航浮堤由 1、2 号 2 个支墩组成,基础均为人工挖孔灌注桩上接承台组成。桩基础主要为闪云斜长花岗岩,岩性单一,其中 1 号支墩桩身上部岩体多呈全、强风化,但桩端地质条件较好,均进入弱风化岩体 3 米以上,岩体中无较大厚度的风化夹层出露,岩质为半坚硬~坚硬状,力学强度较高,压缩变形量较小。2 号支墩基础开挖过程中,揭露有一条小断层和短小裂隙,断层构造岩的宽度较小且胶结较好,局部较差者已清除。桩基岩体主要为弱风化带下部岩体,少数为弱风化带上部岩体,岩体坚硬且力学强度较高,压缩变形量较小,均可满足桩基设计承载要求。

③靠船墩。升船机上游靠船墩是船只迎向航行时,供下行船只停靠等待通过升船机而设置的,布置在引航道左侧,由 4 个间距 30 米直线排列的靠船墩组成。4 个靠船墩上部结构尺寸相同。建基面高程 126 米,墩顶高程 177.5 米,靠船墩总高度为 51.5 米。墩底板平面尺寸 12 米×12 米,厚 4 米,底板下设 10 厘米厚混凝土垫层。靠船墩墩身为直径 6 米的圆柱形,墩身与底板以高 1 米、坡比 1:1 的圆台形倒角过渡;墩身高程 148 米以下

为实心圆柱，高程148米以上为壁厚75厘米的空心圆柱，空心柱上下游腔壁间距5米设直径150毫米的连通管，并设有50厘米×50厘米排沙孔，以防止泥沙淤积于空腔。靠船墩航道侧高程145.5米以上沿高程间隔布置凫式系船柱，背航道侧设有交通爬梯。

④下游导航墙及靠船建筑物。升船机下游引航道主导航墙设于引航道的左侧，与下闸首左边墩平直连接，长约90米，墙顶高程75.5米；辅导航墙位于引航道的右侧，自下闸首右边墩以8.5度角向右扩伸，长约120米，墙顶高程75.5米。主导航墙迎水面设固定式系船柱，顺水流向每20米设置一排，竖向间距1.5米。靠船建筑物设于下闸首左侧以下约300米以外，顶部高程为75.5米，长100米。

（2）航运配套设施建设

实施升船机航运调度系统建设工程、升船机水域通航监管系统工程和升船机航道助航设施工程，为升船机试通航发挥了积极作用。

"十二五"期间，三峡局先后实施升船机航运调度系统、通航监管系统和助航设施等工程建设，从助航、调度和监管等方面来提高升船机通航水域的安全监管水平，保障升船机建成后能正常投入运行。

三峡升船机航运调度系统投资300万元，依托三峡局现有硬件和网络支撑平台，开发相应的对外数据交互接口，实现三峡航运各调度系统间业务协同。升船机水域通航监管系统工程投资2035万元，建设安全监管设施、交通标志和控制设施、船速检测设施以及配套信息传输网络等设施。三峡升船机航道助航设施建设工程投资1145万元，主要在升船机上引航道配布通航浮标、下引航道内配布塔形岸标、里程牌、水尺及安全标志等。升船机配套设施的按期交付使用，将适应三峡升船机运营后通航环境新变化和安全监管新要求，保证升船机上下游水域通航安全和升船机安全高效运行，不断提高航运服务能力和管理水平。

（四）技术创新

1. 关键设备研制

小齿轮、齿条、螺母柱、短螺杆以及小齿轮托架机构、超大型船厢结构等设备结构是三峡升船机的核心部件。其中，齿条和螺母柱铸件、小齿轮和安全机构旋转螺杆锻件材料质量等级达到德国 DIN 标准 ME 级（最高级别），齿条表面感应淬火处理后硬度 HV610 ±20，小齿轮表面渗碳热处理后硬度 HV740 ±20，淬硬层深度 ≥6 毫米，螺母柱成对组装技术复杂，制造工艺要求高、难度大，同等技术规模在国内外均属首次研制，没有成熟经验借鉴，设备制造质量控制存在较大的风险。建设单位组织进行了上述项目关键工艺的系列研究，研究认为依靠国内技术力量和现有装备，能够完成三峡升船机关键设备的加工制造。在制造过程中，对关键工序进行了专项科研，通过两年多时间的研制，成功解决了各项技术难题,确保了设备制造产品合格率和制造周期,保证三峡升船机建设顺利进行。

2.施工测量技术研究

三峡升船机平衡重轨道、船厢纵导向轨道、齿条螺母柱二期埋件以及齿条螺母柱等设备安装在塔柱混凝土结构墙壁上,埋件与设备安装高度均达到125米以上,全长垂直度要求≤5毫米。同时,塔柱施工精度、塔柱变形以及设备安装精度之间的协调一致性要求高。建设单位组织有关单位进行升船机施工测量研究,提出了测量程序、测量方法、测量手段和有关技术要求的研究成果,制定了施工过程中测量操作规程和质量管理规程,作为塔柱和埋件设备施工过程测量依据和规范。三峡升船机146米高塔柱结构施工质量检测结果达到了毫米级精度,有效解决了目前世界上最大升船机高精度施工测量控制难题。

3.机构与塔柱变形协调研究

三峡升船机4套安全机构和4套爬升机构对称布置在船厢两侧,并伸入塔柱凹槽,与塔柱结构紧密结合。螺母柱和齿条的施工精度和相互之间的协调性要求高,施工期变形直接影响埋件和设备精度。对塔柱结构施工期进行施工仿真研究,重点对结构自重、气温变化、混凝土材料、混凝土干缩和徐变等对结构变形的影响,施工过程建筑物变形对螺母柱、齿条预应力套管等一、二期埋件定位精度和设备安装的影响,施工期预留平衡重导轨宽槽对结构的影响,塔柱顶部合拢前后变形与螺母柱、齿条、船厢安装的关系等进行仿真计算研究,并根据实际施工进度等条件变化进行反馈分析。根据分析成果,确定合理的施工程序和施工工艺,指导现场土建和设备安装施工,减少塔柱结构应力引起的塔柱变形,攻克了混凝土塔柱结构和升船机运行机构之间的变形协调问题。

(五)试运行

1.三峡升船机运行管理体制机制

2011年6月23日,根据交通运输部及长航局批复文件精神,三峡局以"三峡航人〔2011〕106号"文成立了升船机管理处,作为负责升船机运行管理等职责的局属二级单位。此前由三峡升船机工作组负责,其按照与长江三峡开发总公司协商的"建管结合、无缝衔接"的原则,参与三峡升船机工作的建设工作。

2.三峡升船机运行管理概况

三峡升船机经过近8年的建设和5年多的运行准备,终于在2016年5月13日通过了试通航前验收,在9月18日启动试通航。升船机管理处顺利完成了运行准备,参与试通航并保证升船机运行安全稳定,同时完成了年度各项工作目标和任务。

(1)成建制参与联合调试及模拟运行

组建4个调试组轮班参与联合调试,按照专业分工同施工人员一起参与调试工作。

通过深入了解现场信息和技术资料,基本掌握了设备参数、调试方法和缺陷故障处理方法,同时记录了调试过程中设备出现的问题,提前模拟运行,充分发现准备工作中的不足。试通航前组织运行值班和维修部进行实战演练,将调度系统、运行仿真系统及运行管理系统组合后,模拟执行过厢计划和设备巡检、记录填写等工作。通过模拟运行,发现了运行组织和信息流转存在的问题,据此优化调整了运行人员分工,完善了各类记录报表。

（2）结合岗位要求开展技能培训

组织参加升船机主体设备厂家培训、设备厂家现场操作培训。充分运用升船机管理处自行设计、开发的三峡升船机运行仿真系统、液压实训平台、电气实训平台和变电操作模拟培训平台,锻炼青年职工岗位实操技能。派员参加了液压技术、可编程逻辑控制器（PLC）技术、传动控制技术等培训,使职工基本掌握了设备维护及常见故障处理、液压技能和电气技能。开展了桥机及变电倒闸等特种设备操作取证培训,提高了职工实际动手能力。

（3）通过协调沟通逐步落实运维条件

编制了现场标识标牌方案,提出了船厢距离标识、上下游引航道水位系统需求并协调督促建设单位完成项目建设。配合完成了门禁系统施工和通信网络覆盖等安装调试,提出了运行维护通道和平台需求及备品备件清单,完成两批运行维护设备及工器具、运行维护器件及材料、劳保用品、安全用品、低值易耗品等采购,落实了现场办公、生产场所以及车辆、侯工等后勤准备,落实了设备保障专业外委单位和物料供应渠道。

（4）全员参与实船试航及运行准备

升船机管理处在前期参与调试及模拟试运行的基础上,科学编制了三峡升船机第一阶段实船试航运行组织实施方案,圆满完成了试航期间船舶过机指挥、现场监护等运行组织以及主要运行参数记录、对接锁定机构受力观测、应急疏散测试、防撞装置撞击试验4项运行测试工作,试验期间运行和测试工作忙而有序,运转流畅,检验了运行准备成效。

（5）精心组织确保现场运行安全平稳

按照运行管理制度严格核实过机船舶的尺度、吃水,监测船速,对不同船型的船舶有针对性地进行现场监护和指挥,安排人员进行设备的巡检和记录,对运行中出现的设备故障,第一时间赶赴现场,配合设备厂家进行故障处理,并做好分析总结。在三峡升船机运行接管的过渡期,升船机管理处注重加强与运行相关单位的协调沟通,及时通报升船机通航相关信息,并做好宣传解释工作,取得理解与支持;主动与施工单位对接,学习掌握设备操作维护技术;通过现场工作协调会反映相关问题,取得共识后再加以解决。

（6）设备操作和维护工作运行交接准备充分

组织专班系统梳理了三峡升船机现场建设过程中影响运行维护的问题,经反复核实确认后在三峡升船机试通航前验收技术预验收会议上提出,得到三峡升船机工程验收专家组的重视,部分意见和建议纳入《长江三峡水利枢纽升船机工程试通航前验收技术预验收报告》和《长江三峡水利枢纽升船机工程试通航前验收鉴定书》中,作为竣工验收的必要条件,要求必须在试通航期间加以解决,为下一步运行维护工作创造了良好的设备设施条件。制订三峡升船机运行交接实施方案,成立运行交接小组,梳理前期参加设备调试工作中发现的设备设施问题,提出运行交接、设备设施交接、安全交接等条件。落实运行及设备交接条件。完善运行管理、设备管理记录,印制并投入使用。编制三峡升船机运行管理月报,做好运行管理数据和设备管理数据记录。向建设单位提出备品备件清单。落实设备保障专业外委单位和物料供应渠道。会同枢纽局等单位开展设备设施联合检查,跟踪升船机设备联合检查发现问题的整改情况和设备消缺情况,并督促落实。

3. 升船机试运行情况

2016 年 7 月 15—22 日,三峡升船机第一阶段试航。9 月 18 日下午,三峡升船机正式启动试通航,交通运输部副部长何建中出席试通航启动活动并讲话。9 月 26 日,进行三峡升船机防撞装置撞击试验,验证防撞装置的性能和可靠性。11 月 11 日,开展了上闸首活动公路桥净空高度测试。11 月 11 日、12 日开展了 4 个厢次的夜间实船试航测试。11 月 18 日 0 时,三峡升船机转入第二阶段试通航,三峡升船机试通航期运行模式由白天运行转入昼夜 24 小时运行。11 月 22 日,进行 3 ~ 6 级风力条件下的实船试航测试。

(六)经验总结与启示

1. 主动参与三峡升船机建设

(1)成立升船机工作组参与建设

2004 年 8 月 13 日,三峡局成立了升船机工作组。工作组的主要任务是跟踪、了解三峡升船机设计进度及相关技术问题,收集技术资料,开展升船机技术的研究、培训和知识普及,参与升船机的建设。

升船机工作组成立后,与三峡总公司建立了较为顺畅的工作联系渠道,积极配合三峡总公司机电部升船机部开展了诸如船型调研等设计前期工作,与其联合开展国外升船机考察,参与其组织的部分设备制造厂家调研等工作;组织了六次国内外升船机的考察调研活动,学习升船机建设、维护及运行管理的相关知识和经验,与水口、岩滩、隔河岩等升船机的建设或运行管理单位建立了长期的交流联系渠道;跟踪升船机设计,关注其关键技术问题,先后应邀参加了三峡升船机 B、C、D 三个阶段设计成果的审查会,从航运管理及升船机运行管理角度提出了三峡局的意见和建议;在升船机底板浇筑、宽槽回填、周边岩体扩挖、支护及主体工程施工准备等各阶段组织工作组成员深入现场,跟踪了解施工情况;

2011年2月和4月,三峡局委派屈斌和向化雄分别到华电郑州机械设计研究院有限公司三峡升船机监造部七〇九所和四一六所担任站长和副站长,从事三峡升船机平衡重系统、驱动系统、事故安全结构、对接锁定结构和电气控制系统等主体设备的驻场监理工作;组织相关技术人员进行了20多次学习交流和技术讲座。

(2)组建升船机管理处参与建设

三峡局升船机管理处组建后,与工程业主单位三峡集团公司机电工程局升船机部和设备安装调试监理单位三峡发展公司升船机监理部建立了良好的工作联系机制,及时了解和掌握工程建设信息,互通工作进展情况。与设备制造监理单位华电郑州机械设计研究院有限公司三峡升船机监造部建立了密切友好的工作关系,经常性地沟通和联系。与主体设备制造、安装、调试单位中船重工集团武汉船舶工业公司及七〇九研究所、七一二研究所、四六一厂、四三八厂、四六八厂,土建和部分设备安装单位葛洲坝集团机电建设公司建立了良好的沟通渠道,深入开展技术交流合作。

做好升船机建设技术跟踪,定期赴现场了解塔柱土建施工和螺母柱、齿条现场安装的最新进展,跟踪船厢结构进场安装情况,把握施工中的关键技术问题。多次组织技术人员赴武汉跟踪学习计算机监控系统、传动控制系统、船厢驱动系统、平衡重系统及安全机构等设备的制造与调试情况,了解船厢结构的制造及预拼装情况,赴重庆了解船厢驱动系统立式减速箱、锥齿轮箱的制造及负荷试验情况,与厂家技术人员交流座谈,掌握了工程建设第一手信息。

经与华电郑州机械设计研究院有限公司三峡升船机监造部多次协商,2012年10月派出一名机械技术人员赴上海参与闸首设备的制造监理。2012年4月派出两名电气技术人员赴中船重工集团七〇九研究所、七一二研究所,参与计算机监控系统、传动控制系统等设备的制造施工。

2. 积极做好三峡升船机运行准备

(1)成立升船机工作机构

2011年2月,成立了三峡局升船机运行准备工作领导小组,设立规划建设和经费保障、建设和技术管理、机构筹备、通航管理、后勤保障5个专业工作组,全面开展升船机运行管理的各项准备工作。

2011年7月,经交通运输部批复,三峡局升船机管理处正式组建,从人员引进与调配、技术培训、制度编制、参与建设、管理研究和对外交流等方面全方位开展工作,已经基本具备运行管理的前期基础条件。

(2)认真组织部署并开展各项准备工作

定期召开三峡升船机运行准备工作领导小组会议,专题研究运行准备工作计划、任务和相关问题,先后编制了《三峡升船机运行准备工作大纲》《三峡升船机运行准备工作

2012 年 6 月至 2014 年 10 月主要工作计划》，细化运行准备期升船机配套设施规划建设、通航管理、参与建设、生产准备等方面的工作安排，明确了完成期限和责任单位，确保在三峡升船机试运行前完成通航和运行准备工作。

（3）三峡升船机通航配套设施规划建设

研究编制的《三峡升船机通航配套设施建设总体方案》，被交通运输部纳入"十二五"中期调整规划；三峡升船机调度系统建设工程可行性报告获上级批复，并通过初步设计审查。

（4）推进三峡升船机通航及运行管理前期科研工作

《三峡升船机通航与运行保障关键技术研究》通过交通运输部专家评审，纳入三峡后续工作规划科研项目，编报了《三峡升船机科研项目实施计划》。同时，三峡局立足于运行维护和通航管理实际，深入研究三峡升船机通过船型、调度组织方案、航道航标配布、航路航法等通航管理问题，在充分调研、论证的基础上，完成了《三峡升船机通航管理办法》和《三峡升船机通航调度规程》初稿编制，并组织专家审查。

（5）开展升船机技术交流培训与人才培养工作

升船机管理处组织编写了《三峡升船机培训教材》，用于新进人员的培训和学习。组织人员赴国内多个升船机进行考察调研，增进了对升船机运行管理的了解，学习了升船机运行维护和通航管理的经验。坚持每季度举办技术交流和讲座，邀请三峡升船机设计、施工、监理单位以及有关科研院所的专家来三峡局开展技术交流和研讨。

四、三峡工程建设成就

（一）工程成就与效益

1. 三峡工程的效益

三峡工程自 2008 年汛末开始试验性蓄水以来，连续 8 年达到正常蓄水位 175 米，防洪、发电、航运、补水、生态等巨大的综合效益全面发挥，为促进长江经济带发展战略的实施作出了重大贡献。

（1）防洪效益

长江流域面积约 180 万平方公里，流域人口 6 亿，流域省（自治区、直辖市）生产总值占全国 1/3。三峡工程规模大、地理位置特殊，是长江防洪的关键骨干工程，能控制荆江河段洪水来量的 95% 以上，控制武汉以上洪水来量的 2/3 左右，特别是能够有效地控制上游各支流水库以下至坝址约 30 万平方公里暴雨区产生的洪水。三峡工程使荆江河段的防洪标准由 10 年一遇提高到 100 年一遇，有效保障了人民生命财产安全，为长江中下游经济社会发展营造安澜环境。截至 2017 年底，三峡工程累计拦洪运用 44 次，总蓄洪量

1322 亿立方米,有效拦蓄了上游洪水,干流堤防没有发生一处重大险情。例如:成功应对 2010 年、2012 年两次洪峰超 70000 立方米/秒的洪水过程;在 2016 年长江发生"98 + 大洪水"时,通过联合调度,成功避免了长江上游"1 号洪峰"与中下游"2 号洪峰"叠加遭遇,有效控制下游沙市站水位未超过警戒水位,城陵矶站水位未超过保证水位,保证了长江中下游的防洪安全,减轻了下游干支流地区的防洪压力,降低了防汛成本。据中国工程院试验性蓄水评估报告测算,三峡工程多年平均防洪经济效益 88 亿元,其中 2008—2013 年期间,三峡工程累计产生的防洪经济效益高达 925.2 亿元。

(2)发电效益

三峡电站装机容量大、发电能力强,装机占全国水电比例 6.8%,输电范围覆盖大半个中国,在优化能源结构、维护电网安全稳定运行、实现全国电网互联互通、促进节能减排等方面作用巨大。截至 2017 年 3 月 1 日 13 时,三峡电站累计发电量突破 10000 亿千瓦时,其中 2014 年发电 988 亿千瓦时,创单座电站世界纪录。三峡电站地处华中腹地,电力系统覆盖长江经济带,在全国互联电网格局中处于中心位置,对全国电网互联互通起到关键性作用,成为"西电东送"的中通道,实现了华中与华东、南方电网直流联网。三峡电站历年累计发电量相当于替代燃烧原煤 5.9 亿吨,减少 11.8 亿吨二氧化碳、1180 万吨二氧化硫、437 万吨氮氧化合物的排放。据中国工程院关于三峡工程建设第三方独立评估按照碳排放交易价格的估算,二氧化碳减排效益达 491 亿元。

(3)航运效益

三峡水库蓄水极大地改善了长江重庆至宜昌间航运里程 570～650 千米的航道通航条件,库区干流航道等级由建库前的 Ⅲ 级航道提高为 Ⅰ 级航道,库区航道年通过能力由 1800 万吨提高到 1 亿吨以上。蓄水前较蓄水后年均事故件数、死亡人数、沉船数和直接经济损失分别下降了 72%、81%、65%、20%,宜昌到重庆航线单位运输成本下降了 37% 左右。2016 年 9 月 18 日,世界上规模最大、技术最复杂、建设难度最高的三峡升船机进入试通航阶段,使三峡工程增加了一个近千万吨的快速过坝通道,进一步提升了三峡工程航运通过能力。

截至 2017 年底,三峡船闸累计过闸货物突破 11 亿吨,加上翻坝转运的货物,通过三峡枢纽断面的货运总量达 12.6 亿吨,是三峡工程蓄水前葛洲坝船闸投运后 22 年过闸货运量(2.1 亿吨)的 6 倍。2017 年过闸货运量创新高达到 1.3 亿吨,有力促进了长江航运的快速发展和沿江经济的协调发展。据中国工程院关于三峡工程建设第三方独立评估的初步估算,2003—2013 年期间,三峡工程累计产生约 85.92 亿元(含区间运量)的航运效益。三峡升船机自试通航以来,持续保持安全平稳运行。截至 2017 年底,三峡升船机累计安全有载运行 2526 厢次,通过各类船舶 2547 艘次、旅客 5.7 万人次,过机船舶货运量 57.4 万吨。

(4)水资源利用

三峡水库水资源总量大、时空分布调控能力强,有效保障我国淡水资源稳定供应。三峡坝址多年平均径流量4510亿立方米,年内分配不均,其中6—10月占比高达72%。凭借三峡工程良好的"拦洪补枯"的季调节性能,三峡水库成为我国重要的淡水资源库和生态环境调节器。截至2017年汛前,三峡水库枯水期(12月—次年4月)累计为下游补水1780天,补水总量2205亿立方米,枯水期下游流量补偿标准由初步设计的5500立方米/秒提高到6000立方米/秒以上,较好满足了中下游航道畅通及沿江两岸生产生活等用水需求。凭借巨大的库容和灵活的调节性能,为成功应对2011年长江中下游百年一遇大面积干旱、上海长江口"压咸潮"调度、东方之星旅游客船倾覆事故等重大社会公共事件发挥了积极作用。

(5)生态保护

自2011年以来,三峡水库连续7年共开展10次生态调度试验,通过科学调度创造适合家鱼自然繁殖所需的洪水过程。监测结果显示,2011—2015年宜都断面平均卵苗密度约为3.6亿粒,是实施生态调度以前的7倍;2017年,三峡水库下游宜都断面监测到四大家鱼产卵总量10.8亿粒,为历年之最,有效促进了"四大家鱼"的自然繁殖。

2009年10月,中华鲟全人工繁殖获得成功,该项研究达到国际领先水平,为中华鲟物种保护和资源的持续利用开辟了新途径。截至目前,已经累计向长江放流各种规格的中华鲟超过500万尾,放流达氏鲟、胭脂鱼等长江珍稀特有鱼类89万余尾,放流各类规格的经济鱼类和上游特有鱼类2000万余尾。

三峡特有珍稀植物资源繁殖研究与引种驯化也取得显著成效。引种珙桐、红豆杉、篦子三尖杉、伯乐树、红花玉兰、连香树、水青树等94科214属436种1.8万余株,其中国家Ⅰ级重点保护植物珙桐、红豆杉、伯乐树、荷叶铁线蕨、桫椤等11种,国家Ⅱ级重点植物红豆树、水青树、连香树、香果树等52种,经驯化已逐步适应本地区生长环境,成活率达90%以上;深入开展三峡特有、珍稀植物组培研究,红豆杉、珙桐、香果树、枫香、连香树等20余种植物研究获得阶段性进展,并取得多项专利。

2. 三峡航运工程建设成就

按照"三峡工程论证结论阶段性评估"项目组的要求,航运课题组于2008年4月20日正式成立,依据"三峡工程论证及可行性研究结论的阶段性评估"立项建议书和项目组的总体要求,以及1988年航运专题论证报告的内容,开展专题调研,形成了《航运课题组阶段性评估报告》,对航运专题的主要论证结论进行了阶段性评估。

(1)川江2030年下水过坝客货运量的预测情况

客运量290万人次/年的预测值偏高,货运量5000万吨/年的预测值偏低。

（2）万吨级船队汉渝直达评估情况

因水库蓄水位尚未达到 175 米，全面评估的条件还不具备，但初期蓄水的实践已显示，库区的航道条件明显改善，丰都至三峡大坝约 430 千米的河段，一年内大部分时间已可行驶万吨级船队；当年论证选定的代表船型是"五种万吨级船队"，但从目前的发展形势看，船队运输已逐步演变为大型自航船占主导地位的运输，与论证结论的预期并不完全相符。

（3）枢纽施工期通航情况

三峡工程采取"导流明渠＋临时船闸＋右岸建设一套驳运翻坝设施"的办法，成功地解决了枢纽施工期通航问题，同时也为世界特大型水利枢纽工程解决施工期通航问题积累了丰富的经验。

（4）枢纽通航建筑物的总体布置情况

船闸投入运行 5 年的实践检验和安全监测成果表明，三峡枢纽通航建筑物总体布置合理、适航性能良好；有关升船机部分，尚待升船机建成后，进一步经受实践运行的检验。

（5）船闸的运用性状情况

船闸水工建筑物和机电设备运用性状良好，各项技术性能指标达到设计要求，为实现论证报告要求的船闸设计通过能力提供了坚实的基础条件；船闸运行管理效率和实际通过能力逐年提高，截至 2020 年，三峡船闸通过能力已达到论证结论要求的年下水 5000 万吨的水平。

3. 三峡航运工程效益评估

（1）为长江水运发展提供了宽阔的平台

三峡库区航道的通航条件显著改善，通过流量调节大坝下游河道的通航条件也获得不同程度的改善。三峡工程建设前，重庆至宜昌江段落差 120 米，有滩险 139 处，单行控制河段 46 处，重载货轮需绞滩的河段 25 处。三峡工程蓄水 135 米水位后，库区改善主航道 430 千米，改善和新增支流航道 85 条；在三峡和葛洲坝两枢纽库区范围内，有主要滩险 100 多处被淹没；大部分单行控制河段被取消，绞滩站全部被撤销，丰都至三峡大坝的航道条件得到根本改善。2003 年 10 月水库运行水位抬高至 139 米，库区主航道改善达 460 多千米。2006 年水库蓄水至 156 米水位，库区主航道改善达 570 千米。在实施铜锣峡至涪陵 14 处炸礁工程后，航道尺度可达到 3.5 米×150 米×1000 米（航道水深×航道宽度×航道弯曲半径），高于初步设计确定的航道规划尺度。

三峡工程下游从葛洲坝至武汉长约 635 千米航道，其中枝城以下至城陵矶长约 339 千米的荆江河段，是下游通航条件的控制河段，有浅滩 10 余处，枯水期航道维护水深为 2.9 米，通过三峡水库的流量调节，航道的通航条件在总体上也得到了较明显的改善。三峡水库在枯水期可动用一部分库容，为下游航道提供航运流量补偿，增加航道水深，改善通航条件。长江宜昌站枯水期流量通常在 3000 立方米/秒左右,通过三峡流量调节,葛洲坝的下泄流量可达 4000 立方米/秒以上,从而可使葛洲坝下游的宜昌水位不低于三峡水库初期蓄水期规定的 38.5 米(三峡水库正常蓄水期葛洲坝下游宜昌水位应不低于 39 米,下同)。总之,三峡水库的建成为长江水运发展提供了一个宽阔的平台。

(2)促进了长江货运量的快速增长

三峡工程蓄水极大地改善了库区的航道条件,从而促进了长江航运事业的飞速发展。以葛洲坝船闸 1988—2007 年历年通过的货运量为例,2007 年葛洲坝船闸通过的货运量为 4985.5 万吨(其中下行货运量为 3211.0 万吨),是 1988 年货运量 770.8 万吨的 6.47 倍(其中,相应的下行货运量为 601.9 万吨,2007 年是 1988 年的 5.33 倍)。

三峡船闸过闸运量的统计资料表明,船闸自 2003 年 6 月投入运行以来,长江通过三峡坝址的运量,实现了历史性突破。2003 年 6 月 18 日至 2008 年 2 月 29 日,不足 5 年时间三峡过坝货运量累计达到 2.2 亿吨,相当于三峡工程蓄水前,葛洲坝船闸 1981 年 5 月投产至 2003 年 6 月,22 年过闸货运量的总和(2.1 亿吨)。

2007 年三峡枢纽年过坝货运总量,已达到了 6056.5 万吨,大大超过了三峡—葛洲坝水利枢纽 1981—2003 年通航历史上的最高纪录 1800 万吨,是葛洲坝水利枢纽 1981—2003 年平均年货运量 958 万吨的 6.3 倍。

(3)提高了船舶运输的安全性

三峡水库成库后,库区航道由于通航条件的根本改善,再加上三峡库区水上搜救体系的完善、应急救助站点的建立等管理措施的实施,从而使水上交通安全形势明显好转,而且总体保持稳定。据长江海事局统计,2000—2002 年成库前,三峡库区长江干线 3 年共发生水上交通事故 105 件(其中重大事故 67 件)、沉船 70 艘、死亡失踪 221 人、直接经济损失 2187.5 万元,平均每年发生水上交通事故 35 件(其中重大事故 22.3 件)、沉船 23.3 艘、死亡失踪 73.7 人、直接经济损失 729.2 万元。而成库后的 2004—2007 年,三峡库区长江干线 4 年共发生水上交通事故 46 件(其中重大事故 5 件)、沉船 30 艘、死亡失踪 47 人、直接经济损失 1339.6 万元,平均每年发生水上交通事故 11.5 件(其中重大事故 1.3 件)、沉船 7.5 艘、死亡失踪 11.8 人、直接经济损失 334.9 万元。

三峡水库蓄水前后,平均每年发生水上交通事故的变化情况为:三峡蓄水后,水上交通事故件数是蓄水前的 32.9%,重大水上交通事故件数是蓄水前的 5.8%,沉船数是蓄水前的 32.2%,死亡失踪人数是蓄水前的 25.2%,直接经济损失是蓄水前的 45.9%。由此可以看出,三峡工程对三峡库区航运安全具有重大促进作用,三峡工程的库区航运安全效益是巨大的。

(4)枯水期三峡枢纽及时向下游补水改善了通航条件

以 2007—2008 年枯水期为例,三峡水库运行管理部门统筹考虑航运、发电、生态和民生等用水需求,充分发挥三峡水库调蓄作用,分别在 2007 年 12 月 8 日—12 月 25 日、2008 年 1 月 11 日—2 月 24 日通过加大机组出力,增加三峡水库的下泄流量,以确保下泄流量满足调度规程规定的葛洲坝下游三江航道通航水位的要求。补水期间,三峡水库平均入库流量 4550 立方米/秒,平均出库流量 4940 立方米/秒(平均补水流量 390 立方米/秒);三峡水库水位从 155.64 米开始下降,最低水位降到了 152.45 米(最大降幅 3.19 米);累计为下游补水 22.48 亿立方米,确保了三峡枢纽初期蓄水期间葛洲坝下游三江航道水位枯水期高于规程暂定的航运最低要求 38.5 米,从而有效地改善了下游通航水深和航运条件,缓解了枯水期长江中下游航道用水紧张的状况。

此外,三峡水库还多次适时地进行补水,协助下游实施海损事故抢险,也收到了良好的效果。如 2005 年 5 月 5 日 11 时 54 分,枝江有一条油轮搁浅,枢纽管理部门在接到救助请求后,立即根据上游来水及枢纽运行状态,制订了施救调度方案,在当天 12 时 10 分—12 时 49 分,三峡枢纽连续开启 2 个深孔,增加泄量约 3000 立方米/秒,及时帮助搁浅油轮脱离了危险,确保了航道运行安全。

(5)降低了船舶运输成本和油耗

在三峡水库蓄水前,典型的 1941 千瓦推轮上水顶推 1500 吨船队,下水顶推 3000 吨船队。在水库蓄水后,顶推能力上、下水均提高到 6000～10000 吨级的船队,船舶运输成本大为降低。另外,由于三峡成库后具备了大型船舶航行的条件,从而促进了船舶标准化、大型化的迅速发展,进而使得船舶单位能耗大幅下降。据重庆市交通委员会的统计,船舶单位平均能耗已由成库前(2002 年)的 6.7 千克/(千吨·千米),降至 2007 年的 3.6 千克/(千吨·千米),而且通过船舶的进一步大型化,水运的单位平均能耗还有可能进一步降低,船舶油耗的降低有利于"节能减排"和降低运输成本。

(6)航运的发展促进了地区的经济发展

在改革开放发展的进程中,广大人民群众总结出了一条非常宝贵的经验,就是"要想富,先修路"。这里所说的路,既包括公路、铁路,也包括水路,而且对长江沿线地区而言,水路运输成本低的优势更为明显。尤其是三峡枢纽蓄水以后,航运运能大、运价低的优势充分发挥,从而大幅度降低了长江上游地区的物流成本,促进了临江产业的发展。并且货运结构也发生了较大的变化,高附加值的集装箱、危化品运输比例逐步增大。据重庆市交通委员会统计,目前重庆市水运的运价约为 0.033 元/(吨·千米),而铁路的运价为 0.16 元/(吨·千米)、公路的运价为 0.48 元/(吨·千米);三者的经济运输距离分别为 1000 千米、600 千米、50 千米。另外,以一个 20 英尺的标准集装箱从重庆运到上海为例,水路运输 5 天到达,综合费用约 3300 元;公路运输 3 天到达,综合费用约 1 万元;铁路运输 4 天到达,综合费用约 5400 元。长江航运已成为重庆市重要的对外贸易、经济交流和对外开放的通道。仅以集装箱运输为例,2007 年重庆港吞吐量为 43 万 TEU,是 2002 年的

5倍,年均增长38%。而且,水路运输的单位能耗低、污染少,以川江载货汽车滚装运输为例,2007年完成了39万多辆载重汽车滚装运输,据此推算,相同数量的车辆利用水路运输比利用沿江公路运输可节约运费约5.5亿元,节约燃油13万吨,减少废气排放42万吨。廉价、安全、节能、减排的水路运输为长江上游地区的经济发展提供了良好的基础条件,反过来地区的经济发展又会推动航运事业进一步发展,二者是相辅相成、互相促进的关系。

（7）加快了长江中上游综合交通体系结构调整

水路运输方式具有运量大、能耗小、污染轻、成本低等比较优势,三峡工程总体改善库区航道条件,提高了长江上游通航能力,使长江航运在长江中上游地区综合交通体系中的地位和作用得到加强,进一步加快了长江中上游地区,特别是三峡库区综合运输体系结构调整和优化的进程。

随着三峡库区航道改善和三峡船闸投入运行,长江中上游地区原来就采用水运方式的货物,运输需求得到充分满足和释放,同时,对于原来采用陆上运输的货物,诱发了弃陆走水的运输需求,很多原来不考虑或放弃水运方式的货主,纷纷转而成为长江航运的新客户。2003年以来,通过三峡枢纽的运量增长速度,明显高于全国和中西部地区经济增速以及其他运输方式运量的增长速度,充分说明了长江航运不但服务了长江流域既有型水路运输市场的延续性和递增性需求,而且还服务了新生型水路运输市场的转移性和新增性需求。三峡工程在推动长江航运加快发展的同时,促进了长江中上游综合交通体系结构调整。

以重庆市为例,三峡蓄水前的2002年,在铁路、公路、水路总的货物周转量中,铁路占30.57%,公路占26.65%,水路占42.78%;蓄水后2013年总的货物周转量,铁路占5.9%,公路占28.0%,水路占66.1%。三峡工程为水运发展创造了良好条件。

（8）吸引了产业加快向长江沿江地带集聚

三峡工程提高和扩大了长江上游与中下游之间的通航能力与规模,长江干支直达、江海直达面貌因之明显改观,长江流域各地政府高度重视长江黄金水道对于发展区域经济和调整产业布局的重要意义,凸显了长江航运在促进长江流域尤其是长江中上游西部地区经济发展中的拉动作用。

我国实施西部大开发战略和中部崛起战略,中西部扩大资源输出,承接东部地区和来自海外的产业转移,必然带来旺盛的运输需求,因此,运输能力的强弱,成为中西部地区某个区域或城市能否占得先机的制约性因素之一。长江流域各地政府高度重视长江黄金水道作用,以长江水运优势为依托,吸引大运量产业加快向沿江地带集聚,长江航运与长江经济带形成了航运能力提高与运输需求增长之间的良性互动关系,使三峡工程航运效益在更高层次上和更大范围内得到体现。三峡工程满足了当前和今后一定时期内,东、中、西部地区之间扩大水路交通运输规模的需求,为长江航运在统筹区域协调发展与合作中发挥积极作用,奠定了重要基础。

三峡工程蓄水运行后,随着长江中上游航运条件得到改善,重庆市以产业链为纽带,开发区、工业园区为载体的临港基础产业带逐渐成熟。42 个工业园区中有 25 个沿江分布,临港基础产业带集中了全市约 95% 以上的冶金、机械制造和化工等企业,95% 以上的电力企业,100% 的水泥企业,100% 的造纸企业,成为全市汽车、摩托车、化工、冶金、建材、机械制造和能源等集聚地。

(9)减轻了长江沿江地区的空气污染

三峡工程蓄水后,受其影响的沿江地区水路货物周转量在货物周转总量中的占比增大,降低了交通运输业的燃油总消耗量。此外,船舶单位货物周转量平均油耗的降低,在同等水路货物周转量的条件下,也降低了水运业的燃油总消耗量。

仅以重庆市为例,计算全市船舶燃油单位能耗降低(每千吨千米货物周转量降低5.6 千克燃油)带来的环境效益。2003 年 6 月至 2013 年底,重庆市运输船舶共节约燃油近 447 万吨。按国家环保有关技术标准估算,蓄水后共减少二氧化碳排放 1341 万吨、二氧化硫排放 17.9 万吨、氮氧化物排放 23.7 万吨。

三峡航运在保障沿江经济发展的同时,有力地促进了资源节约型、环境友好型社会建设,增强了经济社会可持续发展能力。

(二)三峡工程涉航工作的主要经验

1.民主决策和科学决策是正确处理涉航工作的重要前提

新中国成立后,三峡工程的决策过程体现了中国民主决策和科学决策的发展进程。1985 年,国务院原则批准三峡工程正常蓄水位 150 米方案可行性研究报告。而后,1986 年,中共中央、国务院下发《关于长江三峡工程论证有关问题的通知》,全面开展三峡工程专题论证。三峡工程专题论证推荐的建设方案是"一级开发,一次建成,分期蓄水,连续移民"。1992 年 3 月,七届全国人大五次会议以多数票通过了《关于兴建三峡工程的决议》。

三峡工程专题论证是三峡工程民主决策和科学决策的关键环节。在三峡工程专题论证的 14 个专家组中,交通运输部门的专家参加了其中的 8 个。其中,航运专家组和泥沙专家组分别有交通运输部门的专家 18 人和 8 人。交通运输部门专家的广泛参与,交通行业专家和其他行业专家争论、交流、协商和统一的过程,是民主决策和科学决策的重要实践。

三峡工程坝址的选定,三峡工程建设时机的推荐,三峡工程"一级开发、一次建成、分期蓄水、连续移民"方案的确定,三峡工程水位方案、蓄水方案的优选,三峡工程枢纽布置的优化,通航建筑物规模、施工期临时通航、三峡库区航道尺度和通航水流条件的选择和确定,三峡水库调度方式的优化,航道与泥沙问题、港口与泥沙问题等,这些与长江航运密切相关的重大问题的确定和关键技术的突破，是三峡工程专题论证的丰硕成果。

2. 重点科技攻关和长期科学研究是解决涉航问题的技术保障

围绕三峡工程的涉航问题和其他科技问题，三峡工程专题论证期间，国务院三峡办、水利部、交通运输部、国家科委、中国工程院、中国科学院、长委会、长航局、中国三峡集团及其他有关地区、部门和企业安排了大量三峡工程涉航科研项目。国家科委安排了国家科技攻关"三峡工程枢纽建设关键技术研究"课题；水利部和交通部共同组织了"三峡工程泥沙与航运关键技术研究"课题。很多地区、部门和企业还安排了涉航科研项目。

据长航局2010年统计，1986—2009年，全国交通系统开展并完成的三峡工程相关河段航道泥沙、通航条件及治理科研18项，葛洲坝坝下航道泥沙、通航条件及治理科研8项，通航建筑物布置及三峡船闸科研21项，两坝间航道水流条件科研5项，三峡升船机科研3项，坝区通航管理科研26项，三峡相关河段水上交通管理科研6项，三峡至葛洲坝水利枢纽梯级航运调度相关科研3项，其他航运科研5项。合计95项。

3. 良好的协调机制是解决涉航问题的根本保证

国务院三峡办、交通运输部依据各自的职能和职责，就三峡工程的重大涉航问题，在各自职责范围内进行协调，使许多涉航问题得以解决。

国务院三峡办在落实三峡工程变动回水区库尾航道整治工程经费、三峡工程航运设施淹没复建工程、三峡隔流导航堤建设、三峡船闸完建期煤炭运输、解决三峡坝区断航期航运补偿资金、落实三峡后续规划中的航运资金等各方面，做了大量卓有成效的协调工作和正确的、影响深远的决策。

交通运输部及其派出机构长航局，在建立三峡通航管理机构、三峡坝区通航管理、建设三峡工程航运配套设施、组织三峡工程施工期通航、组织三峡船闸试航、试运行和正式运行等各方面，协调有关航运单位、有关省市航运管理部门和航运企业，做好组织、指挥、协调和决策。

4. 实事求是是促进航运发展的思想基础

由推轮和货驳组成的船队运输从新中国成立初期到20世纪80年代，一直是长江货运的主要方式，也是三峡船闸的设计依据之一。当前，自航货船运输已经成为长江货运的主要方式，而且在很多方面优势明显。在这一问题上，有关各方不纠结历史，而是面对现实、顺应发展、实事求是，正确评估船闸通过能力。

在三峡工程专题论证和三峡工程初步设计时，都没有考虑翻坝运输。在三峡船闸运行初期即面临船舶过闸繁忙的情况下，迅即组织载货汽车滚装船汽车翻坝运输也是面对现实、实事求是的正确果断的决策。

实践证明，设计指标和理论计算值，与实际运行有时会有差距。这时，不纠结历史、面对现实、实事求是地解决问题,是促进航运发展的思想基础。

5.改革创新是促进航运发展的强大动力

改革开放后,中国发生巨大变化,长江航运也是如此。高峡出平湖,河道巨变,使得航道、港口、船舶、货源、客源、航运企业和运输方式都发生了巨大变化,长江航运管理和枢纽通航管理也在改革创新。

三峡通航管理机构的建立、三峡通航管理模式的确立、三峡和葛洲坝两坝船舶过闸联合调度方式的建立、葛洲坝三闸统一管理方式、三峡坝区船舶应急联动机制和三峡库区船舶定线制都是长江航运改革创新的产物。这些改革创新是促进长江航运发展的强大动力。

(三)三峡航运工程的问题及建议

1.阶段性评估尚难定论的几个问题

(1)船舶通过三峡船闸是否增加了汉渝间通航耗时的问题

三峡工程建成,船舶通过船闸需要耗费时间,但航道改善又有可能昼夜兼程、加快航速,从而缩短长途运输的总耗时。为了对此问题能够做出符合实际的客观评价,"三峡工程论证结论阶段性评估"项目组航运课题组对汉渝间(重庆朝天门至武汉),三峡成库前和156米水位成库后船舶实际运行的耗时进行了调研。由于成库后顶推轮加驳船组成的船队与成库前相比发生了很大变化,成库后船队载货量是成库前的3~4倍,因此用船队做比较实际意义不大;而客船目前基本上是以停靠茅坪港为主,到达的目的港发生了根本性变化,故以客船做比较也意义不大。经调查,三峡成库后,汉渝间枯水期,船舶下水航行比成库前用时增加7~13小时;上水航行比成库前用时节省75~87小时;往返一次用时总节省68~74小时。洪水期,船舶下水航行比成库前用时有长有短,其中散货船成库后用时节省13小时,集装箱船成库后用时增加9小时;上水航行比成库前用时节省70~99小时;往返一次用时总节省61~112小时。

对于汉渝间船舶运行耗时的利弊分析,因涉及的因素较多,包括油耗多少、经济航速以及成库前单向控制航道影响等诸多问题,故对此问题还需要在175米蓄水以后进一步观察、积累资料、深入分析,目前尚难给出确切的评估意见。但是,课题组认为单纯从用时这个角度看,尽管建设三峡工程后船舶过闸确实是多用了一些时间,但库区航道条件改善又大大缩短了航行用时,综合上、下行和洪、枯季的不同情况运行耗时,应当说从156米蓄水的情况分析,渝汉间通航总用时并没有因过船闸而增加,反而因航道条件改善总用时还有所缩短。

(2)水库水面增大是否雾天增多、风力加大影响航行的问题

对三峡船闸近年来因雾、因风停运的时间进行了统计,见表13-2-9。从表中统计的数据可以看出,船闸停运的时间有增加的趋势,但 2006 年又有所减少。对于三峡水库蓄水,是否造成了坝区雾天增多,修建船闸是否形成了过风通道,从而对航运产生不利影响,由于缺乏建库前相应的雾天和风天资料,再加上船闸投入运行的时间不长、获得的观测资料不多,故目前尚难以做出确切的评价。待今后生态环境课题组对库区气象变化做出分析判断后,再对航运是否受到影响做出正确评价。

典型的集装箱船成库前后耗时对比表(单位:小时)　　　　表 13-2-9

项　目	枯　水　期			洪　水　期		
	下水	上水	合计	下水	上水	合计
成库前	80	185	265	71	206	277
成库后	87	110	197	80	136	216
时间差	−7	75	68	−9	70	61

(3)关于泥沙冲淤对大坝上、下游航道的影响问题

三峡工程通航建筑物的初步设计确定要做的单项技术设计工作目前尚未全部完成,论证期间航运专家组曾明确指出,"三峡水库建成前后,三峡上游金沙江和嘉陵江、乌江等大支流水利枢纽陆续兴建,促使长江水沙条件发生了而且将继续发生很大变化,这种变化对航道必会产生影响,既有利也有弊,从而影响航运事业的发展。"对该影响虽然阶段性评估泥沙课题组已做了初步评价,但由于水库尚未蓄水到 175 米水位,而且蓄水的时间还不够长,泥沙冲淤对航道的影响程度往往会随着时间的推移而逐步显现,故今后有关各方应对此问题继续予以关注。

2.提高三峡航运设施通过能力的建议

(1)开展三峡未来过坝货运量预测与提高通过能力措施的研究

鉴于当前和今后一个时期三峡过坝货运量会较快增长,2020 年以前三峡下行过坝货运量就已经达到论证阶段提出的 5000 万吨/年。建议三峡建委办公室一方面尽快组织有资质的单位对长江三峡货运量的未来发展做出科学、合理的预测;另一方面,在货运量预测的基础上,适时开展对三峡过坝扩能的研究工作,特别是进一步研究船舶过闸的挖潜措施,以使三峡过坝的通过能力与需要通过三峡的货运量相适应。

(2)抓紧研究确定三峡船闸定期检修制度

三峡船闸已运行多年,实施定期的系统检修,有利于船闸的安全可靠运行。建议有关单位尽快组织研究并制定科学合理的三峡船闸定期检修制度。

(3)改善葛洲坝船闸通航条件,使之与三峡船闸的能力匹配

葛洲坝与三峡船闸的设计通过能力是一致的,但葛洲坝船闸存在着下游大江、三江引航道尺度未达到设计标准以及大江下游航道通航流量标准低于三峡船闸等问题,建议三峡总公司会同相关单位尽快对此问题进行研究,采取必要的措施改善葛洲坝船闸的通航

条件,使之与三峡船闸通过能力匹配。

(4)科学有序地促进长江航运船舶的大型化

推进船舶现代化、大型化、标准化、系列化、专业化对提高三峡船闸通过能力具有决定性的作用。

船舶大型化带来的良性效应是公认的事实。在进一步推进船舶大型化的同时,也要注意到三峡水库水位变化与长江中游航道自然水位变化刚好相反这个事实,通过两坝船闸进入长江中游的船舶,其航行吃水大小,既受两坝船闸槛上水深、船闸水力学和引航道水深的限制,又受长江中游航道维护水深以及有关安全规定的限制。为此,建议水利与交通运输主管部门抓紧时间,采取措施改善中游航道条件;兼顾三峡船闸、库区和长江航道通航标准,鼓励船舶适当的大型化;积极推进并加快长江干线运输船舶标准化进程;开展船闸门槛最小水深、水力学与船舶最大吃水比值标准论证,支持船舶大型化发展,以促进三峡和葛洲坝船闸通过能力的进一步提高,满足长江上游航运快速发展的需求。

(5)密切关注库区岸坡稳定对航道运行安全的影响

库区两岸山体如果发生大型滑坡,致使大体积滑坡体滑入江中,形成巨大涌浪,必将对船舶运行安全产生重大影响。虽然对此问题地质课题组已做初步评价,但考虑今后水库将蓄水至175米水位,水库回水变动区范围加大,再加上汛期因防洪库水位会频繁变化,可能对岸坡的山体稳定产生不利的影响。建议三峡建委办公室加强对库区岸坡的安全监测、预警机制和整治措施落实情况的监管,组织好地质防灾机构与航道管理等机构之间的沟通与协作,避免影响航道运行安全的重大事故发生。

(6)抓紧完成三峡工程第八项技术设计工作

三峡水库库尾变动回水区航道、港区以及葛洲坝下游河道治理等问题均属于三峡工程第八项技术设计《变动回水区航道及港口整治》(含坝下游河道下切影响及对策)的内容,但目前第八项技术设计工作进展缓慢。建议尽快完成,并抓紧实施治理。

五、葛洲坝、三峡枢纽航运发展前瞻

(一)三峡—葛洲坝枢纽水运新通道建设前期研究工作成果

1. 基本情况

2003年,三峡船闸投入试运行,过闸货运量持续快速增长,2011年过闸货运量首次突破1亿吨,提前19年达到并超过了船闸设计水平年2030年的规划运量。此后,船闸单向年通过量均超过设计通过量,至2016年船闸单向年通过量已接近7000万吨,2017年全年三峡船闸通过量达到1.35亿吨。与此同时,船闸通过能力和过闸需求间的矛盾日益突出,截至2017年12月12日,三峡坝上待闸船舶468艘,坝下待闸船舶639艘,两坝间待闸船舶 21 艘,过闸船舶平均待闸时间约为 240 小时。从 2017 年开始,三峡船闸将进入高频次、长时间的停航检修周期,特别是 2022 年以后船闸主要金属结构已到防腐周期,届时如进行整体防腐,停航工期将达 60 天以上,通过能力不足的问题将更加突出。

综合分析三峡通航形势和发展条件,日益增长的船舶过坝需求和两坝船闸及升船机通过能力不足的矛盾已成为当前及今后一个时期三峡通航的主要矛盾,是人民日益增长的美好生活需要和不平衡不充分的发展之间的社会主要矛盾在三峡通航的具体体现。

三峡水运新通道和葛洲坝航运扩能工程是推进长江经济带和"一带一路"倡议的重要举措,工程实施后将大幅提升三峡至葛洲坝区段通航能力,适应长江运量和船舶大型化发展要求,提升长江黄金水道功能,促进区域综合立体交通运输体系协调发展,并可充分发挥内河水运运能大、能耗少、污染小的优势,构建长江绿色运输通道,支撑经济社会可持续发展。2014 年 9 月,国务院出台《关于依托黄金水道推动长江经济带发展的指导意见》,要求打造畅通、高效、平安、绿色的黄金水道,明确提出要加快三峡枢纽水运新通道和葛洲坝枢纽水运配套工程前期研究工作。

2.研究进展及交通运输部意见

(1)关于运量预测

2015 年,交通运输部规划研究院、国家发展和改革委员会综合运输研究所、国务院发展研究中心、长江勘测规划设计研究有限公司等四家机构分别开展了三峡枢纽过闸需求预测工作(图 13-2-2)。三峡枢纽过闸货运需求仍将呈现增长态势,2020 年货运量 16314 万吨(上行 9505 万吨),2030 年货运量 22576 万吨(上行 12619 万吨),2050 年货运量 25828 万吨(上行 13965 万吨)。

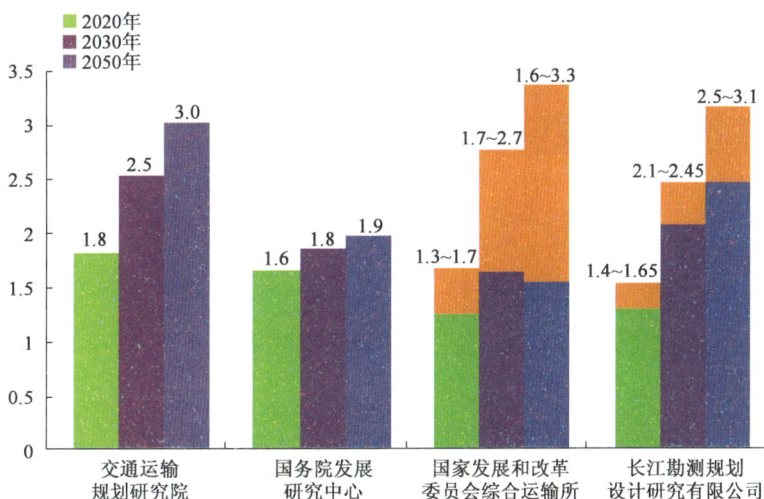

图 13-2-2　三峡预测过闸运量(单位:万吨)

交通运输部意见:经济结构调整引导运输结构调整有一个持续的过程,大宗散货运输在长江航运占主导的态势还会持续相当长时间,从欧美内河运输发展来看,水运量达到峰值后也一直保持在较高水平。基本同意 2050 年三峡断面货运量在 2.5 亿～3 亿吨的预测结论。

(2)关于线路

①三峡新通道线路布置方案(13-2-3)。

三峡新通道工程受河势、地形条件以及枢纽布置限制,右岸布置船闸的技术条件差,推荐左岸坝区外线路。对左岸比较了五个布置方案,主要代表线路为左岸线路Ⅰ和左岸线路Ⅳ,采取连续五级船闸布置形式。

图 13-2-3　三峡通道线路布置方案

a.线路选择——左岸线路Ⅰ(图 13-2-4)。

● 总体布置:进口路家河库岸码头,出口坝河口重件码头上游约 1 千米处,线路总长 5123 米,总工期 105 个月,估算投资 341.85 亿元(移民投资 52.4 亿元)。

● 主要特点:线路短、开挖量小(1.33 亿立方米)、投资低、技术成熟。

线路斜穿枢纽管理区、对已建设施有一定影响,与既有船闸共用口门、通航调度要求高。

图 13-2-4　左岸线路 I

b. 线路选择——左岸线路 IV(图 13-2-5)。

● 总体布置:进口位置在线路 I 基础上北移,出口位于大象溪附近,线路总长 6610 米,施工总工期 90 个月,估算投资 342.39 亿元(移民投资 42.8 亿元)。

● 主要特点:开挖工程量小(1.33 亿立方米)、移民投资低、总工期短,不影响既有设施,下游门口分开布置,运行管理较方便。

上游 1.2 千米长通航隧洞,通航安全、消防安全和船舶过洞方式等需进一步研究落实。

图 13-2-5　左岸线路 IV

交通运输部意见:三峡新通道工程同意线路方案 I,方案 IV 可作为比选方案。

②葛洲坝船闸扩能线路布置方案(图 13-2-6)。

葛洲坝船闸扩能工程对左岸、右岸岸边、右岸山体、卷桥河出路等 4 类方案、7 个布置方案进行了研究。

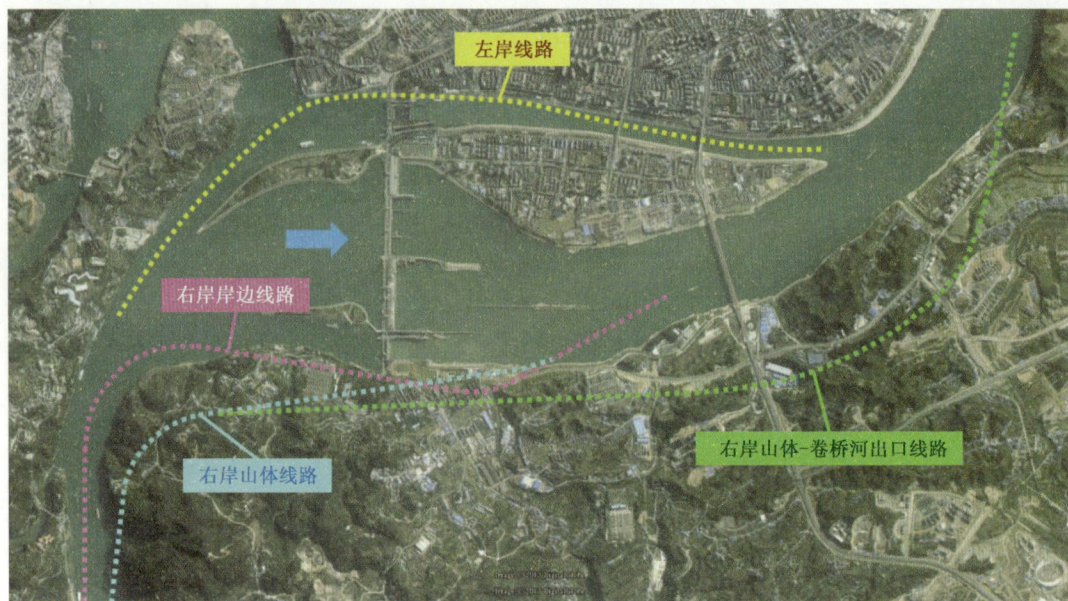

图 13-2-6 葛洲坝船闸扩能线路布置方案

长委会设计院预可研报告推荐葛洲坝扩能工程采用Ⅱ-1方案,即三号船闸改建 + 左岸新建一线船闸。

a. 三号船闸改建 + 左岸新建 1 线船闸(图 13-2-7)。

• 总体布置:拆除三号船闸,新建两线大船闸,同时挖深三江航道,使其最小水深达到 7.5 米,施工总工期 71 个月,估算投资 140.15 亿元(移民投资 33.1 亿元)。

• 主要特点:通航水流条件好、开挖量小(812 万立方米)、投资低;三江不属于保护区范围,也不在中华鲟主要产卵场内。

图 13-2-7 左岸Ⅱ-1 方案

施工期通航受到一定影响；三线船闸共用引航道，运行管理要求相对较高。

长江三峡通航管理局向长委会设计院提出并推荐了右岸线路方案。从南津关河段（巷子口—野人沱间选取合适位置）入口，卷桥河河段出口，在右岸建设两线船闸，明挖或隧道方案进一步论证。

b. 右岸山体新建 2 线船闸（卷桥河出口）（图 13-2-8）。

● 总体布置：进口巷子口上游，出口卷桥河下游，总工期 85 个月，估算投资 304.65 亿元（移民 87.2 亿元）。

● 主要特点：施工期不影响通航，运行管理较方便；开挖工程量巨大（1.13 亿立方米）、弃渣困难、投资远高于其他方案；上游进口通航水流条件尚需进一步论证，通航安全较三江差；上游航道两侧山体岩溶、地下暗河发育，对枢纽防渗影响大、施工期航道开挖存在较大风险；右岸开挖长距离航道对城市发展、交通影响较大；下游出口位于核心区，以及主要产卵场内，环境研究专题持否定态度。

图 13-2-8　右岸明挖方案

c. 右岸山体新建 2 线船闸（洞挖方案）（图 13-2-9）。

● 总体布置：进口巷子口上游，采用 1.7 千米长通航隧洞穿过向家咀右侧山体，出口卷桥河下游，总工期 85 个月，估算投资 312.18 亿元（移民 85.9 亿元）

● 主要特点：本方案主要特点与右岸山体新建工线船闸（卷桥河出口）方案基本类似，开挖工程量巨大（1.03 亿立方米）、弃渣困难、投资最高；在碳酸盐岩地区建设跨度超过 40 米的通航隧洞技术风险极大，而且隧洞处于弯道上，运行安全问题更加复杂；下游出口同样位于核心区，以及主要产卵场内。

③葛洲坝扩能工程左、右岸方案利弊分析。

结合三峡局两坝船闸多年运行管理经验，葛洲坝既有三线船闸通过能力与三峡双线船闸和一线升船机的总体通过能力基本相同。从匹配运行的角度考虑，三峡、葛洲坝水运新通道各建两线船闸相匹配,现有葛洲坝一、二号船闸与现有三峡五级船闸相匹配,三号船闸和升船机作为快速通道相匹配。

图13-2-9　右岸隧道方案

根据长委会设计院预可研报告结论,中交水运规划设计院对葛洲坝枢纽通航扩能工程施工期通航安全及影响性评价和对策进行了研究。研究初步结论表明,如采用左岸方案,在葛洲坝船闸扩能期间,货物通过量降幅约为35%,第一年降幅约为1500万吨,第2年至第4年,年通过量约下降4000万吨,第5年略有回升,下降约3500万吨;如采用右岸方案,施工期对葛洲坝枢纽通航基本没有影响,建成后两坝通航枢纽在通过能力上完全匹配,有利于推进长江经济带的发展。

交通运输部意见:葛洲坝船闸扩能工程,考虑到与三峡枢纽通过能力匹配、降低施工通航影响等因素,现阶段原则上重点考虑右岸方案,要对左岸方案和右岸方案进一步深化比选研究。左岸方案施工通航影响从安全和效率两个方面进行详细分析,以有说服力的数据作支撑;对右岸方案的利弊要进行深入分析,隧道通航是否可行要提出可靠意见。

(3)关于新通道设计代表船型

设计代表船型采用交通运输部《关于报送三峡枢纽水运新通道设计代表船型初步研究成果的函》中提出的设计船型。

2050水平年,考虑不同情形,船型构成方案如图13-2-10所示。

①方案一:中游航道水深4.5米,宽16.3米的船舶为主。

②方案二:中游航道水深4.5米,宽19.2米的船舶为主。

③方案三:中游航道水深6.0米,宽16.3米的船舶为主。

④方案四:中游航道水深6.0米,宽19.2米的船舶为主。

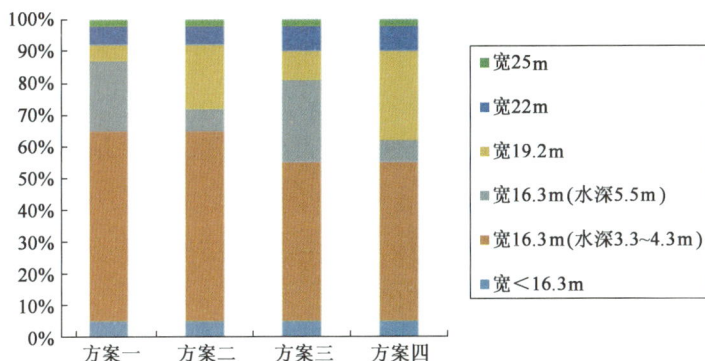

图 13-2-10　三峡枢纽水运新通道设计代表船型

交通运输部意见:考虑上下游航道条件、港口条件、桥梁等方面的约束,新通道设计代表船型最大尺度为:长度 130 米、宽度 22 米、吃水 5.5 米。可进一步比较分析船长是否提高到 135 米。

(4)关于船闸尺度

船闸尺度选择结论为:重点对宽度 34 米、40 米,长度 280 米、400 米等 4 个方案从过闸船舶适应性、通过能力、经济费用现值等方面综合分析,推荐船闸尺度为 280 米 × 40 米 × 8.0 米(图 13-2-11)。

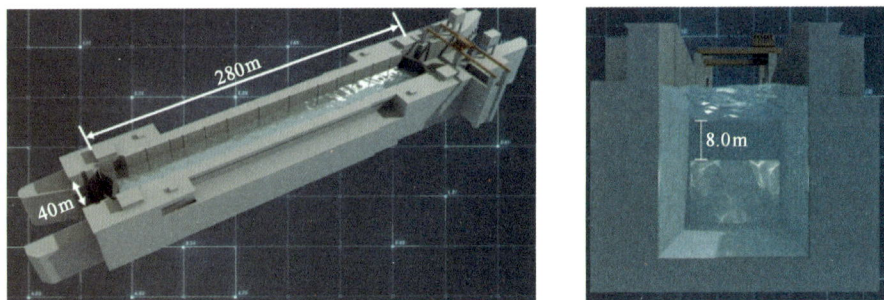

图 13-2-11　船闸尺度选择

航运扩能后,枢纽单向通过能力达 1.79 亿吨 ~ 2.02 亿吨,能够满足 2030 年单向过坝运量 1.26 亿吨,2050 年 1.40 亿吨的需求,并留有一定的发展空间。

交通运输部意见:船闸有效长度 280 米、宽度 40 米、最小门槛水深 8 米,基本可以满足预测的运量需求,所带来的技术难题也可望通过技术攻关解决,本阶段基本同意该船闸尺度。

3.需考虑的其他问题

(1)两坝间通航配套设施

两坝间航道船舶航线交叉水域较多,现有 4 处"渡船斑马线",节假日期间人渡、车渡运输繁忙;2 处汛期过河横驶区,船舶在汛期需过河走缓流克服水流阻力上行;另外石牌弯道航段弯曲半径较小,船舶上下航行交汇目前采用上水在胡金滩—鲤鱼潭一带等待,实行单向通行控制的方式,弯道航段长约 3.5 千米。

三峡水运新通道建设,应考虑在原有通航配套工程基础上对航运配套设施适当补充和调整。增加三峡坝上和葛洲坝下游锚地、航道维护基地、维护设施、航标配置、信号控制系统、通航指挥系统、站场及安全监管设施,需要从配套锚地功能定位、分类和布局、船舶锚泊方式、配套锚地建设选址等方面开展研究。

(2)新通道船舶过闸运行组织方式

现有三峡双线五级船闸设计水平年为 2030 年,设计通过能力为 1 亿吨,是按 6 种船型组成的标准船队一次进闸,单线每天运行 22 小时、22 个闸次,一年 335 天计算建造的。

从 2003 年 6 月实际运行以来,到目前基本是以单船为主的过闸方式,单船大型化趋势日益明显,每线每天 24 小时不间断运行,每闸次 3~6 艘单船进出闸,每天每线通过 15~16 闸次。因此,现有运行工艺条件下,依靠现行的单船自航进出闸方式,进一步缩短船闸运行时间已经十分困难。

在船舶大型化的趋势下,2011 年提前 19 年三峡船闸达到 1 亿吨的设计通过能力,但其中每线每天闸次数达不到设计水平年的 22 闸次数,分析原因主要是单船自航依次进闸的 30 分钟,远大于船队一次进闸的 10.8 分钟。在这种情况下,如果将单船在船闸上下游引航道、导航墙段进行编组成队,采用牵引方式实现船队快速进出闸,有可能将每线每天运行闸次数由目前的 15~16 闸次提高至 22 闸次,从而切实提高船闸的通过能力,既可以提高船闸进出闸的安全性,也可以提高运行效率,并实现绿色进出闸的要求。

船舶牵引进出闸技术在通航建筑物已有应用(如巴拿马船闸),尤其是国内大型船坞中船舶进出船坞牵引技术应用已非常成熟。可考虑新通道船舶进出闸实行牵引方式,在导航墙布置牵引装置引导船舶进出船闸,在导航墙对船舶实施捆绑成组后,由机械牵引船舶进闸、移泊和出闸。

(3)通航隧洞可行性研究

鉴于目前地下工程建设技术已取得长足进步并日益成熟,结合新通道地质条件好、通航线路直线段较长且船闸为单向运行的工程特点,可考虑对部分航段采用通航隧洞式方案。通航隧道建设在技术上具备可行性,对比山体明挖方案可节省投资成本。

在船闸上采用引航道与通航隧洞直接相连的设置方式在国内外尚无先例。通过对贵州构皮滩升船机现场调研,目前已建成 335 米长通航隧洞,可以为下一步通航隧洞的深入设计提供参考依据。

（二）三峡和葛洲坝枢纽水运新通道前期完成的工作情况

1. 开展航运技术调研

2016 年 5—12 月，根据交通运输部专家委员会的安排，由水路组齐俊麟委员具体牵头开展了《三峡水运新通道建设有关航运技术问题》的调研工作。调研组分别联系重庆市交通委员会、四川省航务管理局、贵州省交通运输厅、湖北省交通运输厅、长江委设计院、长江船舶设计院、武汉理工大学、中外运长江航运集团、南京长江油运有限公司、民生轮船股份有限公司、广西西江开发投资集团有限公司、宜昌市规划局、中华鲟研究所等部门、单位，对三峡水运新通道建设的迫切性，通航规模和通航尺度，三峡、葛洲坝水运新通道总体布置，葛洲坝左岸方案对通航的影响，船舶过闸组织方式，通航隧洞的可行性、环境影响等与航运密切相关的技术问题开展专题调研。调研情况表明：新建三峡水运新通道是解决三峡船闸通过能力不足的根本出路；结合过坝和过闸需求的预测结果，考虑未来航运发展留有一定富裕，确定三峡水运新通道建设规模；长江委设计院推荐的三峡水运新通道线路 I 方案基本可行，葛洲坝水运新通道左、右岸方案需要进一步研究；进一步深入研究船舶过闸组织方式和三峡坝区通航配套设施建设。根据调研情况，三峡局编制了《三峡、葛洲坝水运新通道建设有关航运技术问题调研报告》，并于 2017 年 2 月向部专家委员会进行了专题汇报。

2. 做好项目可行性研究

按照交通运输部、长航局要求，继续配合做好项目可行性研究工作。

2017 年 2 月 27 日，参加了国务院三峡办组织召开的三峡水运新通道建设前期工作座谈会；3 月 10 日，配合国家发展改革委、国务院三峡办等部门，对三峡、葛洲坝水运新通道线路进行了现场查勘，对三峡、葛洲坝船闸过闸现场情况进行了专题汇报；8 月 4 日，参加交通运输部水运局组织的三峡枢纽水运新通道项目研究专题会议，对葛洲坝扩能改造工程左线方案施工期通航影响分析成果和葛洲坝左右岸线路方案利弊分析进行了专题汇报；根据部领导意见，8 月 10 日对湖北省交通运输厅鄂西高速公路管理处进行调研，对沪渝高速公路金龙隧道进行了现场查勘，编制了《葛洲坝右岸隧道方案可行性分析报告》；8 月17 日，就三峡、葛洲坝水运新通道前期研究工作向长航局专委会进行了专题汇报；8 月 18 日和 23 日，就三峡、葛洲坝水运新通道前期研究工作中，涉及航运的技术问题与长江委设计院进行了充分交流。

3. 中间成果汇报

组织开展国务院三峡办科研项目"三峡枢纽水运新通道航运关键技术比较研究"课题七"三峡河段通航交通组织及航运配套设施研究"，2017 年 7 月赴交通运输部进行了中间成果汇报。

4. 专题会议议定

2017年8月4日,交通运输部何建中副部长主持召开专题会议,研究新通道航运关键技术比较研究相关工作,会议议定了以下事项。

(1)关于工作原则

一是比较研究结论和长江勘测规划设计研究院的成果分歧不大的,应尽可能协调;二者总体一致但有一定分歧的,要从完善成果的角度提出合理可行的建议;确有不同意见的,要有详细的数据分析和充分的论证作为支撑,以争取得到采纳。二是要从交通运输部行业管理和安全监管职责的角度考虑问题。一方面要最大限度地为行业发展提供良好的通航条件,另一方面要确保安全和畅通,能承担起安全管理的责任。

(2)关于运量预测

基本同意2050年三峡断面货运量在2.5亿~3亿吨。

(3)关于新通道设计代表船型

考虑上下游航道条件、港口条件、桥梁等方面的约束,新通道设计代表船型最大尺度为:总长130米、型宽22米、设计吃水5.5米。可进一步分析船长是否提高到135米。

(4)关于船闸尺度

船闸有效长度280米、有效宽度40米、门槛最小水深8米,基本可以满足预测的运量需求,涉及的技术难题可望通过技术攻关解决,本阶段基本同意该船闸尺度。

(5)关于工程选线

三峡新通道工程选线同意线路方案Ⅰ,方案Ⅳ可作为比选方案。葛洲坝船闸扩能工程,考虑到与三峡枢纽通过能力匹配、降低施工通航影响等因素,要对左岸、右岸方案进一步深化比选研究,重点考虑右岸方案。左岸方案施工通航影响从安全和效率两个方面进行详细分析,拿出有说服力的数据作为支撑;对右岸方案的利弊要进行深入分析,结合隧道方案做深入论证。

5. 继续组织开展前期相关研究工作

2018年继续组织开展三峡水运新通道建设前期相关研究工作。

2018年1月2—4日,中国国际工程咨询公司组成专家组对原三峡建委办公室上报的《国务院三峡办关于报送三峡枢纽水运新通道和葛洲坝航运扩能工程项目建议书的函》(国三峡办函库字〔2017〕85号)及附件《三峡水利枢纽水运新通道和葛洲坝水利枢纽航运扩能工程项目建议书》(以下简称《项目建议书》)进行了咨询评估。

3月,中国工程院主办"长江黄金水道重点工程关键技术"咨询会,30多位院士参加,提出了相关建议和意见。

5 月,按照长航局要求,编写《长江航运发展 3 年行动计划》中关于"三峡水运新通道和葛洲坝航运扩能工程建设前期工作"相关内容。

9 月 27 日,由长航局牵头组织召开《三峡枢纽水运新通道航运关键技术比较研究项目建议书(修订稿)》咨询会,对原项目重新梳理,划分为 13 个课题,其中课题四"三峡河段通航交通组织及航运配套设施研究"由长江三峡通航管理局负责组织。10 月启动该课题的招标文件编制工作。

(三)三峡枢纽翻坝转运工作及研究

当船闸通过能力不足或停航时,为保证航运不在大坝区域中断或受阻,需要对部分货流在大坝上、下游实行"弃水走陆"的交通方式转换,使这部分航运物流避开大坝的阻碍,保持运输的连续性,形象称之为"翻坝"。翻坝转运主要有客运翻坝和滚装翻坝。

1. 三峡翻坝运输情况

真正意义上较大规模的翻坝转运,是在三峡工程导流明渠截流和临时船闸单独运行之后。2002 年 11 月三峡枢纽导流明渠截流,三峡通航进入碍航期。为疏通积压船舶所承运的旅客和货物,实施了大规模的翻坝转运。2003 年 4 月 8 日,临时船闸停航封堵,三峡坝区通航进入断航期,翻坝转运就成为通过三峡坝区的唯一方式,直到 2003 年 6 月三峡永久船闸开通运行为止,在各方面的共同努力下,断航期共安全转运 7432 艘客船上的旅客,3575 艘滚装船上的车辆和货物。

自 2003 年三峡船闸正式投入运行以来,为了解决三峡船闸通过能力不足,以及船闸检修、突发故障、过闸高峰等因素导致的压船待闸现象,长江三峡通航管理局与三峡总公司、地方政府等部门组织了短线客船旅客翻坝转运和滚装船翻坝转运工作,有效地缓解了船舶积压局面。

(1)滚装船翻坝转运

2004 年 6 月 30 日,第 10 次翻坝转运开始,重滚运输翻坝转运无限期延续,并初步建立了重滚船舶双向"水陆水"翻坝转运路线,即三峡专用公路未正式对滚转车辆开放之前,在三峡大坝与葛洲坝水域间由 10 条滚装船负责水路转运。该重滚翻坝转运线路的开通,使得经过三峡大坝的滚装船不再从三峡船闸通过,滚装车辆都采取陆上转运方式通过三峡大坝,有效缓解了三峡船闸过闸供需紧张的矛盾。

2008 年 4 月 1 日,三峡翻坝高速公路正式开工建设,起于秭归县 334 省道曲溪桥,止于宜昌长江公路桥桥南,全长 57 千米,双向 4 车道,有 10 座隧道,设 4 个收费站。2010 年 12 月 31 日,三峡翻坝高速公路建成通车,重滚翻坝运输从"水陆水"的过渡方案改变成水陆直通方案,形成了以坝上南岸码头为终点(起点)的重滚运输方案。

2009 年 12 月 18 日,沪渝高速公路开通后,2010 年全年车流量为 26.12 万辆,比 2009 年下降31.6%。2011年车流量有所回升，2014年达到第2个高峰32.66万辆。详见表13-2-10。

载货汽车滚装运输统计表   表13-2-10

年　份	上行车数（万辆）	折合货运量（万吨）	下行车数（万辆）	折合货运量（万吨）	合计车数（万辆）	折合货运量（万吨）
2003	—		—		2.80	98
2004	—	—	—	—	25.10	878
2005	15.46	541.10	16.01	560.35	31.47	1101
2006	14.80	518.00	16.20	567.00	31.00	1085
2007	18.40	644.00	20.76	726.60	39.16	1370
2008	20.63	722.05	21.56	754.60	42.19	1476
2009	19.20	672.00	18.99	664.65	38.19	1336
2010	13.15	460.25	12.97	453.95	26.12	914
2011	14.34	501.90	13.21	462.35	27.55	964
2012	13.93	487.70	11.14	389.89	25.07	877
2013	16.08	562.80	12.93	452.50	29.01	1015
2014	17.25	603.75	15.41	539.35	32.66	1143
2015	14.61	511.35	14.02	490.70	28.63	1002
2016	11.02	385.55	11.29	395.01	22.30	780
2017	9.30	325.61	9.97	349.00	19.27	674

（2）短线客船翻坝转运

短线客船翻坝转运主要在船闸大修间实施，一般在船闸大修前一天开始，结束于船闸大修完成、积压船舶基本疏散完毕后。

2016年9月18日，三峡升船机投入试运行。升船机是客船通过三峡大坝的快速通道，试运行后短线客船旅客翻坝转运工作出现新情况。2017年三峡北线船闸检修期开始，短线客船通过三峡坝区，满足升船机通航要求的客船优先安排通过升船机，其他短线客船实行翻坝转运。2018年检修期间共翻坝短线客船631艘次，转运旅客6.77万人次。2019年检修期间共翻坝短线客船2062艘次，转运旅客31.01万人次。

2. 三峡翻坝综合交通运输体系建设情况

自2004年起，航运一直是货物前往长江上游重庆市的一大运输方式，对重庆市的直接和间接生产总值贡献超过了30%。航运及其相关产业吸纳了库区约200万剩余劳动力。因此为了发挥航运优势，直接与上海对接，重庆主张修建第二船闸，也就是在三峡大坝船闸附近再修建一套同样的系统，来实现通航能力的翻倍。

湖北省港航业人士则认为，修建第二船闸耗资巨大，成本预计在400多亿元，还涉及当地的移民、地质处理、生态保护等因素，十分复杂，并且建设周期需要10年，无法立刻改善目前的状况。

国家鼓励多式联运,新通道建设与翻坝转运并不矛盾。在国家层面开展新通道前期研究工作的同时,为解决三峡大坝运输难题,湖北省构建三峡翻坝运输体系——三峡翻坝综合交通运输体系,即以"四港、三铁、两公、一管"为核心的综合交通运输体系。其中"四港"是指太平溪港区、茅坪港区、白洋港区、红花套港区;"三铁"是指江北翻坝铁路、江南翻坝铁路、远安至当阳铁路;"两公"是指江北翻坝高速公路、江南翻坝高速公路;"一管"是茅坪至红花套成品油管道。项目建成后,将实现长江左右两岸、坝上坝下港口、铁路、高速公路、管道的无缝对接,构筑完善的铁水公管多式联运转运体系,统筹解决三峡大坝、葛洲坝通航瓶颈问题。体系构建完成将建成长江港口泊位 95 个、铁路 258 千米、高速公路 345 千米、城镇土地综合开发面积 85 平方千米、管道 65 千米。

目前,"两公"中江南翻坝高速公路已于 2010 年 12 月 30 日竣工通车,江北翻坝高速公路已于 2016 年 11 月开工,于 2021 年建成通车。"四港"中的茅坪港区二期工程秭归物流园即将完工,园区内滚装码头和件杂码头已基本建成。"一管"成品油管道建设工程也在积极论证过程中。

3. 关于成品油等易燃易爆危险品翻坝转运的建议

限制成品油等易燃易爆危险品过闸,有利于保障三峡船闸安全高效运行,降低危险品过坝安全风险。

(1)危险品过闸情况

危险品过闸需求呈现逐年快速增长态势。2017 年通过三峡船闸的危险品船舶 5949 艘次,过闸危险货物为 918.20 万吨,占过闸货运总量的 7.66%;2006 年的过闸危险品运量仅为 171.34 万吨,平均每年增长近 70 万吨,年均增长 16.5%。

通过一级危险品船舶 1951 艘次,过坝一级危险品 355 万吨,主要货物为汽油、甲醇,其通过量占危险货物总量的 90.83%。汽油 226.25 万吨,以上行为主,下行一般为空载;甲醇 96.19 万吨,以下行为主,上行一般为空载。通过二级危险品船舶 3998 艘次,过坝二级危险品 534.75 万吨,上行主要有石油及其制品(包括煤油、原油、柴油、沥青等),共计 501.39 万吨,下行主要货物为 1,2-二甲苯,共计 11.18 万吨。

石油制品等易燃易爆危险品是目前过闸危险品的主要货种,尤其是上行危险品的主要货种。过闸成品油主要有汽油、柴油、煤油三类货物。成品油近年来运量呈现出上涨趋势,年均增长 15.8%。

(2)危险品运输特点

一是占过闸总量比例小,单边装载居多,带来了过闸货运量及装载系数不高等问题。2016 年,易燃易爆危险品船舶过闸 4621 艘次、1000 余闸次,约占全年闸次总数的 10%,而过闸易燃易爆危险品货运量仅占过闸货运总量的 5.58%。

二是易燃易爆货物居多,一旦在闸室发生燃烧爆炸,轻则造成船闸损毁,长江断航,严重时由于高水头落差,危及下游城镇安全,同时容易造成水域污染。危险货物大量泄漏会造成水体污染,危及沿线居民用水安全,造成生态破坏。还存在安保隐患。

(3)关于成品油等易燃易爆危险品翻坝转运已做工作

2015年起,三峡局积极配合国务院三峡办、中国安全生产科学研究院等开展科研项目"危险品过坝及分流研究"。2016年国务院三峡办参加起草《关于加强三峡过闸危险品安全管理和分流运输研究的报告(征求意见稿)》,提出了优化产业布局、推进铁路分流和实施管道翻坝的减量分流,降低危险品过闸安全风险举措及相关建议。

4. 关于三峡枢纽江南翻坝成品油管道工程选址的建议

三峡枢纽江南翻坝成品油管道工程即三峡翻坝综合交通运输体系中的"一管",工程在选址中线路有所调整。目前该项目在可行性研究阶段。

综合考虑市场需求及坝上、坝下码头规划能力,翻坝成品油管道设计输送能力500万吨/年(汽、柴油合计300万吨/年,航煤200万吨/年)。管道线路方案为:翻坝成品油管道工程起点为宜昌市宜都市枝城镇枝城油库,终点为宜昌市秭归县茅坪镇杉木溪拟建秭归油库。

三峡局非常赞成三峡枢纽江南翻坝成品油管道工程的建设,但建议对管道线路方案进行调整。一直以来危化品船舶可以通过三峡船闸,这对三峡船闸的安全管理是一种压力,三峡枢纽江南成品油管道的建设、使用将会形成危化品运输的适当分流,有效减少三峡船闸的危化品通过量,有利于三峡通航整体安全。但拟建秭归油库码头选址不当,杉木溪位于三峡枢纽红线区域内,该选址附近存在有船舶待闸锚地、高压输电线路等重要设施,安全保卫等级高,不适合兴建油库码头。综上所述,不赞同在杉木溪建设秭归油库码头,建议在上游安全隐患更小的区域另行选址建设。

第三节 长江口深水航道治理工程

一、长江口深水航道治理工程概况

长江口深水航道治理工程,是党和国家为了适应和深化改革开放的需要,推进国家重大战略的实施,决策实施的一项顺应时代要求和历史发展规律的重大水运工程项目,是我国一项史无前例的大型复杂河口治理工程。

工程决策实施建立在以严恺院士为代表的我国几代专家学者数十年全方位多学科系统研究和"八五"科技攻关成果基础之上,经过长时间多方案多层面的充分科学、民主、慎重的研讨和论证。工程自1998年1月开工建设至2011年5月竣工验收,13年间,工程建设者们面对"茫茫无边的江面,冲淤不定的沙洲,动荡变化的河势"带来的严峻挑战,始终坚持问题导向,依靠科技支撑,勇于创新,攻坚克难,成功克服了一期工程"航道部分区段骤淤"、二期工程"地基土在波浪作用下软化"、三期工程"航道增深困难"等一系列世界级技术难题,通过工程实践与创新形成的"长江口深水航道治理工程成套技术"成果获得了2007年度国家科学技术进步一等奖,带动了水运工程全行业的技术进步。长江口深水航道的成功治理和维护,极大地释放了长江黄金水道的通航能力,为推动12.5米深水航道上延至南京奠定了重要基础,开启了长江黄金水道全面治理的崭新局面,有力支撑了长江经济带发展、上海国际航运中心建设等国家战略的实施,创造了巨大的社会经济效益。原党和国家领导人、中国工程院钱正英院士认为:"该工程是我国河口治理工程和水运事业的伟大创举,成为世界上巨型河口航道治理的成功范例。"

（一）长江口深水航道治理必要性

纵观人类几千年文明史,大江大河往往是人类文明的发祥地,而河口往往是孕育现代城市的摇篮。长江口历来就是联通江海的重要门户,中国水路交通之要冲,近现代以来又是上海乃至长三角城市群孕育发展的重要动力。1843年上海港开埠以来,长江口和黄浦江航道作为上海港乃至整个长江流域的重要运输通道,航道条件直接影响到城市的兴衰发展。100多年前,长江水道整治就已被革命先驱孙中山先生视为上海及周边区域经济发展的迫切需要,在孙中山先生的《建国方略》中,提出了"整治扬子江、建设东方大港"的梦想。可以说"治理长江口,打通拦门沙,建设长江口深水航道"是几代炎黄子孙的愿望。

1. 长江口深水航道治理,是提高长江口航道通航能力,服务上海乃至长江流域经济发展的需要

长江口作为长江黄金水道的咽喉(图13-3-1、图13-3-2),位于我国沿海、沿江两条经济主轴线的交汇点,是长江黄金水道通往我国沿海地区和世界各大洋的必经之路,是关系到我国国民经济发展全局的重要战略运输通道。由于河口独特的水文泥沙运动规律,长江口水域始终存在着一道横跨南北、东西宽约数十公里,滩顶自然水深约为6米的天然屏障,即所谓"拦门沙"河段。为了改善长江口通航条件,交通部门自20世纪70年代开始,就实施以维护7.0米航道为目的的大规模航道疏浚工程。起初是浚深南槽,后因南槽维护困难,又改挖北槽航道。北槽航道抵御泥沙骤淤的能力虽然相对较强,但维护疏浚量仍然逐年增加,到20世纪90年代初,7.0米航道的年维护疏浚量已达1200万立方米左右。然而,吃水9.5米(相当于1.5万吨级)的船舶平均一天也只能乘潮通过15艘左右,已远远不能满足上海港及南京以下110多个万吨级泊位船舶的进出需求,大吨位海轮需大量在口外锚地中转或减载,严重制约了上海港以及长江航运的发展。采取必要的工程措施,大幅度提高长江口航道的通航标准,势在必行。

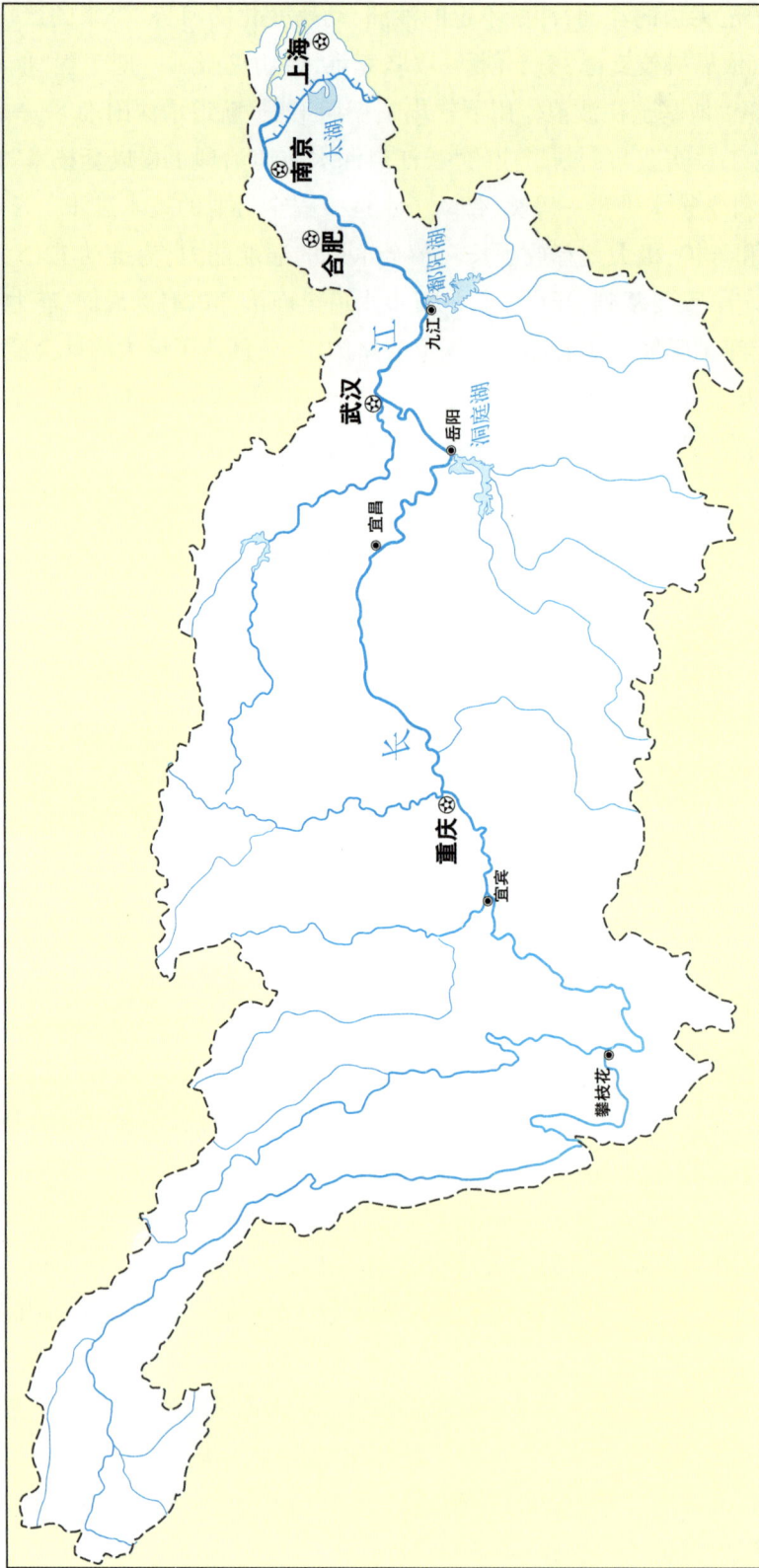

图13-3-1 长江流域示意图

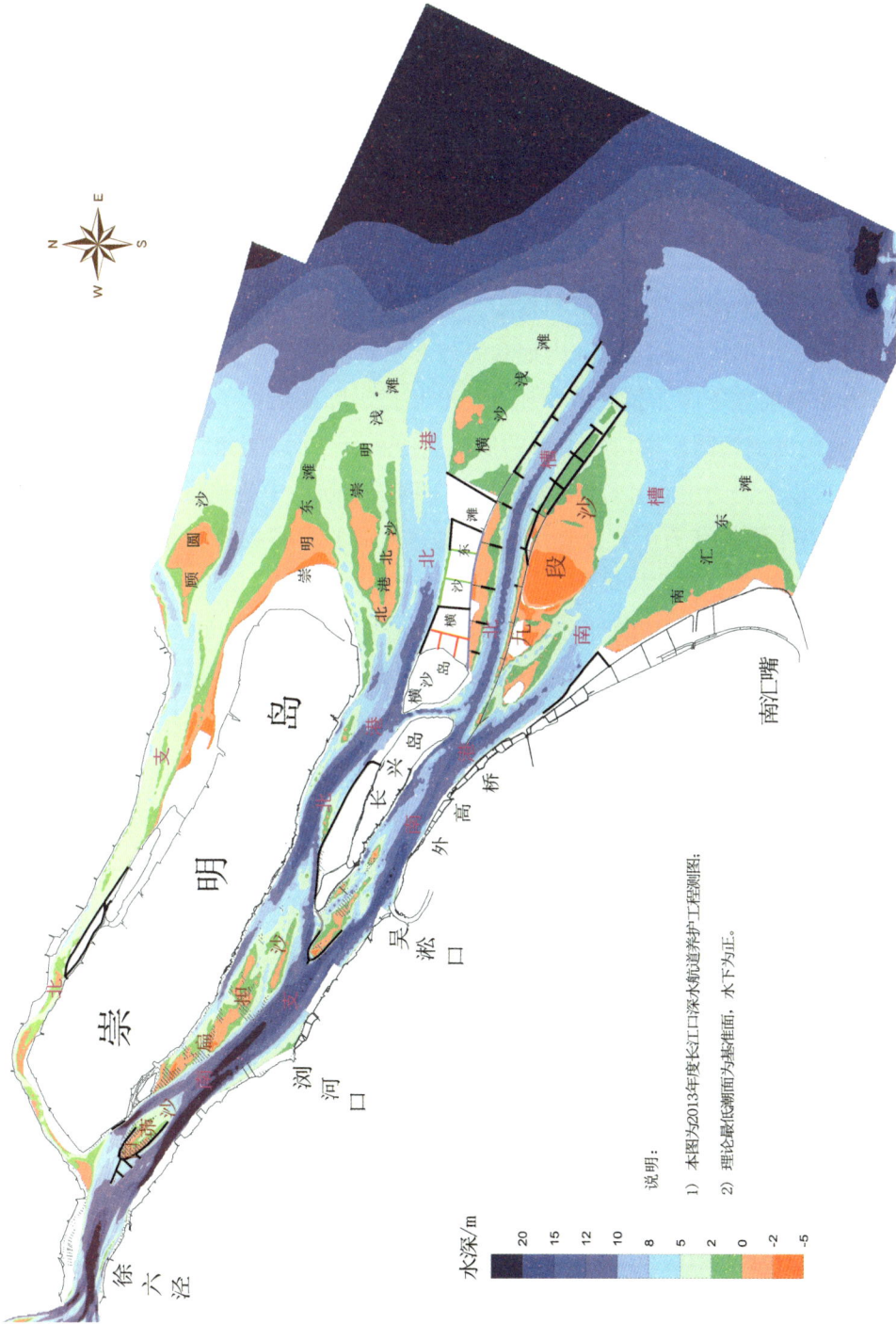

图13-3-2　长江口现状河势图（徐六泾以下，2013年8月）

2. 长江口深水航道治理,是实现浦东开发开放,上海建设国际经济、贸易、金融、航运中心,带动长江三角洲和整个长江流域经济新飞跃国家战略的需要

随着我国经济社会发展和改革开放的深入,1992年,党的十四大提出:"以浦东开发开放为龙头,进一步开放长江沿岸城市,尽快把上海建成国际经济、金融、贸易中心之一,带动长江三角洲乃至整个长江流域地区经济的新飞跃"重大战略决策。而长江口现有的航道条件,成为了制约上海浦东开发开放、制约长江三角洲和整个流域地区经济腾飞的一大障碍,长江口深水航道治理就是解开锁住长江这条巨龙咽喉、实现党中央重大战略决策的关键性建设项目。

上海作为全国最大经济中心城市和重要交通枢纽,以面向国际和国内两个扇面、各种交通方式、多层次、多形式辐射至大陆内地和海外。发展现代交通是经济、金融、贸易发展的重要支撑和重要前置条件,同时,20世纪80、90年代国际航运竞争日趋激烈,航运格局调整,上海港有沦为周边国家港口喂给港的危机。1996年1月,国务院召开专题会议,正式决定加快推进以上海为中心、以江浙为两翼的上海国际航运中心建设。而此时,长江口的航道条件,通航水深仅有7.0米,国际海运界迅速发展的大型集装箱船甚至无法进港,严重影响了上海的投资环境和发展潜力,成为制约上海浦东开发开放、建设国际经济、金融、贸易、航运中心,带动长江三角洲和整个流域地区经济腾飞的一大障碍。建设长江口深水航道势在必行。国务院国阅〔1997〕29号会议纪要明确指出:"为尽早建成上海国际航运中心,发挥上海国际经济、贸易、金融中心的功能,必须加快长江口深水航道的治理。"

3. 长江口深水航道治理是充分利用深水岸线发挥长江黄金水道作用的需要

长江是我国的黄金水道,长江口深水航道是长江综合交通运输体系的重要组成部分。长江干流南京至北槽上口全长365千米,10米以上天然深水岸线约290千米。截至1997年,长江南京以下沿江已建有110多个万吨级以上泊位,并规划建设大批5万吨级以上深水泊位。开通长江口深水航道,将可使第三、四代集装箱船全潮进出长江口,10万吨级散货船乘潮进出;只需再对部分水道加以整治,5万吨级海轮可乘潮直抵南京,大批深水航道泊位的效益将会显著增加,上海及长三角对中西部经济的辐射带动作用将会进一步加强,对充分利用长江这条黄金水道具有无可比拟的重要价值。

4. 长江口深水航道治理是完善我国港口布局的需要

改革开放以来,我国沿海从北向南形成了环渤海地区、长江三角洲地区和珠江三角洲地区三大经济圈。北有大连、天津、青岛等深水港群;南有香港、深圳、广州等深水港群,唯中部(长三角地区)作为全国经济中心之一的上海虽有临江濒海的优势,却没有深水大港支持。南京以下长江干线港口虽有深水岸线,但长江口打不开大船进不来,发挥不出港口

群应有的功能和作用。建设长江口深水航道,将为形成以上海为龙头、苏浙为两翼的上海国际航运中心提供必不可少的深水通航条件,从而完善我国沿海港口的战略布局。

(二)前期研究工作

20世纪初期实施的黄浦江及吴淞口的航道治理工程,为上海港成为当时的国际贸易和航运中心奠定了良好的基础。新中国成立后,航道整治问题也一直得到党和国家的重视,众多专家学者开展了全方位多学科长期系统的研究工作。

在长江口深水航道治理工程立项前,研究工作分为两个阶段:

1. 第一阶段

从1958年开始至1990年初列入国家"八五"科技攻关项目之前。

1958年以来,长江口航道治理研究工作,技术上一直在中国科学院学部委员严恺教授的组织指导下进行。1958—1959年,由上海航道局会同南科院、华东师范大学开展了三次大规模的现场同步水文测验和地形测量,启动了长江口治理研究工作;1962年,上述三个单位组成"长江口治理研究委员会",下设综合技术组,负责制定长江口航道规划工作。1978年,经国务院批准,成立长江口航道治理工程领导小组,由上海市、交通部、水电部领导分任正、副组长,下设技术顾问组,1983年更名为"长江口开发整治领导小组",在领导小组的领导下,上海航道局、南科院和水电部上海勘测设计研究院等多家科研、规划、设计、施工、管理单位和高等院校参加了此项规模庞大的治理研究工作。

在这一阶段,一大批专家学者按统一的研究计划,分不同的学科和专业(河口及海岸动力学、地貌学、水文学、港口及航道工程学等),采用现场观测、资料分析、物理模型试验、数学模型计算、卫星遥感和理论研究等手段,进行了多学科、长期、系统的合作研究;开展了长江口"三沙治理"等现场工程性试验,取得了丰硕的成果。基本摸清了长江口的发育模式和河床演变的一般规律;初步掌握了长江口的水流动力、泥沙、风浪等基本要素;探讨了黏性细颗粒泥沙絮凝沉降及拦门沙成因等基本问题;尝试了人工干预洲滩及汊道变化的工程措施,为实施拦门沙航道治理积累了宝贵的资料和经验。该阶段研究掌握了大量第一手资料,初步掌握了长江口特别是拦门沙河段水沙运动及河床演变规律,论证了治理长江口的技术可能性。

2. 第二阶段

"八五"科技攻关阶段(1990—1994年)。

1990年党中央、国务院做出开发开放浦东的决定,交通部根据国家计委和国家科委的安排,组织开展了"长江口拦门沙航道演变规律研究"科技攻关专题工作,拟研究提出打通拦门沙10.0米航道的技术方案。

1992年2月邓小平同志南方谈话的发表,加速了浦东开发开放的进程;1992年10月,党的十四大做出了"以上海浦东开发开放为龙头,进一步开放长江沿岸城市,尽快把上海建成国际经济、金融、贸易中心,带动长江三角洲和整个长江流域地区经济的新飞跃"这一重大战略决策,有力地推动了长江口深水航道治理工程的前期研究。

在此背景下,1992年,交通部决定将攻关目标调整为:"在弄清长江口各汊道(北港、北槽、南槽)拦门沙基本特性及演变规律的基础上,结合模型试验,提出长江口12.5米深水航道整治方案技术经济论证要达到预可行性研究报告的深度,并相应提出包括资金筹措、设计、施工、维护等重大关键问题的具有可操作性的意向性措施。"攻关专题名称确定为"长江口拦门沙航道演变规律的研究(整治技术研究)",继续列入国家"八五"科技攻关项目清单。

攻关过程中,系统总结了多年来长江口的科研成果,深入开展了选槽和深水航道治理工程方案的研究,提出了开发北槽12.5米深水航道的工程方案,并通过技术、经济的全面分析和资金筹措方案研究,具体论证了整治工程的可行性。1994年3月底,国家计划委员会主持召开的《长江口拦门沙航道演变规律与深水航道整治方案研究》(85-403-02-02)专题科技攻关成果鉴定验收意见认为:"攻关成果充分论证了深水航道整治方案的技术可行性和经济合理性,为下阶段整治工程开展前期工作提供了重要的科学依据。""这项成果对长江口深水航道整治研究取得了重大进展与突破,在总体上达到了国际先进水平。"

3. 前期研究工作取得丰硕成果,为长江口深水航道治理奠定了基础

主要成果概述如下:

1)河床演变规律研究的主要结论

从历史趋势看,长江口呈单向演变性质。河口不断地在外延、束窄,上游段江面束窄、河槽加深。由于潮波传播方向及柯氏力的作用等原因,泥沙循东偏南方向输移出口,北岸沙岛并岸,南岸边滩推展,河口向东南方向延伸。

长江口三级分汊、四口入海的总格局是在特定条件下形成的,随着边界条件趋于稳定,这种格局将会保持长期稳定。

历史上南支上段河势的不稳定是南支下段各汊道河势变化的重要原因。

随着徐六泾节点的形成,导致南支上段河势不稳定的主要因素目前已基本消除,南支上段河势将会保持相对稳定。

局部河势,特别是南、北港及南、北槽分汊口的局部河势变动因素仍然存在。但南支河段落潮主流稳靠南岸,对南港、南槽、北槽不会产生大的不利影响。

南港深槽长期稳靠南岸,在南北港分汊口河段尚未稳定的情况下北港深槽仍存在周期性南、北易位。

上游河段河势的变化对北槽的影响较北港和南槽明显为小，在三条主要入海汉道中，北槽的河势稳定性最好。

因此，若选择北槽作为通海主水道，可以在上游河段（主要是南支河段）暂未实施稳定工程之前先期整治。

从河势控制的角度出发，整治北槽的重点是稳定分流口和拦截横沙东滩窜沟及来自北港的落潮漫滩水流。

长江口水、沙运动及河床演变规律已基本清楚，以相对较小的工程量整治拦门沙航道是可行的。

2）长江口拦门沙航道治理选槽方案比选

多年来不少关心长江口航道建设的相关专业专家，就长江口深水航道开发提出了种种设想方案，有的方案由于专业上的局限性或基础资料不足等原因，难以实施或者与其他方案相比有明显不足。经过多次讨论筛选后集中对拦门沙航道治理方案（包括北港、南港北槽和南港南槽三种方案）、北支方案和南汇边滩运河方案做了进一步比选。经多轮方案论证和技术经济比较，最终选择了长江口南港北槽拦门沙浅滩航道治理方案（即长江口深水航道治理工程方案）。

北港、南港北槽和南港南槽三条汉道开发利用条件的综合比较见表13-3-1。经对各汉道的河势稳定性、动力条件、泥沙条件、口外条件、拦门沙航道浅段长度和地理位置等综合比选，先期实施北槽拦门沙航道治理工程在技术上是可行的、经济上是合理的，工期也基本上可满足要求，有利于尽快发挥功能，取得经济效益。

长江口深水航道选槽方案比较表　　　　　　　　表 13-3-1

序号	比 选 内 容	选 槽 方 案				
		北港	南　港		北　支	边滩运河
			北槽	南槽		
1	本河段河势稳定	易变	稳定	易变	稳定	易变
2	上游河势变化对航道的影响	较大	不大	较大	不大	不大
3	河势发展趋势	局部有变	较好	较差	淤积加快	口外淤积
4	进入航道的底沙量	较少	少	多	少	口外多
5	悬沙淤积量	少	较少	多	多	口外多
6	落潮优势流促使泥沙向外输移	较快	较快	较慢	—	—
7	口外人工航道底沙淤积量	最少	较少	多	较少	多
8	口外人工航道悬沙淤积量	较少	少	多	多	多
9	风浪产生骤淤的可能	不易	不易	容易	不易	较易
10	波浪对挖槽回淤影响	小	较小	大	小	大
11	受风浪影响大小	小	较小	较大	较大	较小
12	浅段长度	短	较短	较长	长	较长

续上表

序号	比选内容	选槽方案				
		北港	南港		北支	边滩运河
			北槽	南槽		
13	疏浚工程维护量	小	较小	大	较小	大
14	工程地质条件	好	较好	差	较好	差
15	继续增深难易程度	易	易	较易	困难	困难
16	航路顺畅情况	不顺	较顺	较顺	不顺	较顺
17	符合浦东开发的要求	较差	符合	符合	最差	符合
18	符合长江口综合治理规划的程度	较好	较好	较差	较差	一般

3）提出了长江口深水航道的治理原则

北槽深水航道治理工程应有利于长江口的综合治理。

总体稳定的长江口河势是实施治理工程的前提条件,因势利导,稳定河势。

维持分汊河型,稳定南、北槽分流口河势,保持邻汊的自然功能。

必须稳定北槽南、北边界,归顺调整北槽流场。

充分利用落潮流优势输沙入海。

整治与疏浚相结合。

疏浚与围垦造地相结合。

以"动态分析"观念制订治理方案,以动态工程的观点实施长江口深水航道治理工程。

分期实施治理方案,分期取得经济效益。

4）明确了总体治理方案中整治建筑物工程和疏浚工程的功能

长江口深水航道治理工程中整治建筑物的总体布置应确保北槽落潮流动力和输沙优势;应能调整、稳定北槽流场,形成上下平顺衔接,有一定宽深的深泓,从而将河槽调整为平面上顺直微弯、断面相对窄深的形态;从总体上发挥"导流、挡沙、减淤"的功能。据此,整治建筑物主体工程确定采用"分流口工程(鱼嘴和潜堤)、宽间距双导堤及长丁坝群"的布置形式(图13-3-3)。

分流口工程由设在江亚南沙滩顶上的鱼嘴和向上游延伸的一条正向潜堤构成。主要功能是稳定南北槽天然分流口的良好河势,稳定北槽上口良好的进流、进沙条件。

南、北导堤布设在北槽的南北两侧,主要功能为:形成北槽南北固定边界。归顺涨、落潮流路、形成北槽优良河型,并为建筑丁坝形成整治治导线提供依托。阻挡北槽两侧滩地泥沙在大风浪作用下进入航道,减轻航槽回淤。归集北槽两侧漫滩水流,增强北槽的水动力。变旋转流为往复流,使落潮主流与航道轴线趋于一致;改善槽内航行条件。

以导堤为坝根,布设南、北丁坝群。丁坝群主要功能是:形成合理的治导线,调整流场,适度增强治导线范围内的流速、归顺流向,调整北槽河弯形态,调整河床断面从宽浅变为窄深；消除拦门沙，形成连续、稳定、有相当宽、深尺度、覆盖航道的自然深泓，提供有利于航道开挖和维护必要的水、沙、地形条件。

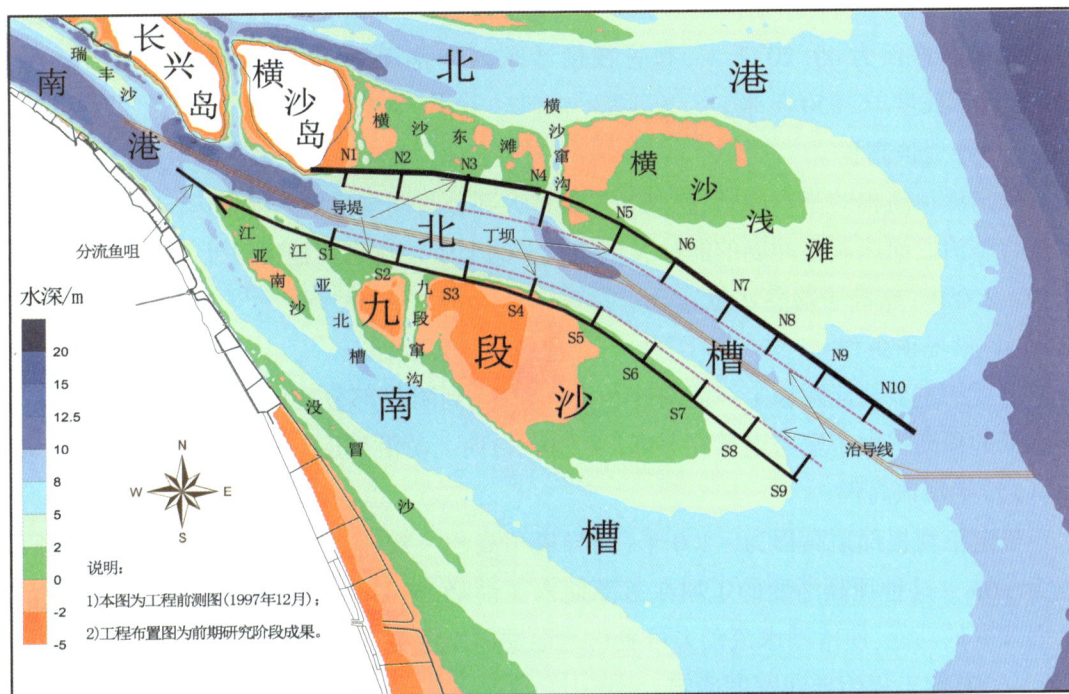

图 13-3-3　长江口深水航道治理工程平面图（前期研究阶段）

综合采用整治与疏浚相结合的手段，且采用疏浚对深水航道作常年维护。疏浚工程的功能主要是：在整治建筑物发挥稳定北槽河势功能的基础上，加速成槽，分阶段达到预期的目标水深；挖槽引流，适度改善北槽因修建整治工程，水流阻力增大而引起的分流量的减小并一定程度上减小河槽阻力，避免对邻汊河势的稳定产生不利影响；减轻上段河床冲刷对下段的影响；通过维护疏浚，确保深水航道使用期的通航水深。

5）确定了整治建筑物工程的总平面布置

（1）分流口工程

分流口工程由 3.2 千米潜堤和鱼嘴组成，鱼嘴由 1.6 千米南线堤和南导堤上段构成。

（2）双导堤和丁坝群的布置方案

南、北导堤分别布置在北槽两侧滩面，轴线基本沿滩面等高线走向布置，使之与天然流场落潮主流方向趋于一致；这种宽间距双导堤的布置可减轻因导堤建设而产生的顶冲水流和沿堤流增强带来的严重冲刷，降低建筑物设计、施工的难度；堤身高程低，工程投资省。综合考虑拦阻波浪破碎掀沙入槽、方便泥沙出口后向东南输移及工程量等因素后，确定北导堤堤头设在水深 8.5 米处，将南导堤堤头设在水深 6.5 米处。

导堤内侧布置丁坝群以束窄航槽宽度。针对潮汐河口往复流场的特点，选择了宽间距,轴线垂直于导堤的布置方案,各丁坝的长度服从形成合理治导线的需要。

据此确定的南导堤总长为48.077千米;内侧设丁坝9座(S1-S9),合计长度为14.040千米。

北导堤总长为49.20千米,布置在横沙东滩南侧滩面上;内侧设丁坝10座(N1-N10),合计长度16.050千米。

(3)导堤顶高程

确定堤顶高程的基本原则,就是要尽量将大部分落潮潮量纳入航槽内,以充分利用落潮流将整治段河床调整冲刷的泥沙及洪季较多的上游径流来沙输出口外。导堤顶高程确定为+2.0米(略高于落急水位)。

(4)潜堤顶高程

潜堤的主要功能除稳定江亚南沙沙头外,还起到阻拦部分底沙进入北槽的作用。确定潜堤的顶高程由东端与南导堤等高(+2.0米)向上游沿程逐渐降低至西端-2.0米。

(5)丁坝顶高程

确定丁坝根部顶高程为+2.0米(与导堤顶高程一致),向航槽方向渐变至头部顶高程为±0m。这种顶高渐变的丁坝在落潮期水位渐降、流速渐大的过程中,具有平抑过流断面骤变的功能,使落潮水流动力可更均衡地发挥作用。

(6)整治工程治导线宽度确定

丁坝群的头部连线即为整治工程的治导线。治导线宽度是决定整治建筑物对流场及河床调整作用的主要因素之一。由于河床的潮蓄作用,潮汐河道下游过水断面要求具有比上游断面更大的输水能力。根据窦国仁院士对潮汐河口河床形态的研究成果,基于潮汐河口双向来水来沙与落潮期河床断面可排水量和沙量平衡的关系,通过理论研究,得出了适合河口整治工程的治导线宽度计算公式,初定了北槽沿程治导线放宽率及断面宽度,经模型试验验证和调整后,确定了整治工程沿程的治导线宽度。

6)在长江口水沙运动及河床演变规律和总体治理方案研究上取得重要认识

(1)在长江口水沙运动及河床演变规律研究方面,"八五"攻关在认识长江口自然规律方面与治理工程有密切关系的创新成果归纳为:

首次全面地(涉及与航道治理有关的主要自然因素)、历史地、系统地、集成运用多种技术手段对长江口拦门沙航道治理的自然条件进行了研究,得到了丰富的、完整的成果。

通过对径、潮流和泥沙沉积条件的综合分析,首次揭示了多级分汊和复式河床的形成与变迁,河口拦门沙的形成及变化机理等。

首次全面、系统地分析、比较了各入海汊道作为深水航道的治理条件,提出了应选择北槽整治的论断。

基于对长江口总体河势格局基本稳定的判断,创造性地提出长江口治理和深水航道开发可以在最下一级分汊河段先行实施,使得我国在有限的技术经济条件下及时决策,通过河口的局部治理,在较短时间内实现深水航道治理目标。

（2）在总体治理方案研究方面,科学、正确的总体治理方案是获得良好整治效果,保证工程成功的基础,其中最具关键性的技术创新主要体现在以下三个方面:

首创宽间距双导堤、长丁坝群的整治建筑物布置形式。

北槽的总体治理方案充分考虑了长江口多级分汊、巨大的径流与潮量等动力因素和拦门沙演变的特点,创造性地制定了通过宽间距（5000～7000米）双导堤固定形成北槽边界和通过长丁坝群（坝长770～2700米,间距5000米左右）形成治导线的整治建筑物总平面布置方案,解决了治理长江口的一项重大关键技术。

充分利用落潮流输沙优势,创造性地确立了中水位整治的设计思想。

总体治理方案在采用宽间距双导堤加长丁坝群平面布局的基础上,充分考虑了利用北槽落潮流优势输沙入海的有利条件,将导堤顶高程确定在中水位,不仅有效地保证了整治效果,还节约了大量的工程投资。

针对潮汐河口的特性,提出了治导线宽度计算公式。

这一成果提供了丁坝坝头位置设计的指导原则,为进一步通过模型试验确定整治建筑物总平面布置起到了重要作用。

（三）主要决策过程

在前期研究成果基础上,1994年完成《长江口拦门沙航道演变规律与深水航道整治方案研究》攻关课题并通过国家验收后,交通部和上海市人民政府联合批复了长江口深水航道整治工程预可行性研究工作计划。1995年3月,国家计委、交通部和上海市人民政府联合评审通过了《长江口深水航道整治预可行性研究报告》。1995年11月,交通部和上海市人民政府联合向国家计委报送了《长江口深水航道治理工程项目建议书》。1996年4月,交通部和上海市人民政府联合发出《关于开展长江口深水航道工程可行性研究工作的通知》,同年成立长江口深水航道建设领导小组和专家顾问组。1997年4月22日,时任国务院总理李鹏主持召开总理办公会,同意实施长江口深水航道治理工程。考虑到工程技术复杂,决定实施分期建设,动态管理,通过整治和疏浚相结合,最终实现航道水深12.5米的治理目标。1997年11月,国家计委正式下达了《关于长江口深水航道治理一期工程项目建议书的批复》。

长江口航道治理工程的决策,充分体现了科学化和民主化的特点。

当时,对于长江口航道治理的必要性是不存疑义的,但对工程实施的可行性,即能不能治理,采用什么方法治理,一直存在分歧。主要表现在:（1）拦门沙是不是可以治理?一种意见认为通过合理选汊和正确布置整治建筑物,辅以疏浚,打通拦门沙航道是可能的;一种意见认为拦门沙不可治,只能通过开挖并渠化边滩运河,才能实现航道深水化目标,由此提出了南汇边滩运河和北支两个方案。(2)在上游南北支、南北港分汊口河段河势尚未得到有效控制的条件下,先期整治北槽是否可行? 一种意见认为长江口河势格局已基本稳定,河口治理从下游分汊河段开始是可行的;一种意见认为治河应遵循自上而下的常规原则,先治理南北槽分汊河段风险太大。

国务院和交通部领导对长江口深水航道治理工程的项目决策十分慎重,多次召开专家座谈会,充分听取各方面意见。

1997 年 1 月 29 日,国务院总理李鹏主持召开了长江口深水航道治理工程专家座谈会。会议明确提出"尽早建成上海国际航运中心,发挥上海国际经济、贸易、金融中心的功能,必须加快长江口深水航道的治理"。同年,长江口深水航道治理工程筹备组成立。

1997 年 9 月,长江口深水航道建设领导小组在北京组织召开了"长江口深水航道治理工程汇报会",会议由国务院副总理邹家华、吴邦国主持,全国政协副主席钱正英以及中国国际工程咨询公司、专家顾问组、行业内专家和国家计委、水利部、交通部、上海市、江苏省、浙江省的代表共 100 余人参加了会议。这次汇报会同时包括了国家计委对一期工程工程可行性研究报告的审查、中国国际工程咨询公司的评估以及有关专家的进一步论证等内容。

钱正英副主席在会前做了充分调研、会上充分听取各方专家意见,在总结会上发表了重要讲话,提出了"长江口是可以认识的、可以治理的,而且必须在治理的实践中才能完成对它的认识""'南港北槽'方案是可行的,北槽工程可先期实施""长江口河势、水沙条件变化复杂,这项工程是一个动态工程,必须充分把握住时机,实施动态的管理"等重要论断。与会专家和代表畅所欲言,通过讨论基本形成一致意见,概括在交通部《关于长江口深水航道治理工程汇报会的情况报告》(交计发〔1997〕624 号)中,主要有以下内容。

(1)国内外许多河口,已在实践中证明是可以认识,可以治理的;经过几十年三代人的努力,对长江口的历史和全局都总结出规律性的认识,在这个基础上,提出了治理的方案,只要遵循客观规律,依靠科学技术力量,也是可以治理的,而且必须在治理的实践中才能完成对它的认识;长江口也一定要治理,而且需要及早动手。

(2)经过长期的自然演变和工程措施,长江口河势已相对稳定;当前应该抓紧有利时机,因势利导加以治理;在治理北槽的同时,对南支河段有针对性地适当加以治理使之保持稳定,有利于进一步巩固北槽治理的成果;南支的变化对北槽的影响比较小,南支的泥沙主要是通过南槽排出去的,而在北槽修筑了双导堤后,北导堤就可以起到拦截横沙东滩及窜沟底沙输入北槽下段、稳定北槽的作用,减少南北港分流口变化底沙下泄对北槽的影响;长江口深水航道治理工程采用"南港北槽"方案是可行的,北槽工程可先期实施。

(3)南港北槽采用"双导堤丁坝"的整治方案,主要发挥"导流、防沙、减淤"的整治功能;双导堤加丁坝调整水流,导流攻沙以加深航道是行之有效的河口整治方法,采用整治与疏浚相结合的方法,可以加快实现整治效果;不必过分强调南北槽分流比,只要整治后航槽可以满足通航要求并能保持相对稳定就可以了,北槽工程实施后,南槽并不会发生剧烈刷深发展,对分流口及丁坝等关键性工程的布置还可进一步优化。

(4)本着"一次规划、分期建设、分期见效"的原则,国务院确定先实施一期工程,尽快使长江口航道水深达到8.5米,既争取了时间,也为二、三期工程留有更充分的准备时间。

通过1997年9月的汇报会,一期工程工可研究也通过了中国国际工程咨询公司的评估和国家计委的审查。同年11月,国家计委批复了长江口深水航道治理工程一期工程的可行性研究报告。同年底,交通部和国家计委先后批准了初步设计和开工报告。1998年1月,在长江口深水航道治理工程筹备组的基础上,按《公司法》的要求成立了由交通部、上海市和江苏省三方共同出资组建的长江口航道建设有限公司,作为项目法人,负责长江口深水航道的建设和维护。同年6月,交通部长江口深水航道科学试验中心成立。

1998年1月27日,长江口深水航道治理一期工程正式开工建设。

2000年6月一期工程完成后,交通部、上海市人民政府、江苏省人民政府三方经过协商研究,决定建立长期稳定的长江口航道管理机构,并报请国务院批准后,于2005年撤销"长江口航道建设有限公司",在其基础上组建成立了"交通部长江口航道管理局",负责长江航道浏河口至长江入海口约122千米河段的规划、管理、建设、维护和科研工作,事业经费来源为财政补助收入,由交通部直接管理。

为加强长江口深水航道治理工程研究工作,1997年9月,交通部投资建设长江口深水航道治理工程配套工程"长江口深水航道科学试验中心模型大厅",成立"交通部长江口深水航道科学试验中心",其河口实验室于1999年被交通部评定为首批部重点实验室。2001年1月更名为"交通部科学研究院河口海岸科学研究中心",为正局级事业单位,由交通部科学研究院管理。2005年,明确"交通部科学研究院河口海岸科学研究中心"由交通部科学研究院划归长江口航道管理局管理,并更名为"上海河口海岸科学研究中心",为副局级单位。

2016年,交通运输部实施长江航运行政管理体制改革,长江口航道管理局改为隶属长江航道局管理。

二、长江口深水航道治理工程建设情况

按照国务院确定的"一次规划,分期建设、分期见效"的原则,长江口深水航道治理工程分三期实施(图13-3-4),一期工程航道设计通航水深8.5米(理论最低潮面下,下同)、航道底宽300米、航道长度51.77千米;二期工程航道设计水深增深至10米,航道底宽350~400米、航道长度74.471千米;三期工程进一步增深至12.5米,航道底宽350~400

米、航道长度92.268公里。三期工程完成后,可满足第三、四代5万吨级集装箱船(实载吃水11.5米)全潮双向通航,第五、六代集装箱船和10万吨级散货船及油轮乘潮进出长江口的需要。

工程自1998年1月27日开工,至2011年5月18日三期工程通过国家竣工验收(表13-3-2),12.5米深水航道正式宣布开通,前后历经13年零112个日历天。长江口深水航道治理工程共兴建整治建筑物169.165千米,其中鱼咀及堵堤5.53千米;南、北导堤(含南坝田挡沙堤、长兴潜堤)120.337千米,丁坝34.711千米,其他护滩堤坝8.587千米;完成基建疏浚工程量共3.2亿立方米,累计完成工程投资155.7642亿元(表13-3-3)。本工程主要参建单位见表13-3-4。

各期工程实施主要时间节点一览表　　　　　　　　　表13-3-2

实施阶段	开　　工	交工验收	竣工验收
一期工程	1998年1月27日	2000年7月20日	2002年9月22日
二期工程	2002年4月28日	2005年6月16日	2005年11月21日
三期工程	2006年9月30日	2010年3月14日	2011年5月18日

长江口深水航道治理工程实际主要建设内容一览表　　　　　　　　　表13-3-3

实施阶段		一期工程	二期工程	三期工程	合计
分流口	南线堤(千米)	1.6	—	—	1.6
	堵堤(千米)	0.73	—	—	0.73
	潜堤(千米)	3.2	—	—	3.2
南导堤(千米)		30	18.077	—	48.077
北导堤(千米)		27.89	21.31	—	49.2
护滩丁坝及促淤潜堤(千米)		0.5	8.087	—	8.587
长兴潜堤(千米)		—	—	1.84	1.84
南坝田挡沙堤(千米)		—	—	21.22	21.22
丁坝	数量(座)	10	14	11	19
	总长(千米)	11.19	18.9	4.621	34.711
航道疏浚长度(千米)		46.13	59.5	92.268	92.268
航道长度(千米)		51.77	74.471	92.268	92.268
挖槽底宽(米)		300	350/400	350/400	—
设计航道水深(米)		8.5	10.0	12.5	—
航道设计边坡		1:60	1:40~1:60	1:30~1:40	—
疏浚量(万立方米)		4386	5921	21849	32156
工程投资(亿元)		30.8477	57.1094	67.8071	155.7642

注:(1)二期工程实施的14座丁坝中新建9座、在一期工程基础上加长5座,三期工程实施的11座丁坝均为在一、二期工程基础上加长;

　　(2)各期工程投资均为经审计的工程竣工决算价。

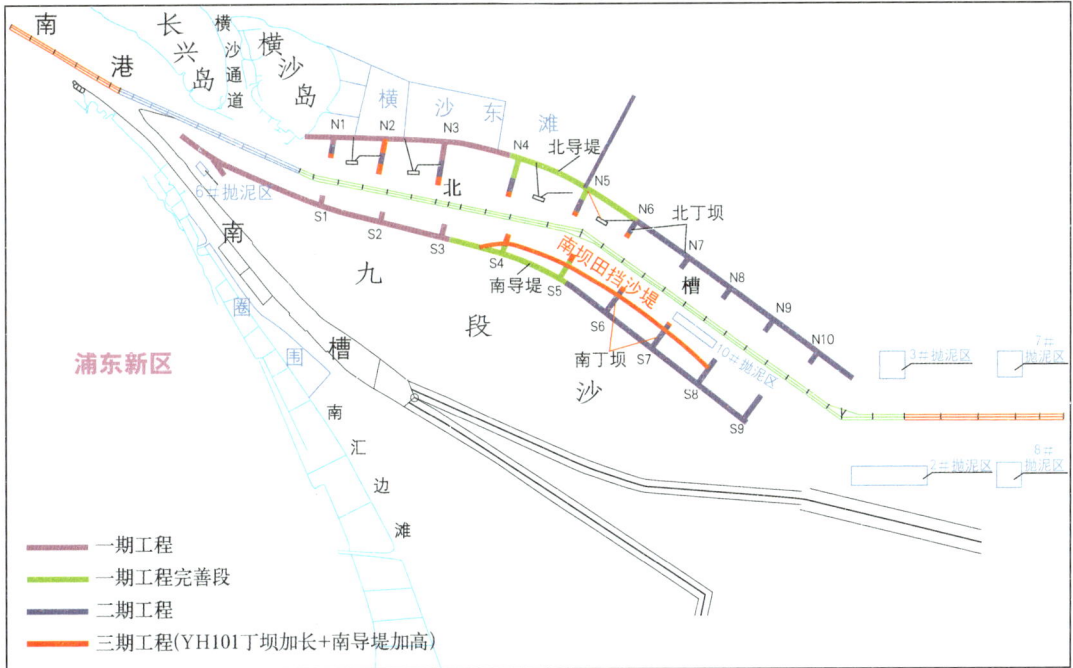

图 13-3-4　不同工程阶段建筑物示意图

长江口深水航道治理工程主要参建单位一览表　　　　　　表 13-3-4

序号	单位类型	参加单位
1	建设单位	长江口航道建设有限公司 （2005 年改制为交通部长江口航道管理局）
2	研究设计单位	南京水利科学研究院 上海河口海岸科学研究中心 河海大学 华东师范大学 天津大学 中交上海航道勘察设计研究院有限公司 中交第一航务工程勘察设计院有限公司 中交第三航务工程勘察设计院有限公司 中交第四航务工程勘察设计院有限公司 中交天津港湾工程设计院有限公司 中交上海港湾工程设计研究院有限公司
3	施工单位	中交上海航道局有限公司 中交第一航务工程局有限公司 中交第二航务工程局有限公司 中交第三航务工程局有限公司 中港疏浚有限公司 中交广州航道局有限公司 长江航道工程局有限责任公司

续上表

序号	单位类型	参加单位
4	监理单位	天津中北港湾工程建设监理有限公司 广州南华工程管理有限公司 上海东华建设管理有限公司 上海远东水运工程建设监理咨询公司 中交水规院京华工程监理有限公司 长航监理有限公司（武汉） 广州华申建设工程管理有限公司

备注：以上单位排名不分先后。

（一）长江口深水航道治理一期工程

一期工程于 1998 年 1 月 27 日开工，2000 年 7 月 20 日通过交工验收。2001 年 6 月完善段工程竣工，2002 年 9 月 22 日通过国家验收委员会组织的竣工验收。

按照一期工程原设计，北导堤长度控制在 16.5 千米，未封堵横沙东滩窜沟。在一期工程实施期间，为堵截北导堤沿堤流冲刷泥沙通过横沙东滩窜沟进入北槽，并消除下游拟建设的二期工程北导堤轴线北侧涨潮沟发展对滩地冲刷及其冲刷泥沙对航槽的不利影响，对一期工程做了必要的设计变更，增加了北导堤超前护底设计调整段工程，将横沙东滩窜沟封堵，将导堤工程向横沙东滩窜沟以东延伸，并在北导堤北侧建设 1 条 500 米长的护滩丁坝，同时也增加了南导堤超前护底工程。2000 年 3 月长江口深水航道实现了 8.5 米水深全槽贯通，2000 年 7 月 20 日通过交工验收。

但进入试通航期后，一期丁坝下游段出现了严重淤积，月均淤积量超过 200 万立方米，8.5 米水深航道一度中断，甚至发生了"友谊 20 轮"搁浅事故，之后水深也未出现明显好转，这一严峻局面引起有关领导及院士专家们的高度重视，社会上也产生了是否应继续实施二期工程的疑虑。在此情况下，2000 年 9—11 月，国家计委委托中国国际咨询公司组织包括 8 名院士在内的 38 名专家对一期工程的实施效果进行了全面深入的鉴定。专家组分别就回淤量分析、河势分析、工程设计与施工技术和社会、经济效益分析等四个专题对一期工程的实施情况进行了深入论证，作出了综合鉴定意见。鉴定意见认为：工程总体设计方案合理；一期工程的建成有助于长江口河势的稳定；一期整治工程段的下游航道淤积问题突出；工程结构设计合理，施工技术成熟，工程质量良好；一期工程经济效益显著。专家建议抓紧实施二期工程，以充分发挥一、二期工程的整体效益，并建议国家近期安排徐六泾节点以下的河道整治工程，还对解决航道维护费用提出了建议。

在充分吸取专家意见的基础上，经进一步研究，分析了一期丁坝段下游无掩护航道段淤积的主要原因，认为一期丁坝段河床冲刷使得大量泥沙淤积在丁坝下游侧、连续台风引起的航道骤淤以及维护施工能力投入不足导致了航道的淤浅，并提出了一期完善工程方案：延长南北导堤共 21.39 千米，新建 N4、N5、S4、S5 等 4 座丁坝。经交通部批准，2000 年 10 月至 2001 年 6 月利用一期工程的节余投资完成了完善段工程。完善段工程实施后，北槽中段流场条件改善，一期丁坝下游段水深迅速恢复，在上半年处于完善段施工的情况下，2001 年全年回淤量降至 2103 万立方米（包含台风骤淤量），有效地维护了 8.5 米航道水深。2002 年 9 月 22 日通过国家验收委员会组织的竣工验收，实现 8.5 米航道水深建设目标。

一期工程共兴建整治建筑物 75.11 千米。其中鱼咀及堵堤 5.53 千米；南、北导堤 57.89 千米，丁坝 11.19 千米，其他护滩堤坝 0.5 千米；开挖 8.5 米水深航槽 46.13 千米，完成基建疏浚 4386 万立方米。一期工程完成投资 30.8477 亿元。

长江口深水航道治理一期工程获得了 2005 年度国家优质工程金奖和第四届詹天佑土木工程大奖。

（二）长江口深水航道治理二期工程

2001 年 12 月国家计委批准了《长江口深水航道治理二期工程工程可行性研究报告》，2002 年 4 月 28 日二期工程开工建设，2005 年 6 月 16 日通过了交通部组织的交工验收。同年 11 月通过了交通部组织的竣工验收。

与一期工程相比，二期整治建筑物工程区水更深、浪更大、地基则更加软弱。而二期工程北导堤 N38 + 000 ~ N49 + 200 段是整个工程中水最深、浪最大、地基最软弱的区段，该区段地基表层无粉细砂层，承载力很差的淤泥直接裸露于河床，同时该区段远离陆域，工况恶劣，这些给导堤结构的设计带来了很大的困难。自 1999 年开始向国内多家设计单位征集设计方案，开展结构设计方案竞赛和优化比选，择优选择插入式钢筋混凝土大圆筒结构方案。由于这种深埋式大圆筒结构是第一次应用于导堤结构设计中，而且钢筋混凝土大圆筒又采用了世界上首创的多台液压振动锤系统振动下沉的全新工艺，从结构设计及施工的安全可靠性出发，在北导堤堤头段先期实施大圆筒结构试验段工程，包括以 4 个钢筋混凝土大圆筒为主体的 51 延米堤身结构及 7 项试验监测工作。试验工程开发了全套大圆筒振动沉设工艺，工程于 2001 年 8 月开工，2002 年 7 月 4 个大圆筒全部沉设完毕并完成了 6 项试验。2002 年 7 月 4—5 日，0205 号台风"威马逊"影响长江口水域，风后检查发现，大圆筒结构试验段工程 4 个大圆筒发生倾覆破坏。建设单位随即组织施工、设计、监理、勘察等有关单位组成调查组，开展现场观测和分析研究工作，分析破坏的原因，明确修改或完善设计的方向和原则。经深入论证后，2003 年在二期北导堤堤头段采用中交第一航务工程勘察设计院提出新型空心方块斜坡堤结构，工程实施后结构稳定。

二期工程开工后，在 2002 年 12 月第一次强寒潮大浪作用下，遇到波浪作用下地基土软化导致北导堤已建 320 米导堤严重破坏，整治建筑物工程施工进度面临十分严峻的形势，在破坏原因不明的情况下，一度停工 11 个月。交通部对此高度重视，建设单位组织开展技术攻关,采取了现场试验与正式工程地基处理平行作业,通过现场调查和室内试验等研究提出了破坏的主要原因是波浪动荷载作用下近表层土软化、承载力降低引起的。研究提出了一系列抗软化对策措施和工程方案;开发了新工艺和专用船机设备,提高了作业船的抗风浪作业能力,增加了水上作业时间,以及采取了严格的计划管理措施,抓住了2004年三季度海象自然条件十分有利于水上施工的窗口期,加快施工,抢回了延误的工期,保证了工程进度,2005年4月完工,同年11月通过了交通部组织的竣工验收,实现了航道增深到10米目标。

为了稳定南北港分汊口河段的河势,改善宝山南、北水道的通航及维护条件,以利长江口12.5米深水航道向上延伸工程的建设,结合上海市中央沙圈围和青草沙水源地建设,交通运输部批准实施了新浏河沙护滩及南沙头通道限流潜堤工程,该工程于2007年9月20日开工,2009年9月主体工程完工,工程发挥了预期效果。

二期工程共兴建整治建筑物66.374千米。其中导堤39.39千米,丁坝18.9千米(新建下游段南北丁坝9座,续建上游段北侧丁坝5座),北导堤外促淤潜堤8.087千米,开挖10米水深航槽59.5千米,完成基建疏浚工程量共5921万立方米。二期工程完成投资57.1094亿元。

长江口深水航道治理二期工程获得了2008年度国家优质工程金奖和第八届詹天佑土木工程大奖。

2006年5月9日,由原政协副主席钱正英院士、两院院士潘家铮等共9位院士和其他15位专家组成的专家组,对"长江口深水航道治理工程成套技术"科技成果进行了鉴定,一致认为:长江口深水航道治理工程决策正确,实现了理论、技术和工程管理的全面创新,效益巨大。长江口深水航道治理工程的成套技术,是一、二期工程成功建设的重要保障,是我国河口治理和水运事业的伟大创举,是世界上巨型复杂河口航道治理的成功范例。该项科技成果总体上居于国际领先水平。"长江口深水航道治理工程成套技术"先后获2006年度"中国航海学会科学技术奖"特等奖、2007年度国家科技进步一等奖。

(三)长江口深水航道治理三期工程

三期工程于2006年9月30日开工建设,2010年3月14日通过了交通部组织的交工验收。2011年5月18日通过交通运输部组织的竣工验收,12.5米水深航道的治理目标得以实现。

三期工程原计划于2009年9月底实现12.5米航道水深目标。三期工程开工后,遇到了航道回淤量远超预期、回淤分布高度集中的情况。2007年和2008年仅维护10米水深航道清除的回淤量即达到约6000万立方米/年,航道未能有效增深。在交通运输部的关心和指导下,建设单位组织有关科研、设计、施工、监理单位,采用多种监测和研究手段开展了回淤原因分析和减淤对策措施研究。经过两年多的联合攻关和艰苦探索,认为二期工程后北槽纵向水动力沿程分布发生了调整,在北槽下段水动力条件显著增强的同时,北槽中段落潮动力和输沙能力低于上下段,加之中段为河口最大浑浊带区域,容易产生悬沙落淤,使得北槽航道回淤量增大并主要集中于中段。经对百余个减淤方案开展论证研究,提出了增加上中段 11 座丁坝的长度、以进一步缩窄北槽上中段河宽、改善水动力沿程分布、加大水流输沙能力的减淤工程 YH101 方案。作为辅助的减淤措施,还提出了以阻挡九段沙越堤泥沙、减少大风天九段沙及南坝田区风浪掀沙的影响为目的的南坝田挡沙堤工程和局部航道轴线调整方案。交通运输部在多次组织专家充分论证的基础上,批准了上述减淤工程。

2009 年 4 月减淤工程完工后北槽航道回淤分布得到改善,淤强明显降低,航槽疏浚成槽率大为提高。对北槽流场、地形及回淤的监测分析结果表明,减淤工程取得了显著的效果。在此基础上,通过疏浚施工工艺优化和加大疏浚施工能力的投入,在参建单位的共同努力下,航道水深迅速增加,在 2010 年 3 月实现了 12.5 米水深航道的全槽贯通,12.5 米水深航道的治理目标全面实现。

三期工程共兴建整治建筑物 27.681 千米。其中导堤(即南坝田挡沙堤、长兴潜堤)23.06 千米,丁坝 4.621 千米(延长 N1 ~ N6,S3 ~ S7 共 11 座丁坝),开挖 12.5 米水深航槽 92.2 千米,完成基建疏浚工程量共 21849 万立方米。三期工程完成投资 67.8071 亿元。

长江口深水航道治理三期工程获得 2012—2013 年度国家优质工程奖。

在三期工程建设期间,为了更好地适应长江干线水运货运量快速增长和运输船舶大型化发展趋势、促进长江沿线地区经济发展,交通运输部于 2009 年 9 月批准实施长江口 12.5 米深水航道向上延伸建设工程,2011 年 1 月 8 日交通运输部对外宣布长江口 12.5 米深水航道上延至太仓。

2011 年,中国工程院组织包括 12 位院士共 30 多位专家组成评估专家组开展长江口深水航道治理工程的总体评估工作,形成了《长江口深水航道治理工程评估综合报告》,分析评估了工程治理效果、取得的社会经济效益以及工程对生态与环境影响等,全面总结了工程取得的主要经验以及后续需要关注的问题。评估总结了工程建设五条主要经验:积累了复杂河口治理的经验、推动了港航建筑物设计理论的进步、提升了我国港航工程施工技术的水平、创新了大型港航工程项目管理的模式、促进了我国河口海岸工程领域的科学研究;五条主要结论:科学决策和动态管理是工程成功的关键、深水航道治理工程原定目标顺利实现、航道整治总体技术水平先进、工程经济社会效益显著、工程对生态和环境无显著的负面影响。

三、长江口深水航道的运行维护与管理

长江口深水航道治理三期工程于 2011 年 5 月 18 日通过国家竣工验收后,进入运行

维护期,深水航道在发挥巨大经济效益和社会效益的同时,航道回淤量大于预期、时空分布高度集中的问题也非常突出,航道水深维护压力大。秉承"水深线就是生命线"的理念,维护管理单位为适应新发展需求,确保航道安全畅通、组织开展航道减淤降费和疏浚土综合利用研究积极做好航道维护管理工作;通过科学、有效的管理,较好地保障了长江口深水航道的安全畅通,支撑了长江黄金水道建设、长江经济带建设等国家战略的实施。

(一)航道的运行维护情况

1. 维护尺度与里程

长江口深水航道治理三期工程及其向上延伸工程,累计建成 12.5 米深水航道 125.2 千米,航道维护类别为一类维护,通航深度保证率为 95%;航道整治建筑物总长 182.865 千米。

2. 年维护量变化情况

根据航道考核测图资料统计,2011—2013 年南港北槽深水航道年维护疏浚工程量平均为 8791 万立方米,其中 2012 年最高达 9716 万立方米,维护管理单位积极采取各类减淤降费措施、实施精细化养护管理,2014 年开始航道总体回淤量呈逐步减少趋稳,2017 年减少至 5782 万立方米,深水航道维护形势趋好,总体上趋于稳定可控。

3. 深水航道回淤时空分布特点

12.5 米航道回淤在时间和空间分布上极不均匀,存在三个"80%"集中的分布特征。

一是回淤主要集中在每年的 6—11 月份,这半年的回淤量约占全年回淤总量的"80%"左右。

二是回淤主要集中在南港—圆圆沙段和北槽中下段(图 13-3-5)。以上 2 个区段总长约 47 千米,占深水航道全长 92 千米的 51%,但其回淤量约占全航道"80%"。2014 年起,南港圆圆沙段回淤量较往年有较大幅度降低,其后回淤量主要集中在北槽中下段。

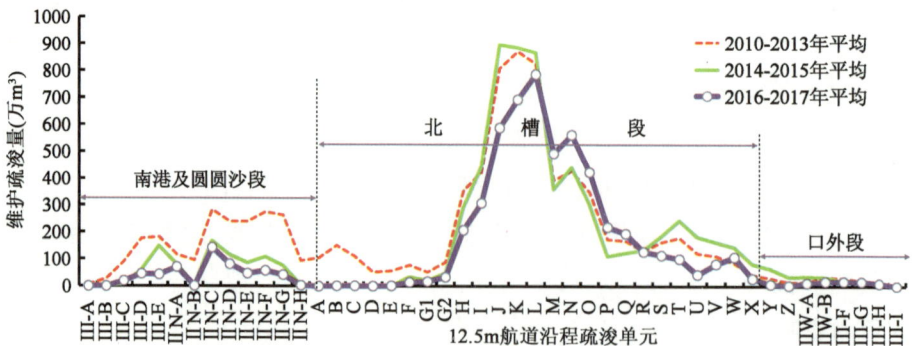

图 13-3-5　历年 12.5 米航道回淤量沿程分布比较

三是航道回淤以常态淤积为主,常态回淤量占年回淤总量的 80%。受台风或寒潮等引起的大风浪的影响，各年平均的航道骤淤量约 800 万立方米，扣除骤淤量后的常态回淤量占年回淤总量的 80% 以上。

航道回淤量大、回淤时空分布集中，需要投入的维护施工船舶多，施工组织和调度难度大，航道减淤降费任务重。

4. 养护成效

根据《中华人民共和国航道法》《内河航道维护技术规范》《航道养护管理规定》以及年度航道养护计划等，通过精心组织、科学管理，较好地完成了航道及附属整治建筑物养护工作的各项任务，深水航道各年通航深度保证率达到 100%，整治建筑物安全稳定，保障了长江口航运事业和区域社会经济的快速发展。

（二）航道的维护管理措施

长江口 12.5 米深水航道进入维护期以来，面对航道回淤量大、维护费用高的难题，在交通运输部的指导帮助下，航道维护管理单位积极组织开展各类减淤降费措施研究，一是坚持问题导向、实践求真，通过创新解决遇到的难题；二是针对长江口深水航道回淤特性，研究航道回淤规律，提出减淤工程措施；三是从减淤工程、精细化维护管理、疏浚工艺优化等全方位考虑减淤降费措施，取得了明显的成效。主要采取的维护管理措施如下：

1. 持续开展长江口深水航道回淤原因分析和减淤工程方案研究，提升航道综合效益

12.5 米深水航道开通以来，在交通运输部的支持下，航道维护管理单位持续组织开展了长江口深水航道回淤原因分析及减淤工程措施研究工作。

2012 年初，成立以局长为组长的"长江口 12.5 米深水航道回淤原因分析及减淤工程措施研究科技攻关领导小组"，组织指导本项研究工作开展。

2012 年 3 月，交通运输部专家委员会在上海召开长江口 12.5 米深水航道回淤原因分析研究专家研讨会，为航道减淤研究提出相关建议。

2013 年 2 月，交通运输部组织召开部专题会，研究长江口深水航道维护有关问题。

开展系统研究工作。2013 年 4 月，交通运输部下达了"批复交通运输部办公厅关于《长江口 12.5 米航道维护期回淤原因及减淤措施研究工作总体计划（2013—2017 年）》的批复（厅水字〔2013〕105 号）"。《总体计划》提出，先抓住主要矛盾，在全面分析航道回淤原因的基础上，提出各类减淤工程措施和管理措施；同时改进和优化观测及研究技术手段，提高研究水平；优化疏浚施工工艺，加强管理，采用综合措施降低航道维护费用。《总体计划》共安排了六大类，共 12 项研究、观测项目。

根据《总体计划》，航道维护管理单位组织行业内外优秀科研力量开展深水航道回淤原因和减淤工程方案等项目研究工作。其中，"长江口南港—北槽深水航道常态回淤原

因研究"项目采用并行研究的方式,组织两个研究团队同步开展研究,提出了航道回淤的主要泥沙来源和导致回淤量时空分布集中的主要原因,深化了对航道回淤规律的认识,取得良好的效果。

在航道回淤原因研究成果基础上,针对南导堤涨潮越堤泥沙是北槽航道重要泥沙来源之一这一特征,研究团队于2014年底提出了"长江口深水航道减淤工程南坝田挡沙堤加高工程方案"(图13-3-6),将原南坝田挡沙堤 S4 ~ S8 段加高到 + 3.5 米,向下延伸新建 S8 ~ S9 段挡沙堤(顶标高 + 3.5 米)。该工程先期工程经交通运输部批准后于2015—2016年实施。根据第三方评估,南坝田挡沙堤加高工程取得了预期的减淤效果,加高工程减淤幅度超过了工可阶段提出的常态回淤量减小10%的预期目标,工程对南港、北港、南槽和九段沙等水动力、地形和环境影响不明显。后续研究实施南坝田挡沙堤进一步加高至 + 4.5 米工程方案,以更好地发挥减淤效果。

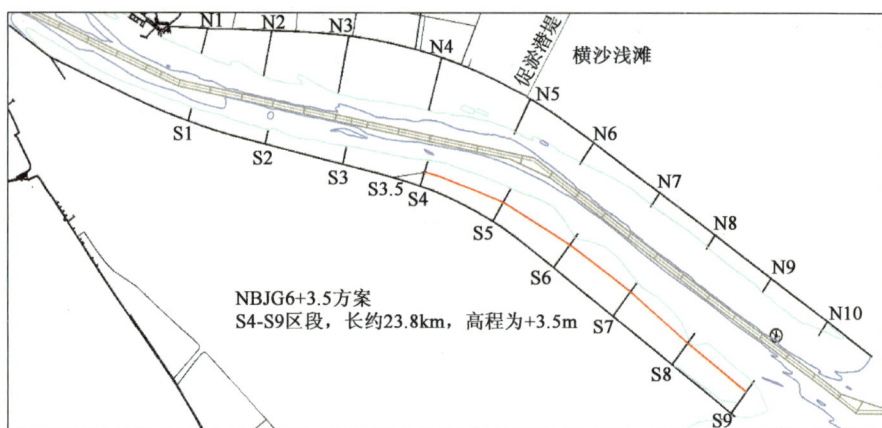

图13-3-6 长江口深水航道减淤工程南坝田挡沙堤加高工程

2.遵照长江口特点,科学设计招标方案

长江口航道维护疏浚采用了全年基本标加季节性标的招标方式,全部采用政府采购公开招标方式选择项目承担单位。针对长江口深水航道回淤分布在时空上高度集中的特点,通过采用船方计量为基础的"基本标加季节性标"招标方式,保证回淤集中期有足够的船机力量投入,利于航道水深保障和总投资控制。

3.严格工程计量管理,确保工程投资安全

鉴于长江口航道回淤量尚无法做到准确预测,在采取严格控制超挖深度、确保船方计量准确的基础上,采用了船方计量的单价合同方式。2009 年三期基建疏浚以来,在采取严格控制超挖深度的基础上,采用船方计量的方式拟定新施工合同,不断探索总结经验,强化监督,既调动了施工单位增加施工能力的积极性,又吸引了国内的先进大型耙吸船投入施工。根据实践形成并不断完善《长江口船舶生产计量管理办法》,对船舶计量实现细致严格管理,对计量管理中各种失当行为明确相应罚则。通过系统升级改造确保施工单位船方计量系统的准确性,同时通过技术手段加强监理管理,确保计量准确、监管到位。

4. 科学调度维护力量,提升航道维护效率

与船方计量管理相适应,航道维护管理单位审核施工单位维护施工船舶调度单,并通过航道考核测图和每月 2 ~ 3 次的施工区段调整测图,掌握航道水深变化情况,明确每条船舶的施工区段、挖距、抛泥区域、挖深等施工要求,对船舶的施工区段实施动态调整,在保障航道维护水深同时,有效控制维护量和维护费用。而在 1—4 月航道回淤量不大期间,延长扫浅时间间隔、减少施工船舶、适当增加船舶溢流时间等方式对船方进行预控,有效控制了维护方量。

5. 充分发挥长江口专用疏浚船舶作用,持续推动工艺优化

为规避疏浚市场不确定性风险,满足长江口深水航道不间断维护的需要,保证疏浚科研工作与疏浚实践紧密结合,持续获取第一手施工数据、推动疏浚工艺优化,降低国家在航道维护中的资金投入,国家批准建造了两艘 12000 立方米自航耙吸挖泥船。两艘自有船舶分别于 2012 年和 2013 年投入运行。按照国家发改委和交通运输部的要求,航道管理单位负责长江口专用疏浚船舶的管理运营。专用船舶的船员队伍、保险、修理、燃油等通过政府采购方式委托供应商提供相应服务。

1)长江口专用耙吸船全年投入使用。两艘长江口专用耙吸船施工性能好、效率高,一般都安排在维护最为困难的区域施工。在每年 12 月—次年 5 月航道回淤量较小时间段,航道维护的主要任务由两艘自有耙吸船承担,仅在航道考核测量后出现水深不足区段分布较为分散时,临时安排施工单位中型耙吸船进场协助维护。每年 6—11 月份回淤量大的季节,则与施工单位的大型主力船舶相互配合,安排在回淤最为集中的区段开展维护施工。两艘专用船舶时间利用率均达到 95% 以上(不计因航道水深较好情况下间歇性指令停工待命时间),完成的维护疏浚量占长江口深水航道总维护量的 30% 以上,与通过招投标选择的社会船舶相比,专用船舶的使用每年可降低维护费用 2 亿元以上。

2)依托长江口专用船舶,持续进行施工工艺优化,并为航道科研提供支撑。为实现长江口深水航道科学维护,依托专用船舶组织开展延长溢流时间、延长扫浅时间间隔、航道维护超深控制等多项施工工艺优化试验,并将相关成果逐步体现到招标文件技术要求中,向参与长江口维护施工的社会船舶进行推广运用,对减少航道维护量和维护成本发挥了重要作用。同时,长江口专用耙吸船在积极配合航道科研,长江口深水航道回淤原因分析、水文泥沙观测等方面发挥了重要作用。

3)依托专用船舶推进长江口耙吸装驳工艺试验。鉴于横沙吹填造地工程结束后,长江口现有 5 个吹泥站将停止使用,将导致耙吸船抛泥运距增加、施工效率降低、大型耙吸

船投入数量增加和维护成本增高,为此以专用船舶为基础开展了耙吸船舷带泥驳疏浚的施工工艺研究,将目前耙吸船挖、运分解,在耙吸船上加装相应装驳设备,并建造专用泥驳,从而提高耙吸船挖泥施工效率、降低运输费用、并为更远距离的疏浚土综合利用拓展空间。经过长期多艘次现场实船试验和相应通航安全研究,目前耙吸装驳施工工艺已基本成型,安全管理的相关环节已基本理顺,为应对将来大规模疏浚土远距离运输奠定了基础。

6. 大力推进疏浚土综合利用,建设绿色航道

长江口航道疏浚土综合利用主要指利用航道疏浚土为上海市吹填造陆,既缓解长江口砂土资源短缺矛盾、推动上海市造陆进展、获得宝贵的土地资源,又减少航道维护投入。近年来,在有效利用资源、发展循环经济以及交通运输部与上海市人民政府《推进上海国际航运中心建设合作备忘录》精神的指导下,经过航道维护管理单位与上海市有关部门的有效沟通协作,长江口航道疏浚土综合利用取得了突出的成效。

1)疏浚土利用具体做法

航道维护部门和上海滩涂整治部门各司其职,航道部门负责航道疏浚,滩涂整治部门负责吹泥上滩整治;在疏浚土产生后,航道部门通过挖泥船尽量把疏浚土运输至贮泥坑,再由滩涂整治部门从贮泥坑把疏浚土吹泥上滩整治。为提高疏浚土利用率,部分疏浚土需要远距离供应至贮泥坑会导致运距和费用增加等,滩涂整治部门对航道部门予以相应补偿。

长江口航道维护疏浚与疏浚土利用现场管理要高度衔接,利用疏浚土吹泥上滩整治对维护与吹填作业之间统筹协调工作要求较高,需提前做好各项技术准备。为适应长江口航道维护及疏浚土利用新形势的要求,航道维护部门设立现场管理组,旨在加强长江口航道维护疏浚调度管理和疏浚土利用现场调度管理,细化吹泥站调度工作,动态调整维护疏浚耙吸船抛坑作业和吹泥站绞吸船吹填进度,将航道维护疏浚抛坑作业与吹泥站吹填作业高度衔接起来。同时,航道维护部门通过协调沟通向海洋局申请增加吹泥站数量,及时召开疏浚土利用协调会,为航道维护施工船舶抛坑作业常态化提供可靠稳定的施工环境,有效提高疏浚土利用率。

2)主要成效

截至 2019 年 12 月 31 日,长江口深水航道累计利用疏浚土约 4.4 亿立方米,完成上海横沙东滩三期、六期、七期、八期等滩涂整治项目,累计为上海市形成土地 15.83 万亩(约 105 平方千米)。与此同时,通过减少疏浚土运输费用以及疏浚土供应费等形式节约了航道维护资金,"十三五"期每年可贴补航道养护经费超过 2 亿元。

在取得经济效益的同时,疏浚土综合利用工作也产生了明显的生态环境效益。在长江流域来沙急剧减少、河口普遍受到冲刷侵蚀的大背景下,通过疏浚土资源化、生态化

利用,减少了疏浚土外抛量,也有效营造了横沙东滩自然滩涂湿地,优化了河口生态环境。

3)疏浚土利用成功经验

资源利用、合作共赢。长江口航道疏浚土综合利用能针对航道维护需要产生疏浚弃土,而上海市滩涂整治砂土资源短缺的具体情况,通过资源利用、合作共赢,实现了上海市获得宝贵湿地资源、国家节约航道建设和维护投入、海洋环境减少疏浚弃土三方共赢。

创新机制、加强协调。长江口航道管理局与上海市有关部门多次沟通协调,健全沟通协调机制,形成了联席会议制度,加强了规划计划的衔接,并具体解决了实施过程中发生的具体问题,不断创新疏浚土综合利用的合作模式,有力地推动了疏浚土利用工作。

通过采取以上各类措施,始终确保了深水航道通航深度保证率达到 100%。同时,航道维护费用得到有效控制,航道年维护疏浚量由 2012 年最高约 9800 万立方米下降到 2016—2018 年的约 6000 万立方米,每年航道维护疏浚费用由 2012 年最高约 17 亿元降低到目前约 9 亿元,减淤降费工作取得显著成效。

(三)航道行政管理工作

根据交通运输部"三定"方案(定机构、定编制、定职能),长江口航道的行政管理职责由长江口航道管理局履行,主要包括航道行政执法监督及航道设施的安全管理工作;协调制止有碍航道的水上作业;负责长江口港航设施建设和岸线利用的有关管理;负责航道通告的发布。长江口航道管理局根据职责,配合做好跨、临河建筑物航道通航条件影响评价的审查工作;积极配合上海市水务局和上海海事局等部门做好长江口采砂管理工作;与相关主管部门建立了协作机制,充分发挥联合执法优势,通过开展现场巡查以及参加水务、海监、海事、渔政、长航公安等各方联合执法行动,形成航道行政执法威慑力和影响力,加强对长江口水域内的无序采砂、违规倾倒的监管以及长江口航道施工水域内的渔业生产监管,对河势稳定、航道资源保护和航道维护施工的安全有序起到了有力的保障作用,确保了航道安全稳定运行。

四、长江口深水航道治理工程创新技术与成果

长江口自然条件十分复杂,局部河势的变化存在不确定性,滩面物质易发生冲蚀,地基承载力低,浪大流急,工况条件差,施工强度高。长江口深水航道治理工程所在区域的自然条件复杂程度和工程治理难度在国内外河口治理史上前所未有。俄、美、日、荷等国河口治理专家曾到长江口进行现场考察,均表示难以治理。而通过我们自己的研究和实践,取得了成功。

长江口深水航道治理工程坚定地选择了走创新的道路,把这一跨世纪工程搭建为科技创新的平台,有针对性地开展重大关键技术攻关,提出科学合理的建设、设计、管理方案。同时,针对建设期间遇到的技术难题,坚持问题导向、实践求真,不断攻克遇到的难题。以下对本工程特点、工程中的取得的创新技术和成果以及解决的重大技术难题进行简要的概括和总结。

(一)工程特点

1. 自然条件复杂,治理难度大

长江口是巨型丰水多沙河口,经过长期的历史演变和近半个世纪的工程治理,形成了目前三级分汊、四口入海的稳定格局。大通站 1985 年前多年平均年入海径流量为 9240 亿立方米(平均流量 29300 立方米/秒),入海沙量为 4.86 亿吨/年(平均含沙量 0.547 千克/立方米)。1985 年后,径流量变化不大,但入海沙量逐渐减少,1990 年以后为 3.4 亿吨,2006 年以来,更是减到 1.5 亿吨以下。平均潮差 2.66 米(中浚站),属中等潮差河口,潮量巨大,在流域来水接近年平均流量、口外潮差接近平均潮差的情况下,河口进潮量可达 266300 立方米/秒,为年平均流量的 8.8 倍。长江口径潮流具有季节性的明显差异,又随月周期、涨落潮呈复杂变化;长江口泥沙来源为陆地、海域双相来沙,泥沙条件复杂;每条入海汊道均存在东西长达 40~60 千米的"拦门沙"区段,最小滩顶水深为 5.5~6.0 米(理论最低潮面下)。长江口深水航道治理是我国和世界河口治理工程界的一个重大技术难题。

2. 局部河势的变化存在不确定性

工程前 40 余年的研究成果虽然揭示了长江口水沙运动及河床演变的基本规律,提出了总体治理方案,但整个长江口仍基本处于自然状态,洲滩尚不稳定,局部河势变化还存在不确定性;北槽的来水来沙条件也存在一定的不确定性。在当时技术水平条件下,作为整治方案基础的数模、物模研究成果尚不可能做到定量准确。鉴于上述原因,在 1997 年本工程大型论证会上,钱正英就提出本工程要实施动态管理,绝不能简单地"照图施工",而必须始终围绕获得最佳整治效果,把现场监测、试验研究、设计和施工管理有机地结合起来,根据现场变化情况实施科学的动态管理。

3. 滩面物质易发生冲蚀

滩面主要由 $\overline{d}_{50} \approx 0.01~0.03$ 毫米左右的粉细砂组成,极易受水流作用而掀扬和运移。除天然流场的年季变化会导致滩面冲淤外,建筑物的施工也必然引起周边流场的改变,通常会使沿堤流发育而加剧堤侧及堤头前方滩地的冲刷,造成工程量剧增,甚至危及建筑物的稳定。这不仅对整治建筑物护底结构的设计提出了严格的要求,也是总体施工程序和施工方案设计时,必须解决的关键技术问题。

4. 地基承载力低,浪大流急

工程区段的地基条件具有"上硬下软、压缩性大、承载力低、部分堤段淤泥出露"的特点。多数堤段表层分布着厚度不均的粉细砂,下卧天然强度低、压缩性大的深厚淤泥质土层。从地基条件适应性看,整治建筑物宜采用轻型结构,或者桩基。

但整治建筑物的设计功能是"导流、拦沙、减淤",要求不能透水透沙。结合长江口浪大流急的工况条件(如北导堤堤头处设计高水位时 $H_{1\%}$ 达 8.08 米, $\overline{T}$ 为 8.01 秒),要求导堤结构必须有较强的抗浪稳定性。因此重力式结构应为首选。

要在软弱的地基上修建重力式结构,在我国传统水工结构中,没有一种结构能综合满足上述要求,除非堤坝全线采用造价高昂、工期长的软基处理措施,甚至桩基础。因此,结构形式必须创新。特别是在二期工程实施过程中,遇到了在波浪荷载重复作用下,近表层软黏土发生严重的强度降低("软化")的世界级工程技术难题,对整治建筑物的结构设计提出了更高的要求。

5. 工况条件差,施工强度高

工程位于长江口北槽的茫茫江面,平均距陆岸 50 公里,现场作业无陆基依托,不能采用传统测量定位手段(经纬仪、水准仪、全站仪等),测量定位困难;而且夏有台风、冬有寒潮,水上可作业天仅为 140～180 天/年,水上作业船需要远距离避风更大大降低了水上可作业天的利用率。

全部整治建筑物总长约 170 千米。据总进度安排,要求每个月平均建成 2 千米以上的堤(坝)。如此高的施工强度在国内水运工程建设史上前所未有,国际上也属罕见。

在恶劣的工况条件下要完成如此高强度的施工,采用传统施工技术绝无可能。因此,施工工艺和施工装备(主要是作业船)也必须创新。

6. 施工受通航船舶干扰大

北槽航道施工的另一大特点是在航道上进行疏浚施工。北槽航道是万吨级以上船舶进出长江口的唯一通道,疏浚施工船舶与通航船舶矛盾突出。8.5 米航道开通前,北槽航道万吨级以上船舶日均通过量仅为 12.4 艘次;随着工程的推进,水深逐渐加深,船舶通航密度逐渐加大,对疏浚施工的干扰日趋加剧。8.5 米水深航道建成后,2003 年北槽航道日均船舶通过量增加到 64 艘次;2006 年北槽 10.0 米水深航道日均通过量达到 79.5 艘次;2010 年 4—8 月三期 12.5 米水深航道贯通后,日均通过量达到 122.5 艘次。且随着航道水深的逐步加深,疏浚强度成倍提高,施工船舶艘数大量增加,从而大大增加了施工与通航矛盾的协调难度。

综上所述,自然条件的复杂程度和工程治理的难度在国内外河口治理史上前所未有。

在不断深化对自然规律的认识、不断创新解决一系列重大工程技术难题的基础上,在治河理念、技术和管理等方面取得系列创新成果,工程取得了较好的治理效果。

(二)治理理念创新

鉴于长江口河势、水文泥沙条件复杂,河口治理研究难度大。经过工程前几十年的科技攻关,初步掌握了河口拦门沙河段演变规律,确定了河口治理原则和治理理念,提出了长江口深水航道治理工程总平面布置,在此基础上国家决策实施长江口深水航道治理工程。通过一期、二期、三期工程和航道养护期的工程实践,坚持现场监测和实施动态管理,不断深化河口治理理念,现将河口治理理念创新成果小结如下。

1. 工程前期研究成果

通过国家"八五"科技攻关,基本掌握了长江河口的动力和泥沙运动特性及河床演变规律。研究认为,经过长期治理和围垦,长江口已基本形成稳定的边界条件,三级分汊、四口入海的基本格局将长期稳定;上游河段河势的变化对北槽的影响较北港和南槽明显为小,在3条主要入海汉道中,北槽的河势稳定性最好;在上游河段(主要是南支河段)暂未实施河势稳定工程之前,选择南港北槽先期进行拦门沙河段治理是可行的。

在基本把握了长江口水沙运动及河床演变规律的基础上,对整治技术进行了多方案比选和深入研究。研究中充分考虑了长江口多级分汊、径流和潮量巨大,且主要汉道落潮流明显占优势的特点,创新地提出了稳定南北槽分流口、采用中水位整治,以宽间距双导堤加长丁坝群稳定北槽南北边界,发挥"导流、挡沙、减淤"功能的整治建筑物总平面方案,以调整北槽流场,利用落潮优势挟沙入海,减少航道回淤量,辅以疏浚,形成深水航道。工程的前期研究,特别是通过"八五"攻关,解决了长江口拦门沙能否治理和总体上如何治理这一重大关键技术问题。

2. 一期工程的实践

一期工程北导堤长度为16.5千米,未封堵横沙东滩窜沟,在建设过程中,发现北导堤北侧落潮沿堤流发育,软体排外形成沿堤冲刷沟,落潮时水流绕过临时堤头携带大量泥沙经横沙东滩窜沟淤积到北槽中段,对航道建设维护不利,为此及时提出并实施了以封堵横沙东滩窜沟为主的南北导堤超前护底设计调整段工程。

一期工程于2000年7月进入试通航期后,即发现一期工程丁坝下游段出现航道淤浅的难题,通过研究,及时提出并实施了以调整流场、降低北槽中下段航道回淤量为目的的一期完善段工程,部分优化了一期工程整治建筑物总平面。共增加建设南北导堤21.39千米、建设S4、S5、N4、N5等四座丁坝。完善段工程的实施,使北槽上中段得以形成微弯的边界,流场的调整范围基本覆盖了拦门沙区段,减小了 W3 转弯段上下段水流流向特别是底流向与航槽的夹角,并调整了南、北两侧落潮流的相位差,有利于减轻丁坝段河床冲刷下移泥沙对弯段航道的影响。完善段工程于 2001 年 6 月全部完成,在工程实施期的 2001 年 4 月,8.5 米水深航道即得以恢复,并在此后保持了 100% 的贯通。

一期工程,包括完善段工程的成功实施,使对拦门沙整治技术的理解有了新的提高,深化了丁坝对流场调整作用的认识,取得了通过整治建筑物调整流场的重要经验;对于流场的变化对地形的调整作用及流场和地形调整带来的泥沙输移及其对航槽淤积的影响等问题加深了认识。

一期工程实施前后的水沙和河势监测结果表明,工程的实施抑制了江亚南沙沙头的下移趋势,稳定了南北槽分汊河段的河势,为深水航道的后续治理奠定了基础。实践证明工程总体设计思想和设计方案是合理的。

3. 二期工程的实践

在一期工程经验的基础上,二期工程对总平面布置方案进行了优化调整,主要是对各丁坝的平面布置作局部调整。不同程度地延长了上段北侧 N1 ~ N5 五座丁坝;加长了北槽下段南侧浅水区丁坝的长度、缩短了北侧深水区丁坝的长度,对南北丁坝形成的治导线进行了合理调整,增大了治导线的曲率半径,力求使北槽上、下段深泓的衔接更加平顺,深泓宽度更宽、更均匀,对地形的调整效果更佳。

为避免丁坝施工后边滩地形的剧烈调整对航道产生严重的过程性淤积的影响,还专题研究了二期丁坝的施工程序,提出了"先上游后下游、南北同步、自上而下阶梯形推进"的施工要求。

二期整治建筑物工程建成后,经约半年的地形调整,北槽全槽已形成了一条上、下段连续、平顺相接的微弯深泓,且以相当的宽深尺度覆盖了北槽深水航道;自然深泓与航道轴线的吻合较好,拦门沙地形消除;二期工程基建期及试通航期航道增深及维护情况良好,回淤总量与预期基本吻合,2004 年全年航道回淤总量为 1705 万立方米;施工期边滩地形调整平缓,未发生局部严重淤积的现象。二期工程的实践表明,优化的总平面方案保障了治理工程良好的整治效果。

二期工程中对于如何通过调整丁坝的平面布置,使航槽水流更加平顺,航槽纵向和断面的动力分布及深泓走向更有利于拦门沙区段航道的建设和维护的问题有了进一步的认识。

4. 三期工程的实践

三期工程于 2006 年 9 月 30 日开工。与设计阶段的预测相比,工程实施后航道年回淤量和回淤强度的沿程分布有了明显不同(图 13-3-7)。主要表现在:

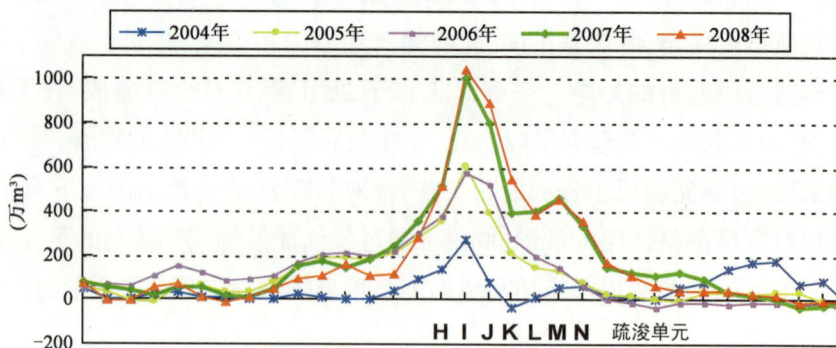

图 13-3-7　北槽航道纵向不同区段回淤强度分布

1）2005 年后航道回淤量明显增大，已超过二期工程预测的 10 米航道回淤量，2007 年、2008 年的回淤量甚至高达约 6000 万立方米。

2）回淤分布集中，在航道中段 H～N 区段 16 千米范围内的回淤量占回淤总量的 60%～70%。

截至 2008 年底，经过巨大努力，但仍只能保持 10 米水深航道的贯通，无法增深航道至 12.5 米，给工程的顺利实施造成了异乎寻常的困难。如何找准回淤原因，提出有效的减淤工程方案，实现航道向 12.5 米增深，成为一个难度更大，关系长江口拦门沙航道治理成效的重大技术难题。

通过对大量现场实测资料的分析，数模反演和长时间的讨论、争议，认识逐步趋向统一，对回淤原因和制定减淤方案的思路也逐渐清晰。

针对上述航道回淤的两个主要特征，重点从泥沙条件和北槽流场条件两个因素入手对回淤原因开展了分析研究，空间上重点关注中段；时间上重点关注 2005 年前后这些淤积条件的变化。研究结果表明，二期工程后北槽航道中段落潮输沙能力不足是造成该段回淤量显著增大的动力原因，也是主要原因；从泥沙来源分析，北槽中段应更加重视潮流输沙和悬沙落淤问题。

通过对航道回淤泥沙来源的研究分析，对拦门沙河段泥沙运移及航道回淤机理的认识有了进一步的深化和提高。对拦门沙河段航道的治理，除了应十分关注上游河段河势变化带来的底沙输移对本河段的影响、航道治理工程对滩槽局部河势的稳定作用和对拦门沙河段河床地形的调整作用，以及地形调整产生的底沙输移对航槽的影响外，更应充分关注航道治理工程对流场的调整造成的对悬沙输移的影响。拦门沙河段航道回淤的泥沙来源除了底沙输移之外，悬沙落淤是不容忽视的主要泥沙来源。航道减淤工程措施研究应更注重其对流场的调整、进而对悬沙的落淤强度和分布的调整，从而达到减淤的目的。

针对上述主要原因，减淤方案应能增加北槽中段的落潮输沙动力。这将势必要进一步增加丁坝长度、缩窄河宽。而 1998 年工程实施以来的监测资料显示,北槽落潮分流比总体呈减小趋势(12 年累计减少约 17%),再进一步缩窄河宽、增加北槽总阻力,将导致北槽落潮分流比的进一步减小,这是否会导致北槽相对优良的河势发生严重的不利改变是需要认真研究的问题。

经对工程开工以来南北槽进口断面分流比的变化与整治建筑物工程进展情况和南北槽河床容积变化情况之间的关系所作的系统分析,发现工程开工以来与北槽进口断面落潮分流比的减小有良好相关的因素主要是河槽总容积的减小,而各期工程建设以来,坝田区的持续淤涨则为河槽容积的减小作出了决定性的贡献。相反,同时段内南北丁坝头连线间的河床深槽区的容积却在持续扩大、落潮流量增加。北槽这种河槽由宽浅向窄深方向调整的效果,正是整治工程希望实现的,有利于航道的增深和维护。

由此认为,在潮汐动力强劲的长江口,不宜简单套用内河分汊河段的分流比指标来评价汊道的稳定性。北槽仍是一条有发展潜力的汊道;1998 年以来北槽进口分流比的变化总体上是正常的、可以接受的;北槽落潮分流比适当减少不会影响北槽生命力。这一认识上的突破为减淤工程方案研究解除了束缚、拓宽了思路。

在取得上述认识的基础上,制订减淤措施方案的总体思路确定为:

通过调整部分丁坝长度,缩窄北槽中段河宽,以显著增强中段的落潮动力,并使流速增量覆盖上下游一定范围,尽可能减小对上、下段动力的削弱;综合考虑各处丁坝加长对北槽纵向和横向流场动力分布的调整作用,使纵向动力的变化平缓,横向动力的分布有利于改善河床断面形态,实现减淤目的。

按照上述思路,综合采用监测资料分析、潮流数模、泥沙数模和清水动床物模等研究手段,经过六大类的方案比选,提出了增加北槽上中段 11 座丁坝长度的减淤工程 YH101方案。

同时,还研究制定了以阻挡九段沙越堤泥沙、减少大风天九段沙及南坝田区风浪掀沙的影响为目的的南坝田挡沙堤工程及北槽局部航道轴线调整工程作为辅助减淤措施。

减淤工程方案中的丁坝加长工程于 2009 年 4 月底完成;南坝田区拦沙堤工程于 2009年 11 月份完成。减淤工程实施后的监测结果表明,减淤工程发挥了预期效果。航道增深明显,航道回淤量减小,回淤量集中分布的形态得到改善;北槽流场的纵向分布和断面分布得到调整,中段动力显著增强,且航中增幅大于边滩;北槽新坝头连线之间的主槽增深、容积扩大,北槽河床形态进一步向窄深方向调整;北槽分流比较减淤工程前先减小后基本恢复,北槽总容积基本稳定。在此基础上,由于疏浚成槽率显著提高,自 2009 年中起,适时调增了疏浚力量,12.5 米深水航道终于 2010 年 3 月顺利贯通,通过了交通运输部组织的交工验收,进入试通航期,并实现了 100% 通航深度保证率。

通过三期工程,进一步认识到对于北槽拦门沙河段的治理,不仅要关注槽内地形的调整,各断面动力的强弱和落潮优势;对于航道淤积主要呈悬沙落淤形态的北槽拦门沙河段,更应注意到整个北槽纵向沿程水动力(输沙能力)的分布对于拦门沙河段航道的悬沙落淤影响;从确保实现整治效果出发,分析潮汐动力较强的河口汊道落潮分流比指标,更应主要关注治导线范围内河槽容积、落潮流量及河床形态的变化。

5. 深水航道养护实践

长江口深水航道治理三期工程于 2011 年 5 月 18 日通过国家竣工验收后进入运行维护期,航道回淤量大、时空分布高度集中的问题也非常突出。为此,进一步开展了航道回淤原因分析和减淤工程措施研究。

通过分析 12.5 米深水航道回淤时空分布特征(详见"三、(一)")、回淤土特性、水沙盐输移特征等,提出从航道泥沙来源和回淤条件两个方面,利用实测资料分析、数模计算及综合分析技术手段,分区段研究航道呈现回淤时空分布特征的原因和回淤的主要物理过程,最后基于回淤原因提出减淤思路和减淤方案。

通过现场监测,提出了 6—11 月期间南导堤涨潮越堤泥沙是北槽重要泥沙来源之一;通过三维泥沙数学模型的开发和研究,掌握了北槽最大浑浊带河段水沙盐运动的主要物理过程和航道回淤的主要原因。每年 6—11 月,南导堤越堤泥沙量大,北槽河段径流潮流相互作用、盐淡水交汇,水动力结构及泥沙条件等使得该河段泥沙汇聚,形成含沙量明显高于上下游的河口最大浑浊带;北槽中下段在温度、盐度、含沙量等共同作用下,含沙量垂向差异更为显著,形成了近底部高浓度含沙量水体,在涨落潮低流速时段产生淤积。北槽航道回淤机制以悬沙(包括近底高浓度泥沙)沉降落淤为主。

针对南导堤涨潮越堤泥沙是北槽航道重要泥沙来源之一这一特征,研究提出了南坝田挡沙堤加高工程方案,工程实施后超过了工可阶段提出的常态回淤量减淤 10% 的预期目标。

通过 12.5 米航道养护实践,认识到对于北槽拦门沙河段的治理,不仅要关注地形的调整,纵向横向动力分布和输沙能力变化,更应该关注最大浑浊带河段的三维流场、盐度场和含沙量场的分布和输移特征,从研究手段上必须要开发和借助三维泥沙数学模型,研究悬沙和近底高含沙水体的输移和落淤物理过程;同时,也需要关注最大浑浊带的泥沙来源,针对性地提出减淤方案。

6. 主要创新点

提出了在长江口总体河势基本稳定的前提下,可以选择南港北槽先期进行拦门沙河段治理的科学论断;

提出了宽间距双导堤、长丁坝群的整治建筑物总体布置形式;

提出了中水位整治、充分利用落潮流优势输沙的设计思想;

对于在河口地区如何利用丁坝群调整水流动力的断面分布和沿程分布,进而调整河床地形取得了系统的新经验;

突破了传统认识,提出了在分析河口汊道分流比变化时,应更加关注治导线范围内河槽容积及潮流量的变化的论断。

拦门沙河段航道回淤的主要形式是悬沙落淤(含近底高含沙水体),提出了解决河口拦门沙河段航道悬沙淤积问题应关注纵向沿程水动力(输沙能力)分布,流场、盐度场和泥沙场的三维空间分布和输移特征,应重视研究航道回淤的泥沙来源,采取针对性的工程措施。

(三)管理创新

1. 实施动态管理

前期研究阶段,在基本掌握了长江口水沙运动和河床历史演变规律的基础上确立了本工程治理的总体方案,但由于长江口水动力条件和泥沙运移规律的复杂性及局部地形冲淤变化存在的不确定性,为确保治理效果的实现,工程需要因势利导实施动态管理。钱正英院士(时任全国政协副主席)早在 1997 年长江口深水航道治理工程汇报会上就明确提出"要制定适应于这个动态工程的基建程序"。通过建设者们在工程实践中不断地探索和总结,逐步总结出一套对本工程实施动态管理的基本程序(图 13-3-8)。

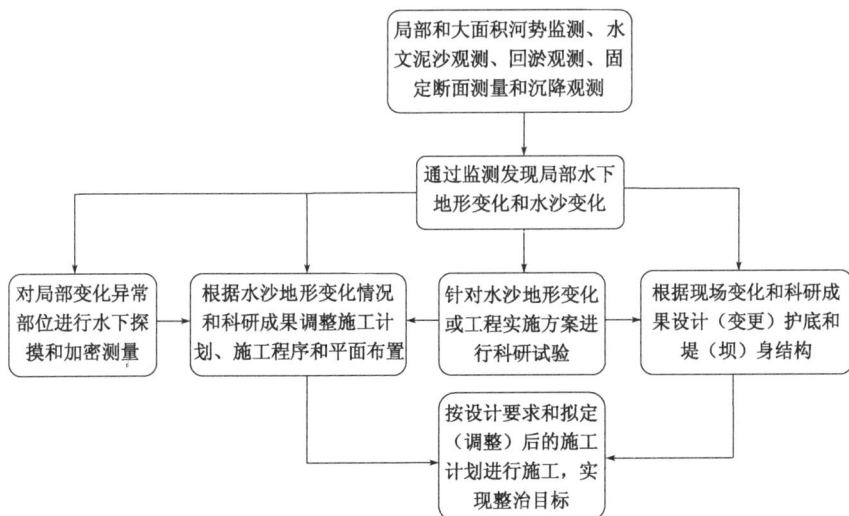

图 13-3-8 动态管理基本程序示意图

动态管理的核心目标是实现最佳的整治效果,基本依据是现场跟踪监测资料。其基本含义是"以确保整治效果和建筑物稳定为目标,以现场监测成果为依据,以科研试验为手段,适时优化设计施工方案"。具体做法是:在工程实施的全过程中,以稳定河势、滩槽为中心,以逐步提高航道水深为目标,分步渐进治理,适时监测总体河势、局部河床和流场的变化,利用数学、物理模型进行验证和分析工程对流场、航槽冲淤变化的调整作用,科学、适时地对工程做出必要的设计变更,调整施工方案和施工计划,以保证工程顺利实施和整治目标水深的实现。

因此,从一期工程开始,逐渐形成一整套对水沙运动和河势、地形的监测制度,二期工程建立了现场水文、泥沙、观测系统,取得了极其丰富、完整、连续的监测资料。一、二、三期工程全过程实施了动态管理,及时地解决了工程建设中出现的一系列重大关键技术问题。例如,一期工程中,解决了原设计工程实施后新建3对丁坝下游段出现的较严重的淤积的问题,三期航道回淤量大航道增深难的问题。

长江口深水航道治理工程基于对宏大、复杂、易变的工程条件的认识,遵循实践—认识—再实践—再认识的认识论,尊重实践、尊重科学,确立了对工程实施动态管理的原则,制订了一整套动态管理的制度并得到有效执行,有效地把握和控制住了建设期内北槽河势的变化,保障了整治建筑物的稳定,也不断地、及时地解决了工程中出现的一系列重大关键技术问题,取得了治理工程的成功。实践证明本工程动态管理的思想和机制对管理大型河口治理工程是极为重要的,丰富了我国大型河口治理工程的管理经验。

2. 创新激励措施

1)搭建创新平台,依靠全社会优势设计力量,开发新型结构

邀请"带案投标",优选新型结构。一期工程中采用邀请联营体以"带案投标"的招标方式优选新型结构:联营体由具有水运工程施工一级资质和设计甲级资质的两个单位自行组合;招标原案采用经交通部批准的初步设计结构方案,允许联营体提出优化的替代结构设计方案("带案"),并据此报价;中标后,中标单位根据中标结构方案编制施工图设计文件,经建设单位初审,交通部审定后,作为工程施工的技术依据;同时,针对新型结构及其施工工艺,由建设单位组织编写质量检验评定专项标准,报交通部批准颁布执行。通过上述措施,使工程的创新需求转化为设计施工单位的创新热情,中标的新型结构方案为袋装砂堤心斜坡堤和半圆形混合堤。斜坡堤的堤心由就地取粉细砂充填成的土工织物沙袋堆叠形成,用钩连块体护面,该结构抗浪性能好且混凝土用量省,造价较传统抛石堤大为降低。半圆堤结构具有优异的力学性能,可减小波浪水平力,地基应力分布均匀,对地基承载力要求低,施工期抗浪稳定性好,水上作业只有4道工序,特别适合本工程特点。

开展方案竞赛,促进设计创新。二期整治建筑物工程更接近外海,设计条件更严酷,特别是地基土更为软弱,北导堤堤头段淤泥直接露头,导堤结构设计难度更大。一期工程开工一年后,即开展了为时2年多的二期工程初步设计结构设计方案比选—优化—比选和北堤头部方案的再次比选工作。最终采用了充砂半圆体混合堤、半圆形沉箱堤和空心方块斜坡堤三种创新型结构。

长江口一、二期工程141千米的整治建筑物中65%以上采用了创新结构,有效地保

证了工程的质量、进度和投资控制。诞生在长江口深水航道治理工程中的半圆形堤坝结构和新型空心方块斜坡堤结构，体现了我国水运工程"以高抗浪能力的轻型重力式结构适应软基加大浪的设计条件"这一崭新的设计思路。

2）采取激励措施，引导施工企业自主创新，研制了一批世界首创的大型专用作业船

根据本工程的特点和施工条件，常规机具如方驳、起重船等无法适应本工程的要求，必须研制开发多艘大型单工序高效专用作业船。为了激励施工企业研发新型施工装备，主要采取了如下激励措施：

提高技术门槛。建设单位提前组织技术攻关，建设了工程区段 GPS 控制网，在施工招标文件中明确要求必须采用 GPS 定位。

资金支持。一期工程招标时承诺，中标施工企业为本工程研制大型专用设备，建设单位将补贴 1500 万元；可根据设备研制成本合理编制补充定额，在报价中列入艘班费用；完工后设备归施工单位所有；施工合同签订后一周内足额支付中标合同金额 5% 的工程预付款。

施工过程中，通过研制改造新设备、新工艺，提高效率、降低成本所产生的经济效益全部归施工单位所有。

上述措施，得到所有投标企业的积极回应。一期工程开工不久，一批世界首创的大型专用作业船（如软体排铺设船、基床抛石整平船）即研制完成，投入施工，粗略统计，三个标段投入本工程专用设备开发的自有资金实际超过 1.5 亿元。

二期工程中，建设单位不再提供补贴，但各施工企业研制新设备、开发新工艺的热情有增无减。投入二期工程的大型专用作业船机达六大类 27 艘（台）。大量新装备及配套新工艺的开发，极大地促进了水运施工装备水平的提升。

3. 优化施工管理措施

1）对工程实行标准化、规范化管理

长江口深水航道治理工程是一项史无前例的复杂工程，又是一项动态工程，加之大量采用了创新的结构和工艺，工程管理很难全部适用现行国家和行业技术标准。为在实施动态管理的同时，对工程实行法制化管理，先后组织编制了适用于本工程的专项技术标准（共七册，图 13-3-9），并由交通部审批、发布后执行。

2）确定整治建筑物施工组织原则

根据治理目标、施工条件和结构设计的特点，确定了整治建筑物施工必须遵循的一系列重要组织原则。

一是严格按总体施工程序组织施工的原则。确定总体施工程序的原则包括：确保施工过程中局部河势和滩面的稳定，减少滩面地形调整对航槽回淤的影响；确保各标段高速均衡施工，从而确保实现总工期要求；保证建筑物施工期稳定；减少施工难度。总体施工程序主要是指：根据总工期及水上施工工程量的要求合理划分导堤（丁坝）的标段；确定

各标段各堤（坝）段水上推进作业面的分配、施工程序、推进方向及推进速度；确定导堤合龙位置及合龙施工程序；确定导堤—丁坝—航槽疏浚的施工程序等。

图 13-3-9　长江口工程各种专项标准和专用定额

　　二是超前护底的原则。为避免因已建工程引起待建堤坝处滩面冲刷增大待建段工程量，对待建整治建筑物下的护底软体排先于堤身超前施工，超前距离视已建堤身对原天然流场的影响范围而定。

　　三是连续推进的原则。施工中堤身必须连续推进，避免形成临时堤头而增加防护施工费用。进一步的研究证明，护底软体排和抛石基床的结构厚度有限，对流场的影响较小，可以超前施工；但出水结构（如斜坡堤堤心、半圆堤堤身）的形成则必须连续推进。这样，堤侧冲刷部位一般也会随堤身前进而前移，不致在同一断面持续发展。

　　四是导堤龙口布置及合理施工的指导原则。南、北导堤长各近 50 千米，为保证分段、多作业面导堤合龙施工的安全及局部河势的稳定，首次提出了一整套确定龙口位置和宽度、制定合龙施工程序等应遵循的技术原则。在这些技术原则的指导下，一、二期工程 8 次合龙施工均获得了圆满成功。图 13-3-10 为二期工程北导堤 N39＋360 处平稳合龙的施工场景。

图 13-3-10　北导堤 N39＋360 处合龙施工

五是施工工艺和装备必须与工程需求相适应的原则。整治建筑物工程工况条件差、堤坝绵长但结构相对单一、断面工序少但每一工序的工程量巨大等特点,从施工组织原则考虑,应力求水上各主要工序做到流水、高速、均衡推进。因此,各施工单位积极研究新工艺,开发、建造各类单一功能(即只需完成单一工序,如软体排铺设、基床抛石整平等的施工)的高效专用作业船。

一、二期工程的实践,证明了前述施工组织原则是科学的、合理的,保证了北槽河势稳定,确保了整治建筑物的安全和周边地形的平稳调整,施工过程中未发生堤头及堤侧冲刷导致建筑物破坏;创造了历时 61 个月建成各类堤坝 141.484 千米,月平均全断面推进 2.3 千米的高速度,在国内外水运工程建设史上创下了一大批施工进度新纪录。

4. 疏浚精细化管理

1)航道分段分单元

针对航槽回淤强度时空变化规律复杂这一特点,本工程首次将长达 50~92 千米长的航道细化为多个单元,进行精细的施工管理。一期 52.77 千米的航道划分为 26 单元(每单元约 2 千米),二期 74.47 千米的航道追加划分成 36 单元,三期 92.268 千米的航道划分成 48 单元,维护期航道也划分成 48 单元。每单元均分为槽中、槽北和槽南 3 个部分。各种施工作业和监测、记录数据均按单元统计,包括水深、疏浚方量、地形变化量等。这一措施为回淤规律、整治效果、疏浚成槽效果的分析和船舶施工调度提供了科学的依据。

2)实行全程旁站监理

本工程疏浚工程在国内首创了全程旁站监理制度,即每艘挖泥船均配备驻船监理工程师,随船监理挖泥船作业全过程,包括各种计量仪表的率定、船机状态、工序作业时间、逐船次的挖泥量、疏浚作业单元及抛泥位置、施工检测等。统一规定以船载方量和成槽方量为依据计算单元回淤量,并规定了计量仪表的率定程序。正是这样严格细致的管理,保证了这一巨大的疏浚工程各种施工数据的真实、准确。为不断改进疏浚工艺、提高成槽效果和航槽水深维护质量,乃至不断优化完善工程治理方案提供了系统、可信的资料依据。

3)航道水深监测制度化

坚持每 5~7 天进行一次全航槽的水深测量。系统、全面、及时的监测资料为分析航槽及临近滩地局部地形变化,航槽淤积与自然条件和工程进展间的关系,疏浚成槽及建筑物的整治效果等,提供了丰富而宝贵的资料,有效地指导了疏浚施工。

同时,也利用测图计算测图间各单元段的施工强度和回淤强度,结合船机能力,经分析后,动态调整施工船舶,提高了疏浚成槽和维护的效果。

4)开发了"耙吸疏浚监测平台系统"施工管理软件

二期工程中,施工单位与上海交通大学合作开发了"耙吸疏浚监测平台系统"管理软件。该软件可对耙吸式挖泥船施工中主要技术数据进行自动监测和记录,实时显示船位、航向、航速、装舱土方量等参数，操作界面见图13-3-11。

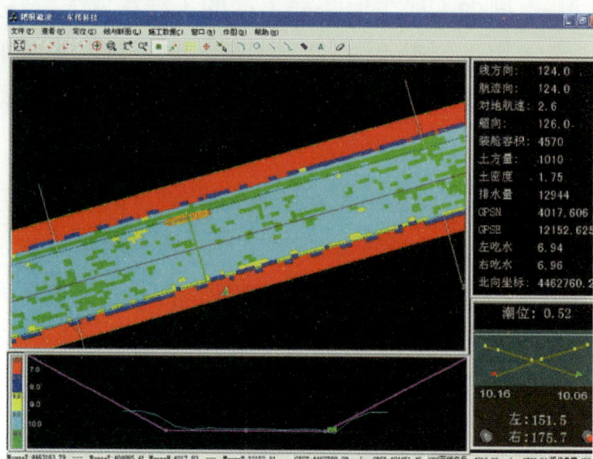

图13-3-11　耙吸疏浚监测平台V1.0操作界面

该平台可通过计算机网络实现监测数据的网内共享，拓宽了监测面。通过疏浚数据的集中采集和存储，提高了疏浚过程的可追溯性，有利于施工管理人员事后对船舶施工能力、效果的分析，改进船舶施工方法，进一步提高船舶施工效果。实际应用表明，该系统对减少工程超挖，提高施工平整度和施工效率有较明显的作用。

（四）技术创新

1. 监测技术创新

工程伊始，对长江口河势及地形、整治建筑物周边地形、航道水深、各汊道分流分沙比、主要汊道固定垂线水文泥沙、近底水沙和航道浮泥等开展原型观测，取得了大量、连续的现场资料，为工程科研和动态管理提供了重要支撑。本监测范围之广、难度之大、测量项目之多、连续性之强、要求之高均是我国水运工程历史上前所未有的。在解决长江口监测技术难题的过程中，主要形成了以下几种创新的监测技术。

1）长江口水文泥沙波浪自动监测系统

工程前距离长江口最近的水文站为大通站，其与长江口徐六泾节点的距离为515千米，长期以来，长江口的综合整治研究主要利用大通站的流量和输沙量资料，大通—徐六泾区间水、沙动态一直缺乏资料，因此宜选择在长江最后一个控制节点徐六泾设置流量和输沙量控制站。徐六泾站断面约5千米宽，要实现潮流量和输沙率的连续自动监测，需要实现潮流量和输沙率测验技术和整编技术的创新。

另外，为解决常规水文测验只能在正常气象条件下观测洪、枯季代表流量和大、中、小潮等条件下水文要素，观测次数有限，不能满足长江口治理研究和航道建设维护过程中大范围、实时、连续观测要求，特别是台风寒潮等大风浪条件下的水文泥沙和波浪要素观测，需要研发能实时监测、收集、传输和整编的水文泥沙波浪自动监测系统。

为此,二期工程成功建设了水文、泥沙、波浪自动监测系统,包括徐六泾断面流量和输沙率观测系统和横沙以下站水文、泥沙、波浪自动观测系统(图 13-3-12)。其中,横沙以下站由 5 个平台测站和 7 个浮标测站组成,各个测站分别配有潮位接收机、波浪接收机、流速剖面仪、浊度计、数据采集装置、数字电台、电源系统等,浮标站实时采集到的表层含沙量、温度和盐度、垂线流速、流向,以及平台站实时采集到的波浪、潮位、风速风向等监测资料通过数字电台和网络传回数据处理中心。徐六泾站则由 1 个平台测站和 4 个浮标站组成,利用这 5 条垂线的流速和含沙量观测资料,整编形成徐六泾断面实时连续的水沙观测资料。

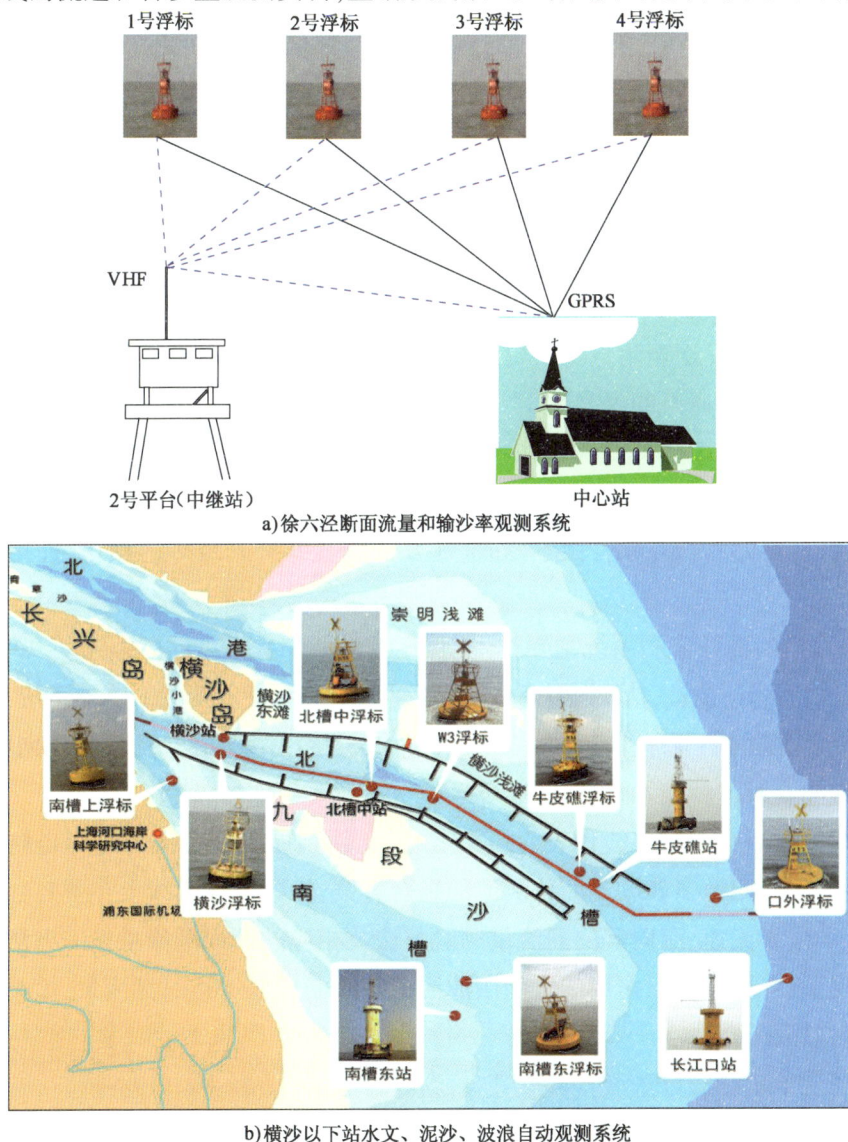

a)徐六泾断面流量和输沙率观测系统

b)横沙以下站水文、泥沙、波浪自动观测系统

图 13-3-12　长江口水文泥沙波浪自动监测系统布置图

该系统大范围、连续地获得了长江口水域的水文、泥沙、波浪等实测数据,跟踪长江口涉水工程实施及流域来水来沙条件变化下的河口水沙条件变化,为研究长江口水沙运动规律提供了宝贵可靠的基础资料,提高了长江河口整体观测和研究的水平,也为长江口今后进一步的开发和研究创造了良好的基础条件。

(1)横沙以下站监测系统主要技术创新

①首次在长江口广阔区域建成了由陆地中心站、水上浮标、水上平台站组成的监测网络,有效地获取了长江口南北槽水域实时不间断的水文泥沙、潮位和风浪资料,提高了长江口水域的总体监测水平。

②研发了适合长江口工况条件、便于监测仪器设备安装和维护的高性能专用观测浮标。浮标体采用耐腐蚀、耐撞击和高断裂延伸率的聚脲弹性材料,重量轻、惯性小,内体采用不锈钢材料避免普通钢材磁性对测流仪器测量精度的影响,新浮标的整体性能较传统的钢质浮标有较大提高。

③建立了数据传输的多级转发机制,保证了远程数据的顺利传输。由于监测系统各浮标站和平台站分布范围广,部分浮标站点距中心接受站距离远,天线高度不满足通讯要求,通讯方式不能直接和中心接受站通讯,因此,系统内的数据传输采用了多级转发的通讯模式,将浮标数据发送至附近的平台站,再由平台站转发至远端的中心接收站,同时保证了短距离和长距离通讯的可靠性。

④逐步采用多次滚动补发的数据通信方案,提高了数据传输的成功率和完整性。

⑤引入远程维护手段的水文主板,实现了运行维护人员在中心站机房即可实现对任何一台装置进行参数设定、软件版本修改、远方下载及维护升级等的操作,提高了系统维护保养水平。

(2)徐六泾断面站监测系统主要技术创新

研发了物理测沙设备,精简测验垂线数量,建立了适于潮流测验的测沙系统,首次实现了潮汐河口全断面潮流量整编与输沙率观测(图13-3-13)。实现了三方面技术创新。

①潮量测验及整编技术的创新

经历了单线→双线→多线代表线的探索过程,创新提出并实现了采用走航、平台、深水浮标、浅水浮标四种多普勒剖面仪测流的组合方案,在特征代表线上布置自容式监测仪器,连续自动采集流速、流向等的潮流量测验方法及相应的断面潮流量整编方法。在国内外首次实现了径、潮流相互作用的大型潮汐河口控制断面获取逐时潮流量,填补了长江入海流量实时监测的空白。

②创新含沙量测验方法

首创了利用多普勒剖面仪回声信号结合浊度仪测得点含沙量计算代表垂线平均含沙量的新方法,为实现徐六泾断面的输沙率测验奠定了基础。

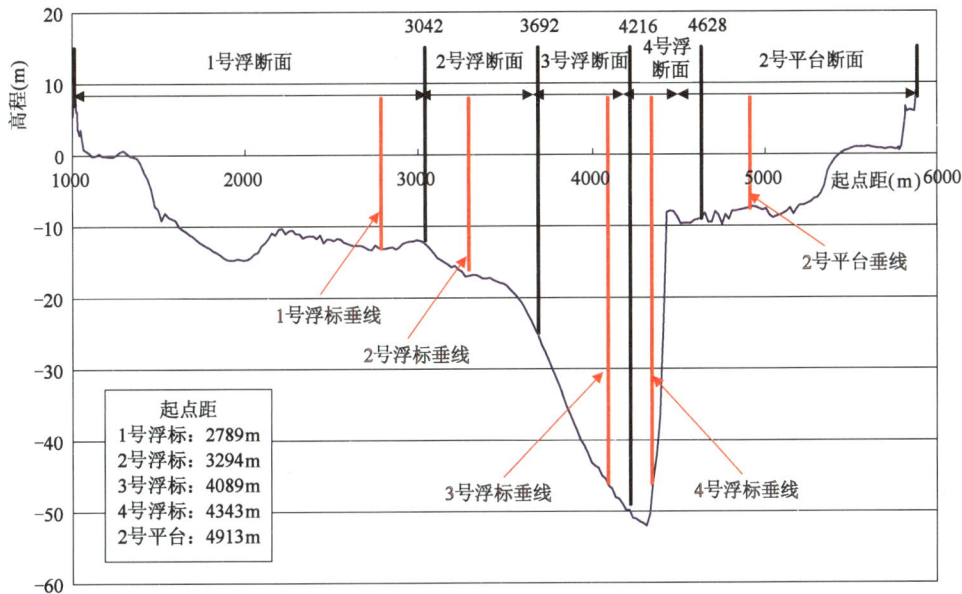

图 13-3-13　长江口徐六泾站水文断面浮标及平台位置布置图

③创新断面输沙率测验方法

单沙断沙关系法是我国在无潮河流推求断面平均含沙量所采用的主要方法,适用于断面比较稳定的测站。根据徐六泾水文断面几何形状和已布置的浮标系统,研究过程中将全断面分成 2~4 个形状单一的子断面,分别选配每一子断面的代表垂线,该垂线的垂线平均含沙量与相应子断面平均含沙量应存在稳定的线性关系(单沙断沙关系)。以子断面的面积占全断面面积的百分比为权重,组合各垂线的平均含沙量即可计算得到全断面的组合垂线含沙量,进而利用组合垂线的含沙量与实测断面平均含沙量建立单沙断沙关系。实现了在大型复杂潮汐河口完整地获取逐时输沙率过程。

2)近底水沙观测技术

长江口拦门沙河段滩槽水沙交换复杂,近底水沙输移对航道回淤影响较大,针对传统定点水文观测存在观测时间和空间分辨率差、近底观测存在盲区、不能获取台风寒潮等恶劣天气条件下的水沙资料等缺点,研发了近底水沙观测技术,并不断改进完善,取得了一系列的技术创新,主要体现在:

(1)提出了改进型的近底水沙运动坐底三脚架观测系统("坐底水沙观测系统",图 13-3-14),首次在长江口实现了采用该观测系统组合多台仪器对近底水沙运动开展连续自动监测。

经过多次现场测试,近底观测平台高度确定为约 1.2 米,实践表明,该系统具有良好的稳定性。新型坐底水沙观测系统优化集成了各类水文观测仪器,可获取近底多层水、沙、盐、温、水位和波浪等连续测量资料和垂线流速流向资料,实现了以最小的设备配置获取尽可能全面的水沙观测资料。

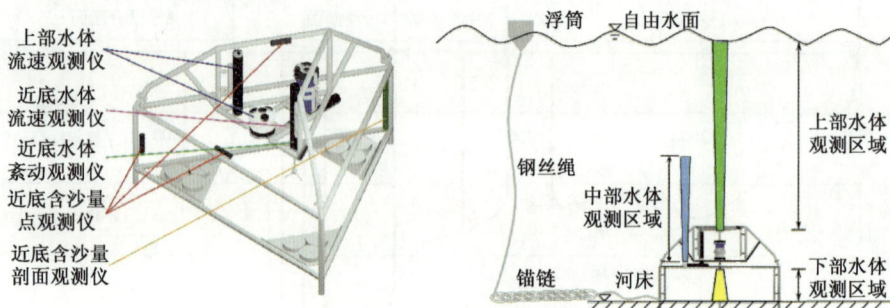

图 13-3-14　近底水沙观测系统

（2）利用新型"坐底水沙观测系统"首次在长江口实现了对局部床面冲淤过程的实时、连续监测，为研究"近底水动力条件—含沙量变化—床面地形变化"提供了同步的现场实测资料。其后扩展了半自动化的系统探底功能，提高了河床表面高程的检测精度，实现了对床面高程准确可靠的检测。

近底水沙观测系统获取了近底水沙输移过程资料，丰富了对河口泥沙运动特性的认识，为三维泥沙数模的率定验证、航道回淤研究提供了重要支撑。

3）浮泥测量技术

长江口深水航道内受夏季台风及冬季寒潮的影响浮泥骤淤时有发生；即使在常态气象条件下，随着大中小潮潮汐动力的变化，航道内也始终存在一定厚度的浮泥，对航道水深和通航造成一定的影响。为此，开展航道内浮泥监测，对于台风和寒潮后航道水深检测、指导航道疏浚维护作业及开展适航水深利用研究等是十分必要的。浮泥测量的主要技术成果包括浮泥厚度、浮泥平均密度、浮泥分布、高频水深、低频水深、泥沙取样颗分等，在多年现场观测总结基础上，形成了两个主要创新点。

（1）采用和集成多种技术手段联合测量，获得浮泥时空分布特征。

浮泥观测并非单一的水文观测或者地形观测，其包括水深、潮位、状态、声速、密度以及浮泥样品的采集等，涉及测绘、水文、泥沙等学科领域。为了满足测量需要，本项目采用GPS流动站、双频测深仪、姿态仪、声速计、音叉密度计、光学浊度仪以及横式采样器、箱式采样器、潜水泵等仪器设备，多种采集及设置软件等，完成航道内高低频水深无验潮测量、航道内浮泥密度和厚度分布测量和浮泥样品的采集等工作。

（2）开发了高效的数据处理软件，及时为现场维护提供技术支撑。

开发的"长江口浮泥与适航水深测量数据处理软件"实现了对潮位、高频水深、低频水深、垂线密度的融合处理，其运行结果包括潮位、浮泥厚度、浮泥平均密度、高频水深、低频水深及适航水深等，可实现对观测成果的快速处理、形成成果简报并及时运用于现场航道疏浚养护工作，大大提高了数据分析及应用的效率，具体体现在以下两方面：

①非常态天气作用长江口区域后,北槽深水航道易生成浮泥及发生骤淤,大风天气后能及时进行航道浮泥观测并提交浮泥分布及航道水深概况,以针对性地指导现场疏浚作业,避免无效或低效疏浚,实现效率最大化,减少维护疏浚成本。

②研究提出高强度浮泥发育时(图13-3-15)浮泥适航水深利用方案,可提高航道通航效率、减少航道维护成本。

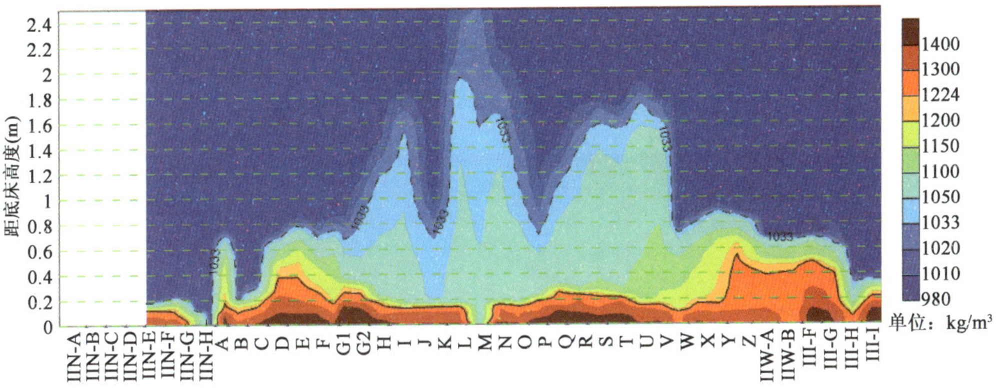

图13-3-15　长江口浮泥观测设备及浮泥分布图

4)北槽水沙通量观测技术

长江口的深水航道回淤与北槽内悬沙,尤其是近底高浓度悬沙运移密切相关,揭示北槽悬沙主要来源和输移特征对减淤工程方案研究具有重要支撑意义。基于自主研发的现场观测成套技术和装备,开展了揭示北槽内悬沙主要来源的观测研究,为长江口12.5米深水航道减淤工程——南坝田挡沙堤加高工程方案的实施提供了支撑,该工程实施后发挥了预期的减淤效果。其主要创新点包括:

(1)自主研发了现场定点随水位变动同步连续观测水体表层含沙量新装置,解决了长江口北槽南、北导堤水沙通量观测难题;

(2)自主研发了动船垂线水沙同步快速观测系统,解决了长江口北槽尤其是航道内近底高含沙量难以快速准确获取的难题;

(3)创新了长江口北槽水沙通量观测方法,得到了上、下口和南、北导堤断面连续的涨落潮输水及输沙过程,为北槽悬沙来源的分析研究提供了必要的原型资料;

(4)基于现场观测,揭示了南导堤越堤悬沙是北槽内主要悬沙来源之一,为北槽航道回淤原因分析和实施南坝田挡沙堤加高工程及减淤效果分析提供了技术支撑。

2.模型试验研究技术创新

河工物理模型与数学模型是研究河口水沙及地形的变化规律、预测水工建筑物等治理工程修建后水、沙运动的变化和河床演变的重要技术手段。对于长江口深水航道治理工程,从前期研究阶段起就十分重视模型试验研究技术的创新和改进,不断提高模拟精度,以满足航道治理方案制定、工程动态管理和航道运行维护等需要。

1)物理模型试验技术

长江口滩槽交错、江面宽阔,口外为开敞水域,流场呈明显的旋转流特性,物模模拟难度大。为解决长江口深水航道治理工程方案论证、设计和施工过程中的关键技术问题,1975年在南京水利科学研究院建成了长江口整体物理模型,在工程立项和工可阶段项目论证中发挥了重要作用;1998年依托本工程又专门在上海建立了一座平面比尺1:1000、垂直比尺1:125的长江口整理物理模型(图13-3-16)。为现存世界上规模最大的潮汐河口物理模型。长江口整体物理模型试验技术创新主要体现在以下三方面。

图13-3-16 上海长江口整理物理模型

第一,实现了长江口外旋转流场的模拟。口外流场为多种水流复合作用而成,物理模型则将复杂的口外旋转流分解为由外海向长江口传播的纵向潮波和大致沿岸线流动的横向水流分别进行模拟。采用潮水箱方式模拟外海潮汐,采用12台大流量、低扬程的变速双向泵生成横向水流;两者叠加的联合控制后,可同时生成东西向和南北向的流速分量,从而在大型物理模型上成功模拟了与天然相似的旋转流场,为研究口外水流泥沙运动、工程的总平面布置、施工程序、抛泥区选划及整治效果等提供了技术保证。

第二,实现了高透水性建筑物对整治效果影响的模拟。为科学评估北导堤堤头段空心方块斜坡堤新型结构高透水性建筑物的整治效果,确保模型的透水性或阻水特性与原型相似,首次借助水槽试验用1:20正态模型研究得到了空心方块斜坡堤结构的透水性和阻力系数;并通过水槽试验按透水性相似原则,得到了可用于整体动床物理模型使用的具有透水性整治建筑物模拟结构;首次在长江口整体物理模型上实现了对建筑物结构型式影响的试验研究,得出结构透水性对整治效果影响不大的重要论断。研究成果为二期工程北导堤NⅡ-C区段最终采用空心方块结构提供了科学依据。

第三,开发了大型潮汐河工模型悬沙自动加沙系统。在潮汐河工模型中,断面加沙量要求随涨落潮流适时变化,传统的人工加沙难以较好满足,一定程度影响河工模型精度。为保证加沙精度和控制效率,根据潮汐水流输沙率实时变化,专门研制开发了一套大型河工模型实时加沙控制系统,实现了整个试验全过程加沙实时自动控制。悬沙自动加沙系统成功应用于长江口深水航道三期工程航道回淤预测和上海市南汇东滩圈围促淤等多个重点工程的悬沙物理模型试验项目。

2) 数值模拟技术

(1) 长江口航道回淤预测全沙数学模型的开发与应用

长江口深水航道治理工程的目标是获得一条稳定的深水航道,并使航道回淤量控制在可承受的水平,科学预报长江口深水航道治理工程航道的泥沙回淤量,是论证工程效益和决策的重要依据。为此,20世纪90年代南京水利科学研究院窦国仁院士依托本工程自主开发了长江口全沙(悬沙和底沙)二维数学模型,其主要创新点是:①首次建立了径流、潮流、波浪和盐水等多种复杂因素共同作用下的长江口波流全沙数学模型,解决了长江口航道回淤预报的技术难题,是当时国内外考虑因素较为全面的河口泥沙数学模型;②通过全沙数学模型研究,从水动力学和泥沙运动力学上阐明了长江口整治工程的作用机理,论证了治理工程实施后不会造成拦门沙外移,为工程实施提供了重要的决策依据;③首次采用全沙数学模型研究了强台风和天文大潮、大洪水相遇等不利条件下长江口深水航道的泥沙回淤问题,预报了强台风与天文大潮相遇、强台风与天文大潮和大洪水相遇时的航道回淤量。

长江口深水航道回淤预测数学模型的开发和应用,解决了本工程航道回淤量预测、预控这一重大技术难题,为工程立项决策和可行性研究、工程设计、施工组织和疏浚船配备等提供了关键性的依据。但由于北槽最大浑浊带水沙运动规律复杂,随着二、三期大量整治建筑物工程的实施以及河口相关涉水工程的建设,河口边界条件、地形及水文泥沙条件有较大的变化,二期工程后泥沙数模的预测精度降低。随着河口航道治理实践认识的深化,对河口水沙盐三维空间分布、河口最大浑浊带运动机理和航道回淤物理过程研究的深入,需要开发和应用三维泥沙数学模型。

(2) 长江口三维数值模拟计算平台开发与应用

长江口拦门沙河段水沙运动机理复杂,近底高浓度泥沙层的存在是拦门沙区域重要特征之一,其在纵向和横向均存在明显的集中分布特征(图13-3-17),在航槽内近底可观察到存在"超高"浓度泥沙层,一般认为是导致航道局部超强淤积的主要原因之一。在拦门沙最大浑浊带区域,近底高浓度泥沙层的形成与该区域的水沙盐的紊动强度、沉降速度、盐水入侵、密度流、扩散和层化作用等宏观和微观的作用机理密切相关。亟须开发出更加复杂和接近现场实际的、基于三维空间描述的理论和机理分析模型。

针对上述问题,上海河口海岸科学中心、南京水利科学研究院、天津水运工程科学研究院以及中交上海航道勘察设计研究院有限公司分别研发了长江口三维数值模拟计算平台,经严格率定验证后均在长江口研究中得到应用。这些模型依托于长江口12.5米深水航道工程的回淤原因、减淤工程和维护组织管理应用研究,较为系统地构架和完善了长江口三维水沙盐数值模型,模型对长江口泥沙运动物理过程的涵盖全面,模型格式及算法先进,运行费效比高;模型成功应用在了高浊度泥沙形成机制、粘性细颗粒泥沙的回淤规律,以及减淤工程方案研究和维护疏浚管理等基础应用技术研究课题中。上述三维数学模型的主要创新点如下。

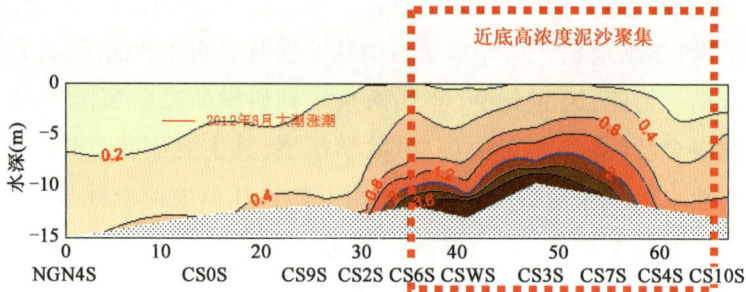

图13-3-17　长江口实测的拦门沙段近底高浓度泥沙纵向集中分布形态

①基于三维波、流、泥沙、盐度耦合数学模型,提出了一套适合长江口深水航道悬沙和近底高浓度细颗粒泥沙层形成及输运的数值模型新技术。

②深刻揭示了在盐度斜压力、密度梯度紊动制约、密度流和越堤泥沙横向供给等相互作用下悬沙输移和形成长江口深水航道近底高浓度泥沙输运的动力机制和物理过程。

③通过增加浮泥模块,模拟和预测了航道浮泥的生成、运移和消散的过程。

④实施了深水航道日常维护逐月回淤量预测,提出了最小理论疏浚量的确定方法,分析了不同潮周期的回淤规律,给出了合理分配施工组织安排的优化方案,为长江口深水航道的建设和维护提供了技术支撑。

长江口三维泥沙模型的开发在航道回淤原因分析、减淤工程方案研究中发挥了重要的技术支撑作用,提出的南坝田挡沙堤加高工程实施后取得预期的减淤效果。近底高浓度泥沙的运动特性及航道淤积机理十分复杂,长江口数模试验技术还需要在今后的研究和实践中不断深化完善。

3.整治建筑物结构设计创新

整治建筑物设计紧密结合工程特点,本着确保实现整治功能、结构安全稳定、有效控制周边河床冲刷以及有利于安全、优质、快速施工等基本设计原则,研发了一系列创新结构和设计方法。提出了包括新型护底软体排结构、袋装砂堤心斜坡堤结构(38.1千米)、半圆形堤身结构(51.416千米)和新型空心方块斜坡堤结构(2.6千米)等新结构。

形成了一整套整治建筑物结构设计基本原则,攻克了一批关键技术,共取得了13项创新成果(9项原始创新,3项集成创新,1项消化、吸收、再创新),其中长江口首创的护底软体排长管砂肋压载材料、护底软体排混凝土联锁块压载材料、土工织物充填砂袋堤心结构、空心方块斜坡堤结构等4项创新成果获得国家专利。

长江口深水航道治理一、二期工程汇聚了全国水运工程科研、设计、施工和监理的精锐力量，长达八年的建设过程中形成的成套新技术、新结构、新材料，通过这些队伍迅速推广应用到国内其他大型水运工程，如：洋山深水港一、二期工程、黄骅港外航道一期整治工程、天津港和京唐港曹妃甸港区出海航道工程、长江南京以下深水航道治理工程等，起到了良好的示范作用，提高了水运工程全行业的技术水平。本工程结构设计主要创新如下：

1）护底软体排结构

长江口河床质为易冲刷的粉细砂，整治建筑物工程实施后产生的绕堤流、沿堤流变化必然导致建筑物底下和周边的局部冲刷，护底工程是整治建筑物工程成败的关键。研制出适合长江口工况条件、适应地形变形能力强、保砂透水性能好、整体性好、结构简单、安全稳定、适合大面积高强度施工、价格低廉新型的排体材料和压载结构，并合理确定余排宽度，保证了整治建筑物及周边滩面的稳定。

（1）结构设计

①护底软体排的土工布排体应满足"保砂透水"功能，即必须具有良好的透水性（较大的渗透系数）和防止床面泥沙泄漏（较小的孔径）。研制了的新型排体材料——针刺复合土工布，既具有较高透水性能，又可提高其保土性。

②软体排应是能适应多向变形的柔性结构，适应排体下土体冲蚀变形。土工布排体，选用具有良好柔韧性和较高抗拉强度的土工织物加工制成。压载材料方面，通过比选和开发研究，最终选择长管砂肋与混凝土联锁块作为长江口护底结构的两种新型排体压载材料，能在排体上均匀分布，方便专业船快速施工，整体性好，能适应河床和滩地的冲刷变形。两种压载结构压载重量不同、适应变形能力也不同，砂肋排主要用于堤身下以及冲刷变形不大的堤外余排区域，混凝土联锁块适应地形变化的能力强，可以适应三维地形变形，主要用于受冲刷的区域。

③余排宽度的确定。应根据堤（坝）所在区域河床演变分析成果以及水流、波浪、河床质等条件，通过经验公式或局部模型试验等预测可能出现的冲刷深度和冲刷边坡，要求该冲刷坑深度及冲刷后形成的边坡能满足堤（坝）整体稳定的要求，在此基础上确定合理的护底范围。经计算，在长江口深水航道治理工程区域的工程地质条件下满足堤身结构整体稳定要求的软体排余排外侧堤侧冲刷坑边坡控制值约为不陡于 1:3。

④护底软体排的结构设计

软体排典型结构形式如图 13-3-18 所示，堤身结构覆盖部分为砂肋排，两侧（余排）分别为混凝土联锁块排和砂肋排。

堤身排是在堤身施工前保护拟建堤身下滩面免受冲刷的临时保护措施，排上压载结构主要起固定排体的作用，因此可采用砂肋间距较宽的砂肋软体排。堤身两侧的余排、堤（坝）头部前方的超前护底的压载可以根据预测冲刷情况选择砂肋排或混凝土联锁块排。

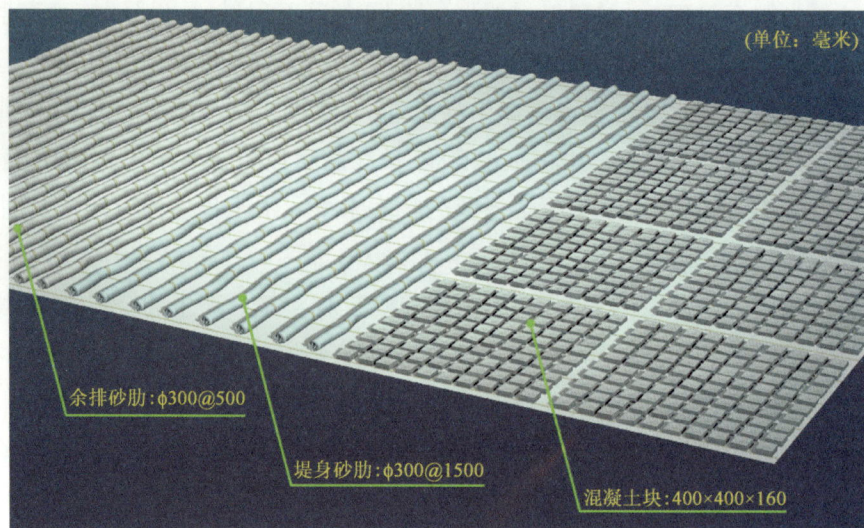

图 13-3-18 软体排典型结构图

（2）应用情况及效果

长江口工程所有整治建筑物下均铺设了软体排,除一期试验段工程局部采用了抛石压载的软体排外,其他堤段全部采用了新型护底软体排,铺设总面积达 1391 万平方米。工程实践证明,新型软体排很好地实现了设计意图,有效地控制了施工过程中河床面高可动性粉砂层的冲刷,保证了整治建筑物的安全稳定。

2）袋装砂堤心斜坡堤结构

长江口区域石料匮乏,以袋装砂代替抛石作为堤心的斜坡堤具有对软基适应能力强、施工速度快、造价低的优点。设计单位针对本工程特点,重点解决袋装砂结构的抗浪稳定性问题。

（1）结构设计

①降低堤心袋装砂结构的顶高程。导堤顶高程为平均水位(+2.0 米),正是波压力最大的位置。为减小作用在顶层砂袋上的波浪力,设计中,将砂袋顶面设在设计低水位附近(图 13-3-19)。

②增强结构整体抗浪稳定性。斜坡堤内外坡面均以抗浪稳定性高,造价相对较低的消浪块体——预制混凝土钩连块体作护面。为此,消浪块体与袋装砂棱体之间设置了抛石垫层和一层无纺布。

③袋布两侧(堤身断面方向)采用了针刺复合土工布。袋体布采用了强度高、渗透性好、价格低廉的 230 克/平方米的丙纶编织布。但对施工期暴露时间长,直接受波浪力作用的砂袋两端面(堤心棱体内、外坡部分)则采用了 150 克/平方米的无纺布和 230 克/平方米编织布针刺复合的土工布,以更有效地防止袋内充砂的析出。

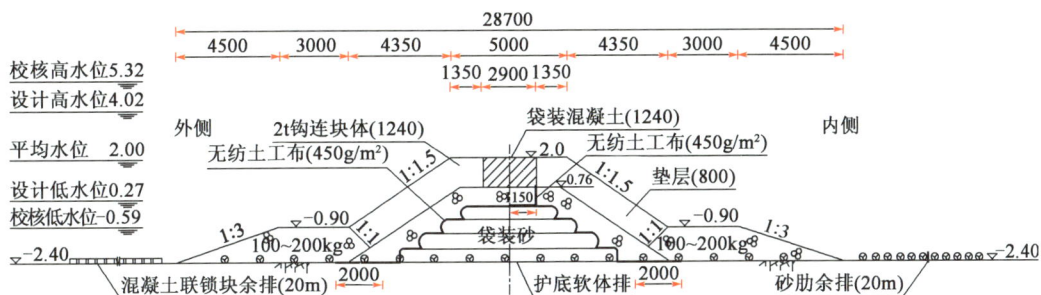

图 13-3-19　一期袋装砂斜坡堤典型断面图(尺寸单位:mm;高程单位:m)

④顶层砂袋内设置隔仓。在顶层砂袋内沿堤轴线方向加设了隔仓,以减少袋内充砂在动水作用下的横向运动。

⑤控制袋布材料的延伸率。在土工布生产厂的大力支持下,将作为袋布使用的丙纶编织布的延伸率指标降低为小于25%,以减轻受波浪作用时袋布孔径变化。

⑥二期工程取消了护面结构中堤顶的模袋混凝土,采用内外坡钩连块体在堤顶成为连续护面结构,增强了护面钩连块体的抗浪稳定性。设计断面见图13-3-20。同时,还调整了堤顶宽度,保证坡肩处上下块体间的钩连作用;并在施工前要求逐断面控制坡面总长度(以紧密安放整数个块体的长度为原则),提高块体的安放质量。

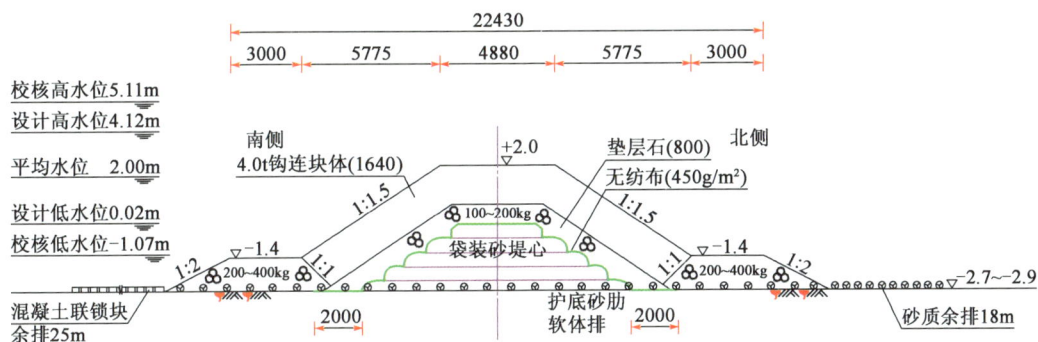

图 13-3-20　二期工程袋装砂斜坡堤典型断面图(尺寸单位:mm;高程单位:m)

(2)实施效果

一、二期整治建筑物共38.1千米的堤段采用了袋装砂堤心斜坡堤结构,充砂总量达52万立方米。由于采用了前述多项优化措施,虽遭多次台风、大浪侵袭,从未发生过袋体破损、漏沙等现象。实践表明,堤心袋装砂的优化结构设计不仅大量降低了工程造价,而且方便了大型专用船高效作业。二期工程虽然工况条件更差,全钩连块体护面的全部斜坡堤(包括南导堤的堤头段)未发现一例块体失稳。充分说明了本工程袋装砂堤心斜坡堤结构设计是十分成功的。已建成的一、二期工程袋装砂堤心斜坡堤见图13-3-21和图13-3-22。

图 13-3-21　一期工程袋装砂堤心斜坡堤

图 13-3-22　二期工程袋装砂堤心斜坡堤

3）半圆形堤身结构

半圆形堤身结构由垂直断面呈半圆环形的钢筋混凝土拱圈和底板组成,具有以下特点:

由于波压力在堤身高度方向的相位差,作用在半圆堤上的波压力较传统直立堤小,抗滑稳定性能好,堤身断面较经济。

堤面波压力的作用方向均通过圆心,对堤身不产生倾覆力矩,因此地基应力基本为均布状况,适合于软基的条件。

圆拱结构的构件受力性能好。

半圆形构件全部在陆上预制,安放于整平好的抛石基床上后,可抵御大浪的袭击,水上作业工序少,施工期稳定性好。

因此,半圆形堤身结构完全符合本工程整治建筑物结构设计的基本原则,是一种适用于本工程的优异的新型结构。

日本自 1985 年起开始进行半圆形防波堤的研究试验工作。1992 年,在九州东南沿岸的宫崎港的内港建成 3 节共 36 米长的半圆形试验堤。在国内,中交第一航务工程勘察设计院有限公司(以下简称"一航院")首先于 1995 年引入并在天津港北防波堤、南疆防波堤成功应用。针对长江口工程的导堤为半潜堤、工程区域波浪大、地基软弱等特点,在总结已有工程经验的基础上,创新和优化设计方法,提出更为合适的新型结构形式。

(1)结构设计

①半圆堤设计方法的创新和优化

结合长江口的波浪和地基条件,以及高、低水位时半圆体的出露和淹没状况,研究提出了堤顶淹没情况下半圆堤波浪力的计算方法,半圆堤波浪力数学模型分析方法,半圆堤整体有限元分析方法,半圆堤结构优化设计方法,以及考虑半圆体结构稳定、地基承载力和沉降量相互影响的设计方法。该方法已普遍应用于长江口工程中各种半圆堤结构的设计,并被行业规范采纳。

②半圆体结构形式创新

对日本半圆堤在结构上做了重大改进。将日本的三向预应力钢筋混凝土结构改为普通钢筋混凝土结构;变拱圈分8片预制、后张法组装为一次成型的整体预制构件。该新型结构型式"施工方便、造价低廉",得到大面积应用。

一期工程中采用优化后的半圆形导堤代表断面如图13-3-23所示。设计采用了半径为4.0米、总高4.5米的半圆形构件,每个构件重量为180吨。半圆形构件底板部位的内、外两侧抛有护肩块石棱体,堤底及堤内、外侧海床上铺设有软体排。

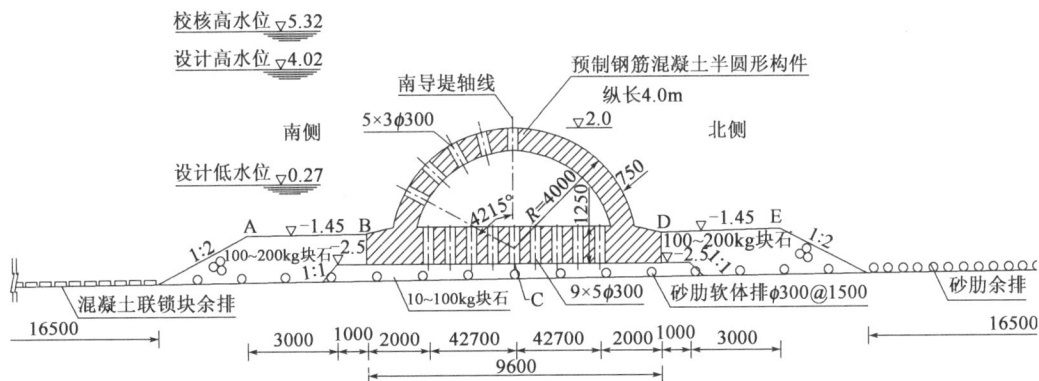

图13-3-23　一期工程半圆堤典型断面图(尺寸单位:mm;高程单位:m)

与经对二期工程更加严峻的设计条件的分析,在一期工程半圆形构件导堤成功建造的基础上,二期工程中又开发出充砂半圆形构件和半圆形浮式沉箱结构两种新的堤型结构。

③充砂半圆体结构

二期工程中,中交三航院提出了充砂半圆体混合堤结构形式(图13-3-24)。这种新型结构的设计思想是以腔内充填廉价砂料和更少的钢筋混凝土结构重量来满足结构的整体稳定,从而进一步降低工程造价。

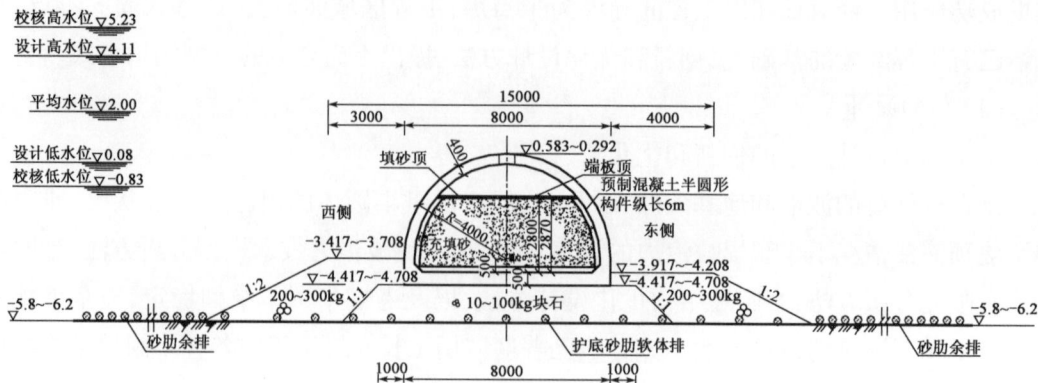

图 13-3-24　二期工程充砂半圆堤典型断面图(尺寸单位:mm;高程单位:m)

这种结构与日本的半圆体比较,取消了底板和拱圈上的开孔,可减小堤身的透水量;在构件两端增设封头板,改善了结构在施工及使用期的受力状况;上述措施为腔内充砂,减薄钢筋混凝土拱圈和底板,减少混凝土用量,节省工程造价创造了条件。

④半圆形沉箱结构

一航院针对二期工程工况特点,创新地提出了半圆形沉箱结构(图 13-3-25)。

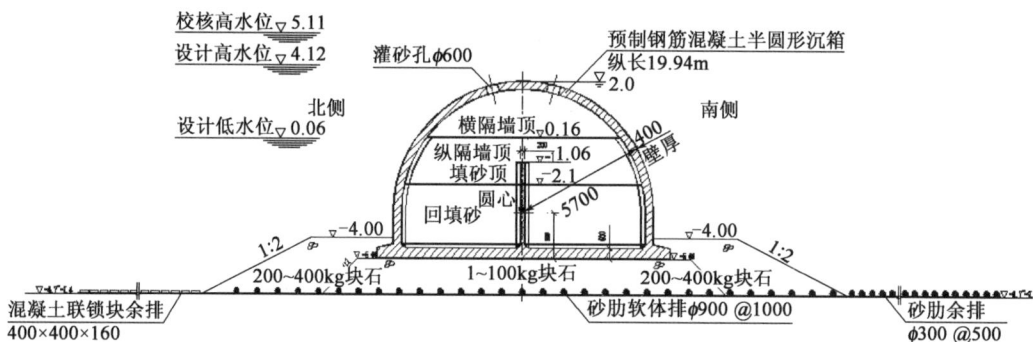

图 13-3-25　二期工程半圆形沉箱典型断面图(尺寸单位:mm;高程单位:m)

半圆形沉箱兼具了原半圆体结构波浪力小、稳定性好、地基应力分布均匀等优点,也兼具了充砂半圆结构节省造价的优点,还兼具了沉箱结构整体性好,便于浮运、沉放,不需大型起重船,施工进度快等优点。特别适合于二期工程北导堤地基软弱的深水堤段,是世界首创的一种新型防波堤和导堤结构形式。

北导堤 N38 +000 至 N46 +600,总长 8.6 千米的堤段及其南侧的部分丁坝堤段均采用了半圆形沉箱结构,其余堤段主要采用充砂半圆形结构。

(2)新型半圆堤的应用效果

长江口深水航道治理一、二期整治建筑物工程中,大量采用了半圆形堤身新结构,包括半圆形结构、充砂半圆体和半圆沉箱结构在内的堤坝总长度达 51.416 千米。实践表明这些新型结构安全稳定、施工快捷、外型美观、造价也相对较低,对深水航道治理工程安全、优质、高效地建成起到了重要的保障作用。图13-3-26为北导堤半圆形沉箱堤的实景照片。

图13-3-26　北导堤半圆形沉箱堤的实景照片

4)新型空心方块斜坡堤结构

长江口深水航道治理工程北导堤 N46 + 600 ~ N49 + 200 长 2.6 千米的堤头段(NII-C 区段)是整治建筑物工程中自然条件最为严酷的区段,表现为水深最深、波浪最大和地基条件最差。该堤段泥面高程为 − 7.6 ~ − 8.6 米;25 年一遇极端高水位时 $H_{1\%}$ 可达 8.08 米;地基上层 3 米为十字板抗剪强度 C_u = 3.12 千帕的淤泥层,其下仍为深厚的流塑状淤泥和强度很低的淤泥质黏土层。在这种极端恶劣的自然条件下,选择具有"导流、挡沙"功能的导堤结构形式成为重大技术难题。

经过多轮比选,一航院提出的新型空心方块斜坡堤方案以新颖的结构设计思路和具有独特优点而被选用。

(1)结构设计

①基本思路

新型空心方块斜坡堤的堤身主要由边长 2.5 米单件重达 14.4 吨的钢筋混凝土中空立方块体随机堆放而成(图13-3-27)。这种新型结构的设计思路正是立足于长江口工程设计条件的特点,按"轻型重力式"的原则提出的。采用重力式结构以发挥整治功能;以具有高空隙率(63.3%)和大自重的空心方块(图13-3-28)的良好消浪特性保证堤身结构的抗浪稳定性;由于堤身结构的总空隙率高达78%,使堤身的结构自重降低至仅为等高抛石斜坡堤的1/3,从而可以满足极软弱地基的承载力和整体稳定性要求。

②空心方块斜坡堤的断面设计

鉴于空心方块斜坡堤是世界首创的新型结构,相应开发了包括断面设计、地基整体稳定性验算、空心立方体结构的内力分析等一整套设计方法。

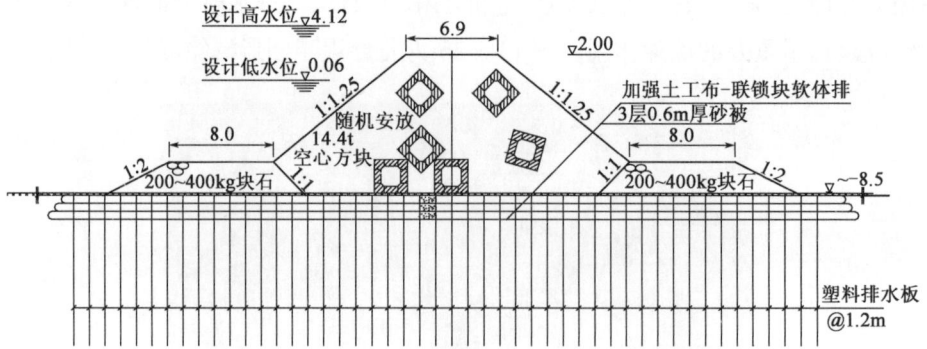

图 13-3-27　空心方块斜坡堤断面图(尺寸单位:m;高程单位:m)

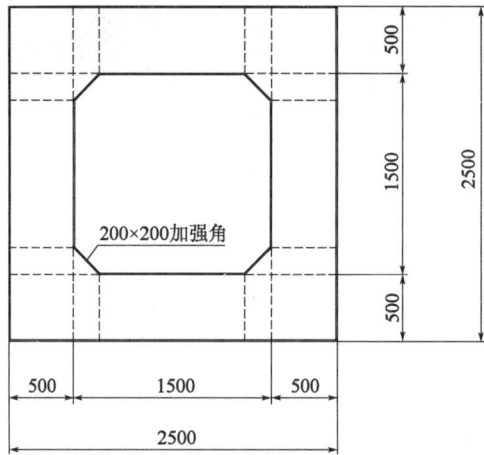

图 13-3-28　14.4 吨空心正方体(尺寸单位:mm)

根据长江口深水航道治理工程总体设计的要求,导堤的堤顶高程为 +2.0 米。堤身断面主要由随机安放的空心方块构成,堤顶宽度 6.9 米,相当于设计高水位时的 1.17 倍有效波高值,且可满足堤顶随机安放 3 块空心方块的尺度。堤身内外侧边坡坡脚设 2.5 米厚的水下抛石护脚棱体。

鉴于模型试验中测得在波浪作用下,地基表面仍将作用有 10 千帕的动应力,为防止地基软黏土在波浪作用下发生软化,在堤身结构下打设了塑料排水板,排水板间距为 1.2 米,入泥面下的深度为 10 米。在空心方块斜坡堤底的联锁块软体排下铺设了 3 层 0.6 米厚的砂被,作为水平排水砂垫层,并兼具扩散上部结构对地基产生的应力和调整地基变形的作用。

③堤身结构透水性对整治功能影响的试验研究

设计阶段,就大空隙率空心方块斜坡堤结构形式对导堤"导流、挡沙、减淤"功能的影响开展了模型试验研究,研究认为:NII-C 区段采用空心方块斜坡堤结构形式对流场基本没有影响,对航槽回淤的影响甚小,总体上对整治效果影响不大,导堤采用空心方块透水结构可以接受。

（2）工程实施效果

NⅡ-C 区段空心方块斜坡堤于 2004 年 12 月建成后（图 13-3-29），2005 年 7 月至 9 月有 5 次台风影响长江口地区，其中 0509 号"麦莎"台风在北导堤附近的最大有效波高 H_s 约为 5.5 米，此波浪已接近设计高水位时 25 年一遇的设计波高 $H_s = 5.9$ 米。经过台风波浪作用的考验，空心方块斜坡堤总体稳定情况良好。综合分析现场监测资料，证明二期工程北导堤 NⅡ-C 区段采用新型空心方块斜坡堤结构的导流和挡沙作用良好，实现了整治建筑物的功能要求。

图 13-3-29　完成后的空心方块斜坡堤

4. 整治建筑物施工装备和工艺创新

长江口深水航道治理工程工况条件差，工程量大、施工强度高，滩面物质易冲蚀，大量采用了新型结构，水上作业工序少。针对这些特点，应力求水上各主要工序做到流水、高速、均衡推进，这为分工序采用高效的专用船机设备实现均衡施工创造了条件，也对开发专用高效作业船舶提出了更高的要求。

为此，研究提出了一大批水上作业新工艺，研制了各类单一功能（即只需完成单一工序，如软体排铺设、基床抛石整平等的施工）的高效专用作业船，施工技术水平取得了全面提升。GPS 测量定位技术取代了传统测量手段，第一次在大型水运工程中获得全面应用；整治建筑物水上施工全部实现了机械化、半自动化和信息化；研发了具有世界领先或国内领先水平的大型专用作业船机达 6 类共 27 艘（台），如表 13-3-5 所示。主要技术创新成果如下：

大型专用作业船(机)汇总表　　　　　　　表 13-3-5

船机类别	艘(台)数	施工效率		
		单位	平均	最高
软体排铺设船	15	m²/艘日	5372	10131
排水板打设船	5	根*/艘日	1185	3900

续上表

船机类别	艘(台)数	施工效率		
		单位	平均	最高
基床抛石整平船	3	m^2(整平)/艘日	581	1620
		m^3(抛石)/艘日	2000	6000
基床整平机	1	m^2/台日	800	1400
升降料斗式抛石船	2	m^3/艘日	932	1350
沉箱安装船	1	个**/艘日	2.76	8
合计	27	—	—	—

注:* 每根长度11米;** 每个沉箱长20米,宽17米,重约1100吨。

1)GPS 技术应用创新

本工程远离陆岸平均达 50 千米,采用传统的测量平台方法,耗资大,无法全天候作业,在风、浪、流条件下难以保证其稳定性及测量精度,通讯及联系不便。采用无线电、微波等手段从精度、成本上也难以实现。

GPS(全球卫星定位系统)技术成为长江口深水航道治理整治建筑物工程施工测量唯一可行的选择。

GPS 应用中的技术创新主要有以下三个方面:

(1)创新地提出了以长基线构建 GPS 长边骨架网的建网方案

采用 GPS 技术,通过 1997 年初、2001 年和 2007 年的三次建设和扩展,在没有高级控制点的水域建立了控制范围达 800 平方千米的工程用基线控制网,是我国水运工程的第一例。

本工程通过理论分析,得到基线愈长、相对误差愈小的结果,创新地提出了以长基线构建 GPS 长边骨架网的建网方案,有效地保障了基线相对精度达到 $10^{-7} \sim 10^{-8}$ 的高标准要求,从而保证了全部工程区内工程测量所要求的厘米级精度。

(2)高程异常网的建立和似大地水准面的精化

为实现平面定位测量与测深同步实施,利用 RTK-GPS 技术开发了 GPS 三维定位;同时,为有效解决空间跨度大所带来的高程异常,利用长江口区已有多个水位站及水准控制点构建了长江口高程异常网(图 13-3-30),并通过对陆基水位站(如芦潮港)与基岩点的水准联测,核定各水位站多年平均水面值等方法,高精度确定陆域高程异常值,获取网中高程异常值分布并拟合了残差分布图,从而将 GPS 高程转换为正常高。

为进一步提高精度,准确定义出长江口工程区域范围内的似大地水准面,采用重力法及移去~恢复技术对长江口区域分辨率为 $2.5' \times 2.5'$(约相当于 5 千米×5 千米)的高精度似大地水准面进行了精化,精化后精度优于 ±5 厘米。

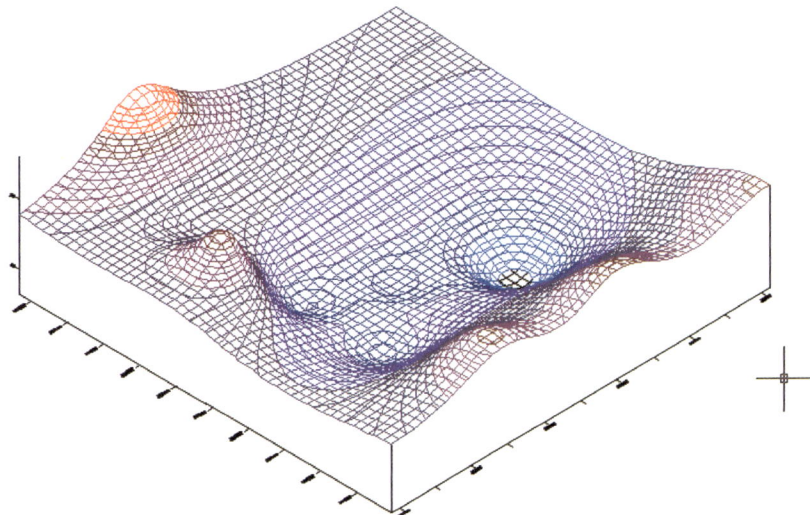

图 13-3-30 二期工程高程残差三维图

(3)无验潮测深技术的开发

基于 GPS 控制网、高程异常网的建立和似大地水准面的精化,提出了采用 GPS 与测深仪结合的无验潮水深测量方法(其工作原理见图 13-3-31),彻底改变了以水面高程为基准的传统水深测量方法,有效避免了验潮误差、测点与潮位站水面高差、逐点测深与验潮时刻的不完全同步带来的误差等一系列对测深精度的影响。

GPS 技术在长江口深水航道治理工程中的应用取得了重大突破,成为首次应用于水运工程定位测量的成功案例。在各艘大型作业船上均配备 2 台 GPS 接收仪,实现了全天候、任一位置的精准定位;GPS 技术应用于水上施工、沉降位移观测、整体验收等,成功地解决了工程测量定位极端困难这一

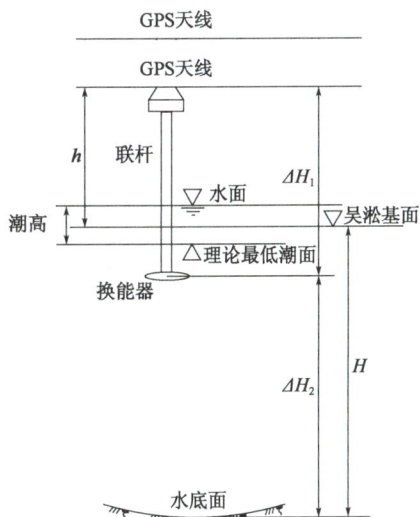

图 13-3-31 无验潮测深原理图

重大技术难题,全面提升了水运工程测量定位技术水平,并迅速地在洋山深水港工程、东海大桥和杭州湾大桥及黄骅港外航道整治一期等大型工程中推广应用。

2)护底软体排施工工艺及专用设备

面对长江口水域水深、风大、浪高、远离陆域,水体混浊,受径流和潮汐双重影响,流向流速多变的复杂工况,工程护底总面积超过 1500 万平方米的高强度施工,软体排铺设深度从 8 ~ 10 米增加至约 35 米水下铺设质量难以保障的重大技术难题,需要研发相应的成套工艺及相应的大型专用船机设备,以提高水上作业施工效率、满足高精度定位、高强度

施工和工程高质量的要求。

（1）施工工艺主要特点

将护底软体排分为排体布和压载两部分，陆上预制。排体布通过陆上加工厂拼接成整幅；排体压载用的混凝土联锁块在陆上成片预制。

排体运至水上施工现场，卷存于专用船的卷筒上，并展铺在甲板上，长管砂肋在甲板上充砂成型，砂肋和联锁片在甲板上与排体布联接成整体。

利用倾斜滑板导铺，排体入水铺设与船体沿铺设方向同步平移。

排体成型与移船铺设交错进行，实现整张软体排连续铺设。

（2）专用船开发

软体排铺设专用船开发的关键技术主要包括倾角可调的沉排滑板设计、软体排布卷

图 13-3-32　护底软体排铺设船正在铺设联锁块软
　　　　　　体排

筒与导梁设计、定位系统与铺排专用软件系统开发等。在解决上述关键技术问题的基础上，先后研制了 15 艘铺排幅宽 35m 以上的大型专用软体排铺设船（图 13-3-32）。

（3）主要技术创新

将土工织物应用、GPS 定位、计算机等技术集成于研发的铺排专用船上，实现了复杂工况条件下优质、高效、机械化、信息化铺排作业。

首创长管砂肋（最长 40 米/根）船上成型工艺。

首创联锁块成片预制，在船上将排体布联结成型施工工艺。

首创铺排船舷侧变幅滑板导铺技术。

首创动力卷筒和弧形变截面导梁等辅助装置。

护底软体排施工成套工艺和专用设备的运用，使得护底施工单船日作业效率由工程开工前的不足 500 平方米，提高到平均 5000 平方米，最高实际铺排效率达 10131 平方米，分项工程的优良率达 100%。其中，混凝土联锁块软体排和砂肋软体排二项成果已获实用新型专利，相关技术标准已纳入《水运工程质量检验标准》（JTS 257—2008），有效促进了行业的技术进步。

目前，护底软体排的设计施工技术及经验已广泛推广应用于我国沿海及内河水运、水利工程中。所创造的护底软体排设计施工成套技术被荷兰专家称为"最适合长江口工况条件的实用技术"；被日本港口及海岸工程专家合田良实誉为"长江口工程中最成功的创新"。这套工艺的成功开发，标志着我国在河口及浅海海床护底施工技术上已处于国际

领先水平。

3)袋装砂堤心成型及砂被铺设施工工艺

袋装砂堤心结构设计和施工具有以下特点:全部堤心袋装砂均处于水下;与堤心结构等宽的大型沙袋不宜水上抛投;防袋布老化及被垫层石硌破的450克/平方米防护无纺布在动水中铺设难度大;铺设工程量大需要快速成型,高效施工;海上深水沙被铺设是二期工程中为提高地基土抗"软化"能力而采用的局部软土加固措施,与斜坡堤堤心袋装砂仅设计功能和尺度不同。工程选择了专用作业船水上铺袋、充沙、连续成型的新工艺。

(1)施工工艺

袋装砂堤心的成型工艺与软体排铺设相近,袋布也需上卷筒及在甲板上展布,沙袋在河床沉设时也是靠移船实现。因此,袋装砂及沙被水上铺设采用以袋体预加工、专用铺设船、水上充沙、分步、连续退船铺设等为特征的施工工艺。

(2)专用船开发

针对袋装砂堤心施工的新工艺,一期工程中专门研制开发了专用充沙袋船。如中交上海航道局有限公司研制的"长江口二号"专用充沙袋船(图13-3-33),该船配备了可调制动力矩的袋布卷筒、压袋筒、GPS定位及施工监控系统。

图 13-3-33　长江口二号专用充沙袋船

(3)袋装砂堤心施工技术创新

首创多层沙袋与顶层无纺布复合施工新工艺,解决了多层沙袋逐层铺设充灌需多次移船,工效偏低及无纺布单独铺设易漂浮,施工难度大等技术难题。

研制了具有"自锁"功能、简易可靠的双层袖口式充沙袋口,解决了充沙袖口绑扎困难易漏沙的问题。

该工艺的开发运用,有效地适应了本工程的自然条件和结构特点,施工效率成倍提高,单船成型袋装砂最高效率达1400立方米/艘日。施工质量良好,一、二期工程共完成袋装砂堤心 52 万立方米,未发生一例袋布破损或漏沙的事例。

4)半圆型构件预制及出运工艺

工程南北导堤及丁坝水深较大堤段共采用单件重量分别为 200 吨级、500 吨级半圆体和 1000 吨级半圆形沉箱 8158 件。这些钢筋混凝土构件重量不一、水上运输和安装方法各异、外形呈半圆拱形的全封闭空腔箱形的特殊结构,需研发新型预制及出运工艺。

(1)预制出运工艺及专用设备

200 吨级半圆体:预制采用整体装配式模板,并以混凝土地坪作半圆体底模;出运分预制场内横移—场内纵移—提升并沿引桥纵移—桥吊横移装船 4 个步骤,纵移车沿轨道纵移至水上引桥一侧的 200 吨专用桥吊下,半圆体起吊装船。

500 吨级半圆体:预制及出运工艺与 200 吨级半圆体大致相同。研制了国内首创的 500 吨门机专用设备(图 13-3-34),采用了"空载移位、支腿起吊"的新工艺。

图 13-3-34 500 吨门机支腿起吊半圆体

1000 吨级半圆沉箱:出运工艺总流程按台座预制—横移—纵移—滑道下水设计。研发了场内运移及出运一整套全新的工艺(图 13-3-35),研制了 2 套"步行式液压顶推系统"和沉箱在滑道起始段由纵移车过渡到斜架车上下水出运的新设备。

二期工程共预制、出运半圆形沉箱 544 个,预制优良率达 91.2%,创下了日完成预制 4 个,出运 6 个沉箱的纪录。

(2)工艺创新

开发了整套大型半圆形全封闭钢筋混凝土空腔结构的预制工艺;

在国内水运工程中首创 500 吨门机"空载移位、支腿起吊"半圆体新工艺;

国内首次采用步行式液压顶推工艺运移大型沉箱构件;

国内首次采用斜架车直接载运沉箱下水新工艺。

图 13-3-35　步行式液压顶推器纵移沉箱

此外，在半圆沉箱出运工艺中，还广泛开展技术革新，发明了轻便千斤顶运移小车、横移沟盖板顶升车等实用工具，大幅减轻了劳动强度。

5）空心方块斜坡堤施工新技术

空心方块斜坡堤是世界首创的新型结构。该结构施工攻克的关键技术主要有：堤身高度控制、水下定点安放块体控制和高强度施工等。相应研发了调整底层块体纵横间距控制堤顶高程方法，通过摆放试验（图 13-3-36）得出了堤顶高程和空隙率满足设计要求的三维摆放参数，即作为该堤段的施工控制参数，并据此计算出每一块体质心在工程坐标系中的三维坐标作为水上安放时逐块定位的坐标参数；同时开发了一套空心方块安放专用定位控制系统，实现了机械化、可视化施工。

图 13-3-36　空心方块摆放模型试验

施工新技术的运用，满足了工程在质量和功效方面的要求，最高效率达到单船单机日安块体 350 个；堤身空隙率控制在 40% ~ 41%；堤身整齐、美观，工程质量优良，并已成功经受多次台风考验。

6）机械化抛石整平施工工艺及专用设备

长江口深水航道治理工程水下抛石基床整平工程量达72万平方米。需要解决适应长江口复杂工况条件，配置高效率抛石设备，实现机械化、自动化、信息化施工等整平施工关键技术。通过研发和工程实践，在长江口得到较好运用的主要有坐底式基床抛石整平船、平台式基床抛石整平船和步履式水下基床整平机三类专用设备和施工工艺。

（1）坐底式基床抛石整平船施工工艺

施工工艺：整平船定位下潜坐底——整平机标高及水平调整——石料抛投——基床整平——基床验收——整平船起浮移位。

一期工程开发的坐底式基床抛石整平船（图13-3-37）依靠两侧的船体（称"片体"）直接"坐"在护底软体排上，靠调节压载水控制片体的接地压力，以适应地基的低承载力。在船舯的空腔内靠两台卷扬机水平移动的刮板推平由克令吊抓斗抛入的块石；支撑刮板的两根轨道梁各依靠固定在片体上的两台长行程液压油缸悬吊并调平，即使地基表面有一定坡度或凹凸不平，船体允许随之倾斜，而刮板的"刀口"仍可沿水平面移动。

图13-3-37　坐底式基床抛石整平船"长建一号"

因坐底而具有良好的抗浪稳定性，在10级以下大风中仍可就地抗浪，它使基床抛石和基床整平两道工序合并施工，单船综合效率可达日完成90延米的基床建造；1～100千克块石整平表面不平整度可控制在±5厘米以内，精度和基床密实度均明显优于人工整平。坐底式抛石整平船集移船、定位、抛石、整平、质量验收等多项作业于一体，主要作业实现了机械化、信息化，真正做到了基床整平取消潜水员作业，在中国水运工程史上第一次真正实现了整平作业的机械化施工。

（2）平台式基床抛石整平船施工工艺

施工工艺：整平船定位——刮刀标高确定——提升平台及降下刮刀——抛石——刮刀整平——基床验收——整平结束及移位。

平台式基床抛石整平（图13-3-38）是集成了海洋工程中自升平台和一期工程中开发

的坐底式基床抛石整平船技术的先进工艺。其主要特点是:以四根底端装有大型靴板的桩腿以减少整个结构的接地压力,保护软体排;平台升离水面作业,可不直接受浪、流的影响;两台克令吊用抓斗将石料投入可沿刮刀架横移的溜筒中,实现准确的定点抛石。

图 13-3-38　平台式基床抛石整平船"航工平 1 号"

(3)步履式水下基床整平机施工工艺

施工工艺:整平机吊至待整平基床并调整到预定位置——调整整平架和刮刀——刮刀空载往返探测基床情况并确定整平次数——调整整平架和刮刀——整平——刮刀后退探测分析整平情况(不合格则补抛并再整平)——基床验收——整平结束及移位。

步履式水下基床整平机(图 13-3-39)在已抛石的基床上依靠两组共 8 条液压支腿交替支承设备自重并完成纵横移位,除利用液压驱动的卷扬机牵引推耙式刮刀完成整平外,还可用其后方跟进的压辊对耙后床面进行碾压。步履式水下基床整平机是集成了机械、液压、自动控制、GPS 定位、计算机施工信息处理及监控等多种先进技术,开发研制的一种新型自动化水下抛石基床整平设备。其主要优点是适应河床多变、水深较深的基床,对基床尺寸的适应性强。据专家鉴定,其施工效率高于国外同类设备。

图 13-3-39　步履式水下整平机

整平船和整平机在长江口工程中的成功开发和应用,使我国重力式水工结构的抛石基床整平告别了依赖潜水作业的繁重、低效时代、跨入了机械化作业的新时代。

7)半圆形沉箱安装船的开发

针对半圆形沉箱结构及工况特点,研发的半圆形沉箱安装专用船的设计思路是:具有抗浪能力强、作业稳定性好,集成定位、测控、信息化施工等先进技术,具备定位、沉放、注砂等综合功能,可对半圆沉箱安装实施流水作业等。

沉箱安装工艺流程:安装船抛锚定位座底——沉箱拖运及靠安装船——沉箱定位与安装(导向杆调整—沉箱安装—测量控制)——沉箱起浮调整(若需要)——沉箱充砂——安装船起浮移位。

该船(图13-3-40)采用半潜结构、坐底施工。其工艺特点是在单侧舷外设置了3组6根水平外伸距离可调,竖直方向可伸缩的液压导杆。沉箱由拖轮浮运拖至已坐底定位的安装船近旁后,改由安装船上缆索牵引至半圆沉箱趾部抵靠在二根导杆上。用安装船上的缆索沿舷侧牵引调整沉箱沿堤轴线的位置,调节导杆外伸距可使沉箱平面位置精确定位。对沉箱注水沉放时,导杆可同步下伸,从而保证了沉箱垂直下沉就位。三组导杆可供3个沉箱同时在船舷进行调位、注水及沉放的流水作业。

图13-3-40 半圆形沉箱安装专用船"长安1号"

半圆沉箱安装专用船是一艘独创的新型施工设备。具有抗浪稳定性好,有效作业天多,导向定位自动化程度高,沉箱接靠、就位、安装方便、快捷、定位准确,并可一船多用,兼具沉箱定位、注水、充砂功能等诸多优点。每个有效工作日可安装半圆沉箱4~5个,最高效率创下了日安装8个沉箱的高纪录。

8)海上塑料排水板打设工艺及专用船的开发

针对工程部分区段存在易软化土层,采用了以铺设砂被、打设短塑料排水板,对近表软黏土层进行有限加固提高地基土抗"软化"能力的工程措施。

二期工程需打设塑料排水板总长度达到624万米,施工工况复杂;泥面高程在 −5.8 ~ −8.5 米,排水板导管在水中自由长度达10米以上;塑料排水板行/排距要求严格,单根长度 11 米左右、数量逾 50 万根、工期紧迫。须研发抗浪能力强、施工高效、打设质量可控的施工工艺及作业船舶。

为保证排水板打设质量,需要攻克切割多层土工布并穿透砂被垫层、防"回带"、施工质量可控等关键技术。

研发的专用船舶(图 13-3-41)采用了抗浪稳定性好(保证打设架及导管安全和排水板垂直度)的大排水量驳船,配置高精度定位系统,采用多台(2~12 台)成组并联打设方式,按"一管一锤"配置打设动力设备,并按设计入土深度和沙被厚度"定尺"打设塑料排水板。

图 13-3-41 "打设 1 号"照片

打设工艺及专用船的开发,攻克了前述关键技术,除对沙被袋布采取结构措施以减少和防止沙被破口漏砂外,在打设及质量监控技术上取得了两项重要创新:一是开发了新型专用板靴(图 13-3-42),改进了套管结构,形成了减少沙被破口、防排水板"回带"技术;二是研发了利用牵引排水板入导管的引绳判断"回带"的打设质量监控方法,确定排水板入土深度及"回带量"。

9)插入式钢筋混凝土大圆筒预制及沉设施工工艺的开发

2001—2002 年,在北导堤堤头开展了大圆筒结构试验段工程,共沉设了 4 个钢筋混凝土大圆筒,虽然试验最终未能成功,但围绕插入式钢筋混凝土大圆筒的预制和沉设施工工艺开发,取得了一系列创新成果,并为推动水运工程的技术进步起到了积极的作用。

大圆筒导堤结构主要由钢筋混凝土大圆筒、削角筒顶块体、筒内填砂、护底沙袋及块石、护底软体排和筒间工字形插板及水下混凝土堵缝组成,导堤断面见图 13-3-43。

图 13-3-42　专用塑料排水板板靴

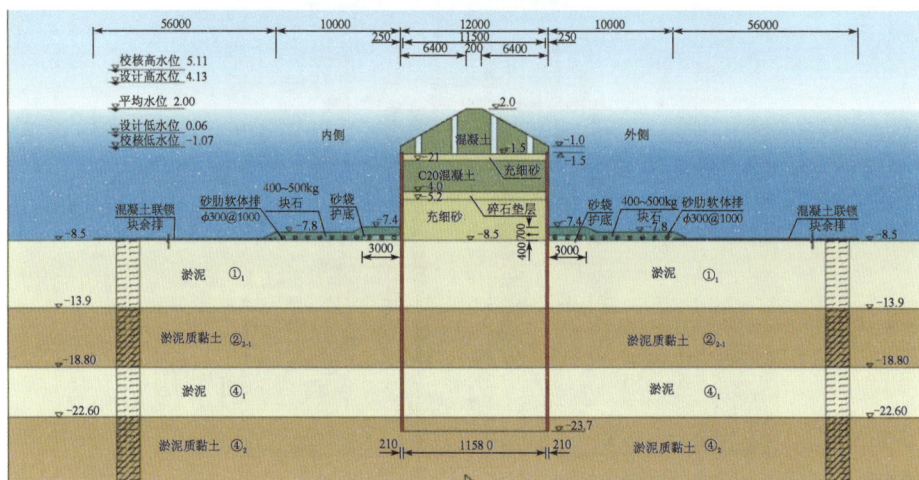

图 13-3-43　试验段工程 2 号大圆筒结构断面图(尺寸单位:mm;高程单位:m)

试验段工程采用 4 台激振力超过 300 吨的振动锤,同步振沉直径达 12 米、重达 470 吨的薄壁钢筋混凝土圆筒世界尚无先例,全套工艺均是自主开发。需要解决的关键技术有:振动沉设全套工艺的开发、大圆筒结构耐振性措施的研究。振动沉设全套工艺涉及圆筒水上定位、纠偏技术、振动锤组(图 13-3-44、图 13-3-45)及动力、控制系统的设计、四锤联动的同步性保证措施、锤组与圆筒的连接方式及沉设工艺流程的制定等众多技术;大圆筒结构耐振性措施主要采用在筒壁一定范围内掺钢纤维或聚丙烯纤维,涉及掺纤维混凝土及局部后张预应力的施工工艺及质保技术。

大圆筒振动沉设施工工艺:圆筒水上定位——船机设备与振沉现场船位布置——沉设(下导架割软体排—吊离割除的软体排—振动系统夹持圆筒—移船定位—自重下沉大圆筒—振动下沉)。

采用 4 台当时世界上最大、单台激振力超过 300 吨的振动锤同步振沉一个圆筒,是一项全新的世界级技术难题。振动锤系统由 4 台 APE400 型振动锤、4 台 APE990 型动力

柜、4组8对液压夹头、1套机械同步系统、1套监测控制系统、1套支撑架和吊架组成。提出了锤组同步性工作的3项技术标准:

图13-3-44 组装完成的振动锤组

图13-3-45 振动锤组工作时的情况

每台振动锤工作时均只作垂向振动。

4台振动锤产生的激振力必须同步。

四锤激振力的合力应沿圆筒的几何轴线作用。

通过试验段工程的实施,证明了振动锤系统设计先进、性能优良;同步系统设计满足要求,在世界上首次采用4台液压振动锤同步联动振沉大直径钢筋混凝土圆筒取得成功,达到了当时国际领先的技术水平。工程实践证明,采用振动法下沉大圆筒结构的全套施工工艺是基本可行的,也表明原设计中采用的钢筋混凝土圆筒结构的一系列耐振性措施是有效的。

本工程四锤联动振沉大直径圆筒工艺迅速在国内推广运用。2002年6月22日~9月8日,中交一航局采用这套振动锤系统和形成的施工工艺,并在这套设备增设了一榀支撑梁后,用于广州番禺南沙蒲州护岸工程,成功地振沉了40个直径13.5米、重60.8~181.7吨的钢圆筒。2011年开工建设的港珠澳大桥东西两个人工岛采用大型钢圆筒作围护结构,采用该工艺技术优质、高效地完成了两个人工岛全部120个钢圆筒的沉设。

5.疏浚工程技术创新

由于疏浚工程基本是沿北槽已有航道增深和拓宽,为不影响北槽航道正常通航,本工程疏浚设备只能采用自航耙吸式挖泥船。一期工程主要采用中小型(舱容量2000~4500立方米)耙吸式挖泥船施工;二~三期工程以舱容量9000立方米以上的大型耙吸式挖泥船为主力船型;12.5米航道维护期,以舱容量10000立方米的大型耙吸式挖泥船辅以4500~6000立方米的中型耙吸式挖泥船配合施工。

疏浚工程一直采用传统的疏浚施工工艺,主要有两种方式:一是采用自航耙吸船装舱溢流进行航槽疏浚,疏浚土由耙吸船自航运至倾倒区抛泥;二是采用自航耙吸船装舱溢流进行航槽疏浚,疏浚土由耙吸船自航运至吹北槽内1号~4号吹泥站抛泥,吹泥站的疏浚土利用绞吸船通过吹泥管线吹填至横沙东滩。

1)抗"骤淤"疏浚施工工艺

台风大浪常造成航道局部骤淤,严重时影响航道水深。经观测分析,总结出台风期浮泥和骤淤影响有以下主要特征:

(1)一般在台风刚过时,航槽中浮泥层的密实程度不高,流动性较强,会在水流的作用下产生空间分布的变化。台风过后,在疏浚船舶施工扰动及水流作用下部分浮泥会被带出航道,及时调度船舶驱赶浮泥有利于快速恢复航道水深。

(2)多次台风接踵来袭时,影响航槽回淤较严重的一般为前两次。在前两次台风的作用下,浅滩滩面的大量细颗粒泥沙被带入航槽后,滩面泥沙颗粒粗化,供沙量明显减小,后续台风对航槽的影响较前两次明显减小。

据此,自2001年起,根据气象部门提供的资料,预测受台风影响航道可能出现的骤淤强度及影响范围,制定出防骤淤碍航措施:

(1)风后尽快组织船舶进场,通过双频测深仪和浮泥观测系统对浮泥进行沿程连续观测,疏浚船舶根据观测成果,充分利用落潮水流,采用加强扰动、巡航式驱赶的方式对浮泥影响严重区段进行施工,清除浮泥。

(2)清淤作业采用先上游后下游、先槽中后两侧的程序进行,适当延长溢流时间,耙头高度按稍离底控制,集中泵吸浮泥层。

(3)维护期在总结基建期抗"骤淤"方法基础上,进一步加强对浮泥和骤淤的观测,利用SILAS浮泥观测系统和激光粒度仪对浮泥层时空、厚度、密度和浮泥层的产生及消亡过程进行连续观测,指导船舶调度及浮泥驱赶工艺安排,产生了较好的效果。

2)专业疏浚船机设计研制

长江口深水航道治理工程中的航道基建及常年维护的工程量巨大、航道回淤时空分布集中,为规避疏浚市场不确定性风险,保证疏浚科研工作与疏浚实践紧密结合,经反复论证后,2006年,经国家发改委批准同意建造两艘长江口深水航道专用大型耙吸挖泥船,即"长江口01"轮和"长江口02"轮(图13-3-46)。

(1)船型方案的研究

根据长江口12.5米深水航道维护实际要求,专用耙吸船设计技术要求主要包括:

①专用性的确定

浅挖深:主要是考虑三期工程完成后航道的维护水深为12.5米,确定设计最大挖深为25米。

推进功率大:长江口深水航道内,落潮时最大水流速度可达5节以上,为保证顶水2.5节的对地挖泥速度,要求可变螺距螺旋桨在150转/分钟时可接收功率达6250千瓦,以保证可调桨对船舶产生6250千瓦的推进力。

长江口01轮

长江口02轮

图 13-3-46　长江口深水航道专业大型耙吸船

专用耙头设计:长江口深水航道的土质多为粉细砂,具有粒径细、易板结、在泥舱内不易沉淀的特性,经试验后选用配备高压冲水的"威龙"型耙头并增加了一排耙齿,保证了破土能力,获得 1.35 吨/立方米进舱泥浆密度。

②舱容的确定

论证阶段曾对 4 种船型舱容(5000 立方米、7000 立方米、10000 立方米、12000 立方米)进行了比较,分别从长江口 12.5 米深水航道维护疏浚强度、船舶造价、年运营成本、泥土内外抛成本的测算等方面进行了分析、统计及论证,最终选取了 12000 立方米的船型方案。

③船体主尺度的确定

由于施工区域来往船舶多、避让频繁、倾倒区前沿水深较浅,因此本船在满足舱容 12000 立方米,泥浆密度 1.35 吨/立方米前提下,应具备浅吃水、肥大型、操纵灵活及良好的适航性。

经论证估算,船体主尺度要求:两柱间长不大于 125 米;挖泥满载吃水 T 小于 8.50 米;型宽 B 约 27.0 米;型深 D 约为 10.0 米。其船型系数为:$L/B \approx 4.63$,$B/D \approx 2.7$。船型系数超过了 CCS 规范船体结构计算规定的 $L/B > 5.0$;$B/D < 2.5$ 的范围。为此,本船采用了船级社认可的直接计算法进行船体总纵强度的计算。

④挖泥航速的确定

在不同的土质情况下,挖泥航速大多在 1.5 节到 3.0 节的对地航速之间变化。根据对在长江口施工的同类型耙吸船的分析,2.5 节的对地挖泥航速能获得较好的吸入泥浆密度,而随着航速上升到 3.2 节,泥浆密度反而下降,为此确定本船的对地挖泥航速为 2.5 节。考虑到长江口水流速度的影响,本船设计对水挖泥航速为 7.5 节。

⑤控制系统及自动化

本船的控制系统分为三部分:机舱集控室、航行控制台和挖泥控制台。主配电板内的 PLC 对主机、推进系统、泥泵、高压冲水泵、艏侧推进器及主配电板的功率分配进行自动控制,以确保主机的稳定运行。挖泥控制系统是可视化的,可通过电脑触摸屏对挖泥过程中的各项操作进行控制,同时显示挖泥及动力状态。采用操作杆对耙架、耙管进行手动下放和提升操作。本船的挖泥控制系统(DCS)系半集成控制系统,与国内多数进口耙吸船的控制水平基本一致。

经以上船型方案的研究,长江口深水航道专用大型耙吸船主要技术参数见表13-3-6。

长江口01轮主要技术参数表   表13-3-6

船　名	长江口01
总长	132.0 米
型宽	27.3 米
型深	10.0 米
吃水	7.65 米
总装机功率	16578 千瓦
总功率	15120 千瓦
船舶总吨位	12319
设计航速	15 节
续航力	20 天
材质	钢质
航区	无限航区

(2)船机效率

根据实测资料统计,本船的单船装舱土方量约为6300立方米(原状土方量),而同期在长江口施工的类似船舶的单船装舱土方量一般在5700立方米以下。本船日耗油量约为34吨,而同期在长江口施工的类似船舶日耗油量大多在45吨左右。

长江口深水航道专用耙吸挖泥船投入挖泥作业以来的统计数据表明:两艘耙吸挖泥船成功实现了方案设计要求的专用性,具有装舱效率高、操纵灵活、生产效率高、油耗低和经济效益好的显著优点。

3)耙吸装驳工艺运用

从长远看,横沙八期工程结束后,所有吹泥站将停止使用,将导致耙吸船抛泥运距增加、施工效率降低、大型耙吸船投入数量增加和维护成本大大增高。对此,维护管理单位先期有针对性地开发了耙吸装驳施工工艺,旨在将目前耙吸船挖、运分解,从而提高耙吸船挖泥施工效率、降低运输费用、并为更远距离的疏浚土综合利用拓展空间。

长江口耙吸装驳工艺试验于2015年6月1日开始实施,先行以"长江口01"轮为母船,联合航驳7001、航驳7002、长江口驳1和长江口驳2轮4艘泥驳开展耙吸装驳实船试验。为"耙吸装驳作业通航安全措施研究"提供现场数据支撑,充分研究耙吸装驳作业对长江口航道通航安全的实际影响。

2017年12月完成"耙吸装驳作业通航安全措施研究",并提出了有针对性的通航安全管理措施及建议,在确保通航安全和通航效率的前提下,提高耙吸装驳工艺作业时间,提高施工效率,降低航道维护费用。

2018年5月22日,召开了"耙吸装驳工艺施工准备会",从船舶软硬件设备、人员配备、管理制度、操作规程、应急预案、施工手续以及计量管理等方面着手开展准备工作,并于6月份进入耙吸装驳试生产阶段(图13-3-47),加大耙吸装驳技术和工艺的推广应用力度,若无后续疏浚土利用计划,则最终实施常态化耙吸装驳作业施工,确保长江口航道施工效率与通航效率最大化。

图13-3-47　长江口深水航道大型耙吸装驳工艺试生产

(五)解决的重大工程技术难题

1. 一期工程攻克南导堤堤身局部下沉破坏技术难题

1)基本情况

长江口深水航道治理一期工程南导堤SW标S0+600~S1+604处的结构为削角王字块堤心的抛石斜坡堤,堤段位置见图13-3-48。护底结构为抛石软体排,排体为380克/平方米的机织复合布、200~300千克大块石压排。该软体排结构是工程开工前先期实施的试验段中的一种排体结构形式,上部整体结构在1998年底完成(图13-3-49)。

1999年9月15—24日热带风暴9911、9912后,发现S0+600~S1+600区段内有数处削角王字块明显下沉情况,最大下沉量1.1米。随后建设单位组织有关单位开展现场检测、分析原因并采取了具有针对性的加固措施。

2)破坏特征及破坏原因的调查与分析

原因分析主要从现场调查和验证计算两个方面入手。现场调查包括堤身下土工布的探摸、堤身南侧淤沙的粒径分析、下沉处抛填道碴的试验和施工中软体排搭接位置分析。验证计算主要是反演破坏时段和一、二期工程完工后该堤段周边的流场数模计算和堤身结构的渗流分析。

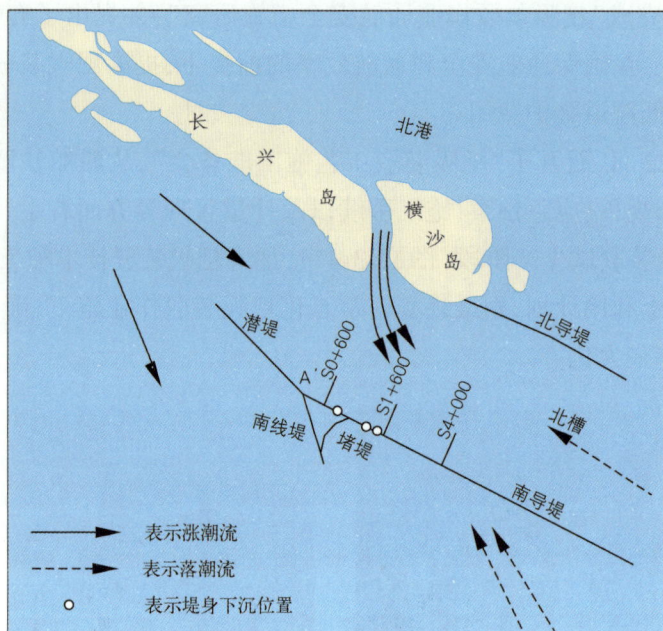

图 13-3-48　堤段位置图

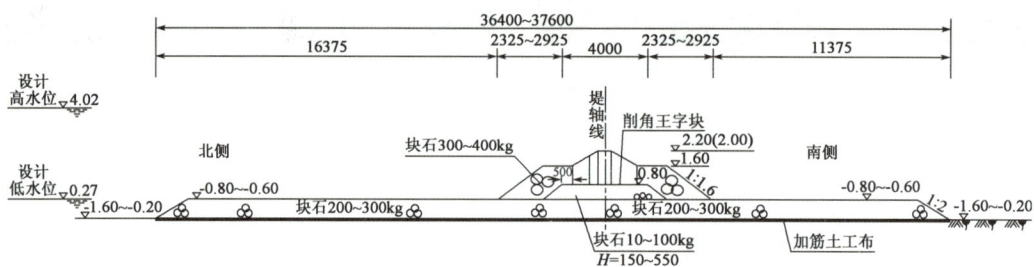

图 13-3-49　削角王字块堤心斜坡堤结构图(尺寸单位:mm;高程单位:m)

经调查和计算分析,得出破坏的主要原因如下:

由于堤身南北侧在大潮时存在水位差,排下粉砂层中产生由北向南的渗流。当渗流的作用大到足以使泥沙起动时,泥沙随流带走。由于削角王字块底边外即存在抛石软体排搭接结构,渗径仅约 3 米,使床面粉细砂从排间块石缝隙中流失,使排下堤身局部淘刷,这是堤身下沉的内在原因。

下沉发生时间正逢 9 月下旬大潮(9 月 27 日为农历八月十八)及 9911、9912 热带风暴的袭击(9 月 15 日—9 月 24 日)。通过数学模型的计算,堤的南北存在水位差作用促使排体下的渗流流速加大,泥沙随之带走。这是促成堤身下沉的主要外因。

3) 解决对策措施

针对前述原因分析结论,解决这一技术难题的对策措施必然是防渗加固。防渗加固设计以延长水平渗径为主,满足渗流强度的要求。对南侧堤身不透水结构以南的全部原抛石软体排范围应以可透水保砂的结构全部覆盖,并延长南侧的水平渗径,确保可能携砂

"出坡"处的渗流坡降。具体方案是:在南侧原抛石护面外和原抛石软体排上铺设机织布与无纺布复合的防老化土工布,铺设土工布前将斜坡面和原排体面用碎石层找平。在土工布上加抛块石,在斜面上护面块石和土工布之间增设袋装碎石。为使堤身下块石缝隙的泥沙在渗流压力的作用下不被带走,并为堤身结构空隙的淤积创造有利条件,南侧防渗铺盖的防护范围应包括削角王字块结构的全部南侧面。加固范围为具有类似护底结构的堤段,纵向上考虑本堤段与上下游堤身结构的衔接和防渗安全,修复堤段总长度定为S0 + 600 ~ S1 + 604,共为 1004 米(图 13-3-50)。

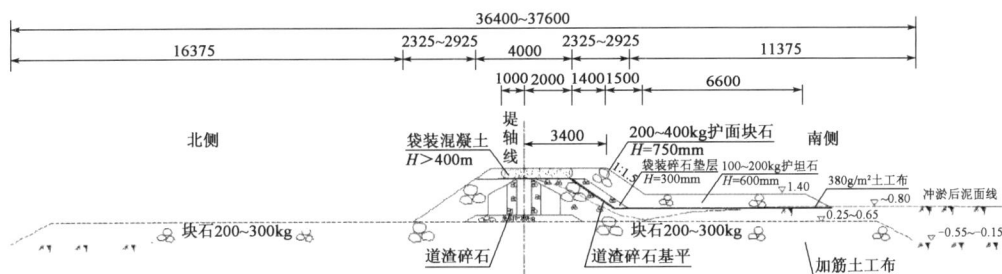

图 13-3-50　堤身加固方案图(尺寸单位:mm;高程单位:m)

4)修复加固效果

加固工程完工后,根据现场观测,效果良好。特别是加覆土工布以后,土工布下已有淤沙存在,说明从北侧渗进的泥沙被隔断而留在抛石堤心中,渗径长度得到了控制,获得了设计的预期效果。经过十几年的运行,该段堤身结构一直处于稳定状态。在后续的正式工程中,也取消了抛石软体排结构。

2.一期工程攻克丁坝段下游段航道淤积技术难题

1)丁坝下游段航道淤积情况

一期工程于 2000 年 7 月 20 日交工验收后,2000 年 8 月 21 日发现航道局部淤浅,8 月 25 日,海事局将公告水深降低了 0.3 米,按 8.2 米通航。此后虽加强维护,但水深情况未见好转。

2)淤积原因分析

自 2000 年 8 月起,建设单位即组织有关专家,对航道淤浅原因开展分析、研究。通过对地形、流场、回淤监测资料的分析后,得出主要原因如下。

(1)丁坝段的河床调整使大量泥沙淤积在丁坝段出口下游

1999 年 7 月一期丁坝开工建设,由于丁坝群"束流"作用,丁坝间航道和边滩水流动力明显增强,三对丁坝段的主槽一直处于冲刷调整状态。1999 年 8 月—2001 年 2 月一期丁坝段航道两侧河床冲蚀产生的泥沙约 6500 万立方米(其中 1999 年 8 月—2000 年 8 月期间约 3900 万立方米),航道北侧冲蚀产生的泥沙多于南侧,约为南侧的 1.86 倍。航道北侧冲刷产生的部分泥沙在北槽中段堆积，且北侧底沙输移时会跨越航道。这是导致航槽淤浅且维护困难的重要原因。

（2）进入试通航期后，连续遭受台风骤淤影响

7月9日—9月16日期间，长江口8.5米水深航道连续受到五次台风影响，较历年统计数的平均值1.3次有较大增加，期间无导堤掩护区段航道大幅淤积，总回淤量为1300万立方米，扣除汛期正常回淤量后，台风造成的回淤量达到500万立方米以上；淤积区域主要在无掩护的航槽中下段。

在航道受到上述台风骤淤影响而淤浅的情况下，原本应加大维护疏浚力量的投入，但在2000年6月至9月，实际可投入的疏浚船舶不足4艘（最大为舱容6000立方米），每月挖泥量仅150万立方米左右，施工能力严重不足，因此，台风骤淤的影响加上疏浚力量的明显不足造成了汛期航道水深淤浅后得不到及时疏通。

3）优化工程方案研究和完善段工程的实施

通过对回淤原因的分析，并采用数模和动床物模进行了试验验证，确证原一期工程导堤设计长度偏短，丁坝数量偏少，难以有效形成北槽微弯河床边界和有利于航道维护的流场分布。为消除北槽下段落潮主流和自然深泓与航道轴线偏离的现象，并减少九段沙与北槽间的滩槽泥沙交换，降低北槽中下段航道回淤量，按照动态管理的原则，经交通部批准，增加了完善段工程，其主要工程内容为：

（1）N19+000～N27+890段+1.0米标高压排棱体段加高形成+2.0米的导堤；

（2）S27+000～S30+000段+0.76米标高压排棱体段加高形成+2.0米导堤；

（3）增加建设N4、N5、S4、S5四座丁坝。为适应后续动态管理需要，丁坝长度暂不按原设计长度全部建成，其中N4丁坝建设2/3，N5丁坝建设1/2，S4丁坝建设2/3，S5丁坝按设计全长完成。

完善段工程于2001年6月建成。通过完善段工程的实施，使北槽上中段得以形成微弯的边界，流场的调整范围基本覆盖了拦门沙区段，减小了W3转弯段上下段水流流向特别是底流向与航槽的夹角，并调整了南、北两侧落潮流的相位差，有利于减轻丁坝段河床冲刷下泄泥沙对弯段航道的影响。调整了该区段及上下游局部河段内的断面流速分布，实现了该区段及下游一定范围内落潮流速增加的预期目的。流场的调整使北槽中下段深泓线南移，使深泓线与航道轴线几近一致，从而明显改善了W3上下段航道维护的条件。

在完善段工程实施期的2001年4月，8.5米水深航道即得以恢复，并在此后保持了100%的贯通。

3. 二期工程攻克北导堤地基土"软化"技术难题

1）沉箱沉陷失稳情况概述

与一期工程相比，二期整治建筑物工程区水更深、浪更大、地基则更加软弱。地基除

表面分布有 1.5~3.5 米薄层粉砂外,自上而下为 2.0~4.0 米厚的②$_{2-0}$淤泥(或②$_{2-1}$淤泥质粉质黏土)和厚约 30 米的④$_2$淤泥质黏土。

经设计比选,NIIB 区段(N38 +000 ~ N46 +600)北导堤及北丁坝采用了半圆形沉箱结构(图 13-3-51)。

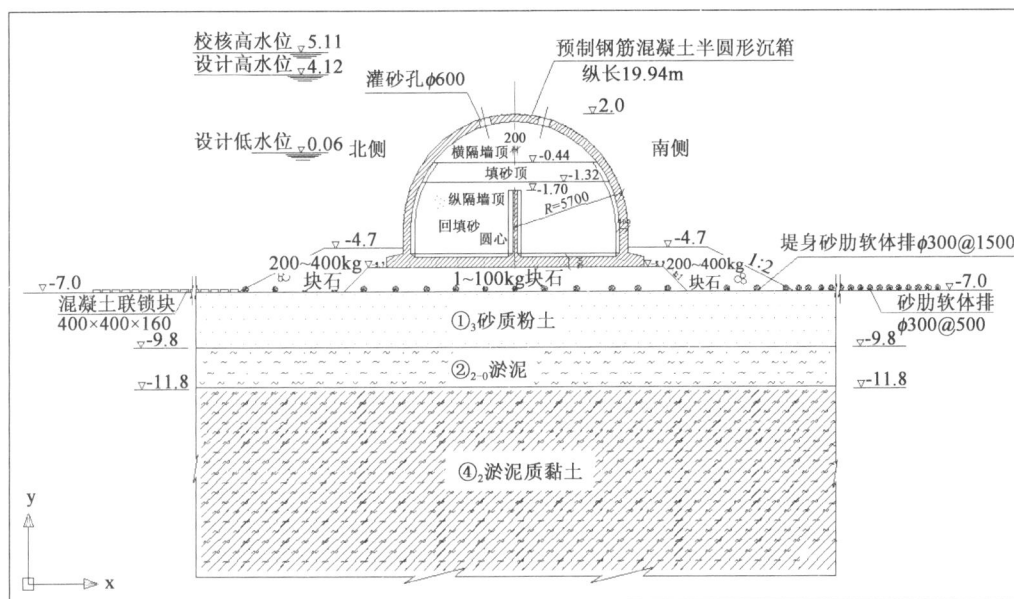

图 13-3-51　N40 +000 ~ N42 +000 半圆形沉箱结构断面图(尺寸单位:m;高程单位:m)

2002 年 12 月 5—8 日当年第一次强寒潮大浪作用下,NIIB 标段风前已安装的 16 个半圆形沉箱发生了 1~4 米的突发性沉降(图 13-3-52),并不同程度发生向南偏位甚至滑移。现场检测还发现,1 号~5 号沉箱南北侧有高、宽各约 1.5 米的泥埂;各沉箱内填砂均较风前减少,用以临时封堵箱顶充砂孔的钢盖板大部分已被打掉。

图 13-3-52　N40 +860 ~ N41 +180 堤段破坏实况

12月18日,现场再次受到超过2.7米的波浪作用后,部分沉箱又发生进一步的沉降。现场调查及模型试验验证表明,该堤段工程的勘察、设计和施工均严格执行了现行水运工程技术规范。二期工程遇到了重大难题,在破坏原因不明的情况下,一度停工11个月。

2)原因分析

现场调查表明,沉箱突发性地产生1米多的严重沉降,且两侧有明显的隆起土体,表明了地基承载力不足,地基整体稳定性已受到破坏,应与大浪的作用有密切关系。

通过土工离心模型试验,对无波浪荷载作用时原设计堤身结构的沉降规律进行了验证,表明在无波浪荷载作用下,堤身结构的沉降量与原设计计算值基本一致。

通过沉箱稳定性波浪模型试验,表明原设计断面的各项安全系数均符合相应规范的要求,但当箱内填砂不足或填砂流失会导致沉箱抗滑稳定性降低。

对于个别沉箱产生的严重滑移现象(如14号沉箱距施工中临时堤头40~60米,但较位于堤头且风前未及时填砂的16号沉箱产生了大得多的滑移),则可以用防波堤"蛇行破坏"的原理给出解释。

综上,北导堤N40+860~N41+180堤段在2002年12月初寒潮大浪中发生破坏的原因可概括为:

(1)沉箱滑移失稳的原因

风前箱内填砂不足或箱内已填砂在风浪作用下的振荡流失是造成沉箱抗滑稳定重量不足,发生滑移破坏的主要原因。

(2)沉箱发生剧烈沉陷的原因

周期性作用的波浪荷载经沉箱、基床传递给地基后,引起近表层土(主要是②$_{2-0}$层淤泥)的软化,承载力降低,是地基破坏、沉箱表现出剧烈沉陷的主要原因。

应当指出,对于常规重力式抗浪结构,由于天然或经加固后的地基土具有较高的静强度,波浪力经结构引起地基土中产生的动应力水平相对不高,极少发生"软化"现象。所以现行规范中除对砂性土在地震荷载作用下的液化问题作出了有关明确规定外,对波浪这种相对低频的动荷载作用下地基中软黏土的强度降低问题并未作出规定,波浪荷载也均转化作静荷载处理。但在长江口软土、大浪、堤身采用了轻型半圆形结构的特殊工况条件下,波浪动荷载对地基土动强度的影响显著增强,导致本工程中结构出现了始料不及的剧烈沉降。

3)对策措施研究及工程方案的确定

(1)防止滑移对策措施研究

①充砂孔的封堵应坚持采用能透气泄压的结构,即使施工期也不能采取"密封"措施。

②减轻或消除通过半圆体(沉箱)端壁过水孔的水流对箱内填砂的扰动。

③强化施工程序管理,沉箱安装→箱内填砂→封堵充砂孔三道工序应尽量衔接施工,以期提高施工期结构的抗滑稳定性。

上述设计、施工措施落实后,NIIA、NIIB、SIIB 标段已安装的半圆体和半圆形沉箱未再发生滑移。

(2)抗"软化"破坏措施的研究

离心模型试验和模拟波浪周期性荷载作用的地基土动/静三轴试验,发现地基近表层②$_{2-0}$淤泥土在上承结构受施工期波浪重复荷载的作用下,会发生强烈的强度降低("软化")现象,是导致沉箱沉降破坏的原因。进一步研究表明,地基土的静、动强度特性和在波浪荷载作用下土层中的应力水平,特别是动/静应力比应为软黏土产生软化现象的重要影响因素。

通过动三轴试验发现,可以通过工程措施,先期提高软黏土的静强度,从而改善其动强度特性,可以提高土体的抗软化能力。

(3)工程措施的确定

根据上述研究成果,采取了在沉箱箱底增设橡胶阻滑板提高抗滑稳定性的措施;以对易软化土层先期实施排水固结为主要特征的抗软化工程措施。

其中抗软化工程措施具体为:在原地基表面铺设砂被作为水平排水层;穿透砂被,在易软化的②$_{2-0}$或②$_{2-1}$土层中打设塑料排水板作为土体的竖向排水通道;利用部分结构荷载(基床抛石及与之等厚的部分棱体块石)作为预压荷载,加速软土的排水固结;待地基土强度提高,具备抵抗施工期波浪动荷载引起软化的能力后,再安装沉箱,完成设计断面。采取抗软化工程措施后的典型设计断面见图13-3-53。

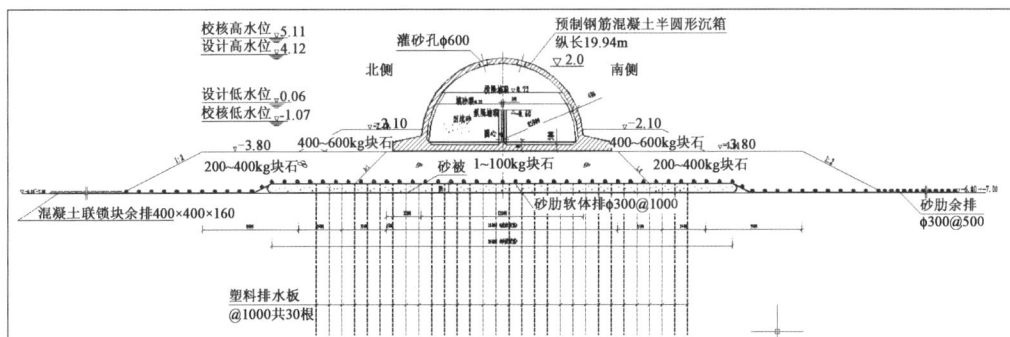

图 13-3-53　北导堤 N44 +000 ~ N45 +000 修改设计断面图(尺寸单位:m;高程单位:m)

根据不同分层的土的动力特性,研究确定了采取抗软化工程措施的范围。具体为:

北导堤　　N35 +696 ~ N46 +600;

丁坝　　N6 号 0 +600 ~ N6 号 1 +200;

N8 号 0 + 000 ~ N8 号 0 + 050；

N9 号 0 + 000 ~ N9 号 1 + 000；

N10 号 0 + 000 ~ N10 号 0 + 310；

南导堤　S46 + 360 ~ S48 + 077；

丁坝　S9 号 0 + 000 ~ S9 号 2 + 400；

三个标段涉及堤（坝）总长度为 16.981 千米。

4）抗"软化"措施的效果

前述工程措施的确定，主要依据的是室内土工试验的研究成果。为了实地验证可行性及加固效果，在南、北导堤各选择一典型断面，先期进行软基加固试验性施工，并通过各类监测措施检验工程措施的效果。

监测结果表明，采取的抗软化工程措施取得了预期的效果，主要表现在排水固结效果及预压加固时间均与设计预期十分吻合、地基沉降呈现良好的规律性，按前述抗"软化"措施加固后的②$_{2-0}$土具备了抗施工期波浪引发软化的能力。

经典型试验段验证后，2003 年 11 月，交通部组织审查同意了相关修改设计，二期整治建筑物工程总长 17 千米软基段堤坝的施工采用前述抗软化工程措施方案全面、迅速地展开。

按照综合采用了抗地基土软化工程措施的施工图设计，NIIA、NIIB 和 SIIB 三个标段软基段的水上工程自 2003 年 5 月开始施工。北导堤自 2003 年 12 月 25 日开始安装沉箱，全部软基段的导堤和丁坝于 2004 年 12 月 7 日建成（图 13-3-54）。

图 13-3-54　按修改设计建成的 NIIB 标段半圆沉箱堤

本工程共 16.981 千米的堤段采用了上述抗软化结构设计，2004 年建成后已经受了包括接近设计波要素的 0511 号"麦莎"台风在内的多次台风考验，堤身结构始终保持了稳定,沉箱的沉降曲线仍十分平滑,无"突沉"现象,至今,堤顶高程沉降量仍控制在设计计算值内。充分证明了本工程采取的抗"软化"工程措施已成功地经受了实践的检验。

作为在世界上首次成功地解决了波浪荷载作用下地基土"软化"难题的工程技术成果,"波浪对地基土的软化作用及工程措施的研究"于2005年6月通过了交通部科技教育司组织的成果鉴定。鉴定意见认为:"这是工程技术上的一项重大创新""该项目研究成果在总体上处于国际领先水平"。

4. 三期工程攻克航道增深困难难题

1)基本情况

三期工程于2006年9月底开工,原计划于2009年底实现12.5米深水航道目标。三期工程开工后,北槽航道呈现回淤总量大幅增加且集中分布于中段的特点,航道增深困难。

为此,建设单位组织中交上海航道勘察设计研究院有限公司、上海河口海岸科学研究中心和南京水利科学研究院等相关科研单位开展了北槽航道回淤原因分析及减淤工程措施的研究,采用数模、物模和现场监测及综合分析等多种手段对各类减淤方案进行了比选和论证。

2)原因分析

(1)研究思路

对于北槽航道严重回淤的原因,主要从泥沙条件(包含底沙和悬沙)和动力条件(对淤强有明显影响的地形条件——滩槽高差、流场条件——流速的垂线分布和纵横向分布、絮凝条件等)两方面入手,针对航道回淤特征,从空间上重点关注中段,时间上重点关注淤强时段6—11月与其他时段的差别以及2005年前后这些淤积条件的变化,逐项分析,找出主要原因。

(2)主要原因

经对来水来沙条件及北槽周边滩槽水沙变化情况分析,各类来沙对航道淤积都有一定的影响,但不是2005年后航道回淤剧增且向中段集中的主要原因。北槽拦门沙河段航道回淤泥沙主要来自于涨潮流带来的悬沙,长江口潮汐动力强劲,这种泥沙供给条件,在短期内不会有较大的变化。

二期工程后,北槽水动力条件的沿程分布发生了明显的变化,特别是中段落潮流动力减弱(图13-3-55、图13-3-56),输沙能力低于上下段,与北槽回淤量增大并集中的主要特征密切相关。动力条件的这种变化时间上与全槽回淤量的急剧增长期一致;空间上正处于占全槽回淤总量60%~70%的中段。这种动力变化是北槽航道在2005年后淤积量剧增且更集中于中段的主要原因。

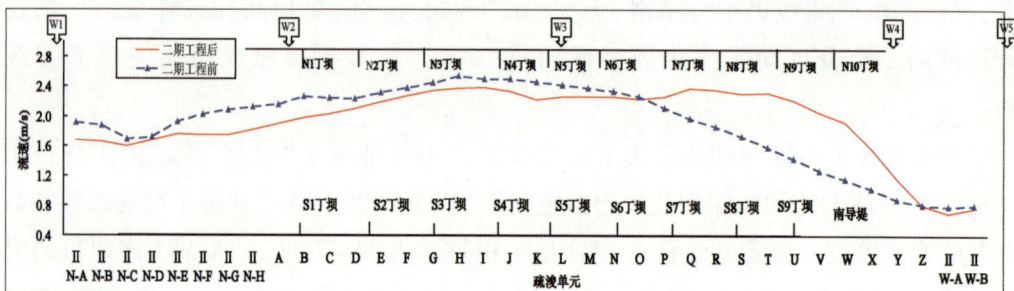

图 13-3-55　二期工程前后航中落急流速

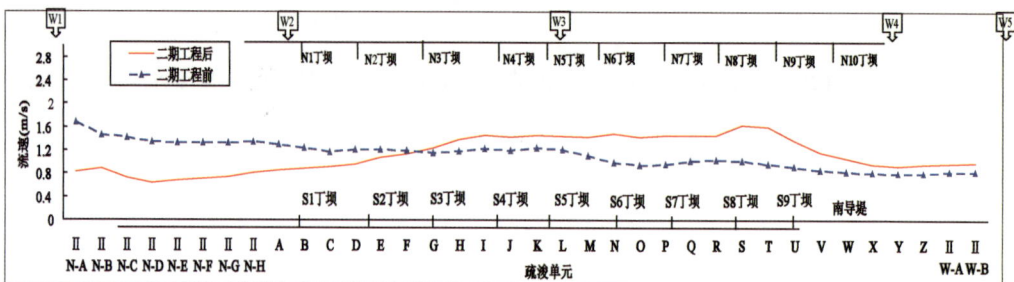

图 13-3-56　二期工程前后航中涨急流速

3)减淤思路及减淤方案

(1)研究思路

在分析认识回淤原因的基础上,制定了减淤措施方案的总体思路:通过调整部分丁坝长度,缩窄北槽中段河宽,以显著增强中段的落潮动力和悬沙输移能力,并使流速增量覆盖上下游一定范围,尽可能减小对上、下段动力的削弱;综合考虑各处丁坝加长对北槽纵向和横向流场动力分布的调整作用,使纵向动力的变化平缓,横向动力的分布有利于改善河床断面形态,实现减淤的目的。

(2)技术路线

为了改变北槽流场沿程分布不合理,航道回淤量大且分布集中的局面,以调整流场,增强输沙能力为目标,制订了总体研究技术路线:通过潮流数模筛选出流场调整较优的方案——动床物模研究方案对地形的调整效果——调整后的地形反馈到潮流数模重新计算流场的调整效果——通过泥沙数模研究优选的方案实施后的航道淤积分布和总量——进行综合经济技术比较确定工程实施方案。

(3)减淤方案

通过对现场监测资料的分析、采用潮流和泥沙数模的多方案比选、采用动床物理模型的方案研究,提出了北槽航道减淤工程 YH101 方案(图 13-3-57)。YH101 方案延长了北侧的 N1～N6 丁坝和南侧的 S3～S7 丁坝,总延长长度 4621 米,丁坝高程为 0 米(吴淞基面)。

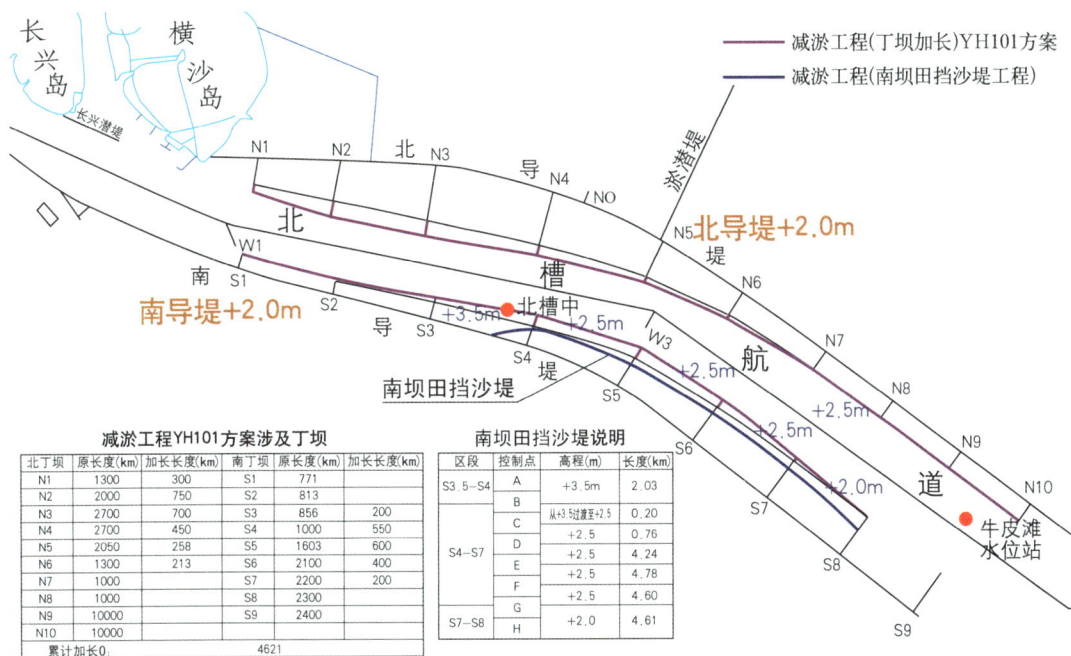

图 13-3-57　北槽减淤工程平面布置图

减淤工程YH101方案涉及丁坝

北丁坝	原长度(km)	加长长度(km)	南丁坝	原长度(km)	加长长度(km)
N1	1300	300	S1	771	
N2	2000	750	S2	813	
N3	2700	700	S3	856	200
N4	2700	450	S4	1000	550
N5	2050	258	S5	1603	600
N6	1300	213	S6	2100	400
N7	1000		S7	2200	200
N8	1000		S8	2300	
N9	10000		S9	2400	
N10	10000				
累计加长0:					4621

南坝田挡沙堤说明

区段	控制点	高程(m)	长度(km)
S3.5—S4	A	+3.5	2.03
	B	从+3.5过渡至+2.5	0.20
	C	+2.5	0.76
S4—S7	D	+2.5	4.24
	E	+2.5	4.78
	F	+2.5	4.60
	G	+2.5	4.60
S7—S8	H	+2.0	4.61

配合减淤工程 YH101 的实施，为减少大风天边滩风浪掀沙对航道的影响，经研究提出了减淤工程辅助措施——南导堤加高工程方案（即南坝田挡沙堤工程），该工程在南坝田 S3～S8 之间建设挡沙堤总长 21.22 千米，堤身高程 +3.5 ～ +2.0 米（其中大部分区段高程为 +2.5 米），实施该工程的前提是不能影响减淤工程 YH101 方案的实施效果，即不能对 YH101 方案实施后的流场调整效果产生负面影响。

另外，根据对南港河段河势变化的分析以及北槽中下段航道内槽南、槽中和槽北回淤量的分析，提出了深水航道部分航段的轴线调整方案。

4）实施效果

三期 YH101 减淤工程实施后，取得了良好的效果：北槽流场的纵向动力分布和横向断面分布得到调整，中段落潮动力增强、悬沙输沙动力也得到增强；航道回淤分布改善、回淤总量减少、航槽疏浚成槽率显著提高；辅以疏浚力量的加强，航道增深效果明显，减淤工程达到了预期的效果。

南坝田挡沙堤工程完工后，也发挥了一定的挡沙效果，南坝田挡沙堤也阻挡和归顺部分涨落潮水流，一定程度减弱了水沙的横向输移，也发挥了改善流场的作用。

辅以增大疏浚施工船舶的投入等措施，三期 12.5 米深水航道得以在 2010 年 3 月全线贯通，达到预期建设目标并通过了交通运输部组织的交工验收。

5.维护期攻克航道回淤量大的难题

1)基本情况

长江口深水航道治理三期工程于2011年5月18日通过国家竣工验收后进入运行维护期,深水航道在发挥巨大经济效益和社会效益的同时,航道回淤量大、时空分布高度集中的问题也非常突出,年维护疏浚量超过8000万立方米,其中2012年最高达9716万立方米。

为减少航道回淤量、有效降低维护费用,按交通运输部提出的开展泥沙回淤成因及减淤措施系统研究要求建设单位制定的《长江口12.5米深水航道维护期回淤原因及减淤措施研究工作总体计划(2013—2017年)》获得交通运输部水运局批准,选择长江口南港北槽深水航道常态回淤原因作为研究主攻课题,研究各类减淤降费措施。

为了拓展研究思路、充分发挥行业内外科研力量的作用,在部水运局指导下,《长江口南港北槽深水航道常态回淤原因研究》采取两个研究团队并行开展研究:一个团队由中交上海航道勘察设计研究院有限公司、上海河口海岸科学研究中心、南京水利科学研究院三家研究单位组成,另一个团队由交通运输部天津水运工程科学研究院、华东师范大学、天津大学、中山大学和浙江大学组成。研究团队在基本掌握航道回淤主要原因和航道回淤主要泥沙来源的基础上,研究提出了减淤工程方案,工程实施后达到了预计的减淤效果。

2)原因分析

(1)研究思路

从分析长江口12.5米深水航道维护期回淤量时空分布回淤特征出发,通过分析流域来水来沙及人类活动、河床地形变化和水沙盐分布及输移特征等回淤相关要素,确定南港北槽回淤原因分段研究的路线;从泥沙来源和回淤条件两个方面,利用实测资料分析、数模计算及综合分析技术手段,分区段研究航道呈现回淤时空分布特征的原因和回淤的主要物理过程;最后基于回淤原因提出减淤思路和减淤方案。

南港—圆圆沙段与北槽中段航道在回淤特征、回淤物粒径、回淤水沙盐环境,航道回淤量增大的时间等方面不同,航道回淤的主要原因存在明显差异,因此可分河段开展回淤原因研究。

在回淤原因研究中,也总结了YH101研究阶段存在的一些不足,如当时未考虑水沙盐场的三维特征,也未对航道泥沙回淤的物理过程做深入分析等。本阶段重点研究长江口深水航道各段水沙主要输移特征和泥沙回淤的基本过程,特别注重了对北槽拦门沙最大浑浊带河段悬沙(包括近底高含沙水体)运移对航道回淤影响的研究。

(2)主要原因

①南港—圆圆沙段航道回淤主要原因

南港航道以底沙输移淤积为主,上游河段和南港河段输移底沙是主要泥沙来源;圆圆沙航道淤积泥沙来源复杂,主要包括南港河段输移下泄的底沙和悬沙,以及南北槽涨潮泥沙等。

2010—2012 年南支、南港河段下泄泥沙量增大，增加了南港—圆圆沙段航道回淤的泥沙补给，2013—2014 年趋缓。

南港—圆圆沙段航道增深，航道维护范围增大、滩槽高差加大，是 12.5 米深水航道相对 10 米航道淤积增加的因素之一。

三期减淤工程实施后，圆圆沙段低流速期历时增长，是圆圆沙段航道回淤量增大的因素之一。

②北槽航道回淤主要原因

北槽河段径流潮流相互作用、盐淡水交汇，水动力结构及泥沙条件等使得该河段泥沙汇聚，形成含沙量明显高于上下游的河口最大浑浊带，泥沙场、动力场的时空分布影响航道回淤的时空分布。北槽航道回淤机制以悬沙（包括近底高浓度泥沙）沉降落淤为主。

南导堤越沙是北槽的重要泥沙来源之一，对北槽高浓度含沙量场有一定贡献。

实测资料表明 8—9 月南导堤越堤沙量多，泥沙絮凝沉速大，盐淡水分层明显，含沙量垂向差异更为显著，形成了明显大于 2 月的底部高浓度含沙量。分析显示底部含沙量与航道回淤关系密切，由此推断北槽 6—11 月回淤量远大于 12 月至次年 5 月与底部含沙量的变化有关。

北槽中段易形成近底高含沙量，且出现时段与低流速时段重合，使得北槽回淤集中在中段。

3）减淤思路及减淤方案

（1）研究思路

南港—圆圆沙段航道减淤研究思路：

改善南港滩槽断面形态，减少瑞丰沙活动沙量和上游河段来沙对圆圆沙航道段的影响；

增加南港和圆圆沙航道输沙能力，减轻推移质输移对航道回淤的影响；

调整浅段局部不利地形，增加航道两侧水深，减小滩槽高差。

北槽航道的减淤研究思路：

减少通过南导堤及其他边界进入北槽的泥沙，从而降低北槽含沙量水平；

增强泥沙向下净输移能力，改善航道回淤分布；

减少低流速期的含沙量和历时。

（2）技术路线

针对长江口 12.5 米深水航道维护期回淤原因，分别提出南港、圆圆沙和北槽各河段减淤工程方案研究方向。

南港和圆圆沙段航道减淤方案研究，利用潮流数模计算各方案的流场调整效果和动床物模研究地形调整效果,进行方案比选、优化,利用泥沙数模计算分析工程实施后的航道回淤量及其分布,评价方案的减淤效果,推荐各河段减淤工程方案。

北槽航道减淤方案研究,采用三维潮流泥沙数模计算各方案的流场、盐度场和含沙量场的调整效果,采用动床物模研究地形调整效果,进行方案比选、优化,采用三维潮流泥沙数模计算分析工程实施后的航道回淤量及其分布变化,评价方案的减淤效果,推荐北槽航道减淤工程方案。

分析各河段减淤工程方案的相互影响,研究南港—圆圆沙段航道减淤工程组合方案和北槽航道减淤工程组合方案的工程效果。

分析各河段组合方案的减淤效果,推荐总体方案和先期实施方案。

（3）减淤方案

针对南港—北槽航道回淤原因,提出了南坝田挡沙堤加高、北槽内丁坝调整、圆圆沙航道整治和南港瑞丰沙整治等4个单体减淤工程方案及其组合方案。

其中,针对北槽航道回淤量大的原因之一"四侧边界均有水沙交换,南导堤越堤进沙量对北槽高浓度含沙量场有一定贡献",对应的减淤思路是减少通过南导堤及其他边界进入北槽的泥沙,降低北槽含沙量水平,从而减少深水航道回淤量。南坝田挡沙堤加高方案作用机理明晰、有一定的减淤幅度、工程规模较小,技术上较为可行。为减少长江口12.5米深水航道回淤量,降低维护成本,保障长江口深水航道安全、稳定运行,交通运输部同意实施长江口12.5米深水航道减淤工程南坝田挡沙堤加高工程。其主要建设内容是加高南坝田现有S4～S8挡沙堤,新建S8～S9挡沙堤,堤线总长约23.8千米,堤顶高程均为3.5米(吴淞基面)。

4）实施效果

南坝田挡沙堤加高工程于2015年10月开工,2016年12月通过交工验收,2018年8月通过竣工验收。南坝田挡沙堤加高工程实施后,减少了北槽内水流由南向北的横向运动,改善了北槽水流环境;减少了南导堤越堤泥沙,降低了北槽泥沙补给,改善了北槽内泥沙环境;加高工程发挥减淤效果的时段主要为夏秋季(图13-3-58),其减淤幅度达到了工可阶段提出的常态回淤量减淤10%的预期目标,且工程建设对南港、北港、南槽和九段沙等周边影响较小。

根据本工程减淤效果分析及专家意见,经过论证,2019年底交通运输部批准实施南坝天挡沙堤加高完善工程(南坝田挡沙堤由+3.5米加高至+4.5米),以进一步减少长江口深水航道回淤量、降低维护成本,保障长江口深水航道安全、稳定运行。

除了积极开展航道回淤原因分析、实施减淤工程外,在部水运局等上级部门指导和帮助下,建设单位积极采取优化航道水深考核方案、实施精细化维护疏浚管理措施、改进维护疏浚工艺、推进疏浚土的综合利用等各类减淤降费措施,取得了明显成效,河口水沙自然环境也进一步调整,近几年航道回淤量总体呈减少趋稳趋势,2017—2019 年航道年维护疏浚量已经减少至 6000 万立方米以下,预计今后一段时间将维持在该水平。

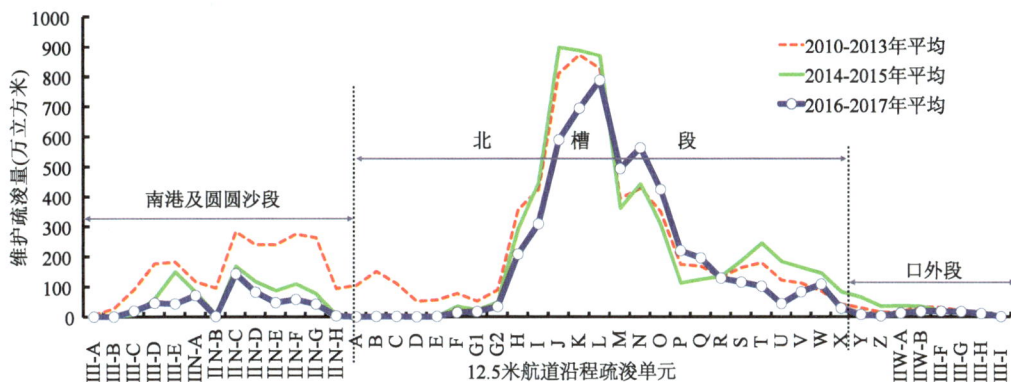

图 13-3-58　历年 12.5 米航道维护疏浚量分布对比

五、长江口深水航道治理工程效益与建设经验

长江口 12.5 米深水航道治理工程不仅对于以上海港为核心的长江下游地区航运和港口的发展具有重大意义,对于长江三角洲地区乃至整个长江流域的经济社会发展也具有重要影响,是服务上海国际航运中心建设和长江经济带建设的重要基础设施。长江口 12.5 米深水航道治理工程的成功建设,使航道水深由 7 米增加到 12.5 米,实现了工程前确定的分阶段及总体治理目标。工程取得了显著的治理效果,开创了长江黄金水道治理和利用的新篇章,极大地释放了长江黄金水道的运输潜能,促进了沿江地区经济社会的快速发展,产生了巨大的经济和社会效益。为了减少工程对环境的影响而采取的一系列预防、保护、补偿等环保措施取得了显著的效果,达到了保护和修复长江口水生生态的目的,疏浚土吹泥上滩营造了宝贵的生态湿地,工程总体的环境生态效益十分显著。

2011 年,中国工程院组织开展了长江口 12.5 米深水航道治理工程的评估工作,形成了《长江口深水航道治理工程评估综合报告》,分析评估了工程治理效果、取得社会经济效益以及工程对生态与环境影响等,全面总结了工程取得的主要经验以及后续需要关注的问题。长江口深水航道治理工程的成功实践,积累了丰富的建设经验,全面地、大幅度地提升了我国水运工程的技术水平,对诸多领域的技术进步起到了促进和推动作用,还为我国大型工程建设的生态修复和环境保护树立了榜样。

（一）工程效益

长江口深水航道治理工程所产生的效益是多方面的,主要包括直接经济效益、宏观经济效益、社会综合效益和环境生态效益等。

1. 直接经济效益

长江口深水航道治理工程的直接经济效益主要表现在三大方面:航道条件改善后所产生的航运经济效益(船舶大型化和吃水增加效益、船舶减少减载的效益、船舶和货物的时间价值、货物损耗节约效益)、港口经济效益(港口诱增吞吐量效益、港口建设和运营资金节约效益、港口规模效益)以及航运服务经济效益(包括引航服务效益和船舶吨税效益)。仅计算其中可量化的部分,长江口深水航道所产生的直接经济效益十分可观。

长江口深水航道治理工程自 1998 年开工建设起至 2010 年完工,历时 13 年,实际总投资 157.6 亿元。中国工程院于 2011 年对长江口深水航道治理工程进行评估时,仅计算其中的航运经济效益,依据费用和效益测算的结果,通过编制国民经济效益费用流量表,动态计算出工程评价指标:经济内部收益率 38.6%、净现值为 346.9 亿元、效益费用比 3.5。项目实际的国民经济效益指标好于原测算指标(表 13-3-7)。虽然工程总投资比原预算值有小幅增加,但通过长江口的实际货运量远远超过原预期,工程所产生的航运效益显著增加,长江口深水航道治理工程国民经济效益显著。

国民经济效益指标对比 表 13-3-7

指　　标	单　　位	原预测值	后评价实际值
投资	亿元	151.8	157.6
经济净现值	亿元	112.8	346.9
内部收益率	%	20%	38.6%
效益费用比	—	—	3.5

2011 年以来,长江口 12.5 米深水航道进入正常运营维护期。交通运输部水运科学研究院根据费用效益一致的原则,计算了航道、航运和港口三方面的经济效益和经济费用(表 13-3-8)。以 2017 年为例,深水航道产生经济效益 124.41 亿元,其中航运经济效益 106.76 亿元、港口经济效益 17.64 亿元,同比分别增长 16.43% 和 18.73%;2017 年投入的维护费用 11.60 亿元,经济净效益达到 112.81 亿元。可见,长江口 12.5 米深水航道产生的国民经济效益持续稳定增长,经济效益十分显著。

长江口深水航道治理经济效益汇总表

单位:亿元　表 13-3-8

年份(年)	2011	2012	2013	2014	2015	2016	2017
国民经济效益合计	88.79	93.00	94.10	95.95	96.81	106.55	124.41
国民经济费用合计	16.00	19.00	17.40	11.80	11.20	11.20	11.60
国民经济净效益	72.79	74.00	76.70	84.15	85.61	95.35	112.81

2. 宏观经济效益

长江口深水航道工程属于特大型航道建设项目,它的建成不但对工程所在地——上海市的经济发展具有重大的直接促进作用,也对江苏省沿江八市产生显著影响,同时辐射长江中上游地区的五省一市。长江口深水航道工程对区域经济的影响范围大、涉及面广、作用突出。长江口深水航道治理工程的宏观经济效益主要体现在以下几个方面:

(1)支撑了国家和区域发展战略

长江口航道是长江水运船舶入海的必经之路,是长江黄金水道中通航条件最好、货流密度最大的区段,是关系到国民经济发展全局的重要战略运输通道。长江口深水航道治理工程的建成和使用,有力地支持和促进了长江流域国家和地方区域经济战略的实施。

长江口深水航道治理工程是上海国际航运中心建设的重要基础设施;也是制定江苏沿江和沿海地区发展规划的重要依据之一;还促进了长三角区域规划的出台和实施,促进了沿江地区其他国家和地方发展战略的实施和调整。围绕建设长江黄金水道,加快推动长江经济带发展,先后出台了《加快推进长江等内河水运发展行动方案(2013—2020年)》《长江流域综合规划(2012—2030年)》《国务院发布关于依托黄金水道推动长江经济带发展的指导意见》《长江经济带综合立体交通走廊规划》(2014—2020年)等,长江沿线地区区域发展规划、长三角一体化和长江经济带国家发展战略的实施离不开包括长江口深水航道在内的长江航道对经济社会发展的保障和支撑。

(2)拉动了长三角和长江流域经济的快速增长

长江口深水航道治理工程以两种途径拉动了 GDP 的增长:一是短期效应,工程投资在短期内通过乘数效应拉动 GDP 增长;二是长期效应,航道加深导致货运量增加,进而能长期带动沿江地区 GDP 增长。

据财政部中国财政科学研究所研究成果,长江口 12.5 米深水航道开通以来,货运量增加带动 GDP 增长年均超过 1000 亿元,拉动财政收入增长年均超过 200 亿元,带动就业年均超过 10 万人。

(3)提高了区域产业的竞争能力

依托长江黄金水道和沿江的众多大中城市,长江沿岸形成了较为完备、具有国际竞争力的重化工业、加工制造业和高新技术产业集群,成为全球重要的制造业基地之一。长江口深水航道治理工程的建设,显著地改善了运输环境,降低了物流成本,其中集装箱、铁矿和煤炭等外贸物资、能源和原材料受益最为显著,其结果是极大地促进了沿江基础产业和外向型加工制造业的发展,提高了区域产业的综合竞争能力。

(4)促进了港口资源的有效利用

20 世纪 90 年代,上海港在长江沿岸建设公共泊位。长江口深水航道治理工程实施后,集装箱运输受益最大的是上海港外高桥港区,其五个专业集装箱码头建设了 18 个大型集装箱泊位。此外,罗泾散货作业区年吞吐能力也达到 3780 万吨。

长江干流江苏段长 430 千米,岸线总长 1162.5 千米,其中宜港岸线总长 426.6 千米。

长江口深水航道建设后,海轮泊位建设明显加快,泊位能力也明显提高。江苏沿江各港2000年共有万吨级以上泊位122个,以2万吨级以下为主;至2010年底,万吨级以上泊位增至366个,其中5万吨级以上泊位82个。可以看出,长江口深水航道治理工程促进了江苏沿江各港泊位数、能力成倍增加。同时,长江口深水航道治理工程的实施,也促进沿江港口集约化、专业化、规模化布局。

3. 综合社会效益

社会效益评价主要体现在长江口深水航道建设给沿江地区乃至全国社会各个层面带来的变化。总体上看,长江口深水航道产生多方面的综合效益,推动了综合交通运输结构性节能减排,带来了良好的宏观环境效益,促进了综合运输体系的形成和完善,促进了产业结构优化调整及区域经济一体化,形成了国土开发等方面的综合效益,带动了相关行业的科技创新和进步。

(1)推动了节能减排和绿色发展

长江口深水航道的运营,对降低能耗、减少环境污染、实现可持续发展具有深远的意义。与其他运输方式相比,内河航运单位运量的能耗较低,有利于节能减排和保护环境。长江口深水航道工程的实施,有利于充分发挥长江航道的运力运能,充分发挥水运适合大宗物资、重大物件、长距离运输和外贸运输的比较优势和潜力,减少沿江修建铁路、公路带来的大量耕地占用和资源消耗,最大限度地减少对土地的占用和对环境造成的压力。长江口深水航道的运营,在带动长江干线航运的提升和内河航运资源的充分利用的同时,有利于改善沿江地区的环境质量,保护土地资源,为沿江地区增强可持续发展的后劲提供可靠保障,推动了长江流域乃至全国水运的绿色发展。

长江口深水航道的建成和运营,大大提高了长江航道的通航能力,提高了长江航线的运力运能,加快了我国内河水运发展,加快了内河高等级航道建设,有利于优化我国交通运输结构,推动内河港口规模化、集约化、现代化发展,推动水路交通运输结构性转型升级和高质量发展。

(2)促进了综合运输体系的形成和完善

综合运输体系是各种运输方式在社会化的运输范围内和统一的运输过程中,按其技术经济特点组成的分工协作、有机结合、连续贯通,布局合理的交通运输综合体。长江口深水航道有力地促进了综合运输体系的形成和完善。

长江口深水航道治理工程的实施,有效解决了拦门沙航道水深不足的问题,大型船舶无须减载或转载进出长江口,外贸集装箱无须在境外中转,为上海国际航运中心建设提供了重要支撑。长江口深水航道治理增强了长江航道沿江综合运输通道主骨架的作用,强大的“出口”效应更促进了区域综合运输体系的形成和完善;同时航道治理优化了水运量占区域综合运输总量的比重,形成了公路、铁路、航空、水运、管道等各种运输方式点、线、面相衔接,干支层次清晰,分工日趋明显,集疏运衔接配套的综合运输网络,加快了现代化综合运输体系构建。

(3)促进了产业结构优化调整及区域经济一体化

长江口深水航道治理工程促进了长江航运的快速发展,有力地推动了产业集群的快速崛起和产业结构的优化调整。依托长江黄金水道和沿岸众多大中城市,流域内布局了运量、用水、耗能较大的钢铁、石化、电力、建材、各类加工业等产业,形成了较为完备的重化工业、加工制造和高新技术的产业组织和分工体系,形成了钢铁、石化、能源、汽车、机电、轻纺、建材等具有国际竞争力的战略产业集群,成为全球重要的制造业生产基地之一。

在促进产业结构优化调整的同时,长江口航道建设还有力地促进了区域经济的一体化,包括促进长三角区域一体化、长江流域经济一体化乃至促进东中西部地区协调发展。

(4)取得了营造湿地等方面的综合效益

从长江口深水航道治理二期工程起,通过深入研究和比选,疏浚工程采取了外抛和吹填相结合的疏浚土处理方式。结合水利和城市规划,利用航道疏浚土资源吹填建造湿地,在长江口初步实现了航道和水土资源的综合开发利用。

长江口深水航道建设及维护的疏浚土利用率是逐步提高的,长江口深水航道一期工程的疏浚土全部外抛,二期工程每年利用400万～800万立方米,三期工程疏浚土的吹填上滩利用率已达40%～77%。吹泥上滩的疏浚土为造地提供了大量资源,同时还减少了疏浚物的海洋倾倒量,是对目前长江口疏浚土有效处置和利用的最佳方案。

如前所述,横沙东滩滩涂整治工程的泥沙全部来自于长江口航道的疏浚土,至2020年将累计为上海市吹填湿地超过15.83万亩(约105平方千米)(见图13-3-59)。

图13-3-59 横沙六期整治工程照片

(5)带动了科技创新与技术进步

长江口深水航道治理工程的科技创新贯穿于科研、设计、施工和管理全过程,集总体方案制定、工程结构研究、施工工艺创新、施工装备研发、基础技术研究及管理模式创新于一体。长江口深水航道治理工程成套技术的创新多达 74 项,其中原始创新 49 项,获省部级以上科技成果奖励 15 项,获得发明专利 1 项,实用新型专利 12 项。工程形成的成套技术成果是我国河口治理和水运事业的伟大创举,是世界上巨型复杂河口航道治理的成功范例。

长江口深水航道治理工程对沿江地区、长江流域乃至国家科学技　术水平的提高具有多方面、多层次的、积极的、深远的影响。工程的创新实践,全面、大幅度地提升了我国水运工程的技术水平。多种创新的结构形式,为水运工程向外海拓展提供了新思路;丰富了建筑物的结构形式和设计方法;施工装备和工艺的创新,为恶劣自然条件下水运工程实现安全、优质、高效施工闯出了新路。工程中的重大技术创新促进了港口及内河航道整治、港口工程、疏浚工程、海岸及近海工程、桥隧基础工程等相关学科领域的科技进步。该工程成套技术成果已在东海大桥、杭州湾大桥、洋山深水港、黄骅港外航道整治一期、长江中游航道整治、天津港北大堤等一大批重大工程中推广应用,受到日本、荷兰、德国、俄罗斯、美国等国际同行及国内水利、土木等相关行业的极大重视;形成了 7 部部颁专项技术标准;软体排、半圆体、GPS 定位等成果已被纳入交通行业技术标准,科技创新的效益日益显现。

4.环境生态效益

长江口作为我国最大的河口,水域生态系统敏感、复杂,是许多种洄游生物的通道,也是著名的河口渔场,长江口还有三大自然保护区,分别是上海崇明东滩鸟类国家级自然保护区、上海九段沙湿地国家级自然保护区和上海长江口中华鲟自然保护区,同时长江口还是上海市的重要水源地,建有青草沙和东风西沙等水库。长江口深水航道的建成,在为"长江黄金水道"和"上海国际航运中心"的建设做出重要贡献的同时,始终十分重视生态环境问题,做好环境保护,打造绿色航道。

1)主要措施

长江口深水航道治理工程的建设,在对长江流域国民经济发展起到重大推进作用的同时,不可避免地会对长江口的生态环境产生一定的影响。因此,实施长江口深水航道治理工程伊始,如何减少工程对生态的负面影响、降低施工对环境的负面作用,并使工程对长江口生态环境起到一定的保护及修复作用,促进长江口航道和长江口生态环境协调可持续发展,便成为长江口深水航道治理工程唯一的选择。在长江口深水航道建设和养护过程中,始终非常重视环保工作,始终将环境保护作为一项非常重要的工作来抓,除了在设计、施工和维护过程中积极研究采取各类减少对环境生态影响的措施外,主要措施有:

(1)持续开展长江口航道环保监测

监测时间长:自 1998 年长江口深水航道治理一期工程开工至今,已连续监测了近 20

年;监测范围广:监测站位的布置,不仅仅局限于长江口航道,基本涵盖了整个长江口水域,覆盖范围近 5000 平方公里;监测单位专业:有大学、科研院所,以及环保、海洋、渔业、交通等系统的多家专业单位;监测项目全:累计对水环境质量、水生生态系统、渔业资源、陆上基地、船舶、生态敏感区等 11 个学科,15 个专题开展监测,取得了大量宝贵的连续性监测数据,为环境和生态影响研究提供基础支撑。

(2)持续开展增殖放流(生态补偿)工作

以保护生态环境、促进人与自然和谐为目的,在长江口地区实施了一系列创造性的工作。在近 20 年的时间内,十多次开展增殖放流(生态补偿)工作,其中包括特大规格中华鲟幼鱼、中华绒螯蟹、河口重要经济鱼类、底栖生物等的增殖放流。

增殖放流在物种选择上体现了生态理念,基于生态系统立体结构层次性的放流物种组合,既有低营养层次的物种如鲢、鳙,也有肉食性鱼类即黄颡鱼、翘嘴鲌;既有中上层鱼类,也有底栖性鱼类。同时,针对长江口底栖动物生物量较低,鱼类饵料资源贫乏的状况,投放了大量的底栖动物,如巨牡蛎、河蚬等。这种立体的、多层次的增殖放流将极大增加生物多样性,起到调控水生生态系统结构目的,从而达到修复长江口水生生态系统的效果。

2)主要成效

长江口深水航道治理工程的环境效益体现在为了减少工程对环境的影响而采取的一系列环保措施的落实。主要包含了预防、保护、补偿等措施。从监测结果表明,正是由于采取了正确有效的环保措施,治理工程中所产生的污染物如污水、噪声、船舶污染等能符合有关法规和标准的要求,使工程对环境的影响降到最小;同时,工程期间降低了在鱼汛期的施工频率和强度,充分利用导堤构筑了人工牡蛎礁,积极开展了生态补偿工作,从而达到保护和修复长江口水生生态系统的目的。

长江口深水航道治理工程严格按照国家的相关法律法规,认真贯彻落实历次环境影响报告书和倾倒区选划论证报告的要求,先后开展了多次增殖放流工作。放流活动引起社会各界的广泛关注,电视及平面媒体多次报道了放流活动经过。增殖放流活动作为长江口深水航道工程的重要组成部分,为我国大型工程建设的生态补偿树立了榜样,也为今后大规模的生态补偿项目积累了丰富的经验。另外,此项放流活动经媒体报道后,提高了社会大众的生态环境保护意识,为构建和谐社会贡献了一份力量。

据近几年来的监测结果显示,通过试验性放流活动,长江口导堤及附近水域底栖动物种类和生物量都有显著的提高,表明该生态系统已明显得到修复和改善,将航道工程中的南北导堤逐步建成一个长达 147 千米、面积约 260 公顷的人工鱼礁,已成为经济水生动物和珍稀鱼类的重要产卵场和栖息地(图 13-3-60)。经估算,巨牡蛎净化合流污水的总量约为 731 万吨/年,相当于一个日处理能力约 2 万吨、投资规模约为 3000 万元的大型城市污水处理厂。不仅如此,人工牡蛎礁还具有较高的生态服务价值,附近水域的底栖动物种类和生物量都有显著的提高,一定程度上改善了长江口水质。估计长江口南北导堤牡蛎礁生态系统的栖息地价值约为3380万元/年。

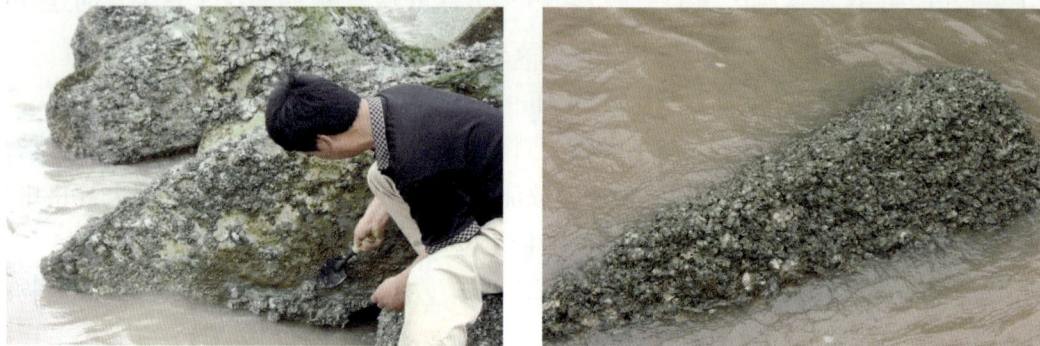

图13-3-60　整治建筑物构件上已长满了巨牡蛎

长江口深水航道治理工程建立了河口生态补偿机制,缓解了工程开发与生态的矛盾,在治理工程施工期间,建设单位与东海水产研究所共同开展了一系列的生态修复和补偿工程,取得了良好的社会、生态和经济效益,对加快恢复长江渔业资源和长江水生生物多样性,以及提高保护长江渔业资源和生态环境具有重要意义。

中国工程院评估指出:深水航道工程对河口生态系统没有显著的负面影响,对水质、河口重要水源地也无明显负面影响,工程疏浚土也得到了妥善处置。考虑到相较其他运输方式,水运具有运力大、节约能源、占地少、污染小等诸多优点,长江口深水航道的建设,对降低能耗、减少环境污染、实现可持续发展具有积极作用。

(二)工程建设经验

根据2011年中国工程院组织完成的《长江口深水航道治理工程评估综合报告》,长江口深水航道治理工程建设的主要经验如下:

1.积累了复杂河口治理的经验

长江口是动力条件复杂的巨型多沙河口,治理工程的关键是确定总体方案。在深水航道工程方案比较和论证过程中,利用长期的现场勘测以及理论和实验研究的成果,在基本掌握水沙运动和河床演变规律的基础上,正确地提出了在长江口总体河势基本稳定的条件下可以选择北槽先期进行工程整治的论断。

整治方案充分考虑了长江口多级分汊、径流和潮量巨大,且主要汊道落潮流明显占优势的特点,创新地制定了中水位整治、稳定分流口、采用宽间距双导堤加长丁坝群、结合疏浚工程的总体方案。

在三期工程建设过程中,针对航道回淤量大且分布集中的难题,创造性地提出了通过调整部分丁坝长度、缩窄北槽中段河宽、以显著增强中段的落潮动力和输沙动力、减少航道回淤量并改善其分布的减淤措施。

2. 促进了我国河口海岸工程领域的科学研究

为了适应长江口深水航道治理工程的需要，国内首次建立了可考虑径流、潮流、波浪和盐度等多种复杂因素共同作用的全沙（悬沙和底沙）数学模型，对各期航道回淤量及分布，以及强台风与天文大潮、大洪水相遇等特殊条件下航道骤淤作出了预报，对长江口深水航道整治工程的设计和实施起到了重要作用。在三期减淤工程研究中，开发了适用于北槽航道回淤的泥沙数学模型，提出了适用于北槽的悬沙挟沙力公式参数等，提高了航道回淤模拟计算精度。在大型潮汐河口物理模型中，成功实现了动床冲刷试验、悬沙淤积试验，并自主研发了口外旋转流场的物理模拟技术。

3. 创新了大型港航工程项目管理模式

由于长江口水动力条件和泥沙运移规律的复杂性及局部地形冲淤变化存在的不确定性，很难在前期研究阶段对工程建设中的局部流场和地形冲淤变化作出准确的定量预测。为确保工程顺利实施和整治目标的实现，有必要在工程实施过程中严密监测总体和局部河势的变化；及时掌握整治建筑物推进及航槽疏浚过程中周边河床的变化。通过对监测资料的分析研究，科学、适时地对工程细部进行必要的设计变更，或进行施工方案和施工计划的调整。因此，长江口深水航道整治工程必须采用动态管理。为此，深水航道工程建立了水文、泥沙、波浪监测系统和整套动态管理的监测制度、技术标准和组织体系；在建设中实现了对流场、地形变化的全程监控，将现场监测、试验研究与优化、调整设计、施工方案有机地结合起来。

长江口深水航道整治工程所采用的科学动态管理模式，保证了长江口深水航道治理工程顺利实施和整治目标的实现，为大型港航工程项目管理提供了成功示范。

4. 推动了港航建筑物设计理论的进步

长江口深水航道治理工程自主开发了以长管砂肋和混凝土联锁块为压载材料的新型护底软体排，提出了排宽设计的新方法。自主研发的新型护底结构具有适应地形变形能力强、保砂、透水性能好、整体性好、结构简单等特点。

工程大量采用了创新的堤身结构形式。结合长江口工程波浪荷载大、地基软的特点，提出了具有高抗浪能力、对地基承载力要求低的轻型重力式结构的结构设计新理念。首创了新型空心方块斜坡堤结构，具有自重轻、适用于软土地基的特点。另外，通过引进消化吸收再创新，开发了充砂半圆体和半圆形沉箱等导堤新结构。采用新型结构的整治建筑物占工程的65%以上。新型结构的研究及应用，对于长江口深水航道整治工程的顺利实施发挥了至关重要的作用。

突破性地解决了波浪作用下地基土动力软化的世界级技术难题,首次提出和实施了抗软化的工程措施,经受了多次台风、大浪考验。

5.提升了我国港航工程施工技术水平

在国内首次建立了大范围长基线 GPS 控制网和高程异常网,解决了在长江口开阔水域应用 GPS 三维定位测控的关键技术难题,提高了定位精度和效率,实现了对施工过程的实时监控和信息化管理。

研发应用了全套水上施工大型专用作业船及相关施工工艺。开发应用的大型专用作业船(机)共6类、27艘(台),主要有:塑料排水板打设船、软体排铺设船、座底式基床抛石整平船、平台式基床抛石整平船、步履式水下整平机、半圆形沉箱安装船、料斗抛石船等,其中26艘专用船全部是自主开发研制,世界首创。这些专用船机设备适应长江口的工况条件,提高了生产效率,保证了施工质量,同时降低了工程造价。

(三)展望

经过长江口深水航道治理一期至三期工程的实践,与工程有关的技术问题的研究取得了丰硕的成果。但由于长江河口河床演变和水沙运动的复杂性,流域来水来沙条件及河口边界条件尚在变化之中,河口治理研究中仍有大量问题有待深入研究;同时,为满足经济社会的发展,推进"一带一路"倡议、长江经济带、长三角一体化、交通强国和上海国际航运中心建设等的实施,也需要尽快完善长江口航道体系建设。展望未来,有以下重点工作。

1.尽快建成和完善长江口航道体系,满足国家各项战略实施的需要

《长江口航道发展规划》于 2010 年 8 月经交通运输部批复实施。规划主要目标是争取利用 10~20 年的时间,建成以长江口深水航道为主航道,与北港、南槽和北支航道共同组成的"一主、二辅、一支"的长江口航道体系(图 13-3-61)。目前,"一主"的 12.5 米深水航道已经建成并向上延伸至南京;"二辅"的南槽航道规划目标水深为 8.0 米,现已开通 6.0 米水深航道;"二辅"的北港航道规划目标水深为 10.0 米,目前尚未开通;"一支"的北支航道目前按自然水深通航,远期根据需求确定。目前,通过长江口的货物运输量迅速增长、船舶流量也进一步增加,运输船舶逐步大型化,为服务国家战略的实施,满足经济社会发展需要,对长江口航道体系建设提出更高的要求。

南槽航道:南槽航道治理一期工程开工前,南槽航道维护尺度 250 米宽、5.5 米水深,航道总长约 86 千米。根据长江口船型和货运量发展预测以及长江口河势变化情况,为稳定长江口南槽入口段河势、保护长江口航道与湿地保护区资源,改善长江口通航环境、提供安全可靠通航条件、提升长江口航道总体通过能力,经充分研究论证,确定南槽航道治

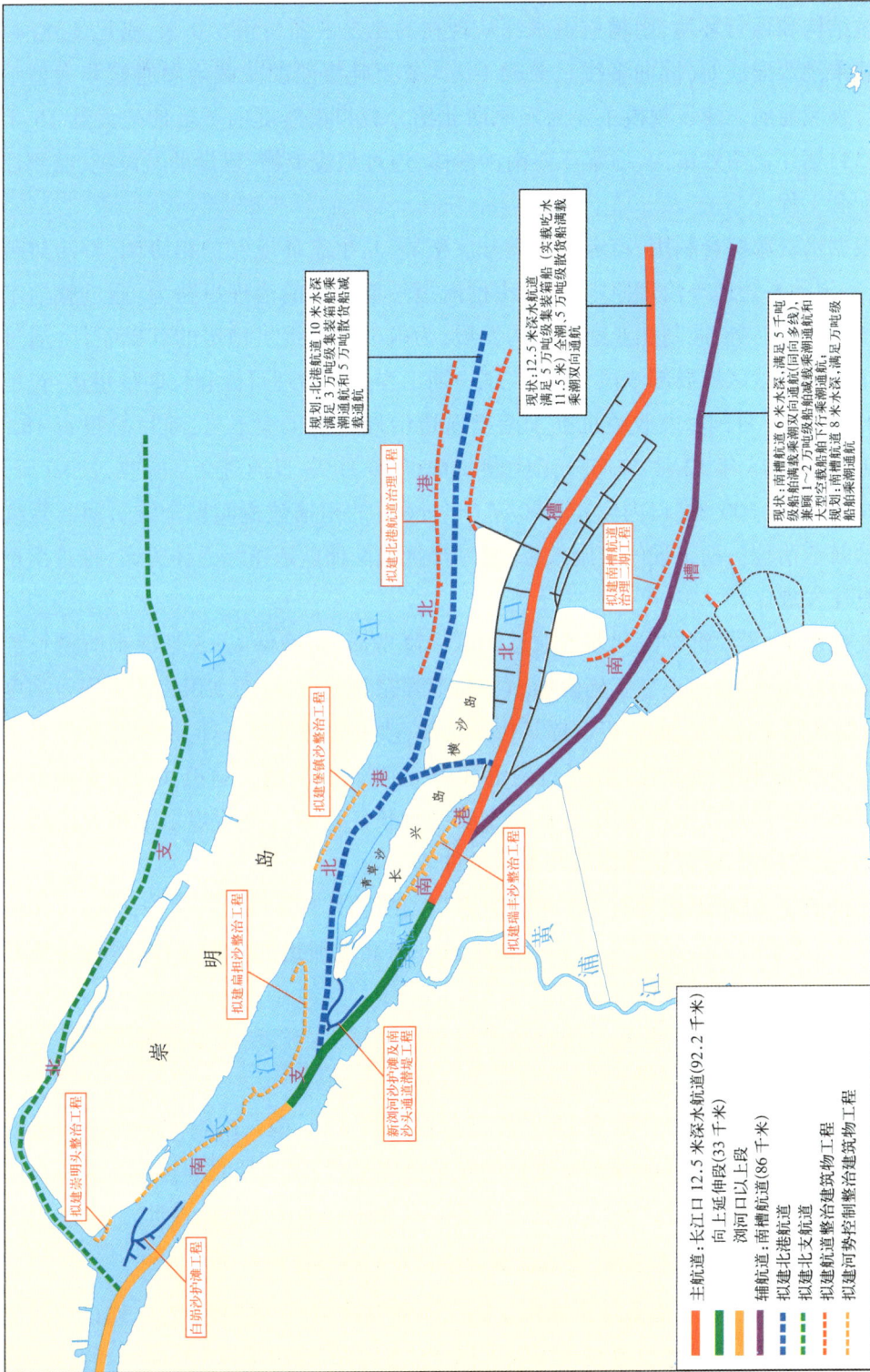

图13-3-61 长江口航道发展规划示意图

规划:北港航道10米水深满足3万吨级集装箱船乘潮通航,5万吨级散货船减载通航

现状:12.5米水深航道(实载吃水11.5米)全潮双向通航,满足5万吨级装箱船乘潮通航载满通航

现状:南槽航道6米水深,满足5千吨级船舶双向通航(同向多线),兼顾1~2万吨级船舶减载乘潮通航,大型空载船舶下行乘潮通航。规划:南槽航道8米水深,满足5万吨级船舶乘潮通航

拟建北港航道治理工程

拟建南槽航道治理二期工程

拟建堡镇沙整治工程

拟建瑞丰沙整治工程

拟建扁担沙整治工程

新浏河沙护沙及南沙头通道潜坝工程

拟建崇明头整治工程

白茆沙护滩工程

主航道:长江口12.5米深水航道(92.2千米)
向上延伸段(33千米)
浏河口以上段
辅助航道:南槽航道(86千米)
拟建北港航道
拟建北支航道
拟建河道整治建筑物工程
拟建河道整治控制整治建筑物工程

长
江
南
支

崇
明
岛

长
江
北
支

北
港

长
江
口
南
港

北
港

北
口

南
口

南
槽

横
沙
岛

长
兴
岛

黄
浦
江

长
江
南
支

理一期工程的建设目标为:巩固南北槽分汊格局,结合疏浚措施改善航道条件,优化长江口通航结构和通行环境,南槽航道水深从现在的5.5米提高到6.0米,满足5000吨级船舶满载乘潮双向通航(同向多线),兼顾1万~2万吨级船舶减载乘潮通航和大型空载船舶下行乘潮通航。建设规模主要为顺原南北槽分流口南线堤向下延伸建设约16千米护滩堤以封堵江亚南沙窜沟、稳定江亚南沙沙体,通过疏浚成槽,建设助航设施、监测浮标等航道配套工程。

根据水资源综合利用、稳定南北槽分汊格局、与生态环境保护相协调、整治与疏浚相结合、实施动态管理等治理原则,提出南槽航道一期工程的治理思路为:通过整治工程稳定南槽入口段河势,遏制江亚南沙窜沟发展,为航道建设提供稳定的基础条件;通过疏浚增深拓宽拦门沙区域局部浅段,进而实现一期工程航道治理目标和长期稳定运行。

2018年11月国家发改委批准了南槽航道治理一期工程工可,项目总投资18.77亿元。工程于2018年12月29日开工建设,2020年6月23日通过交工验收,长86千米、水深6.0米、宽度600米(口内段)/1000米(口外段)的南槽航道实现全线贯通。后续将根据南槽航道治理一期工程的实施效果,进一步优化南槽航道整治总体方案,推进南槽航道健康有序发展。

北槽航道:需要继续深化北槽航道的减淤降费研究,确保12.5米深水航道长治久安和安全稳定运行,目前正在实施南坝田加高工程完善工程,将南坝田挡沙堤堤身高度由+3.5米加高到+4.5米,进一步发挥其挡沙功能,改善北槽流场条件,发挥减淤效果。

12.5米深水航道向上延伸经过南港和南支河段,目前南支扁担沙河段和南港瑞丰沙河段局部河势尚存在不利变化,今后将主要结合长江口综合整治规划中相关护滩工程等的实施,稳定河势,改善航道建设和维护条件。

北港航道:北港航道是对于往来北方港口的船舶具有运输经济优势,同时可缓解南港航道和南、北槽航道的通航压力,需加快推进开通北港航道的前期工作,尽快实施北港航道治理工程,实现规划目标。

北支航道:今后需要根据经济社会发展和长江口综合整治需要统筹考虑其定位和发展目标。

目前,长江口河势总体稳定,但局部仍存在不利变化;南支南港部分河段深槽的尺度或稳定性不足,尚不能保障深水航道长期安全稳定运行;南槽和北港拦门沙河段自然水深较浅,局部河段存在变化。长江口航道体系建设和研究工作任重而道远。

2. 坚持生态优先、绿色发展,今后更加注重河口的综合治理和保护工作

党的十九大报告全面阐述了加快生态文明体制改革、推进绿色发展、建设美丽中国的战略部署,长江经济带建设也必须深入贯彻"生态优先、绿色发展"的理念。在新形势下,长江口综合治理研究必须兼顾河势稳定、环境生态、航道、防洪、水资源、渔业等要素,协

调各方需求,保证长江河口健康和谐发展。这对今后长江口航道治理工程研究提出更高的要求。

展望未来,长江口相关管理部门应加强沟通协作,充分考虑各方的需求,积极做到共赢和多赢。相关部门应积极配合,逐步建立有效的工作机制,落实激励政策,推动航道工程与港口建设、水土资源利用和生态环境保护等的相互结合。长江口航道体系建设和维护,将产生大量的疏浚土,疏浚土是一项宝贵的资源,在流域来沙逐步减少的情况下河口面临侵蚀问题,应努力推动疏浚土资源化利用,在河口滩涂湿地营造、河口海岸防护、河口生态保护等方面开展综合利用。长江口保护和开发利用前景广阔,应加强综合治理和保护研究,共同建设"资源节约、环境友好"的美丽生态河口。

3. 长江口仍存在大量需从理论和实践方面研究解决的技术难题,航道治理研究任重而道远

通过长江口的工程实践,虽已在河口治理技术方面取得了长足进步,但由于自然条件的复杂性、研究技术手段的限制以及人类认知水平的局限性等,仍有大量问题需要深入研究和解决。比如:现场观测技术的完善与开发、航道回淤机理和规律的深化认识、大风影响下航道骤淤的预报和对策、滩槽泥沙交换对航道回淤的影响、流域来水来沙变化对河口演变及航道回淤长远影响等。这些问题的研究解决,将推动河口治理的进步。

长江口深水航道治理工程研究和治理实践,提高了人们对长江口地形变化、水沙运动特性的认识水平。但因长江口水沙运动的复杂性以及边界条件的变化,仍有许多问题有待深入探讨和研究,只有通过"实践—认识—再实践—再认识",加大现场观测和科研的投入,发挥广大科技人员的才智,才能够逐步深入和更加全面地认识所存在的问题,找出科学的对策措施,以适应河口的变化并能有效解决实践活动中遇到的难题,提高河口的综合治理水平,保护好长江口。

六、长江口航道治理大事记(1958—2018 年)

1958 年,在交通部的组织下,开始了对长江口大规模的系统监测和研究。以学部委员严恺为首,会同上海航道局、南京水利科学研究所、华东师范大学等单位一大批专家学者开展了大规模的现场测验,进行了多学科的、系统的长期研究(工作起点)。

1960 年,交通部成立长江口整治研究领导小组,严恺担任领导小组组长(第一个研究领导小组)。

1962 年,长江口整治工作列入了国家科技发展十年规划,成立了长江口治理研究委员会,负责制订长江口整治规划(第一次列入国家科技发展十年规划)。

1963 年,交通部成立了长江航道改善措施研究工作组,下设综合技术组,负责制订科研计划和协调试验研究工作。

1973 年，南京水科院制作了长江口模型，并开始了长江口的物理模型试验研究工作（建立的第一个模型）。

1973 年，周恩来总理提出"三年改变港口面貌"的号召。针对上海港严重压船、压港，给航运带来很大影响现状，将长江口航道治理工程列为国家重点建设项目，长江口航道治理着手进行。第一期工程被列为重点建设项目，由国家投资 3600 万元，投入 6 艘万吨级挖泥船开挖长江口南槽水道，全长 32.8 千米，航槽底宽 250 米，挖深至 -7.0 米，初步改善了航运条件（第一次实施长江口疏浚工程）。

1974 年后，上海航道局为维持南槽水道 7.0 米航道水深，每年疏浚土方 1800 万立方米，年维护费 3000 万元。从此，南支—南港—南槽为通海主航道，吃水 9.5 米或 10 米的海轮乘高潮进港，通过能力有所提高（第一次将长江口南槽确定为通海主航道）。

1978 年 5 月 28 日，为解决 10 万吨级矿石船进长江口及确保上海宝山钢铁总厂码头前沿水深和水域宽度，经国务院批准，成立了"长江口航道治理工程领导小组"，依靠南京水利科学研究所和上海航道局，设立了科技组和办公室，严恺担任科研技术组组长。

1983 年 7 月，国务院撤销"长江口航道治理工程领导小组"，成立"长江口开发整治领导小组"（后扩充为"长江口及太湖流域综合治理领导小组"），全面负责领导长江口、黄浦江、太湖流域的综合治理工作。严恺任长江口、太湖流域两个科技组组长。1988 年，国务院撤销该机构。

1983 年 9 月 10 日，受第 10 号台风袭击，南槽严重淤积，全线淤浅 0.6 米。

1984 年 1 月，改辟北槽为通海深水主航道，全长 18.8 千米，浚深至 7 米，底宽 250 米。4 月开始对国轮开放，10 月 1 日起正式对外轮开放通航（第一次将北槽航道对外轮开放）

1990 年 3 月 8 日，浚后水深从原槽内平均水深 5.42 米增深到 7.3 米，新航槽底宽为 250 米，长度为 5000 米。从此，进入上海港的进口船舶改由鸭窝沙新航槽进港。

1992 年 3 月，交通部主持的"长江口拦门沙航道演变规律的研究（整治技术研究）"列入了"八五"国家重点科技项目（攻关）计划，由上海航道局、南京水利科学研究所为负责单位，组织各有关单位参加。于 1993 年 3 月完成研究报告（20 年后重新启动研究工作，并列入"八五"国家重点科技项目）。

1994 年

3 月，国家计划委员会在京主持召开了"长江口拦门沙航道演变规律的研究（整治技术研究）"专题科技攻关成果鉴定验收会。鉴定会认为：这项成果立项正确适时，对长江口深水航道整治研究取得重大进展与突破，总体上达到国际先进水平。

4 月，国务院印发《关于听取以长江口航道整治技术研究成果汇报的会议纪要》，明确了将预可行性研究工作列入国家 1994 年前期工作计划，以便列入"九五"国家重点建设计划。

6月，国家计划委员会、交通部、上海市人民政府联合向国务院副总理邹家华报送了《关于长江口深水航道整治工程前期工作有关问题的报告》，明确了有关科研、设计单位对工程开展预可行性研究工作，并成立"长江口深水航道治理前期工作领导小组"（第一次成立前期工作领导小组）。

1995年

3月，《长江口深水航道治理预可行性研究报告》通过了国家计划委员会、交通部、上海市人民政府联合组织的审查。

11月，交通部和上海市人民政府联合向国家计划委员会上报了《关于报送"长江口深水航道治理工程项目建议书"的报告》。

1996年

4月，交通部和上海市人民政府联合下达了《关于开展长江口深水航道治理工程可行性研究工作的通知》。

11月，成立了以国家计划委员会副主任叶青为组长，交通部副部长刘锷、上海市副市长夏克强、江苏省副省长季允石、水利部副部长张春园为副组长，由国家计划委员会、交通部、上海市、江苏省、水利部、浙江省、国家开发银行参加的"长江口深水航道治理工程建设领导小组"，同时成立了以严恺院士为组长的专家顾问组（第一次成立建设领导小组）。

1997年

1月29日，国务院总理李鹏主持召开了长江口深水航道治理工程专家座谈会。会议明确提出"尽快建成上海国际航运中心，发挥上海国际经济、贸易、金融中心的功能，必须加快长江口深水航道的治理"。明确"一次规划，分期建设，分期见效，先治理至8.5米"的建设方针（总理第一次主持召开专题会议）。

3月25日，"长江口深水航道治理工程实体筹备组"成立。

4月，国务院办公会议原则同意国家计划委员会上报国务院的《长江口深水航道治理项目建议书》，明确先实施一期工程，使长江口航道水深由现在的7米增深至8.5米。一期工程动态投资32.55亿元，由交通部、上海市和江苏省按已协商好的比例出资，并授权国家计划委员会办理该项目一期工程可行性研究报告的审批。

5月26日，在交通部和上海市、江苏省、浙江省参加的上海国际航运中心第三次联系会议上，研究了组建长江口航道建设有限公司事项。

7月2日，经国务院同意，国家计划委员会正式批复《长江口深水航道治理一期工程项目建议书》。原则同意："该项目先实施一期工程，使长江口航道水深由现在的7米增深到8.5米，一期工程投资由交通部、上海市和江苏省按照已协商的出资比例承担，并按《公司法》组建项目实体，实行项目法人责任制。"（经国务院同意，批复项目建议书）。

8月12日，交通部和上海市、江苏省人民政府在京联合召开了长江口深水航道治理工程（一期）工程可行性研究报告专家审查会，通过了《长江口深水航道治理工程（一期）工程可行性研究报告审查意见》。

9月8日，交通部投资1.46亿元建立的长江口深水航道治理工程配套工程"长江口深水航道科学试验中心模型大厅"举行奠基仪式。

9月24日，长江口深水航道建设领导小组组织召开了长江口深水航道治理工程汇报会，这次汇报会包括了国家计划委员会对一期工程的工程可行性审查和中国国际工程咨询公司的评估以及有关专家的进一步论证等内容。国务院副总理邹家华、吴邦国分别主持了会议，全国政协副主席钱正英出席了会议，并分别作了重要讲话。与会人员经过三天的认真讨论，对长江口深水航道治理工程的必要性和紧迫性，对"南港北槽"方案的合理性和技术可行性等取得了共识。

11月17日，国家计划委员会正式批准了《长江口深水航道治理工程一期工程可行性研究报告》，并要求在一期工程实施的同时，抓紧进行二期、三期工程的前期工作。受国家计划委员会委托，交通部牵头在京组织召开了长江口深水航道治理工程一期工程初步设计审查会，通过了审查意见（批准一期可研报告）。

11月24日，长江口航道建设有限公司第一次董事会在沪召开。由公司董事长、交通部部长黄镇东主持。会议研究了公司组建中的有关人事、组织管理和挂牌等事项。参加会议的有副董事长：交通部副部长胡希捷、上海市副市长夏克强、江苏省副省长季允石（黄镇东部长主持召开第一次董事会）。

12月，交通部下发《长江口深水航道治理工程一期工程初步设计的批复》。

12月28日，长江口深水航道治理工程（一期）试验段工程开工。

12月30日，国家计划委员会批准了《长江口深水航道治理一期工程开工报告》。

1998年

1月27日，长江口深水航道治理一期工程开工典礼暨长江口航道建设有限公司成立揭牌仪式在沪举行。国务院副总理吴邦国，国务院副秘书长石秀诗，交通部部长黄镇东、副部长胡希捷，水利部副部长张春园，上海市市长徐匡迪、副市长夏克强，江苏省副省长季允石等有关领导出席仪式。黄镇东部长主持仪式。吴邦国副总理、徐匡迪市长为工程开工奠基及公司揭牌。国务院总理李鹏，副总理邹家华，全国政协副主席钱正英，上海市市长徐匡迪，江苏省省委书记陈焕友也分别为工程开工题词。上海市委书记黄菊为工程开工发来了贺信（一期工程开工）。

5月6日，一期工程整治建筑物工程施工招标开标会在沪举行。交通部副部长胡希捷主持开标会，交通部、上海市和江苏省三方股东代表出席了开标会。

5月19日，交通部批准成立"交通部长江口深水航道科学试验中心"。12月长江口整体物理模型大厅建成。

5月25日，长江口航道建设有限公司第三次董事会暨长江口深水航道治理一期工程现场汇报会召开。交通部部长黄镇东主持了会议。会议审定评标委员会评标报告，决定中标单位：N标上海航道局和上海航道勘察设计研究院联营体，Se标交通部第一航务工程局和交通部第一航务工程局勘察设计院联营体，Sw标交通部第三航务工程局和交通部第三航务工程局勘察设计院联营体。并参观施工现场。交通部副部长胡希捷、江苏省副省长季允石、上海机场（集团）有限公司董事长夏克强出席。

11月11日，交通部组织召开长江口深水航道治理工程二期、三期工程可行性研究报告座谈会。

11月12日，全国人大常委会副委员长邹家华视察长江口深水航道治理工程现场及长江口深水航道科学试验研究中心（邹家华副总理视察研究中心）。

1999年

4月15日，一期工程疏浚工程试验段工程开工。

4月19日，全国政协副主席、中国工程院院士钱正英率中国工程院部分院士视察团视察长江口深水航道治理工程现场。

7月15日，一期工程疏浚工程正式开工。

10月30日，交通部在京组织召开了长江口深水航道治理工程二、三期工程可行性研究报告审查会，并通过审查意见。意见认为，长江口深水航道治理一期、二期、三期工程是一个有机的整体，应尽快连续实施。

2000年

3月22日，一期长51.77千米、宽300米、水深8.5米航道全槽贯通。

5月10日，一期工程（含超前护底段）完工。

7月20日，长江口深水航道治理工程一期工程通过交工验收。上海海事局、长江口航道建设有限公司联合召开了长江口深水航道（一期8.5米水深）试通航新闻发布会。交通部副部长洪善祥出席。

9月24日，中国国际工程咨询公司相继在京、沪组织召开了长江口深水航道治理一期工程社会经济效益分析论证会、长江口深水航道治理一期工程设计与施工技术专题论证会、长江口深水航道治理一期工程回淤量分析专题论证会及长江口深水航道治理一期工程河势分析专题论证会等四个专题论证会。

11月24—27日，中国国际工程咨询公司组织召开长江口深水航道治理一期工程实施效果鉴定综合论证会。会议由中国国际工程咨询公司副董事长张春园主持。18位专家（其中院士6位）组成专家组，中国工程院副院长、两院院士潘家铮任组长。鉴定意见认为：工程总体设计方案合理；一期工程的建成有助于长江口河势的稳定；一期整治工程段的下游航道淤积问题突出；工程结构设计合理，施工技术成熟，工程质量良好；一期工程经济效益显著。建议抓紧实施二期工程,以充分发挥一期、二期工程的整体效益。

2001 年

5 月 9 日,由中国国际工程咨询公司组织的长江口深水航道治理工程二期、三期工程评估会在京召开。会议认为,长江口航道整治工程是一个整体,应一气呵成。

6 月 15 日,开展长江口水生生态系统修复工程系列活动,首次放流幼鱼长 40 厘米、重 0.75 ~ 1 千克中华鲟幼鱼 3080 尾。

6 月 30 日,一期工程包括完善段工程全部完工。

7 月 18 日,长江口航道建设有限公司第五次董事会在沪召开。决定江苏省副董事长调整为副省长梁保华。研究了年度投资计划。同意开展二期、三期工程初步设计,进行大圆筒结构和吹泥上滩试验性工程,要求抓紧进行横沙东滩建设基地扩建,组织研制专用施工船舶、机具。

12 月 31 日,国家发展计划委员会批准《长江口深水航道治理二期工程可行性研究报告》(批准二期工程可研报告)。

2002 年

1 月 26 日,交通部在沪召开长江口深水航道治理二期工程初步设计审查会。翁孟勇副部长,上海市、江苏省代表出席了会议。

4 月 17 日,长江口航道建设有限公司第七次董事会在公司召开,会议由交通部副部长胡希捷主持,会议确定了二期整治建筑物工程施工中标单位:NIIA 标段中港第三航务工程局、NIIB 标段中港第一航务工程局、SIIA 标段上海航道局、SIIB 标段中港第二航务工程局。

4 月 28 日,长江口深水航道治理二期工程开工。交通部部长黄镇东、副部长张春贤视察工程现场(二期工程开工)。

9 月 21 日, 国家发展计划委员会组织进行了长江口深水航道治理一期工程国家验收。国家发展计划委员会副主任张国宝任验收委员会主任,交通部副部长翁孟勇、上海市副市长韩正、江苏省副省长吴瑞林任副主任(一期工程竣工验收)。

2003 年

12 月 14 日,长江口深水航道治理三期工程可行性研究工作大纲专家咨询会在京召开。

2004 年

1 月 1 日,二期疏浚工程开工。

1 月 28 日,国务院副总理黄菊在上海专题听取长江口深水航道治理二期工程实施情况汇报。出席会议的有交通部部长张春贤,副部长翁孟勇,国家发展和改革委员会副主任张国宝,国务院副秘书长尤权,中国人民银行行长周小川,上海市市长韩正等。

5 月 10 日,召开"长江口深水航道 9 米通航水深开通新闻发布会",长江口深水航道 9 米通航水深作为二期工程中间通航水深加以利用,满足了经济发展对长江口航道水深的迫切需求。

9 月 24 日,长江口航道建设有限公司第十次董事会在沪召开,决定撤销长江口航道建设有限公司,交通部、上海市人民政府、江苏省人民政府三方股东出资投入的资产作了明确。董事长胡希捷、上海市副市长杨雄出席。

12 月 10 日,二期整治建筑物工程全部完工。长江口深水航道治理一期工程获第四届詹天佑土木工程大奖。

2005 年

2 月 24 日,交通部在京组织召开了长江口深水航道治理三期工程可行性研究报告审查会。交通部副部长翁孟勇、中国国际工程咨询公司常务副总经理胡希捷等出席了会议。

3 月 29 日,长江口深水航道治理二期工程长 74.47 千米、水深 10 米航道全槽贯通。

6 月 16 日,长江口深水航道治理二期工程通过交工验收。交通部副部长翁孟勇主持验收会。举行长江口 10 米深水航道开通新闻发布会。宣布了长江口 10 米深水航道试通航。

6 月 17 日,长江口航道建设有限公司调整为交通部长江口航道管理局,举行了揭牌仪式。交通部副部长翁孟勇出席揭牌仪式。明确交通部长江口航道管理局职能:负责长江入海口河段的规划、管理、建设、维护和科研工作(长江口航道管理体制变化)。

9 月 1 日,交通部副部长翁孟勇在南京主持召开了长江口 10 米水深航道上延工程现场办公会。决定长江南京以下 10 米水深航道工程 10 月底完工,长江口到南京 364 千米主航道与长江口深水航道对接。

10 月 8 日,中国国际工程咨询公司在京组织召开了长江口深水航道治理三期工程评估会。交通部副部长翁孟勇、中国国际工程咨询公司常务副总经理胡希捷出席会议。

11 月 21 日,二期工程通过国家竣工验收,交通部副部长翁孟勇、上海市副市长杨雄、江苏省副秘书长韩庆华出席验收会。召开了长江口 10 米深水航道试通航新闻发布会,并宣布 10 米水深延伸到南京(二期工程竣工验收)。

2006 年

5 月 9 日,长江口深水航道治理工程成套技术科技成果鉴定会在京召开。会议由专家委员会主任潘家铮主持,钱正英等 9 位院士及 15 位专家组成鉴定委员会。交通部部长李盛霖、副部长翁孟勇出席。鉴定意见:长江口深水航道治理工程的成套技术,是一期、二期工程成功建设的重要保障,是我国河口治理和水运事业的伟大创举,是世界上巨型复杂河口航道治理的成功范例。该项科技成果总体上居于国际领先水平。

7 月 14 日,国家发展和改革委员会批准《长江口深水航道治理三期工程可行性研究报告》(批准三期工程可研报告)。

7月31日，交通部在京组织召开了长江口深水航道治理三期工程初步设计审查会。

9月30日，长江口深水航道治理三期工程举行开工典礼，交通部副部长翁孟勇、上海市副市长杨雄、江苏省副省长仇和为开工典礼剪彩（三期工程开工）。

11月20日，长江口深水航道治理工程成套技术获2006年度"中国航海学会科学技术奖"特等奖。

2007年

6月26日，长江口深水航道治理二期工程10米水深航道向上延伸至浏河口工程通过竣工验收。

2008年

1月1日，长江口深水航道治理工程成套技术国家科学技术进步奖一等奖。

12月10日，长江口深水航道治理二期工程获2008年度国家优质工程金质奖。

12月8日，交通运输部在沪召开长江口深水航道治理三期工程初步设计调整方案专家审查会，副部长翁孟勇出席。会议同意实施减淤工程方案YH101。

2009年

3月26日，长江口深水航道治理二期工程获第八届詹天佑土木工程大奖。

4月23日，减淤工程YH101方案主体工程完工。该工程实施后，北槽中段流速增加，地形调整较为显著，回淤量及回淤分布发生变化，减淤幅度较为明显，基本上达到预期的减淤效果。

7月26日，交通运输部在沪组织召开长江口深水航道12.5米水深向上延伸至太仓工程可行性研究报告审查会议。

10月23日，交通运输部在沪组织召开长江口12.5米深水航道向上延伸建设工程（长江口12.5米深水航道上口至浏河口段）初步设计审查会。

12月30日，交通运输部长江口航道管理局与上海市发展和改革委员会签订了《共同协调推进长江口航道疏浚土综合利用工作备忘录》。确定以横沙东滩圈围三期工程吹填造陆工程为起点，深化合作，深入探讨具体项目的合作模式。

2010年

3月5日，全长92.2千米，水深12.5米的长江口深水航道全槽贯通。

3月14日，长江口深水航道治理三期工程通过交工验收。交通运输部副部长翁孟勇、上海市副市长沈骏出席。会后，交通运输部召开"长江口12.5米深水航道试通航新闻发布会"，宣布长江口12.5米深水航道试通航。

3月23日，国务院总理温家宝、副总理张德江就长江口深水航道治理三期工程通过交工验收，长江口12.5米深水航道试通航作出重要批示。

6月24日，经国家批准，直接为长江口深水航道建造的第一艘长江口深水航道专用耙吸挖泥船在荷兰开工建造。

8 月,交通运输部批准《长江口航道发展规划》,力争用 10—20 年的时间,建成"一主两辅一支"长江口航道体系。"一主"指长江口主航道,由长江口深水航道(南港北槽航道)、南港航道和南支航道组成,是长江干线航道的组成部分和长江口航道的主体。"两辅"指北港航道(包括横沙航道)和南槽航道,是长江口航道的重要组成部分。"一支"指北支航道。

10 月 12 日,第二艘长江口深水航道专用耙吸挖泥船在启东船厂开工建造。

11 月 28 日,12.5 米深水航道向上延伸至浏河口工程完工。

2011 年

1 月 8 日,长江口 12.5 米深水航道向上延伸至太仓。交通运输部在江苏太仓举行长江口 12.5 米深水航道上延至太仓试通航仪式。交通运输部副部长徐祖远、江苏省副省长史和平、上海市政府副秘书长尹弘出席。

5 月 18 日,三期工程通过国家竣工验收,交通运输部副部长翁孟勇、国家发展和改革委员会、上海市、江苏省人民政府等有关代表出席了会议,会上宣读了国务院副总理张德江就工程建成投入生产运行作出的重要批示(三期工程竣工验收)。

5 月 19 日,交通运输部在沪召开长江口深水航道治理工程建设总结表彰大会,会上全面总结了长江口深水航道治理工程建设成果,表彰了一批长江口深水航道治理工程建设先进集体和先进个人。其中"杰出人物"11 人,"建设功臣"29 人,"先进个人"80 人,"特别荣誉集体"1 家、"先进集体"40 家。交通运输部部长李盛霖、副部长翁孟勇等出席了表彰大会。

8 月 25 日,中共中央政治局委员、国务院副总理张德江,中共中央政治局委员、上海市委书记俞正声,调研了长江口深水航道治理工程,详细了解了工程规划、建设、管理和运行情况并强调,要建立健全长江口航道维护管理的体制机制,确保深水航道正常安全通航。上海市市长韩正、交通运输部部长李盛霖、副部长翁孟勇等参加。

2012 年

2 月 23 日,交通运输部在上海组织召开长江口深水航道南北港分汊口河段新浏河沙护滩及南沙头通道潜堤工程竣工验收会。

5 月 28 日,"长江口 01"轮正式启航投入疏浚施工。该轮的建成投产,为更有效掌握长江口河势变化,摸清回淤规律,改进疏浚工艺,实施精细化施工,提供了可靠的实践平台;为确保深水航道有稳定的疏浚力量提供了条件。

2013 年

2 月 20 日,交通运输部副部长翁孟勇在部机关主持召开第 10 次部专题会,研究长江口深水航道维护有关问题。会议对相关问题进行了研究,要求下一步要对近年来航道维护情况和观测资料进行深入分析,积极研究航道减淤措施问题。

3月28日,长江口航道管理局与荷兰IHC公司在上海完成"长江口02"轮交接仪式。由此,国家批准建造的两艘大型耙吸式专用挖泥船全部投入使用。

6月4日,长江口12.5米深水航道向上延伸建设工程(长江口12.5米深水航道上口至浏河口段)在上海顺利通过工程竣工验收。该工程的如期顺利建成标志着长江口至浏河口段全长126千米12.5米深水航道的全线贯通,随着12.5米航道在江苏省进一步上延,长江口深水航道巨大的社会和经济效益将得以更大更充分的发挥。

12月27日,2012—2013年度国家优质工程奖表彰大会在北京召开。"长江口深水航道治理三期工程"继一期、二期工程后再次获得该项殊荣。

2014年

4月24—25日,受交通运输部委托,长江口航道管理局在上海组织召开2艘长江口深水航道专用大型耙吸挖泥船竣工验收会。经竣工验收委员会综合评议,同意通过竣工验收。

2015年

6月7日,长江口航道管理局局长冯俊、书记范亚祥一行到全国政协原副主席钱正英院士家中赠送《长江口深水航道治理工程实践与创新》新书。钱副主席对新书内容给予了充分肯定,并对后续河口治理研究和航道开发工作提出了期望。

6月16日,长江口航道管理局在长江口横沙基地组织召开《长江口深水航道治理工程实践与创新》新书首发式。该书由长江口航道管理局组织相关单位和人员前后经过5年精心准备和潜心编写,对长江口深水航道治理工程的主要工程技术实践及研究做了全面的总结,是总结长江口深水航道治理工程实践与创新成果的宝贵文献资料。

2016年

5月6日,长江航道局和长江口航道管理局在上海举行管理关系调整交接仪式,长江口120余千米航道正式交由长江航道局管理。标志着长江干线航道基本实现集中统一管理。

2017年

6月28日,长江口北港航道研究与开发配套水文站建设工程顺利通过工程可行性研究报告审查,并于12月获得部批复。

10月11—13日,交通运输部副部长何建中在上海调研利用长江口深水航道边坡自然水深提升通航效率等相关工作。

2018年

1月1日,《长江口深水航道利用边坡自然水深提升通航效率总体方案》实施,长江口深水航道大型邮轮和大型集装箱船超宽交会进入试运行。

7月12日,交通运输部部长李小鹏、上海市副市长时光辉到长江口调研,听取南槽航道治理一期工程前期工作等情况汇报。

8月6—7日,《长江口南槽航道治理一期工程工程可行性研究报告》通过了交通运输部组织的审查。

9月12—13日,《长江口南槽航道治理一期工程工程可行性研究报告》通过了国家发展和改革委员会委托中国国际工程咨询有限公司组织的咨询审查。

11月16日,国家发展和改革委员会下发《国家发展和改革委关于长江口南槽航道治理一期工程可行性研究报告的批复》。

11月29日,交通运输部下发《交通运输部关于长江口南槽航道治理一期工程初步设计的批复》。

12月1日,长江口深水航道大型邮轮和大型集装箱船超宽交会转为常态化运行。

12月29日,长江口南槽航道治理一期工程开工建设。

2019年

7月12日,交通运输部下发《长江口12.5米深水航道减淤工程南坝田挡沙堤加高完善工程可行性研究报告的批复》。

11月28日,交通运输部下发《长江口12.5米深水航道减淤工程南坝田挡沙堤加高完善工程初步设计的批复》。

12月30日,长江口12.5米深水航道减淤工程南坝田挡沙堤加高完善工程开工建设。

2020年

6月23日,长江口南槽航道治理一期工程通过交工验收。

第四节　上海国际航运中心洋山深水港区工程

一、洋山深水港区工程概况

(一)上海港发展历程

上海地处中国东部大陆海岸线中部,长江入海口,建设港口的自然条件优越。经济腹地覆盖长江三角洲地区和长江流域。江海交汇的独特区位优势,长江三角洲地区纵横交错的内河水网,历史上商贾云集,经济富庶,水运系统相对发达,使得上海港具有良好的发展基础。据记载,上海的港口形成于隋、唐,明朝中后期逐步发展,形成了集北洋航线、南洋航线、长江航线、内河航线和国外远洋航线于一身,"舳舻万艘""溢于河次"的河、江、海帆船运输相当繁忙的港口。

上海港兴于清前期,壮大于清末民初。1843年11月17日上海港"开埠",至1853年,上海港进口货总值占全国59.7%,超越广州港,成为国内第一大港。20世纪30年代初,上海港货物吞吐量达到 1400 万吨,成为远东地区第一大港。上海港对外贸易快速增长促进了经济社会发展,带动了城市的逐步发展壮大。

第一次鸦片战争到新中国成立之前的百年中,中国沦为半封建半殖民地社会,遭受着外国列强的掠夺,经历了抗日战争和解放战争,连年战乱使得上海港长期处于陈旧和落后状态。

新中国初期,我国加快恢复战争创伤,大力发展经济,运输需求快速增长。交通部门对各港原有码头进行了修复和部分改造,上海港较快地恢复了各项港口功能和基础设施。但是,港口吞吐能力和机械化水平仍然很低,与新中国货物运输的需求不相适应。

20 世纪 60 年代后,我国经济发展较快。尤其是 1971 年我国的联合国一切合法权利得到恢复,1972 年中美建交,使得我国对外贸易需求不断扩大,推动了我国对海上贸易运输的进一步发展。1972 年,周恩来总理向全国发出了更大规模建设港口的号召,力争三年改变中国港口的落后面貌。经过交通部和沿海各省市的共同努力,全国新建了近 300 个万吨级泊位,上海港作为国家的重要港口,改造和新建了一批泊位,在一定程度上缓解了当时运输需求快速增长与港口吞吐能力严重不足的矛盾。

20 世纪 70 年代末,在交通部大力推进下,我国集装箱运输开始发展,1978 年上海港开辟了第一条国际集装箱运输运输航线。上海港作为国家最大港口,承担着国家对外贸易运输任务,加大力度在黄浦江两岸利用件杂货码头、多用途码头和改造的集装箱码头,进行集装箱运输装卸业务,1990 年完成了 45.6 万 TEU。但是,港口集装箱运输通过能力和港口集装箱吞吐量与国际上大型港口无法相比,与周边国家港口也有很大差距。之后,陆续在黄浦江近吴淞口建设专业化集装箱码头,再向外高桥拓展,港口集装箱通过能力快速提高。但是,国内经济需求剧增,特别是长江三角洲地区、长江流域外贸出口加工区、经济技术开发区等外向型经济的高速发展,作为我国重要外贸港口的上海港集装箱通过能力一直难以满足经济发展的需要。

（二）20 世纪 90 年代的上海港状况

1995 年,上海港已经形成了较为完善的港口基础设施。拥有公用码头泊位 140 个,其中万吨级泊位 68 个,绝大多数分布在黄浦江下游两岸,多数为钢铁、木材、袋粮和通用杂货码头。集装箱码头泊位 15 个,包括军工路港区 4 个、张华浜港区 3 个、宝山 2 个、外高桥港区一、二期 6 个,码头前沿水深在 10～13.2 米之间,可停靠第一、二、三代集装箱船,外高桥港区乘潮可靠泊第四、五代集装箱船,设计年通过能力合计 290 万 TEU,另有货主码头泊位 130 多个,其中万吨级以上泊位 19 个,多为矿石、煤炭、石油化工泊位。

上海港集疏运条件较好,公路、铁路、内河、航空基本形成了较为健全的集疏运体系。上海港的海难救助、船舶保险、海事仲裁、银行金融、港口供应、船舶修造、邮电通信、信息服务、口岸监管、导航等海事服务系统较为完善。

然而,随着世界船舶大型化发展趋势,集装箱船舶的更新换代,上海港虽然从黄浦江逐步向长江口外移,但是,已经无法满足未来大型集装箱船舶进出的需要。

由于上海港进出港航道和码头前沿水深的不足,造成挂靠上海港的干线集装箱船舶船型偏小,且频繁发生船舶需要候潮进出港和甩箱情况,国际中转箱比例很低。

总体来说,上海港集装箱码头泊位等级较低,码头通过能力不足,进港航道水深受长江口栏门沙的限制,能够进出港口的船型较小,可建集装箱码头的岸线有限,不可能得到快速大规模的发展。显然,上海港的现状同国际航运中心集装箱枢纽港的要求很不相称。

上海港的进一步发展,受水深的约束非常严重,客观上缺少能够进出大型船舶的15米水深的航道和岸线等港口资源。从20世纪70年代初的"三年大建港"至20世纪末几十年来,交通部、上海市主要领导和港口建设者始终困扰在上海港未来发展的水深问题,一直寻找途径试图解决这一重大难题。

(三)深水港建设的必要性

1. 建设上海国际航运中心集装箱深水港区,是上海市、长江三角洲地区、长江流域经济和上海港持续发展的迫切需要

1992年邓小平南方谈话之后,社会主义市场经济体制加快建设,各省市解放思想,依托各自优势资源,创新思路,加快发展。全国上下掀起了新一轮的建设热潮。党中央及时决策,选择重大突破口,破解西方国家的经济制约,推动经济向更高层次发展。

1992年10月,中国共产党召开了第十四次全国代表大会,会议作出了"以浦东开发开放为龙头,进一步开放长江沿岸城市,尽快把上海建成国际经济、金融、贸易中心之一,带动长江三角洲和整个长江流域地区经济的新飞跃"的战略决策,吹响了上海大发展的进军号。上海再一次成为国家经济发展的重点,成为了我国改革开放的"排头兵"。上海市、长江三角洲,以及长江流域与全国其他省市一起进入了经济发展的快车道。

经济的高速发展,港口建设和管理水平的不断提高,全国各个港口货物吞吐量快速增长。港口通过能力与货物运输需求之间的矛盾越来越突出。

交通部大力加强港口等基础设施建设,加快提高港口通过能力,并按照中央统一部署和社会主义市场经济体制建立和完善的需要,进行了港口管理体制改革,把交通部直属港口改为由交通部和所在省市双重领导,进一步调动各省市建设港口的积极性。同时,组织开展研究,从保障国民经济健康运行、促进对外贸易,积极应对国际港口竞争带来的严峻挑战,策划集中资源,从华北、华东、华南地区选点建设我国的国际航运中心。

1992年12月,上海市召开了第六次党代表大会,认真分析了上海市经济发展的新形势和面临的新问题,上海市委市政府领导和社会各界统一认识,认为,上海只有充分发挥

上海通江达海、国际联系广泛的港口优势，才能够实现经济、社会的全面协调，快速发展。才能够在原来提出的建设经济中心、贸易中心和金融中心的基础上实现上海市经济发展的各项目标。因此，上海市委领导在会上强调，深水港区的建设是关系到上海能否成为国际航运中心之一的关键问题，而能否成为国际航运中心之一，又是上海能否建成"一个龙头、三个中心"的关键，这次会议决定将深水港区建设作为上海新一轮城市基础设施建设十大工程之首。

1994年4月，李鹏总理到上海，提出要加快建设上海国际航运中心，指出："上海成不了航运中心，金融中心、贸易中心就要受到影响，经济中心就站不住脚，党的十四大提出的目标就要落空。"

1995年12月，李鹏总理又批示："把上海建成国际航运中心，是开发浦东、使其成为远东经济中心、开发整个长江的关键。"

1996年1月份李鹏总理在上海主持召开了上海国际航运中心建设座谈会，明确提出了建设上海国际航运中心的构想。

具有良好的港口基础设施，深水港区、专业化的码头，特别是拥有专业化高效率可接纳大型船舶的集装箱运输泊位，是国际航运中心、国际集装箱枢纽港的重要标志之一。

经过交通部和国家有关部委、上海市政府研究，提出了建设上海国际航运中心的六大重要任务，加快上海港扩能改造，长江口深水航道整治，开通美西航线，组建组合港，建设航运交易所，以及上海国际航运中心深水港区的选址。上海港在交通部的支持下加快建设，到2001年，已在黄浦江和外高桥建成集装箱泊位15个，设计吞吐能力290万TEU，成为全国港口集装箱通过能力最大的港口。然而，上海港的集装箱吞吐量由1990年的45.6万TEU增长到2001年的633.4万TEU，年平均增长达27.2%，集装箱港口吞吐量增长幅度远远超过了集装箱泊位建设和通过能力的增长幅度，集装箱专用泊位不得不超能力运转。要满足经济发展产生的快速增长的集装箱运输需求，急需寻找新的港址加快推进建设上海国际航运中心深水港区。

2. 建设上海国际航运中心集装箱深水港区，是顺应国际集装箱市场发展趋势，保障和促进我国对外贸易运输发展的迫切需要

在世界国际贸易中，集装箱运输方式便捷高效，装卸效率高，越来越引起各国、各港高度重视，成为世界各国开展国际贸易的重要依托。大力发展国际海上集装箱运输，已经成为各国推进国际贸易发展的时代趋势。

随着经济全球化、区域经济一体化的发展进程，集装箱运输朝着干线网络化的方向发展，国际集装箱运输船舶朝着大型化方向加快发展。在世界上的大型集装箱深水枢纽港开辟洲际或环球航线，通过支线运输向周边中、小港口集散，提高航运企业的规模效益和

运输效率。

世界上各大船公司加强联合，实现集装箱运输经营的联盟化，逐步建立全球集装箱运输干线网络，提高服务质量，降低营运成本，我国的中国远洋运输集团、中国海运集团等也分别加入了世界各大主要联盟。我国外贸货物也要通过这些联盟、集团运往世界各地大型港口。

世界国际贸易和全球集装箱市场运量主要集中在亚洲—北美、亚洲—欧洲、欧洲—北美三大东西航线上，运量占世界集装箱运量的 40% 以上，当时的 6 大海运联盟在三大东西航线集装箱运输上占据着主导地位。集装箱运输船舶加速大型化，超巴拿马船型逐步成为了三大航线运输的主力船型。揽货能力大大增加、运输网络更加完善、船舶资源得到合理配置，实现了减少配船艘数、提高船班密度、均衡远洋货载的目标。

为适应国际集装箱运输干线化和船舶大型化的快速发展趋势，世界各国港口掀起了一股兴建、扩建深水码头泊位和浚深进港航道的热潮，特别是三大航线上一些主要集装箱港口，都纷纷采取措施，争取成为国际集装箱枢纽港。

要满足第五、第六代（超巴拿马型）及苏伊士型集装箱船舶进出，国际集装箱干线港口的前沿水深和进港航道，客观上要求必须要达到 15 米。为能够成为国际集装箱运输干线港口，世界各大港主要采取以下三种措施：一是对原有航道进行疏浚。如纽约、汉堡、安特卫普等港，美国的纽约新泽西港投入巨资把原有水深为 12.5 米进港航道浚深到 15.25 米，防止集装箱运输货物进一步分流到加拿大的哈利法克斯港。二是原来的一些河口港向河口口门外近海深水区转移。如鹿特丹、不来梅、伦敦、温哥华等港；三是在近海岛屿选址建设新的深水港区。如釜山、神户、大阪等港。新加坡、日本神户和韩国釜山和我国香港、台湾高雄港等亚洲大港已经拥有 15 米或以上水深的码头和航道。但是，为了巩固干线港口地位，仍在沿海或岛屿的深水岸线上投巨资加紧建设更大规模的深水码头。如釜山港已拥有 15 米水深的泊位 4 个，1998 年集装箱吞吐量已经达到 575.26 万 TEU，仍然根据中国对外贸易货物运输需要，在釜山以西 170 千米处的光阳又建造了 8 个 15 米水深的集装箱泊位。

改革开放使我国中外合资、中外合作企业、出口加工区、经济技术开发区等新型经济实体和模式急剧兴起，对外贸易成为了我国经济发展的重要一环和重要方向。特别是长江三角洲地区，思想开放，经济活跃，外向型经济发展迅猛，对外贸易占到全国的 1/3 以上。

我国外贸运输总量的 90% 依靠海运，大力推进发展海上国际集装箱运输是我国对外贸易的必然选择。交通部通过组织开展"四点一线"集装箱运输试验，制定规划，发布政策，鼓励中外海运、远洋运输企业开辟挂靠中国挂靠的航线，加大投资改造、扩建、新建港口集装箱专业码头和泊位，努力推进我国大量的外贸货物通过集装箱运输到世界各个地区,保障我国对外贸易经济发展的需要。

改革开放激发的经济发展活力和海运集装箱运输体系的逐步建立,我国集装箱生成量和港口集装箱吞吐量年增长率连续保持在 20% 以上。要保障我国对外贸易物资顺利进出口,我国主要港口必须要具备劳动成本低、集装箱航线密,中转环节少、运输效率高、通关便利化、大型船舶能够顺利进出等基本条件。

我国的大连、青岛、上海、宁波、广州、深圳等港口已经陆续开辟了远洋干线、近洋支线集装箱班轮运输。但是,北方港口大部分是作为日本、韩国、新加坡的喂给港开通支线运输,南方港口大部分是作为新加坡和我国香港等港口的喂给港开通了支线运输。如果我国不能建成自己的深水大型集装箱运输专业化码头,我国的外贸货物就只能通过外国港口中转,除要在外国进行通关、查验增加运输时间和运输成本之外,外贸运输效率和对外贸易运输安全等方面,国家也难以保障和掌控。我国主要港口上海港,在港口非常密集的东北亚地区,只能逐步沦落为其他国家的支线港口。从国家长远发展战略来看,缺乏专业化的国际集装箱运输深水港区,我国的对外贸易就难以得到有力的运输保障。

3. 建设上海国际航运中心集装箱深水港区,是我国融入世界国际航运体系,参与东北亚港口国际合作,从根本上提升我国国际航运竞争力的战略需要

时代在变迁,社会在发展,技术在进步。20 世纪 70 年代以前,西方航运大国一直主宰着世界经济和发展走向,国际贸易的主导权也牢牢控制在西方国家手中。

到 70 年代,发展中国家由于人力成本很低,发达国家的劳动密集型产业渐渐向扩大开放的中国和东南亚国家转移,亚洲不少国家的出口加工企业快速兴起。中国香港、中国台湾、新加坡和韩国短时间内实现了以国际贸易和来料加工为特色的经济高速发展,港口建设相应获得快速发展,港口通过能力和港口吞吐量,特别是港口集装箱吞吐量大幅度增长。亚太地区各主要国家的港口抓住发展机遇,很快形成了北起釜山、中跨神户—高雄—香港、南至新加坡等以集装箱运输为主的港口链。日本的神户、韩国的釜山等港口吞吐量快速提升,香港、新加坡港口吞吐量逐步领先于世界其他港口。以伦敦、鹿特丹、纽约新泽西为代表的国际航运中心业务逐步减弱,亚洲的香港、新加坡海运相关业务快速兴起。

1990 年,日本神户港、韩国釜山港集装箱吞吐量已达到 250 万 TEU 左右,我国台湾高雄港达到了 350 万 TEU,香港和新加坡均突破 500 万 TEU。上海港的集装箱吞吐量才刚刚达到 45.6 万 TEU。我国大量的对外贸易集装箱则是通过日本、韩国、新加坡的港口中转至世界各国目的地。

我国周边国家积极扩展港口,争取建设成为世界或区域型的国际航运中心。日本多次组团到长江沿线城市开展市场调查,加强港口宣传,神户在地震重建宣言中也提出了要建设"亚洲母港"。韩国以中国货源为潜在货源为预测依据,扩大港口规模,在驻华使馆

专门设立海洋官,加强与我国港口、贸易企业的联系和合作。韩国釜山市提出建设"21 世纪环太平洋中心港"。我国台湾高雄市提出建设亚太营运中心、境外转运中心等。

香港、新加坡均在新的港口规划中扩大建设规模和扩建深水集装箱泊位。釜山、神户、高雄等港口相继投入巨资建设深水专业化集装箱码头之外,还陆续采取了一系列港口竞争策略,争夺箱源。韩国釜山港通过降低运价,吸引了我国长江以北沿海港口的部分中转箱源,分流了日本港口的部分箱源;日本神户、大阪港采取"江海联运"策略,建立了长江集装箱物流园区,开辟各港到我国长江流域的集装箱运输近洋支线,转运我国长江流域的进出口集装箱,谋求获得更多的集装箱运输份额。1999 年我国经由韩国、日本港口中转的集装箱量分别为 87.4 万 TEU 和 19.7 万 TEU,较 1998 年分别增加 20.3% 和 3.3%,转运比重持续上升。仅上海经韩国、日本港口中转的集装箱箱量就达到 50 万 TEU。上海市各界逐步意识到,如果上海不能建设 15 米以上水深的集装箱运输深水港区,将会制约将来经济、贸易、工业、港口和航运的发展。

加快建设上海国际航运中心集装箱深水港区,已经成为巩固上海港在世界国际航运界的地位,促进上海市、长江三角洲地区、长江流域经济发展,有效抵御国际经济风险,保障我国对外贸易运输的顺利进行,加快融入世界国际航运体系,积极参与东北亚港口国际合作,提升我国国际航运综合竞争力的客观需要,更是把国家经济发展的国际集装箱运输命脉牢牢掌握在中国人自己的手里的重大举措。加快推进深水港建设,已经成为了需要国家和省市政府急需统筹解决的重要问题。

根据世界国际航运和港口发展趋势,交通部大力推进加快港口设施建设,积极发展国际集装箱班轮运输,研究建设国际航运中心。特别是 1996 年党中央、国务院正式决策建设上海国际航运中心之后,进一步加大力度推进长江口深水航道治理和上海国际航运中心深水港区的选址建设工作。

(四)深水港的选址及建设历程

在交通部组织下,上海从 1974—1981 年开始谋划上海港区的发展工作。曾对北面的七丫口—罗泾、东面的外高桥、南面的金山咀,在黄浦江、长江口、杭州湾选了 19 个港址,但水深均在 10 米左右,不能满足船舶进一步大型化的水深要求。

20 世纪 90 年代,由交通部牵头,浙江、江苏、上海两省一市积极参与上海国际航运中心新港址的选址工作,站在国家经济发展的大局,把眼光进一步放远。跳出黄浦江和长江口,到杭州湾的外海寻觅新港址。考察了上海的芦潮港,浙江省的北仑港—金塘港、江苏省的太仓港、上海港的外高桥(五号沟)、长江口治理后的深水岸线,浙江省舟山市的大小衢山,曾经做过规划方案,总体上认为,新建港区的综合条件不够理想。1995 年 6 月开始对大、小洋山作为深水港区的选址进行了论证。

根据国际航运中心集装箱枢纽港的基本条件,经过多次科学论证,各界专家大部分认为:上海国际航运中心新港址选择在舟山嵊泗的大小洋山海域比较合理。无论从历史基础、现实条件和发展趋势来看,大小洋山水域作为深水港址具有独特的区位优势,表现在:港址位于长江入海口,地处我国东部沿海与长江流域两大经济带的交汇处;集装箱国际干线与长江支线的交汇处;背负广阔的长江流域箱源腹地,交通便捷、物流集散便利;港址距上海市南汇咀27.5千米,港区可通过新建32.5千米东海大桥与上海市相连;距离国际航线104千米,可通过68.2千米天然进港航道通向外海。港区由大、小洋山岛屿链围成的42平方公里的洋山海域,海域海床稳定,近百年来冲淤变化较小,水域水深条件较好,有大量可开发的15米深水岸线资源;港区地质构造稳定,千年来无地震破坏,在大小洋山岛屿掩护下,水域平稳;根据50年来的海洋观测数据,影响港口作业的大风天气年度不超过60天;受岛屿峡道效应的影响,往复的潮流强劲,泥沙不易落淤,港区陆域由岛屿、滩地人工吹填而成。因此,洋山深水港区是一个具有15米水深的天然港址,可以作为上海国际航运中心的上海港的深水新港址。

洋山深水港区从1995年6月起,经历七年选址规划。2002年6月开始建设,2005年12月10日举行了上海国际航运中心洋山深水港区开港仪式。2008年12月相继完成了洋山深水港区一至三期工程,建成了可停靠10万~20万吨级船舶的大型集装箱泊位16个、码头岸线5.6千米、设计年吞吐量930万TEU的世界一流的集装箱港区,2017年12月,又建设完成了四期全自动化集装箱泊位7座,设计年吞吐量630万TEU。

洋山深水港区投产使用以来,港口的各项指标远远好于预期,海床稳定,冲淤变化小,港区水域和进港航道年淤积水深维护良好,在大、小洋山岛屿掩护下港区水域平稳、装卸作业正常,港口平均作业天数在350天以上,远高于预测天数。进出港船舶航行和靠离泊安全可靠,可全天候接纳超大型集装箱船舶。洋山深水港区2017年集装箱吞吐量为1655万TEU,已经成为上海国际航运中心的核心港区,确保了上海港成为世界第一大港。洋山深水港区的建成,进一步地落实了党中央关于建设上海国际航运中心的重大战略决策,大大地提高了我国经济的国际竞争力,使上海港成为世界第一大港,进一步地推进了长江三角洲和长江流域经济带的经济发展,为上海市的改革开放创造了新优势,实现了新的跨越。

(五)建设成就

洋山深水港区的建设凝聚了我国港口建设者的心血,是我国港口建设水平的最高体现,从论证到建设始终坚持了实事求是、求真务实的科学精神,充分体现了全国大联合、大协作。其建成投产,结束了上海港没有大型深水泊位的历史,使上海港从"江河时代"走进"海洋时代",是我国在外海开敞水域依托岛礁地形,通过围海造地建设大型深水港区

的大胆尝试,为我国建港史上创造了惊人的奇迹,取得累累创新硕果,获得多项世界第一。主要建设成就:

1)开创了我国在外海、多岛屿、强潮流、高含沙量的海域,通过围海造地建设世界级大型集装箱深水港的先河,为我国建港事业积累了丰富而宝贵的经验。

2)洋山深水港区一至三期工程建设历时六年半时间,四期工程全自动化集装箱港区仅用了 3 年时间,如此建设速度在世界上极为罕见,唯有中国体制可以实现。

3)洋山深水港区的东海大桥也是我国第一座外海超长跨海大桥。

4)洋山深水港区是上海国际航运中心的核心港区,有力保障了上海港从 2010 年起持续多年成为世界第一大港。

5)洋山深水港区集装箱的装卸效率曾创造了单机效率 123.16TEU/小时,单船时量 850.53TEU/小时 2 项世界纪录。

6)是国务院批准的第一个保税港区。

7)洋山深水港区的建设,培养、锻炼一大批有关的设计、科研、施工、管理的科技人才。

8)洋山深水港区工程分别获得国家科技进步奖、国家勘察设计金奖、国家优质工程奖、詹天佑大奖等,获得授权国家专利 60 多项。

9)洋山深水港区工程的技术核心表现在:

(1)创新地设计出强潮流、高含沙量的多岛礁海域中港区总平面形态。

(2)在深厚淤泥地基之高回填土上,首创斜顶桩板桩码头承台接岸结构。

(3)大直径开口桩设计技术,裸露基岩大直径嵌岩桩施工技术。

(4)首创双 40 集装箱的装卸工艺以及四期工程全自动化集装箱港区。

(5)首创深厚粉细砂高回填土无填料地基加固新方法。

(6)大直径水下砂桩和挤密砂桩地基加固设计施工技术。

(7)外海深水筑堤技术。

(8)精准爆破技术的研究和使用,保护了海岛的自然景观。

(9)外海大跨度钢筋混凝土箱形结合梁斜拉桥建造技术。

(10)外海超大型整体箱梁预制安装技术。

(11)外海桥墩承台混凝土套箱施工技术。

(12)外海岛礁建港后的环境保护和生态修复技术。

等等。

洋山深水港区的建成离不开党中央、上海市和浙江省大力支持,离不开广大设计人员、科研人员、勘察人员、施工人员的辛勤劳动。特别是以下单位为洋山深水港区伟大工程建设所付出的辛勤劳动和贡献:

主办单位:上海国际航运中心上海地区领导小组

总体设计单位:中交第三航务工程勘察设计院有限公司

设计单位:上海航道设计研究院、上海市政工程设计研究总院

科研单位:南京水利科学院、天津水运工程研究科学院、大连理工大学海洋动力实验室、上海船舶运输科学研究所、华东师大河口海岸国家重点实验室、长江口水文水资源勘测局、东海海洋工程勘察设计院、同济大学等

施工单位:中交第三航务工程局有限公司、中交上海航道局有限公司、上海港务工程公司、中交第一航务工程局有限公司、中铁大桥局等

随着世界经济全球一体化的发展,国际航运市场的进一步繁荣,建成后的洋山深水港区,在改革开放的新时代,正在为我国经济发展和世界国际贸易,以及各国的集装箱班轮船舶提供优质的服务。

二、洋山深水港区工程选址与规划

(一)深水港区的选址

上海国际航运中心的深水港址应具备尽快地改变我国华东及长江沿线地区集装箱境外中转局面的条件,应是以中转长江三角洲和长江流域集装箱为主的腹地型集装箱枢纽港,可以进一步整合长江下游港口资源,提高我国国际竞争力,参与东北亚航运中心竞争的国际集装箱枢纽港。国际集装箱枢纽港应具备的优越的地理位置、充足的箱源腹地、具有 15 米水深的泊位和进港航道、便捷的集疏运系统、城市的依托等条件。

随着国际航运市场船舶大型化的快速发展,上海国际航运中心选择集装箱深水枢纽港的关键条件是具有 15 米水深的泊位和进港航道。

20 世纪 90 年代,交通部牵头,浙江、江苏、上海两省一市积极地参与上海深水港区的选址,先后考察了芦潮港、浙江省舟山市的大小衢山、浙江省北仑港区、金塘港区;江苏省的太仓港;上海港外高桥(5 号沟)、长江口治理后的深水岸线和浙江省舟山市的大小洋山区域。

1999 年 2 月 24 日,中国国际工程咨询公司在北京召开了两省一市一部关于上海国际航运中心港址论证会,会上进行了热烈讨论和比选。浙江省的北仑港—金塘港具有天然的深水条件,但与长江流域箱源距离较大,不便与长江水运的沟通,缺乏对长江流域经济带的带动作用;没有大城市的依托,集疏条件较差。江苏省的太仓港和上海外高桥 5 号沟在性质上属于同一类型,其地理位置均在长江下游出海口,与长江流域的水运衔接方便但水深均不能满足国际集装箱枢纽港 15 米水深的要求。

经过多地科学论证港址的比选,大多数专家认为,选择浙江省舟山市嵊泗县的大小洋

山海域,作为上海国际航运中心的深水港区比较合理。无论是从上海港的历史基础,现实条件和发展趋势来看,洋山港具有国际集装箱枢纽港的独特优势,可以成为世界级大港。

1.深水港选址的基本条件

1)基本条件

世界上著名的国际航运中心,对本国贸易往来、文化交流和经济发展发挥了巨大推动作用。比如,位于泰晤士河口的英国伦敦港,第二次世界大战前,作为世界经济、贸易、金融中心,处于世界航运中心的地位。战后随着船舶的大型化及英国的衰落,伦敦港失去了国际航运中心的港口优势,但作为世界金融中心和航运交易所仍然发挥着举足轻重的作用。又如,荷兰鹿特丹港,依靠其腹地莱茵河流域多国发达的经济,港口本身不断加深航道,改善集疏运条件以及在莱茵河口外扩建新的深水泊位等措施,得以在欧洲各大港口竞争中保持着枢纽港航运中心的地位。美国纽约港是位于哈德逊河口的美国东海岸的主要港口,作为世界航运主要枢纽港之一,曾承担美国外贸海运量的40%,近期,投入巨资将原12.5米的航道水深浚深至50英尺(15米),得以保持了美洲东海岸国际枢纽港的地位。中国香港、新加坡均因所处的不同区位优势和天然水深的优良港口条件等诸因素,保持着国际航运中心和国际经济、贸易、金融中心之一的位置。

总结世界主要国际航运中心的历史发展经验,要建成国际航运中心应具备以下条件。

(1)强大的经济基础和发达广阔的经济腹地;

(2)优越的地理位置;

(3)具有建设深水大港和进港航道的优良条件;

(4)具备便捷完善的集疏运网络;

(5)要有金融中心和较为完备的海事服务系统作为支撑。

以上几个条件相互关联,缺一不可。其中经济腹地可提供充足的货源是关键。可建深水大港和航道的港址是核心,是建设国际集装箱枢纽港的必备条件。

2)决定因素

选择具有可建15米以上深水码头的海域是建设上海国际航运中心集装箱枢纽港的必备条件。15米以上深水码头和航道是集装箱船舶大型化发展的需要。

在港址论证阶段,委托中船总公司七〇八所做了研究,报告得出如下结论:

(1)2000年后,第五、第六代5000~6000TEU级超巴拿马型集装箱船进入了成熟期,将成为国际航运业大型集装箱船的主流船型。

(2)随着国际集装箱运输船舶大型化、经营联盟比和干线网络化的发展趋势,只要箱源和港口航道水深条件允许,为追求经济效益,第五、六代集装箱船将尽可能达到满载14米的结构吃水,而不是营运吃水的概念。

(3)世界主要集装箱枢纽港都在追求15米以上的码头水深。

（4）上海要建成国际集装箱枢纽港，就必须要有15米以上水深的航道和泊位。

在同一时期，交通部上海船舶运输科学研究所提交的《集装箱船型发展分析》报告和美国路易斯伯杰国际工程咨询公司递交的对"洋山深水港区一期工程预可性研究报告"和"洋山深水港区总体布局规划"的评估报告中均得出了迫切需要15米水深的港区的结论。

另外一种观点认为远洋集装箱船存在实载的问题，表示到港船型不满载，或有一定比例的空箱，所以认为长江口航道治理到12.5米水深，就满足近期集装箱枢纽港的要求，而不必在洋山建港。事实上，当时美国、荷兰、日本、韩国、新加坡及我国台湾高雄港、香港都在扩建15米以上水深的新港区或将不足15米水深的航道码头花巨资疏浚至15米以上水深，就足以说明15米水深的必要性。

从洋山深水港区投入运营十多年到离港集装箱船装载实际看，船公司为求得效益最大化，在枢纽港大多数远洋集装箱船是满载进港，卸载一些箱，再装载一些箱离港，或不满载进港装箱后满载出港，或满载进港卸掉部分箱不满载出港，以及其他装卸载情况，但作为枢纽港就必须保证船舶在满载吃水情况下全天候安全进出港口靠离泊。

2. 洋山深水港区的港址优势

1）优越的地理位置

洋山深水港区地理优势十分明显，地处长江入海口，是我国东部沿海与长江流域两个经济带的交汇处和集装箱国际主干线和长江支线的交汇处。有利于形成长江三角洲地区的干线港、支线港、喂给港的合理布局，有利于发挥各自优势，促进长江三角洲地区港口共同发展，从而带动长江经济带发展新飞跃。

洋山深水港区以长江三角洲和长江流域为经济腹地，集装箱箱源有可靠保证。据当时预见，2020年腹地内集装箱生成量超过3000万TEU，可为港口提供了雄厚的箱源基础。

港址靠近上海市，依托上海发达的交通运输系统，具有十分便捷的集疏运网络，是其他港口无法替代的。

2）突出的资源优势

洋山深水港所在的浙江省舟山市嵊泗县的崎岖列岛，南岛链以大洋山为代表，岛屿面积4.19平方公里，最高点海拔204米，岛上居民9057人，南岛链自西向东排列有双连山、大山塘、大梅山、大洋山、马鞍山等26个岛构成延长约16千米；北岛链自西向东排列有小乌龟岛、大乌龟、颗珠山、小洋山、镬盖塘、大岩礁、小岩礁、中门堂、沈家湾、薄刀嘴、箐箕岛、唬啸蛇岛等40个岛礁构成，长约15千米，其中以小洋山为代表，面积1.76平方公里，最高点海拔141.7米，有居民3401多人，最西端的小乌龟岛距上海芦潮客运码头仅28.5千米（图13-4-1）。两条岛链构成东偏南西偏北一喇叭形海域，大、小洋山相距4千米，岛链之间围成近 50 平方公里水域,两侧形成了约 30 千米长的深水岸线,是建设大型深水港的优良海域。

图 13-4-1　大、小洋山岛链分布图

洋山深水港区可以建设码头深水岸线长约 20 千米(包括大洋山一侧),可布置停靠 7 万吨级以上集装箱泊位 50 个,具有建设成为上海国际航运中心提供功能齐全、具备世界一流水平的国际集装箱枢纽港的良好的资源条件。

3)良好的建港条件

(1)洋山海域海床稳定、地质构造稳定。从 1887 年海图至今水深资料对比来看,大、小洋山深水区中心位置百来年没有变,仍保持在 E122°、N30°35′处。近期海床处于冲淤动态平衡。本海域千年来没有地震破坏记录,没有活动的断层,是一个地质构造稳定的海域。

(2)潮汐通道发育。大、小洋山区域由 66 个岛屿组成,沿着两条岛屿链呈喇叭形向杭州湾内开放。在岛屿效应下,两条岛屿链间有发育的潮汐通道,有 13 千米长、1~5 千米宽的深水区被岛屿掩护着,为港口建设提供了陆域条件。

(3)潮流强劲、泥沙不易落淤。在潮汐通道内潮流呈往复流,泥沙粒径较细,在强潮流作用下,泥沙随着潮流做周期性运动,大部分悬浮在水中,泥沙多为过境,落淤不大。

(4)掩护条件好。港内水域受到大、小洋山岛屿的掩护,外海波浪经岛屿折射和绕射进入港内。不仅波高减小,波周期衰减为 3~4 秒。结合气象因素,港区年作业天数每年不少于 325 天。

(5)岛屿众多、滩地发育。大、小洋山岛链总面积 9.36 平方公里;本海域为高含沙量、强潮海域,在岛屿背面和山岙处的缓流区有发育的海滩地,面积为5.34平方公里。众多岛屿、发育海滩地为港区建设提供了陆域条件。

(6)可保证船舶航行安全。模型试验表明,工程后港区和航道的流速大部分低于2米/秒。根据国内、外资深船长的意见,洋山港在最不利的工况下,用两艘6000马力拖轮协助,可以保证第六代集装箱船安全靠离码头、掉头作业和航行安全。

(7)对环境影响较小。模型试验表明,洋山港区是顺应潮流布置,对周围环境和生态影响较小。港区的陆域形成以吹填为主,尽量少开山,减少对小洋山自然景观的破坏。工程实施后对自然环境影响较小。

(8)施工有保障。本工程规模较大、外海岛屿施工条件差、工期紧。但不论港区和大桥均属常规工程,施工技术上是成熟的。可运用长江口和马迹山矿石码头的外海施工经验,发挥中交系统港口建设的优势,可以在短时间内完成任务。

(9)北岛链众多岛礁中,仅有小洋山岛上有居民3401人,其余岛均为无人岛,拆迁量不大,便于一次性集体搬迁,是分期、快速建港的有利条件。

4)良好的运营条件

(1)大、小洋山海域建港背靠上海与长三角经济发达地区,同时与长江沿线经济带直接沟通,具有充足的货源。

(2)通过约32千米东海大桥的建设同陆路相连,距长江口仅65千米,又处南、北沿海中部,可构建便捷通畅的水、陆路集疏运网络。

(3)总体经济效益十分可观。洋山深水港区可充分依托15米水深的优势,承担起国际干线上大型集装箱的远洋运输,参与东北亚航运中心的竞争;从而结束了上海港没有深水港区的历史。港区建成后,使远洋大型集装箱船直接停靠,不必再候潮经过长江口,缩短了航程,节省了航运费和引航拖轮费用,为班轮节约了时间,其经济效益十分可观。同时又开辟了和长江支线江海直达服务。

(4)港口营运天数在330天以上。

充足的箱源保证和完善的集疏运系统,使洋山深水港区在营运上是经济、合理、可靠的,因此洋山深水港区总体的经济效益也是好的。

(二)建港条件分析

1.良好的水深条件

大、小洋山海域,岛屿众多,南北两条岛链形成天然港口水域,根据近百年来海图对比分析15米等深线呈舌状从岛链出口向大小洋山两侧岛链延伸,东口窄,宽约1000米,在东口门段平均水深长期保持在50米以上,最深处达87米,西口宽,宽约7000米,平均水深约9米,岛链两内侧形成深水岸线长约20千米,通道内可建大型集装箱泊位50余座,且海床稳定,微冲不淤;进出港航道大、小船分开,互不干扰,大船从东口进出,其航道水深在 16 米以上,自然水深不足 16 米段约 10 千米,平均水深也达 13.3 米,最浅点达12.1 米;小船及江海联运驳船从西口进出,水深在 8 米以上。

2. 气象

洋山海区位于东亚季风盛行区,冬冷夏热,四季分明,年平均气温 17.2 摄氏度,年平均降水量985.9 毫米。4~8 月多 SE 向风,9 月~翌年 2 月偏 N 向风,3 月份冷暖空气交替频繁,以 SE 和 N 风为主。常风向为 NNW~NNE 向,合计频率为 36.8%;次常风向为 ESE~SSE 向,合计频率为 29.8%。强风向偏 NNW 向(最大风速 29.1 米/秒),其次分别为 NNE 向(24.8 米/秒)和 N 向(24.4 米/秒)。

3. 潮流

大、小洋山岛群链缝间虽有多个汊道,大小洋山岛链间通道为涨落潮流的主通道,小岩礁~大洋山(东口)和蒋公柱~大山塘(西口)是潮流的主通道口,涨潮时,从小岩礁~大洋山进入的潮量占全工程海区潮量的 63.3%,落潮时,从小岩礁~大洋山退出的潮量占总潮量的 65.3%。

大小洋山岛链间主通道内以 ENE~WSW 往复流,与进出杭州湾涨落潮流方向大体一致。涨落潮流自旁侧汊道进入主通道后,交汇水域流态较乱。岛屿左、右两侧水流通过固边界后,在涨落潮流前行方向后面形成一近似三角形的背流区。背流区内流速较小,流向旋转方向依岛屿两侧潮流速大的一方而定。如小洋山至镬盖塘汊道受地形影响涨潮主流向贴小洋山一侧,落潮主流向贴镬盖塘一侧,落潮时在小洋山一侧形成一 500 米 × 500 米的回流区,几乎占据全部落潮过程。镬盖塘~大岩礁汊道:主流随涨、落潮摆动,涨潮时汊道内主流偏西(贴镬盖塘一侧),并在地形上有一涨潮沟,落潮时主流偏东(贴大岩礁一侧)。上述两汊道受落潮水流的动力作用,在贴岛附近都有一条明显的落潮沟,而涨潮沟只在小洋山东南和镬盖塘东南的尖角处。工程前涨、落潮流态图见图 13-4-2、图 13-4-3。

大、小洋山岛链之间的喇叭口内,在通道中心区两侧,涨潮流偏南,落潮流偏北。小洋山岛链南部近岸水域,受岛屿岸线走向曲折,汊流与主通流交汇的影响,流速、流向大小不一,规律各不相同。

洋山海域为强潮流海域,该测次东口门(按小岩礁起点距 500 米深槽测点)测点最大流速涨潮为 2.47 米/秒,≥2.00 米/秒历时为 1.7 小时,出现在表层;落潮为 2.33 米/秒,≥2.00 米/秒历时为 2.6 小时,出现在表层。垂线平均最大流速:涨潮为 1.93 米/秒,≥1.50米/秒,历时为 2 小时,落潮为 1.82 米/秒,≥1.50 米/秒历时为 2.5 小时。

大、小洋山海域实测大潮垂线平均流矢分布图见图 13-4-4。

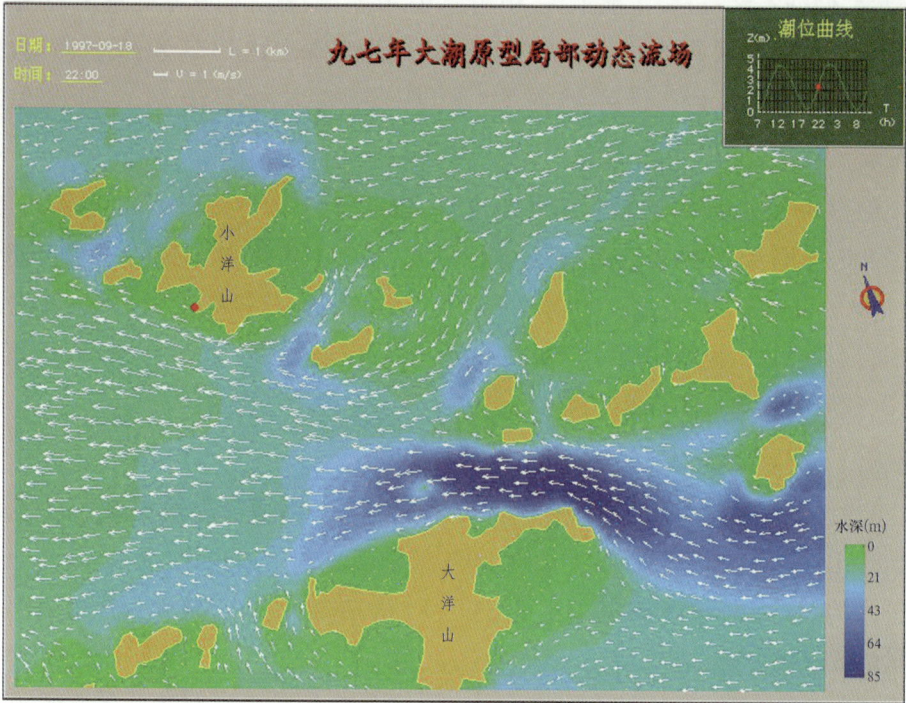

图 13-4-2　工程前涨潮流态图

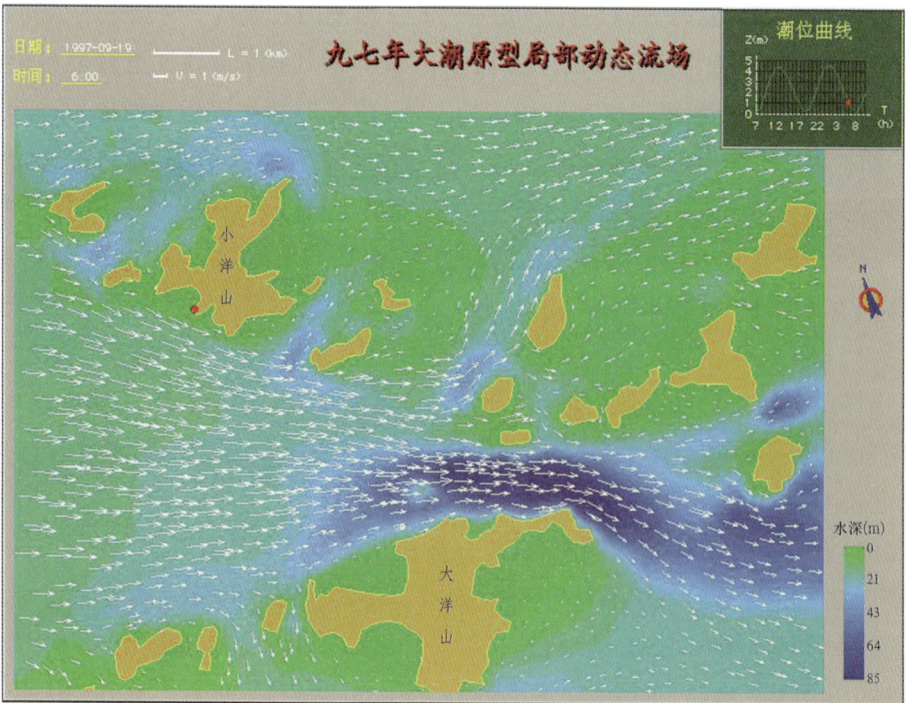

图 13-4-3　工程前落潮流态图

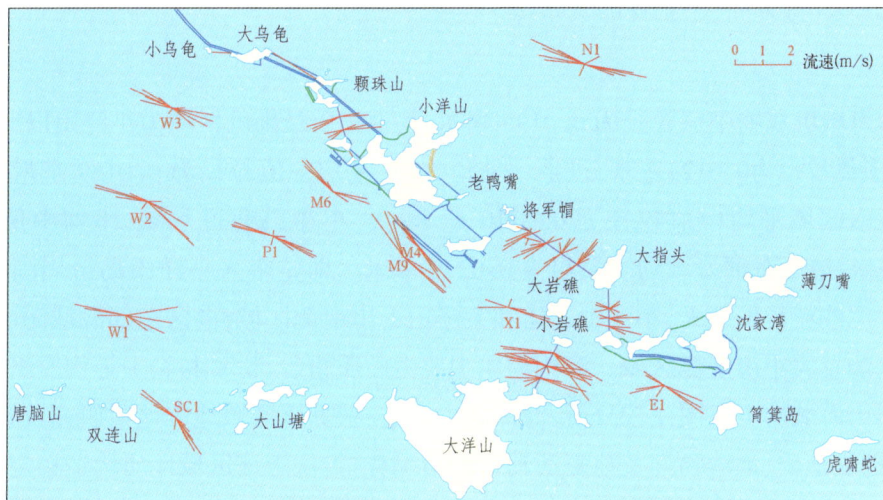

图 13-4-4　实测大潮垂线平均流矢分布图

4. 波浪

工程海域以风浪为主,波高、周期总体均较小,大风大浪主要出现台风或寒潮影响期间。根据多年测波资料,通道内(工作船码头测波站)无浪天气出现频率 39.6%,0.6 米以上 $H_{1/10}$ 波高出现频率为 9.3%,集中在 WNW～N 向、S～SSE 向。常浪向为 S～SSE 向和 N～NW 向,出现频率分别为 15.5% 和 20.6%。各向多年平均周期最大为 3.42 秒,出现在 WNW 向。5 秒以上周期出现频率 0.6%,多出现在 WNW～NNW 向,实测最大周期 7.4 秒。

小洋山岛链北侧(杨梅嘴测波站)无浪天气出现频率 51.5%,0.6 米以上 $H_{1/10}$ 波高出现频率为 22.9%,集中在 NW～NE 向、ENE～SE 向,实测最大 $H_{1/10}$ 波高 2.5～3.5 米。常浪向为 NW～NE,出现频率 35.2%。5 秒以上周期出现频率 0.4%,实测最大周期 6.7 秒。

5. 海床演变与泥沙

工程前洋山海域地形处于动态冲淤平衡状态,近岸水域存在一字季节变化,但变幅不大。工程前洋山海域含沙量比较高。1996 年 10 月、1997 年 9 月两侧次涨潮段平均含沙量分别为 1.549 千克/立方米和 1.563 千克/立方米;落潮时分别为 1.479 千克/立方米和 1.486 千克/立方米;全潮平均分别为 1.509 千克/立方米和 1.521 千克/立方米。

含沙量分布来看,含沙量平面分布的总趋势呈现两高东低,南高北低的态势。主通道内含沙量较高,大、中、小三潮期的全潮垂线平均含沙量范围分别为 1.309～2.175 千克/立方米和 1.900～2.296 千克/立方米;大洋山岛链以南、以东含沙量略小,对应的含沙量范围分别为 0.735～1.808 千克/立方米和 1.633～1.795 千克/立方米;小洋山岛链以北最小,对应的含沙量范围为 1 千克/立方米左右。

悬沙的粒径分布变化较小,皆属黏性泥沙的范畴,悬沙粒径级配以单峰为主,峰值多在 5.04~6.35 微米间,个别样品具双峰。

6.底质

工程海域沉积物中值粒径为 0.0195 毫米,其中物质最细的区域为小洋山以北近岸区域,平均中值粒径为0.0121毫米;进港主航道次之,平均中值粒径为 0.0159 毫米;依次为大洋山以南区域平均中值粒径为 0.0210 毫米;大、小洋山通道水域,平均中值粒径为0.0215毫米;港区东部海域物质最粗为 0.0270 毫米。即整个大小洋山岛链周围,小洋山北侧近岸泥沙粒径细于大、小洋山通道和大洋山近岸南侧区域,港区东部海域泥沙粒径粗于洋山北侧及大小山南侧区域。沉积物质主要由砂质粉砂、粉砂和黏土等物质组成。

对洋山海域历史海图比较分析,海床基本稳定;根据该区域地震地质研究及场地安全评价,从地震地质、地球物理及地震活动性的情况分析,认定该区域地质构造稳定,地震活动很弱,工程区地震基本烈度为Ⅵ度,未发现有活动断层。建造区域虽然基岩起伏较大,覆盖层厚薄不均,但水工建筑物可以根据不同地质条件采取不同结构形式。综合上述情况看,洋山海域具备建设深水枢纽港的条件。

7.辅助设施及市政配套

由于历史上长江泥沙如下泄出长江口门后的外溢,在上海南汇形成大面积的滩地资源,可以为洋山港区相对宝贵的陆域面积提供大量的土地资源用于建设后方仓储、加工、铁路集装箱的转运等配套设施;从南汇嘴至北岛链最西端的小乌龟岛 32 千米的拟建东海大桥桥址海域,海床较为平坦,水深在 7.0~9.0 米之间,靠小乌龟岛附近,水深在 10 米以上。通过对该海域自然环境条件、工程地质与地震、工程环境、该海区船舶通行对大桥的建设要求等研究分析,是具备建设跨海大桥条件的。

建设大桥后使洋山深水港区成为"半岛",不但解决了陆路集疏运问题,而且为港区的水、电、信、气等创造依托上海的良好条件。

8.建设依托条件与建设技术

崎岖列岛及附近众多适合并允许开发的岛屿提供了丰富的石料,附近海域有大量的砂源可作为填海造陆的砂、石料资源。两岛链的遮掩又给港区施工创造良好的作业条件。

在改革开放后的几十年来,我国港口、桥梁建设得到突飞猛进的发展,在其建设技术上有了极大提高,施工队伍对不同水域,不同地质环境的港、桥施工均积累了较为丰富的经验。洋山海域所建码头、桥梁按照Ⅰ级建筑物考虑,地震按照Ⅶ度设防,水上施工作业的年作业天数约为 250 天,按照码头、陆域、桥梁、建筑物等设计内容和标准要求,其施工技术、施工设备、施工进度能够达到和实现其建设要求,在技术上没有不可克服的难题。

(三)洋山深水港区规划论证

1.港区规划指导思想

(1)深水港区的建设目标是成为上海国际航运中心集装箱枢纽的核心港区,因此在规划设计中贯彻高起点、高水平、高质量的原则,建设成为规模化、集约化与现代化港区,发展成多功能生态型与环境优美的花园式港区。

(2)是在多岛屿多汊道海域,水深、潮流强,流态紊乱,含沙量高的复杂海域中建设的特大型港区,因此在封堵汊道,连接岛礁,充分利用发育的滩涂开山或吹砂形成港区陆域与码头岸线时,合理确定码头岸线方位与前沿水深,以达到将原主通道内冲淤平衡状态且不改变强潮流特征,保持码头前区域水深的首要前提。

(3)是在外海岛屿上建设的以集装箱运输为主的港区,但它又是腹地型的港区,即一半以上的箱量是由长三角及长江流域腹地产生的,其中大部分又是靠陆路集疏运,因此建设东海大桥沟通大陆与港区陆上通道,解决陆路集疏运问题是设计的又一指导思想。

(4)港区成为全球货物商品集散、储存、分拨、配送的物流服务基地,仅依靠洋山港区较小的陆域面积实现不了这一目标,因而考虑在大桥的大陆登陆点附近,芦潮地区建设辅助区,完善现代化枢纽港的服务和口岸管理功能,形成所谓"一根扁担两头挑"的功能布局。同时降低了港区回填成陆的成本,缩短了建设工期,带动和促进了芦潮临港地区的产业开发和全面发展。

(5)上海港集装箱运输中铁路集疏运量占比很小,多年在1%～2%左右,经分析预测,港区集装箱主要来自长三角地区、长江沿线以及沿海支线,集疏运今后仍主要靠长江水运、沿海支线和公路运输,在2025年前铁路集疏运量不会有大的增长。另外,经过对铁路直达港区的技术经济论证,建跨海铁路大桥投资巨大、工期长、港区铁路站占地面积较大等,因此设计不考虑铁路直通洋山深水港区的北港区,仅在大陆侧预留公路与铁路桥通往大洋山侧南港区的建桥位置。近期在芦潮建铁路集装箱换装站。

2.港区功能安排

上海国际航运中心洋山深水港区的开发建设,与长江口内的外高桥港区以及黄浦江同长江接口处的几个港区构成功能不同的三大集装箱港区。黄浦江口门处的张华浜、军工路、宝山三个作业区将成为承担内贸集装箱为主的港区,黄浦江其余码头岸线将退出营运,改造为人们休闲观光旅游岸线。外高桥港区随着长江口航道整治至12.5米水深,成为接待近洋第三、四代集装箱船舶全天候进出港区,也可乘潮接纳第五、六代中远洋集装箱船,其中小船泊位可作为支线船舶向洋山港区转运集装箱作业用。洋山深水港区承担接纳第五、六代及以上远洋干线集装箱船舶之港区。三大功能不同而互补的集装箱港区依靠长三角及长江流域巨大的货源,上海经济、贸易、金融中心之支持,保税港区特殊政策,较完备的航运服务和高效的管理等,保证了上海港成为世界第一大集装箱枢纽港的牢固地位。

小洋山一侧集装箱港区的东段深水岸线作为10万吨级成品油船泊位以及大型LNG船的接卸码头,并在码头后方建相应的储存设施,既可方便并保障集装箱船舶的燃油供应,又可作为上海燃料、能源供应的补充。

芦潮辅助作业区是一个具备物流中转、仓储、临海加工等及港口增值服务的综合功能区域,是现代化港口功能扩展的需要。

东海大桥作为港区同大陆连接的交通通道,不仅是港区集装箱陆路集疏运的需要,也是港区工作人员及旅游车辆的快速陆上通道;是港区生产、生活物资供应的通道,也是大陆向港区送水、供电、通信、供气的过桥通道。

3.岸线利用规划

1)规划原则

(1)充分利用两岛链内的深水资源,以满足远洋干线集装箱船全天候进出的要求。

(2)合理规划利用岸线资源,满足城镇居民渔业生产与发展的要求,为大洋山城镇发展留有空间。

(3)重视风景点保留,坚持开发利用与生态环境保护相结合。

(4)远近结合,分期实施,为今后发展留有充分余地。

2)岸线利用、规划

小洋山一侧,按照水深差异及分期建设设想大致可分为以下四段,从大乌龟岛至小洋山西侧段,小洋山至镬盖塘一段长约3千米,镬盖塘东至小岩礁一段,西门堂至沈家湾一段,以上四段岸线长均约为3千米,从西至东水深仅最西一段水深为12~14米,其余三段水深均在15米以上,深处达20米,对各岸线段拟分期建设,其中前三段可开发建设成大型集装箱枢纽区,在东窄口以东的第四段拟开发建设成燃料(成品油),能源(LNG)大型船舶靠泊区。

大洋山一侧作为后期开发岸线之用,其岸线分为三段,自西向东,双连山至大山塘段岸线长约5千米,水深从10米逐渐增至大山塘处的15米;大洋山一段岸线约4千米,保留城镇及客运码头岸线,东部至马鞍山一段岸线长约4.6千米,水深在15米以上。

4.平面形态规划论证

1)平面形态布置原则

(1)维持港区水深,降低港区维护疏浚量;因而港区平面形态布置应是:封堵汊道,归顺水流,保持流速,减少回淤。

（2）利于船舶操纵,安全进出港与靠离泊,尽量使涨落潮流向同码头前沿线方位一致。

（3）利于港区连片开发建设,但又要分阶段实施,实现滚动开发建设应有利于集疏运通道布置和营运管理。

（4）利于生态和环境保护。

2）平面形态规划方案与比选

（1）双通道平面形态布置方案

双通道平面形态布置方案主要解决东口门流速大,西口门流速小的问题,其南北两港区基本上与大小洋山岛链走向一致,在南北港区西口中间布置一个人工岛,人工岛同南、北两港区之间形成两个通道,其宽度均为 1.5 千米,布置见图 13-4-5。

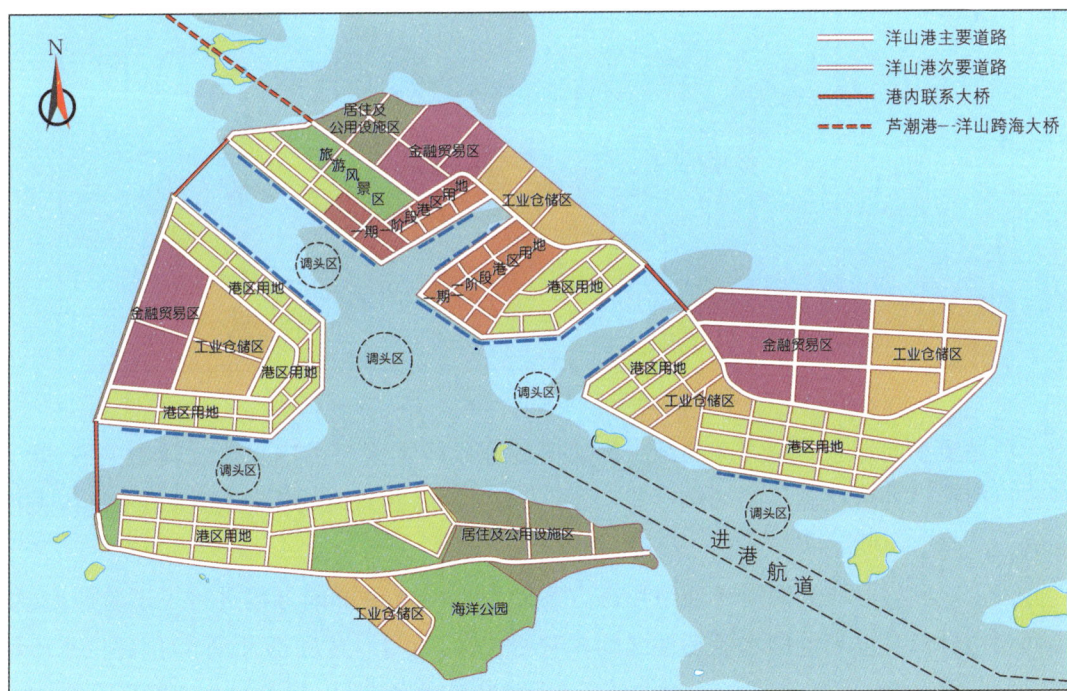

图 13-4-5　双通道平面形态方案

双通道形态方案人工岛的存在,缩窄了港区西口门的宽度,是人工岛南北两通道内水流强度均比天然条件增大,北通道落潮流增加较多,南通道涨潮流增加较多,对东口门的流速及航行条件也有一定改善。但是人工岛的东西两端分别产生涨、落潮回流或尾涡,从泥沙和航运来讲是不利因素。另外,双通道方案将各港区通过联络桥沟通,交通组织困难,不利于滚动开发。总之,人工岛方案对该海域长期保持冲淤平衡的现状改变较大,不利因素明显。

（2）单通道平面形态布置方案

单通道平面形态布置方案是将洋山深水港区岸线按南、北岛屿链基本形态布置成单通道顺岸式港区,消除汊道水流与主通道水流相互作用,以及潮流与岛礁相互作用而产生的水流紊乱现象,使通道内水流平顺、航行安全、淤强不大、泊稳相对较好的南、北大顺岸港区,见图13-4-6。

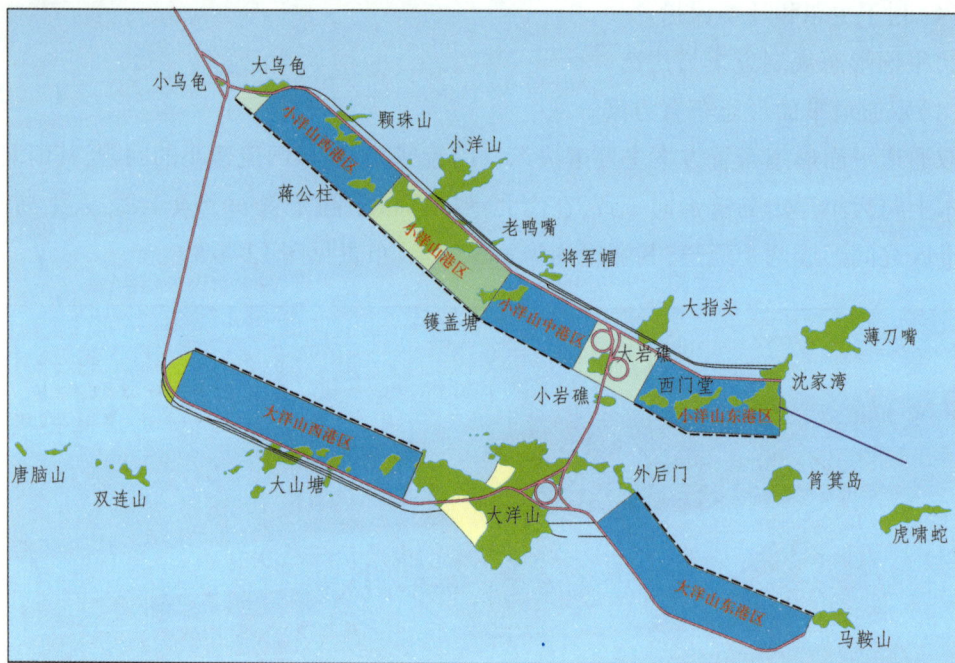

图13-4-6　单通道平面形态方案

单通道平面形态布置方案的难点为如何处理口门宽度与港内水流之间的关系,既实现东口门窄口处流速满足船舶航行安全要求,又要提高西口门的流速,减少西侧港区泥沙回淤。

南京水利科学研究院对单通道形态方案的西口门宽度不同方案进行了试验研究,得出西口门开口宽度与港内水流特性之间具有相关性,西门口宽度越大,东口门部位水流越强,西口门部位水流越弱。由于港区西部一定范围内水深较浅,港口使用水域需要疏浚开挖从泥沙回淤角度看,水流不应小于天然条件下的对应值,为满足这一要求,西门口宽度不宜过大,这样更利于码头使用水域的水深维护。此外,为了使东口门附近水域基本能维持原来水流强度,西门口宽度又不宜太小。

针对单通道平面形态布置方案的难点,可以通过适当缩窄西口门的宽度来解决,一方面可以适当提高港区西口区域的流速利于维护水深,另一方面又可改善东口门窄口区水流条件,利于航行,同时可以平顺港区水流,有关模型试验还表明,洋山深水港区单通道方案在南港区天然状态下,北港区先期开发建设也是可行的。

（3）平面布置形态的调整

20 世纪末 21 世纪初,周边国家和地区竞争要建成东北亚集装箱枢纽港的态势异常严峻,釜山(光阳)、神户、高雄等港纷纷投入巨资新建或扩建 15 米以上水深的集装箱码头,相比上海国际航运中心深水港的建设因六、七年时间的港址比选论证尚没开工建设。在 2002 年国家批准建设后,为了尽快建成第一期工程的深水集装箱码头,赶上相比于周边港口已落后建设的步伐,采取了缩短工期一些具体措施。

首先将一期工程的位置选在了小洋山东侧至镀盖塘岛之间的汊道水域范围中,而没有放在小洋山岛南侧陆域条件较好的位置,是为避开因工程建设使岛上 3401 名居民搬迁。由于在这之前不清楚洋山港区建设能否获得及什么时间可获得国家批准立项与开工建设,几千居民的跨省市搬迁、安置、再就业与户口等问题,在短期内不可能解决,这将直接影响工程的开工建设。而一期工程避开这一问题,虽然填海成陆等工程量增加较大,但在三年时间内,可保证实现一期工程 5 个深水集装箱泊位的建成投入运营,同时给岛上居民搬迁、户口及再就业安置有了充分时间,也为二期工程建设创造了良好条件。

其次,在港区一期工程建设的同时,港区同大陆连接的东海大桥、港桥连接段需要同时建设并同时建成投入营运,这样陆路集疏运才能实现,方可保证港区正常作业,在港桥连接段 3.77 千米的工程中,有一段需跨过颗珠山岛到小洋山岛间的汊道,该汊道槽深软淤泥层厚,如封堵该汊道建实堤通道,工期难以保证,且堤的具体位置、两端接岸点的结构形式,同二期四期工程建设的相互衔接等问题需要深入研究,建设时间上不允许,就采用了桥梁连接通道,颗珠山大桥长 1575 米,一跨跨过颗珠山汊道。

由于颗珠山汊道的保留,在建设一、三期工程中将小洋山岛至薄刀咀岛之间的多条汊道全部封堵,加大了北岛链中唯一保留的颗珠山汊道的涨落潮量。汊道靠颗珠山一侧有了明显刷深现象,因而在 2008 年三期工程建设的同时开始研究四期工程,即西港区工程建设方案时,出现了仍按"一字形"大通道方案和保留颗珠山汊道建设小洋山西港区的两种方案。

"一字形"大通道形态方案,封堵颗珠山汊道,水流比较顺畅,主通道内涨落潮量较大,能保障二期码头前沿的水深,减少该区域淤积,港区码头及陆域连成一片,交通组织及营运管理均方便,水、电、信、联通便捷,但封堵汊道形成港区陆域工程量与投资较大,对小洋山西港区码头前沿淤积量会大一些,由于西端自然水深较浅,建成后疏浚维护量会大一些。

保留颗珠山汊道方案,码头前沿由于汊道涨、落潮水流的作用,有利于维持码头前水深,陆域依靠大乌龟岛和颗珠山岛建设工程量相对较小,汊道内北端可建工作船泊位,但汊道保留会造成小洋山一侧的蒋公柱岛外产生回流和淤积,不仅损失蒋公柱岛前岸线不能建深水泊位，还会加大二期甚至一期码头区域回淤量。

上述两个平面形态布置方案各有利弊，通过近三年的数物模反复试验、现场观察、专家多次论证，从谨慎角度出发最终选用了保留汊道的平面形态布置方案。

5. 洋山深水港区规划方案

洋山深水港区包括依托小洋山岛链规划布置的北港区、依托大洋山岛链规划布置的南港区、进港航道、东海大桥以及芦潮港辅助区。洋山深水港区北港区是近期开发的重点。南港区划分为大洋山西港区和大洋山东港区等，为远景规划，本节将不做介绍。

1）北港区规划方案

试验研究表明，洋山深水港区在南港区未开发的情况下，对于北港区的东部水域影响较小，而对于港区西部水域的流速分布及淤积强度有一定的影响。根据北港区的规划布置形态，北港区的平面形态布置自西向东划分为小洋山西作业区（四期工程）、小洋山作业区（一至三期工程）、小洋山东作业区（洋山 LNG 码头、石油储运码头等）及小洋山北作业区。

（1）小洋山西作业区、小洋山作业区和小洋山东作业区

小洋山西作业区、小洋山作业区和小洋山东作业区岸线位于北港区南岸，岸线总长约 13 千米，其中集装箱岸线长度 8.7 千米，可布置远洋大型集装箱泊位 25 个，规划能力达 1750 万 TEU/年，如图 13-4-7 所示。陆域纵深 550～1700 米。各港区进出口门均布置在北侧，通过口门外主干道路与东海大桥相接，交通组织顺畅，车辆进出东海大桥或港区便捷。

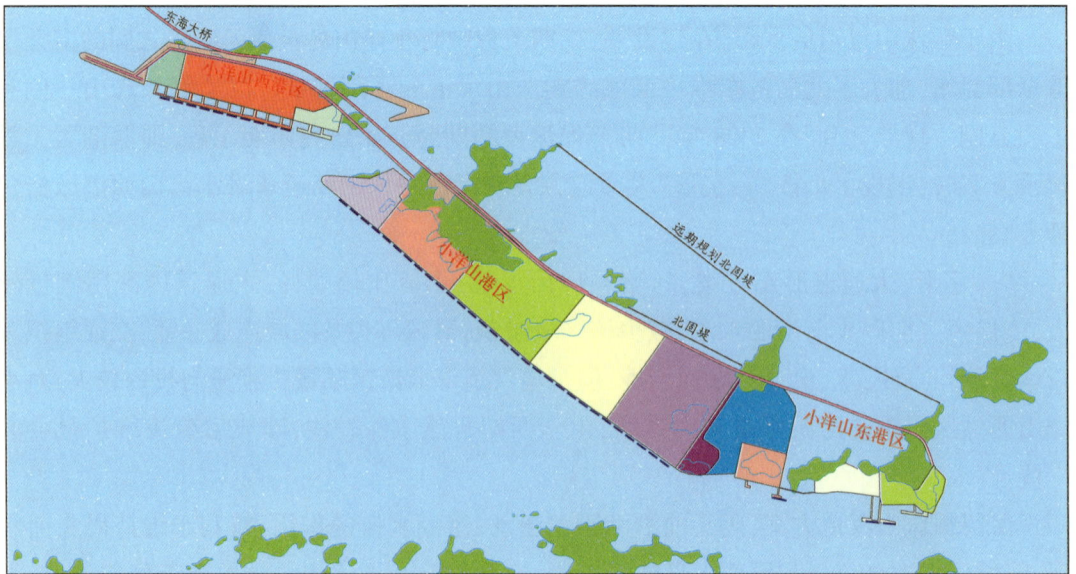

图 13-4-7　北港区规划平面布置

研究表明:洋山深水港区北港区完全建成后,洋山一期工程港区使用水域年平均淤强约0.70米;二期工程年平均淤强约为1.2米,三期工程年平均淤强约为0.40米,小洋山西港区年平均淤强约为0.5~1.0米,外航道人工段年淤积强度约为1.2米。

建设规模安排如下:

(a)小洋山西港区、小洋山作业区:集装箱远洋航线作业港区及辅助码头区。规划岸线总长9150米,其中集装箱码头岸线8700米,共布置25个50000~150000DWT远洋干线集装箱船泊位。

(b)小洋山东作业区:为能源作业港区。规划码头岸线总长3500米。建5个成品油码头和2个LNG接收站码头。

分期建设安排如下:

北港区南侧集装箱码头岸线开发分四期工程建设,前期开发建设小洋山作业区3000米岸线,即洋山深水港区一、二期工程;后开发建设小洋山作业区的2600米岸线,即洋山深水港区三期工程,再开发建设小洋山西作业区约2650米岸线,即洋山深水港区四期工程,小洋山东港区作为油品与LNG作业区,与三期工程同步建设,余下的蒋公柱南侧的约750米岸线最后开发。各港区陆路进出口门均布置在北侧,通过口门外主干道与东海大桥相接,形成顺畅便捷的进出港通道。规划平面布置方案见图13-4-8。

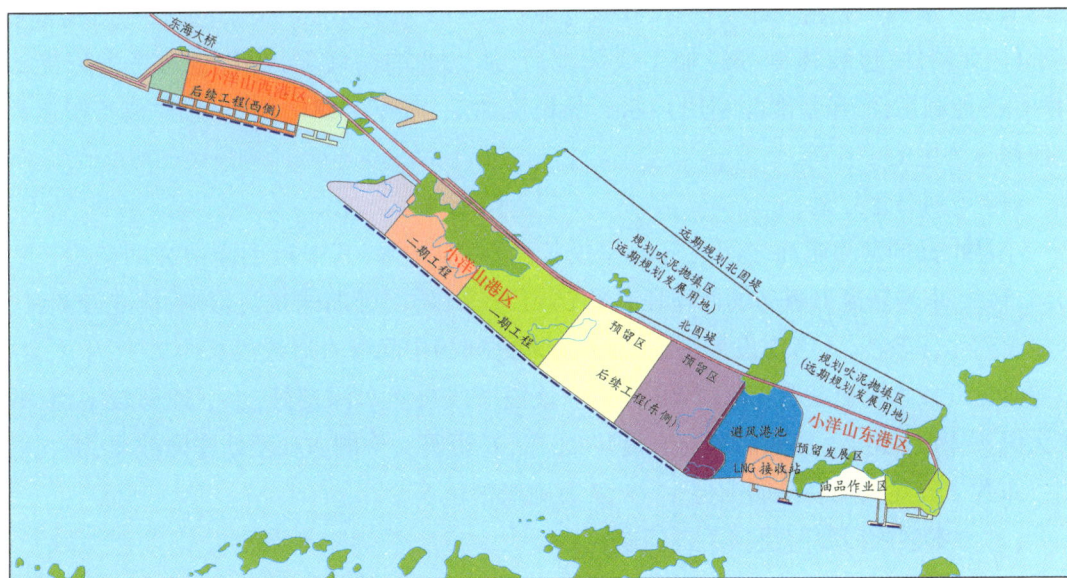

图13-4-8　北港区南侧岸线分期开发建设图

(2)小洋山北作业区

因北港区南侧布置均为大型深水集装箱泊位,为适应洋山深水港区不断提高的集装箱吞吐量和"水水中转量"的运输需求,提升港区的整体服务水平,加快启动专用中、小型集装箱支线泊位的建设已是必要和迫切之需。

(a)小洋山北作业区规划范围和规划功能

小洋山北作业区位于小洋山的北侧,在小洋山岛以东到薄刀咀岛以西,已建洋山深水港区一、二、三期工程陆域北侧的海域范围内。小洋山北作业区规划陆域面积为11.90平方公里,为填海造陆形成,其中部分陆域业已形成。规划岸线约4.66千米,防波堤内水域面积约5.0平方公里,规划支线船泊位约50个,吞吐能力可达800TEU。其靠泊船型为穿梭巴士,江海联运船舶和沿海支线船舶,其设计船型尺度见表13-4-1。

小洋山北作业区设计船型   表 13-4-1

| 序号 | 船舶吨级 | 船舶主尺度(米) | | | | 载箱量(TEU) | 备　注 |
		总长	型宽	型深	吃水	合计	
1	1000(1000~2500)	90	15.4	6.8	4.8	150(<200)	—
2	3000(1401~4500)	106	17.6	8.7	5.8	298(201~350)	—
3	5000(4501~7500)	121	19.2	9.2	6.9	354(351~700)	—
4	10000(7501~12500)	141	22.6	11.3	8.3	750(701~1050)	—
5	20000(12501~27500)	183	27.6	14.4	10.5	1702(1051~1900)	—

作业区作为洋山深水港区的重要组成部分,功能定位为江海联运与沿海支线船舶作业码头区。承担集装箱装卸与储存,在该区域扩展加工贸易功能,即境外或长江沿线运来零部件、元器件、包装物料等经加工或装配后,从大船泊位装船出口;也可考虑以能源(LNG冷能利用,海洋新能源利用)、水产品精深加工、海洋生物医药业、海洋装备制造和港航修造为主的工业等。

(b)规划布置方案

小洋山岛同薄刀咀岛之间北侧海岸线长约9.77千米,其中近小洋山岛凹岸段长约1.55千米,东端靠薄刀咀岛的凹岸段长约0.91千米,均因受岛屿挑流影响,流态较紊乱,西段自然水深较浅,不考虑发展港口岸线,两者之间的中间顺直岸线段长约7.31千米,在该顺直岸线段中部已建有LNG海底管线。该段岸线自然水深良好,水下地形较平坦,故作为码头建设规划区,码头岸线总长度4721米,在距码头外侧900米处建防波堤,港内陆侧可布置2万吨级集装箱船泊位13个,7万吨级泊位6个。

(c)方案实施需要解决的关键问题

小洋山北侧海域开敞,无自然掩护条件,本海域以风浪为主,涌浪出现频率较小,大多是大风大浪相伴而生。根据杨梅嘴测波站多年测波资料和小洋山北侧设临时测波站所测2015年5月至2016年5月整年资料,分析所得,波浪主要集中于NNE~NE~E~ESE向的90°区域内,占总体的65%以上,其中0.6米以上$H_{1/10}$波高出现频率为45%,观测期最大$H_{1/10}$波高为5.1米,最大H_{max}为6.26米,说明规划港区波浪是主要不利因素,所以必须建防波堤以保证中、小型船舶作业安全。

在小洋山作业区通过封堵汊道、吹填成陆建洋山深水港区一、二、三期工程以来,港区北侧海域,海岸线较顺直,历年海床冲淤变化不大,2015 年 5 月前以淤积占优势,平均淤厚在 0.08 ~ 0.10 米之间,而 2015 年 5 月至 2016 年 10 月,以冲刷占优势,平均冲刷 0.05 ~ 0.02 米之间,冲淤变化量接近平衡,因而港内维持设计水深不是主要问题。

小洋山北作业区范围内存在一条穿过港区的 LNG 管线已经营运多年,是上海用气的主要来源之一。在规划方案布置时,考虑既有的 LNG 管线不仅对港区的布置和营运有较大影响,而且未来港区水上船舶操作会对 LNG 管线的安全带来安全风险。因此,小洋山北作业区建设时,应会同有关方面对 LNG 管线线位进行调整。

2)航道与锚地

(1)航道

洋山深水港区进出港航道由主航道和支线航道组成。

主航道从港区东口进出。大型船舶出港后经黄泽洋通道进入国际习惯航线,该段距离约 104 千米,水深大多超过 20 米。航道设计为双向航道,设计底宽 550 米,水深 16 米,可满足第五、六代及 15000TEU 的集装箱船全天候进出港要求。对主航道中约 9 千米不足 16 米水深的人工航道段,两侧布置南进北出的浅水辅助航道,两侧辅助航道各宽 250 米,底标高不小于 - 12 米,供近岸及河海集装箱船舶进出港通行。

支线航道从港区西口进出,通过东海大桥主通航孔或三个副通航孔,向北与长江航道连通。该航线通往长江及附近沿海可满足吃水在 10 米以下船舶进出港,其航线较短,风浪较小,同时减轻东口门航道船舶进出港密度和压力。

港区东口门内靠近大洋山一侧有一水下泥灰暗礁,岩顶标高 - 0.5 米,为了保证大型船舶进出东口门的安全,礁石炸除,炸礁至高程 - 18 米,炸礁工程量 11.13 万立方米。

(2)锚地

锚地分为引航锚地、避风锚地和港内锚地。引航锚地设在进港主航道外灯船 A 点南侧,大衢山东北下海山和三星山之间海域,也可兼作待泊避(南)风,锚地面积 15 平方公里。避风锚地利用在港区东北部距离约 76 千米的绿华山锚地。港内锚地设在两岛链之间的港内水域,用于中小型船舶的待泊,面积 3 平方公里。

3)东海大桥

东海大桥大陆端起点在上海浦东新区芦潮港客运码头东侧约 4 千米,靠北约 1.4 千米的海滩与大堤的交接处,终点于浙江省嵊泗县小洋山岛链的最西端的小乌龟岛。

(1)工程规模

芦潮港新老大堤之间的陆上段长 2264 米,至小乌龟岛的跨海段长 24504.5 米,小乌龟岛至小洋山岛之间的港桥连接段 4349.8 米,总长为 31118.3 米,线路总长约 32.5

千米。

大桥等级标准按双向六车道高速公路标准设计,设计车行速度80千米/小时,桥面净空31.5米,设计水位、波浪和风速均按100年一遇标准进行设计,设计使用寿命100年。

(2)通航标准

为保障支线船舶从港区西口的进出,其他小型沿海船舶南北过往的通行,东海大桥下设主通航孔一个,桥孔净高40米,双向通航净宽300米,可满足5000吨级船舶安全通航;另设三个副通航孔,桥孔净高25米,通航净宽100米,可满足1000吨级以下船舶的安全通航。

4)芦潮辅助区

作为洋山深水港区综合物流枢纽功能的补充和完善,在芦潮临港新城产业区规划了为洋山港区配套的辅助区域,作为港区业务范畴的一个组成部分,总规划用地4.4平方公里,配合港区的分阶段建设需要采取分期建设不断充实完善的原则,其主要内容分以下几类。

(1)集装箱仓储区,其设施主要包括集装箱堆场、拆装箱库、危险品仓库,及该区所需的集装箱冲洗和修理车间、机修车间、变电所、污水处理、停车场、办公楼等生产、生活辅助设施,该区域占地总面积43.4万平方米。

(2)铁路换装站,由于铁路运输的集装箱进入上海港口的量很少,故在新城产业区内不设铁路编组站和分段站,仅在浦东规划的铁路线路中引入铁路进线,以半列编组方式设几条装卸线,作为集装箱铁路换装站。

(3)内河集疏运,规划在产业区北部预留了约100万平方米的内河集装箱作业区,近期不予建设,待上海浦东内河运输网络完善后,特别是五尺沟河道及港区建设后,可以五尺沟河道引入建设内河集装箱作业区。

(4)口岸涉外机构:为节省洋山港区岛上用地面积,将海关、检验检疫等口岸查验设施除少量在港区现场设置外,主要布置在芦潮辅助区内,近期占地面积约15万平方米。同时将口岸涉外机构的主要行政、后勤及生活用房均纳入临港新城的规划中,拟在临港新城的"滴水湖"边建设。

三、洋山深水港区建设情况

洋山深水港区位于杭州湾口的崎岖列岛,远离大陆30多千米,属典型的外海岛礁开敞环境。岛群水域潮流强劲(平均2米/秒、局部达3米/秒)、含沙量高(平均1.5千克/立方米、局部达4.0千克/立方米)、流态复杂。港址在受大风、台风、寒潮影响期间,工程海域出现大浪,实测最大波高达到4.7米。洋山深水港区的陆域主要由深海填筑形成,回填厚度达20~40米,回填方量达1亿多立方米,回填陆域面积约10平方公里。

　　洋山深水港区自 1995 年启动前期论证,自 2002 年 6 月动工建设,经长达 15 年的分期建设和运营期,到 2017 年底,在洋山深水港区的建设者们长达 22 年的不懈努力下,一座世界规模最大、技术最先进的离岸深水港区展现在世界东方。目前,洋山深水港区已拥有长达 7.95 千米的深水集装箱码头岸线,可同时靠泊远洋干线集装箱船 23 艘,集装箱年设计通过能力达 1560 万 TEU,占据着上海国际航运中心核心集装箱枢纽港地位。

(一)港区一期工程

　　港区一期建在小洋山岛东侧至镀盖塘岛之间,工程于 2002 年 6 月 26 日正式动工,2005 年 12 月 10 日竣工投产,短短 3 年半时间,依托小洋山岛这座外海岛礁,一座真正意义上的离岸深水港区建成了,填补了上海港缺少 15 米以上水深集装箱深水码头的空白(图 13-4-9)。洋山深水港区一期工程集装箱码头岸线长 1600 米,陆域总面积 153 万公顷,码头前沿设计水深 16.5 米,建设 5 个 7 万～10 万吨级大型集装箱深水泊位,设计年吞吐能力 220 万 TEU。同步建成的还包括长达 32.5 千米的东海大桥,东海大桥也是中国第一座真正意义上的跨海大桥。

图 13-4-9　洋山深水港区一期工程实景

　　洋山深水港区选址、规划、设计和施工,开创了在远离大陆、依托岛礁复杂地形建设大型现代化集装箱枢纽港区的先河。一期工程作为起步工程,技术复杂,当时的规范、标准未能完全涵盖,建设难度大,设计、施工、管理都缺乏相关经验,工程实施过程中,在上海市的有力组织和交通部的指导下,咨询范围之广、课题研究之丰富、参与科研人员与专家之多、工作效率之高,在我国港口建设史上都是空前的。一期工程的顺利建成,是我国在外海依托岛礁地形建设现代化大型集装箱港区的一次成功范例。是我国筑港界设计、科研、施工、管理等众多专家、学者智慧的结晶。港区一期工程在设计、施工和建设管理中,坚持走技术创新之路,取得了显著的成果,产生了50多项具有知识产权的技术,创造了多项中国第一和世界之最,成为我国开发利用外海深水岸线资源的一座里程碑,全面提升了我国筑港科技水平。

(二)港区二期工程

继一期工程之后,港区二期工程建在小洋山岛前侧;东接一期工程西至蒋公柱岛,2004年4月开工建设,于2006年12月建成投产,码头岸线长1400米,陆域面积90.8公顷,码头前沿设计水深16.5米,共建设4个7万~10万吨级大型集装箱深水泊位(兼顾15万吨集装箱船靠泊),设计年通过能力210万TEU。2013年,经等级改造,洋山二期工程已具备接卸18000TEU集装箱船的能力(图13-4-10)。

图13-4-10 二期工程实景(左上角空白处)

相对于一期工程,洋山深水港区二期工程所在位置水深大、地质条件复杂,物理力学指标较差,水域水文泥沙条件复杂。港区陆域纵深相对较小,使用要求高。针对这些技术特点、难点,在总结一期工程实施的成功经验和不足基础上,积极创新,精心设计。在港区总体布置上,注重分区灵活性和整体性,集约化利用土地资源,将一期、二期工程堆场整体营运与管理实现了资源利用充分。国际上首次大规模应用双40′集装箱岸桥和配套计算机信息管理系统,大幅度提高了装卸效率和服务水平。采用综合技术手段,进一步优化码头及接岸结构,提高码头及接岸结构的设计品质,丰富了外海深水码头建设技术。因地制宜地采用了多种地基加固方法,实现了复杂场地条件下的地基加固效果,有效降低了工程造价,缩短了工期。全方位的技术进步确保了洋山深水港区二期工程安全可靠、质量优良、投资节省、工期保证的建设目标。

（三）港区三期工程

洋山深水港区三期工程建在镬盖塘岛与大指头岛之间海域,西接一期工程东端,东至大岩礁,该段岸线是洋山深水港区天然水深条件最好、建设规模最大的一段岸线（图13-4-11）。工程于2006年4月开工建设,分两阶段分别于2007年12月、2008年12月建成投产,码头岸线总长2600米,陆域面积591.35公顷,码头前沿设计水深17.5米,布置7个7万~15万吨级集装箱泊位,设计年通过能力500万TEU。2013年,经论证,洋山深水港区三期工程已具备接卸18000TEU集装箱船的能力。

图13-4-11　三期工程实景

洋山深水港区三期工程具有海况条件差（年施工作业天数不足220天）、自然条件复杂、依托条件差、规模巨大、建设工期短、环境要求高等特点。为确保洋山深水港区安全、优质、环保、快速地建成并高效运行,建设团队勇于创新,在管理、设计、施工质量和科研等方面均取得了一系列的创新成果。工程充分考虑了复杂的水文条件,通过数学、物理模型等专题论证研究,科学合理布置码头前沿位置,及港区总体工艺布置和集疏运系统,预留远期发展余地以及不产生废弃工程的建设要求。基于工程规模大、陆域形成面积大以及工期要求,采用合适的回填材料、陆域形成方案和因地制宜的地基加固方案。全直桩嵌岩码头结构设计技术、大直径开口钢管桩承载能力的研究、大直径斜桩嵌岩技术的研究和应用等一系列创新成果,进一步提升了码头结构的设计水平。

（四）港区四期工程

港区四期工程建在北侧岛链的最西端,在大乌龟岛与颗珠山岛的南侧,岸线总长

2770米,共建设7个5万~7万吨级集装箱泊位及配套工作船码头,水工结构按照15万吨级设计,陆域总面积223.16公顷,码头前沿设计水深－15.5米,远期－17.0米,设计年通过能力达630万TEU,它是目前世界上规模最大、现代化程度最高、具有自主知识产权的自动化集装箱港区(图13-4-12)。

图13-4-12　四期工程实景

　　洋山深水港区四期工程的总体布局科学合理,实现了岸线、土地等资源利用的最大化,港内、外主要交通基本实现单向交通,有效提高了码头的作业能力和作业效率,减少了能源消耗和尾气排放。装卸工艺系统采用了世界上最先进的自动化集装箱码头装卸工艺系统,其中码头装卸采用主小车人工干预远程操控、副小车全自动化的双小车岸桥作业,水平运输采用无人驾驶自动导引运输车(AGV),堆场采用自动化轨道式龙门起重机(ARMG)作业。码头装卸效率高、能力大,装卸设备全电驱动,能耗低、无排放,充分体现了全自动化码头高效、绿色、节能和安全的理念(图13-4-13)。

图13-4-13　自动化码头及堆场

洋山深水港区四期工程十分注重生态环境的保护,船舶污水、事故危险品污水及消防废水均由专业机构处理,生产、生活污水处理达标后回用,实现了污水零排放。为了减小工程对海域生态的影响,所有船舶施工均避开主要经济鱼类的产卵繁殖期,并采取人工放流和投放人工鱼苗方式进行生态修复和补偿。为避免水土流失,港区除了硬化面层外,道路边坡、山体护坡等区域均采取了绿化覆盖措施,美化环境的同时有效加强了水土保持。工程还设置了雨水收集设施,雨水收集后用于道路喷洒和绿化浇灌(图13-4-14)。

图 13-4-14　四期工程边坡绿化

(五)进港航道工程

目前,洋山深水港区进港航道主要包括主航道和支线航道等。其中,港区主航道系经过多年研究后建设的深水航道,2005 年建成以来运行情况良好。该航道航线顺直、转向点少且人工挖槽段与水流主流向交角较小,是进出洋山深水港区综合条件最优的航道。港区主航道由外向内分为三个航段,而支线航道主要由支线航道一、支线航道二和西航道组成,分述如下:

1.进港主航道

洋山深水港区进港主航道从国际习惯航线到 A3 转向点(洋山深水集装箱港区港内水域口门小岩礁岛南侧),航程约 56.16 海里(104 千米),其中 A0 转向点(马迹山航线与洋山深水港区进港航道交点)到 A3 转向点为洋山港主航道,全长 35.10 海里(65.01 千米)。由外到内分为三个航段:

(1)口外航道(A0 转向点～A1 转向点航段):从 A0 转向点～A1 转向点(Y0 灯浮标)航段,航道走向 101°23′—281°23′,航道长 16.90 海里(31.30 千米),为自然水深双向航道,航道水深大于 20 米,航道扫海宽度 800 米。

(2)进港外航道(A1 转向点～A2 转向点):Y0 灯标～大小洋山岛链东口门航段,航道走向 99°—279°,航道长 13.27 海里(27.57 千米),有效宽度 650 米、设计通航深度 16.5

米,可满足 10 万吨级集装箱船舶和 10 万吨级 LNG 船舶双向全潮通航的要求。进港外航道 A1-2 ~ A2 段为人工疏浚段,疏浚段长约 11. 28 千米,设计底标高为 – 16. 5 米,其余为自然水深航道,水深大于 16. 5 米。

(3)进港内航道(A2 转向点 ~ A3 转向点):从 A2 转向点 ~ A3 航段,航道走向 118°04′—298°04′,航道长 4. 93 海里(9. 14 千米),为自然水深航道,最大水深达 70 米。其中,A2 ~ A2-1 段有效宽度 650 米,A2-1 ~ A2-2 段有效宽度 650 ~ 550 米,A2-2 ~ A3 段有效宽度 550 米。

2. 支线航道

(1)支线航道一

支线航道一为洋山港区江海直达集装箱船舶的主要航路,船舶从洋山港内水域出发,在进港内航道 A2 点以东约 1. 2 海里处左转 78°进入金山航道航行 3. 6 千米左转 33°,沿349°航道走向至大戢山灯塔以西 1. 7 千米处;沿 9°方向航行至南支灯船,进而可以进入长江口南槽支航道。

该航道从洋山进港主航道至大戢山灯塔以西 1. 7 千米止,全长 28. 3 千米,扫海宽1. 5 千米,水深 6 ~ 9 米,满足长江(江海直达)集装箱船舶全天候通航要求。

(2)支线航道二

支线航道二为北向沿海集装箱船舶主要通航航路,出港船舶沿进港主航道到达 A1点后左转 31°,沿 248°航道走向至马迹山进港航道再左转 29°,沿 219°航道走向至马迹山中转东航线,进而可直至长江口灯船。

该航道从洋山进港主航道 A1 点至马迹山中转东航线,长 23. 8 千米,扫海宽度 800米,最浅水深约 20 米,自然水深良好,满足北向沿海集装箱船舶全天候通航的要求。

(3)西航道

洋山深水港区西航道是集装箱港区西侧连通东海大桥主通航孔航线,供 5000 吨级及以下的长江(江海直达)内支线船舶经长江口南槽航道、东海大桥主通航孔航道进出洋山深水港区。西航道从东海大桥航线到洋山西航道东侧起点航标(Y41、Y42),长约 5. 6 海里(10. 38 千米),为自然水深航道,最浅水深 8. 5 米。西航道设有 5 座航道侧面标,设标和扫海宽度 1 海里。

洋山深水港区 5000 吨级及以下的长江(江海直达)内支线船舶可沿港区前水域向西航行进入西航道,以 274°航向航行约 3. 68 海里(6. 82 千米)后再右转 60°,以 333°航向航行约 1. 92 海里(3. 56 千米)即可与东海大桥 5000 吨级主通航孔航线相接,并沿该航线直至长江口灯船。

洋山深水港区西航道的设置减少了洋山港区东口门航道的交通流量及南北航道和洋山进港航道交汇的压力。

洋山深水港进港主航道及港区布置见图13-4-15。

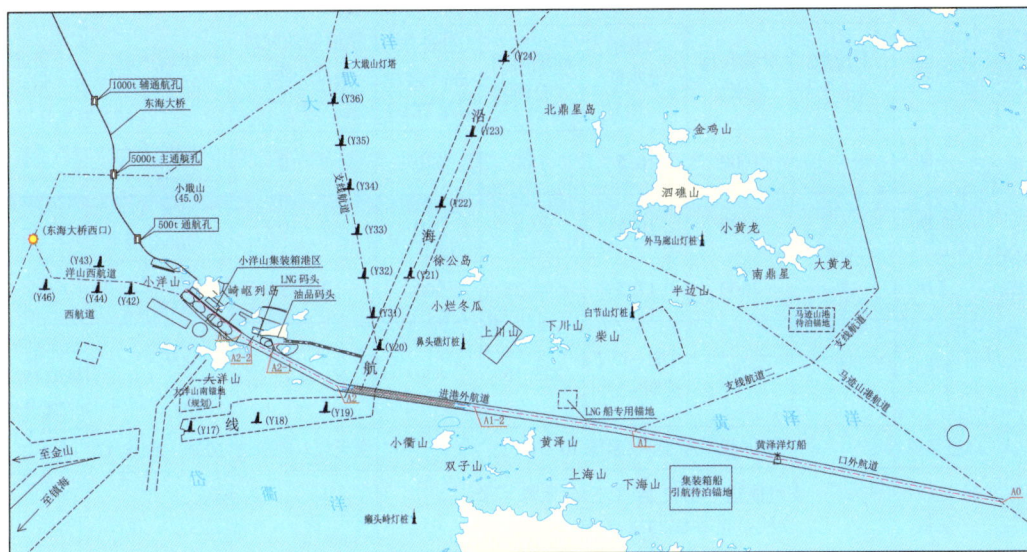

图 13-4-15　洋山深水港进港航道布置图

（六）东海大桥工程

东海大桥是洋山深水港区对外陆路集疏运、供水、供电和通信的唯一通道，也是我国建造的第一座真正意义上的跨海大桥。大桥始于上海市浦东新区芦潮港，跨越杭州湾北部海域，在浙江省嵊泗县崎岖列岛中大乌龟岛登陆与港区衔接。东海大桥全长 32.5 千米，宽 31.5 米，双向 6 车道，分为上、下行双幅桥面，采用双向六车道加紧急停车带的高速公路标准。设计行车速度 80 公里/小时，设计使用年限为 100 年。大桥工程于 2002 年 6 月 26 日开工打第一根桩，2005 年底与洋山一期工程同步建成，建设工期为 3.5 年。

东海大桥所处海域自然条件复杂。天然水深一般在 8 ~ 12 米；海域全年多为偏北和偏南风向；潮汐属于非正规半日浅海潮型，潮流强劲，具有明显往复流特性；东北向水域开阔，为强浪向，50 年一遇有效波高达 3 ~ 4 米；桥位一般区段基岩埋藏在 – 200 米以下，上部地质土层分布淤泥、粉质黏土、淤泥质粉质黏土、砂质粉土、粉细砂等土层，近岛段受岛礁地形影响，基岩面覆盖层较薄，海沟较发育；场地处于地震活动相对较弱的地区，场地区未发现活动断层。

东海大桥的桥位布置综合考虑了道路线形、船舶通行安全、与芦潮港陆域道路和港区道路的衔接、减小对现有海底管线和光缆的影响等因素。大桥全长分为三大区段：陆上段桥梁工程（长度 2.264 千米）、跨海段桥梁工程（长度 25.3215 千米）、港区连接段工程（长度为 4.3498 千米，包括海堤、开山、颗珠山大桥）。其中跨海段又分为非通航孔、辅通航孔、主通航孔三段。

洋山深水港区已建主要工程项目概况一览表　　　　表 13-4-2

工程项目	工程内容	工 程 规 模					靠泊船舶吨级（万吨级）	建造年份	备注
		泊位数（个）	岸线长度（米）	码头前沿水深（米）	陆地面积（公顷）	设计年吞吐能力（万TEU）			
深水港区	一期	5	1600	16.5	153	220	7～10	2002.6—2005.12	—
	二期	4	1400	16.5	90.8	210	7～10	2004.4—2006.12	—
	三期	7	2600	17.5	591.35	500	7～15	2006.4—2008.12	—
	四期	7	2350	近期 -15.5，远期 -17.1	223.16	630	5～7(15)	2009.12—2017.12	水工结构按靠泊15万吨级设计
航道	主航道	航道长 104 千米，水深 16.5 以上					全天候双向航道	2004—2005.12	
	支线航道	支线航道—全长 28.3 千米，水深 8 米；支线航道—长 23.8 千米，水深 20 米					—	—	—
	西航道	航道长 10.38 千米，水深 8.5 米以上					—	—	—
东海大桥		全长 32.5 千米，双向 6 车道，下设船舶通航孔 4 处，其中 5000 吨级主通航孔 1 处，通航净空 300 米×40 米，双向通航 1000 吨级；辅通航孔 1 处，通航净空 100 米×25 米；500 吨级通航孔 2 处，通航净空分别为 56 米×17.5 米和 143.2 米×17.5 米					设计使用寿命 100 年，设计行车速度 80 千米/小时	2002.6—2005.12	—
芦潮辅助区	辅助作业区	占地 106.59 万平方米						2003.5—2005.11	
	危险品区	占地 21.92 万平方米						2003.5—2005.11	
	口岸查验区	占地 59.88 万平方米						2003.6—2005.11	

东海大桥跨海段平面线形布置共设置 6 个转点，道路设计平曲线半径一般大于 3000 米，不小于 1000 米，竖曲线最小半径大于 6000 米。桥梁设计纵坡一般为 3%，最小为 0.3%，设计横坡 1.5%。大桥穿越水域航线主要有申甬客班轮航线（内航线）、芦潮港至嵊泗车客渡航线、杭州湾北岸小型船舶航线以及洋山深水港集装箱航线，通航等级要求不高。全桥设 5000DWT 主通航孔 1 处，1000DWT 辅通航孔 1 处，500DWT 辅通航孔 2 处，其余皆为非通航孔。其中，5000DWT 主通航孔跨径为 73 米 + 132 米 + 420 米 + 132 米 + 73 米 = 830 米，通航净空为 300 米×40 米，为单孔双向；1000DWT 辅通航孔跨径为 80 米 + 140 米 + 140 米 + 80 米 = 440 米，通航净空为 100 米×25 米，为双孔单向；500DWT 辅通航孔两座，位于芦潮港侧的跨径为 70 米 + 120 米 + 120 米 + 70 米 = 380 米，通航净空为 56 米×17.5 米，为双孔单向。位于深水港侧的跨径为 90 米 + 160 米 + 160 米 + 90 米

=500 米,通航净空为 143.2 米×17.5 米,为双孔单向。上述通航净宽是指桥梁轴线法向与潮流主轴向的夹角小于 5 度时的净宽值。非通航孔跨度在 50~70 米。经充分论证比较,大桥主通航孔采用双塔斜拉桥、辅通航孔采用连续梁桥,非通航孔采用预制等高预应力混凝土箱梁连续梁桥,基础采用钢管打入桩,墩身为预制结构(图 13-4-16)。

图 13-4-16　东海大桥工程鸟瞰图

(七)芦潮辅助区

洋山深水港区芦潮辅助区位于东海大桥芦潮港一侧,临港物流园区内,依托并服务于洋山深水港区,芦潮辅助区包含芦潮作业区(图 13-4-17)、口岸查验区(图 13-4-18)和危险品作业区(图 13-4-19)三大功能区,其功能定位是为未来港口业务的拓展创造优越的条件,并承担洋山深水保税港区内陆口岸通关、进、出口集装箱的分拨、加工、配送等现代物流业务和危险品箱处理等特殊业务。

图 13-4-17　芦潮作业区

芦潮辅助区建设用地总面积为 188.39 万平方米,其中芦潮港作业区占地 106.59 万平方米,口岸查验区占地 59.88 万平方米,危险品作业区占地 21.92 万平方米。以上三个区先后在 2003 年 4、5 月份开工建设,于 2005 年 11~12 月建成投入运营。且同深水港区一、二、三期工程规模相适应,均分为三期建设,并分别同港区一、二、三期同步建成投入运营。

图 13-4-18　口岸查验区

图 13-4-19　危险品作业区

芦潮辅助区是我国第一个保税港区——洋山保税港区的重要功能组成,配套区借助洋山深水港区一平台大力发展国际中转、配送、采购、转口贸易和出口加工等业务,将对上海的经济发展和现代服务业的进步提供强有力的保障!

(八)小洋山北侧作业区开发

小洋山北侧作业区是承接舟山集装箱江海联运中心的支线集装箱码头作业区,主要功能包括水水中转集装箱装卸与储存、港口物流、加工贸易等。目前,小洋山北侧作业区主要完成了部分陆域的围垦,并正加紧港区规划和起步工程的前期论证。

四、洋山深水港区工程建设中的技术创新

洋山深水港区是在远离大陆、多岛礁、多汊道、水深流急、流向多变、含沙量大、地质条件极为复杂的海域建设的超大规模、高标准的现代化国际集装箱枢纽港区。这是国内外建港史上没有先例的,许多技术难题无经验可借鉴,在规划、设计、建设过程中,靠科学试验,求真务实,不断探索,大胆创新,克服了众多技术难题,使众多关键技术难题得到了较好的解决,使我国港口设计技术水平获得了较大进步与提高。主要技术创新总结如下。

（一）近海工程勘探一体化技术

近海工程勘探一体化技术主要包括勘探平台(装备)、勘探技术、勘探工艺等,主要应用于外海深水港区、跨海通道、海上风电、人工岛、海洋基础设施等工程。与常规陆域勘探相比,近海工程勘探具有海域水深流急、流向多变、浪高、地质环境复杂等特殊的难点及困难,需要改变技术路线,改进技术设备,优化勘探工艺,提高近海域勘探软土取土质量、岩芯采取率和改进海域勘探原位测试技术,精心组织、科学管理、安全生产、优质服务,为设计和施工提供优质勘察成果和建议。

(1)在海域水深流急、流向多变、浪高等情况下进行勘察钻探施工,普通勘探船受各方面条件限制,抗风、抗流能力差,容易发生摇晃,影响取土(取芯)质量,导致标准贯入试验击数失真,严重时可致钻杆断裂掉落、船舶走锚等事故,严重影响水上勘探的作业质量和进程,为此采用了具备自航能力平底工程船进行改装,并自主研发了国家专利产品"单侧悬臂式水上勘探平台系统",摸索出三钻机混合钻进法开展工作。同时采用"相位差分"技术,实现远岸水上施工精确定位。针对勘探的要求,改进了抛锚作业流程,采用领水锚结合锚链米字抛锚法,提高勘探平台的泊稳能力。这些技术、装备、措施解决了远离陆地的近海勘探中定位、钻进、取土(芯)、测试等技术难题,极大提高了勘探的质量和效率。见图 13-4-20。

图 13-4-20　三航院瑞昌 319 号钻探平台船

（2）针对海域浅部常发育深厚淤泥质软土的现状,常规取土器无法取出原状土样,为提高取土质量,并准确测得淤泥质软黏性土的物理力学指标,自主研制了国家专利产品"半开键式塑料衬筒""双管单动活门式取芯取土器""水压式薄壁取土器",完成高难度、高要求、高质量的软土层取土取芯工作,确保采取优质原状样。并针对施工期回淤土层的特性,研制了专用取样器,成功采集浅表部流泥和淤泥土样,以进行回淤成分分析。见图 13-4-21、图 13-4-22。

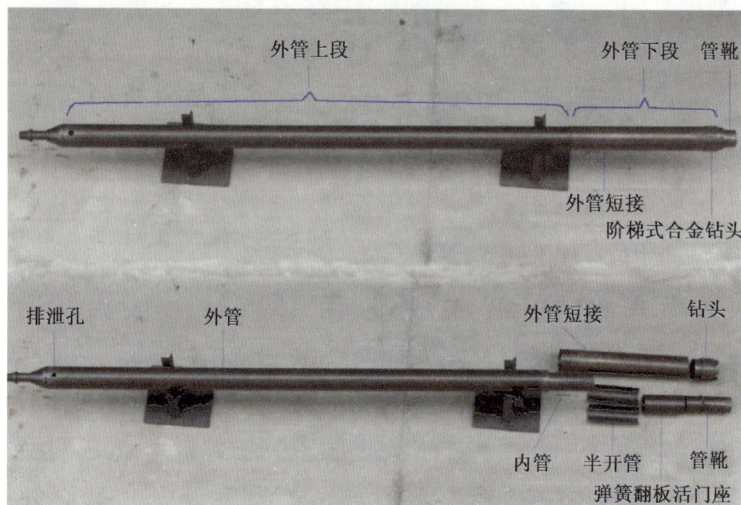

图 13-4-21 双管单动取芯取土器

图 13-4-22 采取的原状全芯土样

（3）受波浪、海流影响,海域勘探岩芯的采取率普遍偏低,这对确定嵌岩桩桩基持力层造成极大困难,极易引发质量事故,为查明基岩风化层的分布发育规律及其力学性质,公司使用双管单动金刚石钻具(多次变径)技术手段等,岩芯卡取时视岩层破碎情况分别采用卡料或卡环卡取法,使岩芯采取率有较大幅度的提高,一般不小于80%。见图13-4-23。

图13-4-23　采取的完整岩芯样品

(4)受波浪、海流影响,进行原位测试难度很大,海上标准贯入试验、水上十字板剪切试验的准确度偏低。其中水上十字板剪切试验采用具有创意的单腿支架式水上活动平台和获国家专利的"十字板剪切试验装置",利用一个静态的桁架组合式原位测试平台,与原平台脱离,形成"动、静"双平台勘探方式,进行现场十字板剪切试验,弥补现有海上平台难以取得高质量原位测试数据的缺陷。见图13-4-24。

图13-4-24　安装嵌入式水上十字板设备

（5）海域采取的原状土样需要经过多次转运才能到达实验室，多次转运对土样质量产生极大影响。为此研制了"轻质防震隔热式土样运输箱"，并设置现场实验室，减少转运对土样的扰动。研制了"直立式电动液压推土器"，减少工人开土时对土样的扰动。通过技术引进和改良，实现土工试验全自动化，试验数据通过机电一体化传感器采集，数据采集和处理实现了自动化、智能化，提高了试验精度，缩短了试验周期。在自动化的基础上研发了三航土工试验曲线绘制软件，提高了指标精度和指标采集效率。

（6）近海域的地质环境复杂，地质作用多种多样，地貌单元多，岩土层空间发育不均匀，岩土条件差异性和特殊性非常显著，常具备典型不均匀地基岩土层。为此勘探时采取了地质调查、坑探槽探、地球物理勘探、钻探、取样、原位测试、室内试验等综合手段。

（7）海域成陆后场地内常有大面积软弱黏性土、深厚吹填土、开山石分布。这些性质相差极大的土层结合在一起后，对勘探和评价提出的巨大的挑战，实施勘探时要分析上部建（构）筑物对地基的变形要求，针对土层工程性质变化大等条件有针对性地布置勘探工作量。结合现行相关规范在不同勘察阶段采用相应的技术方案、方法和手段布置相应的工作量，合理确定相应的岩、土和水质试验项目。

（8）因岩土性质的复杂性，准确预测、计算岩土体的变形是非常困难的，只有现场监测才能准确反应岩土体的变形情况，因此各种监测工作是工程建设的必要手段，在钻探取样、原位测试等手段判别软土加固效果的基础上，还在软土层中设置大量的表层沉降位移观测点、分层沉降观测点、孔隙水压力计、测斜管等，获取了大量表层沉降、土体分层沉降及位移等，实时掌握土体变形情况，从而科学合理地指导、监控洋山工程陆域形成地基处理、堆载，围堤堆载速率和上部结构的施工进度，确保施工期安全。分析这些观测数据并研究其内在的规律，为后期优化设计方案和调整施工技术方案提供了依据。

由于洋山深水港区工程勘察工作布置合理，施工设备先进，技术工艺精湛，成果分析深入、及时、有针对性，管理组织有序，质量控制严格，工程勘察取得的成果可靠，给解决各种工程地质问题、关键的技术难题提供了翔实的依据和可行的建议，且经施工验证，勘察成果是满足设计要求的，与现场实际相吻合，为外海孤岛大型港口工程的建设积累了丰富的岩土工程经验。

（二）外海多岛礁高含沙量水域单通道式的港区水域总平面布置

洋山深水港区为远离大陆、依托外海岛礁地形，在高含沙、强潮流的开敞海域规划建设的超大型集装箱港区，也是我国迄今为止在外海开敞水域建设的最大港口工程，在如此复杂的海域规划设计建设港口在我国属于第一次，在世界建港史上也属罕见。洋山深水港区的规划目标是具有15米以上水深的港口和航道；可全天候接纳大型的集装箱船靠泊作业的国际一流的世界级大港。

　　洋山深水港区位于杭州湾外海崎岖列岛，是最靠近上海市的深水海域（见图 13-4-25），距上海市南汇嘴 27.5 千米。港区海域面积约 42 平方公里，是由大、小洋山南北两条岛屿链围城形成的喇叭口形海域。其地貌特征为多岛屿、多汊道、强潮流、高含沙量；海床呈现深槽和浅滩交错公布。大、小洋山岛屿链间有发育的 13 千米长的潮汐通道宽度自西 7.7 千米向东逐渐变窄 1 千米，水深由西部 8~10 米逐渐增大到东口窄口处水深可达 85 米，水域宽阔；在岛屿掩护下，水域平稳、自然水深大的特点。岛屿内往复的潮流在岛屿狭道效应下，潮流强劲，泥沙多为过境，不易落淤，为洋山深水港区提供了深水条件。

图 13-4-25　洋山深水港港址

　　从洋山海域十五年来的海床冲淤变化的特点来看，在强潮流，高含沙量的海域，潮流的变化会直接影响到海床的冲淤变化，影响到港区和进港航道的泥沙回淤，泥沙回淤是洋山深水港总平面布置的关键。通过科学合理的港区总平面布置，可以使潮流更加平顺，从而减少泥沙回淤。为此，在研究和分析了大量实测资料基础上，进行了几十种方案的潮流，泥沙模型试验；多学科的专题研究先后完成大量的总体平面规划方案，具有代表性的方案如下：

1. 双通道方案

是规划初期(1996—1998年)所做的方案,规划思路是改善洋山海域的喇叭口形态,从而达到减少泥沙回淤和保证船舶航行安全的目的。在西部较宽的水域中设置4.5平方公里的人工岛,增加潮动力,减少泥沙回淤;削弱西口的进潮量,来缓解东口的窄口流速,改善船舶航行安全。同时保留了镀盖塘-大岩礁汊道,利用汊道的深水区,增加码头岸线。并在小洋山处规划了挖入式港池。

经过三年工作和模型试验,发现在人工岛上下两端在涨、落潮经过时出现回流,其范围和强度随着潮流加快而加重。在挖入式港池、保留汊道中也出现回流和缓流区,回流的出现将会加重规划港区的泥沙回淤,也会使船舶靠离泊及航行带来不利。保留的汊道会使北面的东北流侵入港区,破坏了港区的泊稳条件,特别是对泊稳要求较高的集装箱装卸作业带来较大的影响。人工岛方案破坏了通道内原有的往复流,再加上保留汊道的潮流侵入,使海域内的潮流在涨落潮时较为混乱是不利的,此规划方案问题较多,不宜采用。对减少泥沙回淤和船舶航行安全将会是不利的。

2. 单通道方案

单通道平面形态方案是将洋山深水港区岸线按南、北岛屿链基本形态布置成单通道顺岸式港区,消除汊道水流与主通道水流相互作用,以及潮流与岛礁相互作用而产生的水流紊乱现象,使通道内水流平顺、航行安全、淤强不大、泊稳相对较好的南、北大顺岸港区。

单通道平面形态方案的难点是如何处理口门宽度与港内水流之间的关系,即实现东口门窄口处流速满足船舶航行安全要求,又要提高西口门的流速,减少西侧港区泥沙回淤。南京水利科学研究院对单通道方案的西口门宽度分别按不同宽度进行了试验。从航行安全和泥沙角度综合考虑,当西门口宽度约为3.5千米时,西部港内水流基本可维持为天然条件的1.13倍,而东口门窄口地区为天然条件1.05倍,可以解决该平面形态的难点。因此,从航行安全角度即泥沙回淤角度看,试验认为西门口宽为3.5千米左右时的单通道平面形态方案优于其他各方案。当然最终西口门宽度的确定还将受到其他因素的影响。

经综合分析比较,推荐了单通道平面形态方案。

从今天来看,2008年12月小洋山作业区一～三期工程已竣工投产,但大洋山一侧至今尚未开始建设,单通道规划方案中缩窄西口工程至今未能实现。为了确保小洋山北港区的水深维护,进一步减少泥沙回淤,必须对单通道的规划进行补充修改。

3. 保留颗珠山汊道方案

结合洋山深水港区北港区建成后的海床冲淤变化特点,为确保已建成北港区的水深维护,规划对单通道形态方案进行了进一步的调整完善,从而形成保留颗珠山汊道的规划方案。

颗珠山汊道是以落潮为主的出水、出沙通道，自 2005 年封堵其他汊道后，涨落潮量有所增加，占西部潮量的 14% ~ 18%，增加了通道西北部的潮动力；汊道吸纳通过西部的落潮流，使西港区一直保持冲刷状态，对一~三期工程水深维护起了一定作用，同时也缓解东口门的壅水，减轻了泄流负担。

单通道形态方案室内模型试验验证可行，且有利于分期开发建设。考虑洋山深水港区泥沙回淤问题是港区总平面布置的成败关键所在，同时鉴于泥沙问题的复杂性，从现场实测分析看，现状颗珠山汊道的存在，即是 1∶1 的模型试验，总体来说已建港区淤积情况较为理想，通过全面的权衡，为稳妥起见，将单通道形态方案调整为保留颗珠山汊道的平面形态方案。

（三）集装箱装卸工艺与自动化集装箱码头装卸工艺

1. 集装箱装卸工艺的改进与完善

洋山深水港区作为上海国际航运中心承担集装箱远洋运输的核心港区，其装卸工艺系统应具有装卸效率高、对船舶大型化发展趋势适应性强的特点。洋山深水港区一期~三期工程以"技术先进、经济合理、成熟可靠"为总体目标，结合工程建设条件，经多方案论证比选，采用了国内应用最广泛、最成熟的"集装箱装卸桥 + 集卡 + 轮胎式龙门起重机"的装卸工艺系统，但在装卸设备主要技术参数的选取、码头前方作业带布置等方面均具有一定的前瞻性，主要特点如下。

1) 岸桥外伸距和轨上起升高度的适度超前

设计船型的适度超前不仅可以充分利用宝贵的岸线资源，也可以提高码头装卸设备对船舶大型化的适应性。

随着集装箱船的大型化，集装箱船舶的长度、宽度和吃水都在增大，但对集装箱装卸桥（以下简称"岸桥"）而言，影响其主要技术参数的因素主要是集装箱船的船宽和甲板上的堆箱高度。洋山港区建设时最大集装箱船其甲板上堆放的集装箱不超过 18 列，为提高对船舶大型化趋势的适应性，港区一~三期岸桥的外伸距全部按装卸甲板上积载 22 列集装箱的"苏伊士运河级"集装箱船考虑，为 65 米。同样地，岸桥轨上起升高度不但满足"苏伊士运河级"船甲板上积载 6 ~ 7 层集装箱的装卸要求，还考虑了随着甲板上集装箱固定技术的进步、甲板上积载 8 层集装箱时的装卸要求，取 43 米。

2) 装卸工艺系统的高效化设计

装卸大型集装箱船舶的船时效率是衡量一个码头装卸工艺系统先进性的重要指标，对集装箱枢纽港而言尤为重要。港区一~三期主要通过优化岸桥的主要技术参数、采用双箱吊具、增加岸桥配置密度等方式来实现。

（1）岸桥的高效化配置

根据岸桥的外伸距和起升高度，合理确定各机构的运行速度，提高岸桥的装卸效率。确定岸桥的起升速度为满载 70 米/分钟、空载 152 米/分钟，小车运行速度为 240 米/分钟，大车运行速度 45 米/分钟。

为满足码头高效率低能耗运行的要求，部分岸桥采用双起升机构，配置双 40 英尺吊具，可一次起吊 2 个 40 英尺箱或 4 个 20 英尺箱，吊具下起重量为 80 吨，部分岸桥为单起升机构，配置双 20 英尺吊具，吊具下起重量为 65 吨。

同时，为方便司机操作，提高作业效率，配置先进的辅助手段。如：岸桥在船舶上起落箱过程中的图像捕捉、对位辅助系统；岸桥在集卡上起落箱过程的图像捕捉辅助系统；集卡与岸桥间的自动对位功能等。

（2）岸桥的配置密度

洋山港区一～三期集装箱泊位总长度为 5600 米，其中一、二期 9 个泊位和三期 7 个泊位分别呈直线布置，便于岸桥在各泊位间调配使用。共配置了 64 台岸桥，平均 87.5 米配置一台岸桥，超过同期码头配置水平，保证了多泊位同时作业时的船时效率。

（3）码头前方作业带布置

码头前方作业带作为港区作业最繁忙的区域，其布置对提高船舶的装卸效率和泊位通过能力十分关键。为满足集中多台岸桥对一艘大型集装箱船作业时的交通组织需要，一～三期码头除岸桥轨内的作业车道外，还在岸桥陆侧轨后增加了两条作业车道。

以三期工程为例，岸桥轨距为 35 米，为适应双 40 英尺岸桥的装卸作业，轨内布置 8 条集卡车道，陆侧轨与堆场之间（从海侧向陆侧）依次布置两条集卡作业车道、舱盖板堆放区和泊位间联系道路，码头前方作业带总宽度为 91 米。

（4）堆场箱区布置

根据轮胎式集装箱龙门起重机（以下简称"轮胎吊"）的作业特点，重箱堆场纵向按"6 + 1、1 + 6"（即 6 列集装箱 + 1 条集卡车道）的形式成对布置，其中车道侧相邻两条轮胎吊跑道中心线距离为 6.5 米，中间设有穿越车道，以保证同一箱区多机集中作业时运输车辆的及时疏导，提高堆场作业效率。

结合泊位布置和陆域条件，集装箱堆场的箱区长度控制在 220～260 米之间，兼顾堆场容量和水平运输效率。

3）装卸系统的绿色节能

针对洋山港区电能供应困难的现状和洋山港区高作业量高负荷的作业工况，堆场装卸设备轮胎式集装箱龙门起重机采用超级电容的燃油-电力混合动力技术，通过大容量超级电容组充放电原理，利用起升机构下降过程中的势能给电容充电储存电能，在起升重载时通过控制单元实现供电，从而减小柴油发动机的功率，降低柴油机的能耗，与传统轮胎吊相比可降耗30%。

水平运输设备大规模采用以LNG清洁能源为动力的集卡，取得了很好的节能减排的效果。

从洋山一至三期的实际营运效果看，2017年16个集装箱深水泊位共完成集装箱吞吐量1655.2万TEU，单个泊位的集装箱通过能力达到103.5万TEU，百米码头通过能力为29.6万TEU，岸桥单机平均装卸量25.9万TEU，远高于欧美和亚洲其他港口的能力，达到国际集装箱枢纽港的先进水平。

2. 自动化集装箱码头装卸工艺

洋山四期是洋山深水港区一期至三期工程的续建工程，以上海市致力于"具有全球影响力的科技创新中心"建设为契机，跟踪国际集装箱港口科技前沿，围绕上海港的发展需求，明确将洋山四期建设成为"高可靠、高效率、世界先进技术"的自动化集装箱港区，结合项目实际开展自主创新和科技攻关，进一步提升上海港的核心竞争力和枢纽港地位，加快建成智慧、绿色、科技和效率港口。由设计、科研、设备制造、使用共同团结协作，经过四年多的努力，建成了目前世界上规模最大，自动化程度最高，且具有完全自主知识产权的集装箱自动化港区。

1）洋山深水港区四期工程特点

四期工程位于颗珠山汊道以西、东海大桥港桥连接段以南水域，港区陆域形态如图13-4-26所示。码头岸线长2350米，建设7个5万~7万吨级泊位，码头结构按靠泊15万吨级集装箱船舶设计，年设计通过能力为630万TEU。该工程与国内外全自动化集装箱码头比较，具有以下特点。

图13-4-26　洋山深水港区四期工程港区陆域形态

（1）多泊位连续布置，一次建成。四期工程与已建港区之间由颗珠山汊道分割成为相对独立港区，港区7个大型集装箱泊位连续布置，一次建成全自动化码头，长度2350米。对于全自动化集装箱码头各功能区合理布局、保障作业效率和安全使用等要求高。

（2）港区陆域纵深小，通过能力要求高。四期工程陆域平面形态呈长条形，纵深约为

200～640米，年设计通过能力目标的设定为630万TEU，陆域纵深的不足将对码头前方作业带的布置、自动化堆场布置、堆存容量安排等形成制约，要求总体设计应统筹考虑。

（3）水—水中转箱比例高。洋山深水港区水－水中转比例高达50%，在港区装卸操作中呈现出堆场作业较为集中的特点，自动化集装箱码头规划设计中必须解决该类箱的装卸效率以及与多泊位连续布置匹配问题。

（4）自动化程度要求高。四期工程拟建设成为世界最先进的全自动化集装箱码头，7个大型泊位连续布置，一次建成，整体经营。要求主要装卸环节能力应高效匹配、实现无人化操作，以提高自动化程度、装卸安全和降低人工成本，减少排放等。

2）自动化集装箱装卸工艺

洋山深水港区四期工程结合项目的建设目标和工程条件，经多方案比选采用了全自动化装卸工艺方案，从码头到堆场的整个装卸系统中，除了岸桥主小车对船和轨道吊对外集卡作业采用自动化＋人工干预的远程操控以确保安全外，其他作业过程均实现了自动化。

码头装卸采用双小车岸桥，主小车为自动化＋人工干预的远程操控作业模式，即仅在对船舶装卸过程中的吊具精确对位、着箱、开闭锁和起吊时采用人工远程操控，起吊至安全高度后的起升、小车运行和对中转平台的起落箱则为自动化作业，副小车为全自动化的作业模式。

水平运输采用无人驾驶的自动导引运输车（以下简称"AGV"），AGV车身底部的前后各安装一个磁钉感应天线，通过运行区域埋设的磁钉位置来确定AGV的位置。AGV与中控室管理系统间采用无线信号传输的方式，根据实时的位置、车流信息选择最优行驶路径。洋山四期采用带升降平台的提升式AGV，通过在交接区设置固定的支架可在水平运输与堆场装卸环节间形成缓冲，AGV进入交接区后，由AGV自带的液压升降平台对固定支架主动取、放箱，无须被动等待堆场设备过来装卸，提升了AGV单车的运输效率。

自动化堆场垂直码头前沿线布置，使码头与堆场间的前方自动化车流和陆路提送箱的后方集卡车流自然分离，便于自动化堆场的封闭管理和港区交通组织。自动化堆场是港区的主堆场，用于除危险品箱、超限箱以外的集装箱堆放。针对洋山港区集装箱水—水中转比例高的特点，堆场装卸采用无悬臂和带悬臂两类自动化轨道式龙门起重机（以下简称"轨道吊"），并采用两类箱区按一定比例间隔布置的平面布局。每个箱区采用双机配置，使每个箱区可同时进行海、陆侧作业。自动化轨道吊通过各机构的精确定位、吊具位置及姿态的检测、目标位置的检测、吊具的微动等技术和先进的控制管理系统，实现轨道吊的自动运行、自动定位、自动识别、自动堆取箱，仅在轨道吊对外集卡卸箱时采用人工干预的远程操控作业模式。

装卸工艺设计的主要特点如下：

（1）设备的主要技术参数充分考虑高效绿色节能

（a）岸桥的吊具及起重量

高效、节能是装卸系统设计中需重点关注的问题。综合考虑岸桥的效率目标、各主要机构的合理速度区间、码头装卸与水平运输衔接的便利性，双小车岸桥的主小车配置双40英尺吊具，副小车配置双20英尺吊具，中转平台布置在陆侧门腿。

根据洋山港区实际运营中双吊具作业模式的利用情况，为主要满足日常单吊具作业要求、同时兼顾双吊具操作，岸桥主小车选用更为经济的单起升配可分离上架＋双吊具的形式，吊具下起重量为65吨，从而降低了岸桥的装机容量、采购成本和后期的营运成本。

（b）AGV的形式

AGV动力采用续航时间可达8小时的锂电池，使从码头装卸、水平运输到堆场装卸的整个装卸系统实现了零排放。考虑到洋山四期工程建设规模较大，为提高AGV的设备利用率、便于充电设施的集中管理、减少自动化区域潜在的故障点及相关设施检修维护对自动化作业的影响，采用更换电池的能源补充方式。

在港区东、西两侧设置一大一小两座换电站，当AGV的电池能量降至系统设定值时，AGV根据其当前所在位置自动进入相应的换电站，通过一台沿轨道运行的换电装置实现全自动化的电池更换，换下的电池进行充电备用。整个电池自动更换过程仅需5分钟。

（c）轨道吊的轨距及吊具选择

按照堆场容量和作业效率综合平衡的原则，经多方案综合比较，本工程轨道吊的最优轨距为31米，跨10列箱。

针对无悬臂轨道吊作业交接位于箱区端部、每个工作循环中大车行走耗能占总能耗比例较高的特点，结合各类箱区海、陆侧轨道吊的功能、作业特点和效率要求，海侧无悬臂轨道吊配置双20英尺吊具，吊具下起重量为61吨，实现一个工作循环即可接卸AGV运过来的两个20英尺箱的功能，提升堆场作业效率、降低运行能耗；其他轨道吊则配置单箱吊具，吊具下起重量为40吨。

（2）基于洋山深水港区集疏运条件的自动化堆场装卸工艺

洋山深水港区是上海国际航运中心的核心港区，集装箱水—水中转比例高达50%，且存在港区不同营运公司间互拖箱的作业。针对该集疏运特点，自动化堆场采用了无悬臂和带悬臂两类自动化轨道吊，其中自动化堆场的西侧端部箱区结合港内外的交通条件采用双悬臂轨道吊，主要用于互拖箱的作业，轨道吊的堆场内侧悬臂用于AGV作业，外侧悬臂用于互拖集卡作业，使集装箱既可以在该箱区堆存，也可以实现集卡与AGV的直接交互。其他箱区则根据水—水中转比例和船舶大型化对海侧端的效率要求，在通常采用无悬臂轨道吊的基础上，部分箱区采用单侧悬臂轨道吊。

无悬臂箱区以堆放进、出口箱为主，也可在海侧堆放部分水—水中转箱，交接区设在箱区的两端,海侧为 AGV 交接区,每个箱区设 4 个 AGV 支架和 1 个 AGV 装卸车位;陆侧为集卡交接区,每个箱区布置 5 个集卡装卸车位,采用集卡倒车进入车位的作业方式。同一箱区的 2 台轨道吊各自负责相应端交接区的装卸作业,海侧轨道吊主要负责与装卸船流程相关的作业,陆侧轨道吊主要负责与港外集卡提送箱相关的作业,同时 2 台设备又可互相支援,通过海、陆侧轨道吊的接力完成集装箱在同一箱区海、陆侧间的长距离运输,提高繁忙侧轨道吊的作业效率。

单悬臂箱区以堆放水—水中转箱为主,也可堆放部分进、出口箱,AGV 装卸车道设在轨道吊的悬臂下,采用 AGV 将集装箱运输至箱区的指定排位的交接方式,使同一箱区的 2 台轨道吊可同时对 AGV 作业,直接为海侧装卸系统服务。工艺布置采用每两个悬臂箱区组成一对、轨道吊悬臂端相对布置的方式。轨道吊的外伸距为 4.75 米,相对的两悬臂下靠轨道侧各布置一条作业通道,中间布置两条 AGV 行驶车道。箱区陆侧端设 2 个集卡装卸车位,以增加箱区使用的灵活性。

结合前方泊位功能安排,两类箱区采用每隔 2~6 个无悬臂箱区布置 1 对悬臂箱区的间隔布置方式。典型布置见图 13-4-27。

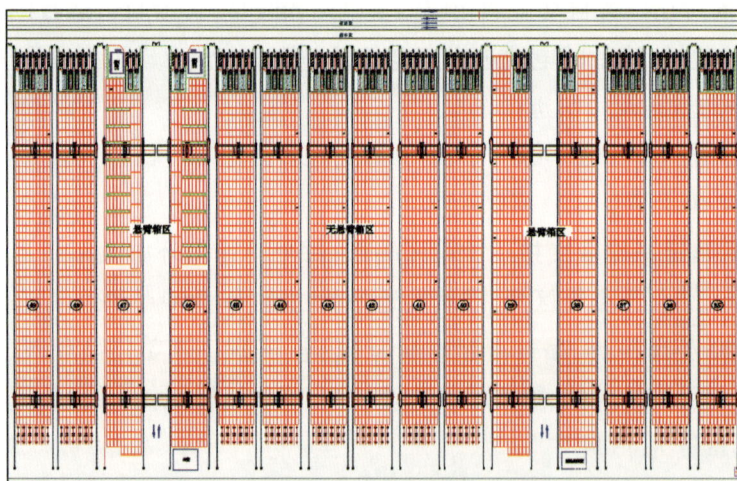

图 13-4-27　采用单悬臂和无悬臂轨道吊的堆场典型布置

与目前典型的采用单一无悬臂轨道吊的自动化堆场相比,该方案结合项目的集疏运特点,较好地解决了堆场容量最大化以及堆场设备与码头设备能力匹配的问题,其主要优点:①能按不同的集疏运方式进行功能分区,解决水—水中转比例高所致的海、陆侧轨道吊作业量不均衡的问题;②通过部分箱区采用带悬臂轨道吊作业,增加了直接为岸桥服务的轨道吊数量,使海侧装卸系统中岸桥与轨道吊的配置数量达到 1:3,满足船舶大型化对装卸效率和作业持续强度的更高要求,提升了自动化装卸系统对船舶大型化趋势的适应性;③箱区功能明确,便于管理,同时也具有较大的灵活性,能够应对箱量结构的变化;

④使港区间互拖箱的运输距离大大减少,同时避免了与港内主交通流的冲突,有利于港内交通组织。

（3）安全高效的冷藏箱箱区工艺布置

综合考虑洋山深水港区四期的建设规模、运营管理和作业效率等因素,经多方案比选,冷藏箱按相对集中的原则布置在自动化堆场的单悬臂箱区,共设 3 个区域、6 个箱区,最多可有 12 条冷藏箱的堆场作业线,可满足多个泊位同时作业时的效率要求,并避免某个箱区的作业量和交通流量过于集中的现象。

冷藏箱在箱区内靠陆侧布置,以兼顾海、陆侧作业效率和电源插拔人员进出箱区的便利,垂直轨道方向采用冷藏箱与普通箱混合布置方式,即轨道吊轨内 10 列箱中的 7 列堆放冷藏箱,其中靠轨道侧 1 列的底层为电源插拔人员的通道,另外 3 列堆放普通箱,当电源插拔人员通过门禁系统进入箱区作业时,轨道吊的吊具能绕过电源插座支架和作业人员,减少人、机共同作业时对人员位置或轨道吊作业范围的限制,详见图 13-4-28。该冷藏箱布置形式既保证了辅助作业人员的安全,又最大限度减少了人员进入自动化箱区后对堆场作业安全及效率的影响,在自动化程度、作业安全和营运管理等方面具有一定的优势。

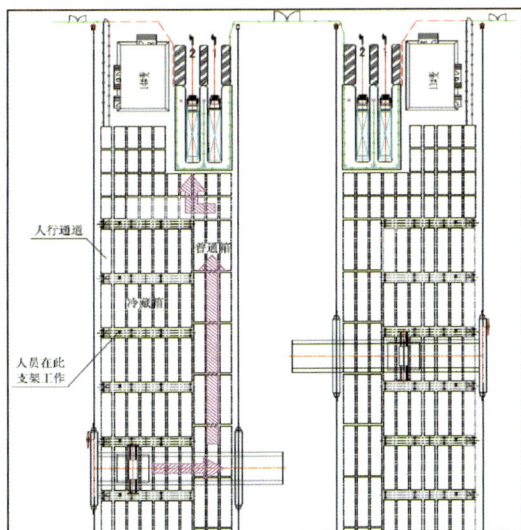

图 13-4-28　冷藏箱箱区工艺布置图

3）四期工程总体布置

四期工程港区主要功能区主要包括泊位、码头前方作业地带、自动化集装箱堆场和特殊箱堆场、生产及生活辅助区、闸口区、港外辅助区等功能区。受陆域条件的制约,设计以尽可能扩大自动化集装箱堆场的规模为原则,结合港区总体布置需要面对的几个与自动化有关的问题,经反复论证,设计的港区总体布置详见图 13-4-29。主要特点如下:

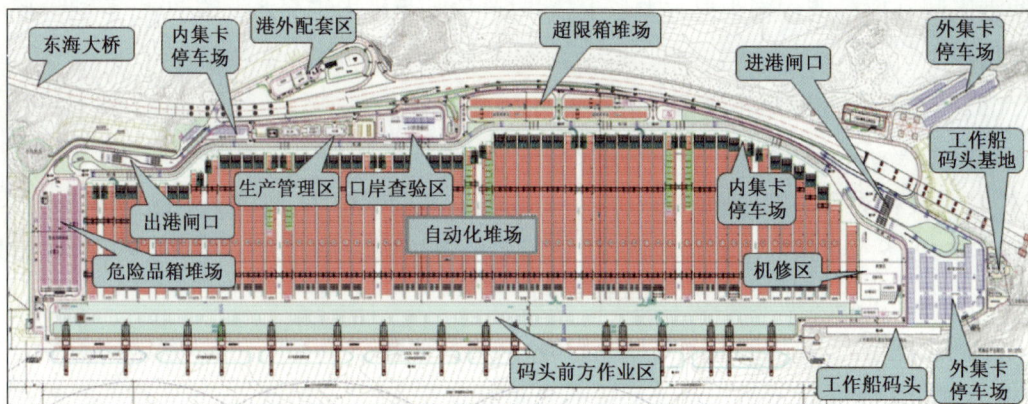

图 13-4-29　港区主要功能区布置

（1）码头前方作业带

码头前方作业带是决定装卸船作业效率的关键地带,对于四期工程,结合有关安全管理规定,除超重、超限等特种箱及危险品箱需要通过人工水平运输至专用堆场外,其余箱均通过 AGV 进入自动化堆场,因此,针对多泊位连续布置自动化集装箱码头需合理布置前方作业地带功能区,避免自动化作业和人工作业相互干扰,提高装卸船效率。

四期工程码头采用双小车岸桥,前小车采用远程操控方式装卸船,后小车为自动化完成平台与 AGV 之间的集装箱垂直运输,因此,设计以岸桥陆侧轨道为界,陆侧轨后方为自动化作业区,依次布置 AGV 装卸区、缓冲区和行驶区。装卸区车道成对布置,相互之间布置 1 条穿越车道;行驶区车道采用双向间隔布置,位于陆侧 1 条车道宽度需满足 AGV 转向进入堆场的空间需要;AGV 在装卸区完成装卸后经穿越车道转弯进入缓冲区排队,然后根据控制系统的指令进入相应的行驶车道和指定箱区。岸桥轨内为人工作业区,布置舱盖板和人工车辆通道,实现特种箱的装卸船作业。码头前方作业地带宽度确定为 120米,其余参数见图 13-4-30。该前方作业带布置形式交通顺畅,装卸安全。

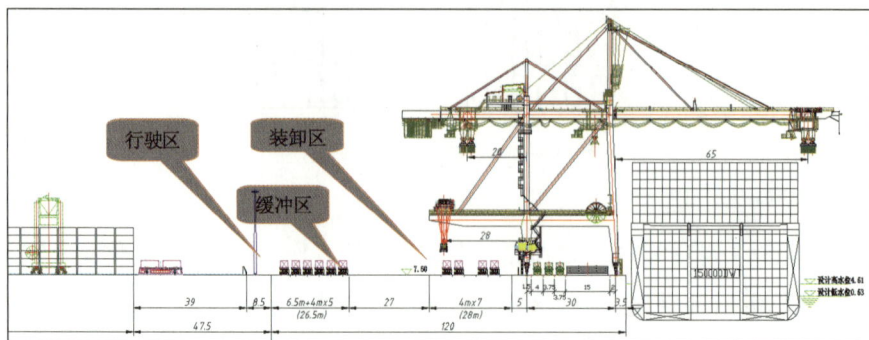

图 13-4-30　码头前方作业地带断面布置图(尺寸单位:m)

（2）自动化集装箱堆场

堆场布置是四期工程总体布置的核心，在陆域纵深不足条件下应扩大堆场规模、实现密集堆垛、提升堆场通过能力、突破陆域狭窄对通过能力的制约。同时，还必须解决多泊位连续布置以及水—水中转比例高等导致的海侧陆侧堆场设备作业量不均衡问题等。

自动化集装箱堆场用于堆放普通空、重箱、冷藏箱和45英尺箱，占到港区箱总量的97.5%以上。堆场垂直码头布置，按照"尽可能扩大自动化集装箱堆场的规模"以及"堆场箱区布置应使海侧设备能力与岸桥能力匹配"的原则，共布置61条箱区，其中悬臂箱区20个，无悬臂箱区41个，轨距为31米，轨内布置10列箱，地面箱位达28241TEU，悬臂箱区箱位约占自动化堆场总箱位1/3（图13-4-31）。该布置较好地解决了堆场容量最大化以及海侧设备能力匹配问题，通过能力满足码头吞吐量630万TEU时的集装箱堆存需求。

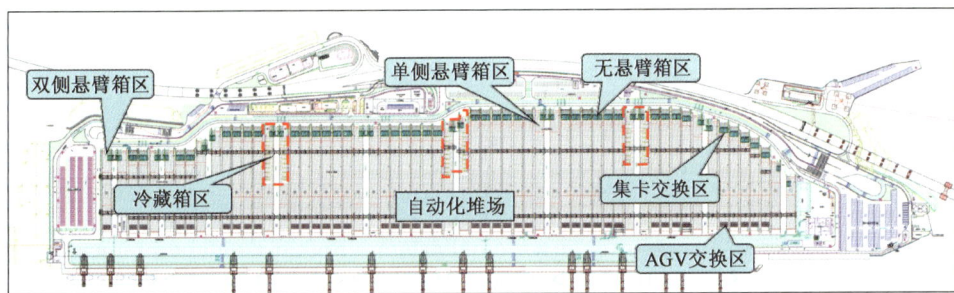

图13-4-31 自动化集装箱堆场平面布置图

（3）非自动化箱区布置

考虑港区交通组织以及场地情况，在自动化堆场北侧东部不规则地块布置2块超限箱堆场，采用电缆卷筒供电方式的ERTG作业，用于堆放超高、超宽、超长及超重货物的平板箱、框架箱等特种箱。利用自动化堆场西侧地块布置危险品箱堆场，远离人员集中的生产管理区，并处于生产管理区夏季常风向的下游。危险品箱堆场采用电缆卷筒供电方式的ERTG作业。非自动化箱区的布置与港区集卡单向流入一致。

（4）闸口布局及交通组织

本工程陆域长条形特征以及港区装卸作业还存在外集卡和内集卡的水平运输设备运行，因此必须解决好进出港闸口布置、非自动化集装箱堆场布置、自动化堆场与集卡的交换区布置和交通组织问题。

四期工程陆域狭窄，后方紧贴东海大桥，进、出港闸口采用分开布置，分别布置于港区陆域的东、西两端，采用了"东进西出"的进、出港闸口布置，适应场地条状特点，外集卡与内集卡港区内逆时针流向一致,在港内单向行驶,与封闭的自动化集装箱堆场陆侧提、送箱流程也一致,道路占地面积小,港区内外交通组织简单顺畅。

进港闸口总体布置采用"预检、分流和放行"三级进港智能闸口布置方式,一级道口为门架式结构,位于进港辅道中部,用于读取车辆信息;二级、三级道口联合布置,根据一级道口识别信息,二级道口对进港车辆进行分流处理,一部分由第三级道口进入港区,另一部分进入港外停车场临时等待或补录信息。进港闸口布置详见图13-4-32。港外集卡停车场可对进港车辆形成缓冲,当突遇进港车辆集中到港时可作为进港车辆的蓄车池,以减少进港闸口的通行压力和车辆排队对东海大桥通行的影响。同时,港外集卡停车场内设置一座管理站,可对信息不全的进港车辆进行相关处理,处理完后再进港。

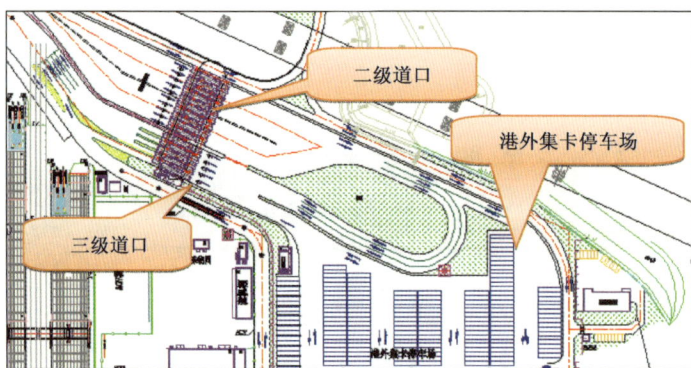

图 13-4-32　进港闸口及港外停车场布置示意图

港内交通采用单向大循环的组织方案,交通流为同向交汇,冲突点少。应用德国 PTV公司的 VISSIM 仿真软件平台,对港区范围内的路网交通运行状况进行模拟,结果表明四期工程港外交通流线清晰,车均延误时间较短,平均停车次数较少,交通状况良好;港内交通顺畅,交通状况优良。

出港闸口布置港区西端后侧,上海方向至本工程车流与本区至东部一、二、三期港区车流不产生交叉干扰,行驶安全则采用通常集装箱闸口布置形式。

(5)AGV 相关设施布置

AGV 是四期工程的自动化水平运输设备,负责自动化堆场与岸桥之间的水平运输,相关设施布置包括提升式 AGV 与自动化堆场间交换区的布置,以及 AGV 维修、测试和AGV 电池更换站的布置等。

AGV 修理棚、测试区、电池更换间等相关设施布置需要与自动化作业区无缝衔接,布置在港区东侧临近自动化堆场。AGV 可自动行驶至 AGV 电池更换站进行电池更换,布置上采用穿堂式布置,解决了大型自动化集装箱码头 AGV 电池更换站交通流量集中的问题,大幅减少 AGV 排队的等待时间,提高了 AGV 的电池更换效率,减少了对码头前方作业地带的交通影响。

AGV 故障车则行驶至 AGV 检修棚西侧交互区,再转至人工遥控模式行驶至 AGV 修理棚进行修理。完成修理后,AGV 进入测试区进行测试,合格后再进入自动化作业区正常作业。对于故障较为严重、无法自动驾驶的 AGV,将由工人通过正面吊吊装至平板车,由平板车运输至机修区进行修理。机修区内设置有吊具转运支架,海侧 ARMG 的故障吊具由 AGV 运送至机修区的吊具转运支架,再由工人通过正面吊将支架上的吊具取下后送至机修车间进行修理。机修区布置详见图 13-4-33。通过在三个区域的交接处设置"交互区",实现 AGV 测试区、维修区和机修区集约化的联合布局,便于 AGV 在不同功能区间的运行方式切换,简化了工作流程,最大限度地集约化利用场地,适应安全管控要求。

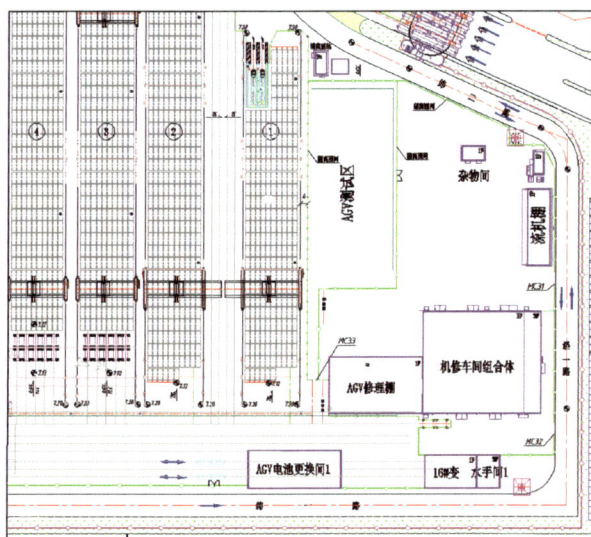

图 13-4-33　机修区布置示意图

4)深厚软土地基条件下 ARMG 基础设计

(1)传统基础方案及存在问题

ARMG 基础的功能主要是为上部装卸设备提供足够的承载能力,并将地基沉降引起的使用精度偏差控制在接受范围内。目前国内能较好解决不均匀沉降问题的 ARMG 基础形式主要有以下 3 种:(a)轨枕道砟基础(柔性基础),通过在使用期调整道砟厚度达到协调不均匀沉降的目的;(b)桩基轨道梁基础(刚性基础),通过设置桩基达到消除沉降和不均匀沉降的目的;(c)可调节弹性地基梁基础,通过调节基础与钢轨间的上、下层钢板达到协调不均匀沉降的目的。

但在深厚软土地基条件下,存在工后沉降偏大的问题,部分区域也较难满足差异沉降的控制标准,如采用前述常规的 ARMG 基础形式,也会存在以下问题。

①轨枕道砟基础:粒料基础呈松散状,对不均匀沉降基本无协调作用。因沉降或荷载频繁作用导致轨道发生垂直或水平变形的幅度及频率要远大于其他两类基础形式,自动化轨道的使用要求高,轨枕道砟虽可进行较大范围调整,但是其调整难度相对较大且精度低,尤其在深厚软土地区,高频率的调整对生产运营的干扰十分明显。

②桩基轨道梁基础:桩基轨道梁方案虽然能解决沉降问题,但与轨道周边堆场区沉降差大,会引发吊具感应偏差问题,进而需对堆场进行大面积翻修。深厚软土地基往往需要采用超长桩基,甚至需要穿过表面的抛石层,适用沉桩设备少,陆上成桩实施可行性低。初期投资也远超其他非桩基形式基础,后期使用过程中堆场与轨道基础间仍会出现因不均匀沉降需维修。

③可调节弹性地基梁:仅可调节 10 厘米的高差,根据多年的工程实践经验,在深厚软土地区的陆域残余沉降量多超过 10 厘米,该基础形式的调整范围较小,难以满足较大工后沉降调整的需求。

因此,传统的基础方案都不能最佳满足在深厚软基上建设自动化码头工程的使用要求,需要研发一种新型基础,有效控制差异沉降,通过一定维护以达到全寿命期内成本最低的目标。为了解决以上问题,我们将轨枕道砟基础形式与 U 形轨道槽、可调基座有机结合,形成了一种新型非桩基基础—双重可调式轨道基础。该类基础可以有效减小差异沉降,满足使用初期快速调节的需要。

(2)双重可调式轨道基础

双重可调式轨道基础,即在前述常规轨枕道砟方案的基础上增设一 U 形混凝土基础槽,并设置相关排水及连接系统;同时轨枕板与钢轨系统间设置可调支座系统,详见图 13-4-34。

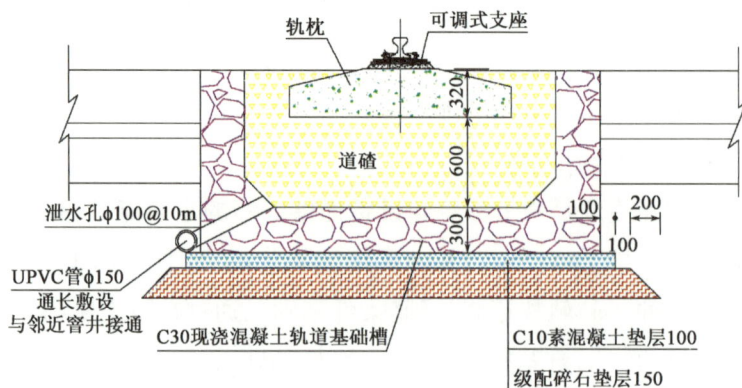

图 13-4-34　双重可调式轨道基础(尺寸单位:mm)

将道砟放置于 U 型槽内,增加了对松散道砟的侧向约束,使其不易变形,2.6 米的槽身宽度既保证了道砟密实的作业面,又保证了基础今后较大幅度的可调整性,同时将荷载应力进行了扩散,增加了轨道基础的变形协调能力;可调支座系统的设置则解决了快速、精确对轨道系统进行调整的需求。新的可调整轨道基础形式在提高调整精度与便捷度、增加变形协调及约束能力等方面得到了优化。

该结构形式的研究以洋山深水港区工程为依托,重点分析其构造的做法、协调不均匀变形的能力及费用优势,图 13-4-35 为洋山深水港区四期工程轨道实拍图。

图 13-4-35　U 形槽 + 可调轨枕道砟基础实物照片

①传力杆系统

由于温度变形的需要,U 形轨道槽每隔 20 米需设置一道 2 厘米宽伸缩缝,伸缩缝的设置会使 U 形槽结构协调变形的能力大幅减弱,也易发生渗水等缺陷,故参照道路接缝的做法。在底板伸缩处设置传力杆系统如图 13-4-36。传力杆采用 $\phi25$ 圆钢,一端刷二度沥青油脂防锈,缝内设 2 厘米橡胶泡沫板,上表面嵌填聚氨酯密封。这样既解决了轨道基础伸缩变形的需求,也保证了基础的整体协调性。

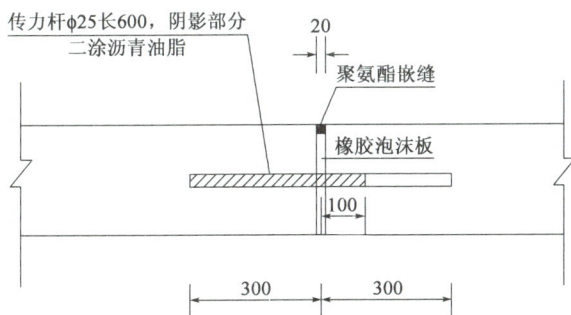

图 13-4-36　传力杆详图(尺寸单位:mm)

②排水系统

对于整个轨枕道砟基础而言,道砟强度的保证是轨道系统安全稳定运行的前提。但新鲜坚硬的道砟在轮压荷载及水流反复作用下,经风化后强度会大幅降低,因此轨道基础的排水系统设置是不可或缺的(具体详见图 13-4-37)。利用 U 形槽结构沿轨道纵向布置 1 根 φ150 的 UPVC 主排水管,并每间隔 5 米设置 1 根 φ100 的 UPVC 支排水管,形成完整的排水系统接入场地排水系统。为防止道砟及细颗粒石屑落入排水管内,采用定制 PVC 网盖及土工布将排水支管封盖。

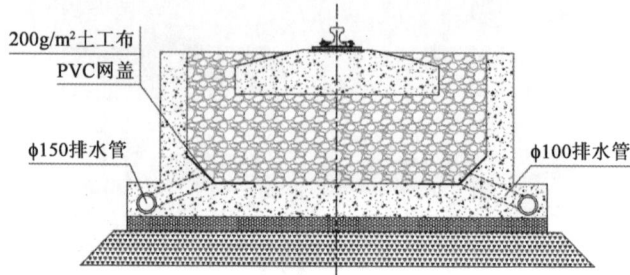

图 13-4-37　排水系统详图

③可调支座系统

可调支座系统如图 13-4-38,包括轨枕本体内带锚筋的下层钢垫板、上层钢垫板、六角连接螺栓、硬质 PVC 套管、螺母五部分。下层钢垫板直接预埋在轨枕中,上、下层钢垫板通过六角连接螺栓进行连接,当需要进行标高调整时,在上、下钢垫板间插入不同厚度的调节钢垫板。这种结构可调节 100 毫米以内的垂直不均匀沉降以及 6 毫米以内的水平位移,该系统的设置可满足高精度、高效率微调整的需要。

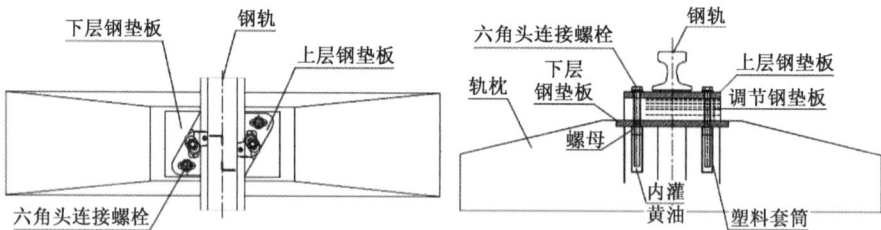

图 13-4-38　可调支座系统

与前述常规的可调基座相比,本可调基座将下层钢垫板预埋在轨枕中,采用锚筋形式取代常规的螺栓锚固;同时在预埋板底焊接的螺母及外套硬质 PVC 套管的设置解决了连接螺栓杆体只能朝上,轨道调整期间受轨道设备使用影响需多次更换的限制,同时节省了工程初期投资费用及后期维护更换费用。

(四)高回填土接岸结构与码头结构的设计创新

码头及接岸结构基于复杂的自然条件较高的使用要求、恶劣的施工条件以及较短施工周期等,按照有利于工程快速施工、有利于陆域形成以及有利于控制质量的原则,在多方案综合技术论证的基础上,提出采用高桩码头结构+斜顶桩板桩承台驳岸结构的满堂式布置形式,阻挡后方深厚软土地基上平均快速回填高度达23～26米的回填土的作用,并保证码头结构安全使用的功能。

1. 码头及接岸结构选型主要考虑因素

(1)复杂的外海岛礁自然条件。一期工程以及三期工程的码头及接岸结构分别横穿小洋山～镬盖塘汊道和镬盖塘～小岩礁汊道,受岛礁地形影响,码头施工区域水深、流急,码头前沿涨落潮流速大,设计流速为2.0～2.3米/秒。工程主要受SW向波浪的作用,50年一遇波浪在设计高水位(4.51米)时,$H_{1\%}=3.56$米,在极端高水位(5.71米)时,$H_{1\%}=3.75$米。结构位置地形起伏大,泥面标高一般在$-16.0～-26.0$米。地质条件复杂,软土厚薄不均,基岩面起伏较大,大部分区段软土层较厚,力学特性较好的土层顶板标高在$-40～-60$米;局部区段覆盖层浅,基岩裸露。施工海域风大,浪高,施工作业天数约在200天左右。

(2)较高的集装箱码头使用要求。一、二期工程共建设9个可停靠7万～10万DWT远洋大型集装箱船的泊位,法向靠泊速度0.15米/秒。三期工程共建设7个可停靠7万～15万DWT远洋大型集装箱船的泊位,法向靠泊速度0.15米/秒。一、二期工程码头桥机外伸距65米,吊具下起重能力65吨/80吨,轨距30米;三期工程桥机外伸距65米,吊具下起重能力80吨,轨距35米。码头结构使用年限为50年。码头平面采用满膛式布置,接岸结构承受平均约23～26米的高回填土作用。

(3)巨大的工程量以及紧迫的工期。一期工程码头长度1600米,其陆域完全依靠回填造陆形成,陆域面积约153万平方米,主要是通过回填海域形成,总回填方量约为2500万立方米,工程量巨大。一期工程2002年6月开工,要求2005年底建成投产。二期工程码头长度1400米,陆域面积约90万平方米,通过开山或回填海域形成,总回填方量约为800万立方米,要求2006年底完成。三期工程码头长度2600米,港区陆域面积约590万平方米,主要通过回填海域和部分开山形成,总回填方量约为7000万立方米,要求2007年底4个泊位投产,2008年建成余下的三个泊位。工程量大,工期紧,客观上要求码头和接岸结构的形式有利于陆域形成。

(4)施工依托条件差。工程远离大陆,一期工程依托小洋山及镬盖塘岛,岛上崎岖不平,无平坦的施工场地,工程属于典型的孤岛施工。随着2005年底一期工程的投产,32千米的东海大桥的贯通,水电与港区连通,二期以及三期工程现场施工条件有所改善。

2. 码头及接岸结构选型的原则

基于码头及接岸结构的选型设计主要考虑的因素,码头及接岸结构的设计应充分体现"安全可靠、技术先进、施工方便、经济适用"的总体原则,符合有利于规避风险、有利于施工、有利于陆域形成的技术思路。具体为：

（1）码头及接岸结构形式应满足营运使用要求，后期维护工程量小，能够适应大型船舶靠离以及装卸使用要求，能够适应软弱地基并承受23～26米高回填土的作用。

（2）码头及接岸结构的设计应有利于规避风险，施工技术成熟。尤其是一期工程，作为洋山深水港区的起步工程，依托外海岛屿，建设经验不足，工程能够顺利建成本身就是最大的创新，因此要求技术风险应小。

（3）码头及接岸结构形式应适应工期要求。一期工程3.5年的建设工期要求，决定了码头及驳岸结构的施工应安全、快捷、方便。施工工艺单一，可多作业面施工，确保工期。

（4）码头及接岸结构形式应适应洋山现场的施工条件，应有利于陆域回填尽快完成。码头及驳岸结构在施工初期应能够适应工程区域的强潮流条件以及材料、构件运输条件。

（5）积极采用科技新成果，充分考虑新结构新技术可能带来的风险以及解决问题的方法。

（6）码头及接岸结构形式应在满足上述条件下经济合理。

3. 码头及接岸结构选型

结合地质条件，比较有代表性的有以下三种类型：插入式大直径钢圆筒码头结构形式、双排桩码头形式以及高桩梁板码头结构形式。

1）插入式大直径钢圆筒结构形式

插入式大直径钢圆筒结构形式适合于软土地基、地质条件较为均匀且持力层埋藏适中、起伏相对平缓的条件。该结构形式主要将大圆筒直接插入地基，无须做基槽开挖、抛石基床、水下工作量小以及挡土结构与码头结构合二为一，省去了接岸结构等特点。

该结构形式设计施工的关键技术难度：

（1）插入式大圆筒结构插入深度确定，作为码头结构，其应有足够的埋深以使结构变形在允许范围内。

（2）高填土（23～26米）作用下结构变形计算以及门机轨道水平变形、沉降差问题的解决。

（3）适应洋山现场条件的大圆筒下沉工艺及施工控制等。

对于插入式大圆筒码头结构形式，洋山一期工程大圆筒码头结构方案的外径一般应在20～23米左右，高度在40米左右；轨道梁位于桩基上，以解决门机轨道后期因地基不均匀沉降产生的运营问题；圆筒内外软土需进行加固处理，以解决大圆筒水平变形问题。结构形式简图如图13-4-39所示。该结构的施工包括下沉大圆筒结构、筒内填中粗砂垫层并打设竖向排水通道加固地基、圆筒顶部设混凝土封顶、浇筑混凝土胸墙、轨道下打设钢管桩等内容。

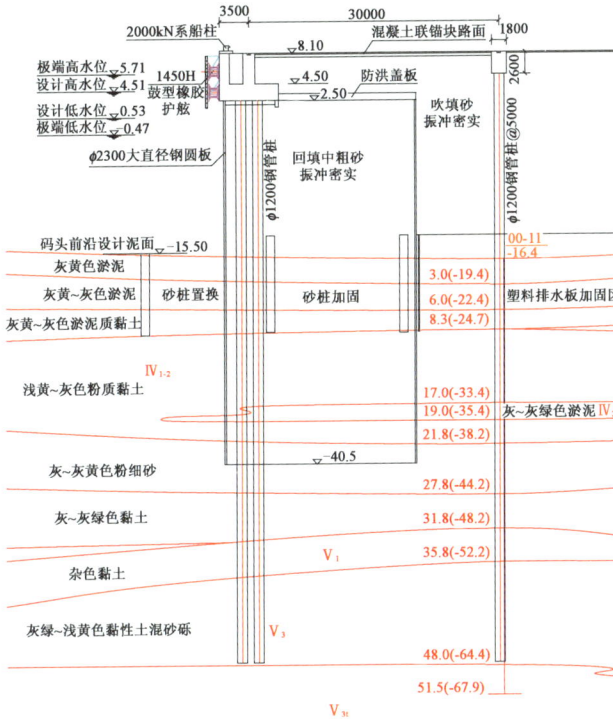

图 13-4-39　插入式大圆筒码头结构形式断面简图(尺寸单位:mm;高程单位:m)

该结构形式存在着以下不足:

(1)缺乏类似工程建设的成功经验。本码头工程后方回填土高度在 23～26 米,同时软土层差且厚,工程建设无类似先例。设计缺乏相应的规范、规程指导,缺乏在沿海港口码头上成功实例和经验。大圆筒结构传力复杂,目前采用土与结构相互作用理论方法进行设计尚需实践检验。

(2)在施工方面,在洋山水域的自然条件下,大圆筒的施工定位、下沉、施工纠偏等技术难题尚未很好解决,目前国内尚没有可以适应本工程下沉深度的施工设备。尚需许多科研试验来确定施工设计参数(如下沉工艺参数);施工技术风险大,无外海成功实例及经验。

(3)高填土作用下横向变形大,且由于地质条件的差异以及回填厚度的差异,变形也沿纵向存在差异。由于轨道不能在同一个基础上,变形不一致,影响码头安全运营等。

鉴于该结构形式的不确定影响因素较多,技术风险相对较大,考虑本工程的重要性和紧迫性,为利于规避风险,应优先选用技术成熟、施工、使用风险小的结构形式。因此此类结构形式在本工程中不推荐使用。

2)双排桩码头结构形式

双排桩码头结构形式适合于软土地基,码头由连续排列的桩组成的前排桩墙和后排桩墙、连接两排桩墙的拉杆以及导梁等构成。该结构利用后排桩的锚拉作用,协调前、后排桩墙的变形和受力,以解决结构整体性及其稳定性问题,码头与接岸结构合一,可以省去接岸结构。目前在我国沿海地区大型港口除了连云港庙岭曾经做过一段该结构形式的试验段以外,其他地区尚未见使用报道。

在洋山地区,针对该种结构形式,结合本工程的自然条件、高回填土特点和使用要求,设计考虑前排钢管桩直径2800毫米,后排桩可采用型钢或大直径钢管桩,桩上浇筑钢筋混凝土导梁,轨道梁位于前后排桩基上;前后排桩墙间进行地基加固,并制定严格的桩间及桩后抛填速度控制要求,以解决水平变形的协调问题。结构形式简图见图13-4-40。

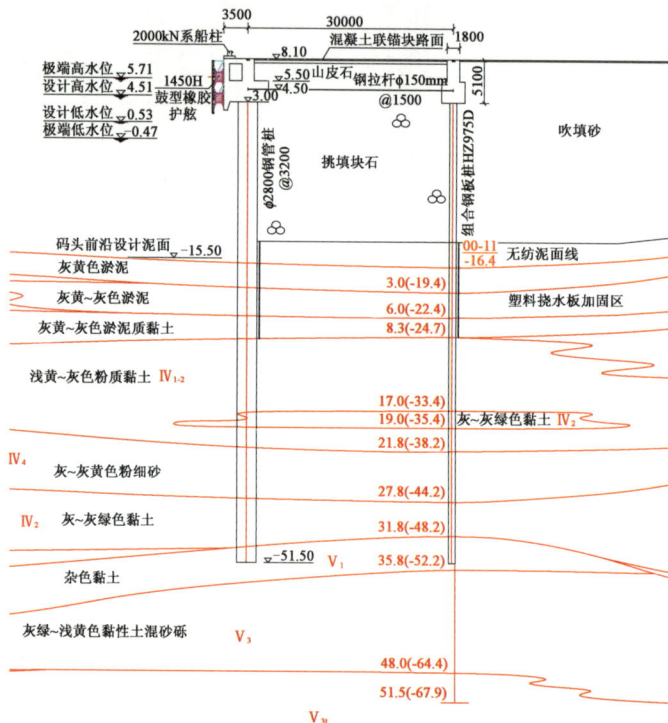

图13-4-40 双排桩码头结构形式断面简图(尺寸单位:mm;高程单位:m)

双排桩码头结构的施工可以利用国内现有施工设备。该结构形式设计施工的关键技术为如何解决前后排桩水平变形计算以及施工过程控制问题。主要施工顺序为先打设前后排钢管桩、桩间吹砂至一定标高后,浇筑部分胸墙、安装拉杆;其次进行地基加固、填砂、胸墙浇筑。

该结构形式尚存在着不足:对于该结构形式的码头在陆域23~26米左右高回填土作用下,结构传力复杂,关键构件拉杆、桩基受力与桩墙后回填以及桩墙之间回填顺序、速度密切相关,受多种不定因素影响。码头横向变形大,且由于地质沿码头纵向分布的不均匀而导致横向变形不均匀影响码头使用。此类结构形式在本工程中不推荐使用。

3)高桩码头结构形式

高桩梁板式码头结构形式是软土地基上常见的结构形式,桩基能够适合于持力层起伏较大的地质情况,通过调整桩的长度使桩基到达同一个持力层,保证结构受力均匀,即使覆盖层较浅,应用嵌岩桩技术,也能使桩基达到要求的承载力。其与上述二种结构形式的区别就是码头结构与陆域的衔接采用独立的驳岸结构,码头上部结构位于同一桩台上,沉降小,使用期内基本不需要调整。码头结构与驳岸结构分离以适应结构的不同功能要求。码头结构满足靠船和装卸设备的使用功能要求,驳岸结构主要完成挡土功能。

适应洋山地区的码头和接岸结构形式有多种,如:

(1)高桩码头结构+平台+抛石斜坡堤结构,如图 13-4-41 所示;

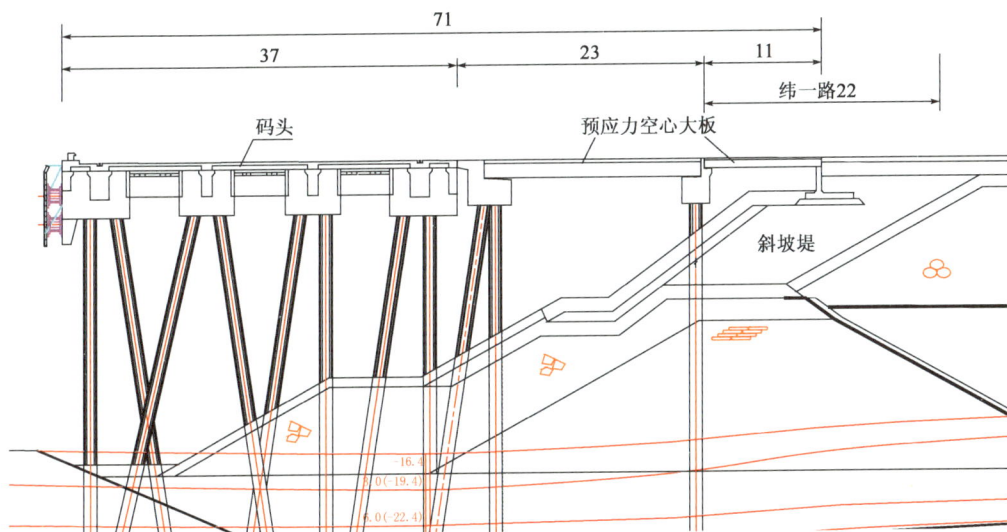

图 13-4-41　斜坡堤驳岸形式断面简图(尺寸单位:m;高程单位:m)

(2)高桩码头结构+斜顶桩板桩承台接岸结构,如图 13-4-42 所示;

(3)高桩码头+大跨 T 梁+小沉箱接岸方案,如图 13-4-43 所示;等等。

对有代表性的接岸结构论证认为:

(1)斜坡堤驳岸结构形式是一种常用的接岸结构,但是该结构对于洋山一期工程而言,应有稳妥的措施解决好软土地基上后方高填土情况下接岸结构的变形对于码头结构的不利影响,而关于岸坡变形对于码头结构的影响,长期以来,由于影响因素复杂,比如施工斜坡堤加载顺序、加载强度不同等对于岸坡变形和码头结构的影响,类似问题一直没有能够很好地得到解决。

(2)斜顶桩板桩承台结构是对板桩接岸结构形式的一种改进。板桩接岸结构是一种常用的挡土驳岸结构,水平刚度小,在 23～26 米以上软土地基上高填土作用下,结构变形大。斜顶桩板桩承台结构回避了板桩结构的弊端,由于其是一个承台结构,水平刚度较大,结构可靠,排桩可以有效阻止墙后高填土作用产生的变形对于码头结构的影响。

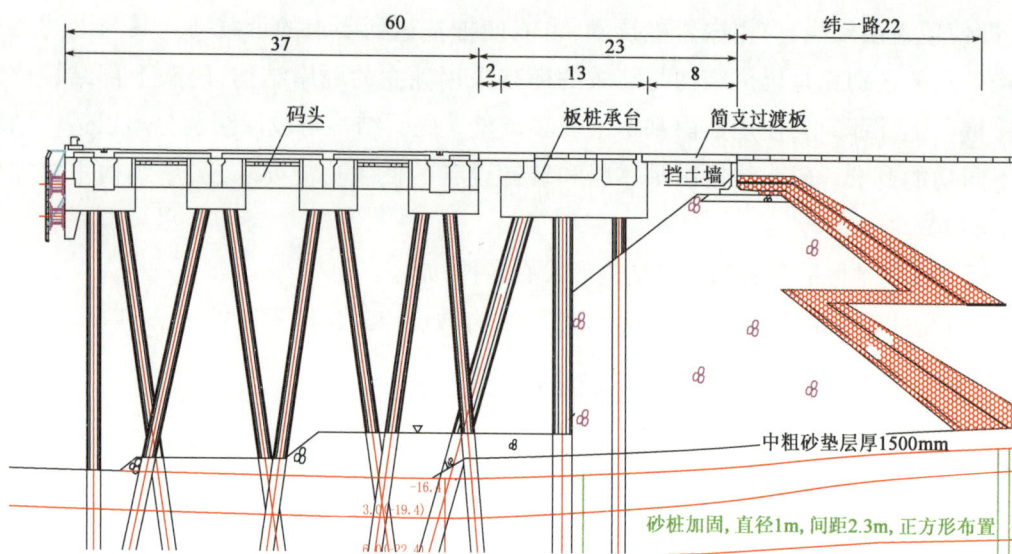

图 13-4-42　单斜顶桩板桩承台驳岸形式断面简图(尺寸单位：m；高程单位：m)

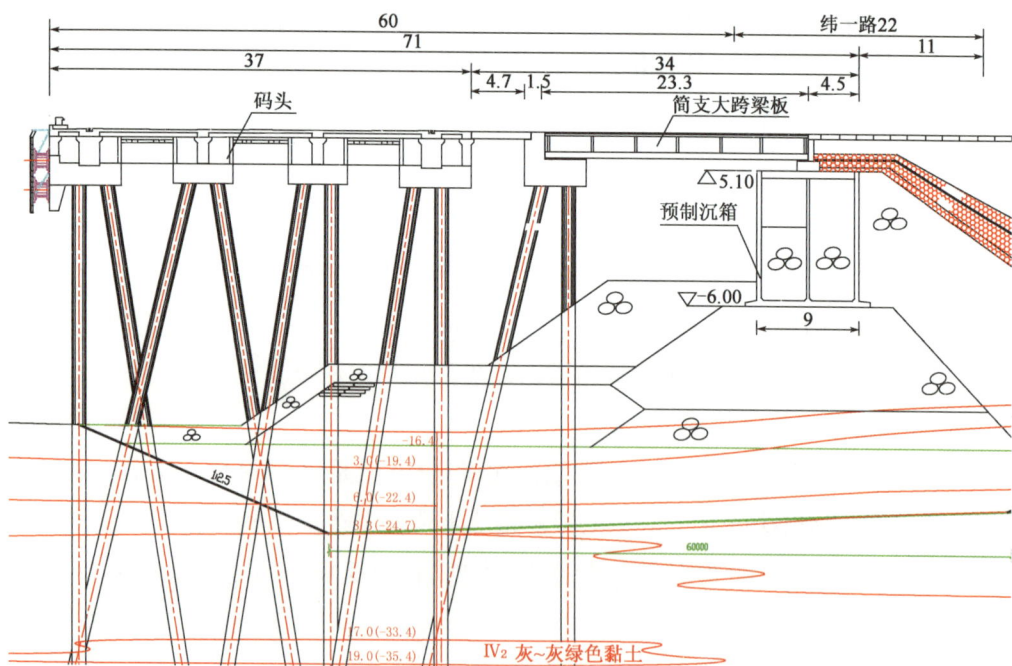

图 13-4-43　小沉箱驳岸形式断面简图(尺寸单位：m；高程单位：m)

（3）小沉箱接岸结构属于一种重力式接岸结构，下部采用人造基床换填软土，上部安放小沉箱。对于软土相对较薄的情况是可行的，而对于软土较厚的区域存在着难以控制的、影响使用的沉降和变形等问题。

4)推荐结构形式

通过综合分析论证,设计推荐洋山一期工程的码头结构形式采用高桩梁板码头结构,在软土地基上有成熟的设计施工经验,结构安全可靠,风险小,具备尽快开工的条件,局部覆盖层浅的区段桩基嵌岩。接岸结构形式采用斜顶桩板桩承台接岸结构,该驳岸结构通过简支板与码头结构衔接。由于工程位置天然水深大,采用该结构形式可以解决23~26米高填土的作用问题、解决高填土作用下驳岸结构变形以及地基变形对于码头结构的影响问题。施工技术成熟,技术风险小,同时为后方陆域形成创造良好条件,利于后方陆域形成施工。

二期及三期工程考虑地质、使用及施工条件与一期工程相似,加上一期工程实施的成功经验,因此也采用类似结构形式。

4.码头及接岸结构设计方案

1)洋山深水港区一期工程

一期工程码头及接岸结构设计方案的技术要点为:

(1)结构方案如何适应地质条件的变化。由于沿码头纵向地质有一定的变化,码头及接岸结构方案在东段(380米)和西段(980米)区域覆盖层较厚区段采用打入桩方案;中段(240米)区域覆盖层较浅,局部基岩裸露区段采用嵌岩桩方案。

对于覆盖层较厚的东段和西段区域,码头采用长桩大跨结构,充分发挥桩基承载力,钢桩直径为1200毫米,排架间距10米,每榀排架布置8根桩;上部结构采用现浇桩帽、现浇上、下横梁,预制安装纵梁、轨道梁、面板、现浇面层结构。相应的斜顶桩板桩承台结构分段长度20米,宽度为13米(局部18米);海侧采用直径1700毫米的钢桩作为斜顶桩,斜度3.5:1,桩距5米,用于支撑高填土的水平作用;中间板桩采用直径1700毫米的钢管桩,桩距1800毫米,用于挡石;后方为支承桩,为直径1200毫米的钢桩,间距5米。

对于覆盖层较浅的中段区域,码头采用大直径钻孔嵌岩桩排架结构方案,桩直径2200毫米,排架间距10米,每榀排架布置4根灌注嵌岩桩。在基岩埋深较浅的区段,为便于施工稳桩采用人造基床,厚度约7米,即分层抛填袋装碎石、袋装砂并以袋装碎石压顶。中间区段覆盖层较浅,采用沉箱接岸结构形式。

(2)斜顶桩板桩承台接岸结构的计算模型问题。作为一种在特定条件下产生的新型挡土结构,需解决23~26米以上高回填土对码头结构的影响以及陆域施工与码头施工同时进行的问题。设计应用整体模型数值分析以及分离法经验公式等方法研究了位于回填土中基桩的负摩擦、高回填土产生的主动土压力、结构计算模型等问题。研究表明在一期地质条件下,位于回填土中的直径1200毫米的钢管桩由于地基沉降变形所产生下拉荷载约3600~4000千牛,中性点位置在$(0.54\sim0.65)L$。软土地基上高回填土产生的主动土压力比传统的库仑主动土压力计算结果大20%左右。现场的施工实践证明,该种斜顶桩板桩承台驳岸形式是适合于洋山海域的一种有效的驳岸结构,在墙后高填土严格按照设计要求的进度实施情况下,一期工程监测承台向海测最大变形在5.5厘米左右,与设计采用的模型计算接近。

（3）大直径钢管桩承载力计算以及大直径嵌岩桩设计施工问题。在斜顶桩板桩承台结构设计中,大量采用直径1500毫米以上的钢管桩,关于大直径钢管桩的承载力问题,国内规范没有明确的规定,尤其对于大直径开口桩。现场试桩表明,桩基的极限承载能力约1600吨。设计结合试桩确定了桩长度、沉桩控制标准、桩的承载力等,也为完善现行修订行业桩基规范提供了实践资料。在一期工程中段的基岩裸露,局部为粉细砂或淤泥薄层,设计考虑码头前沿流态及码头使用问题,码头结构采用了直径2200毫米大直径嵌岩桩104根,较好地协调了该段与打入桩段的码头结构变形问题,为在岩基上建造深水桩基码头提供了经验。采用人造基床作为施工期稳桩措施,为类似工程设计和施工提供了借鉴。

（4）深水倒滤层设计施工问题。驳岸结构后为抛石棱体,棱体外坡应设置倒滤结构,防止回填砂流失。在外海深水（20米以上）区域,结合内棱体的设计,对于深水倒滤层提出合理的铺设技术要求。土工布排体及混合倒滤层是驳岸结构的两项重要的技术措施,设计对于铺排的技术要求进行了严格的规定,在水深达20多米且存在横流的作用下的铺排获得成功。

（5）结构的耐久性设计。码头及接岸结构的耐久性设计对于混凝土结构,如现浇桩帽、现浇承台、现浇梁、预制梁、预制板采用高性能混凝土与硅烷浸渍,高性能混凝土总计达15万立方米。对于钢管桩采用预留钢管壁厚、防腐蚀涂料、牺牲阳极、局部灌混凝土芯等综合措施,确保结构50年寿命的要求。

2）洋山深水港区二期工程

二期工程码头结构:该结构在一期工程码头及接岸结构实施经验的基础上进行了调整,主要差别为:

（1）二期码头结构每榀排架10根直径1200毫米钢管桩,排架间距12米,采用现浇桩帽节点,可在打桩后迅速形成一个结构单元,适合外海风浪大的特点。现浇桩帽底标高较高,受施工水位的影响小,增加施工作业时间以及施工期抗浪能力;采用大量预制构件,装配程度高,减少了水上现浇工程量,耐久性好。轨道梁下布置三根基桩,适应桥吊荷载大的特点,桩力均匀等。

（2）二期接岸结构的承台后方设置简支板,既有效降低了墙后主动土压力,又起到适应沉降差的作用;提高承台底标高,承台施工受水位影响较小,承台下抛石棱体施工容易;充分利用板桩承台上部结构,设置综合管沟。

3）洋山深水港区三期工程

三期工程码头结构:该结构在二期工程码头及接岸结构实施经验的基础上进行了调整,主要变化为:码头岸桥轨距35米,每榀排架10根直径1500毫米钢管桩,排架间距12

米,接岸结构的平台底标高与二期相比较进一步抬高,增加施工作业时间。

4)洋山深水港区四期工程

在总结一期、二期、三期工程实践经验的基础上,结合四期工程区域地质及水域条件,经结构方案比选仍推荐采用了预制横梁高桩码头 + 斜顶桩板桩承台结构方案,四期码头宽 37 米,接岸结构宽 24 米,码头上接岸结构之间由简支板连接,根据地质条件的不同,码头和接岸结构分为标准段和嵌岩段。

(1)标准段码头结构

码头采用高桩梁板式结构,宽 37 米,排架间距 12 米,每榀排架 10 根桩,4 个现浇桩帽节点,其中海侧轨道梁和陆侧轨道梁下的桩帽节点下各设置 3 根直径 1500 毫米钢管桩,其余 2 个桩帽节点下各设置 2 根直径 1300 毫米钢管桩。为提高码头纵向刚度,部分分段增设了纵向叉桩,桩尖进入灰黄色粉细砂层。上部结构由现浇桩帽和预制安装预应力横梁、纵梁、轨道梁、面板及现浇混凝土面层组成,为等高连接,可最大限度满足现浇桩帽施工水位和预制轨道梁高度的要求,码头陆侧轨道梁和接岸结构的承台之间设置管沟供水电管线通过。

码头现浇桩帽和预制横梁、轨道梁、纵梁及预制面板均采用高性能混凝土,其中预制部分采用预应力混凝土(部分板为普通混凝土),码头现浇面层采用 C35 普通混凝土。

(2)嵌岩段码头结构

在基岩浅埋区域,淤泥质软土层仍然很厚,其下方的中风化岩顶板标高在 −40 米左右,缺少较好土层覆盖,不能满足打入桩持力层深度要求,因此码头采用高桩梁板式结构,基桩采用嵌岩桩。这种结构形式的透空性好,能够适应中风化岩面起伏变化较大的情况,同时与相邻标准段结构的衔接比较容易。

码头嵌岩桩直径一般由桩的水平承载力和结构的横向刚度决定,所以其轴向承载力往往比较富余。根据计算,本工程在东侧岩面较高的区域,为了满足码头水平承载力的需要,嵌岩桩直径采用 2300 毫米(嵌岩部分直径 2050 毫米),排架间距取 10 米。其余岩面较深处的嵌岩桩分段,为了满足水平承载力的需要,嵌岩桩直径采用 2500 毫米(嵌岩部分直径 2250 毫米),同时为了充分发挥嵌岩桩的竖向承载力,排架间距取 12 米。

5.深水驳岸建造技术

洋山深水港区码头布置采用满堂式布置,码头后方驳岸结构同时应具有满足后方快速回填(高度 23 ~ 26 米)成陆和确保码头结构安全两大功能。设计基于对传统高桩码头板桩墙接岸结构特性研究,提出在板桩墙后增加支撑桩提高结构的转动刚度,形成由斜顶桩、中间密排桩、后方支承桩及减压棱体反滤结构(倒滤层)组成的板桩墙承台新型接岸结构,棱体下软土层采用 1000 毫米大直径砂桩加固,以减小下卧深厚软土层侧向变形对承台结构的影响。

6. 工程实施

洋山深水港区一期工程在恶劣的条件下,在不到 3.5 年的时间顺利建设成功,这与码头与接岸结构这一关键工程的顺利实施密切相关,工程于 2005 年 12 月顺利实现投产,第一年即完成了 323 万 TEU 的吞吐量,码头及接岸结构使用效果很好。二期工程在 2 年多的时间顺利建设成功并于 2006 年 12 月顺利实现投产。三期工程也进展顺利,码头及接岸结构在 1.5 年左右的时间即可顺利建设完成。四期码头与接岸结构工程也在 3 年多时间建成。洋山工程码头及接岸结构的现场实施效果表明,高桩码头结构 + 斜顶桩板桩承台结构适合洋山港区的地质条件和建设条件,有利于港区陆域的形成以及后续工程的推进,技术风险小,后方高回填土对于码头结构没有影响,符合设计之初的设想。

(五)回填土中桩基负摩擦问题

斜顶桩板桩承台结构是洋山深水港区码头工程的接岸结构,由位于海侧的斜顶桩、挡土密排板桩、后方回填区中的支承桩和承台组成,其主要结构功能是阻隔后方高填土作用产生的地基变形对码头结构的作用。该结构设计中的关键技术问题之一就是位于回填土中的基桩所受地基沉降所产生的负摩擦作用如何量化问题。设计中结合现场试桩结果对该问题采用有限元数值模拟及经验公式估算方法对桩基负摩擦问题进行研究,初步掌握了洋山地区基桩负摩擦的分布规律。

1. 负摩擦试桩

负摩擦原型试桩为一根直径 1200 毫米的钢管桩,壁厚 20 毫米,桩长约 65 米,位于洋山二期工程 4 号接岸承台后方回填的块石棱体之中,天然地基表层淤泥土采用大直径砂桩加固,置换率 25%。试桩位置钻孔柱状图见图 13-4-44。试桩位置天然泥面下土的物理力学指标见表 13-4-3。

土层物理力学参数表　　　　　　表 13-4-3

工程地质单元体	土层名称	天然重度 γ（千牛/立方米）	压缩模量 E_s（兆帕）	泊松比 ν	内黏聚力 c（千帕）	内摩擦角 φ（°）
III_{1-1}	灰黄—灰色淤泥	16.50	1.6	0.40	12.0	14.0
（加固体）	砂桩加固层	18.00	2.8	0.30	18.0	13.0
IV_{1-2}	褐黄—灰色粉质黏土	19.30	6.7	0.35	19.0	24.0
IV_{1-1}	灰绿—灰黄色粉黏土	19.70	7.7	0.35	39.0	22.0
IV_4	灰—灰黄色粉细砂	19.20	12.6	0.30	2.5	35.0
IV_2	灰—灰绿色黏土	18.70	8.0	0.35	32.5	15.0
V_1	杂色黏土	19.70	11.7	0.35	58	20.0
V_3	褐黄黏性土混砾砂	20.10	7.5	0.30	42.0	23.0
VI_2	基岩	26.5	6.7e4	0.22		

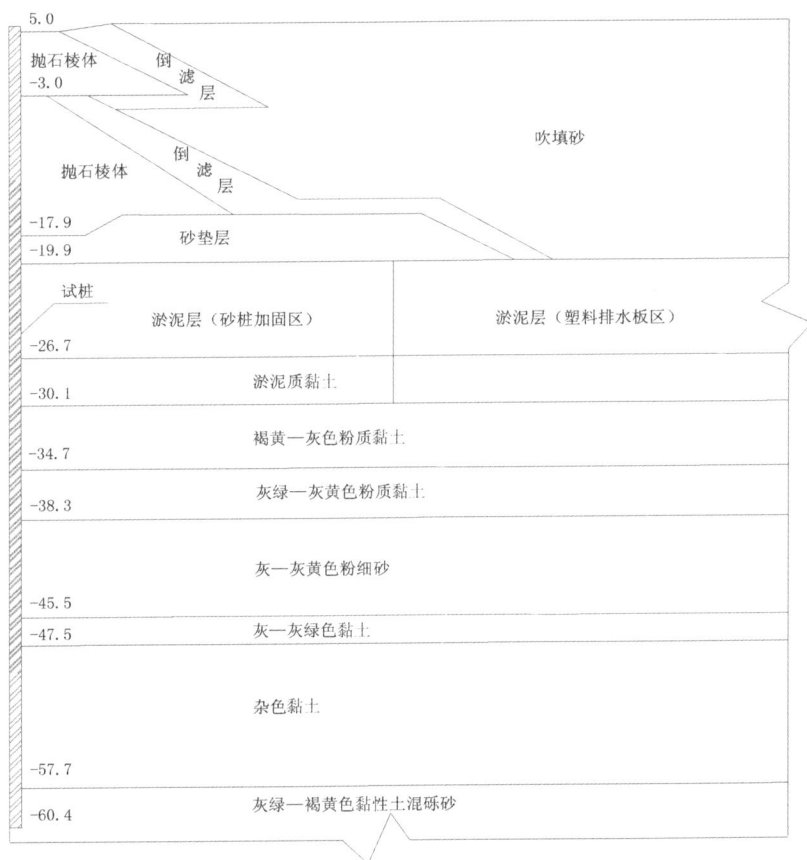

图 13-4-44　试桩位置钻孔柱状图(高程单位:m)

选用施工抛填从天然泥面 -19.9 米抛至 -3.0 米标高和再抛至 +5.0 米标高为两种工况,重点研究单桩负摩擦的特性。

该单桩桩身轴力在抛填过程中实测结果见图 13-4-45。从施工抛填过程可以看出,各抛石阶段桩身轴力曲线呈现两端小、中间大的分布规律,单桩的轴力(即负摩擦产生的下拉荷载)随着棱体填土的不断填筑而逐渐增加。抛填至 -3.0 米标高(测试日期为 2005 年 3 月 13 日)以及 +5.0 米标高(测试日期为 2005 年 5 月 13 日)时,试桩对应的最大轴力分别为 4500 千牛及 6040 千牛(轴力明显突变处,该处测点异常)。在桩周棱体填筑过程中,中性点深度的变化不十分显著,实测中性点埋深比从 0.54 增加到 0.67。

2.高填土下单桩负摩擦的计算分析

以下将以现场实测资料为基础进行分析研究,分别采用数值模拟以及经验公式方法来探究桩基负摩擦问题。

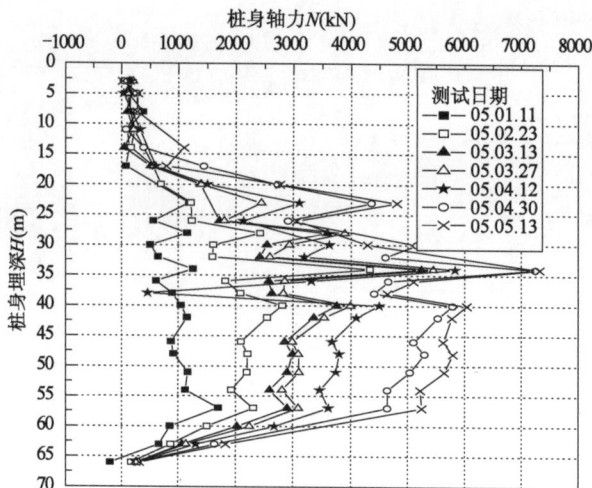

图13-4-45 单桩在不同抛填标高时实测桩身轴力分布

1)基桩负摩擦数值模拟

(1)模型

基本假设:①地基土为分层均质,横向为各向同性的连续介质;②各土层面之间变形协调;③桩为理想弹性材料,土体为符合 Mohr-Coulomb 屈服准则的弹塑性材料。

数值模型:由于研究对象为一单桩,因此选用 2D 平面轴对称有限元进行桩土的共同作用计算分析。桩、土体模型均选用平面六节点三角形单元。为了模拟桩土荷载传递特性,在桩土界面间设置接触面单元,接触面单元参数根据邻近土层参数取值,土与基桩的接触面参数为土层参数的 0.75 倍。

(2)计算条件

(a)模型地表边界取自由边界,模型底部水平向和竖直位移固定;左、右边界均取水平向位移固定。

(b)计算模型各土层参数按表1选用。工况一 CS6:施工抛石从天然泥面抛至 -3.0 米标高(测试日期为 2005 年 3 月 13 日);工况二 CS8:施工抛石从 -3.0 米标高抛至 +5.0 米标高(测试日期为 2005 年 5 月 13 日)。

(3)计算结果

软土地基高填土下单桩桩侧负摩擦力数值模拟摩阻力分布见图13-4-46。

可以看出,数值模拟的桩身负摩擦力随着抛填标高的增加,桩身负摩擦阻力增长。负摩擦阻力为零的点,也就是中性点位置,两种工况变化不大。从各抛石阶段模拟结果来看,中性点埋深与桩基入土深度之比 L_n/L_0(称为中性点埋深比,下同,其中 L_n 为中性点埋深,L_0 为桩入土长度)基本上维持在 0.55 ~ 0.70 范围内。其中,工况一为 0.67,工况二为 0.70。相对于试桩结果来看,实测中性点埋深比 $L_n/L_0 = 0.54 ~ 0.67$。

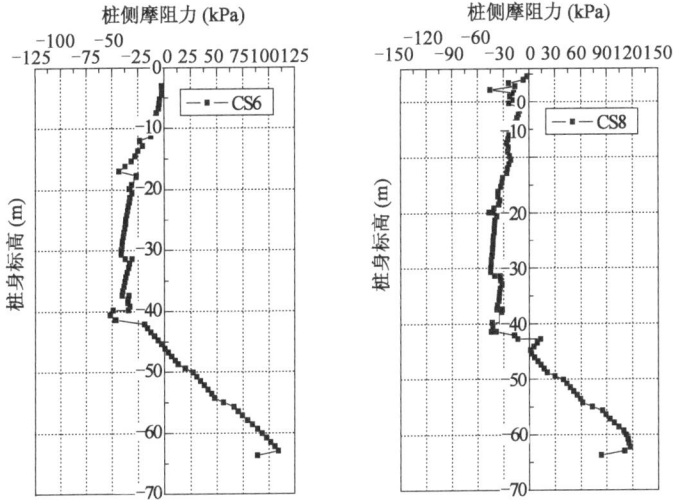

图 13-4-46　CS6 以及 CS8 完成时桩侧摩阻力分布图

桩身由于负摩擦引起的轴力（又称下拉荷载）分布模拟结果见图 13-4-47。该图展示了单桩轴力、中性点位置以及荷载增幅的计算值随回填工况的发展规律。从图中可以看出，单桩所受轴力随着抛石回填的增加，逐步增大，而中性点位置则相对较平稳。从这些计算结果可以看出：随着施工填土高度不断增加，桩身轴力不断增大；随着抛填棱体的逐级施工，数值模拟的负摩擦产生的下拉荷载增加的幅度较大。工况一对应的减压棱体抛填至 -3 米时，下拉荷载为 4400 千牛；工况二对应的减压棱体抛填至 +5 米时，下拉荷载达到 5650 千牛，较前一阶段增加了 28%。

相对于原型试桩结果来看，工况一对应的实测最大下拉荷载为 4500 千牛；工况二对应的实测最大下拉荷载为 6040 千牛；数值模拟与实测比较见图 14-4-48，两种工况总体模拟较好。

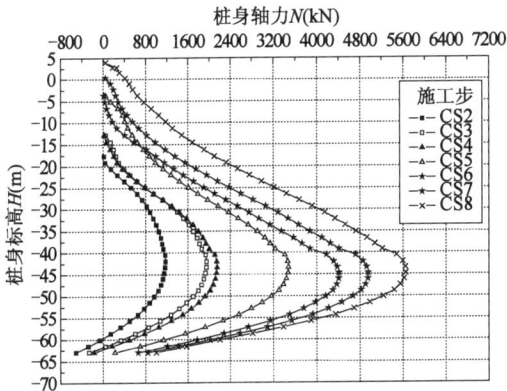

图 13-4-47　抛填时桩身轴力分布图

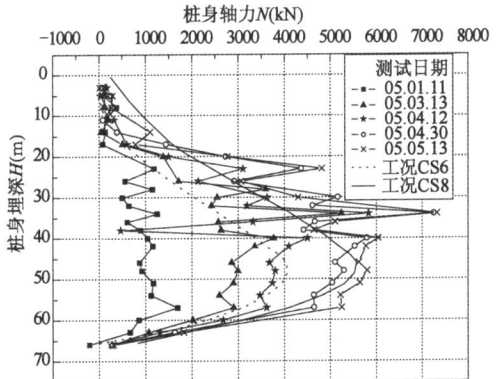

图 13-4-48　实测与模拟计算桩身轴力比较

2）高填土下单桩负摩擦的经验估算

经验公式估算负摩擦力的关键是确定中性点和作用于桩土界面上的负摩擦力。优点为计算简单，操作方便，尤其适合于工程设计人员。

基本假定：土体沉降仅考虑固结沉降部分，压缩层厚度计算至沉降可忽略不计处；考虑洋山港区工程桩基均进入持力层，试桩桩端以下土体沉降不计。

计算模型：

（1）由于填土的平面尺寸远大于要研究土层的厚度，土体中任一点的竖向有效应力为其上各土层（包括回填层）的自重应力之和。即：

$$\sigma'_v = \sum \gamma_i \cdot h_i$$

式中：σ'_v——土体中任一点的竖向有效应力，千帕；

　　　γ_i——计算点以上各土层的容重，当土层位于地下水位以下时，取浮容重，千牛/立方米；

　　　h_i——计算点以上各土层的厚度，米。

（2）土体中任一点水平有效应力等于竖向有效应力乘以侧压力系数，即

$$\sigma'_h = K \cdot \sigma'_v$$

式中：σ'_h——土体中任一点的水平有效应力，千帕；

　　　K——侧压力系数，$K = 1 - \sin\varphi'$。

（3）中心点位置计算

采用逐次趋近法计算，步骤为：

①计算桩周天然地基的沉降量 S_d，并作出天然地基内竖直位移曲线。

②假定一个中性点（第一次近似值），求得桩在该段长度内相应土层的负摩擦力和该段长度以下相应土层的正摩擦力，以及确定桩端土的抗力。

③计算桩身的弹性压缩量 S_t 与桩基的沉降量 S_g，并作出桩的竖直位移曲线。

④天然地基内的竖直位移曲线和桩的竖直位移曲线的相交点即为第二次中性点的近似值。如果第一次、第二次中性点的近似值相差较大时，则再选择第三次中性点的近似值，重复②、③步骤，直至相邻两次误差满足要求，则可认为该点即为实际的中性点位置。

（4）桩土界面的负摩擦力按下式计算：

$$f_n = \sigma'_h \cdot \tan\varphi' = \beta \cdot \sigma'_v$$

式中：f_n——负摩擦力，千帕；

　　　β——系数，$\beta = K \cdot \tan\varphi'$；

　　　φ'——桩周土的有效内摩擦角。

采用逐次趋近法，根据以上计算的两种抛石工况对应的中性点深度比 L_n/L_0 为 0.65～0.71。从实测数据得出的中性点深度比 L_n/L_0 为 0.54～0.67，两者基本接近。因

此逐次趋近法用于计算中性点位置具有一定的可信度。

结合洋山地质条件,经验公式估算负摩擦力时采用的桩侧各土层的系数 β 自上而下取值为:抛石层为 0.38;砂层为 0.32, I、III_{1-1} 淤泥(砂桩加固层)为 0.25, IV_{1-1}、IV_{1-2} 粉质黏土为 0.30。

采用经验公式估算,工况一桩身所受负摩擦产生的最大下拉荷载为 4620 千牛,工况二桩身所受负摩擦产生的最大下拉荷载为 6410 千牛,与实测值基本相符。

3. 研究结论

(1)有限元数值模拟方法计算桩的负摩擦,不需先计算中性点位置和确定负摩擦阻力系数,可以模拟土指标随时间变化,所计算的中性点的位置、负摩擦的分布规律、负摩擦最大值与实测在趋势上吻合较好。采用经验公式估算方法,简单直观,设计人员较易掌握,利用有效应力公式 $f = \sigma'\nu K\tan\varphi'$ 也能够获得较好的结果。但是,中性点位置的计算以及土体与桩之间的负摩擦系数取值是关键。因此,有条件两种方法可以同时采用,相互校核。

(2)在类似工程设计中,除了对于软土地基高回填土中桩基进行负摩擦计算以外,考虑负摩擦问题的复杂性,建议在存在负摩擦问题的环境中,可采用一些主动工程措施减少负摩擦作用,如提高桩基的承载能力,预留克服负摩擦力的富余量;利用黏弹性材料如沥青,使桩的表面与地基之间形成一个滑动层,减少桩周地基沉降产生负摩擦力;采用减少地基沉降量的方法来减少负摩擦作用等。

(六)深厚回填粉细砂无填料振冲地基加固技术的应用

洋山深水港区是依托外海岛礁,通过封堵汊道、填海造陆、人造深水岸线而建设的超大型集装箱港区。工程在 6 年左右的时间里顺利建成了 16 个大型远洋集装箱泊位,形成陆域面积近 1000 万平方米。工程建设的关键之一就是在外海多岛礁强潮流水域快速形成港区陆域和加固地基,以满足工期和使用需要。其陆域形成技术,高回填粉细砂无填料振冲地基加固技术、深水袋装砂围堤建造技术,以及水下大直径砂桩软土地基加固技术的科学应用,成为工程建设成败的关键。

1. 港区陆域形成技术

洋山深水港区需形成港区陆域面积近 1000 万平方米,主要依托外海岛礁地形,通过封堵汊道围海造地形成。港区陆域设计标高为 7.3 米,陆域形成设计标高为 7.5 米,地基加固后标高为 6.6 米。该海域地形起伏明显,海底标高在 0.5 ~ -40.0 米。陆域形成技术包括选定合适的回填材料、技术方案等。

(1)回填材料的选择

港口大面积围海造地工程通常采用的回填料包括开山石、砂料、港池和航道疏浚土等,其选用应符合"就近取材、原料充足、方便加固、满足工期、经济合理"的原则。本工程陆域回填厚度平均达到 20 米,部分区域超过 40 米,通过对港区附近储量调研,选用海上取砂和回填砂的施工工艺较为成熟。

粉细砂作为回填料,其指标为粒径大于 0.075 毫米的颗粒超过总质量 80%、小于 0.005 毫米的颗粒含量小于 5%。

(2)陆域形成技术

由于港区陆域形成是工程建设工期的关键路径,技术方案按照"分期施工、分区分层吹填、分块交地"的总体技术思路,采用粉细砂抛填 + 吹填结合的技术方案形成港区陆域。抛吹砂工艺结合陆域周边围护建筑、驳岸、内隔堤等施工进行,内隔堤采用袋装砂结构。设计结合船舶性能确定在 -5.0 米以下采用水上抛砂工艺,以充分发挥抛填施工的高效率; -5.0 米以上采用吹填砂工艺至陆域形成设计标高 7.5 米。

抛填施工选用大型耙吸式挖泥船和大型自航开底驳。耙吸挖泥船抛砂施工工艺为:取砂区取砂装舱→自航运砂→定位抛砂;开体驳船抛砂施工工艺:吸砂船在取砂区取砂装驳→自航驳自航→定位抛砂。

吹填施工船机选用吹泥船吹砂和耙吸式挖泥船喷砂。吹泥船吹砂施工工艺:吸砂船在取砂区取砂装驳→驳船运砂至固定吹泥船→吹泥船吹砂入吹填区,取砂施工主要采用吸砂船进行施工;大型耙吸挖泥船吹砂施工工艺:取砂区取砂→运砂→喷砂入吹填区。

2. 深厚回填粉细砂无填料振冲地基加固技术

快速回填的粉细砂呈松散状态,地基固结、液化、承载力和变形均不能满足集装箱堆场使用要求,因此需对粉细砂地基进行加固,常规粉细砂加固采用加填料振冲法加固工艺,存在成本高、工期不能满足建设要求等不足。设计提出并运用无填料振冲法加固深厚回填粉细砂地基技术,突破了无填料振冲法仅用于处理黏粒含量 <10% 的中粗砂地基的现行规范限制,确保了工期和质量,完成加固面积近 700 万平方米。

(1)粉细砂无填料振冲加固模拟研究

通过引入散粒体介质的颗粒流理论建立了模拟砂土振冲加固的振冲模型(见图 13-4-49),研究表明,振冲后土体的宏观孔隙率变化和颗粒排列的有序程度与振源距和上覆压力密切相关,颗粒有序性与孔隙率的大小具有一定的对应关系。同时通过室内试验发现,对粉细砂进行无填料振冲,可以明显地提高其相对密度;与中粗砂相比,粉细砂中孔隙水压力的发展和消散都比较平缓,达到液化时间较长,孔压峰值随距离下降较慢,液化影响范围较广;一定振冲次数后,土体密度值会在一个"平衡位置"摆动,继续振动对提高砂土的密度已经意义不大。从而证实了采用无填料振冲法加固粉细砂地基是可行的。

（2）高回填粉细砂无填料振冲加固技术参数

通过现场（见图 13-4-50）对于不同功率特别是 75 千瓦振冲器的双点共振及单点振冲典型施工对比，形成了无填料振冲加固 16 米以上高回填粉细砂地基技术：振冲设备 75 千瓦双点共振、加固区提前 2～3 小时灌水、留振时间（10～20 秒）、提升速度（1～2 米/分钟）、振点间距 3.5 米、水压等关键工艺参数。

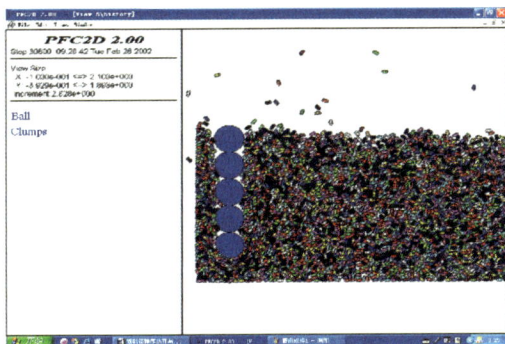

图 13-4-49　振冲过程的颗粒流模型

图 13-4-50　粉细砂地基无填料双点

经现场检测，在 0～2 米深度内，桩间、桩心土静力触探的比贯入阻力平均值（见图 13-4-51）分别为 10.05 兆帕、8.94 兆帕，平均标贯数值为 17.0～23.0 击；在 2～15 米深度范围内，桩间、桩心土静力触探的比贯入阻力平均值分别为 9.17 兆帕、7.54 兆帕，平均标贯数值为 20.2～30.3 击。载荷板试验得到的地基承载力为 183.3～293.3 千帕，回弹模量为 44.4～53.3 兆帕。满足设计要求。

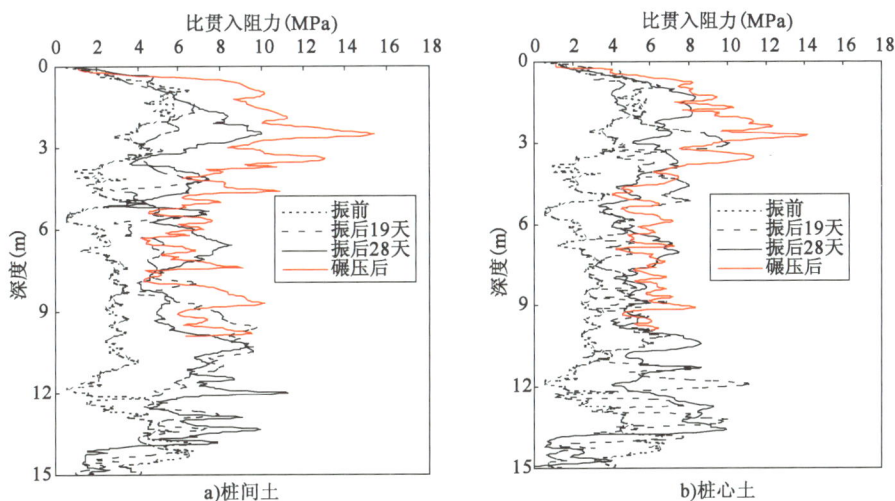

a）桩间土　　　　　　　　　　b）桩心土

图 13-4-51　比贯入阻力—深度曲线

3. 工程实践

洋山深水港区工程陆域形成和高回填粉细砂无填料振冲地基处理技术实践表明,工效高,质量保证,技术参数满足设计要求,该技术丰富了水运工程的技术,为洋山深水港区的顺利建设投产奠定了基础。

(七)水下砂桩地基加固技术

由于洋山深水港区工程位置广泛分布着淤泥和淤泥质粘土,物理力学指标差,需进行地基处理才能快速建成陆域形成所需要的边界,才能满足港区陆域回填平均厚度 20 米左右、局部区域厚度超过 40 米的要求。设计考虑工期要求,在陆域边界驳岸等区域水下软土地处理上,推荐采用了大直径砂桩加固方案,其通过置换软土,一方面可以形成复合地基,提高软土地基的承载能力,加快施工速度,另一方面可以形成排水通道,加快软土固结,改善软土的力学性能。

1. 水下大直径砂桩软土地基加固技术

洋山深水港区工程在驳岸后方区域和部分深水围堤地基采用了直径 1000 毫米的大直径砂桩加固饱和软土,一至三期砂桩数量达 9 万根。

(1)水下大直径砂桩加固方法

洋山深水港区工程采用水下大直径砂桩的作用主要是通过置换软土和提供排水通道,提高地基承载力和控制工后沉降,加固方案中的置换率和分级加载、加固深度通过相应的计算来确定。

砂桩的深度通过稳定性计算确定,堤身采用分级加载施工。堤的每一级加载的整体稳定采用圆弧滑动方法计算。砂桩复合地基强度指标按照 Priebe 法计算,地基各级加载均考虑了桩间土在前一级或几级抛石自重作用下固结引起的强度增长。确定的砂桩置换率采用 20% ~30% ,对 1 米直径的砂桩,按正方形布置,桩间距 1.49 ~1.95 米,长度要求打穿淤泥和淤泥质土层,进入工程性质较好的黏土层。砂垫层采用袋装中粗砂,厚度2 米。

堤身分级加载要求:砂桩打设完成后,分级抛填堤身块石,分 3 米为一级,流水作业,不同分级之间的抛填间歇时间不得小于一个月。

(2)水下大直径砂桩施工工艺

水下大直径砂桩施工采用打砂桩船进行,主要工艺参数包括灌砂率、拔管速度、留振时间等。对于 1 米直径的砂桩,当灌砂率为 1.2 立方米/米时,桩体可达稍密 ~中密状态。拔管速度一般控制在 1.5 ~2.5 米/分钟之间,当土体强度低时,拔管速度宜慢不宜快。充足的留振时间是保证桩底与桩顶密实性以及砂桩与垫层连通的必要条件,一般不宜低于20 秒。砂桩的选料除要求渗透性良好,采用含泥量小于 3% 、砂质纯净的中粗砂外,还要求级配良好,不均匀系数应不小于3。

砂桩的连续性和密实性通过标贯试验检测,得到桩体的标贯击数上部为6~8击,处于松散状态,中下部为8~17击,处于稍密~中密状态。

（3）洋山深水港区二期西驳岸工程

洋山深水港区二期西驳岸工程是港区典型的软土地基采用大直径砂桩加固技术的深水围堤。该堤采用抛石斜坡堤结构,堤顶标高7.3米,防浪墙顶标高8.7米,堤脚处泥面标高约-15.5米。海堤位置处浅层地基土主要由淤泥和淤泥质黏土组成,厚度10~16米,天然含水量45%~60%,孔隙比1.2~1.6,无侧限抗压强度12~32千帕,软土呈饱和、流塑状态、强度低、压缩性高。在软土层之下为压缩性低、强度高的黏土或粉质黏土。设计采用大直径砂桩法对驳岸地基进行加固,堤身和后方回填施工,堤身稳定。在地基软土中间位置（-15米）和砂垫层顶面（-9.5米）埋设的分层沉降观测点成果表明,砂垫层顶面的实测累计沉降达1.69米,软土中间位置测点实测沉降为0.97米,砂垫层顶面和软土层中间位置的测点的沉降差0.72米,即为灰黄色淤泥在堤身自重作用下产生的沉降。

2. 水下挤密砂桩复合地基加固技术

水下挤密砂桩工法（SCP工法）是利用水上打砂桩船舶,通过振动设备和管腔增压装置把砂强制压入软弱地基中形成扩径砂桩,实现对软土地基的置换、挤密和排水加固作用。挤密砂桩桩体的密实度高,砂桩桩径通过扩径可达到2.0米,置换率可达60%~70%,因此复合地基在短时间内大幅度提高软弱地基承载能力,加固效果明显,高置换率的挤密砂桩复合地基甚至相当于中密或密实砂基,这样使得在该复合地基上建设重力式结构成为可能。该技术在洋山深水港区东港池码头工程中首次得到尝试。

1）洋山深水港区三期东港池重力式码头工程

洋山深水港区东港池码头工程是首次采用水下挤密砂桩复合地基加固技术建设的重力式沉箱码头结构。码头面标高为6.5米,前沿设计泥面为-5.5米。工程位置处淤泥质软土覆盖层厚度约18米,含水量为50.5%~55.6%,孔隙比为1.38~1.58,压缩模量为2.3~2.5兆帕。设计结合现场情况即挤密砂桩试验要求,确定采用挤密砂桩加固软土地基,故复合地基建设重力式沉箱码头的尝试,砂桩置换率为60%。

2）挤密砂桩复合地基加固技术

采用挤密砂桩加固软土地基建设重力式沉箱码头,其技术要点在于确定砂桩加固的置换率、加固范围和加固深度,抛石基床的厚度及范围,后方回填加载的方式和速率等。

（1）挤密砂桩设计

根据国内挤密砂桩施工装备能力、船型资料和设计置换率要求,挤密砂桩桩径可设计为1200~1800毫米,桩位呈矩形布置,直径为1800米的挤密砂桩达到60%置换率,砂桩间距为2.1米×2.0米。砂桩加固深度打穿淤泥质土层到达好土层,进入深度应1.0米以上。砂桩加固宽度与上部结构宽度、抛石基床厚度、回填高度有关,对于高置换率挤密砂桩,砂桩的加固宽度应大于码头上部结构基底应力传递的宽度和大于抛石基床的宽度。

(2)复合地基承载力估算

高置换率挤密砂桩复合地基承载力计算公式可采用下式估算:

$$f_{spk} = mf_{pk} + (1 - m)f_{sk}$$

式中:f_{pk}——砂桩单桩承载力,千帕;

f_{sk}——桩间土承载力,千帕;

m——砂桩置换率。

推算复合地基承载力约230千帕。

进行了挤密砂桩载荷板试验,采取60%置换率加固后复合地基容许承载力可达到约260千帕。由此也提出了砂桩施工质量检测时桩身密实度应达到标贯击数 N 不小于20击的要求。

(3)抛石基床设计

抛石基床的主要作用是调节沉箱基础的附加应力,厚度由基床底面的附加应力和地基承载力计算确定。根据加固后估算的复合地基承载力,确定所需要的抛石基床厚度为4米。

(4)挤密砂桩复合地基沉降计算

挤密砂桩复合地基沉降 S 按照下式计算:

$$S = (1 - m)S_0$$

式中:m——砂桩面积置换率;

S_0——原始地基中沉降,可以采用分层总和法进行计算。

挤密砂桩复合地基的沉降按天然地基条件下的总沉降乘以沉降修正系数进行计算。利用计算公式计算得最终沉降 $S = 29$ 厘米。

(5)后方回填设计

码头后方采用回填开山石高度16米左右。为避免沉箱受侧向土压力作用过快或过大而产生较大侧向变位,沉箱后方减压棱体和陆域开山石回填采用以下控制措施:

(a) -2.5米以下棱体及陆域开山石回填,采用水抛方式实施。

(b) -2.5~3.5米(大部分时段处于水位以上)棱体及陆域开山石一次陆推回填,回填方向由已建码头端部向新建码头端部纵向逐步推进。

(c)3.5~6.5米(竣工标高)陆域开山石分三层回填。

上述各层回填的间隔期不少于一周,且一周内沉箱侧向变位平均每天不大于3毫米、沉降平均每天不大于5毫米,方可进行上层石料回填。棱体和陆域回填材料为10~150千克级配较好的石料。

3)工程效果

经检测,水下挤密砂桩桩身连续性较好,砂桩顶部标贯击数为 7～13 击,桩身标贯击数为 25～47 击。

码头结构变位观测表明,在沉箱和荷载板安装,以及后方抛石棱体和陆域回填期间,沉降量为 254 毫米,约占总累计沉降量的 90% 左右,工后 3 个月残余沉降仅为 24 毫米,说明经挤密砂桩加固处理后的软土地基达到较高的竖向承载力。码头位移主要发生在后方抛石棱体和陆域回填期间,最大位移量达到 170 毫米,平均位移量为 81 毫米,码头结构对后方棱体回填等侧向荷载作用引起的变位较为敏感,施工期间位移曾达到 10 毫米/天,经砂桩加固处理后的软土地基在土体强度尚未固结情况下,复合地基抵抗侧向荷载能力较差。工程竣工后 1 个月内码头结构存在一定残余变位,此后码头结构基本达到稳定状态。

(八)海域回淤预测技术

洋山泥沙研究以多年几十次现场水文泥沙观测、水下地形观测为基础,综合实测资料分析、遥感图片分析、泥沙基本特性等理论研究、潮流泥沙物理模型、数学模型试验等各种研究手段,通过长期的、系统的、综合研究和总结,取得了与实际较为吻合的预测成果。

1.现场水文、底质勘测和水下地形测量

洋山港进行了大量的水文泥沙测量、底质取样和水下地形测量,积累了系统的水文泥沙、地形等基础资料,为掌握当地水文泥沙基本特征,地形演变规律提供了扎实的资料基础。

洋山工程开工前、后,对工程海域进行了十几次大范围水文泥沙监测,监测时间涵盖冬季、夏季等不同季节,监测范围包括了港区范围、进港航道、大小洋山岛链两侧,系统收集分析洋山海域不同空间尺度、时间尺度下的水文泥沙特征。同时在现场观测方面,积极引入新技术,不断提高监测手段,采用声学多普勒流速剖面仪和超高浓度浊度仪,可观测到大风浪天气下的水文泥沙情况,获得了过去人工观测无法得到的宝贵资料。

洋山港水下地形测量覆盖范围大,包括了港区及大、小洋山岛链两侧约 300 平方公里范围,监测频次每年 1 次,使得设计、研究人员可以及时掌握地形变化,分析演变趋势,不断改进预测手段和预测成果精度。

洋山深水港区外业勘测是研究工作的基础,勘测的规模和投入经费巨大,外业测量设备结合了传统测量仪器和新研发的测量仪器,为洋山的水文泥沙研究工作提供了良好的基础支撑。

2.宏观泥沙环境研究

在宏观泥沙环境研究方面,除传统研究手段外,引入卫星遥感技术。其优势在于能进行大面积同步观测，并能对同一海区进行周期性重复观测，前者为了解空间变化复杂的海区瞬时悬沙分布状况提供了真实记录，后者则为研究海区悬沙分布的时间变化及风、浪、流等动力条件的关系提供了必要的条件。

为宏观了解洋山海域悬沙分布规律、运动趋势以及杭州湾、长江口泥沙运动对洋山港区的影响，选取 1996 年以来美国陆地卫星 Landsat-5TM 多时相遥感图像多幅（包括涨潮和落潮及春夏秋冬不同季节）进行研究。

3. 泥沙基本水力特性研究

泥沙水力特性包括泥沙的沉降、起动、悬扬、止悬和止动等，是泥沙研究最基本的参数。洋山港区泥沙水力特性实验在波浪水流槽和当时国内最大的环形水流槽中进行，环形水流槽模拟无限长的均匀水流运动，是进行细颗粒泥沙起动和动水沉降实验的最理想设备。分别对洋山港区悬沙、航道和港池底沙 3 个沙样进行了实验，实验资料表明，当流速逐渐增大，起动含沙量增大至 10% 左右，平均底流速值约为 45 厘米/秒时，底沙开始起动；起动含沙量增大至 50% 左右，平均底流速值约为 57 厘米/秒时，悬沙大多能维持悬浮状态。当流速逐渐减小时，此时挟沙水体中的泥沙将随水流的挟沙能力减弱而逐渐沉降，但由于黏性细颗粒泥沙沉降速度较慢，水体含沙量与初始含沙量比值并没随着流速的减小迅速减小，其减小的幅度相对较缓，无明显转折点。对同一水流条件和初始含沙量，泥沙在沉降过程中，粗颗粒先行下沉，其沉降速度远大于细颗粒泥沙沉降速度，沉降速度随着沉降量的增大而明显减小，30% 的沉降量对应的沉降速度约为 100% 沉降量的 3 倍。实验结果表明，细颗粒泥沙在水中悬浮时间较长，近底层泥沙即使落淤下来，未经密实，又被接踵而来的水流掀起，造成泥沙难以落淤而随潮反复搬运，这是本区形成高含沙水体的原因之一。

4. 潮流泥沙数学模型研究

采用东中国海、长江口和杭州湾整体海区三层嵌套的方法，建立洋山港区工程海域二维潮流、泥沙及海床冲淤的数学模型，对工程海区潮流和地形冲淤变化进计算；并联合应用美国夏威夷大学 CFMS 中飓风模型、全球潮汐模型、第三代深海波浪模型、第三代近岸波浪 SWAN 模型、潮汐风暴潮模型以及海岸河口多功能数学模型软件包 TK-2D，对洋山工程海区台风作用下的骤淤进行了数学模拟研究。

洋山港区工程局部水域数值模型的范围包括了整个崎岖列岛，计算域南北宽 33 千米，东西长 56 千米，面积约 1848 平方公里。该数模根据平面二维潮流基本方程，采用任意三角形有限差分法进行计算，局部工程海区网格大小按技术要求加密，利用计算域内诸多台站的实测资料进行验证，工程边界条件考虑了码头桩群的作用，计算成果采用动态显示方式，直观逼真。对洋山港区总体规划方案、北港区规划方案及一~四期工程港区和航道建设方案,从潮位、流速、潮量的变化以及地形的变化等方面论证各方案的优劣,在定量计算的基础上为工程的定性分析取得了良好的结论。利用强台风"韦帕"(2017 年 13 号台风)的资料及区域内风、浪、气压、水文、泥沙等相关资料,系统模拟预报洋山港区附近海区的台风浪及泥沙骤淤情况。

数学模型采取大、小计算域嵌套方式从大范围计算域入手,保证了模型试验的精度,使计算结果更符合实际情况,同时二维数模为物理模型的四周开边界提供了边界条件,对物理模型的建立和调试发挥了重要作用。

5.潮流泥沙动床物理模型试验研究

交通运输部天津水运工程科学研究所在洋山港区前后共做 2 个物理模型,1999 年在长 80 米、宽 36 米的河口厅制作了第一个港区整体物理模型,模型水平比尺850,垂直比尺135。2004 年在长 95 米、宽 45 米新试验厅制作了第二个洋山港区整体物理模型,模型水平比尺 600,垂直比尺 100。模型均采用潮流动床泥沙模型,模型沙为煤粉,模型东、西两侧采用翻板尾门进行生潮控制外,南北两侧通过可逆泵调节进出水量,进出水量的变化由数学模型提供,采用四面开边界复演洋山海域的潮汐运动。模型按照不同时期水下地形和水文测验资料进行了制作和验证,较好预测了不同方案下港区潮流和泥沙回淤情况。物理模型四面开边界,与数学模型相互验证,互为结合的方式,构成一个非耦合的复合模型系统,实现了比较高的预测精度。

6.泥沙回淤研究的主要成果

(1)以现场资料为基础,根据室内实验成果和理论分析,解析洋山海域的海床性质、泥沙运移形态以及泥沙冲淤机理。在泥沙运动机理认识的基础上,提出了建设深水大港的基本原则:封堵汊道,平顺水流,安全靠泊,减小淤积。并以此为指导,顺利完成了洋山一期~四期工程的规划、建设。

(2)提出适用于洋山港区流急、水深和高含沙条件下的平衡含沙量公式,利用平衡含沙量和平衡水深,创建了适合于洋山海域的海床冲淤演变预测公式以及逐年冲淤计算公式,可以较为准确地预测由工程产生水流变化、进而引起的地形变化。如建成初期外航道、一期、二期工程港池年淤积强度分别为 1.08 米/年、1.80 米/年、1.92 米/年,与预测值 1.1 米/年、1.76 米/年、1.85 米/年基本相当。近年来,外航道、港池维护疏浚量均有减小趋势,以 2017 年为例,外航道维护挖泥量 335.6 万立方米,折合年淤强约 0.5 米/年;一期至三期工程港池水域维护疏浚量 213.4 万立方米,折合年淤强约 1.05 米/年,均在预测范围以内。

(3)提出了适合于洋山深水港区水动力环境下的顺岸式港池淤积计算公式,并被纳入了《海港水文规范》。公式形式为:

$$\Delta_t = \frac{a\omega S_t}{\gamma_c}\left[1 - \left(\frac{h_1}{h_2}\right)^\beta\right]$$

式中:$\beta = m(1-2n)$ 为落淤综合指数;m 为平衡含沙量指数;n 为水流归槽指数,与港池长度比有关;Δ_t 为计算时段内的淤积厚度,米;h_1、h_2 分别为工程前、后水深,米;ω 为泥沙沉降速度,米/秒;S 为含沙量,千克/立方米;t 为计算时段,秒。该公式能够较好地预报顺岸式港池的淤强、淤积量。

(4)通过对泥沙问题的系统研究,综合采用现场监测、实验研究、理论分析、计算机数值模拟、物理模型试验模拟等各种研究手段,洋山港区建设过程中的泥沙回淤预测成果得到了较好的验证,港池、外航道的回淤强度、回淤量基本未超出预测范围,水深维护较为理想。

(九)海上袋装砂筑堤技术

1.概况

袋装砂近三十年来在筑堤材料中发展较快,特别是在海上围垦和岸边筑堤应用较广,一般水深都较浅,堤身高度也不高,相对难度较小,施工也比较成熟。洋山深水港区一期工程位于小洋山~镬盖塘之间,需封堵该处潮沟,将小洋山和镬盖塘连成一片,北围堤作为一期工程的北边界,围堤总长度为 1305.298 米。沿山体的两侧均有涨落潮的冲刷槽,水深最深处在 22.0~27.0 米之间。围堤的轴线选择在南北冲刷槽水深较浅的端部,其水深在 4.0~17.0 米。北围堤需具备以下几方面功能要求:

(1)为一期工程后方港区大堤,该大堤抵御海潮和北向波浪袭击,是确保港区安全的重要建筑,大堤结构应具备安全可靠、经济合理、满足使用功能。

(2)施工期为码头区桩基施工和港区其他部位施工创造基本条件,要求大堤结构断面、材料的选择适应施工要求。

(3)作为陆域形成的吹填围堰和维护建筑,使用期系港区北边通道。

2.自然条件

从自然条件分析主要有以下几方面特点:

(1)波浪大,北围堤的主要波浪方向是 NE、N,其中 NE 是正对着围堤。最大波浪在设计高水位时,$H_{13\%}$ 为 4.42 米,50 年一遇最大波浪 $H_{1\%} = 6.36$ 米。

(2)潮流强,小洋山~镬盖塘水道属不规则半日浅海潮,潮流形式基本为循环往复流,小北围堤流速实测大潮的垂线平均最大流速为 1.94 米/秒。

(3)水深深,其水深在 4.0~17.0 米。

(4)底质宜冲刷,表部发育较厚的灰黄~灰色粉细砂,其工程地质性质相对较好,但容易冲刷。

3. 堤芯材料的选择

围堤的功能之一是作为陆域形成的围堰,它要求堤心的密实性较高,特别是防渗流的作用。一般堤心材料主要有黏土、砂和块石,其中块石结构的空隙较大,必须有另外的防渗结构处理。在水深较浅处,这些结构处理是比较简单的,也是保证可以实现的。而在水深较深时,防渗结构的处理是非常困难的。一期工程北围堤设计中,堤心材料的选择是该工程较为关键的问题,黏土在海岛中是非常缺乏的,在水深很深处也是不可能实现的,另外虽然洋山地区有较丰富的石料,但当时受各方条件的限制,开山工程还未能开始,另抛石结构的深水防渗处理却是比较困难的,如果处理不好,将会给围堤带来危害,当地的砂资源相对较为丰富,成堤后密实度较高,土工合成材料的技术进步和广泛采用,也使防渗处理较为方便,因此,北围堤的堤芯结构采用袋装砂堤心。

由于北围堤是在受双向水流和底质为粉细砂的环境下,围堤建筑过程中由于水流形态的改变,引起底质的冲刷而危害堤身结构安全,需对两侧的泥面进行保护,经过各种方案的比选和长江口整治等工程的实践经验,护底采用砂肋软体排结构。

以上两种结构的处理和选用,在一般工程中比较常用的,但北围堤在水深深、波浪大和水流急等工况下采用袋装砂和软体排结构,国内尚无工程实践,该围堤是国内首座在外海实施的袋装砂堤芯结构。因而在材料和施工工艺上需有新的突破,才有可能实现工程的目标。

4. 带装砂结构设计及构造

北围堤采用袋装砂堤心斜坡堤,护底采用砂肋软体排。

根据水深和施工工艺,分水上铺设冲灌袋装砂和水上抛填袋装砂。二种施工工艺的分界为 -2.0 米。水上铺设冲灌袋的坡比为 1:1.5,水上抛填袋装砂的坡比为 1:2.0。水上铺设冲灌袋装砂的布体采用230克/平方米机织土工布,并在迎水侧复合150克/平方米的无纺土工布,单层袋装砂厚度为500毫米。水上抛填袋装砂,单体重量根据不同船机以及施工工艺确定,抛填袋装砂的布体与单件重量和施工工艺有密切关系,根据以前施工的能力和方法,并对不同布体材料进行试验后,采用230克/平方米机织土工布。

5. 袋装砂的施工工艺

袋装砂的施工工艺是确保本工程成功的关键,设计中提出采用两种施工方法。

(1)水上铺设冲灌袋装砂

水上铺设冲灌袋装砂是目前袋装砂施工中常用的方法,一般适应水深较浅的区域,施工工艺较为成熟,施工难度不大,北围堤结构中,在 -2.0 米以上采用此施工方法,其坡比为1:1.5。水上铺设冲灌袋装砂的布体采用230克/平方米机织土工布,并在迎水侧复合150克/平方米的无纺土工布,单层袋装砂厚度为500毫米,在袋装砂堤芯表面设有反滤布采用 400 克/平方米无纺布。

（2）水上抛填袋装砂

本工程中是在 −2.0 米以下的堤心结构中采用水上抛填袋装砂坡比为 1：2.0。抛填袋装砂单个重量根据施工工艺、施工强度和工期综合确定，布体根据施工工艺进行试验，本工程抛填袋装砂的布体采用 230 克/平方米机织土工布。抛填时砂袋应交叉重叠，并注意水流对其的影响，控制砂袋密实性。在袋装砂堤芯表面需有反滤布，在 −2.0 米以下采用 380 克/平方米机织复合布，在采用此施工工艺中应考虑以下两方面的因素：

抛填过程中布袋的大小、强度的选择以及相应的船机设备。

抛填后的成型和堤身的稳定。

在施工中，抛填袋装砂共有以下几种主要方法，在施工中都进行了实践。

①网络吊放袋装砂；

②翻斗翻抛袋装砂；

③导架铺放袋装砂（链斗挖泥船导架）；

④铺排船翻板翻放袋装砂。

以上的各种施工方法其各自的特点如下：

导架铺放袋装砂的就位较好，适用于两侧边坡的控制，但效率较慢；翻斗翻抛袋装砂适用于堤心中部；网络吊放效率较快，既适用于堤心中部，也适用于边坡补缺；铺排船翻板翻放砂袋体积较大，效率最高，上部的成型较好。因此，以上施工工艺的相互配合和有机组合（图 13-4-52），确保了堤身结构的成型和稳定。

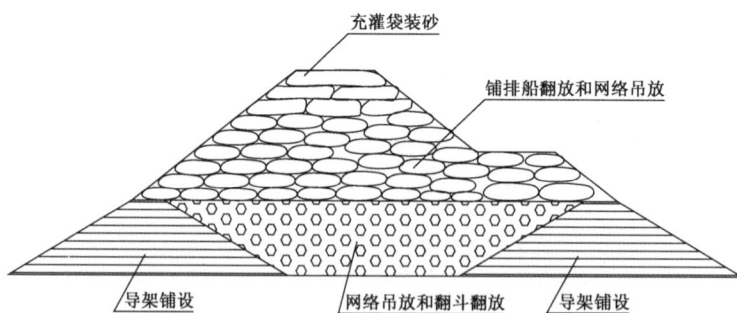

图 13-4-52 深水袋装砂堤芯抛投施工工艺简图

经过工程实践，袋装砂堤身结构在北围堤这样的工况下是可行的，采用的施工工艺是可靠的，施工效率也是比较高。

在 4.0~4.5 米以上采用开山土进行回填。

6. 护底与反滤结构

（1）护底结构

在建设初期围堤受双向水流和底质为粉细砂的环境，围堤建设过程中由于水流形态的改变,引起底质的冲刷而危害堤身结构安全,需对两侧的泥面进行保护,护底采用以砂肋软体排结构为主的形式。砂肋软体排采用针刺复合土工布缝制加筋带制成,布体为高强度的丙纶长丝机织布与涤纶无纺布经针刺加工复合而成。– 6.0 米以上余排排体采用(机织布 230 克/平方米) + 无纺布(150 克/平方米)的基布, – 6.0 米以下余排采用(机织布 300 克/平方米) + 无纺布(200 克/平方米)的基布;堤身排体分别采用机织布 230 克/平方米和机织布 300 克/平方米。砂肋采用(机织布 230 克/平方米) + 无纺布(150 克/平方米)的基布,直径为 300 毫米,堤身下砂肋间距为 1000 毫米,余排砂肋间距为 500 毫米,其中排边 5 米范围内砂肋间距为 400 毫米。

（2）反滤结构

围堤的反滤结构是确保陆域形成的粉细砂不流失的必备条件。土工织物的广泛采用,使反滤结构的构造较为简单,施工方便。北围堤反滤结构形式:无纺布 + 碎石,里侧考虑回填有抛石护面。

7. 围堤结构计算

袋装砂围堤结构应进行整体稳定、护面块体重量和袋装砂袋体稳定性计算。

袋装砂围堤结构整体稳定计算采用圆弧滑动法理论计算,稳定计算结果应满足:施工期 $\gamma_R > 1.0 \sim 1.1$（土体指标为快剪指标）;使用期 $\gamma_R > 1.1 \sim 1.3$（土体指标为固结快剪指标）;地震 $\gamma_R > 1.0$。

护面块体的稳定重量计算采用 HARDSON 公式计算。护面块体为重量 6 吨扭王字块体。

袋装砂间的稳定性及护面块体沿围堤斜面滑动的稳定性计算应满足抗滑力/袋体滑动力不小于 1.3。

8. 工程实践

袋装砂深水筑堤技术在洋山一期东侧北围堤、东围堤、西围堤、配套围堤以及内隔围堤中的顺利实施,为外海工程筑堤方式提供了新的途径,在洋山深水港区的后续工程中,袋装砂堤芯筑堤得到了广泛使用,提高了施工效率,保证了工程质量,降低了工程的施工难度。

（十）超长跨海大桥基础建设技术

东海大桥是我国第一座外海超长桥梁。大桥始于上海浦东芦潮港,跨越杭州湾北部海域,在洋山深水港区北港区西端的大乌龟岛登陆后与港桥连接段衔接,全长 32.5 千米,桥面宽 31.5 米,双向 6 车道,按行车速度 80 千米/小时的高速公路标准建设,设计使用年限为 100 年。

东海大桥所处海域自然条件复杂。天然水深一般在 8 ~ 12 米;海域全年多为偏北和偏南风向;潮汐属于非正规半日浅海潮型,潮流强劲,具有明显往复流特性;东北向水域开阔,为强浪向,50 年一遇有效波高达 3 ~ 4 米;桥位一般区段基岩埋藏在 − 200 米以下,上部地质土层分布淤泥、粉质黏土、淤泥质粉质黏土、砂质粉土、粉细砂等土层,近岛段受岛礁地形影响,基岩面覆盖层较薄,海沟较发育;场地处于地震活动相对较弱的地区,场地区未发现活动断层。

1. 总体设计

东海大桥的桥位布置综合考虑了道路线形、船舶通行安全、与芦潮港陆域道路和港区道路的衔接、节约投资、减小对现有海底管线和光缆的影响等因素。整体分为三大区域:陆上桥梁段工程、跨海段桥梁工程、港区连接段工程。其中跨海段又分为非通航孔、辅通航孔、主通航孔三段。

东海大桥跨海段平面线形布置共设置 6 个转点,道路设计平曲线半径一般大于 3000米,不小于 1000 米,竖曲线最小半径大于 6000 米。桥梁设计纵坡一般为 3% ,最小为 0.3% ,设计横坡 1.5%。大桥穿越桥区水域航线主要有申甬客班轮航线(内航线)、芦潮港至嵊泗车客渡航线、杭州湾北岸小型船舶航线以及洋山深水港集装箱航线,通航等级要求不高。

2. 设计特色

与一般跨河桥梁相比,东海大桥的主要特色表现在其桥梁基础建设方面,如跨海桥梁的桩基础冲刷问题、设计波要素的确定、桩基及承台结构选型、跨海桥梁基础结构计算、满足 100 年耐久性要求的技术措施等。

(1)基础附近海床冲刷深度确定

桥梁工程基础冲刷深度由三部分组成:海床自然演变冲淤、海床的一般冲刷深度和局部冲刷深度。海域的潮流特征使得本工程基础附近海床冲刷深度的估算变得较为复杂。设计通过对本工程桥台基础冲刷深度的分析以及对杭州湾和长江口桥台冲刷情况的调查,并考虑到东海大桥的重要性,在基础设计中,冲刷深度对于一般非通航孔桥墩取 4 ~ 6米,南段(近小乌龟岛段约 3 千米)取 6 ~ 8 米。大桥建成三年后,其实际冲刷平均一般在3 ~ 5 米左右,与设计估值基本相当。

(2)桥梁基础结构形式选择

根据本工程的地质条件,基础采用桩结构基础。可供选择的桩型有混凝土大管桩、钢管桩、灌注桩。经过综合比较,对于主通航孔桥梁基础采用灌注桩基础。一般非通航孔桥采用施工速度快、成桩质量稳定的打入钢管桩,为有效控制桥墩的位移,满足使用功能要求,桥梁基础桩基的布置采用全斜桩布置。承台结构考虑承受波浪水流作用因素,选择圆形或橄榄型承台结构形式。详见图 13-4-53。

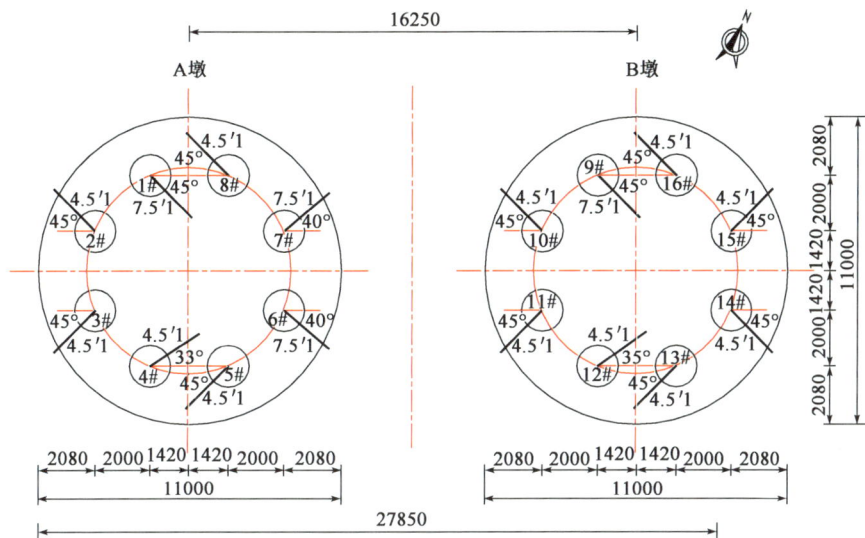

图 13-4-53　东海大桥典型基础结构形式(尺寸单位:mm)

（3）桥墩结构

东海大桥在国内首次按照"主体结构 100 年以上不大修"的耐久性目标设计。东海大桥的钢管桩的腐蚀环境为水位变动区和水下区。对于水位变动区钢管桩采用环氧重防腐涂料(厚度 1100 微米,伸入承台部分 100 微米)＋钢管桩预留腐蚀厚度 8 毫米＋牺牲阳极阴极保护;对于水下区采用裸钢,钢管桩预留腐蚀厚度 8 毫米＋牺牲阳极阴极保护。对于泥下区采用裸钢,钢管桩预留腐蚀厚度 4 毫米＋牺牲阳极阴极保护。阴极保护采用高效铝合金(铝－锌－铟－镁－钛合金),首次实施使用寿命 35 年,100 年内更换 2 次。在有效防腐蚀年限内,保护度≥95%,即钢管桩的腐蚀速率降至无保护桩的 5% 以下。上述技术实际上以阴极保护为保护系统的核心,为防止 100 年内不可预见的腐蚀情况出现,在预留腐蚀厚度中留有一定的余量。由于钢管桩与承台内钢筋电性连接,在牺牲阳极设计中需考虑对承台钢筋的保护。保护电位监测点从每个桥墩上引出桥面便于电位检测。由于钢管桩数量大,从沉桩完成至牺牲阳极安装之间保护采用临时牺牲阳极(直接焊在钢管桩上沉桩)保护,寿命 2 年。

（4）承台套箱结构

东海大桥如使用钢套箱实施承台施工存在以下几方面劣势:一是东海大桥属典型的外海工程,拆除钢套箱成为一道难度和风险较高的工序;二是东海大桥桥墩工程量大,钢套箱需周转才具有其经济性,从安装到拆除需几个月的时间,这期间螺栓可能锈蚀且位置在封底混凝土底部,需选择在天气好潮位低的时候进行,拆除难度很大,周转次数很难保证;三是套箱尺寸大,要保证施工期套箱在外荷载作用下结构的刚度控制其变形,用钢量大,造价高。经过若干方案比选,最终选择了采用混凝土套箱的承台结构,套箱既是承台结构的一部分,又是施工过程的模板和围堰。套箱设上下二层钢结构支撑,上层用于安装、固定套箱,下层用于封底混凝土施工,二层之间设钢吊杆。该结构主要施工流程如下:

陆上整体预制混凝土套箱⇒套箱安装后及时连接好桩顶和钢扁担梁(上层钢支撑),焊好底板拼装部分钢梁、钢板⇒浇筑封底混凝土⇒封底混凝土达到85%强度后,拆除部分钢扁担,浇筑第一层承台混凝土⇒第一层承台混凝土达到85%强度后,拆除全部钢扁担,浇筑第二层承台混凝土。

以70米跨径的桥梁承台套箱为例,直径为11米,承台内布置8根钢桩。套箱断面图见图13-4-54。

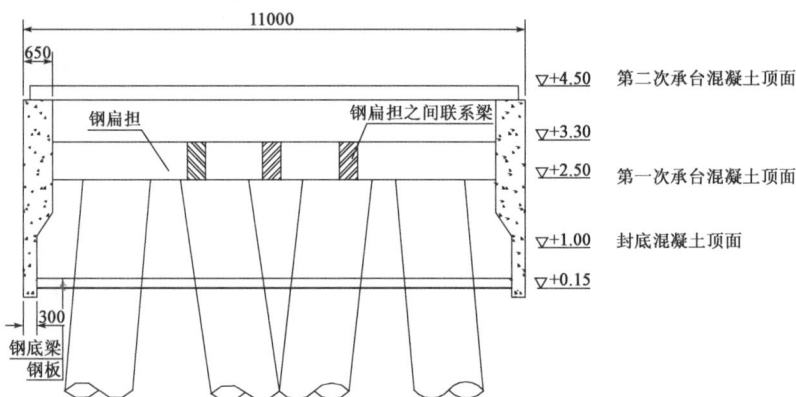

图13-4-54　套箱结构图(尺寸单位:mm;高程单位:m)

东海大桥的承台采用了以高性能混凝土为基本措施辅助加大保护层厚度的耐久性方案。该方案耐久性可靠、施工质量容易得到保证,更适合超大型海上桥梁的施工。方案确定的东海大桥承台高性能混凝土主要控制指标如下:水胶比应不大于0.4;最大氯离子含量≤胶结材料的0.06%~0.1%;90天氯离子扩散系数≤1.5×10^{-12}平方米/秒;28天电通量≤1000。并控制混凝土保护层厚度:承台侧面80毫米,顶面90毫米,承台底部设封底混凝土80~100毫米。

3. 工程技术成果

东海大桥所处海域海况恶劣,自然条件差,建设经验少。建成时规模位于已建成同类型桥梁世界第一,桥梁长度为已建成同类桥梁世界第二。东海大桥基础结构设计工作的主要技术成果表现在:

(1)东海大桥作为超长距离的跨海大桥,其基础设计是将建桥技术和筑港技术成功结合的典范。首次将超长管节、大直径的钢管桩应用于跨海公路桥梁设计,采用全斜桩布置大大增强结构抵抗水平荷载的能力,有效控制了结构位移;首次超大规模地运用整体吊装混凝土套箱解决海上超长大桥承台施工问题;首次开展了100年耐久性的设计等。这些技术的研究和应用,成功解决了大桥设计的难题,也为其他工程提供了宝贵的经验。

（2）东海大桥基础冲刷深度采用调查研究和经验公式计算相结合确定了不同部位的设计刷深,虽然实际观测的情况比较理想,但有关方面的理论研究比较缺乏,有待深化。

（3）东海大桥全长 32.5 千米,除陆上有国家设的控制网,海面及同大桥连接的海岛上无国家设置的平面和高程基准控制网,无法按常规的测量技术进行测量,如何在长距离海面上进行精准测量定位是必须要解决的问题。经研究确定利用地面及海洋重力 DIM 数据、最新地球重力场模型和 GPS 水准的实测数据等资料,应用确定大地水准面的严密理论和计算方法,利用 GPS 技术建立高精度平面控制网,将大陆平面基准传递至海岛。同时利用 GPS-RIK 定位技术实现海上打桩全自动定位,解决了传统测量手段无法解决的近海打桩测量定位问题,桩位误差控制在 5～10 厘米,桥墩承台位置误差在 2～4 厘米,全桥平面位置、高程误差均在 2 厘米。

东海大桥投产以来,营运情况良好,车辆的通行量不断增加,其中集装箱卡车占到 75% 左右,每年营运天数达 360 天以上。

（十一）芦潮辅助区设计

1.辅助区功能定位

芦潮辅助区是在远离港区 30 余千米的区域单独设立的功能区（图 13-4-55）,如何确定它的功能和规模？如何使之与港区紧密连成一体？这都需要建设者抛弃陈规,观念创新。在项目立项阶段,确实存在着较大的争议。为此先后组织召开了 27 次专家论证、咨询会进行研究,随着保税港区批复、危险品区域在新城规划的明确和口岸后移、资源整合等一系列规划设计思路被认同和落实,芦潮辅助区的功能也日渐明晰。

图 13-4-55　芦潮辅助区

芦潮作业区:主要开展集装箱堆存、货物的分拨、集箱、配送和流通加工等业务,随着洋山保税港区封关运作、洋山深水港区开港运营以来,众多国际著名物流企业入驻保税港区,物流活动十分活跃。港区后方物流仓储设施日显不足,尤其是各类高标准物流仓储设施的缺乏,给港口营运带来了压力。为此,在港区后方芦潮辅助区设置以集装箱仓储加工物流为主的配套作业区,对构建区港物流通道的顺畅、便捷货主、提升港口竞争力等都是有力的促进。

口岸查验区:主要为海关、检验检疫等口岸部门提供洋山深水港区进出口货物的通关和货物集中查验,区内设置集装箱扫描设施(H986)、集装箱备检场地、集装箱落地查验场地、罚没仓库、查验平台和口岸现场办公设施。

危险品作业区:满足洋山深水港区危险品集疏运、堆存、拼装等功能要求,区内布置危险品货棚、危险品仓库和堆场、冷藏箱危险品堆场区、维修区、管理区等功能区。

2.口岸监管

洋山深水港区位于远离大陆的大、小洋山岛链,近期建设近10千米码头岸线,25个远洋集装箱泊位,涉及多家港口公司运营,如何进行有效的口岸管理,使其做到监管有效、方便企业、资源整合和降低社会成本,是急需解决的难题。为此通过多次论证,设计单位上报了在芦潮港设置统一的洋山深水港区口岸查验区(图13-4-56)方案设想,中华人民共和国海关总署和洋山深水港区海关筹建处分别作出了《海关总署关于洋山深水港区海关管理权属问题的批复》(署人发〔2002〕251号)和《关于洋山深水港区芦潮口岸查验区一期工程实施方案的意见》,为方案的最终实施做出了科学的决策。

图13-4-56　洋山深水港区口岸查验区

洋山深水港区口岸查验区的设置,确定了洋山港区提前报关,实货放行,离港查验,两道闸口监管、进出口设备共享和海关、检验检疫联合查验等多种新型模式,为保税港区的口岸监管提出了新思路,已被目前建设中的厦门海沧保税港区、宁波梅山保税港区和天津东疆保税港区相继借鉴。

3.建筑方案设计

洋山深水港区芦潮辅助区工程是在满足港口发展需要的同时,根据市场特点将其业务重点转向物流增值服务的重要尝试,因此前期建筑单体的布局、群体方案的设计显得异常重要。设计人员充分认识到配套区公共建筑的标志性和仓储项目的适用性,通过多次的建筑方案设计和比选,即使设计者加深了该建筑的设计定位和建设要求,又使建设方利用多个方案的优缺点确定建筑物的使用功能和建筑形式,经过双方的讨论和不断完善,最终形成既满足功能要求,又美观大方的建筑物(图 13-4-57)。

图 13-4-57　建筑设计外观图

其中保税港区南北闸桥作为代表新上海形象的国际深水港码头的第一道关口,它设计的成功与否直接代表上海港在国际上的形象,它的作用不容忽视。公司通过内部方案竞标推荐优秀作品,积极参与建设方组织的方案国际征集,最终一举中标,该方案的创作灵感来源于码头即将启航的货运轮船打造闸口大门,极为形象地界定了洋山深水港区作为国际枢纽港的身份,大门整体造型模拟的正是一艘在蔚蓝的大海中平缓航行的货轮,所有进出港口的集装箱卡车货轮船身通过,它向人们展示洋山深水港区的繁忙与兴盛。取名为《启航》的洋山深水港闸口大门设计简洁、大方;造型手法现代、新颖;细部处理极为人性化。

此外,在芦潮作业区三期工程中,为有效利用保税港区土地资源,我们提出了两层物流中转仓库的方案设计,单体总建筑面积达 7 万多平方米。仓库底层为双侧装卸作业,二层为单侧作业,采用 11 米×11 米的柱网布置,装卸通道可同时停靠两百多辆集卡。该仓库是保税港区内首座双层集卡靠泊作业的物流仓库,既创造了公司和建设单位的品牌,也丰富了仓储物流公司的市场多样化需求。

4. 危险品仓储管理

针对危险品作业区的复杂性,提出了管控一体化的理念,实现了管、用、养、修的有效结合,提高企业的效率与效果。控制系统中采用现代工业网络技术,分布式的布局节约投资成本,也易于维护。可更换探头的设计,分层的探头网络布局,为种类繁多的危险品提供了检测的可能(图 13-4-58)。采用广谱的探头,可以检测多种危险品的泄漏,采用独特的软件标定技术,极大地减轻了维护人员的劳动。报警联动的设计,充分考虑了人身安全与设备安全（图13-4-58）。应用最先进的人工智能技术，建设了全局数据库、知识库、解释机构、推理机、知识获取机构等机构，最终通过人机界面实现对话过程，有效地指导了危险品的堆存管理与泄漏事故的紧急处理指导方案生成。

图13-4-58　危险品仓储管理

系统设计既要采用全数字化、网络化、影像化、自动化等代表 IT 行业发展方向的前沿技术，又要采用结构化、模块化、智能化以及软件结构平台等前瞻性设计措施，为系统可不断与新技术成果衔接、功能可不断扩展，以及软件可逐步升级作了强有力的技术铺垫，工程分期建设、功能不断扩展/完善、技术保持 10 年不落后的设计目标。目前已达到了国内领先、国际一流的既定目标。

该套技术方案已在天津危险品物流中心等项目中推广应用。

5.地基加固方案

芦潮辅助区地基处理的对象是天然地表下的粉质黏土和黏性粉土层，以及陆域回填粉细砂层。上海地区以往对类似于南汇围垦滩地饱和粉砂地基的加固方法不多，在浦东机场采用排水固结法＋强夯密实法加固，在宝钢堆场采用钢渣置换桩，以及其他采用水泥搅拌桩等复合地基的加固方法（图13-4-59）。

图　13-4-59

辅助区作为港区后方集装箱专用场地,集装箱工艺荷载对地基承载力和工后沉降要求较高,地基处理面积大,对工程造价和工期控制比较严格。经多方案比较,最后采用了强夯法处理工艺,并借鉴以往强夯的经验,在正式施工前组成了强夯课题科研小组,在现场划定了四块试验区,分别对强夯垫层的材料、厚度、强夯能量、孔隙水消散、地下水位的影响、夯点间距、夯锤选用、夯沉量等工艺参数等进行了反复的试验,在不降低地下水位前提下通过铺设适当厚度的强夯垫层,对饱和黏性土地基直接进行中高能量的强夯加固。

强夯法地基加固使地基的承载力明显提高,土体得到很好的加固。场地地基的承载力由 10 吨左右提高到 18 吨以上;地基的回弹模量平均达到 20 兆帕以上;地基的加固深度达到 8 米以上,场地比较均匀,有效地控制了因场地处理不均匀引起的差异沉降;同时缩短了地基处理的施工周期,仅仅用了三个月左右的时间,为工程上部结构施工和设备安装调试争得了更多时间,确保工程得顺利完工并按时投入使用;并且还节省了工程造价,垫层中的碎石含量由 60% 减少到 30%,且没有采取井点降水、插设塑料排水板等辅助的排水措施,项目取得了圆满成功。

(十二)环境保护和生态修复技术

1. 环境保护

在洋山深水港区建设过程中,除对施工期间和港区投入运营后采取多方面措施,保护港区水陆域的环境,尽最大限度减少施工和港区生产作业对环境污染外,在设计方案和建设过程中对该区域原有地貌与很少的景观采取相应措施加以保护,对该海域鱼类繁殖也做到尽可能少地产生不利影响。

(1)尽可能不开挖小洋山岛,港区堆场向小洋山岛的前方和两侧拓展,保留了小洋山岛的主题,在岛的最高处建设灯塔和观景平台,在半山腰建设港区管理中心和展示中心。小洋山上的"姐妹石"是嵊泗列岛风景名胜区的重点名胜之一,嵊泗县邮政局刻印的三板风景日戳就有"姐妹石"。两石相依而立,石高 9 米,似姐妹般亲昵;但它们基本以点同山岩接触,呈现出不稳定的平衡状态,其成因虽无从考察,但在规划港址初,据当地人讲历史上大小洋山一带曾发生过一次 3 级地震,而"姐妹石"却神奇地保留原状。规划中"姐妹石"恰巧位于进出管理中心大楼的必经道路外侧,山体狭小,道路又不能内移,铺设道路要开山炸石,而"姐妹石"与爆破点的最小直线距离只有 5 米,这将使它面临爆破震动、冲击波和边坡开挖的直接冲击,为保留"姐妹石"不受影响,请爆破资深工程师勘测指导,原样不动地保留了"姐妹石"。当驱车沿着盘山公路进出管理中心大楼及游客去观景平台观景时,首先会看到"姐妹石"稳定而亲昵地立于道路外侧,已成为洋山港区的经典一景(图 13-4-60)。

图 13-4-60　管理中心大楼与"姐妹石"

（2）港区后侧主干道是贯穿洋山深水港区一、二、三期的一条主干道,是同港区四期连通并连接东海道桥以至通往大陆的唯一通道,关系到全港区陆路集疏运的畅通十分重要。该道路位于一、二期工程的后侧穿过小洋山岛的北半部,在港区道路建设方案上曾考虑在穿过小洋山岛处实施大开挖,该方案施工方便、快捷、投资省,但需破坏小洋山山体和上面本来很少的植被,且需将小洋山南北向截成两段,为保护该处较好的山貌确定了建隧道方案,共建设隧道 5 个,其中 2 个为颗珠山大桥直通洋山三期工程区域的高架道路隧道孔,2 个为地面道路隧道孔,还有 1 个为管线隧道孔,隧道长 1.444 千米,均为双向 6 车道（图 13-4-61）。

图 13-4-61　小洋山隧道

（3）洋山港区三期工程东侧从航道东口门海侧向北排列为小岩礁、大岩礁、大指头岛。小岩礁外端伸入海中,建设中炸除了小岩礁海侧的部分礁岩,以保证三期码头船舶靠离的安全,小岩礁是小洋山一侧岛链原植被树木最好的小岛,在不影响港区总体规划布置的前提下,基本上保留了小岩礁原有的风貌。在此基础上扩建成了小岛公园,游客登上公园顶端,向西观看是延长近 10 千米的雄伟集装箱港区,向南是隔海 1 千米的大洋岛与大洋镇,向东为进港内航道及航道北侧的油品、LNG 码头港区,一艘艘大中型集装箱船在航道中往返进出一派繁忙景象映入眼帘,它已成为洋山深水港区的又一知名景点。

(4)在港区进港航道的建设中,需炸除东口门外侧靠大洋山一边的泥灰礁,但水下爆破会影响鱼虾蟹贝的生长繁衍。虽然崎岖列岛海域处于舟山渔场的边缘区域,但也要做到对鱼类的伤害降到最低,为此请相关专家做了详细的监测,以泥灰礁爆破点为圆心,在半径 200 米、300 米、500 米、700 米和 1000 米的地方,用 GPS 定位,把 4000 尾鱼虾蟹贝分别装进鸟笼状的容器里,并分上下两层挂在试验点的锚梁上,装设传感器,测得爆破时产生的水击波压力,观察到半径 100 米为鱼的"速死半径",300 米则为"安全半径",确定实施爆破中先进行微量试爆,驱逐鱼群至安全半径之外,再加大爆破当量,由此较好地保护该水域的鱼类不受影响。

2. 生态修复技术

1)绿化修复技术

(1)洋山深水港区植物生长环境特点

小洋山等岛屿原有植物品种稀少,植被覆盖稀薄。经现场调查及分析其主要原因为以下两个方面:一个是岛屿为大片的岩石组成,只是在自然风化的影响下于表层堆积了稀薄土壤层,同时岛的四周为海洋包围,受海洋气候中的季风、台风、暴雨的侵蚀,导致了植被在自然条件下生长缓慢,并形成了对植物的选择,只有少部分顽强品种才能存活下来。二是这稀薄的表层土非常贫瘠,有机质含量低,碱解氮、速效钾、速效磷含量低,有的含量为零,(土壤检测图表及图 13-4-62),这是岛内植物稀少、不适宜植物生长的根本所在。

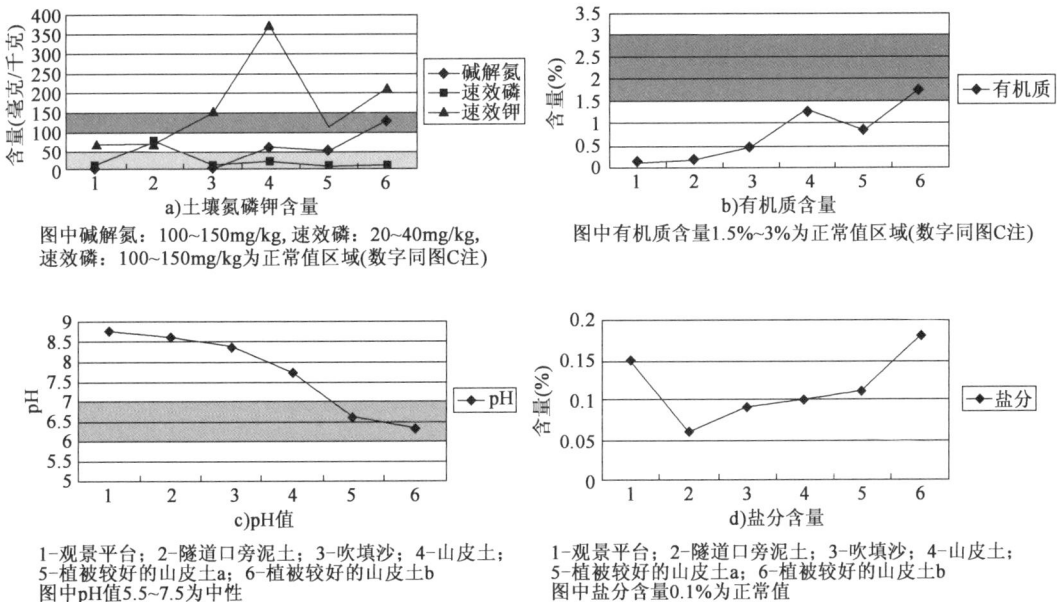

a)土壤氮磷钾含量

图中碱解氮:100~150mg/kg,速效磷:20~40mg/kg,
速效磷:100~150mg/kg为正常值区域(数字同图C注)

b)有机质含量

图中有机质含量1.5%~3%为正常值区域(数字同图C注)

c)pH值

1-观景平台;2-隧道口旁泥土;3-吹填沙;4-山皮土;
5-植被较好的山皮土a;6-植被较好的山皮土b
图中pH值5.5~7.5为中性

d)盐分含量

1-观景平台;2-隧道口旁泥土;3-吹填沙;4-山皮土;
5-植被较好的山皮土a;6-植被较好的山皮土b
图中盐分含量0.1%为正常值

图 13-4-62　土壤检测情况

由此,靠自然的植被生长来恢复港内生态,将是相当困难或漫长的一个时期。

地处如此恶劣的气候大环境,只有依靠强制性的生态恢复新技术的应用来实现港区的生态恢复,回归自然。对观景平台、进港道路、公路隧道口等处的边坡以及绿化带的植被景观恢复提出相应的绿化防护技术,以实现港区重要地段的生态恢复,体现港区"自然、环保"的建设宗旨。

生态恢复绿化技术的应用具体体现在如下方面:

观景平台附近边坡采用先进行土壤改良,再三维土工网垫结合液压喷播植草技术。对该区域进行生态恢复绿化,一方面保持水土,可恢复到开挖前的自然状态;另一方面营造了绿化景观,改善了外部环境。

(2)三维土工网垫结合液压喷播植草技术

(a)原理

先对土壤进行基质改良,再利用三维土工网垫的特点,使其将单个植株的根系与三维土工网垫的网包在一定的厚度范围内有效地连接在一起,形成一个整体的防护层结构,同时对坡表土壤也起到了浅层的加筋作用,从而增强了防护层的抗张强度和抗剪强度,限制因冲蚀情况下引起的"逐渐破坏"现象的扩展,最终限制坡表土出现细沟侵蚀和浅层滑动的发生。

(b)优点

对边坡土壤表面加筋、保护坡面的表层土,防止表层土受侵蚀和移动。

凹凸不平的表层能增加糙率,对雨水沿坡面流动造成更多的障碍,降低径流的速度。

植被生长茂盛后,网垫与植被根系连接在一起,形成整体的加筋草皮,起到复合护坡的作用,提高坡面的抗冲蚀能力。

生态恢复技术主要材料为草(花)种、肥料、土壤改良剂、土壤固着剂、黏合剂、保湿剂、木纤维等,基本无污染。

施工操作简便,速度快,效果明显,能有效地降低生产成本。

该项技术可以起到快速成坪,最大限度上减少水土流失并能迅速提高植被的成活率,后期的养护难度降低。

(c)施工工艺流程

场地清理——场地处理——基质土改良—铺设三维土工网垫——喷播——覆盖——养护管理。

(3)植物配置

在充分考虑到港区的自然气候环境,并结合植物的生物学特性,三维土工网垫结合液压喷播植草技术选用的草坪植物品种为狗牙根、高羊茅、紫花苜蓿,灌木为多花木兰、刺槐。

(4)生态恢复技术的应用分析

三维土工网垫草皮具有很强的抗冲刷和扰风功能,据美国俄克拉荷马农业研究所分别对草皮(纯草)、二绅上上工网垫草皮(土工网)、三维土工网垫草皮做了大量的抗冲刷试验。通过对比试验,将试验所得数据绘出了以上五种草皮在不同流速条件下所承受的极限流速,见图13-4-63。

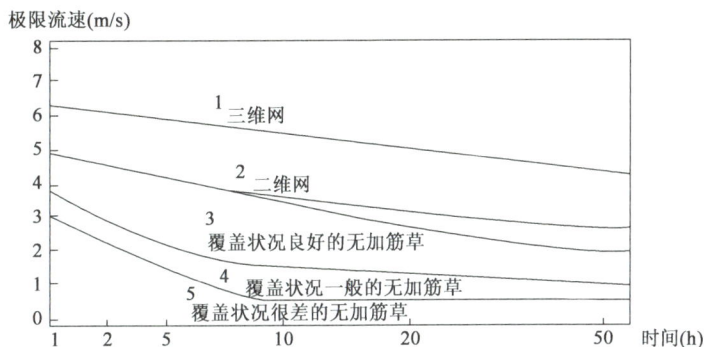

图13-4-63　草皮抗冲刷试验结果

根据试验结果表明了三维土工网垫草皮对暴雨和台风具有良好的抵抗性,能经受住洋山港区恶劣的天气,不造成破坏。

在本项目工程中采用的是三维土工网垫作为加筋骨料。观景平台下边坡(示范段)先进行土壤改良,再三维土工网垫结合液压喷播植草技术。2005年8月6日"麦莎"台风给洋山港区带来巨大影响,台风中心风速达45米/秒,降雨量500毫米以上,在时间上又与天文大潮相遇,形成风、暴、潮三方夹击,形势极为严峻。台风过后坡面植被完好无损,达到了预期的生态恢复效果,见图13-4-64。

图　13-4-64

该生态恢复技术因其面对如此恶劣的环境表现出极强的适应性,环保效果明显而具有良好的发展前景。

2）土壤改良技术

洋山深水港区工程在开工建设后，开山填海成陆的工程实施造成了岛上原生态环境的损坏。随着国家对生态环境的保护愈加重视，实施港区的绿化生态，美化港区环境显得十分必要。通过对洋山深水港区的地质条件和气象数据统计分析：港区内多盐井。风力大、持续时间长。由此，港区的气候条件较大程度上约束和局限植物的生长。

另一方面，港区的土壤贫瘠，土质的营养成分缺乏，并且有些成分危害植物的生长。如对港区内具有代表地段的土样进行土壤肥力检测其结果，如表 13-4-4 所列。

港区部分地段土样营养成分检测表 表 13-4-4

序号	采样地点	测验项目					
		盐分（%）	pH 值	有机质	碱解氮（mg/kg）	速效钾（mg/kg）	速效磷（mg/kg）
1	回填土	0.1	7.7	1.3	60.7	370.0	22.3
2	吹填沙	0.09	8.39	0.47	0.0	150.0	10.3
3	沉积土	0.11	6.63	0.83	50.0	110.0	10.7
4	山皮土	0.06	8.62	0.18	0.0	70.0	75.5
5	边坡土	0.15	8.74	0.11	0.0	70.0	10.3
6	植被土	0.18	6.33	1.7	128.5	210.30	10.3

各采样地点均选择在港区需要植被绿化的地段，土样由专业检测部门进行的检测。通过以上的数据分析，表明整体上对植物生长的几大生长元素在土样中不同程度上缺乏，如吹填砂、山皮土两项土样中，碱解氮的含量均未被发现而在速效磷的检测中，各土样极大的偏离了植物生长所需的正常范围。仅沉积土土样一项趋于正常值。由此，实施港区绿化地段的植被，进行土壤土质改良是十分必要的。

（1）新型土壤改良技术

新型土壤改良技术采用了肥力持续的两种新型改良剂，为固、液态形式，通过对两种改良剂的配合使用，调节土壤中的肥力成分，从而满足植物在劣质土壤中的可持续生长。

固体土壤改良剂为颗粒状，主要由微生物颗粒——土壤真菌及土壤细菌构成。其中，改良剂中所贮存的土壤活化菌可以调节土壤的理化性质和土壤结构，改变土壤的肥力结构，主要起到固氮、加强物质转化、累积有机质、实现营养循环。

液体土壤改良剂，是一种由糖分、磷酸、氨基有机物构成的有机糖磷氮化物。它可以调节土壤的酸碱度，提供直接营养，为植物前期的生长需要提供可能的载体。

试验表明：通过对土壤改良剂的使用，可以很大程度上提高植物的生长高度、植株的苗壮程度；提高植株的抗旱、抗病能力。

（2）新型改良技术的应用

由于港区开挖和回填的场地，土质为砂砾或是回填的吹填砂，通过在吹填海砂上回填

20厘米的山皮土,再使用新型的土壤改良材料,改变这一状况。

新型改良剂的使用采用多种方式进行:

颗粒状土壤改良剂为中性材料,采用了点撒和行施的操作方式,采用深挖坑、槽,使植物生长土壤的深层提供足够的营养成分供植物的后续生长。改良剂中所含的土壤活化菌改变深层土壤的物理特性,加强物质营养循环,是长效改良土壤的物质基础。

液体改良剂是针对港区土壤普遍偏碱特性而采用,为植被生长萌芽阶段提供良好的初生环境,满足植株初期的生长需要。该土壤改良剂采用兑水喷洒的方式实施。

两种土壤改良剂的结合使用从根本上扭转了植物在港区贫瘠土壤中的生存环境,改变了港区生长的植被覆盖新貌。

通过土壤改良剂的使用,土质的营养物质成分发生了较大的改变。通过对实施改良的土壤和未实施前的土壤肥力分析可以从表13-4-5、表13-4-6中看出:场地回填后地段的土质含的有机质成分偏低,其他指标显示土壤贫瘠。在经过了一个绿化生长周期后,对植株已经生长茂盛的区域进行了重新地土样分析,经检测各项指标都有不同程度上的增长,土质的条件在向良好的趋势转变,说明了采用的土壤改良技术不是简单地在量上满足植物的生长需要,同时也能够起到长效改良的效用。

未实施土壤改良技术的土样成分分析表 表13-4-5

序号	采 样 地 点	测 验 项 目					
		盐分 (%)	pH值	有机质	碱解氮 (mg/kg)	速效钾 (mg/kg)	速效磷 (mg/kg)
1	边坡表土样1(5cm)	0.10	8.32	0.42	0	12.0	10.0
2	边坡表土样2(5cm)	0.09	8.41	0.07	12.3	12.7	11.0
3	边坡表土样3(5cm)	0.09	8.32	0.34	0	14.5	13.4
4	边坡里土样1(10cm)	0.11	8.15	0.71	1.2	21.0	15.7
5	边坡里土样2(10cm)	0.12	7.97	0.72	1.7	18.4	14.9

实施土壤改良技术后边坡土样成分分析表 表13-4-6

序号	采 样 地 点	测 验 项 目					
		盐分 (%)	pH值	有机质	碱解氮 (mg/kg)	速效钾 (mg/kg)	速效磷 (mg/kg)
1	边坡表土样1(5cm)	0.08	7.94	0.50	44.0	60.1	53.4
2	边坡表土样2(5cm)	0.08	7.92	0.20	45.0	62.1	52.7
3	边坡表土样3(5cm)	0.07	6.97	0.41	50.0	61.4	47.8
4	边坡里土样1(10cm)	0.10	7.24	0.79	42.7	67.0	49.4
5	边坡里土样2(10cm)	0.12	7.30	0.79	44.9	79.4	71.5

3)鱼类繁殖的修复

大小洋山所处的崎岖列岛海域不是舟山渔场的重要区域,它处在嵊泗渔场的边缘,但仍有各种鱼类虾蟹贝类在该区域游弋、繁衍。要建设美丽的大型海港,不能没有鱼虾"作陪",因此在深水港区开工建设中,尽量采取不危害鱼虾等生存的各种措施和方法开展施工。并且从2002年5月洋山一期工程开工至2007年,建设指挥部每年都向该海域投放大量的鱼苗蟹种,4年多来,累计投放大黄鱼苗1202万尾、黑鲷227万尾、对虾6428万只、青蟹91万只、三疣梭子蟹1576万只,仅购买这些鱼苗的费用就达1252万元。这份投入换来了今日洋山深水港区海域鱼戏虾跃的情景。常看到在港区靠泊的船上,船员们休闲时钓几尾鱼作为他们生活中的充实和乐趣。

3.绿化修复与环境保护效果

在大、小洋山的北侧岛链上,现已建成了闻名世界的集装箱枢纽港港区,与此同时通过绿化修复技术和多方面环境保护措施的实施,使洋山这一远离大陆不为人所知的荒凉小岛变成了气势宏伟、风景美丽的港区。在上海东南端芦潮港外辽阔的东海上,横卧的东海大桥好似一条蜿蜒的巨龙将东方大都会同国际枢纽港连在了一起,成就了世界瞩目的东方大港。在港区内精心保留的山岩上众多幻石灵岩、摩崖题刻蔚为壮观。

小洋山岛已经被辟为洋山深水港区观光游览区,景区占地1.5平方公里,建有4座观景台,由2600米游览线路串联在一起,向东可以观赏东海连绵起伏的海岛,可以观赏美丽的日出,向前可以纵览整个港区,许多集装箱船停靠码头,数不清的桥吊与堆场机械车辆繁忙的作业场景,向西可以观赏东海大桥的雄姿。

大自然赋予了小洋山岛链得海独优,得港独厚,得景独秀之优势,成为了东海之明珠,独具魅力的景观已经成为上海新的地标性旅游景点,也是市民休闲度假的首选地之一。

五、洋山深水港区工程建设管理经验与效果

(一)建设管理经验

1.建设管理模式

目标决定组织,组织是目标能否实现的决定性因素。只有理顺项目参与各方之间的组织关系,明确项目的组织机构、任务与职能分工和工作流程,整个建设管理系统才能有效运转。

洋山深水港区工程根据工程和地属关系的特点,建立了分层协调、分组管理的组织工作模式。宏观层面发挥大集团、大企业的独特优势,中观层面发挥专业化、社会化组织的

力量,微观层面由项目经理全权负责相关项目的"三控制三管理一协调"的管理机制。同时,通过制度明确监理管理方、监理方、施工方的管理职责,作到各司其职,高效管理。对于项目管理中的具体事务,通过委托造价咨询单位、招标代理机构、监理管理部、科研机构等专业化服务团队,整合社会资源,实现建设目标。

洋山深水港区工程实行"投资、建设、经营、监管"四分开原则,成立上海市深水港工程建设指挥部港口分指挥部/洋山同盛港口建设有限公司一套班子,两块牌子作为项目法人,专门负责对设计、施工、监理、采购等工程参与单位的管理和协调,保证项目目标的顺利实现。项目实现组织结构如图13-4-65所示。

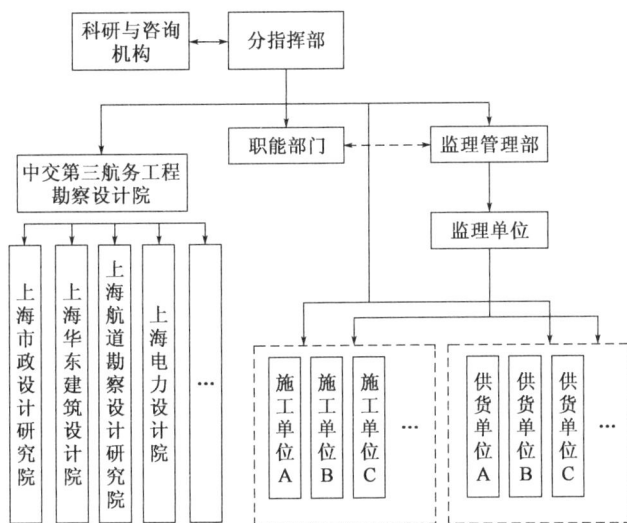

图13-4-65　洋山深水港区项目管理组织机构图

洋山深水港区工程点多面广,同一时期多个标段同时施工,为加强建设过程中的监理管理工作力量,更充分的发挥监理单位的作用,分指挥部探索监理管理的创新模式—设立监理管理部。由工程部一名副经理具体分管监理管理工作,通过明确任务分工和管理职能分工,规范管理流程和工作制度,使分指挥部和监理管理部各司其职,共同实施对各监理单位的管理、协调、指导、监督和考核工作。

2. 项目管理

洋山深水港区工程不仅具有独特的项目背景和工程特点,其项目要求也极其严肃,指挥部充分借鉴类似项目经验、发挥社会化专业团队优势、经过不断探索,形成了一套目标控制的系统方法,主要涉及进度、质量、采购、安全和环保管理方面。

1)进度管理

洋山深水港区工程具有建设规模大、技术难度高、参与单位多、风险大、相互制约关系复杂、项目所包含的任务多以及组织实施困难等特点,因此其总体进度控制必须由业主作为龙头来组织、控制和协调。工程采用系统化动态进度管理的方法,不仅重视进度计划的编制,而且综合应用组织、管理、经济、技术措施对进度计划进行动态跟踪和管理。

(1)进度计划管理体系

洋山深水港区工程的进度计划采用指挥部、监理、施工单位分层管理,通过全面的前期策划,由指挥部统筹规划、确定节点性目标;分指挥部根据总进度节点性目标,编制工程总体实施大纲,确定主要项目进度控制节点,即总控性计划,以确保总目标的实现;设计单位、业主职能部门或项目经理、监理管理部根据总控性计划,编制设计、招标、施工等控制性进度计划,以确保节点目标的实现。各施工单位根据施工总进度计划,编制各标段控制性工程进度计划,并编制合理的施工组织设计作为保证措施,做到组织、措施及资源落实,同时,各单项工程施工程序要统筹兼顾、衔接合理并避免干扰,施工连续、均衡,以确保分节点目标的实现;为了有效地控制工程进度,施工单位在施工过程中,要编写年度、季度、月度、周甚至日详细进度计划,以确保施工的有序开展。其进度计划体系如图13-4-66所示。

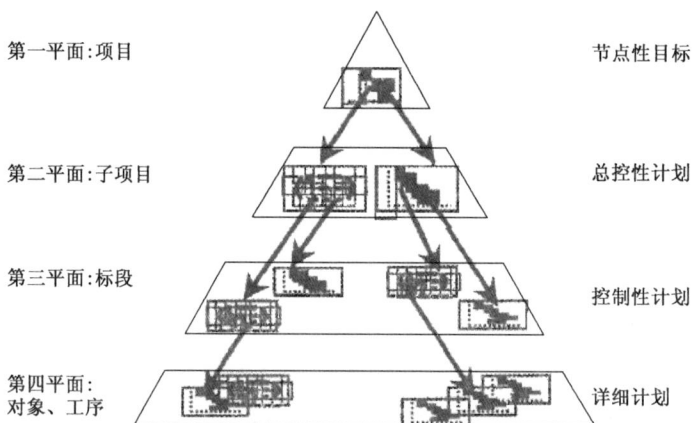

图13-4-66　洋山深水港区一期工程进度计划体系

(2)进度控制的保障措施

(a)组织措施

明确各方进度计划和控制的责任,树立各参建单位、部门、责任人进度为主的正确理念;超前安排,充分考虑进度余量,如在码头工程中,提前两个月确定施工计划,提前一个月确定每根桩的计划,保证码头施工的顺利实施。

采用多种方法建立有效的沟通和协调机制,包括建立工程进度控制报告系统,实现传递施工现场各类信息的快速通道,如工程日报、周报系统,使指挥、监理等单位及时掌握了解工程进展状况,分析进度受控状态;通过现场专项协调,及时排除进度干扰,如在陆域形成项目上成立现场专项协调小组,通过现代化通信手段和完善和网络机制调度施工范围内的百艘施工船舶,将现场干扰降至最低;通过例会和协调会的形式,沟通各方意见,协调各方可能产生的相互干扰,确保项目按期执行。

(b)管理措施

由于施工现场环境恶劣,可变因素多,洋山深水港区工程的参建各方对工程进度计划内容实施动态管理,即根据工程进度计划的完成情况动态调整后期进度计划,规定按月总结工程计划执行情况,通过系统分析确定下阶段的调整计划,明确完成节点目标的各项措施。

指挥部制定统一的工程进度编制方法,对工程进度计划编制的内容、格式、表式、计划提交、动态更新的时间作出统一规定,以方便业主和监理对进度计划和变更的控制。

此外,通过有效的合同管理,如在招标文件中明确阶段工程要求,以合同形式落实总进度计划,并在施工招标的评标阶段加大工期保证所占分值,激励和督促参建各方实行进度的动态管理;重视风险管理,分析工程进展中可能影响进度的各种因素及其影响的程度和频度,加强事前控制,早做防范。

(c)经济措施

进度控制的经济措施有:在尽量不增加投资的情况下,保证工程进度节点目标的实现;对进度计划执行情况进行考核,并与计量支付挂钩;编制资源需求计划,提前锁定关键资源,如钢材和水泥等,以减少资源供应对项目进度的影响。

(d)技术措施

树立"质量即进度"的理念,减少返工;重视设计管理,选择最合理、最优化的方案,为施工创造有利条件,无图纸不施工,图纸质量不高不施工;编制施工组织方案时,落实保障进度计划实现的措施;在施工过程中根据实际情况不断优化设计方案和施工工艺等。

2)质量管理

洋山深水港区是百年世纪工程,因此对工程质量具有极高的要求。指挥部通过建立健全质量保证体系,通过质量的全过程、全方位控制,实现了工程质量总体受控,经交通部质量监督总站检查和鉴定,总体质量为优良,单位工程优良率达到85%以上。

(1)建立政府、业主、监理、施工单位四方质量保证体系

工程施工全过程中充分利用社会技术力量,发挥企业自检、社会监理和政府监督的作用,加强对工程实施全过程的质量管理监控。

在政府层面,依靠政府的监督作用,规范各参建单位的质量行为。交通部质监总站分三个层次加大政府监督力度:一是指定上海港口质量监督站负责工程现场的质量监督工作;二是成立洋山深水港区港口工程质量监督检查组,定期或不定期地对工程质量及参建方行为进行监督检查;三是组织国内港口建设及质量监督方面的资深专家,对涉及工程质量的重大技术问题提出论证咨询意见。

在港口分指挥部层面,明确质量管理责任制和质量目标,一方面明确工程部为质量管

理责任部门,全面负责质量管理工作,包括规划和管理各工程项目的施工质量、按监理合同对监理单位的工作实行监督和指导、监督检查施工单位的质量管理工作和对口政府监督部门的协调管理;另一方面实行项目经理责任制,项目经理全面为所承担项目的质量负责。

在监理层面,通过建立监理管理部,协调和管理各项目监理部,发挥监理工程师的过程控制和专业优势,要求监理加强过程控制、工料检测和旁站监理,确保工程质量。

在施工企业层面,注重施工单位质保体系的建立和正常运行,通过合同明确工程建设的质量目标和违约责任,使施工企业增强"质量是企业生命"的竞争意识、风险意识和法制意识,重点抓项目经理责任制的落实,夯实建设项目的质量基础。

(2)质量控制的有效措施

(a)重视设计管理,在源头控制工程质量

设计是工程的灵魂,设计阶段是直接影响工程质量的关键阶段。洋山深水港区工程通过实行设计管理,在设计方案的优化和专题研究工作方面采取"超前安排,交叉进行"的原则,对重大问题、设计方案邀请国内外资深专家开展技术研究、论证工作,攻克各类技术难题,把握好项目建设质量的首道关口。

(b)注重界面管理,优化质量控制程序

质量管理要注重设计、施工、运营界面的搭接,注重施工过程中各标段、各工序之间的相互影响,注重进度、投资、安全、环保对质量控制的制约和促进,以最终用户为导向优化质量控制程序,才能保证洋山深水港区工程能够成为百年大计的精品工程。

(c)编制并认真落实质量检验控制标准

加强施工工艺管理,督促监理和施工单位认真执行工艺标准和操作流程,熟悉和正确运用规范,并在合同中明确违约责任,以提高项目建设质量的稳定性。由于深水港区工程特殊的自然条件和规模,施工过程中涉及较多的新技术、新工艺和新材料,因此指挥部在现行施工规范的基础上,根据设计要求编制质量检验控制标准,并通过专家论证。

(d)发挥科技对提高项目质量的作用

深水港区工程涉及的技术难题和新工艺较多,通过对新技术、新工艺和关键工序开展课题研究,以典型施工引路,不断完善设计技术方案和施工工艺流程,通过科技手段不仅提高工程质量,并能满足工程进度计划要求。

3)采购管理

采购是影响工程的投资、进度和质量的关键环节,由于项目的特殊性在工程采购方面进行了探索和实践,并取得了显著效果。

(1)科学的采购机制

(a)落实采购组织,明确采购的组织分工

洋山深水港区工程的采购是通过港口分指挥部内设立的机电部、物资部两个部门分别实施的,其中机电部负责机电设备、信息系统设备、土建工程配套设备的选型、采购,并负责有关招标文件的起草和采购过程的组织;物资部负责编制工程物资供应大纲,确定自供货目录,并组织自供物资的招标比价采购、供应和管理工作。通过将设备和物资分部采购,使各部门形成专业化职能,提高工作效率。

(b)建立制约机制,将采购的计划权、资金支付权、招标权相分离

通过将采购计划权、资金支付结算权、组织采购和招标权相互分离,管计划的不管招标和资金,管采购的不管招标,管招标的不管资金,形成有分工有合作的机制,有利采购的透明、高效率执行。

(c)针对采购物资的不同特性,明确采购方式

针对采购物资的不同特性,采用不同的采购方式。对于现行市场健全的建筑材料,如普通钢材,在合同中明确由施工方自购,业主只做宏观控制,如了解物资来源、在缺货影响进度的情况下给予支援;对于单一性产品,尤其是关系到重要工程节点的材料,由业主指定供应商,即定牌、定价、定供应商,并在施工合同中明确该条款;对工程节点和三大目标控制至关重要的材料,如钢管桩、水泥等,由业主自行采购,按照规范的物资供应业务流程执行。通过明确采购方式,使业主集中力量掌握关键物资的控制权,有利于工程的有序开展。

(2)因地制宜,创新采购模式

针对洋山深水港区工程的建设特点,因地制宜,制定符合实际的工作方法并加以创新,能极大地提高工作效率与管理水平。如为了解决孤岛施工,混凝土供应紧张的问题,采用混凝土集中搅拌的方式,由建材集团统一供应。提高混凝土的生产供应率,在保障工程进度和质量要求的前提下,合理的控制了造价,又避免了施工单位各自为政,大大减少了组织协调量。

(3)超前安排、精心组织,保障物资及时供应

建设物资的及时供应是保证工程实现进度、质量目标的重要保障。物资采购要做到超前安排,精心组织,在设计阶段了解工程的采购需要,在施工图出来之前安排,使施工单位的招标与物资采购同步。如一工程钢管桩的供应能力常受到生产能力特别是原材料供应的严重制约,于是通过向宝钢锁定钢材资源和引进新的钢管桩生产商的方式保证原材料的供应,不仅保障工程的按时按质实施,而且避免了价格的回升,节省了投资。

4)安全管理

洋山深水港区工程通过树立"以人为本,严格管理"的安全管理理念,全面推行施工全过程安全动态管理,重点实施对危险点、危险源和危险场所的有效预控的安全管理模式,建立并不断完善"逐级负责、系统管理、群众监督"的港区工程施工现场安全管理体制

和各项安全生产规章制度,坚持在确保安全的前提下全面、有序推进工程建设。

(1)构建严密的安全管理网络体系,完善安全管理制度

(a)设置机构,配备人员

港口分指挥部先后成立了分指挥部安全领导小组和工作小组、施工海域海事搜救领导小组和联络小组,建立并完善业主方安全管理监督网络,要求各施工单位以分指挥部安全管理模式为基础,结合各自特点,采取和建立有重点的、针对性更强的安全管理机构。分指挥部设立安全总监岗,各参建单位配备专职安全员并落实相应的岗位责任制及安全生产规章制度。

(b)完善安全管理制度

健全的安全管理制度是实现安全施工的基础,为此建立了一系列安全管理制度以规范安全管理,包括安全例会制度、安全报表制度、安全监督检查制度、专题会议制度、安全无事故月活动制度、宣传教育制度、安全工作计划和总结制度、防台防汛专项总结制度等。

(2)健全施工安全保障措施

(a)施工现场安全生产监督管理内容

洋山深水港区工程的安全生产主要为施工现场、船舶、专项(防台防汛、防突风、大雾、降暑降温等)和临设的安全管理。

(b)施工安全保障措施

分指挥部采取多种措施加大安全管理力度,包括要求各施工单位按要求建立安保体系,向安监局和上海港安全质量监督站进行安全报监,并接受其监督管理;同时通过在招标投标阶段引入安全生产的有关内容和条款,签订材料安全协议书,以源头保证安全生产责任制的落实;督促施工项目部制定安全生产方案,预先分析危险点、源、场所等,预测和评估危害程度,发现和掌握风险规律,制定应急预案,将危险消灭在事故之前等。

5)环保管理

该工程地处外海、工程规模大、参与单位众多等特点,因此对岛上自然环境及周边海域的环境保护提出了更高的要求,通过采用全过程动态环保管理和环保设施"三同时"的理念,在港口工程领域率先引入环境监理机制,使环境保护工作融入到整个工程实施过程中,变事后管理为全过程管理,变被动控制为主动控制、变政府强制性管理为政府监督与业主、环境监理和施工单位自律相结合的管理,取得了明显的成效。

3.技术管理和科技创新

洋山深水港区工程面临诸多世界级难题,工程将技术创新与技术管理作为工程管理的重点,攻克了一系列的技术难题,形成了一批专利,为一期工程的顺利实施提供了保证。

1)技术管理与科技创新的方法

(1)设置科研与技术管理责任部门,制订技术管理制度

落实科研与技术管理的责任部门为工程部和机电部,通过分工协作,使两个部门各司其职,通过有效的科研技术管理,统筹兼顾,实现质量、投资、进度三大目标的共赢。科研与技术管理包含三大板块:技术管理、科研管理和设计管理。针对不同板块,指挥部指定了相应的工作流程和管理职能分工,以确保科研技术管理落到实处。

(2)不断优化设计方案和施工工艺,实现三大目标共赢

在稳步推进开工项目实施的同时,结合工程实施的特点和技术难点,不断优化设计方案和施工工艺,实现三大目标的共赢。如在小洋山隧道建设管理中,根据原设计方案,将在地面隧道的路面下各建一条管线廊道供配套水、电、通信设施的安装。该方案施工难度大,对相邻的施工产生干扰,也不利于运营维护。在实际施工过程中,项目部发现岩石质量高于预期,将原方案改为专门修一条安装外配套设施的管线隧道方案。通过优化设计方案,节省投资500多万,也缩短了工期。

(3)对新工艺、新技术开展课题研究,进行典型施工

根据工程实际情况和建设需要,积极探索新工艺、新技术在港区工程的应用,通过组织设计、施工、监理、科研等单位形成课题攻关小组,调研类似项目,开展典型工程施工,并结合模型试验,从而为后续工程的建设积累宝贵经验。探索符合洋山实际的施工技术和施工方案。对技术难度大的重大问题咨询专家,发挥群体的智慧和创造力。

2)技术管理与科技创新的成效

通过科研攻关,填补洋山海域建港资料的空内,为港口建设和运营积累了一手实测资料;通过模型试验和专题研究,为后续工程立项、建设提供强大的技术支撑,通过技术管理与科技创新,有效地解决了质量、进度、投资三大目标的冲突,解决了洋山建港的系列难题如在水深流急的特定海域,成功采用了深水软体排和袋装砂堤心结构;又如在国内首次采用复合式中墙双连拱隧道结构,成功建设了大跨度、小间距穿越山体的隧道公路工程等。

(二)营运效果

自洋山深水港区一期工程2005年12月10日建成投产以来,继2006年、2008年陆续建成投产的二期、三期工程,至今港区运营已达十二年之久,营运情况良好,港区集装箱吞吐量逐年快速上升,装卸效率不断提高,接纳国际集装箱船舶吨级逐步加大,港区建成的设施,设备运行安全可靠,泥沙淤积程度好于预期,全港区投产以来多台风袭击等恶劣的气候环境条件下没有发现设施、设备受损情况,确保了生产的正常进行,总体营运效果完全达到并超过了设计预期。

1.港区集装箱吞吐量逐步快速上升

洋山深水港区自2005年12月10日正式开港,2006年完成集装箱吞吐量323.6万TEU,表13-4-7为洋山深水港区历年完成集装箱吞吐量。

洋山深水港区集装箱吞吐量一览表　　　　　表 13-4-7

年份(年)	洋山港区吞吐量 (万 TEU)	水水中转合计 (万 TEU)	水水中转比例	上海港吞吐量 (万 TEU)	洋山港区吞吐量占 上海港比例
2006	323.6	145.6	45%	2171.9	14.9%
2007	310.8	310	50.8%	2615.2	23.4%
2008	822.8	416	50.6%	2800.6	29.4%
2009	784	401	51.1%	2500.2	31.4%
2010	1011	435	43.0%	2907	34.8%
2011	1310	601	45.9%	3174	41.3%
2012	1415	661	46.7%	3252.8	43.5%
2013	1437	715	49.8%	3377.4	42.6%
2014	1520	756	49.7%	3528.5	43.1%
2015	1540	764	49.6%	3653.7	42.1%
2016	1562	790	50.6%	3713.3	42.1%
2017	1655	837	50.6%	4023.3	41.1%

从表中可以看出:

(1)由于洋山深水港区投入运营,上海港的集装箱吞吐量逐年快速上升,从 2005 年的世界排名第三位,迅速提升至 2007 年的排名第二位,到 2010 年就跃升至世界第一大港的地位,至 2017 年始终保持着集装箱吞吐量第一的位置,正是由于洋山深水港区的集装箱吞吐量占上海全港的比重逐年快速提升所决定的;同时,上海港集装箱运输水水中转比例由 2005 年的 35% 提升至 50% 左右,特别是原来需到境外中转的远洋国际运输的集装箱基本上都到洋山港区中转,充分体现了深水港区的枢纽港效应。

(2)2009 年受国际金融危机影响,世界贸易量出现明显下滑,上海港集装箱吞吐量也下降 10.1%,但洋山深水港区下降远低于上海全港的下降幅度,同样说明深水港区的作用,"十二五"期间,国内外贸易逐步回暖,洋山港区实现了年均 8.8% 的高速增长,高于上海全港的平均水平,近几年随着码头能力渐趋饱和,增速有所回落,但在 2017 年底洋山四期投入试运营后,今后洋山深水港区集装箱吞吐量必将出现一个新的快速增长期,其全港的集装箱吞吐量将占上海港集装箱吞吐量的 50% 以上。

2. 作业效率不断提高,泊位通过能力快速上升

(1)码头作业效率不断提高

洋山深水港区码头装卸效率不断提高,其中一、二、三期码头装卸桥台时效率由30TEU/台时,逐步增至 40TEU/台时,到 50TEU/台时,甚至达到 60TEU/台时以上,其单机

昼夜(24 小时)平均装卸效率在 956TEU 以上。四期自动化码头从 2017 年 12 月 10 日投入试运行以来,试运行的 4 个泊位 13 台桥吊昼夜装卸量由开始的 7000TEU、8000TEU 到目前的 12000TEU,单机昼夜装卸量达到 935TEU,2018 年 8 月份四期试运行的 4 个泊位完成吞吐量 30 万 TEU。

(2)泊位通过能力快速上升

洋山深水港区已投入正常运营的一、二、三期 16 个泊位平均每个泊位的通过能力快速上升,详见表 13-4-8。

洋山深水港区一、二、三期工程泊位通过量统计表　　　　　　　表 13-4-8

年份(年)	2010	2011	2012	2014	2015	2016	2017
集装箱吞吐量(TEU)	1011	1310	1415	1520	1540	1562	1648
泊位数(个)	16	16	16	16	16	16	16
平均每个泊位通过量(万 TEU)	63.2	81.9	88.4	95	96.3	97.6	102.5

注:表中 2017 年吞吐量中不包括四期试运行完成的 15 万 TEU。

(3)泊位利用率保持高水平

洋山深水港区的泊位利用率:呈现逐年提高的态势,并保持较高水平,详见表 13-4-9。

洋山港区一、二、三期泊位利用率统计表　　　　　　　表 13-4-9

年份(年)	2006	2007	2008	2009	2010	2011	2012	2013	2014	2015	2016	2017
泊位利用率	52.8%	53%	54.4%	56.2%	58%	60.2%	62.4%	68.5%	71%	69%	74%	76.5%

3. 码头实际年作业天数高于预期

洋山深水港区设计年作业天数为 315 天,投入运营以来的 12 年间远远大于设计值,由于南北岛链的掩护效应,作业天数也高于外高桥等周边港区,实际年作业天数统计见表 13-4-10。

洋山深水港区码头年作业天数统计　　　　　　　表 13-4-10

年份(年)	2006	2007	2008	2009	2010	2011	2012	2013	2014	2015	2016	2017
实际作业天数	351	348	343	343	352	353	346	354	355	352	354	357

从表中可看出,12 年中均在 340 天以上,12 年平均为 350.7 天。

4. 航线航班逐年增多,到港船型吨级不断增大

洋山深水港区投入运营以来,世界各大船公司纷纷开辟洋山深水港区至世界各地的国际远洋航线,如马士基、川崎、地中海、日邮、商船三井、达飞、中海、中运、长荣、韩进、阳

明、中集等,这些公司的远洋船舶从洋山深水港区日夜不停地穿梭在亚欧线、南美线、南美西线、美东线、美西线、地中海线等东西各大航线以及非洲线、黑海线、澳新线、中东线等,2017年洋山深水港区的国际远洋航线达80余条,同时开辟了沿海支线,主要承担沿海远洋集装箱的中转服务,航线主要为大连、天津、烟台、青岛、连云港、温州、台州等,每月航班数量达到700余班次,2017年支线运量达到323万TEU,同时江海支线和集装箱"穿梭巴士"航线,沿长江上溯到苏州、南通、南京、武汉、重庆,每月达到417个班次,2017年仅穿梭巴士量达39.8万TEU。

由于洋山深水港区的深水码头优势,到港船型不断增大,在一、二期工程投产初期到港的远洋航线集装箱船型多为第四代至第六代船,为50000~100000吨级,船长300~350米,满载吃水13.0~14.5米,载箱量多在3500~8000TEU之间,但随着世界集装箱船型的不断增大,近几年,载箱12000TEU的苏伊士型和载箱15000TEU的马六甲型不断到达洋山深水港区,船长在350~400米间。到港集装箱船舶除极个别满载到港或离港外,绝大多数船实载率为50%~90%。如载箱9500TEU的船实载5000TEU,载箱12000TEU的船载箱7000~8000TEU,吃水在12.6~15米间,2017年曾有一艘载箱18000TEU的船到港。

5. 芦潮辅助区充分发挥了陆港转运枢纽作用和对临港地区发展的拉动

芦潮辅助区是洋山深水港区的重要组成部分,从建成投入运营以来,已充分起到了深水港区集装箱运输的补充,缓冲和增效作用,是港区水上运输的枢纽和港陆的桥头堡,港区进出口集装箱需存放5天及以上的都在辅助区堆存,危险品集装箱全部在辅助区的危险品专属区存放处理和外运,该危险品专属区已成为上海浦东统一集中的危险品存放处理地,有效地减少甚至避免了在港区和市区浦东地区存放搬运危险品集装箱带来的作业危险与环境污染,优化了城区和港区环境。

2005年12月随着洋山深水港区一期工程的开港启用,全国第二个保税港区也同步封关运作,在6.85平方公里的保税港区域内已建成仓储,分拨加工包装配送等各类生产及辅助生产建筑250万平方米,成为覆盖长三角、辐射全中国,以航运服务、分拨配送及国际贸易为核心的具有全球竞争力的亚太中转枢纽,不断在中转分拨中心、跨境电子商务中心、大宗商品交易、保税维修及船供等领域形成一批国内领先国际一流的新产业和新功能。

2013年8月,国务院正式批准设立中国(上海)自由贸易试验区,含浦东机场、外高桥保税区总面积28.78平方公里,其中洋山保税港区14.16平方公里,约占1/2,2015年4月,又将陆家嘴、外高桥、张江、金桥、外虹桥纳入到自由贸易试验区,总面积扩至120.72平方公里,涵盖了港口、仓储、物流、航空、金融、贸易、航运、高科等领域,为上海国际航运中心的功能与竞争力提升创造了更优越的条件,同时洋山保税港区以及相应区域功能的扩充与完善为临港新城的建设与发展奠定了良好的基础,因而临港产业区得到了快速发展,在临港产业区规划建设了国家新能源装备、船舶关键件、海洋工程、汽车整车及零部件、大型工程机械、民用航空设备及关键零部件六大产业制造基地,重点引进高端装备制造和战略性新兴产业为代表的关键领域,这里正在制造全世界最大的船用曲轴、最大的风能发电叶片、全国首个国产的集成电路用 300 毫米大硅片、全国首台自主知识产权的国产大飞机发动机等,这里将成为"上海制造"的一块金字招牌,凡此种种,是"以港兴城、港为城用"的充分体现。

6.港区能耗指标好于预期,财务收入情况较为良好

在港区高水平的管理组织下,装卸效率不断提高的同时,港区节能、环保呈现良好状态,能耗指标好于上海其他港区,财务收效状况同样较为良好,近几年主要装卸设备能耗指标见表 13-4-11。

（1）能耗

装卸桥与轮胎吊操作量单耗指标表　　　　　　　　　　　　表 13-4-11

项　　目	单　　位	2015 年	2016 年	2017 年
桥吊	度/TEU	3.07	3.06	3.0
轮胎吊	升/TEU	0.54	0.54	0.54

（2）财务收入

洋山深水港区一、二、三期 2005 年 12 月 10 日投入运营后已创造利润近 156.8 亿元,平均每集装箱吞吐量创利润约 130 元,目前已达到每箱利润 150～160 元的水平。

洋山保税港区 2017 年经营总收入 3083.68 亿元,同比增长 10.5%,创税收 105.24 亿元,临港产业区 2017 年总产值突破千亿大关。这些充分说明洋山深水港区的建设直接与间接经济效益都是可行的,且是较好的。

六、洋山深水港区工程总结与展望

（一）总结

遵照党中央、国务院作出的把上海建成国际经济、贸易、金融及航运中心的战略决策,从 20 世纪 90 年代开始经过近十年的上海国际航运中心洋山深水港址比选、规划论证和近 15 年分阶段建设,一座大规模、高效率、现代化的集装箱深水港区展现在了世人面前,创造了中国乃至世界港口建设史上的奇迹,世人所瞩目!

洋山深水港区的建设终结了上海建港一个半世纪以来没有大型深水码头的历史,实现了革命先驱孙中山先生在一百多年前提出的要在杭州湾口水域建设东方大港的夙愿。洋山深水港区已成为上海国际航运中心的中流砥柱,使上海港的集装箱吞吐量从 1993 年

的 93.5 万 TEU,世界排名第 26 位,跃升到 2010 年的 2907 万 TEU,成为无可争辩的世界第一大港,2017 年更是超 4000 万 TEU,遥遥领先于排名第二、第三位的新加坡港和香港港,使上海港成为了世界最大的国际贸易运输的枢纽港。她的建成加快了上海建成"一个龙头、三个中心"的步伐,进一步促进了长江三角洲和整个长江流域地区经济的高速发展。

洋山深水港区的高效、高品质地建成投产,进一步增强了制度自信。港区工程的规划建设是靠国家重大战略决策的指引,是依赖于交通运输部和中央相关部委的指导、支持与帮助,是由于上海几届市委、市府领导对建设洋山深水港的坚忍不拔的意志和决心以及强有力地组织和领导,是靠全国相关科研院校企事业单位和专家的全力协助,是依靠广大工程设计、施工和设备制造者们发扬不畏艰难、勇挑重担、求真务实、不断创新、努力拼搏的结果,这在其他社会体制下根本做不到的事情!

洋山深水港区的建成投产,形成了洋山精神。在港区选址、规划、设计、施工的工程中,围绕着国家建设上海国际航运中心的战略目标,无论是沪浙两地政府,还是科研、咨询、设计、施工等参建单位,大家讲奉献、讲拼搏、讲科学、讲大局,形成了"不辱使命的奉献精神、艰苦奋斗的拼搏精神、求真务实的科学精神、团结协作的大局精神"的洋山精神,丰富了我国工程建设的精神宝库。

洋山深水港区是在强潮流、高含沙的外海依托岛礁地形、通过填海造地建设的超大规模集装箱港区,其建设条件之复杂、建设依托条件之差、建设难度之大在人类建港史上罕见,其顺利建成投产,使得我国筑港技术能力、自信心等方面得到大幅提升,它不仅创造了港口建设(含东海大桥)的高质量与高速度,并且创造了比我国以往任何一个港口工程建设更丰富的技术创新成果,获得了全国优秀工程咨询成果一等奖、国家科技进步二等奖、全国优秀勘察设计金奖、国家优质工程奖、全国优秀工程勘察设计行业市政公用工程一等奖、全国十大建设科技成就奖、第八届、第十届中国土木工程詹天佑奖等及众多部省市级一等奖项,大大提升了我国港口建设的设计施工技术水平。

(二)展望

洋山深水港区投入运营以来,展现了它高效率、大吞吐能力和优质服务的雄姿,然而它的大型深水泊位还需要建设支线船的中小泊位加以配套,以解决不同等级泊位、资源的合理利用,从而达到港区集装箱吞吐能力的最大释放;陆域内多功能、全方位的现代物流服务功能尚需加以完善;大洋山一侧的深水岸线尚未开发,开发建设大、小洋山深水港区的任务并没有全部完成。我们完全可以相信,在经过若干年的继续建设,一个最具活力、多功能、综合性的第四代大港定会屹立在崎岖列岛这片美丽的海域上。

洋山深水港区凭借它背靠广袤且资源丰富的经济腹地,水、陆、空有机结合的集疏运网络体系,上海国际大都市的依托和国际贸易、金融中心、较完备的航运服务体系的支撑,完全建成的洋山深水港区将更加耀眼夺目,上海国际航运中心之地位将无可动摇地立于世界现有国际航运中心之首。

七、洋山深水港区建设大事记

洋山深水港区工程的开发建设大致可以分为二个阶段:选址规划论证阶段和建设阶段。

1995 年 6 月 ～ 2002 年 6 月,经历七年选址规划论证。

2002 年 6 月 ～ 2008 年 12 月,经历六年艰苦施工,相继建成了洋山深水港区一至三期工程。2008 年 12 月 ～ 2017 年 12 月,完成了四期工程全自动化集装箱码头。

(一)洋山深水港区选址规划论证阶段(1995—2002 年)

1995 年 6 月,在党的"十四大"战略决策的指引下,上海市第六次党代会将上海深水港区建设列为上海新一轮城市基础设施建设"十大工程"之首,原交通部第三航务工程勘察设计院(现为中交第三航务工程勘察设计院有限公司,以下简称"中交三航院")于 1995 年 6 月初,组建精干设计队伍,开始了上海国际航运中心深水集装箱港区的选址规划论证工作。

1995 年 8 月,上海市委领导率领上海市有关局委办,出海对长江口、杭州湾、大小洋山海域进行考察,并听取中交三航院对上海周边可选港址情况汇报。

1995 年 9 月,中交三航院向上海市提出"洋山深水港区初步规划设想方案"的书面报告,并向时任上海市副市长夏克强同志和市计委、交通规划、港口等有关部门做了方案汇报。

1995 年 12 月,完成"洋山深水港区初步规划"报告,提出集装箱枢纽港需要 15 米以上水深、洋山海域可开发建设大型集装箱枢纽港区及港区可通过建设跨海大桥同大陆连接的三大主要初步结论意见。

1996 年 5 月,上海市成立上海国际航运中心上海地区领导小组,下设办公室,简称"国航办",负责组织协调上海国际航运中心集装箱深水港区的有关工作。

1996 年 9 月,根据国务院要求和交通部下达的文件,上海市开始进行洋山深水港区的论证、选址规划等前期工作。

1996 年 11 月,有关设计、科研单位对洋山港址方案、双衢山港址方案、芦潮港址方案以及利用长江口导堤造陆建港方案等四个港址方案进行比选基础上,提出了洋山港址是上海国际航运中心集装箱深水港区的合理港址。

1997 年 2 月,国航办对"洋山深水港址方案"初稿,召开了专家评审会。11 月编制完成了"上海国际航运中心新港址论证报告"，包括主报告、专题报告共 26 册，以上海市计委与国航办名义上报交通部。

1998 年 4 月，根据市七次党代会精神，市政府加大前期工作投入，全面加快洋山深水港区的水文、泥沙、气象、地质等基础资料收集和前期论证工作。国航办要求中交三航院开展洋山深水港区总体布局规划工作的同时，同步开展洋山深水港区一期工程预可行性研究。

1998 年 12 月，国航办邀请国内 30 多位专家对"洋山深水港区总体布局规划"初稿进行评议。

1999 年 3 月，受国家计委委托，中国国际工程咨询公司在北京对江、浙、沪两省一市提出的太仓港址、北仑港址、洋山港址以及水规院提出的上海五号沟港址进行综合论证，同时，国航办委托美国路易斯·伯杰工程咨询公司对洋山深水港区总体布局规划进行了咨询评估。

1999 年 8 月，编制完成了"洋山深水港区总体规划"和"洋山深水港区一期工程项目预可性研究报告"，并向国家计委上报项目建议书。

1999 年 10 月，国家计委组织专家在上海召开了洋山深水港区宏观经济、技术经济两次专家论证会。

2000 年 1～2 月，国家计委邀请了荷兰海事集团和美国路易斯·伯杰工程咨询公司等国际专家，再次对大、小洋山深水港区建设时机选择和宏观经济与技术经济进行咨询评估。

2000 年 11 月 3 日，江泽民总书记接到李国豪院士在 2000 年 10 月 18 日致中央领导同志关于要加快大、小洋山深水港区建设的来信后，对洋山深水港区的建设作了重要批示。11 月 12 日，中共中央政治局常委、国家副主席胡锦涛到上海视察工作期间，专门听取了上海市对大、小洋山深水港区项目和长江口深水航道治理情况的汇报，并在 13 日参观了上海城市规划展示馆内的大、小洋山深水港区展区。

2001 年 1 月 20 日，时任国务院副总理吴邦国率国家计委、经委、交通部及江、浙、沪领导视察了大、小洋山港址，听取了上海市汇报洋山港选址的前期工作情况。

2001 年 2 月 21 日，国务院第 94 次总理办公会议批准了大、小洋山深水港区一期工程项目立项。国家计委根据国务院第 94 次总理办公会议的决定，以计基础〔2001〕313 号文下发《印发国家计委关于审批上海国际航运中心大、小洋山深水港区一期工程项目建议书的请示通知》，正式批复同意大、小洋山深水港区一期工程立项。

2001 年 3 月 9 日，上海市计委召开了洋山深水港区建设资金需求、投融资等资金筹措会议。

2001 年 3 月 19 日，中国航海学会邀请国内知名航海专家，由交通部林祖乙副部长主持召开了洋山深水港区船舶进出港、靠离泊安全咨询评估会。

2001年4月,交通部经济专家对一期工程财务经济评价进行咨询。

2001年7月,召开了全国桥梁专家对东海大桥方案进行了咨询评估。中国航海学会召集了国内知名航海专家对洋山港安全做出了咨询评价。召开了洋山深水港区一期航道工程可行性专家评审会。

2001年7月14日,上海市洋山深水港区工程建设指挥部正式成立。

2001年9月,完成了洋山深水港区一期工程环境影响评价报告书,并上报国家海洋局。

2001年10月底,完成了洋山深水港区一期工程工程可行性研究报告送审稿,包括分报告及30份专题报告,累计200多万字。

2001年12月,交通部环境保护办公室在沪主持召开了《上海国际航运中心洋山深水港区一期工程项目环境评价报告书》预审会。

2001年12月,受国家计委委托,中国国际工程咨询公司在上海召开了《上海国际航运中心洋山深水港区一期工程可行性研究报告》专家评审会。74名专家以及国家计委、交通部、国家环保局、国家海洋局等部委和浙江、江苏、上海的代表52人参加了会议。

2002年1月17日,交通部水运司在上海主持召开了跨海大桥通航标准论证协调会议,并与当年2月5日下达了《关于洋山深水港区芦洋跨海大桥通航净空尺度和技术要求的批复》。

2002年3月,国务院第56次总理办公会审议批准了洋山深水港区一期工程可行性研究报告,国家计委正式下达批复意见。

2002年4月,洋山深水港区一期工程投资、建设主体相继挂牌成立。

(二)洋山深水港区建设阶段

2002年5月26～29日,上海市会同交通部在上海西郊迎宾馆召开了洋山深水港区一期工程初步设计审查会议。

2002年6月18日,洋山深水港区一期工程5个5万～10万吨级集装箱泊位正式开工建设,同时东海大桥(即前文的"芦洋跨海大桥")开工建设。

2003年5月初,芦潮辅助区一期工程(含危险品和口岸查验区)开工建设。

2003年11月25～28日,中咨公司在上海国际会议中心评审洋山深水港区二期工程项目建议书。2003年12月13日,交通部在北京审查洋山深水港区二期工程工程可行性研究报告。

2004年12月初,中交三航院洋山工程设计研究所在洋山工程现场挂牌成立,50余人的精干设计队伍开始在小洋山施工现场办公。

2004 年 12 月,洋山深水港区二期工程正式开工建设。

2005 年 5 月,东海大桥全线贯通。

2005 年 11 月,洋山深水港区迎来首艘外轮,美国总统轮船公司"彩虹石"号大型集装箱船舶成功靠泊。

2005 年 12 月 10 日,洋山深水港区正式开港,上海港终结了没有 15 米以上深水港区的历史,港区、东海大桥、芦潮辅助区同步建成投产,一期工程实现了"港开、桥通、城用"目标。全国第一个保税港区洋山深水港区也同步封关运作。

2006 年 12 月,洋山深水港区二期工程 4 个 7 万~10 万吨级集装箱泊位建成投产。

2007 年 2 月 8 日,交通部委托中交水规院在上海会议中心召开洋山深水港区三期工程工程可行性研究报告审查会议。

2007 年 3 月 16~18 日,中咨公司在上海召开洋山深水港区三期工程项目申请报告评估会议。

2008 年 12 月,洋山深水港区三期工程 7 个 10 万~15 万吨级集装箱泊位建成投产。

2017 年 12 月,洋山深水港四期工程 7 个 5 万~15 万吨级集装箱泊位,一座全球规模最大、拥有自主知识产权的全自动化集装箱码头建成投产。

2018 年 11 月 6 日,习近平总书记考察上海时,在浦东新区城市运行综合管理中心视频连线洋山深水港区四期自动化码头作业区,他指出:"经济强国必定是海洋强国、航运强国。洋山港建成和运营,为上海加快国际航运中心和自由贸易试验区建设、扩大对外开放创造了更好条件。要有勇创世界一流的志气和勇气,要做就做最好的,努力创造更多世界第一。"

第五节　长江南京以下 12.5 米深水航道整治工程

一、长江南京以下 12.5 米深水航道整治工程概况

(一)工程建设背景及必要性

1. 建设背景

长江是中国水量最丰富的河流,水资源总量 9616 亿立方米,约占全国河流径流总量的 36%,居世界第三位,航运资源非常丰富。长江干线由水富至长江口通航里程达 2838 千米,是我国水运主通道和沿江地区综合运输体系主骨架。充分发挥长江运能大、成本低、能耗少等优势,加快推进长江干线航道系统治理,整治浚深下游航道,有效缓解中上游

瓶颈,改善支流通航条件,优化港口功能布局,加强集疏运体系建设,发展江海联运和干支直达运输,打造畅通、高效、平安、绿色的黄金水道,是依托黄金水道推进长江经济带发展的重要内容。

党中央、国务院高度重视长江黄金水道的建设,为了打通长江口"拦门沙"天然屏障,国家从1998年开始实施长江口航道整治工程。2002年一期工程建成,长江口航道水深从7米增深至8.5米;2005年二期工程建成,航道水深达到10.5米并上延至南京;2010年三期工程建成,航道水深达到12.5米并上延至江苏太仓,能满足第三、四代集装箱船和5万吨级船舶全潮双向通航的要求,同时兼顾满足第五、六代大型远洋集装箱船和10万吨级散货船满载及20万吨级散货船减载乘潮通过长江口的要求。

为充分发挥长江口航道治理工程效益,推进长江干线航道系统治理,支撑长江经济带发展,国家对长江口12.5米深水航道向上游延伸工程进行了一系列部署。2004年国务院"长江三角洲交通发展座谈会"会议纪要(国阅〔2004〕205号)中明确:"继续进行长江口深水航道建设,做好二期工程建设,抓紧落实三期工程和研究深水航道继续向上延伸的实施方案,为江苏港口的发展创造更好的通航条件,带动长江流域经济发展。"2010年国务院批准的《长江三角洲地区区域规划》将长三角地区定位为"亚太地区重要的国际门户、全球重要的现代服务业和先进制造业中心和具有较强国际竞争力的世界级城市群",并指出"要推进长江口12.5米深水航道向上延伸工程建设"。2014年国务院发布的《关于依托黄金水道推动长江经济带发展的指导意见》提出"加快实施重大航道整治工程,下游重点实施南京以下12.5米深水航道工程;中游重点实施荆江河段航道整治工程,加强航道工程模型试验研究;上游重点研究实施重庆至宜宾段航道整治工程。"

长江南京以下12.5米深水航道工程是"十二五"和"十三五"期间全国内河水运投资规模最大、技术和建设环境最复杂的重点工程,项目全长283千米,自苏州太仓溯流而上,经沿江8市至南京新生圩,对接2011年已经建成的长江口12.5米深水航道,将为高质量发展长江航运,深化水运供给侧结构性改革,构建高效畅通的长江综合立体交通走廊,推动长江经济带发展和交通强国建设发挥重要作用。

2. 工程论证决策主要过程

长江南京以下12.5米深水航道工程前期论证决策主要分为三个阶段:

(1)第一阶段为20世纪90年代前的规划与浚深为主

新中国成立后,长江下游航道列入长江干线航道发展规划,至20世纪70年代以前,下游航道条件优越,航行条件的矛盾主要在上游。

随着航行船舶吃水增加,1973年白茆沙7.1米航深难以维持,长江航道局加大了维护力量;1975—1976年福姜沙南水道10.5米开通,1978年再次出现通州沙8.0米、白茆沙7.1米航深难以维持,于是一方面申请增加维护力量,另一方面开始规划长江下游

13 个碍航水道的治理,并列入"六五""七五"规划,但一直没有实施。

(2)第二阶段为 20 世纪 90 年代—2004 年,以前期研究论证为主

20 世纪 90 年代初,长江下游航道维护问题得到交通部的关注,"八五"期间下拨 100 万元作为前期工作费;1996—1998 年间,长江南京航道局委托南京水利科学研究院开展"长江下游白茆沙水道、通州沙水道和福姜沙水道海轮深水航道整治工程预可行性研究",提出了"长江下游三沙"整治原则、通航汊道选择与治理方案;2001—2002 年根据"关于重新下达公路水路交通'十五'重点建设项目前期工作计划的通知"(交通部交规发〔2001〕124 号)的精神,继续委托南京水利科学研究院在对整治工程方案进行深化试验研究。

为与长江口深水航道治理二期工程相对接,长江航道局在 2005 年对长江南京～浏河口河段实施了 10.5 米深水航道建设工程,主要建设内容包括航标工程、疏浚工程、测量工程和航道配套设施建设。为了稳定重点滩段的滩槽格局,遏制对航道不利的滩槽演变趋势,在"十一五"期间,长江航道局组织实施了双涧沙守护工程、鳗鱼沙心滩滩头守护工程、落成洲守护工程。

(3)第三阶段为 2004—2012 年,工程立项建设

2006 年 11 月,长江水运发展协调领导小组第一次会议上,交通部和沿江七省二市共同签署《"十一五"期长江黄金水道建设总体推进方案》(交水发〔2006〕650 号)中明确:"十一五"期南京以下航道加快推进通州沙、白茆沙航道治理的前期工作,条件成熟时,实施 12.5 米水深航道延伸到南京工程。"

2009 年 8 月,江苏省人民政府与交通运输部签署了《加快推进江苏沿海地区交通运输发展有关问题的会议纪要》,双方商定共同推进长江口 12.5 米深水航道上延至南京,明确要求加快推进长江江苏段 12.5 米深水航道前期工作。

2009 年国务院批准的《长江干线航道总体规划纲要》明确指出:"长江下游以提高航道通航水深和延伸深水航道通航范围为目标,进一步适应海船进江需要,促进沿江经济发展和对外开放。南京以下河段加快实施水利河势控制工程,在此基础上自下而上相应实施重点航道治理工程,适时启动深水航道上延至南京的整治工程。"

2010 年国务院批准的《长江三角洲地区区域规划》将长三角地区定位为"亚太地区重要的国际门户、全球重要的现代服务业和先进制造业中心和具有较强国际竞争力的世界级城市群",并指出"要推进长江口 12.5 米深水航道向上延伸工程建设"。

2010 年 9 月,为贯彻落实国务院常务会议关于加快长江等内河水运发展工作的部署,交通运输部在重庆召开了"十二五"长江干线航道建设前期工作座谈会,会上明确了以长江干线中游荆江河段航道治理和南京以下 12.5 米深水航道建设工程为长江干线航道建设的重中之重。

2010 年 9 月,交通运输部与江苏省人民政府联合发文《关于开展长江口 12.5 米深水航道向上延伸至南通(天生港区)航道建设工程前期工作的通知》(交函规划〔2010〕205 号)

2010 年 10 月,交通运输部与江苏省人民政府就加快推进长江深水航道及区域综合运输体系建设举行会谈。双方商定,部省共同成立项目建设领导小组,协调推进项目前期工作,将该项目纳入部和省"十二五"规划,由部省共同出资建设。

交通运输部和江苏省人民政府认真贯彻落实党中央、国务院的决策部署,以打造长江黄金水道"先手棋"为目标,切实担负起历史使命,联合组织实施长江南京以下 12.5 米深水航道工程。2011 年 4 月 15 日交通运输部、江苏省人民政府在南京联合组织召开了长江南京以下深水航道建设工程领导小组成立暨领导小组第一次会议,翁孟勇副部长主持,江苏省史和平副省长宣布成立"工程"领导小组及人员名单、"工程"领导小组办公室及人员名单、"工程"指挥部及领导名单和咨询专家组。李盛霖部长、李学勇省长为"长江南京以下深水航道建设工程指挥部"揭牌。

2011 年国务院发布的《关于加快长江等内河水运发展的意见》要求"稳步推进长江口 12.5 米深水航道向上延伸工程","力争用 10 年左右时间,建成畅通、高效、平安、绿色的现代化内河水运体系。"

2014 年国务院发布的《关于依托黄金水道推动长江经济带发展的指导意见》提出"加快实施重大航道整治工程,下游重点实施南京以下 12.5 米深水航道工程;中游重点实施荆江河段航道整治工程,加强航道工程模型试验研究;上游重点研究实施重庆至宜宾段航道整治工程。"

3. 工程建设必要性

(1)是落实国家战略决策,推进长江经济带发展的需要

长江是货运量位居全球内河第一的黄金水道,长江通道是我国国土空间开发最重要的东西轴线,在区域发展总体格局中具有重要战略地位。2013 年 7 月,习近平总书记在武汉调研时指出,"长江流域要加强合作,充分发挥内河航运作用,发展江海联运,把全流域打造成黄金水道"。依托黄金水道推动长江经济带发展,打造中国经济新支撑带,是党中央、国务院审时度势,谋划中国经济新棋局作出的既利当前又惠长远的重大战略决策。推动长江经济带发展对长江水运提出了更高的要求,需要进一步增强干线航运能力,改善支流通航条件,优化港口功能布局,加强集疏运体系建设,形成以上海国际航运中心为龙头、长江干线为骨干、干支流网络衔接、集疏运体系完善的长江黄金水道。长江南京以下航段是长江主航道中通航条件最好、船舶通过量最大、经济效益最为显著的航段,以长江通航里程七分之一的长度,承担了长江全线 70% 的货物运量,年运量 16 亿吨以上。建设长江南京以下 12.5 米深水航道工程将明显改善该航段通航条件,提高通航能力,为长江

经济带发展提供强大的运输保障。

(2)是降低物流成本,深化水运供给侧结构性改革的需要

长江南京以下航段海轮承运量超过8亿吨,在之前10.5米航道水深的时候,只能满足3万吨级海轮满载通航,5万吨级以上大型海轮需大量减载、亏载运输。建设长江南京以下12.5米深水航道工程将全面提高了大型海轮的实载率,大幅降低运输成本。据测算,5万~7万吨级船型实载率将提升近25%,10万~20万吨级将提升近20%,5万吨级以上进江海轮每多装载1万吨货物,可大致节约运输成本23.3万元。同时,工程的实施还将深刻改变船舶运输组织方式,由于进江大型海轮的上延与内河船舶之间的中转运输次数减少,可以进一步促进船舶运输组织方式优化调整,实现更高效的江海联运、江海直达运输,降低长江航运和货物运输的物流成本,实现高质量的航运发展。

(3)是形成运输枢纽,构建综合立体交通走廊的需要

依托长江黄金水道,统筹铁路、公路、航空、管道建设,加强各种运输方式的衔接和综合交通枢纽建设,加快多式联运发展,建成安全便捷、绿色低碳的综合立体交通走廊,是推动长江经济带发展的重要举措。长江南京以下的沿江港口吞吐量达17亿吨,其中35%以上为长江中上游地区中转量,是江苏省和长江中上游地区江海转运的重要门户。12.5米深水航道的全线贯通使得江苏沿江南北两岸港口岸线真正成为优良的深水岸线,江苏沿江港口5万吨级以上大型码头泊位能力得到充分发挥;5万吨级以上海轮深入长江400多千米,可以在南京以下400多千米的沿江地区形成货物运输枢纽,进一步凸显运输大通道作用,形成高效畅通的长江综合立体交通走廊。

(4)是促进沿江产业集聚,加快产业结构优化的需要

依托长江航道,江苏沿江地区集中大量的加工制造、能源化工、物流贸易等产业。实施长江南京以下12.5米深水航道工程,一是可以提升沿江物流服务业水平,由于沿江港口一程中转比重的提升,港口物流功能将由转运型节点逐步向流通加工型,乃至综合型节点转变,不断拓展综合保税、仓储配送、国际贸易、跨境电子商务、供应链管理等现代物流服务功能,形成"码头、仓储、加工、贸易"四位一体的现代化物流体系;二是能够促进沿江产业规模集聚发展,随着深水航道建设,船舶大型化发展,物流服务水平提升,原材料及产成品的运输成本将进一步降低,运输规模效益进一步显现,沿江产业的集中布局、规模化发展动力更为强劲;三是将为沿江产业转型升级创造条件,深水航道延伸至南京,海港特征作用进一步增强,原材料采购、产成品出口直接对接国际市场,并缩短了长江中上游地区与国际市场的空间距离,为沿江产业升级和转型创造条件。

(5)是提升对外开放水平,加快城市城镇发展的需要

根据《长江三角洲地区区域规划》,长江三角洲地区要打造"以上海为龙头,南京和杭

州为两翼世界级城市群","沿江发展带要充分发挥长江黄金水道的优势及沿江通道的作用,合理推进岸线开发和港口建设,引导装备制造、化工、冶金、物流等产业适度集聚,从而加快城镇发展"。12.5 米深水航道延伸至南京后,长江南京以下航道与长江口深水航道进一步衔接,对外开放水平显著提升,航运、物流、贸易、金融等现代服务业的加速聚集,实现沿江城市经济产业结构优化调整,沿江城市的水运优势得到进一步增强,综合竞争力进一步提升。同时,沿江地区还将形成若干以港口为核心节点的物流枢纽,带动相应城市规模的扩张和功能的提升,推动长江南北两岸城市联动发展。现代服务业的聚集及传统产业的外移还将促进城市用地不断向郊区扩展,诱发沿江城镇群进一步形成,实现沿江城市发展空间进一步优化。

(6)是稳定滩槽格局、改善通航条件的需要

经过多年的自然演变及人工治理,目前长江以下河势总体稳定,但由于局部河势不稳定,滩槽格局的变化,部分区域航道条件存在不利发展趋势,抓住相对有利时机,及时实施长江南京以下 12.5 米深水航道工程,可以遏制航道条件向不利方向发展,改善通航和维护条件,保障航行安全。

(二)建设目标

长江南京以下 12.5 米深水航道工程建设范围为长江干线南京至太仓河段,河段全长约 283 千米,工程按照"整体规划、分期实施、自下而上、先通后畅"的建设思路分期组织实施。

1.一期工程建设目标

一期工程在太仓荡茜闸至南通天生港区约 56 千米河段建设 12.5 米深水航道,主要对通州沙下段至狼山沙尾部、白茆沙中上段等进行整治,并实施疏浚疏浚工程。航道设计水深 12.5 米(当地理论最低潮面,下同),设计有效宽度为 500 米,最小转弯半径为 1500米。满足 5 万吨级集装箱船(实载吃水≤11.5 米)全潮,5 万吨级散货船、油船乘潮双向通航及 10 万吨级及以上海轮减载乘潮通航要求。

一期工程总投资为 39.2 亿元,其中中央资金占总投资的 80%,共计 31.4 亿元;江苏省资金占 20%,共计 7.8 亿元。2012 年 2 月,国家发改委批复了项目建议书(发改基础〔2012〕499 号);2012 年 7 月,国家发改委批复了工程可行性研究报告(发改基础〔2012〕2190 号),交通运输部批复了工程初步设计(交水发〔2012〕358 号)。

2.二期工程建设目标

二期工程在南通天生港区至南京新生圩港区约 227 千米河段建设 12.5 米深水航道,对福姜沙水道、口岸直水道(鳗鱼沙段和落成洲段)、和畅洲水道和仪征水道实施整治和

疏浚工程。航道设计水深为 12.5 米（其中江阴以下起算基面为当地理论最低潮面,江阴以上起算基面为长江干线航道航行基准面）,优良河段通航宽度为 500 米,受限河段单向航道通航宽度为 230～260 米,双向航道为 350～500 米;无须疏浚区段转弯半径为 3000 米,疏浚区段转弯半径为 1500 米。航道建设尺度为 12.5 米×500 米×1500 米,满足 5 万吨级集装箱船（实载吃水≤11.5 米）双向通航、5 万吨级其他海轮减载双向通航、兼顾10 万吨级散货船减载通航（江阴长江大桥以下兼顾10 万～20 万吨级散货船减载通航）。其中和畅洲水道右汊 12.5 米水深单向通航。

二期工程概算总投资 71 亿元,其中中央投资 57 亿元,江苏省投资 14 亿元。2015 年 5 月,国家发改委批复了工程可行性研究报告,（发改基础〔2015〕1084 号）,交通运输部批复了工程初步设计（交水函〔2015〕387 号）。

（三）建设管理模式

1. 决策机制

为加快推进长江南京以下 12.5 米深水航道建设,2011 年 4 月,交通运输部和江苏省人民政府决定成立长江南京以下深水航道建设工程领导小组。领导小组组长为部长和省长,副组长为分管副部长和副省长,成员为部有关司局、省有关厅局和沿江各市主要负责人。领导小组通过召开领导小组会议和专题工作会议的方式,定期听取工程进展情况,协调决策工程建设中的重大问题,部署重点工作。

（1）领导小组会议

2011 年 4 月 15 日,交通运输部和江苏省人民政府在南京联合召开了长江南京以下深水航道建设工程领导小组成立暨领导小组第一次会议,会议宣布成立长江南京以下深水航道建设工程领导小组,组建工程指挥部,全面负责工程实施的建设管理工作。

2013 年 9 月 28 日,工程领导小组第二次会议在南通举行,会议听取了一期工程建设进展以及二期工程前期工作情况汇报,审议确定了二期工程实施方案,重点明确了福姜沙、口岸直与和畅洲 3 处分汊河段的深水航道选汊方案。

2015 年 6 月 29 日,交通运输部和江苏省人民政府联合召开了长江南京以下 12.5 米深水航道建设二期工程推进会暨领导小组第三次会议。会议听取了一期工程试运行和二期工程前期工作及开工准备情况的汇报,研究同意开工建设二期工程,并对二期工程建设重点进行了部署,提出力争 2016 年下半年实现初通,2018 年底建成并投入试运行。

（2）部省专题工作会议

2011 年 9 月,翁孟勇副部长、史和平副省长在指挥部调研并召开专题会议,研究协调项目未批前指挥部筹建及前期工作经费、科研单位短名单以及提前开展设计招标等事宜。

2012 年 4 月,徐祖远副部长、史和平副省长到指挥部召开专题会议,研究部署一期工程工可报批、初步设计审查以及开工准备等工作。

2013年1月,翁孟勇副部长、史和平副省长察看一期工程施工现场并在常熟召开专题会议,研究提请召开领导小组会议事宜,部署一期工程施工和二期工程建设方案等工作。

2014年1月,史和平副省长在指挥部召开专题会议,研究一期工程交工验收和二期工程前期工作中需要省政府支持和协调解决的有关问题。

2014年3月,翁孟勇副部长、史和平副省长在指挥部召开专题会议,宣布部党组对指挥部领导班子成员的调整决定,研究部署一期工程收尾、二期工程环评等前置性审查以及提前开展设计招标等重点工作。

2014年5月,翁孟勇副部长、史和平副省长察看工程现场并在太仓召开专题会议,研究一期工程交工验收以及试运行期相关工作的计划安排、二期工程前期工作和初通方案等。

2015年5月,翁孟勇副部长、徐鸣副省长在指挥部召开专题会议,研究领导小组第三次会议有关事宜,部署一期工程竣工验收和二期工程开工,协调开工前各项准备工作。

2016年7月,何建中副部长、徐鸣副省长在南京召开专题会议,研究部署二期工程初通维护、创建品质工程等工作,协调工程施工外部环境、五峰山跨江电缆、碍航码头拆除等事宜。

2018年5月,何建中副部长、费高云副省长在南京召开专题会议,研究部署二期工程试运行维护和安全管理,以及二期工程竣工验收等工作,协调2016年专题会议纪要落实、试运行维护机制、加强航道执法和打击非法采砂等问题。

2. 协调机制

长江南京以下12.5米深水航道工程建设涉及大量的协调工作,为保障工程建设顺利推进,江苏省人民政府非常重视研究解决指挥部提出的有关工程建设的困难和问题,对涉及面广的有关工作及时召开会议进行部署。江苏省主要领导亲自过问工程建设情况,历任分管副省长多次到现场解决实施中的难题。交通运输部规划司、水运局、长江航务管理局、江苏省交通运输厅、财政厅、水利厅、海洋与渔业局、江苏海事局等有关部门和工程沿线各市围绕工程建设目标,在投资计划、工程管理、通航与施工安全、锚地搬迁、渔民补偿、打击非法采砂、跨江电缆改造、碍航码头拆除、建筑物安全保护等方方面面做了大量协调工作。

(1)工程协调联络员制度

在江苏省人民政府指导下,指挥部建立了与沿江各地市及省直机关的联络员制度,进一步加强信息沟通,及时协调解决施工过程中的矛盾和问题。

（2）初通、试运行航道维护协调机制

在交通运输部的指导下，指挥部牵头，与长江航道局、江苏海事局、省交通运输厅分别成立了初通期、试运行期航道维护协调小组，主要负责航道维护在自然条件影响出现困难的情况下，协调解决航路调整、航标调整、应急疏浚、疏浚力量调配、施工与通航关系、公布实际水深通航等问题，以保障航道维护工作的开展。

协调小组组长由指挥部指挥长担任，副组长由长江航务管理局、江苏省交通运输厅分管领导担任。长江航道局、长江海事局、江苏海事局、长江航运公安局、江苏省交通厅港口局分管领导为成员。

协调小组下设办公室，是协调小组的办事机构。指挥部分管工程的副指挥长为办公室主任，指挥部工程处、监理处、长江南京航道局航标处、江苏海事局通航处、长江航运公安局南京分局、镇江分局和南通分局、江苏省港口局有关负责人为办公室成员。航道维护的日常工作由指挥部工程处承担。

根据交通运输部《关于成立长江南京以下深水航道建设工程指挥部的通知》（交人劳发〔2011〕156号），长江南京以下深水航道建设工程指挥部为交通运输部和江苏省人民政府联合组建的临时机构，是长江南京以下12.5米深水航道建设工程项目法人和建设主体，在全部工程竣工验收后予以撤销。

指挥部职责主要为全面负责工程实施工作，落实工程领导小组指示和决议，开展项目前期工作，组织开展工程建设重大问题研究，负责工程立项和初步设计报批、年度计划、招投标管理、施工管理、交工验收以及工程质量、安全、投资等工程建设管理工作。

指挥部内部设置了办公室、计划财务处、科研处、前期处、工程处、监理处和监察处等7个职能部门。此外，经请示上级部门，指挥部还通过招投标专门引入社会审计机构，实施工程全过程跟踪审计，对建设程序、工程造价、工程管理和财务管理等方面进行跟踪审计与检查。

3. 参建单位

（1）一期工程（表13-5-1）

一 期 工 程 表13-5-1

序号	分 类	标 段	单 位
1	设计	总体设计	中交上海航道勘察设计院有限公司、长江航道规划设计研究院联合体
2		通州沙整治建筑物结构设计	中交第一航务工程勘察设计院有限公司、中交第二航务工程勘察设计院有限公司联合体
3		白茆沙整治建筑物结构设计	中交第三航务工程勘察设计院有限公司、中交水运规划设计院有限公司联合体

续上表

序号	分 类	标 段	单 位
4	监理	通州沙整治建筑物施工监理	天津中北港湾工程建设监理有限公司、上海东华建设管理有限公司联合体
5		白茆沙整治建筑物施工监理	北京水规院京华工程监理有限公司、广州南华工程管理有限公司联合体
6		疏浚工程施工监理	天津中北港湾工程建设监理有限公司
7	施工	通州沙Ⅰ标段	长江航道局
8		通州沙Ⅱ标段	中交第一航务工程局有限公司
9		白茆沙Ⅰ标段	中交上海航道局有限公司
10		白茆沙Ⅱ标段	中交第三航务工程局有限公司
11		疏浚工程	中港疏浚有限公司
12		试运行维护疏浚工程	长江航道局

（2）二期工程（表 13-5-2）

二期工程　　　　　　　　　　　　　　　　　　　　表 13-5-2

序号	分 类	标 段	单 位
1	设计	Ⅰ标——总体设计	中交上海航道勘察设计院有限公司、长江航道规划设计研究院、长江勘测规划设计研究有限责任公司联合体
2		Ⅱ标——福姜沙和口岸直水道整治建筑物工程结构设计	中交第一航务工程勘察设计院有限公司、中交第二航务工程勘察设计院有限公司联合体
3		Ⅲ标——和畅洲和仪征水道整治建筑物工程结构设计	中交第三航务工程勘察设计院有限公司、中交水运规划设计院有限公司联合体
4	监理	福姜沙水道整治工程标段	天津中北港湾工程建设监理有限公司和天津天科工程监理咨询事务所联合体
5		口岸直水道整治工程Ⅰ标段	北京水规院京华工程管理有限公司和武汉中澳工程项目管理有限责任公司联合体
6		口岸直水道整治工程Ⅱ标段	广州华申建设工程管理有限公司和江苏科兴项目管理有限公司联合体
7		和畅洲水道整治工程标段	广州南华工程管理有限公司和南京公正工程监理有限公司联合体
8		仪征水道整治工程标段	上海东华建设管理有限公司和武汉长航科达工程监理有限公司联合体
9		疏浚工程施工监理	广州华申建设工程管理有限公司
10		环境监理单位	江苏润环环境科技有限公司
11	施工	福姜沙水道整治工程标段	中交第三航务工程局有限公司
12		口岸直水道整治工程Ⅰ标段	长江航道局

续上表

序号	分 类	标 段	单 位
13	施工	口岸直水道整治工程Ⅱ标段	中交天津航道局有限公司
14		和畅洲水道整治工程标段	中交第一航务工程局有限公司
15		仪征水道整治工程标段	中交第二航务工程局有限公司
16		初通基建与初通维护疏浚工程	长江航道局
17		后续基建疏浚及疏浚期初通航道维护工程Ⅰ标段	中交上海航道局有限公司
18		后续基建疏浚及疏浚期初通航道维护工程Ⅱ标段	长江航道局
19		试运行期维护疏浚工程	长江航道局

二、长江南京以下河势及建设条件

（一）河道自然条件

1. 河道特性

长江南京以下12.5米深水航道工程位于长江下游冲积平原河流段至河口段，上起长江下游太仓荡茜闸，上至南京新生圩河段，长约283千米。江阴以下至太仓荡茜闸河段属于长江河口段，潮汐现象较为明显，江心洲滩发育，主要洲滩有福姜沙、双涧沙、通州沙和白茆沙等。江阴至南京河段河道宽窄相间，窄深河段一般受山丘矶头控制而河槽稳定，宽浅河段则江宽流缓而多洲滩（图13-5-1）。

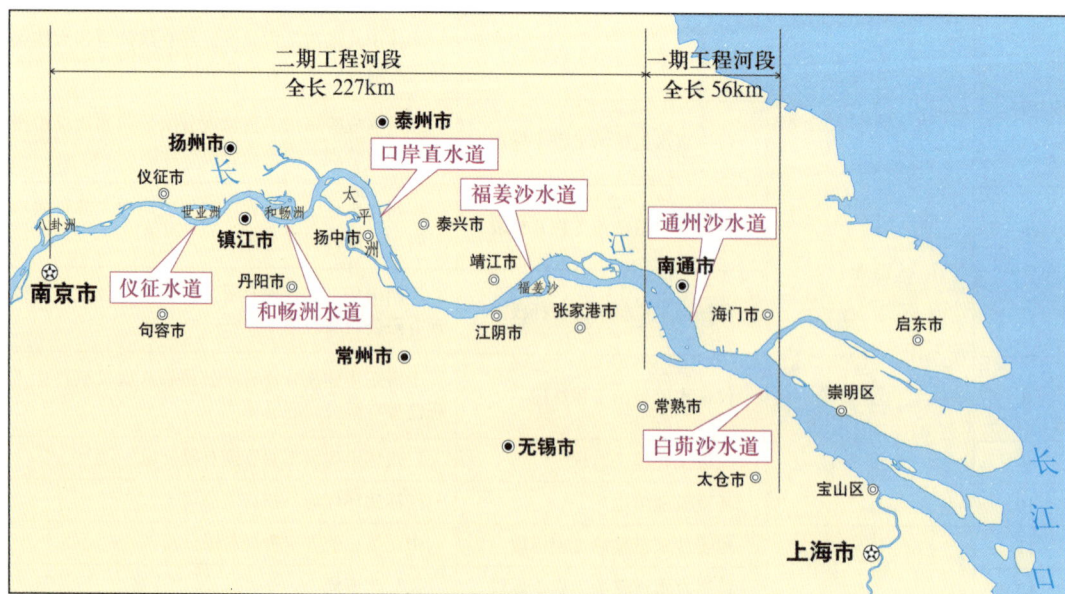

图13-5-1 长江南京以下12.5米深水航道工程分布图

2.水文条件

(1)上游径流、泥沙条件

长江下游最后一个水文站大通站距南京河段进口猫子山约 167 千米。大通站以下较大的入江支流有安徽的青弋江、水阳江、裕溪河,江苏的秦淮河、滁河、淮河入江水道、太湖流域等水系,入汇流量约占长江总流量的 3% ~ 5%,故大通站的径流资料可以代表本河段的上游径流,根据大通水文站资料统计分析,其特征值见表 13-5-3。

大通站径流及沙量特征值统计表(1950—2017 年)　　　表 13-5-3

类别	最大	最小	平均
流量(立方米/秒)	92600(1954.8.1)	4620(1979.1.31)	28371
洪峰流量(立方米/秒)	—	—	56800
枯水流量(立方米/秒)	—	—	16700
径流总量(×10⁸ 立方米)	13454(1954 年)	6696(2011 年)	8975
输沙量(×10⁸ 吨)	6.78(1964 年)	0.72(2011 年)	三峡蓄水前4.29, 蓄水后1.37
含沙量(千克/立方米)	3.24(1959.8.6)	0.016(1993.3.3)	三峡蓄水前0.496, 蓄水后0.158

一年当中,最大流量一般出现在 7、8 月份,最小流量一般在 1、2 月份。径流在年内分配不均匀,5 ~ 10 月为汛期,三峡水库蓄水前,其径流量占年径流总量 71.1%、沙量占 87.2%,三峡水库蓄水后,其径流量占年径流总量 67.6%、沙量占 78.4%,表明汛期水量、沙量比较集中,沙量集中程度大于水量。长江水体含沙量与流量有关。三峡蓄水前,多年平均含沙量约为 0.496 千克/立方米,而洪季为 0.608 千克/立方米;三峡蓄水后,多年平均含沙量约为 0.158 千克/立方米,而洪季约 0.184 千克/立方米。径流、泥沙在年内分配情况详见表 13-5-4。

大通站多年月平均流量、沙量统计表　　　表 13-5-4

月份	流量				多年平均输沙率				多年平均
	平均流量 (立方米/秒)		年内分配 (%)		平均输沙率 (千克/秒)		年内分配 (%)		含沙量 (千米/立方米)
	蓄水前	蓄水后	蓄水前	蓄水后	蓄水前	蓄水后	蓄水前	蓄水后	蓄水前	蓄水后
1	10900	13610	3.2	4.2	1130	1060	0.7	2.0	0.104	0.078
2	11600	14090	3.4	4.3	1170	960	0.7	1.9	0.102	0.068
3	15900	19390	4.6	5.9	2450	2350	1.5	4.5	0.154	0.121
4	24100	24080	7.0	7.4	5950	3250	3.7	6.3	0.247	0.135
5	33700	31970	9.8	9.8	12000	4770	7.4	9.2	0.357	0.149
6	40400	40580	11.7	12.4	17200	6890	10.6	13.3	0.426	0.170
7	51000	47190	14.8	14.4	37400	10080	23.1	19.4	0.733	0.214

续上表

月份	流量				多年平均输沙率				多年平均	
	平均流量 （立方米/秒）		年内分配 （％）		平均输沙率 （千克/秒）		年内分配 （％）		含沙量 （千米/立方米）	
	蓄水前	蓄水后	蓄水前	蓄水后	蓄水前	蓄水后	蓄水前	蓄水后	蓄水前	蓄水后
8	44300	40750	12.9	12.4	31000	8450	19.2	16.3	0.699	0.207
9	40800	34850	11.9	10.6	27010	7050	16.7	13.6	0.663	0.202
10	33900	25900	9.9	7.9	16910	3500	10.5	6.7	0.499	0.135
11	23000	19770	6.7	6.0	6910	2220	4.3	4.3	0.300	0.112
12	14200	15200	4.1	4.6	2520	1360	1.6	2.6	0.178	0.089
5~10月	40670	36870	71.0	67.6	23590	6790	87.5	78.4	0.580	0.184
年平均	28660	27280			13470	4320			0.470	0.158

注：流量根据1950—2017年资料统计；输沙率、含沙量根据1951年、1953—2017年资料统计；三峡蓄水以2003年为准。

　　根据1950—2017年资料统计，大通站多年平均径流总量约为8975亿立方米，年际波动较大，但多年平均径流量无明显的趋势变化（图13-5-2）。大通站年平均输沙量3.62亿吨。近年来，随着长江上游水土保持工程及水库工程的建设，以及沿程挖沙造成长江流域来沙越来越少。输沙量以葛洲坝工程和三峡工程的蓄水为节点，呈现明显的三阶段变化特点，输沙量呈现逐渐减小的趋势。其中1951—1985年平均输沙量为4.71亿吨，1986—2002年平均输沙量为3.40亿吨，2003~2017年平均输沙量为1.37亿吨。

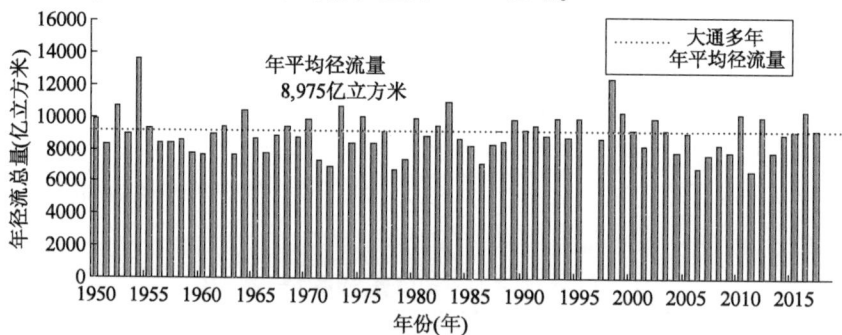

a) 大通历年平均径流总量(1950~2017年)

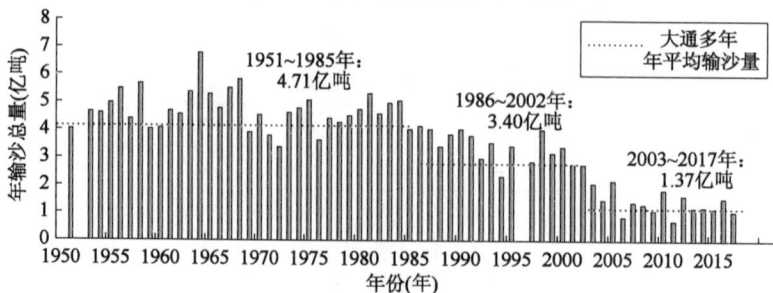

b) 大通历年输沙总量(1950~2017年)

图13-5-2　1950—2017年大通站历年径流总量、历年输沙总量分布

图 13-5-3 为三峡蓄水前后大通站多年月均径流量、输沙量对比图,可见,三峡水库蓄水后,洪季流量减小有限,枯季时个别月份流量有所增加;而洪季沙量减小程度明显,而枯季总体上输沙量较小,蓄水后输沙量有所减小但幅度不大。

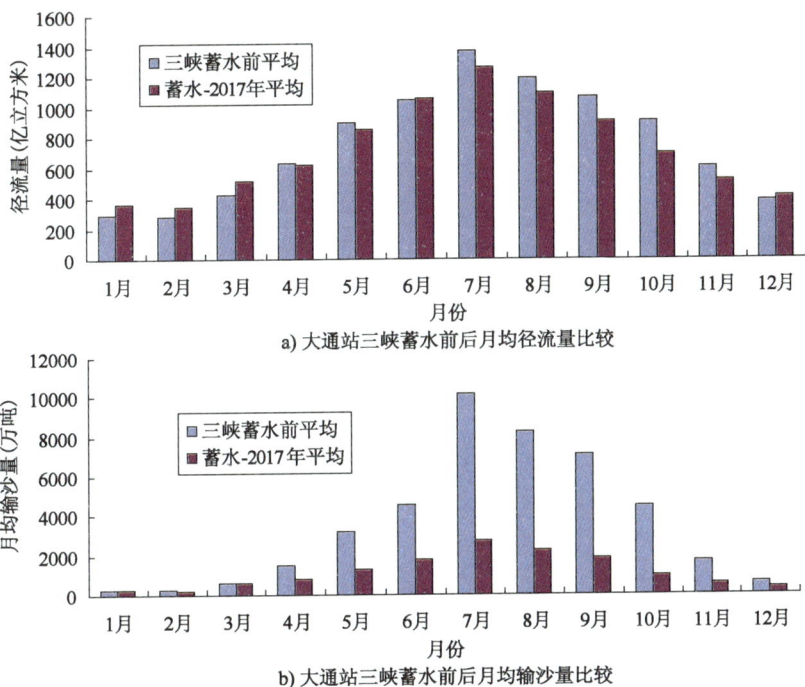

a) 大通站三峡蓄水前后月均径流量比较

b) 大通站三峡蓄水前后月均输沙量比较

图 13-5-3　大通站三峡水库蓄水前后月均径流量、输沙量对比

长江江苏段河段悬移质粒径多在 0.015~0.030 毫米之间,主河槽河床质的粒径多在 0.10~0.25 毫米之间。

(2)潮汐及潮流特性

长江口为中等强度潮汐河口,本河段潮汐为非正规半日浅海潮,每日两涨两落,且有日潮不等现象,在径流与河床边界条件阻滞下,潮波变形明显,涨落潮历时不对称,涨潮历时短,落潮历时长,潮差沿程递减,落潮历时沿程递增,涨潮历时沿程递减。其潮汐统计特征值如表 13-5-5,长江大通至吴淞口沿程潮位特征见图 13-5-4。

大通以下沿程各站的潮汐统计特征(85 高程)　　　　　　　　　　表 13-5-5

站名	特征值								
	大通	芜湖	南京	镇江	三江营	江阴	天生港	徐六泾	杨林
最高潮位(米)	14.7	10.99	8.31	6.70	6.14	5.28	5.16	4.83	4.50
最低潮位(米)	1.25	0.23	-0.37	-0.65	-1.10	-1.14	-1.50	-1.56	-1.47
平均潮位(米)	6.72	4.64	3.33	2.63	1.95	1.27	0.97	0.77	0.23
平均潮差(米)	—	0.28	0.51	0.96	1.19	1.69	1.82	2.01	2.19
最大潮差(米)	—	1.11	1.56	2.32	2.92	3.39	4.01	4.01	4.90
最小潮差(米)	0	0	0	0	0	0	0.0	0.02	0.01

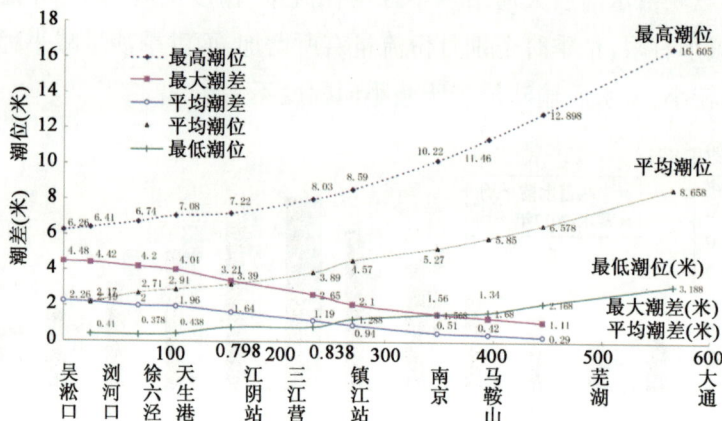

图 13-5-4 长江大通至吴淞口沿程潮位特征

最高潮位通常出现在台风、天文潮和大径流三者或两者遭遇之时,其中台风影响较大。1997 年 8 月 19 日(农历七月十七日),11 号台风和特大天文大潮遭遇,天生港站出现建站以来最高潮位 7.08 米(吴淞高程),1996 年 8#台风,正值农历六月十七天文大潮,遭遇上游大洪水(长江大通站流量达 72000 立方米/秒),江阴出现历史上最高潮位。长江大通至吴淞口潮位特征见图 13-5-5。

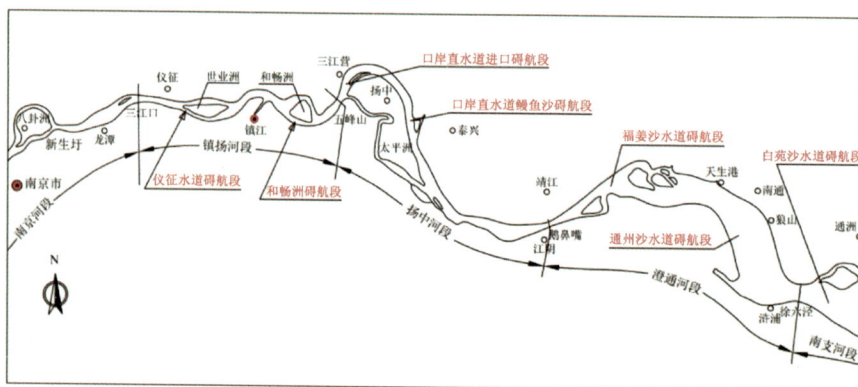

图 13-5-5 长江南京以下河段河势图

长江口潮流界随径流强弱和潮差大小等因素的变化而变动,枯季潮流界可上溯到镇江附近,洪季潮流界可下移至西界港附近。据实测资料统计分析可知,当大通径流在 10000 立方米/秒左右时,潮流界在江阴以上;当大通径流在 40000 立方米/秒左右时,潮流界在如皋沙群一带;当大通径流在 60000 立方米/秒左右时,潮流界将下移到芦泾港 ~ 西界港一线附近。

(二)河床演变规律及碍航特性

长江南京以下河段总体上河道平面形态呈藕节状,具体存在顺直微弯、弯曲、分汊等多种河型,其中以分汊河型为主。河岸土质抗冲性较差,河床冲淤变化频繁而剧烈,河床形态多样。河床冲淤具有弯道凹冲凸淤、汊道交替发育、沙洲或高滩面滩流多变、心滩和深槽不稳等演变特征。经过多年自然演变和人工治理工程,主要演变特征表现为水流归槽集中,沙洲合并成岛或并岸,河势逐渐趋向于相对稳定。但在不同的水情条件下,主槽水流动力仍摆动变化频繁,出现河岸崩塌、河床横向变形的现象,局部河段滩槽甚至变化较大,产生汊道交替发展或滩槽易位。长江南京以下河段河势可见图13-5-5。

1. 仪征水道

仪征水道上起三江口,下迄瓜州,全长31千米,为微弯分汊河型。世业洲将水道分为左右两汊。世业洲右汊为主航道,右汊进口及中上段有浅区存在,10.5米、12.5米等深线相对较窄,一般年份可满足10.5米×500米航道尺度的要求,少数年份10.5米等深线宽度不足500米,但均大于200米。汛期边滩淤积或心滩发育,造成河道淤浅、航槽摆动。

世业洲尾建有润扬大桥。受进口三江口、陡山一对节点控制及沿程岸线控制工程作用,仪征水道近年来总体河势变化不大,但局部河段演变仍较为明显:左汊分流比持续增大,洲头低滩以及分流区岸线当前处于持续冲刷后退状态,2000年以来洲头右缘边滩冲刷,形成倒套,右汊进口深槽略有淤积,右汊进口"冲滩淤槽",趋于宽浅,同时,三峡蓄水后来沙量急剧减少,世业洲头低滩冲刷后退将很难自然恢复,因此若不采取工程措施加以遏制,左汊的发展趋势仍将延续。左汊分流比继续增加,将会导致汇流区主流进一步右偏,瓜洲边滩有进一步淤涨可能,航道条件有恶化趋势。仪征水道河势可见图13-5-6。

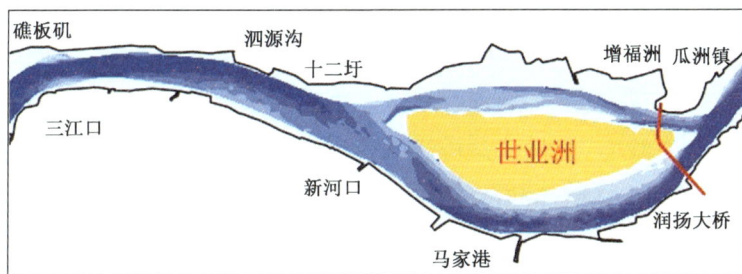

图13-5-6　仪征水道河势图

2. 和畅洲水道

和畅洲水道位于长江镇扬河段下段,上起世业洲汇流口下至五峰山,全长48千米(包含和畅洲汊道左右汊)。自世业洲尾~沙头河口为六圩弯道,长约15千米,平面形态为单一弯曲河段,河道左侧为深槽,右侧为征润洲边滩;自沙头河口至大港青龙山为和畅洲汊道,左汊长10.9千米、右汊长10.2千米,现行主航道为右汊。和畅洲右汊呈"Z"字形,在不到5千米航段内呈现连续的两个反向急弯,两个弯道的过渡段仅1千米左右,船舶经此水域,需在较短的航程内累计转向220°以上。和畅洲右汊的10.5米等深线常年贯通,但沿程航宽十分狭窄,以至于大型船舶只能单向通航且右汊进口5千米内水流流向多变、流速较大,且流态紊乱。

历史上和畅洲汊道一直处于兴衰交替的演变中,目前左汊为主汊,并被列为长江豚类省级自然保护区,右汊分流比逐年减小,呈缓慢淤积态势:右汊进口段深槽虽基本稳定,但进口右侧征润洲尾沙仍淤涨下延,和畅洲右缘的河道左侧边滩持续淤积,使得右汊进口后航宽越来越窄。同时,右汊出口在和畅洲一侧的边滩也呈现向右淤涨态势。和畅洲水道河势可见图13-5-7。

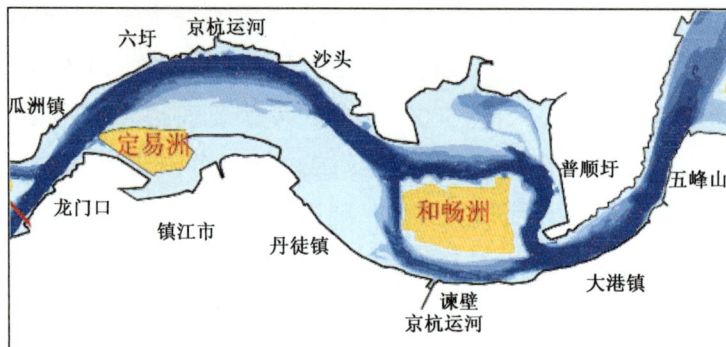

图13-5-7　和畅洲水道河势图

3. 口岸直水道

口岸直水道落成洲河段呈连续双分汊格局,长江过五峰山被太平洲分为左右两汊,太平洲右汊为支汊,左汊是主汊;五峰山以下太平洲左汊河道展宽,被落成洲分为左右两汊,落成洲右汊为支汊,左汊为主汊,是现行航道。落成洲汊道碍航影响主要表现在三益桥浅滩:主流右偏落成洲左缘而下,从三益桥浅滩过渡到下游嘶马弯道深槽,三益桥浅滩不满足12.5m航道尺度要求,且出浅部位不稳定;同时,因落成洲头冲刷,造成右汊发展,加剧了三益桥浅滩处输沙能力的进一步降低。鳗鱼沙顺直段全长达20千米以上,河床变化符合顺直河道演变的基本规律。该段水流动力轴线易左右摆动,河床横向冲淤不平衡,一般鳗鱼沙心滩段的航道条件与鳗鱼沙心滩形态密切相关,当鳗鱼沙高大完整时航道条件就好,反之航道条件就差。

口岸直水道总体河势保持相对稳定(图13-5-8)。但落成洲头及其左缘持续冲刷后退、主流略向右摆,三益桥过渡段航道条件随水文年过程的不同而出现时好时坏变化。落成洲汊道如不控制,右汊分流比将持续增大。鳗鱼沙心滩是长顺直河段自然属性所决定的,仍处于不稳定状态,由于水流动力易左右摆动,今后心滩与两侧深槽有可能出现冲淤交替变化,特别是遭遇大洪水时,仍可能冲心滩、淤两侧深槽,甚至滩槽易位。

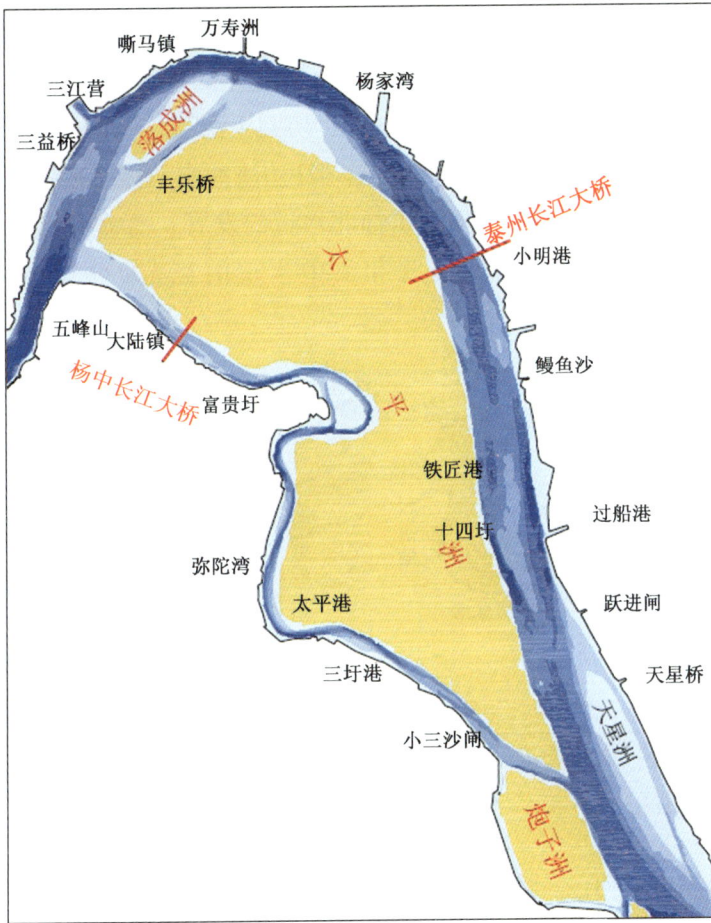

图 13-5-8　口岸直水道河势图

4.福姜沙水道

福姜沙水道在平面上呈现"两级分汊、三汊并存"的格局：水流出鹅鼻嘴～炮台圩节点后，被福姜沙分为左右两汊，为一级分汊，右汊福南为支汊，左汊为主汊。进入左汊的主流被双涧沙又分为福北和福中，为二级分汊。目前，福姜沙水道为三汊通航，经前期研究确定，福中和福北水道作为 12.5 米深水航道航路。福姜沙左汊左有靖江边滩依附，右有福姜沙左缘边滩对峙，年内与年际左汊冲淤多变，航槽不稳。福北水道进口段和上段受靖江边滩尾部冲刷下移的周期性沙体影响，深槽不稳定；切割下移的心滩逐步下移造成航深不足、且位置不定；丹华港以下至如皋中汊水道狭窄，航宽不足。福中水道进口段受双涧沙头地冲退与靖江边滩演变的影响，不时出现 12.5 米槽宽不足或发生中断的情况。

一级分汊中,福姜沙左、右汊分流比多年来变化不大,福姜沙汊道将长期维持左汊为主汊、分流比相对稳定的一级分汊格局。福南水道为鹅头形弯道,自20世纪20年代以来,一直处于缓慢淤积状态,这种缓慢淤积趋势还将继续。福姜沙左汊为宽浅型顺直微弯河道,河床滩槽活动性大,主流不稳。靖江边滩"切割~淤涨"的交替过程,导致江中心滩活动及主流摆动。二级分汊中,福北进口段受靖江边滩冲刷下移的影响,呈现冲淤交替的态势。同时,如皋中汊发展受限,也限制了福北水道的发展。福中水道处于发展当中,但双涧沙洲头的不稳定直接影响到福北和福中水道的稳定。福姜沙水道河势可见图13-5-9。

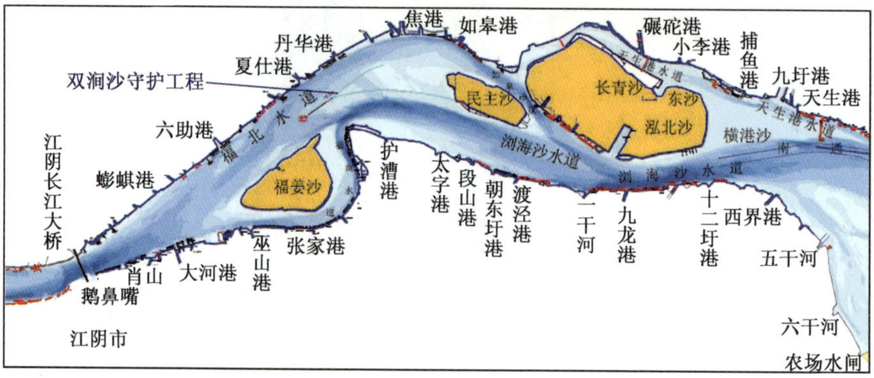

图 13-5-9　福姜沙水道河势图

5. 通州沙水道

通州沙河段属澄通河段,上起十三圩,下至徐六泾,全长约39千米,为暗沙型多分汊河道,江中通州沙、狼山沙、新开沙以及铁黄沙等沙体发育。由于通州沙下段左缘落潮偏西向漫滩流的发育,加之狼山沙窜沟分流,通州沙东水道下段主槽内的落潮动力减弱。同时裤子港沙下段南缘淤长南压,暗沙分布。受其影响,在南农闸附近深槽束窄。2002—2009年间,该段12.5米深槽最窄宽度一度不足250米,其间还出现12.5米槽中断2.8千米。2011年来,该河段沿程12.5米深槽继续走弯,狼山沙左缘5~10米滩坡冲刷后退,裤子港沙南缘5~10米滩坡淤长南压,导致东水道下段局部深槽淤浅,淤积区平均淤积厚度达2米左右。

通州沙河段在上游九龙港、龙爪岩和下游徐六泾人工缩窄段的控制下,通州沙河段主流走通州沙东水道和狼山沙东水道的反"S"形平面格局基本不变。通州沙西水道总体仍将处于萎缩的态势。通州沙头部左侧串沟近年来呈发展的趋势的变化,其发展变化可能对通州沙沙体稳定和深水航道的建设带来不利的影响。狼山沙沙体主要表现为左缘冲刷、沙体缓慢下移西偏、尾部略有上提。随着狼山沙缓慢西移,新开沙及其夹槽有所冲刷,通州沙东水道下段、狼山沙东水道展宽,江中心滩发育。通州沙水道河势可见图13-5-10。

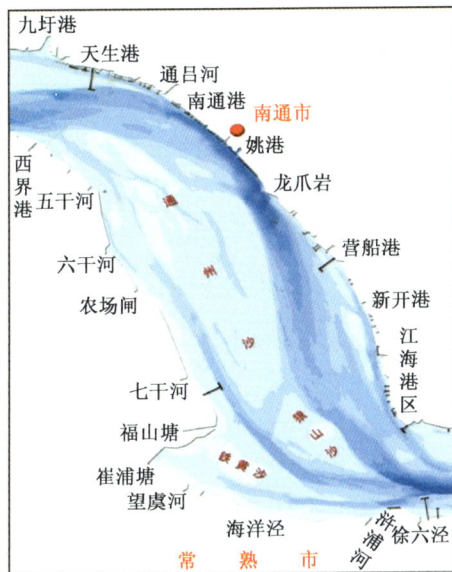

图 13-5-10 通州沙水道河势图

6.白茆沙水道

长江白茆河口以下为展宽连续双分汊型河道,首先长江在此被崇明岛分南北两支,北支为支汊,南支为主汊;其次南支又被江中白茆沙分为白茆沙南、北水道,北水道为支汊,南水道为主汊。白茆沙南水道段的碍航区主要位于其进口段,在其进口段北侧存在顶部水深小于7.0米的浅区。同时由于深泓偏南,贴近南岸码头前沿水域,不利于航道布置。近一年来,白茆沙沙体基本稳定,但沙头0~5米滩坡仍在冲刷,白茆沙南水道上段主槽继续淤浅,河床坦化。

白茆沙水道表现为南水道发展,北水道相应萎缩(图13-5-11)。白茆沙头受冲持续后退沙体面积持续减小,头部两侧局部近年发生明显冲刷,白茆沙南缘切割沙体刷低,南水道进口段河槽展宽,河道断面向宽浅方向发展,对南水道进口段航槽稳定产生不利影响。

(三)工程河段前期航道及治理情况

1.长江南京以下10.5米航道建设情况

为与长江口深水航道治理二期工程相对接,长江航道局在2005年对长江南京~浏河口河段实施了10.5米深水航道建设工程。工程主要建设内容包括航标工程、疏浚工程、测量工程和航道配套设施建设。工程实施后,南京至江阴河段按照实际水深10.5米维护,设标宽度为500米,其中和畅洲右汊航道最小设标宽度为200米。江阴至浏河口河段按照理论最低潮面下10.5米维护,设标宽度为500米,其中福南水道最小设标宽度为200米,开辟福北水道通航,按照理论最低潮面下7.5米维护,航宽250米,采用双侧连续设标,同侧间距不大于2.6千米。

图 13-5-11　白茆沙水道河势图

2.航道整治工程情况

为了稳定10.5米深水航道,并为后续12.5米深水航道的建设奠定基础,在"十一五"期间,长江航道局组织实施了双涧沙守护工程、鳗鱼沙心滩滩头守护工程、落成洲守护工程以稳定重点滩段的滩槽格局。

(1)双涧沙守护工程

双涧沙守护工程于2010年底开工,2012年5月施工完成,2014年3月通过交通运输部组织的竣工验收。由三条护滩堤组成,均为软体排护底的抛石斜坡堤结构。其中,南顺堤长约7850米,堤顶高程自上而下为+0.5~+2.0米;北顺堤长约3880米,堤顶高程自上而下为+0.5~+1.2米;头部潜堤长约2900米,大部分堤身厚度为2米,参见图13-5-12。

工程实施前后的地形对比表明,双涧沙守护工程采取"封堵窜沟、固滩护沙"措施,遏制了双涧沙头部冲刷后退、中部窜沟发育的不利变化,守护了沙体的完整性,稳定了三汊并存的河势格局,实现了预期建设目标,为长江南京以下12.5米深水航道治理打下了良好的基础。

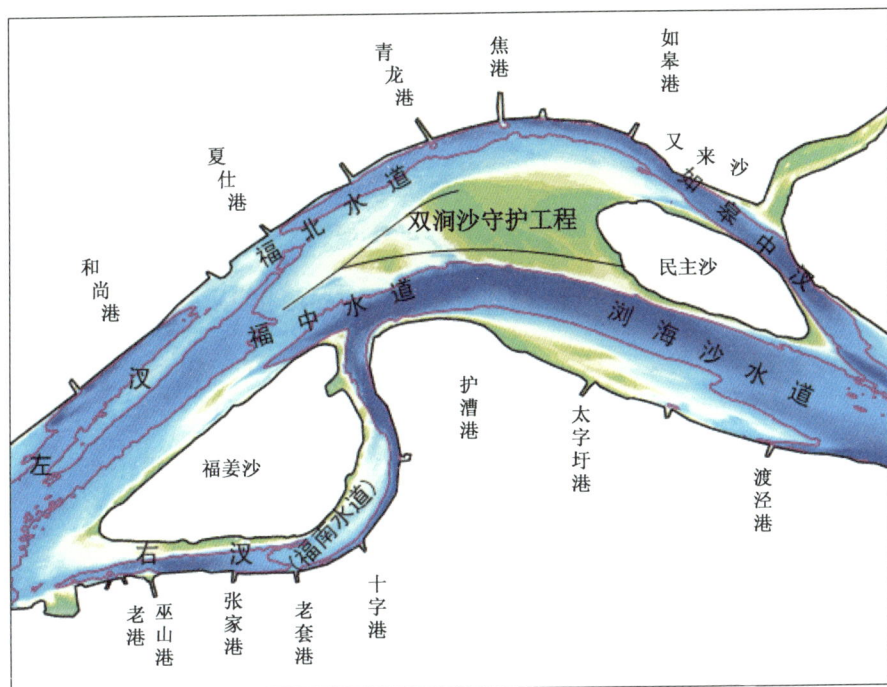

图 13-5-12 双涧沙守护工程

（2）鳗鱼沙心滩滩头守护工程

鳗鱼沙心滩滩头守护工程于 2010 年 11 月 4 日开工,2011 年 7 月初完工,2014 年 10 月通过交通运输部组织的竣工验收。

在鳗鱼沙心滩上段布置护滩带工程,护滩带头部距上游在建泰州大桥约 4200 米,稳定鳗鱼沙心滩头部。鳗鱼沙心滩头部护滩带,平面上为梭头加一纵一横两条护滩带,其中前段"梭头"长 915 米,"底端"宽 410 米,后段纵向护滩带长 1049 米,宽 200 米,横向护滩带长 400 米,宽 80 米;在心滩守护工程两侧进行护岸加固稳定关键部分岸线,左岸白沙洲附近、右岸东新港及以上长度分别约为 1875 米和 2185 米。配套工程区域警示专用标 8 座（1 座备用）,参见图 13-5-13。

鳗鱼沙心滩滩头守护工程实施后,稳定了鳗鱼沙心滩,两侧深槽冲刷发展,航道条件得以改善,因此,鳗鱼沙心滩滩头守护工程达到了工程预期目标。

（3）落成洲守护工程

落成洲守护工程（图 13-5-14）于 2011 年 9 月 23 日正式开工建设,2013 年 4 月 20 日完工,2015 年 9 月 28 日顺利通过竣工验收。

在落成洲洲头实施护岸,稳定洲头高滩,防止岸线后退,护岸总长 1800 米。

在落成洲洲头低滩布置护滩工程,守护落成洲洲头低滩、防止其冲刷,并通过护滩带缩小右汊口门,限制右汊冲刷发展。护滩工程平面上为一纵三横四条护底带,其中纵向护底带长 1600 米,宽 200 米,三道横向护底带分别长 500 米、700 米、870 米,宽均为 150 米,护底带上抛石压载厚度均为 1 米,宽 50 米。

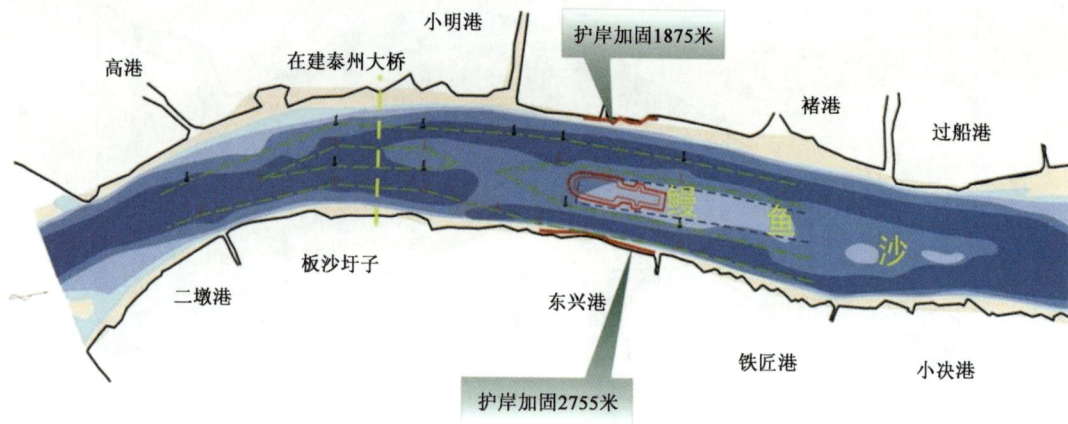

图 13-5-13　鳗鱼沙心滩滩头守护工程平面示意图

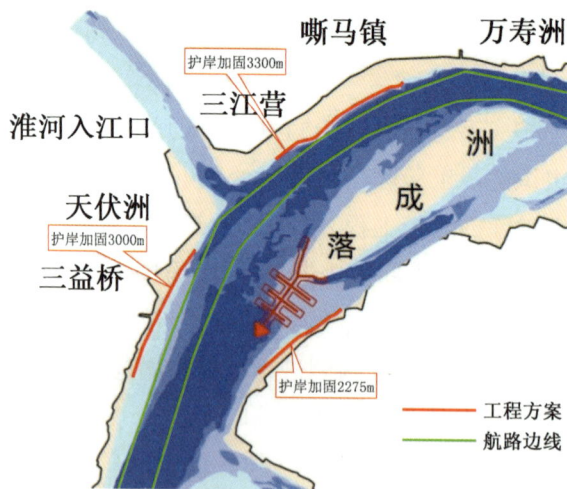

图 13-5-14　落成洲守护工程平面示意图

在两岸实施护岸加固工程,稳定关键部位岸线。其中在左岸三益桥、三江营~杜家圩实施护岸加固,总长 6300 米;右岸丰乐桥实施护岸加固,长 2275 米。

落成洲守护工程完成后,维持了口岸直水道上段相对较为有利的滩槽格局,抑制了落成洲洲头的冲刷和深槽的右摆,限制了右汊发展的不利变化趋势,避免航道条件进一步恶化,因此,落成洲守护工程达到了工程预期目标,为长江南京以下 12.5 米深水航道治理打下了良好的基础。

（四）建设条件

（1）总体河势基本稳定

工程区呈宽浅分汊河段和单一窄深河段相间河形，随着两岸护岸和河势控制及航道治理工程的陆续实施，总体河势基本稳定，有利于深水航道的建设。

（2）河段间的节点功能不断加强

通过多年的跟踪观测分析，了解工程河段的河床演变规律，单一窄深河段节点功能不断加强，使宽浅河段之间的相互影响较弱，为航道建设奠定了基础。

（3）航道整治技术比较成熟

工程所采用的整治建筑物主要为潜堤、潜坝、丁坝、护底和护岸等，主要结构形式为抛石、砂肋软体排及混凝土联锁块软体排等结构，在长江中下游航道整治工程中应用较为普遍，施工工艺和技术成熟。

（4）前期工作积累丰富

自20世纪90年代起，长江下游航道维护问题得到了交通部门的关注，"八五"期间已开展深水航道整治的方案研究，20多年间，相关的监测、研究工作从未间断，大量的实测资料和研究数据为工程建设打下良好的基础。

（5）科技人才储备雄厚

长江口航道整治工程及长江中下游一系列整治工程的实施，锻炼出了一批经验丰富、技术过硬的科技人才的队伍，为工程建设提供了强有力的技术后盾。

长江南京以下深水航道建设的基本建设条件已经具备，但工程建设仍要面对诸多困难。例如，工程河道流程283千米，6个水道分别治理，工程点多线长、施工协调难度大；工程河段为长江流域水运最为繁忙的河段，施工生产安全与河段通航安全的矛盾突出；工程河段有多个水源地、生态保护区，建设过程中的环境与生态保护要求高。

三、长江南京以下 12.5 米深水航道整治工程建设情况

（一）工程整治目标

1. 各河段工程治理目标

（1）仪征水道

守护世业洲洲头及右缘低滩，稳定汊道分流格局，抑制左汊进一步发展，增强右汊水流动力，改善右汊进口段流场。

（2）和畅洲水道

限制左汊发展，适当增加右汊分流比，增强右汊水流动力，冲刷右汊碍航浅滩达到航

道可维护,同时改善右汊入流和船舶航行条件。

(3)口岸直水道

①落成洲:守护落成洲洲头,稳定左右汊分流格局,限制右汊发展,适当增强左汊航道浅段动力,在辅以一定疏浚措施基础上,保证航道畅通。

②鳗鱼沙:在鳗鱼沙心滩滩头守护工程基础上,对鳗鱼沙滩面继续加强守护,稳定滩槽格局和航道边界条件,维护目前较为良好的水深。

(4)福姜沙水道

对靖江边滩、福姜沙左缘边滩与双涧沙实施或强化整治工程,以控制局部河势、稳定航道边界条件(守护福姜沙左缘边滩、束窄福姜沙左汊河宽,改善二级分汊口的入流条件;进一步加强双涧沙头部守护,稳定滩槽格局,并增加福北进口段浅区水动力),最终保障"福北"+"福中"深水航道达可维护的建设目标。

(5)通州沙水道

在通州沙及狼山沙左缘采取工程措施稳定通州沙~狼山沙左缘滩坡,进而稳定不断弯曲的通州沙东水道下段深槽,以形成相对稳定的航道边界、适当改善浅区动力。

(6)白茆沙水道

在白茆沙沙头和沙体边缘布置采取工程措施以抑制白茆沙头不断冲刷后退、南水道进口展宽出浅的不利态势,保护沙体形态,以形成稳定的航道边界、适当增加浅段动力条件。

2.二期工程初通目标

为贯彻落实中央加快发展长江水运发展、依托长江黄金水道建设中国经济新支撑带的战略部署,尽早发挥长江南京以下深水航道工程效益,在开展二期工程整治建筑物施工的同时,通过先期疏浚等措施,在"十二五"末使12.5米深水航道初通至南京。

(二)治理原则及思路

1.航道治理原则

在充分认识各滩段水沙特征、河床演变特点与趋势、滩浅碍航特性的基础上,从水资源综合利用的角度出发,考虑社会经济和工程技术多方面因素,确定航道整治总体原则,一般有以下几个方面的原则:

(1)统筹兼顾、综合治理

航道治理必须遵守统筹兼顾、综合治理的基本原则,就是必须按照国家发展的战略目标,从水资源综合利用角度出发,根据国家批复的航道发展规划,结合河道水利治理规划、环境保护规划及其他外部条件,综合考虑各方面因素,实施航道整治工程。

（2）统一规划、系统治理

潮汐分汊河段航道治理必须统一规划,进行系统性的治理。就是不能仅考虑各个滩浅的单独整治,而是将长距离河段作为一个整体,对河道水沙运动、河床演变和浅滩碍航特性的进行系统研究,得到系统性的清晰认识;确定相同的整治目标和基本相似的整治设计参数,以及基本相似的整治工程措施;整治工程方案布置也应系统考虑工程对上下游的影响,以及工程与上下游河段内工程的相互关系,并考虑各项工程的实施时机和顺序等,做到系统研究、系统布局、系统实施。

（3）因势利导、河势控导与局部调整相结合

工程河段属于大型冲积平原河流性质,河床由松散沉积泥沙所组成,江中洲滩或水下沙洲心滩密布,河床冲淤频繁、幅度大,河岸或洪水漫滩冲刷崩塌造成河床横向变形也经常发生,因而,自然条件下河势不甚稳定,往往河势变化引起浅滩段河床形态向不利于航道的方向发展,或是加剧了浅滩淤积,造成航道条件恶化。因而河势是否稳定是航道整治的前提条件,应充分利用河道有利条件和稳定的河势格局,遵循水流、泥沙运动和河床演变规律,通过控导工程措施稳定河势,并引导河道向有利于航道的方向变化发展。

（4）以人为本、建设生态航道

针对工程河段社会发达、环保要求高的特点,坚持贯彻航运可持续发展的必由之路,树立建设生态航道的理念。在航道治理规划设计阶段,融入"最大限度地保护生态、最小程度地破坏生态、尽可能地恢复生态、不破坏是最好的生态保护"思想,在保障长江水资源安全、水生态安全的前提下,尽量避免航道建设和船舶航行影响江豚等水生动物的生存条件或干扰其生活习性,而且,尽可能使得整治工程发挥出改善沿江景观、促进湿地发育等功能,实现航道治理与优良的水生态环境相协调。同时,应积极开展生态航道建设技术研究,从工程结构、施工工艺、过程管理等多个角度入手,最大限度地减轻工程潜在的负面效应;探讨工程中改善生态环境的各项措施,如潜堤坝、抛石护岸等结构形成人工鱼礁效应,为鱼虾贝藻提供新的栖息环境,产生一定的正面生态效应。

（5）确保通航安全

针对工程河段航运繁忙,船舶航行安全隐患大的特点,航道治理中也应慎重考虑可靠措施,确保通航安全。在航道治理规划设计阶段,严格按国家相关标准和行业规范,在满足船舶航行安全的前提下,选择航道线路和布设各类航道定线,科学合理地布置整治工程方案及其选择整治建筑物结构形式,尤其是在节点突嘴河岸和汊道进出口处,尽量考虑较大的安全系数,留有足够的余地,从航道基本条件上消除船舶航行安全隐患。

（6）工程结构安全可靠且经济合理

工程河段江阔水深，河床沙质覆盖层厚，冲淤变化频繁且幅度大，航道整治建筑物应与工程河段的自然条件相匹配，根据水深、流速、波高、地质、施工条件等因素，合理确定工程结构形式、尺度及护底范围，做到既安全可靠又经济合理。

（7）循序渐进、动态管理

工程河段受来水来沙件条件、气候条件，以及包括无序采砂等在内的人工活动众多因素影响，水沙运动及河床冲淤不断变化，浅滩碍航特性往往一下子难以充分认识和掌握，航道整治在短时期内不可能一蹴而就，而应坚持循序渐进的原则，在不断提高浅滩碍航特性认识的基础上，根据其不同演化阶段和通航目标，确定相应的整治思路及工程实施时机。同时，鉴于航道治理规模大、难度高的特点，因而在工程规划、设计实施的全过程中，要加强跟踪观测，监测整治建筑物推进及航槽疏浚过程中整体河势及局部河床变化，监测水流和航槽冲淤变化，进行深入分析研究，必要时利用数学、物理模型进行验证和研究，科学、适时地对工程作出必要的优化和设计变更，调整施工方案和施工计划，以保证工程顺利实施和整治目标的实现。

2. 航道治理总体思路

长江南京以下 12.5 米深水航道建设工程根据河段特点，外部条件等因素综合考虑，按照"整体规划、分期实施、自下而上、先通后畅"的治理思路分期实施。一期工程已于 2012 年 8 月开工建设。二期工程以建设航道关键控制性工程与疏浚工程相结合，同时采取通航安全监管和航道维护措施，初步实现南京以下 12.5 米深水航道的建设目标。在一、二期工程的基础上，再相机实施后续工程，保障南京以下 12.5 米深水航道安全、稳定运行。

常规的航道治理的方法主要有疏浚和整治，可根据治理目的和航道具体情况分别采用或二者结合采用。长江南京以下河段水流条件复杂，受径流和潮汐共同作用，汊道间常存在水沙交换，工程的干扰作用相对较大。因此，潮汐分汊河段首先应稳固沙体为主，以达到稳定航道水深的作用，即"固滩、稳槽"，在实现沙体稳定的前提下，通过顺堤和丁坝等导流工程进而实现航道增深的目标，即"导流、增深"。

（三）一期工程

1. 一期工程总体布置

一期工程对长江干线太仓至南通约 56 千米河段实施通州沙下段至狼山沙尾部、白茆沙中上段等整治工程和疏浚工程，建设由太仓荡茜闸至南通天生港区 12.5 米深水航道。主要建设内容为：新建潜堤 34.95 千米，丁坝 11 座，护堤坝 4 座，对通州沙北侧两处区域和白茆沙南侧两处区域进行疏浚，加固护岸 2 千米。参见图 13-5-15 和图 13-5-16。

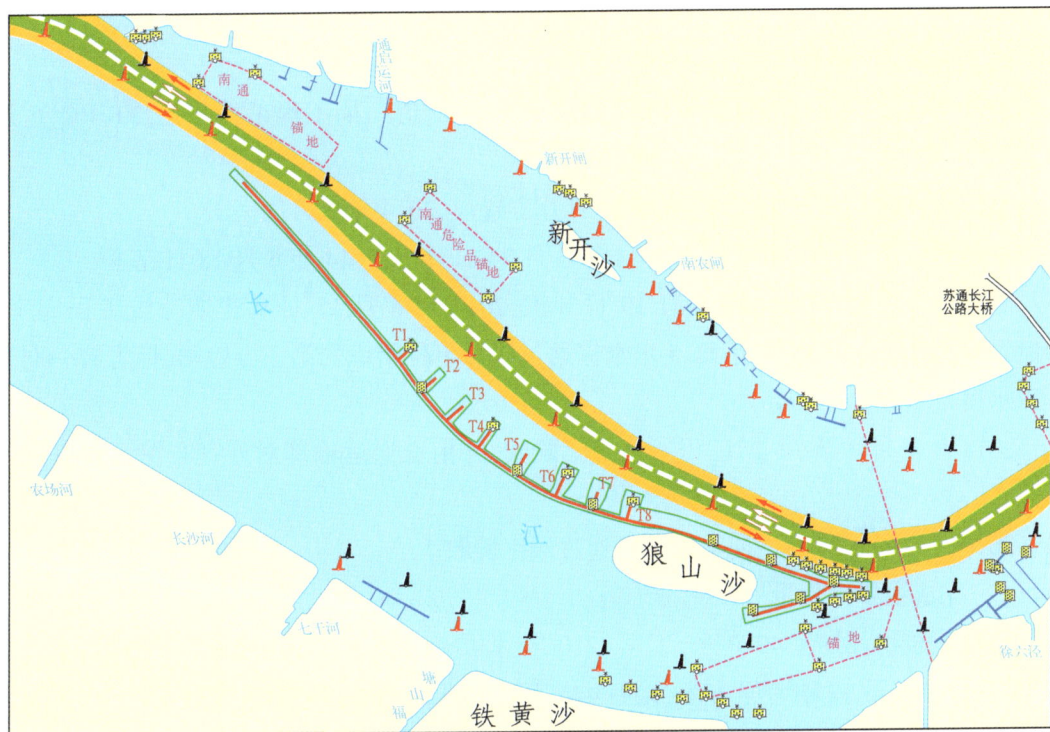

图 13-5-15　通州沙水道整治建筑物平面布置图

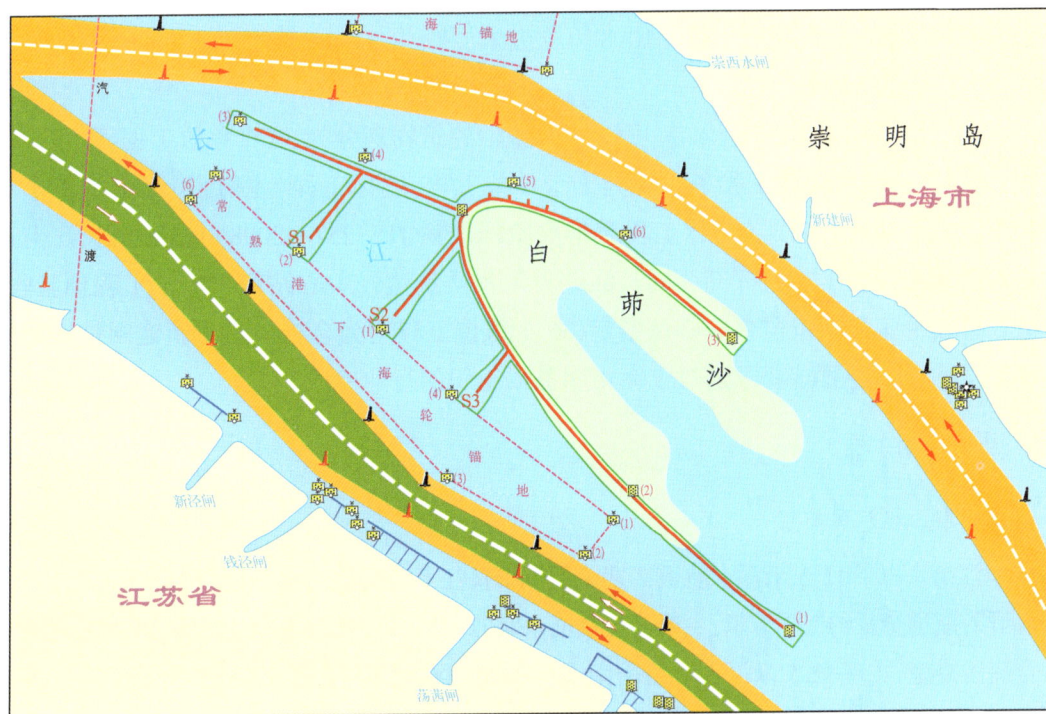

图 13-5-16　白茆沙水道整治建筑物平面布置图

2. 工程建设情况

（1）各单项工程开工、完工时间

2012 年 8 月 28 日，长江南京以下 12.5 米深水航道一期工程正式开工，2014 年 6 月 18 日完工。其中：

整治建筑物工程于 2012 年 8 月 28 日开工建设，2014 年 5 月底完工。

主航道航标调整配布工程于 2014 年 5 月 24 日开工，2014 年 6 月 18 日完工。

航道疏浚工程于 2014 年 3 月 15 日开工，2014 年 6 月 15 日基建期疏浚工程完工；2014 年 6 月 18 日，深水航道 12.5 米水深通过建设单位组织的第三方检测，标志着一期工程深水航道贯通。

2014 年 7 月 9 日，一期工程通过交工验收，并由交通运输部对外宣布深水航道进入试运行。

2015 年 12 月 2 日，一期工程顺利通过竣工验收。

（2）完成主要工程量

整治建筑物：潜堤 34950 米，丁坝 7210 米，护堤坝 400 米。其中，袋装砂抛填 44 万立方米，软体排铺设 1275 万平方米，抛石 445 万立方米，齿形构件预制、安装 207 个，半圆体预制、安装 1169 个。

基建疏浚工程量 215 万立方米，维护疏浚工程量 347 万立方米。

加固护岸 2000 米，其中，抛石 10.8 万立方米。

（3）工程完成情况

一期工程共划分为 36 个单位工程，其中整治建筑物划分为 33 个单位工程，基建疏浚工程、试运行期维护疏浚工程各划分为 1 个单位工程，航标工程（主航道）划分为 1 个单位工程。根据交通运输部《水运工程质量检验标准》（JTS 257—2008）规定，由长江南京以下深水航道建设工程指挥部会同长江航务工程质量监督中心站组织单位工程预验收，并经长江航务工程质量监督中心站鉴定，36 个单位工程均为合格。其中新建闸护岸加固工程还按水利行业管理要求通过上海市水务局组织的行业验收。

（四）二期工程

1. 二期工程总体布置

长江南京以下 12.5 米深水航道二期工程位于长江下游南通（天生港区）至南京（新生圩港区）河段，航道全长约 227 千米，主要治理仪征、和畅洲、口岸直和福姜沙 4 个重点碍航水道，并结合疏浚措施，实现 12.5 米深水航道由南通（天生港区）上延至南京（新生圩港区）。参见图 13-5-17 ~ 图 13-5-22。

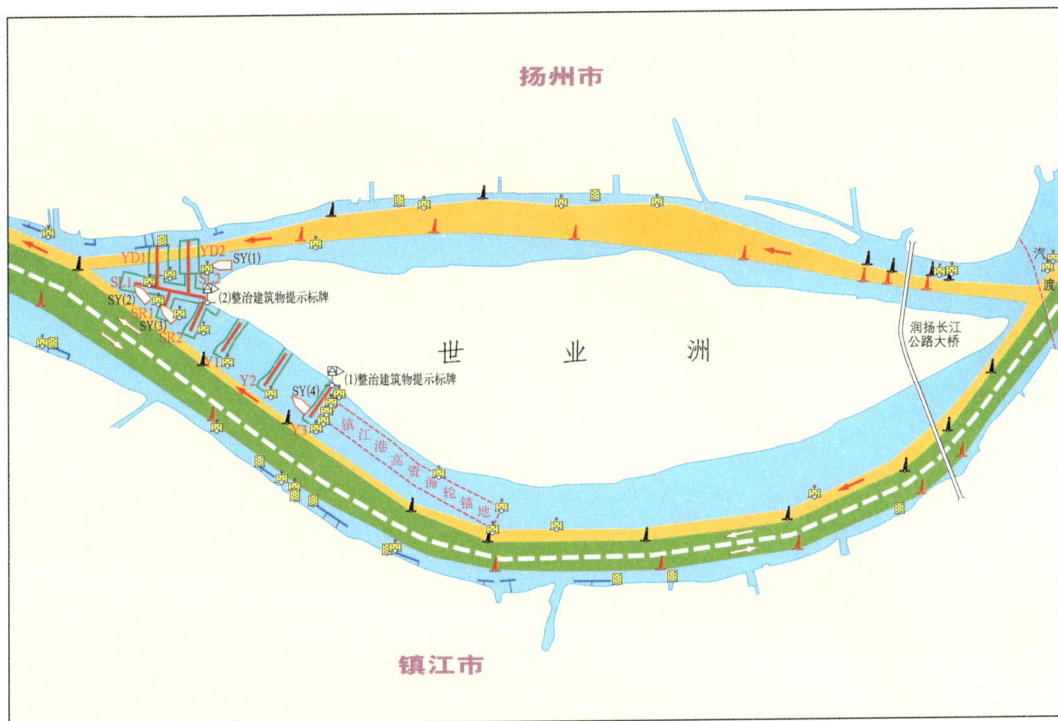

图 13-5-17　仪征水道整治建筑物平面布置图

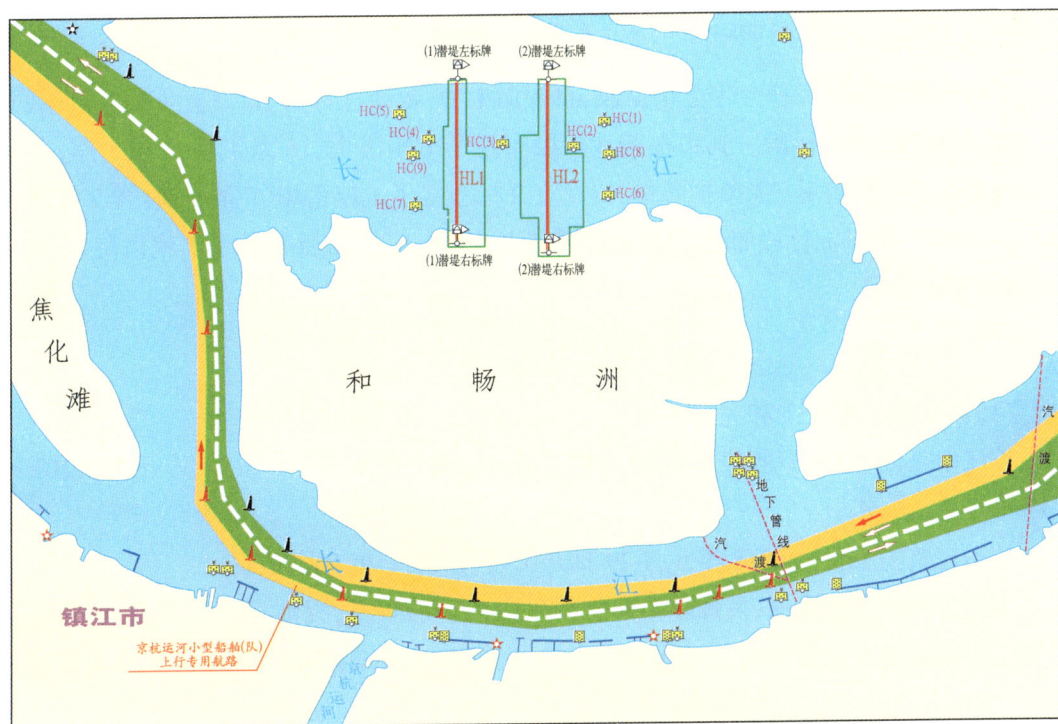

图 13-5-18　和畅洲左汊整治建筑物平面布置图

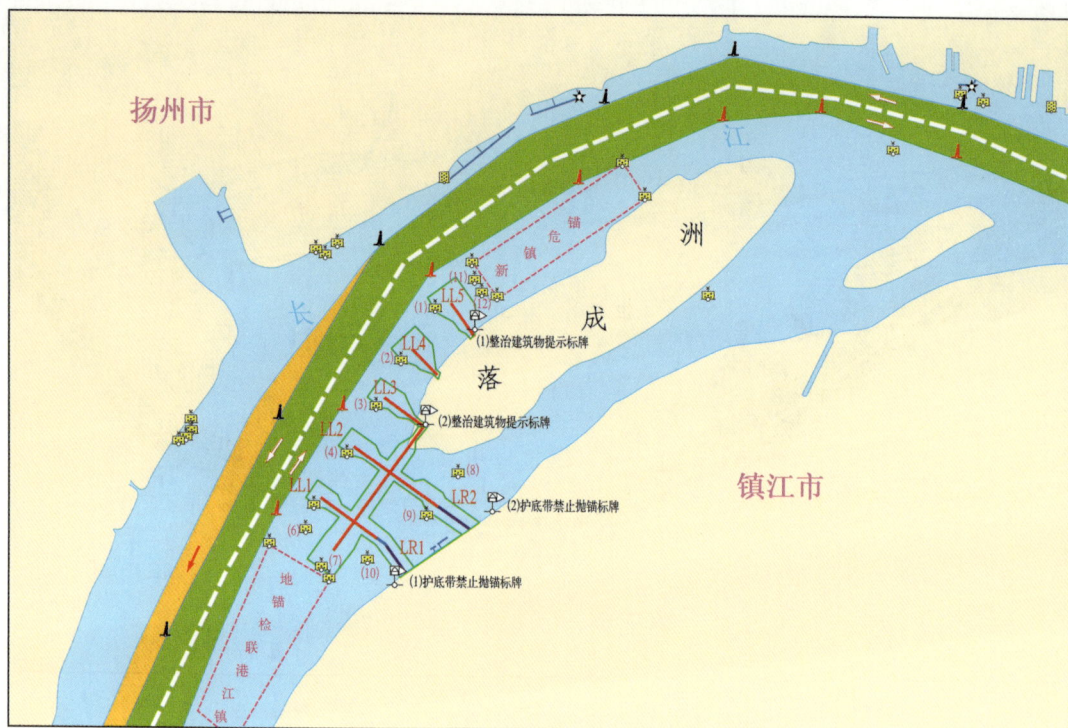

图 13-5-19　口岸直水道(落成洲)整治建筑物平面布置图

二期整治建筑物工程分为五个标段,自下而上为:福姜沙标段、口岸直Ⅰ标、口岸直Ⅱ标、和畅洲标段、仪征标段。其中福姜沙标段布置了 1 座潜堤、16 条丁坝,3 段护岸;口岸直Ⅰ标布置了 1 座潜堤、23 条护滩带;口岸直Ⅱ标布置了 1 座潜堤、7 条丁坝(含 2 条护底带),7 段护岸;和畅洲标段布置了 2 座潜堤、5 段护岸;仪征标段布置了 1 座潜堤、7 条丁坝(含 2 条护底带)。

2. 工程建设情况

(1)各单项工程开工和完工时间

长江南京以下 12.5 米深水航道二期工程于 2015 年 6 月 29 日,正式开工,2018 年 4 月 20 日完工。其中:

整治建筑物工程于 2015 年 6 月 29 日开工建设,2017 年 5 月完工。

为充分利用自然水深,发挥整治建筑物阶段性整治效果,提前发挥深水航道效益,在二期工程中实施了初通工程,于 2016 年 3 月 21 日开工建设,2016 年 6 月 20 日基建疏浚完工,2016 年 7 月 5 日宣布初通航道开通,同时也标志着初通航道转入维护阶段。

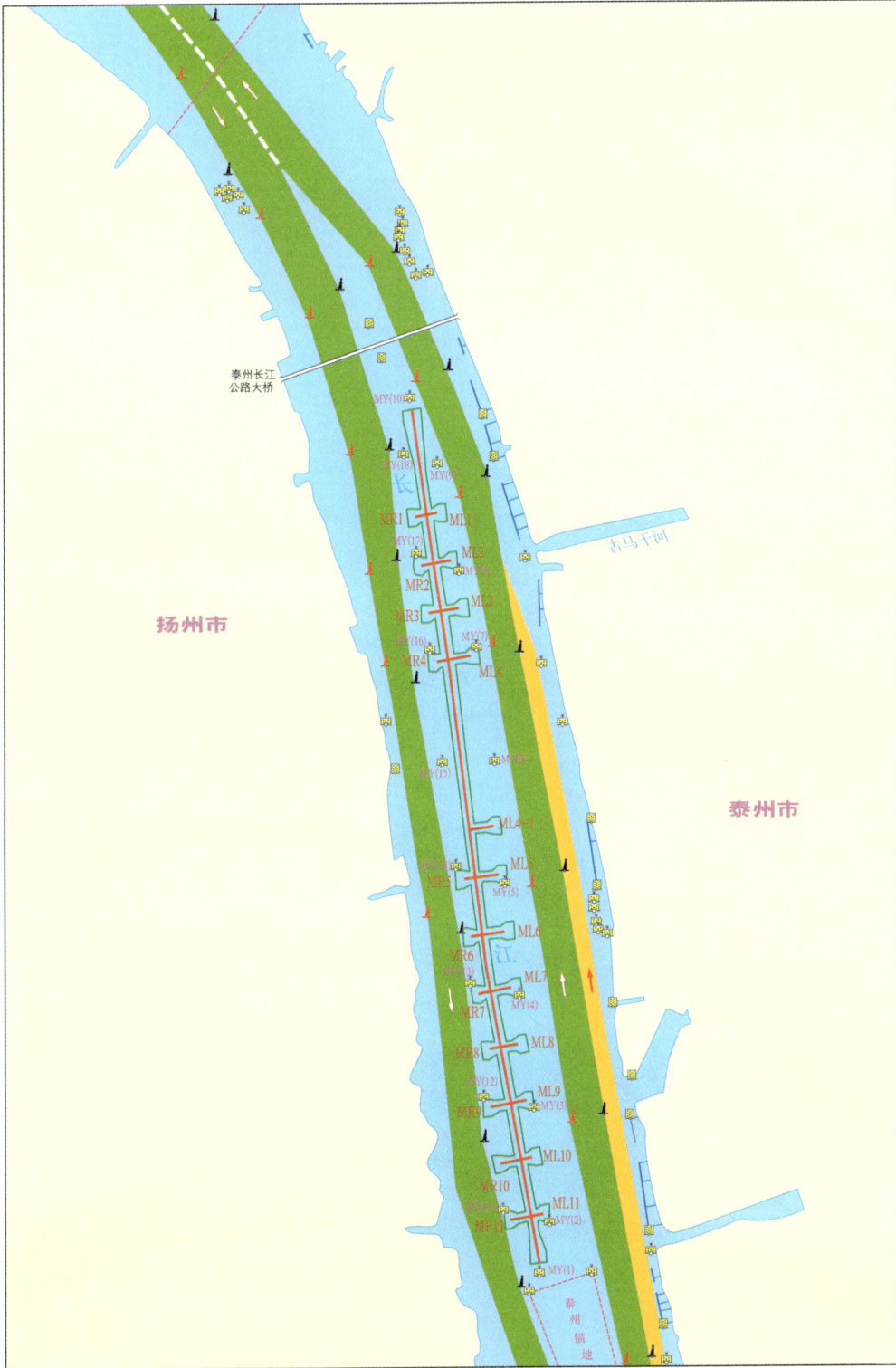

图 13-5-20　口岸直水道(鳗鱼沙)整治建筑物平面布置图

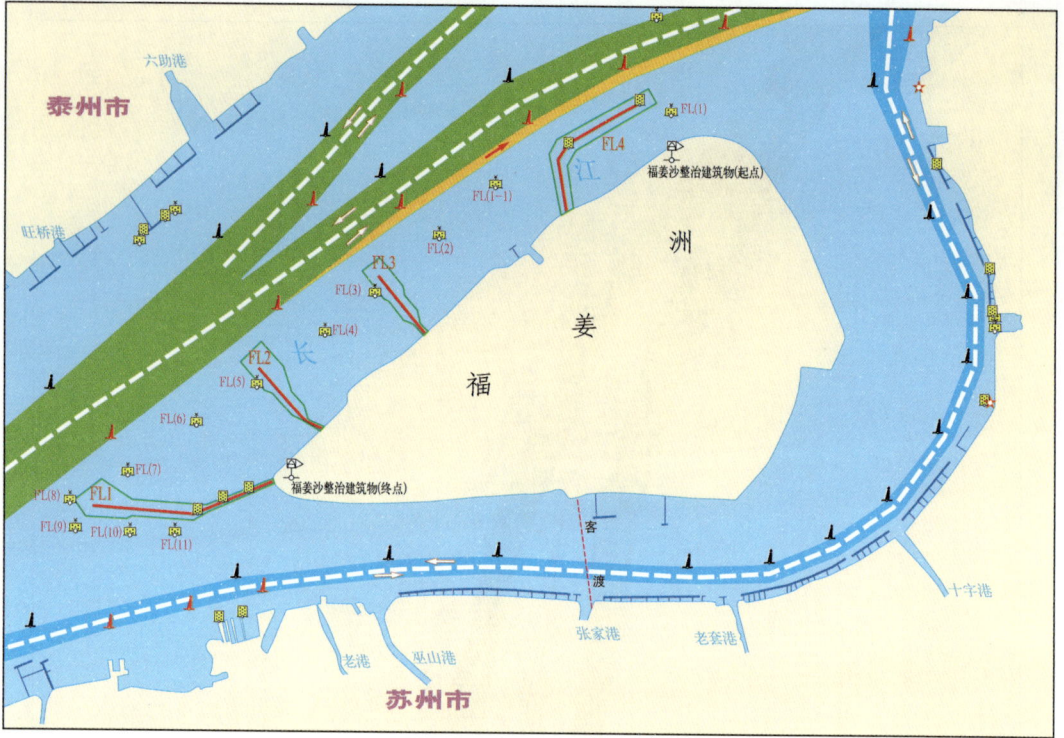

图 13-5-21　福姜沙水道（福姜沙）整治建筑物平面布置图

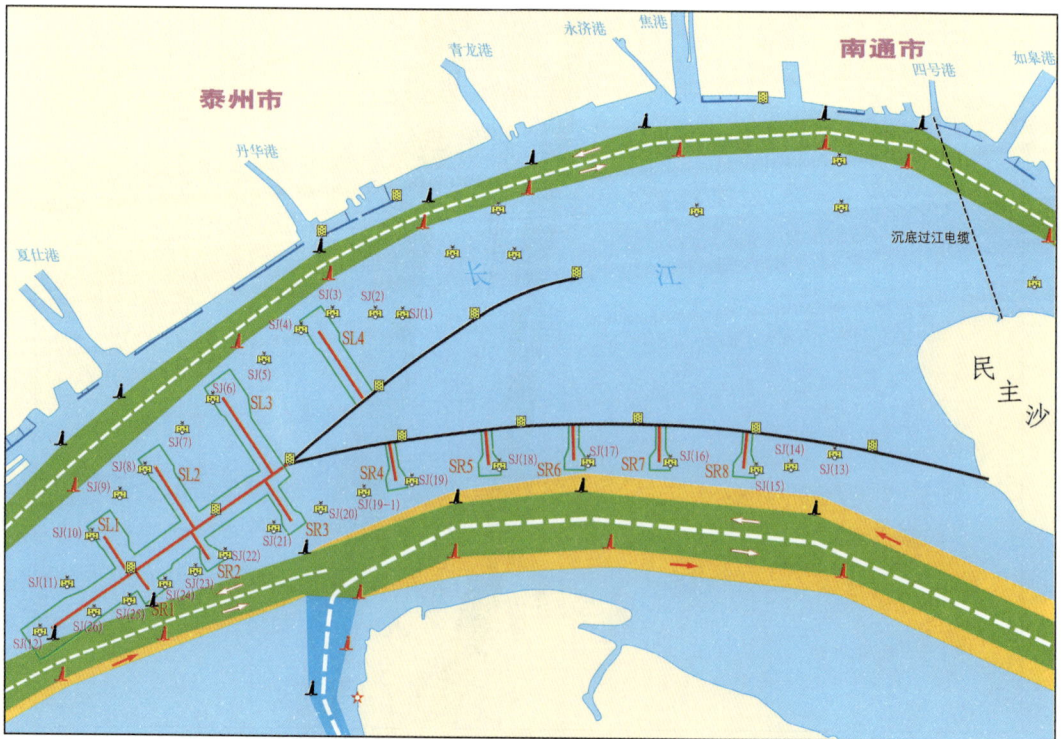

图 13-5-22　福姜沙水道（双涧沙）整治建筑物平面布置图

后续基建疏浚及疏浚期初通航道维护工程施工(2017 年 11 月至 2018 年 4 月);2018 年 4 月 18 日,深水航道 12.5 米水深通过第三方检测,标志着二期工程深水航道贯通。

(2)完成的工程量

整治建筑物:潜堤 20.36 千米,丁坝 18.81 千米,护底带 1.51 千米,护滩带 4.75 千米。其中,共完成护底软体排铺设 994 万平方米,抛石 529 万立方米,构件安装 635 个,抛填砂袋 105 万立方米。

基建疏浚工程量 837 万立方米。

加固护岸 48.3 千米,其中抛石 268 万立方米。

(3)工程完成情况

二期工程共划分为 79 个单位工程,其中整治建筑物工程共划分为 69 个单位工程,疏浚工程共划分为 6 个单位工程,配套单位工程共 4 个。指挥部会同长江航务管理局制定单位工程质量鉴定工作方案,明确了单位工程质量验收鉴定的条件和程序要求,根据工程质量核验工作安排,分别于 2017 年—6 月组织相关单位成立质量核验组完成了整治建筑物工程 69 个单位工程的质量核验工作,经核验各单位工程质量符合《水运工程质量检验标准》(JTS 257—2008)和设计要求,均为合格。2017 年 6 月—29 日,指挥部在江苏镇江组织召开整治建筑物工程交工验收会议。2018 年 4 月 20 日,指挥部联合长江航务管理局完成后续基建疏浚及疏浚期初通航道维护疏浚工程、航标工程单位工程质量核验工作,其他配套设施均已经完成交工验收工作,质量合格。

3.二期工程初通

(1)初通方案研究

指挥部经组织设计、科研等单位论证并充分征询有关航道、海事主管部门意见,在充分利用长江航道水位的原则下,提出了 4—11 份 12.5 米、12—次年 3 月份 11.5 米分时段初通航道方案。2015 年 5 月,交通运输部批复了长江南京以下 12.5 米深水航道二期工程初步设计,明确了初通航道的建设目标和内容,同意设计提出的初通方案,即在整治建筑物施工过程中,在保障现行南京以下 10.5 米航道维护水深的基础上,通过先期疏浚等措施,将通航水深在每年 4—11 月和 12—次年 3 月期间从 10.5 米分别提高到 12.5 米和 11.5 米,以试运行方式提供船舶利用,并明确初通不作为航道维护的考核目标。

二期工程河段碍航浅段主要分布在福姜沙水道、口岸直水道、和畅洲水道和世业洲水道,其他水道自然水深已基本满足 12.5 米深水航道使用要求。总体方案航道选择的汊道中除福北水道外,其余汊道 12.5 米深槽基本贯通。初通期工程总平面方案具体为福中单向航道 + 口岸直鳗鱼沙段左右汊单向航道 + 落成洲段双向航道 + 和畅洲单向航道 + 世业洲双向航道。

（2）初通期要求及实施

为贯彻落实中央加快发展长江水运发展、依托长江黄金水道建设中国经济新支撑带的战略部署，尽早发挥长江南京以下深水航道工程效益，二期工程在组织整治建筑物施工的同时，先期对工程局部河段实施了初通工程，初通基建工程重点对福姜沙水道、口岸直水道和仪征水道进行疏浚，工程于2016年3月21日开工，6月20日完工，完成基建工程量约169万立方米，在通过第三方水深测量单位对工程全河段水深的扫测后，航道及海事主管部门及时发布了航道通告及航行规定，并于7月5日宣布初通航道开通，同时也标志着初通航道转入维护阶段。

（3）初通效果

初通航道是在整治建筑物建设过程中，充分利用长江南京以下较为优良的航道条件和水位情况，通过少量疏浚，初步开通了一条局部航段为单向航道或宽度较窄的双向航道，提前发挥了二期工程效益。

初通航道的运行有效提升了长江江苏段大型海轮的实载率，改变了目前进入二期工程河段的5万吨级大型船舶需减载、亏载15%～30%运输的情况。据统计，初通航道的运行，吃水超过初通前9.7米限制标准的到港船舶数量增加了30%以上，其中7万吨级以上船舶到港数量增加了20%以上，初通效益得到了显著发挥，实现了工程预期目标。因此，二期工程初通航道是工程建设过程中一个有条件、阶段性的目标，也是航道建设工程新的探索。

（五）全过程动态监测及设计优化

1. 动态监测内容及频次安排

本工程处于长江下游的潮汐河段、潮流界变动河段，受径流和潮流的共同作用，呈现多滩多槽分汊格局，水沙运动复杂，不确定因素多，河床演变规律难以准确掌握。在工程实施阶段，应生态保护的要求，部分时间段内需要停工，施工间歇期可能产生不可预见的影响；在整治建筑物成型过程的不同阶段，将对周边涉水工程产生一定程度的影响，整治效果也有不同程度的体现；由于工期较长，施工过程中水文水情条件变化、局部河势变化，整治建筑物的平面位置需要进行局部调整。同时我国大型潮汐河段的航道整治技术尚不完善，历史上尚无系统的整治理论，目前仅能借助径流河段或河口工程的整治经验。研究、设计阶段虽对工程方案进行了深入研究，但在实施过程中仍需科学实施动态管理，在动态监测的基础上，结合数模、物模等的相关跟踪研究成果，及时优化和调整工程实施方案，力争实现最佳的航道整治效果。

在本工程中实施动态管理，既是大江大河的治理的经验总结，也是工程复杂性所决定的。国家发改委关于工程可行性研究报告的批复和交通运输部关于工程初步设计的批复都明确提出工程实施动态监测和动态管理的要求。动态监测是动态管理的基础、依据。

为及时准确地掌握工程实施后引起的水流、泥沙和地形变化,正确评估工程效果,并为工程动态管理和顺利实施提供科学依据,指挥部组织有关单位在工程施工期和试运行期开展了系统的动态监测。

动态监测包括地形测量、整治建筑物监测、水文测验、环境水质监测等内容。

地形测量包含河势变化跟踪监测、险工段地形测量、涉水设施附近地形测量、初通航道和后续航道水深检测测量、初通航道和后续航道开通前扫测等内容。河势变化跟踪监测每季度监测一次,每年4次;险工段地形测量每年汛前(5月)和汛后(11月)实施,其中和畅洲左汊右缘、长青沙西南险工段每年8月加测一次;涉水设施附近地形测量每年汛后(11月)实施;航道疏浚区水下地形测量洪季5—10月每月测量两次,枯季11月—次年4月每月测量一次,航道非疏浚区水下地形测量每月测量一次。

整治建筑物监测包含整治建筑物附近固定断面监测、整治建筑物沉降位移观测、整治建筑物多波束测量等内容。整治建筑物附近固定断面监测每月测量一次,整治建筑物沉降位移观测施工期每月1次/月;试运行期1次/3个月。整治建筑物多波束测量汛前5月和汛后11月各测量1次。

水文测验包括全河段和整治工程河段水文测验、汊道段平水期稳定时段水文测验、一期和二期工程衔接段水文测验、水环境通量稳定时段ADCP断面流量监测和环境水质监测等内容,每年洪季和枯季各观测1次。

指挥部通过公开招标选择动态监测工作的承担单位(其中二期工程中的动态监测合同额总共高达2.289亿元)。在实施过程中,总体设计单位制定总体监测计划,并根据工程进展、工程河段动态变化等情况进行适当调整。每次实施监测前,指挥部正式向监测单位下发监测计划,由监测单位组织监测,按照指挥部确认的实际完成工作量进行计量支付。施工期及缺陷责任期整治建筑物监测纳入相应的施工标段,由施工单位施测。

根据现场监测资料,及时利用数学模型和物理模型等手段开展分析评估,为工程调整和优化提供支撑,必要时提出设计与施工方案优化建议,保证工程顺利实施和工程整治效果,有效地支撑了工程的动态管理。

2. 动态管理信息平台

工程前期研究、设计阶段积累了丰富的研究和设计成果,动态监测过程中也获得大量地形、水文等基础资料,以及工程建设中的施工过程记录文件,这些成果、数据和文件等资料是动态管理的依据和基础。由于资料种类繁多且来源不一,为了实现数据高效管理、信息有效共享以及辅助工程管理,建立了动态管理信息平台。

动态管理信息平台分为基于GIS技术的基础数据管理子系统和基于常规技术的工程

成果管理子系统(MIS),其中基础数据管理子系统主要负责收集整编深水建设工程的现场观测资料,开展分析评估,为航道工程的动态管理和动态调整提供更为有力的科学依据;工程成果管理子系统,主要负责对工程成果分项目、分标段、分类型管理,形成工程资料库,为项目成果共享和管理提供便利,并提供一定程度的消息沟通和信息发布功能,参见图 13-5-23 ~ 图 13-5-25。

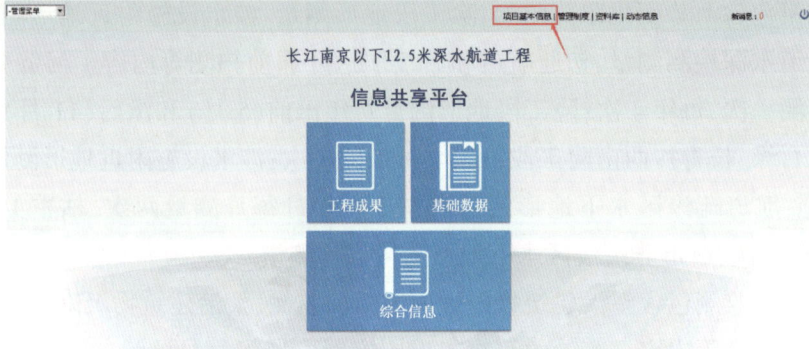

图 13-5-23　动态管理信息平台界面

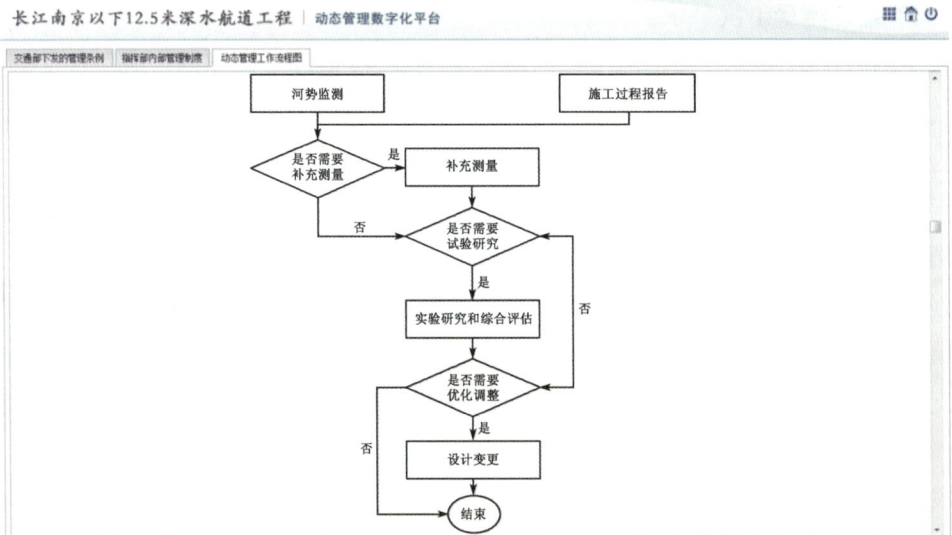

图 13-5-24　动态管理工作流程

系统主要包括的模块及功能如下:

项目基本信息:显示项目的详细信息及进展情况

管理制度:查看项目中各个部门的管理制度和条例

项目资料库:自建主题资料库

动态信息:汇总系统中所有的项目信息,便于查看

工程成果:添加、维护项目中的各项成果

图 13-5-25　动态管理信息平台内容

基础数据：提供以地图方式查看数据和导入功能

综合信息：查看项目的工程成果和基础数据

系统管理：维护系统内的人员、部室的基本信息和各项权限

用户管理：添加、修改系统人员

项目信息维护：维护项目信息，包括项目基本信息和管理制度

动态信息发布：发布动态信息

发送通知记录：统计并汇总系统发送的消息记录

系统操作记录：记录并显示系统中人员的操作

消息管理：用于项目人员之间发送、转发、回复消息

动态管理数字平台经过用户试用反馈后，以增强用户体验，提高工作效率为目标，针对提出的改进意见进行了完善，完成了"工程成果"模块目录调整，文件拆分，改善了搜索查询功能，对目录的浏览、下载权限进行了细致区分和设置等内容。平台改进后向各设计、施工单位提供了登录账号并指导其陆续完成了资料上传整理工作，随着新的动态监测方案实施，平台维护工作也会继续进行。

根据动态管理信息平台专家审查意见，"该系统架构设计合理，主要模块功能满足要求，系统界面友好，经一年多的上线运行，各项技术指标达到了预期要求为二期工程建设动态管理提供了良好服务"。

3. 设计优化

动态监测是本工程管理的鲜明特色，取得了巨大的成效，如工程总体施工顺序的安排、潜堤合拢施工位置及时机的确定、优先防护重点冲刷部位的甄选、航段局部平面调整、冲刷坑处理等。

(1)福姜沙水道 FL4 丁坝优化调整(图 13-5-26)

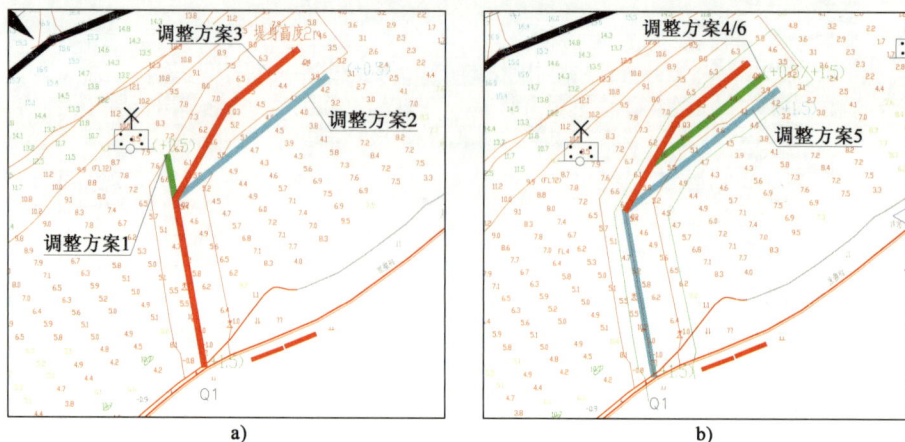

图 13-5-26　方案调整示意图

根据 2016 年 8 月测图资料,福姜沙左缘拟建 FL4 丁坝位置出现大幅冲刷。保证工程原定功能要求,保障深水航道稳定运行,2016 年 9 月设计单位针对新地形条件开展 FL4 丁坝的平面布置优化研究工作。

针对 2016 年洪季福中水道进口地形明显冲刷的情况,在保证 FL4 整治功能的前提下,结合现状地形,并考虑为福中航道预留拓宽空间,在原推荐方案的基础上提出 6 个调整方案,综合工程规模、体量、整治功能及对周边影响等因素,推荐以方案 6(FL4 转折段南移 65 米、加高至 +1.5 米方案)为基础方案开展进一步研究。

施工单位按 2016 年 10 月 26 日福姜沙左缘 FL4 丁坝方案优化研究专家评审意见推荐方案完成 FL4 丁坝施工。

工程完成后,FL4 丁坝对其下游形成较好的掩护效果,有效守护了福姜沙左缘边滩,为福中航道提供了稳定的边界条件,保证了航道整治效果。

(2)落成洲段航道平面设计变更

受河势条件限制,初通阶段,落成洲河段采用 10.5 米航道与 12.5 米深水航道并存的形式,现行 10.5 米航道航标保持现状,维护宽度不变,12.5 米初通航道在 91 号浮至 95 号浮之间设置 6 座虚拟标,通过加强通航安全管理措施以实现有效的通航组织。初通航道运行一年多以来,总体情况良好。2016 年 7 月～2017 年 7 月间落成洲航段初通航道未维护。2017 年洪季,三益桥浅滩淤长南压,航道淤积严重。2017 年 8 月后,落成洲段 93 号浮附近、10.5 米航道内、12.5 米航道外多次出现船舶搁浅事故。2017 年特殊水情是三益桥浅滩异常淤长、航道碍航的重要原因。

落成洲段原设计 350 米航宽可满足 5 万吨级油船双向通航的需求,满足兼顾船型单向通航要求。初通航道开通以来,5 万吨级及以上船舶数量增加,航道内拥挤程度提高,350 米航宽略显不足。

落成洲航段未设置下行小船推荐航路,下行大、小型船舶在深水航道内混行,小型船舶航速相对较低,占用主航道通航水域,客观上影响大船的通航效率,使得通航环境更加复杂。

落成洲航段下接长江下游转折最大的嘶马弯道,上行船舶需及时向左转向,洪季大流量下易出现不及时调转船头而偏靠北侧水域的情况。

为保证航道通畅及航行安全,按照动态管理的原则对原设计航道适当拓宽是合适的。落成洲局部航道设计变更方案为:落成洲航段局部航道(92 号黑浮~94 号黑浮之间)右侧边线保持不变,采用疏浚措施向左侧拓宽,航道宽度 450 米、航道水深 12.5 米(航行基准面),无须疏浚区段航道转弯半径为 3000 米,疏浚区段转弯半径为 1500 米。上行小船推荐航路沿深水航道左边线外侧布置,宽度 200 米,水深 5 米,参见图 13-5-27。

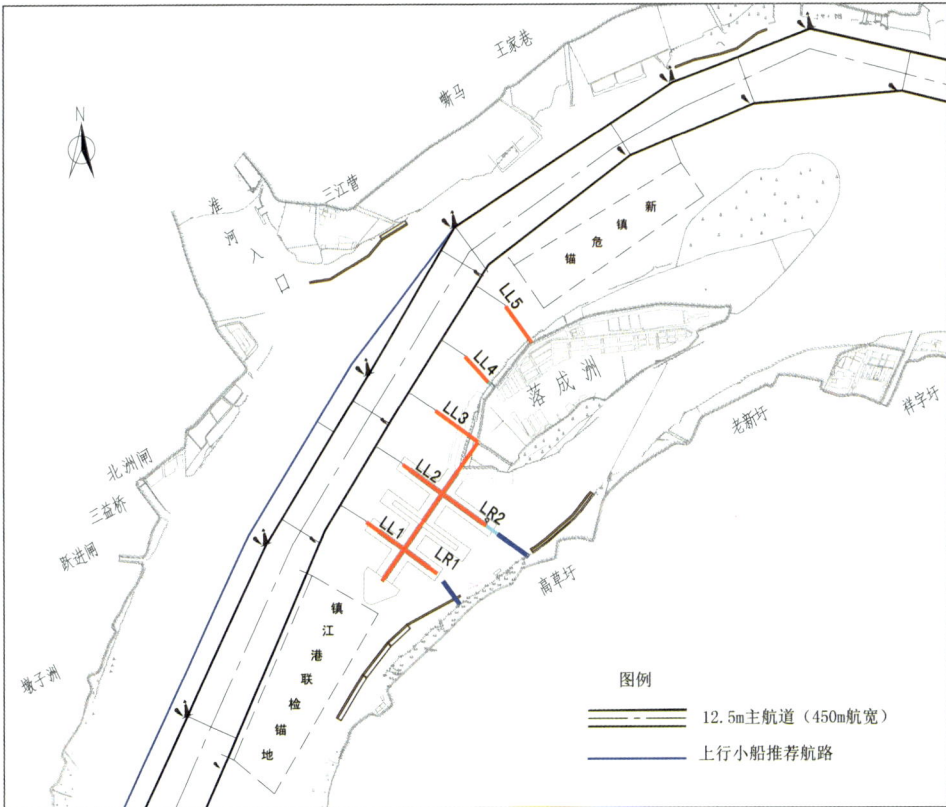

图 13-5-27　航道平面设计变更方案

落成洲段航道调整方案基建疏浚量 155.9 万立方米,基建疏浚的施工工期 3 个月,工艺及疏浚土处理方案同原设计。设计变更方案新设 1 座侧面标,调整 5 座侧面标位置,撤除 6 座 AIS 航标。

2018 年 2 月 2 日,交通运输部对长江南京以下 12.5 米深水航道二期工程落成洲段局部平面设计变更进行批复(交水函〔2018〕64 号),由指挥部组织实施。工程实施后,口岸直水道三益桥段航道条件和通航环境得到明显改善。

(3)和畅洲切滩工程

和畅洲切滩工程位于 104 号红浮与 105 号红浮外侧,总长度 0.87 千米。根据设计施工图纸,将切滩工程分为上滩和下滩两个施工区。经设计边线调整后,下滩施工区域包括一片露出水面的高滩,且滩面被芦苇覆盖。

切滩工程于 2017 年 11 月 1 日开工,由于设计边线向岸侧调整,上滩与岸侧距离更近,土质虽没有明显变化,但密实度有很大增加,严重限制了吸盘船施工效率。施工单位采取特殊措施,如利用吸盘头机械破土配合水力破土的方式,优化了破土效果,但也因此增加了工序,在施工效率上没有得到实质性的突破,若继续由吸盘船单独施工切滩工程水下土方,将无法满足总工期 2018 年 4 月 30 日的要求。经动态优化施工工艺,在不改变原施工方案中占用水域的范围的前提下,下滩采用绞吸船装驳转吹替换吸盘船装驳,上滩继续采用吸盘船进行疏浚施工。经及时调整,切滩工程终于 2018 年 3 月 12 日完工。

(六)全过程安全风险控制

长江南京以下 12.5 米深水航道建设工程地处万里长江航运最为繁忙的江苏段,这也正是工程建设的重要价值所在。确保工程施工安全既是促进工程顺利推进的内在要求,也是确保黄金水道大动脉畅通的外在需要。工程施工周期长、投入施工的人员、船机设备多,施工安全管理难度大。为此,指挥部高度重视施工安全管理工作,将风险管理理念首次引入大型水运工程建设管理,充分利用现代信息技术,构建起全天候、全覆盖的施工现场实时监控网络,牢牢把握住了工程安全管理的主动权,创造了这一历时 8 年、投资超百亿的超级工程"零事故、零亡人、零污染"的"三零"奇迹。

1. 工程区域通航安全特性

航道整治施工作为水上施工项目,风、流、雾等自然因素对施工安全的影响不可避免,与此同时航道整治工作的施工水域大都处于航道条件不太好的河段,施工重点区域大都临近航道,有的就在航道内或小型船舶的习惯航路上,施工必定挤占部分通航水域,在通航密度本就十分高、船舶交通流十分复杂的长江下游开展航道整治工程,施工与通航的矛盾显然十分突出,在航道弯曲、狭窄的福姜沙、和畅洲等险要航段,这一矛盾则更为突出。

指挥部把全力缓解施工与通航安全矛盾作为工程建设安全管理的首要任务加以筹划,在开工前就委托国内一流咨询机构分河段开展施工通航安全影响论证研究,充分认清安全影响,认真研究制定工程安全管理对策措施,并经专家评审后印发施工单位学习掌握,为后续施工方案的编制和优化理清思路,较好地起到了促进施工本质安全水平提高的作用。

2. 工程安全生产风险识别、评估及预测

针对二期工程河段更长、航道弯曲狭窄度更高、施工工程量更大的实际，指挥部在交通运输部相关职能部门的指导和支持下，全面引入了风险管理理念，将安全生产风险管理作为二期工程安全管理的主要抓手，强力推进，进一步增强大型水运工程建设安全管理的前瞻性、系统性和科学性。

（1）建立二期工程安全生产风险管理体系

体系文件由四个层级构成：第一层级文件是《二期工程安全生产风险管理体系导则》（A），为体系总则。明确了体系建设与运行原则、风险源分类分级与评估原则、体系构成要素与总体要求、体系文件构成等；第二层级文件包括《二期工程安全生产风险管理程序文件》（B1）、《安全生产风险源分类分级与评估标准》（B2），为体系建设运行管理规定和技术标准。《程序文件》规定各参建单位工作职责、工作内容与工作程序。《评估标准》明确风险源分类分级原则与方法、风险评估原则与风险辨识、分析、评价方法；第三层级文件分为风险评估技术规程和各参建单位内部安全生产风险管理工作总体规定。《二期工程安全生产风险评估指南》（C1）对风险辨识方法与流程、分析方法与流程、评价方法与流程、评估报告编制等进行了详细规定。《XXX安全生产风险管理工作规定》（Cx-xx）由各参建单位制定，规定各单位内部安全生产风险管理组织管理、工作程序等；第四层级文件为各施工项目部内部各项具体工作的操作手册及体系派生文件。如《XXX安全生产风险评估工作规程》（Dx-xx）、《XXX安全生产风险源风险控制规程》（Dx-xx）、《XXX安全生产风险应急响应与处置方案》（Dx-xx）。

（2）构建风险源分类分级体系

二期工程所涉及的生产类型较多，考虑风险源分类要尽可能与行业分类习惯融合，将二期工程所涉及的各类作业划分为航道整治工程、客货运输、工厂化生产、特殊作业（潜水作业、测量作业等）及其他作业（驻地管理等）五大类；风险源等级划分为一般风险源、较大风险源和重大风险源三级。在工程施工风险源划分上按照施工工艺路径，分析作业单元，寻找最小的作业风险单元或关联度高不宜分解的作业风险单元组合，梳理出风险单元清单，以保证风险筛查全面、重点环节突出。

（3）构建风险源评估技术体系

系统梳理了国内国际风险评估技术，筛查适用的风险评估方法，经实际工程验证性评价比对，选择了6种定性评价方法和定量评价方法纳入推荐评估方法，实际评估中至少运用3种评估方法组合进行定性和定量评估，有效降低使用单一评估技术带来的缺陷。二期工程采用的定性评价法包括定性粗筛法、德尔菲法以及头脑风暴法三种，定量评价法包括系统评价（M-PEC）法、多层次风险矩阵法以及作业条件危险性评价（LEC）法三种。其

中,系统评价(M-PEC)法和多层次风险矩阵法具有创新性。

(4)认真开展风险评估,科学编制风险控制方案

指导各参建单位发动广大参建人员依据体系文件中明确的风险源辨识与评估方法,全面开展了二期工程安全生产风险源辨识与评估,共排查风险源361个,其中重大风险源9个,较大风险源36个,一般风险源316个。按照分级分类管理的原则,较大安全生产风险源风险控制措施经监理部审核后实施,重大安全生产风险源风险控制方案经监理审核后报指挥部,由指挥部组织专家进行专项审查。

3.施工安全保障与控制关键技术

(1)施工过程风险控制技术

施工安全风险客观存在,针对不同的风险采取不同的控制手段是确保风险得以有效控制的关键。二期工程施工中采取的主要风险控制方式有:一是有效隔离。如临近航道边缘进行铺排作业,施工船抛锚需长时间占用航道水域,对船舶通航与施工均构成重大安全风险,控制这种风险的有效措施就是将水工水域与船舶航行水域实行阶段性物理隔离,而隔离的手段就是海事机构的交通组织和现场警戒艇的船流疏导;二是机械换人。如大量构件堤需要进行水下机床整平,传统的方式就是潜水员水下人工整平,效率低,风险大,发动施工单位积极研发水下自动整平技术和设备,步履式自动整平机、长臂挖机自动整平装备被研发成功并得以普遍应用,助推了工程风险的下降;三是工艺创新。如和畅洲右汊左缘抛石护岸工程,传统的施工工艺是抛石船定位抛投,但该工艺在航宽只有230m左右的水域进行,会严重影响长江干线船舶与京杭运河南北进出河口船舶的航行效率与安全,鉴于此,经反复试验论证,采取了开体驳分层分网格航行中开驳抛投工艺,并选择顺船流、错开船流高峰期等施工方式,有效控制了这一重大安全风险;四是灾害性气象预警技术。联合南京气象台,根据施工标段制定个性化气象信息服务需求,建立工程建设气象信息专用平台,提前发出针对性气象预警信息,指导施工现场及早应对、有效防抗。

(2)施工船舶状态监测技术

建立"施工船舶远程监控管理系统",以GIS平台为基础,结合GPS、工业自动化、无线网络传输、施工管理等技术,将众多施工过程、施工管理所需要的功能集成到本系统中。系统应用后,施工管理人员可以通过终端实时准确地掌握施工船舶的动态、施工情况以及各种工况参数;项目管理人员可以通过远程监测终端来检查和监督船舶施工情况,并可以实时指挥船舶施工。

(3)施工区虚拟航标布设技术

根据交通运输部安排,二期工程在建设期就需要实现12.5米深水航道初通南京,提前实现深水航道建设的效益。在工程河段未完全达到设计标准的情况下,在原按照10.5米标准布标的范围内再根据水深情况布设12.5米水深标志,将严重影响航道的畅

通。为此,指挥部针对航行12.5米深水航道船舶均为大型船舶、设备及人员均相对优良的实际,充分利用现有的电子航道图,在内河航道中首次引入了虚拟航标技术,建设虚拟航标基站,通过电子航道上显示,让深吃水船舶按虚拟标示的航道航行,其他船舶按照原实体标标示的范围航行,确保了深水提前使用。

4. 施工安全综合管理信息平台

针对施工区域点多线长、参与船机设备众多等实际,为确保对施工现场和船舶动态的有效掌控,指挥部充分利用现代信息技术,建立起施工安全综合管理信息平台,实现了对施工动态、施工现场的适时化、可视化的监控。

(1)施工区监控视频清晰化技术

针对长江航道大型整治工程安全施工中涉及的高通航密度航道边缘铺排、透水框架抛设、施工安全信息平台等内容,提出了基于图像分析和处理的整治工程施工安全保障技术;有效解决了铺排搭接精度、船舶目标识别等问题,提升了大型航道整治工程通航要素(气象、船舶)信息获取水平。

(2)船舶AIS数据快速更新技术

基于AIS、CCTV、雷达的内河航道多异构数据融合处理技术,通过采用AIS数据重构与快速更新、雷达目标聚类分析等算法,提升了长江航道大型整治工程施工中船舶目标的辨识精度、动态跟踪;结合BP神经网络模型与卡尔曼滤波,提出了施工河段船舶交通流预测方法,为施工区船舶行为特征提取、通航安全风险建模等奠定了数据基础。

(3)基于云平台的施工综合信息平台

研发了基于互联网云平台的长江航道大型整治工程施工状态在线监测技术,实现了AIS、CCTV、雷达、长江电子航道图等多源异构数据信息在云平台的有机融合;提出了基于变分模型的施工区监控视频清晰化算法,建立了低照度(雨雾天气等)图像亮度增强模型,实现了施工区通航与施工状态的全方位可视化监控服务;在此基础上,融合了内河航道虚拟航标布设等技术,有效保障了长江航道大型整治工程施工区船舶通航安全。

(七)整治建筑物保护

工程整治建筑物大都临近主航道,部分布设在小型船舶习惯航路上,且淹没在水下,若不能有效警示,大量小型船舶极可能误入整治建筑物水域,对整治建筑物和小型船舶航行安全构成"双威胁"。为此,指挥部采取多种警示手段,使隐藏在水下的整治建筑物得以"亮化"。

1. 面临的问题及需重点保护的整治建筑物

二期工程航道整治建筑物多位于水下,不能直观发现。整治河段水运发达,船舶通航密度大、大小型船舶夹杂且小型船舶习惯航路复杂,致船舶临时停泊水域及锚地长期紧张。根据现场统计数据,2017 年 7—8 月福姜沙水道发现误入工程水域船舶 73 艘、搁浅船舶 2 艘,见图 13-5-28。

图 13-5-28　福姜沙水道 FL1 丁坝船舶搁浅

仪征水道与和畅洲水道非法采砂长期存在、屡禁不止,使航道整治建筑物有人为破坏的可能,见图 13-5-29。

图 13-5-29　仪征水道 Y3 丁坝附近非法采砂

同时由于小型船舶的驾驶员文化程度相对较低,对专用保护标志的理解不一定完全到位,整治河段船舶通航安全和整治建筑物的保护均面临挑战。

通过对各整治建筑物所处外部环境及其对航道整治效果发挥的影响强弱的分析,确定了工程需要重点保护的整治建筑物。

福姜沙水道:双涧沙头部潜堤,北侧 SL3 号和 SL4 号丁坝,南侧 SR6 号~SR8 号丁坝,福姜沙左缘 FL1 号和 FL4 号丁坝,见图 13-5-30。

口岸直水道鳗鱼沙段:鳗鱼沙左侧 ML4 号~ML11 号护滩带及其对应潜堤区域。

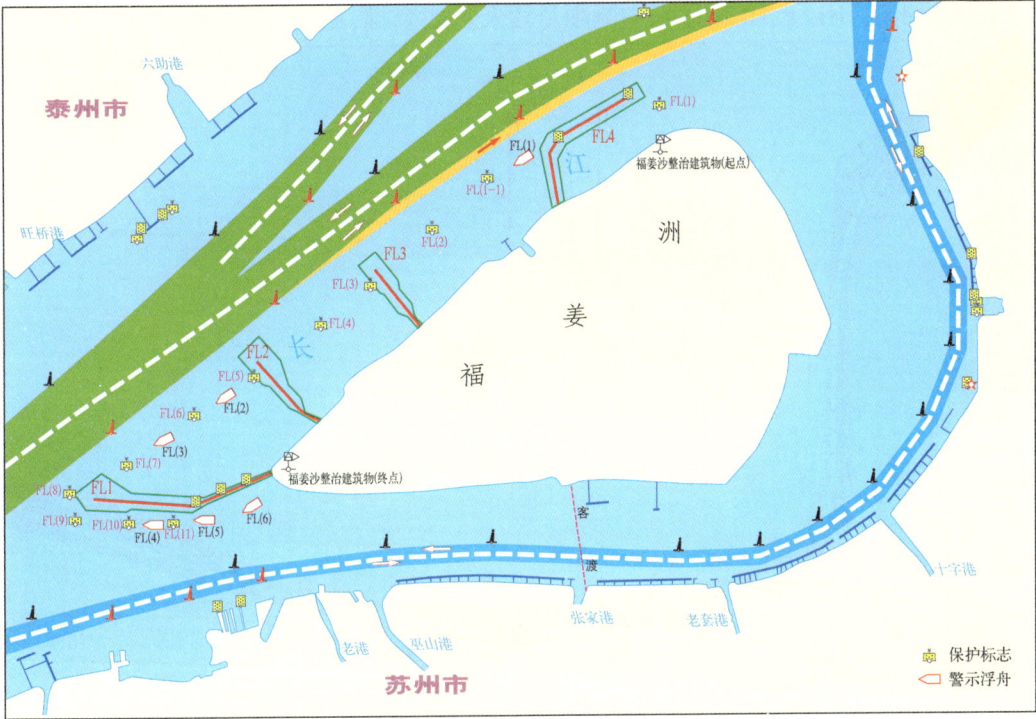

图 13-5-30　福姜沙水域整治建筑物保护标志及警示浮舟示意图

　　口岸直水道落成洲段：落成洲头部潜堤头部，左侧 LL1 号和 LL5 号丁坝，右汊 LR1 号和 LR2 号护底带，见图 13-5-31。

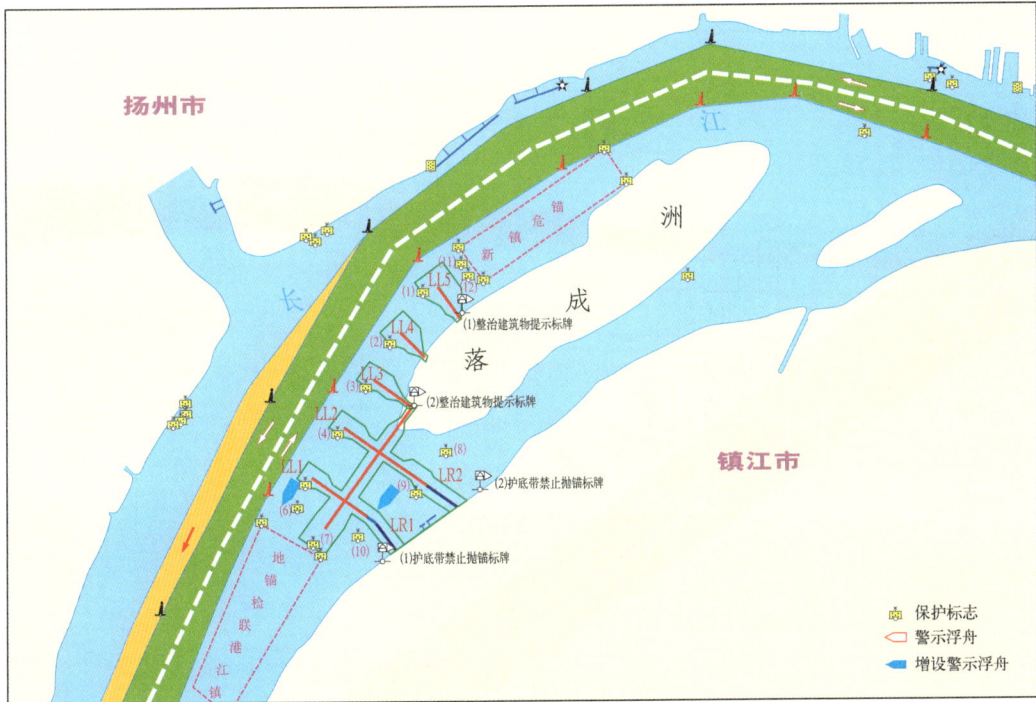

图 13-5-31　落成洲水域整治建筑物保护标志及警示浮舟示意图

和畅洲水道：HL1#、HL2#潜坝左侧坝身段及护底余排，见图 13-5-32。

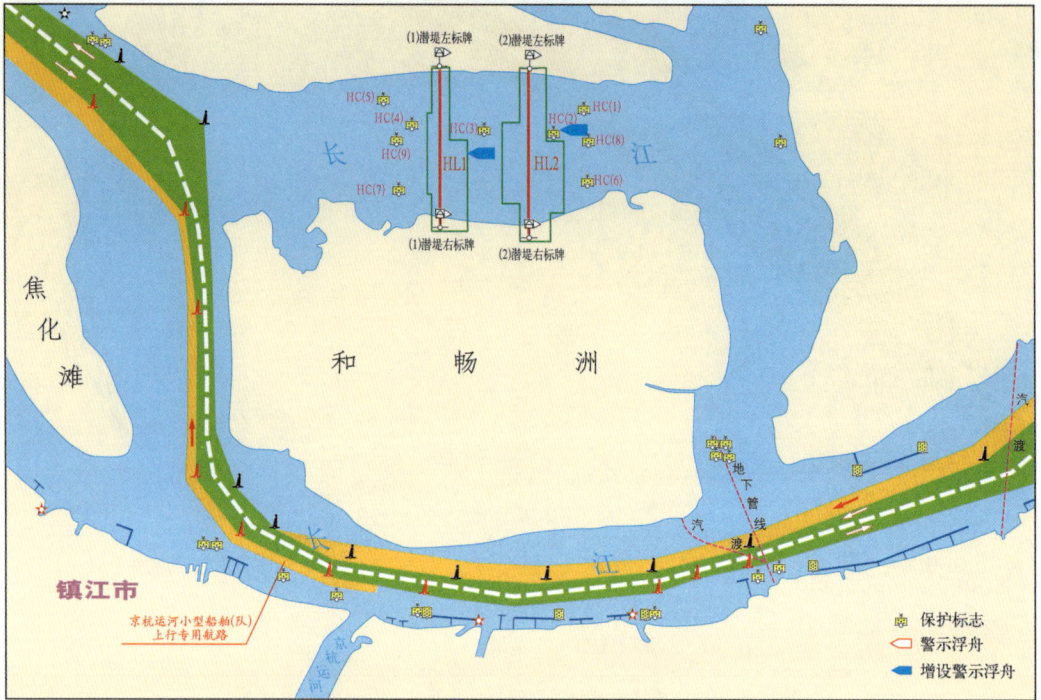

图 13-5-32　和畅洲水域整治建筑物保护标志及警示浮舟示意图

仪征水道：世业洲头部潜堤头部，右侧 SR1 号、SR2 号、Y1 号、Y2 号、Y3 号丁坝，左汊 YD1 号、YD2 号护底带，见图 13-5-33。

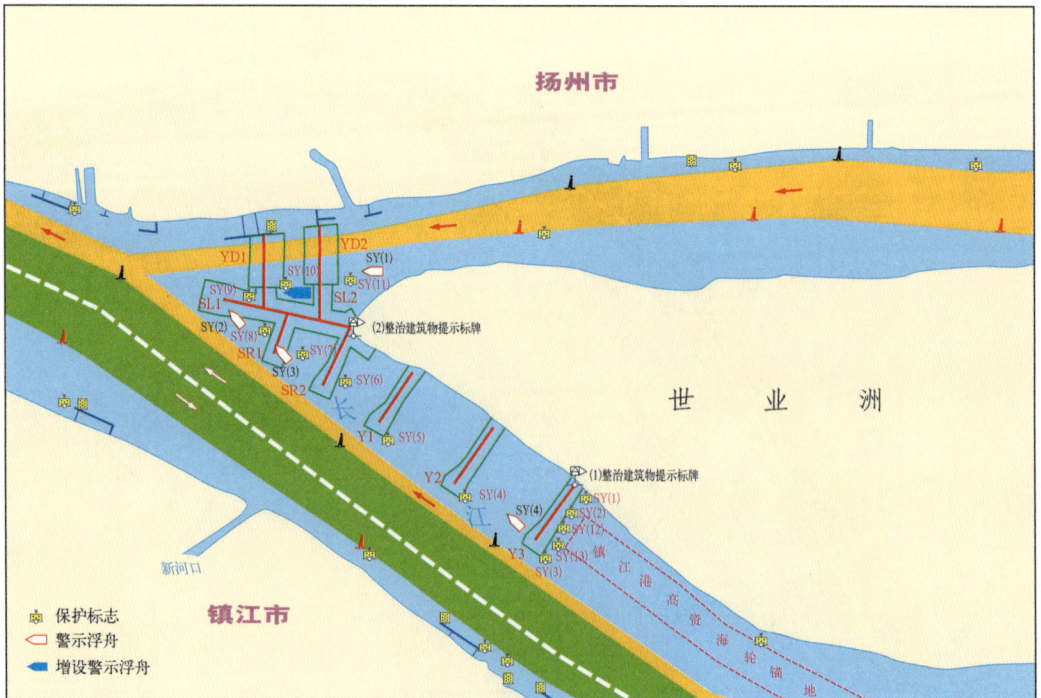

图 13-5-33　世业洲水域整治建筑物保护标志及警示浮舟示意图

通州沙水道:狼山沙尾部潜堤。

2.保护标志配布和安全保障措施

(1)确定保护标志配布原则

根据关键整治建筑物的功能特点和破坏的人为因素,确定整治建筑物助航标志的配布原则为:

准确标示保护水域范围、揭示需要提示与限定的信息;

合理选择专用标志、提示标志、限定标志,注意三类标志及与主航道航行标志之间的联合使用;

根据标志的设置要求与设置条件,采用浮标或岸标,合理确定浮体、标体的规格、尺寸;

在整治建筑物保护范围关键部位适当加密设标密度;

尽可能地少占用通航水域。

(2)加密保护标志

在整治建筑物水域共设置各类专用保护标志122座,并在世业洲洲头、福姜沙等小型船舶习惯贴岸穿越的水域创新布设了13艘安全警示浮舟,以大型文字提示牌的方式向过往小型船舶发出醒目警示。

(3)创新警示手段

针对福姜沙水域三汊通航,整治建筑物密集的特点,为确保整治建筑物和船舶航行安全,自行设计布设了5100米带有夜间发光装置的抬缆警示浮(图13-5-34),将整治建筑物水域与船舶航行水域有效实施了物理隔离。

图13-5-34　简易抬缆警示浮示意图

(4)应用信息化预警

与江苏海事联合攻关,成功将工程整治建筑物布设情况植入"船e行"手机App。此手段可以在小型船舶航行临近整治建筑物水域时自动发出安全提醒信息。

3.实施效果

整治建筑物保护标志和安全保障措施于 2017 年 9 月 8 日全部实施到位。根据项目部现场巡视和当地海事管理机构的统计数据看,保护标志配布和安全措施落实到位后,误入整治建筑物工程水域的船舶数量大幅减少。以福姜沙水道为例,2017 年 7 月 1 日~9 月 7 日误入整治建筑物工程水域航行船舶 75 艘,9 月 8 日至 12 月 10 日统计的误入航行船舶数量为 15 艘,下降幅度超过 80%,整治建筑物保护和通航安全保障效果显著,可见图 13-5-35。

图 13-5-35　警示浮舟现场

四、长江南京以下 12.5 米深水航道整治工程建设的关键技术及创新成果

（一）工程建设的关键技术问题

长江南京～太仓河段航道里程长约 283 千米,其中仪征水道、和畅洲水道、口岸直水道、福姜沙水道、通州沙和白茆沙河段等碍航段长度约占总里程的 6%。长江南京以下河段受径流和潮汐共同作用,水沙动力复杂、河床冲淤多变。长江南京以下 12.5 米深水航道建设工程涉及诸多工程关键技术亟待解决。

1.潮汐分汊河段河床演变规律及趋势

长江下游感潮河段与其他中小河流相比,径流和潮流造床作用明显,不同径流与潮汐组合对浅滩段河床冲淤变化影响很大,河床演变和水沙输移特性有其自身特点;且长江南京以下河段呈现藕节多分汊河型,河床演变时间上和空间上的规律以及上下河段演变的关联性都有别于其他河道。同时,随着上游梯级水库的建设,水情、沙情发生了变化,沿程河道演变特性也呈现新的特点。为此新水沙条件下长江南京以下河床演变规律及深水航道未来发展趋势需进一步认识。

2. 工程总体设计关键技术

长江南京以下河段呈现藕节多分汊河型,航道碍航段的形成主要与局部汊道分流、洲滩不稳等密切相关;而且沿江经济发达,两岸港口码头密布,防洪、水生态环境保护要求高,航道整治外部限制条件多,往往要求多汊路通航,需统筹兼顾、合理选择通航线路。为此,航道整治需在河势稳定的基础上协调治理,开展航道选汊、洲滩控制、航道整治、生态航道等关键技术的研发与设计,提升长江南京以下深水航道总体设计的技术水平。

3. 新型整治建筑物结构关键技术

工程河段沿江经济发达,防洪、水生态环境保护要求高;长江南京以下 12.5 米深水航道整治工程施工均为水上作业且当地石料来源和供应及其价格尚有诸多制约和不确定性因素等特点;局部洲滩受水流顶冲、工程实施后潜堤堤身、堤头及齿坝头部将形成越堤流、沿堤流、绕堤流等多种流态,造成堤身附近滩面冲刷,对结构的稳定与安全产生影响。为此,急需创新复杂水沙条件下安全、绿色整治建筑物主体及消能护滩结构的研发与设计。

4. 工程施工和检测关键技术

长江中、下游细沙河段,其河床及河岸均为易冲的细沙组成,且覆盖层较厚,从而导致河床演变剧烈,洲滩变迁频繁,航槽极不稳定,碍航情况频发;同时水沙动力复杂,水位高差变化大,部分施工区域水深流急施工难度大。为此,航道整治建筑物施工、抛石精准定位及铺排技术有待进一步研究,提高软体排施工方案设计和现场施工的科学可行性、经济性和可靠性。

5. 生态航道、平安航道建设关键技术

长江江苏段是很多重要经济鱼类的生存场所,江心洲周边滩涂、湿地、水域受长江淡水径流及海洋咸水潮汐的交互作用,形成了独特而复杂的生态环境,为各种水生生物提供了多样的栖息和繁殖场所。如何在航道建设过程中,形成具有优良整治效果,又具有自然、生态、景观及兼顾航道水质改善的生态型整治建筑物结构形式,是我国内河水运建设的一个新挑战。

(二)新水沙条件下深水航道发展趋势

三峡工程蓄水运用以后,大通水文站年均水量变化不大、输沙量大幅减少。由于上游来沙减少和三峡水库拦沙作用等影响,近年来大通站输沙量呈明显的趋势性减少。为分析新水沙条件的深水航道的发展趋势,构建了以长江南京以下深水航道整治工程实施完成为起始地形;1991～2000 年水沙系列(90 系列)和 2005～2014 年实测水沙系列为水文条件的一、二维水沙数学模型,预测了大通站和长江南京以下河段未来 20 年水沙过程、滩槽演变趋势、深水航道条件发展趋势。

1. 长江南京以下工程河段水沙条件发展趋势预测

（1）流量预测

研究显示三峡枢纽调度基本不改变下游径流总量，相对于2003—2013年实测，预测的2015—2035年系列平均流量偏大10%，这与近些年总体来水偏枯有关，最大流量增大19.6%，枯期平均流量基本不变；相对于1998—2000年实测流量过程，反映了流量年内分配变化，预测的洪峰平均流量减少20%左右，汛后蓄水期平均流量减少40%左右；预测系列的后10年与前10年相比，最小流量增加10%左右，参见图13-5-36。

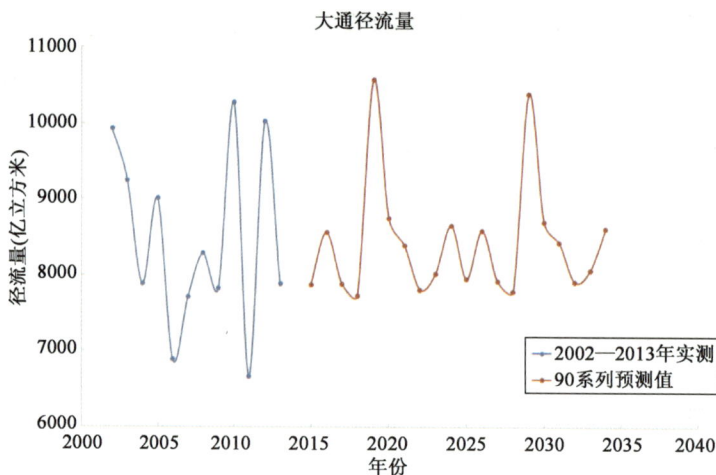

图13-5-36　预测的大通2015—2035年径流量变化及与实测的对比

（2）含沙量预测

在含沙量变化方面，预测的2015－2035年平均含沙量为0.14千克/立方米，略小于2003—2013年实测值0.15千克/立方米；相对于1998—2000年实测资料，反映了同一来水条件下枢纽的调节作用，预测系列变化明显，平均含沙量减少42%，洪峰平均含沙量减少49%，汛后蓄水期平均含沙量减少69%，参见图13-5-37。

（3）输沙量变化趋势

和三峡运行前多年平均输沙量相比，预测的2015—2035年系列平均年输沙量减少幅度达到67%，变化显著，这说明枢纽运行对大通的输沙量产生较大影响。但与2003—2013年相比，输沙量还略有增大，这与来水来沙过程有关，近些年来水总体偏枯，90系列来水来沙总体要略大一些，若扣除1998年极大值，则平均输沙量减小4%。预测系列的后十年与前十年相比平均年输沙量减少11%，这反映了乌东德和白鹤滩等水库群的相继运行对大通输沙量产生的影响，参见图13-5-38。

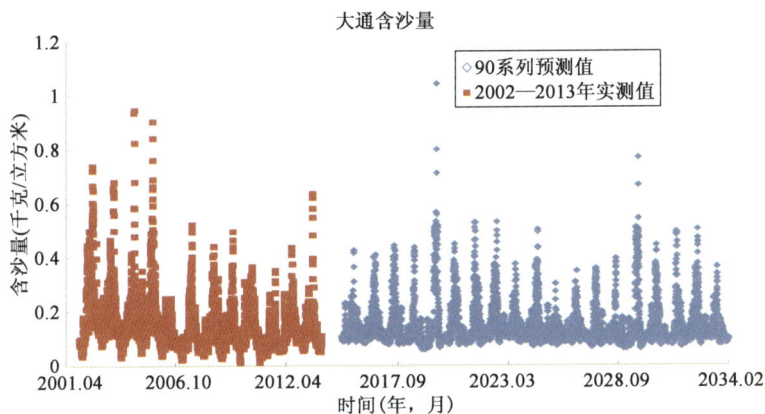

图 13-5-37　预测的大通 2015—2035 年含沙量变化及与实测含沙量的对比

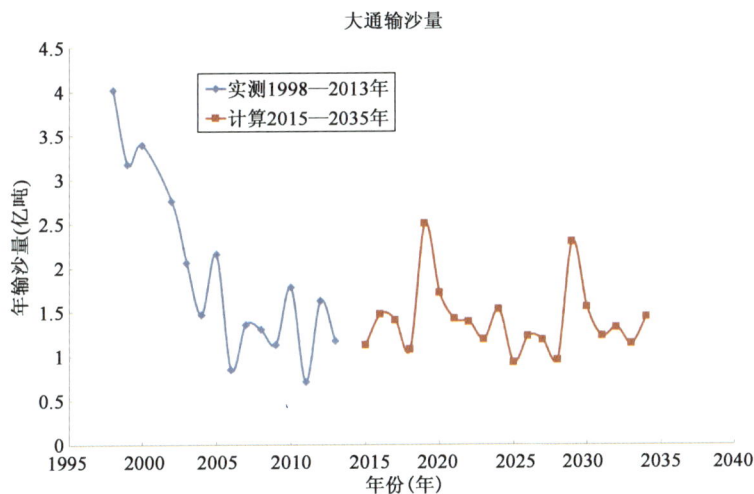

图 13-5-38　大通 2015—2035 年输沙量变化

2.长系列水文条件下长江南京以下滩槽演变趋势

(1)南京新生圩—六圩河口河段

仪征水道滩槽变化有如下特点:①左汊进口右淤左冲,坝体掩护区淤积,中下段冲深发展。②右汊进口段总体上冲深发展,深槽右移,高资港～润扬大桥段深槽冲刷展宽,润扬大桥以下深槽略向右偏。③工程有效守护了世业洲头及世业洲中上段,工程掩护区内淤积明显,右岸边滩及世业洲尾右侧沙滩整体上变化不大,可参见图 13-5-39。

(2)六圩河口—五峰山河段

深水航道二期整治工程实施后,和畅洲水道总体河势保持稳定,左汊发展受限,潜坝工程区冲刷明显,右汊分流比增大、河床普遍冲刷。左汊河床冲淤变化主要集中在深槽部位,洲滩变化不大。右汊水流动力增强,右汊河槽以冲刷为主,见图 13-5-40。

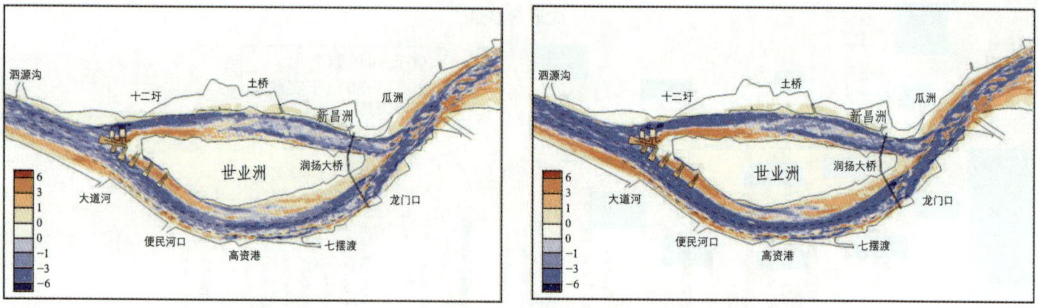

a) 仪征水道(10年末)　　　　　　　　b) 仪征水道(20年末)

图 13-5-39　仪征水道 90 系列 10 年末、20 年末冲淤分布

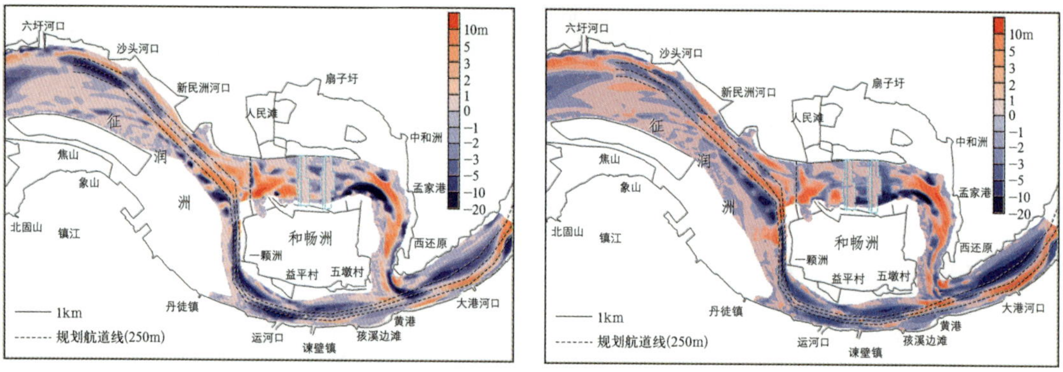

a) 和畅洲水道(10年末)　　　　　　　　b) 和畅洲水道(20年末)

图 13-5-40　和畅洲水道 90 系列 10 年末、20 年末冲淤分布

(3)五峰山—江阴河段

此河段总体河势将保持相对稳定,深水航道二期整治工程实施后,落成洲头部以及江中鳗鱼沙心滩得到守护,冲刷并不明显,河道相对稳定的平面形态将继续保持下去,汊道分流比不会有很大的变化,见图 13-5-41。

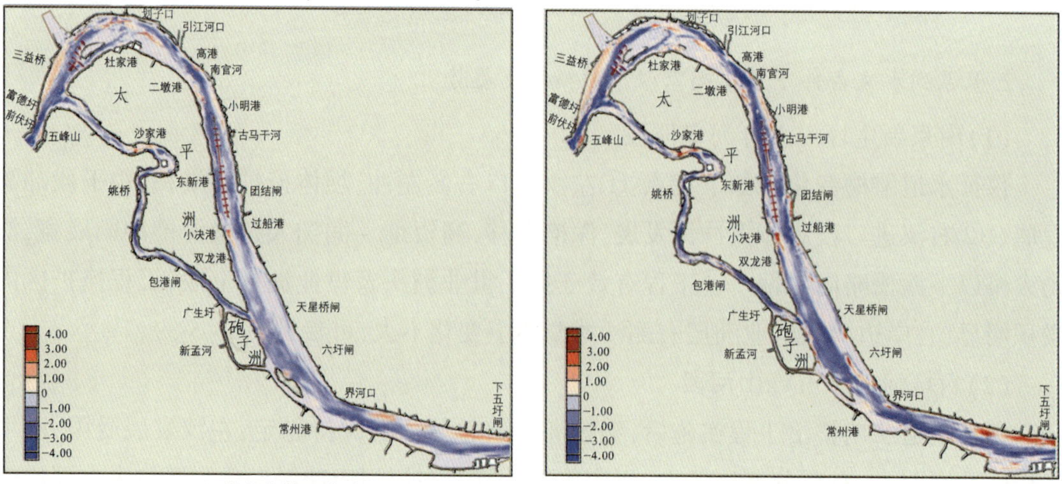

a) 口岸直水道(10年末)　　　　　　　　b) 口岸直水道(20年末)

图 13-5-41　口岸直水道 90 系列 10 年末、20 年末冲淤分布

（4）江阴—浏河口河段

长江南京以下二期工程整治工程实施后，双涧沙总体有所淤长，形成较为稳定的二级分汊节点。一期工程的实施则遏制了通州沙、白茆沙冲刷后退的趋势，稳定了白茆沙沙体，形成较为稳定的南北分流格局。三沙河段主汊有冲有淤；天生港水道、通州沙西水道、北支等支汊有所发展。福姜沙河段福中水道总体有所冲刷，福北水道进口和尚港～安宁港一线有所淤积；夏仕港～青龙港一线航槽开挖疏浚区也存在一定的淤积，航槽两侧有所冲刷；福南水道冲淤交替，总体变化相对较小，见图13-5-42。

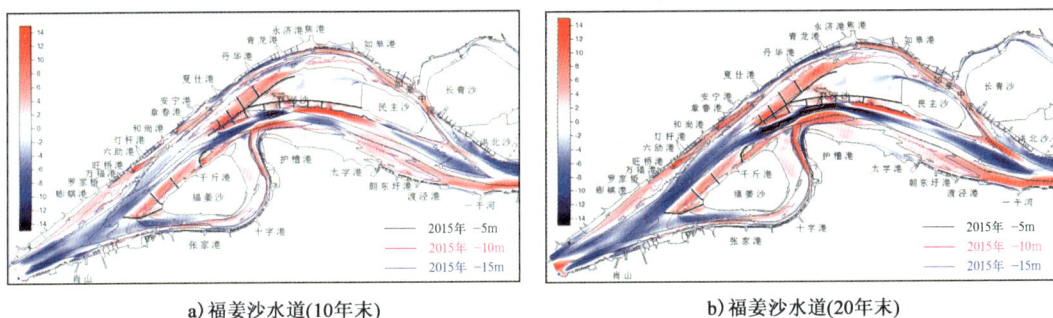

a）福姜沙水道（10年末）　　　　　b）福姜沙水道（20年末）

图 13-5-42　福姜沙水道 90 系列 10 年末、20 年末冲淤分布

南通水道进口有所淤积，通州沙潜堤左缘－15 米深槽区域内总体有所冲刷，相对应的通州沙东水道进口深槽有所淤积，航槽局部形成碍航；随着通州沙东水道进口右侧的冲刷，入流顶冲点的下移，通州沙东水道（营船港～新开河）对开主槽右缘有所淤积，新开沙冲刷较大。狼山沙东水道及出口总体有所冲刷，－10 米心滩冲蚀；白茆沙南、北水道总体有所冲刷，中下段近岸有所淤积，见图 13-5-43。

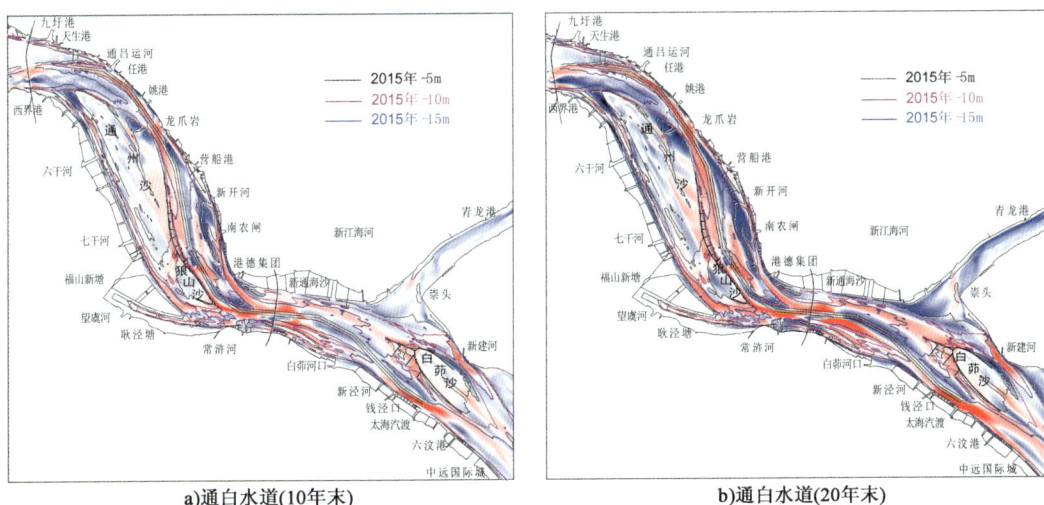

a）通白水道（10年末）　　　　　b）通白水道（20年末）

图 13-5-43　通州沙—白茆沙水道 90 系列 10 年末、20 年末冲淤分布

3.长系列水文条件下长江南京以下深水航道条件发展趋势

(1)仪征水道

工程实施后,洲头与低滩得到守护,右汊分流比小幅提升,航槽冲刷,航道条件明显改善。大部分年份能够满足 500 米航宽要求,但遇不利大水大沙年航槽发生淤积,在大道河~马家港之间局部航道条件会有所变差,见图 13-5-44。

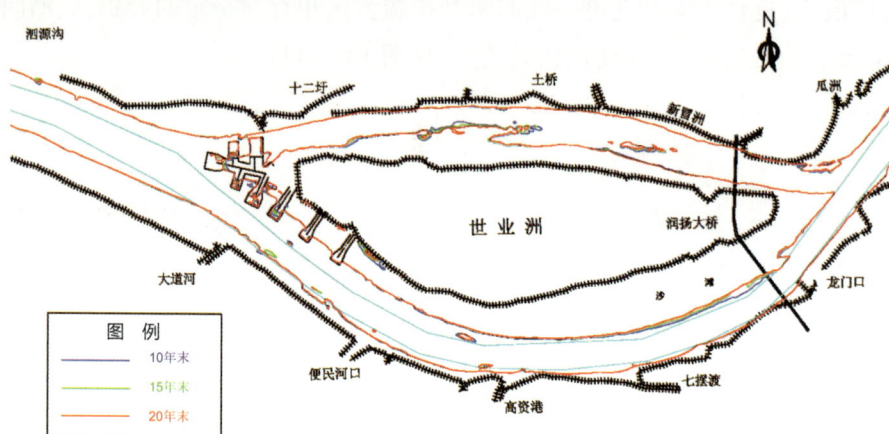

图 13-5-44　仪征水道系列年内 12.5 米线变化

(2)和畅洲水道

和畅洲水道左汊潜坝工程限流效果显著,工程初期右汊分流比增加 8% ~9%,长期运行后小幅回升 1% ~2%,右汊水动力大幅增强后河床普遍冲刷,一般年份航道畅通,极不利年份出口段局部碍航可采取疏浚措施进行维护,见图 13-5-45。

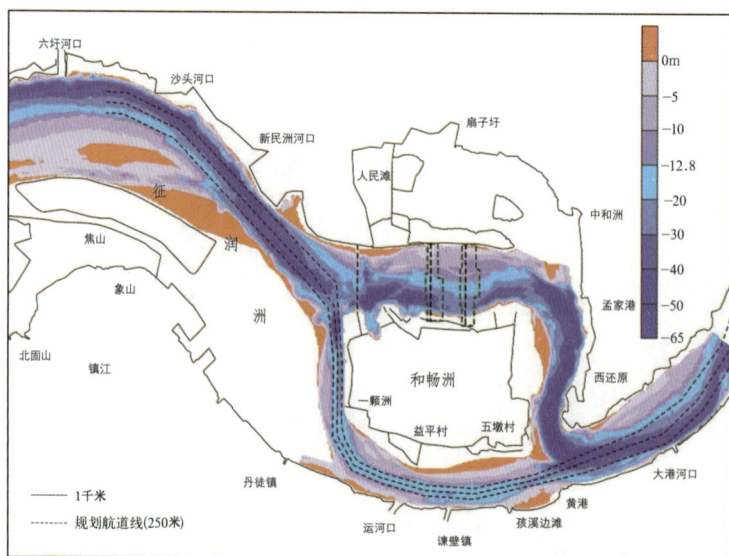

图 13-5-45　和畅洲水道 20 年末右汊航道形势图(90 系列)

（3）口岸直水道

工程实施后口岸直水道总体河势稳定,落成洲与鳗鱼沙得到守护,落成洲右汊发展速度减缓,落成洲汊道段的航道条件得到进一步改善,过渡段仅 500 米区域航宽略有不足。鳗鱼沙心滩段一滩两槽的格局得到稳定,同时,工程两侧的航槽冲刷,促进了顺直段航道条件的改善。从长系列年计算结果看,泰兴顺直段鳗鱼沙左槽进口以及右槽下段航宽略有不足,见图 13-5-46。

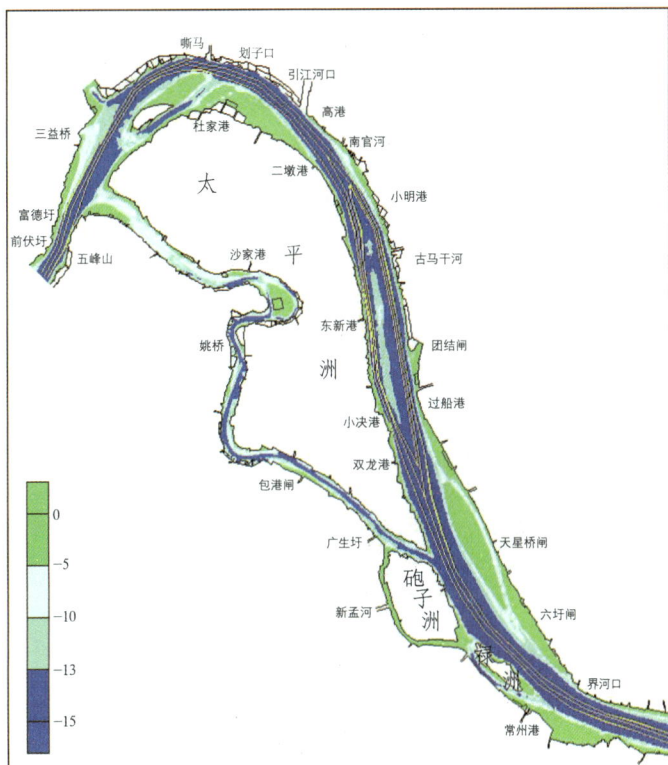

图 13-5-46　口岸直水道 20 年末航道形势图(90 系列)

（4）福姜沙水道

福中水道总体处于冲刷发展的态势,航槽条件进一步趋好。福姜沙灯杆港～安宁港对开航槽内 12.5 米中心线中断;福北水道北航槽夏仕港、青龙港附近 12.5 米线较工程前有所发展,但航槽内依旧中断;焦港附近有所冲刷发展,12.5 米槽宽度满足单向通航要求。福中满足 12.5 米通航尺度要求。福南水道进口 12.5 米线有所萎缩,进口、弯道段依旧不贯通,见图 13-5-47。

（5）通州沙和白茆沙水道

任港对开 12.5 米以浅心滩继续冲刷,12.5 米线贯通,下泄泥沙在姚港对开航槽右缘淤积,航槽宽度略显不足。龙爪岩～南农闸一线 12.5 米线变化较小。南农闸对开航槽左缘 12.5 米线有所冲刷,航槽有所展宽。狼山沙东水道出口航槽 12.5 米线宽度满足要求,航槽宽度展宽。徐六泾河段 12.5 米变化较小。白茆沙南水道右缘 12.5 米变化较小,左侧靠近白茆沙南侧梳齿坝头部 12.5 米线贯通。其他区域变化较小,见图 13-5-48。

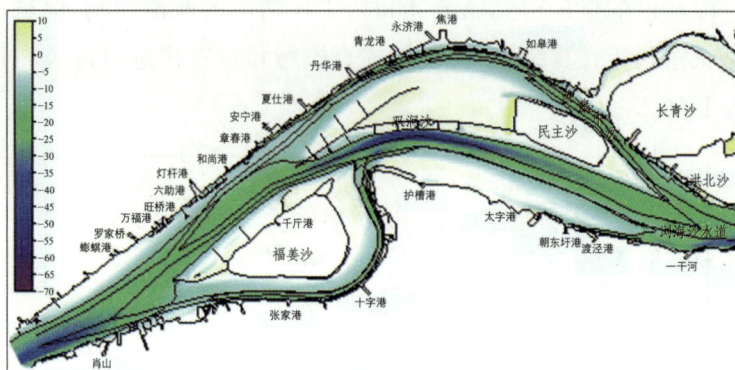

图 13-5-47　福姜沙水道 20 年末航道形势图(90 系列)

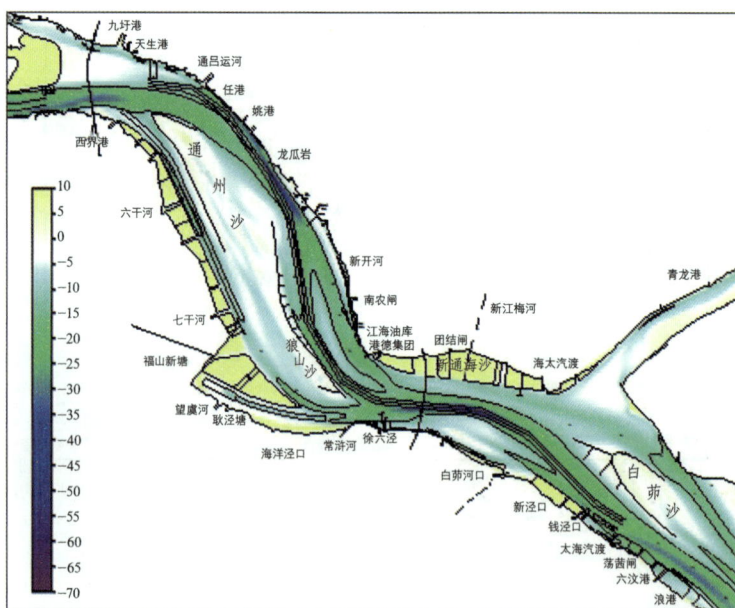

图 13-5-48　通白水道 20 年末航道形势图(90 系列)

(三)潮汐分汊河段航道整治技术

长江南京以下深水航道工程大部分河段处于潮汐分汊河段,受径流和潮流的双重动力作用,水沙运动复杂,洲滩更替频繁,河床演变特征复杂。针对潮汐分汊河段航道整治,创新了潮汐分汊河段通航汊道选择技术,提出了潮汐分汊河段洲滩控导的关键技术和整治工程布置关键技术。

1.汊道稳定性判断指标与平衡水深

(1)分汊河道类型

根据长江南京以下不同类型河流、汊道的几何形态参数分析,顺直分汊型河道有:世业洲汊道,扬中河段的禄安洲汊道,福姜沙河段的长青沙左右汊、通州沙河段通州沙和狼山沙左右汊、白茆沙河段白茆沙左右汊。弯曲分汊型有:扬中河段落成洲汊道段、砲子洲汊道段,福姜沙河段的福姜沙左右汊、民主沙(含双涧沙)汊道;鹅头分汊型有:和畅洲汊道段,扬中河段的太平洲左右汊、小泡沙汊道。

(2)汊道稳定性判断指标

分汊河段的汊道稳定性指标是研究分汊河流河床演变时的重要特征参数之一,通过非线性研究得到的汊道平面形态关系可作为汊道稳定性判据的一种。

采用流动稳定性理论和摄动法,建立了分汊河流非线性动力学演变方程,研究结果表明河流的波长和河宽之间呈明显的线性关系,河道波长与河宽关系为 $\lambda = aBm$,λ 为波长,B 为河宽,指数 $m \approx 1$,中 a 系数值约为 $7 \sim 11$,与实际天然河流统计数据接近,验证了非线性理论的正确性。λ / B 值反映了汊道平面形态,为了衡量各汊的综合稳定性,根据非线性理论,整理得到影响河道稳定的参数:

$$\psi = 700 - 231.01\lg\left(\frac{R}{D_{50}}\right) - 53.69\left[\lg\left(\frac{R}{D_{50}}\right)\right]^2 + 3.994\left[\lg\left(\frac{R}{D_{50}}\right)\right]^3 - \lg\left(\frac{J}{Q^{*2}}\right)$$

对于不同的河流汊道,其两岸有很大区别,河弯一岸或者两岸建设有码头护岸,或种植护岸植被,限制了河流的自然演化发展,称为限制性河弯。相反,河流两岸无阻挡,河流可自由发展演化,称为自由性河弯。因此,对于两种不同的河弯类型,引入一个固岸系数 k,k 在 $0 \sim 1$ 之间取值,可根据各汊道两岸限制强度确定。

令汊道综合稳定性指标为:$\varphi_c = \lg(k\psi)$

φ_c 越大,表示河弯汊道演化越缓慢,稳定性越好。采用实测资料,分别计算得到福南、福中、福北的综合汊道稳定性系数为:1.0、0.58、0.50。可见,福南汊道较福中、福北更稳定。

由公式可知,汊道稳定性与水力半径 R、中值粒径 D_{50}、坡降 J、流量 Q 有关。调整型整治工程实施后,工程所在汊道发生局部河床调整,上述四个主要变量均发生变化,对汊道稳定性有所影响。以福姜沙水道为例,福北水道实施工程后,由于阻力增加,流量 Q 减小,水力半径 R、中值粒径 D_{50} 及坡降 J 增大,综合作用后,福北汊道稳定性略有增大。

(3)汊道平衡水深

①平衡水深理论。

冲积河流的河床在水流与河床的长期作用下,常取得与所在水文、泥沙条件相适应的最合适的外形,当这种最适合的形态用水下地形来表征时,即为平衡地形。分汊河段的平衡地形与来水来沙条件及分流分沙比有很大关系,并与泥沙粒径大小相关。分汊河段的平衡地形由分汊河道水力几何形态关系式计算得到。在一定的来水来沙和边界条件下,分汊河段经过长期的动力调整将达到平衡或准平衡状态,河段(断面、纵剖面)形态与水沙动力条件之间存在一定函数关系,即所谓水力几何形态关系。此形态是水沙长期调整的结果,其对应存在着平衡水深与平衡地形,是分汊河段的最终走向。

采用平衡水深理论进行航道整治的思路大致如下:第一步,选择相对自然的平衡河段,通过数学模型计算出造床流量下平衡水深理论所需的水流参数,基于平衡水深理论计算出平均水深,与平衡河段实际平均水深进行比较,以此验证平衡水深理论的可靠性。第二步,针对需要整治的实际通航河段,通过数学模型计算出造床流量下的水流参数,根据平衡水深理论计算出工程前的最大通航水深,与设计通航水深进行比较,判断平衡水深是否满足设计的通航要求,确定需要航道整治的河段。第三步,针对需要整治的河段,根据设计的工程布置,通过数学模型计算出水流参数,基于平衡水深理论预测造床流量下工程实施后的最大通航水深,与设计通航水深进行比较,以预测设计工程能达到的整治效果。

②基于平衡水深理论的工程前最大通航水深计算。

以福姜沙水道为例。依据工程前测图,通过数模计算福姜沙左汊和双涧沙左汊多个断面的多年平均流量,并根据航道位置计算最大通航水深。计算结果显示,保障设计航道宽度情况下,福姜沙左汊通航水深为 11.91 米,与 12.5 米通航水深的差值为 0.59 米,双涧沙左汊通航水深为 8.56 米,与 12.5 米通航水深的差值为 3.94 米,无法满足设计的通航要求。

整治工程建成后,水动力、泥沙输运、河床地形和断面形态等发生了明显改变,需要结合实际工程特点,考虑丁坝对断面形态的影响以及沿岸码头密布的实际情况。计算结果显示,保障设计航道宽度情况下,福姜沙左汊通航水深均大于 12.5 米,能满足深水航道通航水深的要求。福北水道通航水深相比工程前有所增加,增加幅度约 2 米,通航水深为 10.63 ~ 10.71 米。

2. 潮汐分汊河段航道选汊评价体系

(1)选汊论证方法

大江大河航道治理的基本理念是认识自然规律,顺应河势发展,通过局部人工干预,改善航道条件。因此,航道选汊必须慎重,从河床演变发展规律的角度出发,因势利导,顺应河势发展趋势,兼顾经济、环保、安全等因素。

①通航汊道的选择原则。

a. 应符合通航安全和通航组织的要求。

b. 应满足沿江城市经济发展,考虑现有的港口布局和发展需求,并为两岸港区未来发展留有余地。

c. 应顺应河势,符合工程河段演变规律,稳定性好,年维护量少。

d. 应注重生态和环境保护。

②通航汊道选择评价因素。

a. 汊道的稳定和发展趋势。航道选汊从河床演变发展规律的角度出发,因势利导,选择稳定性和有发展趋势的汊道。

b. 通航条件。在选择汊道时应充分重视通航组织要求,选择通航安全保障度高和通航效率高的汊道方案。

c. 沿江港口发展需求适应性。通航汊道的选择应从沿江港口的总体要求出发,在分汊河段还应兼顾具体港口的发展需求。

d. 工程技术可行性。航道选汊必须着重考虑技术可行性,包括工程效果、工程量及费用、航道后续维护情况三方面。

e. 生态环境。通航汊道的选择应充分重视生态和渔业保护需求,选择影响程度较小的选汊方案,注重生态和环境保护。

f. 其他相关利益及影响。选择通航汊道时,要兼顾其他部门的利益,充分考虑所在地区的工业发展、城镇规划、交通布局等各方面因素,以利于当地经济的发展。

③航道选汊评价体系。

潮汐分汊河段的选汊过程是一项多因素控制的系统工程。需结合潮汐河段双向水流特点、各汊道先天优势和社会因素等具体情况具体分析。穷举所有组合可能,通过数物模手段对各汊道开展稳定性、发展趋势及通航影响分析;并开展生态和环境保护的适应性分析;走访汊道沿线地区开展社会稳定性调研,排除不可行方案。并综合多方面因素全面开展主客观相结合的综合评价,提出相对较好的汊道选择方案。

面对影响因素众多的汊道选择,可引入系统工程学中较为成熟的多目标决策模型来解决这一问题。其中,CRITIC 法是以评价指标间的对比强度和冲突性两个概念为基础,考虑全面,预测效果较好。该评价模型计算简单可行、客观有效,实现了从定性分析到定量分析的跨越,较好地解决了福姜沙河段选汊难题,同时也为复杂河段选汊分析与决策提供了一种符合决策过程和决策者心理的新方法。

(2)航道选汊案例

福姜沙沙洲将深槽分为左汊和右汊(福南水道),双涧沙沙体将左汊分为福北水道和福中水道两汊。航道选汊具有 6 种组合可能性。其中,福南水道弯曲狭窄,并处于淤浅萎缩态势。水道沿程深槽紧贴右岸,左岸边滩发育,建设 12.5 米深水航道实际可利用深槽宽度仅 100 米左右,开通双向航道(航道宽度 350 米)的建设及维护难度均相当巨大,因此福南双向方案不予考虑。而福北水道进口段不稳定,如果在福北水道建设 12.5 米深水航道,受靖江边滩切割的影响,将会发生高强度淤积。并且由于相应的岸线已规划为滨江生态园和生态岸线,坚持永久保护,另外此处还有规划泊位区,整治靖江边滩工程很难有所作为。因此福北双向方案的风险很高,也不予考虑。得到四个比选方案:

方案1:福中双向方案;

方案2:福南单向 + 福北单向方案;

方案3:福南单向 + 福中单向方案;

方案4:福北单向 + 福中单向方案。

图 13-5-49 是四个选汉方案示意图。

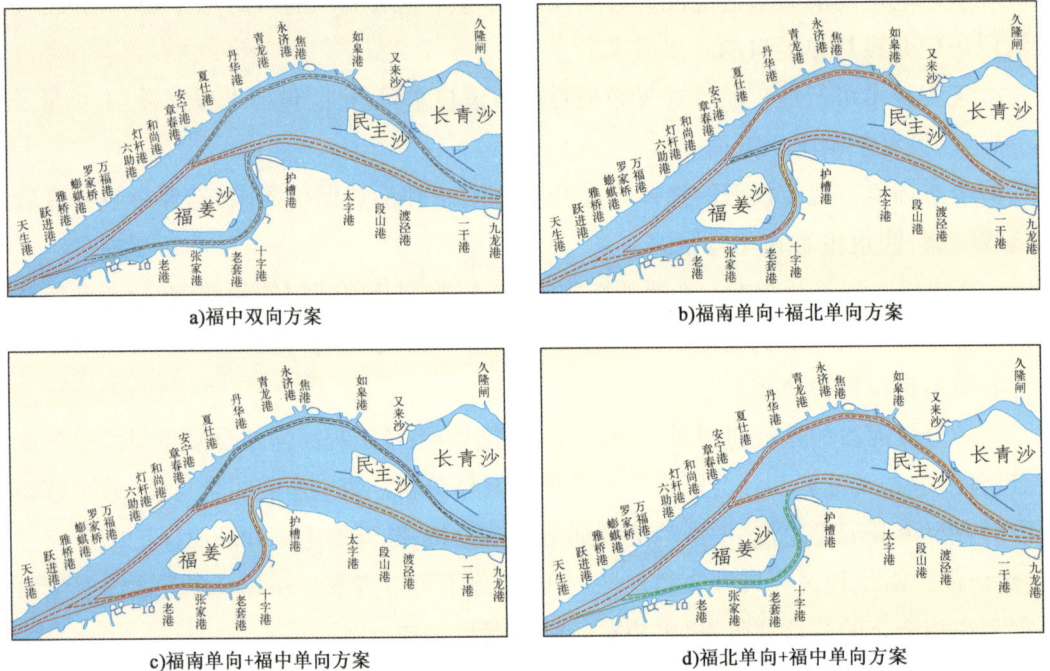

a)福中双向方案

b)福南单向+福北单向方案

c)福南单向+福中单向方案

d)福北单向+福中单向方案

图 13-5-49　选汉方案示意图

各方案优缺点如下:

方案1:主要优点是所在汉道处于冲刷发展态势,航道建设及维护与其他方案比较相对容易。主要缺点是对本河段沿岸港口发展需求适应性差,航行安全风险相对较高,长久维持南、北水道现状有难度。

方案2:主要优点是沿岸港口发展需求适应性好,航行安全风险较低。主要缺点是福北水道进口稳定性差、福南水道水深和槽宽条件差,航道建设和维护难度很大;如果福北水道发生高强度淤积,8 个月回淤量可超过 450 万立方米,需采取应急疏浚,维护压力大。

方案3:主要优点是可兼顾福南水道的港口发展需求。主要缺点是航道建成后,福南水道因自然水深和槽宽条件差,建设和维护难度大;福北水道现行公布水深(8.0 米)维护难度也较大,并且如果福北水道靖江新港作业区建设大型进港专用航道,则将影响本方案的工程效果。

方案4:主要优点是可兼顾福北水道沿线港口发展的需要,且福南水道沿线港口营运获益。主要缺点是福北水道进口稳定性差,维护难度较大,如果福北水道发生高强度淤积,8个月回淤量可超过450万立方米,需采取应急疏浚,维护压力大。在特别枯水年份,要优先保证主航道的通航。

通过对福姜沙各影响因素进行CRITIC评价(表13-5-6),得出最佳汊道方案为福北+福中方案,其次为福中双向方案和福中+福南方案。福北+福中方案在充分利河道自然条件和满足地方港口运输需求两方面的兼顾性较好。

CRITIC法福姜沙航道选汊方案综合对比表 表13-5-6

项目	汊道 优劣	福中双向	福南+福北	福中+福南	福北+福中
通航安全适应性		5	3	4	5
港口发展适应性		1	5	4	4
河势适应性		6	2	4	4
生态环保适应性		6	6	6	6
总分		18	16	18	19

3.洲滩控制总体布置关键技术

(1)布置形式

潮汐分汊河段的整治,一般采用稳定沙洲、稳定有利河势,或在保持河势格局不变,采用整治建筑物调整和控制水流,以改善航道航行条件的整治思路,因此潮汐分汊河段一般在江心洲滩头部或尾部布置鱼嘴、鱼骨坝或头部潜堤与护滩堤组成Y形的整治建筑物,进行护滩、引导水流(图13-5-50)。

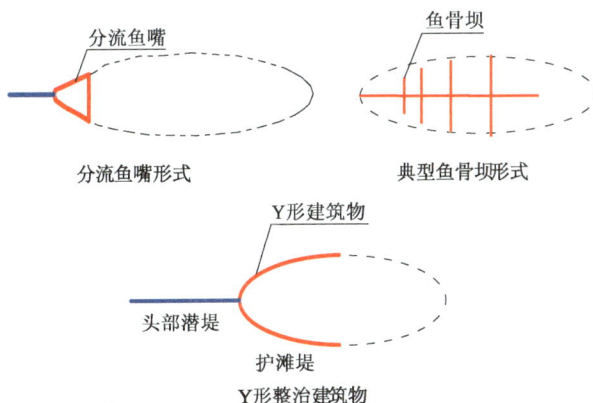

图13-5-50 护滩建筑物布置形式示意图

（2）洲滩控制工程布置方法

①顺直滩型分汊河段。

以鳗鱼沙河段为原型开展顺直滩型分汊河段洲滩控制工程布置方法研究。由于顺直滩型分汊河段水流动力易频繁摆动，鳗鱼沙心滩与两侧河床可能出现冲淤交替变化，特别是遭遇大洪水时，仍会出现河床中部强烈冲刷、边滩淤积下延甚至滩槽易位的现象。因此，鳗鱼沙河段守护主要对鳗鱼沙滩面继续加强守护。

A. 守护工程布置措施。

a. 心滩顶部守护工程是主体工程措施，可采用整体性满铺的护底排，主体结构为沙肋软体排上抛石形式；大面积的心滩滩体守护可采用贴伏在滩面上的龟背状的潜格坝群，潜格坝群由长顺坝和格坝组成。长顺坝布置于心滩滩脊线上，顺坝两侧对称地布置格坝，格坝坝根与顺坝齐平，坝头逐渐减低，高程比顺坝低，整体呈鱼骨龟背状。

b. 心滩守护工程大部分布置在 −10 米以上的深水区域，其头部和尾部位置的确定，关系到工程的效果及与外部条件的适应性。其位置可根据历史优良条件下的心滩形态进行确定。

c. 考虑到守护工程应尽量减小对河道防洪及河势的不利影响，守护工程的宽度，即格坝等建筑物的长度，不宜过大，并且其间距不宜过小，高度不宜太高，而是应以增强两侧深槽水流输沙能力，满足稳定航道条件的要求，予以确定。一般守护工程整治建筑物堤身高度取 2~3 米。

d. 心滩守护工程实施后两侧岸段局部流速增大段，需采取抛石护岸加固工程措施，提高岸坡稳定性，确保河道平面形态稳定。

B. 护滩工程形式。

对顺直分汊河段心滩滩面加强守护，针对护滩形式等布置了多类方案，并通过潮流泥沙数模、定床数物模试验对鳗鱼沙护滩范围、护滩平面布置形式等对各方案进行了比选研究，综合工程效果和周边影响以及工程投资等考虑，提出守护方案采用潜堤＋护滩坝的"鱼骨坝"方案较为合适。

②顺直洲型分汊河段。

以白茆沙河段为原型开展顺直洲型分汊河段洲滩控制工程布置方法研究。该河段主要存在问题为沙头不断冲刷后退，上游滩面持续坦化，不利深槽稳定。落潮主流进白茆沙南水道后偏南下泄，使南水道进口段北侧落潮动力不足，形成浅区。此外，白茆沙体的冲刷下移将加剧扁担沙西侧冲刷、窜沟发育、沙尾淤长，若任由其发展，则白茆沙河段滩槽格局的稳定将可能受到影响。

为此，考虑到 Y 形建筑物通过护滩堤对涨落潮流的掩蔽作用，从而起到护滩、固滩的作用，其守护效果较好。

A.护滩堤布置。

a.护滩堤位置。护滩堤位置选择应根据实际需要,就近布置在需掩护的滩体前沿。若将护滩堤布置在离滩体稍远处,虽然堤后有部分水域落急流速减幅较明显,但所需守护滩体落急流速未有明显减小,达不到工程目的。

b.护滩堤长度。护滩堤的长度与要守护的滩体尺度及来流方向有关,可以考虑以沙体横截面最大宽度处为参考点,设计出比该尺度略短和略长的方案。护滩堤的长度以涵盖住滩体迎流面上最宽的区域为宜。对于顺直型分汊河段滩体受水流顶冲作用基本对称,两侧护滩堤长度可基本保持一致。

c.护滩堤高程。护滩堤高程的确定与需守护滩体所在河段的特征水位相关,潮汐分汊河段的特征水位一般选取为落潮大流速时段较高水位,作为最优护滩堤高程。

对于某些特殊河段受涨潮流作用为主的沙体,其沙体尾部也宜采取 Y 形布置形式,沙尾护滩堤高程宜按涨潮时段流速较大时刻对应水位确定。

B.头部潜堤布置。

a.头部潜堤走向。头部潜堤的走向与其功能定位有关,若不考虑分流的功能,以守护沙脊线沿程低滩及护滩堤两侧肩部为主要目的时,头部潜堤一般沿沙脊线布置;以强化某侧汊道低滩守护效果为主要功能时,头部潜堤需偏转一定角度,随着潜堤不断偏转,与来流夹角越来越大,其阻水效果越明显,掩护效果也越好,但相应堤头流速较大可能引起冲刷,对潜堤自身安全有不利影响。因此,头部潜堤走向需根据滩体守护要求及头部潜堤功能综合确定。

b.头部潜堤长度。当角度及堤头高程一定时,头部潜堤越长,对水流的干扰越强,掩护区落急流速减幅及范围越来越大,潜堤堤头流速的增大,对潜堤自身安全有影响;同时,头部潜堤越长,潜堤掩护侧落潮分流比呈不断减小趋势。

c.头部潜堤高程。顺直分汊河段头部潜堤高程变化对周边流场作用不明显。根据以往工程经验,潜堤高程一般由根部至头部高程逐渐降低,尽量减小整治建筑物对周边水流影响以造成局部冲刷,其中根部高程一般与护滩潜堤相同,头部高程则保证整治建筑物结构稳定安全即可。

③弯曲洲型分汊河段。

以福姜沙河段为原型开展弯曲洲型分汊河段洲滩控制工程布置方法研究。该河段主要存在问题为洲滩不稳、窜沟发育,福姜沙河段 12.5 米深水航道建设目前存在的主要河势问题是河床活动性较大,洲头及滩面存在横向水流,滩槽变化频繁,从而导致北侧航道条件受到影响。

为此,考虑到头部潜堤能起到稳定分流格局的作用,故 Y 形建筑物的守护效果较好。

A. 护滩堤布置。

a. 护滩堤位置。弯曲型分汊河段护滩堤位置各方案落急流速变化特征与顺直洲型分汊河段类似,对于同一守护滩体,在工程量相同的情况下,就近布置护滩堤效果较好。

b. 护滩堤长度。弯曲型分汊河段护滩堤长度各方案落急流速变化特征与顺直洲型汊道基本类似,但是在滩体局部有所差异。由于弯曲型汊道滩体纵向轴线与来流之间有一定夹角,滩体一侧受水流顶冲,另一侧受到掩护,可以考虑分汊河段两侧滩体护滩堤取不一样的长度,受水流顶冲侧可适当加长,而另外一侧可适当取短。护滩堤的长度以涵盖住滩体迎流面上最宽的区域为宜。

c. 护滩堤高程。弯曲分汊河段护滩堤高程的影响基本与顺直洲型分汊河段趋势和规律一致,因此,护滩堤高程选取在落急流速对应水位附近较为合适。

B. 头部潜堤布置。

a. 头部潜堤走向。在越滩流情况下弯曲分汊河段头部潜堤的走向对分流的调整作用较为明显,当头部潜堤偏向某一侧时,该侧进口流速增加,但分流比相应减小。从头部潜堤各方案实施后流速变化来看,无论头部潜堤高度调整还是走向偏转,北水道流速增加范围仍未覆盖全部浅区,航道条件不能完全得到改善,因此,在单独实施头部潜堤无法达到整治要求,需在潜堤两侧布置丁坝,进一步束窄河宽,从而更大范围地增强航道单宽水流动力。

b. 头部潜堤长度。随着纵堤长度增大,对北汊心滩头部低滩的守护效果影响较大,对左汊心滩头部低滩影响略小。同时,随着纵堤长度增大,南汊进口浅区和北汊弯道浅区流速增加值也越大。

c. 头部潜堤高程。头部潜堤主要功能为:ⓐ与两侧丁坝组合起来护滩,并塑造良好滩型;ⓑ拦截或部分拦截漫滩流,稳定分流和两侧深槽。

潜堤高程抬升有利于拦截由北至南的越滩流进入北水道,增加北水道下段落潮潮量,但相应也带来北槽进口雍水导致流速减小的不利影响,因此,潜堤高程需结合南北侧丁坝根据整治效果实施综合确定。

4. 航道整治总体布置关键技术

(1)整治水位

潮汐河段与径流河段重要的区别之一,是存在涨、落潮双向流,已有整治水位确定方法中很少考虑涨潮流的影响,为弥补这一不足,提出了采用最大净输沙能力对应的水位作为潮汐河段整治水位。

所谓最大净输沙能力法,即取一个潮周期内对应最大净输沙能力的水位为整治水位,净输沙能力等于该水位下落潮输沙能力与涨潮输沙能力之和(涨潮输沙能力取负号)。对于潮汐河段,水位和输沙能力不仅有潮周期内变化过程,为了求得一个综合的最优整治水位,需将不同径潮组合下的最大净输沙能力乘以径潮组合出现的频率,取二者乘积最大值对应的水位为最终的整治水位。

具体步骤如下：

①根据实测水文资料,对上游流量及下游潮汐进行频率统计分析,确定各径潮组合出现的频率 P,采用数学模型计算不同上游径流 Q 和外海潮差 ΔZ 组合条件下,潮汐分汊河段沿程代表断面的潮位 $Z \sim$ 流速 U 的变化过程(图 13-5-51);

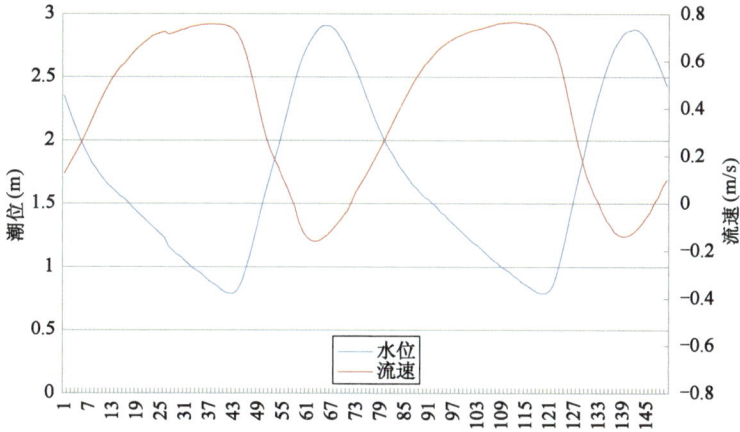

图 13-5-51　断面流速 ~ 水位关系示意图

②对不同径潮组合,将一个潮周期内逐时潮位过程,从大到小排序,按 0.2 米一级划分;

③潮汐河段以推移质造床为主,现有的输沙率公式表明推移质输沙率与流速 4 次方成正比,计算潮周期内逐时输沙能力 U_4,涨潮时输沙方向取负号,落潮为正(计算河段以悬移质造床为主时,可用 U_3 代表输沙率);

④统计各级潮位对应的净输沙能力,绘制 $Z \sim \sum U_4$ 曲线,求出 $\sum U_4$ 最大值对应的水位 Z_i,相当于与某一径潮组合对应的整治水位(图 13-5-52);

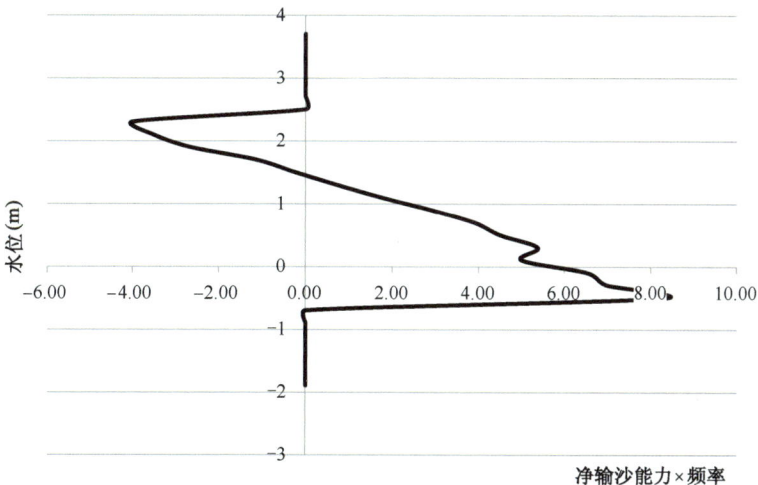

图 13-5-52　断面水位 ~ 净输沙能力关系示意图——某一径潮组合

⑤不同径潮组合,可得到不同的最大净输沙能力 $Z \sim \sum U_4$ 关系,结合径潮组合出现的频率 P_i,绘制 $Z_i \sim \sum U_4 \times P_i$ 曲线,求出 $\sum U_4 \times P_i$ 最大值对应的水位即为整治水位(图13-5-53)。

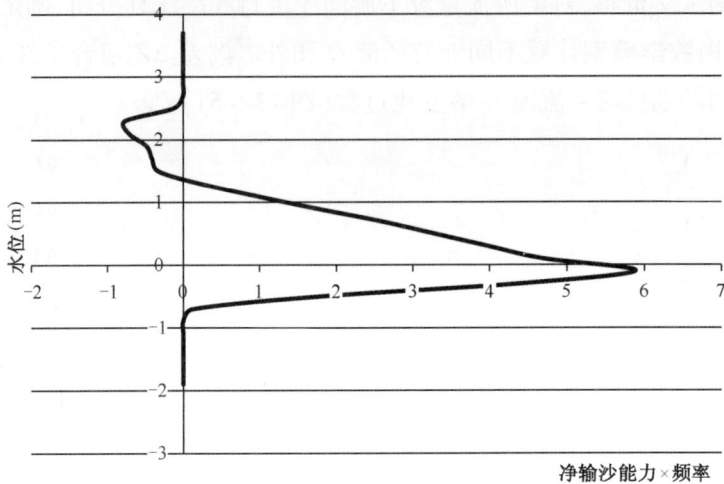

图13-5-53　断面水位～净输沙能力×频率关系示意图——综合

上述提出的整治水位——净输沙能力×频率最大值对应的水位,可称之为最优整治水位,即整治建筑物高程取该值时,工程体量与整治效果两者为最佳组合(图13-5-54)。

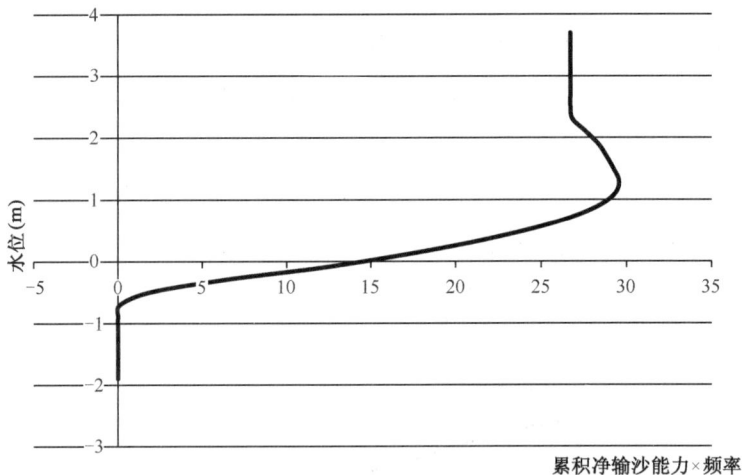

图13-5-54　断面水位～累积净输沙能力×频率关系示意图

基于最大净输沙能力法,提出选择净输沙能力×径潮组合频率最大值对应的水位作为潮汐河段整治水位,整治建筑物高程取为这一数值时,工程体量与整治效果组合最优;若工程投资许可及整治工程其他影响较小时,整治建筑物高程可适当抬高,以增加累积整治效果,但不得超过最高整治水位——累积净输沙能力×频率最大值对应水位。

对于潮汐河段,河床断面形态塑造与涨、落潮流有关,由于整治建筑物的阻水作用,感潮河段涨落潮流均会发生变化,整治水位确定时应综合考虑落潮流的正面影响和涨潮流的负面影响,以达到最优的整治效果。

(2)整治线宽度

在潮汐河口浅滩整治中,对于给定的整治方案(即整治线宽度和平面布置),存在某一水位,当整治水位取该值时将会达到最大的整治效果,而超过该水位时整治效果将会降低,该水位成为该整治方案下最高整治水位。相对应的通过航道整治后所达到的航道水深则为该整治方案下的最大整治水深。另一方面,与最高整治水位相对应的河宽即为整治线宽度。

潮汐航道整治所依据的是束水攻沙的原理,即通过增大整治线范围内的输沙能力,以达到冲深浅滩并维持较深的河床断面。在潮汐河口中,水流为涨落潮双向流,呈周期性变化,输沙也在相应发生变化,整治建筑物实施在增加落潮输沙率的同时也增加了涨潮输沙率,而在河口区域,整治所利用的是落潮流对河床调整的作用,因此,须将由涨潮流引起的不利因素考虑在内进行计算。由于高水位介质在输运时会占用该水位以下的整个过流断面,因此,需要研究不同水位下河道断面一个潮周期内累积通过的介质(水或沙)量。根据整治河道断面的水位、垂线含沙量及流量的实测资料,分别描绘出整治线范围 B 区,建筑物占用范围 b 区的涨落潮输沙量随水位的实测点,进一步拟合出整治线范围 B 区,建筑物占用范围 b 区的涨落潮输沙量随水位的全断面的涨、落潮输沙量函数,根据输沙量与水位曲线确定出的整治水位和整治线宽度的关系式,参见图 13-5-55。

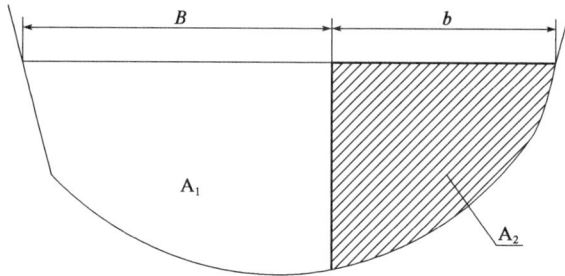

图 13-5-55 整治断面示意图

选取福北水道进口断面作为应用实例。根据实测水位、流量和含沙量沿垂线分布实测资料,分别拟合全断面的涨、落潮输沙量函数,可最终求得整治线宽度 $B = 1260 \sim 1460$ 米。

(3)航道整治工程布置方法

潮汐分汊河段存在主支汊兴衰交替、相互消长、相互转换的周期性变化,也存在洪淤枯冲,上冲下淤,弯曲加剧、弯直轮回等特点,因此应根据不同潮汐分汊河段的特点,顺应河势、因势利导，提出正确的整治思路和功能要求，再合理布置整治建筑物，从而达到维持或改善航道条件的目的。

①稳定汊道。在潮汐分汊河段河势控制中，常常要求稳定江心洲滩，以保持现有较好的汊道平面形态及分流格局，因此"护滩""固滩""稳滩""封堵窜沟"等是航道整治或洲滩守护工程的治理目标。可以采用鱼嘴、护滩带、鱼骨坝或由头部潜堤与护滩堤组成Y形布置等工程方案，以达守护洲滩的目的。有的工程还需封堵窜沟以限制汊道间的水沙交换，以利于通航汊道的稳定与发展要求，多采用鱼骨坝和Y形布置的工程方案。

长江下游福姜沙河段双涧沙守护工程由三条护滩堤组成，均为软体排护底的抛石斜坡堤结构。守护工程采取"封堵窜沟、固滩护沙"措施，遏制了双涧沙头部冲刷后退、中部窜沟发育的不利变化，守护了沙体的完整性，稳定了三汊并存的河势格局，为深水航道建设提供了有利条件，参见图13-5-56。

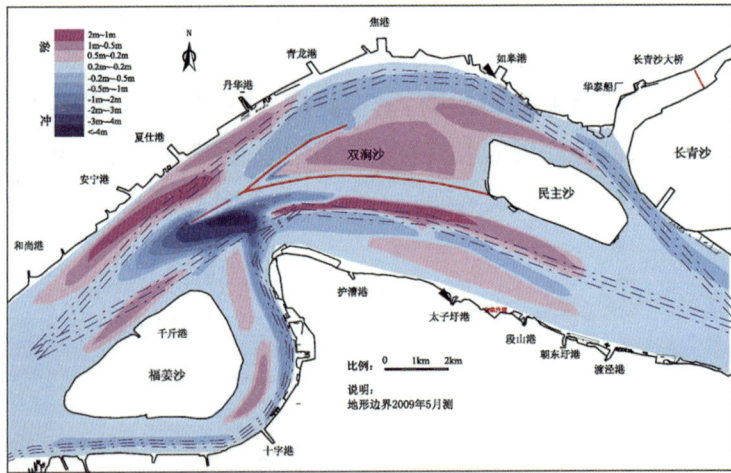

图13-5-56　福姜沙守护工程实施后工程效果图

②丁坝束流改善局部动力。采用改善汊道的整治思路，可以采取在分汊河道的进口处建接岸的挑流丁坝或连接洲头的导流顺坝，再辅助以疏浚来改善进口水深条件，使落潮流更集中于通航汊道；或在汊道中布置一定数量的丁坝或顺坝缩窄河床，再辅助以疏浚来增加航槽水流动力。整治建筑物的功能是控导（或约束）水流，增强其冲刷能力，从而达到改善通航条件的目的。

长江南京以下12.5米深水航道一期工程白茆沙河段整治工程中在白茆沙南侧布置了三座束流丁坝，工程起到了很好的束流效果，工程实施后，南侧航道浅区地形冲刷明显，达到了航道整治效果，见图13-5-57。

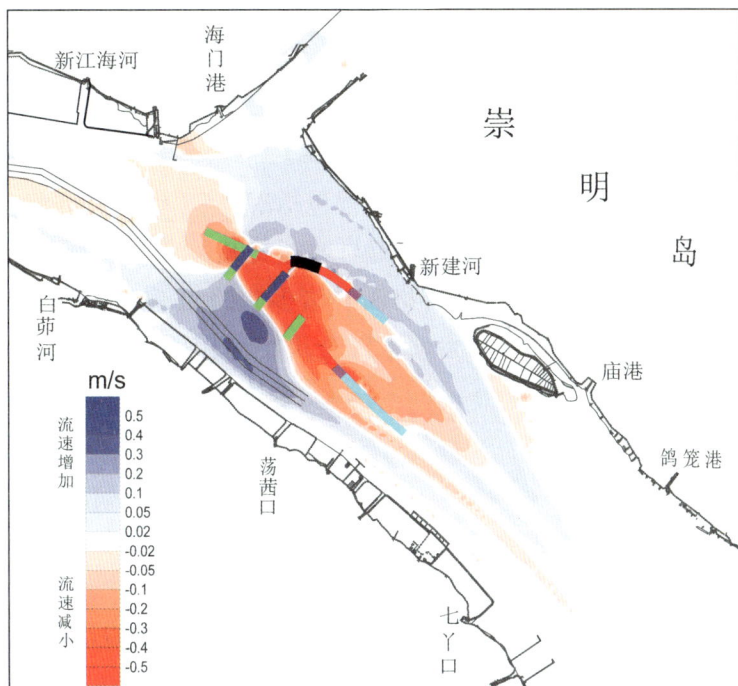

图 13-5-57 白茆沙航道整治工程效果示意图

③疏浚及切滩。国内外航道的治理主要采用整治、疏浚或整治与疏浚相结合等方法，多数以整治为主、辅以疏浚，整治和疏浚都是增加和维护航道水深的有效措施，如何结合因不同的河口条件和需求而异。

长江南京 12.5 米深水航道二期工程在和畅洲征润洲边滩进行切滩；工程前右汊进口段航道内流态较乱，航道中心线走向与流向呈 10°~30°夹角，工程后因切滩拓宽，进口段航道中心线走向与流向夹角呈 9°~27°，入流条件好转；工程后右汊中下段深水航道内流速增加，流态平顺，通航条件良好。

④调整分流。弯曲分汊或多分汊型河道，往往存在主支汊易位，主泓摆动，洲滩变化频繁，江岸冲淤不定等问题，严重制约沿江经济的发展。这时就需要通过工程措施适度减少支汊分流、集中水流以增加航深。对于分流比较大且处于发展的支汊，可采用合理的"限流"措施限制其发展。

和畅洲水道近 70 年以来，由于汊道分流比的变化导致主支汊多次易位的变化过程。2002 年，水利部门组织实施了和畅洲左汊口门控制工程，左汊分流比迅猛增加的趋势得到初步抑制，右汊进口段河床略有冲刷发展。长江南京以下 12.5 米深水航道二期工程在原有水利部门左汊口门控制工程的下游又布置了两条限流潜坝，进一步抑制了左汊分流比的整治，保证了右汊主航道的通航。

（四）航道整治建筑物新型结构

1.深水新型堤身结构

（1）新型齿形构件混合堤

长江南京以下深水航道建设一期整治工程包括潜堤、丁坝等整治建筑物，具有总长度长、平面组合布置多样、综合功能多、水流与地形变化复杂等特点，工程施工全部为水上作业且当地石料来源和供应及其价格尚有诸多制约和不确定性因素等特点，因此除采用传统抛石斜坡堤外，需研究开发新的混合堤结构构件，为不同分区、不同堤段采用不同结构形式的合理性、降低施工风险、缓解大量石料的供应和加快工程进度、节省工程投资。

①结构形式。

齿形构件的断面宽度和纵向齿的布置由齿形构件的断面抗滑稳定性和地基承载能力确定，构件的长度由安装设备的起重能力确定。由于其所受的波浪力同比应大于半圆形构件（只有角度修正），重量同比也应重于半圆形构件，因此在工程中现有的齿形构件相对半圆形构件更适用于水深较浅或地基情况较好的水域。由于齿形构件不需要配筋，也在一定程度上减少了施工的难度。

从初步设计到施工图设计阶段，通过三次的数值计算和与两次物模试验结果的对比分析，我们对齿形构件进行了优化，将齿形构件最初设计的三道齿优化为了两道，并将构件的高度由原来的3.5米提高到了4米。使之在相同吊重的情况下（考虑200吨吊），块体的长度加长，构件的数量减少，使工程的经济效益得以进一步提高（图13-5-58）。

②应用情况。

一期工程在通州沙标段在堤高4~6米的堤段采用齿形构件混合堤1298米。二期工程齿形构件应用于福姜沙河段头部潜堤，长度为972.9米，应用于SL2、SL3、Fl2、Fl3、Fl4丁坝，长度分别为552.55米、261.75米、208.75米、192.45米、292.85米。

整治结构物结构稳定，整治效果良好。一期工程在堤高4~6米的堤段采用齿形构件混合堤比常规抛石堤节约636万元。二期工程中齿形构件堤比常规抛石堤节约工程投资约813万元。

（2）箱涵和抛石混合堤

落成洲LL4丁坝根部有一在建甘泉水闸，由于落成洲整治建筑物完工后，丁坝根部一定范围内将产生淤积，为防止淤积对水闸引水、排水产生影响，在与水闸相接处设置箱涵，LL4丁坝根部为箱涵构件混合堤，其他为抛石斜坡堤结构。箱涵引水、泄水出口的位置布置在泥面高程 −4.0米左右，箱涵为钢筋混凝土结构，尺寸为5.0米×4.1米×4.3米（长×宽×高），壁厚为0.8米，参见图13-5-59。

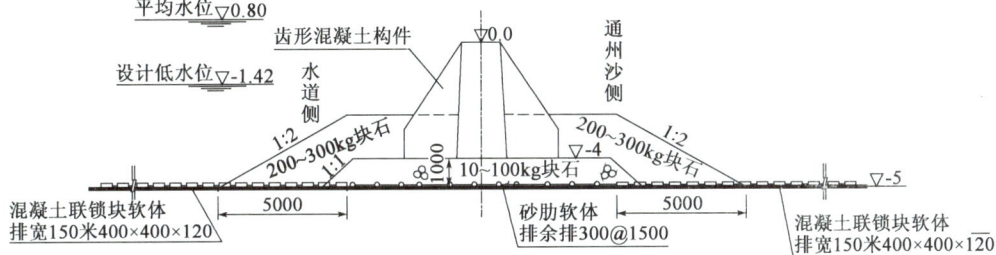

图 13-5-58　高 4.0 米有两道横向齿的齿形构件断面(尺寸单位:mm;高程单位:m;水位单位:m)

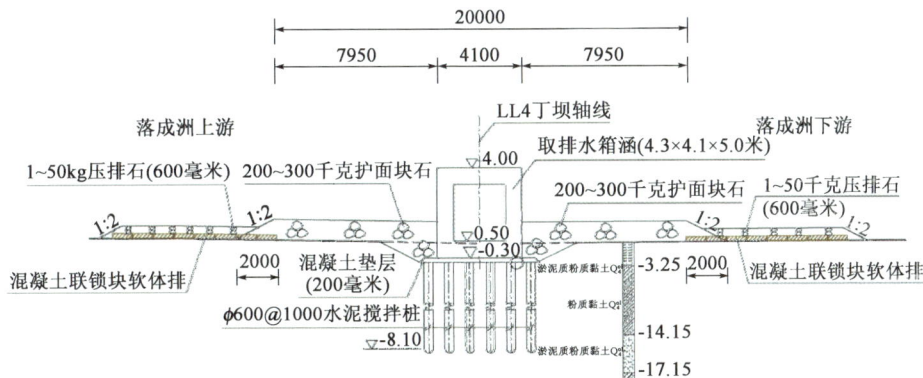

图 13-5-59　箱涵和抛石混合堤结构断面图(尺寸单位:mm;高程单位:m;水位单位:m)

目前,落成洲河段整治建筑物已交工验收,从现场反馈情况看,现有水闸的取排水功能能得到正常使用,同时 LL4 丁坝根部提出的箱涵构件混合堤结构稳定,也达到了丁坝的整治效果。

2. 深水限流潜坝结构

和畅洲水道为分汊河型,分南北两汊。北汊属镇江市江豚保护核心区域,枯季分流比达 75.0%,占据绝对的主汊地位,南汊为支汊,为 12.5 米深水航道通航汊道。由于和畅洲水道南北两汊平面变形强烈，北汊不断发展，南汊不断衰退，为调整分流比，有效改善南汊水动力条件，保证 12.5 米深水航道通航要求，和畅洲水道北汊需设置 2 道"一"字形潜堤，新建两道潜坝长度分别为 1817 米和 1919 米的限流潜坝。工程区域水深流急，深槽最深处达 −34 米，表层流速最大可达 2.2 米/秒，且堤顶高程为 −18 米，建设条件复杂，施工难度巨大。

（1）潜堤结构方案

方案比选初期提出了，半圆拱形混合堤、圆筒混合堤、块石护面袋装砂芯堤、抛石斜坡堤等结构方案。经研究分析，确定块石护面袋装砂芯堤为实施方案，具体如下：

①堤身尺度。

堤顶宽度：考虑到本工程拦江布置，水深流急，中间段堤顶宽度取 8m，两端接岸区域滩面较高，流速较小，堤顶宽度取 6 米。

堤身坡度：本工程局部区域表层粉细砂地震时液化较为严重，为保证地震时的堤身整体稳定，经计算要求边坡坡度较缓，同时考虑越堤流的流态平顺性，结合已建口门潜堤的实施经验，上游综合坡度取 1：2.5，下游综合坡度取 1：3。

压脚尺度：压脚块石主要防止堤脚受损破坏，主要尺度需满足整体稳定计算需要，本工程主要控制于地震工况，分区段计算确定。参见图 13-5-60。

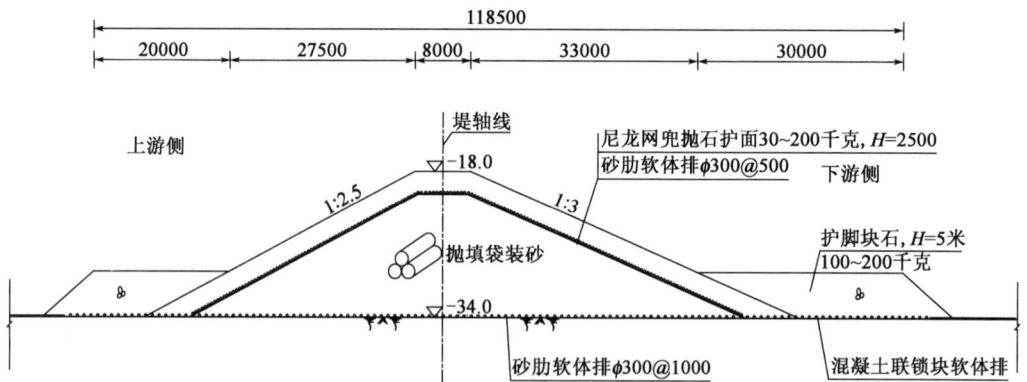

图 13-5-60　块石护面袋装砂芯堤结构示意图（尺寸单位：mm）

②堤身材料。

根据土工织物的设计准则和和畅洲左汊口门潜堤的实施经验，堤身材料有以下要求：在水流作用下具有良好的保砂性能和适当的透水性；施工过程中袋布强度的适应性；不同施工方法的合适充盈度；根据不同的堤身高度和水深，采用合适的施工方法和砂袋形式。

③护面结构。

对钢筋网兜和尼龙网兜分析和比较后，确定在袋装砂芯外设 2.5 米厚尼龙网兜护面块石。采用聚丙烯尼龙网兜，尺寸为 2.0 米×2.0 米×1.0 米（长×宽×高），网兜内块石规格 30～200 千克，每个网兜装块石约 2.4 立方米，重约 4.3 吨。

（2）护底消能结构

①护底结构。

本工程区域地质表层多为粉细砂,粒径小,抗冲刷能力差,河床稳定性较差,护底工程是堤堤安全的关键。本工程堤身范围内采用砂肋软体排护底,其他部位采用混凝土连锁块软体排护底,和畅洲-20~-30米深水区软体排土工布强度加大、加筋带加密。潜堤接岸区段采用钢丝格网内抛石的生态护底结构,该结构施工简单,与环境有良好的亲和性,利于植物生长。

②护底消能和防冲促淤措施。

潜堤修建后,不可避免地在堤身、堤头(临河槽)附近形成绕堤流、越堤流而引起床面的冲刷。在冲刷初期,堤头前沿冲刷坑快速向下游发展,堤身迎水侧受沿堤流、越堤流的综合影响,沿堤轴线方向形成局部冲刷坑,因此,为了保证堤体结构的安全,堤头附近、堤体前后河床均需重点防护。

本工程采用带状间断守护方式,形成连续淤积区,避免因不利水流条件影响叠加,导致排体边缘冲刷和排体失稳所造成堤体结构的破坏。护底边缘防冲促淤结构采用2米厚抛石,宽10米(护底边缘内外各5米)。堤身下游护底范围防冲促淤结构采用双扭工字透水框架,抛投2层,每道宽20米,间隔约50米,参见图13-5-61和图13-5-62。

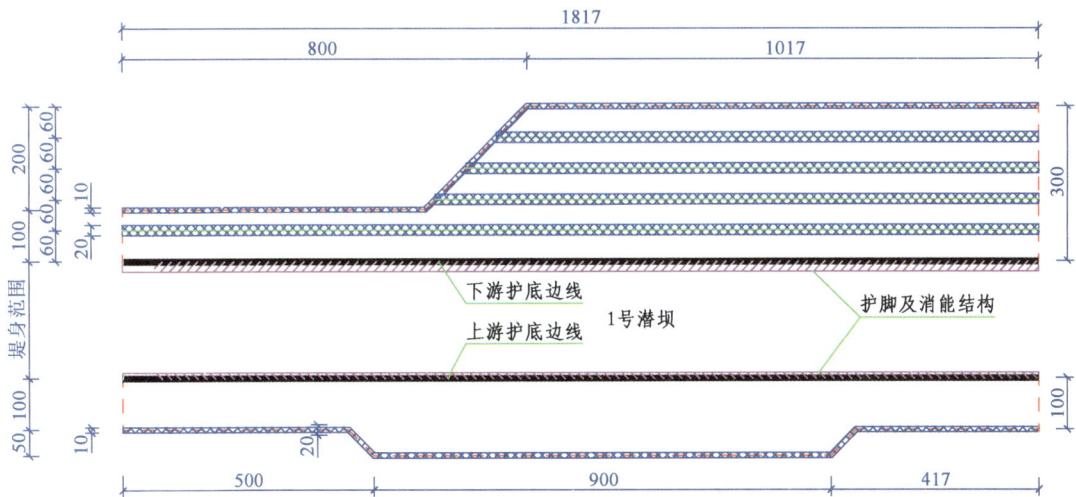

图13-5-61　消能及防冲促淤结构平面图(1号潜堤)(尺寸单位:m)

（五）深水大流速条件下航道整治建筑物施工技术

1. 主要整治建筑物及施工环境

（1）主要整治建筑物结构形式

一期和二期工程河段采用的整治建筑物结构形式如表13-5-7所示。

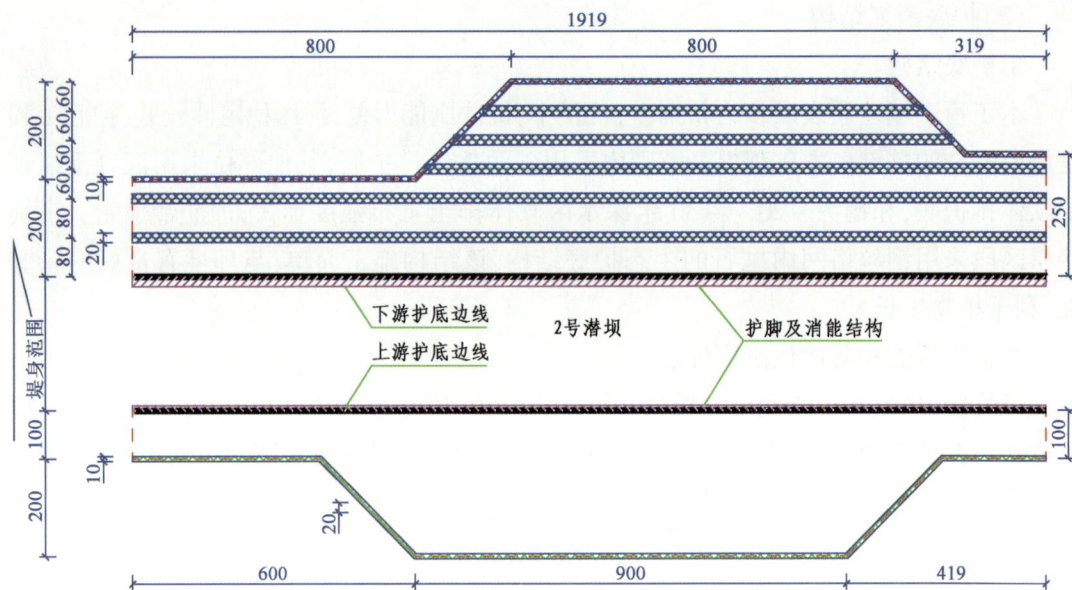

图 13-5-62　消能及防冲促淤结构平面图(2 号潜堤)(尺寸单位:m)

各河段主要整治建筑物结构形式一览表　　　表 13-5-7

区　段	桩　号	结构方案
通州沙水道	T9 + 800 ~ T10 + 900、 T14 + 500 ~ T15 + 509、 L0 + 000 ~ L0 + 570	半圆形混合堤
	T14 + 000 ~ T14 + 500、 T15 + 509 ~ T16 + 009	齿形构件混合堤
	其他	抛石斜坡堤
白茆沙水道	BS0 + 540 ~ BS2 + 665、 S2#0 + 298.5 ~ S2#0 + 700、 S2#0 + 700 ~ S2#1 + 185.5、 S3#0 + 125.5 ~ S3#0 + 750	半圆形混合堤
福姜沙水道	K1 + 775 ~ K2 + 040、 K2 + 520 ~ K2 + 795、 SL3#0 + 470 ~ SL3#0 + 630、 FL3#0 + 295 ~ FL3#0 + 490、 FL4#0 + 185 ~ FL4#0 + 410	5 米齿形构件混合堤
	K2 + 040 ~ K2 + 520、 SL2#0 + 050 ~ SL2#0 + 650、 SL3#0 + 630 ~ SL3#0 + 755、 FL2#0 + 475 ~ FL2#0 + 700、 FL4#0 + 110 ~ FL4#0 + 185	7 米齿形构件混合堤
	SR5#0 + 030 ~ SR5#0 + 370	充砂管袋裸袋堤
	其他	抛石斜坡堤

续上表

区　段	桩　号	结　构　方　案
口岸直水道	LL4#0 + 000 ~ LL4#0 + 083	箱涵混合堤
	其他	抛石斜坡堤
和畅洲水道	HL1 0 + 092 ~ 0 + 392、 HL1 1 + 062 ~ 1 + 612、 HL2 0 + 059 ~ 0 + 529、 HL2 1 + 419 ~ 1 + 669	砂芯堤 + 尼龙网兜块石护面
	其他	抛石斜坡堤
仪征水道	QD 1 + 075 ~ 0 + 095、 SL1 0 + 125 ~ 0 + 000、 SL2 0 + 260 ~ 0 + 000	梯形空心构件混合堤
	SR2 0 + 560 ~ 0 + 260	袋装砂堤
	YD1、YD2	混凝土联锁块软体排上覆 1.5 米抛石
	SR2 0 + 260 ~ 0 + 000、 Y1 0 + 110 ~ 0 + 000、 Y3 0 + 038 ~ 0 + 000	2 米厚抛石
	其他	抛石斜坡堤

（2）施工环境

①对外交通条件。

工程所在地水域宽广，两岸已建和在建的港口码头众多，邻近地区公路交通四通八达，水陆运输均较为方便。

根据施工需要，岸上临时基地需修建部分临时道路，以连接各临时生产设施、生活设施及临时码头。

②施工用水、电条件。

施工用水可直接取自长江（枯季受咸潮影响时，可在落潮期取水）；施工用电陆上采用电网电，船上自备柴油发电机解决。

③建筑材料供应情况。

本工程主要采用的建筑材料有土工织物、块石、碎石、黄沙和水泥等。土工织物可在工厂加工成成品（软体排和充填砂袋），批量生产、加工和运输。碎石、黄砂和水泥等混凝土材料由水运至码头转运上岸或直接陆运至岸上施工基地。工程所需石料由安徽、江浙等产地沿长江直接水运至施工现场。

④通航环境。

工程河段通航的船舶主要有海轮和内河船舶两种类型，营运组织方式主要有顶推运输、机动船及机动船组运输和海轮等多种组织形式。工程河段通航船舶一部分是抵离沿岸港口,一部分是经过本河段向上游或出长江口。

长江深水航道(南通—南京段)进出港的海轮船舶中,大型船舶呈快速增长势头。2011年进出本航段港口1万吨级以上、3万吨级以上和5万吨级以上船舶艘次分别达到29754艘次、7952艘次、1714艘次。随着长江口深水航道向上延伸工程的实施,长江江苏段10万吨级以上大型减载船发展迅猛,10万吨级以上大型船舶由2005年的18艘次增长到2011年的178艘次。

根据2011—2012年江苏部分沿江港口5万吨级及以上进出海船统计资料,10万吨级以上散货船上溯至张家港港区,10万吨级散货船上溯可达泰州港靖江港区,而5~7万吨级散货船则上溯达南京港;油船、化学品船均表现为5万吨级上溯至南京港;5万吨级及以上集装箱船数量少,并主要集中在苏州港张家港港区。

2.整治建筑物施工顺序研究

(1)施工条件的主要特点

一期、二期工程河段里程较长,整治河段较多,自然条件、通航环境较为复杂,生态环保要求高,在确定施工组织原则、选择和研发施工工艺及机具设备时需考虑以下施工条件的主要特点。

①自然条件对施工影响大,工况条件差。

a.深水、大流速条件下对整治建筑物的施工工艺、机具设备等提出较高要求。整治建筑物较多区段水深超过15米,其中水深最大的和畅洲潜堤水域自然水深达45米,施工期流速大于2.5米/秒,如此恶劣的自然条件对施工产生巨大影响。

b.整治河段均处于潮汐河段,受潮汐影响水位处于不断变化之中,对施工产生影响。一期、二期工程在通州沙区段、白茆沙区段和双涧沙均有高滩段,以及福姜沙左缘、世业洲、落成洲段整治建筑物接岸处,需在汛期候潮施工,施工难度大,施工效率低。

c.工程河段河床底质多为细沙、粉细砂,极易受水流作用起动,整治建筑物附近水流紊乱,河床更易冲刷。这一特点不仅对整治建筑物护底结构的设计提出了严格要求,也对护底结构的施工工艺及施工船机设备提出了很高要求。

②工程采用了大量新型结构。

为建设生态友好型航道,贯彻落实党和国家对开发与保护并重的建设要求,一期、二期工程建设中高度重视建设工程中的生态保护,大量新型结构、生态结构已应用于长江南京以下12.5米深水航道工程中。例如十字块+大网格土工格栅、主动式钩连体和扭双工字透水框架等护滩结构,异形网箱堤结构,大型充填管袋坝体等已在本工程中逐步应用。新型结构的使用,必然对施工工艺和设备提出新的要求。

③通航环境复杂。

工程河段航运十分繁忙，船舶流量大，如 2011 年进出长江深水航道江苏段的海运船舶总艘次已达到 14 万艘次，近年来船舶流量进一步增长；工程河段多为分汊河段，常常面临多汊通航的局面，如福姜沙河段为三汊通航，在汊道的分流口与汇流口处众多船舶交汇，通航环境异常复杂，为保障施工期通航安全及施工进度，在整治建筑物施工方案确定、工艺和设备选择时需特别加以考虑。

④生态环境保护要求高。

一期、二期工程河段中，和畅洲左汊有江苏镇江长江豚类省级自然保护区，是我国七大长江豚类自然保护区之一，且工程河段是鱼类、蟹类等水生动物的洄游通道，整治建筑物施工时，不仅会对江豚的生存环境造成影响，对其他水生动物繁殖和发育也会产生影响，从减小生态环境影响的角度，对施工工期、工艺等方面提出新的要求。

（2）施工顺序研究方法

①施工顺序研究的必要性。

a. 避免拟建堤坝结构处滩面的强烈冲刷，从而带来工程难度和投资增加的需要。

整治建筑物下的滩面主要由极易受水流作用而起动和移运的细沙、粉细砂组成。除天然流场的年季、洪枯季变化会导致滩面冲淤外，建筑物的施工也必然引起周边流场的改变。施工顺序安排不当，常会造成某一拟建堤段处流速增大，滩面强烈冲刷，造成工程量剧增，增加水上施工作业的难度。

b. 保证施工期结构稳定性的需要。

整治建筑物结构中各部位（如堤心石、垫层石或护面块体等）在沿堤流、越堤流、绕堤流等各种水流作用下稳定性各不相同。在尚未形成设计断面时，各种施工状态在施工期受损的风险是不同的。因此，应合理安排施工顺序和工序衔接，保证施工期结构的稳定性。

c. 多尽可能利用相对良好的施工条件的需要。

整治建筑物不同区段和结构部位对流场变化的影响程度差异极大。如果先行施工对水流动力调整力度较大部位的整治建筑物，可能会造成后续施工部位的流速明显增大，恶化施工条件。合理的施工顺序应保障大部分水上工程量能在相对良好的施工条件下完成。

总之，潮汐河段航道整治工程中必须重视施工顺序的研究，通过合理安排施工顺序，保证施工顺利进行，确保实现整治目标，并有效控制工程投资。

②施工顺序研究内容。

整治建筑物施工顺序研究的最终目的是为了得到一个综合效果最优的施工方案，主要包括以下内容：

a.施工方案的设计。

施工顺序研究首先是分析整治建筑物的组成,结合工程河段的自然条件确定施工中的重点和难点,并由此提出各种可能的施工方案。施工方案不仅包括堤坝的施工顺序,还应当包含堤身与护底、不同部位护底等方面的施工顺序。

b.施工方案确定原则或评价指标。

施工顺序研究还需确定施工顺序判定原则或指标,用于各施工方案优劣的比选。施工顺序判定原则或指标应根据实际情况选择合适本工程的原则或指标。

③施工顺序研究技术手段。

长江南京以下 12.5 米深水航道一期工程、二期工程等。对于一般较为常见的施工顺序问题,二维水流数学模型即可满足要求,对于水流条件复杂、施工难度和影响大的施工方案,需要采用三维数学模型或物理模型进行深入研究。

(3)案例

和畅洲水道整治建筑物(图 13-5-63)施工的难点在于工程区水深、流急,局部深槽水深超过 45 米,流速可达 2 米/秒,且坝体体积较大,工程强度高,施工过程中对河道水流条件容易造成影响,施工顺序的确定显得尤为重要。

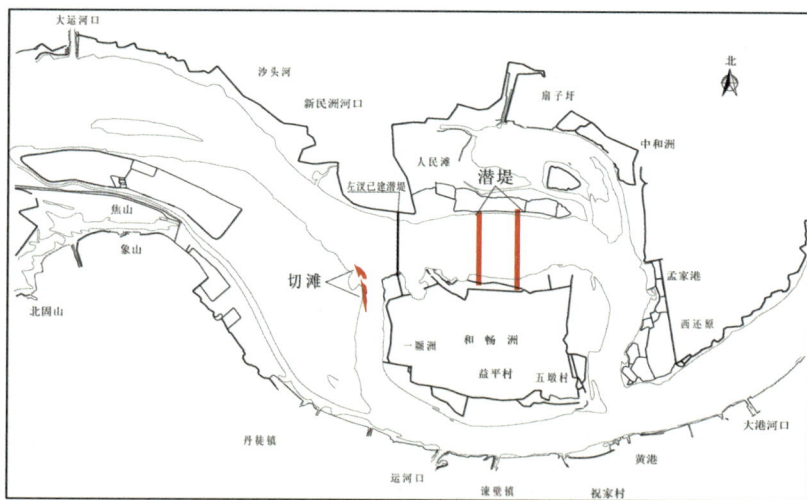

图 13-5-63　和畅洲水道整治建筑物平面布置示意图

①单根潜堤施工顺序。

根据潜堤的断面结构,单根潜堤施工考虑了"先深后浅""先浅后深"以及"逐步抬高"三个施工推进方案(图 13-5-64)。

采用三维水流数学模型计算三种方案实施后,汊道分流比、平面流速、堤顶横断面流速、左汊航道表面流速、近岸流速等指标的变化情况。

计算结果表明:施工过程中浅水区水浅流缓,施工难度相对较小,而深水区水深流急,为整条潜堤施工难度最大的区域。"逐步抬高"方案各阶段对工程区域水动力影响较平稳,潜堤上下游流速增大区域的增幅总体较小,近岸上下游流速受堤身阻水和掩护有所减小,深水区施工流速增长均匀,潜堤与左岸衔接段附近近岸流速有一定增大,但流速绝对值较小。单根潜堤可考虑采用"逐步抬高"的施工顺序方案。

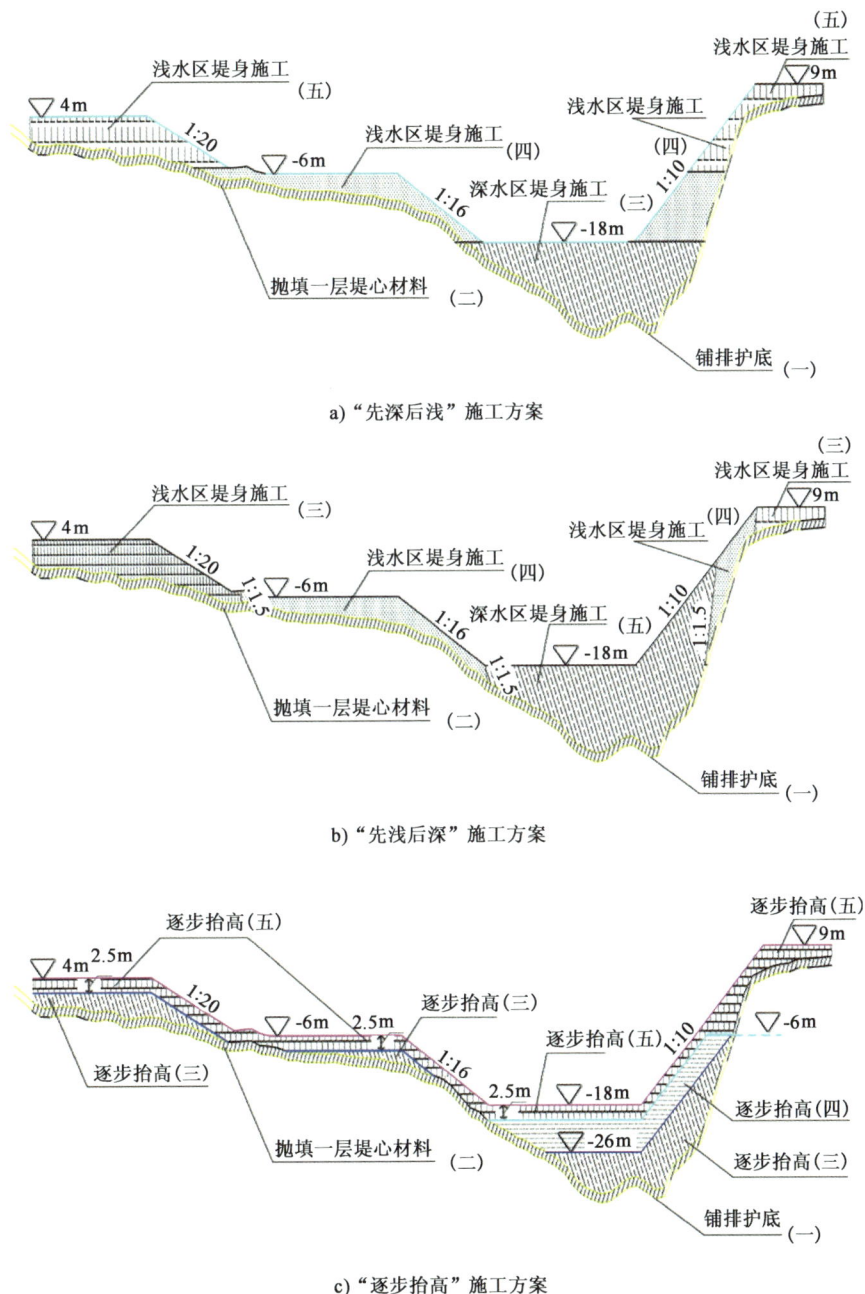

a) "先深后浅"施工方案

b) "先浅后深"施工方案

c) "逐步抬高"施工方案

图13-5-64 单根潜堤不同施工方案示意图

②上、下游潜堤施工顺序。

为确定两道潜堤施工相互快慢顺序，分工程起步和工程即将完工两个阶段，各考虑3种不同工况，采用数学模型计算其影响。

在工程起步阶段，可以分为：ⓐ上游先抛护脚块石＋下游未做；ⓑ下游先抛护脚块石＋上游未做；ⓒ上游下游同时抛护脚块石3组工况。

在工程即将完工阶段，分为：ⓐ上游做好＋下游护脚块石；ⓑ下游做好＋上游护脚块石；ⓒ上游下游同时做好3组工况。

计算结果表明，不论是起步阶段，还是即将完工阶段，当两道潜堤施工速度相同时，对周边流速影响范围和幅度最大；上游潜堤施工速度快于下游潜堤时，将会对下游未施工区域造成一定的影响；下游潜堤施工速度快于上游时，影响区域主要集中在下游潜坝及以下区域，对上游潜堤区域影响较小。推荐选择下游潜坝施工速度快于上游潜坝，可见图13-5-65。

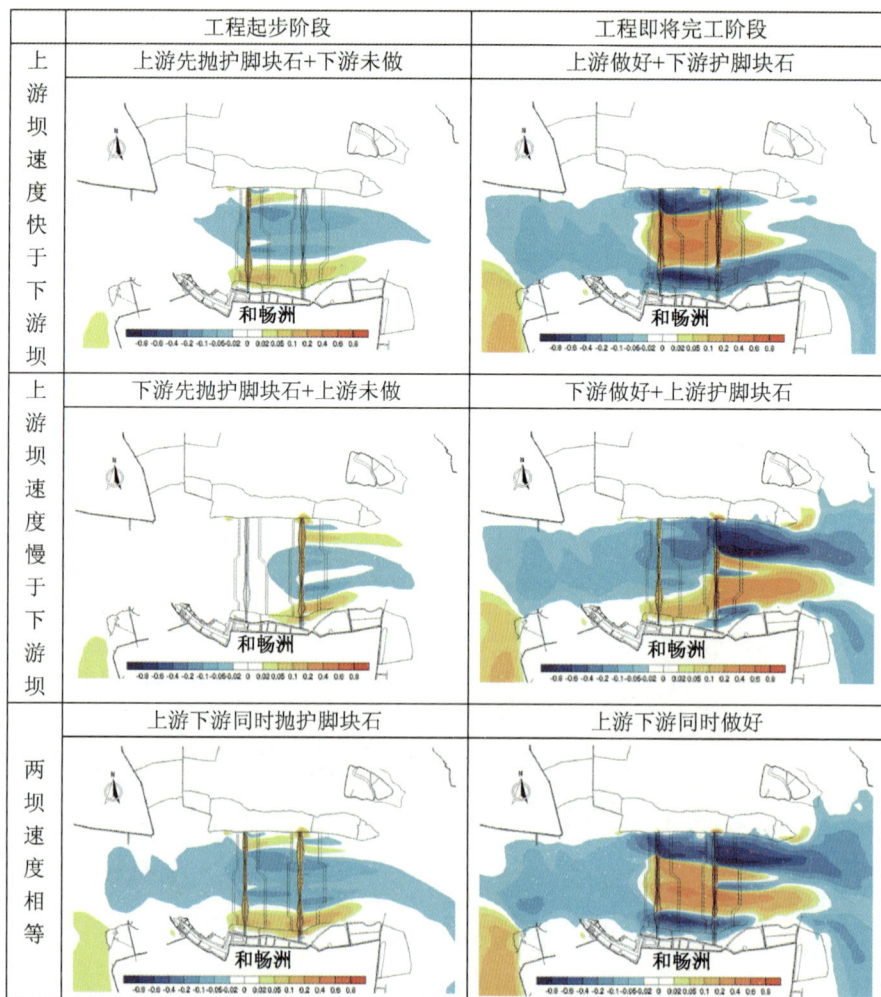

图13-5-65　工程施工方案流速差云图比较表

③护底施工顺序。

护底施工顺序综合考虑近年来河床冲淤变化特征及潜堤施工过程中地形调整来确定。

和畅洲左汊近年来河道中心处以淤积为主,左右两岸附近河床发生冲刷,特别是河心靠右岸河床冲刷强度大于左岸。

在单道潜坝施工过程中,宜先实施两岸向河心铺排护底加抛块石压载,右岸侧施工速度建议快于左岸侧,两道潜堤可同时实施铺排护底工作。

3.深水软体排铺设施工

(1)工程技术特点及难点

①水深及流速。

和畅洲整治工程包含两条潜堤,深泓处靠近和畅洲左缘,余排范围内最深处泥面标高-44米。和畅洲水道基本为单向下泄流,枯季稳定时段各断面平均流速在0.01~1.84米/秒之间,各断面测点最大流速均出现在表层,最大流速为2.10米/秒(施工中实测流速)。(目前国内、外航道整治中最大水深),在如此大的流速和水深下作业,为世界罕见的航道整治中的恶劣工况。

②工程数量大。

本标段铺排作业主要工程数量约为180.4万平方米。

③深水铺排难度大。

进场以后的首次工前测量显示,本标段施工区域高潮期最大水深为44米,且流速大。深水铺排对施工工艺提出极高要求,目前国内排体铺设水深基本都在20米以内,在该工况下铺排作业将成为一种世界上航道整治工程中的技术挑战(图13-5-66)。

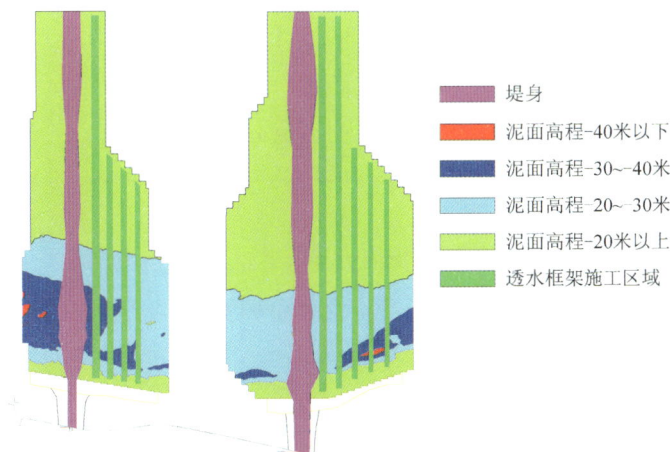

图 13-5-66 铺排范围水深示意图

④施工区域环保要求高、工期紧。

工程主要施工区域位于镇江长江豚类省级自然保护区核心区域,该自然保护区是长江干流豚类保护区唯一不通航的水域,具有非常重要的地位,生态环境敏感、保护要求高,做好施工环境管理和江豚保护异常重要。按照合同要求,每年4～9月份暂停涉水施工,实际有效工期仅为18个月,施工强度高。

(2)施工技术

①深水铺排技术研发。

施工单位针对44米水深,1.5米/秒,水流方向与排布正向90°等工况下进行了深水铺排技术的开发及应用,首次精准确定了排布横断面受力取值计算方法,为国内外首创。首次提出了移动坐标系与悬链线模型相结合并叠加水流力工况下的排体受力计算方法,研发了同步、异步放排移船施工技术。

A. 排布受力分析。

深水铺排技术中,排布受力分为两部分,一部分为重力引起的悬链线产生的拉力,另一部分为水流产生的受力;将两部分受力进行叠加合成作为铺排作业时排布拉力的计算值。

B. 深水异步、同步放排移船铺排技术。

经受力计算及实际铺排试验,形成深水异步放排移船铺排技术如下:

a. 在44米水深的工况下铺排作业,根据船舶性能、效率异步放排工艺选取首次放排重叠长度3.0米,移船长度为6.48米时可以完全拉开铺底排体。

b. 在44米水深工况下铺排作业,根据船舶性能、效率异步放排工艺正常铺排时,不考虑水流力作用下,选取一次移船长度3米,排布拉力为3261.9千牛。排布承受叠加水流力时,取异步移船铺排工艺一次移船最佳长度3米,水流速度为1.5米/秒,水流方向与排布正向90°,合成后水流力后排布受力为3738.5千牛(图13-5-67)。

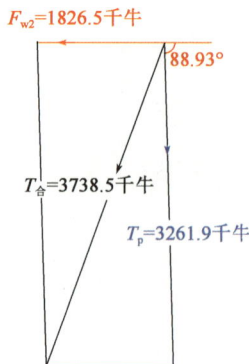

图 13-5-67　悬链线叠加水流力合力作用图

②铺排船改造设计技术参数研究。

A. 铺排作业时荷载分析。

通过计算分析,铺排作业期间,铺排船滑板结构设计最不利状态为44米水深,流速为1.5米/秒方向为与排布成正向90°夹角下,同步放排移船铺排工艺首放重叠5米,放3米移船5米时,滑板受荷载折合为竖向力为314吨。

铺排作业期间滚筒设计最不利状态为44米水深,反向流速流速为1.5米/秒方向为与排布成正向90°夹角下,同步放排移船铺排工艺首放重叠5m移船5米时,滚筒受排布拉力荷载为280.4吨。

铺排船抗流状态为水深44米,流速1.5米/秒,流速与排体成90°夹角下的正向单点系泊抗流状态,排布承受的拉力为390.2吨;在调整为垂线状态下抵抗反向流时,最不利荷载为44米水深,流速为1.5米/秒正20度夹角,荷载为313吨。

B. 铺排船改造结构设计参数取值。

铺排船改造时,为留有一定的安全系数,取滑板结构设计端部竖向荷载为450吨,被动滚筒受排布拉力为400吨,作为铺排船改造的设计参数可以满足要求。

粉细砂地质深水航道整治锚泊系统试验及锚泊系统研究及应用。通过分析解析计算及有限元模拟,在进行铺排深度最大44米水深,流速1.5米/秒流向角90°恶劣工况作业,铺排船作业采用6缆系泊体系时,采用概率法和ANSYS有限元分析两种方法计算最大缆力。两种计算方法分析结果相差不大,基本相符。在上述工况中,将1050.6千牛作为铺排船失去系泊控制的缆力,但在施工中可通过概率法缆系模拟调整缆力控制在设定值700千牛以下,以满足工程施工。

通过对长江南京以下12.5米深水航道二期工程中的锚抓力试验,经过综合分析,选取了HYD-14(7吨)作为工程用锚,锚拉力控制最大值为70吨。经过锚泊系统模拟,并结合恶劣工况下的调整,优化了原有的布锚方式,确定了适合恶劣工况下,粉细砂地质的锚泊系统。

③深水铺排船开发建造。

为应对恶劣工可,研发了滑板支撑式深水铺排船。其采用支撑式滑板体系,吊索只在滑板起降时使用,铺排工作状态下吊索钢丝绳处于放松状态,作业水深可达44米,流速在1.5米/秒,铺设排体宽度为40.5米时,吊索吊力仅需250吨即可满足要求,且铺排速度高达31.75米/小时参见图13-5-68和图13-5-69。

4. 深水精确抛石及整平施工

(1)工程技术特点

①水深流急。

二期工程整治建筑物施工区域多为于深水流急的水域。尤其是和畅洲标段,堤身范围内最深处泥面高程达 – 36.6 米,最大流速为 2.10 米/秒(施工中实测流速)。深水、大流速工况下块石漂移距大,准确掌握漂移规律和控制漂移距是需要重点研究和解决的技术难题。

图 13-5-68　滑板支撑式深水铺排船

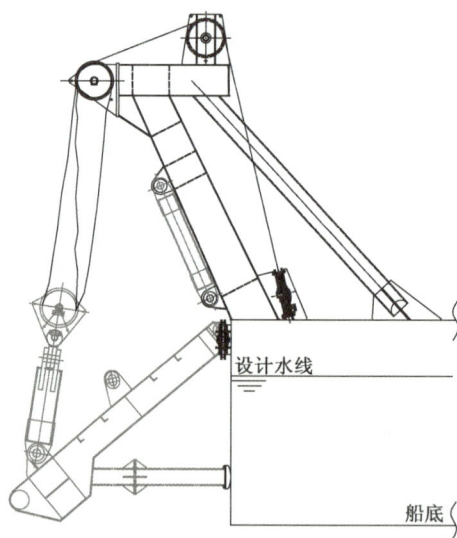

图 13-5-69　滑板支撑体系

②施工不连续,施工组织难度大。

为保护长江水域生态环境,按照环保要求,和畅洲水道每年 4～9 月、其水道每年 4～7 月暂停涉水施工。由于施工不连续,存在停工期船机设备及施工人员进、退场的问题,施工组织难度大。

（2）施工技术

①深水散抛石工艺。

深水大流速的工况条件下,若采用传统抛石施工工艺,块石漂移距大、流失严重,断面成型控制难度高。为攻克这一施工难题,施工单位积极进行科研攻关,自主研发改造了新型深水抛填船"砂桩1号",创新工艺,实现了水下抛石精准定位,作业精度大大提高,为工程建设提供了强有力的技术装备支撑。

A.深水抛填船结构组成。

深水抛填船"砂桩1号"由船体(侧舷靠船墩)、抛填溜槽、行走及提升台车、台车轨道梁、下料斗、测控系统等组成参见图13-5-70和图13-5-71。

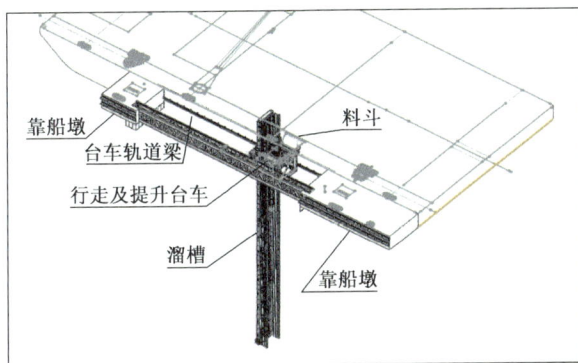

图 13-5-70　"砂桩1号"结构图

图 13-5-71　"砂桩1号"全貌

B.深水抛填船工作原理。

a.平面定位:船舷控制室的两台GPS通过船体坐标转换系实现船体平面位置及溜槽工作区域定位;溜槽顶部的GPS实时显示溜槽位置,精确控制抛填位置。

b.高程控制:溜槽顶部的GPS实时高程显示与安装在溜槽上的高度计实现抛填后高程实时显示。施工前,准确测量GPS天线到高度计的高度,施工时根据高度计测量的水深值可实时计算显示抛填后顶面高程,实现抛填高程的精确控制。

c. 块石漂移距控制：根据垂线流速分布规律，水流在上层流速较大，底层流速较小。通过抛填溜槽约束，避开上层水流较大区域，有效控制块石漂移距。

C. 深水抛填船施工流程。

a. 水深测量：采用多波束测深系统对待抛填区域进行水深测量，划分施工网格，计算网格抛填方量。

b. 施工船舶定位：根据抛填船上安装的 GPS-RTK 定位系统配合施工定位软件显示的船位，将船位调整至抛投位置，垂直于潜堤方向定位，溜槽迎向水流方向。

c. 运输船靠泊：石料运输船采用 2000～3000 吨的甲板驳，甲板驳自配挖机。抛填时，石料运输船靠泊抛填船溜槽一侧靠船墩上，通过石料船上挖机将石料挖至料斗内，石料沿溜槽下滑至抛填区域。

d. 溜槽移动：根据测量计算的抛投工程量，该区段抛填完成后，溜槽通过移动轨道梁纵移 2 米至下一个工作区域，继续进行石料抛填。

e. 抛填船移位：根据步骤 b.，将船位调整至下一个设计抛投位置，继续进行石料抛填。

图 13-5-72 是"砂桩 1 号"施工示意图，图 13-5-73 是"砂桩 1 号"施工图。

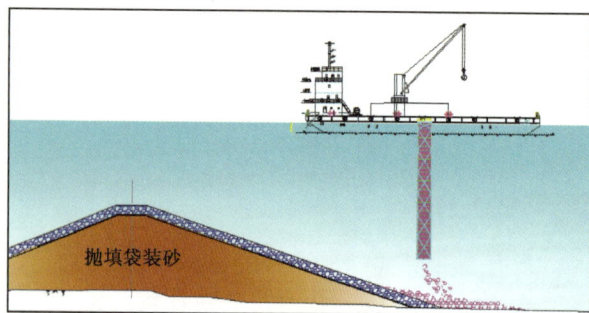

图 13-5-72 "砂桩 1 号"施工示意图

图 13-5-73 "砂桩 1 号"施工图

D. 抛填船应用效果。

抛石断面完成后,采用多波束进行质量检测,生成清晰的平面轮廓影像及准确的断面图,参见图 13-5-74 和图 13-5-75。

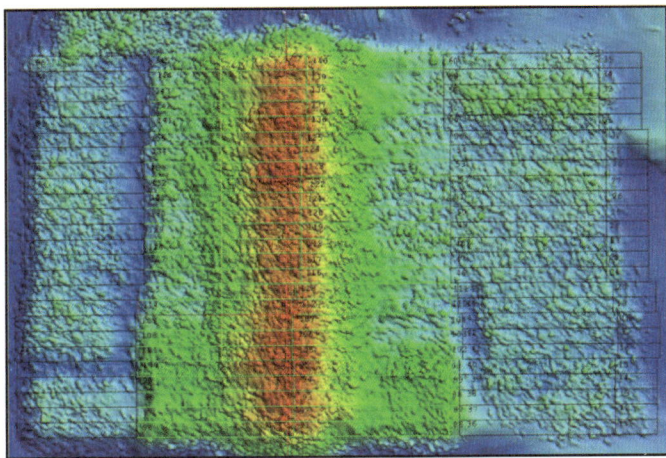

图 13-5-74　抛石平面位置多波束扫测图

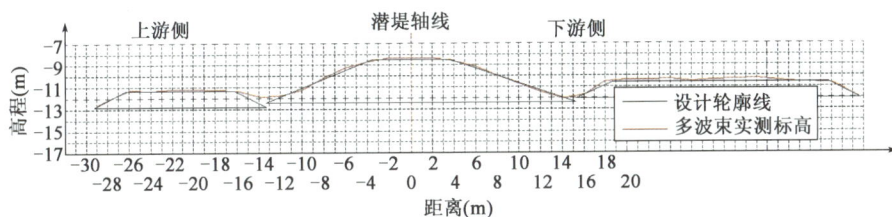

图 13-5-75　抛石标高检测图

②基床整平。

福姜沙水道基床整平工艺如下:

福姜沙水道抛石基础整平采用的是无线遥控智能型水下整平机(图 13-5-76)。整平机自动调整整平控制标高,通过刮铲和碾压整平基床块石,整平精度控制在 ±5cm 以内。

图 13-5-76　无线遥控智能型水下整平机整体构造

A. 整平机整平流程(图 13-5-77)。

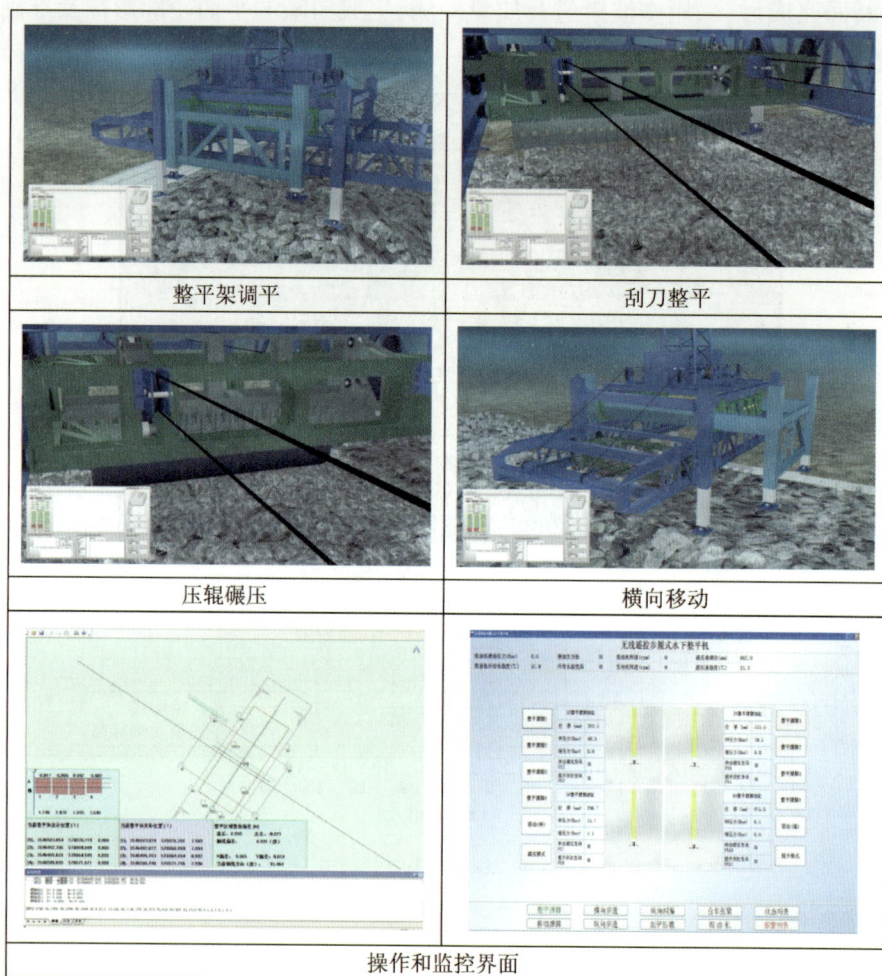

图 13-5-77　整平机施工流程示意图

B. 整平质量控制措施。

a. 整平高程确定。

经实测齿形构件安装后短期块石压缩沉降量,确定基床整平高程高于设计预留沉降量 10～15 厘米的施工质量控制措施。

b. 基床整平高程检测。

在整平机移动台车下部设置三个测深仪,在移动台车移动过程中,实时对整平后抛石基床进行高程检测并生成数据。

5. 大型预制构件水下安装施工

(1)工程技术特性长江南京以下深水航道一、二期工程预制构件形式多样,主要形式及分布情况见表 13-5-8。且施工区域流速较大,构件安装定位具有一定难度。

各河段主要整治建筑物结构形式一览表 表13-5-8

区　段	桩　　号	结 构 方 案
通州沙水道	T9＋800～T10＋900、T14＋500～T15＋509 L0＋000～L0＋570	半圆形混合堤
	T14＋000～T14＋500、T15＋509～T16＋009	齿形构件混合堤
白茆沙水道	BS0＋540～BS2＋665、S2　0＋298.5～S2　0＋700、 S2　0＋700～S2　1＋185.5、S3　0＋125.5～S3　0＋750	半圆形混合堤
福姜沙水道	K1＋775～K2＋040、K2＋520～K2＋795、 SL3　0＋470～SL3　0＋630、 FL3　0＋295～FL3　0＋490、FI4　0＋185～FI4　0＋410	5米齿形构件混合堤
	K2＋040～K2＋520、SL2　0＋050～SL2　0＋650、 SL3　0＋630～SL3　0＋755、 FL2　0＋475～FL2　0＋700、FI4　0＋110～FI4　0＋185	7米齿形构件混合堤
口岸直水道	LL4　0＋000～LL4　0＋083	箱涵混合堤
和畅洲水道	HL1 0＋092～0＋392、HL1 1＋062～1＋612、 HL2 0＋059～0＋529、HL2 1＋419～1＋669	砂芯堤＋尼龙网兜块石护面
仪征水道	QD 1＋075～0＋095、SL1 0＋125～0＋000、 SL2 0＋260～0＋000	梯形空心构件混合堤

（2）施工技术

①福姜沙齿形构件安装。

A. 构件安装工艺。

齿形构件采用起重能力600吨的大型专用起重船（秦航工66号），配备专用夹具和成套定位安装监控设备进行水上安装。

水下大型混凝土齿形构件安装是工程的技术难点，项目部将已有安装技术与更先进的水下定位、水下可视化技术结合，研究和应用安装质量和效率更高的工艺技术，水下构件在安装过程中实时显示错牙、缝宽和轴线偏差的各项数据，操控指挥精准、便利，参见图13-5-78和图13-5-79。

构件起吊　　　　　　　　　　　　　监控定位

就位　　　　　　　　　　　　　　　松开夹具

齿形构件安装照片

图 13-5-78　齿形构件安装工艺流程图

成套系统指挥安装构件

图 13-5-79　齿形构件安装定位系统示意图

②仪征水道空心构件深水安装技术

仪征水道空心构件安装全部位于水下,安装深度近18米,且施工工况恶劣,对构件安装控制提出了更高的要求。为了解决本工程恶劣施工环境下空心构件没顶安装问题,确保工程的顺利实施,施工单位在深入了解现场工况条件和认真总结以往水下安装工艺适应性不足的基础上进行了深水区大型空心构件水下高精度安装技术研究,研发大型空心构件深水安装专用吊具、测量架(图13-5-80)及测量控制系统(图13-5-81),实现深水、大流速的复杂施工环境下构件精确测量定位,更直观地掌握空心构件的水下状况,进一步提高安装精度。通过运用水下构件安装测控技术,有效减少了潜水作业,降低了安全风险,提高了安装质量和施工效率。

图13-5-80　专用吊具、测量架

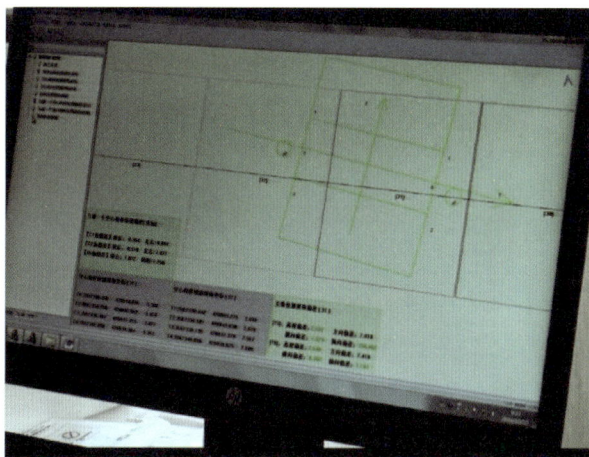

图13-5-81　水下安装测控系统

项目部还利用浑水摄像头进行水下构件"可视化"检测,更直观地掌握空心构件的水下状况,大大提高了安装精度。

6. 深水限流潜坝筑堤施工

（1）工程技术特点

①水深流急。

根据对现场水域的流速观测情况,和畅洲整治建筑物施工区域最大水深为 – 36.2 米（目前国内、外航道整治中充灌袋装砂最大水深),在如此大的流速和水深下作业,为世界罕见的航道整治中的恶劣工况。

②深水充灌难度大。

超大水深充灌砂被对施工工艺提出极高要求,目前国内外砂被充灌施工水深基本都在 – 10 米以内,在该工况下充灌砂被作业将成为一种世界上航道整治工程中的技术挑战。

③深水砂被检测困难。

超大水深袋装砂堤心实时检测一直都是该行业的技术难题,也是该工程的一项难题。

（2）施工技术

①砂被设计。

A. 深水砂被加工长度。

制定深水砂被加工计划之前,先对原泥面进行测量,根据原泥面情况,制定深水砂被加工长度。深水砂被加工长度以断面图量取为基准,并加 3 米富裕长度。施工过程中,及时采用多波束对已铺设砂被进行检测,根据已铺设砂被实际成型高度,准确制定上层砂被加工长度,见图 13-5-82。

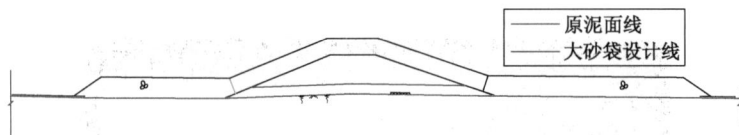

图 13-5-82　深水砂被设计加工图

B. 深水砂被加工宽度。

深水袋装砂芯堤不允许垂直方向通缝产生,相邻的砂被之间位置越紧密,越有利于充灌高度的形成,且更有利于堤体稳定。深水砂被设计铺设宽度为 20 米,综合考虑袋体起高、收缩及偏位等因素,为确保相邻砂被无空腔,砂被加工宽度设计为 25 米。施工过程中,及时采用多波束对已铺设砂被进行检测,根据已铺设砂被实际成型宽度,动态调整上层砂被加工宽度。

C. 深水砂被隔仓布置。

为方便深水砂被入水着床,头部需设置隔仓。隔仓宽度为 4 米,与深水砂被整体缝制。施工前在甲板上先充灌好,作为袋体压载,保证砂被头部下水后不会被水流冲偏,使实际铺设边线与理论边线一致。

②施工装备选型。

A. 受力分析。

经计算,最不利工况下,铺排船承受水流力:180.33 吨;砂被承受水流力:55.93 吨;锚缆受力最大受力 272.2 吨。

B. 施工船舶的选型。

根据上述受力分析,施工单位研制了铺排船"方驳 126"和"半潜驳 1 号"。经过实际工程检验,"方驳 126"和"半潜驳 1 号",能够克服本工程施工区域内深水、大流速恶劣工况,解决了传统船舶无法作业的难题。

③施工装备的适应性及工作能力分析。

该装备和技术在长江南京以下 12.5 米深水航道二期工程中应用,恶劣工况下深水航道整治工程的应用研发,属世界罕见的技术,据科技查新证明该工况下进行铺排作业和深水铺排装备的研发在国内、外尚属首次。自主研发设计、建造的 35 米深水铺排船和深水铺排技术与国内外技术规格比较具备以下几点:

a. 作业水深铺排作业水深区间世界最大,作业水深为 2 ~ 35 米;

b. 作业工况最恶劣,可承担最大 35 米水深、流速 2 米/秒的恶劣工况下的铺排作业;

c. 国内外第一艘达到该工况下的深水铺排船;

d. 据科技查新资料,作业效率最高;

e. 作业功能最先进,该船舶具备水下铺设、动态受力、排头铺设预控等功能,使得滑板和船体成为独立受力主体,受力最合理。

④施工精度分析。

深水砂被施工完成后,每个砂被采用多波束进行质量检测,根据多波束检测图像,可生成袋体轮廓图和充填高度断面图。

A. 平面位置检测情况。

项目部选择高水位前 1.5 小时流速较小时下头部隔仓,确保了砂被定位准确,根据多波束扫测结果,已施工砂被平面位置基本准确(图 13-5-83)。

B. 充填高度控制情况。

根据扫测结果,深水砂被起高高度基本达到预期效果(图 13-5-84)。

7. 检测新技术的应用

本工程中,整治建筑物施工全部采用 RTK-GPS 进行施工定位,疏浚施工采用 RBN-DGPS 进行施工定位,水深测量统一采用 RTK 三维水深测量方法。

(1)施工船舶定位系统比对

施工船舶定位系统软件使用前须在施工现场进行实地验证与测试,经监理旁站、审批后方可投入工程应用;承包人应定期(每月一次)和在进入新开点区域(控制桩号)施工前对施工船舶定位系统进行复核。

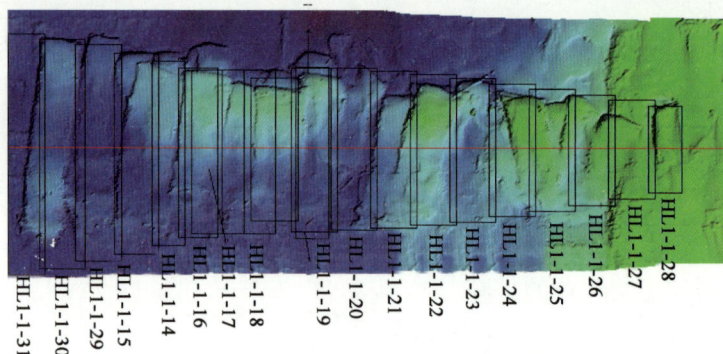

图 13-5-83　HL1 潜堤砂被总体轮廓图

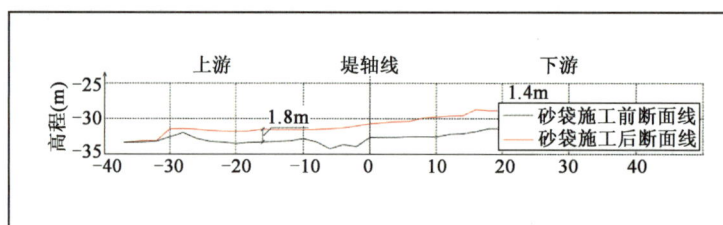

图 13-5-84　充填高度典型断面图

(2)检测新技术的运用

针对本整治建筑物工程全部位于水上,绝大多数工序为隐蔽工程的特点,指挥部将水下工程的质量检测、监测作为重点、难点,在招标文件中就明确承包人应采取有效措施控制水下隐蔽工程质量:对于护底软体排施工,铺设过程中应实现排位实时检测和控制,对实际着床排体位置和搭接进行实时检测,在铺设后应采用旁扫等手段对排体搭接及异常部位的质量进行检测和复核;对于堤(坝)抛石断面,施工过程中应探索实时检测、精确控制的手段,完工后应采用多波束或其他有效手段进行断面成型的检测并作为验收的支撑性资料。

在指挥部搭建的技术创新平台上,各参建单位根据各标段的实际情况开展了科技攻关,在施工检测新技术的应用方面取得了丰富成果。如:工程大部分河段水深流急、施工条件恶劣,针对铺排、抛石、构件安装等施工的常规检测方法难度大、精度难以满足要求,并且目前的检测方法主要都是事后进行检测,无法实时掌握工程施工的质量的情况,本工程施工过程中引入多波束测深检测、侧扫声呐检测、超短基线检测等多种声学测量技术,具有非接触式测量优势,对施工现场干扰小,测量效率高,对水质、流速、水深、工况条件等因素均有较宽的普适性,在施工各阶段均可根据需要选用,可直观呈现铺排范围、搭接宽度、抛投位置等水下形态,为施工过程的质量控制、检验及纠偏提供了技术支撑,基本实现水下隐蔽工程验收的实时、可视、准确、客观、可靠,形象点说,可相当于航道整治工程中的B超检查,对工程实体质量控制起到了严格的把关作用。

（3）引入第三方检测

指挥部创新管理方法,引入无利害关系且有专业资质的第三方检测,除常规的原材料、工程实体检测以外,还增加了单位工程鉴定检测、护底软体排搭接质量检测、沉降位移平行监测等工作内容,通过一定比例的随机抽检,确保检测标准及检测结果更具有权威性、公正性,既对工程质量起到了有效的监控,又极大地震慑了偷工减料、勾结做假、滋生腐败等问题。

五、生态环境保护

长江南京以下 12.5 米深水航道二期工程建设范围跨度较长、整治河段较多、环境较繁杂,工程河段水生生物种类多样,渔业资源丰富,并涉及多个自然保护区、水产种质资源保护区、饮用水源保护区和生态红线管控区,环境敏感区密集,社会关注度高,环境保护工作十分艰巨。

长江南京以下深水航道建设工程指挥部深入贯彻"要守住发展和生态两条底线"中央精神,秉持"生态优先、绿色发展"的理念,不断提高环境保护管理科学化、系统化、制度化、精细化水平,朝着"助推长江经济带生态廊道建设"的目标,全力打造长江生态航道工程。在设计中,研发了一系列生态型结构,为水生生物营造栖息环境;在施工中,严格按照环评报告书的要求和环保部批复的精神,落实停工期、生态修复及补偿等各项环境保护措施;针对二期工程特点,制定了环境管理办法、环境管理工作手册、环境风险应急预案等。通过多项措施并举和精细化管理,使工程对生态环境的干扰降到最低,最大限度消除工程可能造成的不利影响。

（一）生态环境保护的目标及管理

1. 保护目标

（1）水环境保护目标

根据现场踏勘调查,本工程河段内共涉及水环境敏感目标18处,其中2处为《江苏省地表水(环境)功能区划》划定的饮用水水源保护区,2处为江苏省政府划定的集中式饮用水水源地保护区,14处集中式饮用水源取水口。

环评中共17处水环境敏感目标,其中2处为《江苏省地表水(环境)功能区划》划定的饮用水水源保护区,2处为江苏省政府划定的集中式饮用水水源地保护区,13处集中式饮用水源取水口。

与环评相比,因取水口搬迁减少了2处敏感目标(江心洲水源地保护区、江心自来水厂取水口），新增了3处敏感目标（长江长青沙饮用水水源保护区、江心洲新水厂取水口、在建大港水厂取水口）。新增的又来沙护岸工程在长江长青沙饮用水水源准保护区内，因而新增该敏感目标；江心洲新水厂取水口为环评时即有的敏感目标，因统计方法不同新增；大港水厂取水口开工时间晚于本工程，目前仍未建成取水。

（2）生态环境保护目标

工程江段涉及的生态环境保护目标包括镇江长江豚类省级自然保护区、4处水产种质资源保护区（长江靖江段中华绒螯蟹鳜鱼国家级水产种质资源保护区、长江如皋段刀鲚国家级水产种质资源保护区、长江扬州段四大家鱼国家级水产种质资源保护区、长江扬中段暗纹东方鲀刀鲚国家级水产种质资源保护区）、珍稀保护动植物、鱼类产卵场、索饵场、越冬场及洄游通道，以及生态红线保护区域等。

珍稀保护动植物是指工程江段分布的野生植物、野生动物，特别是《国家重点保护野生动物名录》和《国家重点保护野生植物名录》中规定的保护物种。本江段常有国家一级保护动物中华鲟、国家二级保护动物胭脂鱼、江豚（按一级保护动物要求保护）等觅食栖息，并曾有国家一级保护动物白鱀豚活动记录。

整个工程江段是很多重要经济鱼类的生存场所，也是洄游鱼类的必经通道。

根据《江苏省生态红线区域保护规划》（2013年），工程整治范围涉及11处省级生态红线保护区域，与环评相比新增了长江长青沙饮用水水源保护区。

根据《江苏省国家级生态保护红线规划》（2018年），工程整治范围涉及4处国家级生态保护红线区域，分别是江都区三江营饮用水源地、镇江长江豚类省级自然保护区、泰州市三水厂饮用水水源保护区、长江长青沙饮用水水源保护区。

（3）声环境、环境空气保护目标

本工程河段江面较宽，两岸沿江分布的城镇、居民点距本工程工点在500米外，不在本项目调查范围内。

根据现场调查情况，双涧沙、鳗鱼沙为水下沙洲，无人居住；落成洲上仅有少量渔民，与工点距离较远；世业洲、和畅洲、双山岛规模较大，岛上居民较多，其中和畅洲距大堤500m以内范围无居民点分布，双山岛目前实施旅游岛开发、大部分居民现已搬迁至福南水道对岸的金港镇，仅世业洲临江堤有居民点先锋村分布，将其作为本项目的声环境、环境空气保护目标。

2.组织机构

根据工程各参建单位特性，指挥部建立了工程环境保护工作管理组织机构（图13-5-85），明确了各机构成员的主要环境保护职能（表13-5-9）。其中，工程环境保护主管单位为环境保护部华东环境保护督查中心和江苏省环境保护厅，环境保护工作管理主体为长江南京以下深水航道建设工程指挥部，环境保护措施指导落实单位为竣工环境保护验收技术服务单位,环境保护措施监督及协助落实单位为环境监理单位,环境保护管理对象为施工单位、环境保护监测单位、生态补偿及修复单位、生态效果评估单位及环境保护科研课题单位。

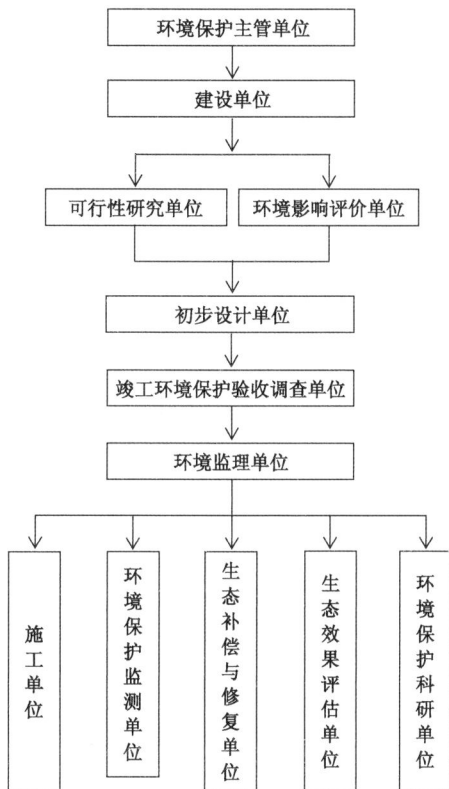

图 13-5-85　二期工程环境保护工作管理组织机构

工程环境保护工作管理组织机构成员及主要职能　　　　　　　　　　表 13-5-9

机 构 成 员	主要环境保护职能
环境保护主管单位	工程"三同时"监督检查及工程竣工环境保护验收
建设单位	全过程环境保护工作管理
可行性研究单位	编制可行性研究报告,并确保环境保护篇章质量
环境影响评价单位	编制环境影响报告书,提出合理性环境保护措施
初步设计单位	设计文件响应环境影响报告书及批复提出的各项环境保护措施要求
竣工环境保护验收调查单位	全过程环境保护措施指导落实
环境监理单位	全过程环境保护措施监督及协助落实
施工单位	落实环境影响报告书及批复提出的各项环境保护措施要求
环境保护监测单位	落实环境影响报告书及其批复提出的环境保护监测要求
生态补偿与修复单位	落实环境影响报告书及批复提出的生态补偿及修复要求
生态效果评估单位	开展生态效果评估工作,评价工程生态补偿及修复措施生态效果
环境保护科研课题单位	开展环境保护科研工作,转化环保科研成果指导工程环境保护工作

3.管理原则

（1）统筹兼顾、坚守红线

在工可阶段，加强环境管理，从源头分析工程建设对环境的影响，提出合理的环境保护要求，以此最大限度降低工程对环境的影响。与此同时，努力协调工程建设与生态保护红线、环境质量底线、资源利用上线等的关系，确保工程建设符合国家生态航道建设规划。

（2）批设相符、环保先行

在初步设计阶段，提前谋划环保准备工作，重视设计文件对环评及批复要求的响应，关注设计变动，对照环保部门发布的建设项目重大变动清单，完善相关工程变化可能造成的环境影响，依法开展环境保护措施实施单位的招投标工作。

（3）规范管理、有序落实

在施工阶段，制定并下发《长江南京以下深水航道二期工程环境管理办法》，紧密围绕环评及批复要求落实施工期环境保护措施和环保"三同时"制度，按照环评、批复及合同，督促各参建单位落实环保职责。在施工过程中，建立环保档案规范化管理制度，全面做好环保工作影像及档案材料的保存工作，力求涉及环保内容可溯源。在施工过程中，总结前期环保管理工作经验，编制《长江南京以下12.5米深水航道二期工程环境保护工作管理手册》，进一步规范环境保护工作程序，形成一套成体系的环境保护管理工作模式，为国内其他内河航道整治工程环境保护管理工作提供借鉴和参考（图13-5-86）。

图13-5-86　二期工程环境保护工作管理手册

（4）长效监控、风险防范

在工程建设全过程，实施环境监测、水生态监测、江豚监测、生态工程效果监测、增殖放流效果监测、生态浮岛与人工鱼巢效果监测等,紧密跟踪、评估工程环保保护措施效果实施情况,并完善相应措施。制定环境风险防范预案并反复演练,督促检查各项目部措施落实情况,避免工程出现污染事故、污染纠纷。

(二)生态环境保护措施

1. 生态保护与修复措施

(1)设置停工期

为最大限度地减少工程可能对周边水域水生生物造成的影响,更好地养护水生生物资源,保护水域生态环境,建设单位严格按照工程环境影响报告书及其批复要求合理安排工程施工时间,设置了停工期。其中,和畅洲水道护岸、潜坝施工避开每年4~9月的江豚繁殖期,其他涉水工程施工避开4~7月的鱼类繁殖期和仔幼鱼发育期、10~11月中华绒螯蟹成蟹洄游高峰期。通过停工期制度,有效地保证了水生生物的正常生长或繁殖,进一步减缓了工程施工对周边水域水生生物的影响。

(2)水生生态修复

在前期环保研究工作的基础上,指挥部联合江苏省海洋与渔业局,按照沿线各生态保护区、渔业管理政队的特点,统筹协调,制定了《二期工程生态修复与补偿实施方案》,并密切联系各保护区,要求各保护区成立落实补偿工作专班,编制详细的补偿措施专项实施方案,加强对各项补偿措施的落实及补偿资金使用情况的监管。同时,结合工程实施,组织培训教育、增殖放流等活动,加强对外宣传,打造精品亮点,实现建设与保护的协调发展。各保护区认真按照环保批复精神及补偿协议内容,制定了详细的实施方案并报省级主管部门审查、审批。实施过程中,各保护区按照实施方案开展了补偿、补救工作,共同确保了二期工程涉及保护区补偿、补救措施的有效落实。

按照总体规划、分步实施的原则,二期工程先后开展了渔民经济补偿、渔业资源损失补偿、渔业生产安全维护、水生生物增殖放流、底栖动物投放、挺水植物栽种、人工鱼巢及生态浮岛建设等工作,累计放流水生生物约4244.38万尾、投放底栖动物585吨、建设人工鱼巢12.3万平方米、建设生态浮岛120.75亩、栽种挺水植物1050亩,全面完成了环境影响报告书及其批复各项生态补偿及修复要求,有效减缓了工程建设可能对周边水生生态环境造成的不利影响。

由于长江南京以下江段水域资源紧张,综合考虑河流水文、风浪、通航环境等因素,适宜实施水生生态环境修复措施的地方有限;基于以上现实情况,建设单位协调镇江豚类保护区管理处、靖江市农业委员会、如皋市渔政监督大队等单位,在适宜的地方开展了水生生态环境改造与修复工作。与环评相比,实际位置、规模均进行了调整;实施位置为和畅洲、落成洲、福姜沙北岸如皋水产种质资源保护区、靖江水产种质资源保护区东北侧共

4 处;共建设人工鱼巢 10.25 万平方米、人工鱼礁 3.5 万平方米、生态浮岛 101 亩,投入底栖动物 585 吨,栽种挺水植物 1050 亩。

本工程增殖放流工作由江苏省海洋与渔业主管部门统筹考虑与安排,由沿江各市渔政支队承担实施,根据长期以来增殖放流经验,对放流鱼种、规格、数量等进行了适当调整,成功完成了增殖放流工作。

环评要求工程全部江段共放流 3855 万尾/万只渔业生物,实际全部江段放流 4178.1541 万尾/万只渔业生物及 585 吨环棱螺。放流物种为暗纹东方鲀、胭脂鱼、长吻鮠、黄颡鱼、翘嘴红鲌、细鳞斜颌鲴、中华绒螯蟹、四大家鱼、鳜鱼、鲫鱼、刀鲚、鳊鱼等,与环评要求放流物种一致。因价格调整、鱼苗的成活率以及方案的可实施性等原因,放流鱼苗数量增加,放流地点根据实际情况进行了调整,涵盖了镇江豚类自然保护区、4 处国家级水产种质资源保护区,及长江南京、张家港、泰州、江阴段、常州江段,新增了长江扬中暗纹东方鲀刀鲚国家级水产种质资源保护区内增殖放流参见图 13-5-87。

增殖放流	底栖动物投放
人工鱼巢与生态浮岛	

图 13-5-87　水生生态修复措施

2. 水环境保护措施

①在施工船舶进场前,环境监理单位联合施工单位对船舶进行防污设施的检查,确保是符合防污要求的船舶才允许其进场施工。

②在施工过程中,环境监理单位定期对船舶的油污水处理情况进行相应的检查。施工单位加强对运输船只的管理,监察运送砂石的船舶是否装载过满并予以覆盖,避免施工材料坠入航道中造成水环境污染,禁止向内河水域排放船舶垃圾。

③在建设单位和环境监理单位的监督下,各施工单位规范化施工,确保工程一次到位,减少对水体的扰动次数,缩小泥沙扩散和底泥悬浮范围。

④船舶运转和维修产生的废油和油污水由施工船舶集中存放,在每次加载燃油时,由海事部门认可的具有相应资质单位收集处理废油。

⑤施工船舶做了接收处理记录,均有船舶污染物接收证明,环保监理单位定期检查该记录,未发生随意排放污染水体事件。

⑥施工期船舶超过400总吨的配备了生活污水处理装置,舱底油污水委托有资质单位处理处置;项目400总吨以下主要为抛石船及交通船,施工机械化程度高,施工人员较少,产生的生活污水较少,收集上岸后用于农业灌溉施肥。

⑦施工船舶垃圾集中收集后上岸处理,禁止向内河水域排放船舶垃圾。施工船舶运输施工材料过程中采取遮盖措施,加强管理,避免施工材料坠入航道中。

⑧施工场地租用附近居民等作为施工营地,施工人员产生的生活污水通过自有废水收集收集后至化粪池处置后用作农肥。

⑨未设置机械维修停放场,主要施工机械均设置在施工船舶上,设备检修产生的废油等由油污水处置单位接收处置。

⑩泥驳在疏浚施工水域溢流完成后启航运输,安装了GPS定位系统,按规定路线进行运输,运输环节未发生溢流污染。疏浚过程中,泥舱始终处于密封状态。

⑪疏浚泥沙吹填至指定区域,福姜沙水道疏浚泥沙吹至横港沙吹填区,口岸直水道疏浚泥沙吹至天兴洲吹填区,仪征水道疏浚泥沙抛至仪征应急抛泥区,对仪征抛泥区进行3测次/月的加密水环境监测。

⑫疏浚工程施工单位严格控制船舶溢流时间,减少施工过程对水环境的影响。陆域形成范围内的疏浚尾水经收集、沉淀处理后进入附近设置的沟渠,未直接排入长江。

3. 大气污染防治措施

①施工期不涉及建筑材料堆放,砂、石料最终均通过运输船进入施工区域,使用完毕后离去。

②整治构筑物工程预制件等均为商购,不涉及水泥的运输及堆放、卸料等;砂、石料运输主要依托水路运输,少量从陆路运输至临时码头再到施工区域,水路运输过程中部分采取了遮盖措施,陆路运输严格控制超载并对临时码头道路采取洒水降尘措施。

③施工过程中加强机械设备的维修保养,减少燃油废气产生;且施工船舶燃用柴油均从中石化等正规途径采购,提供了油品合格证。

4. 声环境保护措施

①施工期未设置施工场地,主要施工机械均布置在施工船舶上,工程距离两岸村庄较

远,福姜沙标段距离最近双山岛 1000 米以上;鳗鱼沙标段距离五跃村距离约 800 米;落成洲标段距离雷公岛水产养殖场约 300 米;和畅洲标段施工范围 1 千米范围内无居民点;仪征标段距离先锋村约 60 米。

②项目施工单位定期对施工船机设备进行维修保养,保持施工设备低噪声运行。

③项目施工过程中尽量避免夜间施工,确需施工的,办理相关手续,项目施工位于江面中心,距离周边村庄较远,未对周边居民产生噪声影响,且施工过程中未出现噪声投诉。

5. 固废污染防治措施

①陆域护岸工程施工过程中人员产生的生活垃圾及时清运,就近由当地环卫部门处置;各标段均未设置施工场地。

②各标段施工船舶均配备了垃圾桶用于收集船舶生活垃圾和生产废物,同时委托有资质的单位处置生活垃圾,部分船舶生活垃圾通过交通船带上岸至码头垃圾桶,由当地环卫部门清运。

③施工中损坏或不合格的软体排交由运输船运至原预制场处置,未投入江中。

④项目施工期产生的船舶舱底油污水、船舶垃圾及施工生活垃圾均得到妥善处置,未出现固废污染情况。

⑤试运行期,各通航船舶设专门容器储存船舶垃圾,送交有资质的单位统一接收处理。

参见图 13-5-88。

| 船舶垃圾清运 | 码头垃圾收集处置 |
| 油污水分离器 | 油污水接收处置 |

图 13-5-88　项目施工期固废污染防治措施

6. 风险防范与应急

①施工前施工单位均编制了详细的施工组织设计,且每月制定施工计划,按照施工计划开展现场施工,减少不利环境影响。

②施工前将施工水域及施工作业计划呈报沿线海事部门和航道部门批准,办理了水上水下施工许可证。

③施工前,联系沿线海事部门通过施工浮标划定施工水域,施工过程中加强船舶环境管理,未随意穿越航道,在主航道内抛锚均设置了锚浮及锚浮灯。

④施工期定期开展船机设备检查,通过 AIS、高频等与过往船舶联系,避免发生船舶碰撞事故。施工区域设置了施工浮标,划分了施工水域和航行水域。

⑤施工区域设置了标识,施工船舶、警戒船配备警示标识,提醒过往船舶。

⑥2017 年 3 月 9 日,和畅洲北汊出现江豚活动,施工单位第一时间停止施工,采取钢管排设施进行驱鱼,并加强江豚观测力度,严禁施工垃圾与生活垃圾投入江中。施工期间未出现江豚伤亡情况。

⑦施工过程中没有人员捕杀江豚等珍稀保护动物情况。

⑧施工作业单位未擅自扩大施工作业安全区,施工过程存在船舶误入施工作业区情况,警戒船均及时予以了应对措施,确保无船舶搁浅等安全事故发生。

⑨施工过程船舶油污水得到有效控制,未出现油污水外排入江情况,施工船舶生活污水部分经配备的生活污水处理装置处理。

⑩项目建设单位编制了本工程环境风险应急预案,并组织专家完成了评审。各标段均结合实际情况编制了标段环境风险应急预案,并定期进行演练。8 个施工标段共开展了 15 次应急演练,内容涉及船舶溢油应急演练、江豚救助演练等。各施工单位配备了应急物资,并加强与沿线水务主管部门、海事部门联系,施工期及试运营期未发生环境污染事故。

7. 实施环境监理制

二期工程通过招投标方式选择了环境监理单位,引入了环境监理制。在工程开工前,环境监理单位以环境影响报告书及其批复文件为基础,对工程初步设计、施工图组织设计的工程内容进行复核,并在此基础上编制了工程环境监理方案,进专家审核通过后开始实施。在工程阶段,环境监理单位在每个项目部配备 1 名环境监理人员进行驻场服务,协助项目部制定施工现场环境保护方案和制度,督促施工人员切实落实各项环境保护措施,尤其针对施工行为的环保达标措施、环保三同时、环境保护工程和设施管理、批建相符性、环境管理等工作进行重点监督管理,并定期以月报、季报和年报的形式将施工现场环境保护措施落实情况报送建设单位和竣工环境保护验收调查单位。建设单位定期对环境监理工作情况及施工现场环境保护措施落实情况进行检查,并针对存在的问题及时要求项目部进行整改。在试运行及验收阶段,环境监理单位对工程各项环境保护措施落实情况进行全面梳理,尤其针对项目主体工程和环保设施的试运行状况、各类环境保护管理制度、环境事故应急预案的执行情况进行重点监管。

8.环保档案规范化管理

为规范项目环保材料归档事宜,确保项目二期工程顺利通过建设项目竣工环保验收工作,指挥部建立了二期工程环保档案规范化管理制度,该制度从环境管理制度汇编、施工单位日常环保工作细则和环保台账三个方面,对各个方面涵盖的环保资料及档案名称进行了细化,并对其具体内容和归档方式进行了要求,通过定期检查和整改,督促各项目部按照档案管理目录将所有资料装订成册,归档备查,并提供电子档,确保环保工作影像、档案材料完备和涉及环保内容可溯源。

(三)生态型整治建筑物结构及应用

1.生态型护底(滩)结构

(1)新型砂肋软体排结构

①结构形式。

根据排体保砂护滩的使用功能要求,研发的新型砂肋护滩结构结构结构由基布和上部压护结构组成,上部压护由充满砂的半圆形砂肋组成,砂肋半径0.25米,砂肋净距0.08米,参见图13-5-89。新型砂肋护滩结构的基布与传统砂肋软体排一样,也采用350克/平方米丙纶长丝机织布,砂肋袋布采用聚丙烯纤维有纺复合土工布。试验表白,新采用土工织物的抗紫外线能力(500小时)可达到不小于90%的强力保持率,远远超过了设计要求的抗紫外线能力。

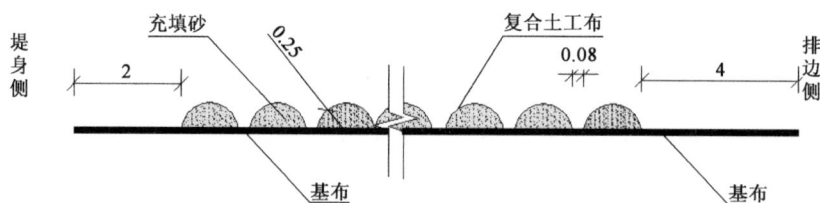

图13-5-89 新型砂肋护滩结构断面图(尺寸单位:m)

②生态功能。

该高耐久性砂肋护滩结构因其取消了传统排体上覆盖的600毫米厚的1~50千克块石,可以节省原混凝土联锁块上部压护块石结构,降低工程造价,同时排布表面特殊的织物纤维可增加表面摩阻力,将底层悬移质更多地留存在排布表面,为水栖物体提供更好的生存环境,可极大增加生态环保效果。工程采用的在砂肋间固定球形带营养土植物包的技术更是加快了生态修复的速度,部分地实现了对于工程环境破坏的生态补偿。

③应用情况。

新型砂肋排应用于福姜沙整治工程 FL3 丁坝,应用面积约 5576 平方米。下面的图 13-5-90和图 13-5-91 是新型砂肋余排结构建成后及建成经历 1 个大潮讯后的照片。

图 13-5-90　新型砂肋护滩结构完工效果图

图 13-5-91　新型砂肋护滩结构一年后效果图

（2）空间体生态排结构

①结构形式。

空间体生态排结构的排布与常规混凝土联锁块软体排相同,采用 150 克/平方米无纺布与 350 克/平方米长丝机织布复合。其压载块体外轮廓尺寸为 60 厘米×60 厘米×40 厘米(长×宽×高)的空间体结构形式,由顶板、底板和四柱组成。顶板厚度为 8 厘米;底板厚度为 10 厘米,并在中部预留 4 个 $\phi 120$ 毫米的圆形孔;顶板与底板之间采用柱形结构在四角连接,柱截面为方形,截面尺寸为 8 厘米×8 厘米。空间体压载采用 $\phi 14$ 毫米三股丙纶绳按 6×6 排列的方式连成一个单元,再绑扎在土工织物排布上,见图 13-5-92。

②生态功能。

空间体生态排结构考虑采用常规土工织物,以保证结构的保沙性能,压载结构体中空,底面透空,以顶面屏蔽水流或挑流消能,营造复杂多样的流态,为鱼、虾、蟹等水生物提供生存、栖息、繁衍及庇护的空间,同时,可减缓底层流速、形成新沉积物而恢复底栖生态。

图 13-5-92　空间体生态排

③应用情况。

空间体生态排结构应用于福姜沙 SL4 丁坝下游侧(北侧)余排范围。铺设面积约21800 平方米。针对生态护底结构试验段开展了三次生态监测,监测数据表明,空间体营造了新的生境,短期内即形成了一定的沉积物和底栖生物,基本达到了本研究预期的生态环境重建目标。

(3)十字块压护结构和大网格土工格栅联用

在一期工程狼山沙高滩存有数块面积较大、挺水植物茂盛的区块,经测量,狼山沙高滩绿地约 100 万毫米。根据工程的平面布置,整治建筑物需穿过原有绿地,工程方案为在滩面上铺设软体排后采用压排石压护,原有绿地受工程影响的区域约 1.5 万平方米。为保护原有绿地不被破坏,提出铺设大网格土工格栅软体排保护滩面,再采用十字块对格栅软体排进行压护的方案,为原有植物留出了生长空间,高滩边缘铺设工程软体排与滩面土工格栅软体排牢固搭接,形成护坡,达到即保护高滩边缘不再因冲刷而后退,又保护滩面高程不再因冲刷而降低,滩面原有的植物在施工后恢复生长,实现生态保护的研究目标。

①结构形式。

该结构采用了网格尺度 10 厘米×10 厘米的大网格土工格栅,格栅材质采用聚酯,其高分子性能可以抵抗紫外线辐射造成的老化,尽量延长使用期,给促淤和植物根系的发展留有一定的时间。对格栅的压护选择十字块并将每块重量控制为 25kg 左右,利于人工施工。十字压护块中间可形成 38 厘米网格,供植物生长。压护块体的实体肋尺度为 120 毫米×120 毫米,框格尺度为 380 毫米×380 毫米。实体肋端部做成斜边,可在块体发生错动时起到咬合作用。为加强十字块与格栅的连接,十字块上留出绳索孔,与格栅采用绳索连接。

②生态功能。

在一期工程狼山沙高滩存有数块面积较大、挺水植物茂盛的区块,经测量,狼山沙高滩绿地约 100 万毫米。为保护原有绿地不被破坏，采用铺设大网格土工格栅软体排保护滩面，再用十字块对格栅软体排进行压护的方案，可为原有植物留出了生长空间，高滩边缘铺设工程软体排与滩面土工格栅软体排牢固搭接，形成护坡，达到即保护高滩边缘不再因冲刷而后退，又保护滩面高程不再因冲刷而降低，滩面原有的植物在施工后恢复生长，实现生态保护的目标。

③应用情况。

一期工程生态保护区施工半年后及 1 年后的照片（图 13-5-93）。可以看出对原有绿地范围内的护滩工程生态效果明显，在工程完成一年后恢复了原有植物的生长，保护了原有的高滩生态绿地。

a)施工半年后的生态保护区　　　　　　b)一年后的生态保护区

图 13-5-93　十字块压护结构和大网格土工格栅实施效果

2. 生态堤身结构

（1）梯形空心构件

①结构设计。

梯形空心构件顶宽 2.0 米，底宽 6 米，下部为 1.5 米直线段，壁厚 600 毫米，单个构件长 5 米，重约 159 吨。结构两侧设 5 米宽护肩，护肩块石采用 200～300 千克块石。梯形空心构件下部为 1～200 千克的抛石基床，抛石基床的最小厚度为 1.5 米。抛石基床下采用砂肋软体排护底，砂肋间距 1 米。两侧抛石护脚宽 5 米，采用 100～200 千克块石，厚 1.5 米。抛石护脚外余排采用混凝土联锁块体软体排护底，排边压护联锁块加厚，参见图 13-5-94。

②生态功能。

该生态整治建筑物结构形式的特点是具有透水作用，可改变了工程区域上升流、背涡流流场结构，从而改善水生生物的诱饵场、产卵场和避难所，同时坝体结构本身也可以成为水生生物的栖息地。

③应用情况。

仪征水道建筑物功能主要为导流及固砂、稳住砂头、塑造有利的滩槽形态，结合地质和水流特点分析,宜选择对水流流态影响较小梯形空心构件混合堤和抛石斜坡堤的组合方案,堤身高度大于7米的区段,采用梯形空心构件混合堤,堤高小于7米的区段,采用抛石斜坡堤。最终选取世业洲右缘3道丁坝中下游Y2号、Y3号两道丁坝,作为生态堤身试验段,分别位于Y2号和Y3号丁坝中间区段,长度分别为300米和110米。

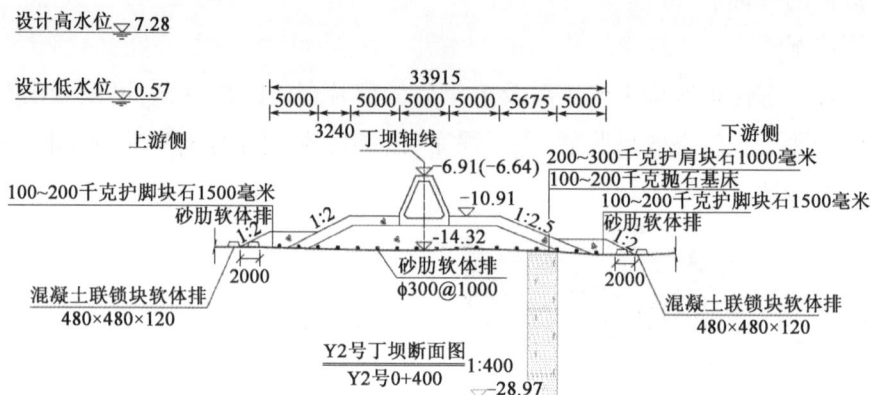

图13-5-94　梯形空心构件断面图(尺寸单位:mm;水位单位:m;高程单位:m)

针对生态堤身结构试验段开展了三次生态监测,监测数据表明,新型生态堤身结构一定程度上能为底栖生物、鱼类等提供栖息和庇护场所,增加底栖动物的多样性和鱼类的丰富度。通过生物完整性分析,新型生态堤身结构周围的河流健康状态相对传统丁坝较好,说明与抛石丁坝相比,新型生态堤身丁坝的健康状态较好。

(2)异形网箱生态堤

①结构形式。

本工程采用的网箱由矽胶高耐久PE涂塑合金钢丝制成,外形尺寸为:长×宽×高=4000毫米×1000毫米×1000毫米,沿4米方向平均分为4个隔仓。网箱强度及耐久性均能满足工程要求。设计中对标准网箱结构进行了优化:在每个隔仓内采用两或五片1100毫米×950毫米的镀锌电焊网片形成V形和M形拼接,网片内装入10～30千克块石。V形网片支撑轴与网箱长边垂直布置,作为缓流堤;M形网片支撑轴与网箱长边平行布置,作为阻流堤。由于V(M)形块石区域只能在一个方向形成阻流断面,因此根据潜堤、丁坝的受流特点,确定:在垂直于潜堤轴线方向每隔5米设置一道缓流堤,每隔15米布置一道阻流堤,平行于堤轴线方向布置11道缓流堤,2道阻水堤;在平行于丁坝轴线方向布置4道阻水堤,6道缓流堤;垂直于堤轴线方向布置1～2道阻水堤。采用这种间隔排列网箱堤的设计(图13-5-95)即满足了整治建筑的阻流改善流场的功能性要求,又留下了充足的植物生长空间,同时由于V(M)形网箱块石并不占用植物生长土壤,几乎保留了全部生态区的植物,实现了生态效益的最大化。

图 13-5-95　异形网箱生态堤现场布置

②生态功能。

丁坝根部多处于芦苇与树木的原生绿地区域。采用异形网箱生态堤接岸,可以让植物从网箱块石缝隙中生长,因而网箱块石本身具有一定的生态性能;同时,网箱堤采用间隔布置,网箱块石堤所占据的地表面积比传统抛石堤少,也就意味着遭到破坏的植被少,也体现了这种结构的生态性。

③应用情况。

异型网箱生态堤分别应用福姜沙 FL1、FL2、FL3 丁坝和落成洲头部潜堤、LL3、LL5 丁坝,总长度约 830 米(图 13-5-96)。其首要功能是缓流、促淤、保滩,根据施工单位提供的落成洲头部潜堤淤泥厚度数据分析显示:落成洲头部潜堤网箱堤段内的平均淤积深度 16.7 厘米,无冲深区域。说明落成洲生态网箱结构充分发挥出了缓流促淤的功能,异型网箱生态堤能够满足整治建筑物的功能要求。

图 13-5-96　异形网箱生态堤实施效果

异型网箱块石使堤身范围内的原生植物得到了保护,使生态保护率提高到了 87% 以上(生态保护率 = 保留的植物面积/生态区总面积),基本实现了对生态区植物的全保护。生态区范围内堤身及排体范围内的植被均生长茂盛,异型网箱堤形态完好,工程结构与生态环境融为一体,生态效果显著。

（3）高强充砂管袋堤

①结构形式。

高强土工管袋堤顶宽度为 20 米,沿堤轴线长 50 米,20 米宽度范围由 5 组管袋组成,单个管带高 1.0 米,宽 4.5 米。高强充砂管袋下采用砂肋软体排结构护底,余排采用新型砂肋软体排。在新型砂肋软体排区域进行了相应的生态修复试验,即在砂肋间安装了一定数量的植物包,见图 13-5-97 和图 13-5-98。

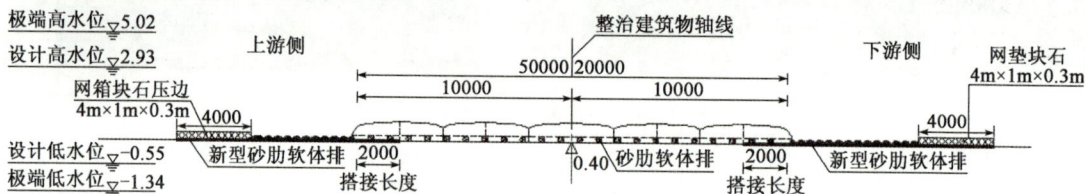

图 13-5-97　高强充砂管袋堤断面图(尺寸单位:mm;高程单位:m)

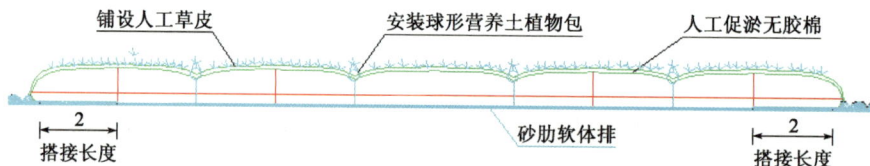

图 13-5-98　高强充砂管袋堤生态设计图(尺寸单位:m)

②生态功能。

高强土工管袋堤为非硬质结构,通过在堤身表面铺设人工草皮和营养土植物包,有利于植物的生长和各类生物的栖息,提高了结构的生态功能。

③应用情况。

高强充砂管袋堤应用于双涧沙南侧的 SR5 丁坝,以及福姜沙左缘 FL3 丁坝,长共计约 370 米。通过检测水下丁坝 SR5 管袋堤的堤身施工质量良好,厚度、轴线偏差、尺寸等均满足相关的规范或设计要求,高强充砂管袋裸袋堤基本满足使用要求,成型后的堤身稳定,不易被冲刷。相较于传统的抛石斜坡堤,管袋堤的施工效率更高。

3. 生态型护岸结构

以往人们在河道护岸设计和施工过程中多数情况下只考虑护岸工程的安全性和耐久性,多采用干砌块石、浆砌块石、现浇混凝土或预制块等材料修筑硬质护岸,隔断了水生生态系统与陆地生态系统之间的联系,导致河流失去原本完整的结构以及作为生态廊道的功能,进而影响到整个生态系统的稳定,不利于生态环境的保护和水土保持。在二期工程中研发了具有护坡基础功能,又具有自然、生态、景观及兼顾航道水质改善的护岸结构,为生态护岸结构在长江航道整治中的应用积累了经验。

（1）格状石笼 + 三维快速植生垫的生态护岸

①研发过程。

格状格宾石笼护坡结构，其自下而上分别为覆土(掺芦苇根系)350 毫米、三维快速植生垫和格状格宾石笼 400 毫米。格宾石笼顺岸线方向长度 32 米，垂直岸线方向长度 5.2 米。平行及垂直于水流方向设置格宾肋，肋中填充石料，肋高 0.4 米，沿岸肋间距 2.3 米，垂直岸向肋间距 2.3 米。坡顶、坡底采用块石压载，坡顶块石底宽 2.0 米、高 1.0 米，坡底块石压载宽度约 1.8 ~ 5.4 米，厚 0.6 米，见图 13-5-99。

图 13-5-99　现场喷射草籽

②生态功能。

状石笼 + 三维快速植生垫的生态护岸，维系了水生生态系统与陆地生态系统之间的联系，保留了河流及作为生态廊道的功能。具有护坡基础功能的同时，又具有自然、生态、景观及兼顾航道水质改善的功能。

③应用情况。

格状石笼 + 三维快速植生垫的生态护岸应用于在鳗鱼沙右汊右岸，试验面积约 150 平方米。施工 2 周后，部分植物已经格宾内长出，且已有部分淤泥淤积。施工 1 年后，近岸侧格宾内已长出较多芦苇以及其他植物，格宾内有 10 ~ 15 厘米的淤积，参见图 13-5-100。

图 13-5-100　格状石笼 + 三维快速植生垫实施效果

（2）立体网状构件生态护岸

①研发过程。

立体网状结构构件由外框构件和内十字构件两部分组成（图 13-5-101），外框构件平面形状为正方形，内十字构件包含四块翼板，外框构件侧壁和内十字构件翼板开孔。其材质采用陶粒混凝土，可以有效减轻构件质量，更加便利施工。立体网状构件通过相互之间两个方向凹凸镶嵌即可形成一个平面三维空间结构。外框构件平面形状为正方形，外轮廓尺寸 550 毫米×550 毫米，内轮廓尺寸 370 毫米×370 毫米，高 250 毫米，侧壁对称开圆孔，圆孔直径 75 毫米，内十字构件四块翼板长 160 毫米，翼板对称开圆孔，圆孔直径 75 毫米，内外构件分别整体预制成型，现场拼装。

图 13-5-101　立体网状结构构件

②生态功能。

生态护坡立体网格结构具有透空率高、消能效果和保土效果好的特点。水流进入立体网状结构后，在格栅内形成顺流向涡流，促进床沙质落淤的同时为植物生长留下的空间。

③应用情况。

立体网状构件试验段布置与鳗鱼沙右槽右岸护岸工程，铺设面积约 1.08 万平方米。网格内有泥沙淤积，并有部分植被生长，见图 13-5-102。

图 13-5-102　立体网状结构实施效果

4.新型消能护滩结构

总结以往航道整治工程中对洲滩和整治建筑物的基础砂体免受冲刷的守护措施,大多是利用护滩或者护底排体自身的重量来维持洲滩或护底的稳定。这种完全被动式的守护,在较高水流条件下,由于水流的脉动性等原因,造成排体边缘或者局部淘刷最终形成严重破坏的情况较为常见。针对现有护滩结构存在的不足,研发能够降低近底流速、具有彼此钩连特性,通过整体稳定实现守护效果的新型护滩结构。

(1)主动式钩连体

①结构形式。

主动式钩连体作为新型护滩结构,最大的优点是构件自身散抛状态下可实现各自钩连,整体性好,构件抛投区域形成孔隙性结构(图13-5-103),能够有效降低近底水流流速,起到防冲促淤的作用。钩连体设计为7边立体结构,该结构在钩吊过程中,无论哪一个角被钩住,下边对应的角相应在最底端。构件材料采用改性塑料,结构形式为边长60厘米、横截面6厘米×6厘米×6厘米的7边立体结构。

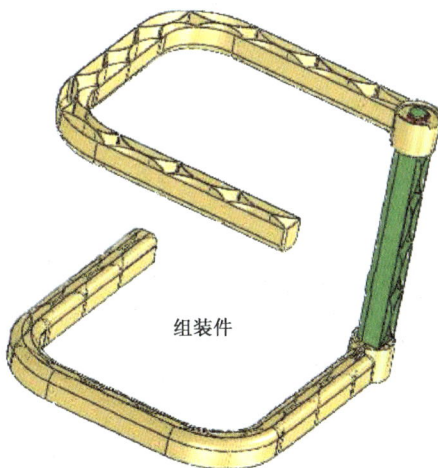

组装件

图13-5-103　钩连体结构示意图

②生态功能。

主动式钩连体抛投区域形成孔隙性结构,能够有效降低近底水流流速,起到防冲促淤的作用。同时采用的改性塑料材质避免了河床的硬质化,可为底栖植物、浮游动物提供良好的生境。

③应用情况。

主动式钩连体结构主要应用于一期工程的白茆沙北堤中部高滩区域,面积约0.8万平方米,和二期工程主动式钩连体应用于仪征水道SR2丁坝根部,抛投面积1.4万平方米。抛投区内部构件勾连效果较好,无明显移位现象,现场抛投厚度一般为0.7~1.2米。

第九卷·重要水工工程

抛投区外侧边缘处的主动式钩连体构件多数采用系绳连接较为牢固,水流作用后仍较为稳定,反映在抛投区边缘廓线无明显变化,见图13-5-104。

图13-5-104　主动式钩连体抛投的勾连情况

现场观测显示,主动式钩连体守护效果良好,防冲促淤效果显著,促淤后,钩连体由于其相互勾连形成了类似植物庞大根系的骨架型结构能起到较好的固滩作用。在白茆沙试验区,抛投施工后摸底测量结果显示,经历一次枯季水文条件和一次洪季水文条件作用后,抛投区内平均淤高了0.48米,且受抛投施工期间抛投区内初始地形影响,抛投区内的淤积幅度南北向差异不明显,见图13-5-105、图13-5-106。

图13-5-105　抛投初期钩连体部淤积情况

通过现场水环境监测与水生态调查,选择主动式钩连体护滩结构试验段、余排＋抛石护滩结构段和无护滩结构段作为对比分析区域,进行为期一年的监测与采样分析,指标主要包括水质、沉积物、底栖生物、浮游动物、浮游植物、附着生物。结果表明:当水流漫滩后,在钩连体结构区域范围内形成了复杂的水流运动态势,泥沙淤积导致了悬浮物浓度增大。钩连体结构所营造的复杂的水体环境,为浮游生物提供了良好的生存环境,同时对底栖生物提供了食物来源。无论是底栖生物、附着生物、浮游动物和浮游植物的生物量,还是用香农-威纳指数表征的生物多样性,都表明钩连体中的生物数量和丰富程度都高于余排＋抛石段,参见图13-5-107。

图 13-5-106　抛投施工后洪季测次抛投区南缘现场

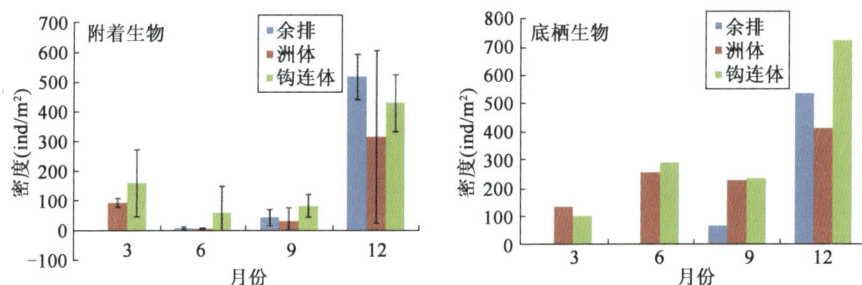

图 13-5-107　各采样区域底栖生物的生物量、密度对比分析

（2）新型透水框架

①结构形式。

新型透水框架设计基于四面六边体透水框架的实际工程经验,参照四面六边体透水框架的作用机理,考虑四面六边透水框架的设计和制作、施工工艺,使新型透水框架既能兼顾四面六边透水框架的优点,同时也能避免其杆件易脱落、钩连性差的缺陷。扭双工字透水框架结构尺寸确定 800 毫米 × 100 毫米 × 100 毫米,内置钢筋直径确定为 8 毫米（图 13-5-108）;混凝土强度等级确定为 C30。

图 13-5-108　扭双工字透水框架三维结构图

②生态功能。

新型透水框架能够有效降低近底水流流速,起到防冲促淤的作用。其透空率高,促淤性好,利于底栖动植物生长有一定的生态功能。

③应用情况。

一期工程中扭双工字型透水框架代替通州沙潜堤超前护底部分,面积约 1.07 万平方米,二期工程中扭双工字型透水框架应用于仪征水道 SR2 丁坝根部,抛投面积 0.68 万平方米;以及和畅洲左汊限流潜坝护底,抛投面积 26 万平方米。

通过侧扫声呐设备获取的图像界定透水框架的边缘,从而分析施工的效果。结果显示,透水框架抛投后的稳定性较好,声呐及多波束测深系统扫测范围内中未发现明显移位的透水框架单体。此外,现场布放于扭双工字形透水框架体上的 0.25 吨重近底水沙观测架,在观测过程中架体姿态始终保持稳定,见图 13-5-109。

图 13-5-109 2013 年 12 月 17 日通州沙试验区地形三维渲染图

针对通州沙试验区开展了水文测验,历次水文测验均表明,水流流经抛投区时上部水层流速无明显变化,但近底的框架顶部水层减速明显,施工后摸底测次、施工后枯季测次和施工后洪季测次的近底涨急流速沿程减速率分别为 32%、25% 和 19%,平均为 25%;施工后摸底测次、施工后枯季测次和施工后洪季测次的落急流速沿程减速率分别为 12%、31% 和 41%,平均为 28%。历经一次枯季水文过程后,试验区域内床面表现为整体淤积态势,床面上最大淤积幅度为 0.6 米,平均为 0.22 米,且深水区(东侧)淤积幅度大于浅水区(西侧)。历经一次洪季水文过程后,试验区域内床面表现为整体冲淤平衡态势,未发生明显冲淤变化,平均淤高幅度为 0.05 米。在经历枯季和洪季水文过程后,抛投区内部整体表现为淤积态势,平均淤高 0.27 米。

(四)长江江豚保护

鉴于工程施工水域涉及长江江豚的重要栖息区域,为确保工程河段长江江豚不受伤害,先后开展了江豚保护技术研究,江豚影响评价及监测、生态补偿、现场保护及基金资助等方式,对工程施工江段的长江江豚进行了全面保护。

1. 江豚保护技术研究

为有效保护长江江豚,在工程建设过程中委托相关单位先后开展了一系列江豚保护技术研究。

(1)施工现场噪声监测及分析

通过对航道整治工程施工过程的观察及水下噪声的测量和记录,了解不同施工工艺的水下声环境变化情况。铺排噪声以低频噪声为主,不在江豚的敏感频率范围,对该声音的感知能力较差,容易误入施工现场。抛石的噪声频率相对较高,尤其是石头落水后与其他石头相互碰撞的声音,此类声音易被江豚感知,从而主动躲避和逃离。施工中伴随的船舶噪声传播距离较远,因此,江豚进入施工现场的概率相对较低。

(2)江豚声反应及行为应急

为了掌握江豚对水下声环境的反应及行为特征,在长江天鹅洲故道水域开展了江豚网箱试验,通过水下喇叭对 3 头江豚进行了船舶噪声回放观察和记录江豚的行为、活动空间及水下发声。试验中的噪声来源于和畅洲右汊的船舶噪声,对比噪声回放前 10 分钟、回放期间 10 分钟、回放后 10 分钟三个时段内江豚的反应,发现江豚在更远离声源的地方出水并减少呼吸频次;短时间、相对较低强度的噪声环境对江豚出水活动的影响是短期和实时的;噪声回放会明显降低江豚的发声频次,干扰其发声行为,而在噪声停止后,其发声行为并不能在短期内恢复到原有水平。基于以上结果,提炼出江豚生物学及听觉能力特征参数,并绘制江豚听觉阈值图,为江豚声学驱赶和诱导提供了重要参考。

(3)声学驱赶技术

基于江豚的声呐信号、低频信号特征,以及声呐信号表观声源、级和听觉阈值等参数,结合施工现场可利用设备、设施的声特征,提出 4 种江豚声学驱赶技术:①船舶噪声驱赶——驱赶船以施工区为中心,速度不超过 10 千米/小时,航行线路呈螺旋形。②击打噪声驱赶——在驱赶船的两舷各安装 1 套钢管排,每套由 4 根钢管组成,外径分别为 27、42、60 和 89 毫米,击打工具为短钢管。警戒时击打节奏为 2~5 赫兹,驱赶时节奏为 5~12 赫兹。③声学驱赶仪驱赶——驱赶仪声信号应超过 10 千赫,低于江豚声信号峰值频率,且略高于其听觉最灵敏。借助浮子和沉子将声学驱赶仪固定在水下 1.5 米,施工点外围 500 米,各驱赶仪间隔 200 米。④气泡帷幕技术——通过水中喷射流形成的气液两相流帷幕,阻止施工噪声在水中传播。将耐压软管铺设于水底形成包围圈,管壁凿直径 1.5 毫米的喷气孔,两端分别连接 1 台空气压缩机,在施工前 15 分钟,启动空压机产生稳定气流,形成水下环形气泡帷幕。

(4)声学诱导技术

声学诱导是一项复杂的、用于快速激发动物定向移动行为的声学过程,包括声源、声传播、声接收、动物移动、目标水域确定等。即利用声音将江豚从一个水域引导到另一个安全水域，通过充足的饵料和适宜的栖息环境将其留在安全水域。长江淡水豚类处于长江食物网营养级的顶端，小型鱼类是其主要食物鱼类资源量的变化是影响其分布、活动和生存繁衍的最主要因素。声学诱导信号选取江豚在捕食条件下的发声以及刚出生幼豚的声信号作为回放声源。结合以上研究成果，编制了《长江中下游航道整治工程施工水域长江江豚声学驱赶（保护）技术规程（试行）》和《大型长江水生动物救助预案》，为工程建设中的江豚保护和救助提供了重要技术参考。

2. 施工现场江豚保护

江豚保护工作的重点区域主要在施工现场，做好施工现场的江豚保护工作对于保护江豚意义重大。为此，各标段项目部均成立江豚保护救助领导小组和工作小组，设立江豚保护宣传牌，统一负责并开展施工期间的江豚保护工作。建立健全江豚保护制度，先后编制了《施工期江豚保护专项方案》《江豚保护及救助专项应急预案》，定期开展江豚救助应急演练，加强监督检查，确保制度的贯彻落实。合理安排施工时间，避开每年4~9月的江豚繁殖期。聘请江豚研究领域专家为项目部江豚保护顾问，接受其相关意见和建议。邀请江豚研究领域专家对现场施工人员进行江豚保护知识的宣传和培训，以提高现场施工人员的江豚保护意识，并掌握江豚保护及受伤急救和环境保护等相关知识。紧密联系江豚保护专业机构，及时获得和提供江豚活动、搁浅受伤、救护信息等。聘请专业人员指导江豚观测，一旦发现江豚出没，视具体情况采取暂停施工或利用船舶噪声善意驱赶，避免意外事故发生，并立即向主管部门报告，保护每一头江豚。

3. 豚类保护区生态补偿及修复

在工程可行性研究阶段，鉴于二期工程和畅洲整治工程可能对镇江长江豚类省级自然保护区内的江豚生活产生一定的不利影响，二期工程环境影响报告书中提出了对镇江豚类省级自然保护区进行补偿的意见。根据交通运输部批复的初步设计和工程概算，二期工程计列了长江江豚专项补偿经费。为此，指挥部主动与江苏省海洋与渔业局及镇江长江豚类省级自然保护区管理处沟通协商，确定了镇江长江豚类自然保护区补偿经费。在工程开工之初，指挥部与镇江豚类省级自然保护区管理处签订了江豚补偿协议，共投入3090万元用于江豚救助基地建设、水生生态修复、生态监测和江豚救助及保护宣传四个方面的补偿工作。

江豚等水生生物的保护是一项长期的工作，需要长期、多方面筹措资金，并集中管理和统一使用资金，以提高资金的使用效率。根据江苏省人民政府批准实施的《江苏省长江江豚保护行动计划（2016—2025年）》，江苏省将开展水生态环境及江豚等水生生物调查，建设江豚等水生动物监视救护站，推动长江捕捞渔民整体退渔，推进江豚迁地保护规划和建设,建立江豚保护专项基金,加大江豚人工繁育技术攻关力度,有效遏制资源的过度开发和利用。指挥部积极配合江苏省人民政府实施江豚保护行动计划,并按照环境影响报告书及环评批复要求,计列了江豚保护专项基金2000万元,用于江苏省长江江豚保护的长期资金来源。

4. 江豚影响评价及监测

(1)江豚影响评价专题研究

由于和畅洲左汊位于镇江长江豚类省级自然保护区,生态环境十分敏感,为评价工程建设可能对江豚的影响,在工程可行性研究阶段,指挥部就以专题的形式委托中国水产科学研究院淡水渔业研究中心开展了二期工程(和畅洲段)生态和自然保护区影响评价工作。根据环境影响报告书及其批复要求,由于和畅洲左汊位于镇江长江豚类省级自然保护区,生态环境十分敏感,左汊通航的环境影响可行性需进一步研究论证。为此,在二期工程开工之初,围绕和畅洲左汊通航可能对江豚的影响,指挥部又以专题的形式委托中国科学院水生生物研究所开展了二期工程和畅洲左汊船舶通航对江豚影响专题研究。以上研究为工程河段江豚保护工作奠定了基础。

(2)全河段江豚监测

长江江苏段作为长江江豚的重要栖息区域,为进一步加强江豚保护工作,全面评价工程建设可能对长江江豚造成的影响,更好地保护长江江豚,在前期专题研究的基础上,指挥部委托中国科学院水生生物研究所开展了二期工程全河段江豚声学保护相关研究工作,将专题研究阶段获得的声学监测技术推广到工程全河段,并结合二期工程施工前全河段江豚监测的历史资料,综合评价二期工程建设可能对江豚造成的影响,并在此基础上提出相应的保护建议和措施。

(五)生态环境监测与效果

1. 生态环境监测

(1)环境监测

工程环评阶段,委托上海中特检测技术有限公司开展了工程河段环境本底监测,共布设14个水质监测断面、4个环境空气监测点、12个声环境监测点及13个航道底泥监测点,对工程建设前工程河段的水环境、环境空气、声环境和底质环境进行了全面监测,获得了工程实施前的环境本底数据。

工程施工及试运行阶段,委托交通运输部长江航务管理局环境监测中心站开展了施工期及试运行期环境现状监测,监测点位布设基本与环评阶段保持一致,以便于将工程施工期、试运行期的环境状况和环评时期对比。共布设19个水环境监测断面、8个水源保护区监测点、6个抛泥区水环境监测断面、4个环境空气监测点、8个声环境监测点、15个航道底泥监测点,对工程施工过程的环境影响进行了系统监测,全面评估了工程建设对工程河段环境的影响。

(2)水生态监测

工程环评阶段,先后委托中国水产科学研究院东海水产研究所和中国水产科学研究院淡水渔业研究中心开展了工程河段水生态本底调查,其中,中国水产科学研究院东海水产研究所共布设45个水生生物监测点、17个渔业资源监测点,中国水产科学研究院淡水渔业研究中心共布设74个水生生物监测点、6个渔业资源监测点,获得了工程实施前的水生态本底数据。

工程施工及试运行阶段,同步委托交通运输部长江航务管理局环境监测中心站和中国水产科学研究院淡水渔业研究中心开展了施工期及试运行期水生态现状调查,调查点位布设基本与环评阶段保持一致,以便于将工程施工期、试运行期的水生态情况和环评时期对比。其中,交通运输部长江航务管理局环境监测中心站共布设了45个水生生物监测点、17个渔业资源监测点,中国水产科学研究院淡水渔业研究中心共布设80个水生生物监测点、10个渔业资源监测点,全面评估了工程建设对工程河段水生态的影响。

2.环境保护效果

(1)生态环境

①水生生态调查结果表明,工程施工活动对浮游植物、浮游动物、底栖生物群落结构、生物量及密度没有产生明显不利影响,且施工期影响是暂时的,随着施工结束工程投入试运行,施工期影响会逐步消失,工程施工水域水生生态将逐步恢复至前期水平。

浮游生物与底栖动物群落的变化受到水文条件、调查方式、调查时间等不同因素的综合影响,本工程施工在局部小范围内引起浮游生物与底栖动物及其栖息地环境条件的改变,但随施工断面工程的结束,其影响作用表现出减缓的趋势。从本次调查结果看,工程采取了相应的生态保护措施,减缓了工程建设给水生生态带来的负面影响。

②施工期早期资源种类数明显高于环评期,试运行期种类数低于施工期但高于环评期;仪征水道、和畅洲水道试运行期早期资源密度高于施工期和环评期,口岸直水道、福姜沙水道试运行期密度接近或高于环评期。早期资源变化与鱼类繁殖习性、调查时间及调查方法有关。施工期、试运行期早期资源主要为鳘及贝氏鳘,优势种类基本一致,显示了早期资源种群较为稳定。

施工期鱼类种类数高于环评期,也高于试运行期,试运行期鱼类种类数与环评期持平。鱼类资源调查的水域较大,影响因素较多,而本工程施工范围有限,涉水施工工程量不大、时间短,对鱼类资源的影响是局部的。

渔业资源调查结果表明,工程施工活动对鱼类群落结构、生物量及密度没有产生明显不利影响,且施工期影响是暂时的,随着施工结束工程投入试运行,施工期影响会逐步消失,工程施工水域水生生态将逐步恢复至前期水平。

③声学监测结果表明,江豚在和畅洲水域有较高的监测概率,同时江豚声呐信号监测率有明显的季节及昼夜节律。根据定点被动声学监测对4处工程江段长江江豚声呐的监测结果,长江江豚的声呐信号在所有监测地点均被监测到,长江江豚的声呐信号监测率存在显著的昼夜节律,也存在显著的季节性差异。渔民问卷调查结果表明,航道整治过程中长江江豚有回避部分施工水域的情况,整治工程结束后,部分水域又恢复为江豚的活动区域。

④工程所采取的生态保护和补偿措施有效补充了工程江段鱼类资源量;2016～2018年放流的15种增殖放流品种中,以鲢、鳙为例估算资源贡献率,鲢增殖放流对鲢资源贡献率约7.14%,鳙增殖放流对鳙资源贡献率约为4.26%,增殖放流初显成效;增殖放流措施的实施对除去水体中氮磷、消耗水体藻类均产生直接、间接生态效应。

(2)水环境

本工程施工期及试运行期均采取了水污染防治措施。监测结果表明,施工期工程江段、取水口附近水质 SS 月均值波动较大,部分月份 SS 月均值较高,但施工区域、施工区域上游、下游的 SS 无显著性差异;试运行期工程江段、取水口附近水质 SS 月均值较低。说明航道施工未对水环境造成明显不利影响。试运行期部分工程江段(仪征水道、鳗鱼沙水道)及工程附近4处取水口水质存在部分时段 TP 超标现象,这与长江水域富营养化有关。

(3)环境空气

本工程施工期和试运营期采取了有效措施减少对环境空气的污染,试运行期工程附近点位 SO_2、NO_2、PM10、TSP 日均值均符合《环境空气质量标准》(GB 3095—2012)二级标准要求。工程的实施对周边的环境空气影响较小。

(4)声环境

由于工程所在地距离居民区较远,水上作业及航运噪声不会对声敏感区造成影响。施工期采取了合理布置施工场地等噪声污染防治措施,施工期8处测点中昼间有1处测点、夜间有7处测点噪声超出《声环境质量标准》(GB 3096—2008)2类标准限值,超标率在4%～8%,超标原因主要是周边生活噪声影响,本工程对周边环境的影响较小。试运行期各测点均达标。整体来看,环评期、施工期、试运行期各测点的昼、夜等效声级无显著变化。

(5)固体废物

本工程固体废物主要来源于施工期,施工期固体废物均得到了妥善处置,未对周围环境产生不良影响。

（6）风险防范

本工程按照环评批复文件的要求,采取了有效的环境风险防范措施,制定了应急预案,上述措施对于降低工程的环境风险和发生事故时采取应急措施提供了保证,工程施工期及试运营期未发生过环境风险事故。

（7）环境管理

通过现场调查和对相关资料的查阅,本工程在施工期及试运营期比较重视环境保护工作,组建了环境管理机构,制定了施工期环境管理制度,明确了环境管理职责,开展了施工期环境管理培训及环境监理工作,按照环评报告提出的监测计划开展了施工期、试运行期环境监测工作,符合环保管理要求。

（8）公众意见调查

本次验收共发放公众意见调查表253份、团体意见调查表10份,回收率均为100%,均为有效问卷。

99.6%（252人）受调查公众对本工程环境保护工作表示满意或基本满意,0.4%（1人）表示不知道,无不满意意见。

团体意见调查了10团体单位,包括:泰州海事局执法支队、镇江海事局、镇江扬中海事处、镇江大沙海事处、张家港海事局海巡执法支队、靖江市渔政监督支队、镇江市渔政监督大队、江苏镇江长江豚类省级自然保护区管理处、镇江市世业江心供水有限公司、镇江市丹徒区高桥自来水厂,均表示对本工程环境保护工作满意或基本满意。

经走访及咨询工程所在地环保主管部门,工程沿线地方环保主管部门等均表示未接到与本工程相关的群众举报或投诉。

六、长江南京以下12.5米深水航道整治工程整治效果及综合效益

（一）工程治理效果

动态监测和整治建筑物固定断面监测的数据分析显示,整治建筑物稳定性良好,未出现失稳情况;整治建筑物对碍航河段的调整作用已经显现,航道条件正逐步改善,工程治理效果已初步显现。

1.河势变化及滩槽稳定性分析

（1）仪征水道

深水航道二期工程实施前,仪征水道世业洲汊道左汊深槽冲刷发展,世业洲洲头及右缘边滩冲刷后退,右汊进口段深槽略有淤积,河道形态趋于宽浅,滩槽演变向不利于航道稳定的方向发展。仪征水道整治工程主要位于世业洲汊道洲头及左右汊进口处,工程后世业洲汊道总体河势保持稳定,洲头与洲体右缘低滩得以守护,世业洲左汊分流比小幅下

降,右汊水流动力增强,航槽冲刷改善了航道条件。

（2）和畅洲汊道

和畅洲水道分为六圩弯道、和畅洲汊道与大港水道,经过多年治理,总体河势保持稳定。二期工程实施前,左汊为主汊,其分流比达74%~75%,通航右汊分流比不足26%,水动力不足,航道宽度与水深不满足12.5米深水航道建设要求。二期主体工程两道潜坝实施后,总体河势仍保持稳定,潜坝限流效果明显,左汊分流比下降8%~9%,与预期相当,右汊河床持续冲刷,航道条件大幅改善。

（3）口岸直水道

二期工程实施前,落成洲洲头冲刷后退,左汊深泓右偏,导致落成洲左汊三益桥浅滩淤长南压,出现上下深槽交错型浅滩,对左汊航道边界的稳定带来不利影响。2012年建成的落成洲守护工程主要以洲滩守护为目标,工程力度较小,工程建成后落成洲洲头上游侧和右汊进口段仍呈冲刷态势,对左汊航道条件改善的作用不明显。深水航道二期工程实施后,落成洲左汊分流增加,落成洲洲头得以守护,沙体稳定,工程起到了固滩效果。鳗鱼沙心滩得到守护,保持稳定,心滩两侧航槽水深增加,航道条件好转。

（4）福姜沙水道

福姜沙水道呈现"两级分汊、三汊并存"的河势,经大规模的治理,基本控制了河岸边界,整体河势趋于稳定,但双涧沙、福姜沙左缘边滩和靖江边滩等滩体的存在,造成滩槽变化存在较大的空间。双涧沙守护河势控制工程实施后,守护了沙体的完整性,稳定了三汊并存的河势格局,由于工程规模受限,潜堤上游侧沙头及沙头右缘仍呈现冲刷态势,影响航道水深条件的稳定。

深水航道福姜沙水道二期工程对三个滩体实施或强化整治,工程控制了局部河势:福姜沙左缘丁坝的实施守护了边滩,航道边界得到稳定;双涧沙头部潜堤及两侧丁坝加强了沙头和沙体上段的控制力,增强了福北水道浅区的动力,福中水道冲刷超过预期。

（5）通州沙和白茆沙水道

长江南京以下深水航道一期工程施工前,狼山沙左缘持续冲刷后退,白茆沙头部和拟建南堤下段冲刷。工程后,通州沙~白茆沙河段河床自然演变规律并没有发生根本性改变,滩槽格局基本稳定,控制了狼山沙左缘和白茆沙冲刷后退的态势,滩面得到有效保护,航道浅段动力增强,通州沙东水道、狼山沙东水道、白茆沙南水道河槽冲刷,达到了"固滩、稳槽、导流、增深"的整治目标。

2.航道水深及航行条件分析

（1）仪征水道

①航道浅段变化情况:

仪征水道工程开工前,世业洲头部及右缘低滩大幅冲刷,导致世业洲右汊进口段主流及深槽左偏,右汊中段马家港一带 12.5 米深槽交错,12.5 米等深线断开。随着整治建筑物工程逐步实施完成,工程效果逐步发挥及疏浚效果,右汊航槽自上而下逐步发展,2017年 11 月 12.5 米等深线恢复贯通,最小航宽可维持在 260 米左右,在马家港一带河心存在水深不足 12.5 米的心滩;2018 年 2 月,世业洲右汊上段继续冲刷发展,心滩几近消失,右侧深槽最小宽度可达 600 米,最小水深 12.6 米。

②航行条件变化:

工程前,仪征右汊航道除分流口附近横流较大,约 0.6 米/秒,其余段横流均在 0.3 米/秒以内;二期工程实施后,航道沿程横流呈减小趋势,最大横流约 0.54 米/秒,仍位于分流口附近,流压角也有所减小,最大减幅约 2.4°,航行条件有所改善。

(2)和畅洲水道

①航道浅段变化情况:

二期工程实施前,和畅洲水道航道水深不足 12.5 米的浅段主要有两处,一是在谏壁附近,另一处位于仲家村~祝家村段。2015 年 5 月(二期工程实施前),谏壁附近浅段长度为 1660 米,最浅水深 11.5 米,航道最窄宽度 199 米;仲家村~祝家村段浅段长度 880 米,最浅水深 12.1 米,航道最窄宽度 206 米。随着和畅洲右汊分流比增加及征润洲尾部切滩、右汊内局部区域疏浚工程实施,和畅洲右汊 12.5 米等深线有不同程度的展宽,谏壁河口一带靠和畅洲右缘侧 12.5 米等深线后退 70~110 米,12.5 米航槽宽度在 300 米以上;仲家村~祝家村一带靠和畅洲右缘侧 12.5 米,等深线后退 10~70 米,12.5 米航槽宽度在 250 米以上。两处航道内,目前已无浅段存在。

②航行条件变化:

工程前,和畅洲右汊航道在汊道分流口与汇流口附近横流较大,其中分流口处横流可达 1.45 米/秒,汇流口处横流可达 0.63 米/秒,此外一颗洲附近航道横流约 0.4 米/秒,其余段横流在 0.3 米/秒以内;二期工程实施后,航道沿程横流总体呈减小趋势,最大横流约 1.3 米/秒,流压角也呈减小态势,最大减幅可达 5.7°,航行条件有所改善。

(3)口岸直水道

①航道浅段变化情况:

二期工程实施前,三益桥浅滩向右侧深槽淤长加之沙尾淤积下延,在落成洲左汊航道内形成水深不足 12.5 米的浅段。2015 年 5 月,落成洲左汊三益桥段浅段长度为 2980 米,最浅水深 11.3 米,航道最窄宽度 206 米;二期工程实施以后,落成洲左汊三江营对开航道内水流动力增强,三益桥沙尾冲刷上提,航道内浅段消除,但 2016 年、2017 年洪季长江来水较大,三益桥边滩右缘仍持续向深槽淤长,2017 年 8 月,该段航道浅段长度达到 3223 米,最浅水深 9.2 米,航道最窄宽度不足 10 米,经后续疏浚,目前浅段范围已有明显减小,浅段长度为 590 米,最浅水深 12.2 米,航道最窄宽度 434 米。

在落成洲左缘边滩尾部,受边滩沙尾淤积下延的影响,航道内局部存在浅段,目前浅段长度为 345 米,最浅水深 11.8 米,航道最窄宽度 478 米。

高港边滩幸福闸对开航道内局部存在水深不足 12.5 米的浅段,经过疏浚工程,航道水深条件有所改善,目前该段航道浅段长度为 861 米,最浅水深 12.4 米,航道最窄宽度 400 米。

鳗鱼沙左汉水深条件良好,仅进口处,心滩左缘靠近航道边线,局部 12.5 米等深线进入航道形成浅段,经过疏浚,该段航道已无浅段存在,水深条件维持较好。

鳗鱼沙右汉下段团结港附近受心滩淤积影响,航道内形成水深不足 12.5 米的浅段,在 2017 年洪季,浅段长度可达 2555 米,最浅水深 11.6 米,航道最窄宽度在 10 米左右,经过疏浚,该段航道目前已无浅段存在。

②航行条件变化:

工程前,落成洲航道最大横流约 0.36 米/秒,位于嘶马弯道附近,其余段横流均在 0.3 米/秒以内;二期工程实施后,航道沿程横流总体有所增大,最大横流约 0.44 米/秒,流压角变幅在 −1.4°～5.9°,航行条件略有变差。2018 年考虑落成洲段通航环境,对嘶马弯道及三益桥边滩对开航道进行加宽,航道航行条件能够得到保证。

工程前,鳗鱼沙左右汉航道沿程横流均在 0.3 米/秒以内,横流最大处位于鳗鱼沙左汉进口与右汉上段板沙圩子附近;二期工程实施后,鳗鱼沙两汉航道沿程横流有增有减,仍在 0.3 米/秒以内,流压角变幅在 −2.6°～3.7°,航行条件略有改善。

(4)福姜沙水道

①航道浅段变化情况:

在福姜沙洲前段～福姜沙左汉,由于靖江边滩滩面上冲下淤,在边滩中段 12.5 米等深线持续淤长南压,形成凸肚,局部 12.5 米等深线进入航道形成水深不足 12.5 米的浅段。在深水航道建设时期,航道内浅段长度最大可达 1760 米,最浅水深 10.3 米,航道内满足水深要求的最窄宽度为 590 米(2017 年 8 月),此后,经过维护疏浚,航道内浅段长度减小至 596 米,最浅水深 11.8 米,航道最窄宽度 723 米,目前该段航道仍需维护疏浚。

二期工程实施前,在福姜沙左缘边滩头部由于局部淤积的影响,拟建 FL1 丁坝坝头附近 12.5 米等深线向北淤长,进入拟建航道,形成浅段。根据 2015 年 5 月地形测图,在拟建航道内水深不足 12.5 米的浅段长度为 497 米,最浅水深 12.3 米,航道最窄宽度为 576 米。此后边滩头部仍有淤长,至 2016 年 2 月,航道内浅段长度增加至 2314 米,最浅水深 11.7 米,航道最窄宽度仅 291 米。FL1 丁坝完工以后,丁坝坝头附近有所冲刷,12.5 米等深线后退,航道内浅段逐渐消除,目前该段航道水深条件维持良好,无须维护疏浚。

二期工程实施前,在福姜沙沙尾左缘,受福中水道和福南水道汇流影响,沙体淤积,12.5 米等深线向北淤长,进入福中水道的拟建航道内,形成浅段。2015 年 5 月,福中水道拟建航道内水深不足12.5米的长度为1972米,最浅水深为9.8米,航道最窄宽度172米;由于福中水道进口呈持续冲刷态势,航道水深条件持续得到改善,自2016年8月起,航道内已无水深小于12.5米的浅段存在。目前,该段航道水深条件维持较好,无须维护疏浚。

浏海沙水道槽阔水深,航道水深条件总体较好,但在太字圩港附近,受边滩局部向北淤长的影响,12.5米等深线进入航道内,形成浅段。自2015年8月起,已出现边滩进入拟建航道的现象,航道内水深不足12.5米的长度也为51米,最浅处水深为12.3米,航道最窄宽度为491米,此后航道内浅段范围有所增加。目前该段航道内,浅段长度为1363米,最浅水深12.3米,航道最窄宽度484米,该段航道仍需维护疏浚。

在民主沙沙尾处,由于浏海沙水道与如皋中汊汇流处形成12.5米以浅沙体,该沙体淤积下移,进入拟建航道内形成水深不足12.5米的浅段。二期工程实施前,该段航道内水深不足12.5米的浅段长度为2558米,最浅水深11.6米,航道最窄宽度374米。此后,民主沙沙尾冲刷上提,加之航道内疏浚工程的实施,航道水深条件逐渐转好,浅段长度持续减小,自2017年11月起,航道内已无浅段存在。目前,该段航道水深条件维持较好,无需维护疏浚。

在南通水道,航道水深条件总体较好,但由于沪通大桥桥墩建设,航道内出现12.5米以浅沙体并形成浅段,2015年5月拟建航道内水深不足12.5米的长度为1947米,最浅水深为10.6米,航道最窄宽度仅44米。随着12.5米以浅沙体在航道内过境,受此影响,航道一度中断,过境以后,航道水深恢复,加之疏浚作用,浅段逐渐消除。目前,该段航道水深条件良好,无需维护疏浚。

在福北水道进口段受靖江边滩切割沙体下移的影响,拟建航道内存在水深不足12.5米的浅段,航道受此影响一度中断。2017年8月,福北水道进口段浅段长度达5862米,最浅水深9.0米。自2017年11月起,二期工程的后续疏浚开始实施,经过疏浚,进口段12.5米深槽贯通,航道水深条件得到一定改善。目前该段航道浅段长度为4580米,最浅水深10.7米,航道最窄宽度146米,航道维护疏浚压力仍较大。在福北水道弯顶段,上一轮靖江边滩沙尾切割沙体持续下移,航道水深条件逐渐恢复,加之后续疏浚的实施,航道水深条件进一步好转,目前航道浅段长度为3255米,最浅水深11.9米,航道最窄宽度220米。在弯顶段下游如皋港对开处由于淤积,航道内出现浅段,目前浅段长度为2295米,浅段水深12.0米,航道最窄宽度236米,仍需维护疏浚。

在如皋中汊下段,由于航道平面调整,长青沙右缘边滩局部进入航道内形成水深小于12.5米的浅段,经过后续疏浚,目前该段航道内已无浅段存在,水深条件维持较好。

②航行条件变化:

工程前,福北航道沿程横流均在0.3米/秒以内,最大横流出现在如皋港及安宁港附近;二期工程实施后,原先横流较大区段横流均有所下降,丹华港~焦港段受丁坝束流流速增加,横流相应略有增加(横流在 0.2 米/秒以内)。总体来看,福北航道沿程横流以减小为主,流压角也有所减小,最大减小幅度约 6.8°,福北航行条件有所改善。

工程前,福中航道沿程最大横流约 0.33 米/秒,位于 FL4 丁坝坝根对开处,其余段横流基本在 0.2 米/秒以内;二期工程实施后,航道沿程横流有增有减,最大横流约 0.35 米/秒,仍位于 FL4 丁坝对开处。总体来看,福中航道沿程横流变化不大,流压角有所减小,最大减小幅度约 7.0°,福中航行条件有所改善。

(5)通州沙~白茆沙河段

①航道浅段变化情况:

一期工程实施前(2012 年 7 月),航道内水深不足 12.5 米的区域位于通州沙东北侧 12.5 米以浅沙体尾部、南农闸~汇丰码头之间的裤子港沙右缘及尾部、白茆小沙尾部、白茆沙右缘沙体等部位,航道内最浅水深为 8.8 米,位于南农闸对开 H15 单元。

一期工程实施后,在河床自然冲刷下,通州沙东北侧 12.5 米以浅沙体尾部已无水深不足 12.5 米的浅段,基建疏浚实施后白茆小沙尾部、白茆沙右缘沙体也基本不需维护。2015 年 8 月,受河床自然演变和沪通长江大桥建设的双重影响,一期工程航道上端点最浅水深为 10.5 米(32 号浮附近 H1 单元),航道维护量较大。由于今年洪季长江来水量较大,底沙运动规模大、沙体移动速度较快,受裤子港沙尾部淤长南压的影响,裤子港沙右缘和尾部航道维护量大,最小水深仅 11.5 米。

总的来说,一期工程实施以来,深水航道所在的通州沙东水道、狼山沙东水道、白茆沙南水道河槽冲刷,河槽容积增加,工程河段 12.5 米深槽宽度整体呈增加态势,航道水深条件变好,特别是工程前航道浅段所在的 12.5 米深槽宽度增加,航道内平均水深和最浅点水深增加,航道整治效果十分明显。但裤子港沙尾部仍呈淤长南压态势,附近区段航道维护量较大。

②航行条件变化:

一期工程实施前,工程河段 10.5 米深水航道维护尺度为 10.5 米×500 米×1050 米(水深×航宽×转弯半径),受河槽自然条件的影响,航道转弯半径较小,局部航段横流较大,船舶操纵难度较大。

一期工程实施后,航路总体适应《长江江苏段船舶定线制规定(2013)》,符合航行习惯,12.5 米深水航道维护尺度提高为 12.5 米×500 米×1500 米,航道水深增加 2 米,航道最小有效宽度为 500 米。在保持现行航路的基础上,一期工程航道尽可能减少航道转角度数,保持航道轴线平顺,同时尽可能增加航道边线与现有码头、整治建筑物之间安全距离;航道最小转弯半径增加至 1500 米,以保证船舶在深水航道内航行顺畅,提高航行安全。局部航段航道宽度和转弯段的航道平面布置优化,一定程度减小了船舶操控难度,使船舶航行更加顺畅。

根据数模计算的航道内水流流向与航道轴线夹角变化分析,一期工程实施后,航道沿程采样点水流流向与航道轴线夹角有增有减,除丁坝附近个别采样点流向变化较大,整体上水流与航道轴线夹角呈减小趋势,洪、枯季夹角减小幅度在2°以内。

一期工程实施后,整治建筑物起到了较好的导流作用,水流涨、落急流向与航道轴线夹角有所减小。航道内水流流向的变化与原数模预测结果一致,航道内航行条件有所改善。

3.航道整治目标的实现

长江南京以下12.5米深水航道建设工程按照建设航道关键控制性工程与疏浚工程相结合的治理思路,对白茆沙、通州沙、福姜沙、口岸直、和畅洲和仪征水道等分汊河段实施整治工程措施,以稳定局部河势、改善航道边界条件,并辅以疏浚措施,实现深水航道建设目标。

工程实施后,航通尺度满足设计要求,河段河势格局基本稳定,整治建筑物掩护范围内滩面淤积,护滩效果显著,稳定了河势和河床边界条件。通航汊道分流比有所增加,航道浅段流场改善,航道所在的深槽冲刷,航道水深条件逐步改善。沿程局部滩槽有一定程度变化,总体趋势符合预期,航道整治效果逐步显现。

工程建设过程中遵循"生态优先、绿色发展"理念,创新研发了生态护底、护滩、护岸和堤身等生态结构,建成了绿色航道建设样板工程,生态环境效果良好,具有广泛的运用前景和推广价值。

4.航道整治效果可持续性

（1）长江南京以下工程河段航道条件发展趋势

二期工程于2018年5月交工,目前处于试运行阶段,工程效果初步体现,指挥部组织开展了专题研究,构建数学模型,采用90系列和2005~2014年实测水沙系列水文条件,系统全面地研究预测了深水航道整治工程实施后,未来工程河段河床冲淤变化及航道条件发展趋势,以初步判断航道将来的可持续性。研究结果显示:长江南京以下深水航道工程实施后,随着工程的运行,全线航道条件持续好转,仪征、和畅洲及白茆沙水道平常年份航道基本不需维护,口岸直、福姜沙与通州沙水道仍有一定的维护量。

（2）长江南京以下深水航道可维护性

至2018年5月,长江南京以下深水航道一期工程运行3年多,二期工程试运行3个月,已有实测资料显示工程后航道条件改善,碍航浅段减少,经维护可满足深水航道尺度要求。由于二期工程整体运行时间不长,且以往各河段维护的水深与方式也存在差异,结合已有实测资料及数学模型研究成果分析了长江南京以下深水航道的可维护性。

①仪征水道:仪征水道二期工程于 2017 年 5 月主体完工,实测资料显示 2017 年 5 月~后续基建期间该段航道基本无须维护,2017 年 11 月~2018 年 4 月 12.5 米深水航道基建疏浚 83.2 万立方米,2018 年 5 月~8 月试运行期维护量 1.6 万立方米,维护量轻微。数学模型成果亦显示,二期工程实施后,世业洲左汊发展受到限制,通航右汊分流比增加,且能长时间维持,一般年份右汊基本能满足 12.5 米水深、500 米宽度的航道尺度要求,不利水文年右汊上段航道内局部出现浅点,适当维护可保障航道畅通。

②和畅洲水道:左汊限流潜坝于 2015 年 8 开始施工,至 2017 年 5 月主体完工,工程后右汊分流比增加 8%~9%,水动力大幅增强后右汊航道条件明显好转,2016 年 6 月初通及 2018 年 4 月试运行后,右汊主航道基本畅通,目前暂时不需要维护或维护量轻微。数学模型预测,新水沙条件下,和畅洲二期航道整治工程实施后,主航道右汊分流比显著增加,工程初期增幅 9% 左右,工程后十年末及二十年末回升微小,水动力增强后右汊河床普遍冲刷,航道水深与宽度增加,一般年份基本能满足 12.5 米水深 250 米航宽要求,遇不利年份右汊出口处存在局部碍航段。

③口岸直水道:实测资料显示,2017 年 11 月~2018 年 4 月 12.5 米深水航道基建挖方量 185.9 万立方米,而 2018 年 5 月~7 月洪季三月维护量为 50.3 万立方米,维护量有限。工程前口岸直水道碍航段位于三益桥、高港边滩以及鳗鱼沙两侧浅段,据数学模型预测:工程后落成洲右汊发展受到限制,工程促进了落成洲左汊航槽的冲刷,航道条件改善;随着落成洲水道航道宽度由 350 米调整为 450 米,三益桥浅区仍存在一定的维护量;鳗鱼沙心滩守护后,稳定了一滩两槽格局,工程后心滩两侧的航槽冲刷,顺直段航道条件改善,但鳗鱼沙左槽及右槽下段航道内有时水深不足,右槽下段有时航宽略有不足。

④福姜沙水道:实测资料显示,初通工程后 2016 年 6 月~2017 年 11 月维护量为 263.6 万立方米,主要位于浏海沙水道与非疏浚区,此后随着整治建筑物实施,浏海沙水道与非疏浚区维护量大幅减少,至 2017 年 11 月实施基建工程,主要的疏浚量转移至福北水道,为 218.3 万立方米,占福姜沙水道总疏浚量 234.6 万立方米的 93%,2018 年 5 月~2018 年 7 月整个水道维护量 176.5 万立方米,福北水道为 150.1 万立方米,浏海沙水道 15.6 万立方米,其他碍航点基本无须维护。数学模型预测显示:工程实施后在新水沙条件长期作用下,双涧沙沙体淤长,形成较为稳定的二级分汊节点,福中水道有所发展,满足单向通航要求;受上游靖江边滩变化等因素影响,福北水道灯杆港~安宁港一线航槽常出现碍航;受靖江边滩周期性运动的影响,福北水道中下段受上游心滩泥沙冲刷下泄等影响,航槽局部时有出浅;南通水道任港~姚港附近河道冲刷展宽、水流分散,航槽内时有水深不足 12.5 米浅点。

⑤通州沙与白茆沙水道:一期工程实施后实测资料显示,白茆沙水道目前航道畅通,基本无须维护,通州沙水道营船港低边滩尾部呈淤长南压态势,附近区段航道存在一定维护量。白茆沙南水道总体有所发展,满足12.5米通航要求。

已有实测资料及模型预测结果显示,长江南京以下12.5米深水航道整治工程实施后,工程效果初步显现,通航汊道动力增强、洲滩得到守护、航槽得以冲刷,航道条件好转,碍航浅点与碍航长度有所减少。

(二)工程综合效益

为分析长江南京以下深水航道工程建成后,对降低沿江企业物流成本,促进长江流域区域经济协调发展等方面的作用。由第三方设计集团股份有限公司,在全面调研、系统梳理资料数据的基础上,通过"有无比较法""投入产出法"等方法客观分析现阶段长江南京以下深水航道工程的经济效益和社会效益。

1.经济效益

(1)直接经济效益

长江南京以下深水航道工程的直接效益是航道浚深促进船型大型化,进而带来的运输成本节约。主要体现在铁矿石、煤炭、粮食、原油、集装箱等货种的物流成本节约,具体分析如下:

①一期工程经济效益分析。

经测算,一期工程完工后,2015—2017年平均每年可直接为沿江地区冶金、电力、粮食加工、机械制造等实体经济企业节约水运物流成本3.32亿元,其中服务江苏本省地区2.34亿元,服务长江中上游地区0.98亿元,见表13-5-10。

一期航道整治工程直接带来的物流成本节约(单位:亿元)　　　表13-5-10

年　份	2015年	2016年	2017年	平　均		
				合计	其中:服务江苏	服务中上游
铁矿石	0.78	0.80	0.86	0.81	0.45	0.36
煤炭	1.70	1.80	1.85	1.78	1.24	0.54
粮食	0.62	0.60	0.80	0.66	0.59	0.07
集装箱	0.07	0.07	0.08	0.07	0.06	0.01
合计	3.17	3.27	3.59	3.32	2.34	0.98

②二期工程初通经济效益分析。

经测算,二期工程初通后,2017年可直接为沿江地区冶金、电力、粮食加工、机械制造等实体经济企业节约水运物流成本12.32亿元,其中为江苏本省地区企业降低物流成本9.08亿元,为长江中上游地区企业节约物流成本3.24亿元,见表13-5-11。

二期工程初通后直接带来的物流成本节约(2017年,单位:亿元)　　　表13-5-11

货　类	合　计	其中:服务江苏本省	服务长江中上游
铁矿石	4.56	3.54	1.02
原油	0.34	0.21	0.13
煤炭	5.80	4.22	1.58
粮食	1.62	1.11	0.51
合计	12.32	9.08	3.24

（2）宏观经济效益

①拉动沿江经济增长。

经测算,一期工程实施后,2015—2017年间诱发货运量对GDP的贡献约为1.8亿元、2.3亿元和3.1亿元,合计约7.2亿元。二期工程初通后,仅2017年诱发货运量增加对GDP的贡献约为16.9亿元。

②促进产业布局优化。

航道条件的改善,港口竞争力的提升,为沿江产业集中布局、集聚发展提供了重要基础平台。江苏沿江地区已成为外商投资的集聚地和我国对外开放的前沿阵地,产业集聚效益逐步显现。沿江地区充分发挥产业集聚及产业分工的特点,对沿江地区资源进行空间整合,形成各具特色工业园区,同时围绕产业链上下游延伸,提高产业集聚化水平。

航道条件的改善不仅降低了单个企业的单位运输成本,而且通过降低各环节间的物流费用促进产业链的形成和不断完善,促进以港口为依托的商品交易市场等物流园区发展。

航道条件改善还带动了沿江航运业的快速发展,推动了集中采购、中转、仓储、配送等相关业务发展,并促进了沿江专业化、特色化物流园区的建设,直接推动了沿江物流业的发展。同时,通过航运物流的发展,优化了综合运输结构,提高了运输效率,降低了综合运输成本。

深水航道在继续为沿江能源、原材料运输需求提供支撑保障外,对加快港口物流、现代航运服务、生产性服务业等现代服务业发展起到重要推动作用,有力支撑了沿江八市产业结构优化调整。

③带动沿江港口发展。

2014年7月,长江南京以下12.5米一期工程完工以后,常熟港、南通港(不含如皋,下同)的综合服务能力得到提升。从长江南京以下12.5米深水航道一期工程航道沿线的常熟港和南通港的吞吐量发展上看,一期工程完成后两港吞吐量均有增加。2017年常熟港和南通港分别完成货物吞吐量较工程开工前(2011年)分别增长54.6%、20.3%。完成外贸吞吐量较工程开工前(2011年)分别增长57.6%和68.7%。

继一期工程完工后,长江南京以下 12.5 米深水航道二期工程于 2016 年 7 月初通。初步实现了长江深水航道基本覆盖江苏全境,为南通上游南京港、扬州港、镇江港、泰州港、常州港、江阴港、如皋港区和张家港港区等的发展创造了更好的条件。

从长江南京以下 12.5 米深水航道二期工程航道沿线 8 个港口各自的吞吐量发展上看,初通后沿江七港港口吞吐量均有不同幅度的增长。其中,南京港、泰州港、江阴港在 2017 年分别完成货物吞吐量较开工前 2014 年分别增长 12.6%、26.0%、28.2%。扬州港、常州港、如皋港区的吞吐量也有明显增加,分别增加吞吐量 1557.7 万吨、1400 万吨、2296 万吨。外贸货物运输方面,江阴港外贸吞吐量增幅十分明显,初通后 2017 年外贸吞吐量达 3426 万吨,较初通前 2014 年翻一番,增长 157.0%。除此以外,南京港、扬州港和镇江港增幅也十分显著,2017 年分别完成外贸吞吐量较开工前 2014 年分别增长 24.3%、58.8%、46.0%。

2. 社会效益

(1)促进沿江经济发展

长江南京以下 12.5 米深水航道工程的实施,对沿江地区岸线资源开发利用起到了重要作用。以沿江港口为例,至 2016 年年底,全省沿江港口共有万吨级及以上泊位 408 个,形成综合通过能力 8.0 亿吨,较 2011 年分别增长了 18.2%、45.0%,其中 5 万吨级及以上泊位 178 个,形成综合通过能力 4.8 亿吨,分别是 2011 年的 1.76 倍和 1.91 倍,长江南京以下 12.5 米深水航道的工程效益十分突出,见表 13-5-12。

2011—2016 年全省沿江港口万吨级以上泊位数(含南通沿海)　　表 13-5-12

年　　份	万吨级及以上码头泊位				5 万吨级及以上码头泊位			
	泊位数（个）	总延长（米）	货物通过能力(万吨)	集装箱能力（万 TEU）	泊位数（个）	总延长（米）	货物通过能力（万吨）	集装箱通过（万 TEU）
2011	345	77631	55266	753	101	27264	25152	430
2012	362	82769	59662	798	112	30607	29945	430
2013	379	87278	63270	994	121	33046	32610	550
2014	391	90013	65258	1024	128	34883	34365	550
2015	403	92693	76319	1030	136	36433	31259	550
2016	408	94271	80156	992	178	46615	48011	469

(2)劳动力就业水平提高

根据计算,江苏港口每增加 1 万吨吞吐量,可贡献就业岗位 30 ~ 33 个(随着吞吐量增加,单位吞吐量贡献就业人次逐渐减少)。一期工程实施后,2015 ~ 2017 年间,因工程带来的水运货运量的增加,进而对区域就业的贡献为 1.6 万人;二期工程初通后,因工程带来的水运货运量的增加,2017 年将贡献就业岗位 3.7 万人。此外,根据江苏统计年鉴,2016 年江苏直接临江地区就业人口约 1967 万人,较工程实施前 2011 年年均增长约 1.5%。

(3)长江通航环境改善

深水航道建成后,沿江安全航行的条件得到有效改善,有助于降低长江通航密度、提高航运安全保障,有效缓解长江锚地不足的航运安全隐患,整治局部事故多发航段,减少因水浅阻航、碍航事件的发生数量,降低事故多发段安全事故发生率。

(4)船舶节能减排

作为环保、节约的绿色运输方式,水运单位货运量的二氧化碳、氮氧化合物排放量分别是公路的 1/3、1/2,是铁路单位货运量的污染物排放量的 1/3.3。随着航道工程的实施,长江内通航船舶特别是海进江船舶进一步向大型化方向发展,船舶吃水进一步增加,随着船舶吨位、载质量利用率上升,船舶单位货物周转量平均油耗呈现逐步下降趋势,大气污染物排放量相应减少,对改善沿江地区环境质量有十分积极的作用。

一期工程以南通为例,计算主要受影响货种对应船型变化带来的节能减排效益,经测算,从 2015 年至 2017 年底,南通市到港海进江船舶共节约能源 661 万吨标准煤,按国家环保有关技术标准估算,共减少二氧化碳排放 1983 万吨、二氧化硫排放 26.4 万吨、氮氧化物排放 34.9 万吨。

二期工程初通以南京为例,计算南京沿江港口受深水航道影响的到港海进江船舶燃油消耗降低带来的效益。经测算,2017 年,南京市到港海进江船舶共节约能源 153 万吨标准煤,按国家环保有关技术标准估算,共减少二氧化碳排放 459 万吨、二氧化硫排放 6.1 万吨、氮氧化物排放 8.1 万吨。

(5)生态环境保护

①促进沿江城市生态改善。

经过近几十年的发展,江苏港口、产业和城市发展规模都越来越大,港口与城市发展都面临着整体发展空间不足的问题,港城矛盾日益突出,南京、南通、江阴、张家港等地都面临着较大的退港还城压力。随着 12.5 米深水航道的贯通,沿江港口进一步向深水化、专业化、规模化方向发展,原有泊位设施得到充分利用,有效促进岸线资源的节约高效利用,优化了已利用岸线的使用效率,沿江港口布局得到进一步改善,在进一步落实国家"共抓大保护、不搞大开发"理念的同时,更大程度地发挥长江岸线资源的生态效益,使沿江城市生态环境得到进一步改善。

②生态保护及生态修复措施。

深水航道建设过程中,严格做好增殖放流工作,累计放流水生生物约 4178.15 万尾、投放底栖动物 585 吨、建设人工鱼巢 10 万平方米、建设生态浮岛 100 亩、栽种挺水植物

1000 亩,并同步对增殖放流效果进行科学评估,顺利开展的工程水生生态补偿工作和渔业生产安全维护工作有效地保护了长江生态环境。

工程整治建筑物工程规模庞大,因占用了大量河床、岸滩的滩面和水体空间、改变了局部水环境,给浮游动植物、底栖生物和鱼类等生态环境带来一定影响。12.5 米深水航道采用了生态型整治建筑物。根据专题研究成果,采用的生态丁坝与生态护底在发挥常规的整治功能的同时,还为河段内生物栖息环境创造有利的条件,有效地改善了工程建设对生态环境的影响,打造生态友好型航道工程。

考虑到传统护岸忽略了河流环境的需求,完全隔断了岸坡水体的交换,阻碍了河岸带生物栖息地功能的发挥,使生态系统结构的整体性受到影响,不能满足生态平衡等要求,12.5 米深水航道建设过程中,对生态型护岸结构有了进一步的研究与应用。在保证护岸具有一定强度、安全性和耐久性的同时,兼顾工程的环境效应和生物效应,将护岸结构由过去的硬质结构改造成为自然河岸或具有自然河岸"可渗透性"的人工护岸,充分保证河岸与河流水体之间的水分交换和调节功能,有效的保护、建立起丰富的生态系统,对环境效益有积极促进作用。

七、结束语

长江南京以下 12.5 米深水航道工程一二期工程总投资约 110 亿元,建成 12.5 米深水航道 283 千米。深水航道建成以后,通航环境显著改善,沿江港口的吞吐量及大型船舶的到港数量明显提高。截至 2017 年年底,长江南京以下 12.5 米深水航道工程产生直接经济效益约 15.64 亿元,诱发货运量增加对 GDP 的贡献约 24.1 亿元,社会效益、节能环保效益也十分显著。

历经了近 20 年的论证研究和 7 年的建设实施,终于实现了 12.5 米深水航道通达南京。

附录 1 工程获得主要奖励一览表(省部级及以上,表 13-5-13)

获得技术成果奖统计表   表 13-5-13

序号	技术成果	获奖情况	申报单位
1	长江南京以下 12.5 米深水航道一期工程	2018—2019 年度第一批国家优质工程奖	长江南京以下深水航道建设工程指挥部
2	长江南京以下 12.5 米深水航道一期工程	2018 年度建设项目优秀设计成果一等奖	中交上海航道勘察设计研究院有限公司
3	长江南京以下 12.5 米深水航道一期工程	2016 年度水运交通优质工程奖	长江南京以下深水航道建设工程指挥部

续上表

序号	技术成果	获奖情况	申报单位
4	长江南京以下12.5米深水航道一期工程	2017年度水运交通优秀设计奖一等奖	中交上海航道勘察设计研究院有限公司
5	长江南京以下12.5米深水航道一期工程可行性研究报告	2013年度水运工程优秀咨询一等奖	长江航道规划设计研究院
6	长江南京以下12.5米深水航道二期工程可行性研究报告	2016年度水运工程优秀咨询一等奖	中交上海航道勘察设计研究院有限公司
7	长江潮流界变动段航道整治技术研究	2018年度水运协会科学技术奖特等奖	长江南京以下深水航道建设工程指挥部
8	长江深水航道整治一期工程施工成套技术及装备研发与应用	2015年度航海学会科学技术奖一等奖	中交第一航局工程局有限公司
9	长江潮汐河段航道整治建筑物新型结构研究	2016年度航海学会科学技术奖一等奖	长江南京以下深水航道建设工程指挥部
10	长江航道大型整治工程施工安全控制关键技术及应用	2017年度航海学会科学技术奖一等奖	长江南京以下深水航道建设工程指挥部
11	长江福姜沙、通州沙和白茆沙深水航道系统治理关键技术研究	2017年度航海学会科学技术奖一等奖	南京水利科学研究院
12	长江下游潮流变动段典型浅滩治理关键技术研究	2014年度水运协会科学技术奖一等奖	南京水利科学研究院
13	河流水沙动力观测和模拟关键技术	2015年度水运协会科学技术奖一等奖	南京水利科学研究院
14	长江下游感潮河段超长护底软体排铺设施工关键技术研究	2012年度施工企业协会科技创新一等奖	中交上海航道局有限公司
15	长江南京以下12.5米深水航道建设工程滩槽水沙运移与演变综合观测	2015年度全国优秀测绘工程白金奖	长江委水文局长江口水文水资源勘测局
16	长江南京以下12.5米深水航道建设一期工程勘察	2018年度水运交通优秀勘察奖一等奖	中交上海航道勘察设计研究院有限公司
17	潮汐河段护底软体排结构稳定性及余排宽度计算研究	2015年度航海学会科学技术奖二等奖	长江航道规划设计研究院

续上表

序号	技术成果	获奖情况	申报单位
18	潮流界以下河段滩槽水沙输移特征及工程应用研究	2017 年度航海学会科学技术奖二等奖	中交上海航道勘察设计研究院有限公司
19	长江南京以下深水航道整治一期工程深水铺排关键技术与设备研发应用	2014 年度水运协会科学技术奖二等奖	中交第一航务工程局有限公司
20	感潮河段深水沙洲护滩工程施工保障关键技术研究	2017 年度水运协会科学技术奖二等奖	长江航道局
21	长江下游感潮河段超长护底软体排铺设施工关键技术研究	2017 年度水运协会科学技术奖二等奖	中交上海航道局有限公司
22	长江下游超长护底软体排铺设施工技术及工程应用	2013 年度港口协会科技进步奖二等奖	中交上海航道局有限公司
23	长江南京以下深水航道治理一期工程(白茆沙段)整治建筑物施工关键技术	2015 年度港口协会科技进步奖二等奖	中交第三航务工程局有限公司
24	半圆体及齿型构件施工关键技术研发与应用	2013 年度施工企业协会科技创新二等奖	中交一航局第二工程有限公司
25	长江深水航道整治工程恶劣工况铺排技术与深水铺排设备研发及应用	2015 年度山东省科学技术进步奖二等奖	中交一航局第二工程有限公司
26	长江南京以下 12.5 米深水航道建设一期工程(太仓～南通段)勘察	2015 年度全国优秀测绘工程金奖	中交上海航道勘察设计研究院有限公司
27	长江南京以下 12.5 米深水航道一期工程动态监测 A 标段	2017 年度水运交通优秀勘察奖二等奖	中交上海航道勘察设计研究院有限公司
28	潮汐河段护底软体排压载失稳机理及设计计算方法研究	2015 年度水运协会科学技术奖三等奖	中交上海航道勘察设计研究院有限公司
29	深水航道治理潜堤施工关键技术研发与应用	2018 年度水运协会科学技术奖三等奖	中交第一航务工程局有限公司
30	长江南京以下 12.5 米深水航道二期工程生态新结构开发与应用	2018 年度水运协会科学技术奖三等奖	中交第一航务工程勘察设计院有限公司

附录2　工程获得相关知识产权一览表（表13-5-14～表13-5-16）

获得的专利统计表

表13-5-14

序号	专利名称	专利类型	专利号
1	无线遥控步履式水下整平机用塔架	实用新型	ZL201320247090.5
2	无线遥控步履式水下整平定位监测系统	实用新型	ZL201320245618.5
3	一种过渡架装置	实用新型	ZL201320245594.3
4	一种水下整平机的刮铲装置	实用新型	ZL201320247080.1
5	一种安装定位吊具	实用新型	ZL201220654123.3
6	护底软体排水下定位检测系统	实用新型	ZL201220653853.1
7	一种拉线定位仪及其测量方法	发明	ZL201210507956.1
8	无线遥控步履式水下整平机操作方法	发明	ZL201310080783.4
9	水下框笼保护式沉降观测装置	实用新型	ZL201320186527.9
10	水下抛石施工GPS卫星定位装置	实用新型	ZL201320061060.5
11	水下信标固定装置	实用新型	ZL201220717110.6
12	一种水下定位系统与水下施工系统	实用新型	ZL201220717475.9
13	一种用于砂肋软体排压载的双袖口砂肋条	实用新型	ZL201220507476.0
14	软体排浅滩陡坡对铺方法及对铺系统	实用新型	ZL201320125760.6
15	无滑板铺排船驱动式铺排装置	实用新型	ZL201320126866.8
16	铺排船滑板支撑装置	实用新型	ZL201320126805.1
17	无滑板铺排船传动式铺排装置	实用新型	ZL201320126722.2
18	齿形构件吊装索具	实用新型	ZL201320185436.3
19	滚轮接触式抛石基床整平高程检测装置	实用新型	ZL201320126776.9
20	联锁块模板支拆台车	实用新型	ZL201320178411.0
21	联锁块预制自动分灰机	实用新型	ZL201320181686.X
22	联锁片及其联锁片快速冲压预制设备	实用新型	ZL201320125514.0
23	铺排船顶升滑板装置	实用新型	ZL201320125513.6
24	垫板接触式抛石基床整平检测装置	实用新型	ZL201320125705.7
25	半圆体沉箱水上安装吊具	实用新型	ZL201320179292.0
26	联锁片及联锁片快速冲压预制设备和方法	发明	ZL201310088981.5
27	无滑板铺排船传动式铺排装置及铺排方法	发明	ZL201310088157.X
28	软体排浅滩陡坡对铺方法及对铺系统	发明	ZL201310089021.0
29	铺排船滑板支撑装置及铺排方法	发明	ZL201310089538.X
30	铺排船顶升滑板装置及铺排方法	发明	ZL201310089479.6
31	铺排船滑板支撑装置及铺排方法	发明	ZL201310089025.9
32	双工字透水框架运输装置	实用新型	ZL201320637864.5
33	双工字透水框架上下工字形连接构件	实用新型	ZL201320812562.7
34	一种双工字形透水框架专用吊具	实用新型	ZL201320637927.7

续上表

序号	专利名称	专利类型	专利号
35	双工字透水框架专用模具	实用新型	ZL201320637885.7
36	双工字型透水框架专用吊具	发明	ZL201310483833.3
37	透水框架混凝土杆件的连接结构	实用新型	ZL201320868539.X
38	一种防缩排构件	实用新型	ZL201320637832.5
39	一种联锁块防缩排构件专用模具	实用新型	ZL201320638100.8
40	移动式保温、防晒、保湿养护棚	实用新型	ZL201320637865.X
41	铺排船加载横向导轨作业系统	实用新型	ZL201320361525.9
42	水下铺排活动加筋条系统	实用新型	ZL201220373774.5
43	一种联锁块排缩排系统	发明	ZL201310483773.5
44	一种防缩排构件及其制作方法	发明	ZL201310483817.4
45	抛石断面快速检测系统及其检测方法	发明	ZL201310483665.8
46	一种自清理的呼吸阀	发明	ZL201410617529.8
47	一种防护钩连体	发明	ZL201310058126.X
48	一种防护钩连体	发明	ZL201310058380.X
49	一种防护钩连体	发明	ZL201310058461.X
50	一种防护钩连体	发明	ZL201310058112.8
51	一种防护钩连体	发明	ZL201310058115.1
52	一种防护钩连体	发明	ZL201310058592.8
53	一种防护钩连体	发明	ZL201310058570.1
54	一种防护钩连体及由其组成的堆砌空间结构	实用新型	ZL201320084067.9
55	一种防护钩连体及由其组成的堆砌空间结构	实用新型	ZL201320084068.3
56	一种防护钩连体及由其组成的堆砌空间结构	实用新型	ZL201320084523.X
57	一种防护钩连体及由其组成的堆砌空间结构	实用新型	ZL201320084084.2
58	一种防护钩连体及由其组成的堆砌空间结构	实用新型	ZL201320084748.5
59	一种防护钩连体及由其组成的堆砌空间结构	实用新型	ZL201320084675.X
60	一种防护钩连体及由其组成的堆砌空间结构	实用新型	ZL201320084682.X
61	一种防护钩连体及由其组成的堆砌空间结构	实用新型	ZL201320084671.1
62	一种联锁块软体排	实用新型	ZL201420145905.3
63	一种用于生态护坡护滩的土工纺织物	实用新型	ZL201320627374.7
64	抗浪、减流、促淤、固沙的齿形结构块体	实用新型	ZL201320269840.9
65	亚潮带区域近底泥沙及全水深流速流向观测装置	实用新型	ZL201420502749.1
66	一种航道清淤装置	实用新型	ZL201320083456.X
67	一种软体排铺设施工方法	发明	ZL201210533122.8
68	一种具有促淤功能的生态软体排压护系统	实用新型	ZL201621457628.5
69	生态网箱堤	实用新型	ZL201720388035.6

续上表

序号	专 利 名 称	专利类型	专 利 号
70	一种新型导流堤结构	实用新型	ZL201520452537.1
71	一种生态隔室模袋混凝土护滩结构	实用新型	ZL201620884796.6
72	一种梯形构件混合堤	实用新型	ZL201520898528.5
73	一种新型预制拼装式四棱台空心构件	实用新型	ZL201521089875.X
74	半圆体竖向预制翻转扶正、水上安装工艺	发明	ZL201010204082.3
75	软体排浅滩陡坡对铺系统	实用新型	ZL201320125760.6
76	垫板接触式抛石基床整平高程检测装置	实用新型	ZL201320125705.7
77	一种混凝土联锁片机械化生产方法及系统	发明	ZL201710670380.3
78	一种混凝土联锁片机械化生产分料机	实用新型	ZL201720983038.4
79	一种水下整平铲斗	实用新型	ZL201621134470.8
80	基于北斗导航系统的水下抛石基床自动化整平系统	实用新型	ZL201621071875.1
81	深水天然泥面沉降观测杆结构	实用新型	ZL201621042833.5
82	侧扫声呐水下高精度定位系统	实用新型	ZL201621479241.X
83	检测系统及检测方法	实用新型	ZL201620408742.7
84	一种立体网状薄壁预制构件混凝土施工配合比	实用新型	ZL201710640823.4
85	一种提高预制联锁片早期强度的施工配合比	实用新型	ZL201710282756.3

获得的工法统计表　　　　　　　　表 13-5-15

序号	工 法 名 称	级　别
1	护底软体排铺设施工工法	国家级工法
2	移动式桁架门吊结合超短基线定位系统铺设超长护底软体排施工工法	交通部一级工法
3	无线遥控智能型水下整平机抛石基床整平工法	水运工程一级工法
4	感潮河段深水联锁排铺设及袋装砂筑堤施工工法	交通运输部一级工法
5	透水框架机械成组定点抛投施工工法	交通运输部一级工法
6	深水水域网兜水下定位抛石施工工法	交通运输部二级工法
7	无线遥控智能型水下整平机抛石基床整平工法	水运工程一级工法
8	长江深水混合软体排施工工法	局级
9	长江生态护岸结构护坡施工工法	局级
10	深水大流速水下抛石施工工法	局级
11	铺排船铺设砂被施工工法	局级
12	侧扫声呐联合多波束扫测深水铺设软体排施工工法	局级
13	浮式智能控制水下基床整平施工工法	水运工程一级工法

获得的软件著作权统计表

表13-5-16

序号	软件著作权名称	编　号
1	潮汐河口长航道乘潮水位计算软件	2011SR070726
2	二维河口海岸潮流泥沙数值模拟软件	2012SR060745
3	二维河口海岸潮流泥沙数值模拟软件	2013SR053652
4	上航院航道工程辅助设计平台软件	2013SR050339
5	水下抛石定位及高程控制系统	2015SR094077
6	河道尺度变化及冲淤计算统计软件	2015SR049677
7	ADCP反演悬沙浓度软件	2014SR023016
8	基于北斗卫星定位导航的终端管理平台	2017SR253105
9	水下抛石漂移计算及床面形态三维可视化软件V1.0	2017SR344393
10	长江航道多源数据融合应用系统	2017SR700654

第六节　港珠澳大桥岛隧工程

一、港珠澳大桥概述

(一)港珠澳大桥概况

港珠澳大桥东连香港,西接珠海、澳门,改变了珠江西岸地区与香港之间以水运为主和陆路绕行的交通状况,建立起珠江两岸新的陆路运输通道,完善了内地与港澳交通基础设施的衔接,丰富了区域综合交通运输体系,对推进粤港澳大湾区建设具有重要意义。港珠澳大桥地理位置图如图13-6-1所示。

建设港珠澳大桥是中央支持香港、澳门和珠三角地区更好发展的一项重大举措,是粤港澳在"一国两制"下密切合作的重大成果。有利于优化区域经济发展格局,拓展经济发展空间,提升珠江三角洲地区的综合竞争力,促进产业、资源更合理组合;有利于深化内地和港澳交流合作,对港澳参与国家发展战略、提升竞争力、保持长期繁荣稳定具有重要意义。

港珠澳大桥是我国继三峡工程、青藏铁路、京沪高铁后又一项超大型工程,是我国改革开放桥梁及水工工程建设成就的集成,是中国和世界工程技术史上又一座具有里程碑意义的工程,2016年被英国卫报评为新世界七大奇迹之一。

图 13-6-1　港珠澳大桥地理位置图

(二)工程主要内容、建设管理及研究过程

1. 工程主要内容

大桥东岸登陆点位于香港大屿山机场西南的礁石湾,西岸珠海登陆点为拱北,澳门登陆点为明珠,路线总长约 55 千米。工程主要包括海中桥隧主体工程、香港口岸及香港连接线、珠海口岸及珠海连接线、澳门口岸及澳门连接线四项内容,分别由不同主体负责资金筹措、工程建设与运营管理。港珠澳大桥总平面图如图 13-6-2 所示。

图 13-6-2　港珠澳大桥总平面图

（1）海中桥隧主体工程

东起粤港分界线，止于珠海/澳门口岸人工岛，总长约29.6千米，采用桥隧组合方案；其中穿越伶仃西航道和龙鼓西航道段约6.7千米采用隧道方案，其余区段约22.9千米采用桥梁方案，在隧道两端各修建一个人工岛实现桥隧转换。主体工程按照六车道高速公路标准建设，设计速度100千米/小时，设计寿命为120年。

海中桥隧主体工程由三地共建共管，采用"政府出资本金，收费还贷"融资模式，资本金占比45.3%，由中央政府、广东省政府、香港特区政府、澳门特区政府按比例出资，资本金以外部分，由项目法人通过银行贷款解决。

（2）香港口岸及香港连接线

在香港国际机场东北面填筑人工岛建设香港口岸，人工岛填海面积约130公顷；香港连接线起自粤港分界线，全长约12.6千米，包括海上桥梁、穿山隧道和沿机场岛东岸的地面道路，为双向六车道城市快速路。

香港口岸及连接线工程由香港特区政府出资并负责建设及运营，不收费。

（3）珠海口岸及珠海连接线

珠海口岸位于澳门明珠点附近内地水域人工岛上，与澳门口岸同岛设置，人工岛面积计210公顷，分为三个区域：珠海口岸区、澳门口岸区、大桥主体工程管理区。

珠海连接线起自珠海口岸人工岛，经湾仔、珠海保税区北，止于珠海洪湾，接珠江三角洲环线高速珠海南屏至洪湾段，采用双向六车道高速公路标准建设，设计速度80千米/小时，全长约13.9千米，全线在南湾、横琴北、洪湾等3处设置互通式立交。

珠海口岸由内地政府出资并负责建设与运营管理，珠海连接线由广东省按照政府出资本金收费模式进行建设。

（4）澳门口岸及澳门连接线

澳门口岸与珠海口岸同岛设置，位于明珠附近的人工岛上，澳门连接线自澳门口岸连接至规划建设澳门填海A区，长约150米。

澳门口岸及接线工程不收费，由澳门特区政府出资并负责工程建设及运营管理。

2.建设协调管理架构

本项目连接粤、港、澳三地，由三地共建共管，三地法规、技术规范、决策流程等存在不同。为同时满足三地要求，大桥建设及运营管理中存在大量协调工作，且存在涉及中央事权的多项事宜。为保证项目顺利建设推进，由粤、港、澳三方政府签订"三地协议"，为项目建设、运营及三地协调管理提供基本的法律基础，组建如图13-6-3所示的建设协调管理架构。

专责小组是由国家发改委牵头，交通运输部、港澳事务办公室、广东省政府、香港特区政府、澳门特区政府代表组建的协调机构，协调解决项目建设、运营过程中涉及中央事权及三地存有争议的重大问题,监督落实"三地协议"。

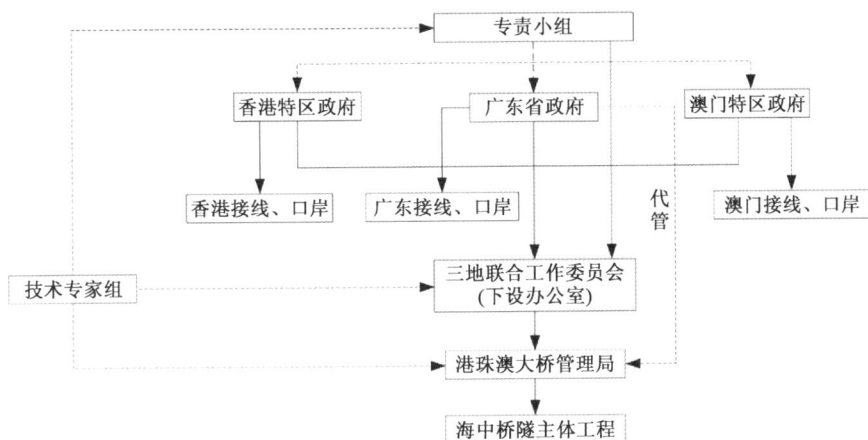

图 13-6-3　建设协调管理架构

港珠澳大桥三地联合工作委员会是由广东省政府作为召集人,港澳政府参加的协调决策、监管机构,具体协调解决项目建设、运营过程中涉及的重要问题,落实执行"三地协议",监管项目法人。三地联合工作委员会下设办公室,作为常设办事机构,负责日常事务工作。

港珠澳大桥管理局为海中桥隧主体工程项目法人,在内地进行注册,遵照内地法规,负责项目建设和运营管理。

技术专家组由交通运输部牵头组织成立,为专责小组、三地联合工作委员会和项目法人在重大技术方案、施工方案论证以及重大工程问题处理措施等方面提供咨询和技术支持。

3. 主要研究建设过程

香港特区政府于 2002 年提出修建港珠澳大桥的建议,得到了中央政府、广东省和珠海市的积极呼应,并共同推进开展相关工作。

2003 年 7 月,内地与香港有关方面共同委托研究完成《香港与珠江西岸交通联系研究》,研究表明修建港珠澳大桥连通三地具有重大的政治及经济意义,需要尽早安排建设。

2003 年 8 月,国务院批准开展港珠澳大桥项目前期工作,并同意成立由香港特区政府作为召集人、粤港澳三方组成的"港珠澳大桥前期工作协调小组",负责协调该项目前期工作有关事宜。

2004 年 3 月,中交公路规划设计院有限公司牵头组织开展项目工程可行性研究。

2009 年 10 月 28 日,国务院常务会议批准大桥工程可行性研究报告,正式立项。

2009 年 12 月 15 日,时任国务院副总理李克强宣布港珠澳大桥开工,同日珠澳口岸人工岛填海工程正式施工。

2010年3月31日,交通运输部正式批准港珠澳大桥主体工程初步设计。

2010年11月2日,交通运输部批复港珠澳大桥主体工程海中桥梁技术设计。

2011年1月14日,交通运输部批准港珠澳大桥主体工程岛隧工程开工报告。

2017年12月31日,主体工程全线建成。

2018年10月23日,港珠澳大桥开通仪式在广东省珠海市举行。中共中央总书记、国家主席、中央军委主席习近平出席仪式,宣布大桥正式开通并巡览大桥,代表党中央向参与大桥设计、建设、管理的广大人员表示衷心的感谢,致以诚挚的问候。

2018年10月24日,大桥正式通车。

(三)岛隧工程概况

岛隧工程是港珠澳大桥的控制性工程,包括一条海底沉管隧道、两个海中人工岛及其结合部非通航孔桥,东起于粤港分界线,沿23DY锚地北侧向西,穿越珠江口伶仃航道,全长7440.546米。

岛隧工程建设中大量采用水工工程工艺及技术,是水工技术在公路工程、海工工程的继承与发展。从技术及工艺角度看,该工程属于重大水工工程。

1. 主要技术标准

为同时满足三地要求,按照就高原则确定主要技术标准如表13-6-1所示。

岛隧工程主要技术标准 表13-6-1

名　　　称		标　　准
一般技术指标	公路等级	平原微丘六车道高速公路
	设计速度	主线设计速度为100千米/小时; 人工岛匝道设计速度为30千米/小时
	地震烈度	地震基本烈度为7度,按8度进行抗震设计
车辆荷载标准		汽车荷载采用公路-Ⅰ级,同时满足香港《structure design manual for highways and railways》中规定的活载要求
设计洪水频率		1/300,300年一遇
设计最高水位		3.82米(1985国家高程基准)
隧道区通航标准		通航水深不小于理论最低潮面以下29米,宽度不小于2810米
隧道洞内卫生标准(参照PIARC)		80千米/小时——$\delta_{CO}=100\text{ppm}$,$K=0.005$ 米$^{-1}$ 100千米/小时——$\delta_{CO}=150\text{ppm}$,$K=0.0070$ 米$^{-1}$

2. 主要建设条件

工程主要建设条件参见表13-6-2。

岛隧工程建设条件 | 表 13-6-2

大 类	因 素	总 体 描 述
自然条件	气象	南亚热带海洋性季风气候,天气复杂多变,灾害性天气频繁,凡登陆、影响珠江三角洲、粤西沿海和在南海北部活动的热带气旋,对本区均可造成较大影响
	水文	伶仃洋水下地形西北高、东南低,水深从湾内向湾口逐步增加;水下地形构成三滩二槽结构,自西向东有西部浅滩—伶仃水道—中部浅滩(矶石浅滩)—矶石水道—东部浅滩;湾内有肋版洲、大铲、小铲、内伶仃岛和棋沃岛等岛屿;伶仃洋内地形复杂,岛屿众多,受地形、潮汐、径流等的综合作用,水动力条件复杂
	地质	基岩起伏大,海相覆盖层不均匀,不良地质包括深厚软土地基,伶仃西航道以东沉管基槽面临回淤强度大等
施工环境限制条件	海洋生态敏感区	工程穿越中华白海豚保护区核心区和缓冲区,环保要求严格,招标文件对白海豚保护提出了诸如瞭望观察、监视、噪声及水污染监测与控制等要求
	航道与锚地	施工区及附近水域航道密集,是航运最发达、最繁忙的水域,也是通航环境最复杂的水域
	各类管线	有 1 条天然气管道和 1 条通信电缆线通过人工岛和隧道施工区域,有 2 条管线处于施工影响区域
	航空限高	临近香港国际机场及航线,航空限高严格

3.总体方案研究

工程需跨越伶仃西航道、龙鼓西航道,这两个航道通航要求高。如采用桥梁方案,主孔跨径至少在 700 米以上,依据现有技术,桥梁桥塔高度不能满足香港大屿山机场在航道处限高要求;为预留未来航运发展空间,采用海底隧道方案跨越这两条航道,依据该处水文、地质等建设条件,可以考虑的隧道方案为沉管法或盾构法(图 13-6-4)。

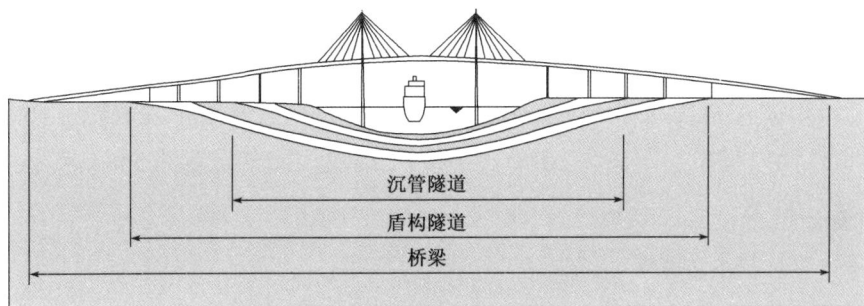

图 13-6-4 隧道及桥梁方案比选布置

（1）隧道工法比选

盾构法和沉管法在技术、环保、通航和经济等方面都具备可行性。虽然盾构隧道方案在环保以及通航影响方面优于沉管隧道方案，但在工期风险、经济风险以及防洪、地质适应性等方面均劣于沉管隧道方案；考虑人工岛及相同区段长度内桥梁、斜坡段的加固处理等费用，沉管隧道方案在造价和工期方面也具有明显优势，见图13-6-5。

经风险分析和综合比选，港珠澳大桥海底隧道推荐采用沉管法。

a)沉管法隧道　　　　b)盾构法隧道

图13-6-5　可选的隧道方案

（2）人工岛长度及位置确定

东西人工岛总体设计的控制条件有：

①东人工岛布置于粤港分界线以西内地水域。

②西人工岛位于－10米等深线以西位置，东人工岛尽可能减少对23DY锚地影响；伶仃西航道与龙鼓西航道（预留）间不少于2810米范围内，隧道埋深应不小于设计最低通航水位（－1.18米）以下29米。

③东、西两隧道人工岛的口门宽度不小于4100米。

④东西人工岛在满足交通及结构功能条件下，尽量降低长度以减少阻水率，尽量减少对周围，特别是伶仃西航道流场的影响。

结合数模及物模试验结果，经综合比较确定人工岛总体方案，人工岛长度设计为625米，东岛东堤头距粤港分界线（K5＋972.454）约366米，东岛西堤头距龙鼓西航道中心距离为1563米，尽可能减小了对23DY油轮锚地的影响；西岛东堤头距－10米等深线326米，距伶仃西航道中心距离为2018米，两人工岛口门间的宽度为5584米，人工岛岛域基本高程为5.00米。

4. 主要内容及技术方案

依据港珠澳大桥主体工程全线平、纵断面设计，隧道东端局部位于R＝5500米平曲线上，其余部分均为直线；纵断面设置为W线形，进出口纵坡为±2.98％，最小纵坡为

±0.3%;总长 6704 米,纵、平剖面如图 13-6-6 所示,主要工程内容及方案详见表 13-6-3。

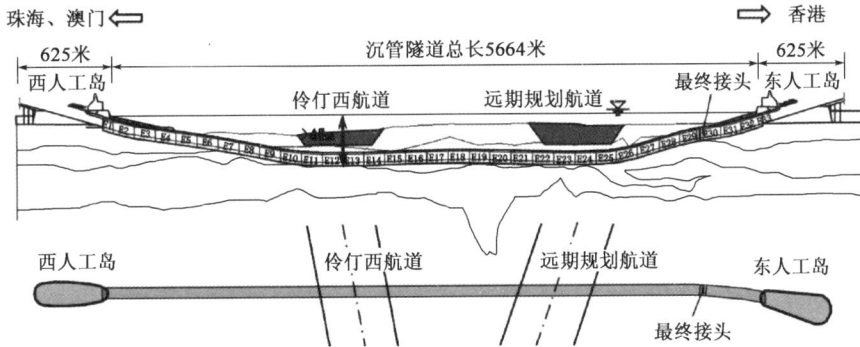

图 13-6-6 港珠澳大桥岛隧工程纵、平剖面图

岛隧工程主要工程内容及方案　　　　　　　　表 13-6-3

序号		主要内容及方案概况	
1	东人工岛	轴线长度 625 米,横向最宽处约 225 米,岛面高程为 5.0 米,面积约为 10.3 万平方米	采用深插大直径钢圆筒和弧形钢板副格形成岛壁兼作基坑围护止水结构,岛内陆上插打塑料排水板,设置井点降水联合堆载预压进行岛内软基加固。岛壁外采用 25%置换率挤密砂桩进行地基加固,然后施工抛石斜坡堤
2	西人工岛	轴线长度 625 米,横向最宽处约 190 米,岛面高程为 5.0 米,面积约为 9.8 万平方米	
3	沉管隧道	隧道管节	横截面为两孔一管廊结构,沉管段长 5664 米,由 33 节管节组成,管节标准长度 180 米,为钢筋混凝土结构,工厂预制后浮运至现场下沉对接。东、西人工岛现浇暗埋段各长 163 米,现浇东敞开段长 383 米,西敞开段长 388m	
		基槽基础	基槽设计长度 5664 米,底宽 41.95 米,采用两级边坡,坡率分别为 1:5 和 1:2.5,纵向呈 W 形布置,最深开挖高程 -46.03 米。根据评估,沉管中间段采用天然地基,暗埋段和沉管斜坡段需进行软基加固,分别采用 PHC 桩复合地基、高压旋喷桩复合地基、挤密砂桩复合地基,隧道基床采用 2 米厚块石基床与 1.3 米厚碎石基础垫层组成的组合基床	
		回填	沉管回填防护采用海砂、片石及块石,分为锁定回填与覆盖回填	
4	岛上建筑及附属设施	两岛建设约 42000 平方米的房建工程,还设有环岛道路及匝道、综合救援码头,以及岛上绿化、排水等满足隧道运营管理所需附属设施	
5	沉管预制厂	在距隧址约 12 千米的牛头岛上建设占地 56 万平方米的现代化沉管预制工厂,包括生产区、生活区	
6	临时航道	满足 3 条沉管浮运线路需要,建设临时航道	

5.岛隧工程特点和难点

（1）总体特点与难点

岛隧工程是港珠澳大桥的控制性工程，总体特点和难点总结如下：

①三地政府共建共管。大桥由三地政府共同出资建设，合同中融入了港澳地区工程建设管理的理念、程序和方法，在诸多方面存在差异甚至冲突（如三地的法律、法规不同，管理的理念文化不同，技术和质量检验标准不同，办事程序和效率不同，对合同条款认识和处理态度不同），需要在三方监管下实现技术和管理上的协调、平衡与取舍。

②采用设计施工总承包模式。岛隧工程采用业主提供初步设计方案和有具体组建要求的联合体设计施工总承包模式。

③多方面综合的高风险。岛隧工程的高风险性来源于三大方面及其综合作用效果：其一，是世界最大规模的外海沉管隧道，是世界首条深埋沉管，是中国第一条外海沉管，开创性工程建设经验匮乏。其二，沉管结构属于"串联"结构，需要满足100%的质量才能达到安全的要求。其三，外海开敞环境，水文地质条件复杂，气象变化频繁，灾害性天气威胁严重；外海孤岛施工作业、条件艰苦，环境恶劣，施工区域每天过往船舶达4000多艘，通航安全与施工安全管理压力大；工程位于珠江口中华白海豚核心保护区，生态环境保护要求严格。

④多因素重叠的高复杂系统。岛隧工程的系统复杂性来源于内、外两方因素及其重叠作用：一方面，项目集群的复杂系统性。岛隧工程包括桥梁、隧道、房建、水工等工程内容，汇集了几乎所有的土木工程专业，工程项目的层次、单元分解带来各专业专项工程、各工序等之间的接口繁多等问题，组织统筹难度大。另一方面，外部建设条件的复杂系统性。岛隧工程施工中涉及大量水上工程装备和交通工具的调度指挥、安全管理等问题，以及与社会经济环境的协调问题，增加了工程的复杂程度和系统管理难度。

⑤战略性工程的高关注度。岛隧工程的高关注度表现在三大方面：首先，工程本身的战略性地位。港珠澳大桥是"一国两制"条件下跨越粤港澳三地的大型跨海通道，是对三地社会、经济产生深远影响的战略性工程，三地人民对其均寄予厚望，中央及三地政府积极推动，社会各界高度关注。其次，世界级难度的技术挑战性。港珠澳大桥岛隧工程是目前世界范围内综合难度和规模最大的沉管隧道，面临的技术难题多，工程建设具有极大的挑战性，备受国内外建筑业界瞩目。最后，舆论中心与信息技术的结合。工程地处三地交界，港澳地区资讯发达，社会舆论力量强大；而且建设各方的成员来自境内外，文化背景差别甚大。

（2）沉管工程挑战

在沉管法诞生的100多年里，世界上的沉管隧道总数约有100多条，截至2010年，世界沉管工程主要分布如图13-6-7所示。中国的沉管隧道建设起步较晚，在20世纪90年代初建设了一条规模很小的沉管隧道,迄今仅有 20 多年的历史,是一个沉管技术应用不多的国家。

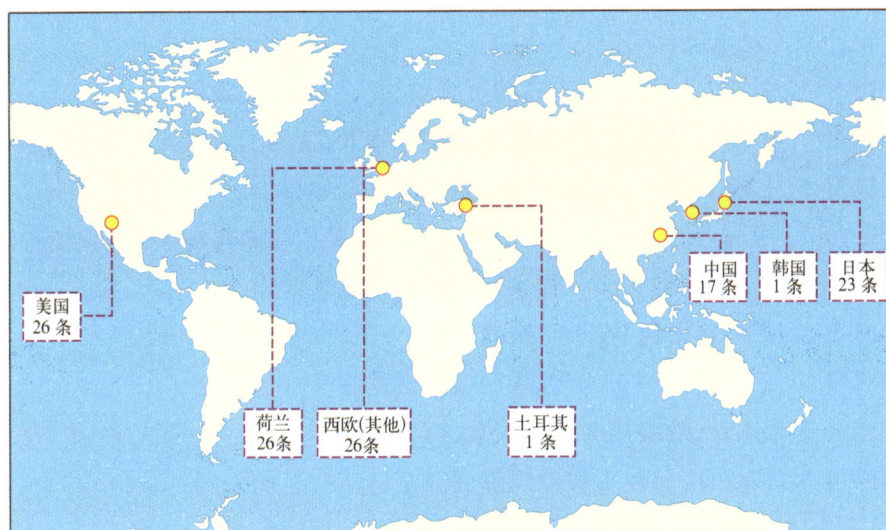

图 13-6-7　2010 年之前世界沉管工程分布图

　　港珠澳大桥隧道全长 6704 米,沉管段长 5664 米,沉管基槽底最大水深约 47 米、行车廊单孔净宽 14.55 米,管顶覆土厚度超过 22 米的长度约 3 千米,沿纵向管底地质差异大,软土厚度分布不均,最大厚度超过 30 米,隧道两端均位于海中人工岛上,设计使用寿命 120 年。既是我国第一条外海沉管隧道,又是截至 2018 年世界上长度最长、管节最重、综合技术难度最高的公路沉管隧道。港珠澳大桥沉管隧道与世界上同类工程参数比较见表 13-6-4。

港珠澳大桥沉管隧道与同类工程的参数比较　　　　　　　　　　表 13-6-4

工程名称	厄勒海峡沉管隧道	釜山—巨济岛沉管隧道	港珠澳大桥沉管隧道
国家	丹麦—瑞典	韩国	中国
建成年份	1999	2010	2018
总工期(年)	5	6	7
最大水深(米)	28	48	45
长度(米)	3510	3700	5664
埋深	10 米左右	3~6 米	3~22 米
管节尺寸 (长×宽×高,米)	$176 \times 38.8 \times 8.6$	$180 \times 26.46 \times 9.97$	$180 \times 37.95 \times 11.4$
重量(载重吨)	5.5	5.4	7.6
功能	公铁两用	公路隧道	公路隧道
隧道截面 及车道	4 孔 1 管廊 2 铁 +4 车道	2 孔 1 管廊 双向 4 车道	2 孔 1 管廊 双向 6 车道
标准管节结构	8×21.875 节段式柔性	8×22.5 节段式柔性	88×22.5 节段式半刚性
管节数量	20	18	33

6. 工程建设大事记

①2010 年 12 月 21 日,中国交通建设股份有限公司联合体与港珠澳大桥管理局签订岛隧工程设计施工总承包合同。

②2010 年 12 月 28 日,位于牛头岛的沉管预制工厂开工建设。

③2011 年 1 月 14 日,交通运输部批准岛隧工程开工。

④2011 年 5 月 15 日,第一个钢圆筒在西人工岛开始打设。

⑤2011 年 12 月 21 日,东西人工岛 120 个钢圆筒及相应副格岛壁打设完成。

⑥2012 年 2 月 28 日,牛头岛沉管预制工厂建成投入使用。

⑦2013 年 5 月 7 日,历经 96 小时奋战,第一节沉管(E1)安装完成。

⑧2017 年 3 月 7 日,全部 33 节沉管完成海底安装。

⑨2017 年 5 月 4 日,最终接头完成安装,沉管贯通。

⑩2017 年 7 月 25 日,岛隧工程全线贯通。

⑪2017 年 12 月 31 日,大桥具备通车条件。

7. 岛隧工程建设意义

岛隧工程高质量建成的意义主要体现在三个方面:

(1)建立了国际一流的沉管技术和装备体系,填补多项国内沉管领域空白

通过岛隧工程建设实践,形成了管节预制、浮运、安装全过程的技术标准、工法、装备等创新成果,解决了包括深埋沉管、快速成岛、沉管深水基础、工厂法预制管节、外海深槽安装等一系列工程难题,为世界沉管工程技术增添了新知识与新样本,创造了沉管领域的"中国标准"与"中国方案",使我国跃升为国际沉管隧道技术的领军国家之一。

(2)大规模集成应用先进科研成果,为工程与科研循环互促提供平台

岛隧工程不仅仅是一项土木工程,它在工程装备、工程材料、施工控制等方面大量集成了跨专业、跨领域的先进技术成果,在某种程度上,岛隧工程可以被视作一个涵盖多学科的试验基地和工程博物馆。在管节浮运安装过程中,工程依靠国家强大的科研实力与平台,集聚了国家海洋环境预报中心、中国航天科工集团、上海振华重工等实力团队,实现了从技术、装备到软件的全面"自主创新""自力更生",造就前无古人的"滴水不漏"的沉管隧道,既彰显了"中国速度"与"中国制造",又充分展示了我国的综合国力和整体科学技术发展水平。

(3)树立我国国有企业和中国工程师的品牌形象

岛隧工程建设展现了国有企业肩负双重责任的担当精神,既要在社会主义市场经济条件下与市场共舞并实现商业利益,又要担当国家责任,担"责"不推,担"难"不怯,担"险"不畏,为国家创造价值。依托中国交建具备的基础设施建设全产业链优势与国际化

能力,岛隧工程建设实现了对工程的全过程控制与全球优势资源整合;与此同时,岛隧工程锻造了一批"大国工匠"和行业领军团队,丰富了我国工程界宝贵的人才资源。

二、港珠澳大桥岛隧工程组织与管理

岛隧工程采用设计施工总承包模式,由中国交通建设股份有限公司牵头的 7 家联合体中标承建。针对岛隧工程特点,项目管理团队制定了以精细化勘察为基础,以科研为支撑,以专用设备开发为保障,以标准化管理及风险预控管理为手段,设计与施工互动,总部与工区密切配合的总体工作思路,全面贯彻"大型化、工厂化、标准化、装配化"建设理念,以零事故、零污染、高品质为工程目标。

针对工程难题和对高目标的追求,在工程实践中逐步确立"以人为本、精心谋划、风险驱动、协同创新、品质至上"的管理原则。"以人为本"是管理的出发点和归宿,"精心谋划"是管理的前提条件,"风险驱动"是管理的本质方法,"协同创新"是管理的本质要求,是解决工程难题的关键,"品质至上"是管理的精神追求,是工程活动的落脚点。

(一)总承包管理

1.总承包组织架构

岛隧项目采取扁平化组织架构,在联合体指挥部授权及监管下,由岛隧项目总经理部对项目进行统筹管理,设计与施工既独立又保持联动。组织架构如图 13-6-8 所示。

(1)联合体指挥部

联合体指挥部由联合体各成员单位主要领导组成,共同负责对项目实施中的重大问题进行决策、协调,为项目实施提供资金、技术、资源等支持。

(2)项目总经理部

项目总经理部是岛隧工程项目的统筹、协调主体,肩负技术中心、科研中心、安全中心、质量管控中心、风险管理中心、进度控制中心、设备和物资管理中心、成本控制中心、人才培训中心的职责,实行项目总经理负责制。

(3)设计分部

按照国家相关规定完成岛隧工程合同内勘察及施工图设计,负责和设计有关科研的组织管理与协调,并负责港珠澳大桥主体工程全线总体设计与协调,履行设计单位职责,实行设计总负责人负责制,在项目总经理部的统筹与协调下与施工协调互动。

(4)施工工区

按照单位(项)工程划分为西人工岛、东人工岛、沉管预制、疏浚工程、沉管浮运沉放等五大施工工区,其中沉管预制又分为两个分工区,各工区按照施工需要建立各自生产体系,按要求完成所承担的施工任务。

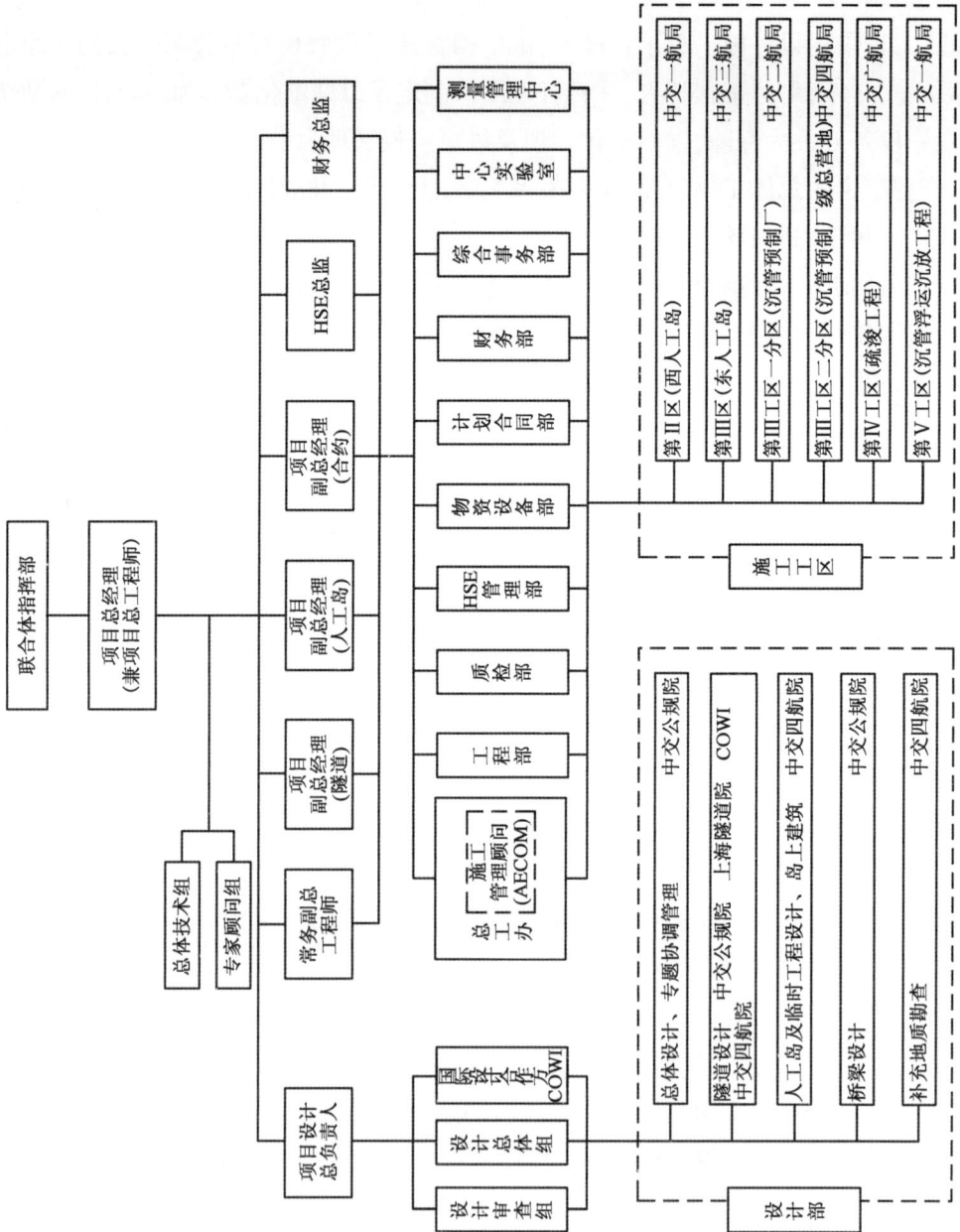

图 13-6-8 岛隧工程设计施工总承包管理组织架构

　　为规范岛隧工程设计施工管理行为,提升项目管理水平,项目总经理部立足于与各参建单位原有管理模式相互兼容,与联合体各成员单位多元文化相容,组织编制各项工作管理制度,梳理管理流程,明确工作界面。岛隧工程设计施工总承包管理制度体系如图 13-6-9 所示。

　　2.总承包管理流程

　　在满足国内基本建设管理程序要求的基础上,以利于设计施工互动、动态优化设计施工方案、降低工程风险为原则,制定岛隧工程设计施工总承包管理流程,如图 13-6-10 所示,具有以下特点:

　　①设计、施工团队同步开展施工图和施工组织方案研究,通过设计与施工的充分交流,不断完善设计和施工方案,同时缩减了施工图下发后施工组织设计编制时间。

　　②设置风险分析环节,由项目总经理部组织对施工图和施工组织设计初稿进行质量、HSE[健康(Health)、安全(Safety)、环境(Environment)]管理体系、工期和成本风险评估,否决存在重大风险的图纸和施工组织方案,将大的工程变更消化在施工图设计阶段。

　　③设计、施工团队互审施工图和施工方案,提高施工图质量和可实施性,减少施工阶段的工程变更,同时便于施工领会设计意图,完善施工组织设计。

　　④设计代表全过程参与施工,设计、施工不再是工程生产链上割裂的两道工序,而是由纵向的指导关系转变为横向交流互动关系,根据现场实际,设计施工互动,动态进行设计优化,获取更优方案,为工程顺利推进提供保障。

　　⑤岛隧工程设计施工总承包管理流程对项目总体起到了保障作用,从多方面推动了设计与施工的密切配合。

　　3.管理理念

　　充分利用设计施工总承包平台,构建"以风险为驱动、开放的资源整合、全过程联动及动态持续优化"管理理念及机制,参见图 13-6-11。

　　风险驱动、动态持续优化思想贯穿岛隧工程实施全过程,以达到控制工程风险、提升工程品质的目标。

　　设计施工总承包模式为岛隧工程多主体、多要素的全过程联动、全球视野的资源整合提供了平台,通过资源整合加强团队力量,通过联动实现全员步调一致、相互促进,以设计、施工、科研、装备制造的联动来催生技术创新,为工程攻坚克难。

　　4.运行机制

　　项目总经理部建立了沟通协调机制、资源整合机制和持续改进机制,以充分发挥联合体成员的合作潜能以及设计与施工联动的优势。

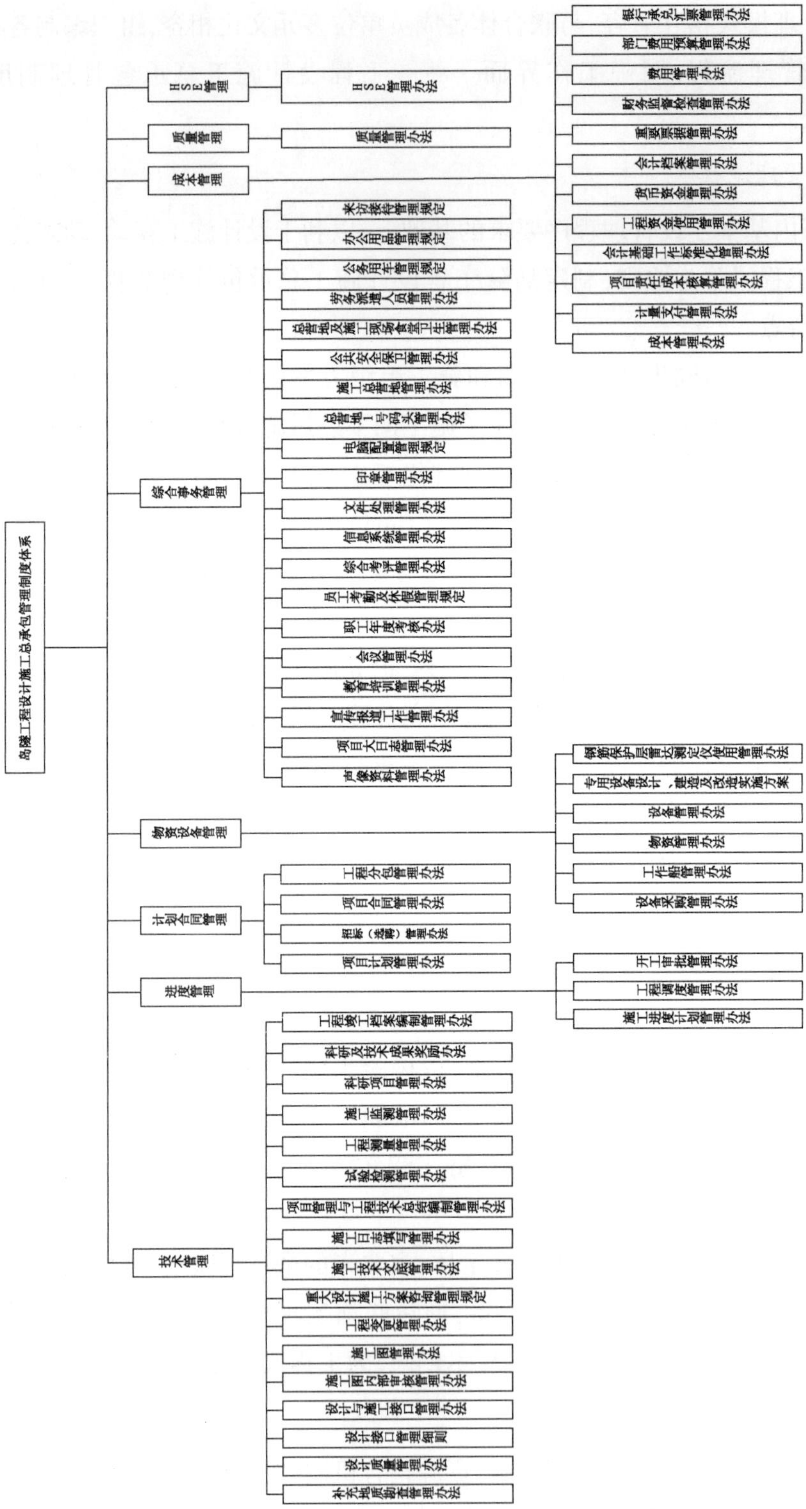

图13-6-9 岛隧工程设计施工总承包管理制度体系

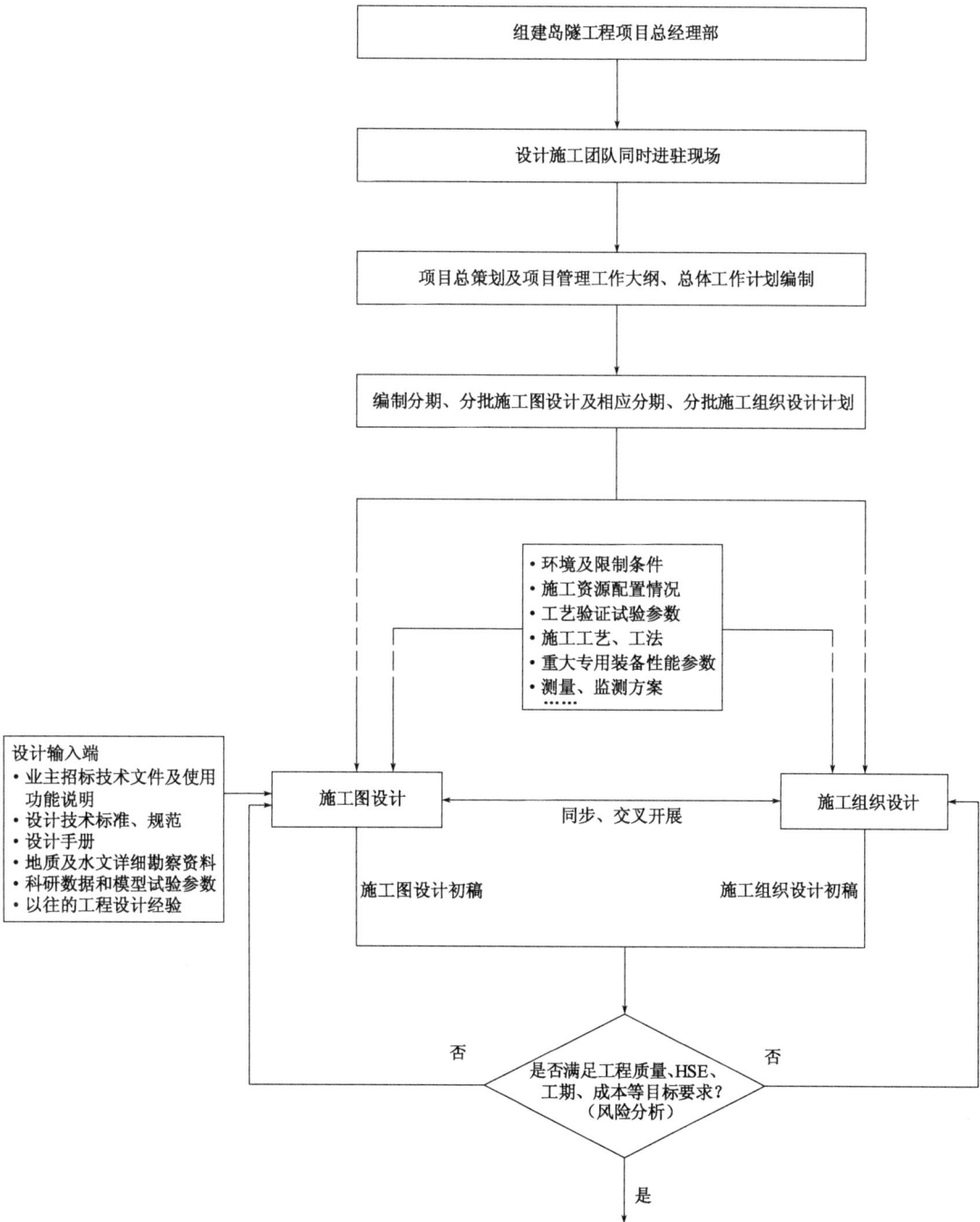

```
┌─────────────────────────────────────────┐
│          组建岛隧工程项目总经理部            │
└─────────────────────────────────────────┘
                    │
                    ▼
┌─────────────────────────────────────────┐
│          设计施工团队同时进驻现场            │
└─────────────────────────────────────────┘
                    │
                    ▼
┌─────────────────────────────────────────┐
│   项目总策划及项目管理工作大纲、总体工作计划编制  │
└─────────────────────────────────────────┘
                    │
                    ▼
┌─────────────────────────────────────────┐
│ 编制分期、分批施工图设计及相应分期、分批施工组织设计计划 │
└─────────────────────────────────────────┘
```

```
┌──────────────────────────┐
│ ·环境及限制条件            │
│ ·施工资源配置情况          │
│ ·工艺验证试验参数          │
│ ·施工工艺、工法            │
│ ·重大专用装备性能参数       │
│ ·测量、监测方案            │
│ ······                   │
└──────────────────────────┘
```

```
设计输入端
·业主招标技术文件及使用
 功能说明
·设计技术标准、规范
·设计手册
·地质及水文详细勘察资料
·科研数据和模型试验参数
·以往的工程设计经验
```

┌─────────┐   ┌─────────┐
│ 施工图设计 │   同步、交叉开展   │ 施工组织设计 │
└─────────┘   └─────────┘

施工图设计初稿   施工组织设计初稿

否　　　是否满足工程质量、HSE、　　否
　　　　工期、成本等目标要求？
　　　　　（风险分析）

是

图　13-6-10

项目总经理部评审

施工图设计送业主审批

正式施工图

完善施工组织设计

施工组织设计报监理、业主审批

正式施工组织设计方案

是否需要设计变更？

是

完善施工图修订

报送业主审批

否

是否需要施工方案变更？

是

完善施工方案修订

报送监理、业主审批

否

设计方

指导

施工

工程完工

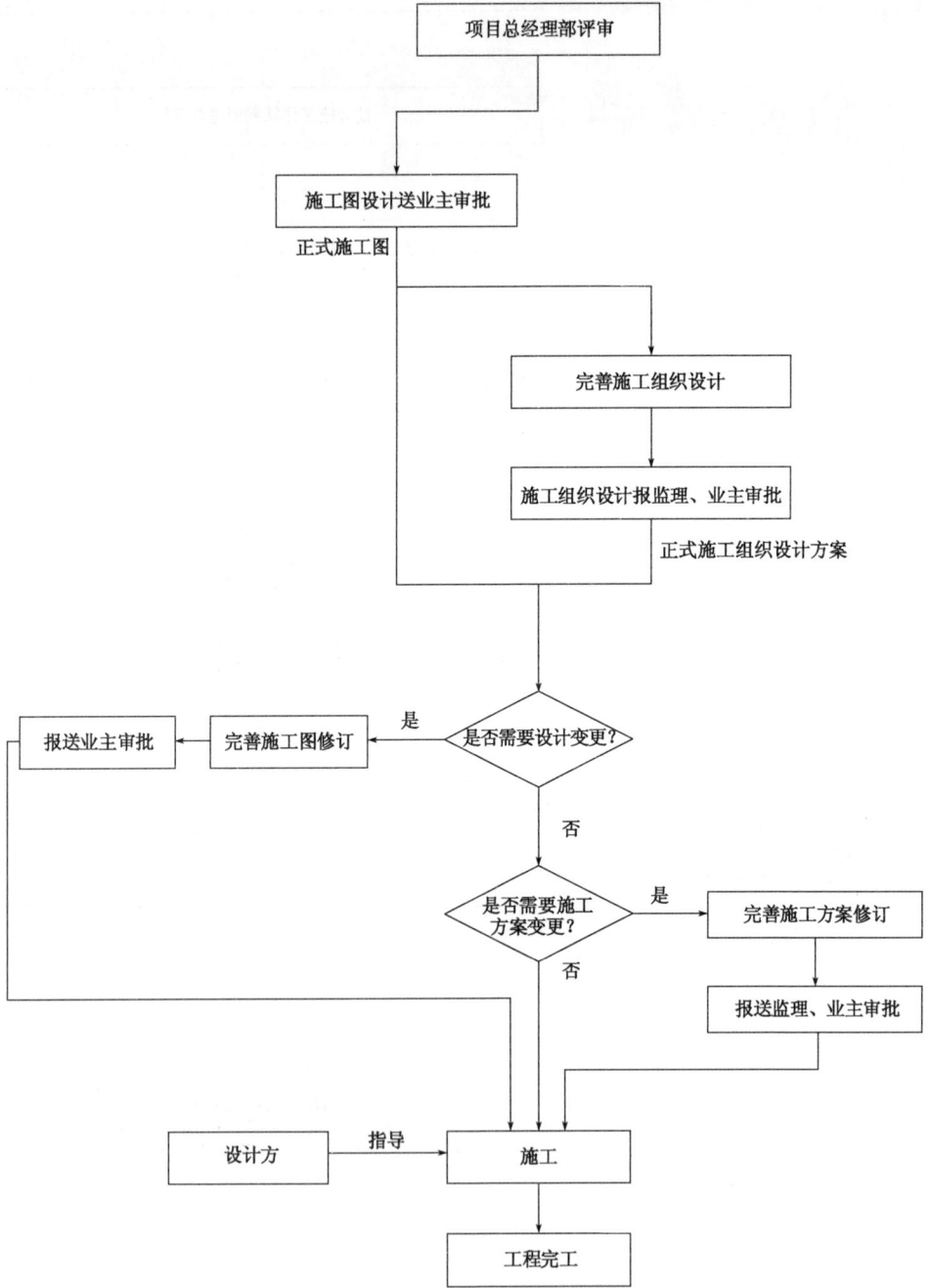

图 13-6-10 岛隧工程设计施工总承包管理流程图

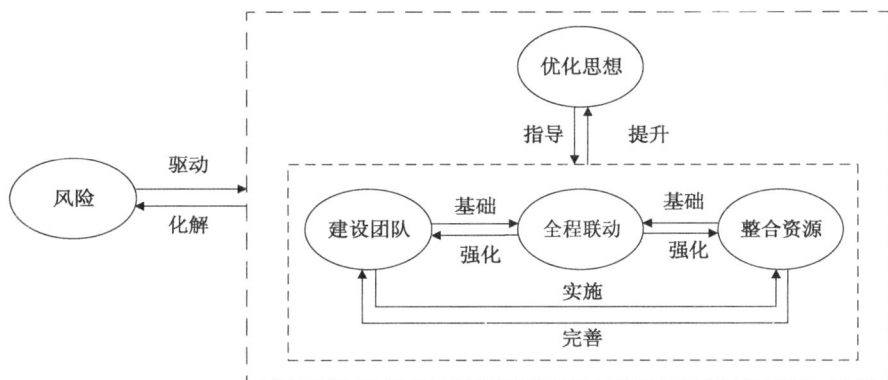

图 13-6-11　岛隧工程设计施工总承包实施理念关系图

（1）沟通协调机制

以利于各方协作互动、发挥各自优势、促进项目顺利推进为目标,建立岛隧工程沟通协调机制框架,如图 13-6-12 所示。

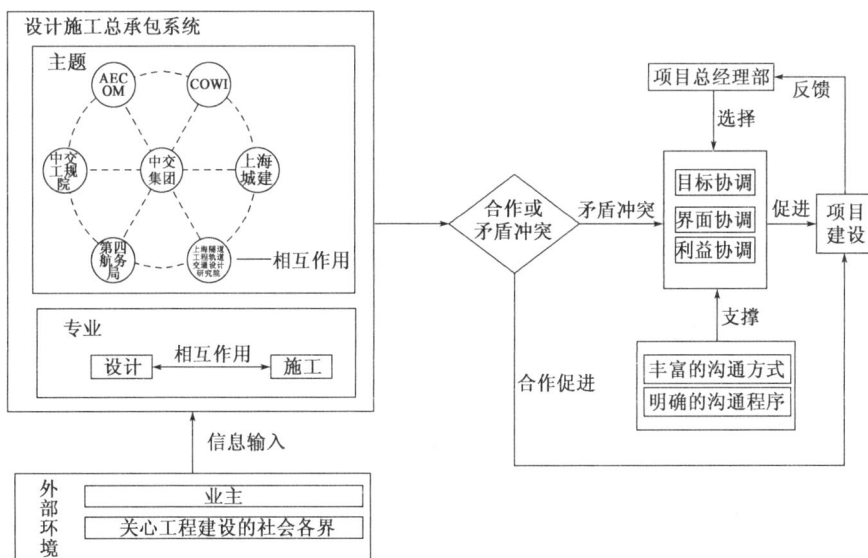

图 13-6-12　岛隧工程沟通协调机制框架模型

项目总经理部根据项目管理需要,对参建各方作出目标协调、界面协调和利益协调,为项目实施创造和谐合作的氛围。

信息沟通是做好协调工作的重要基础,岛隧工程信息沟通以项目总经理部的总工办(设计施工之间)、总调度室(生产指挥过程和应急事件)、综合事务部(其他沟通,如文件、会议、意见收集等)为主责部门,制定系统的沟通管理制度,明确每一项工作的责任主体、责任追究方式和工作标准,规范沟通管理流程,确保沟通的及时性、真实性和充分性。岛隧工程沟通管理流程如图 13-6-13 所示。

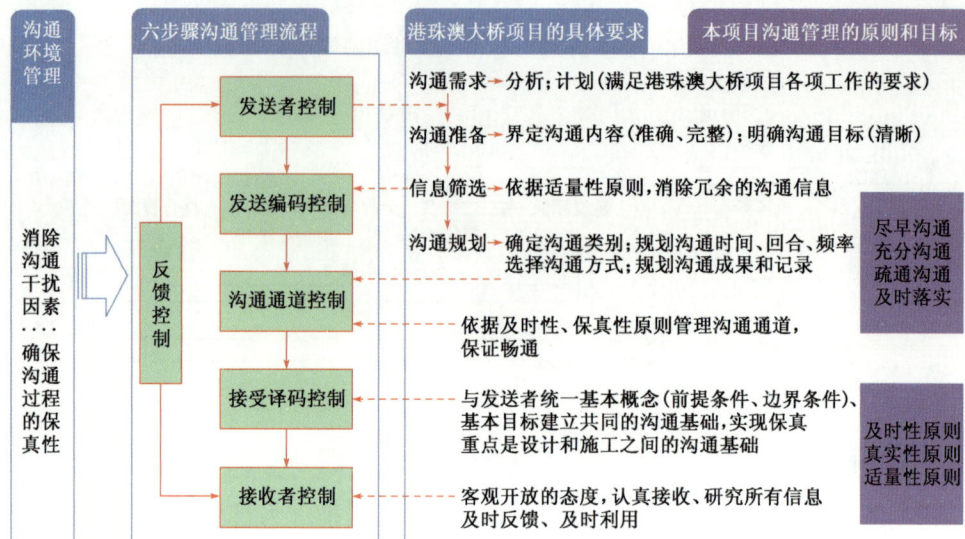

图 13-6-13　港珠澳大桥岛隧工程项目沟通管理流程图

（2）资源整合机制

岛隧工程资源整合是一个动态、复杂的过程，根据工程不同阶段、不同问题的需求，以开放的心态、全球的视野，将分散在跨行业、跨区域、跨学科的不同资源聚合起来，通过有效组织，形成合力，共同解决难题。

在全球范围内搜寻最高质量的供应商，坚持优中选优来保证工程的品质整体最优，在充分发挥团队内部资源优势的基础上，通过外聘国内外知名技术专家、联合国内科研机构进行专题咨询等，对设计、施工方案开展持续优化，破解工程难题；通过聘请国外专家驻地咨询，分享他们在其他项目上的经验，不断与岛隧工程建设者交流、协作与磨合，为工程建设带来了丰富的现场经验和前沿的技术，推动了超级工程的顺利进行。

（3）持续改进机制

岛隧工程持续改进机制由联合体指挥部和项目总经理部的两个 PDCA［计划（Plan）、执行（Do）、检查（Check）、处理（Action）］循环组成。其中，联合体持续改进的执行环节，一部分在联合体指挥部完成，一部分与项目实施联动，转化为项目总经理部的 PDCA，通过持续有效、不断优化管理体系，提升设计施工联合体的管理效率。岛隧工程持续改进机制的框架模型如图 13-6-14 所示。

岛隧工程持续改进机制的运行以追求更高目标为动力，通过将质量、HSE 管理体系、工期和成本等大目标分解成每个环节的小目标，并以高于既定目标要求的标准要求自身，以"挑问题"的态度看待每一个方案，达到精益求精。以项目文化塑造为基础，通过在项目组织中构建持续改进的信念，实现全员参与改进，创造出不满足于现状、逐步改进的行为机制，不断向更高的目标和标准努力。

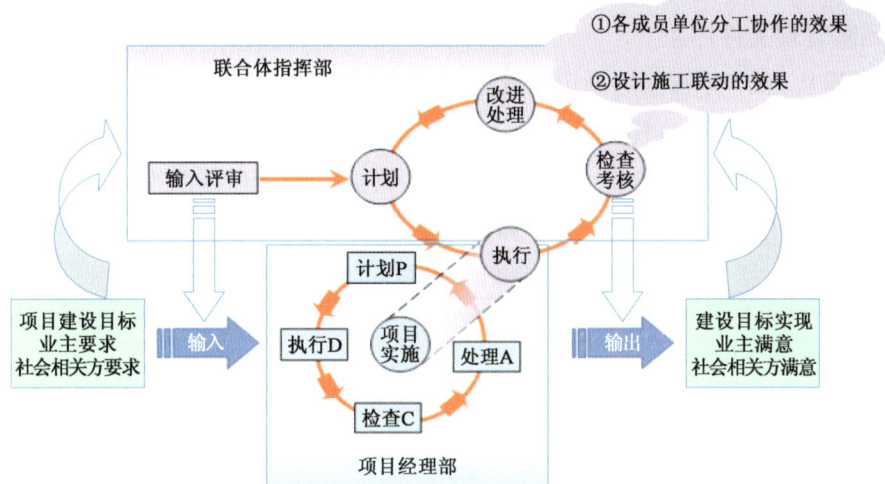

图 13-6-14　联合体持续改进机制框架模型

(二)风险管理

岛隧工程是一项高风险的工程,其风险来自以下方面及其综合作用:

①世界范围内最长、规模最大的海底沉管工程,唯一的深埋沉管隧道,技术成熟度不高、经验缺乏,工程的复杂性和创新性蕴含着技术风险。

②沉管属于"串联"结构,必须具有 100% 保证率;沉管施工各工序环环相扣,各工程单元间又具有一定的连锁反应,质量管控风险大。

③外海开敞环境,水文地质条件复杂,气象变化频繁,灾害性天气威胁严重,施工区域每天过往船舶达 4000 多艘,通航安全与施工安全管理压力大;工程位于珠江口中华白海豚核心保护区,生态环境保护要求严格。

④工期超长,外海孤岛施工作业、条件艰苦,环境恶劣,建设者长时间处于高度紧张状态易疲劳,设备超负荷运转,故障率高。

为实现建设目标,需要在技术、质量、安全、环境、工期等方面进行全面风险管控。

1. 风险管理思想与目标

为应对岛隧工程的高风险性,工程建设中全面贯彻风险管理,并不断总结,形成了如下的风险管理理念与目标:让"失误零容忍"为工作常态,以风险驱动破解工程难题,将风险管理贯穿工程全程,通过全过程风险管理流程 PDCA 动态循环保持"危机感"。

2. 风险管理体系

在风险管理基本思想指导下,项目总经理部从工程实际出发,形成了一整套具有岛隧工程特色的风险管理体系,包括风险管理文件体系、组织架构以及整体运行机制,以全面指导风险管理工作的开展。

（1）风险管理文件体系

岛隧工程从2007年探索启动风险管理文件体系研究，依据国际隧道协会《隧道工程风险管理指南》和BS/ISO31100规范，结合《岛隧工程设计施工总承包合同文件》，建立了一套岛隧工程风险管理文件体系，到2012年年中形成风险管理体系报告。文件体系由四个层级构成，四个层级文件的主要内容和作用见表13-6-5。

岛隧工程风险管理文件体系的层次构成 表13-6-5

层　级	名　称	编制颁布	主要内容及作用
第一级	岛隧工程项目风险管理计划	项目总经理部	风险管理计划为岛隧工程日常风险管理工作的总体纲领性文件，指导工程进行风险管理，内容涵盖风险管理的各个方面
第二级	施工作业风险管理指南	项目总经理部	风险管理指南为专项任务指导性文件，旨在通过标准化的方式，建立各工区涵盖施工全过程的风险辨识、评估、处置的循环动态管理体系
第三级	施工作业风险管理手册	各工区编制总部审核颁布	风险管理手册为现场施工人员实操作业指导书，制定了每一项风险的类别、等级划分和应对措施，用于指导一线管理人员和作业人员进行风险管理
第四级	风险管理动态评估报告	各工区编制总部审核颁布	动态评估报告包括风险动态评估、动态总结等，用于指导一线管理人员和作业人员进行风险管理

四级文件体系规范了风险管理人员职责、流程、实施和运行阶段，并给出了风险源现场记录的方式，使风险管理的操作有据可依。工程风险管理严格遵循文件体系的框架执行，整个工程所有的风险点通过不断更新全部囊括在风险管理文件体系中，真正实现以文件体系控制风险。文件体系的流转如图13-6-15所示。

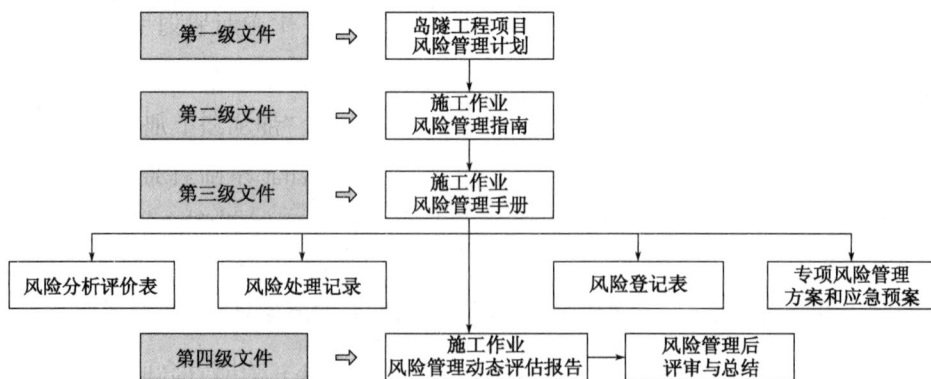

图13-6-15　风险管理文件体系流转图

《风险管理计划》和《风险管理指南》为指导性文件,项目总经理部将《风险管理计划》下发到各个工区进行风险指导,各个工区根据自身施工任务特点编制《风险管理手册》和《风险管理动态评估报告》。手册和评估报告用于在工区现场实时动态跟踪,在准备阶段、施工阶段和施工总结全过程持续跟进。现场人员依据《风险管理手册》,排查每一个环节的风险,并不断更新反馈,每月上报;同时风险评估专家咨询会根据《风险管理手册》对重大风险进行排查评估,并制定相应的处置方案。《风险管理动态评估报告》的作用是进行全面评估总结、查漏补缺,实时掌握更新项目当前的风险状态,每季度一报。

风险管理文件体系一方面由项目总经理部从上至下贯彻运行,实现总部指导反馈,全员落实;另一方面全过程辅助风险管理,随着项目施工过程进展不断更新,实现以文件体系为载体进行风险管理数据的存储,并指导一线工人实时排查。通过动态跟踪循环,将所有岛隧工程可能发生的风险点纳入体系。

(2)风险管理组织架构

为提高管理效率,减少风险管理线上的层级,岛隧工程风险管理采用扁平化的管理组织架构,将各个职能线纳入风险管理的组织架构中,以打破部门边界,实现快速反应;同时将重大的风险模块以专业小组的形式加入决策环节。整个风险管理的组织架构分为决策层和作业层,组织架构见图13-6-16。

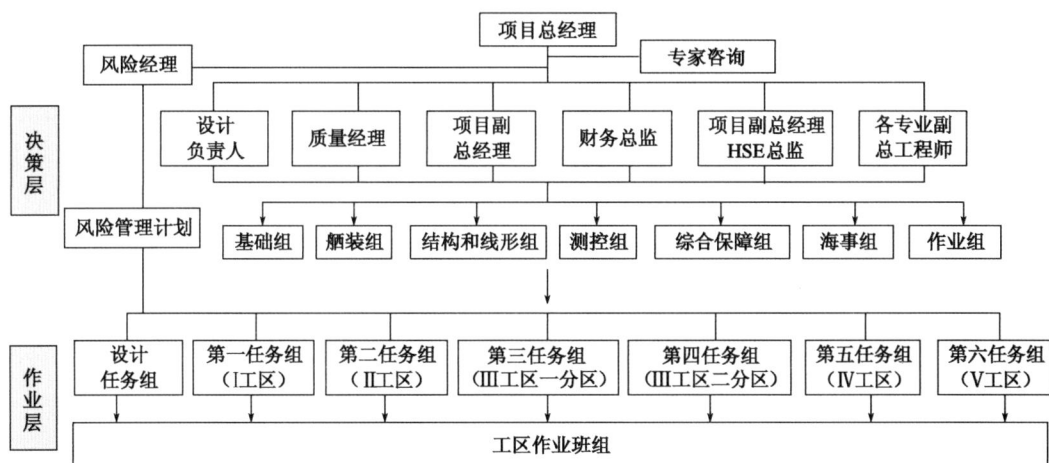

图 13-6-16　风险管理组织架构设置图

两级扁平化组织架构减少了管理层级,实现以施工任务为中心,将风险点管控辐射到各个部门。在整个施工管理过程中,决策层对每一道关键工序都需要实时动态决策确认,对重大风险要进行把关,作业层将风险排查、风险处置和应急保障落到实处,及时动态反馈,即以决策层为"大脑"统筹决策、以工区作业组为具体施工单元,通过两级扁平化风险管理打破传统组织架构链条冗长的弊端,使管理层与生产一线直接对接。实现总部工区纵向一体化,减少链条;实现部门—部门间、工区—工区间横向互动,最终使风险信息传达最全，决策效率最优。

以沉管浮运安装为例，决策层为项目总经理部和七大专业小组；作业层即由工区的各个作业队伍组成，以过程中的工序进行划分，包括基槽开挖、抛石夯平、清淤、整平、回填、浮运、安装、测量、起重和舾装。在进行管节安装的过程中，由决策层结合专家咨询对每一节管节进行风险排查统筹，并且深入到施工现场进行一体化管理。由作业层对照沉管安装风险管理手册辨识每一节管节的施工风险，并及时反馈给出一般关注和重点关注风险。通过扁平化的组织结构，使每节管节安装时出现的风险都能及时发现、及时反馈、及时解决。

（3）全员风险管理机制

以项目总经理作为风险管理最高指挥，统一管理层、各工区和各一线作业人员对于风险的认知，将安全、质量和环保的管理理念融入风险管理中，在项目文化建设的过程中形成"千人走钢丝"的共识。千人走钢丝强调全员"忧患意识"的形成、"谨慎""失误零容忍"的行事态度以及自我风险素养的提升。

在岛隧工程中，风险管理不是某一个部门的职责，而是全体员工的行动指引。通过由上到下的共同排查风险，每一个人都是风险管理的践行者，最终实现4000人朝着一致的目标出发；通过七年如一日的坚持，持续保持对风险管理的状态，统一对风险的认知，并落实到实践中，最终真正实现全员风险管控。

为了培养员工自我管理的意识，实现员工主动进行风险控制，本工程明确了全体员工在风险管理中的责任内容和范围，在工区内形成"风险管理，人人有责"的管理制度；"人人有责"能够确保每个员工感受到风险管理的责任和使命感，促使员工主动控制风险的发生。

风险共识的形成还需要借助全员培训考核的方式将思想意识更加直接地转化到实际操作过程中。通过一系列培训活动实现全员辨识风险源，实现无论是管理层还是作业层都能从认知和实操两个层面全面掌握风险管理，从而达到"整个团队都是风险专家"。

（4）风险库建设及动态循环辨识

将整个风险管理过程中可能出现的风险事故、致险因子及其相应的风险规避措施预案等资料共同存储形成风险库，通过多周期PDCA动态循环实现风险库内部信息的持续更新，见图13-6-17。

由于岛隧工程工序多、转换快，每一环节的风险都各具特点，随着施工环境和时间的变化，原本的风险评估可能过时失效。因此，秉持"每一次都是第一次"的理念，定期"回头看"，实现风险信息的动态更新从而达到持续改进。如图13-6-18所示为风险信息的持续更新循环路径。

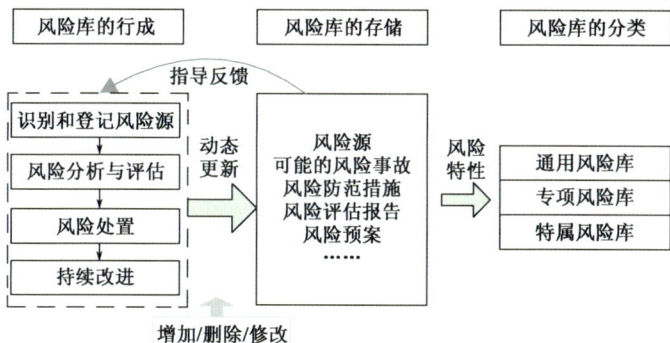

图 13-6-17　风险库的形成和存储

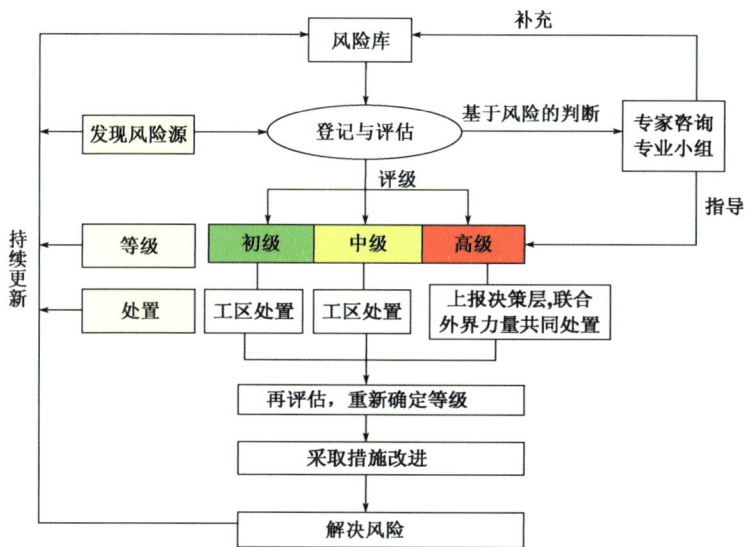

图 13-6-18　风险信息持续更新循环路径图

　　针对入库的风险,由项目总经理部和专家共同指导,对风险进行等级和类别划分,根据风险等级制定相应的处置措施。

　　相应的措施应对后,都要确认风险等级的变化以及该风险能否闭合,如果不能闭合,则作业层一线人员须持续保持对该风险的关注,随时更新风险库中风险的状态和相应的应对方案。对于重大风险隐患,需要结合专家和专业小组对于工程技术的认知,补充相应可能发生的重大风险,确保风险信息的全面。

　　借助风险库,每一个管理人员和一线作业人员可清楚地掌握本工程涉及的所有风险和风险控制的关键点,以风险库全程指导风险排查;将所有的风险信息集成共享能够增强风险管理的可操作性,实现有根据、有目的地进行风险管理。

　　在风险库的动态应用管理过程中,通过"多次排查、多次更新"实现风险信息的动态更新循环,从而指导施工,实现计划(施工前的多次风险点自排自查)→计划实施(施工中的风险源全面排查）→检查效果（风险管理总结）→成功的部分纳入标准（将总结中新的风险源、有效的防控对策纳入风险库）的 PDCA 循环使风险认知全面，同时也有利于将风险降到最低（图 13-6-19）。

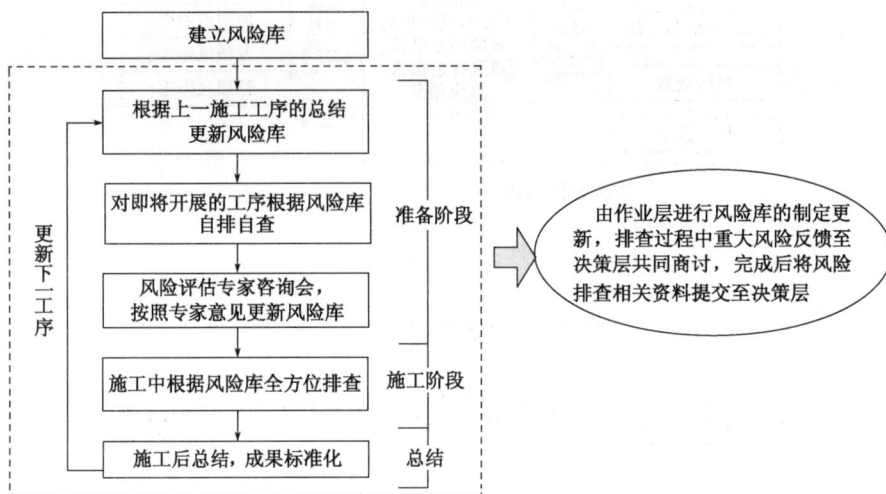

图 13-6-19　风险库的动态应用管理

随着工程的进展，风险库逐步走向完整全面。33 节管节是 33 个"第一次"，共包括了 36 次循环往复的风险库更新（其中包括 E15 管节的 3 次往返和最终接头对接）。在 33 节管节的安装过程中，由最开始第一节管节风险流程应用不成熟、风险认知不足，逐渐一步一步积累，到最终接头的对接，风险库在逐步丰富，以此保证所有的管节都以安全的状态进行施工。通过风险库的动态管理实现将每节管节的特点纳入，做到百分之百的安全保证，促成了一节又一节管节的成功，驱动了一次又一次的科技创新，更激励了员工对于风险管理的自信，最终实现沉管隧道的完美贯通。

3. 以风险驱动技术创新及施工决策

通过风险分析推动技术创新，在项目中把风险元素融入设计和施工技术中，以创新的方式形成低风险的设计方案和施工工艺，在设计阶段和施工工艺可行性研究阶段削减项目的大部分风险，保证项目实施方案成熟、可靠、抗风险能力强。风险管理和技术创新的相辅相成促进了项目的整体抗风险能力的提升。

（1）以"风险催生创新，创新化解风险"为思路

岛隧工程每走一步都是在探索，当在探索的过程中发现一般传统成熟的做法存在重大隐患且一般的风险处置手段已无法解决项目存在的世界性难题时，需要打破常规的设计和施工方案，技术创新成为一条有效途径。在岛隧工程建设中，设计方案与施工工艺方案的优化达 90% 之多，形成多项创新项目。通过风险分析发现问题，催生出了新工具、新结构、新工艺和新技术，以风险管理为导向，以风险为技术创新驱动力，从根本上改变传统

做法,实现风险催生创新。

同时借助最高的科技水平能够推动和保障风险管理,通过设计施工互动、技术改造、先进合理的工艺技术手段化解风险。一方面技术创新能够从方案上确保本质安全,例如通过研发碎石整平船,用新的设备代替潜水员水下操作能够从源头上解决人员生命安全风险的发生;采用大圆筒筑岛方案将作业面从水下转换到水上来实现了本质安全。另一方面通过技术创新实现了风险的可控,解决了传统方案高风险、可控性不强的问题,增强了方案的可操作性,岛隧工程的特殊性使得科技创新成为化解重大风险的最优选择。

这样的例子在岛隧工程中不胜枚举,创新深插大直径钢圆筒快速筑岛技术,保证首节沉管对接工期要求,减少水上作业船舶,降低通航安全及环保风险;创新半刚性沉管纵向新结构降低深埋沉管结构运营风险;创新整体安装主动止水最终接头方案保证工程工期目标,降低质量及安全风险。

风险决策贯穿于岛隧工程的全过程施工中。在施工过程中,以风险管理手册为指导,邀请业主方、设计方、施工方、监理方、业内知名专家以及政府和社会相关人员,从准备确认、施工过程和施工总结三个阶段贯穿风险管理活动,通过一次次的组织协调和风险确认预判会议,统筹和协调各个专业,以各专业小组完全落实风险排查为前提保障,从而落实决策的科学性和合理性见图13-6-20。

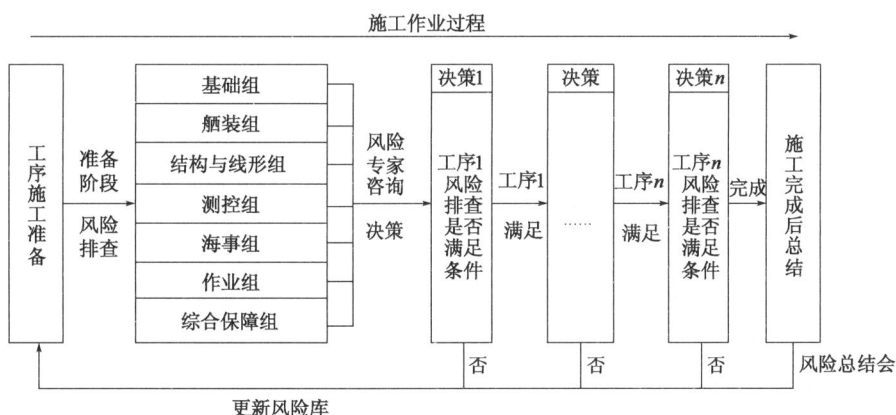

图 13-6-20　施工决策总体流程图

(2)以风险驱动施工决策

在施工准备确认阶段需要召开多次协调讨论会议,对可能发生的风险进行确认控制,通过经验总结会、风险预判会、风险评估专家咨询会、风险确认会等多种形式的风险管理活动,一步一步确认决策来推进工序启动的进度。流程中的每一个步骤以持续的风险管理会议形式进行层层确认,直至确保目前的状态能够满足进入施工阶段的所有条件,如

图 13-6-21 所示。

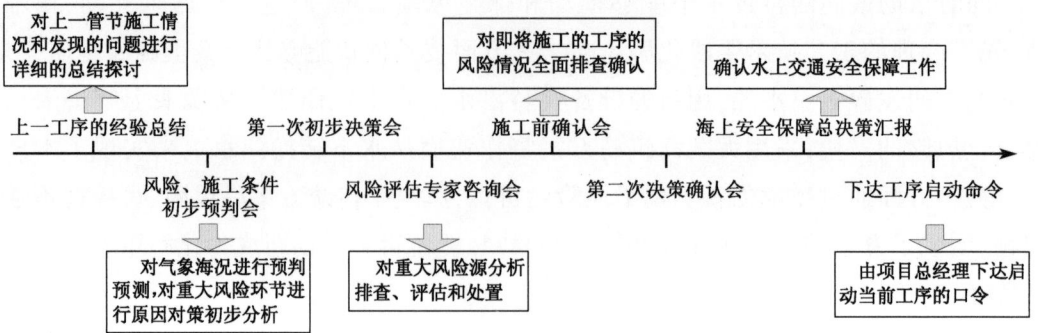

图 13-6-21 准备确认阶段决策流程图

在施工中,工序环节紧密相扣,风险点的控制也是无缝连接。决策层直接在现场指挥决策整个施工过程,根据施工过程中各工序的先后顺序,每到施工中的一个关键阶段都要召开决策确认会,结合专家建议反复确认,实时监测,及时将指令直接下达到各作业队伍以调整施工中的思路和方案;作业队伍现场施工及时反应并采取相应的对策,同时将现场施工中的重大隐患进行反馈。例如,沉管浮运安装施工过程决策流程见图 13-6-22。

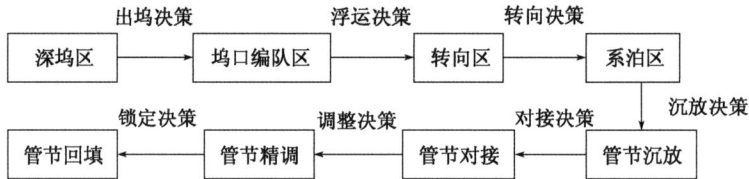

图 13-6-22 沉管浮运安装施工过程决策流程图

在每一关键环节完成后,均组织一次施工总结会,把施工中碰到的难题和成功经验进行总结与深入探讨。通过编写风险报告总结,反映风险处置措施的实施效果,以螺旋式的方法将前一节管节总结的经验带到下一节管节避免出现同样的问题,为后续工序进行决策奠定更坚实的基础,循环推进决策的科学性和准确性。由此从第一节管节到最后接头成功对接,实现质的飞跃。

4. 审查反馈引导工程施工标准化

风险处置的效果需持续进行监测和反馈,以保证新风险的排查和管理、风险处置计划的实现。工区经理负责将每个收录于风险登记表中的风险处置效果的监测任务落实到个人,并保证监测所需的其他资源。工区 HSE 部负责协调保证监测任务的顺利开展。各监测负责人需在工区风险管理会议之前一个星期提交本月风险处置效果监测报告,并在会议上对监测工作进行反馈。工区经理和工区 HSE 管理体系部则负责在项目风险管理会议之前一个星期提交本工区本月风险处置效果监测报告,并在会议上对监测工作进行反馈。整体由 HSE 管理体系部负责整合本月风险处置效果监测报告,最终达到对沉管安装施工实现全过程风险可控、风险成本可接受减少损失的同时获得最大利益。

岛隧工程每六个月分工区对风险管理流程进行内审，对各工区的风险管理系统的执行情况和表现进行评价；检查风险库中相关资料的记录是否完整合格，风险源是否及时更新并提出改进意见，以此使风险管理体系持续完善，确保风险管理体系运行的有效性、重大风险控制措施的有效性，达到持续改进的效果。审查的内容包括：风险管理计划、风险登记表、风险分析报告、重大风险识别记录、风险管理报告、风险管理培训记录。

通过审查和持续改进能够防止风险管理计划没被有效地实施或者实施了却达不到预期的效果。内审不符合记录都会被记入内审不符合登记表中，各工区应当据此作出相应改正，从而持续改善风险管理系统，最终达到优化项目结果的目的。按照 PDCA 循环项目风险管理工作是常态化、动态化的管理过程，岛隧工程结合施工实际，适时对《风险管理工作计划》进行相应修订，实现持续优化风险管理体系。

把日常"自觉的风险控制行为"形成"标准规范的风险管控制度"，以"标准化""规范化""流程化"的方式建立风险处理方式，通过事后制定对策措施，将风险降低至可接受程度；在此基础上，将该对策固化，并融入日常管理或工艺流程，形成标准化管理制度或作业规程，以指导施工过程，降低沉管安装全过程风险。在定期风险培训制度、风险管理责任制度和责任事故追究制度等日常制度的保证下，总结与深入探讨成功经验，从而实现有效措施对策的标准化，推动制度体系的不断完善。

（三）工程品质管理

1. 管理目标

品质工程是以质量要求为根基升华而成的工程目标，提升升华的重点在于"用户体验"，由追求"合格率"变成追求"满意度"，检验工程标准由"规范"变成"规范＋体验"，使工程品质与社会发展趋势相适应、与公众审美相一致，实现工程与人协调融合共发展。

岛隧工程项目总经理部根据岛隧工程的实际设置符合岛隧工程特点的品质工程管理目标：以使用寿命 120 年为纲，满足设计功能要求；以高品质为导向，塑造伶仃洋最美地标。

2. 管理体系

针对确定的品质工程管理目标，岛隧项目总经理部梳理了品质工程管理要点，以质量保证与控制措施、品质追求与提升手段作为品质工程实现的重要抓手，建立如下的工程品质管理框架（图 13-6-23）。

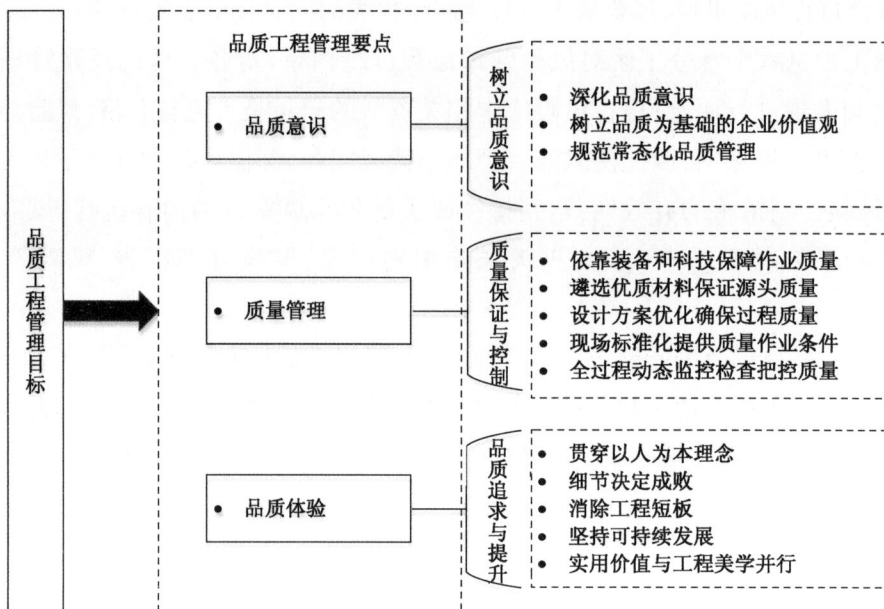

图 13-6-23　品质工程管理框架

以全面质量管理为基础,以标准化管理为手段,以"以人为本"和"本质管理"为理念,依靠和培育高素质队伍,以用户体验作为重要检验标准,努力为用户创造具有"需求溢出效应"的品质工程。

3.品质工程的质量管控

品质工程管理需以质量管理为基础,岛隧工程在质量管控方面以全面质量管理理论为指导,采取如下切合工程实际的措施。

(1)依靠装备和科技保障作业质量

贯彻"大型化、装配化、工厂化、标准化"的总体建设理念,项目总经理部以一流的施工设备和高科技手段保证施工工艺质量,提高机械化、智能化施工水平,为品质工程与管理提升发挥了不可替代的作用。举例如下:

以30立方米抓斗挖泥船"金雄"为母船,改造成为同时具备精挖监控系统、优化定深系统、自动整平挖泥控制系统的新型定深平挖抓斗式挖泥船,全面实现了46米水深条件,基槽底精挖高程误差控制在 -60 ~ +40 厘米。

设计建造深水碎石基床铺设专用船舶——"津平1号",实现对整平船定位、下料管升降、整平刮刀高程调节、碎石铺设同步质量检测等作业的自动化、一体化管理,实现40多米水深基床顶面高程误差 ±40 毫米,有效保障了沉管基础施工质量。

为提高沉管预制质量,研制工厂法流水线预制工法,与德国 PERI 合作研发全套液压钢模系统,引进日本钢筋摩擦焊机和数控钢筋加工机械等现代化数控钢筋加工设备,使用多种类型传感器和无线网络技术对混凝土生产、浇筑、养生过程中的状态和变化进行监控与分析,推行质量预警系统和具备时间与空间维度的四维数字化生产控制系统,实现混凝土全过程的质量控制。

为将 7.6 万吨重、180 米长的沉管下沉到 40 多米的海底精确对接,开发了外海沉管浮运安装成套施工技术及配套装置,包括外海浮运和沉放过程中结构受力与变形、监测及沉管安装作业窗口管理系统、沉管对接窗口管理系统、沉管安装水下运动姿态监测系统、基槽回淤预警预报系统等。

(2)遴选优质材料保证源头质量

建立中心试验室、沉管预制厂试验室和各工区试验站多层级的试验检测机构对原材料进行检测、开展混凝土配合比试验,通过严密的试验检测工作严格管控材料质量。中心试验室主要负责东、西人工岛主体结构混凝土原材料及沉管隧道回填类碎石的检测工作,沉管预制厂试验室负责与沉管预制相关的试验检测及质量控制工作,两个试验室各司其职,相互配合,实现岛隧工程原材料质量检测无缝控制。

中心试验室先后开展了低热微膨胀混凝土配合比设计、现场混凝土缩尺模型试验,通过室内配合比调整及验证试验,确定混凝土现场配合比相关参数,积累相关试验数据,为解决人工岛暗埋段和敞开段隧道混凝土开裂问题提供技术参考;同时开展了清水混凝土配制及施工技术专题研究,调研国内外清水混凝土技术,确定清水混凝土配合比,优选切实可行的模板技术,研究现场施工控制技术及管理措施,编制清水混凝土施工与验评技术指南,为清水混凝土施工提供支撑。

同时还委托澳门土木工程实验室对所使用的混凝土实行产品认证制,认证通过后发布认证证书。项目总经理部严格管控混凝土搅拌站,使用特定的混凝土认证标志,加强成品和半成品的保护,并定期接受认证机构对各搅拌站的监督审核,保证混凝土的质量。在多层次的监督和控制管理下,混凝土成品质量得到了有效保证和提升。

(3)设计方案优化确保过程质量

充分利用设计施工联动平台,发挥各自优势解决工程技术难题;基于对原方案的分析和优化,获得更符合岛隧工程实际的设计优化方案,利用设计优化的可靠性和可实施性,从本质源头上保证工程质量。设计方案的优化开创了一系列保障工程质量的新技术,为提升工程品质提供了支撑和保障。

针对本项目沉管隧道深埋、上覆荷载大的特点,创新性提出介于刚性结构和柔性结构之间的半刚性管节结构及预应力配置方案,增加节段接头抗剪能力,控制节段接头的张开量,提高结构防水安全性。

针对外海深水沉管最终接头,考虑到传统的水下止水板工法,施工主要依靠水下潜水员进行止水作业,在基本止水条件下进行现浇施工,工期需要数月,质量管理存在风险。

创新设计出可逆式主动止水最终接头，在工厂内预制完成最终接头结构，再利用大型浮吊进行水下安装，一天内实现沉管贯通。

类似的案例还有许多。

（4）现场实行标准化作业保证质量

改变传统施工概念，实现工厂化、流水化作业；严格执行施工标准规范，抓好重点工艺、技术的改进，深化标准化建设，积极推进工厂标准化管理，促进品质工程与管理上升到更高层次。

贯彻整理（SEIRI）、整顿（SEITON）、清扫（SEISO）、清洁（SEIKETSU）、素养（SHIT-SUKE）、安全（SECURITY）"6S"管理，营造一目了然的施工环境，培养员工良好的工作习惯，提升员工的素养，打造一支具有高度纪律性、优秀执行力的施工队伍，以人的精神铸造产品的品质。"6S"管理是积极适应大型建筑工程向标准化、工厂化生产模式转变的管理方式，促使人、机、物、环处于良好的生产状态。

推行作业标准化，落实人员"三专制度"，即专业的人、专项工作、专门做这项工作。通过举行班前会、班后会进行交底和总结，把施工班组建设成为标准化流水线中的一部分；通过定人定岗定施工部位，由专人负责同一区域，出现质量问题便于溯源。

提升工序施工精细化，掌控每一个施工细节，不放过任何一个细节，一步一个脚印地逐步完成品质目标，将现行作业方法的每一个操作程序和每一动作进行分解，每一道工序都严格按照标准程序执行。例如，认识到混凝土浇筑及振捣是沉管预制关键质量控制点，在混凝土浇筑之前，召集工人进行质量思想宣贯，对浇筑和振捣的方式和方法反复交底；将工艺布点提前规划，在振捣时按布点规范振捣，并建立控制方案，通过工序细分，提高工人的操作熟练程度，减少出错率，消除施工的随意性、偶发性，提升标准化水平。

各工区开展形式多样的培训活动，通过对一线作业人员的培训，强化其质量意识，提升其质量素养。通过培训把工人培养成专业化、产业化工人，使其成为现场质量控制的中坚力量，对岛隧工程的建设起到了举足轻重的作用。

（5）全过程动态监控检查把控质量

监控检查是PDCA循环中的重要环节，也是控制质量、保证品质的重要管理手段之一。通过监控和检查，及时、动态掌控质量状况，在质量控制中发挥了重要作用。

水下隐蔽工程是项目成败的关键，为了确保沉管隧道基础工程各工序施工质量，项目总经理部成立了隧道基础施工监控组、隧道基础施工监测组、隧道基础施工地质组、质量管理组等多个质量内控小组，全面负责基础施工的质量检查、决策、协调、控制等工作，确保基础施工质量有序开展。

为规范沉管隧道施工监控管理，将"信息化施工监控与动态设计"的理念贯穿于沉管隧道施工全过程，项目总经理部制定了《沉管隧道施工监控管理办法》，成立专门的沉管隧道监控决策组,对管节平面线形进行动态监控,有效提高隧道结构安装的准确性,从而保障隧道结构的施工质量。

为加强管节舾装的质量控制,防范风险,确保舾装施工质量,项目总经理部成立了舾装质量内控推进小组,工区对应成立一次舾装小组,建立验收制度,联合组织验收。舾装施工质量实行舾装各工序施工质量确认制,由工区小组全程监控,项目总经理部舾装质量内控推进小组负责确认,确认满足要求后进行工序交接。

鉴于岛隧工程东西人工岛岛上建筑清水混凝土施工质量要求极高、施工界面复杂,为有效控制施工质量,及时有效解决现场问题,项目总经理部成立了东西人工岛清水混凝土监控组,制定《东西人工岛岛上建筑清水混凝土监控管理办法》,明确职责分工和管理工作重点,建立长效机制,强调精雕细刻、精品意识的养成和提高,加强日常巡查和测量复核,常态化做好清水混凝土施工质量管理工作。

项目总经理部质检部将质量监督和考核作为质量控制的重要手段,不定期赴各工区进行质量巡检,对重点部位的混凝土浇筑进行过程监督,将现场发现的问题汇总填写混凝土施工监督检查记录表,由工区相关人员签字确认,作为检查、整改、考核的依据。日常巡检工作以现场实体工程为主,对现场发现的问题及时开具书面整改通知,要求工区及时整改并书面回复以形成闭合管理。

4.品质工程追求与提升

品质工程提升的重点在于"用户体验"。"用户体验的满意"主要从对人、对工程、对环境三个层面出发,以工程建设"以人为本"的理念为导向,关注人的审美、工程的精致、环境的协调,建设高品质工程。

（1）贯穿"以人为本"理念

一线工人是工程建设的主力军,品质形成取决于一线工人的作业水平,只有从一线工人入手,树立全员的品质意识,提升精细化管理水平,使其认同并按照标准一丝不苟地对待每一个环节和每一个步骤,才能把品质工程管理落到实处。但认可并践行高质量标准是一个循序渐进的过程,只有将有形的规范内化于常态化的品质意识,进而养成自觉的品质工程管理行为,建设高品质工程才会变为可能。

以"以人为本"和"本质管理"为理念,依靠和培育高素质队伍,将用户体验作为重要检验标准,努力为用户创造出具有"需求溢出效应"的优质工程。

（2）细节决定成败

项目总经理部以"鸡蛋里面挑骨头"的理念,精益求精、精雕细琢地实现精品工程目标;坚持高标准、严要求,保证工程的高品质,健全新理念下工程建设管理机制,强调以细节管理为手段,让产品生产管理流程的每一个环节、每一个工艺甚至每一个工位都能得到品质保证。品质的细节管理在于用心,要求全员发自内心把工程品质做好,不仅是项目领导人追求工程品质的使命感和责任感的体现,更是工程一线人员追求极致、精益求精的工匠精神的诠释,在工程建设中对任何一个环节都小心谨慎,反复考究,追求精益求精。这里的"精益求精"不是片面地只追求细节,一味地追求精细化,而是在追求"精"的同时考虑"中庸"之道,注重细节与整体的平衡、工程与环境的平衡,符合自然规律、事物发展规律,追求自然平衡下的"适度精细",体现工程人对工程细节的准确拿捏和思考斟酌。

岛隧工程东、西人工岛敞开段、挡浪墙、岛上建筑的混凝土施工采用清水混凝土,成为国内最大规模海工清水混凝土建筑。项目总经理部以精益求精的眼光来审视工程建设的每一个细节,精益求精是追求平衡思维下的"精"。例如在清水混凝土前期试验中,严格控制砂石含泥量,如果混凝土集料太过精细,会出现"混凝土富贵病",导致"过犹不及",故而在追求"更精"的过程中也要保持平衡,追求合理的精细化。在人工岛清水混凝土施工时,把失误零容忍的态度以及追求一次更比一次好的精神发挥得淋漓尽致,以筑就"最具标志性的建筑艺术品"为目标,对岛隧转换处的减光罩一次又一次摸索和探究,只为追求更好达到最美。

(3)补齐工程短板

"品质工程"意味着全局性的品质达标,但现实条件中存在的"良莠不齐"会带来"短板效应",工程品质将取决于整体中的薄弱环节是否达标,故而管控短板效应是品质工程与管理的重要内涵之一。岛隧品质工程与管理以建造"世纪工程"为基准点,识别技术和管理中的薄弱环节并逐步形成提升能力的解决方案,以确保短板得到补齐,使整体的各部分得以均衡发展。岛隧工程的短板主要存在于沉管隧道技术、现代管理方式革新等方面。通过补齐短板,实现对工程项目的参建人员意识、技术、方案、设备等优化升级,促进工程整体共同进步、工程质量同步提升,工程品质更上一层楼。同时基于整体观念建设超越各方期望的高品质工程,确保建设工程功能的"便捷耐用",减少后期的养护和维修,为打造"使用寿命 120 年"奠定基础。

沉管隧道技术在国内发展基础相对较弱,施工技术相对比较落后,经过岛隧工程人的不断摸索和创新,抓住沉管隧道建设的关键环节,采用复合地基＋组合基床的沉管基础技术,为软土隧道地基处理提供了一种新思路、新方向;创新性地采用半刚性沉管结构体系,开创了一种全新的沉管隧道结构形式,建成了目前世界上唯一的外海深埋沉管隧道工程;岛隧工程突破了传统工地施工的理念,通过一系列技术创新和升级,采用工厂法在全厂内环境下进行沉管预制,标准化流水作业,实现了"工地"向"工厂"转变。通过抓住岛隧建设的关键点和薄弱环节,控制工程建设技术的短板,不仅补齐沉管技术的空缺,更是实现了高水准的工程建设目标,为超级工程打下了高品质的印记。

岛隧工程自建设以来,一直秉承打造"品质工程"的理念,强调精细化管理,努力探索从"场"到"厂"的转化之路。通过融入现代互联网、大数据、云计算等时代元素,强化系统集成、模块整合、数据分析、联动管控,积极打造工程信息化综合管理系统,推行现代工程管理,突破"以人管人""以人盯人"传统模式,提升岛隧工程品质。

岛隧工程为了补齐管理短板,项目总经理部在调度中心安装运行船舶自动识别系统(AIS)岸台监控系统及高频通信系统、现场视频监控系统、视频会议系统、施工监测数据信息平台、海洋环境预报保障系统等,大大提高了项目的整体工作效率和科学化管理水平。通过理念创新、方法创新和手段创新,建立起"品质工程"建设的长效机制:实现工程建设理念和从业人员素质进一步提升;标准化和精细化设计理念进一步增强;施工质量安全水平显著提高;营运项目环境整洁、景观优美、服务优质、管理有序;生态工程建设进一步强化。

(4)坚持可持续发展

为将大桥打造成为真正的百年工程,实现120年设计使用寿命目标,项目一开始就处处体现了对工程全寿命周期的考量:设计合理的结构;采用有利于寿命的高性能材料;选择先进、能确保工程质量、提升工程品质的施工方法;注重并改善利于耐久性的细节构造设计;针对不同构件,分别考虑耐久性措施和运营期维护措施。

为积极响应国家和交通运输部的号召,以节约和循环利用资源、提高能效、控制排放、保护环境为目标,在项目的全寿命周期中遵循以下原则:因地制宜,突出特色;全面推进,重点突出;科技支撑,政策保障。岛隧工程为实现节能减排、绿色、循环、环保、低碳的目标,在设计方面做了大量创新工作:对隧道纵向线形进行优化,采用 W 形纵坡,有效提高隧道通风排烟效率,改善行车环境,降低车辆运行油耗;采用低能耗的产品,隧道内采用低功耗的 LED 节能灯;预留清洁能源(太阳能、风能接口)等,努力将港珠澳大桥岛隧工程打造成为全国绿色循环低碳示范工程。

(5)实用价值与工程美学并行

品质是内在质量和外在美观的统一,高品质的美学内涵要求建筑物既要独具特色,又要与周围环境相融合,只有美学价值和实用价值并存的工程才是真正的高品质工程。

岛隧工程追求的美感在于协调美和质朴美,不仅是规划及布局的协调美、韵律美,更是形态及结构的造型美、线条美。清水混凝土的质朴美是品质控制的结果,发挥材料的极致美感,在设计时就已经把美学思想贯彻始终,在施工中时刻考虑是否美观、协调的问题。

东西人工岛建筑及设施注定成为该工程的公众焦点,岛上建筑需要将其与生俱来的海上磅礴性、地标性与展示三地文化纽带的建筑细部相结合。设计方案将"柱廊、骑楼"等岭南风格文化符号运用到岛上建筑,同时海上大邮轮的造型使得岛上建筑犹如真的行驶在海上,与周边大海的磅礴气势相得益彰。人工岛两岛建筑以船型姿态遥相对开,以彰显时代感、气魄感的海上大邮轮形象为总体形态控制,确立了"岛就是建筑"的规划理念,再于细部注入传承港、珠、澳地域交融性文化特色的符号与片段,使建筑成为既立足于当代,又延续历史文脉的综合载体。

人工岛处于海域中央,面临高风压、高盐雾、高湿度的自然天气,任何外装饰都容易脱落。采用清水混凝土结构,引入德国最新清水混凝土工艺,实现低调、内敛、含蓄、"素面朝天"的建筑风格,朴实无华、自然沉稳的外观韵味,厚重与清雅的结构特点。

(四)团队建设与管理

1. 团队管理

岛隧项目施工区域全部位于临近港澳的伶仃洋外海及三个"孤岛",外海孤岛作业、条件艰苦,环境恶劣,岛隧工程建设自始至终处于高风险、高强度、高标准的工作状态。7年的工期,4000名建设大军长期处于高度紧张状态,他们是工程建设的主力军。

锻造一支队伍,才能成就一项工程。岛隧项目在建设初期就与工程同步全面规划队伍建设工作。在设计施工总承包管理模式下,项目党委以增强责任使命,践行"强国筑梦";围绕技术创新,打造"集智平台";凝练特色文化,聚合"岛隧精神";关注身心健康,塑造"人心工程"为工作重点,用组织的力量、文化的力量、汇集全体建设者创造的力量,锻造出一支敢于创新、骁勇善战的铁血团队,为高品质建成超级工程提供坚强保障。

(1)党建引领,将个人目标融入建设超级工程大目标之中

"建世界一流跨海通道,保工程使用寿命120年"是岛隧项目的终极目标,而多军团的工程组织、全过程的高危运行、长周期的外海孤岛作业,给队伍建设及职业健康管理带来极大考验。项目党委坚持党的领导,加强党的建设,紧密结合时代和环境、需求和对象开展工作,发挥政治优势,凝聚团队力量,让每一名建设者都有一种使命担当、责任担当。

总结出"一同四相"党建工作方法:"一同"就是党建工作与项目工作同规划,"四相"就是党建活动与生产活动相融合、党建活力与项目活力相转化、党的建设与时代需求相结合、党建力量与科技力量相聚合。党委书记、总经理林鸣提出"三有、三无、三不"工作方针:"三有"就是培育有目标、有梦想、有激情的员工队伍,将个人目标融入建设超级工程的大目标之中;"三无"就是党的组织、党的阵地、党的关怀,无处不在、无时不在、无事不在,沉到每一处工地、沉到每一名员工;"三不"就是不因项目临时机构降低标准,不因施工任务繁忙放松要求,不因双重管理模式忽视效果,党的工作件件落到实处。

以激发人、凝聚人为基本定位,在施工现场开展各类主题活动,官兵全员参与,产生强烈共鸣。每年国庆、元旦,统一在三个"孤岛"举行升旗仪式,爱国主义教育直接转化为干事创业的行动;党课活动将一线员工及家属请上讲台,心中追寻共同梦想成为每一名建设者及亲属的家国情怀;危难之时组织誓师会共发誓言,官兵并肩作战、"不破楼兰誓不还"的气势不断鼓舞队伍士气;成功之后召开表彰会同享喜悦,建设者充分认知自己正在干一项创造历史的伟业,迸发出强烈的自豪感和无穷的力量。一名农民工在"第四战役"总结

表彰大会上喊出了建设者共同的心声，"坚守了七年，奉献了七年，也收获了七年，每一个参建者的巨大付出和滴滴汗水，换取了超级工程的最终胜利，我们值了！"

发挥党的宣传工作作用，充分利用各种阵地凝心聚力、激发斗志。工程建设期间，项目网站登载要闻和建设者心声22000余篇；编印报纸杂志169期；出版《岛隧心录》7册；制作专题视频片90个；3次亮相国际重大科技展；国内外200多家主流媒体宣传报道超过1600次，极大地增强了建设者的自豪和自信。《超级工程》《厉害了，我的国》等大型影视片播出，更是引起强烈的社会反响，向国家、向世界展示中国智慧和实力。尤其是项目创办的网站，从开工至完工七年如一日每天更新，留下施工的每一个画面，记载工程的每一步进展，述说一线劳动者的闪光故事，传递全体建设者的坚定信念；网站上不断出现的海内外众多媒体的采访报道，全国各界的密切关注和支持关怀，也为在艰难困苦中跋涉的团队不断输送着能量。

整个岛隧工程的建设过程，是团队在"建世界一流跨海通道"高目标引领下不断凝聚、淬炼，坚韧不拔将目标变为现实的过程，无论如何艰辛，从未发生过动摇。七年奋战，每一名建设者都将个人目标融入建设超级工程大目标之中，一年一年坚守，百折不挠前行。

（2）"人心工程"，让每一名员工成为有尊严的劳动者

与"超级工程"同步建设"人心工程"，让建设者"体面劳动、全面发展""实现对美好生活的向往"，直到工程结束的最后一天、直到最后一名员工撤场，都要坚持人本管理，这是项目总经理林鸣在工程开工就提出的工作要求。

作为给员工的最大福利，为参建者提供学习实践平台，组织"农民工"开展"6S"技能集训，联合知名高校举办工地"工程硕士班"，在各工地设立"职工夜校"、开办"实用英语班"，通过技能储备和前途规划，每一名员工的自身价值得到尊重和实现，建设者的归属感得到提升；三个"孤岛"设置"文化广场""情侣路"，施工现场设置休息厅、饮水处、医药点，工地宿舍统一配备空调、生活用品，定期送医药、送电影、送理发师、送健身教练上现场，从尊重人的本性需求出发，营造人性化的生产生活环境，提升建设者的幸福感；开展评先树型，弘扬劳动精神，建设期间，项目总部共表彰立功集体899个，立功个人3901名，146个集体、199名个人获省部级以上表彰，其中24个集体、16名个人获国家级荣誉。工地现场、营地会议室设立年度光荣榜、百名员工笑脸墙，制作员工影像集，提升建设者的成就感。

用心打造"人心工程"是岛隧项目自上而下的一种常态工作，更是新时代的一种工程管理理念。尊重劳动，尊重劳动者，有尊严地生活，有尊严地工作，才能做出有尊严的工程。"人心工程"让建设者与岛隧工程荣辱与共，从100%付出完成任务上升到120%付出完成使命，建设者都在自觉自愿地用"心"建设工程。

(3)"一字歌"文化,对失误零容忍植根于每一名员工脑海

在岛隧工程建设这场数千人共"走钢丝"的持久战中,很多建设者七年里只重复做一道工序、干一件事情,要让几百个工序的4000名建设者做到每一次都是第一次,每一次都做到同样的高标准,需要培育出一种有凝聚力的文化,形成内在驱动。

兼顾国内外多家参建单位的文化背景及做事规则的差异,岛隧项目以"发扬传承中交文化,创新打造岛隧文化"为原则,搭建"开放兼容、务实创新、和谐共赢"的项目文化体系。首个钢圆筒振沉是岛隧工程"第一战役"的重要开端,成功的一刻,林鸣总经理要求欣喜若狂的现场指挥立即写下题为"每一个都是第一个"的文章,刊登在项目网站上。120个钢圆筒,需要一船一船运输、一个一个振沉,33节沉管需要一段一段预制、一次一次安装,七年征程充满风险,不能有丝毫懈怠!从此,"每一个都是第一个"被延伸至钢圆筒运输的"每一船都是第一船"、基槽开挖的"每一斗都是第一斗"、沉管预制安装的"每一节都是第一节"、队伍状态的"每一天都是第一天",最终形成"每一次都是第一次"的岛隧核心文化理念。这支唱响全项目的"一字歌",让"零失误、零瑕疵、零容忍"根植于每一名员工的脑海,在七年"走钢丝"征程中,建设者养成了迈出的每一步都是第一步、都必须万无一失的习惯。

随着工程进展注入新的文化元素,不断丰富和发展了文化内涵。风险管控秉持"走钢丝",安全管理倡导"不安全,我不干",防暑降温做到"不让一名员工倒下",质量管理讲求"鸡蛋里面挑骨头",攻坚克难展现"勇闯龙潭虎穴",清水混凝土追求"没有最好,只有更好,一块要比一块好"等。"每一次都是第一次",出自一篇文章,源于首个钢圆筒振沉,发扬光大于整个岛隧工程建设。高度的认同感,形成员工与项目之间的强烈依存关系,形成全体建设者共同的价值观念和行为准则,最终凝聚成一种合力与整体趋向,渗透到工程建设全过程,凝结在"120年"高标准的工程产品上,成为全项目战无不胜的"法宝"。

(4)"岛隧精神",成为建设团队勇往直前的强大支撑

在岛隧文化氛围的强烈感染下,广大员工产生情感共振,凝练出新时代以艰苦创业的"铁人精神"、追求卓越的"工匠精神"和不懈探索的"科学家精神"为核心的"岛隧精神",成为建设团队七年爬坡过坎、勇往直前的强大精神支撑。

岛隧项目以年轻人为多,长期工作在临近港澳的"孤岛""孤船"上,很多人一毕业就上了岛,日夜坚守直到工程完工。承担沉管隧道基础抛石夯平施工的是42位刚刚大学毕业的80、90后小伙子,他们在一条工程船上,重复地将10～100千克的块石抛到50米深的海底,压实整平,抢在每一节沉管安装前铺筑一条坚实的地基。施工船离香港最近的时候不到1千米,每天晚上,对面灯火辉煌,而船周围却是一片漆黑的大海,1291个日日夜夜,这群年轻人遥望繁华却坚守信念,没有人懈怠,没有人离队,创造了外海超深水、复杂海洋环境下,50万立方米抛石夯平高质量施工的新纪录。"我们的初心来自参加这项超

级工程的荣誉感,自豪感! 就是想把这项工作做好! 做成!"朴实的语言,是一种责任与担当,更是新时代"铁人精神"的最好践行!

沉管隧道每道工序都要做到"零质量隐患",任何环节出现差错都会让工程前功尽弃,每一名施工人员都需要承担一份重压和责任。首届"大国工匠"管延安所在的班组,主要工作就是拧螺丝。四年时间,33 节沉管,3300 条主线、33000 多条支线,他们认真而又重复地拧了 62 万多颗螺丝,没有出现一次故障。岛隧项目每名员工都是工匠,无论是设计师、工程师,还是钢筋工、厨师,都在坚守和弘扬"工匠精神",在极为艰苦的环境下,全体员工将崇高的使命落脚于自己的岗位,认真而又坚持地把每一件平凡的事情做到最好、做到极致,才成就了这项伟大的工程。当被问及"七年坚守在'孤岛''孤船'上重复做一件事,是不是太傻了",建设者们用"这一生,至少当一次傻瓜"诠释了真正匠心。

岛隧工程前无先例,许多工序都是世界范围内第一次尝试。为了解决工程难题,同时掌握核心技术,项目总工程师林鸣以"强国筑梦"的责任担当,带领建设团队冲破外国技术壁垒,走上自主创新之路。秉承"就是龙潭虎穴也要闯过去"的决心,经历一次次论证、一次次否定、一次次优化,在不断探索、不断研究、不断认识、不断创新中攻克了人工岛快速成岛、半刚性沉管结构、隧道复合地基 + 组合基床、大型沉管工厂化预制、外海沉管浮运安装、整体式主动止水可折叠最终接头新结构等世界级难题,实现了外海沉管安装技术从零到领先的跨越。当今世界是核心技术竞争的新时代,必定充满艰难险阻,只有坚持"逢山开路、遇水架桥"的奋斗精神,才能攻无不克、无往不胜。

(5)团队力量,奋战七年逐一攻下"四大战役"

岛隧工程犹如战场打仗,人工岛成岛、首节沉管沉放、沉管隧道贯通、全部工程建成"四大战役",场场危机四伏、惊心动魄。在最困难的地方、最关键的环节、最危急的时刻,党组织团结引领、党员冲锋在先,以林鸣为"头雁"的领导集体靠前指挥,产生"头雁效应",带出一支打不散的铁血团队,浴血奋战七年,一个战役一个战役攻打,一步一步朝向目标迈进。

"第一战役"开局之战,半年内实现队伍思想认识、建设目标和作战步调的"三统一"。各参战单位奋战 221 天完成通常需要 3 年才能建成的两座外海人工岛,创造了"当年开工,当年成岛"的工程奇迹。

"第二战役"创新之战,14 个月艰苦奋斗,建起现代化的、也是世界最大的沉管预制厂;一年半"从无到有",形成《外海沉管隧道施工成套技术》;96 个小时海上鏖战,经受住人体极限的考验和集体意志的磨炼,完成世界最大沉管与西人工岛的"深海初吻",实现了我国外海沉管安装技术、施工的重大突破。

"第三战役"持久之战,历经 4 年完成 33 节巨型沉管安装;14 个小时完成需要半年才能完成的最终接头安装,实现了隧道贯通;还成功进行了精调——脱开、再对接的尝试,最终实现了毫米级对接精度。E15沉管安装因回淤造成"三次浮运两次回拖",全体参战者秉持"一定要成功,一定能成功"的信念,持续奋战156个日夜"三战伶仃",应对了一场来自大自然的挑战。强烈的历史责任感和民族自豪感转化成榜样引领和力量融合,让建设团队在经历磨炼中变得更加团结,在战胜困难中变得更加坚强。

"第四战役"决胜之战,坚持"高品质""零瑕疵",连续组织一个"大干一百天"、两个"大干四十天"劳动竞赛,在极为艰苦的环境下,领导、设计和管理人员与工人一道,日夜战斗在波涛汹涌的海面和酷热的岛上,连续高强度施工。2017年12月31日,主体工程全线亮灯,向世人呈现了东西人工岛两座"最美地标"和一条"最美隧道",赢取了"四大战役"全面胜利。

超级工程背后起决定作用的是人的因素,是团队的力量。七年筑梦伶仃,建设团队不忘初心、坚守奉献,追求品质、争当"工匠",无惧未知、勇攀高峰,攻克一项项世界难题,创下一项项工程奇迹。221天筑起通常3年才能建成的两个外海人工岛,让"当年动工、当年成岛"成为现实;不到14个月建成全球最先进的沉管预制工厂,开创了我国"工厂法"预制沉管的历史先河;历时4年挑战极限,安装的33节沉管和最终接头"滴水不漏",创造了世界沉管隧道工程的"中国标准";半年完成一年半的工作量,精雕细琢打造的东西两岛成为伶仃洋上的"最美地标"。

2.人才培养

岛隧项目利用港珠澳大桥建设平台,创新管理模式,在整合全球资源、推进国际合作、自主创新攻关、解决施工难题、组织协调复杂工程的实践中,锻造出一支具有战略思维、国际视野、一流水平的高素质管理团队和人才队伍,在实现重大技术突破和超越中,造就了一大批"科技精英"和"岛隧工匠"。

(1)以国际标准培养一流国际管理人才

港珠澳大桥跨越粤、港、澳三地,"一国两制"三个关税区,因而在法律法规、建设管理程序上存在较大差异,设计与建造需同时满足粤港澳三地标准(即中国规范英国规范和欧盟规范),体现在工程跨界建设、跨界施工、跨界运营等管理上存在许多需协调解决的问题。坚持对标国际先进标准,是使用和培养国际一流管理人才的绝佳平台。

岛隧工程汇集了国际前沿的技术装备和专家学者,项目管理中着眼于国内、国际两个市场,与美国、日本、德国、法国、荷兰、丹麦、瑞士等著名公司进行业务合作,以开放心态聚天下英才为我所用。工地上长期驻守的技术咨询和专家顾问,不同国度、不同语言,为工程建设带来了丰富的现场经验和前沿技术。建设者们与外籍专家朝夕工作生活,直接交流磨合,增进了跨文化交流,拓宽了国际视野。

根据工程需要,项目经常组织专业人员考察国外企业、商谈业务,与国际顶尖专家一同参加研讨会和审查会,有数十名技术人员参加国际性会议并做学术报告。

利用工余时间,项目先后对 200 名技术管理人员进行了为期 2 年的英语系统培训,并与华南理工大学合作办学培养了 56 名工程硕士。从海上成岛,到沉管首战;从超级工厂的隆隆运转,到海底读秒的精准对接,分布于各个生产管理岗位的硕士班学员,将所学知识运用到工程建设,又通过现场实践进一步深化课堂知识,伴随着工程积累管理经验,不断提升成长,真正做到了学以致用。

七年建设,岛隧工程打造了一支具有国际专业水准的设计、施工管理团队,培养了 20 名以上国际一流项目经理和总工程师、100 名以上国际一流施工技术管理骨干。目前部分人员已派往海外工程项目担任重要职务,为"一带一路"倡议实施推进再做贡献。

(2)以世界前沿科技创新培养一流技术人才

岛隧工程是港珠澳大桥控制性工程,岛隧工程结合部设计、长距离通风及安全设计、超大管节的预制、复杂海洋条件下管节的浮运和沉放、高水压条件下管节的对接以及接头的水密性和耐久性、隧道软土地基不均匀沉降控制等技术,均要达到世界最高水准,需要一流人才来实现世界前沿的科技创新。

中国交通建设股份有限公司(以下简称"中国交建")在跟踪项目之时,就整合总部、各设计院、各工程局优秀技术人员,成立以总工程师林鸣牵头的技术团队,制订专项考核激励、职业发展政策,在项目前期研究、招投标、工程实施的近 10 年时间里,始终保持人员相对稳定。尤其注重青年人才培养,建立老中青梯队、"传帮带"机制,压重担锻炼加快能力提升;有计划组织技术培训,开设"技术讲堂""总工讲堂""青年讲堂",建立不同专业交流机制,共享成果;建立专利和报奖申请激励机制,鼓励一线年轻技术人员多出成果;集中组织做好技术成果总结,发表科技论文近 500 篇。

根据工程需求,项目组织各类科研攻关小组,开展专题研究、系统创新。历时一年半,先后开展了 33 项试验研究,开发了 14 套系统和装备,最终形成具有自主知识产权的《港珠澳大桥外海沉管安装成套技术》,岛隧沉管安装团队也成为国内最先掌握外海沉管安装的专业技术团队。在"快速成岛""半刚性""复合地基""工厂法""外海沉管安装""最终接头"等一系列具有国际领先水平的重大技术创新和突破中,造就了一批具有不懈探索的"科学家精神"的科研技术人才。

(3)以产学研一体化培养一流行业人才

岛隧工程需要整合不同学科、不同专业领域的资源协同作战,在以工程项目为纽带的产研合作中,中国交建调动设计、施工、科研、装备全产业链,投入桥梁、海工、土建各相关专业,还与国内科研单位、高等院校等单位紧密合作,攻克了多项技术和施工难题,保证了工程顺利推进,也为国家不同专业领域培养了一大批行业优秀人才。

沉管浮运与安装是海底隧道建设的关键环节,作业窗口期的选定,国际上只有少数国家掌握这种技术。中国交建与国家海洋环境预报中心合作,用不到国外公司一半的费用,研发了沉管浮运安装作业窗口和沉管沉放对接窗口预报技术。成功完成了海上33节沉管和最终接头安装作业，其可靠性、实用性和先进性超过了国际先进水平，为国家海洋系统和天气海况预报专业领域培养了最先掌握这项技术的专业人员。

沉管施工基础的水深达到40米以上，施工精度很难感知。沉管对接要在海底完成，对接过程不可视。最受限制的是我国具有工程操作技能的潜水员十分稀缺，没有潜水员，安装沉管如同"瞎子摸象"。中国交建与烟台打捞局合作培养专业潜水队，累计完成近27万平方米的海底探摸，下水作业时间累计超过15000小时，单节对接误差控制在3毫米以内，为外海深水沉管安装提供了优质技术支撑和可靠对接保障。

面对E15沉管遭遇异常回淤、E33沉管东岛岛头强回淤等难题，中国交建联同天津水运工程科学研究院、南京水利科学研究院、中山大学等单位，创新性地研发了多因素复合型基槽回淤预报预警系统，实现了回淤预报范围从宏观到局部、预报周期从"年、月"到"天"、预报精度从"米"级到"厘米"级的极大提升，保证了回淤预警预报的时效性和精确度。研究团队也成为国内首先掌握此项技术的队伍。研究成果无论是从基础理论还是模拟技术、预警预报模式都取得了"开创性"突破，对推动我国海洋工程快速发展具有重要的促进意义。

中国交建还与中国航天工业304所、清华大学、同济大学等多所科研单位和高校合作，取得了一系列具有世界领先水平的科研成果，协同培养了一批各学科各领域的优秀人才，为推动国家科学进步、交通行业发展作出了贡献。

（4）以标准化精细施工培养一流产业工人

岛隧工程3000多名一线操作者，绝大多数是农民工。高品质建成国家工程，需要来自五湖四海的农民工具备较强的专业技能。开工伊始，项目就做出规划，通过重大工程培育新时期产业工人大军。

立足于个人职业生涯发展，岛隧项目在桂山岛、人工岛工地设立"农民工夜校"。"农民工夜校"专辟"施工工艺讲堂"，聘请老师系统施教，从基础理论补缺开始，重点围绕施工过程中新、难、繁工序，进行专项岗前培训和技术交底，让农民工看懂图纸、熟悉工艺流程。工人在现场接触到当今最先进的装备、技术和工艺，系列讲堂与现场作业相结合，有效提高了各岗位人员的专业知识和实操能力。在E15沉管延期安装，造成桂山岛沉管预制厂停工百日期间，项目在做好走访慰问、稳定队伍的同时，更是多措并施组织各类业务培训、技能比武、文化活动，还外聘讲师传授技艺，组织职业技能认证，颁发职业技能证书，多领域为待工人员充电提升。工人们专业能力全面增进，身体素质得到锻炼，"战斗"状态保持良好，与工程"共患难"的主人翁意识更加强烈。

全面推行标准化管理，沉管预制厂率先引进"6S"（整理、整顿、清洁、清扫、安全、素养）管理方法。全封闭式培训，身临外企观摩，图文并茂授课，现场作业实操，带给工人全新的理念,从内在思想的认同到外在行为的自愿,科学的管理基因植入每一名员工、每一道工序。随即"6S"管理扩展至两个外海人工岛工地,"工地工厂化、6S 工地化、现场标准化",物品堆放有序,行为规范有序,工人素养极大提升,实现了从"粗放式"到"精细化"施工的转变。

营造尊重"工匠"的氛围,让岛隧项目每一名员工都成为"工匠",在大桥建设的每一天,都坚守和弘扬"工匠精神"。测量工成益品成长为全国技术能手,刚满 35 岁就被推荐为国务院政府特殊津贴候选人;把路缘石拼接精度控制在 1 毫米的普通工人,被授予"最美建设者";醉心投入自己岗位的清洁工照片出现在《工人日报》头版。对"工匠精神"的坚持,成为所有建设者的共同追求,每一名建设者充分展示出新时代产业工人的新形象。

中国交建将岛隧工程作为一所"实践大学",为所有参建者提供学习实践平台,让建设者汲取国内外先进管理理念、掌握前瞻施工技术和技能,为企业、行业和国家培养及储备了一流的人才资源。建设者将个人发展目标融入世纪工程建设目标,与伟大工程一道成长,不仅收获了自己人生职业生涯的最实财富,而且日后将为拉动行业及国家工程建设的技术进步继续贡献力量。

3. 典型代表人物

林鸣,江苏省南京市人,中共党员,教授级高工,港珠澳大桥岛隧工程项目总经理、总工程师,岛隧精神及岛隧文化的缔造者,岛隧项目创新管理及创新技术的领头人。

40 余年的职业生涯,林鸣走遍了大江南北,建起了众多桥梁。1999 年 4 月,林鸣率队修筑当时被称作"一号工程"的润扬长江大桥。这是我国首座自主建造的第一大跨径悬索桥。长江边深 50 米的北锚碇基坑,若决堤江水将喷涌而至。工人望而却步,林鸣拿起小板凳坐在基坑底陪工人一起施工。通车时,"小板凳的故事"上了中央电视台,林鸣被誉为"定海神针"。以设计施工总包模式,林鸣主持研发大桥控制性北锚碇深基坑工程成套技术,应用"动态联盟"管理思想及信息化手段,打造了工厂化、大型化、信息化施工典范。

2003 年 2 月,林鸣担任南京长江第三大桥副指挥长、总工程师。南京三桥是中国第一座钢塔斜拉桥,此前中国没有任何钢塔桥设计、施工的经验。在长江上建桥一般都要3~4 年,面对深水基础、钢塔制振、大型吊装等难题,林鸣主持开发平台法深水基础施工成套技术,仅 26 个月便完成工程建设,不仅为中国桥梁史留下了开创性的建设经验,也提升了中国桥梁施工设备的新水平。

2005 年 11 月,中国交建成立港珠澳大桥投标领导小组办公室,作为总工程师的林鸣领导一批行业专家学者,用三年时间试验研究,编制了《港珠澳大桥工法指南》,奠定了港珠澳大桥前期工法可行性研究的基础。2010 年 12 月 25 日,中交股份联合体中标港珠澳大桥主体工程岛隧工程。兼任项目总经理、总工程师的林鸣率领团队，在珠江口伶仃洋，打响了中国建设者实现建桥强国梦的七年战役，开始了登攀世界建桥技术高地的创新之路。

港珠澳大桥开工时，中国尚不具备沉管隧道的外海建造技术，世界上只有美国、日本和欧洲少数几个国家掌握该技术。2007年，林鸣前往韩国釜山，希望学习类似工程的建设经验，然而，他只能乘坐交通船在数百米处转了转。林鸣又找了一家荷兰公司，不料对方开价超过1亿欧元，且只提供咨询，不提供设备，不负责安装。外国公司的技术保护与技术壁垒激发了林鸣自主创新的决心。

在水下软土厚30米的海中，建造两个10万平方米的人工岛，按照传统抛石填海工法，工期至少3年。通航繁忙的伶仃航道安排大量船舶作业，安全风险极高；大面积海底淤泥开挖，必将造成海洋环境污染，影响中华白海豚栖息。2008年，林鸣提出利用120个大型钢圆筒外海快速筑岛的方案。这项技术颠覆大挖大填、软土换"硬土"的传统筑岛方法，成岛时间缩短至7个月。

为了预留30万吨级航道，沉管隧道最大埋深在海床下22米，荷载是传统沉管隧道的5倍，已有柔性与刚性结构均难适应。2012年，林鸣创新提出"半刚性"沉管结构概念，并论证实施了以永久适度预应力与记忆支座为核心的半刚性结构体系。为了预制海底隧道的33节8万吨沉管，林鸣带领团队开发了世界第二例、亚洲首例工厂法，首次实现了流水线生产曲线管节。最终接头水深30米，林鸣主持研发应用主动顶推、复合止水的整体可折叠最终接头结构，一天内完成隧道贯通。港珠澳大桥的沉管隧道自2013年管节安装至今，日运营滴水不漏。

隧道软土地基厚度达40米，远超以往工程。林鸣提出了"组合基床＋复合地基"的沉管隧道基础新理念，并开发了成套外海水下基础施工设备作为保障。现隧道实测平均沉降6.5厘米，优于20厘米的设计标准。伶仃洋台风、强对流，施工中的河口羽流、大径流、异常波等现象频发，林鸣引领团队历时一年半先后开展了33项试验研究，开发了14套系统和装备，最终形成具有自主知识产权的《港珠澳大桥外海沉管安装成套技术》。

2013年5月，林鸣带领建设团队海上鏖战96个小时完成首节沉管安装，实现了我国外海沉管安装的重大突破。2014年初，E8沉管安装前，林鸣因劳累过度，鼻腔大出血，4天内实施了两次全麻手术。未等身体恢复，他又匆匆回到船上，昼夜指挥安装全过程。2015年，E15沉管遭遇异常回淤，林鸣靠前指挥，攻关150多个日夜，在极为困难的情况下仍创造了一年安装十节沉管的"中国速度"。他先后被评为"全国优秀共产党员""全国五一劳动奖章""全国劳动模范""央企楷模"。

岛隧工程是港珠澳大桥唯一使用设计施工总承包模式的标段，也是国内首个大规模实践设计施工总承包的工程。七年施工，林鸣创建了"模式、方法、技术"深度融合的工程管理体系，实现了安全高效、绿色环保的可持续性目标。他带出了一支过硬的团队，为交通事业培养了一批行业精英，岛隧技术管理人员已成为深中通道、大连湾通道等重大工程的骨干。研发的深插钢圆筒和副格人工岛技术已在其他项目应用和再发展，建造的世界最大沉管隧道工厂正在为其他工程进行生产。工程总结被转化和用于支持悬浮隧道的研究。

时任交通运输部副部长冯正霖评价：林鸣亲历和参与了我国公路桥梁事业由弱到强的全过程，在深水桥墩建造、大跨径桥梁架设、桥梁深基坑工程设计施工、高塔及钢塔建造、大型跨海通道及外海人工岛的建设方面，在风险管理、信息化施工、总承包模式探索、施工现场标准化建设等方面取得了突出成就，为行业发展创造了经验和示范。林鸣数十年坚守工程第一线，对事业忠诚，对专业精心钻研，敢于担当、勇于创新，为交通发展作出了贡献，起到了引领作用。

时任港珠澳大桥管理局局长朱永灵评价：林鸣带领团队扎根伶仃洋，战严寒、斗酷暑，开拓创新、攻坚克难，完成了跨越伶仃洋的壮举。港珠澳大桥能够得到社会各界的充分认可，得到中央领导和三地政府的高度赞誉，林鸣发挥了关键性作用，功不可没、劳苦功高，体现了中国工程师敢为人先、敢于突破的智慧和胆略。岛隧工程设计施工总承包的成功实施推动了行业技术进步和管理水平提升，为我国从桥梁大国迈入桥梁强国作出了历史性的贡献。

2018年10月23日，港珠澳大桥正式开通，林鸣在自己亲手建造的岛隧工程上受到了习近平总书记的亲切接见。

三、港珠澳大桥岛隧工程技术创新

岛隧工程大量采用水运工程技术和工艺，为应对复杂建设环境、高标准的技术挑战，降低工程风险，确保工程安全、高品质建设，依托设计施工总承包平台，整合全球资源，开展系列试验研究，实现了多项技术创新，在外海筑岛、深水基础、大型构件预制及安装等方面提供了一些新思路和新方法。

（一）外海筑岛技术创新

1. 人工岛建设面临的挑战

东西人工岛是港珠澳大桥重要的组成部分，是岛隧工程的先导工程，其建设具有以下特点及难点：

①人工岛在外海无掩护条件及深厚软土地基条件下进行建设，西人工岛需要在18个月内为首节沉管安装提供对接条件。

②人工岛内须提供可靠的海上基坑以满足岛上隧道段现浇要求。

③岛上隧道和房建结构坐落于人工岛上,为实现隧道基础纵向刚度协调,控制建筑结构总沉降及差异沉降,需要快速密实回填砂、加固软土地基并有效控制沉降。

图 13-6-24 为人工岛典型地质剖面图。

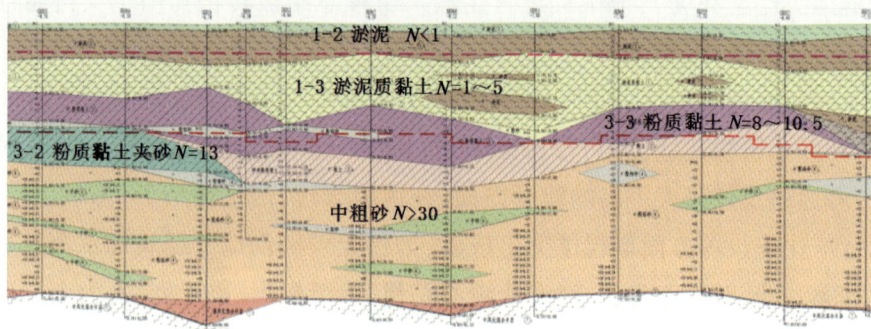

图 13-6-24　人工岛典型地质剖面图

④工程所在水域是世界上交通最繁忙、通航环境最复杂的海域,安全管理难度大;工程穿越中华白海豚保护区,环保要求严苛。

传统的抛石斜坡堤方案,开挖回填工程量大;成岛后再施工岛内基坑支护结构,斜坡堤和岛内陆域需要大量的地基处理,无法保障工期计划需求;岛内地基处理采用排水砂井及堆载预压,增加了基坑止水风险;施工作业船机数量多、时间长,交通安全管理难度大,环保影响难以避免。

2. 深插大直径钢圆筒筑岛创新技术

为满足建设条件要求,降低工程风险,岛隧工程建设者在世界范围内首创提出了利用深插大直径钢圆筒作为人工岛岛壁兼做深基坑围护结构的全新快速筑岛技术。

采用直径 22.0 米钢圆筒作为岛壁结构,钢圆筒沿人工岛外围振沉至不透水层,壁厚 16 毫米,最大筒高 50.5 米、最大振沉深度 30.0 米,西人工岛 61 个,东人工岛 59 个,共 120 个钢圆筒。

钢圆筒之间采用宽榫槽与弧形钢板组合的副格结构相连,弧形钢板半径 3.0 米、高 32.0 米;插入土≥16 米,具备超预期偏差的适应性,钢圆筒兼作隧道基坑止水围护结构,满足 18 米水头差作用下结构安全、止水可靠,避免了传统围护结构的内部支撑结构,扩大了岛上隧道施工的作业面,并为岛内外同步施工提供了条件。

利用整岛止水条件,设置井点降水,回填砂后进行降水,变回填砂浮容重为干容重,配合岛内塑料排水板,实现大超载比堆载预压,进行软基快速加固,参见图 13-6-25、图13-6-26。

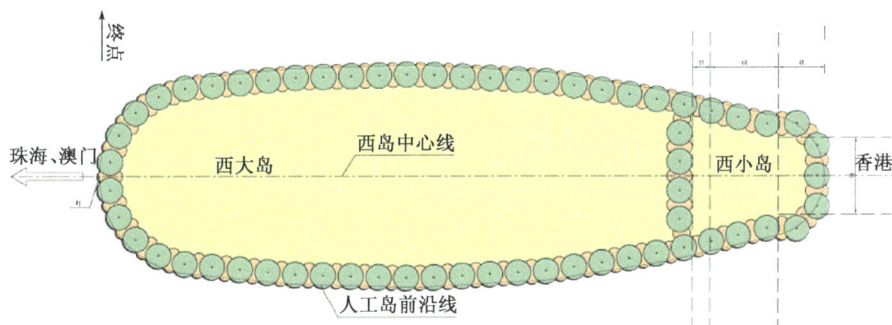

图 13-6-25　西人工岛钢圆筒平面布置图

图 13-6-26　钢圆筒筑岛施工

采用 8 台 APE600 型振动锤组及同步联动系统进行钢圆筒振沉，成功穿透埋深约 8 米、厚度约 2.5 米，标贯接近 30 击硬黏土夹层。

深插式大直径钢圆筒快速成岛方案在保障安全和质量基础上，215 天内完成东、西人工岛 120 个钢圆筒的振沉和 242 片副格的插入，形成总计约 3000 米的深水岸壁，比常规筑岛方案提前了 2 年成岛，减少开挖淤泥量 500 万立方米，陆域工后残余沉降小于 25 厘米。

针对深插式大直径钢圆筒这一创新技术，采用数值模拟、模型试验、现场测试和反演分析等手段，开展了针对性的理论研究，获得如下研究成果：

①揭示了深插式钢圆筒筒体和软黏土耦合作用的工作模式和破坏机理，提出了完整的设计方法和稳定性判别标准。

②研发了深插止水弧形钢板副格结构体系和设计方法。

③建立了薄壁钢圆筒振动下沉综合分析方法，研发了机械同步、液压同步、电气同步的八锤联动振沉系统，三维高精度定位和实时纠偏施工监控管理系统，形成了外海大型钢圆筒快速筑岛施工成套技术。

④利用深插钢圆筒止水技术，提出了深井降水结合超载预压地基同步快速加固方法，对下卧软土地基大超载比预压加固。

日本有采用格形钢板桩和重力式钢圆筒作为岸壁的案例。我国 2002 年 1 月在长江口航道整治工程中开展过钢筋混凝土大圆筒作为护岸的试验工程;2002 年 9 月在广州南山蒲洲海堤护岸工程中采用了直径 13.5 米的钢圆筒作为护岸工程的应用。港珠澳大桥采用并攻克的深插大直径钢圆筒技术,直径更大、效率更高、深插式结构比传统重力式结构可获得更高的稳定性,并拓展了其应用领域,是对大圆筒技术的继承与发展,形成的关键技术可在类似人工岛工程、码头工程、防波堤工程、护岸工程建设中推广,应用前景广阔。

(二)深水地基基础创新技术

1.岛隧工程地基基础建设面临的挑战

高质量的地基基础是沉管隧道的基石,港珠澳岛隧工程地处软基,基础工程施工面临外海、深水、精度要求高、需处理好回淤等难题,具体分述如下:

①外海深埋、超长沉管隧道,无成熟设计、施工经验借鉴,需探索研究适合外伶仃洋作业、复杂地质等制约条件下的设计、施工方法。

②隧道全长 6704 米,始于西人工岛止于东人工岛,由西岛入口以约 3% 坡度降至海底约 –45 米高程,延伸至东岛再以 3% 的坡度爬升至东人工岛出口,底部土质变化差异较大,软土厚度 0 ~ 30 米,沉管荷载沿长度方向不均匀,岛隧结合部变化差异大。

③基础施工包括沉管基槽精挖、抛石夯平、碎石垫层铺设,作业水深 15 ~ 46 米,施工控制精度要求高于码头等常规水工结构,工程地处外海开敞海域,气象水文条件复杂,水下不可视,基础施工质量控制既是重点也是难点。

④沉管横卧珠江口,基槽内及基床上必然发生泥沙回淤,如何在给定工期内清除基床上回淤物又不扰动基床是又一难题。

2.主要技术创新

本沉管工程沉降控制目标是总沉降小于 20 厘米,差异沉降小于 2 厘米,46 米水下开挖基槽槽底高程允许偏差 –60 厘米、+40 厘米,40 多米水下铺设碎石基床顶面标高允许偏差 ±40 毫米。为实现上述目标,在勘察、设计、施工控制等方面进行了创新。

(1)外海精细化勘察技术

为尽量准确地获得地质岩土信息及设计参数,为合理确定地基基础方案奠定基础,岛隧工程在勘察中提出实施外海精细化勘察的思想和要求,具体从以下方面展开工作:

①现场取样及测试技术方面。

a.为尽量消除海上波浪等不利因素影响获取少扰动土样,研发采用了带波浪补偿的钻探船及海上钻探平台,采用固定活塞式取土器及不扰动样的土样箱,减少对原状土的扰动。

b.研发使用海底坐床式静力触探系统(CPTU),贯入系统直接放置到海床,消除风浪不利影响,连续贯入记录现场锥尖阻力、侧摩阻力、孔隙水压力及探头倾角等数据,在海上快速完成试验。通过上覆影响压力、孔隙水压力、孔斜等校正,获得连续性原位性好的锥尖、侧摩阻力,进行精细地层划分,连续取得土层的物理力学指标,同时可对评估土层的渗透性、地下水情况及进行砂土液化判别,参见图13-6-27。

a)带波浪补偿钻探船　　　　b)钻探平台　　　　c)海底静力触探

图13-6-27　精细化海上勘察设备

②勘察组织管理方面。

a.对多种勘察手段分析结论互相验证,提高结论准确度。

b.由设计对勘察过程进行监督及管理,提出岩土试验技术要求,参与实验方案制定并动态跟进,根据设计荷载制定加载序列等,构建设计—勘察一体化动态管理体系。

(2)复合地基+组合基床沉管基础创新结构

根据计算评估,隧道全线采用天然地基沉降不能满足要求,需对岛上段、岛头区、斜坡过渡段进行地基加固处理,中间区段可采用天然地基。

海中过渡段软基加固方案选择是关键,国外专家根据其经验建议采用减沉桩基础,打入直径50~60厘米钢桩,桩顶设置桩帽,桩帽顶铺设碎石垫层,其上安放沉管。这也是一种全新的结构,为此,岛隧项目部在青岛组织开展了模型试验。试验表明,在碎石层加载后,桩帽顶碎石层呈现不稳定状态,向两侧软泥塌落。

基于试验分析结合理论研究,认为斜坡段不宜采用减沉桩。为实现中间天然砂层地基与斜坡过渡段基础刚度协调,引进采用海上挤密砂桩复合地基技术,根据荷载及地质分区段采用不同砂桩置换率,在局部区段再增加堆载预压措施,砂桩置换率42%~70%,参见图13-6-28和图13-6-29。

基于沉降变形协调理论及可行加固工法分析,确定隧道从中间段、过渡段、暗埋段到敞开段分别采用天然地基、挤密砂桩复合地基、高压旋喷桩复合地基、PHC刚性桩复合地基以及预压处理后的"天然地基",沉管隧道纵向地基加固方式见图13-6-30。

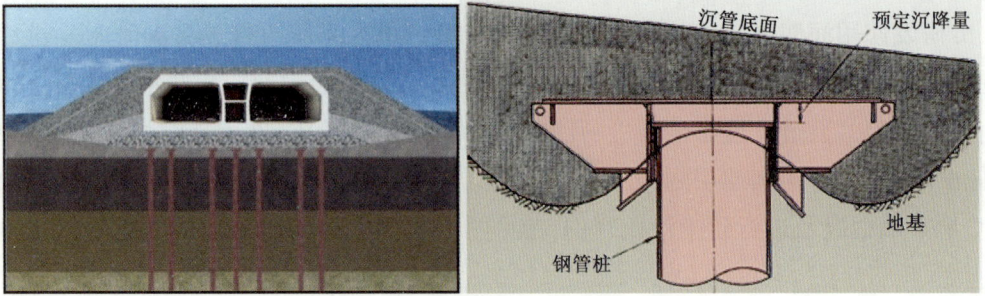

图 13-6-28　斜坡段减沉桩方案示意图

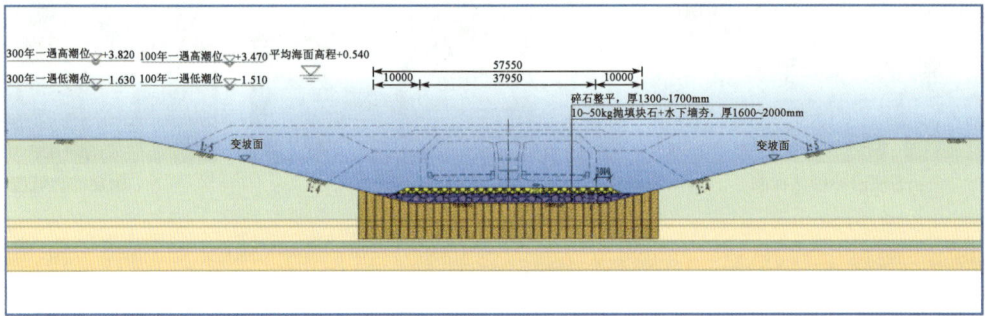

图 13-6-29　挤密砂桩复合地基方案示意图

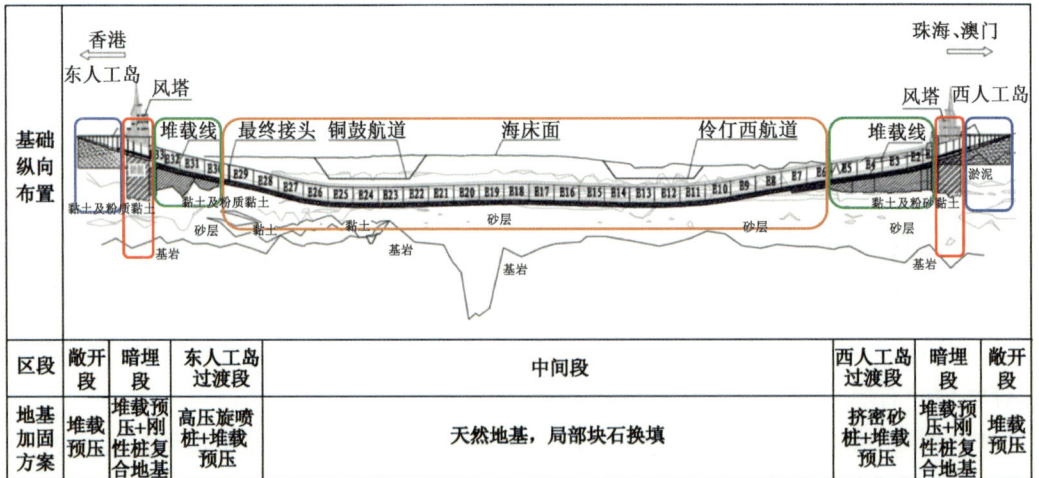

图 13-6-30　沉管隧道纵向地基加固示意图

　　沉管基槽开挖后,由于卸载基底会出现隆起趋势,同时会有底渣、落淤。为进一步硬化、均化基底,利于传递分布上覆荷载,降低底渣及落淤对基础质量影响,并为后续施工过程回淤处理提供条件,海中沉管段首创采用组合基床结构,由底层 2 米厚块石和其上 1.3 米厚碎石基床组成,参见图 13-6-31。首先在基槽底铺设厚 2 米的块石层,并夯实,然后用专用平台式碎石基床铺设船施工 1.3 米厚碎石垫层,满足竖向拟合纵坡要求及基床顶面平整度要求。

碎石层基本构造设置为 V 形槽,纵断面锯齿形,平面 S 形铺设,单垄顶纵向宽度可取为 1.8 米,V 形槽顶纵向宽度 1.05 米,碎石级配 63.5 毫米(100%)、31.5 毫米(25% ~ 35%)、2.36 毫米(< 8%)以及 63.5 毫米(100%)、53 毫米(15% ~ 25%)、4.75 毫米(< 1%),参见图 13-6-32。

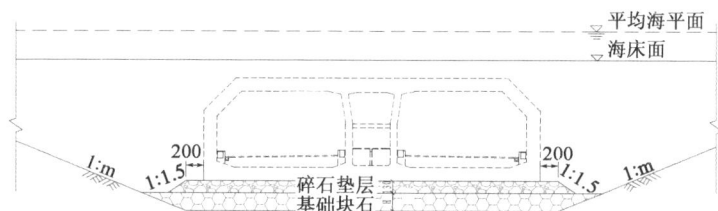

图 13-6-31　组合基床横断面(尺寸单位:cm)

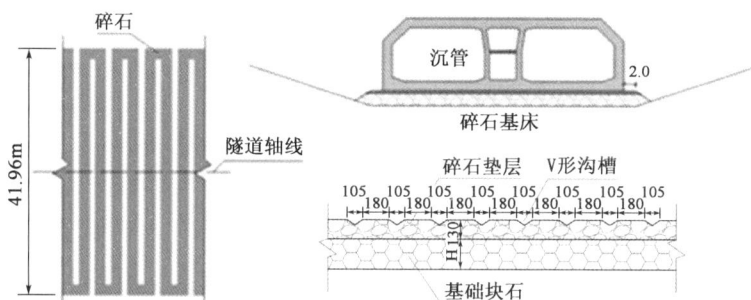

图 13-6-32　碎石基床结构图(尺寸单位:m)

(3)高精度深水基础施工控制技术与装备研发

沉管基础施工主要涉及基槽开挖、过渡段挤密砂桩软基加固、块石基床抛填与夯实、碎石基床整平、清淤等工序,这些施工都是在水下进行、不可视。但需要满足:最大作业水深 46 米,槽底开挖允许高程偏差 - 60 厘米、+ 40 厘米,10 ~ 100 千克块石抛填至水下并夯实,顶面高程允许偏差小于 30 厘米,碎石基床铺设顶面高程允许偏差小于 4 厘米。

为实现上述施工质量控制要求,研发了以下装备和系统:

①平挖定深精挖抓斗船,实现了开挖高程智能控制,有效避免了超挖以及对槽底原状土的扰动,实现了施工过程的可视、可控。

②集抛石及振动夯实功能于一体的专用装备,进行定点定量抛石以及时间可控的定点夯平夯实;开发了全过程、可视化监控系统,对抛石、夯实过程进行实时监测;创新采用液压振动锤对块石基床进行振动夯实,在振动锤下增设夯板,一次夯实面积达到 20 平方米,持续振夯 30 秒能够达到普通重锤 12 夯次的夯沉效果,大幅提高了夯实的施工效率。

③平台式碎石整平船"津平 1"号,实现了碎石输送、下料管控制、整平刮刀高程调节、台车移动、水下目标高程动态定位、碎石基床同步质量检测等施工作业自动化和一体化管理,与以往的坐底式基床抛石整平船、平台式基床抛石整平船和水下步履式整平机相比,

自动化程度、施工效率及整平精度更高。

④沉管基础施工质量检测、监测管理系统，通过过程质量自动控制、潜水检查、多波束扫测、多种方法验证等手段，获取信息并分析评估、判断，进行施工质量管理与控制；研发外海堆载预压监测系统对挤密砂桩堆载预压进行监测；研发沉管隧道沉降变形监测系统，对沉管隧道施工过程沉降等信息全面掌握，并动态控制。这些系统对保证基础施工过程质量起到了重要保障作用。图13-6-33为碎石基床多波束扫测图。

图13-6-33　碎石基床多波束扫测图

（4）回淤预报及减淤、清淤创新技术

沉管基槽横卧珠江口，形成沉淀池效应，回淤是不可回避的问题。超出设计允许的回淤会增大基础沉降及不均匀沉降，影响沉管着床，基槽边坡回淤物积累到一定厚度会失稳滑塌至基床。深水清淤特别是碎石基床面清淤是个难题，港珠澳岛隧工程项目部开展了一系列回淤机理、回淤预报、控淤、清淤等技术研究并实现了创新突破，分述如下：

①开展物模试验研究分析了先铺碎石基床纳淤机理、敏感因子以及纳淤能力的定量规律。

实验研究发现回淤物是通过碎石基床空隙，自下而上沉积，空喉对回淤过程起到决定性作用，碎石级配、碎石空隙率、基床厚度是影响基床纳淤能力的重要因素，可通过设计合适的碎石基床参数使得基床纳淤能力满足回淤量要求，即满足：

$$Q_1 \geqslant \gamma \times Q_2$$

式中：Q_1——先铺碎石基床的可纳淤能力（立方米）；

$Q_1 = k_1 \times k_2 \times (A_2 \times h \times n) + Q_沟 - Q_泥$；

其中：$Q_沟$——基床垄之间沟的总纳淤量（立方米）；

$Q_泥$——受基床碎石含泥量影响因素的折减值（立方米）；

A_2——基床碎石垄等效承淤表面积（平方米）；

h——基床厚度（米）；

n——空隙率；

k_1——碎石性状等影响系数；

k_2——基床厚度影响系数；

Q_2——施工期基床范围内的回淤总量（立方米）；

γ——安全系数。

②利用多重网格嵌套技术开发潮流、海浪和泥沙耦合的精细化回淤数值预报系统,基于大型超级计算机和大量实测资料不断对模型进行调试训练,实现每节沉管逐日回淤量的高精度预报,实现基槽回淤定点、定时和定量预报。

③开发专用清淤船"捷龙"号,研发利用恒压技术的基槽床面清淤防损系统和触底保护装置,实现泥面及基床面上清淤;开发高精度吸头定位监控系统,采用水下压力传感器、双向角度传感器、行程传感器等技术,修正 80 米长桥梁变形对吸头定位精度的影响,实现高精度定点清淤。

④开发适用于外海 50 米水深、不扰动碎石基床情况下快速清淤装备(图 13-6-34)和技术,主要作业性能如下:

最大船舶作业水深:50 米;

清淤作业水深:10 ~ 50 米;

每个船位清淤范围:48 米 × 25 米;

清除淤泥比例:≯1.3;

吸头清淤行走速度:≮1 米/分钟;

单节管节约 7300 平方米清淤时间:≯10 天。

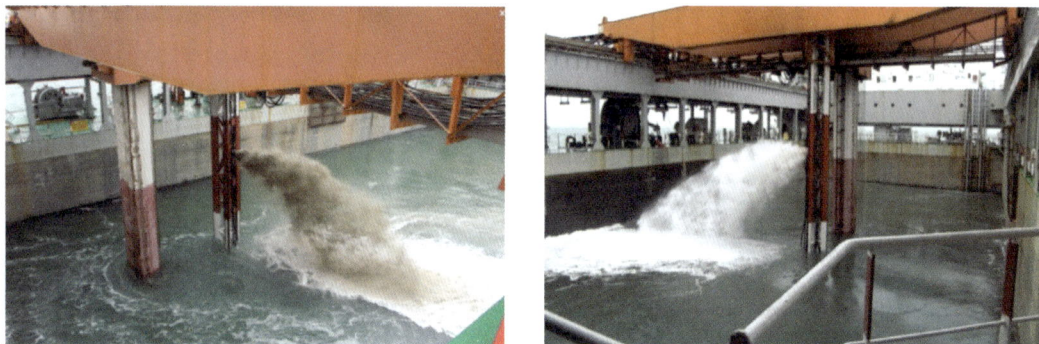

图 13-6-34　碎石基床清淤作业

⑤提出并实施"防淤屏"技术,降低屏内水体浊度达到减淤效果。

E33 管节与东人工岛暗埋段相接,受堤头空间限制,碎石整平船无法作业,只能采用人工方法铺设水下碎石基床,施工期大大延长,带来已铺基床面泥沙淤积量增加,如不采取措施,回淤量将大大超出设计容许值,且随时间延长底部会形成较密实的淤积体,清淤十分困难。

为减少 E33 管节基床回淤,岛隧项目总经理部提出了防淤屏方案(图 13-6-35)。

2016 年 7 月 15 日 ~ 29 日,在东人工岛 E33 管节处进行防淤屏防淤原位试验研究(图 13-6-35),进行同步的水流、含沙率、回淤盒及多波束水深测量等多项观测工作。

图 13-6-35　防淤屏安装及平面布置图

对现场防淤屏减淤试验数据分析表明:

①防淤屏内外侧浊度差明显,内侧浊度约为外侧的 78%,含沙率约为外侧的 62%;

②增加防淤屏后,E33 基槽内回淤强度减少明显,是原来回淤强度的 50%~60%。

在 E33 实际施工中,应用了防淤屏技术,成功控制碎石基床回淤在容许范围内。

深基槽高精度挖泥、外海深水基床抛石及夯实、外海深水基床高精度铺设整平及深水清淤等关键技术组成了沉管隧道基础精细化施工成套技术。

3. 创新技术应用效果及前景

上述创新技术在港珠澳大桥沉管隧道基础建设中得到了广泛应用,对保证建设质量、减少施工风险、保障工期等方面发挥了重要作用,沉管隧道整体沉降控制在 7 厘米以内,远低于国际同类沉管 20 厘米的沉降指标。

岛隧工程在深水基础勘察设计施工方面取得的以下成果,可为后续类似沉管隧道、码头、防波堤、护岸等工程提供如下参考:

①外海精细化勘察技术,包括液压升降钻探平台、波浪补偿分离式钻机、海床式静力触探试验等技术。

②沉管隧道复合地基设计方法,构建 PHC 刚性桩、高喷柔性桩、挤密砂桩(SCP)复合地基逐渐过渡到天然地基的地基刚度协调系统。

③块石基床与碎石基床组成的组合基床结构构造以及设计方法。

④深水基础精细化施工成套技术及装备。

⑤深水基础施工质量监测及检测技术。

⑥回淤环境先铺碎石基床设计方法及基床面控淤、清淤技术。

(三)大型构件工厂化预制技术

1. 沉管管节预制难点

港珠澳大桥需要预制 33 个沉管管节,其中直线管节 28 个、曲线管节 5 个,混凝土预制总量约 87 万立方米;标准管节由 8 个 22.5 米长的节段连接而成,长 180 米、宽 37.95 米、高 11.4 米,预制总重约 7.6 万吨,混凝土用量约 28000 立方米,参见图 13-6-36。管节设计寿命 120 年,混凝土 28 天强度 C45,截面尺度大,钢筋含量超过 300 千克/立方米,无外包防水,40 多米水下要保证管内一级防水标准,工程区域降雨频繁、常年气温高,湿度变化大,预制控裂面临巨大挑战。根据工期计划,首批管节(E1、E2)须在 2012 年 7 月底前预制完成,第二批管节(E3、E4)需在 2012 年 10 月初完成,其后需保证 2 个月预制完成 2 节管节的流水效率。

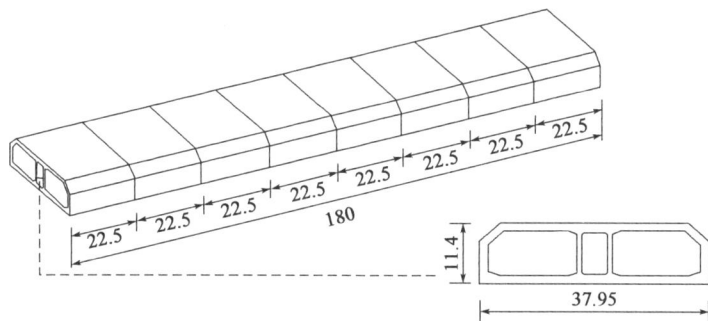

图 13-6-36 港珠澳大桥沉管管节示意图(尺寸单位:m)

2. 工厂法预制总体方案

经过充分论证,沉管采用工厂法预制,厂址位于珠海市桂山牛头岛,采用预制厂房与浅坞纵向串联、浅坞与深坞横向并列的 L 形布置,如图 13-6-37 所示。

图 13-6-37 沉管预制厂 L 形布置

预制厂房内布置 2 条生产线,每条生产线设置钢筋加工区、钢筋绑扎区、混凝土浇筑及养护区,详见图 13-6-38。

钢筋加工、绑扎及混凝土浇筑标准化流水作业,底板钢筋绑扎完成,通过顶推系统将钢筋笼顶推至墙体绑扎区;墙体钢筋绑扎完成,顶推至顶板绑扎区;整体绑扎完成,顶推至混凝土浇筑区,完成体系转换、模板安装和混凝土浇筑;管节浇筑完成后,采用顶推系统从工厂区顶推至浅坞区,在浅坞区完成一次舾装,关闭深坞门和浅坞门,坞内灌水,管节起浮横移至深坞区,完成二次舾装,浮运出坞,如图 13-6-39 所示。根据预制工艺需求进行工厂设施设计及建造,满足沉管工厂化预制的要求。

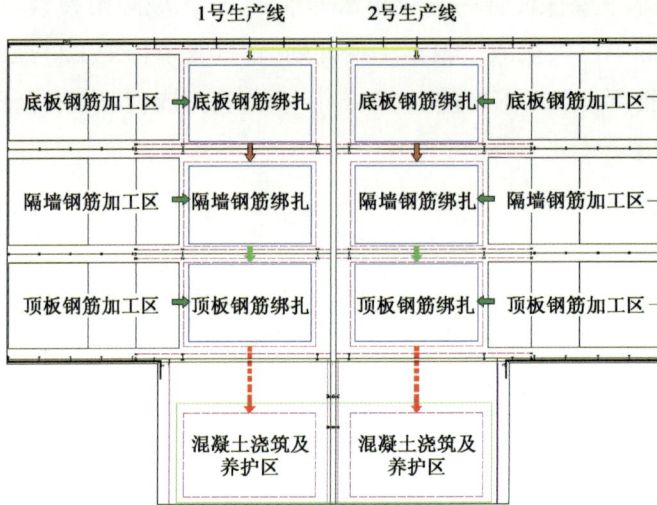

1号生产线　　　2号生产线

底板钢筋加工区 →	底板钢筋绑扎	底板钢筋绑扎	底板钢筋加工区
隔墙钢筋加工区 →	隔墙钢筋绑扎	隔墙钢筋绑扎	隔墙钢筋加工区
顶板钢筋加工区 →	顶板钢筋绑扎	顶板钢筋绑扎	顶板钢筋加工区

混凝土浇筑及养护区　　混凝土浇筑及养护区

图 13-6-38　沉管预制厂房布置图

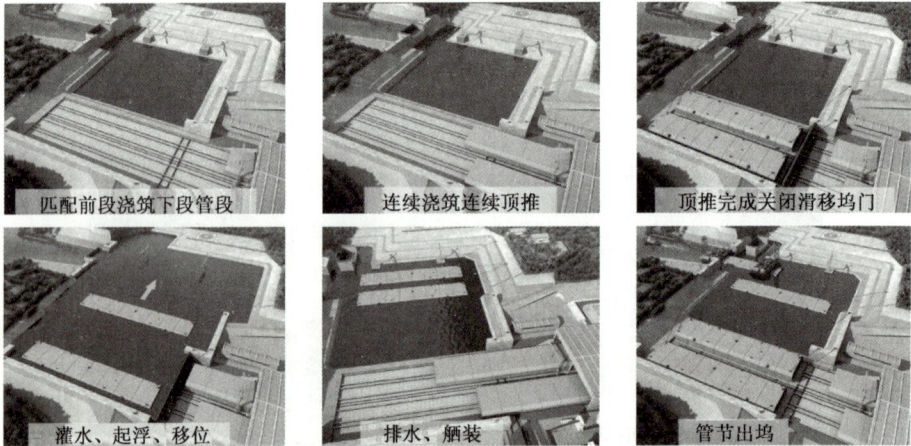

匹配前段浇筑下段管段　　连续浇筑连续顶推　　顶推完成关闭滑移坞门

灌水、起浮、移位　　排水、舾装　　管节出坞

图 13-6-39　沉管舾装及横移示意图

3. 主要技术创新

港珠澳沉管是全球第二例、国内首次采用工厂法流水线预制,目前世界上最大体量的工厂法预制混凝土构件。

预制工厂厂房建筑面积2.7 万平方米,最大高度30.5 米,深、浅坞最大蓄水面积约为13 万平方米,蓄水量约为170 万立方米,深、浅坞能同时存放 6 节管节,钢结构厂房和深、浅坞都是当今超大规模的预制厂工程构筑物。

预制工厂设计建设及超大构件沉管预制主要创新技术分述如下。

(1)预制工厂平面布置创新

世界第一例的厄勒沉管预制厂预制车间、浅坞及舾装区、管节寄存区呈串联布置,预制好的沉管寄存在厂外海域。港珠澳沉管如也采用厂外寄存,需建设防波堤降低风浪影响,保证沉管安全,工程规模大。为此,设计者根据现有地形地貌创新提出了预制车间与浅坞串联、浅坞与深坞并排的 L 形工厂总体平面布局,将管节二次舾装和存放安排在深坞,避免了厂外防波堤的建设,同时利用现有采石坑并扩大尺度建设深坞,有效减少了深坞土石方爆破开挖量、拦水坝工程量和深、浅坞灌排水量。

预制车间呈 T 形布置,两侧为钢筋加工区,中间为钢筋绑扎台座及混凝土浇筑坑,实现流水式标准化生产模式。钢筋加工区高程高于生产线区,与厂外路面一致满足物流水平运输需求。

(2)浅坞钢闸门结构创新技术

预制厂深坞底高程 −12.8 米,浅坞区底高程 +1.75 米,深、浅坞四周由拦水坝和原有山体组成封闭的止水体,拦水坝顶高程 +15.8 米。管节横移时,关闭浅坞门和深坞门,坞内蓄水至 +15.35 米,管节起浮并移至深坞区。

浅坞区面积约 196 米 ×104 米,满足两节标准管节的一次舾装和起浮要求,宽度参考单条生产线宽度设计,长度满足 180 米管节的停放要求。浅坞门需满足便于多次反复移动开启,并能承受 12.7 米单侧水压条件下受力及止水安全。

创新采用一种自稳式三角形结构钢闸门,以三角钢架为基本受力单元,通过相互联系的承杆形成整体受力钢架,利用倾斜的迎水面巧妙化解了 12.7 米水压形成的巨大水平推力和倾覆力矩,水压力还提供部分有利于稳定的垂直力,同时减少了坞门结构受力。整体钢架迎水面设置连续工字钢墙梁 + 止水钢板形成横向挡水,端部则通过钢架悬挑 + 外围止水板形成端部的止水,钢闸门侧止水和底止水采用背贴式波纹形止水带分别与闸墩止水底座贴紧,形成止水面,参见图 13-6-40。

(3)深坞门结构创新技术

深坞区面积约 203 米 ×196 米,底高程 −12.8 米,满足 4 个管节寄存要求,深坞门需满足多次开启及近 15 米单侧水压条件下受力及止水安全,创新采用钢筋混凝土 + 钢结构组合沉箱浮坞门结构。坞门结构长 59 米、宽 25.2 米、高 29.1 米,高度方向分为两部分,−13.39 ~ +5.3 米范围内浮坞门由 40 个舱格组成,+5.3 米高程以上近坞墩侧舱格延续至 15.8 米高程;5.3 ~ 15.8 米高程,在海侧设置 10.5 米高挡水钢扶壁,组成组合式结构,降低坞门结构重心,提高浮游稳定性。

坞门关闭时向沉箱隔舱内灌水增加稳定性,坞门开启时排出隔舱水,化解坞门抗倾和起浮对坞门自重两个截然相反的要求之间的矛盾,参见图 13-6-41。

图 13-6-40　浅坞钢闸门

图 13-6-41　深坞门

为增加坞门抗滑安全度,坞门与坞口底板配合设计,设置防渗混凝土基梁、支撑混凝土基梁和抗剪混凝土基梁。为保证浮坞门坐底后,浮坞门底板与坞口基梁接触应力分布均匀,在基梁顶部对应浮坞门纵横舱格交叉处设置橡胶垫,参见图 13-6-42。

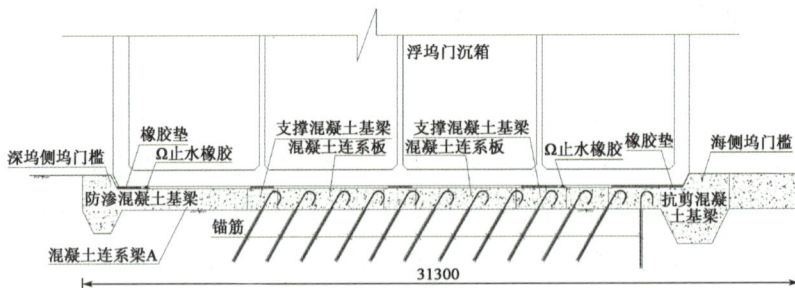

图 13-6-42　坞口底板基础典型断面图(尺寸单位:mm;高程单位:m)

深坞坞口止水参见图 13-6-43,挡水和止水结构物由浮坞门、侧止水钢闸门、坞门墩和坞口底板四大部分相互连接而成。

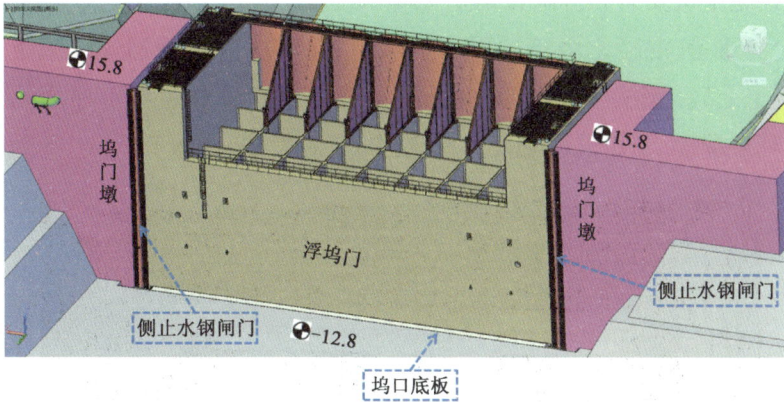

图 13-6-43 深坞坞口止水轴侧图

（4）大型液压模板创新技术

德国 PERI 公司,创新开发全断面液压模板,包括底模、内模、侧模、端模和针形梁五大系统。底模、侧模、内模均布设相应液压系统用于模板操作,保证模板足够强度与刚度,同时便于快捷地安拆。模板结构图见图 13-6-44。

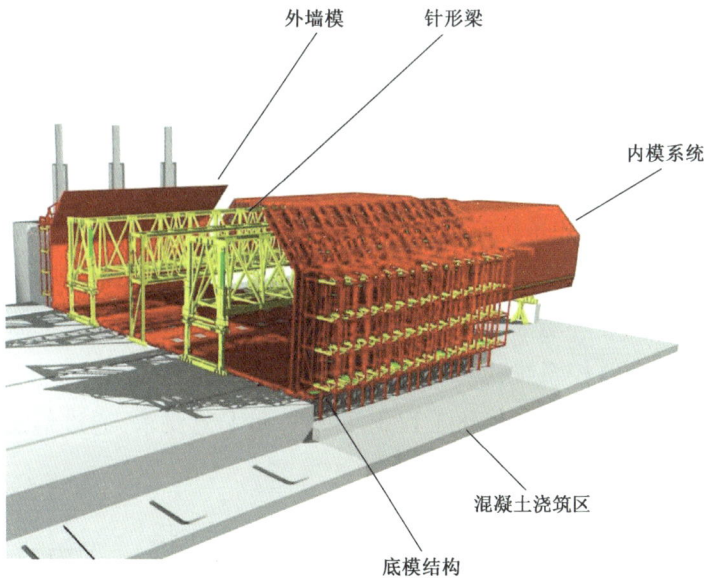

图 13-6-44 液压模板结构示意图

底模固定于浇筑台座,通过底部千斤顶支撑系统实现合模和脱模动作;3 个穿入式移动内模,可做拆、合模动作和纵向移动,单个内模横向由 2 块组成,具有翻折功能,纵向由 4 段组成;左右 2 个侧模,采用全液压驱动,整体安装、整体脱模、整体移动;侧模支撑系统由可伸缩钢框架及反力墙构成,钢框架的前面一部分可以在立模与拆模时纵向折叠。整个侧模采用插销、螺杆-螺栓配套连接,为保证混凝土振捣操作,侧模上端布置有 2 节可翻拆模块,其上开设多排振捣孔;2 套可拆卸式端模,分别为管节端头 EJ 模板、节段端头 SJ

模板,利用桥式起重机安装和拆除;2榀针形梁和1榀针式梁,为内模的支撑和移位结构,只承受内模自身重量,混凝土浇筑过程中不承受其荷载(该荷载通过内模下倒角传递至硬化后的混凝土上)。底模可升降,解决了混凝土浇筑和管节顶推工序之间方便转换问题;外模不设对拉螺杆,利用混凝土反力墙支撑,参见图13-6-45。

图13-6-45 液压模板施工过程

(5)大体积混凝土温控创新技术

管节工作水深超过40米、壁厚达1.5米,采用全断面浇筑工艺,平均浇筑强度约150立方米/小时,属大体积混凝土。管节浇筑不设施工缝、不设冷却水管、不设外包防水,混凝土浇筑过程控裂极具挑战。

创新研究开发低热混凝土配合比;研发原材料—拌和—浇筑—养护全过程温控措施,开发节水喷雾系统实现混凝土原材料仓库温湿度控制,开发风冷系统实现搅拌站输料系统的温度控制;研发制冰拌和系统实现混凝土出机温度控制;通过特制泵管降温护套控制混凝土运输过程的升温。最终组合而成的混凝土浇筑温度调控体系如图13-6-46所示,实现了炎热海岛淡水缺乏环境下浇筑温度夏季不高于26℃、冬季不高于20℃的目标。研发混凝土浇筑实时温度监控系统,实时获取相应阶段的温度控制指标,根据监测成果对施工情况进行评估,调整施工参数、优化工程施工方法和工艺要求,通过信息化管理实现温度裂缝控制。

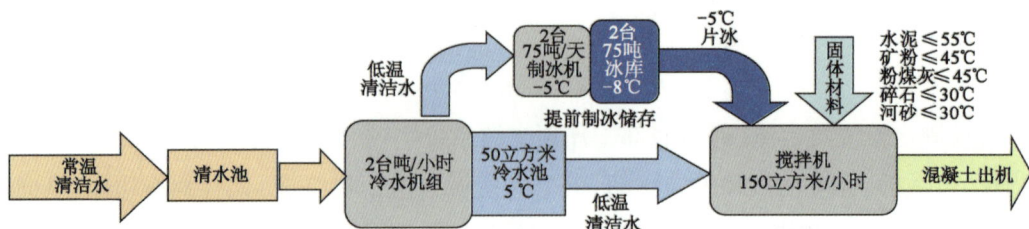

图13-6-46 浇筑温度控制

(6)大型构件长距离顶推创新技术

港珠澳大桥沉管隧道单个沉管重7.6万吨,从预制台座顶推至浅坞,移动距离超过

200米，顶推过程中要求轴线偏差控制精度5毫米。顶推过程中需解决轨道不平整、顶推力大、沉管混凝土表面拉应力可能出现超标引起开裂的风险。为此，与VSL合作研发多点主动支撑分散顶推系统，单个节段下方布置6台850吨主动支撑千斤顶，采用三点支撑；设4台40吨顶推千斤顶，多点连续同步顶推，通过主动支撑系统、分散顶推系统，解决大质量沉管长距离顶推难题。顶推系统分为支撑系统、顶推系统和纠偏系统三部分，采用主控柜集中控制。顶推过程根据主控台显示的各项参数，及时进行调整，参见图13-6-47。

图13-6-47　沉管顶推系统

（7）曲线段沉管工厂化预制技术

岛隧工程沉管E29～E33管节位于半径5500米的平曲线上，这5个管节也需要在桂山工厂内进行预制，这是世界范围内首次实施工厂法预制曲线沉管，在诸多设计及工艺技术上与直线沉管完全不同，不能沿用直线管节工厂法预制方法。岛隧项目部组织设计施工联合攻关，历时近1年，实现了以下成果：

①攻克曲线沉管工厂法预制技术，开发了钢筋笼可调式胎架及顶推滑移系统、可调式外模及悬挂式自平衡内模系统、混凝土全断面浇筑及四维信息化控制系统，实现了曲线沉管的匹配浇筑与线形控制。

②研发曲线沉管工厂法预制全过程线形动态控制系统，实现管节毫米级线形控制目标，形成一套适用于曲线沉管工厂法预制高精度管节线形控制方法。

③通过对曲线沉管受力特征的分析研究，国际上首创曲线沉管三维姿态数字化顶推控制技术，集成开发三点并联主动式支撑系统、分散同步连续顶推系统、导向动态纠偏系统，实现了7.6万吨曲线沉管的长距离顶推及三维姿态毫米级控制，形成了超大曲线沉管长距离顶推成套技术。

4.创新技术应用效果及前景

桂山沉管预制厂因地制宜进行总体规划,创新采用L形总体布局,大幅减少了石方开挖量,实现管节坞内寄存,保证沉管台风期安全,同时省去外海设置管节寄放区所需防波堤,仅用14个月建成了世界规模最大的沉管预制工厂。

开展工厂法沉管预制技术攻关,集成开发沉管生产流水线、大型自动化液压模板、混凝土全断面浇筑及控裂、7.6万吨沉管顶推等成套技术,实现超大型混凝土构件的工业化制造。在流水线上预制沉管管节,不受天气影响,真正实现连续作业,生产效率保持均衡与稳定,保证了管节的预制质量和进度可控。历时44个月完成33节沉管预制,创造了87立方米混凝土浇筑不开裂的纪录。建设者们还攻克了首次工厂法预制曲线沉管,丰富和发展了超大型混凝土构件工厂法预制技术。这些创新技术可为后续类似沉管隧道、大型沉箱等水工预制构件提供参考。

(四)沉管创新技术

1.半刚性沉管新结构

沉管隧道通常为浅埋,管顶一般位于床面以下2~3米;为了预留30万吨航道,港珠澳大桥沉管隧道近3000米需要埋置于海床面以下22米,此前在世界上还没有先例。沉管结构需长期承受22米厚淤泥及44米水压荷载,是常规沉管的4~5倍。再叠加复杂的基础条件,如采用欧洲沉管常用的节段式柔性管节(图13-6-48),节段接头剪力键存在能力不足的破坏风险以及节段接头止水失效风险;如采用浅埋沉管另一种常用的刚性管节(图13-6-49),管节长度只能在100米左右,管节数量增加50%,工期也会延长,且存在结构开裂漏水风险。

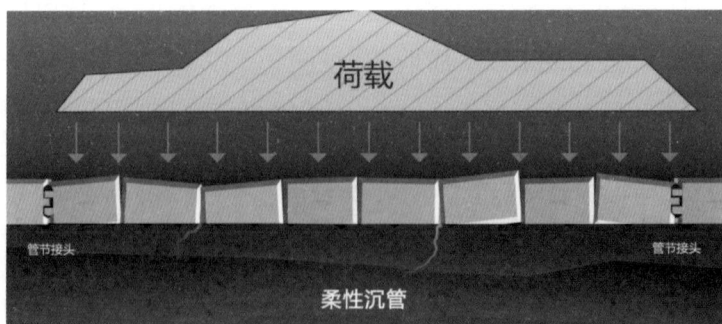

图13-6-48 柔性管节结构风险机理示意图

通过近1年多的时间研究,岛隧工程在世界范围内首次创新提出了一种全新的沉管新结构——半刚性管节(图13-6-50)。这种结构综合了刚性管节和柔性管节的特点,在柔性管节基础上设置纵向部分无黏结预应力体系,使得各管节节段之间允许一定张开变形,在不失整体刚度的前提下具有一定的柔度。半刚性沉管结构关键机理在于采用纵向预应力筋,将适应地基变形的管节节段柔性连接加以适当约束,以保证管节节段间有可控的转角变形而不会发生滑脱破坏(图 13-6-51)。

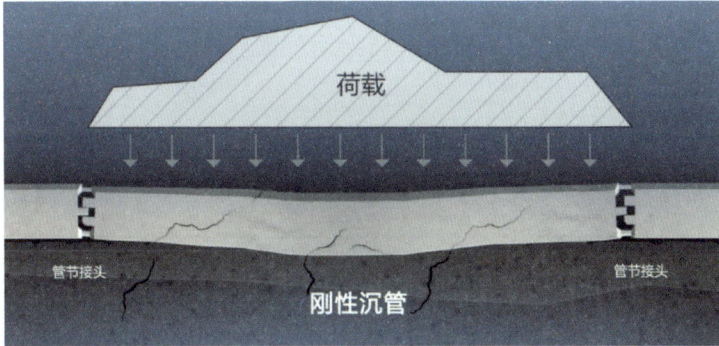

图 13-6-49　刚性管节结构风险机理示意图

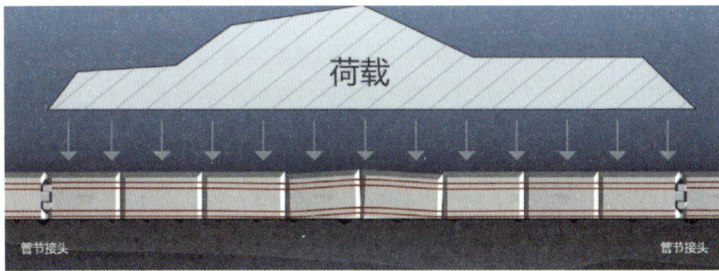

图 13-6-50　半刚性管节结构机理示意图

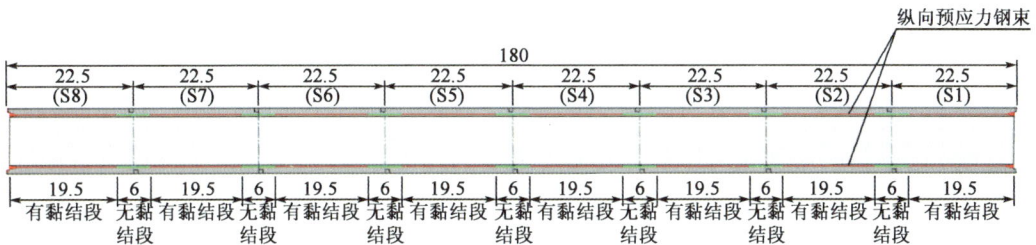

图 13-6-51　半刚性管节预应力纵断面布置图(尺寸单位:m)

　　沿管节纵向通长设置创新的部分无黏结预应力系统(图 13-6-52),在节段接头处预应力管道可在一定范围活动,采用特殊的节段接头连接件实现跨缝处的无黏结构造,其他区段同常规的体内预应力。

　　预应力度是影响结构纵向刚度的关键因子,预应力度高结构呈现刚性,预应力度低结构呈现柔性。结构纵向刚度会影响结构中纵向内力、管节结构纵向位移、地震工况下接头水平向受力、节段接头位移等。可根据需要设置预应力度,通过预应力调节纵向结构刚性,不同结构体系力学特性分析见表 13-6-6。

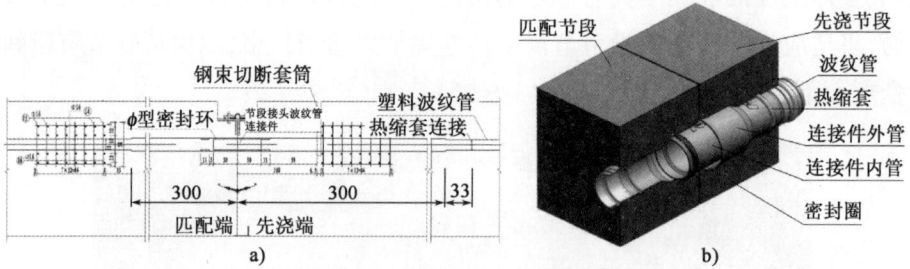

图 13-6-52　部分无黏结预应力系统布置及构造(尺寸单位:cm)

不同结构体系力学特性分析　　　　　　　　　　　　　　　　　　　表 13-6-6

力学特性	半刚性管节	柔性管节	刚性管节
节段接头变形	受预应力约束,节段接头张开量小于柔性管节	接头在张开和转动过程中,无预应力约束作用	不允许张开和转动,接头的张开趋势体现在结构拉应力增加
管节纵向内力	结构纵向受力介于柔性管节与刚性管节之间	节段接头张开释放弯矩,结构纵向受力较小	纵向受力较大,需配置较多钢筋或预应力
预应力	部分无黏结预应力永久设置,施工期无须另外预应力	施工期设临时预应力,运营前预应力被剪断	一般无须纵向预应力
节段接头抗剪	除剪力键外还有预压力产生的摩擦力,总体抗剪能力提高	剪力键抗剪	全截面抗剪,能力强
管节接头张开量	介于柔性管节与刚性管节之间	较小	较大

半刚性沉管管节是中国工程师提出的一种创新结构,依托港珠澳大桥深埋沉管隧道,通过开展理论和机理研究、数值模拟、现场测试和对比反演,在沉管半刚性结构机理、设计方法、部分无黏结纵向预应力体系等方面形成了系列创新成果,支撑了港珠澳大桥深埋沉管隧道高质量建成。截至目前,首次做到了结构滴水不漏。半刚性沉管结构也受到了国际同行的高度认可,成为与刚性管节、柔性管节并列的第三种结构,为未来沉管隧道结构提供新的选择。

2.管节接头记忆支座

港珠澳大桥岛隧工程沉管地处不均匀软基,深埋沉管上覆荷载是常规浅埋沉管的4～5倍,半刚性沉管结构可显著提高节段接头的抗剪能力、管节结构受力及防水安全度,但管节接头结构相比常规沉管结构没有得到加强。如果管节接头剪力键发生过载,将会导致键体及与之相联的腹板开裂,甚至破坏,特别是迎水侧边腹板一旦漏水,修复极其困难。为避免这类破坏,保护管节接头剪力键及腹板结构,岛隧项目部研发了一种新型管节接头记忆支座。支座记忆的力值设定为剪力键安全的抗力,当剪力键受力小于该记忆的力值,结构及支座处于弹性工作状态,一旦剪力键受力超出记忆的力值,支座发生变形,保持受力不变。记忆支座设计的荷载位移曲线如图 13-6-53 所示。

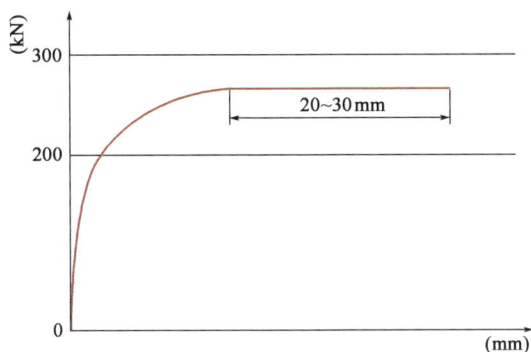

图 13-6-53　记忆支座单个金属件荷载位移曲线

确定记忆支座功能及荷载位移曲线后,通过一系列材料比选、性能试验,获得了一种新型的保护荷载记忆型支座的产品和产品设计技术。在一定厚度(约 6 厘米)和面积(约 60 厘米×60 厘米)的多孔钢制底板上,插入 20～30 个直径大于底板孔径的金属承压柱构成剪力键承压接头,并配以辅助性构件形成管节接头记忆支座。参见图 13-6-54。

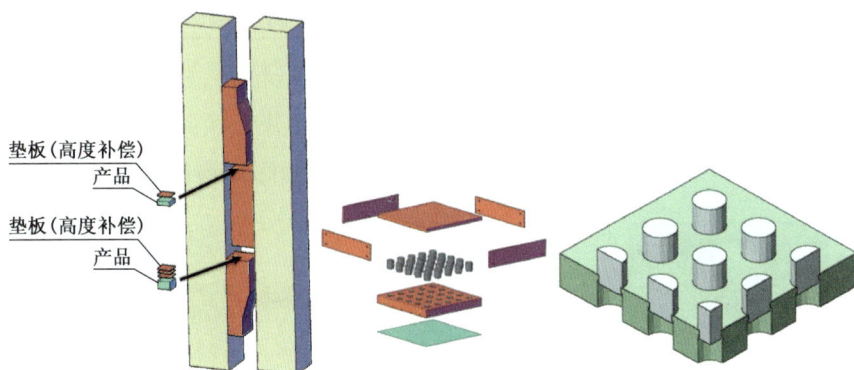

图 13-6-54　管节接头记忆支座安装位置及构件示意图

3. 外海超长深埋沉管安装

港珠澳大桥沉管隧道是我国第一条在外海环境安装的沉管隧道,建成后将是世界最长的公路沉管工程。沉管标准管节长 180 米,重约 80000 吨,最大沉放水深近 45 米,基槽最深处约为 35 米,槽深是同类沉管隧道的 2～3 倍,槽底海流复杂,流场紊乱。深埋式深水沉管有别于其他深水沉管,深水深槽沉管安装是世界范围内首次尝试。沉管浮运、安装施工特点汇总见表 13-6-7。

沉管浮运、安装施工特点分析表　　表 13-6-7

序号	工程特点	特点分析
1	规模大	管节体量大（8 万吨级）、数量多（33 节），世界最大规模沉管隧道之一
2	作业条件	现场远离大陆，材料、设备、人员等组织运输效率低
		外海无掩护施工，易受台风、热带气旋、短时雷暴等恶劣天气影响，安装期需跨越多个台风季节
		位于珠江口航道运输最繁忙水域，水上交通安全管理难度大
		岛头区沉管安装作业面狭窄、水流条件复杂
3	技术难点	复杂水流和航运条件下的管节浮运
		水文与气象作业窗口分析、精细化预报和保证
		跨海控制测量和高程传递
		深水（45 米）长距离（5.6 千米）条件的沉管水下高精度定位测控
		岛头效应产生的挑流对岛隧结合部管节沉放影响
4	安装工期	安装施工作业条件严格，每月只有两个窗口期，可作业天数有限
		33 节管的安装，与国内外类似工程比较，工期挑战性大
5	施工风险	深水压力条件下的端封门等结构安全风险
		深水条件的潜水作业安全风险
		突发灾害天气条件下现场作业安全风险
		沉管浮运通航安全风险
		回淤环境，先铺碎石基床及基槽边坡回淤超标风险

沉管安装主要工序包括出坞、浮运、系泊、下沉、对接、精调、锁定回填等，为攻克外海深槽沉管安装难题，岛隧项目部前后历时 6 年，自主研发并在实践中逐步完善了 13 个外海沉管保障系统，确保了 33 节沉管安装顺利完成，实现海底高精度对接，参见图 13-6-55。

图 13-6-55　外海深水沉管安装

（1）沉管安装船及控制系统

国内外已有适合外海大型沉管的沉放系统可以概括为浮箱沉吊法、双驳扛吊法。为适应港珠澳大桥深水深槽环境，降低安全及质量风险，自主研发制造了集系泊定位、沉放对接、远程操控、监测监控等综合功能于一体的信息化沉管安装船,实现了外海深水条件下,大型沉管的水下高精度无人沉放对接,填补了国内外多项技术空白。

（2）锚泊定位系统

为抵抗安装船和管节受到的水流力、波浪力,在管节安装位置需布设 12 口锚,其中安装船连接 8 口系泊锚、管节连接 4 口安装锚。

岛隧工程在现场对国内常规 DELTA FLIPPER 锚（HYD-14）、AC-14 型锚、Stevmanta VLA 型锚、STEVPRIS Mk5 锚（HY-17 锚）等大抓力锚进行了多组锚抓力试验,验证抓重比、稳定性等关键参数,然后结合现场试验、工艺优化,研发了一套抓重比大、稳定性高、快速系泊的超大沉管锚泊定位系统及施工工法,可实现系泊锚极限锚抓力大于 150 吨,安装锚极限锚抓力大于 75 吨。

（3）压载控制系统

沉管浮运过程漂浮于海面,干舷 15～20 厘米,浮运、锚泊定位后,需要进行加水下沉、水力压接等工作。为降低深水施工风险,研发建造了远程集中操控的压载水系统,通过主控台实现管节内无人远程集中操控功能,向沉管内的水箱注水、排水或向单个水箱注水、排水,还可以实时监控每个水箱内的液位高度和注水量。压载水系统主要由压载水箱、压载泵、压载管系、电动阀门、主控台等组成,管节压载水系统主要设备分布于主安装船、副安装船及管节三大区域。

（4）拉合系统

待安管节距离已安管节约 0.8 米时着床,此时需要一套设备将待安管节平稳拉向已安管节,并提供一定的拉力压缩 GINA 止水带鼻尖,达到初步水密状态。

根据港珠澳大桥沉管隧道特点,研发水下自动拉合系统,最大拉合力 800 吨,实现了水下无人自动搭接,并具备测距和显示拉合力的功能;开发了"距离拉合"和"压力拉合"两种操作模式,实现控制以相同的距离进行拉合和以相同的拉力进行拉合。

（5）深水测控系统

为满足超长深水沉管对接及平面轴线控制精度要求,岛隧项目研发了测量塔与声呐定位组合的深水沉管安装定位测控系统。尾端设置测量塔,通过测控软件收集汇总测量塔顶部两套全球定位系统(GPS)和管内倾斜仪的实时数据,解算得到待安装管节尾端特征点的实时绝对定位数据,指导管节安装。首端以声呐定位法进行沉管对接相对精确定位,利用超声波测位装置软件对水下声呐系统传来的数据进行汇总、分析和计算,最终使用图像及数据实时显示沉管的三维姿态及与已安装沉管的相对位置关系,从而指导待安沉管与已安沉管顺利对接;并以高精度光学测量法(管内精密闭合导线测量)进行最终绝对定位检核。

（6）精调系统

通过对内调法和外部调节法等 6 种方案深入研究,港珠澳大桥岛隧工程的工程师们结合沉管安装的实际情况和相关条件开发了沉管体内精调系统,利用自动化系统对管节进行自动纠偏,纠偏精度达到毫米级,并在E4管节安装中首次成功使用。该工艺的成功应用不仅确保了港珠澳大桥沉管安装精度,也大大降低了施工风险。沉管隧道体内精调系统由液压油泵、12台千斤顶、传感器、油管、分油器、集成控制箱、控制电脑等组成。

(7)浮运导航系统

国内其他沉管隧道的定位系统是在"海上导航定位系统"基础上的改进版,只能够显示编队的位置。然而港珠澳大桥受航道限宽、水深受限、外海大径流等条件的限制,单纯的显示编队位置无法保障编队的浮运安全。

自主研发的新型浮运导航系统,可以将编队浮运过程中的各项技术参数显示出来,如航道区、航道预警区,风浪流预警、编队运动趋势等,保障了编队的浮运安全。

沉管浮运导航测控软件安装在安装船和拖轮上。施工现场的工作程序为:电子海图输入→GPS显示管节位置→国家海洋预报中心测流→流速信息输入软件→指挥人员根据流速和管节位置调整拖轮位置→浮运视频导出。

(8)作业窗口管理系统

作业窗口是指适合沉管安装的时间段,工程区域气候复杂多变,灾害性天气频繁,水文条件复杂,窗口分析与预报对确保管节浮运沉放施工安全及工期十分关键。在本工程中,定义"大窗口"为适合沉管浮运、安装作业的连续时间段,期间,风、浪、流、能见度等环境要素均能满足沉管各项施工要求;定义"小窗口"为在大窗口内选择一个基槽底部流速最低时段,用于实施沉管对接。所以,大窗口是所谓的沉管安装作业窗口,小窗口则是指沉管对接窗口。

本工程委托国家海洋环境预报中心负责工程区现场长期水文气象数据的观测、预报模型的分析和作业窗口预报管理系统的建立。通过开展包括精细化气象海洋实时监测、长历时天气预报、精细化气象海洋数值预报等方面研究攻关工作,建立了精细化作业窗口预报管理系统,并在一年的观测、对比基础上,持续开展模型的检验、修正工作,不断提高预报精度。

从历次沉管施工风速预报的平均误差来看,24小时风速预报绝对平均误差为0.86米/秒,48小时绝对平均误差为1.13米/秒,72小时绝对平均误差为1.15米/秒;24小时海浪有效波高预报绝对平均误差为0.15米,48小时绝对平均误差为0.16米,72小时绝对平均误差为0.12米;潮位预报平均误差为0.09米,最大误差为0.24米;海流流速预报平均误差为0.1米/秒,最大误差为0.31米/秒,达到了技术指标要求。

(9)沉管对接保障系统

港珠澳大桥沉管基槽水域位于盐水楔活动区,在潮汐的作用下,近海深槽的海流水平速度在垂直方向呈"齿轮"形结构分布,涨潮时,深槽流底层流速大于表层流速;落潮时,表层流速大于底层流速。管节安装时需要尽量控制在槽底小流速时段进行管节着床和对接操作,减小管节在水下控制难度风险。

为了满足沉管沉放对接过程中对周围海洋环境的极高要求,开发了一套集监测、预报和信息显示于一体的外海深槽沉管安装对接保障系统。该系统包含了移动式海流实时监测系统和基槽三维海流预报系统,可提供连续6小时整层平均流速小于0.5米/秒的对接时间窗口,预报时间误差不超过90分钟。

(10)沉管运动姿态实时监控系统

管节沉放过程中受到海流、海浪、风、潮汐、海水盐度、缆力等水下复杂工况影响,水下运动呈现超低频、小振幅状态,若出现不受控的低频小幅晃动,可能会导致导向杆不断碰撞导向托架,严重时会造成导向定位系统失效,甚至有可能使得管节对接偏差过大,影响安装质量。

为掌握深水深槽条件下管节在水下的晃动幅度和频率,规避施工风险,本工程依托中航工业长城计量测试技术研究所在超低频振动和惯性计量测试领域的技术优势,集成开发了一套外海超大沉管深水超低频运动姿态监测系统。通过有效集成高精度的石英挠性加速度计、光纤陀螺仪等惯性导航设备以及基线稳定的32位微振采集仪,利用惯性导航技术进行多参数耦合解析,快速准确获得沉管安装过程中的运动速度、振幅及首尾摆动角度数据,及时提供安装指挥组决策使用,指导和保障沉管安装作业。

(11)沉管结构安全实时监控系统

沉管沉放过程最大水深超过40米,端部端封门承受压力超过万吨,为确保管节安全,掌握沉放过程中端封门的变形是否在安全范围内,研发了一套端封门监测系统,监测内容包括封门变形监测、封门应力监测和封门视频监控。安装过程中实时监测封门应力、变形,实时监控封门渗漏情况,并由设计人员现场评估封门结构安全度,为管节的安全控制提供数据支持。

(12)沉管水力压接控制系统

管节拉合作业完成后,通过管内底部排水管系配合排水,使结合腔内压力减小,逐渐水密,然后打开管内进气阀排水管系,进行一次水压结合,在尾端巨大的水压下,新沉管节受压向已安管节前移,GINA止水带完成大部分压缩;补充待安管节压载水,打开两侧进气阀,再通过待安管节主排水泵排水进行二次水压结合,完成GINA止水带的全部压缩;待安管节进行最终压载后,打开人孔门进行扫舱排水和止水带的检查,至此水力压接完成,管节实现紧密对接。

研发可受控水力压接系统——沉管管节端封门压力、流量监测系统,实时监测水力压接过程中排水量及封门压力的变化,有效控制水力压接过程,使整个过程可控,保证GINA均匀压缩,并能够最终形成图形,有利于水力压接过程控制和事后分析。

（13）回淤监测及预警预报系统

为解决基槽异常回淤问题，港珠澳大桥岛隧工程项目部委托中交第四航务工程勘察设计院有限公司、交通运输部天津水运工程科学研究院、南京水利科学研究院和中山大学组成联合攻关组，针对沉管基槽出现的异常泥沙淤积现象开展研究工作。攻关组基于"高精度、大数据"的实测资料，通过理论回归分析手段，推导出了适用于深基槽泥沙回淤预报的计算理论公式，即等效潮差与基槽回淤的关系表达式：

$$D_{ep} = -\lambda R_e^{\theta}$$

式中：D_{ep}——基槽淤积厚度；

　　　R_e——总等效潮差；

λ、θ——经验系数，应根据现场实测资料推求。

采用研发的泥沙淤积预警预报系统进行了 E15～E33 管节共 19 个管节的基槽泥沙淤积预警预报，实现了基槽泥沙淤积预报范围从宏观到局部，预报时效从"年、月"精确到"逐日"，预报精度由米级到厘米级提高，极大地提升了回淤预报的精确度和时效性，保障了各沉管的顺利、安全沉放。

"外海深水沉管安装工法"利用数字化系统，快速、高精度、安全可控地完成外海深水沉管安装施工。它的成功应用，不仅确保了港珠澳大桥沉管安装的效率和精度，也大大降低了施工风险，提高了施工质量，很好地解决了这一世界难题，同时也对类似的深水无人沉管隧道施工具有极高的应用价值。

表 13-6-8 为港珠澳大桥沉管管节的安装时间及偏差数据，供参考。

港珠澳大桥沉管管节的安装时间及偏差数据　　　　　　　　表 13-6-8

管　　节	安装时间（年、月、日）	竖向绝对偏差（毫米）	横向错边（毫米）
E1	2013.5.2～5.6	−29	33（E1&CW1）
E2	2013.6.16～6.18	+12	49
E3	2013.7.29～7.31	−20	27
E4	2013.9.12～9.15	+30	6
E5	2013.10.27～10.30	+9.9	57
E6	2013.11.23～11.24	+46.4	10
E7	2013.12.8～12.9	+21.3	48.1
E8	2014.1.7～1.8	+34.1	35.1
E9	2014.2.23～2.24	+23.6	20.6
E10	2014.3.23～3.25	+28.7	100.1
E11	2014.7.20～7.22	−7.4	31.5
E12	2014.8.18～8.20	+22.1	13.2

续上表

管　节	安装时间(年、月、日)	竖向绝对偏差(毫米)	横向错边(毫米)
E13	2014.9.18～9.20	+8.5	30.3
E14	2014.10.16～10.18	+46.5	1.9
E15	2015.3.25～2015.3.26	+6.2	23.5
E16	2015.4.12～2015.4.13	+41.4	9.5
E17	2015.6.9～2015.6.11	+2.5	22.5
E18	2015.6.26～2015.6.28	+17.1	5.8
E19	2015.7.24～2015.7.26	-27.4	24
E20	2015.8.23～2015.8.25	-11.8	16.9
E21	2015.9.22～2015.9.24	-14.6	9.3
E22	2015.11.4～2015.11.6	+1.3	11.5
E23	2015.11.18～2015.11.20	-3.2	9.1
E24	2015.12.20～2015.12.21	+24.7	0.5
E25	2016.3.31～2016.4.1	+10.6	4.4
E26	2016.5.13～2016.5.14	-4.6	2.1
E27	2016.6.10～2016.6.12	+4.8	4.0
E28	2016.7.11～2016.7.13	+3.7	4.5
E29	2017.2.18～2017.2.19	-16.5	2.8
E30	2017.3.6～2017.3.7	-17.9	2.1
E31	2016.12.24～2016.12.25	-42.3	36
E32	2016.11.22～2016.11.23	-34.6	9.4
E33	2016.10.7～2016.10.8	-47.7	3.7

注:横向偏差"＋"表示偏北,"－"表示偏南;竖向偏差"＋"表示偏高,"－"表示偏低。

4.整体安装主动止水最终接头新技术

沉管隧道也要在水下进行合龙,沉管的合龙段就是最终接头。港珠澳大桥沉管隧道最终接头处于外海,深槽紊流、东岛岛头绕流、冬季寒潮等气象水文条件复杂,很难找到满足潜水作业的连续长周期时间,潜水水下作业存在断断续续的风险。根据观测,最终接头区回淤强度为1～2厘米/天,最终接头如果长时间在水下施工可能会带来超标的回淤,清淤作业将影响施工进度。

出于对工期和施工风险的综合考虑,在调研世界范围沉管隧道最终接头方案基础上,港珠澳大桥岛隧工程项目部研究提出了整体预制主动止水可逆安装式最终接头创新型结构。不同于已有的沉管接头工法,其总体概念是:采用倒梯形钢壳混凝土三明治结构,陆上工厂进行钢壳制造、钢壳内灌注高流动性混凝土形成三明治结构,选择气象窗口,运输最终接头到位,大型浮吊整体吊装沉放就位,通过结构内设的千斤顶系统压缩临时止水GINA实现与海水隔离,抽排结合腔水,快速实现主动止水,形成管内干作业环境。在管内干环境施工,焊接刚性连接件并灌注高流动性自密实混凝土形成永久性刚接头,分别实现最终接头与其两侧已沉沉管结构的连接,实现隧道贯通。

（1）特征

①预制整体安装,实现海上快速施工;

②现场水上作业时间少,规避外海作业环境风险;

③潜水工作量尽可能少,减少水下作业风险的同时提高作业工效;

④能够适应较大的合龙口纵横向误差,降低沉管安装线形精确控制难度;

⑤安装过程能够可逆,可以灵活应对施工过程中出现的各种可能的意外情况。

（2）技术创新点

①首次研发整体安装、主动止水可逆式沉管最终接头结构体系,提出了其设计方法及计算理论,创新了世界沉管隧道最终接头关键技术;

②首创沉管最终接头可逆式顶推结构及控制系统、GINA 止水带 + M 形止水带 + LIP 止水带止水体系,实现最终接头和已安管节止水压接的主动精确控制;

③首次提出了双线形联合锁网新型沉管隧道贯通测量技术,以及多种测量技术相互校核的沉管龙口形态控制新方法,实现了沉管隧道龙口形态毫米级的精准控制;

④研发高精度水下吊装姿态控制及定位系统,实现了 6000 吨级构件 28 米深水龙口内 15 厘米间隙吊装就位;

⑤研发精确调位系统,实现了最终接头毫米级对接精度;

⑥研发了三明治沉管结构钢结构制造及控制技术、高流动性混凝土配制及浇筑技术,形成了钢壳及高流动性混凝土施工技术规程及验收标准。

港珠澳大桥沉管隧道最终接头于 2017 年 5 月 2 日顺利安装完成（图 13-6-56）,安装精度达到毫米级,并于 5 月 25 日完成刚接头焊接,比传统的止水板法缩短了施工工期至少 3 个月,且大量减少了潜水作业,最大程度上降低了施工风险。

图 13-6-56　港珠澳大桥沉管隧道最终接头

首创的"主动止水预制安装沉管隧道最终接头",经过港珠澳大桥沉管隧道的实践,成功解决了深水复杂海洋环境下的沉管隧道贯通难题,为未来世界沉管最终接头方案提供了新的工具。

(五)海上挤密砂桩地基加固技术

1. 海上挤密砂桩技术及国内外应用

海上水下挤密砂桩(SCP)是一种地基加固技术,它通过振动设备和管腔增压装置把砂强制压入软弱地基中形成扩径砂桩,从而增加地基强度,加快地基固结,减少结构物沉降,提高地基的抗液化能力,具有施工周期短、加固效果明显、工序可控性好的特点。其适用范围可广泛应用于对砂性土、黏性土、有机质土等几乎所有土质的地基加固处理。与一般砂桩相比,挤密砂桩桩体的密实性高,加固的置换率可达60%～70%。最重要的是它能适应海洋工程的特点,能在一定程度上克服风浪作业,在深水海域几乎成为唯一的软土地基加固手段,非常适用于人工岛、深水防波堤、护岸、深水港等工程的地基基础加固。

日本是目前SCP技术最先进的国家之一。在20世纪50年代就开始进行大规模开发应用挤密砂桩技术;此后几十年,挤密砂桩技术发展较快,1956年开始应用SCP施工工法,1960年开发了振动式施工方法;1967年开始应用于海上工程,并在日本得到广泛应用。到20世纪80年代末,SCP软基加固引入了飞速发展的电子计算机技术,扩大了施工船舶的船体尺度、改造了船上原有固定化的设备,使得这种作业船扩大了适用范围,水下砂桩施工自动化程度更高,提高了工程质量和施工及管理效率。

据统计,日本有数百项采用SCP方法进行地基加固的实例,如关西国际机场一、二期堤岸、横滨市南本码头、东京湾横断川崎人工岛、木更津人工岛等工程,其应用范围包括码头岸壁、防波堤、护岸及人工岛等,主要用于加固处理淤泥、淤泥质黏土等软黏土和松散砂土。

1984年,SCP在韩国光阳综合钢铁厂建设时被首先采用,其后得到进一步推广应用。典型的工程实例如:釜山新港北港区集装箱码头工程及釜山公路沉管隧道工程。

我国水下砂桩起步较晚,受施工技术的限制,20世纪90年代前在工程应用均为一般砂桩,其直径只有500～1000毫米,置换率平均为20%左右,最大为35%。

大规模砂桩施工是从2002年洋山深水港建设开始,洋山港一期工程A标段驳岸地基加固长度417.0米,加固宽度35.0米,置换率为20%(部分为25%),砂桩直径ϕ1000毫米,桩长13.5～22.0米,共计3584根;沉箱基床地基加固范围40.0米×50.0米,置换率为30%,砂桩直径ϕ1000毫米,桩长9米,共计775根,一期工程合计沉桩4359根。2006年由中交三航局通过自主创新成功研制出第一代国产化挤密砂桩施工船,经过后续不断调试和改进,2008年成功应用于洋山深水港三期工程工作船码头。其主体结构为重力式沉箱结构,使用置换率为50%和60%的挤密砂桩复合地基作为基础,共使用挤密砂桩424根,直径为1.8米。

2. 港珠澳挤密砂桩创新应用及效果

2010年港珠澳大桥岛隧工程开工建设,在东西人工岛岛壁结构、救援码头以及沉管隧道基础工程中采用了挤密砂桩复合地基方案。中交一航局通过"中和物产株式会社"引进日本6套挤密砂桩船,其砂桩控制系统及设施处理地基深度达到70米,挤密砂桩直径可达2米,置换率50%~70%,特殊需要可做到80%。中交三航局开展了新一轮挤密砂桩船升级工作,研发改造包括:砂桩船桩架、振动锤、三联管、砂料输送系统、施工自动控制系统、GPS测量定位系统、雷达式砂面计无线传输系统等;挤密砂桩船地基加固深度可达水下66米,挤密砂桩最大直径可达2米,复合地基置换率可达70%。

岛隧工程东西人工岛护岸采用水下挤密砂桩复合地基,挤密砂桩直径1.6米,间距为2.9米和2.7米,呈矩形布置,置换率26%,挤密砂桩的应用保证了护岸施工期和运营期边坡稳定性,减少了护岸工后沉降。东西人工岛救援码头为重力式沉箱结构,采用挤密砂桩对其下软基进行加固,砂桩为1.6米直径挤密砂桩,桩间距为1.8米,置换率为62%。挤密砂桩的应用为沉箱结构救援码头提供了足够的地基承载力,保证了边坡稳定性,减少了码头工后沉降。东西人工岛设计的挤密砂桩工程量分别约为30万立方米,总方量约60万立方米。沉管隧道过渡斜坡段采用边桩径、变置换率的挤密砂桩复合地基,淤泥深厚且荷载较大区段设置高置换率挤密砂桩,同时进行水上堆载预压。挤密砂桩桩径包括1700毫米、1600毫米、1500毫米、1400毫米,挤密砂桩置换率分别为70%、62%、55%、40%,通过变置换率挤密砂桩的应用,使沉管隧道地基刚度均匀过渡,较好地控制了管节间差异沉降,保证了沉管隧道受力及止水的安全。

3. 主要创新及前景

岛隧工程开展了水下挤密砂桩载荷试验,并长期观测了不同置换率挤密砂桩复合地基沉降,通过对监测数据的反演分析并结合日本和洋山港工程经验,对挤密砂桩复合地基承载力、稳定性计算及沉降机理理论计算进行研究,形成了一套完善的中国自己的挤密砂桩设计施工方法。

①系统研究分析了水下挤密砂桩复合地基加固机理、地基承载力和沉降变化规律,开展了水下挤密砂桩现场试验,提出了桩土应力比取值、复合地基承载力及沉降计算修正公式等,形成了适用不同条件的水下挤密砂桩复合地基设计计算方法。

②研制了自动化程度高、振动能量大、操作便捷的水下挤密砂桩施工成套装备,砂桩船水下处理深度可达水下66米,可在同一个桩中实现不同桩径的挤密扩径控制;自主开发了砂桩船的施工控制系统,实现了成桩过程自动化控制。

③通过现场试验提出了扩径与着底双控的成桩判定标准,分析提出了采用标准贯入击数和用砂量双控的质量检测方法及相关参数。

④研究形成了水下挤密砂桩的成套施工工艺,编制了《海上挤密砂桩设计与施工指南》《水下挤密砂桩设计与施工规程》和《水下挤密砂桩施工质量检验标准》。

⑤采用新建挤密砂桩船满足了工程对挤密砂桩底高程控制,实现桩身连续性控制,灌砂及计量系统、压力控制系统和砂面检测仪、振动设备满足贯穿土层及配备 GPS 无验潮测量技术的要求。

水下挤密砂桩设计理论的完善以及施工成套设备成功研发,促进了挤密砂桩在人工岛、护岸、码头、防波堤、机场等工程的应用。实践证明,挤密砂桩经济和社会效益显著,推广应用前景广阔。

(六)大型水工装备研发

为满足港珠澳大桥岛隧工程施工工艺及质量控制需要,通过自主设计制造、合作改造、联合开发、引进采购等手段完成了一批达到世界一流水平的大型施工装备。

1.钢圆筒振沉成套设备

液压振动锤组是钢圆筒振沉成套设备中最核心的装备,首次实现八锤联动同步振沉系统。设备性能参数:偏心力矩 1845 千克·米,最大激振力 39617.43 千牛,最大上拔力 17792 千牛,最大频率 1400cpm,振动重量 112 吨,最大振幅 14.8 毫米。

该设备仅用 215 天完成东西人工岛 120 个钢圆筒沉放,最大入土深度超过 30 米,垂直度最高精度大于 1/500,最高实现日振沉 3 个直径 22 米钢圆筒,参见图 13-6-57。

a)　　　　　　　　　　b)

图 13-6-57　钢圆筒振沉成套设备示意图

2.精挖船"金雄"轮

开挖隧道基槽,槽底高程偏差不大于 −0.6 米、+0.4 米,常规设备难以满足此要求。通过改造抓斗船"金雄"轮(图 13-6-58),实现水下最深 46 米进行上述高精度挖掘。

图 13-6-58　精挖船"金雄"轮

①采用 RTK 控制高程基准,由计算机与设备微调系统实时控制抓斗吊缆长度、抓斗闭合轨迹,大幅度减小风浪流对挖掘精度的影响,达到厘米级高程精度。

②构建精挖监控系统,精确控制抓斗运动轨迹,测控精度小于 50 厘米,实现对挖泥施工的可视、可控、可测。

③研发挖泥自动整平控制系统,使平挖高差从 30 厘米减少到 5 厘米。

在技术性能上,"金雄"轮最大挖泥深度(水面下)75 米,挖泥工作半径 22.0～17.6 米;在标准作业工况下水深 10 米,流速小于 1 米/秒,吊臂与水平面呈 60°～70°夹角范围内,抓斗斗容为 30 立方米,标准生产率 900 立方米/小时。

3. 砂桩船"砂桩 7"

隧道过渡段基础、人工岛抛石斜坡护岸基础及人工岛救援码头沉箱基础施工中采用了 SCP 技术,共打设砂桩近 40000 根,用砂量近 150 万立方米。先后投入砂桩船 7 艘,高峰时 6 艘船同时作业。

以"砂桩 7"(图 13-6-59)为例,最大作业深度 65 米。作业环境条件:作业水域流速≤3.0 米/秒,风速≤17.1 米/秒,1/3H 波高≤2.0 米;锚泊环境条件:在蒲氏 8～9 级,水域流速≤4.5 米/秒,作业区水域就地抛锚抗风。在蒲氏 10 级及 10 级风以上进港避风。作业性能:该船为三管挤密式砂桩船,可同时施打 3 根挤密式砂桩。

4. 清淤船"捷龙"轮

为满足港珠澳大桥沉管隧道基槽清淤要求,对 2000 立方米/小时抓斗绞吸式挖泥船"捷龙"轮(图 13-6-60)进行改造。"捷龙"轮可实现对沉管隧道基槽底部、碎石层表面淤积进行清理,清淤过程迅速干净,基槽底部、碎石层不被干扰和破坏,可以采用定点清淤或者连续扫动式两种方式进行清淤。

图 13-6-59　砂桩船"砂桩 7"

a)

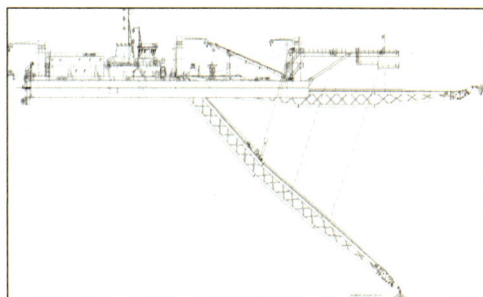

b)

图 13-6-60　清淤船"捷龙"轮

在技术性能上,"捷龙"轮疏浚深度 20 ~ 50 米;基槽底部高程允许误差 - 0.5 ~ 0 米;疏浚后基槽底部水浓度小于 1.1 ~ 1.2 吨/立方米;疏浚能力平均约 1512 立方米/天。

5. 碎石垫层铺设船"津平 1"

碎石铺设整平船"津平 1"(图 13-6-61)承担隧道基床碎石垄的铺设、整平和定点精确清淤施工,是国内首创世界一流的深水高精度碎石铺设整平清淤一体平台。碎石铺设整平船锁定双层平台结构,采用外海石油平台桩腿升降技术、集装箱岸吊轨道行走机构、先进的自主研发的电控技术,攻克了诸多技术难题,实现了高精度水下碎石垄铺设,填补了国内空白。

该船适应碎石垫层整平宽度 <42 米,整平后的碎石垫层纵向具有最大坡度 3%;满足作业水深范围 10 ~ 50 米;一次最大铺设厚度 1.7 米或满足碎石垫层的要求;石料粒径满足 20 ~ 80 毫米基本要求;碎石基床顶面高程允许偏差小于 ±4.0 毫米;作业效率满足 8

个有效工作日内完成单节沉管碎石垫层的施工;碎石垫层头部宽度为 1.8 米。

图 13-6-61　碎石垫层铺设船"津平 1"

6. 液压模板成套设备

模板成套设备是工厂法沉管预制核心装备,承担混凝土浇筑成形模板功能,与前道工序钢筋笼顶推和后道工序预制管节顶推形成流水线衔接,参见图 13-6-62。

图 13-6-62　液压模板

模板安装允许偏差:长度 ±2 毫米;宽度 ±2 毫米;高度 ±6 毫米;孔与孔中心距、孔中心与板面间距、孔中心与板端间距 1 毫米;拉杆孔直径 +5 毫米;面板平整度 ≤2 毫米/2 米;模板对角线误差 ±0.5‰;面板及板侧扰度 ≤1‰;模板接缝错台 2 毫米;剪力键凹、凸槽平面位置 ±4 毫米;剪力键凹、凸槽几何尺寸 ±5 毫米;预应力管道及封锚位置 ±3 毫米。

7. 分散液压顶推设备

管节分散顶推设备(图 13-6-63)承担 33 个每个重达 7.6 万吨预制管节(共 252 个小节段)的顶推作业。每套顶推设备包括 192 台套 850 吨×50 毫米支撑千斤顶、96 台套 40 吨×850 毫米顶推千斤顶及顶推架、4 台 56 吨×50 毫米侧导向千斤顶,以及配套的 19 台套液压站、全自动电控系统、近万米长管线配件组成,具备支撑力和顶推力自动平衡调节功能和自动化集中控制多点同步分散顶推功能,顶推重量和难度均居世界前列。

图13-6-63　分散液压顶推设备

该设备支撑千斤顶与滑移梁摩擦系数≥7%;顶推距离偏差≥±10毫米/22.5米,轴线偏差≥±3毫米;顶推过程中水平高度偏差≥±2毫米;管节22.5米顶推时间≥6小时;支撑千斤顶满足轨道面高差≥±10毫米;具备自动纠偏和手动纠偏功能。

8.浮运安装船"津安2"和"津安3"

沉管浮运安装船"津安2"和"津安3"(图13-6-64)是沉管浮运过程中浮态、航迹控制,沉放安装过程中位置、姿态和对接控制的核心船机设备。两条船中设主船一艘,在主船的集中控制室可以操作本船所有设备,通过工业无线遥控系统,还可以控制副船上的主要锚机。沉放驳结构是沉放系统的骨架,为双体船金属结构,分为两侧浮箱和顶部跨梁三大部分。浮箱用来提供整个沉放驳的浮力,顶部跨梁主要用来安装各种绞车、动力系统和控制系统,还设置有沉管内部压载水系统、水下监控系统、调节系统等。

图13-6-64　浮运安装船"津安3"

作业环境条件:水深范围10~50米;环境温度-9.9℃~+45℃;相对湿度95%;抗风能力:小于9级风时离开作业范围,满足就近抗风条件,超过9级风时选择锚区抗风。

表13-6-9为作业环境条件汇总,可供参考。

作 业 环 境 条 件　　　　　　　　　　　　表 13-6-9

	流速(米/秒)	波高(米)	周期(秒)	风速(级)
浮运	1.3	0.8	6	7
沉放等待	1.3	0.8	6	9
沉放	0.6	0.8	6	6

9. 沉管安装拉合、精调、脱开成套装备

拉合、精调、脱开是沉管安装过程关键装置,实现了沉管安装全过程成系列装备。作业水深 0 ~ 50 米;环境温度 – 10 ~ 45 摄氏度;海水温度 0 ~ 28.5 摄氏度;相对湿度 95%;拉合作业水流速度 ≯1.3 米/秒,蒲氏风力 ≯6 级,参见图 13-6-65。

图 13-6-65　沉管安装拉合、精调、脱开成套装备

为满足沉管轴向和竖向位置偏差,拉合系统具有的角度适应能力:平面方向: ±1°;垂直方向:荷载条件下 ±1.5°,非荷载条件下 +10/ – 1.5°;拉合速度:0 ~ 15 厘米/分钟;拉合精度: ±1 毫米。

10. 沉管安装测控设备

深水测控设备是水下超声波距离测量设备,通过收安装船上发信器与沉管上转发器之间超声波信号,实时测量已沉管节与待沉管节间的相对位置关系,指导管节的沉放对接施工。

超声波测定范围,端面间距离 0 ~ 15 米、水平偏差 0 ~ 15 米、垂直偏差 0 ~ 50 米、姿态 X_ω(旋转) ±3°、姿态 Z_ω(俯仰) ±3°、测距精度 X ±10 厘米、测距精度 Y ±10 厘米、测距精度 Z ±5 厘米;测定分解能力 1 厘米;测定周期 2.0 秒;电源 AC220V ±10%、50Hz。

11. 最终接头安装起重船"振华 30"轮

"振华 30"轮(图 13-6-66)是世界最大的起重船,单臂起重量 12000 吨,全回旋起重量 7000 吨,起重高度 120 米;船体由 258000 吨油轮"TOHZAN"号改造,无限航区自航能力,带 DP2 动力无锚定位功能,应用于最终接头起吊与水下安装就位。

图 13-6-66　起重船"振华 30"轮

12. 最终接头安装顶推设备

岛隧工程沉管隧道采用整体式主动止水最终接头方案,主体结构两端凹槽内设置环状小梁,通过液压千斤顶顶推小梁伸出凹槽,从而使小梁端部 GINA 止水带与已安装管节 E29 和 E30 端部接触并压缩形成水密空间。

顶推液压系统是最终接头安装核心装备之一,由液压千斤顶、油泵及控制监控系统组成。该设备作业水深 0 ~ 30 米;环境温度 - 10℃ ~ 45℃;海水温度 0℃ ~ 28.5℃;相对湿度 95%;顶推作业水流速度 ≯ 1.3 米/秒,蒲氏风力 ≯ 6 级。

(七)清水混凝土技术

针对外海环境高温、高盐、高湿、高风压的特点,为减少后期维护工作量并获得简洁、素雅的建筑外观效果,岛隧工程东西人工岛主体建筑、挡浪墙及隧道敞开段设计采用海工清水混凝土,为国内交通工程行业在海上工程首次大规模应用。

岛隧工程采用的清水混凝土不同于常规房建工程,其服役环境更为苛刻,除满足清水混凝土外观质量要求外,还需满足海洋环境耐久性要求,同时清水混凝土结构构件类型更多、有的尺寸较大。

在对欧洲、日本清水混凝土结构多次深入考察的基础上,岛隧工程清水混凝土从设计出发,设计方案考虑利于进行清水混凝土施工及质量控制,既考虑整体性效果又重视细节;在强调混凝土本身的结构功能和耐久性能的同时,也注重浇筑成型的外观效果,风格上坚持"极简、精致、实用、耐久、自然"的原则,铸就"少女素颜"之美。

施工采用高性能海工混凝土,通过大量模型试验,总结编写施工规程、专项施工方案、质量验收标准,指导现场清水混凝土施工标准化质量控制。从清水混凝土的配合比、施工等全过程均有一系列的创新,主要包含以下四点:

①基于粉体材料颗粒级配优化设计方法,采用石灰石粉 + 矿粉 + 水泥或硅灰 + 矿粉 + 水泥的胶凝材料体系,制备出技术指标先进,超长断面、大高差一次浇筑无泌水、无色差的海工清水混凝土,解决了常规清水混凝土色差、泌水和易开裂的难题。

②基于分子结构设计和醚酯共聚方法,首次将马来酸酐聚乙二醇(MPEG)酯类大单体与高分子量(分子量3600)醚类大单体共聚,研制出适合海工清水混凝土的低引气高适应性的聚羧酸减水剂。

③研制优选出适合海洋工程用的清水混凝土外观保护体系:采用聚合物改性砂浆修饰混凝土缺陷、硅烷作为底涂、氟硅烷作为面涂,可保证清水混凝土长期表面光滑、色泽均一亮白、线条美观抗油污和抗氯离子渗透性能优良,并通过实际工程验证了其有效性和可靠性。

④编制《海洋环境下清水混凝土施工技术指南》,提出海洋环境下清水混凝土模板及外观设计、配制、外观质量评价和施工成套技术体系,并首次在海洋人工岛超大建筑集群工程中获得应用。

(八)环境保护创新

岛隧工程穿越中华白海豚保护区,环保要求严格,同时需要满足香港、澳门及内地对环保的要求。为了应对这些挑战,岛隧项目部结合工程实际情况和特点,充分发挥科技进步的基础性和先导性作用,推广使用新技术、新设备,促进理念、政策、体制机制和技术的全面创新,贯彻绿色设计理念,采用先进工艺工法,应用生态保护措施,开展工厂化施工,进行施工机械(船舶)低碳技术改造,努力打造绿色循环低碳亮点突出的示范工程。

1. 隧道工程绿色设计

(1)平纵面设计

隧道平面线形尽可能平顺,绝大部分位于直线上;隧道东端及东人工岛受香港侧布线的限制,位于不设超高的大半径圆曲线上(R-5500米),一方面利于行车视线诱导,确保行车安全,另一方面有利于降低隧道纵向通风能耗。

隧道纵面形式直接关系到隧道最大埋深、水下作业难度以及基槽开挖量的大小等,也影响后期运营行车舒适度、能耗等。根据隧道区航道布置情况,本项目沉管隧道纵断面可采用 V 形或 W 形,为了尽可能提高隧道设计高程、减少基槽开挖量,并满足隧道内最小排水纵坡 0.3% 的需要,在铜鼓及伶仃西两主航道间 K8 +135 ~ K10 +945 段采用 W 形纵断面。从工程建设难度及造价考虑,采用 W 形纵断面较 V 形纵断面共可减少挖方量约 50 万立方米,同时降低水下潜水作业的难度、减少施工风险;从节能减排的角度,采用 W 形纵断面,提高最低处的设计高程约 3.0m,相比 V 形纵断面能耗降低显著。

隧道纵面按最大纵坡 2.98%、最小纵坡 0.3% 进行设计,一般纵坡 <2%,降低了过往车辆的能耗;同时由于运营废气排放量的大大降低,有效降低了隧道运营通风、监控等机电系统能耗。

(2)横断面设计

充分考虑交通空间、运营设施空间需求及可浮性要求等,并进行施工阶段、使用阶段各工况下的结构分析,管节横断面采用两孔一管廊结构。针对跨度大、上覆荷载大的难点,为有效减少控制截面内力,降低截面板厚,利于管节预制控裂,采用 Y 形中隔墙构造。

相比以往同规模的类似工程的两孔两管廊断面,结构断面空间利用率更高,结构受力更合理。中管廊从上至下依次布置排烟通道、安全通道及电缆通道,充分满足了隧道运营通风、逃生、管道线缆跨海等各种功能需求,且分区合理。

(3)通风设计

设计采用纵向通风 + 重点排烟的通风方案,相比国内外类似特长公路隧道半横向、横向、分段纵向通风等通风方式,能耗大大降低;设计采用半刚性管节结构,限制节段张开,既提高防水安全度,也有效控制了隧道主行车孔及排烟道通风、排烟的漏风量,提高隧道通风运营工效。

2.人工岛绿色设计

岛隧工程有东西两个人工岛,其中,东人工岛主要以旅游观光为主,岛长 625 米,岛上建筑设计总面积为 13857 平方米,分四层布设,主要为港珠澳大桥建设成果展览馆、珠江口海洋生物科普馆、屋顶观景平台与地上景观休息平台、环境保护监测站等;西人工岛主要以养护救援为主,岛长 625 米,岛上建筑设计总面积为 9633 平方米,分三层布设,主要为管理中心及人员办公综合楼。节能理念主要体现在以下三个方面:

(1)交通照明节能设计

两岛岛上路灯均为港珠澳大桥工程维护及救急等工作人员用车辆提供照明,因此设计上选择了节能效率更高的 LED 灯。

(2)绿化设计

东西人工岛周围被防浪墙所包围,空间感压抑,环境单调,绿化的种植能起到软化建筑线条、润色景观的效果。因此,在绿化的设计上贯彻生态绿岛的理念,结合地形尽最大努力进行绿化;由于环境特殊,适宜种植的植物种类较少。为减少日后养护的麻烦,人工岛上植物以草地为主,并以少量热带乔木作为点缀;由于条件较差,尽量采用人工灌溉的方式确保绿化成活率。

(3)水资源的开发利用

东西人工岛供水考虑管网供水,费用较高,而屋面雨水资源水质相对较好、便于收集,经过处理后可作为岛上第二水源用于清洗车辆、绿化灌溉及道路浇洒等对水质要求不是很高的场合。

3.生态保护措施的应用

(1)白海豚生态保护

在项目的建设施工过程中,成立中华白海豚保护工作领导小组,制定中华白海豚保护管理规定、大气污染控制管理规定、废水污染控制管理规定、固体废弃物污染控制管理规定,从人员培训教育、施工船舶管理、施工噪声控制、生活、固体垃圾及污油水处理、白海豚应急救援等方面做好施工期中华白海豚的保护工作,确保将岛隧工程施工对中华白海豚影响降到最低程度,保持、维护好中华白海豚保护区内的海洋和生态环境。

(2)施工噪声控制

在项目的建设施工中,制定噪声污染控制管理规定,实施多项施工过程中的噪声处理措施,严格控制施工噪声。

(3)动态环境监测

在项目的建设施工中,委托国家海洋局南海环境监测中心定期对海洋水质、水文气象、沉积物、生物生态进行监测,委托广东环境保护工程职业学院定期对东西人工岛、桂山沉管预制厂进行水质、废气、环境空气和噪声监测,根据监测数据指导、优化施工生产,保护海洋生态环境。

(4)中水回收系统应用

在港珠澳大桥沉管预制厂所在地珠海牛头岛(全岛),设置中水回收系统,回收处理后的中水可用于冲洗厕所、喷洒绿化,污水的回收利用可节约生活、生产用水量。该系统具有低碳、开源和减少污染的三重功效。

(5)空气源热泵集中供热系统

在港珠澳大桥沉管预制厂所在地珠海牛头岛(全岛),综合考虑气温和天气等因素,以及项目生活热水使用需求,采用空气源热泵系统集中供热方案。该系统有4台RSJ770-S/-820热水机,为项目驻地人员提供生活热水。

(6)施工期集中供电

本项目实体工程位于东西人工岛,项目预制厂位于桂山岛,大部分施工点与市政电网距离较远,只能采取自发电的模式提供现场施工用电。

在发电设备选型上,特别是预制厂采用的高压发电机组具有智能化微机控制系统,能对本机运行的各项参数或机组的故障情况进行检测、显示、报警以及记录,系统实现远程监控。同时发电机组使用淡水、海水冷却均可,采取消音处理,噪声及尾气排放均须符合国家标准。

四、港珠澳大桥岛隧工程建设管理经验

(一)建设管理成效

经过七年的努力,岛隧工程设计施工总承包取得了良好效果,工程质量和安全管理成效显著,同时也产生了大量的创新技术和管理方法。岛隧工程建设管理成效如下:

①工程建设历时 7 年(84 个月)完成,工期明显少于国际同类规模工程;建设质量得到了全世界的认可与赞誉;沉管隧道滴水不漏,隧道内装整洁美观、细节精致;人工岛上大规模清水混凝土建筑群造型别致、自然质朴。

②催生出了大量科技创新,填补了诸多国内空白,获得了大量拥有自主知识产权的专利技术与发明创造,使得中国沉管隧道技术跃升至世界领军行列。

③4000 多名工人、7 年时间长期在外海孤岛高温、高湿、高盐环境作业,面对复杂的海况和台风、季风多发的挑战,背负施工海域每天通行 4000 多艘船舶的海上安全管理压力和中华白海豚核心区的环保要求,工程做到了安全生产无事故,环保与职业健康均得到了可靠的保障。

④总结形成了以现代信息化手段为支撑的质量管理体系;收获了超大规模、多专业领域、集群化工程项目管理思想与方法;取得了超长工期、超大规模、水上集群作业 HSE 管理经验;提炼了以风险管控为核心要素的工程本质管理理论体系;凝练出了岛隧工程具有鲜明时代特色和独特人生价值观的项目管理文化。

⑤分别获得美国 ENR(工程新闻纪录杂志)"2018 年度全球最佳桥隧项目奖"、国际隧道协会(ITA)"2018 年度重大工程奖"、英国 NCE(创新土木工程杂志)"2018 年度隧道工程奖"。

(二)复杂工程管理经验

1.设计施工总承包管理经验

(1)总承包人与业主的共同价值追求是核心驱动力

设计施工总承包是一个系统,业主和总承包人是系统中的两个关键要素,在共同的价值追求基础上发挥各自优势是确保总承包模式成功的关键。

业主与总承包商双方应做到:相互尊重、相互理解、相互体谅,在契约关系中,双方的风险分配合理;业主转变思维,给予总承包商以充分的信任,提供创造和施展的空间;总承包人以恪尽职守的态度勇于担当和奉献,以国家利益为先、以工程利益为重,用完美的工程回馈业主的信任与支持。

(2)总承包人的实力与担当是先决条件

对总承包人的选择是设计施工总承包实施过程中的关键环节,需要根据工程的实际需要,审慎考虑总承包人的实力和担当,二者缺一不可。工程总承包企业一方面应当具有与工程规模相适应的工程设计资质或者施工总承包资质,相应的财务、风险承担能力,同时具有完整的项目管理体系、高素质的项目管理专业人员,以及与发包工程相类似的工程业绩;另一方面要具备担当精神,在工程实施过程中始终将工程利益放在第一位,以做好工程为目标。

港珠澳大桥岛隧工程选择中国交建作为设计施工联合体总牵头人，充分证明了这一经验。

（3）做好总承包联合体管理是基础

设计施工联合体是一种相对松散的组织形式，联合体中各方利益与冲突不能以行政命令的方式解决，只能通过横向协商在"双赢"的基础上加以调解，联合体管理对项目的成败具有重要意义。

在选择联合体成员时，一方面，应对意向企业的资源与能力、信誉及彼此间的兼容性作出全面考量，选择有合作经验的企业作为盟员能够缩短成员间的磨合时间；另一方面，联合体组建初期，合理划分联合体成员的责权，分清成员的主、次角色，保证联合体牵头人在联合体组织的权威性。同时，依据工程的实际进展和成员对联合体组织的贡献值，动态调整联合体组织的分工，尊重各成员的企业文化，营造沟通合作的氛围、畅通沟通渠道、丰富沟通方式。当冲突发生时，依据工程实际情况对冲突作出理性分析，化解过程矛盾。

建立有利于发挥设计施工总承包合力的运行机制，获得设计施工协调互动、1＋1大于2的资源整合效果。

（4）政府与业主的支持和理解是重要保障

岛隧工程设计施工总承包的成功实施得益于政府和业主对工程的全力支持。在政府的支持下，港珠澳大桥业主转变管理思维，倡导同参建各方共同构建开放、平等、协同、互信的伙伴关系，让出部分管理职能给总承包人，并加强监管；结合工程实际情况，基于项目特点和建设目标要求作出针对性的风险分析，设置公平合理的风险共担机制，将风险和责任划分给更适合承担的一方；科学设置业主和总承包人的工作界面，业主转向相对宏观管理和目标管理，总承包人则承担具体管理职能和责任。业主充分相信总承包人，给予总承包人发挥和创造的空间，理性看待总承包人提出的新方案，并通过广泛听取各方意见、多番论证，作出科学的决策。在多种方案均可行的情况下，业主考虑总承包人的承担能力，尊重总承包人的方案选择。岛隧工程钢塔吊装方案、人工岛成岛方案、隧道基础方案、最终接头方案的提出与顺利实施均得益于总承包人的智慧和业主的科学决策，上述方案经实践证明是经得起检验的。

探索性工程建设实施过程难以预测，属于典型的"摸着石头过河"项目，在工程实施过程中多次出现实际情况与总承包合同约定不符及按总承包合同约定执行不畅的问题。该种情况下，业主充分考虑工程实际，实事求是地从保障工程顺利推进的角度对总承包合同作出了一定的调整。

岛隧工程设计施工总承包丰富了总承包管理的实践成果和理论成果，为沉管隧道工程建设以及大标段设计施工总承包模式的应用提供了成功的案例，可为完善我国设计施工总承包法律法规体系、管理机制等提供借鉴与参考。

2. 风险管理经验

（1）风险管理是开创性工程成功建设的保障

岛隧工程将风险管理作为项目的驱动力，借助风险驱动，抓住项目管理中的主要矛盾，指引管理思路。在施工过程中，岛隧工程推动以风险管理为导向的决策方式，各级领导和专业组不仅作为决策者，而且深入到施工现场进行一体化管理，对设计施工中每个关键环节和每个重大方案的风险都要进行判断和决策，形成了风险管理驱动下施工全过程的决策机制。

岛隧工程开创了"风险驱动"的工程思想，不仅形成了一系列风险管理的成果，同时确保了工程的安全建设。通过将"风险管理"作为保障工程成功的"法宝"，高难度、高风险的岛隧工程实现了全过程施工"零失误"，上百道工序精益求精，4000多人的施工团队无一人伤亡，大量突破性的技术创新和滴水不漏的6千米沉管隧道等均为世人所惊叹，以风险管理为核心驱动的管理思维和管理模式确保了开创性工程的安全，是工程成功建设的保障。

（2）风险管控融入工程活动全程

岛隧工程做到真正的"融入"，让书面的报告、成果融入工程当中去，将风险处置与技术措施相互融合。通过日复一日的坚持和贯彻落实解决现实问题，由此风险管理执行更高效，价值创造达到最大化。通过全过程制度、全员智慧、全覆盖责任的风险管理为岛隧工程施工构建了一道防火墙。全过程制度，岛隧工程中每一节都全面地开展风险辨识、评估、处置、总结等活动，将风险分析活动贯穿施工作业全过程，确保风险管理落到实处；全员智慧，从一线的班组到项目领导，再到工程骨干，每一次沉管安装需全体人员集思广益；全覆盖责任，在风险管理过程中遵循"一岗双责"，领导带头，共同建言献策，人人辨风险，人人控风险，最终实现风险管理融入每一个管理过程、落实到每一个步骤、传递到每一个员工。

（3）风险文化塑造全员工程行为

在连续七年的持续奋战中，风险文化对岛隧工程的项目管理文化建设产生了深刻的影响，通过宣贯"每一次都是第一次""不让隐患出坞门"等从风险意识上进行文化的传递，使文化中有浓厚的风险特征，促进了全员风险意识的形成。借助风险管理体系，实现从管理的本质核心——"人"出发，以风险文化塑造行为，带动员工的"工匠精神"，推动员工的自觉活动，实现凡是有员工在的地方就有风险的思考。全员的头脑风暴和集思广益，将风险意识渐渐融入团队的骨髓里去，促动和激发团队"共走钢丝"、完成挑战。

思想行为上的"软约束"比日常制度规范的"硬约束"更能实现风险管理的目标。养成风险思维的习惯，用好风险管理的方法，使风险文化得到更加深远的推广和传播，能够给工程建设以启发与思考。

（4）技术专家组咨询评估

针对岛隧工程技术新、风险高的特点，岛隧项目部创新专家组组建及工作模式，具体的特点包括：

①专家组成员以原交通运输部总工程师徐光为组长，包含工程管理、海事管理、海洋预报、海工设计、施工等多专业国内经验丰富且熟悉区域建设条件及项目的专家，具有各专业领域的实战经验；

②专家组成员为常设固定成员，每个月至少来一次现场，保持专家组成员对工程全过程的熟悉；

③33节沉管，每节安装前至少召开一次沉管浮运安装风险评估会议，邀请常设专家协助项目部进行风险评估，提供咨询意见；

④在工程实施过程中面临重大决策、重大节点、重要难点时，都以常设专家为基础，必要时再拓展邀请相关专家一起研讨，提供咨询意见。

3. 技术管理经验

（1）树立不懈探索的科学家精神

岛隧工程技术创新工作取得了丰硕的成果，首先是因为项目总经理部树立了不懈探索的科学家精神。岛隧工程的建设规模、技术难度达到了世界之最，技术风险极高，建设过程中项目总经理部对每一个症结、疑虑，大胆怀疑、小心试验、广泛研讨、多方论证，设置了一大批科研专题。正是在这种不懈探索的科学家精神的引领下，整个团队形成了一种求知、求真、尊重客观、勇于尝试的创新文化，扭成一股巨大的合力，在技术攻关的道路上一路披荆斩棘，取得了一个又一个创新成果。这种不懈探索的科学家精神文化，深入骨髓，发挥了关键作用。

（2）坚持开放创新的工程师心态

岛隧工程技术创新过程是开放的、包容的，开放性是创新工作取得成功的另一个重要原因。技术创新从来不是关起门来"闭门造车"，封闭只会限制自身的手脚，使自己更加落后。岛隧工程从起始就埋下了开放性的种子，业主在招标时就倡导中外联合体、伙伴关系等开放性要求，中标联合体的牵头人中国交建集团更是一家在全球开展业务的知名企业，岛隧工程本身采用了中国、英国及欧盟的设计标准，所有这些条件均指向了开放性。

岛隧工程坚持开放创新，绝不是一切从头开始，而是奉行"拿来主义"，广纳天下英才，博采众家之长，站在巨人的肩膀上，吸纳国内外同行先进成熟技术，联合多家科研单位共同攻关、集成创新。坚持开放创新与自主创新并不矛盾，自主创新是开放基础上的再创新。

（3）整合最优资源的全球化视野

技术创新，以解决工程遇到的技术难题为首要任务，岛隧工程通过整合全球最有利资源,高效地完成了各种技术攻关任务。资源整合,通过合作伙伴的选择,把最优质的资源,包括资金、人才、信息、技术、知识等第一时间纳入创新网络系统中,通过组织协同,激活各方才智,共同努力实现创新目标。整合国家海洋环境预报中心、中航工业集团304所的技术专长,在沉管安装作业窗口和保障系统的研发中,发挥了极其重要的作用。

(4)设计施工总承包为创新土壤

岛隧工程采用了设计施工总承包模式,避免了传统上设计、施工彼此割裂的现象,通过设计配合施工,施工驱动设计,两者紧密融合,构成了一个有利于技术创新的坚强内核。在内核的驱动下,设计与施工目标一致,从设计源头上寻找答案,解决技术难题,催生了大量新技术、新工艺、新设备、新材料,形成了一个以设计、施工为主线,科研、装备为两翼的合作平台。设计与施工,技术创新最重要的两个参与主体带领参与各方智力迸发、激烈讨论、互相学习、充分融合,为创新工作创造了肥沃的土壤。思想碰撞,创新的火花来源于设计或施工的直接需要;平台联动,推动着技术创新与工程实践的不断融合。设计施工总承包模式提供了创新土壤,充分发挥了设计与施工、思想与实践的互补融合作用。

4.工程品质管理经验

(1)好的设计是工程品质的重要保证

坚持需求和目标引导设计,系统考虑工程施工和运营维护,加强可施工性、可维护性、可扩展性、环境保护、灾害防御、经济性等系统设计,实现工程建设可持续发展;加强设计效果跟踪评估,及时调整优化设计,提高设计服务水平;以用户体验安全、舒适、便捷为目标,强化工程及配套服务设施的人性化设计,体现地域和人文特点及传统特色文化,追求自然朴实,融入工程美学和景观设计,体现工程与自然人文的和谐、融合与共享;切实加强精细化设计,注重工程薄弱环节设计的协调统一,努力推行宽容设计,充分考虑工程使用状态的不利情形,对可能的风险做好防范设计。

(2)工程管理是工程品质的直接抓手

强化建设单位专业化管理能力建设,健全专业化分包管理制度,着力提高专业化施工能力;立足于推进工程现代化组织管理模式,积极推广工厂化生产、装配化施工,着力推进施工工艺标准化、施工管理模式体系化、施工场站建设规范化,逐步推进工程建设向产业化方向发展。

倡导工程全寿命周期集成化管理,强化主体结构与附属设施的施工精细化管理,推动实施精益建造,提升工程整体质量,建立"实施有标准、操作有程序、过程有控制、结果有考核"的标准化管理体系;推进工程管理信息化,推行"智慧工地"建设,提升项目管理信息化水平。

推进班组管理规范化;建立健全施工班组管理制度,强化班组能力建设;加强施工技术交底，实行班前教育和工后总结制度；推行班组首次作业合格确认制，强化班组作业标准化、规范化和精细化；全面推行班组人员实名制管理，强化班组的考核与奖惩，夯实基层基础工作。

（3）打造品质工程的软实力

加强管理人员素质建设。从业单位加强人才培养制度建设，强化管理人员的岗位考核和继续教育，创新人才激励与保障机制，着力培养和锻炼一支具备现代工程管理能力、专业技能、良好职业道德的工程管理骨干队伍。

提升一线工人队伍素质。从业单位应落实培训主体责任，按规定严格实行"上岗必考、合格方用"的培训考核制度。开展职业技能竞赛，建立优秀技工激励机制，推行师徒制模式，鼓励企业建立稳定的技术工人队伍。保障员工合法权益，注重人文关怀，提供体面工作的基本条件。

培育品质工程文化。积极培育以提升质量、保障安全为核心，以人为本、精益求精、全心投入为主要特征的品质工程文化。大力弘扬工匠精神，广泛宣传、积极推动全员参与品质工程创建活动，形成人人关心品质、人人创造品质、人人分享品质的浓郁文化氛围。

Record of
Port and Waterway Engineering
Construction in
China
中 国 水 运 工 程 建 设 实 录
（1978—2015）

纪 年 图 表

说　　明

纪年图表所采集数据如无特殊注明均摘自《新中国交通(1949—1999)五十年统计资料汇编》《全国交通运输统计资料汇编》(1974—2018 年)。

1. 全国人口和国民经济主要指标统计表

年份	总人口（年末）（万人）	国内生产总值（GDP）（亿元）	工业增加值（亿元）	商品进出口贸易总额（亿美元）		全社会固定资产投资额（亿元）
				进口	出口	
1978	96259	3678.7	1621.4	206.4	108.9	97.5	—
1979	97542	4100.5	1786.5	293.3	156.8	136.6	—
1980	98705	4587.6	2014.8	381.4	200.2	181.2	910.9
1981	100072	4935.8	2067.7	440.2	220.2	220.1	961.0
1982	101654	5373.4	2183.0	416.1	192.9	223.2	1230.4
1983	103008	6020.9	2399.0	436.2	213.9	222.3	1430.1
1984	104357	7278.5	2815.8	535.5	274.1	261.4	1832.9
1985	105851	9098.9	3478.2	696.0	422.5	273.5	2543.2
1986	107507	10376.2	4000.7	738.5	429.0	309.4	3120.6
1987	109300	12174.6	4621.1	826.5	432.2	394.4	3791.7
1988	111026	15180.4	5814.0	1027.8	552.7	475.2	4753.8
1989	112704	17179.7	6525.5	1116.8	591.4	525.4	4410.4
1990	114333	18872.9	6904.5	1154.4	533.5	620.9	4517.0
1991	115823	22005.6	8137.9	1356.3	637.9	718.4	5594.5
1992	117171	27194.5	10340.2	1655.3	805.9	849.4	8080.1
1993	118517	35673.2	14248.4	1957.0	1039.6	917.4	13072.3
1994	119850	48637.5	19546.3	2366.2	1156.1	1210.1	17042.1
1995	121121	61339.9	25023.2	2808.6	1320.8	1487.8	20019.3
1996	122389	71813.6	29528.9	2898.8	1388.3	1510.5	22913.5
1997	123626	79715.0	33022.6	3251.6	1423.7	1827.9	24941.1
1998	124761	85195.5	34133.9	3239.5	1402.4	1837.1	28406.2
1999	125786	90564.4	36014.4	3606.3	1657.0	1949.3	29854.7
2000	126743	100280.1	40258.5	4742.9	2250.9	2492.0	32917.7
2001	127627	110863.1	43854.3	5096.5	2435.5	2661.0	37213.5
2002	128453	121717.4	47774.9	6207.7	2951.7	3256.0	43499.9
2003	129227	137422.0	55362.2	8509.9	4127.6	4382.3	55566.6
2004	129988	161840.2	65774.9	11547.9	5614.2	5933.7	70477.4
2005	130756	187318.9	77958.3	14219.0	6599.5	7619.5	88773.6
2006	131448	219438.5	92235.8	17604.0	7914.6	9689.4	109998.2
2007	132129	270092.3	111690.8	21738.4	9558.2	12180.2	137323.9
2008	132802	319244.6	131724.0	25632.6	11325.7	14306.9	172828.4
2009	133450	348517.7	138092.6	22075.4	10059.2	12016.1	224598.8
2010	134091	412119.3	165123.1	29727.6	13948.3	15779.3	251683.8

续上表

| 年份 | 总人口(年末)(万人) | 国内生产总值(GDP)(亿元) | 工业增加值(亿元) | 商品进出口贸易总额(亿美元) | | 全社会固定资产投资额(亿元) |
				进口	出口	
2011	134735	487940.2	195139.1	36419.4	17433.4	18986.0	311485.1
2012	135404	538580.0	208901.4	38668.0	18178.0	20490.0	374694.7
2013	136072	592963.2	222333.2	41603.0	19503.0	22100.0	446294.1
2014	136782	643563.1	233197.4	43030.0	19603.0	23427.0	512020.6
2015	137462	688858.2	234968.9	39569.0	16819.5	22749.5	561999.8
2016	138271	746395.1	245406.4	36869.1	15874.8	20974.4	606465.7
2017	139008	832035.9	275119.3	41071.7	18437.9	22633.7	641238.4
2018	139538	919281.1	301089.3	46224.2	21357.3	24866.8	645675.0

注:1. 以上数据摘自《中华人民共和国国家统计局》网站,国家数据,http://data.stats.gov.cn/。

    2. 1982 年以前数据为户籍统计数。1982—1989 年数据根据 1990 年人口普查数据有所调整。1990—2000 年数据根据 2000 年人口普查数据进行了调整;2001—2004 年和 2006 年数据为人口变动情况抽样调查推数;2005 年数据根据全国 1% 人口抽样调查数据推算。

    3. 总人口中包括中国人民解放军现役军人。

2. 国民经济主要指标统计图(1978—2015)

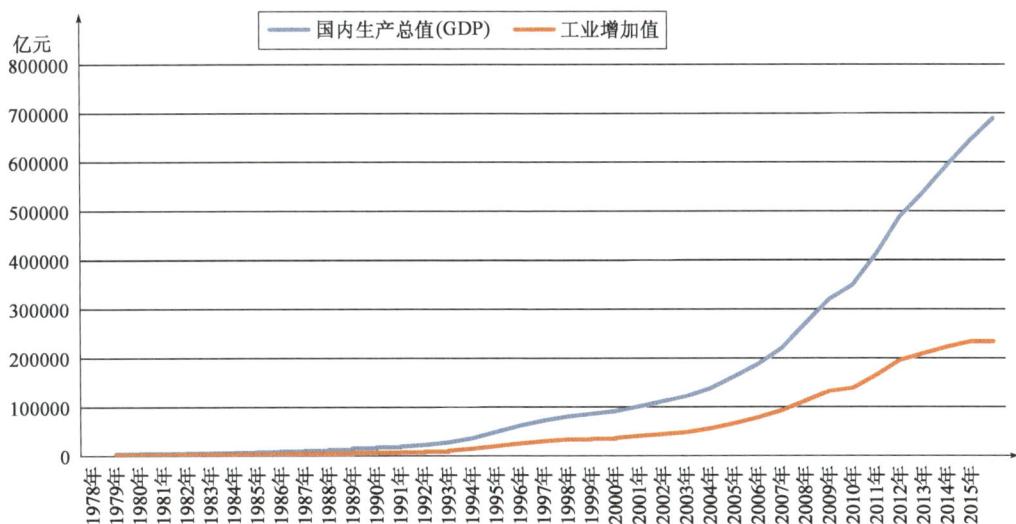

注:以上数据摘自《中华人民共和国国家统计局》网站,国家数据,http://data.stats.gov.cn/。

3. 全国港口生产用码头泊位数量统计图（1978—2015）

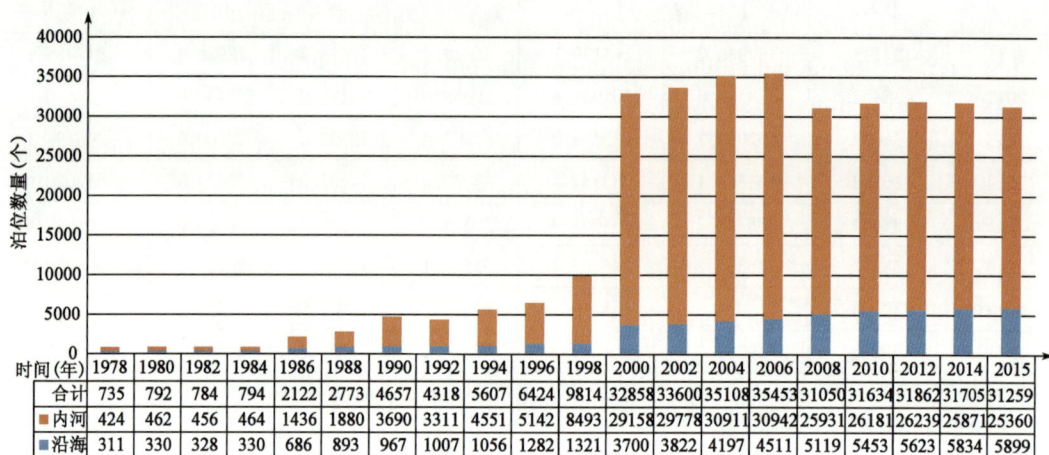

时间(年)	1978	1980	1982	1984	1986	1988	1990	1992	1994	1996	1998	2000	2002	2004	2006	2008	2010	2012	2014	2015
合计	735	792	784	794	2122	2773	4657	4318	5607	6424	9814	32858	33600	35108	35453	31050	31634	31862	31705	31259
内河	424	462	456	464	1436	1880	3690	3311	4551	5142	8493	29158	29778	30911	30942	25931	26181	26239	25871	25360
沿海	311	330	328	330	686	893	967	1007	1056	1282	1321	3700	3822	4197	4511	5119	5453	5623	5834	5899

注：1949—1999年为全国主要港口生产用泊位数量，2000—2015年为全国港口生产用码头泊位数量。

4. 全国港口万吨级及以上泊位数量统计图（1978—2015）

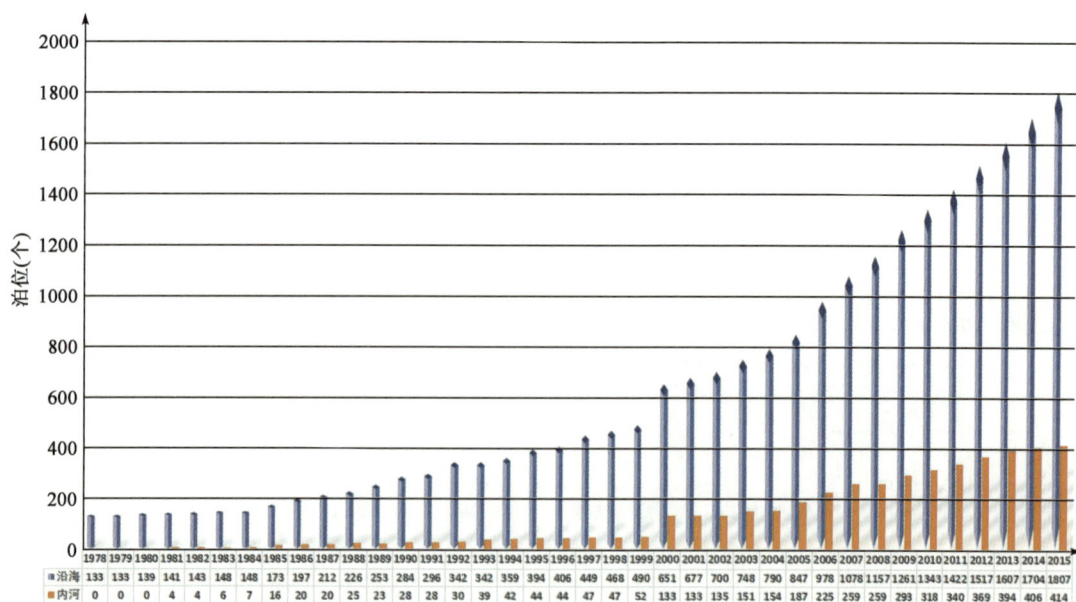

	1978	1979	1980	1981	1982	1983	1984	1985	1986	1987	1988	1989	1990	1991	1992	1993	1994	1995	1996	1997	1998	1999	2000	2001	2002	2003	2004	2005	2006	2007	2008	2009	2010	2011	2012	2013	2014	2015
沿海	133	133	139	141	143	148	148	173	197	212	226	253	284	296	342	359	394	406	449	468	490	651	677	700	748	790	847	978	1078	1157	1261	1343	1422	1517	1607	1704	1807
内河	0	0	0	4	4	6	7	16	20	20	25	23	28	30	39	42	44	44	47	47	52	133	133	135	151	154	187	225	259	259	293	318	340	369	394	406	414

注：1949—1999年为全国主要港口万吨级泊位数量，2000—2015年为全国港口万吨级泊位数量。

5. 主要年份全国港口万吨级及以上专业化泊位占比图

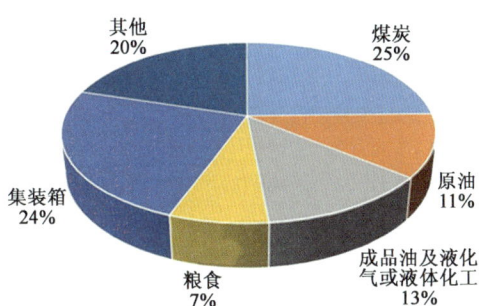

2000年全国港口万吨级及以上专业化泊位数量

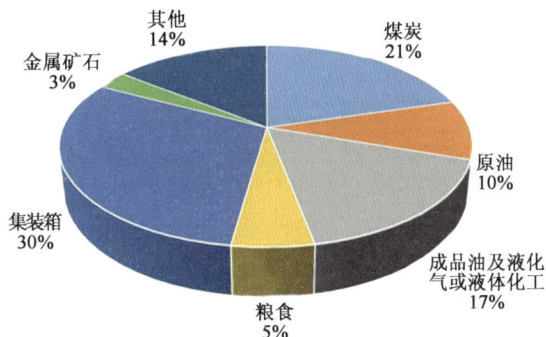

2005年全国港口万吨级及以上专业化泊位数量

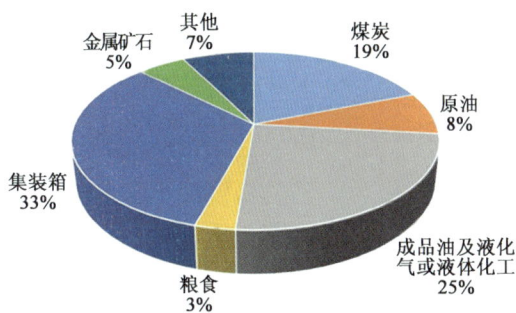

2010年全国港口万吨级及以上专业化泊位数量

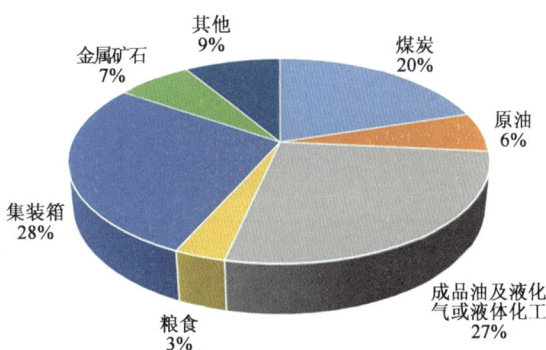

2015年全国港口万吨级及以上专业化泊位数量

注:以上数据摘自2000—2015年公路水路交通行业发展统计公报。

6. 全国内河航道通航里程统计表(按技术等级分)

| 年份 | 合计 | 全国等级以上内河航道 | | | | | | | | 等外航道 |
		小计	一级	二级	三级	四级	五级	六级	七级	
1995	110598	56623	1083	605	5027	4829	7073	17650	20356	53975
1996	—	—	—	—	—	—	—	—	—	—
1997	—	—	—	—	—	—	—	—	—	—
1998	—	—	—	—	—	—	—	—	—	—
1999	116504	60156	2498	1733	3532	5156	8678	21032	17527	56348
2000	119325	61367	2946	1960	3387	5416	9351	20953	17354	57958
2001	121535	63692	2946	1917	3359	5842	9165	21630	18833	57843
2002	121557	63597	2946	1917	3359	6257	9031	21076	19011	57960
2003	123964	60865	1346	2512	4195	7003	7784	19228	18797	63099

续上表

| 年份 | 合计 | 全国等级以上内河航道 | | | | | | | | 等外航道 |
		小计	一级	二级	三级	四级	五级	六级	七级	
2004	123337	60843	1404	2513	4389	6948	8093	18904	18592	62494
2005	123264	61014	1404	2513	4714	6697	8331	18771	18584	62250
2006	123388	61035	1407	2538	4742	6768	8584	18407	18589	62353
2007	123495	61197	1407	2538	4877	6943	8586	18401	18445	62298
2008	122764	61094	1385	2634	4802	7213	8526	18160	18374	61670
2009	123683	61546	1385	2741	4716	7402	8521	18433	18348	62137
2010	124243	62291	1385	3008	4887	7802	8177	18806	18226	61952
2011	124612	62648	1392	3021	5047	8291	8201	18506	18190	61964
2012	124994	63718	1395	3014	5485	8366	8160	19275	18023	61276
2013	125853	64900	1395	3043	5763	8796	8600	19190	18113	60953
2014	126280	65362	1341	3443	6069	9301	8298	18997	17913	60918
2015	127000	66256	1341	3443	6760	10682	7862	18277	17891	60744
2016	127099	66409	1342	3681	7054	10862	7485	18150	17835	60690
2017	127019	66160	1546	3999	6913	10781	7566	18007	17348	60859
2018	127126	66442	1828	3947	7686	10732	7613	17522	17114	60684

注：本表单位为公里。

7. 全国内河航道通航里程统计表（按水系分）

年份	长江水系	珠江水系	黄河水系	黑龙江水系	京杭运河	闽江水系	淮河水系
2004	63765	15891	3199	8232	1405	1973	17118
2005	63770	15891	3279	8244	1405	1973	17177
2006	63895	15891	3279	8244	1405	1973	17177
2007	64006	15891	3279	8244	1405	1973	17174
2008	63292	15891	3279	8244	1410	1973	17127
2009	64016	15952	3333	8244	1410	1973	17201
2010	64064	15989	3477	8211	1439	1973	17246
2011	64052	15995	3488	8211	1439	1973	17264
2012	64122	16091	3488	8211	1437	1973	17285
2013	64254	16163	3488	8211	1437	1973	17338
2014	64374	16444	3488	8211	1438	1973	17338
2015	64852	16450	3488	8211	1438	1973	17507
2016	64883	16450	3533	8211	1438	1973	17507
2017	64857	16463	3533	8211	1438	1973	17507
2018	64848	16477	3533	8211	1438	1973	17504

注：本表单位为公里。

8. 全国内河航道里程统计图(1980—2015)

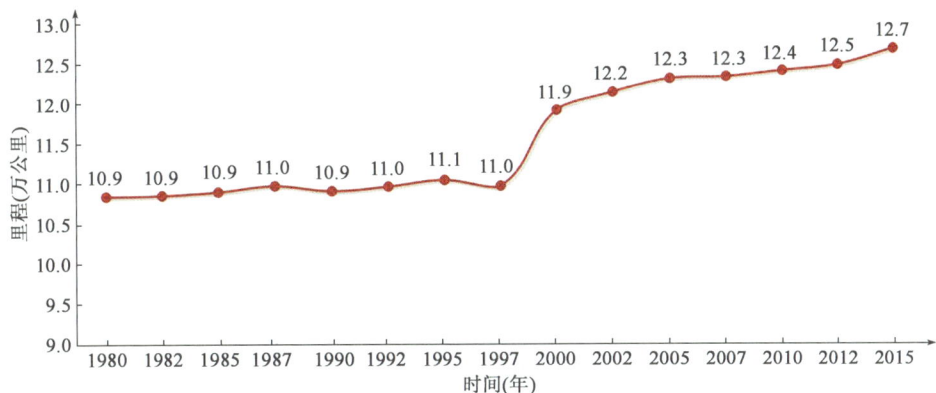

注:1979 年 6 月,交通部决定从当年 10 月开始组织全国第一次内河航道普查,本图以 1980 年发布的统计数据为起点。

9. 1995 年和 2015 年全国内河航道通航里程构成图

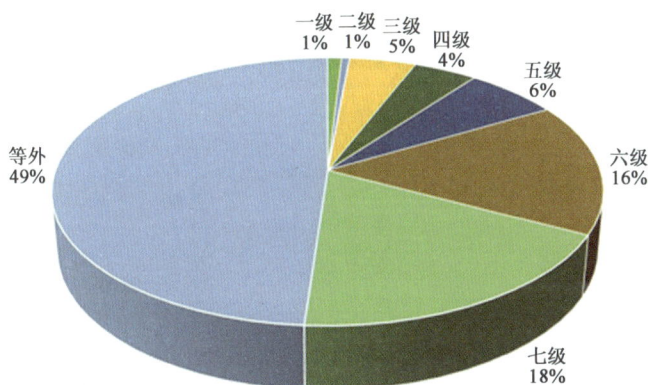

1995年全国内河航道通航里程构成

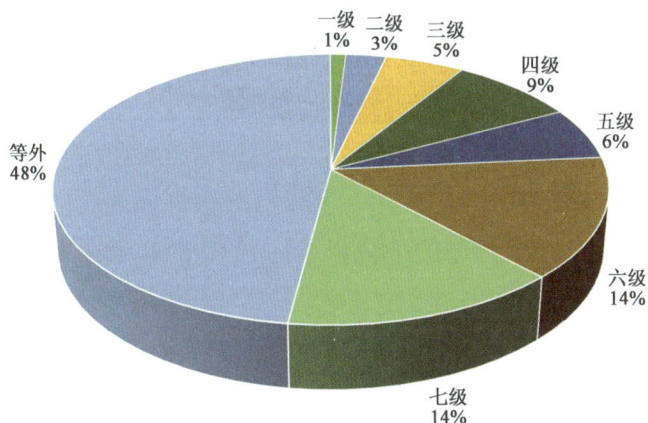

2015年全国内河航道通航里程构成

10.1995 年和 2015 年全国等级航道里程构成图

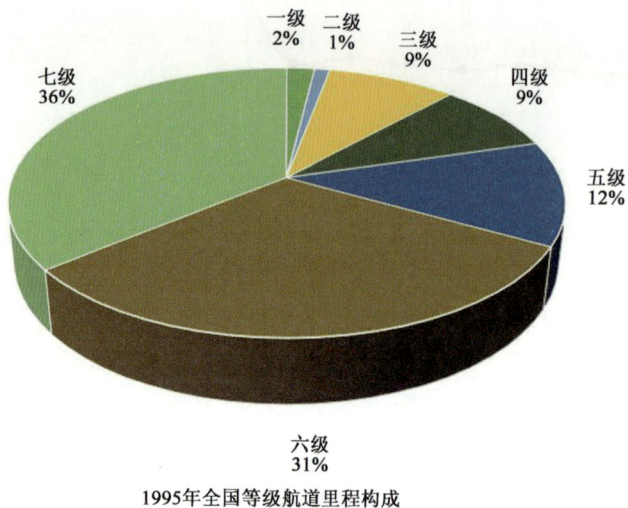

1995年全国等级航道里程构成

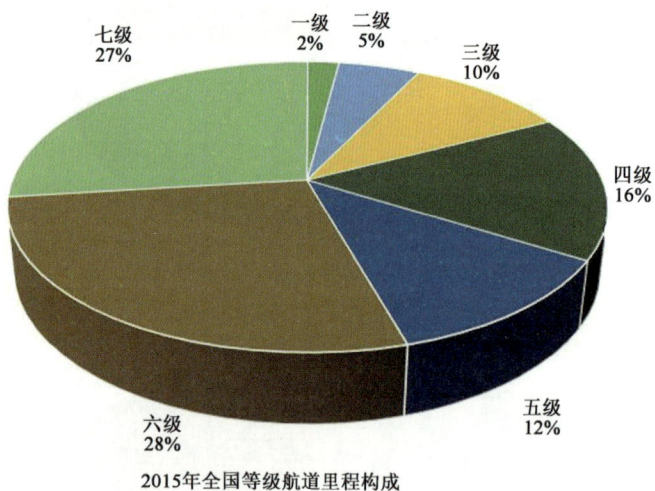

2015年全国等级航道里程构成

11. 全国港口货物吞吐量统计图（1978—2015）

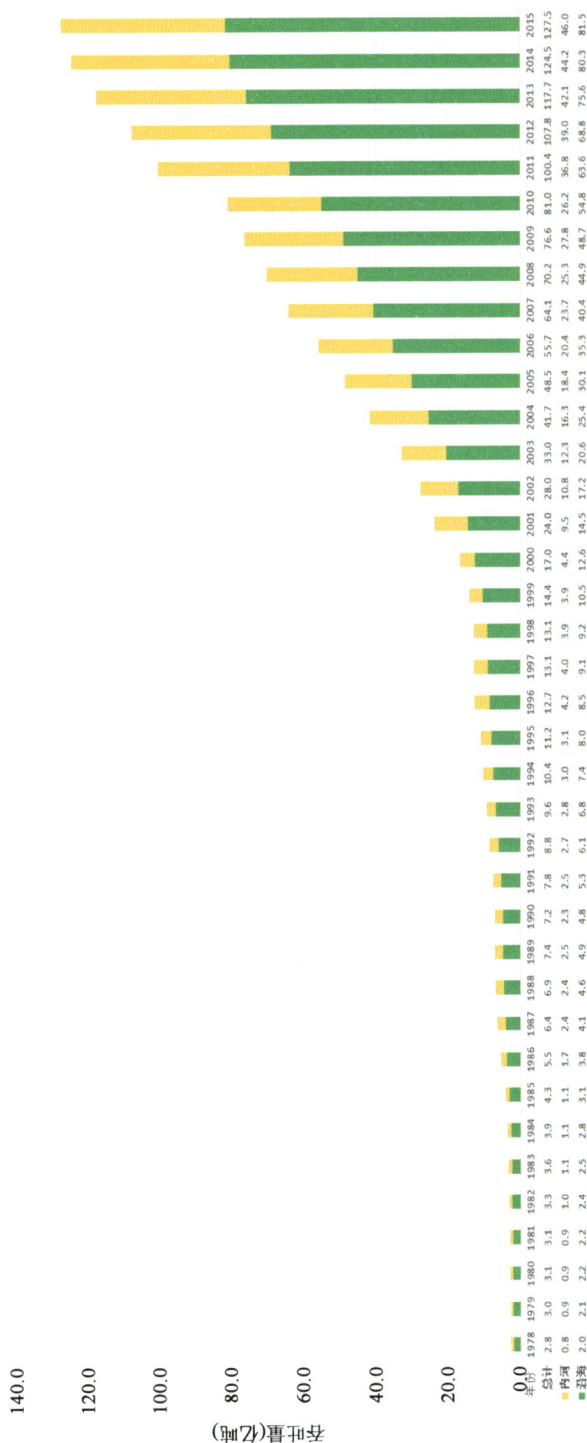

货物吞吐量（亿吨）

	1978	1979	1980	1981	1982	1983	1984	1985	1986	1987	1988	1989	1990	1991	1992	1993	1994	1995	1996	1997	1998	1999	2000	2001	2002	2003	2004	2005	2006	2007	2008	2009	2010	2011	2012	2013	2014	2015
总计	2.8	3.0	3.1	3.1	3.3	3.6	3.9	4.3	5.5	6.4	6.9	7.4	7.2	7.8	8.8	9.6	10.4	11.2	12.7	13.1	13.1	14.4	17.0	24.0	28.0	33.0	41.7	48.5	55.7	64.1	70.2	76.6	81.0	100.4	107.8	117.7	124.5	127.5
内河	0.8	0.9	0.9	0.9	1.0	1.1	1.1	1.1	1.7	2.4	2.4	2.5	2.3	2.5	2.7	2.8	3.0	3.1	4.2	4.0	3.9	3.9	4.4	9.5	10.8	12.3	16.3	18.4	20.4	23.7	25.3	27.8	26.2	36.8	39.0	42.1	44.2	46.0
沿海	2.0	2.1	2.2	2.2	2.4	2.5	2.8	3.1	3.8	4.1	4.6	4.9	4.8	5.3	6.1	6.8	7.4	8.0	8.5	9.1	9.2	10.5	12.6	14.5	17.2	20.6	25.4	30.1	35.3	40.4	44.9	48.7	54.8	63.6	68.8	75.6	80.3	81.5

注：1978—1985年为沿海港口和长江港口辖区货物吞吐量，1986—1998年为主要港口货物吞吐量，1999—2015年为全国港口货物吞吐量。

12.全国港口外贸货物吞吐量统计图（1978—2015）

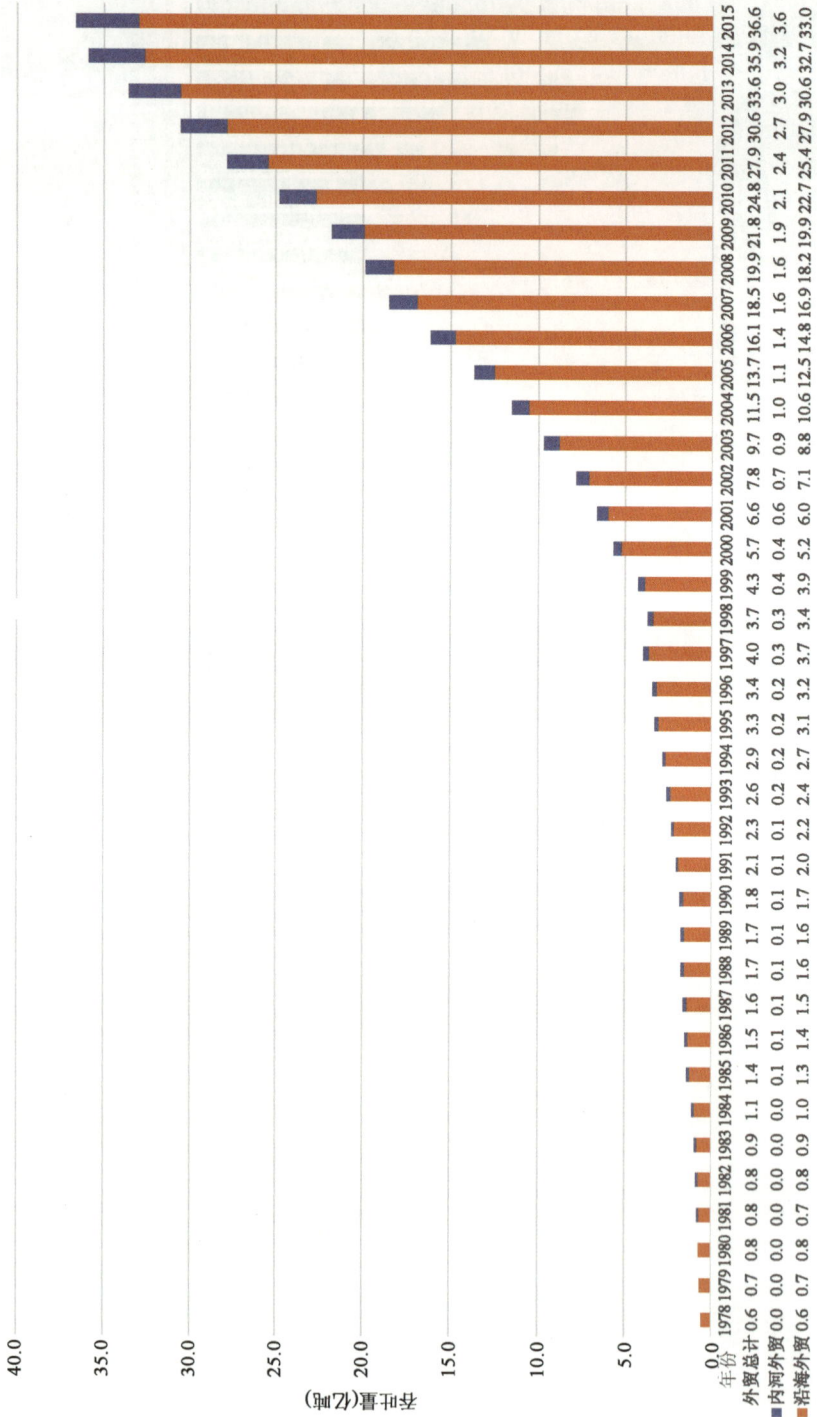

年份	1978	1979	1980	1981	1982	1983	1984	1985	1986	1987	1988	1989	1990	1991	1992	1993	1994	1995	1996	1997	1998	1999	2000	2001	2002	2003	2004	2005	2006	2007	2008	2009	2010	2011	2012	2013	2014	2015
外贸总计	0.6	0.7	0.8	0.8	0.9	0.9	1.1	1.4	1.5	1.6	1.7	1.8	2.1	2.3	2.6	2.9	3.3	3.4	3.7	4.3	5.7	6.6	7.8	9.7	11.5	13.7	16.1	18.5	19.9	21.8	24.8	27.9	30.6	33.6	35.9	36.6
内河外贸	0.0	0.0	0.0	0.0	0.0	0.0	0.1	0.1	0.1	0.1	0.1	0.1	0.1	0.1	0.2	0.2	0.2	0.2	0.3	0.4	0.4	0.6	0.7	0.9	1.0	1.1	1.4	1.6	1.9	2.1	2.4	2.7	3.0	3.2	3.6
沿海外贸	0.6	0.7	0.8	0.8	0.9	0.9	1.0	1.3	1.4	1.5	1.6	1.7	2.0	2.2	2.4	2.7	3.1	3.2	3.4	3.9	5.2	6.0	7.1	8.8	10.6	12.5	14.8	16.9	18.2	19.9	22.7	25.4	27.9	30.6	32.7	33.0

吞吐量（亿吨）

注：全国港口外贸货物吞吐量：1978—1999年为主要港口外贸货物吞吐量，2000—2015年为全国港口外贸货物吞吐量。

13. 主要年份全国港口货物吞吐量构成图

1978年全国港口货物吞吐量构成

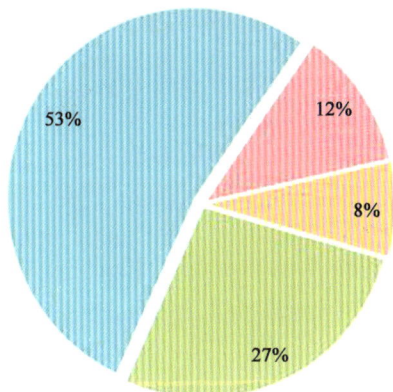

53%
12%
8%
27%

液体散货　　干散货　　件杂货　　其他

1980年全国港口货物吞吐量构成

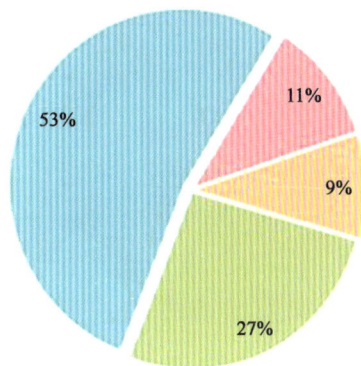

53%
11%
9%
27%

液体散货　　干散货　　件杂货　　其他

1985年全国港口货物吞吐量构成

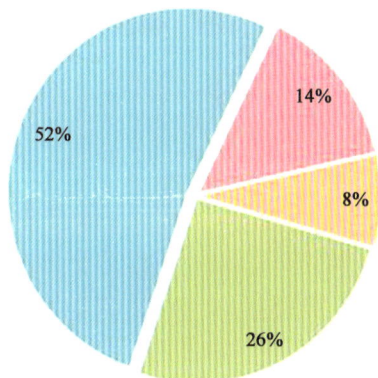

52%
14%
8%
26%

液体散货　　干散货　　件杂货　　其他

1990年全国港口货物吞吐量构成

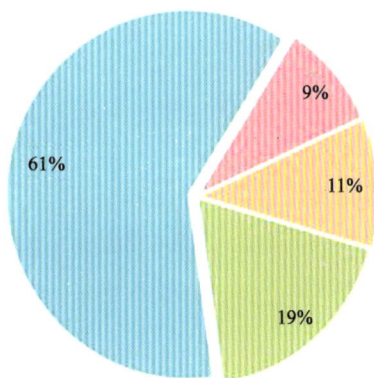

61%
9%
11%
19%

液体散货　　干散货　　件杂货　　其他

1995年全国港口货物吞吐量构成

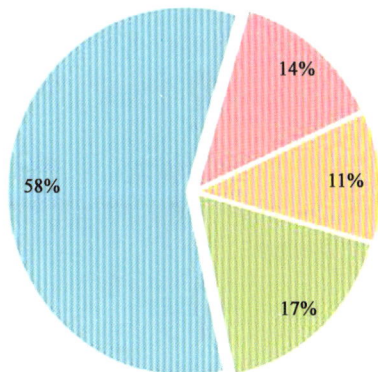

58%
14%
11%
17%

液体散货　　干散货　　件杂货　　其他

2000年全国港口货物吞吐量构成

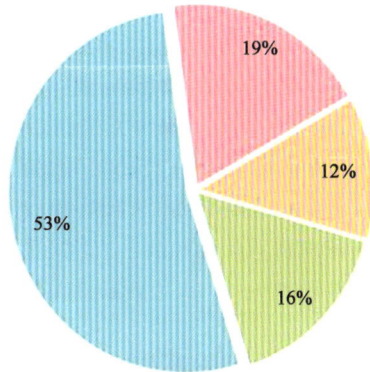

53%
19%
12%
16%

液体散货　　干散货　　件杂货　　其他

2005年全国港口货物吞吐量构成

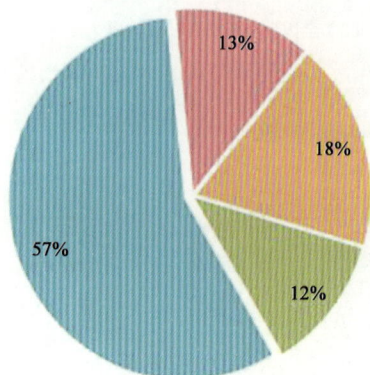

- 液体散货
- 干散货
- 件杂货
- 其他

13%
18%
57%
12%

2010年全国港口货物吞吐量构成

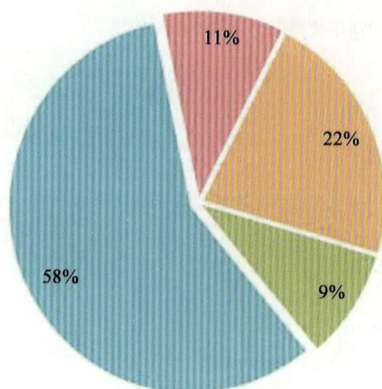

- 液体散货
- 干散货
- 件杂货
- 其他

11%
22%
58%
9%

2015年全国港口货物吞吐量构成

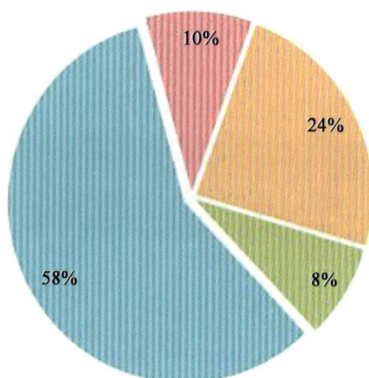

- 液体散货
- 干散货
- 件杂货
- 其他

10%
24%
58%
8%

注：1. 1978—1985年为沿海港口和长江港口辖区分货类吞吐量，1986—1998年为主要港口分货类吞吐量，1999—2015年为全国港口货物吞吐量。

2. 液体散货：1978—1998年为石油、天然气及制品原油和化工原料及制品的总和。

3. 干散货：1978—1999年为煤炭、金属矿石、矿建材料、水泥、非金属矿石、盐和粮食的总和。

4. 件杂货：1978—1990年为钢铁、木材和化学肥料及农药的总和，1991—1998年为钢铁、木材和化学肥料及农药、机械、设备、电器、有色金属和轻工、医药产品和农林牧渔业产品的总和。

5. 其他：1999—2015年为集装箱和滚装汽车的总和。

14.全国港口集装箱吞吐量统计图(1981—2015)

集装箱吞吐量(万TEU)

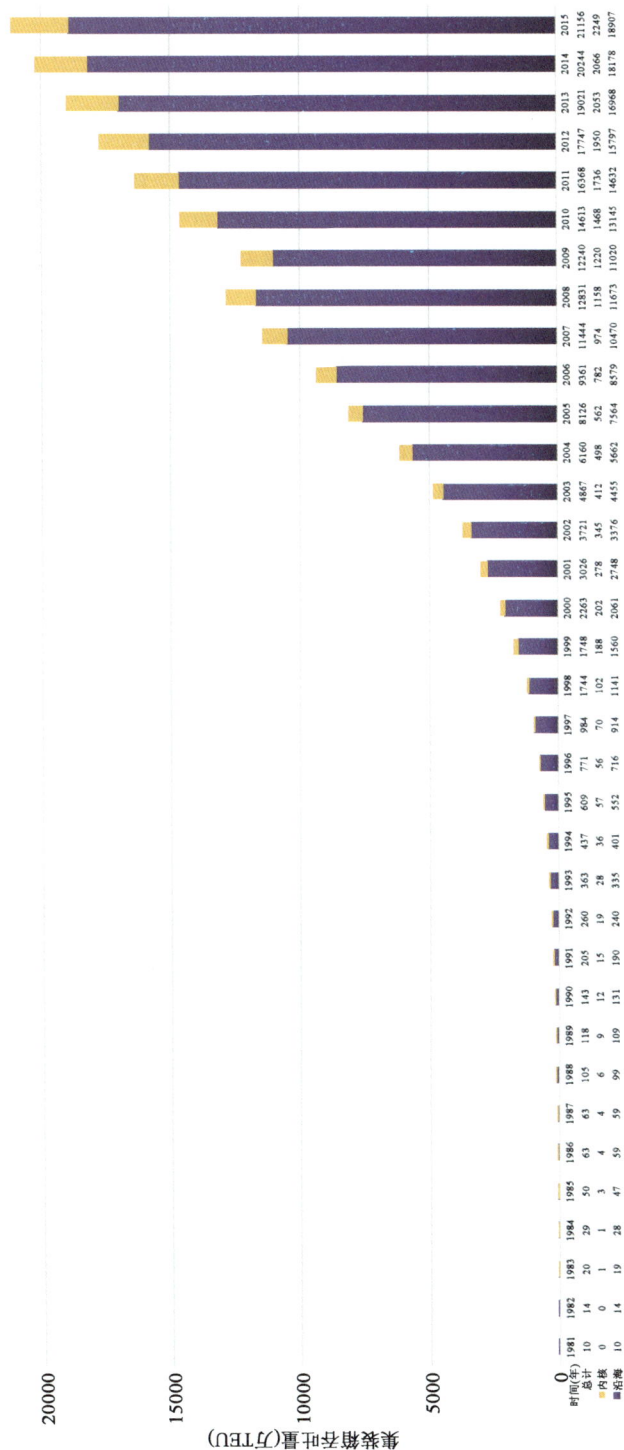

时间(年)	总计	内贸	外贸
1981	10	0	10
1982	14	0	14
1983	20	1	19
1984	29	1	28
1985	50	3	47
1986	63	4	59
1987	63	4	59
1988	105	6	99
1989	118	9	109
1990	143	12	131
1991	205	15	190
1992	260	19	240
1993	363	28	335
1994	437	36	401
1995	609	57	552
1996	771	56	716
1997	984	70	914
1998	1744	102	1141
1999	1748	188	1560
2000	2263	202	2061
2001	3026	278	2748
2002	3721	345	3376
2003	4867	412	4455
2004	6160	498	5662
2005	8126	562	7564
2006	9361	782	8579
2007	11444	974	10470
2008	12831	1158	11673
2009	12240	1220	11020
2010	14613	1468	13145
2011	16368	1736	14632
2012	17747	1950	15797
2013	19021	2053	16968
2014	20244	2066	18178
2015	21156	2249	18907

注：1981—2000年为主要港口集装箱吞吐量，2001—2015年为规模以上港口集装箱吞吐量。

9-601 ◀

15. 全国港口分航线集装箱吞吐量统计图（1999—2015）

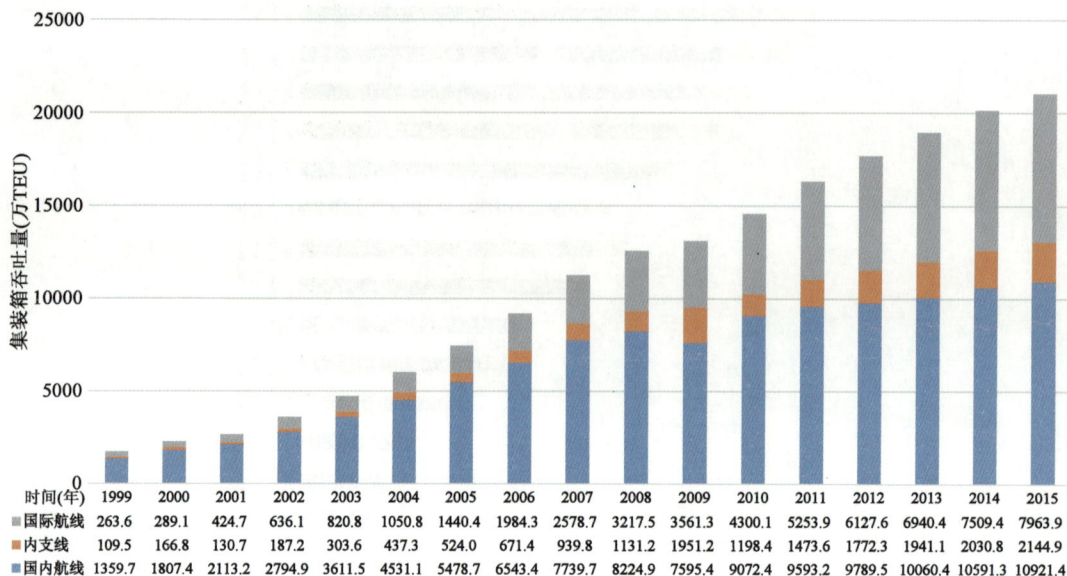

时间(年)	1999	2000	2001	2002	2003	2004	2005	2006	2007	2008	2009	2010	2011	2012	2013	2014	2015
国际航线	263.6	289.1	424.7	636.1	820.8	1050.8	1440.4	1984.3	2578.7	3217.5	3561.3	4300.1	5253.9	6127.6	6940.4	7509.4	7963.9
内支线	109.5	166.8	130.7	187.2	303.6	437.3	524.0	671.4	939.8	1131.2	1951.2	1198.4	1473.6	1772.3	1941.1	2030.8	2144.9
国内航线	1359.7	1807.4	2113.2	2794.9	3611.5	4531.1	5478.7	6543.4	7739.7	8224.9	7595.4	9072.4	9593.2	9789.5	10060.4	10591.3	10921.4

注：1999—2000 年为主要港口分航线集装箱吞吐量，2001—2015 年为规模以上港口分航线集装箱吞吐量。

16. 全国港口旅客吞吐量统计图（1978—2015）

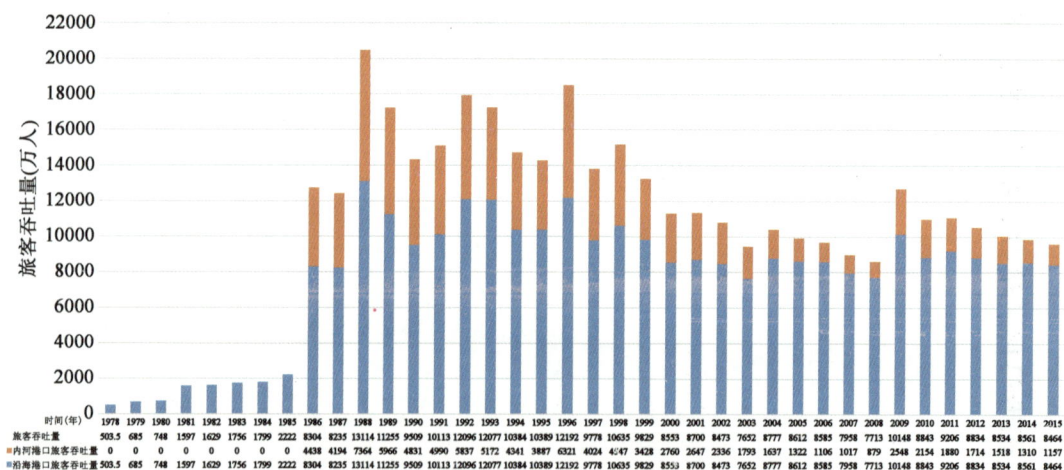

时间(年)	1978	1979	1980	1981	1982	1983	1984	1985	1986	1987	1988	1989	1990	1991	1992	1993	1994	1995	1996	1997	1998	1999	2000	2001	2002	2003	2004	2005	2006	2007	2008	2009	2010	2011	2012	2013	2014	2015
旅客吞吐量	503.5	685	748	1597	1629	1756	1799	2222	8304	8235	13114	11255	9509	10113	12096	12077	10384	10389	12192	9778	10635	9829	8553	8700	8473	7652	8777	8612	8585	7958	7713	10148	8843	9206	8834	8534	8561	8464
内河港口旅客吞吐量	0	0	0	0	0	0	0	0	4438	4194	7364	5966	4831	4990	5837	5172	4341	3887	6321	4024	4647	3428	2760	2647	2336	1793	1637	1322	1106	1017	879	2548	2154	1880	1714	1518	1310	1157
沿海港口旅客吞吐量	503.5	685	748	1597	1629	1756	1799	2222	8304	8235	13114	11255	9509	10113	12096	12077	10384	10389	12192	9778	10635	9829	8553	8700	8473	7652	8777	8612	8585	7958	7713	10148	8843	9206	8834	8534	8561	8464

注：1958—2003 年为主要港口旅客吞吐量，2004—2015 年为规模以上港口旅客吞吐量。

17. 全国港口国际航线旅客吞吐量统计图（1990—2015）

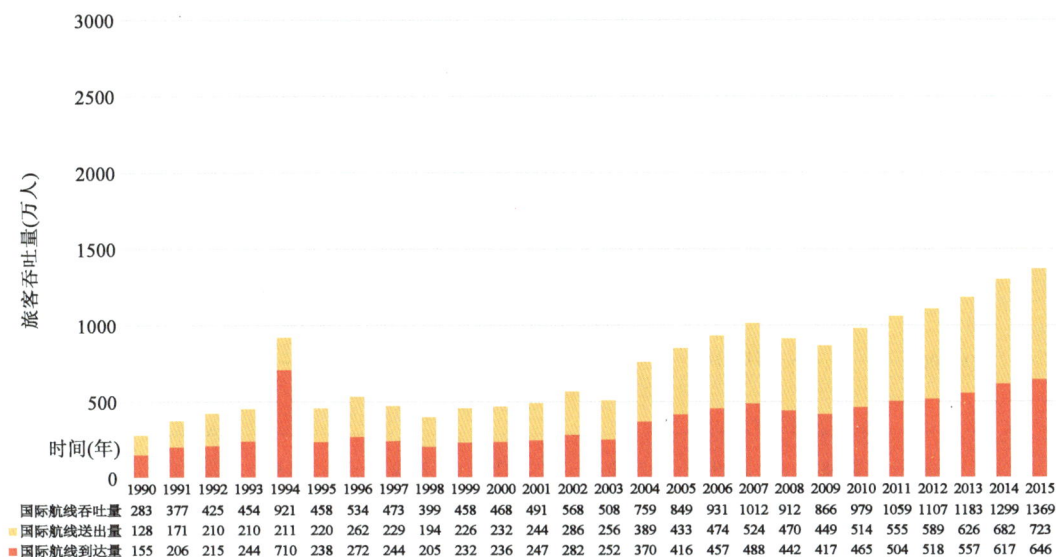

旅客吞吐量(万人)

	1990	1991	1992	1993	1994	1995	1996	1997	1998	1999	2000	2001	2002	2003	2004	2005	2006	2007	2008	2009	2010	2011	2012	2013	2014	2015
国际航线吞吐量	283	377	425	454	921	458	534	473	399	458	468	491	568	508	759	849	931	1012	912	866	979	1059	1107	1183	1299	1369
国际航线送出量	128	171	210	210	211	220	262	229	194	226	232	244	286	256	389	433	474	524	470	449	514	555	589	626	682	723
国际航线到达量	155	206	215	244	710	238	272	244	205	232	236	247	282	252	370	416	457	488	442	417	465	504	518	557	617	646

时间(年)

注:1990—2003 年为主要港口旅客吞吐量,2004—2015 年为规模以上港口旅客吞吐量。

18. 我国部分港口接待国际邮轮统计图（2008—2015）

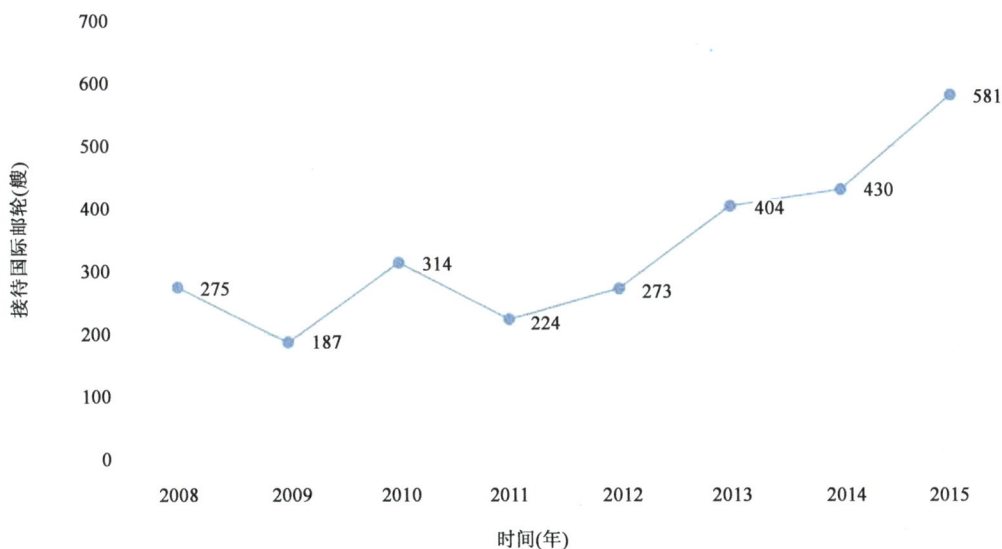

接待国际邮轮(艘)

2008: 275
2009: 187
2010: 314
2011: 224
2012: 273
2013: 404
2014: 430
2015: 581

时间(年)

注:1. 以上数据由中国港口协会邮轮游艇码头分会整理。

2. 港口包括天津、上海、舟山、厦门、三亚、青岛、大连、广州和深圳。

19. 我国部分港口接待国际邮轮出入境游客统计图（2008—2015）

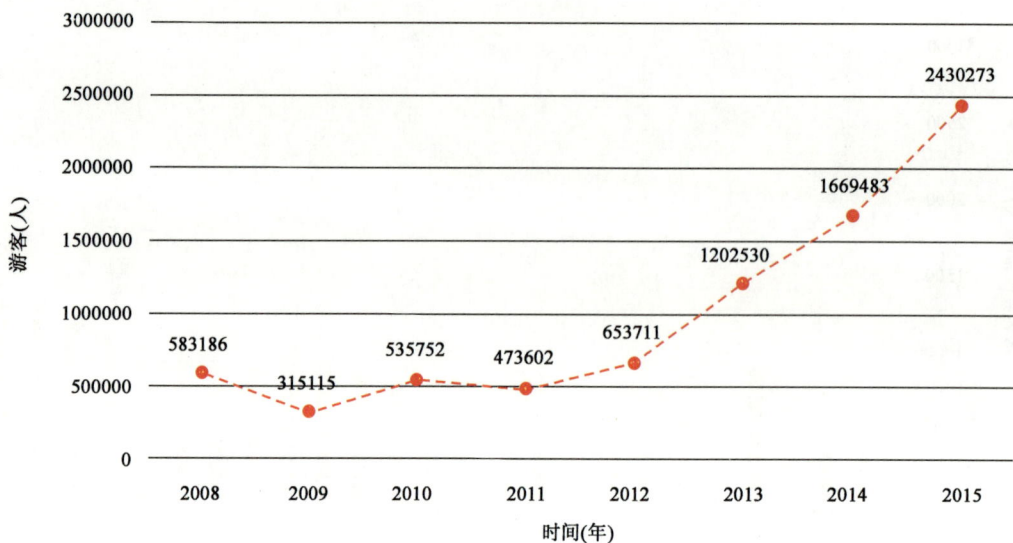

注：1. 以上数据由中国港口协会邮轮游艇码头分会整理。

2. 港口包括天津、上海、舟山、厦门、三亚、青岛、大连、广州和深圳。

20. 水运固定资产投资统计图（1978—2015）—（按使用方向分）

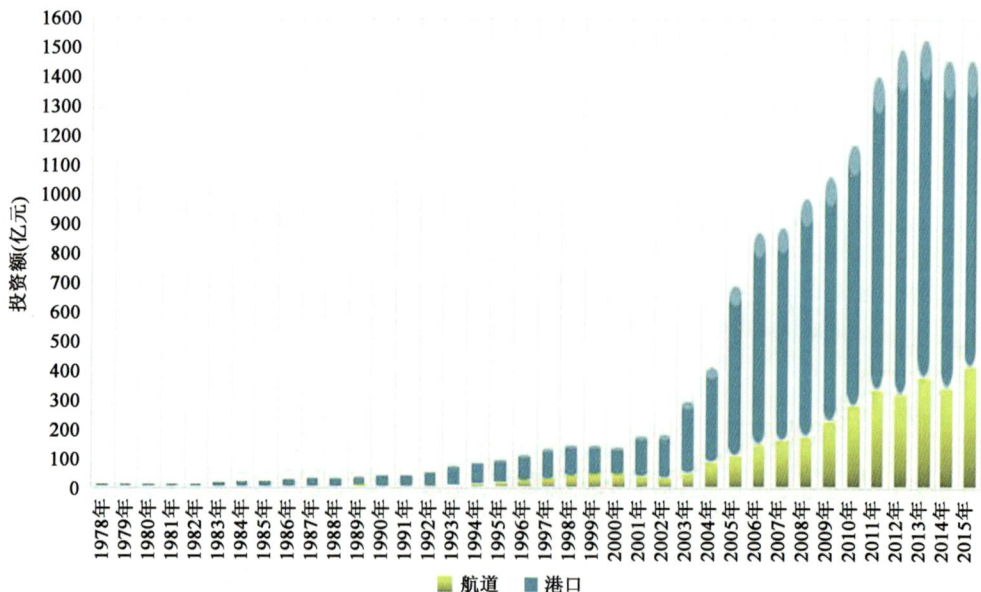

注：1978—2000 年航道为航标、航道建设。

21. 水运固定资产投资统计图（1991—2015）—（按资金结构分）

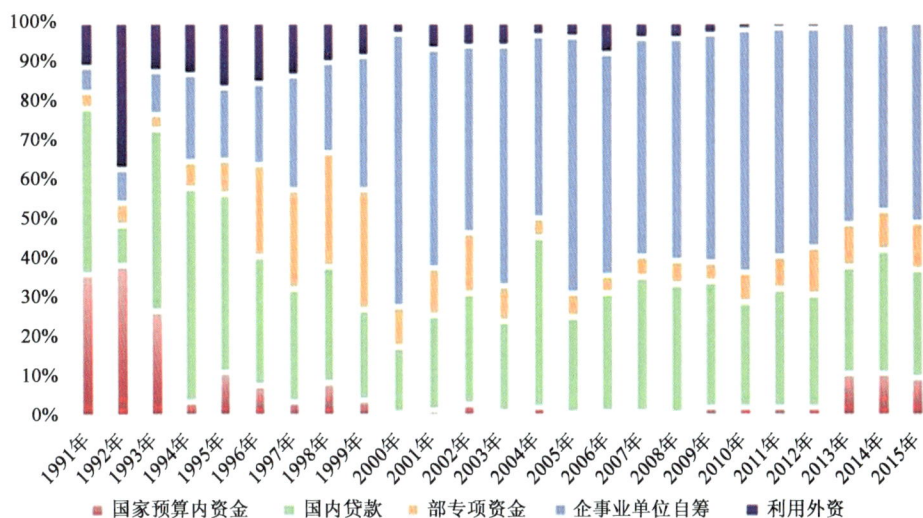

注：1991—2000 年国家预算内资金为国家投资。

22. 世界前 20 大集装箱港口排名

名次	1975 年 港口	吞吐量（百万TEU）	1985 年 港口	吞吐量（百万TEU）	1990 年 港口	吞吐量（百万TEU）	1995 年 港口	吞吐量（万TEU）	2000 年 港口	吞吐量（万TEU）	2005 年 港口	吞吐量（万TEU）	2010 年 港口	吞吐量（万TEU）	2015 年 港口	吞吐量（万TEU）	2018 年 港口	吞吐量（万TEU）
1	鹿特丹	1.1	鹿特丹	2.7	香港	5.1	香港	1255.0	香港	1820.0	新加坡	2319.0	上海	2907.0	上海	3654.0	上海	4201.0
2	纽约新泽西	1.0	纽约新泽西	2.4	新加坡	5.1	新加坡	1185.0	新加坡	1709.0	香港	2260.0	新加坡	2843.0	新加坡	3092.0	新加坡	3660.0
3	神户	0.9	香港	2.3	鹿特丹	3.7	高雄	505.0	釜山	754.0	上海	1808.0	香港	2370.0	深圳	2420.0	宁波—舟山	2635.0
4	香港	0.8	神户	1.5	高雄	3.5	鹿特丹	460.0	高雄	743.0	深圳	1620.0	深圳	2251.0	宁波—舟山	2063.0	深圳	2574.0
5	基隆	0.6	安特卫普	1.4	神户	2.6	釜山	364.0	鹿特丹	630.0	釜山	1184.0	釜山	1416.0	香港	2008.0	广州	2162.0
6	奥克兰	0.5	横滨	1.3	釜山	2.4	汉堡	289.0	上海	561.0	高雄	947.0	宁波—舟山	1315.0	釜山	1943.0	釜山	2159.0
7	西雅图	0.5	汉堡	1.2	洛杉矶	2.1	长滩	284.0	洛杉矶	488.0	鹿特丹	929.0	广州	1255.0	青岛	1744.0	香港	1959.0
8	不来梅哈芬	0.4	基隆	1.2	汉堡	2.0	横滨	273.0	长滩	460.0	汉堡	809.0	青岛	1201.0	广州	1740.0	青岛	1932.0
9	长滩	0.4	釜山	1.2	纽约	1.9	洛杉矶	256.0	汉堡	425.0	迪拜	762.0	迪拜	1160.0	迪拜	1559.0	天津	1601.0
10	墨尔本	0.4	长滩	1.1	横滨	1.7	安特卫普	233.0	安特卫普	410.0	洛杉矶	748.0	鹿特丹	1110.0	天津	1411.0	迪拜	1495.0
11	东京	0.4	洛杉矶	1.1	长滩	1.6	纽约新泽西	226.0	深圳	399.0	长滩	671.0	天津	1009.0	鹿特丹	1223.0	鹿特丹	1451.0
12	安特卫普	0.4	东京	1.0	东京	1.6	东京	218.0	丹戎不碌	337.0	安特卫普	648.0	高雄	918.0	巴生	1187.0	巴生	1232.0
13	横滨	0.3	不来梅	1.0	安特卫普	1.6	基隆	217.0	巴生	321.0	青岛	631.0	巴生	840.0	高雄	1026.0	安特卫普	1110.0

续上表

名次	1975年 港口	1975年 吞吐量（百万TEU）	1985年 港口	1985年 吞吐量（百万TEU）	1990年 港口	1990年 吞吐量（百万TEU）	1995年 港口	1995年 吞吐量（万TEU）	2000年 港口	2000年 吞吐量（万TEU）	2005年 港口	2005年 吞吐量（万TEU）	2010年 港口	2010年 吞吐量（万TEU）	2015年 港口	2015年 吞吐量（万TEU）	2018年 港口	2018年 吞吐量（万TEU）
14	汉堡	0.3	圣胡安	0.9	不来梅	1.2	迪拜港	207.0	纽约新泽西	318.0	巴生	554.0	安特卫普	848.0	安特卫普	965.0	厦门	1070.0
15	悉尼	0.3	奥克兰	0.9	马尼拉	1.0	费利克斯托	192.0	迪拜	306.0	宁波	521.0	汉堡	790.0	大连	945.0	高雄	1045.0
16	圣胡安	0.3	西雅图	0.9	迪拜	0.9	马尼拉	169.0	东京	296.0	天津	480.0	洛杉矶	783.0	厦门	918.0	大连	977.0
17	蒂尔伯里	0.2	不来梅哈芬	0.8	名古屋	0.9	圣胡安	164.0	费利克斯托	280.0	纽约新泽西	479.0	丹戎帕拉帕斯	653.0	丹戎帕拉帕斯	912.0	洛杉矶	946.0
18	勒阿弗尔	0.2	敦刻尔克	0.7	勒阿弗尔	0.9	奥克兰	155.0	不来梅	271.0	广州	468.0	长滩	626.0	汉堡	880.0	丹戎帕拉帕斯	896.0
19	高雄	0.2	巴尔的摩	0.7	丹戎帕拉帕斯	0.6	上海	153.0	焦亚陶罗	265.0	丹戎帕拉帕斯	417.0	厦门	582.0	洛杉矶	816.0	汉堡	877.0
20	杰克逊维尔	0.2	吉达	0.7	阿尔赫西拉斯港	0.6	布雷曼港	152.0	横滨	240.0	拉姆拾班	382.0	大连	526.0	长滩	719.0	长滩	809.0

注：1. 1975—1990年数据摘自 Theo N., (2012) Container Shipping. The Blackwell Companion to Maritime Economics 230-261。
2. 其他数据由上海航运交易所整理。

23. 世界前20大港口货物吞吐量排名一览表

名次	1992年 港口	1992年 吞吐量	1995年 港口	1995年 吞吐量	2000年 港口	2000年 吞吐量	2005年 港口	2005年 吞吐量	2010年 港口	2010年 吞吐量	2015年 港口	2015年 吞吐量	2018年 港口	2018年 吞吐量
1	鹿特丹	291.6	新加坡	305.5	新加坡	325.6	上海	443.0	上海	653.4	宁波舟山	889.3	宁波舟山	1084.4
2	南路易斯安那	242.7	鹿特丹	291.2	鹿特丹	320.0	新加坡	423.2	宁波舟山	633.0	上海	717.4	上海	730.5
3	新加坡	238.4	南路易斯安那	207.0	南路易斯安那	222.6	鹿特丹	370.2	新加坡	503.3	新加坡	575.9	唐山	637.1
4	千叶	171.6	千叶	176.2	上海	204.4	宁波	272.4	鹿特丹	430.0	天津	540.5	新加坡	630.2
5	神户	169.6	上海	166.0	香港	174.6	天津	245.1	天津	413.3	苏州	539.9	广州	594.0
6	上海	163.0	香港	155.9	休斯敦	169.3	广州	241.7	广州	411.0	广州	500.5	青岛	542.5
7	名古屋	130.9	名古屋	142.6	千叶	169.0	香港	230.1	青岛	350.1	唐山	492.9	苏州	532.3
8	横滨	122.5	横滨	131.5	名古屋	157.4	南路易斯安那	220.4	苏州	328.8	青岛	484.5	黑德兰	517.8
9	安特卫普	103.6	蔚山	127.3	蔚山	151.1	釜山	217.2	大连	314.0	鹿特丹	466.4	天津	507.7
10	北九州	95.8	大阪	121.7	光阳	139.5	休斯敦	195.4	香港	267.8	黑德兰	452.6	鹿特丹	469.0
11	大阪	95.1	光阳	108.4	安特卫普	130.5	名古屋	187.1	金山	260.0	大连	414.8	大连	467.8
12	马赛	90.4	安特卫普	108.1	长滩	124.8	青岛	184.3	秦皇岛	257.1	金山	359.0	釜山	460.1
13	蔚山	84.6	仁川	105.2	仁川	120.4	光阳	177.5	唐山	246.1	营口	338.5	烟台	443.1
14	香港	83.4	北九州	97.1	横滨	117.0	大连	176.8	休斯敦	234.0	日照	337.1	日照	437.6
15	光阳	82.0	长滩	95.5	宁波	115.5	洛杉矶	169.0	日照	226.0	南路易斯安那	265.7	营口	370.0
16	东京	81.5	釜山	93.4	高雄	115.3	秦皇岛	167.5	营口	225.8	香港	256.6	光阳	301.9
17	高雄	79.5	神户	91.7	金山	113.1	千叶	165.7	南路易斯安那	223.4	光阳	261.7	湛江	301.9
18	仁川	78.4	东京	87.3	广州	111.3	长滩	160.1	深圳	221.0	秦皇岛	253.1	黄骅	287.7
19	长滩	72.4	马赛	86.6	洛杉矶	101.5	安特卫普	160.1	光阳	203.0	烟台	251.6	南路易斯安那	275.1
20	洛杉矶	67.3	高雄	80.9	秦皇岛	97.4	深圳	153.9	黑德兰	189.0	湛江	220.4	南通	267.0

注：1. 以上数据由上海航运交易所整理。
2. 本表单位均为百万吨。

Record of
Port and Waterway Engineering
Construction in

China

中 国 水 运 工 程 建 设 实 录

（1978 — 2015）

大 事 记

综 合 类

1978 年

1 月,交通部向国务院报送《关于加速发展我国水运和交通的意见》。

2 月 26 日—3 月 5 日,五届全国人民代表大会第一次会议召开。会议通过的《政府工作报告》对交通运输提出了 3 个方面的要求:公路、内河和远洋运输要有较大发展;要建立一个适应工农业生产发展的交通运输网。

5 月 24—31 日,1978 年全国交通工作会议在北京召开,研究实现交通运输现代化的规划,讨论交通部草拟的《关于实现交通运输现代化的汇报提纲》。国务院副总理王震、康世恩于 24 日晚接见与会代表并做指示。31 日,叶飞部长做了总结讲话。

6 月,交通部党组向党中央、国务院上报《关于实现交通运输现代化的汇报提纲》,提出建成"一个江、河、湖、海四通八达的水运网"的现代化发展目标。

8 月 16 日,交通部成立安全质量办公室,负责综合掌握安全质量工作动态,研究问题,反映情况,交流经验,指导工作。

10 月 9 日,交通部党组向党中央、国务院呈送《关于充分利用香港招商局问题的请示》,以加强在港澳的经济力量与发展远洋运输事业,其中建议允许招商局每年约 500 万港元的净收入,从 1979 年起留用 5 年,不上缴财政,用以扩大业务。仅三日后,1978 年 10 月 12 日,这份《请示》就获得党中央国务院的批准。以此为起点,招商局按照"立足港澳,背靠国内,面向海外,多种经营,买卖结合,工商结合"的二十四字经营方针,迈入发展快车道,并蹚开蛇口工业区的筹建。

1979 年

1 月 31 日,中共中央副主席、国务院副总理李先念和国务院副总理谷牧接见交通部副部长彭德清与香港招商局常务副董事长袁庚。李先念当即批准交通部、广东省革委会的联名报告。中共中央、国务院决定在广东蛇口举办全国第一个对外开放的工业区——蛇口工业区,由香港招商局等集资并组织实施。

2 月 25 日,国家建委、交通部联合发文,决定自当年开始,"港口建设指挥部实行中央、地方双重领导,以交通部为主的领导体制"。

4 月 1 日,蛇口工业区建设指挥部成立。

4 月 20 日,交通部在北京召开交通基本建设工作会议,要求认真清理在建项目,集中力量打歼灭战,切实搞好施工管理,大力开展增产节约运动。

9月,交通部决定将交通部所属的第一、二、三、四航务工程局设计院分别改名为交通部第一、二、三、四航务工程局勘察设计院。

12月28日,交通部发布通知,决定从1980年1月起,天津、青岛、南京、黄埔、湛江五个建港指挥部划为港务局建制,机构设置和港务局的有关机构统筹安排,建港指挥部的名称可以保留,工作人员要适当精简。

12月30日,交通部开始接受联合国开发计划署的援助。重点用于沿海港口、干线公路和内河航运建设,对外商参与公路、独立桥梁、隧道、港口设施的建设和经营持鼓励态度。

1980 年

1月1日,交通部扩大企业自主权试点工作在大连港进行。

2月4日,交通部决定成立利用外资建设石臼港(现日照港)和秦皇岛港工作小组,组织并协调各方关系,帮助解决建设中的问题,负责与国家建委对口联系,研究贷款契约条款,参加谈判等。

2月15日,国务院批准交通部成立中国港湾工程公司,经营范围是在国外承包港口、船厂的建设和港口、航道的疏浚工程,并提供技术服务和劳务。

4月5—15日,1980年全国交通工作会议在北京召开。交通部副部长彭德清代表部党组作《继续贯彻调整、改革、整顿、提高的方针,为实现交通运输现代化而奋斗》的报告。这是党的十一届三中全会后召开的第一次全国交通工作会议。

5月13日,交通部成立中国港湾工程公司董事会。部直属第一、二、三、四航务工程局,天津、上海、广州、长江航道局,对外分别称中国港湾工程公司天津、长江、上海、广州筑港公司和中国港湾工程公司天津、上海、广州、长江疏浚公司。

7月11日,中共中央副主席邓小平一行,由重庆乘"东方红32"号轮,视察建设中的长江葛洲坝工程,并实地调查研究三峡工程建设问题。

10月10—13日,国家基本建设委员会在葛洲坝工地主持召开了葛洲坝工程中间阶段验收会议,一致同意进行大江截流。

1981 年

1月9日,水利部部长钱正英主持召开水利部、电力部、交通部三部联席会议,商议并就葛洲坝一期工程的运行管理体制达成协议,陶琦副部长参加会议。

3月20日,国务院副总理万里带领国务院工作组抵大连港,开始视察沿海港口城市、经济特区港航、铁路、公路单位。

5月12日,长航局根据交通部〔1981〕交人字516号文,决定330船闸管理处改称为"葛洲坝船闸管理处",并定为地师级单位。

5月20日,交通部行文批复招商局,同意将蛇口工业区建设指挥部更名为管理委员会,既指挥工业区基础建设,又行使工业区行政管理的职能。

6月25日,交通部下发通知,将交通部第一、二、三、四航务工程局勘察设计院更名为交通部第一、二、三、四航务工程设计院。

12月21日,国务院原则同意交通部与辽宁省人民政府共同制定的《大连港口体制改革试行方案》,从1982年1月1日起,大连港按照政企分开原则进行试点,改变港口"政企合一"管理模式。大连港试行政企分开,既是开启沿海港口体制改革的标志,也为之后开展的港口体制改革提供了实践经验。

1982 年

1月6日,交通部转发《国务院关于大连港口体制改革试行方案的批复》。1月起,大连港实行政企分开,将大连港务管理局拆分,分别成立大连港口管理局和大连港装卸联合公司,均为交通部直属一级单位。

2月22日,1982年全国交通工作会议在北京召开。彭德清部长作《调动各方面积极性,加速交通运输事业发展》的报告。强调要支持各省、自治区、直辖市建立海运轮船公司;积极采取措施,充分发挥沿海运输的作用;积极开发利用内河航运,大力提高内河运输能力,加强技术改造,挖掘现有港口的潜力,改革港口管理体制。

5月14日,中国港湾工程公司下属的香港振华工程有限公司在香港注册成立。该公司1992年2月与上海港机厂合资成立上海振华港口机械股份有限公司。

7月28日,国务院发出《关于交通部机构编制的复函》,同意交通部由原有21个厅局撤并为16个。水运机构变动较大,将水运、远洋(行政部分)、通信导航、港务监督、安全、工业局和基本建设的航道部分合并,分别组建海洋运输管理局、内河运输管理局、生产调度局、水上安全监督局。

9月1—11日,中国共产党第十二次全国代表大会在北京召开。十二大报告指出"最重要的是要解决好农业问题,能源交通问题和教育、科学问题""交通运输的能力同运输量增长的需要很不适应"。首次把交通提到经济发展战略重点的地位。

10月11日,国务院指示成立"长江鸡扒子滑坡整治工程领导小组",交通部副部长钱永昌任组长。10月20日,鸡扒子航道整治工程开工。历经4个枯水期的施工,于1986年3月完工,该工程获国家科技进步三等奖。

12月10日,第五届全国人大第五次会议批准国务院《关于第六个五年计划的报告》和《国民经济和社会发展第六个五年计划(1980—1985年)》。五年计划在交通运输和邮电通信建设领域投资298亿元,主要用于铁路和港口建设。在沿海15个港口建设132个深水泊位。继续建设长江等内河航运工程。

1983 年

3 月 7 日,1983 年全国交通工作会议在北京召开,讨论贯彻中央对内搞活、对外开放的决策,提出"有河大家走船,有路大家走车",并要求必须把放宽搞活和加强管理统一起来。李清部长作《解放思想,努力改革,为开创交通运输工作新局面而奋斗》的报告。

3 月 19—26 日,交通部在北京召开珠江水系航运规划第三次会议,研究提出珠江水系"七五"期间航运建设项目。

5 月 29 日,中国港口协会成立。

6 月,交通部在北京召开长江航运体制改革工作会议(长江航运体制改革领导小组第一次专题会议),着重研究如何贯彻落实《国务院批转交通部关于长江航运体制改革方案》的决定,抓紧实施改革。

7 月 1 日,经国务院批准,黑龙江省航运局改称黑龙江航运管理局,实行由交通部和黑龙江省双重领导,以交通部为主的管理体制。

9 月 2 日,国家主席李先念签署《中华人民共和国主席令》(第 7 号),公布由第六届全国人大常委会第二次会议通过的《中华人民共和国海上交通安全法》,自 1984 年 1 月 1 日起施行。这是新中国成立后交通领域的第一部法律,也是我国海上交通安全管理第一部法律,对于解决海上交通管理政出多门、加强水上安全管理法制建设具有里程碑意义。

10 月 18 日,交通部决定将第一、二、三、四航务工程勘察设计院从各航务工程局划出,作为部属一级事业单位,归部直接领导,以适应港口建设需要,加强勘察设计工作。

1984 年

1 月 1 日,长江航运体制改革方案正式实施。撤销长江航运管理局,组建长江航务管理局,成立长江轮船总公司。长江航政管理局改由长江航务管理局管理,航政业务同时受交通部港监局领导。

3 月 3 日,1984 年全国交通工作电话会议召开,李清部长出席会议并讲话,交通部副部长钱永昌代表部党组作了《面向全国、立足改革、总结经验、继续前进》的报告。

3 月 5 日,交通部在北京召开三峡水利枢纽通航问题工作会议,传达中央财经领导小组对兴建三峡水利枢纽工程的决定,并讨论、部署三峡工程由论证转入建设阶段后的工作安排。

3 月 10 日,交通部在武汉市召开长江水系航运规划领导小组第一次会议,贯彻落实国家计委《关于长江流域综合利用规划要点修订补充任务书的批复》,成立长江水系航运规划办公室,主要负责讨论、协调和部署长江水系航运规划工作。

4 月 5 日,交通部发出《关于三峡枢纽通航问题的通知》,决定成立三峡水利枢纽通航领导小组,主要负责组织研究三峡水利枢纽通航问题,对设计提出审查意见,并组织安排协调部属单位相关工作;同时,要求长航局成立相应工作班子,配合有关部门进行三峡枢纽通航工作。

6月1日,按照中共中央、国务院《关于天津港实行体制改革试点的批复》精神,天津港下放天津市政府管理,将由中央政府直接管理的港口领导体制改为由中央和地方政府"双重领导,以地方为主"的管理体制,实行"以收抵支,以港养港"的财务管理体制。

8月6日,中共中央总书记胡耀邦主持举行第149次会议,交通部党组汇报关于整党端正业务指导思想的情况和对交通运输战线整改的设想。中央和国务院领导赞同交通部党组提出的改革设想,并做出六项重要指示:树立全心全意为人民服务的思想;改革管理体制,实行政企分开,简政放权;从交通运输事业多层次、多形式、多渠道的特点出发,放宽政策,搞活运输,实行多家经营,鼓励竞争,鼓励各部门、各行业、各地区一起干,国营、集体、个人以及各种运输工具一起上;调动各方面积极性,加快交通基础设施建设步伐;引进先进技术,大胆利用外资;加强交通运输队伍建设。

8月23日,大连港装卸联合公司荣获1984年度"国家质量管理奖",成为全国交通系统和辽宁省第一个获得这项荣誉的企业。

10月28日,中共中央总书记胡耀邦视察江苏省连云港港并题词:"高效率建港,高效益管港。"

11月12日,国务院副总理李鹏乘"江渝11"号轮视察川江和三峡工程,在听取有关水工建筑物的汇报时,李鹏副总理重申:"以电养闸,国务院有文件,不能变""看来船闸交由交通部门管理为好,因为你们(指交通部门)了解船的情况,便于调度。"

1985 年

3月18—20日,国务院副总理李鹏在天津主持召开港口体制改革座谈会。会议认为天津港下放后成绩是显著的,试点基本是成功的,肯定了天津港体制改革试点的成果。明确交通部直属港口管理体制改革总的原则是港口下放到所在城市,实行双重领导,地方为主,必要时交通部可保留少数专业性较强的港口。会后,国务院以国阅(85)29号批准转发《港口体制改革座谈会纪要》。

3月25—31日,1985年全国交通工作会议在北京召开,会议期间国务院副总理李鹏到会发表重要讲话,钱永昌部长作《搞好交通改革 发展大好形势》的报告。

4月19—25日,国务院副总理李鹏在交通部部长钱永昌等的陪同下,视察了兖石铁路,石臼港(现日照港)、烟台港、威海港、龙口港、连云港港以及岚山港。

6月6—9日,交通部在福建厦门市召开14个沿海开放城市港口发展座谈会,通报了"七五"期间沿海开放城市港口建设的规划设想。

10月19日,交通部和江苏省人民政府在江苏省连云港市联合召开陇海铁路沿线各省(区)集资开发建设连云港座谈会,制定《关于筹集资金加快连云港港口建设试行办法》,初步达成"七五"期间由六省区集资在连云港建设八个万吨级泊位的协议并成立集资建港的协调小组。

10月22日,国务院批准发布《港口建设费征收办法》,决定从1986年1月1日起,对进出大连、营口、秦皇岛、天津、烟台、青岛、石臼、连云港、上海、宁波、温州、厦门、汕头、广州等26个港口的货物,征收港口建设费。收入列为交通部专户,作为国家建设港口资金来源。10月28日,交通部下发《港口建设费征收办法施行细则》,共18条,自1986年1月1日起施行。

1986 年

1月1日,交通部对大连港正式实行交通部与大连市政府双重领导,以大连市为主的管理体制。

1月4日,国务院副总理李鹏在上海主持召开上海港下放问题的会议,进一步贯彻落实天津港口管理体制改革座谈会精神。1月29日,国务院办公厅转发《关于上海港下放问题的会议纪要》,从1986年1月1日起,上海港实行交通部与上海市人民政府双重领导,以上海市为主的管理体制。

1月28日,交通部颁布了《港口建设费征收办法施行细则》,开始对进出28个沿海港口征收港口建设费,实行"以港养港,以收抵支"政策。

2月19日,1986年全国交通工作会议在北京召开,认真贯彻《中共中央关于制定国民经济和社会发展第七个五年计划的建议》精神。国务院副总理李鹏出席会议并讲话,钱永昌部长作《认清形势　开创新局面》的报告。

3月28日,交通部成立全国水运工程标准技术委员会。

4月27日,交通部召开全国港口普查工作会议。此次调查显示,1985年底,全国有年吞吐量1万吨以上的港口1947个,其中,内河港口1752个,沿海港口195个。

5月5日,交通部在北京召开全国省、区、市重点交通建设项目前期工作座谈会,统一思想认识,落实"七五"建设项目,安排前期工作,研讨管理办法。

5月8日,交通部部长钱永昌和上海市市长江泽民在交接签字仪式上分别代表交通部和上海市人民政府签署《上海港管理体制改革交接议定书》,明确上海港从1986年1月1日起移交上海市,实行交通部与上海市双重领导、以上海市为主的港口管理体制,并宣布成立上海港务局和交通部上海海上安全监督局。

7月1日,经国务院同意,交通部批准成立珠江航务管理局。

7月2日,交通部印发《港口建设费使用规定》,明确使用范围、程序和安排建设项目应遵循的原则,自1986年1月1日起实行。

9月10日,交通部在北京召开各省(区、市)交通建设前期工作及年度计划座谈会,按照"七五"计划要求,检查公路、水运重点建设项目前期工作。

11月12日,交通部发布《港口工程初步设计文件的编制和审批办法(试行)》。之后,于1995年5月25日发布《沿海港口工程初步设计文件编制规定》和2008年4月24日发布《港口工程初步设计文件编制规定》(JTS 110—4—2008)予以修订。对规范我国港口工程建设初步设计工作起到了重要的指导作用。

12月,交通部第一次发布《波浪模型试验规程(试行)》(JTJ 301—88)。新的《波浪模型试验规程》(JTJ/T 234—2001)于2002年5月1日起实施。该规范对我国海岸工程波浪试验发挥了重要作用,成为指导波浪试验研究的基本依据,并得到了国际同行的普遍认可,为我国对外承接水运工程和科学研究项目提供了坚实的技术支撑。

1987 年

1月,交通部成立基本建设工程质量监督总站,负责交通基本建设工程质量监督管理工作。

2月27日,交通部向国家计委、国家经委、国家科委报送《2000年水运、公路交通科技、经济和社会发展规划大纲》。从全国运输发展的需要和综合发挥各种运输方式的优势出发,遵循建设"符合我国国情特点的综合运输网,使交通运输改变滞后状态"的原则,分析国内、外水运和公路交通发展趋势,结合我国特点,提出2000年水运、公路交通的发展目标和发展重点。

3月27日,交通部在北京召开全国交通系统厅局长会议,总结回顾以往工作,安排部署1987年工作。国务院副总理李鹏出席会议并讲话,钱永昌部长作《坚持四项基本原则深化交通体制改革 广泛开展增产节约运动》的报告。

4月28日,交通部印发《交通部水运基建科技发展大纲》(1986—2000年),要求根据"七五"期间水运基本建设计划的主要特点,除加强工程规划的可行性研究外,还要贯彻落实勘察,设计,港口工程施工,航道疏浚工程,航机,科技、情报,人才培训与智力引进等六方面要求。

5月,交通部发布《海港总体及工艺设计规范(试行)》(JTJ 211—87)。之后,随着行业发展和技术进步,先后修订发布了《海港总平面设计规范》(JTJ 211—99)和《海港总体设计规范》(JTS 165—2013)。

5月7日,交通部在北京召开搞活大中型企业座谈会,提出交通部大中型施工、运输、港口三类企业实行承包经营责任制的初步方案,安排直属港航基建企业推行承包经营责任制。

6月19日,交通部同意江苏省人民政府关于京杭运河江苏段实行交通、水利分开管理的意见,并同意由江苏省交通厅组建京杭运河管理局。

8月22日,国务院发布《中华人民共和国航道管理条例》,自10月1日起施行。这是国家管理沿海、内河航道的重要法规和基本依据。

9月8日,国务院批准长江港口管理体制改革方案。长江干线港口全部下放,实行以地方领导为主的管理体制,长江航务管理局仍由交通部直接领导。

10月27日,交通部发布《港口工程技术规范》,《海港总体及工艺设计规范(试行)》(JTJ 211—87)等涉及港口、航道、通航建筑物和修造船水工建筑物的一些标准规范均被纳入,于1988年10月1日起施行。标志水运行业初步形成了一套较完整的、具有我国港口建设特点的技术规范,实现了20世纪70年代初交通部提出的规范要系统配套齐全、能满足我国水运工程建设的设计、施工的要求。

11月,经国务院同意,国家计委批复交通部和江苏省,京杭运河仍维持现行交通、水利部门分管的体制和规定;组建江苏省交通厅航务管理局,实行部、省双重领导,以省为主的体制;京杭运河航运的营运组织工作由江苏省运河航运公司负责。

12月24日,交通部发出《关于部属企业全面推行和完善厂长(经理)负责制工作的通知》。

1988 年

1月20日,交通部在北京召开全国交通厅局长会议,贯彻党的十三大精神,总结交通运输体制改革基本经验,研究深化交通政治、经济体制改革,部署1988年工作。钱永昌部长作《以改革统揽全局,加快发展交通运输事业》的报告。27日下午,国务院代总理李鹏在北京中南海会见了部分参会代表。

1月30日,交通部发布《交通部关于产品质量监督抽查试行办法》。

4月25日,全国政协主席李先念视察葛洲坝二号船闸。

6月10日,中华人民共和国国务院令1988年第3号发布《中华人民共和国河道管理条例》,1988年6月3日国务院第七次常务会议通过,自发布之日起施行。2017年3月1日,《中华人民共和国国务院令》(第676号)对第十一条第一款和第二十九条进行了修改。2017年10月7日,《中华人民共和国国务院令》(第687号)对第十四条第二款进行了修改。

7月1日,《中华人民共和国水法》自即日起施行。明确:国家保护和鼓励开发水运资源。在通航或者竹木流放的河流上修建永久性拦河闸坝,建设单位必须同时修建过船、过木设施,或者经国务院授权的部门批准采取其他补救措施,并妥善安排施工和蓄水期间的航运和竹木流放,所需费用由建设单位负担。在不通航的河流或者人工水道上修建闸坝后可以通航的,闸坝建设单位应当同时修建过船设施或者预留过船设施位置,所需费用除国家另有规定外,由交通部门负担。现有的碍航闸坝,由县级以上人民政府责成原建设单位在规定的期限内采取补救措施。

7月13日,交通部在北京召开水运、公路交通规划座谈会,检查"七五"交通计划执行情况,为草拟"八五"交通计划进行准备。

8月9日,交通部发布《内河航运建设项目可行性研究报告编制办法》,于2009年11月进行了修订。修订后的《航道建设项目预可行性研究报告和工程可行性研究报告编制办法》深化了可行性研究报告编制技术要求,对编制报告应遵循的原则、研究方法、工作内容、深度及报告编写要求等做出详细规定。

8月20日,国务院总理李鹏视察大连港大连湾港区和大窑湾港区建设工地。

12月6日,交通部召开交通部机关新机构开始运行大会。改革后的交通部机关有13个厅、司、局,比原有的21个减少8个,机关编制比原有人数减少40%以上。根据国务院关于机构改革指示,交通部撤销海洋运输管理局、内河运输管理局、公路局等专业局,成立综合性的运输管理司、工程管理司,统一管理水运、港口、公路的运输、建设与养护工作。

12月6日,京杭运河苏北航管处在淮阴市成立,实行交通部和江苏省双重领导、以省为主的管理体制,负责徐州市蔺家坝至扬州市六好口段404.5公里运河航道的整治、维护治安、安全监督等管理工作。

1989 年

是年,交通部成立长江、珠江、黄河、黑龙江和松辽水系等四大水系航运规划领导小组。

2月27日,1989年全国交通工作会议在北京召开,钱永昌部长作《抓好治理整顿　继续深化改革　推动交通运输事业发展》的报告。会议提出:从"八五"开始,用几个五年计划的时间,在发展以综合运输体系为主轴的交通业总方针指导下,统筹规划,条块结合,分层负责,建设公路主骨架、水运主通道、港站主枢纽的规划设想。

6月9日,邓小平在接见首都戒严部队军以上干部时发表重要讲话。讲话中指出:"我赞成加强基础工业和农业。基础工业,无非是原材料工业、交通、能源等,要加强这方面的投资,要坚持十到二十年,宁肯欠债,也要加强。这也是开放,在这方面,胆子要大一些,不会有大的失误。多搞一点电,多搞一点铁路、公路、航运,能办很多事情"。这个讲话精神为制定交通发展战略和长远规划指明了方向。

7月21—24日,中共中央总书记江泽民视察长江荆江大堤和分洪工程、葛洲坝工程、三峡工程坝址,并专门察看了葛洲坝三江二号船闸运行情况。

8月10日,交通部在天津召开全国交通系统1989年下半年基建座谈会议,认真检查上半年公路、港口、内河基本建设计划执行情况,研究、调整下半年基本建设计划问题,听取有关单位对1990年交通基建、管理及改革等方面的经验。这是国家机关机构改革和国家投资管理体制改革后，由交通部和国家交通投资公司联合召开的第一次全国性交通基建座谈会。

11月13日，交通部在北京、南昌分别召开全国公路、水运交通建设前期工作会议，安排一批"八五"初期开工建设项目的前期工作。

1990 年

2月4日，交通部发布《港口总体布局规划编制办法》。

2月20日，1990年全国交通工作会议在北京召开，钱永昌部长出席会议并作《治理整顿　深化改革　稳步发展》的报告。会议明确提出了我国水路、公路建设长远发展的"三主一支持"规划设想。

7月9日，交通部印发《内河航运工程合资项目建设管理办法（试行）》，进一步加强内河航运工程项目管理。该办法包括总则、初步设计阶段管理、施工图设计阶段管理、实施阶段管理、竣工验收和附则等，共6章21条，自8月1日起施行。

8月31日，广东省深圳特区招商局蛇口工业区管理委员会更名为交通部深圳特区招商局蛇口工业区管理委员会。

9月21日，国务院批复《长江流域综合利用规划简要报告（1990年修订）》。要求研究改善通航条件，发挥干支流航运的潜在优势，建立以长江干流为骨干，干支流畅通，江海直达，水陆联运，平战结合的综合航运系统规划。充分利用长江航运及供水优势，建设沿江走廊，进行长江沿岸城市布局。

1991 年

1月25—29日，1991年全国交通工作会议在北京召开，钱永昌部长作《再接再厉　抓好"八五"　为交通事业的新发展而奋斗》的报告。

6月13日，交通部发布《公路、水路基本建设利用国外贷款项目管理暂行办法》。

6月15日，交通部在河北省秦皇岛市南戴河召开部属企业和双重领导港口企业工作会议，贯彻十三届七中全会、七届全国人大四次会议和全国企业工作会议精神，研究完善企业经营机制、增强部属企业活力和提高经济效益等问题，吴邦国副总理看望会议代表并发表讲话。

6月23日，交通部在辽宁省大连市召开全国交通建设前期工作会议沿海港口和直属航运企业片会。

7月23日，根据《中华人民共和国企业法人登记管理条例》规定，经交通部批准及国家工商行政管理局核准，中国港湾工程公司正式更名为中国港湾建设总公司。

8月1日，《内河通航标准》（GBJ 139—90）正式实施。之后经过两次修订，分别为自

2004 年 5 月 1 日起实施的《内河通航标准》(GBJ 139—2004)和自 2015 年 1 月 1 日起实施的《内河通航标准》(GB 50139—2014)。该标准适用于天然河流、渠化河流、湖泊、水库、运河和渠道等通航内河船舶或海轮的航道、船闸、过河建筑物、临河建筑物的规划设计和通航安全影响论证。

8 月 5 日,交通部在广东省广州市召开全国地方交通建设前期和基本建设工作会议片区会(华东、中南、西南)。

8 月 29 日,交通部颁布《中华人民共和国航道管理条例实施细则》,为航道行政部门开展航道开发、管理和养护等工作提供法律依据。该细则共 7 章 48 条,自 10 月 1 日起施行。

10 月 1 日,交通部印发《全国沿海航标总体布局规划》,明确航标发展的原则、重点等。

1992 年

1 月 11—14 日,1992 年全国交通工作会议在北京召开,国务院副总理朱镕基到会作重要讲话。黄镇东部长作《管好行业 搞好企业 调整结构 提高效益》的报告。

5 月 1 日,国务院总理李鹏在黄镇东部长等的陪同下视察宁波港北仑港区,并为该港题词:"洋洋东方大港,改革开放前哨"。

5 月 31 日,交通部在广东省广州市召开全国内河航道管理和养护工作会议,王展意副部长作工作报告。会议研究并确定九十年代内河航道管理和养护工作的方针(即"深化改革、依法治航、加强养护、征好规费、科学管理、保障畅通"的"二十四字方针")、任务和措施,还讨论了《内河航道管理和养护工作纲要(1991—2000 年)》(讨论稿)。

7 月 25 日,交通部发布《关于深化改革、扩大开放、加快交通发展的若干意见》,贯彻落实邓小平同志南方谈话和党中央、国务院有关指示精神,提出到 2000 年实现公路、水路运输生产和基础设施建设上新台阶的目标,并主要从公路、水路运输计划体制,运输管理方式,国内资金筹集方式,外资渠道,企业经营机制,交通运输保障,以及交通科技、教育体制等七方面部署改革开放措施,以明显缓解交通运输对经济发展的制约状况。

10 月 12—18 日,中国共产党第十四次全国代表大会在北京举行。中共中央总书记江泽民在《加快改革开放和现代化建设步伐 夺取有中国特色社会主义事业的更大胜利》的报告中提出了"以上海浦东开发开放为龙头,进一步开放长江沿岸城市,尽快把上海建成国际经济、金融、贸易中心之一,带动长江三角洲和整个长江流域地区经济的新飞跃"。此后,建设上海国际航运中心提上日程。

11 月 7 日,国家主席杨尚昆签署《中华人民共和国主席令》(第 64 号),公布由第七届全国人大常委会第二十八次会议通过的《中华人民共和国海商法》,自 1993 年 7 月 1 日起施行。

12月28日,漳州开发区正式成立,参照蛇口工业区模式,由招商局集团负责经营管理。2010年4月25日,经国务院批准,升级为国家级经济技术开发区。

12月29日,国家计委、国家体改委、国务院经贸办同意以中国长江轮船总公司为核心企业,以其全资和控股的企事业单位、运输企业、工业企业等为紧密层企业,组建中国长江航运集团。

1993 年

1月11—14日,1993年全国交通工作会议在北京召开,黄镇东部长作《把思想认识统一到十四大精神上来 把十四大精神落实到交通工作中去》的报告。

4月27日,交通部批准成立长江航务管理局三峡工程航运领导小组。

4月30日,经国务院批准,交通部、国家计委、财政部、国家物价局联合发布《关于扩大港口建设费征收范围、提高征收标准及开征水运客货运附加费的通知》,自7月1日起施行。

5月23日,国务院正式批准了《珠江流域综合利用规划报告》。该规划是珠江流域有史以来第一次经国家正式批准的流域规划,成为流域各省(自治区)、各有关行业江河治理及综合开发的主要依据。

5月25日,交通部、财政部联合下发《港口建设费征收办法实施细则》和《水运客货运附加费征收办法》,自7月1日起施行,同时废止原《港口建设费征收办法施行细则》。

6月24—27日,国务院在北京召开长江三角洲及长江沿江地区经济规划座谈会。中共中央总书记、国家主席江泽民,国务院总理李鹏出席会议,并就贯彻落实邓小平同志南方谈话及党中央关于《以上海浦东开发为龙头,进一步开放长江沿岸城市》的决策发表了重要讲话。

7月2日,大连港大窑湾新港区正式投入营运。国务院副总理邹家华为大窑湾新港区开港剪彩,黄镇东部长发表讲话。

7月17日,北京市人民政府和唐山市人民政府签署联合建港协议,"唐山港"更名为"京唐港",开创了我国港口建设新模式。唐山市人民政府公告,自2005年9月10日起停止使用"京唐港"港名,恢复使用"唐山港"港名。唐山港下设两个港区,即京唐港区和曹妃甸港区。

9月24日,中共中央总书记、国家主席江泽民视察湛江港,并为湛江港题词"建设南方大港,发展湛江经济"。

10月5日,和记黄埔盐田港口投资有限公司与深圳市盐田港集团(原深圳东鹏实业有限公司)签订"成立盐田国际集装箱码头有限公司"合资合同。

11 月 19—20 日,三峡工程现场航运指挥部在宜昌坝河口召开"三峡工程施工现场航运安全座谈会"。

1994 年

1 月 18 日,交通部召开 1994 年全国交通工作电话会议,提出贯彻党的十四届三中全会精神的初步思路,部署 1994 年交通改革和发展的任务。黄镇东部长作《加大交通改革力度 加快培育和发展交通运输市场的步伐》的报告。

2 月 25 日,国务院办公厅发布《关于印发交通部职能配置、内设机构和人员编制方案通知》,明确交通部的主要职责、内设机构、人员编制和领导职数。设水运管理司、基本建设司履行水运管理和建设行政职能。

3 月 1 日,《港口工程基本术语标准》(GB 50186—93)正式施行。之后,结合"九五"后我国港口工程新的发展,修订发布了《港口工程基本术语标准》(GB/T 50186—2013),于 2014 年 6 月 1 日实施。

3 月 31 日,经交通部批准,由长航局颁布,在三峡坝区 31 公里水域范围实行封闭式管理,以保证三峡工程建设顺利进行。

6 月 25 日,交通部在江苏省南京市召开长江航运发展及水上交通安全工作研讨会。

6 月 29 日,交通部在湖南省长沙市召开全国内河航运基建座谈会。

8 月 30 日,交通部发布《水运工程施工监理规定(试行)》(交基发〔1994〕840 号),于 1995 年 1 月 1 日实施生效。

10 月 14—17 日,中共中央总书记、国家主席江泽民等中央领导,在黄镇东部长陪同下从重庆乘"巴山"号视察三峡工程开工前的准备工作。

11 月 10 日,交通部在江苏省苏州市召开全国内河航道技术等级评定工作会议,讨论《内河航道技术等级评定工作大纲》,并部署正式开展航道定级工作。

12 月 1 日,新中国第一部《内河航道维护技术规范》(JTJ 287—94)正式实施。修订后的《内河航道维护技术规范》(JTJ 287—2005),自 2006 年 5 月 1 日起实施。该规范对推动指导全国内河航道维护工作起到了重要作用。

12 月 11—12 日,国务院总理李鹏在黄镇东部长陪同下乘"长江公主"轮视察长江三峡工程部分淹没区。13 日,国务院总理李鹏乘坐"长江公主号"轮由重庆驶往宜昌,出席 14 日在宜昌中堡岛举行的长江三峡水利枢纽工程开工庆典活动。

1995 年

1 月 10—13 日,1995 年全国交通工作会议在北京召开,并印发《深化交通企业改革搞好现代企业制度试点》文件。国务院副总理邹家华 12 日出席会议,与部分会议代表进行座谈。黄镇东部长作《认清形势　统一思想　推进交通改革和发展》的报告。

2月1日，水运行业第一部《港口工程环境保护设计规范》（JTJ 231—94）正式实施。随着我国加强环境保护要求、环保技术不断进步，修订后的《港口工程环境保护设计规范》（JTS 149—1—2007），自2008年2月1日起实施。

2月13日，交通部发布《交通部水运工程定额管理办法（试行）》（交基发〔1995〕97号文），该办法于发布之日起施行。

2月21日，交通部印发《关于交通部三峡工程航运领导小组办公室主要职责、机构编制等问题的通知》，决定将三峡工程航运领导小组办公室调整为由部直接管理。

3月24—27日，国务院副总理吴邦国在黄镇东部长陪同下乘"东方王朝"轮由重庆至沙市视察长江航运。26日，吴邦国副总理登上葛洲坝二号船闸调研船闸运行情况。

3月25日，交通部成立现代企业试点领导小组，并确定了广州海运（集团）公司、中国远洋运输集团、中国长江轮船总公司、上海海运（集团）公司、交通部第一航务工程局、交通部第三航务工程局、交通部第一公路工程总公司、营口港务局和交通部第二航务工程勘察设计院作为现代企业制度试点单位。

8月8日，交通部向国务院提交沿海港口投资体制改革建议，并建议内河港口建设也参照该办法执行。

10月9—13日，交通部在江苏省南京市和浙江省杭州市召开全国内河航运建设工作会议，贯彻落实《中共中央关于制定国民经济和社会发展"九五"计划和2010年远景目标的建议》要求，总结经验，统一和提高对发展内河航运事业重要性、紧迫性的认识，研究确定内河航运建设的规划、重点和政策措施。国务院副总理邹家华出席会议并发表讲话。黄镇东部长作《抓住机遇　加快发展　振兴我国内河航运事业》的报告。

10月16日，交通部在山东省青岛市召开全国交通行业勘察设计工作会议，加强对勘察设计市场的管理，提高勘察设计队伍的素质和勘察设计质量，推进技术进步。

11月1—3日，交通部在北京召开了全国交通科学技术大会，会议讨论通过并于会后正式印发《公路、水运交通科技发展"九五"计划和到2010年长期规划》。国务委员、国家科委主任宋健出席会议闭幕式并作重要讲话。黄镇东部长作《实施科教兴交战略　推动交通事业持续发展》的报告。

11月8—10日，国务院总理李鹏在黄镇东部长陪同下乘坐"锦绣中华"轮视察长江三峡。

1995年12月3日，国务院第187号令发布《中华人民共和国航标条例》，明确规定航标的适用范围和主管机构等。这是新中国正式颁布的第一部航标管理和保护法规。根据2011年1月8日《国务院关于废止和修改部分行政法规的决定》进行了修订。

1996 年

1月9日,交通部在云南省昆明市召开"九五"期间交通建设利用国外贷款项目工作会议,研究落实"九五"期间国外贷款项目的前期工作。

1月16日,国务院总理李鹏在上海主持召开了两省一市和国务院有关部门主要负责人参加的会议,就建设上海国际航运中心问题进行了研究,正式宣布建设上海国际航运中心。上海国际航运中心是开发开放浦东、使上海成为国际经济、金融、贸易中心之一的重要条件,对我国对外开放,对长江经济带的发展意义重大。

1月23—26日,1996年全国交通工作会议在北京召开,国务院副总理吴邦国致信并作出指示。黄镇东部长作《齐心协力 奋发图强 扎扎实实做好"九五"交通工作》的报告。

4月19日,交通部在江苏省无锡市召开交通行业清理整顿标准验收总结会议,完成交通行业1041项国家标准、行业标准清理整顿工作,保留921项,合并及废止120项。

4月19日,交通部发布《水运工程建设标准体系表》。之后,分别于2001年12月、2007年6月和2018年4月进行三次修订。2018年4月1日起实施的体系表,标准项150项,列入项目库中的项目418项:其中现行标准156个,在编标准93个,待编标准169个。体系表对水运工程建设标准的编制具有重要指导作用。

6月20—22日,交通部在北京召开全国港口基建座谈会。

7月1日,交通部在吉林省召开全国交通基本建设质量监督、工程监理工作会议,提出"九五"期间监督、监理工作方针,并部署相关工作。

7月6日,国务院印发《关于加强预算外资金管理的决定》,决定自1996年起将养路费、车辆购置附加费、公路建设基金、港口建设费等13项数额较大的政府性基金(收费)纳入财政预算管理。

8月16日,国务院总理李鹏在黄镇东部长的陪同下视察秦皇岛港煤码头四期工程。

8月19日,交通部在四川省成都市召开全国内河航运基本建设座谈会,研究"九五"加强内河航运建设市场管理和项目管理的措施。

8月22日,国务院副总理邹家华乘船视察松花江富锦至同江段。

9月20日,交通部发布《中国水上安全监督发展纲要(1996—2010)》。

10月17—20日,国务院总理李鹏在黄镇东部长、刘锷副部长等陪同下乘"神州"号轮视察长江三峡工程。

11月7日,交通部批准成立长江口深水航道治理工程建设领导小组。

11月27日,国务院总理李鹏、副总理吴邦国在中共上海市委书记黄菊、市长徐匡迪、交通部部长黄镇东的陪同下视察上海航运交易所,并题词:"规范航运交易,繁荣航运事业"。

1997 年

1月9日，交通部召开1997年全国交通工作电话会议，贯彻落实党的十四届五中、六中全会和中央经济工作会议精神，分析交通工作形势，安排部署1997年工作任务。黄镇东部长作《认清形势　稳中求进》的报告。

2月21日，交通部令1997年第1号发布《水运工程建设市场管理办法》，自10月1日起实施。

5月1日，《航道工程基本术语标准》（JTJ/T 204—96）正式实施。2015年，交通运输部水运局组织有关单位对《航道工程基本术语标准》（JTJ/T 204—96）开展修订。

8月4日，交通部召开第二次全国港口普查工作电话会议，明确规定普查范围、对象、标准、时间、内容和成果等。标志第二次全国港口普查正式开始。

9月29日，上海组合港正式成立，国务院副总理吴邦国出席成立仪式并为组合港揭碑。

10月26日，京杭运河苏南段航道整治工程举行通航典礼，国务院副总理邹家华出席并视察苏南运河，为江苏省港监局题词："加强水上交通管理，确保运输安全畅通"。

11月17日，交通部在北京召开长江口深水航道治理工程一期工程初步设计审查会。国务院副总理邹家华、吴邦国出席会议并作重要讲话。

12月6日，中国港湾建设集团及其核心企业中国港湾建设（集团）总公司正式成立，并在北京人民大会堂新闻发布厅隆重举行了揭牌仪式。

12月25日，交通部发布《通航海轮桥梁通航标准》（JTJ 311—97），自1998年5月1日起施行。之后，为适应建设发展需要，在前一版标准的基础上修订了《海轮航道通航标准》（JTS 180—3—2018），自2018年5月1日起正式实施。

1998 年

第一部水运行业内的规范《渠化工程枢纽总体布置设计规范》（JTJ 220—98）正式实施。2009年9月1日，修订后的《渠化工程枢纽总体设计规范》（JTS 182-1—2009）正式实施。2009年施行的规范是在1998年版规范基础上进行了修订，两版规范对指导西江、湘江、嘉陵江、赣江、松花江、汉江、涪江和信江上的一大批渠化枢纽工程的建设，实现内河航道梯级渠化、提高航道等级、改善通航条件具有重要意义。

1月14—15日，1998年全国交通工作会议在北京召开，国务院总理李鹏、副总理吴邦国分别致信并作出指示，黄镇东部长作《认真贯彻十五大精神　创造交通工作新业绩》的报告。会议根据党的十五大确定的到21世纪中叶新"三步走"战略，明确了社会主义初级阶段公路、水路交通发展实现现代化的"三个发展"阶段，为以后制定和实施公路水路交通发展战略提供了重要基础。

2月15—19日,第二次全国内河航运建设现场会在江苏、广西两地召开,邹家华副总理出席并作讲话,黄镇东部长作《贯彻落实十五大精神　开创我国内河航运建设的新局面》的报告。

3月10日,九届全国人大一次会议审议通过《关于国务院机构改革方案的决定》,明确交通部的职能与机构。3月31日,根据国务院部署,交通部机关开始机构改革。上一轮机构改革设立的水运管理司、基本建设管理司合并,组建水运司。

4月14日,全国人大常委会委员长李鹏视察京杭运河镇江段整治工程。

4月15日,中共中央总书记、国家主席江泽民等中央领导乘坐"神州"轮从重庆出发视察三峡工程,黄镇东部长等陪同。

5月1日,《港口建设项目环境影响评价规范》(JTJ 326—97)正式实施。修订后的《港口建设项目环境影响评价规范》(JTJ 225—2011)自2011年9月1日起实施。《港口建设项目环境影响评价规范》(JTJ 225—2011)对港口建设项目适应新的环境保护法律法规及技术规范明确了具体要求,指导港口建设加强环境保护。

5月1日,新中国第一部有关港口设施维修与管理的技术规范《港口设施维护技术规程》(JTJ/T 289—97)正式实施。修订后的《港口设施维护技术规范》(JTS 310—2013),自2013年9月1日起实施。《港口设施维修技术规范》(JTS 310—2013)纳入了国内外先进的港口设施维护新技术和新的管理经验,为加强港口设施维护提供了技术支持。

5月8日,国务院法制办和交通部在北京联合召开《中华人民共和国港口法》和港口体制座谈会。国务院法制办主任杨景宇、交通部部长黄镇东等出席会议。

6月18日,国务院决定在全国实施水上安全监督管理体制改革,中华人民共和国船舶检验局(交通部船舶检验局)与中国船级社实行"局社、政事分开",同中华人民共和国港务监督局(交通部安全监督局)合并组建中华人民共和国海事局(交通部海事局),为交通部直属机构,实行垂直管理体制。自此,中国与国际接轨,统一使用"海事"名称代替"航政"。

6月18日,厦门港务局正式实行政企分设,港务局中的企业职能从港务局剥离出来,厦门港务集团及其核心企业厦门港务集团有限公司正式成立。政企分设后的厦门港务局专司厦门市政府管理全市港口行政工作的职能。这是我国沿海双重领导港口中对政企合一的港务局体制进行改革的首次尝试。

10月5—8日,全国人大常委会委员长李鹏在黄镇东部长陪同下乘坐"神州"轮从重庆至宜昌,视察三峡工程施工进展和三峡临时船闸运行情况,并查看湖北公安县洪灾后恢复情况。

10月16日,交通部下发《关于调整交通部议事协调机构和临时机构的通知》,决定撤销部清产核资领导小组及办公室、长江口深水航道治理工程建设领导小组办公室等七个议事协调机构和临时机构,其未完成的工作按机构改革确定的各司局职能并入有关司局。

11月27日,交通部在四川省成都市召开"十五"交通建设前期工作会议,黄镇东部长出席会议并作重要讲话。

11月29日,中华人民共和国国务院令1998年第253号发布并正式实施《建设项目环境保护管理条例》,该条例于1998年11月18日国务院第10次常务会议通过,2017年7月6日发布《国务院关于修改(建设项目环境保护管理条例)的决定》。

1999 年

1月2日,中共中央办公厅批复交通部将与其所办的31个非金融类经济实体正式脱钩方案,总资产达1727亿元,职工总数32.5万人。中共中央办公厅和国务院办公厅联合发布《中央党政机关金融类企业脱钩的总体处理意见和具体实施方案》,明确交通部暨招商局与所办、投资和管理的招商银行脱钩后,保留投资关系,领导干部职务、党的关系等移交中央金融工委管理。相关脱钩交接工作于3月底前基本结束。

1月18—20日,交通部在山东省济南市召开1999年全国交通工作会议,黄镇东部长作《努力做好世纪之交的交通工作 以优异成绩迎接建国五十周年》的报告。

2月27日,全国交通基础设施建设工程质量现场会在南京召开,传达国务院"全国基础设施建设工程质量工作会议"精神,黄镇东部长作讲话。

4月7日,交通部安全管理体系审核事务所更名为"交通安全质量管理体系审核中心"。

4月9日,交通部在北京召开关于落实国家计委重大项目稽查办整改意见的座谈会,广东、陕西、云南等11个省参加会议。

5月1日,《海岸与河口潮流泥沙模拟技术规程》(JTJ/T 233—98)正式施行。修订后的《海岸与河口潮流泥沙模拟技术规程》(JTS/T 231—2—2010)于2010年9月1日正式实施。

5月1日,《内河航道与港口水流泥沙模拟技术规程》(JTJ/T 232—98)正式实施。该规程统一规范了内河水流泥沙模拟的技术要求,使模型研究工作走向标准化,推动模拟研究提高工作成果质量。

6月1日,我国水运行业第一部标准规范《板桩码头设计与施工规范》(JTJ 292—98)正式实施。修订后的《板桩码头设计与施工规范》(JTS 167—3—2009)自2009年9月1日起实施。

8月7日,交通部在甘肃省兰州市召开全国交通基本建设质量监督工作交流会。

8月18日,中共中央总书记、国家主席江泽民视察大连港大窑湾集装箱码头,并为大连港开港百年题词"建设面向二十一世纪的现代化港口"。

10 月 31 日,国务院副总理吴邦国在黄镇东部长陪同下,乘坐"神州"轮视察三峡工地和三峡临时船闸。

11 月 22 日,交通部在北京召开加快西部地区交通建设与发展座谈会,黄镇东部长出席并作重要讲话。

12 月 25 日,第九届全国人大常委会第十三次会议审议修订《中华人民共和国海洋环境保护法》,共 7 章 97 条,自 2000 年 4 月 1 日起施行。

2000 年

1 月 23—27 日,交通部在云南省昆明市召开全国交通工作会议,黄镇东部长作《面向新世纪 开创新局面》的报告。

1 月 30 日,中华人民共和国国务院令 2000 年第 279 号发布《建设工程质量管理条例》,经 2000 年 1 月 10 日国务院第 25 次常务会议通过,发布起施行。

5 月 16—18 日,交通部在广州召开全国水运行业管理工作座谈会,这是交通部机构改革和部属企业脱钩后召开的第一次由政府交通主管部门、港航企业、水运行业协会参加的水运行业管理工作座谈会。黄镇东部长作《加强行业管理 推进国企改革 促进水运事业健康持续发展》的报告。

7 月 20—21 日,交通部在成都召开西部开发交通建设工作会议。国务院副总理吴邦国出席会议并发表重要讲话。黄镇东部长作《贯彻落实中央决策 加快西部交通建设 为实施西部大开发战略作出贡献》的报告,指出"在发展公路交通的同时,也应发展其他运输方式,特别是有条件的地方要重视水运设施建设"。

8 月 16 日,交通部召开西部地区内河航运建设座谈会,明确加快西部地区内河航运发展的基本思路、原则、总体规划目标和建设重点等。

9 月 25 日,中华人民共和国国务院令 2015 年第 662 号发布《建设工程勘察设计管理条例》,自公布之日起施行。2017 年 10 月 23 日公布的《国务院关于修改部分行政法规的决定》对条例进行修改。

10 月 13—16 日,全国人大常委会委员长李鹏在黄镇东部长陪同下乘"神州"轮视察长江三峡工程。

2001 年

1 月 8—9 日,交通部在郑州召开全国交通厅局长会议,国务院副总理吴邦国做了批示,黄镇东部长作《承前启后 开拓进取 推进改革发展再上新台阶》的报告。其间,召开全国交通系统纪检监察工作会议、全国交通安全工作会议、"十五"交通建设前期工作会议。

1月20日，国务院副总理吴邦国视察浙江舟山大、小洋山水域，黄镇东部长等随行，为上海港洋山港区建设奠定了基础。

2月6日，交通部印发《西部地区内河航运发展规划纲要》，贯彻落实党中央、国务院关于西部大开发的战略决策，明确西部地区内河航运发展思路，提出用二十年左右的时间，基本建成西部地区通江达海的水运主通道，开发建设主要支流航道及港口设施，形成配套的内河航运服务体系，使西部地区内河航运面貌发生根本性变化，基本适应西部地区经济发展的需要，到21世纪中叶，实现以水运主通道为骨架、干支相通、水陆联运、设施配套、功能完善、优质服务的现代化内河航运体系的总体目标。

3月5日，第九届全国人民代表大会第四次会议通过《中华人民共和国国民经济和社会发展第十个五年计划纲要》，从交通基础设施建设、综合运输体系的建立、路网通达深度的提高、国际航运中心的建立、西部交通基础设施建设的推进和以交通发展带动地区发展六方面，对交通工作提出具体要求。

4月1日，我国第一部水运工程建设行业监理规范《水运工程施工监理规范》（JTJ 216—2000）正式实施。修订后的《水运工程施工监理规范》（JTS 252—2016），自2016年1月1日起实施。

4月2日，交通部在贵阳市召开西部交通建设座谈会，明确"十五"和2001年西部地区交通建设目标。

5月25日，交通部印发《公路、水路交通发展的三阶段战略目标（基础设施部分）》。

7月18日，中国水运建设行业协会成立。

7月19日，国务院副总理吴邦国视察葛洲坝二号船闸。

8月14日，交通部在河北省秦皇岛市召开部分交通厅局长座谈会，讨论交通运输结构调整、整顿和规范交通运输和建设市场秩序、西部开发及交通基础设施建设等议题，做好加入WTO的准备工作，分析交通工作中存在的主要问题，提出对策，为实现"十五"计划开好局、起好步。吴邦国副总理会前看望了与会代表并做出指示。黄镇东部长出席会议并讲话。

9月26日，交通部印发《全国沿海港口发展战略》《全国内河航运发展战略》。提出沿海港口、内河航运发展战略总目标，确定21世纪初叶的重点任务和战略措施，深化了2050年前沿海港口"三阶段"战略部署。

10月27日，国家主席江泽民签署《中华人民共和国主席令》（第61号），公布由第九届全国人大常委会第二十四次会议通过的《中华人民共和国海域使用管理法》，自2002年1月1日起施行。

11月23日，国务院办公厅发出《关于深化中央直属和双重领导港口管理体制改革意见的通知》，决定将由中央管理的秦皇岛港以及中央与地方政府双重领导的港口全部下放地方管理,港口下放后实行政企分开。明确港口管理体制改革的指导思想、基本内容,确定改革后的港口管理体系的总体框架,并要求港口下放工作于 2002 年 3 月底完成。标志着港口体制改革工作进入新阶段。

12 月 18 日,交通部在西安市召开全国交通厅局长会议,黄镇东部长作《把握形势 抓紧机遇 扎扎实实做好 2002 年交通工作》的报告。

2002 年

1 月 1 日,《船闸总体设计规范》(JTJ 305—2001)正式实施。

1 月 1 日,我国水运行业第一部内河航运建设项目环境影响评价规范《内河航运建设项目环境影响评价规范》(JTJ 227—2001)正式实施。该规范适用于内河通航建筑物、航运枢纽和航道工程建设项目的环境影响评价,内河船坞、船台和滑道建设项目可参照执行。

1 月 4 日,根据 1998 年《国务院办公厅关于印发交通部职能配置、内设机构和人员编制规定的通知》,中央编办同意交通部长江航务管理局为交通部派出机构,主管长江干线航运,并明确长航局主要职责及人员编制。

2 月 26 日,财政部印发《关于进一步明确秦皇岛港及双重领导港口下放后有关财政财务问题的通知》。自 2001 年 1 月 1 日起,改变双重领导港口"以港养港、以收抵支"的财务管理体制,取消大连、青岛、烟台、日照、连云港、上海、宁波、广州、湛江等 9 个港口定额上交中央财政利润的办法,双重领导港口改按国家税收管理的有关规定缴纳企业所得税。秦皇岛港及双重领导港口财务关系相应彻底划转到地方财政。

4 月 3 日,由上海同盛投资(集团)有限公司注资设立的洋山同盛港口建设有限公司在浙江省舟山市市场监督管理局洋山分局注册登记成立,标志着上海国际航运中心洋山深水港区建设正式启动。

5 月 10—12 日,交通部在太原市召开全国交通基础设施建设前期工作会议,要求争取用 3~4 年的时间建立起"十一五"重点建设项目的前期工作储备。黄镇东部长出席会议并讲话,提出我国"十一五"期间公路、沿海港口、内河航运等方面的交通建设重点。

5 月 21—23 日,交通部在武汉召开《长江干线航道发展规划》审查会议,国家计委、水利部长江委、中国国际工程咨询公司等单位代表和专家参加会议,张春贤副部长出席会议并讲话。

6 月 17 日,全国人大常委会委员长李鹏在黄镇东部长陪同下视察青岛港,并题词:"努力把青岛港建设成为亿吨国际大港"。

8 月 1 日,交通部印发《公路水路交通发展战略》,明确公路水路交通发展的方向和战略方针,并选择整体协调推进作为基本战略模式以实现"三阶段"战略目标。同时还明确到 2020 年公路水路交通发展的战略重点及战略措施。

8 月 13 日,交通部决定开展第二次全国内河航道普查,以全面、准确、系统地掌握全国内河航道的数量及构成现状,为今后编制内河航道建设计划和确定中长期发展目标、提高航道养护和管理水平提供科学、准确的依据。本次内河航道普查的标准时间为 2002 年 12 月 31 日。

11 月 1 日,国务院办公厅印发《关于长江三峡枢纽工程建设期通航建筑物管理体制有关问题的通知》,明确由交通部负责对三峡枢纽工程和葛洲坝枢纽工程河段航运的行政管理工作。由三峡总公司负责对三峡枢纽工程实行统一管理。在工程建设期间,三峡总公司委托三峡通航管理局承担船闸(含待闸锚地)的日常运行维护。

11 月 27 日,国务院第六十五次常务会议讨论并原则通过了《中华人民共和国港口法(草案)》,会议决定,港口法(草案)经进一步修改后,由国务院提请全国人大常委会审议。

11 月 29 日,全国人大常委会委员长李鹏视察天津港新改建的集装箱码头,并于 11 月 30 日为天津港题词:"努力建设天津国际深水大港"。

2003 年

1 月 2 日,交通部印发《关于长江干线航道发展规划的批复》。规划水平年为 2020 年,明确了长江干线航道发展的指导思想、原则、总体规划目标和规划范围,并对长江干线中下游碍航水道的分类、三峡水利枢纽工程的阶段建设、航道养护与整治等事项做出安排。

3 月 10 日,交通部下发《关于加快港口政企分开步伐和加强港口行政管理的通知》,进一步推动各地港口的政企分开。

4 月 10 日,中共中央总书记、国家主席胡锦涛视察湛江港,作出要"发挥港口优势,抓住发展机遇,理清发展思路"的重要指示。

6 月 10 日,长江三峡通航管理局正式接管三峡船闸,承担三峡船闸日常运行与维护工作。

6 月 28 日,国家主席胡锦涛签署《中华人民共和国主席令》(第 5 号),公布由十届全国人大常委会第三次会议通过的《中华人民共和国港口法》,自 2004 年 1 月 1 日起施行。

10 月,党中央、国务院提出把大连建成东北亚重要的国际航运中心。

10 月 24 日,国务院总理温家宝从重庆云阳乘"神州"轮到湖北秭归茅坪,视察三峡库区、五级船闸及集控室。

11 月 24 日,中华人民共和国国务院令 2003 年第 393 号发布《建设工程安全生产管理条例》,自 2004 年 2 月 1 日起施行。

12 月 8 日,国务院办公厅复函,经国务院领导同意,上海外高桥保税区与外高桥港区联动试点。在外高桥港区内划出 1.03 平方公里土地进行封闭围网,作为外高桥保税区的物流园区,充分发挥保税区政策优势和港口区位优势,专门发展仓储和物流产业。这是我国大陆第一个区港联动试点。

2004 年

1 月 11 日,交通部在北京召开全国交通工作会议,张春贤部长作《坚持科学的发展观为促进经济社会全面发展提供交通运输保障》的报告。

2 月 15 日,交通部在浙江杭州召开了长三角地区水路运输发展座谈会,翁孟勇副部长主持会议。

2 月 16 日,中央编办批复成立长江三峡通航管理局,作为交通部长江航务管理局管理的事业单位。

3 月 1 日,《液化天然气码头设计规程(试行)》(JTJ 304—2003)正式实施。之后历经两次修订,依次为自 2010 年 1 月 1 日起实施的《液化天然气码头设计规范》(JTS 165—5—2009)和自 2016 年 11 月 1 日起实施的《液化天然气码头设计规范》(JTS 165—5—2016)。

3 月 10 日,交通部公布《港口深水岸线标准》。

4 月 1 日,我国水运行业第一本通航建筑物水力学模拟的技术规程《通航建筑物水力学模拟技术规程》(JTJ/T 235—2003)正式实施。

5 月 13 日,国务院办公厅批复同意交通部、上海市人民政府和江苏省人民政府联合上报的《关于长江口航道建设有限公司调整为交通部长江口航道管理局的请示》。

5 月 25 日,国务院总理温家宝视察上海港集装箱股份有限公司外高桥集装箱码头,并听取洋山深水港工程规划和建设情况汇报。

7 月 2 日,交通部发布《关于调整部水运司内设处室等有关事宜的通知》,决定撤销交通部三峡工程航运领导小组办公室(部三峡办)机构,名称保留,由水运司负责相关工作,同时调整水运司部分内设机构。

7 月 29 日,国务院总理温家宝在北京视察铁路、公路运输,听取铁道部、交通部工作汇报,对做好交通运输工作提出 7 点要求,指出要"加快港口和集疏运体系建设""完善海上搜救体制改革""深化运输行业投资体制改革"。

9 月 24 日,经国务院同意,交通部、上海市人民政府、江苏省人民政府在上海召开长江口航道建设有限公司第八次股东会,决定依法解散长江口航道建设有限公司,同意三方股东出资投入长江口航道建设有限公司所形成的资产全部无偿划入交通部长江口航道管理局,已签订的所有合同、协议以及债权债务等在公司解散后全部由交通部长江口航道管理局承续并依法履行。

10月21日，全国"十一五"公路水路交通建设前期工作会在昆明召开。翁孟勇副部长主持会议，张春贤部长出席会议并作讲话，对当前和今后一段时间必须做好的若干重要工作进行了部署，并要求各部门抓紧编制好"十一五"规划建议方案。

10月28日，长航局、中国交通运输协会在重庆市联合举办"2004年长江黄金水道与国际航运峰会"，这是我国第一次举办的重点发展地区政策、经济、航运综合性大型国际论坛。首次发布"深下游、畅中游、延上游"的长江航道建设思路。

12月26日，交通部在北京召开全国交通工作会议，国务院副总理黄菊出席会议并讲话，张春贤部长作《以科学发展观为统领　加强行政能力建设　促进交通运输全面协调可持续发展》的报告。

2005 年

1月21日，交通部发布《公路水路交通科技发展战略》，围绕交通发展的目标和任务，明确交通科技发展的指导方针、战略目标和重点领域，提出加强和完善交通科技创新体系建设的政策措施，对科技发展做出战略性、全局性、前瞻性的部署，推动科教兴交战略的全面实施。

2月3日，中央编办下发《关于交通部长江口航道管理局机构编制的批复》，明确撤销长江口航道建设有限公司，组建交通部长江口航道管理局，为部直属事业单位，人员编制从交通部长江航务管理局划转。

2月7日，交通部印发《全面建设小康社会公路水路交通发展目标》，重申实现2020年原定战略目标，提出公路水路交通新的跨越式发展总体要求，分行业版和社会版。行业版主要以全面建设小康社会为目标，指导行业发展。社会版主要以实现转变政府职能、服务社会为中心，向社会宣传交通发展。

3月4日，交通部印发《长江三角洲地区现代化公路水路交通规划纲要（2005—2020年）》。

4月12日，交通部令2005年第2号发布《港口工程竣工验收办法》。规范港口工程竣工验收工作，保证港口工程质量，保护人民生命和财产安全。本办法适用于新建和改建的港口工程竣工验收活动，共26条，自6月1日起施行，1995年印发的《交通部港口建设项目（工程）竣工验收办法》同时废止。

4月21日，交通部决定开展进一步提高内河航运建设工程质量年活动，从质量责任制、项目管理水平、设计质量意识、施工现场管理、监理力度和廉政建设等方面对活动做出具体安排。

5月9日，交通部印发《珠江三角洲高等级航道网规划（纲要）（2005—2020年）》。

6月22日，国务院批复同意设立我国第一个保税港区—洋山保税港区。充分发挥区位优势和政策优势，发展国际中转、配送、采购、转口贸易和出口加工等业务，拓展相关功能。由规划中的小洋山港口区域、东海大桥和与之相连接的陆上特定区域组成,其中,小洋山港口区域面积2.14平方公里,陆地区域面积6平方公里。

6月28日,中国国内最大的港口企业集团——上海国际港务(集团)股份有限公司在上海举行成立揭牌仪式。

10月19日,交通部令2005年第12号发布《公路水运工程试验检测管理办法》,该《办法》于2016年12月10日根据交通运输部令2016年第80号《关于修改〈公路水运工程试验检测管理办法〉的决定》第一次修正,于2019年12月24日根据交通运输部令2019年第38号发布《关于修改〈公路水运工程试验检测管理办法〉的决定》第二次修改。

10月19日,交通部令2005年第12号发布《公路水运工程试验检测管理办法》。

11月28日,由交通部和上海市、湖北省、重庆市共同发起的"合力建设黄金水道,促进长江经济发展"座谈会在北京召开,国务院副总理黄菊出席并讲话。会议提出长江水运发展的总体目标和措施建议,将长江航道治理建设列为推进长江水运发展的"六大工程"之首。

11月30日—12月1日,交通部在杭州召开《航道法(送审稿)》专题研讨会。

12月1日,交通部编制完成《京津冀暨环渤海地区现代化公路水路交通规划纲要(2005—2020年)》。

12月1日,交通部编制完成《中部地区崛起公路水路交通发展规划纲要(2005—2015年)》。

12月18日,中国交通建设集团有限公司(简称"中交集团")在北京人民大会堂举行成立大会和揭牌仪式。中交集团由中港集团和路桥集团以强强联合、合并方式重组,是我国交通建设领域的主力军,在港航工程、路桥工程、港机制造等专业领域业绩卓著,蜚声中外。

12月20日,经交通部同意,"宁波—舟山港"名称正式启用,并于当天挂牌成立宁波—舟山港管理委员会。自2006年1月1日起,"宁波港""舟山港"名称作为特指使用。

12月30日,交通部发布《泛珠江三角洲区域合作公路水路交通规划纲要》。

12月30日,交通部印发《中部地区崛起公路水路交通发展规划纲要(2005—2015年)》,贯彻落实党中央、国务院关于加快中部地区发展,促进中部地区崛起的战略部署,明确加快公路水路交通发展的基本思路、指导思想、发展目标、布局方案、近期建设重点,以及相关的支持保障政策措施,提出争取用十年左右时间,使中部地区形成完善、高效、和谐的现代综合运输体系,建成能力充分、组织协调、运行高效、服务优质、技术先进、安全环保的客货运输系统。明确指出要加强以长江黄金水道为重点的内河水运基础设施建设。

2006 年

1 月 1 日，根据福建省政府决定，厦门湾内厦门市所辖的东渡、海沧、嵩屿、刘五店、客运、港区与漳州市所辖的后石、石码、招银三个港区合并组成新的厦门港，成立厦门港口管理局，作为对全厦门湾港口、航道和水路运输实施行政管理的交通行政管理部门。这是我国大陆首次进行实质性运作的跨行政区划港口资源整合。2007 年 8 月，交通部发文对厦门港跨行政区划和厦门湾港口资源整合实行一体化管理予以确认。

1 月 9 日，全国科技大会暨 2005 年度国家科技奖励大会在北京召开。中共中央总书记国家主席胡锦涛在会上明确提出我国建设创新型国家的目标。振华港机"新一代港口集装箱起重机关键技术的研发与应用"项目荣获 2005 年度国家科学技术进步一等奖。

1 月 15—16 日，交通部在北京召开全国交通工作会议，国务院副总理黄菊出席会议并讲话，李盛霖部长作《站在新的历史起点上推进"十一五"交通事业又快又好发展》的报告。

3 月 17 日，交通部在北京召开治理交通建设领域商业贿赂电视电话会议，李盛霖部长出席会议并讲话。

4 月 5 日，交通部印发《建设节约型交通指导意见》，提出总体思路、指导原则、战略目标和要求与措施，进一步贯彻落实中央关于建设节约型社会的要求，建设节约型交通，实现对资源的少用、用好和循环用。

4 月 15 日，全国"十一五"公路水路交通建设前期工作会议在长沙召开。李盛霖部长要求进一步提高交通建设项目前期工作质量，保证必要的前期工作周期，加大前期工作研究深度，对项目建设的可行性进行充分论证，把前期工作抓紧做精，为推动"十一五"交通建设更快更好发展提供支撑和保障。湖南省委书记张春贤、省长周伯华到会。翁孟勇副部长主持会议，并对"十一五"交通建设前期工作提出了具体要求。

6 月，党中央、国务院提出将天津滨海新区建设成北方国际航运中心和国际物流中心。

6 月，长江水运发展协调领导小组成立，李盛霖部长任组长，副部长翁孟勇、徐祖远任副组长，沿江七省二市分管交通工作的副省长（副市长）为成员。标志着长江水运发展协调机制的正式建立。

6 月 12—13 日，中共中央总书记、国家主席胡锦涛前往上海，先后视察了洋山深水港区和振华港机长兴基地。在长兴基地，胡锦涛勉励振华港机继续瞄准世界科技的前沿特别是港机科技的前沿，掌握核心技术和关键技术把企业做大做强，为伟大祖国和中华民族争光。

7 月 21—22 日，交通部在北京召开建设创新型交通行业工作会议，全面落实科学发展观、开创交通发展新局面,部署实施《建设创新型交通行业指导意见》。李盛霖部长作《建设创新型交通行业 推动交通行业又好又快发展》的报告。代表交通部党组首次明确提出在建设创新型交通行业的过程中,要做好"三个服务":服务国民经济和社会发展全局;服务社会主义新农村建设;服务人民群众安全便捷出行。

8月16日,国务院第146次常务会议审议通过《全国沿海港口布局规划》,11月20日正式发布。

9月,交通部向国务院报送了《中华人民共和国航道法(送审稿)》。法制办收到此件后,多次征求国务院有关部门、部分地方人民政府、企业和专家的意见,进行了实地调研,召开了座谈会、论证会,通过互联网向社会公开征求意见,会同交通运输部等部门对送审稿进行反复研究、修改,形成《中华人民共和国航道法(草案)》提交国务院常务会议审议。

11月8日,交通部发出通知,决定建立内河水运建设项目动态管理系统和动态数据库,全面掌握、了解、分析内河水运建设项目的动态情况,提高各级交通行政主管部门的科学决策、宏观调控和行业监管能力,确保内河水运快速健康有序发展。

11月21日,长江水运发展协调领导小组第一次会议在南京召开,国务院副总理黄菊向会议致信并作出指示,交通部部长、长江水运发展协调领导小组组长李盛霖作《加快推进长江黄金水道建设 促进沿江经济又快又好发展》的主题发言。交通部与沿江七省二市联合印发《"十一五"期长江黄金水道建设总体推进方案》,明确"十一五"的规划目标和到2020年的总体目标,指导长江黄金水道建设工作。

12月29日,交通部在北京召开全国交通工作会议,李盛霖部长作《努力做好"三个服务" 推进交通事业又好又快发展》的报告。明确指出要把握全面落实科学发展观的本质要求,深化对交通运输本质属性的认识,结合交通实际做好"三个服务"。提出和贯彻"三个服务",对于交通行业转变观念、转型发展具有重大的现实意义和长远的战略意义。

2007 年

2月14日,交通部令2007年第1号发布《公路水运工程安全生产监督管理办法》。

3月17日,交通部召开电视电话会议,部署治理商业贿赂工作,要求以交通基础设施建设领域为重点,以在建的工程项目为切入点,按照行业指导监督、单位分级负责的原则开展自查自纠工作。李盛霖部长出席会议并讲话。

4月11日,交通部令2007年第3号发布《航道建设管理规定》,落实《中华人民共和国航道管理条例》《建设工程质量管理条例》和《建设工程勘察设计管理条例》,加强航道建设监督管理,维护航道建设市场秩序,共8章61条,自5月1日起施行。

4月24日,交通部令2007年第5号发布《港口建设管理规定》。该规定加强港口建设管理,规范港口建设市场秩序,保证港口工程质量,共六章65条,自6月1日起施行,

1997 年发布的《水运工程建设市场管理办法》同时废止。

4 月 27 日，国务院批准实施《国家水上交通安全监管和救助系统布局规划》。这是我国第一个国家级水上交通安全监管和救助系统中长期规划，是全国突发性公共事件应急体系的组成部分。规划指出，到 2020 年，全国沿海水域和长江干线、珠江、黑龙江等主要内河通航水域将基本形成全方位覆盖、全天候运行，反应快速、救助有效的交通安全监管和救助系统。

5 月 1 日，国务院总理温家宝视察唐山港曹妃甸港区煤炭码头、原油码头和矿石码头。

5 月 1 日，《河港工程总体设计规范(JTJ 212—2006)》正式实施。该规范历经四次修订，依次为 20 世纪 70 年代制修订的新中国第一部《河港工程总体及工艺设计规范》、《河港总体及工艺设计》(JTJ 212—87)、1994 年 8 月 1 日起实施的国家标准《河港工程设计规范》(GB 50192—93)和《河港工程总体设计规范(JTJ 212—2006)》。该规范的实施使河港工程建设走上了规范化、标准化的道路。

5 月 1 日，《集装箱码头计算机管理控制系统设计规范》(JTJ/T 282—2006)正式实施。该规范为我国第一本针对专业货种码头计算机管理控制系统的行业规范，对集装箱码头计算机管理控制系统的主要设计内容及技术要求等作出了规定，成为集装箱码头计算机管理控制系统设计的依据。

6 月 26 日，经国务院批准，国家发改委和交通部联合编制的《全国内河航道与港口布局规划(2006—2020 年)》正式发布实施。这是我国第一次针对全国内河航道与港口进行的布局规划，将作为今后一段时期内指导中国内河水运建设健康有序发展的纲领性文件。

6 月 29 日，交通部在北京召开推进治理交通建设领域商业贿赂专项工作电视电话会议，学习传达全国治理商业贿赂工作座谈会议和"两个文件"（即《关于深入推进治理商业贿赂专项工作的意见》和《关于在治理商业贿赂专项工作中正确把握政策界限的意见》）精神，部署深入推进治理交通建设领域商业贿赂工作，并提出五项要求。冯正霖副部长出席会议并讲话。

7 月 5 日，交通部在北京召开全国水运工作会议，国务院副总理曾培炎对会议作批示，李盛霖部长做主题发言，国家发改委副主任毕井泉出席会议并讲话。

7 月 7 日，交通部在北京召开全国水运工程技术创新会，徐祖远副部长出席会议并作《立足"三个服务"强化技术创新　促进水运事业又好又快发展》的报告。

8 月 27 日，交通部在北京召开全国内河航运建设工程质量年活动总结会议，部署我国内河航运建设工程质量管理工作。

12 月 17 日，交通部令 2007 年第 11 号发布《港口规划管理规定》，共七章，五十四条（含附则），自 2008 年 2 月 1 日起施行。

2008 年

1月5日，交通部在北京召开全国交通工作会议，国务院副总理曾培炎向会议致信并作出指示。李盛霖部长作《认真贯彻党的十七大精神 努力提高交通"三个服务"的能力和水平》的报告。

1月7日，交通部令2008年第1号发布《航道工程竣工验收管理办法》。该办法共24条，自2008年3月1日起施行。

1月28日，国家科学技术奖励大会在北京举行，"长江口深水航道治理工程成套技术"荣获2007年度国家科学技术进步奖一等奖。

2月1日，《水运工程节能设计规范》(JTS 150—2007)正式施行，该规范1987年首次制定，历经多次修改，依次为《水运工程设计节能规范》(JTJ 202—87)、《水运工程设计节能规范》(JTJ 228—2000)和《水运工程节能设计规范》(JTS 150—2007)。

3月15日，第十一届全国人大第一次会议批准国务院机构改革方案，决定组建交通运输部。将交通部、中国民用航空总局的职责，建设部的指导城市客运职责，整合划入交通运输部。组建中国民用航空局，由交通运输部管理。国家邮政局改由交通运输部管理。不再保留交通部、中国民用航空总局。23日，新组建的交通运输部正式挂牌。

4月7日，全国公路水路运输量专项调查和第三次全国港口普查工作布置会在河北廊坊召开，翁孟勇副部长出席会议并讲话。此次会议标志第三次全国港口普查正式开始。

4月8日，中共中央总书记、国家主席胡锦涛视察国投洋浦港码头，勉励大家一定要抓住推进泛北部湾区域经济合作和设立洋浦保税港区带来的重大机遇，继续拼搏进取，努力把洋浦港建设得更好。

6月19日，交通运输部在青岛港召开全国港口节能减排现场交流会，全面交流港口节能减排工作经验，促进港口节能减排技术进步和设备改造。

7月5日，国务院总理温家宝到上海视察，考察洋山港区码头和东海大桥的建设、营运情况，亲切看望了在烈日下辛勤工作的码头工人。

9月23日，交通运输部印发《公路水路交通节能中长期规划纲要》。以营业性公路、水路运输和港口生产为重点领域，以2005年为基期，2015年和2020年为目标年，确定了中长期交通节能的总体目标和主要任务，提出了近期重点工程和保障措施。

11月9日，由美国雷曼公司9月15日申请破产保护引发全球金融危机爆发并波及中国。国务院常务会议宣布对宏观经济政策进行重大调整，财政政策从"稳健"转为"积极"，货币政策从"从紧"转为"适度宽松"，明确要求"出手要快、出拳要重、措施要准、工作要实"。12日，国务院常务会议又决定出台扩大内需、促进增长的四项实施措施。

11月12日，交通运输部召开贯彻落实中央决策部署加快交通基础设施建设电视电话会议,李盛霖部长出席会议并讲话。

12月5日,交通运输部印发《关于在加快交通基础设施建设中进一步加强监督检查的通知》。保证中央关于进一步扩大内需、促进经济增长的决策部署在交通运输系统切实得到贯彻落实,在加快交通基础设施建设过程中保证资金安全、干部廉洁、工程质量和生产安全。

12月27日,中华人民共和国国务院令2008第545号发布《国务院关于修改〈中华人民共和国航道管理条例〉的决定》,自2009年1月1日起施行。

2009 年

1月1日,《水运工程测量质量检验标准》(JTS 258—2008)正式实施。该标准的实施结束了我国水运工程测量没有统一的质量检验标准的历史,进一步加强了水运工程测量质量控制、质量检验及质量管理,预防了因测量质量造成工程质量隐患,确保了水运工程质量。

1月1日,《水运工程施工安全防护技术规范》(JTS 205—1—2008)正式施行,为强制性行业标准。该规范总结了我国多年水运工程施工过程中安全防护的实践经验,以改善施工现场安全防护条件为前提做出了一系列规定。对提高水运工程安全施工水平,推进水运工程施工安全发展发挥了重要作用。

1月1日,国务院总理温家宝视察青岛港老港区。

1月15—16日,2009年全国交通运输工作会议在京召开,国务院副总理张德江出席会议并作了《深化改革　加快建设　促进交通运输业科学安全协调发展》的讲话。李盛霖部长作《应对挑战　科学发展　为保持经济平稳较快发展做好交通运输保障》的报告。

2月26日,交通运输部印发《资源节约型、环境友好型公路水路交通发展政策》。

4月22日,中共中央总书记、国家主席胡锦涛视察青岛港,充分肯定青岛港在世界经济危机面前发扬工人阶级的主人翁精神,迎难而上,并期望青岛港继续为建设世界一流现代化港口而努力。在前湾三期集装箱码头作业现场,胡锦涛总书记同新时期产业工人的杰出代表许振超等一线职工亲切交谈,勉励他们继续发扬拼搏奉献的精神,为港口发展做贡献。

5月8日,国务院总理温家宝等视察厦金海上客运航线的码头——厦门国际邮轮中心,听取厦门港及海峡西岸经济区的规划和加速建设高速铁路等基础设施等情况汇报。温家宝总理强调,加快海峡西岸经济区建设,交通大通道建设是一个极为重要的内容。

5月19日,国务院批复同意由交通运输部会同国家发改委、水利部、财政部编制的《长江干线航道总体规划纲要》。对2003年原交通部批复的《长江干线航道发展规划》中的干线航道建设标准和建设规模进行了局部调整,确定了"十一五"期长江水运建设的重点。到 2020 年,国家将投入 430 亿元用于长江干线航道的整治和装备建设,长江干线航道得到全面、系统治理,航道通航能力较大提高,通航条件明显改善。

6 月 13 日,全国政协主席贾庆林等视察营口港。听取了辽宁省关于沿海港口总体建设规划的汇报,指出要立足优势产业和支柱产业,明确产业定位,强化带动功能,合理布局,错位发展,实现各港口和重点发展区域合理分工、各具特色,避免产业同质化发展。

6 月 20 日,国务院总理温家宝等视察秦皇岛港,详细了解秦港煤炭运输情况,看望工作在生产一线的干部职工,并就认清形势、坚定信心、搞好生产、发展港口等作出重要指示。

6 月 23 日,交通运输部令 2009 年第 9 号公布《关于修改〈中华人民共和国航道管理条例实施细则〉的决定》。对 1991 年发布的《中华人民共和国航道管理条例实施细则》部分条款予以增删和修改,本决定自公布之日起施行。

6 月 25 日,长江水运发展协调领导小组第二次会议在合肥召开,增强了部省市推进长江黄金水道建设的合力。交通运输部与七省二市人民政府共同签署了《关于合力推进长江黄金水道建设的若干意见》,交通运输部、财政部与沿江七省二市人民政府共同签署了《推进长江干线船型标准化实施方案》。

8 月 17 日,中华人民共和国国务院令 2009 年第 559 号公布《规划环境影响评价条例》,经 2009 年 8 月 12 日国务院第 76 次常务会议通过,自 2009 年 10 月 1 日起施行。

8 月 25 日,交通运输部召开全国交通运输系统工程建设领域突出问题专项治理工作电视电话会议。李盛霖部长出席会议并讲话,冯正霖副部长传达了全国工程建设领域突出问题专项治理工作电视电话会议精神,并围绕《交通运输部开展工程建设领域突出问题专项治理工作方案》提出了具体要求。

9 月 1 日,《重力式码头设计与施工规范》(JTS 167—2—2009)正式实施。该规范 1962 年首次制定,之后经历多次修改,依次为《重力式码头建筑物设计规范》(JTB 2001—62)、《水运工程方块建筑物施工及验收技术规范》(JTB 2002—63),自 1975 年 12 月 1 日起实施《港口工程技术规范》第四篇"水工建筑物"第一册《重力式码头》,自 1988 年 10 月 1 日起实施的《港口工程技术规范》(JTJ 215—87)中重力式码头是其第五篇"水工建筑物"的第一册,自 1999 年 6 月 1 日起实施的《重力式码头设计与施工规范》(JTJ 290—98)。

9 月 1 日,《三峡船闸设施安全检测技术规程》(JTS 196—5—2009)正式实施。为规范三峡船闸安全检测及设备设施管理、指导三峡船闸设施检修工作发挥了重要作用。

12 月 12 日,国务院在武汉召开内河航运发展座谈会。国务院副总理张德江出席座谈会并发表重要讲话,李盛霖部长作《加快内河航运发展　推进综合运输体系建设》的报告。

2010 年

1 月 15—16 日，2010 年全国交通运输工作会议暨全国交通运输系统廉政工作会议在北京召开，国务院副总理张德江出席会议并作了《建设畅通高效、安全绿色交通运输体系　为经济社会发展作出更大贡献》的讲话。李盛霖部长作《全面完成十一五目标任务　加快发展现代交通运输业》的报告。

5 月 24 日，交通运输部印发《水运工程工法管理办法》（交水发〔2010〕245 号）。

8 月 25 日，国务院总理温家宝主持召开国务院第 123 次常务会议，研究部署推进长江等内河水运发展工作。

8 月 25 日，交通运输部批复《长江口航道发展规划》。

9 月 1 日，长江干线航道建设前期工作座谈会在重庆召开，翁孟勇副部长出席会议并讲话。

9 月 1 日，交通运输部颁布的《高桩码头设计与施工规范》（JTS 167—1—2010）正式实施。该规范 1964 年首次制定，之后历经多次修改，依次为《水运工程钢筋混凝土高桩码头施工及验收规范》（JT 2004—64）、《钢筋混凝土高桩码头》分册（1974 年单册试行，编入《港口工程技术规范（1983 版）》）、《钢筋混凝土高桩码头》分册〔编入《港口工程技术规范（1987 版）》（JTJ 216—84）〕、《高桩码头设计与施工规范》（JTJ 291—98）和《高桩码头设计与施工规范》（JTS 167—1—2010）。

9 月 12 日，国务院总理温家宝视察天津国际邮轮母港，指出天津港以及天津滨海新区的变化，充分证明了中央关于推进滨海新区开发开放的战略决策是完全正确的。

12 月 15 日，全国交通运输系统工程建设领域突出问题专项治理工作电视电话会议在北京召开。冯正霖副部长、驻部纪检组组长杨利民、中央工程治理领导小组办公室主任付奎等出席会议并发表讲话。

12 月 21 日，交通运输部制定并出台《航道养护管理规定》。

12 月 28 日，2011 年全国交通运输工作会议在北京召开，张德江副总理出席会议代表座谈会并作讲话。李盛霖部长作《加快转变交通运输发展方式　开创"十二五"交通运输科学发展新局面》的报告。会议提出，"十二五"要以科学发展为主题，以加快转变交通运输发展方式为主线，以结构调整为主攻方向，按照适度超前的原则，积极推进综合运输体系建设，加快发展现代交通运输业，初步形成涵盖公路水路民航邮政的安全畅通便捷绿色的交通运输体系，适应经济社会发展新要求和人民群众新期待。

2011 年

1 月 21 日，国务院印发《关于加快长江等内河水运发展的意见》，第一次从国家层面提出"推进武汉长江中游航运中心建设"。提出"利用 10 年左右的时间,建成畅通、高效、平安、绿色的现代化内河水运体系"发展目标。

2 月 28 日,水利部、交通运输部长江河道采砂管理工作会议在武汉召开。两部合作机制领导小组组长、水利部副部长矫勇和交通运输部副部长徐祖远出席会议并讲话。决定将 2011 年定为长江"涉砂船舶治理年",重点整治涉砂船舶,以进一步从源头上加强长江河道采砂管理。

4 月 11 日,交通运输部印发《关于成立长江南京以下深水航道建设工程指挥部的通知》(交人劳发〔2011〕156 号)。

4 月 15 日,长江南京以下深水航道建设工程领导小组成立暨领导小组第一次会议在南京召开。会议宣布成立建设工程领导小组及办公室、建设工程指挥部、工程咨询专家组,交通运输部部长李盛霖、江苏省省长李学勇任领导小组组长。这标志着长江南京以下深水航道建设工程正式启动。

4 月 25 日,财政部、交通运输部联合印发《港口建设费征收使用管理办法》。本办法适用于港口建设费的征收、解缴、使用、管理和监督。港口建设费属于政府性基金,收入全额上缴国库,纳入财政预算,实行"收支两条线"管理。共 5 章 32 条,自 2011 年 10 月 1 日起施行,到 2020 年 12 月 31 日止。本办法施行后,其他港口建设费的相关规定同时废止。

5 月 12 日,交通运输部"贯彻落实深入实施西部大开发战略工作会议"在银川召开。李盛霖部长出席会议并讲话,翁孟勇副部长主持会议并作总结讲话。

5 月 19 日,交通运输部在上海召开长江口深水航道治理工程建设总结表彰大会。李盛霖部长出席大会并作讲话,指出:长江口深水航道治理工程实施以来,工程建设单位努力做到科学论证、科学规划、科学组织、科学管理,参建单位全力以赴、集智攻关、通力协作,各有关部门和单位大力支持、密切配合、群策群力,圆满完成了光荣而艰巨的任务。翁孟勇副部长主持大会。

6 月,交通运输部印发《交通运输安全生产和应急体系"十二五"发展规划》。

6 月 13 日,长江水运发展协调领导小组第三次会议在江西南昌召开。交通运输部与沿江七省二市共同签署《"十二五"期长江黄金水道建设总体推进方案》《关于进一步加快推进长江干线船型标准化的合作协议》。

6 月 27 日,交通运输部印发《公路水路交通运输节能减排"十二五"规划》。阐明了"十二五"时期交通运输行业节能减排工作的指导思想和基本原则,明确了总体目标和主要指标,提出了重点任务和保障措施。

7 月 1 日,《水运工程设计通则》(JTS 141—2011)正式实施。该通则是我国水运工程设计发展的重要成果,也是水运工程建设首批翻译的标准之一,其英文版和法文版已正式发布,为提高水运工程建设标准国际认知度和水运工程建设队伍走出去提供了有力支撑。

7月1日,《水运工程施工通则》(JTS 201—2011)正式实施,主要包括施工管理、临时工程、通用工程、港口水工建筑物及道路堆场、疏浚与吹填、航道工程、船厂水工建筑和设备安装等技术内容。

7月8日,交通运输部印发《公路水路交通运输中长期人才发展规划纲要(2011—2020年)》。

8月,交通运输部印发《关于在部直属海事系统设立港口建设费征稽机构有关事宜的通知》,决定在部海事局、各直属海事局和部分分支海事机构设立规费征稽机构。于2011年10月开始代征港口建设费;2012年7月开始代征船舶油污损害赔偿基金。受国家税务总局和交通运输部委托,于2013年开始代征船舶的车船税。

9月29日,交通运输部联合广东、广西、贵州、云南省(自治区)人民政府印发《珠江水运发展行动方案(2011—2015年)》。

9月29日,交通运输部联合铁道部发布《关于加快铁水联运发展的指导意见》(交水发〔2011〕544号)。

10月12日,交通运输部"十二五"水运节能减排实施方案现场推进会在江苏连云港召开。徐祖远副部长出席会议并讲话。并现场观摩了"中韩之星"轮停靠连云港港接用岸电全过程的演示。

12月22日,交通运输部印发《全国航道管理与养护发展纲要(2011—2015年)》。

12月28日,国务院副总理张德江到交通运输部调研并主持交通运输工作座谈会。在听取李盛霖部长关于2011年交通运输工作情况汇报以及部分省(自治区、直辖市)交通运输部门负责同志发言后,张德江副总理充分肯定了2011年交通运输各方面工作取得的成绩。

12月30日,2012年全国交通运输工作会议在北京召开。李盛霖部长作《牢牢把握稳中求进总基调　努力推进交通运输科学发展安全发展》的报告。

2012 年

1月1日,《运河通航标准》(JTS 180—2—2011)正式实施。对提高运河运输效率和通航能力、确保航行安全以及促进船舶标准化,以及运河沿岸周边环境保护、水资源综合利用等具有较大的促进作用。

1月1日,《防波堤设计与施工规范》(JTS 154—1—2011)正式实施。该规范1980年首次发布,之后历经多次修改,依次为《港口工程技术规范(试行)》中第四篇"水工建筑物"中的第四册《防波堤》、《港口工程技术规范(1987)》中第五篇"水工建筑物"中的第四册《防波堤》(JTJ 218—87)、《防波堤设计与施工规范》(JTJ 298—98)和《防波堤设计与施工规范》(JTS 154—1—2011)。

1月13日,交通运输部印发《公路水路交通运输环境保护"十二五"发展规划》。

3月21日,国务院常务会议讨论通过《"十二五"综合交通运输体系规划》,中国交通运输发展的战略定位从单方式基础设施建设逐步转向全面、协调、可持续的综合运输体系建设。

5月22日,交通运输部与国家发展改革委联合发布《港口岸线使用审批管理办法》(交通运输部、国家发展改革委令2012年第6号)。

6月19日,财政部和交通运输部联合印发《关于同意南京港长江大桥以上港区减半征收港口建设费的批复》,自2012年7月1日起执行。

8月1日,《码头船舶岸电设施建设技术规范》(JTS 155—2012)正式实施。成为港口岸电建设工程咨询、设计、施工工作的重要标准之一,对于水运行业节能减排、环境保护工作具有重要意义。

8月10日,交通运输部、上海市人民政府联合召开合力建设上海国际航运中心阶段总结推进会,暨加快推进国际航运中心建设深化合作备忘录签字仪式在上海举行。交通运输部部长李盛霖、上海市市长韩正出席仪式并致辞。

9月1日,《港口工程桩基规范》(JTS 167—4—2012)正式实施。该规范1987年首次发布,之后历经多次修改,依次为《港口工程技术规范(1987)》"桩基"分册(JTJ 222—87)、《港口工程桩基规范》(JTJ 254—98)和《港口工程桩基规范》(JTS 167—4—2012)。

10月25日,交通运输部印发《关于加快推进交通运输行业科技创新能力建设的若干意见》。贯彻落实全国科技创新大会精神,大力实施科技强交战略和人才强交战略,进一步提升交通运输行业科技创新能力,充分发挥创新驱动在加快转变发展方式、发展现代交通运输业中的支撑引领作用,加快创新型交通运输行业建设,共17条。

11月20日,交通运输部发布《疏浚与吹填工程设计规范》(JTS 181—5—2012),于2013年1月1日正式实施。

11月27日,交通运输部令2012年第11号发布《水运工程建设项目招标投标管理办法》。

12月5日,全国内河通航建筑物工程技术现场交流会在南京召开。会议期间,与会代表前往江苏杨庄船闸、泗阳船闸进行了现场交流和考察。

12月20日,交通运输部令2012年第11号公布《水运工程建设项目招标投标管理办法》,该办法共7章74条,自2013年2月1日起实行。同时废止2000年发布的《水运工程施工招标投标管理办法》、2002年发布的《水运工程施工监理招标投标管理办法》、2003年发布的《水运工程勘察设计招标投标管理办法》、2004年发布的《水运工程机电设备招标投标管理办法》。

12月29日,2013年全国交通运输工作会议在北京召开。杨传堂部长作《全面深入贯彻落实党的十八大精神 为全面建成小康社会做好服务保障》的报告。

2013 年

1月1日,《疏浚与吹填施工规范》(JTS 207—2012)正式实施,主要包括施工准备、疏浚施工、吹填施工、施工现场管理、土方计量和施工技术测定等技术内容。

1月1日,我国第一部《港口建设项目安全预评价规范》(JTS/T 170—2—2012)正式实施。该规范的实施,提高了港口建设项目安全评价质量,实现港口安全管理关口前移和开展源头管理的目标。

1月1日,《港口建设项目安全验收评价规范》(JTS/T 170—3—2012)正式实施。该规范对于指导港口建设项目安全验收评价,实现港口建设项目的本质安全性具有重要作用。

5月9日,交通运输部和中国长江三峡集团公司在北京就长江三峡通航建筑物管理有关事宜举行会谈。杨传堂部长和三峡集团董事长曹广晶出席会议并讲话。双方就长江三峡通航建筑物(含双线五级船闸和升船机)运行管理事权、经费及渠道、建立协调机制等三方面达成一致。何建中副部长与曹广晶代表双方签署了协议。

6月1日,《绿色港口等级评价标准》(JTS/T 105—4—2013)正式施行,明确了设定评价对象、设置评价项目、确定评价内容、选择评价指标、设计评价方法和划分评价等级等方面的要求。

7月10日,交通运输部在江苏南通召开新闻通气会,宣布长江口12.5米深水航道向上延伸建设工程(长江口三期工程)完工并正式通航。

12月27—28日,2014年全国交通运输工作会议、党风廉政建设工作会议在北京召开。会上传达了国务院副总理马凯对交通运输工作的批示,杨传堂部长作《深化改革务实创新 加快推进"四个交通"发展》的报告和党风廉政建设工作报告。

2014 年

1月1日,我国第一部《水运工程施工图文件编制规定》(JTS 110—7—2013)正式施行。该规定主要内容包括总则,基本规定,封面、扉页和目录,港口工程、航道工程、航电枢纽及通航建筑物工程、船厂水工工程的设计说明及图纸组成。

1月1日,《港口工程离心模型试验技术规程》(JTS/T 231—7—2013)正式施行。使我国港口工程离心模型试验有了可遵循的技术依据,使各类试验规范化、标准化和具有可比性,有利于在港口工程中进一步推广应用离心模拟试验的成果。

1月1日,《船闸检修技术规程》正式实施。该规程推动了船闸检修工作规范化、科学化、标准化,对于确保全国内河船闸的安全运行和航运畅通具有重要作用。

1月24日,交通运输部机关落实中央对交通运输部有关职责和机构编制调整动员大会在北京召开。会议宣布了《中央编办关于交通运输部有关职责和机构编制调整的通知》《交通运输部有关职责和机构编制调整实施方案》和《交通运输部内设机构主要职责》,包括将安全监督司(应急办公室)调整为安全与质量监督管理司(应急办公室)。

4月2日,国务院第43次常务会议讨论通过《中华人民共和国航道法(草案)》,对航道规划、建设、养护、保护等作出明确规定。会议决定,航道法(草案)经进一步修改后,提请全国人大常委会审议。

6月11日,国务院总理李克强主持召开国务院常务会议,部署建设综合立体交通走廊打造长江经济带,讨论通过《物流业发展中长期规划》。

6月12日,《水运工程标准编写规定》(JTS 101—2014)正式实施。该规定1995年首次发布,历经多次修改,依次为《水运工程建设标准编写规定》(JTJ 200—95)、《水运工程建设标准编写规定》(JTJ 200—2001)和《水运工程标准编写规定》(JTS 101—2014)。

9月16日,国家主席习近平出访斯里兰卡。与斯里兰卡总统拉贾帕克萨共同见证招商局国际与斯里兰卡政府签署《斯里兰卡汉班托塔港二期集装箱码头SOT项目关键条款协议》《开发斯里兰卡国际航运中心的框架协议》两项协议,并在17日与总统一起视察了招商局科伦坡码头(CICT)。

9月25日,国务院印发《关于依托黄金水道推动长江经济带发展的指导意见》,部署将长江经济带建设成为具有全球影响力的内河经济带、东中西互动合作的协调发展带、沿海沿江沿边全面推进的对内对外开放带和生态文明建设的先行示范带。随《意见》还一并印发了《长江经济带综合立体交通走廊规划(2014—2020年)》。

12月28日,2015年全国交通运输工作会议在北京召开。杨传堂部长作《全面深化改革 加强法治建设 在新常态下推进交通运输科学发展》的报告。

12月28日,第十二届全国人大常委会第十二次会议表决通过《中华人民共和国航道法》,自2015年3月1日起施行。

2015 年

1月1日,《船闸工程施工规范》(JTS 218—2014)正式实施。该规范是我国针对船闸施工的第一本专属规范,在施工围堰设计与施工、基坑设计与施工、主体结构混凝土施工、焊接工艺评定和闸门安装要求等方面填补了现行水运工程行业标准的空白。

4月24日,第十二届全国人大会常委会第十四次会议通过了《关于修改〈中华人民共和国港口法〉等七部法律的决定》。将《中华人民共和国港口法》第三十七条第二款修改为:"不得在港口进行可能危及港口安全的采掘、爆破等活动;因工程建设等确需进行的,必须采取相应的安全保护措施,并报经港口行政管理部门批准。港口行政管理部门应当将审批情况及时通报海事管理机构,海事管理机构不再依照有关水上交通安全的法律、行政法规的规定进行审批。"

6月29日，交通运输部和江苏省人民政府在江苏镇江联合召开长江南京以下12.5米深水航道二期工程推进会暨领导小组第三次会议，工程领导小组组长、交通运输部部长杨传堂宣布二期工程正式开工建设，工程领导小组组长、江苏省省长李学勇出席会议并讲话。

10月27日，全国公路水运工程质量安全工作会议在北京召开。

11月16日，交通运输部部长杨传堂和水利部部长陈雷就加强双方合作、促进交通运输和水利事业共同发展举行工作会谈，并在会谈后签署《关于加强水利和交通运输发展合作备忘录》。

12月11日，国资委网站发布消息，国务院批复同意中远集团与中海集团实施重组，两家中国航运业巨头国企由此拉开了重组大幕。

12月18日，财政部、交通运输部印发《关于完善港口建设费征收政策有关问题的通知》。明确水运全过程只征收一次港口建设费，但在转运港口提离港口库场并重新办理托运手续的，在转运港口应征收港口建设费；对国内出口货物，装船港是南京长江大桥以上长江干线和其他内河的非对外开放口岸港口，且卸船港或转运港是沿海和南京长江大桥以下长江干线对外开放口岸港口的，由卸船港或转运港按现行征收标准减半征收港口建设费等征收政策，自2016年4月1日起实施。

12月28日，2016年全国交通运输工作会议在北京召开，杨传堂部长作《坚持五大发展理念　推进结构性改革　为全面建成小康社会当好先行》的报告。

工 程 类

1978 年

3 月

秦皇岛港东港区煤码头一期工程开建,1983 年 7 月竣工,总投资 1.11 亿元。项目主要建设 1 个 2 万吨煤炭码头泊位、1 个 5 万吨煤炭码头泊位,设计年通过能力 1000 万吨。该项目是中国第一个利用日元贷款建设的港口工程,开启了我国专业煤炭装船码头建设新篇章。

4 月

广州港黄埔新港二期工程开建,1981 年 8 月试运行,1985 年 10 月竣工,总投资 8472.7 万元。项目主要建设 1 个 2 万吨级钢材泊位、2 个 2 万吨级集装箱泊位,设计年通过能力 165 万吨。

8 月

上海港黄浦江港区共青码头工程开建,1980 年 7 月试运行,1984 年 12 月竣工,总投资 2175.5 万元。项目主要建设 9 个 3000 吨级杂货码头泊位,设计年通过能力 120 万吨。

9 月

嘉兴乍浦港区陈山原油中转站码头工程竣工,该工程于 1974 年 3 月开建,总投资 2535 万元。项目建设 2 个 2.5 万吨级油品泊位,设计年通过能力 250 万吨。

1979 年

3 月

徐州港邳州港区李运河港项目开建,1979 年 10 月试运行,1979 年 12 月竣工验收,总投资 1500 万元。项目主要建设 4 个内河泊位,其中 2 个 1000 吨级通用散货码头,设计年通过能力 75 万吨。

4 月

宁波港北仑港区十万吨级矿石码头工程开建,1980 年 8 月竣工,总投资 4939.24 万元。项目主要建设 1 个 10 万吨级矿石码头泊位和 2 个 2.5 万吨级矿石码头泊位,设计年通过能力 2000 万吨。该工程建设了我国第一座专业化 10 万吨级矿石中转码头。

11 月

30 日,长江最大油港——南京中转油港建成交付使用。

1980 年

4 月

秦皇岛港东港区煤码头二期工程开建,1985 年 3 月试投产,1985 年 7 月竣工,总投资 5.6 亿元。项目主要建设 2 个 5 万吨级煤炭泊位,设计年通过能力 2000 万吨。该项目是我国利用外资贷款建设的重点建设工程。

7 月

上海港宝钢一期原料码头工程开建,1984 年 3 月竣工。项目主要建设 2 个 1 万吨级金属矿石泊位和 3 个 5000 吨级泊位,设计年通过能力近 2500 万吨。

9 月

上海港黄浦江港区张华浜码头 1 号、2 号集装箱泊位工程及后续改建工程开建,1985 年 12 月竣工,总投资 1.03 亿元。项目主要建设一泊位长 244 米,改建原二泊位 180 米,共 424 米,设计年通过能力 20 万 TEU。该工程是上海港第二个集装箱专用码头,也是全国第一批从事集装箱业务的集装箱专用码头之一,为上海港的集装箱业务起步发展奠定了基础。

11 月

上海港黄浦江港区军工路码头 4 号、5 号泊位集装箱化改造工程开建,1984 年 12 月竣工,总投资 9349 万元。项目主要建设 2 个 2 万吨级集装箱码头,设计年通过能力 12 万 TEU。项目竣工后成为上海港第一个集装箱专用码头,也是全国最早从事集装箱业务的集装箱专用码头之一。

1981 年

3 月

南通港狼山港区 408 号、409 号泊位工程竣工,该项目于 1976 年 2 月开建,总投资 2999 万元。项目主要建设 1 个 2 万吨级通用散货泊位和 1 个 2 万杂货码头泊位,设计年通过能力 80 万吨。

10 月

连云港港三突堤工程开建,1986 年 6 月试运行,1987 年 11 月竣工,总投资 1.43 亿元。项目主要建设 5 个 2.5 万吨级杂货码头泊位,设计年通过能力 140 万吨。该工程是"六五"期间国家合理工期组织建设的重点项目之一,是中国自行设计、组织施工的第一个全桩基梁板结构码头。

12 月

天津港第三港池集装箱码头交付使用,该集装箱码头于 1974 年 6 月开始兴建,可停靠 1300TEU 集装箱船,设计年通过能力 10 万 TEU,是我国兴建的第一座集装箱专用码头。

广州港黄埔港区洪圣沙水转水泊位工程开建,1984 年 5 月试运行,1985 年 10 月竣工,总投资 4042.5 万元。项目主要建设 2 个 1 万吨级杂货码头和 3 个 500 吨级驳船泊位。

南京港新生圩港区一期工程开建,1985 年 9 月竣工,总投资 8120 万元。项目主要建设 3 个 1.5 万吨级杂货码头,设计年通过能力 110 万吨。

1982 年

2 月

日照港石臼港区煤码头一期工程开建,1985 年 12 月试运行,1986 年 5 月竣工,总投资 1.5 亿元。项目主要建设 2 个 10 万吨级煤炭码头,设计年通过能力 1500 万吨,是我国第一座 10 万吨级外海开敞式码头。

5 月

佳木斯港抚远港区抚远码头建设工程开建,1984 年 10 月竣工,总投资 213 万元。项目主要建设 1 个 1000 吨级杂货码头泊位,设计年通过能力 5 万吨。

6 月

安庆港中心港区安庆石化化肥厂码头竣工。该工程于 1977 年 8 月开建,1981 年 6 月试运行,总投资 4000 万元。项目主要建设 2 个 1000 吨级件杂货码头泊位,设计年通过能力 50 万吨。

8 月

广州港黄埔港区墩头西基煤码头工程开建,1986 年 12 月试运行,1987 年 3 月 21 日竣工,总投资 7517.4 万元。项目主要建设 2 个 3.5 万吨级码头泊位,设计年通过能力 1400 万吨。该工程是我国利用世界银行贷款建设的国家重点建设项目,是当时国内靠船吨位最大的卸煤码头,也是卸船、装船、装火车、装汽车等工艺流程最多的煤炭码头工程。

10 月

京杭运河徐州至扬州段续建工程——里运河中梗切除项目开建,1984 年 12 月竣工,总投资 5406 万元。按二级航道标准建设航道 58.1 千米。

11 月

京杭运河淮安复线船闸工程开建,1987 年 1 月试运行,1987 年 4 月竣工,总投资 2161 万元。船闸通航标准二级,设计年通过能力 2100 万吨。

深圳港赤湾港区第一期工程开建,1983 年 4 月竣工,总投资 1131 万港元。项目主要建设 1 个 1.5 万吨级码头泊位。

1983 年

1 月

松花江三姓浅滩整治工程一期项目开建,1985 年 10 月试运行,1986 年 8 月竣工,总投资 931 万元。按三级航道标准整治航道 35 千米,清河林业码头副航道 9 千米。

5 月

连云港港庙岭煤码头工程开建,1986 年 10 月试运行,1986 年 12 月竣工,总投资 3.3 亿元。项目主要建设 1 个 1.5 万吨级煤炭码头和 1 个 3.5 万吨级煤炭码头,设计年通过能力 900 万吨。

11 月

京杭运河徐州至扬州段续建工程——不牢河拓浚项目开建,1984 年 1 月竣工,总投资 3636 万元。按二级航道标准建设航道 71.69 千米。

12 月

23 日,湛江港调顺岛港区三区磷矿码头竣工,该码头于 1976 年 8 月开建,总投资 5583 万元。项目建设 1 个 3.5 万吨级通用散货码头,设计年通过能力 200 万吨。

1984 年

3 月

京杭运河常州市区段整治工程开建,1988 年 12 月竣工,总投资 7144 万元。按四级航道标准整治自西涵洞至三号桥航道 8.92 千米。

4 月

秦皇岛港东港区秦皇岛煤码头三期工程开建,1989 年 12 月竣工,总投资 5.6 亿元。项目主要建设 1 个 5 万吨级煤炭码头和 2 个 3.5 万吨级煤炭码头,设计年通过能力 3000 万吨。该工程是当时我国规模最大、现代化程度最高的煤炭装船码头,首次采用 O 型转子式翻车机,采取 C63 车整列不解编连续翻卸作业,码头装船机和堆场堆取料机额定效率 6000 吨/时,均为当时国内同类机型生产效率最高的设备。

6 月

营口港鲅鱼圈港区一期煤码头工程开建,1986 年 10 月 26 日竣工,总投资 3.34 亿元。项目主要建设 1 个 2.6 万吨级自卸船煤炭专用泊位,设计年通过能力 500 万吨。该码头是中国第一座自卸船专用码头。

9 月

宁波港镇海港区 6 号泊位开建,1985 年 7 月试运行,1986 年 6 月竣工,总投资 9477.41 万元。项目主要建设 1 个 1 万吨级杂货码头泊位,设计年通过能力 4030 万吨。

10 月

京杭运河徐州至扬州段续建工程——高邮临城段航道拓浚项目开建,1985 年 5 月试运行,1985 年 12 月竣工,总投资 1020 万元。按二级航道标准建设航道 4 千米。

安庆港中心港区 15 号、16 号码头工程开建,1986 年 10 月竣工,总投资 1406.04 万元。项目主要建设 2 个 2000 吨级通用散货码头泊位,设计年通过能力 43 万吨。

11 月

京杭运河钱塘江沟通工程(三堡船闸)开建,1989 年 2 月试通航,1989 年 8 月竣工,总投资 7141.33 万元(其中三堡船闸及配套工程 1221.46 万元)。船闸通航标准五级,为单级单线船闸,设计年通过能力 300 万吨。该船闸是京杭大运河最南端的起点,也是京杭大运河与钱塘江沟通的枢纽。

京杭运河徐州至扬州段续建工程——淮泗段疏浚项目开建,1985 年 1 月竣工,总投资 2789 万元。按二级航道标准建设航道 31.63 千米。

徐州港京杭运河续建工程邳州港煤码头扩建工程开建,1986 年 6 月试运行,1987 年 3 月竣工,总投资 1060 万元。项目主要建设 1 个 2000 吨级煤炭码头和 1 个 1000 吨级煤炭码头,设计年通过能力 150 万吨。

徐州港万寨港续建工程开建,1988 年 10 月竣工,总投资 5083 万元。项目主要建设 2 个 1000 吨级港作船码头泊位,修复 1 个 2000 吨级装船泊位,设计年通过能力 650 万吨。

12 月

南京港仪征港区油港石化码头扩建项目开建,1986 年 4 月竣工,总投资 6975.93 万元。项目主要建设 1 个 3.5 万吨级原油泊位、1 个 1 万吨级化学品泊位、1 个 5000 吨级原油驳船泊位,设计年通过能力 190 万吨。

秦皇岛港东港区原油码头二期工程竣工,该工程于 1974 年 3 月开建,总投资 7737 万元。项目主要建设 1 个 5 万吨级原油码头泊位,设计年通过能力 500 万吨。该项目为国家"八三"工程(大庆—秦皇岛输油管线)延伸项目。

厦门港东渡港区一期工程竣工,该工程于 1977 年 10 月开建,1982 年 7 月试运行,总投资 1.82 亿元。项目主要建设 1 个 5 万吨级泊位,1 个 1.5 万吨级泊位,2 个 1 万吨级泊位,设计年通过能力 100 万吨。

1985 年

1 月

海口港秀英港区 12 号、13 号泊位工程开建,1986 年 12 月竣工,总投资 6800 万元。项目主要建设 2 个 5000 吨级码头泊位。

3 月

虎门港沙角港区沙角 A 电厂码头开建,1986 年 12 月竣工,总投资 2457 万元。项目主要建设 1 个 5 万吨级煤炭码头和 1 个 3.5 万吨级煤炭码头。

4 月

安庆港中心港区安庆港埠公司码头工程开建,1986 年 12 月试运行,1987 年 7 月竣工,总投资346.5万元。项目主要建设2个2000吨级通用散货码头和1个1500吨级通用散货码头,设计年通过能力310万吨。

大连港和尚岛东港区煤炭、危险品码头开建,1988年12月竣工,总投资2.37亿元。项目主要建设1个3万吨级煤码头泊位,2个3万吨级通用件杂码头泊位,设计年通过能力540万吨。

烟台港芝罘湾港区西港池一期工程开建,1988年7月试运行,1990年9月竣工,总投资4.2亿元。项目主要建设1个2.5万吨级散化肥泊位、2个2.5万吨级木材泊位、1个1.6万吨级非金属矿石泊位、1个1.6万吨级通用散货泊位和1个1万吨级杂货泊位,设计年通过能力390万吨。

5月

北海港石步岭港区一期工程开建,总投资3100万元。项目主要建设2个1万吨级通用散货码头,设计年通过能力74万吨,分别于1986年11月和1987年1月竣工。该项目的投产结束了北海没有深水泊位的历史。

哈尔滨港方正港区沙河子港煤码头扩建工程开建,1986年10月竣工,总投资317万元。项目主要建设2个1000吨级煤炭码头,设计年通过能力100万吨。

哈尔滨港哈尔滨港区扩建阿什河口散货码头工程开建,1989年7月试运行,1989年8月竣工,总投资2000万元。项目主要建设2个1000吨级通用散货码头。

营口港鲅鱼圈港区一期散杂货泊位工程开建,1991年1月竣工,总投资2.34亿元。项目主要建设1个3万吨级散杂货码头泊位和5个1.5万吨级散杂货码头泊位。

10月

京杭运河徐州至扬州段续建工程——零星浅窄段拓浚工程(大王庙至民便河段)开建,1988年8月竣工。按三级航道标准建设航道38.6千米。

京杭运河徐州至扬州段续建工程——零星浅窄段拓浚项目(皂河至泗阳段、淮阴至淮安段)开建,1988年6月竣工。按三级航道标准建设航道18.52千米。

莆田港肖厝港区肖厝作业区开建,1989年11月竣工,总投资4300万元。项目主要建设1个3.5万吨级杂货码头泊位,设计年通过能力34万吨。

12月

青岛港黄岛油区二期工程开建,1992年10月试运行,1992年12月竣工,总投资2.75亿元。项目主要建设1个20万吨级深水原油泊位,设计年输出能力1700万吨。该码头是我国第一座20万吨级原油码头。

青岛港大港港区八号码头工程竣工,总投资2亿元。项目主要建设7个2万~5万吨级泊位,设计年通过能力400万吨。

湛江港霞山港区一区南一期工程竣工,该工程于1977年12月开建,总投资1.87亿元。项目建设 1 个 3.5 万吨级散粮码头和 5 个 1.5 万吨级通用散货码头。

1986 年

4 月

宁波港北仑港区 2.5 万吨级通用泊位工程开建,1987 年 9 月竣工,总投资 5121.99 万元。项目主要建设 1 个 2.5 万吨级通用散货码头,设计年通过能力 34 万吨。

武汉港杨泗港区武汉港客运站及客运码头工程开建,1992 年 12 月竣工,总投资 5533.86 万元。项目主要建设 4 个 3000 吨级浮码头泊位,设计年通过能力 905 万人次。该工程是国家"七五"期间开发利用长江航运的重点项目。

6 月

天津港北疆港区客运站工程项目竣工,该工程于 1976 年 6 月开建,1979 年 8 月试运行,总投资 1811.26 万元。项目建设 2 个 1 万吨级客货滚装码头。

7 月

上海港宝山装卸区码头工程开建,1990 年 8 月试运行,1990 年 12 月竣工,总投资 3.5 亿元。项目主要建造 12 个泊位,其中 6 个万吨级泊位、2 个 2000 吨级江驳泊位、2 个工作船泊位、2 个待卸泊位,设计年通过能力 290 万吨。该项目是上海港在长江口南岸建设的第一个大型综合性公用港区,是长江下游建设的第一个挖入式港池工程,也是国家"七五"计划重点工程。

8 月

桂平航运枢纽一线船闸工程开建,1989 年 2 月试通航,1991 年 4 月竣工,总投资 2.49 亿元。船闸通航标准三级,为单级单线船闸,设计年通过能力 1000 万吨。

9 月

黄石港城区港区外贸码头工程开建,1990 年 12 月竣工,总投资 6206.06 万元。项目主要建设 2 个 5000 吨级集装箱泊位,设计年通过能力 70 万 TEU。

10 月

安庆港中心港区石化热电厂煤码头工程开建,1990 年 11 月试运行,1991 年 11 月竣工,总投资 1680 万元。项目主要建设 1 个 1500 吨级煤炭码头,设计年通过能力 80 万吨。

上海港黄浦江港区朱家门煤码头工程开建,1989 年 7 月竣工,总投资 7756.45 万元。项目主要建设 1 个 2.5 万吨级卸煤泊位和 1 个 3000 吨级装船泊位,设计年通过能力 390 万吨,是中国大陆第一个采用链斗卸船机的煤码头。

1987 年

1 月

长江兰叙段航道整治一期工程开建,1991 年 2 月竣工,总投资 1871.48 万元。工程区域上起宜宾(长江上游航道里程 1044 千米),下至兰家沱(长江上游航道里程 742.2 千米),按三级航道标准整治。

烟台港龙口港区龙口港煤码头建设工程开建,1988 年 2 月试运行,1989 年 6 月竣工,总投资 7773 万元。项目主要建设 1 个 1.6 万吨级煤码头泊位,设计年通过能力 150 万吨。

洋浦港洋浦港区一期工程开建,1990 年 12 月竣工,总投资 1.64 亿元。项目主要建设 1 个 2 万吨级多用途泊位、1 个 2 万吨级通用泊位和 1 个 3000 吨级工作船泊位。

2 月

广州港新沙港区一期工程开建,1995 年 6 月试投运,1995 年 8 月竣工,总投资 7.01 亿元。项目主要建设 5 个 3.5 万吨级码头(2 个煤矿泊位、1 个通用泊位、1 个化肥泊位、1 个杂货泊位),设计年通过能力 910 万吨。

3 月

福建闽江水口三级船闸及水口垂直升船机工程开建,1996 年 4 月试通航,2003 年 11 月竣工,总投资 77.69 亿元。船闸通航标准下游四级航道,年货运量为 400 万吨,竹木过坝量为 200 万 ~ 250 万立方米。

7 月

日照港石臼港区木材码头工程开建,1990 年 9 月竣工,总投资 1.64 亿元。项目主要建设 1 个 1.5 万吨级木材码头泊位和 1 个 2.5 万吨级木材码头泊位,设计年通过能力 90 万吨。

武汉港青山港区武汉港外贸码头工程开建,1992 年 9 月竣工,总投资 8372.02 万元。项目主要建设 3 个 5000 吨级海轮码头泊位,设计年通过能力 90 万吨。

8 月

大连港大窑湾港区一期工程前四个泊位开建,1992 年 3 月试运行,1993 年 1 月竣工,总投资 3.88 亿元。项目主要建设 1 个 3 万吨级矿石泊位、1 个 2.5 万吨级化肥泊位、2 个 3 万吨级集装箱泊位,设计年通过能力 260 万吨。该项目是我国"七五""八五"期间国家重点工程。

9 月

厦门港东渡港区和平客运码头工程开建,1988 年 12 月竣工,总投资 600 万元。项目主要建设 3 个钢制方舟泊位。

10 月

青岛港前湾港区一期工程开建,1993 年 12 月竣工,总投资 7 亿元。项目主要建设 2 个木材、杂货泊位,2 个多用途泊位,2 个 3 万 ~ 5 万吨级煤炭装船泊位,设计年通过能力 1700 万吨。该项目为"七五"国家重点项目。

肇庆港三榕港区集装箱码头开建,1989 年 10 月试运行,1991 年 6 月竣工,总投资

3000 万元。项目主要建设 2 个 1000 吨级综合性泊位,设计年通过能力 50 万吨。

12 月

嘉兴乍浦港一期码头工程开建,1992 年 4 月试运营,1992 年 7 月竣工,总投资 8039.7 万元。项目主要建设 1 个 1 万吨级件杂货码头泊位、1 个 1000 吨级件杂货泊位和 12 个 100 吨级内河泊位,设计年通过能力 94.4 万吨。

深圳港盐田港区一期工程开建,1994 年 4 月竣工,总投资 25 亿元。项目主要建设 1 个 1000 吨级通用泊位、1 个 3000 吨级通用泊位、1 个 2.5 万吨级通用泊位和 1 个 3.5 万吨级集装箱泊位和 1 个 5 万吨级集装箱泊位,设计年通过能力 280 万吨。该项目是深圳市开发东部地区的重要建设项目。

漓江旅游补水、整治工程开建,1989 年 3 月竣工,总投资 999.73 万元。项目整治航道 90 千米(桂林市新码头至阳朔大桥河段)。航标配布里程 90 千米,其中 48 千米航道(桂林至草坪)设立安装了 109 座发光标志,航标管理设施新设无线电通信。

1988 年

1 月

江苏蔺家坝船闸(一号闸)项目开建,1989 年 4 月竣工,总投资 3003 万元。船闸通航标准二级,为单级单线船闸,设计水头 5 米,设计年通过能力 2100 万吨。

八所港防波堤改造工程开建,1991 年 10 月竣工,总投资 8543 万元。项目建设 2 个重力式 2 万吨级码头泊位,设计年通过能力 80 万吨。

8 月

岳阳港城陵矶华能岳阳电厂码头工程开建,1991 年 3 月试运行,1993 年 12 月竣工。项目主要建设 5 个浮式结构码头,设计年通过能力 120 万吨。

9 月

深圳港蛇口二突堤 8 号泊位开建,1989 年 3 月竣工。项目主要建设 1 个 3.5 万吨级码头泊位。

11 月

福州港闽江口门港区青州 3 号泊位开建,1993 年 2 月竣工,总投资 1.74 亿元。项目主要建设 1 个 1 万吨级集装箱码头,设计年通过能力 42 万吨。

12 月

重庆港九龙坡作业区一期工程开建,1994 年 4 月竣工,总投资 5719.92 万元。项目主要改造 6 个 1000 吨级码头泊位,设计年通过能力为 265 万吨。

1989 年

1 月

湘江株洲至城陵矶 1000 吨级航道整治工程开建,1994 年 12 月试运行,同月竣工,总投资 9470 万元。按照三级航道标准整治航道 257 千米。

3 月

安庆港中心港区铜陵有色金属集团股份有限公司铜矿江边码头泊位开建,1988 年 5 月试运行,1989 年 1 月竣工,总投资 273.65 万元。项目主要建设 1 个 2000 吨级金属矿石泊位,设计年通过能力 100 万吨。

江阴港石利港区江苏利港电力有限公司煤码头开建,1990 年 1 月试运行,1990 年 11 月竣工,总投资 1998 万元。项目主要建设 1 个 3.5 万吨级煤炭码头,设计年通过能力 450 万吨。

4 月

梧州港中心港区河西集装箱码头开建,1992 年 9 月试运行,同月竣工,总投资 1769 万元。项目主要建设 2 个 1000 吨级集装箱码头,设计年通过能力 50 万吨。

湛江港调顺岛港区第三作业区特资码头工程开建,1991 年 6 月试产,1991 年 12 月 12 日竣工,总投资 4595.53 万元。项目主要建设 1.5 万吨级码头 1 个,设计年通过能力 25 万吨。

8 月

唐山港京唐港区王滩港起步工程(7 号、8 号泊位)开建,1991 年 8 月竣工,总投资 1.21 亿元。项目主要建设 2 个 1.5 万吨级杂货码头,设计年通过能力 120 万吨。

10 月

厦门港东渡港区二期工程开建,1994 年 2 月竣工,总投资 3.87 亿元。项目主要建设 1 个 3.5 万吨级集装箱泊位、1 个 2.5 万吨级煤炭泊位、2 个 2 万吨级件杂货泊位及相应的配套设施,设计年通过能力 350 万吨。

11 月

南通港狼山港区二期工程开建,1993 年 10 月竣工,总投资 2.1 亿元。项目主要建设 1 个 2.5 万吨级散货码头泊位、2 个 1.3 万吨级通用泊位、2 个 2000 吨级驳船泊位、2 个 1500 吨级驳船泊位和 2 个工作船泊位,设计年通过能力 840 万吨。

芜湖港裕溪口港区煤码头二期扩建工程(裕溪口 33 号码头)开建,1992 年 11 月试运行,1993 年 9 月竣工,总投资 5301.84 万元。项目主要建设 1 个 1000 吨级煤炭码头,设计年通过能力 300 万吨。

12 月

京杭运河—台儿庄船闸航运枢纽开建,1995 年 9 月试通航,1997 年 6 月竣工。船闸通航标准二级,设计单向年通过能力2100万吨。京杭运河台儿庄船闸是京杭运河山东段的"南大门",是船舶进出京杭运河山东段的咽喉要道,相比湖西线航道缩短航程20余千米。

九江港城区港区客运码头及客运站工程开建,1992年12月竣工,总投资2500万元。项目主要建设4个5000吨级客运泊位。

上海港外高桥港区外高桥石化码头工程开建,1991年4月试运行,1991年12月竣工,总投资1214.14万元。项目主要建设1个3万吨级化学品码头。

苏州港张家港港区二期工程开建,1994年11月竣工,总投资3.59亿元。项目主要建设1个5000吨级多用途码头、1个2万吨级集装箱码头、1个5000吨级多用途码头、1个2万吨级化学品码头、1个2万吨级通用散货码头和1个3.5万吨级通用散货码头。

1990 年

1 月

铜陵港横港港区中石化码头项目开建,1994年1月试运行,1995年4月竣工,总投资5000万元。项目主要建设2个3000吨级成品油泊位,1个1000吨级成品油泊位,设计年通过能力140万吨。

3 月

长江兰叙段航道整治二期工程动工,1997年4月竣工,总投资8174.29万元。工程区域上起宜宾(长江上游航道里程1044千米),下至兰家沱(长江上游航道里程742.2千米),等级为三级航道。

深圳港蛇口三突堤港区1、2号泊位开建,1991年7月竣工,总投资7500万元。项目主要建设2个5万吨级集装箱码头泊位,设计年通过能力50万TEU。

5 月

威海港龙眼湾港区通用码头一期工程开建,1997年7月竣工,总投资9637.86万元。项目主要建设3个1万吨级通用码头泊位和3个1000吨级通用码头泊位,设计年通过能力200万吨。

汉江(襄樊至汉口)航道整治工程开建,1996年1月试运行,1997年4月竣工,总投资4.13亿元。按限制性四级航道标准建设航道532千米。

6 月

海口港秀英港区一期两个万吨级深水泊位扩建工程开建,1993年3月竣工,总投资9984万元。项目主要建设2个1万吨级通用泊位(重力式双肋扶壁式结构)及相应港口配套设施,设计年通过能力80万吨。

8 月

茂名港水东港区三万吨成品油码头项目开建,1991年9月竣工,总投资1.2亿元。项目主要建设 1 个 3 万吨级成品油码头,设计年通过能力 350 万吨。

汕头港珠池(马山)港区一期煤码头工程开建,1994 年 12 月竣工,总投资 3.79 亿元。项目主要建设 1 个 3.5 万吨级煤炭泊位、1 个 1000 吨级驳船泊位和 1 个 1000 吨级重件泊位,设计年通过能力 410 万吨。

9 月

张家港粮油储运部二期码头项目开建,1992 年 6 月竣工,总投资 1200 万。项目主要建设 1 个 7 万吨级散粮码头,设计年通过能力 30 万吨。

10 月

马鞍山港中心港区马钢工业港原料码头项目开建,1993 年 5 月竣工,总投资 3000 万元。项目主要建设 3 个 5000 吨级通用散货码头泊位,设计年通过能力 526 万吨。

天津港南疆港区石化码头工程开建,1991 年 11 月竣工,总投资 3168.17 万元。项目主要建设 1 个 1.5 万吨级油码头(3 号泊位),年设计通过能力 192 万吨;1 个 5 万吨级油码头(4 号泊位),年设计通过能力 500 万吨。

1991 年

2 月

扬州港扬州港区万吨级件杂货浮码头项目开建,1991 年 12 月竣工,总投资 2660 万元。项目主要建设 1 个 1 万吨级通用散货码头,设计年通过能力 35 万吨。

3 月

哈尔滨港三棵树港区多用途码头工程开建,1992 年 12 月竣工,总投资 300 万。项目主要建设 1 个 1000 吨级多用途码头,设计年通过能力 11.5 万吨。

4 月

台州港海门港区牛头颈外贸港区工程开建,1999 年 5 月竣工,总投资 3076.4 万元。项目主要建设 1 个 1000 吨级杂货泊位和 1 个 5000 吨级件杂货泊位,设计年通过能力 34.6 万吨。

5 月

上海港黄浦江民生路码头 1～4 号泊位改建工程开建,1993 年 12 月竣工,总投资 2.55 亿元。项目主要建设 4 个 5 万吨级通用散货码头,设计年通过能力 762 万吨。该项目为我国"八五"重大技改项目。

6 月

湘潭港河西港区集装箱项目开建,2001 年 11 月竣工,总投资 750 万元。主要建设 1 个 1000 吨级集装箱码头,设计年通过能力 23.87 万吨。

7月

上海港外高桥港区一期工程开建,1994年10月竣工,总投资6.25亿元。主要建设1个3.5万吨级通用散货码头、1个5000吨级多用途码头、1个5000吨级多用途码头、1个2万吨级集装箱码头和1个1.5万吨级杂货码头。该项目为上海港在长江口南岸建造的第一座顺岸式集装箱码头。

11月

27日,葛洲坝水利枢纽第二期工程通过国家验收,葛洲坝工程宣告全部竣工,由国家经委和水电部审定总预算为35.56亿元。1970年12月30日,葛洲坝水利枢纽工程动工,主要由挡水大坝、电站、船闸、泄水闸、冲沙闸等组成,大坝全长2595米,最大坝高47米,坝顶高程70米,宽30米。水库总库容15.8亿立方米,设计最大通航流量6万立方米/秒,最大水头差为27米。葛洲坝工程控制流域面积100万平方公里,总库容量15.8亿立方米。建设船闸3座,可通过万吨级大型船队。葛洲坝水利枢纽工程于1988年底建成,是长江干流上建设的第一座大坝和船闸。

12月

嘉兴乍浦港上海石油化工股份有限公司原油(扩建)码头工程开建,1994年9月竣工,总投资6253.3万元。主要建设1个5万吨级成品油码头,设计年通过能力250万吨。

荆州港盐卡港区工程(一期)开建,1998年5月竣工,总投资9200万元。主要建设2个1500吨级驳船通用杂货泊位,设计年通过能力110万吨。

烟台港蓬莱东港区蓬莱新港工程开建,1994年12月竣工,总投资8004.6万元。主要建设2个5000吨级散货码头泊位和1个2000吨级滚装泊位,设计年通过能力98万吨。

株洲港永利港区千吨级码头工程开建,1994年4月试运行,1998年11月竣工,总投资2430万元。主要建设1个1000吨级件杂货码头泊位和2个1000吨级集装箱泊位,设计年通过能力60.5万吨。

1992 年

2月

广东江门水道航道整治工程开建,1993年12月试运行,1994年12月竣工,总投资2694万元。按四级航道标准整治航道25千米。

3月

佳木斯港杏林河外贸码头建设工程开建,1994年8月竣工,总投资4556万元。主要建设2个1000吨级杂货码头和1个1000吨级集装箱码头。该项目建成后填补了黑龙江水系没有外贸专用码头、无集装箱装卸作业的空白。

4月

烟台港莱州港区货运码头工程开建,1996年6月竣工,总投资1100万元。主要建设

1 个万吨级通用泊位、2 个 3000 吨级通用泊位和 1 个 3000 吨级滚装泊位,设计年通过能力 416.8 万吨。

松花江三姓浅滩二期航道整治工程开建,1997 年 5 月试运行,1999 年 9 月竣工,总投资 9713 万元,全部为中央投资。按三级航道标准整治航道 41 千米。

5 月

马鞍山港慈湖港区万能达发电公司专用码头项目开建,1995 年 6 月试运行,1995 年 12 月竣工,总投资 5942 万元。主要建设 3 个 3000 吨级煤炭码头,设计年通过能力 360 万吨。

6 月

佛山港三山港区南海国际货柜码头扩建工程、南海市(今佛山市南海区)三山港综合性码头工程开建,1993 年 9 月竣工,总投资 2.62 亿元。主要建设 4 个集装箱码头泊位和 2 个散杂货船码头泊位。

7 月

烟台港芝罘湾港区西港池二期工程开建,1997 年 9 月竣工,总投资 5.66 亿元。主要建设 3 个 1.5 万吨级杂货泊位、1 个 1 万吨级盐杂泊位、1 个 2 万吨级钢铁泊位和 1 个 2 万吨级多用途泊位,设计年通过能力 340 万吨。

珠海港高栏港区起步工程开建,1995 年 7 月竣工,总投资 4.51 亿元。主要建设 2 个 2 万吨级码头,设计年通过能力 95 万吨。

8 月

苏南运河无锡段整治工程(24.94 千米)开建,1997 年 10 月竣工,总投资 3.71 亿元。按四级航道标准整治航道 24.94 千米,分东西两段进行,东段(高桥至五七桥段)11.576 千米,西段(直湖港至高桥段)13.37 千米。

岳阳港华容港区塔市驿码头 1 号泊位开建,1994 年 12 月竣工,总投资 600 万元。主要建设 1 个 5000 吨级多用途码头,设计年通过能力 16 万吨。

9 月

嘉兴港独山港区嘉兴电厂一期工程开建,1995 年 4 月试运行,1997 年 10 月竣工,总投资 1.35 亿元。主要建设 1 个 3.5 万吨级煤炭泊位,设计年通过能力 260 万吨。

10 月

日照港岚山港区煤码头工程开建,1996 年 6 月试运行,1997 年 12 月竣工,总投资 2461.39 万元。主要建设 1 个 5000 吨级煤炭泊位和 1 个 1 万吨级煤炭泊位,设计年通过能力 56.88 万吨。

西江航运建设一期工程开建,1996 年 3 月竣工,总投资 7866.35 万元。按三级航道标准建设航道 169 千米。

11 月

钦州港金谷港区钦州港一期工程(勒沟作业区 9 号、10 号泊位)开建,1994 年 4 月试营运,1997 年 4 月竣工,总投资 1.57 亿元。主要建设 2 个 1 万吨级通用散货码头,设计年通过能力 90 万吨。

营口港鲅鱼圈港区商品汽车滚装码头工程开建,1995 年 10 月试运行,1996 年 8 月竣工,总投资 1.18 亿元。主要建设 1 个 1 万吨级商品汽车滚装泊位,设计年通过能力为滚装汽车 19 万辆。这是我国大陆第一个万吨级商品汽车专用泊位。

江西信江界牌枢纽开建,于 2013 年 9 月竣工,概算总投资 4.96 亿元。船闸通航标准为三级,设计吨位为 1000 吨级。设计年通过能力 605 万吨(近期 2020 年)、880 万吨(远期 2030 年)。

12 月

福州港闽江口门港区马江油库扩建工程万吨级油码头开建,1995 年 1 月试运行,1995 年 11 月竣工,总投资 4100 万元。主要建设 1 个 2 万吨级原油码头,设计年通过能力 85.85 万吨。

宁波港北仑港区 20 万吨级码头工程开建,1996 年 6 月竣工,总投资 8.15 亿元。主要建设 1 个 3.5 万吨级金属矿石码头和 1 个 20 万吨级金属矿石码头,设计年通过能力 1150 万吨。该项目获得第一届中国土木工程詹天佑奖,填补了中国 20 万吨级散货码头的空白。

1993 年

1 月

福州港松下港区元洪码头 4 号泊位开建,1994 年 7 月试运行,1995 年 1 月竣工,总投资 5185.7 万元。主要建设 1 个 3 万吨级通用型码头,设计年通过能力 50 万吨。

湖州港吴兴港区码头开建,1996 年 6 月试运行,1997 年 1 月竣工,总投资 2 亿元。主要建设 10 个 500 吨级煤炭、散货、件杂货、粮食、化肥泊位,设计年通过能力 131.0 万吨。

3 月

大连港鲇鱼湾港区出口成品油码头工程及出口液化气设施开建,1995 年 10 月试运行,1997 年 4 月竣工,总投资 3.63 亿元。主要建设 1 个 1 万吨级码头泊位和 1 个 3 万吨级码头泊位,设计年通过能力 420 万吨。

江阴港石利港区南荣石化码头项目开建,1998 年 3 月试运行,1998 年 6 月竣工,总投资 2300 万元。主要建设 1 个 2.5 万吨级液化气码头泊位,设计年通过能力 100 万吨。

威海港威海湾港区通用泊位工程开建,1994 年 11 月竣工,总投资 6794 万元。主要建设 1 个 1 万吨级通用泊位,设计年通过能力 40 万吨。

4 月

秦皇岛港东港区煤码头四期工程开建,1997 年 7 月试投产,于 1997 年 10 月竣工,总投资 15.49 亿元。主要建设 2 个 3.5 万吨级煤炭泊位和 1 个 10 万吨级煤炭泊位,设计年通过能力 3000 万吨。

6 月

虎门港沙角港区沙角 C 电厂煤码头开建,1995 年 5 月竣工,总投资 3.54 亿元。主要建设 1 个 10 万吨级煤炭码头,设计年通过能力 500 万吨。

7 月

大连港大窑湾港区一期工程后六个泊位开建,1996 年 7 月试运行,2002 年 12 月竣工,总投资 12.28 亿元。主要建设 1 个 2.5 万吨级集装箱码头泊位、2 个 5 万吨级集装箱码头泊位和 2 个万吨级集装箱码头泊位,设计年通过能力 80 万 TEU。

9 月

杭州三堡二线船闸工程开建,1996 年 12 月试通航,2001 年 12 竣工,总投资 1.49 亿元。船闸通航标准五级,为单级单线船闸,设计年通过能力 550 万吨。

10 月

江阴港长山港区滨江油库码头改建工程开建,1994 年 8 月竣工,总投资 2771 万元。主要建设 1 个 2.5 万吨级成品油码头。

11 月

南通港狼山港区 411 号、412 号泊位工程开建,1997 年 5 月试运行,1998 年 2 月竣工,总投资 1.67 亿元。主要建设 1 个 2 万吨级集装箱码头和 1 个 5000 吨级多用途码头,设计年通过能力 90 万吨。

杭申线杭州段航道改造工程开建,2000 年 7 月试运行,2002 年 12 月竣工。按四级航道标准改造航道 12.622 千米,总投资 5893 万元。

12 月

上海港宝山—罗泾港区一期工程开建,1997 年 7 月竣工,总投资 11.64 亿元。主要建设 2 个 3.5 万吨级卸船泊位、1 个 2000 吨级海轮装船泊位、2 个 2000 吨级江驳转船泊位和 4 个 500 吨级江驳装船泊位,设计年通过能力 1230 万吨。

1994 年

1 月

长江中游界牌河段综合治理航道整治工程开建,2000 年 4 月竣工,总投资 9176.7 万元。按一级航道标准整治航道 190 千米。

2 月

厦门港海沧港区嵩屿电厂煤码头工程开建,1995 年 11 月试运行,同月竣工,总投资

8621 万元。主要建设 1 个 3.5 万吨级专用煤码头。

3 月

连云港港墟沟港区一期工程开建,1997 年 6 月试运行,1999 年 3 月竣工,总投资 8.71 亿元。主要建设 6 个 1.5 万吨杂货码头,设计年通过能力 210 万吨。

4 月

唐山港京唐港区 2 号泊位工程开建,1994 年 12 月竣工,总投资 7150 万元。主要建设 1 个 1.5 万吨级通用散货码头,设计年通过能力 80 万吨。

徐州港孟家沟重件码头工程开建,1994 年 10 月竣工,总投资 177 万元。主要建设 1 个 1000 吨级集装箱码头,设计年通过能力 10 万吨。

营口港鲅鱼圈港区二期工程开建,2001 年 11 月竣工,总投资 5.11 亿元。主要建设 5 个 1.5 万吨级泊位,设计年通过能力 350 万吨。

5 月

京杭运河航道改造工程杭州段开建,1996 年 12 月试运行,2000 年 10 月竣工,总投资 1968 万元。按四级航道标准建设航道 31.98 千米。

上海港外高桥港区上海高桥石化公司炼油厂海滨油码头工程开建,1995 年 12 月竣工,总投资 3500 万元。主要建设 1 个 3 万吨级原油码头和 1 个 5000 吨级油轮泊位。

6 月

广州港新沙港区一期工程 6~10 号泊位开建,1999 年 10 月试运行,2000 年 5 月竣工,总投资 5.75 亿元。主要建设 5 个 3.5 万吨级散粮码头泊位(2 个杂货泊位、1 个通用泊位、2 个木材兼集装箱泊位),设计年通过能力 150 万吨。

汕头港珠池(马山)港区 7 号、8 号泊位开建,1997 年 7 月试运行,1998 年 12 月竣工,总投资 10.4 亿元。主要建设 2 个 2.5 万吨级集装箱泊位,设计年通过能力 40 万 TEU。

8 月

广州番禺港区华隆石化万顷沙油库码头开建,1995 年 5 月竣工,总投资 3480 万元。主要建设 1 个 3000 吨级成品油码头,设计年通过能力 20 万吨。

9 月

苏州张家港区 16 号泊位工程开建,1995 年 12 月竣工,总投资 1.07 亿元。主要建设 1 个 2.5 万吨级集装箱泊位,设计年通过能力 80 万吨。

11 月

广东省珠海发电厂煤码头 1 号泊位开建,1999 年 5 月竣工,总投资 1.07 亿元。主要建设 2 个 7 万吨级煤炭码头泊位(码头水工结构 10 万吨级),设计年通过能力 1000 万吨。

12 月

14 日,举世瞩目的三峡工程在湖北宜昌三峡坝区举行开工典礼。三峡工程主要包括拦河大坝、电站建筑物、通航建筑物等建设内容。其中通航建筑物由双线五级船闸和升船机组成。

京杭运河航道改造工程嘉兴段开建,1999 年 9 月试运行,2000 年 10 月竣工,概算总投资 1.33 亿元,实际完成投资约 1.25 亿元。按四级航道标准建设航道 17.35 千米。

京杭运河浙境段改造工程湖州段开建,1999 年 8 月试运行,2000 年 8 月竣工,概算 5.62 亿元。按四级航道标准建设航道 83.28 千米。

铜陵港横港港区海螺水泥一期工程开建,1994 年 8 月竣工,总投资 3500 万元。主要建设 1 个 3000 吨级散装水泥码头泊位。

梧州港中心港区李家庄码头一期工程开建,1996 年 3 月竣工,总投资 2373 万元,主要建设 2 个 1000 吨级大件杂货及集装箱泊位,设计年通过能力 30 万吨。

1995 年

1 月

西江航运干线贵港航运枢纽工程开建,1998 年 1 月试通航,2002 年 3 月竣工,总投资 20.08 亿元人民币、8000 万美元。船闸通航标准三级,为单级单线船闸。

5 月

苏州常熟港区兴华港口一期起步工程开建,1996 年 6 月竣工,总投资 2.02 亿元。主要建设 2 个万吨级多用途泊位,设计年通过能力 150 万吨。

湛江港霞海港区一期工程开建,1997 年 9 月竣工,总投资 1.43 亿元。主要建设 1 个 5000 吨级泊位和 1 个 1 万吨级泊位,设计年通过能力 55 万吨。

11 月

珠海港高栏港区 30 万吨油库及其配套码头工程开建,1998 年 11 月竣工,总投资 2.45 亿元。主要建设 3 个 8 万吨级成品油码头和 3 个 1 万吨级成品油码头,设计年通过能力 600 万吨。

12 月

广州番禺港区华隆石化万顷沙液化气码头开建,1996 年 4 月竣工,总投资 3000 万元。主要建设 1 个 2000 吨级液化气(LPG/LNG)码头,设计年通过能力 20 万吨。

四川乐山港嘉州港区大件码头开建,1999 年 12 月竣工,总投资 4681 万元。主要建设 1 个 750 吨级重大件泊位,设计年通过能力 10 万吨。

青岛港前湾港区二期工程开建,1999 年 7 月竣工,总投资 12.92 亿元人民币、2700 万美元。主要建设 1 个 3.5 万吨级集装箱泊位、1 个 2.5 万吨级集装箱泊位、1 个 2 万吨级杂货泊位、2个1.5万吨级杂货泊位和1个1万吨级杂货泊位。

湖南省大源渡航电枢纽开建,1999年12月试通航,2001年12月竣工,总投资20.97亿元,其中世界银行贷款9000万美元。船闸通航标准三级,设计年通过能力1200万吨。

1996年

1月

常州港圩塘港区(常州港第一个)万吨级通用泊位工程开建,1997年12月竣工,总投资1.97亿元。主要建设1个2万吨级通用散货码头,设计年通过能力248万吨。

泉州港围头湾港区万吨级对台贸易码头工程开建,1998年9月试运行,2016年6月竣工,总投资1.4亿元。主要建设1个1万吨多用途码头泊位和1个工作船泊位,设计年通过能力24万吨。

2月

深圳港大鹏港区深圳市低温常压液化石油气储存工程、专用码头工程开建,1997年5月竣工,总投资9834万元。主要建设1个5万吨级液化气(LPG/LNG)码头,设计年通过能力96万吨。

四川岷江大件运输航道续建工程开建,2001年10月试运行,2002年11月竣工,总投资2400万元。按四级航道标准建设航道162千米。

4月

泰州港高港港区杨湾一期工程开建,1999年4月试运行,2002年12月竣工,总投资2.29亿元。主要建设1个1.5万吨级多用途码头泊位和1个1万吨级通用码头泊位,设计年通过能力107.7万吨。

5月

广州番禺港区植物油码头开建,1996年12月竣工,总投资1700万元。主要建设3个5000吨级多用途码头泊位,设计年通过能力20万吨。

6月

泉州港石狮石湖港区万吨级多用途码头工程(泉州港石湖作业区1号泊位)开建,1998年10月试运行,2016年6月竣工,总投资1.68亿元。主要建设1个1万吨级多用途码头泊位,设计年通过能力144万吨。

9月

京杭运河(济宁至台儿庄段)续建工程开建,2000年11月试运行,2003年11月竣工,概算总投资9.28亿元,实际完成投资7.06亿元。按三级航道标准建设航道164.2千米,起点为梁济运河下游济宁船厂,终点为台儿庄船闸。

10 月

北海港铁山港西港区电厂专用煤码头开建,2006 年 12 月竣工,总投资 1.19 亿元。主要建设 1 个 5 万吨级煤炭码头,设计年通过能力 350 万吨。

11 月

张家港上海振华重工(集团)有限公司总装码头项目开建,1997 年 6 月试运行,1997 年 12 月竣工,总投资 2 亿元。主要建设 1 个 3 万吨级杂货码头。

12 月

天津港南疆港区非金属矿石泊位及焦炭泊位工程开建,1999 年 12 月竣工,总投资 8.28 亿元。主要建设 1 个 3.5 万吨级煤炭泊位和 1 个 5 万吨级煤炭泊位,设计年通过能力 1050 万吨。

1997 年

2 月

徐州港万寨港扩建工程开建,1999 年 12 月试运行,2000 年 1 月竣工,总投资 4050 万元。建设 1 个 2000 吨级煤炭泊位,设计年通过能力 180 万吨。

九江港城西港区外贸码头二期工程开建,2004 年 9 月竣工,总投资 1.46 亿元。主要建设 1 个 5000 吨级杂货码头,改建 1 个多用途泊位,设计年通过能力 72 万吨。

3 月

深圳港盐田港区二期工程开建,2000 年 7 月竣工,总投资 39 亿元。主要建设 3 个 5 万吨级集装箱泊位,设计年通过能力 120 万 TEU。

4 月

安庆港五里庙港区二期工程开建,2000 年 10 月试运行,2002 年 2 月竣工,总投资 8600 万元。主要建设 1 个 5000 吨级海轮件杂货(集装箱)泊位,设计年通过能力 30 万吨。

7 月

钦州港金谷港区鹰岭作业区中石化码头(鹰岭作业区 1 号泊位)工程开建,2016 年 10 月竣工,总投资 5105.6 万元。建设 1 个 3 万吨级成品油码头。

上海港外高桥港区一期工程集装箱化改造工程开建,1998 年 6 月竣工,总投资 3.82 亿元。建设 3 个 10 万吨级集装箱码头,设计年通过能力 60 万 TEU。

北海港涠洲岛港区涠洲终端单点泊位项目开建,1998 年 9 月竣工,总投资 2 亿元,建设 1 个 5000 吨级泊位。

8 月

京杭运河杭州段护岸完善工程开建,1999 年 7 月试运行,2000 年 10 月竣工,总投资

8319 万元。按四级航道标准建设航道 30.114 千米。

9 月

上海港外高桥港区二期工程开建,2000 年 1 月竣工,总投资 19.39 亿元,主要建设 3 个 10 万吨级集装箱码头。该工程首次采用双 40 英尺岸桥,采用全新的集装箱港区功能横断面布置模式和有利于集装箱码头高效运行和持续发展的生产系统能力不平衡配置模式,显著提高了码头的装卸效率。

温州港七里港区一期工程开建,2004 年 12 月竣工,总投资 3.7 亿元。主要建设1 个 1.5 万吨级多用途码头泊位、1 个 1000 吨级多用途码头泊位、2 个 500 吨级通用码头泊位和 1 个 2.5 万吨级通用码头泊位,设计年通过能力 359 万吨。

10 月

衡阳港白沙港区丁家桥千吨级码头建设工程开建,2006 年 12 月竣工,总投资 5059 万元。主要建设 2 个 1000 吨级件杂兼集装箱码头,设计年通过能力 65 万吨。

嘉陵江红岩子电航枢纽船闸工程开建,2002 年 6 月竣工,总投资 1.68 亿元。船闸通航标准四级,设计年通过能力 334.5 万吨。

11 月

25 日,黄骅港一期工程开建,2001 年 11 月竣工。主要建设 4 个泊位,分别为 2 个 5 万吨级泊位、1 个 3.5 万吨级泊位和 1 个 1 万吨级泊位,设计年吞吐能力 3000 万吨。

12 月

舟山港岱山港区东海平湖油气田原油中转站原油码头工程开建,1998 年 12 月试运行,1999 年 4 月竣工,总投资 1.05 亿元。主要建设 2 个 2 万吨级原油码头泊位,设计年通过能力 78 万吨。

泸州港龙江港区集装箱多用途码头一期工程开建,2004 年 11 月竣工,总投资 9168.7 万元。主要建设 1 个 1000 吨级多用途码头泊位,设计年通过能力 47 万吨。

1998 年

1 月

1 月 27 日,长江口深水航道治理一期工程开建,2000 年 7 月 20 日交工验收,2002 年 9 月 22 日竣工,总投资 30.85 亿元。一期工程共兴建整治建筑物 75.11 千米,其中鱼咀及堵堤 5.53 千米,南、北导堤 57.89 千米,丁坝 11.19 千米,其他护滩堤坝 0.5 千米;开挖 8.5 米水深航槽 51.77 千米,完成基建疏浚工程量共 4386 万立方米。该工程获得 2005 年度国家优质工程金奖和第四届詹天佑土木工程大奖。

4 月

洋浦港区二期工程开建,2005 年 1 月试运行,2006 年 11 月竣工,总投资 5.27 亿元。

主要建设 1 个 2 万吨级集装箱泊位和 2 个 2 万吨级通用泊位,设计年通过能力 177.4 万吨。

5 月

龙口港东港区通用泊位工程开建,2001 年 7 月试运行,2002 年 6 月竣工,总投资 2.51 亿元。主要建设 2 个 3.5 万吨级通用泊位(码头水工结构 5 万吨级),设计年通过能力 90 万吨。

西江下游肇庆至虎跳门航道整治工程开建,2006 年 3 月试运行,2009 年 11 月竣工,总投资 9.76 亿元。按一级航道标准整治航道 168 千米。

7 月

京杭运河塘栖市河改线工程开建,1999 年 8 月试运行,2000 年 10 月竣工,总投资 5184 万元。按四级航道标准建设航道 2.359 千米。

太仓港一期工程开建,1999 年 8 月试运行,2003 年 9 月竣工,总投资 10.92 亿元。主要建设 2 个 2 万吨级多用途泊位和 1 个 3 万吨级集装箱泊位(码头水工结构 5 万吨级),设计年通过能力集装箱 50 万 TEU、件杂货 18 万吨。

8 月

海口港新海港区粤海铁路轮渡南港项目开建,2003 年 1 月火车轮渡开通南港运营,2004 年 3 月粤海铁路通道全部竣工。主要建设 1 个 5000 吨级修造船码头和 1 个 3 万吨级客货滚装码头,泊位设计年通过能力旅客 202 万人、滚装汽车 177 万辆和 3540 万吨。粤海铁路通道整体项目总投资 5.04 亿元。

10 月

湛江港徐闻港区粤海铁路通道北港轮渡码头工程开建,建设 1 个 2 万吨级滚装泊位,所有设施在 2001 年 1 月 4 日通过了铁道部、广东省和海南省联合组成的验收委员会的验收,可以开通运营,于 2002 年 5 月竣工。

11 月

舟山港嵊泗港区宝钢马迹山港一期工程开建,2002 年 5 月试运行,2002 年 12 月竣工,总投资 13 亿元。主要建设 2 个 25 万吨级金属矿石码头泊位和 1 个 3.5 万吨级金属矿石码头泊位,设计年通过能力 2000 万吨。

厦门港东渡港区三期工程开建,2002 年 6 月试运行,2003 年 12 月竣工,总投资 7.88 亿元。主要建设 1 个 5 万吨级集装箱专用泊位和 1 个通用泊位(两者码头水工结构均为 5 万吨级或不满载的 10 万吨级),设计年通过能力分别为 45 万 TEU 和 100 万吨杂货。

广州港南沙港区出海航道一期工程开建,2000 年 9 月竣工,总投资 5.83 亿元,按通航 3.5 万吨级船舶的标准建设航道 115 千米,底宽 160 米。

1999 年

1 月

广州港南沙港区粤海小虎石化库 2 号石化码头改造项目开建,2010 年 7 月试投运,2004 年 8 月竣工,总投资 4020 万元。主要建设 1 个 2 万吨级化学品码头,设计年通过能力 200 万吨。

3 月

8 日,宁波港北仑港区国际集装箱码头(北仑三期)工程开建,2001 年 3 月试运行,2001 年 12 月 28 日竣工,总投资 22.19 亿元。主要建设 2 个 10 万吨级集装箱码头泊位和 2 个 7 万吨级集装箱码头泊位,设计年通过能力 100 万 TEU。

6 月

镇江谏壁二线船闸工程开建,2001 年 12 月试通航,2003 年 12 月竣工,概算投资 1.9 亿元,实际投资 1.62 亿元。船闸通航标准二级,船闸承受双向水头。

9 月

西江航运建设二期工程南宁—西津航道整治工程开建,2000 年 6 月竣工,总投资 5437.86 万元,按三级航道标准整治航道 169 千米。

10 月

常德港盐关港区千吨级码头工程开建,2002 年 12 月试运行,2006 年 5 月竣工,总投资 1.09 亿元。主要建设 2 个 1000 吨级生产用码头泊位、2 个 500 吨级生产用码头泊位、1 个 300 吨级生产用码头,码头设计靠泊能力 1000 吨,设计年通过能力 158 万吨和 2 万 TEU。

上海港外高桥港区三期工程开建,2002 年 1 月试运行,2002 年 11 月竣工,总投资 11.36 亿元。主要建设建设集装箱专用深水泊位 2 个,码头设计靠泊能力 5 万吨级(码头水工结构 10 万吨级)。

天津港北疆港区 25 号、26 号泊位码头结构加固改造工程开建,2000 年 9 月竣工,总投资 1.92 亿元。主要建设 2 个 1 万吨级泊位通,设计年通过能力为 600 万吨。

福州港三都澳港区万吨级多用途码头工程开建,2003 年 5 月试运行,2004 年 12 月 28 日竣工,总投资 1.20 亿元。主要建设 1 个 1 万吨级客货滚装码头,设计年通过能力 34 万吨。

11 月

广州横门出海航道整治工程开建,2005 年 11 月试运行,2006 年 11 月竣工,总投资 1.98 亿元。按照五级航道标准整治航道 48 千米。

12 月

马鞍山港慈湖港区金星化工(集团)有限公司专用码头工程开建,1999 年 12 月试运行,2000 年 9 月竣工,总投资 3064.18 万元。主要建设 1 个 2000 吨级杂货泊位、1 个 2000 吨级通用散货泊位(码头水工结构 5000 吨级),设计年通过能力 63.8 万吨。

天津港集装箱公司 27 号泊位改造工程、天津港集装箱公司 28、29 号泊位改造工程、天津港北疆港区 27、28、29 号泊位疏浚工程和天津港北疆港区三和四港池 21、27、28、29 号泊位靠泊核准能力论证四个项目开建,2009 年 5 月试投产,于 2009 年 5 月竣工,总投资 4.28 亿元。27 号泊位由 2.5 万吨级泊位改造为 7 万吨级泊位(码头水工结构 12 万吨级)。28、29 号泊位改造工程是对 27 号泊位改造工程的延续,建设规模为 5 万吨级泊位(码头水工结构 12 万吨级)。2014 年核准 27、28、29 号泊位靠泊等级(限定条件)15 万吨级或 20 万吨级集装箱船。改造后,设计年通过能力从 10 万 TEU 提高到 30 万 TEU。

2000 年

1 月

日照港石臼港区木片码头工程项目开建,2000 年 12 月试运行,2002 年 10 月竣工,总投资 1.80 亿元。主要建设 1 个 4 万吨级木片泊位(码头水工结构 6.5 万吨级),设计年通过能力 74 万吨。

2 月

长江下游马当河段沉船打捞工程开建,2002 年 2 月试运行,2005 年 3 月竣工,总投资 2600 余万元。按一级航道标准整治航道 8 千米。该工程基本解决了历史遗留的马当沉船碍航问题。

3 月

上海港外高桥港区四期工程开建,2002 年 12 月竣工,总投资 25.68 亿元。主要建设 4 个 10 万吨级集装箱码头和 4 个 5000 吨级码头。

5 月

18 日,宁波港大榭 25 万吨级原油中转码头工程开建,2002 年 6 月试运行,2001 年 7 月竣工,总投资 1.12 亿元。主要建设 1 个 25 万吨级油码头泊位(码头水工结构 30 万吨级)和 1 个 2 万吨级油码头泊位(码头水工结构 6.9 万吨级),设计年通过能力 1700 万吨。

中俄界河黑龙江和乌苏里江航标、测量、疏浚工程(中俄航联委第 42 次航行例会工程)开建,2001 年 5 月试运行,2003 年 8 月竣工,总投资 6280 万元。整治航道里程 1442 千米,其中黑龙江中游 967 千米,乌苏里江 455 千米;黑龙江黑河以上为三级航道,黑河至抚远为二级航道,乌苏里江抚远水道下口至饶河为四级航道,饶河至营明山为五级航道。

8 月

福州港江阴港区 1 号泊位工程开建,2002 年 12 月试运行,2007 年 8 月竣工,总投资 3.98 亿元。主要建设 1 个 5 万吨级多用途泊位,设计年通过能力 12 万 TEU。

9 月

京杭运河淮安三线船闸工程开建,2003 年 7 月试运行,2005 年 1 月竣工,概算总投资 1.68 亿元,实际投资 1.57 亿元。船闸通航标准二级,为单级单线船闸,设计水头 4.3 米,设计年通过能力 2842 万吨。

10 月

26 日,杭甬运河宁波段航道工程开建,2008 年 10 月 24 日完工,2013 年 12 月 31 日试通航,2014 年 12 月 29 日竣工,概算总投资 18.42 亿元。项目改建四级航道(安家渡至姚江船闸和三江口至甬江口)里程 88.756 千米;改建五级航道(姚江船闸至三江口)里程 4.895 千米;建设 500 吨级和 300 吨级船闸各 1 座。

11 月

常州港圩塘港区石化码头工程开建,2001 年 12 月试运行,2003 年 3 月竣工,总投资 8029.29 万元。主要建设 1 个 8500 吨级液体散货码头泊位(码头水工结构 2.5 万吨),设计年通过能力 65 万吨。

12 月

常州港录安洲港区码头一期工程开建,2008 年 3 月试运行,2008 年 10 月竣工,总投资 3.78 亿元。主要建设 2 个 5000 吨级多用途码头泊位(码头水工结构 5 万吨),设计年通过能力 272 万吨。

2001 年

1 月

9 日,南京港新生圩港区汽车滚装码头项目开建,2002 年 3 月试运行,2002 年 12 月完工试投产,总投资 7995 万元。主要建设 1 个 1 万吨级载车海船滚装泊位、1 个 1000 吨级内河载车驳船滚装泊位,设计年通过能力 36.3 万车。

安庆港中心港区石化液态烃码头工程开建,2002 年 6 月试运行,2003 年 1 月竣工,总投资 1702 万元。主要建设 1 个 1500 吨级液态烃泊位,设计年通过能力 5 万吨。

2 月

泉州港石湖码头扩建技改工程(泉州港石湖作业区 2 号泊位)项目开建,2002 年 9 月试运行,2016 年 6 月竣工,总投资 6648 万元。主要建设 1 个 3 万吨级集装箱码头,设计年通过能力 144 万吨。

东宗线湖州段航道改造工程开建,2002 年 12 月试运行,2003 年 11 月竣工,总投资 1.17 亿元。按四级航道标准改造航道 23.661 千米。

3 月

武汉港阳逻港区集装箱转运中心工程开建,2004 年 2 月试运行,2007 年 4 月竣工,总投资 2.65 亿元。主要建设 2 个 5000 吨级集装箱码头泊位（码头水工结构 1 万吨级），设计年通过能力 10 万 TEU。

6 月

池州港牛头山港区海螺水泥股份有限公司专用码头工程开建，2006 年 5 月竣工，其中，一期工程于 2001 年 6 月开建，2003 年 1 月试运行；二期工程于 2003 年 2 月开建，2004 年 2 月试运行，总投资 8779.90 万元。主要建设 5 个泊位，其中，一期工程建设 3000 吨级出口泊位 2 个、1500 吨级进口泊位 1 个；二期工程建设 1000 吨级出口泊位 2 个，设计年通过能力共计 660 万吨。

7 月

盐城港大丰港区 5000 吨级码头工程开建，2005 年 10 月试运行，2007 年 9 月竣工，总投资 2.57 亿元。主要建设 1 个 5000 吨级散杂货码头泊位（码头水工结构 1 万吨）、1 个 5000 吨级多用途码头泊位（码头水工结构 1 万吨），设计年通过能力 76 万吨。

8 月

长沙港霞凝港区一期工程开建，2003 年 7 月试运行，2004 年 8 月竣工，总投资 1.84 亿元。主要建设 2 个 1000 吨级杂货泊位、2 个 1000 吨级集装箱泊位，设计年通过能力 86.1 万吨和 3.5 万 TEU。

芜湖港朱家桥外贸码头 3 号泊位开建，2002 年 8 月试运行，2003 年 4 月竣工，总投资 2500 万元。主要建设 1 个 5000 吨级集装箱专用码头，设计年通过能力为 5 万 TEU。

9 月

8 日，南京港龙潭港区一期（集装箱一期）码头工程开建，2004 年 3 月试运行，2006 年 6 月竣工，总投资 10.86 亿元。主要建设 3 个 2.5 万吨级和 2 个 1000 吨级集装箱专用泊位（码头水工结构 3.5 万吨），设计年通过能力 52 万 TEU。

10 月

京杭运河宿迁三线船闸工程开建，2004 年 5 月试通航，2006 年 1 月竣工，总投资 1.19 亿元。船闸通航标准二级，为单级单线船闸设计年通过能力 5362 万吨。该项目是省交通厅利用世界银行贷款建设的"京杭运河扩容工程"5 座船闸中的最后一座。

汕头港珠池港区二期工程开建，2005 年 10 月竣工，总投资 10.37 亿元。主要建设 5 个深水多用途泊位，包括 2 个 2 万吨级、2 个 1.5 万吨级和 1 个 1 万吨级（码头水工结构 2 万吨级）。

宜昌港主城港区太平溪港复建（一期）工程开建，2004 年 4 月试运行，2004 年 10 月竣工，总投资 4173 万元。主要建设 1 个 3000 吨级客运泊位、1 个 1000 吨级客运泊位和 1 个 1000 吨级货运泊位，设计年通过能力 15 万吨。

11 月

池州港泥洲港区一期工程(池州港江口港区一期工程)开建,2004 年 1 月试运行,2005 年 3 月竣工,总投资 2830 万元。主要建设 5000 吨级非金属矿和 3000 吨级件杂货泊位各 1 个,设计年通过能力 192 万吨,其中非金属矿 151 万吨、件杂货 41 万吨。

宜昌港兴山港区峡口作业区一期工程开建,2003 年 6 月试运行,2004 年 12 月竣工,总投资 4500 万元。主要建设 1000 吨级综合泊位和 1000 吨级散货泊位各 1 个,设计年通过能力 38 万吨。

12 月

张家港长江国际码头工程(长江国际 2 号泊位)项目开建,2002 年 5 月试运行,2002 年 8 月竣工,总投资 4500 万元。主要建设 1 个 5 万吨级化学品码头,设计年通过能力 90 万吨。

湖南常德至鲇鱼口三级航道整治工程开建,2005 年 12 月试运行,同月竣工,总投资 3 亿元。按三级航道标准建设航道 192 千米,按五级航道标准建设支线航道 53 千米(安乡经武圣宫至茅草街)。

2002 年

1 月

厦门港海沧港区一期工程 1 号泊位开建,3 月海沧 4、5 号泊位开建;2007 年 4 月海沧 1 号泊位试运行,2005 年 7 月海沧 4、5 号泊位试运行,于 2011 年 6 月竣工,总投资 10.41 亿元。主要建设 10 万吨级集装箱泊位 1 个(1 号泊位);2 万吨级多用途泊位 2 个(4、5 号泊位,码头水工结构 10 万吨级)。设计年通过能力分别为 1 号泊位集装箱 35 万 TEU,4 号、5 号泊位集装箱 11 万 TEU 和杂货 40 万吨。

广州港南沙港区建滔国际石油化工码头有限公司石化码头工程开建,2009 年 9 月试运行,2011 年 10 月竣工,总投资 3488 万元。主要建设 1 个 5 万吨级和 2 个 1000 吨级化工泊位及相应配套设施(码头水工结构 5 万吨级),设计年通过能力 91 万吨。

3 月

宜昌港秭归港区归州客运码头项目开建,2004 年 9 月试运行,2004 年 12 月竣工,总投资 1278.98 万元。主要建设 1 个 1000 吨级客运码头泊位(码头水工结构 3000 吨级),设计年通过能力 30 万人次。

4 月

28 日,长江口深水航道治理二期工程开建,2005 年 6 月 16 日交工验收,于同年 11 月竣工,总投资 57.11 亿元。二期工程共新建整治建筑物 66.377 千米,其中导堤 39.39 千米,丁坝 18.9 千米,北导堤外促淤潜堤 8.087 千米;开挖 10 米水深航槽 74.471 千米,完成基建疏浚工程量共 5921 万立方米。该工程获得了 2008 年度国家优质工程金奖和第八届詹天佑土木工程大奖。其中，"长江口深水航道治理工程成套技术"先后获 2006 年度"中国航海学会科学技术奖"特等奖、2007 年度国家科技进步奖一等奖。

30 日，钦州港鹰岭作业区 7 号泊位项目开建，2005 年 10 月试运行，2016 年 10 月竣工，总投资 9.60 亿元。主要建设 1 个 5 万吨级油气码头，设计年通过能力 120 万吨。

6 月

26 日，上海港洋山深水港区一期工程开建，2005 年 12 月试运行，2006 年 8 月竣工，总投资 143 亿元。主要建设 5 个能停靠第五、第六代集装箱船泊位（码头结构兼顾 8000TEU 船舶的靠泊要求），设计年通过能力 220 万 TEU。

天津港北疆港区五洲国际集装箱码头（天津港东突堤北侧改扩建集装箱码头）工程开建，2003 年 12 月竣工，总投资 18.55 亿元。该工程将东突堤北侧原有的 6 个 2 万吨级杂货泊位和 1 个工作船泊位改造成 4 个专用集装箱泊位，其中 3 个泊位可停靠第四、五代集装箱船舶，1 个泊位可停靠第二代集装箱船舶。

7 月

大连港大孤山南港区矿石专用码头工程开建，2015 年 8 月试运行，2016 年 8 月竣工，总投资 12.05 亿元。主要建设 1 个 20 万吨级矿石专用泊位（码头水工结构和水域为 25 万吨级兼顾 30 万吨）。

营口港鲅鱼圈港区营口港鲅鱼圈港区三期工程开建，2005 年 6 月投入试运行，2010 年 1 月竣工，总投资 9.45 亿元。主要建设 3 个 5 万吨级泊位，其中，1 个多用途泊位（51 号）、2 个集装箱泊位（52 号、53 号），设计年通过能力 98 万吨、集装箱 30 万 TEU。

8 月

12 日，宁波港北仑四期集装箱码头工程开建，2008 年 12 月竣工，总投资 40.68 亿元。主要建设 5 个 15 万吨级集装箱泊位，设计年通过能力 202 万 TEU。

湘江株洲航电枢纽开建，2006 年 8 月试通航，同月竣工，总投资 19.46 亿元，其中世界银行贷款 1 亿美元。该枢纽建成后，衡阳至城陵矶 439 千米的航道，以三级通航标准全线贯通。

9 月

深圳港盐田港区盐田港三期工程开建，2006 年 8 月试运行，同月竣工，总投资 60.91 亿元。主要建设 4 个能靠泊第五、六代集装箱船舶的泊位（码头水工结构 15 万吨级），设计年通过能力 200 万 TEU。

大连港鲇鱼湾港区 30 万吨级进口原油码头工程开建，2004 年 6 月试运行，2006 年 4 月竣工，总投资 5.29 亿元。主要建设 1 个 30 万吨级原油码头泊位，设计年通过能力 2200 万吨。

10 月

苏州港太仓港区长江石油化工有限公司 6、7 号泊位码头工程开建,2003 年 12 月试运行,2004 年 10 月竣工,总投资 6000 万元。主要建设 1 个 3 万吨级(码头水工结构 5 万吨级)和 1 个 5000 吨级化学品码头,设计年通过能力 162.3 万吨。

11 月

三亚港区三亚国际客运港码头工程(凤凰岛一期码头工程)项目开建,2003 年 11 月竣工,2006 年 11 月试运行,2007 年正式运营,总投资 1300 万元。主要建设 1 个 8 万吨级邮轮泊位。该码头为我国第一座邮轮专用码头。

汕头港广澳港区一期工程开建,2011 年 6 月试运行,2013 年 4 月通过验收,总投资 7.19 亿元。主要建设 2 万吨级的多用途和通用泊位各 1 个(码头水工结构 5 万吨级),设计年通过能力 96 万吨。

赤水河(岔角—合江)航运建设工程开建,2005 年 12 月试运行,2016 年 12 月竣工,总投资 1.72 亿元。整治 158.8 千米航道和重点滩险 65 处,其中上段岔角—狗狮子 80.9 千米,按六级标准整治重点滩险 38 处;下段狗狮子—合江 77.9 千米,按五级标准整治重点滩险 27 处。

12 月

大连港大窑湾港区二期工程开建,2006 年 9 月试运行,2016 年 7 月竣工,总投资 37.53 亿元。主要建设 2 个 7 吨级集装箱码头泊位(码头水工结构 15 吨级)、1 个 10 吨级集装箱码头泊位(码头水工结构 20 吨级),设计年通过能力 160 万吨。

2003 年

1 月

长江中游碾子湾水道航道整治工程开建,2008 年 6 月竣工,总投资 4338 万元。按一级航道标准整治航道 371 千米。

汉江河口段航道整治工程开建,2005 年 4 月试运行,2011 年 1 月竣工,总投资 9474.37 万元。按三级航道标准建设航道 33 千米。

2 月

天津港南疆港区 11 号铁矿石码头工程开建,2004 年 3 月竣工,总投资 2.35 亿元。主要建设 1 个 20 万吨级通用散货泊位(码头水工结构 25 万吨级)、工程包括矿石卸船、煤炭装船两条线,设计年通过能力 1400 万吨级,其中,年接卸矿石 1000 万吨,年出口煤炭 400 万吨。

3 月

广州港石油化工码头工程开建,2004 年 5 月试运行,2004 年 8 月竣工,总投资 1.7 亿元。项目主要建设 1 个 8 万吨级化学品码头泊位(码头水工结构 10 万吨级),设计年通过能力 490 万吨。

4 月

营口港鲅鱼圈港区 20 万吨级矿石码头工程开建,2004 年 11 月水工主体完工并投入试运行,于 2010 年 1 月竣工,总投资 13.09 亿元。项目主要建设 1 个 20 万吨级矿石泊位,设计年通过能力 1500 万吨。

广州港南沙港区一期工程动工,2004 年 9 月试运行,2005 年 11 月竣工,总投资 25.70 亿元。项目主要建设 4 个 5 万吨级多用途泊位(码头水工结构 10 万吨级),设计年通过能力 160 万吨。

6 月

16 日,与拦河大坝一起建成的三峡船闸开始试通航,于 2004 年 7 月 8 日通过通航验收,由试通航转为正式通航。三峡船闸是目前世界上规模最大、水头最高、双线梯级数最多和技术难度很大的内河梯级船闸。五级船闸每级闸室长 280 米、宽 34 米、槛上最小水深 5 米,年单向设计通过能力 5000 万吨。

上海港外高桥港区五期工程开建,2004 年 12 月试运行,2005 年 12 月竣工,总投资 22.82 亿元。项目主要建设 4 个 5 万吨级海轮泊位,设计靠泊能力 5 万吨(码头水工结构 10 万吨级);建设 2 个 3000 吨级长江驳泊位。作为多用途码头,设计年通过能力 830 万吨,其中集装箱 70 万 TEU;作为全集装箱码头,设计年通过能力 220 万 TEU。

连云港港庙岭三期顺岸泊位工程开建,2004 年 12 月试运行,并于同月竣工,总投资 11.46 亿元。项目主要建设 2 个 7 万吨级集装箱码头泊位(码头水工结构 10 万吨级),设计年通过能力 85 万 TEU。

7 月

南通港狼山港区 402 号、403 号、404 号泊位工程与长江港池 807 号、808 号、809 号泊位工程开建,2006 年 8 月试运行,于 2007 年 5 月竣工,总投资 9.12 亿元。项目主要建设 1 个 5 万吨级通用泊位、1 个 7 万吨级散货泊位(码头水工结构 10 万吨级)、1 个 5000 吨级长江疏运泊位,长江港池内 2 个 3000 吨级疏运泊位、1 个 3000 吨级待泊泊位,设计年通过能力 1500 万吨。

福州港闽江口门港区福州台泥洋屿码头工程开建,2005 年 2 月试运行,2005 年 12 月竣工,总投资 7414.45 万元。项目主要建设 1 个 2 万吨级水泥专用码头,码头设计靠泊能力 2 万吨级(码头水工结构 2.5 万吨级),设计年通过能力 95 万吨。

9 月

宁波港大榭招商国际集装箱码头项目开建,2005 年 6 月一阶段 2 号、3 号、4 号泊位试运行,2010 年 1 月二阶段 1 号泊位试运行,2017 年 7 月竣工,总投资 34.55 亿元。项目主要建设 3 个 10 万吨级、1 个 7 万吨级集装箱专用泊位(2014 年 2 号、3 号泊位升级为 15 万吨级,减载靠泊能力 20 万吨),设计年通过能力 240 万吨。

日照港东港区三期工程(第一阶段)变更矿石码头工程开建,2005 年 10 月试运行,2007 年 4 月竣工,总投资 13.08 亿元。项目主要建设 1 个 20 万吨级深水矿石专用泊位、1 个 30 万吨级深水矿石专用泊位,设计年通过能力 1600 万吨。

苏州港太仓港区二期工程开建,2008 年 1 月试运行,于 2008 年 8 月竣工,总投资 22.27 亿元。项目主要建设 2 个 5 万吨级、2 个 2 万吨级集装箱泊位(码头水工结构 7 万吨级),设计年通过能力 180 万吨。

大连港大孤山西港区石化 8 号、9 号泊位工程开建,2015 年 7 月试运行,2016 年 1 月竣工,总投资 2.13 亿元。项目主要建设 2 个 5 万吨级油品码头泊位(码头水工结构 10 万吨级),设计年通过能力 486 万吨。

厦门港东渡港区厦门国际邮轮中心(厦金客运码头)工程开建,2007 年 6 月试运行,2009 年 6 月竣工,总投资 1.77 亿元。项目主要建设 1 个 14 万总吨大型邮轮且兼顾 3 万吨级集装箱船的码头及配套设施,设计年通过能力近期为旅客 31 万人次、集装箱 5 万 TEU。

杭甬运河杭州段改造工程开建,2009 年 1 月试运行,2017 年 12 月竣工,总投资 19.15 亿元。按四级航道标准建设航道 55.787 千米。

10 月

南昌港国际集装箱码头开建,2005 年 5 月竣工,总投资 1.58 亿元。该码头有 1000 吨级泊位 2 个,设计年吞吐量 5 万 TEU。

日照港西港区集装箱码头一期工程(西 6 号~8 号泊位)开建,2006 年 2 月试运行,2007 年 4 月竣工,总投资 10.50 亿元。项目主要建设 2 个 3 万吨级集装箱码头泊位(码头水工结构 10 万吨级)、1 个 5 万吨级集装箱码头泊位(码头水工结构 10 万吨级),设计年通过能力分别为 600 万吨和 60 万 TEU。

11 月

益阳港千吨级码头工程开建,2005 年 12 月竣工,总投资 3070 万元。项目主要建设 1 个 1000 吨级散货码头泊位,设计年通过能力 34.8 万吨。

广西大化船闸工程开建,2006 年 12 月试通航,同月竣工,总投资 1.99 亿元。船闸通航标准四级,为单级单线船闸,设计年货运量 180 万吨(其中上行 40 万吨、下行 140 万吨),船闸按过坝最大船舶近期 250 吨级、远期(扩建后)500 吨级设计。

12 月

苏州港张家港港区沙钢集团哈德码头改造工程开建,2004 年 12 月竣工,总投资 9030 万元。项目主要建设 1 个 10 万吨级散货码头(码头水工结构 15 万吨级),设计年通过能力 200 万吨。

唐山港曹妃甸港区矿石码头一期工程开建,2005 年 2 月试投产,总投资 27.63 亿元。项目主要建设 2 个 25 万吨级矿石码头接卸泊位,设计年通过能力 3000 万吨。

肇庆新港项目开建,2007 年 12 月试运行,2014 年 1 月竣工,总投资 1.24 亿元。项目主要建设 2 个 5000 吨级江海轮泊位(码头水工结构 5000 万吨级),设计年通过能力为 75 万吨和 1 万 TEU。

重庆寸滩作业区工程一期工程开建,2006 年 1 月试运行,2009 年 8 月竣工,总投资 8.65 亿元。项目建设 2 个 3000 吨级集装箱泊位(码头水工结构 5000 吨级)和 1 个 3000 吨级滚装泊位(码头水工结构 5000 吨级),设计年通过能力集装箱为 40 万 TEU、滚装车辆为 15 万辆。该项目在大水位差条件下创新采用直立式桩柱梁板码头结构。

2004 年

1 月

铜陵港大通港区上峰水泥股份有限公司专用码头工程开建,2006 年 10 月试运行,2007 年 9 月竣工,总投资 7512 万元。项目主要建设 1 个 3000 吨级熟料出口泊位、1 个 2000 吨级煤炭进口泊位,设计年通过能力 700 万吨。

防城港港渔澫港区 20 万吨级码头及配套航道工程开建,2007 年 1 月试运行,2012 年 8 月竣工,总投资 10.26 亿元。项目主要建设 1 个 20 万吨级散货泊位,设计年通过能力 1000 万吨。

湖州船闸扩建工程开建,2006 年 4 月试通航,2007 年 4 月竣工,总投资 9000 万元。船闸通航标准四级,为单级单线船闸,设计年通过能力 5000 万吨。

厦门港招银港区 1 号、2 号泊位(原漳州港招银港区二期工程)开建,2007 年 8 月试运行,2012 年 11 月竣工,总投资 1.67 亿元。项目主要建设 2 个 5 万吨级多用途码头泊位(码头水工结构 10 万吨级),设计年通过能力 250 万吨(其中集装箱 25 万 TEU、件杂货 50 万吨)。

2 月

京杭运河徐扬段续建二期工程——淮安船闸至淮阴船闸段整治工程开建,2009 年 11 月试运行,2010 年 1 月竣工,总投资 3.22 亿元。按二级航道标准建设航道 22.22 千米。

长江下游东流水道航道整治工程开建,2008 年 3 月试运行,2010 年 3 月竣工,总投资 1.86 亿元。项目共整治滩险 1 处,按一级航道标准建设航道。

3 月

20 日,营口港鲅鱼圈港区四期工程开建,2008 年 9 月试运行,2010 年 12 月竣工,总投资 46.92 亿元。项目主要建设 5 万吨级(码头水工结构 7 万吨级)泊位 10 个,其中集装箱泊位 5 个,设计年通过能力 150 万 TEU;钢杂泊位 5 个,设计年通过能力 780 万吨。

安庆港中心港区曙光化工(集团)有限公司危险品装卸作业码头改建工程开建,2004年 11 月试运行,2005 年 5 月竣工。主要在原有码头基础上,增加 40 米趸船、3 节钢质栈桥和 2 只钢质浮筒,设计靠泊能力 1000 吨。改建后,码头包含 1 个 2000 吨级化学品泊位,设计年通过能力 40 万吨。

洋浦港神头港区金海浆纸业有限公司专用码头(一、二期)项目开建,2006 年 3 月一期完工,2007 年 4 月一期试运行,2007 年 12 月二期完工,2008 年 4 月交工验收运营,总投资 7.03 亿元。项目主要建设 8 个泊位,其中一期工程建 1 个 2 万吨级散货泊位、1 个 2 万吨级通用泊位、3 个 5000 吨级通用泊位和 1 个工作船泊位;二期工程建 1 个 5 万吨级木片专用泊位、1 个 3.5 万吨级散货泊位;设计年通过能力一期工程 520 万吨、二期工程 214.9万吨。

嘉兴乍浦港区三期通用、滚装工程开建,2005 年 10 月投入试运行,2008 年 12 月竣工,总投资 1.67 亿元。项目主要建设 1 个 1.5 万吨级通用泊位和 1 个 3000 吨级滚装船泊位(码头水工结构均为 1.5 万吨级),设计年通过能力 60 万吨。

4 月

上海港洋山深水港区二期工程开建,2006 年 12 月试运行,2007 年 9 月竣工,总投资57.01 亿元。项目主要建设 4 个 7 万吨级集装箱泊位(码头水工结构 15 万吨级)和相应配套设施,设计年通过能力 210 万 TEU。该工程配置了 12 台集装箱岸桥,其中 10 台为双起升双 40 英尺集装箱岸桥,为国际上首个规模化使用双起升双 40 英尺集装箱岸桥的码头。

常州港圩塘港区国电发电有限公司一期煤码头工程开建,2006 年 5 月试运行,2010年 9 月竣工,总投资 2.22 亿元。项目主要建设 1 个 3.5 万吨级煤炭码头泊位(码头水工结构 5 万吨级),设计年通过能力 540 万吨。

深圳港大鹏港区液化天然气有限公司 LNG 码头项目开建,2006 年 6 月试运行,2010年 9 月竣工,总投资 2.27 亿元。项目主要建设 1 个 10 万吨级液化气码头泊位(码头水工结构 15 万吨级),设计年通过能力 600 万吨。

5 月

烟台港莱州港区扩建工程开建,2006 年 2 月试运行,2009 年 6 月竣工,总投资 2475万元。项目主要建设 1 个 3000 吨级散杂货泊位和 1 个 3000 吨级滚装泊位(码头水工结构均为 1.5 万吨级),设计年通过能力 60 万吨。

苏州港张家港港区保税区集装箱码头工程开建,2006 年 12 月试运行,2007 年 5 月竣工,总投资 5.75 亿元。项目主要建设 1 个 3 万吨级集装箱泊位和 1 个万吨级多用途泊位

(码头水工结构 5 万吨级),设计年通过能力 40 万吨。

佳木斯港同江港区哈鱼岛滚装码头建设工程开建,2005 年 7 月试运行,2008 年 1 月竣工,总投资 1430.45 万元。项目主要建设 1 个客货滚装泊位,设计年通过能力 20 万吨。

6 月

洋浦港神头港区海南炼油项目码头工程开建,2006 年 5 月试运行,2008 年 6 月竣工,总投资 9.84 亿元。项目主要建设 5 个油品泊位,其中 1 个 30 万吨级原油泊位、1 个 10 万吨级成品油泊位、3 个 5000 吨级成品油化工泊位,设计年通过能力 2530 万吨,其中原油1750 万吨、成品油 780 万吨。

8 月

大连港大窑湾港区汽车码头工程开建,2006 年 12 月试运行,2018 年 1 月竣工,总投资 6.03 亿元。项目主要建设 1 个 5 万吨级汽车滚装泊位、2 个 1 万吨级汽车滚装泊位(码头水工结构均为 5 万吨级),设计年通过能力 78.06 万辆。

9 月

安庆港五里庙港区三期工程开建,2005 年 6 月试运行,2006 年 1 月竣工,总投资 1.36亿元。项目主要建设 1 个 5000 吨级集装箱专用江海轮码头及配套设施,设计年通过能力5 万 TEU。

松花江大顶子山航电枢纽船闸项目开建,2007 年 5 月试通航,2008 年 12 月完工,2019 年 11 月竣工,总投资 39.89 亿元。船闸通航标准三级,为单线船闸,设计船舶吨级为1000 吨。

10 月

宁波港北仑五期集装箱码头工程开建,2009 年 5 月试运行,2013 年 6 月竣工,总投资60.31 亿元。项目主要建设 5 个 15 万吨级集装箱码头泊位,设计年通过能力 250 万 TEU。

秦皇岛港东港区秦皇岛港煤码头五期工程开建,2006 年 4 月试投产,2006 年 11 月竣工,总投资 42.52 亿元。项目主要建设 2 个 7 万吨级泊位、1 个 10 万吨级泊位、3 个 15 万吨级泊位(码头水工结构 15 万吨级),设计年通过能力 5190 万吨,2007 年 3 月通过国家竣工验收并交付使用。该码头时为我国规模最大、工艺最先进的煤炭装船码头。

12 月

京杭运河徐扬段续建二期工程——壁虎河口段整治工程开建,2006 年 1 月试运行,2009 年 4 月竣工,总投资 6607.14 万元。按二级航道标准建设航道 3.13 千米。

京杭运河常州市区段改线工程开建,2008 年 1 月试运行,2009 年 6 月竣工,总投资29.78 亿元。按四级航道标准整治航道 25.76 千米,永久性水工建筑物按三级航道标准建设。

长沙港霞凝港区二期工程开建,2006 年 8 月试运行,2010 年 12 月竣工,总投资 2.16

亿元。项目主要建设 3 个 1000 吨级集装箱泊位和 1 个 1000 吨级杂货泊位(码头水工结构 2000 吨级),设计年通过能力 98 万吨和 21.3 万 TEU。

嘉陵江草街航电枢纽开建,2010 年竣工,总投资约为 50 亿元。该工程为水利大(1)型工程,等级为一等,是一座具有航运、发电、拦沙减淤等效益的航电枢纽工程,为 2005 年西部十大工程之一。该工程的建成使得本枢纽以上嘉陵江干流 70 千米航道的通航船舶提高到 1000 吨级,并使支流渠江和涪江 110 千米航道的通航船舶由 50 吨级提高到 300 吨级和 500 吨级。

2005 年

1 月

上海港黄浦江港区国际客运中心工程开建,2007 年 12 月试运行,2008 年 8 月竣工,总投资 57 亿元。项目主要建设可停靠 3 艘大型邮轮的码头、客运设施及综合楼、国际港务大楼和商业配套设施楼。设计船舶满载排水量为 7.7 万吨,码头旅客集散能力每年 100 万人次。

海口港马村港区华能电厂 3.5 万吨级煤码头项目开建,2007 年 11 月 5 日竣工,总投资 2.2 亿元。项目主要建设 1 个 3.5 万吨级煤炭码头。

2 月

广州港南沙港区二期工程开建,2007 年 9 月试运行,2008 年 11 月竣工,总投资 44.97 亿元。项目主要建设 6 个 10 万吨级集装箱码头泊位(码头水工结构 10 万吨级),设计年通过能力 360 万 TEU。

3 月

长江干线泸州纳溪至重庆娄溪沟航道建设工程开建,2008 年 11 月试运行,2009 年 4 月竣工,总投资 2.34 亿元。按三级航道标准整治泸州纳溪(上游航道里程 944.0 千米)至重庆娄溪沟(上游航道里程 674.2 千米)航道 269.8 千米。

深圳港盐田港区扩建工程开建,2006 年 10 月试运行,2013 年 4 月竣工,总投资 110.83 亿元。项目主要建设 5 个 7 ~ 10 万吨级集装箱码头泊位(码头水工结构 10 万吨级),设计年通过能力 370 万 TEU。

大连港大窑湾港区三期工程开建,2008 年 7 月试运行,2012 年 5 月竣工,总投资 47.90 亿元。项目主要建设 3 个 10 万吨级集装箱码头泊位(码头水工结构 15 吨级)、2 个 7 万吨级集装箱码头泊位(码头水工结构 10 万吨级),设计年通过能力 300 万 TEU。

镇江港大港港区三期工程开建,2008 年 5 月试运行,2009 年 4 月竣工,总投资 13.44 亿元。项目主要建设 1 个 5 万吨级集装箱码头泊位、1 个 3 万吨级多用途泊位(码头水工结构 5 万吨级)、1 个 7 万吨级散货卸船专用泊位和 2 个 5000 吨级江船装船泊位(码头水工结构 7 万吨级）。2017 年将原 12 号泊位及紧邻的 13 号泊位 84 米结构改造为 15 万吨级散货船减载泊位，设计年通过能力 1390 万吨，其中矿石 1000 万吨，集装箱 40 万 TEU，钢铁、木材 70 万吨。

福州港江阴港区国电发电有限公司 10 万吨级煤码头工程开建，2007 年 3 月试运行，2013 年 7 月竣工，总投资 6.38 亿元。项目主要建设 1 个 10 万吨级卸煤专用码头，设计年通过能力 682 万吨。

蚌埠港中心港区新港作业区码头一期工程开建，2006 年 8 月试运行，2012 年 3 月竣工，总投资 6212.42 万元。项目主要建设中低水位 500 吨级和 1000 吨级件杂货泊位各 1 个及 1000 吨级散泊位 1 个，设计年通过能力 110 万吨，其中件杂货 70 万吨、散货 40 万吨。

广州港南沙沙仔岛多用途码头工程开建，2006 年 6 月试运行，2008 年 12 月竣工，总投资 2.13 亿元，主要建设 3 个 3 万吨级泊位及相应的配套设施，其中 2 个汽车滚装专用泊位、1 个件杂货泊位（码头水工结构 5 万吨级），设计年通过能力 91.5 万吨。

4 月

南京港西坝港区西坝作业区起步工程开建，2008 年 12 月试运行，2012 年 9 月竣工，总投资 7517 万元。项目主要建设 3 个 3 万吨级化学品码头泊位（码头水工结构 4 万吨级），设计年通过能力 141 万吨。

汕尾港汕尾新港区（红海湾）电厂一期港口工程建设码头工程开建，2012 年 6 月完工，2012 年 11 月竣工，总投资 7.84 亿元。项目主要建设 1 个 7 万吨级煤码头泊位（码头水工结构 15 万吨级）、1 个 3000 吨级重件兼工作船码头泊位、1 个 1000 吨级油码头泊位，设计年通过能力 638 万吨。

5 月

宿迁港中心港区中联水泥专用码头项目开建，2005 年 12 月试运行，2006 年 12 月竣工，总投资 2000 万元。项目主要建设 1 个 1000 吨级水泥熟料码头泊位、2 个 500 吨级水泥熟料码头泊位（码头水工结构 2000 吨级），设计年通过能力 100 万吨。

6 月

上海港罗泾港区二期工程开建，2007 年 8 月试运行，2008 年 7 月竣工，总投资 39.15 亿元。项目主要建设泊位 33 个，其中 9 个万吨级以上海轮泊位，包括 1 个 7 万吨级煤炭卸船泊位、2 个 20 万吨级矿石卸船泊位、6 个 3 万~5 万吨级钢杂通用泊位，配套水水中转小船泊位 24 个，其中矿石泊位 9 个、钢杂泊位 11 个、煤炭泊位 4 个，设计年通过能力 4380 万吨。

天津港北疆港区集装箱码头 1 号至 4 号泊位工程开建，2007 年 1 月试投产，2008 年 6 月竣工，总投资 26.46 亿元。项目主要建设 4 个 2 万~5 万吨级泊位，可兼顾停靠 3 艘 7 万~10 万吨集装箱船，设计年通过能力 170 万 TEU。

珠海港高栏港区集装箱码头工程开建,2009年6月试运行,2015年8月竣工,总投资18.70亿元。项目主要建设2个5万吨级集装箱船码头泊位(码头水工结构7万吨级),设计年通过能力80万TEU。

八所港新港区化工危险品码头工程开建,2006年12月试运行,2007年12月竣工,总投资2.44亿元。项目主要建设液体化工1万吨级和5000吨级泊位各1个。

北海港进港航道港区北海港石步岭港区5万吨级进港航道工程开建,总投资1.83亿元,于2008年6月竣工。

8月

22日,钦州港金谷港区国投钦州燃煤电厂卸煤专用码头(鹰岭作业区14号泊位)项目开建,2007年7月25日试运行,2012年10月竣工,总投资2.79亿元。项目主要建设1个7万吨级泊位,设计年通过能力820万吨。

9月

深圳港大铲湾港区集装箱码头一期工程开建,2007年12月试运行,2009年11月竣工,总投资95.73亿元。项目主要建设3个10万吨级集装箱泊位、2个7万吨级集装箱泊位(码头水工结构均为15万吨级),设计年通过能力250万TEU。

广西那吉航运枢纽船闸工程开建,2007年10月试通航,2009年12月竣工。船闸通航标准三级,为单线船闸,设计年通过能力500万吨。项目总投资约12.5亿元,其中利用世界银行贷款4500万美元。

10月

唐山港曹妃甸港区煤炭码头工程开建,2010年8月试投产,2012年11月竣工,总投资50.80亿元。项目主要建设2个10万吨级、2个7万吨级和1个5万吨级煤炭码头泊位(码头水工结构均为10万吨级),设计年通过能力5000万吨。

湘潭港九华港区一期工程开建,2006年12月试运行,同月竣工,总投资6981.32万元。项目主要建设3个1000吨级码头泊位,其中散货泊位1个、重件泊位2个。

11月

南京港龙潭港区二期通用泊位工程开建,2007年11月试运行,2009年10月竣工,总投资5.64亿元。项目主要建设1个4万吨级、1个3万吨级、1个5000吨级杂货码头泊位(码头水工结构7万吨级),设计年通过能力210万吨。

广州内河港植之元油脂实业有限公司配套码头项目开建,2006年9月试运行,2017年1月竣工,总投资1.87亿元。项目主要建设2个3000吨级通用散货码头泊位、2个1000吨级通用散货码头泊位(码头水工结构3000吨级),设计年通过能力263万吨。

湖北省汉江崔家营航电枢纽船闸项目开建,2009年3月试通航,2011年1月竣工,概算总投资20.61亿元,实际完成投资19.87亿元,其中使用世界银行贷款1亿美元。船闸通航标准三级,为单级单线船闸,设计年单向通过能力768万吨。

12月

天津港北疆港区34号码头改造项目开建,2005年12月竣工,总投资1975万元。项目主要将原34号泊位改造为3万吨级集装箱泊位(调剂相邻泊位102米),设计年通过能力100万TEU。

洋浦港三期工程开建,2008年4月竣工,2008年5月14日投产,总投资3.84亿元。项目主要建设3个2万吨级通用散货泊位(码头水工结构均为5万吨级),设计年通过能力410万吨。

上海赵家沟航道整治工程开建,2016年底竣工,总投资29.16亿元。工程按三级航道标准整治航道9.28千米,全段航道共设置航标89座。

2006年

1月

南通港如皋港区通用码头项目1号、2号泊位工程开建,2008年8月试运行,2011年3月竣工,总投资6.74亿元。项目主要建设2个5万吨级通用散货码头和杂货码头泊位(码头水工结构10万吨级),设计年通过能力390万吨。

2月

大连港长兴岛公共港区1号~3号通用泊位工程(大连港长兴岛港区长兴岛南岸作业区201号~203号通用泊位工程)开建,2007年11月试运行,2016年12月竣工,为长兴岛第一个大型码头建设项目,总投资15.05亿元。项目主要建设1个5万吨级和2个7万吨级通用泊位,设计年通过能力358万吨。

连云港港庙岭三期突堤工程开建,2009年9月试运行,同月竣工,总投资36.77亿元。项目主要建设5个集装箱码头泊位,其中1个2万吨级、3个7万吨级和1个10万吨级(码头水工结构均为10万吨级),设计年通过能力200万TEU。

3月

青岛港前湾港区四期工程开建,2008年6月试运行,2009年11月竣工,总投资40.51亿元。项目主要建设1个10万吨级、2个7万吨级和1个3万吨级集装箱专用泊位(码头水工结构均为15万吨级),设计年通过能力240万TEU。该工程是当时国内一次性开建岸线最长、水深最大、配套设施最先进的集装箱专用码头。

日照港岚山港区日照—仪征原油管道及配套工程日照港岚山港区原油码头工程(油6号泊位)开建,2012年2月竣工,总投资8.07亿元。项目主要建设1个30万吨级原油码头。

天津港北港池集装箱码头三期工程开建,2007年10月试运行,2008年6月竣工,总投资 56.00 亿元。项目主要建设 6 个 10 万吨级集装箱专用泊位(码头水工结构 15 万吨级),设计年通过能力 400 万 TEU。

西江航运干线贵港至梧州 2000 吨级航道工程开建,2009 年 12 月试运行,2010 年 1 月竣工,项目总概算 5.62 亿元,至 2013 年 12 月 26 日实际总投资 4.51 亿元。按内河二级双线航道标准建设航道 290.5 千米。

4 月

莆田港斗尾港区青兰山 30 万吨级码头项目开建,2010 年 12 月试运行,2011 年 12 月竣工,总投资 4.43 亿元。项目主要建设 1 个 30 万吨级原油码头泊位、2 个 5000 吨级成品油码头泊位(码头水工结构 2 万吨级)和 3 个 3000 吨级成品油码头泊位(码头水工结构 5000 吨级),设计年通过能力 1200 万吨。

泉州港围头湾港区 2 号泊位工程开建,2016 年 4 月试运行,同月竣工,总投资 4.25 亿元。项目主要建设 1 个 5 万吨级多用途码头泊位(码头水工结构 10 万吨级),设计年通过能力 146 万吨。

上海港洋山深水港区三期工程开建,2008 年 12 月试运行,2009 年 9 月竣工,总投资 159.43 亿元。项目主要建设 7 个 7～15 万吨级集装箱泊位(码头水工结构均为 15 万吨级),设计年通过能力 500 万 TEU。洋山三期是洋山深水港区天然水深最深、规划船型最大的集装箱作业区。

烟台港芝罘湾港区烟台港客滚中心 1 号、2 号、3 号泊位改造工程开建,2006 年 9 月试运行,2013 年 11 月竣工,总投资 1663.10 万元。项目主要将现有 3 个货运泊位改造为 2 个 1 万吨级客滚泊位,兼顾 1 万吨级以下客滚运输船舶,设计年通过能力分别为汽车车 20.4 万辆次、旅客 165 万人次。

连云港港旗台港区通用散货泊位工程开建,2009 年 9 月试运行,同月竣工,总投资 12.27 亿元。项目主要建设 1 个 10 万吨级通用散货码头泊位(码头水工结构 30 万吨级),设计年通过能力 730 万吨。

连云港港旗台港区 25 万吨级矿石码头工程开建,2009 年 9 月试运行,同月竣工,总投资 17.02 亿元。项目主要建设 1 个 25 万吨级通用散货码头泊位(码头水工结构 30 万吨级),设计年通过能力 1500 万吨。

5 月

厦门港海沧港区 14 号～17 号泊位集装箱码头项目开建,2011 年 11 月试运行,2016 年 12 月竣工,总投资 43.95 亿元。项目主要建设 4 个 10 万吨级集装箱码头泊位(码头水工结构 15 万吨级),设计年通过能力 260 万 TEU。该项目拖车碰撞集装箱正面吊吊具保护装置取得专利。

6月

烟台港龙口港区10万吨级通用泊位工程（南山屺姆岛港4号泊位）开建，2013年7月试运行，同月竣工，总投资1.20亿元。项目主要建设1个10万吨级通用泊位（码头水工结构15万吨级），设计年通过能力690万吨。

杭州港崇贤作业区项目开建，2009年6月试运行，2010年1月竣工，总投资2.76亿元。项目主要建设24个500吨级码头泊位（码头水工结构1000吨级），设计年通过能力581万吨。

7月

京杭运河徐扬段续建二期工程——高邮至邵伯船闸段整治工程开建，2009年10月试运行，2009年12月竣工，总投资6.28亿元。按二级航道标准建设航道31.63千米。

京杭运河徐扬段续建二期工程——槐泗河口至施桥船闸段整治工程开建，2009年11月试运行，总投资5577.04万元。按二级航道标准建设航道13.08千米。

8月

台州港大麦屿港区多用途码头一期工程开建，2008年8月试运行，2010年1月竣工，总投资7.70亿元。项目主要建设1个3万吨级多用途码头泊位（码头水工结构7万吨级）和1个5万吨级多用途码头泊位（码头水工结构7万吨级），设计年通过能力235万吨和10万TEU。

天津港南疆港区实华原油码头有限公司项目开建，2008年8月试投产，同月竣工，总投资11.43亿元。项目主要建设1个30万吨级原油码头，设计年通过能力2000万吨。

海口港秀英港区二期深水泊位起步工程开建，2008年12月试运行，2010年8月竣工，总投资8.83亿元。项目主要建设2个3万吨级集装箱泊位（码头水工结构5万吨级）及相应港口配套设施，其中西侧泊位兼靠国际邮轮，设计年通过能力45万TEU、国际旅客10万人次。

天津港实华原油码头有限公司项目开建，2008年8月试投产，同月竣工，总投资11.43亿元。项目主要建设1个30万吨级原油码头，设计年通过能力2000万吨。

9月

30日，长江口深水航道治理三期工程开建，2010年3月14日交工验收，2011年5月18日竣工，总投资67.81亿元。三期工程共新建整治建筑物27.681千米，其中导堤（即南坝田挡沙堤、长兴潜堤）23.06千米，丁坝4.621千米，开挖12.5米水深航槽92.2千米，完成基建疏浚工程量共21849万立方米。该工程获得2012—2013年度国家优质工程奖。长江口深水航道治理三期工程完成后，12.5米水深航道的治理目标得以实现，可满足第三、第四代5万吨级集装箱船（实载吃水11.5米）全潮双向通航，第五、第六代集装箱船和10万吨级散货船及油轮乘潮进出长江口的需要。

营口港仙人岛港区30万吨级原油码头工程开建,2008年12月试运行,2010年12月竣工,总投资18.12亿元。项目主要建设1个30万吨级原油泊位(码头水工结构8万吨级),设计年通过能力1800万吨。

嘉兴港独山港区粮食中转库及码头工程开建,2008年2月试运行,2012年9月竣工,总投资3.66亿元。项目主要建设1个3.5万吨级散杂货泊位(码头水工结构5万吨级),设计年通过能力147万吨。

佳木斯港同江港区改扩建(一期)工程开建,2010年10月试运行,2017年8月竣工,总投资1.16亿元。项目主要建设泊位3个,其中3000吨级木材泊位2个、1000吨级木材泊位1个,并对原有4个泊位进行改建维修。工程设计吞吐量为110万吨,新增设计吞吐量为84万吨,设计年通过能力163万吨。

10月

长江中游马家咀水道航道整治一期工程开建,2008年5月试运行,2010年4月竣工,总投资8246万元。按二级航道标准整治长江中游航道456千米。

11月

南通港吕四港区大唐发电公司专用煤码头工程开建,主要建设2个3.5万吨级煤炭码头,总投资6.87亿元,于2013年5月竣工。

安庆港马窝港区一期工程开建,2007年6月试运行,2008年12月竣工,总投资1.99亿元。项目主要建设2个5000吨级分节驳船通用散货泊位,设计年通过能力415万吨,其中煤炭进口泊位205万吨、散货出口泊位210万吨。

唐山港曹妃甸港区进口原油码头及配套工程开建,2008年8月试投产,2011年6月竣工,总投资6.50亿元。项目主要建设1个30万吨级原油泊位(码头水工结构45万吨级)及相应配套设施,设计年通过能力2000万吨。

12月

京唐港3000万吨煤炭泊位(32号~34号)工程开建,2008年5月试投产,2010年4月竣工,总投资29.19亿元。项目主要建设10万吨级、5万吨级和3.5万吨级煤炭装船泊位各1个(码头水工结构均为10万吨级),设计年通过能力3000万吨。

无锡港宜兴港区多用途码头一期工程开建,2007年7月试运行,2008年9月竣工,总投资7650万元。项目主要建设2个500吨级多用途码头泊位,设计年通过能力件杂货23万吨、集装箱2.9万TEU。

洞庭湖区益阳至芦林潭航运建设工程开建,2010年12月试运行,同月竣工,总投资2.90亿元。项目主要建设航道里程主线益阳至芦林潭及濠河口90千米,按三级航道标准建设;支线桃江至益阳26千米,按四级航道标准建设。

2007 年

1 月

芜湖港朱家桥港区奇瑞汽车股份有限公司汽车滚转码头一期工程开建,2008 年 7 月试运行,2008 年 12 月竣工,总投资 5000 万元。项目主要建设 1 个 5000 吨级商品汽车滚装码头专用泊位,设计年通过能力商品汽车 10 万辆。

扬州港仪征港区液体化工码头一期工程开建,2008 年 6 月试运行,2011 年 4 月竣工,总投资 3.90 亿元。项目主要建设 1 个 4 万吨级液体化工码头泊位及 1 个 5000 吨级化工码头泊位,设计年通过能力 325 万吨。

广州洪奇沥等四条水道航道整治工程开建,2015 年 5 月试运行,总投资 1.56 亿元。按照三级航道标准整治航道 41 千米。

2 月

长江下游太子矶水道中段航道炸礁工程开建,2008 年 4 月试运行,2009 年 12 月竣工,总投资 3645 万元。按一级航道标准整治航道 21 千米。

常德港德山港区中国石油湖南销售分公司油库码头工程开建,2007 年 5 月试运行,同月竣工,总投资 726.66 万元。项目主要建设 1 个 1000 吨级石油泊位,设计靠泊能力 1000 吨,设计年通过能力 13.54 万吨。

杭州港桐庐港区综合码头一期工程开建,2011 年 9 月试运行,2020 年 7 月竣工,总投资 5341 万元。项目主要建设 8 个 500 吨级散货码头泊位,设计年通过能力 210 万吨。

天津港北港池集装箱码头 5 号～7 号泊位工程开建,2009 年 6 月竣工,总投资 35.98 亿元。项目主要建设 3 个 10 万吨级码头泊位(码头水工结构 20 万吨级),设计年通过能力 170 万 TEU。

3 月

长江干线宜宾合江门至泸州纳溪航道建设一期工程开建,2009 年 4 月试运行,2011 年 7 月竣工,总投资 1.27 亿元。按三级航道标准建设宜宾合江门(上游航道里程 1044 千米)至泸州纳溪(上游航道里程 944 千米)航道 100 千米。

常州内河港市区港区京杭运河东、西港区工程开建,2009 年 8 月试运行,2011 年 12 月竣工,总投资 4.94 亿元。项目分为东港和西港,东港建设 1 个 1000 吨级通用散货泊位、10 个 500 吨级通用散货泊位、3 个 1000 吨级多用途泊位、5 个 500 吨级件杂货泊位,西港建设 4 个 1000 吨级通用散货泊位、4 个 500 吨级多用途泊位、4 个 500 吨级件杂货泊位。设计年通过能力 1070 万吨。

营口港仙人岛港区 30 万吨级航道工程开建,2009 年 5 月完工,2009 年 9 月试通航,2017 年 8 月完成竣工验收,总投资 22.39 亿元。项目主要建设一条按 30 万吨级油船乘潮单向通航标准设计限制最大吃水为 21.8 米的航道,全长 27.85 千米,设计有效宽度350 米。

4 月

安徽获港港口物流有限公司庆大码头开建,2008 年 10 月试运行,2010 年 3 月竣工,总投资 2230 万元。项目主要建设 2 个 5000 吨级通用散货码头泊位,设计年通过能力 563万吨。

5 月

北海港铁山港区 1 号 ~ 4 号泊位工程开建,总投资 31.35 亿元。项目主要建设 4 个10 万级泊位(码头水工结构 15 万吨级),设计年通过能力 1200 万吨,1 号和 2 号泊位于2012 年 6 月竣工验收,3 号和 4 号泊位于 2019 年 6 月竣工验收。

广西钦州 1000 万吨/年炼油项目 10 万吨级码头工程(鹰岭作业区 8 号 ~ 11 号泊位)开建,2009 年 12 月试运行,2015 年 6 月竣工,总投资 5.65 亿元。项目主要建设 2 个10 万吨级原油卸船泊位、1 个 3000 吨级成品油泊位、1 个 5000 吨级成品油泊位与 240 米的引桥,设计年通过能力 1924 万吨。

福州港罗源湾港区可门作业区 10 号、11 号泊位工程开建,2008 年 10 月试运行,2012年 4 月竣工,总投资 11.89 亿元。项目主要建设 1 个 20 万吨级散货码头和 1 个 5 万吨级散货码头。

岳阳港城陵矶港区(松阳湖)一期工程开建,2008 年 12 月试运行,2009 年 6 月竣工,总投资 6.83 亿元。项目主要建设 3 个 3000 吨级多用途码头泊位(码头水工结构 5000 吨级),设计年通过能力 32 万 TEU。

6 月

京杭运河徐扬段续建二期工程——大王庙至皂河船闸段整治工程开建,2012 年 10月试运行,总投资 3.43 亿元。按二级航道标准建设航道 48.05 千米。

7 月

苏南运河苏州市区段三级航道整治工程开建,总投资 9.38 亿元。按三级航道标准整治航道 42.571 千米。

8 月

苏南运河镇江段三级航道整治工程开建,2014 年 12 月试运行,总投资 20.35 亿元。按三级航道标准整治航道 42.571 千米。

天津港北港池建设滚装码头工程开建,2008 年 8 月竣工,总投资 7.56 亿元。项目主要建设 2 个商品汽车泊位,设计年通过能力商品汽车 50 万辆。

9 月

苏州港太仓港区武港码头工程开建,2009 年 2 月试运行,2011 年 10 月竣工,总投资

27.30亿元。项目主要建设1个15万吨级矿石卸船泊位、1个20万吨级矿石卸船泊位、2个5000吨级长江分节驳装船泊位和2个5000吨级长江分节驳待装泊位，设计年通过能力3000万吨。

泰州港靖江港区新港作业区一期工程开建，2009年6月试运行，2010年11月竣工，总投资7.15亿元。项目主要建设2个5万吨级通用码头泊位和1个1万吨级通用码头泊位（码头水工结构5万吨级），设计年通过能力417万吨。

盐城港大丰港区二期工程开建，2010年6月试运行，2015年4月竣工，总投资9.31亿元。项目主要建设1个5万吨级散货码头泊位（码头水工结构7万吨级）和1个2万吨级杂货泊位（码头水工结构4万吨级），设计年通过能力500万吨。

乌江构皮滩水电站（含通航建筑物）开建，于2012年12月进入全面建设。构皮滩水电站通航建筑物线路位于枢纽左岸煤炭沟至野狼湾一线，形式为带中间渠道的三级垂直升船机，最大提升高度分别为47米、127米和79米，设计通航标准为四级航道，最高通航水头199米，设计代表船型为500吨级机动驳船，设计年过坝运量单向125万吨。

重庆寸滩作业区工程二期工程开建，2010年2月试运行，2017年3月竣工，总投资14.36亿元。项目建设3个3000吨级多用途泊位（码头水工结构5000吨级）和1个3000吨级滚装泊位（码头水工结构5000吨级），设计年通过能力集装箱28万TEU、件杂货（钢铁）80万吨和滚装车辆15万辆。

10月

15日，广西钦州港大榄坪港区南作业区1号、2号泊位工程开建，2009年11月试运行，2016年5月竣工，总投资13.73亿元。项目主要建设2个7万吨级多用途泊位（码头水工结构10万吨级），设计年通过能力集装箱75万TEU、件杂货40万吨。

九江港城西港区集装箱码头一期工程开建，2008年12月试运行，2013年12月竣工，总投资4372万元。项目主要建设2个5000吨级集装箱码头泊位，设计年通过能力30万TEU。

蚌埠船闸扩建工程开建，2010年5月试通航，2013年7月竣工，总投资1.43亿元。扩建工程位于老船闸南侧，与老船闸平行布置，两船闸闸室中心线相距66.8米。船闸通航标准三级，为单级单线船闸。

11月

马鞍山港慈湖港区马鞍山长江港口有限公司公共码头工程开建，2009年3月试运行，2010年7月竣工，总投资2.44亿元。项目主要建设1个5000吨级通用散货泊位和2个5000吨级杂货泊位，设计年通过能力180万吨。

宁波—舟山港定海港区中化兴中30万吨级油品码头开建，2009年6月试运行，2010年11月竣工，总投资1.52亿元。项目主要建设1个30万吨级原油码头泊位，设计年通过能力 1800 万吨。

湖州港安吉港区安吉川达物流有限公司货运码头工程开建,2010 年 9 月试运行,2017 年 1 月竣工,总投资 2.39 亿元。项目主要建设 5 个 500 吨级多用途码头泊位(码头水工结构 1000 吨),设计年通过能力 20 万 TEU。

12 月

苏南运河无锡段三级航道整治工程开建,2011 年 5 月试运行,2015 年 12 月竣工,总投资 15.68 亿元。按三级航道标准整治航道 39.276 千米。

泸州港集装箱多用途码头工程二期工程开建,2009 年 6 月竣工,总投资 3.16 亿元。项目主要建设 2 个 1000 吨级多用途码头泊位,设计年通过能力35 万TEU。

2008 年

1 月

长江干线宜宾合江门至泸州纳溪航道建设二期工程开建,2010 年 12 月试运行,2011 年 12 月竣工,总投资 1.07 亿元。按三级航道标准整治宜宾合江门(上游航道里程 1044.0 千米)至泸州纳溪(上游航道里程 944.0 千米))航道 100 千米。

湛江港宝满集装箱码头一期工程开建,2013 年 10 月竣工,总投资 17.41 亿元。项目主要建设 2 个 5 万吨级集装箱码头泊位,设计年通过能力 80 万 TEU。

2 月

海南新港区(罗带河港区)海南华能东方电厂建设工程配套煤码头工程开建,2009 年 4 月试运行,2011 年 4 月竣工,总投资 6.47 亿元。项目主要建设 1 个 5 万吨级煤炭泊位,设计年通过能力 305 万吨。

常州港录安洲港区化工码头工程开建,2012 年 7 月试运行,2013 年 1 月竣工,总投资 12.05 亿元。项目主要建设 1 个 5 万吨级、1 个 1 万吨级、1 个 5000 吨级、2 个 1000 吨级通用化学品码头泊位,设计年通过能力 480 万吨。

景洪电站航电枢纽工程开建,2016 年 11 月 15 日试通航。景洪水电站按澜沧江五级航道、300 吨级船型标准设计通航过坝建筑物,通航建筑物为水力式升船机,采用湿运过坝、一级垂直提升方案。景洪水力式升船机为世界首创、中国原创的新型升船机形式。

3 月

安徽池州港江口港区二期工程开建,2009 年 10 月试运行,2011 年 6 月竣工,总投资 2.30 亿元。项目主要建设 5000 吨级散货泊位(码头水工结构 1 万吨级)1 个和多用途泊位 1 个,设计年通过能力 260 万吨(含集装箱 5 万 TEU)。

黑龙江省重大装备(件)水路运输(江海联运)建设项目开建,2016 年 7 月竣工,总投资 4730 万元。项目主要建设装卸能力 500 吨的齐齐哈尔和哈尔滨重件码头各 1 个,抚远水水中转码头 1 个。

宁波—舟山港梅山保税港区 1 号 ~5 号集装箱码头工程开建。1 号、2 号泊位工程于 2010 年 1 月完工，2010 年 4 月开始试运行；3 号 ~5 号泊位工程于 2011 年 8 月开建，2013 年 5 月完工，2013 年 9 月开始试运行；总投资 45.57 亿元。项目主要建设 3 个 7 万吨级（码头水工结构 10 万吨级）、2 个 10 万吨级（码头水工结构 15 万吨级）集装箱码头泊位，设计年通过能力 330.92 万 TEU、汽车 2 万辆。整个项目于 2015 年 7 月竣工。

天津港东疆港区国际邮轮码头工程开建，2010 年 6 月试运行，2016 年 6 月竣工，总投资 3.35 亿元。项目主要建设 2 个可停靠 22.35 万总吨邮轮的泊位。

4 月

芜湖港朱家桥集装箱码头一期工程开建，2011 年 6 月试运行，2012 年 4 月竣工，总投资 2.96 亿元。项目主要建设 2 个 5000 吨级集装箱泊位及相应的配套设施，设计年通过能力 10 万 TEU。

5 月

泰州港高港港区沥青码头改扩建工程开建，2009 年 8 月竣工，总投资 1.58 亿元。项目主要建设 1 个 3 万吨级原油码头泊位（码头水工结构 5 万吨级）、1 个 5000 吨级原油码头泊位和 4 个 500 吨级原油码头泊位，设计年通过能力 270 万吨。

天津港临港工业港区 6 号液体化工泊位工程开建，2009 年 4 月试运行，2012 年 5 月竣工，总投资 2.59 亿元。项目主要建设 1 个 5 万吨级液体化工泊位，设计年通过能力 180 万吨。

6 月

嘉兴港独山港区 A 区 2 号泊位及配套工程开建，2010 年 11 月试运行，2014 年 12 月竣工，总投资 3.21 亿元。项目主要建设 1 个 5 万吨级液体化工泊位和 1 个 2000 吨级液体化工泊位，设计年通过能力 195 万吨。

威海港新港区四期工程开建，2013 年 5 月试运行，同月竣工，总投资 7.97 亿元。项目主要建设 1 个 7 万吨级散货泊位、3 个 5 万吨级通用泊位，设计年通过能力 355 万吨。

烟台港蓬莱港区 2×5 万吨级通用泊位工程（8 号泊位）开建，2008 年 12 月竣工，总投资 2.00 亿。项目主要建设 1 个 5 万吨级通用泊位，设计年通过能力 190 万吨。

7 月

京杭运河徐扬段续建二期工程——信息化工程开建，2009 年 9 月试运行，2010 年 10 月竣工，概算总投资 6317 万元。项目主要建设基础平台、应用系统、苏北运河调度指挥中心。

京杭运河徐扬段续建二期工程——标志标牌与船艇建造工程开建，2009 年 9 月试运行，2010 年 10 月竣工，总投资 5577.04 万元。其中，主塔主结构为钢框架体系的灯塔高

66.9 米,灯笼高 46.1 米,LED 灯光、标志标牌工程投资 3782.92 万元。新建 5 艘 17 米排挡艇、3 艘 17 米航政艇、1 艘 22 米航标艇,管理艇船艇建造投资 1794.12 万元。

山东京杭运河济宁港主城港区跃进沟作业区森达美码头开建,2010 年 1 月试运行,2016 年 7 月竣工,总投资 2.3 亿元。项目主要建设 6 个 1000 吨级码头泊位,包括 1 个煤炭出口泊位、1 个散货出口泊位和 4 个通用泊位,设计年通过能力 722 万吨。

8 月

海南洋浦港神头港区海南液化天然气 LNG 站线项目配套码头工程开建,2014 年 7 月试运行,2016 年 12 月竣工,总投资 5.95 亿元。项目主要建设 1 个 26.7 万立方米液化天然气(LNG)船舶泊位、1 个 3000 吨级工作船舶位及相关配套设施工程,设计年通过能力 547 万吨。

南京港龙潭港区四期(集装箱二期)码头工程开建,2016 年 8 月试运行,2017 年 8 月竣工,总投资 21.72 亿元。项目主要建设 5 个 3 万吨级集装箱专用码头泊位(码头水工结构 5 万吨级),设计年通过能力 120 万 TEU。

9 月

马鞍山港人头矶港区建设工程(一期工程)开建,2011 年 11 月试运行,2015 年 11 月竣工,总投资 1.80 亿元。项目主要建设 3 个 3000 吨级江轮兼靠 5000 吨级江海轮杂货码头泊位(码头水工结构 1 万吨级),设计年通过能力 360 万吨。

长湖申线(浙江段)航道扩建工程开建,2014 年 12 月试运行,2018 年 1 月竣工,总投资 17.16 亿元。项目主要建设航道里程 75.129 千米,其中按三级航道标准建设 62.6 千米、按四级航道标准建设 15.1 千米。

桂平航运枢纽二线船闸工程开建,2011 年 6 月试通航,2015 年 7 月竣工,总投资 8.25 亿元。桂平二线船闸为一线船闸的扩建工程,位于一线船闸右侧。船闸通航标准一级,为单级单线船闸,设计年通过能力 3100 万吨。

10 月

连云港港内河港中云台作业区一期工程(1 号~35 号泊位)开建,2010 年 12 月试运行,总投资 11.3 亿元。项目主要建设 14 个 1000 吨级通用散货泊位、12 个 1000 吨级杂货泊位、7 个 500 吨级杂货泊位和 2 个 500 吨级多用途泊位,设计年通过能力 1716 万吨。

11 月

合肥港综合码头一期工程开建,2010 年 12 月试运行,2015 年 7 月竣工,总投资 2.38 亿元。项目主要建设 1 个 1000 吨级杂货泊位和 2 个 1000 吨级多用途泊位,设计年通过能力 91 万吨和 7 万 TEU。

东莞市虎门港沙田港区二期工程开建,2011 年 5 月试运行,2016 年 2 月竣工,总投资 16.30 亿元。项目主要建设 2 个 3 万吨级多用途泊位(码头水工结构 5 万吨级),设计年通过能力件杂货 120 万吨和集装箱 10 万 TEU。

苏州港太仓港区三期工程 11 号、12 号泊位开建，2010 年 12 月试运行，2013 年 7 月竣工，总投资 13.99 亿元。项目主要建设 2 个 5 万吨级集装箱泊位（码头水工结构 10 万吨级）。

武汉港阳逻集装箱港区二期工程开建，2011 年 9 月试运行，2016 年 2 月竣工，总投资 10.66 亿元。项目主要建设 4 个 5000 吨级集装箱码头泊位（码头水工结构 1 万吨级），设计年通过能力 75 万 TEU。

淮河淮滨至三河尖（豫皖界）航运基础设施建设工程开建，2010 年 11 月试运行，总投资 1.53 亿元。项目建设四级航道 76 千米，其中疏浚河段总长 22.5 千米。

12 月

嘉兴内河港多用途港区工程开建，2010 年 8 月试运行，于 2012 年 12 月竣工，总投资 4.2 亿元。项目主要建设 10 个 500 吨级集装箱码头泊位（码头水工结构 1000 吨级），设计年通过能力 280 万吨。

芜湖港白茆港区安徽华谊化工有限公司码头工程开建，2011 年 5 月试运行，2012 年 12 月竣工，总投资 3.71 亿元。项目主要建设 1 个 1000 吨级件杂货泊位、1 个 5000 吨级散货装船泊位（码头水工结构 1 万吨级）、1 个 5000 吨级散货卸船泊位（码头水工结构 1 万吨级）、1 个 5000 吨级液体化工泊位和 1 个 500 吨级（内泊）泊位。设计年通过能力 330.8 万吨，其中散货进口 160 万吨、散货出口 7 万吨、件杂货 10.1 万吨和液体化工品 90.7 万吨。

宜昌港主城港区云池作业区一期工程开建，2014 年 4 月试运行，2016 年 3 月竣工，总投资 3.43 亿元。项目主要建设 1 个 3000 吨级集装箱和 1 个 3000 吨级多用途码头泊位（码头水工结构 5000 吨级），设计年通过能力 149 万吨和 8.5 万 TEU。

西江（界首至肇庆）航道整治工程开建，2014 年 3 月试运行，2015 年 11 月完成主体施工，总投资 3.66 亿元。按内河二级航道标准整治航道 171 千米。

2009 年

1 月

21 日，外高桥港区六期工程全面开建，2010 年 12 月试运行，2011 年 12 月竣工，总投资 45.97 亿元。项目主要建设 5 个海船泊位和 2 个长江驳泊位，包括 1 个 10 万吨级和 2 个 7 万吨级集装箱泊位（码头水工结构均为 15 万吨级），2 个 5 万总吨级汽车滚装泊位，内侧 2 个长江驳泊位水工结构按照靠泊 5000 总吨级汽车滚装船设计。该工程建成后，时为中国第一个最具规模的汽车物流港区和亚洲最大的汽车物流立体库，为世界上第一座具备全面岸基供电能力的集装箱码头。

安庆港长风港区一期工程开建,2011 年 12 月试运行,2014 年 2 月竣工,总投资 2 亿元。项目主要建设 2 个 5000 吨级件杂货泊位,设计年通过能力 131 万吨。

2 月

广州港南沙港区粮食及通用码头工程开建,2012 年 11 月试运行,2013 年 12 月竣工,总投资 28.92 亿元。项目主要建设 1 个 10 万吨级、3 个 5 万吨级、2 个 7 万吨级、5 个 1 万吨级散粮码头泊位(码头水工结构 10 万吨级),设计年通过能力 2330 万吨。

重庆大宁河航道整治工程开建,于 2009 年 12 月完成交工验收,总投资 4333.27 万元。按三级航道标准整治航道 42 千米。

3 月

梧州港藤县港区赤水圩作业区码头一期工程开建,2015 年 8 月竣工,总投资 6.10 亿元。项目主要建设 3 个 2000 吨级杂货码头泊位。

盘锦港海港区多用途码头工程开建,2011 年 11 月竣工,总投资 6.04 亿元。项目主要建设 2 个 3000 吨级、1 个 5000 吨级(码头水工结构 5 万吨级)多用途泊位,设计年通过能力 150 万吨。该工程于 2016 年 3 月改扩建为 2 个 5 万吨级多用途泊位,设计年通过能力 722 万吨,总投资 8.53 亿元。

4 月

京杭运河徐扬段续建二期工程——徐州城区段综合整治交通专项整治工程开建,2012 年 8 月竣工,总投资 1.79 亿元。按二级航道标准整治航道 11.29 千米。

黄石港棋盘洲港区一、二期工程开建,2017 年 12 月竣工,总投资 51.6 亿元。一期工程建设 7 个 3000 吨级生产性泊位(码头水工结构 5000 吨级),其中 1 号 ~ 4 号为散货泊位、7 号 ~ 9 号为多用途泊位,码头设计年通过能力 690 万吨。二期工程建设 8 个 5000 吨级泊位(码头水工结构 1 万吨级),设计年通过能力 811 万吨。

南通港洋口港区江苏 LNG 项目一期工程码头工程开建,2011 年 5 月试运行,2015 年 7 月竣工,总投资 10.14 亿元。项目主要建设 1 个 12.5 万 ~ 26.7 万立方米 LNG 船舶接卸泊位及相关配套设施,设计年通过能力 600 万吨。

裕溪船闸扩建项目开建,2012 年 12 月试通航,2017 年 2 月竣工,总投资 2.87 亿元。船闸通航标准三级,为单级单线船闸,兼顾二级通航水深。

5 月

营口港鲅鱼圈港区 30 万吨级矿石码头工程开建,2010 年 9 月试运行,2012 年 1 月竣工,总投资 7.39 亿元。项目主要建设 1 个 30 万吨级矿石接卸泊位(码头水工结构 40 万吨级),设计年通过能力 1800 万吨。

6 月

营口港鲅鱼圈港区 25 万吨级航道工程开建,2011 年 7 月交工,2012 年 5 月 16 日试通航,2016 年 8 月完成竣工,总投资 18.27 亿元。该工程是营口港鲅鱼圈港区 20 万吨级、30 万吨级矿石码头工程的配套项目,满足 25 万吨级散货船舶及拟靠矿石船舶单向乘潮航行,满足 7 万吨级散货船舶双向航行。

泸州港神仙桥作业区一期码头工程开建,2010 年 5 月竣工,总投资 4570 万元。项目主要建设 3 个 1000 吨级泊位,其中煤炭泊位 1 个、通用泊位 2 个,设计年通过能力 140 万吨。

上海宝山港区吴淞口国际邮轮港码头工程开建,2011 年 10 月试运行,2012 年 4 月竣工,总投资 9.5 亿元。项目主要建设 2 个邮轮泊位,上游为 20 万吨级、下游为 10 万吨级,以及 1 座连接通关平台和码头的引桥(引桥宽 15 米、长约 513.69 米),设计年通过能力 60.8 万人次。

湛江港东海岛港区宝钢广东湛江钢铁基地项目码头及其配套工程(一期工程)开建,2015 年 9 月竣工,总投资 37.34 亿元。项目在东港池东侧岸线建设 1 个 5 万吨级和 2 个 1 万吨级杂货码头泊位;南侧岸线建设 4 个工作船泊位;西侧岸线建设 1 个 3000 吨级杂货泊位;中部岸线码头通过引桥接岸各建设 1 个 30 万吨级和 25 万吨级矿石泊位。在西港池东侧岸线各建设 1 个 3.5 万吨级和 1 万吨级散货泊位;南侧岸线依次建设 2 个 7 万吨级散货泊位和 1 个 5000 吨级重件泊位,并将原液化石油气(LPG)泊位改建为 1 个 3000 吨级液体化工泊位。泊位总设计年通过能力 6110 万吨。

7 月

南昌港龙头港区江西赣江海螺配套专用码头工程开建,2010 年 2 月竣工,总投资 5269.79 万元。项目主要建设 4 个 1000 吨级散货码头泊位,设计年通过能力 450 万吨。

宿迁港泗阳港区东作业区码头工程开建,2011 年 10 月试运行,总投资 9847 万元。项目主要建设 1 个 2000 吨级散货码头泊位、2 个 1000 吨级散杂货泊位和 5 个 500 吨级杂货泊位,设计年通过能力 241 万吨。

厦门港龙海客运站工程开建,2016 年 8 月试运行,2017 年 5 月竣工,总投资 5800 万元。项目主要建设 1 个客运码头,设计年客运能力 120 万人次,岸线总长 220 米。

8 月

广东东平水道航道整治工程开建,2012 年 7 月试运行,2016 年 12 月竣工,总投资 9061 万元。按照二级航道标准整治航道 68 千米。

9 月

唐山港曹妃甸港区矿石码头二期工程开建,2009 年 10 月试投产,2015 年 1 月竣工,总投资 31.02 亿元。项目主要建设 2 个 25 万吨级矿石码头接卸泊位(码头水工结构 30 万吨级),设计年通过能力 3200 万吨。码头配备的高效、环保链斗式连续卸船机为国内矿石码头首次使用。

10 月

23 日,宁波—舟山港大榭港区实华二期原油码头工程开建,2011 年 10 月 27 日试运行,2016 年 3 月 16 日验收,总投资 1.65 亿元。项目主要建设 1 个 45 万吨级原油码头泊位,设计年通过能力 1800 万吨。

苏南运河常州段三级航道整治工程开建,总投资 28.15 亿元。按三级航道标准整治航道 23.052 千米。

北部湾港钦州港域大榄坪港区 12 号、13 号泊位工程开建,2020 年 1 月竣工,总投资 9.40 亿元。项目主要建设 2 个原油码头,设计靠泊能力 10 万吨。

湖北引江济汉通航工程开建,2014 年 9 月试运行,总投资 17.07 亿元。按照限制性三级航道标准建设航道 67.2 千米。

11 月

广州港出海航道三期工程开建,2012 年 7 月试运行,2014 年 10 月竣工,总投资 22.06 亿元。按 10 万吨级集装箱船不乘潮单向通航,兼顾 12 万吨级散货船乘潮单向通航、5 万吨级船舶不乘潮双向通航的标准设计。

扬州港江都港区海昌码头工程开建,2015 年 6 月竣工,总投资 6.5 亿元。项目主要建设 1 个 4 万吨级杂货码头。

12 月

唐山港曹妃甸港区煤码头续建工程开建,2013 年 12 月试投产,2017 年 5 月 18 日验收,总投资 44.40 亿元。项目主要建设 5 个煤炭装船泊位,分别为 2 个 15 万吨级(码头水工结构 15 万吨级)、1 个 10 万吨级、1 个 7 万吨级和 1 个 5 万吨级(码头水工结构 10 万吨级),设计年通过能力 5000 万吨。

唐山港京唐港区首钢码头有限公司一期工程开建,2012 年 5 月试投产,2016 年 6 月竣工,总投资 42.87 亿元。项目主要建设 1 个 10 万吨级和 2 个 5 万吨级铁矿石接卸泊位及配套设备设施,码头水工结构西侧 740 米,按靠泊 25 万吨级散货船设计,其余 115 米按靠泊 20 万吨级散货船设计,设计年通过能力近期 2500 万吨、远期 3500 万吨。

烟台港芝罘湾港区 31 号客滚泊位工程开建,2012 年 6 月试运行,2015 年 4 月竣工,总投资 6724 万元。项目主要建设 1 个 2 万吨级客滚泊位(码头水工结构 2 万吨),岸线总长 250 米,设计年通过能力 15.2 万辆、年客运能力 124.0 万人次。

湘江长沙综合航运枢纽工程开建,2012 年 10 月试通航,2015 年 12 月竣工,总投资 63.78 亿元。船闸通航标准二级,为单级双线船闸,设计年通过能力 9800 万吨(双闸双向),设计水头 8 米。

深圳港招商港务(深圳)有限公司 10 号泊位改造工程开建,2014 年 10 月试运行,同月竣工,总投资 1.80 亿元。项目主要建设 1 个 5 万吨级散杂货码头泊位(码头水工结构 5

万吨级),设计年通过能力180万吨。

2010 年

1 月

苏南运河吴江段三级航道整治工程开建,2018年1月试运行,总投资11.80亿元。按三级航道标准整治航道41.455千米。

荆州港斗湖堤港区朱家湾综合码头工程开建,2013年8月试运行,2019年11月竣工,总投资8800万元。项目主要建设2个2000吨级泊位(码头水工结构3000吨级),设计年通过能力70万吨。

2 月

济宁港嘉祥港区祥城作业区码头工程开建,2012年6月试运行,2016年7月竣工,总投资5.10亿元。项目主要建设8个1000吨级泊位(分别为2个件杂泊位、2个散杂泊位和4个煤炭泊位),预留7个2000吨级泊位,设计年通过能力589万吨。

崖门水道(含上延段)航道整治工程开建,2012年5月试运行,2013年10月竣工,总投资8309万元。项目整治航道里程33千米(含8处滩险),设计最大通航1万吨级船舶,整治后航道底宽90米、最小通航水深7.9米、最小弯曲半径840米。

3 月

大连港长兴岛30万吨级原油码头工程开建,2013年11月试运行,2017年3月竣工,总投资6.44亿元工。项目主要建设1个30万吨级原油码头泊位,设计年通过能力1860万吨。

宁波—舟山港穿山港区中宅煤炭码头工程开建,2012年6月试运行,同月竣工,总投资26.80亿元。项目主要建设1个15万吨级煤炭接卸码头泊位和1个5万吨级煤炭装船码头泊位,设计年通过能力1711万吨。

4 月

唐山港曹妃甸港区矿石码头三期工程开建,2012年2月试投产,2020年1月验收,总投资39.59亿元。项目主要建设2个25万吨级矿石卸船泊位(码头水工结构40万吨级),设计年通过能力3500万吨。

湛江港霞山港区散货码头工程(601号、602号泊位)开建,2014年9月竣工,总投资27.22亿元。项目主要建设1个30万吨级散货泊位,设计年通过能力1500万吨;建设1个7万吨级散货泊位,设计年通过能力500万吨。

7 月

唐山港曹妃甸港区煤码头二期工程开建,2018年2月试投产,总投资54.29亿元。项目主要建设2个10万吨级泊位、2个7万吨级泊位、1个5万吨级泊位(码头水工结构10

万吨级),设计年通过能力 5000 万吨。

9 月

广西钦州港 30 万吨级原油码头工程(三墩港区西作业区)开建,2018 年 12 月 28 日交工验收,总投资 25.66 亿元。项目主要建设 1 个 30 万吨级原油泊位及 3 千米的接岸引桥,设计年通过能力 986 万吨。

广西来宾港宾港作业区二期工程开建,2012 年 12 月竣工。项目主要新建 6 个 1000 吨级泊位(码头水工结构 2000 吨级),其中 3 个 1000 吨级散货泊位(1 号、4 号、5 号泊位)、2 个 1000 吨级多用途泊位(8 号、9 号泊位)、1 个 1000 吨级件杂货泊位(10 号泊位)。设计年通过能力 209 万吨,其中散货 140 万吨、集装箱 4 万 TEU、件杂货 20 万吨。

苏州港京杭运河高新港区码头一期工程开建,2015 年 12 月竣工,总投资 2.7 亿元。项目主要建设 3 个 1000 吨级通用散货码头泊位。

10 月

武汉新港嘉鱼港潘家湾港区咸宁核电厂重件码头开建,总投资 8349 万元。项目主要建设 1 个 1500 吨级重件码头泊位(码头水工结构 3000 吨级),设计年通过能力 2 万吨。

日照港岚山港区南作业区 15 号、16 号泊位工程开建,2012 年 8 月试运行,2013 年 8 月竣工,总投资 5.40 亿元。项目主要建设 1 个 7 万吨级和 1 个 10 万吨级通用泊位,设计年通过能力 450 万吨。

上海临港新城东港区公用码头一期工程开建,2011 年 12 月试运行,同月竣工,总投资 3.20 亿元。项目主要建设 4 个 2 万吨级泊位(码头水工结构 3 万吨级),其中件杂货泊位 3 个、汽车滚装作业泊位 1 个;码头后沿布置 5 个 5000 吨级件杂货泊位。设计年通过能力 251.3 万吨和汽车 16.2 万辆。

徐州港沛县港区丰乐作业区码头一期工程开建,2013 年 12 月试运行,2014 年 10 月竣工,总投资 4.54 亿元。项目主要建设 10 个 1000 吨级通用散货码头泊位(码头水工结构 2000 吨级),设计年通过能力 811 万吨。

扬州港江都港区前进作业区海螺水泥码头工程开建,2012 年 10 月试运行,2013 年 12 月竣工,总投资 6.63 亿元。项目主要建设 2 个 5 万吨级散货码头泊位和 1 个 5 万吨级通用码头泊位(码头水工结构均为 7 万吨级),设计年通过能力 1850 万吨。

广西右江鱼梁航运枢纽工程(那吉至鱼梁段航道整治工程)开建,2013 年 12 月竣工,总投资 7802 万元。按照三级航道标准整治航道 78.7 千米。

重庆市乌江银盘船闸工程开建,2015 年 8 月交工验收,2015 年 9 月试通航,总投资 69 亿元,船闸通航标准为四级。

11 月

盐城港响水港区小蟒牛作业区码头一期工程开建,2012 年 9 月试运行,2017 年 3 月竣工,总投资 5.33 亿元。项目主要建设 1 个 2 万吨级通用码头泊位和 1 个 2 万吨级多用途码头泊位(码头水工结构均为 5 万吨级),设计年通过能力 380 万吨。

12 月

福州港江阴港区 10 号泊位工程开建,2016 年 2 月试运行,2016 年 12 月竣工,总投资 1.37 亿元。项目主要建设 1 个 5 万吨级液体化工码头(码头水工结构 10 万吨级),设计年通过能力 140 万吨。

福州港平潭港区澳前作业区海峡客滚码头工程开建,2011 年 11 月试运行,2016 年 7 月竣工,总投资 2.07 亿元。项目主要建设 1 个 1 万总吨高速客滚船泊位,设计年通过旅客 36 万人次、标准车辆 10 万辆次。

荆州港盐卡(三期)多用途码头工程开建,总投资 9.34 亿元。项目主要建设 4 个 3000 吨级内河码头泊位(码头水工结构 5000 吨级),其中多用途泊位 2 个、件杂泊位 2 个,设计年通过能力 317 万吨(含集装箱 9.8 万 TEU)。

台州港临海港区头门作业区一期工程开建,2014 年 12 月试运行,2015 年 12 月竣工,总投资 8 亿元。项目主要建设 1 个 2 万吨级件杂码头泊位(码头水工结构 3 万吨级)及引桥等其他相应配套设施,设计年通过能力 100 万吨。

湘江 2000 吨级航道建设一期工程开建,2015 年 12 月试运行,2018 年 12 月竣工,总投资 8.53 亿元。按二(三)级航道标准建设航道 281 千米。

2011 年

1 月

东莞市虎门港麻涌港区新沙南作业区 4 号、5 号泊位工程开建,2014 年 4 月竣工,总投资 8.06 亿元。项目主要建设 3 个通用散杂货码头泊位,其中 2 个 7 万吨级、1 个 5 万吨级,设计年通过能力 680 万吨。

青岛港董家口港区原油码头工程开建,2014 年 6 月试运行,2016 年 8 月竣工。工程概算总投资 14.57 亿元,实际完成投资 11.33 亿元。项目主要建设 1 个 30 万吨级原油泊位(码头水工结构 45 万吨级),设计年通过能力 1880 万吨;建设 1 个 10 万吨级油品泊位(码头水工结构 12 万吨级),设计年通过能力 620 万吨。

泰州港靖江港区新港作业区公用码头五期工程开建,2017 年 1 月竣工,总投资 5.30 亿元。项目主要建设 1 个 1 万吨级散货装卸泊位和 1 个 2 万吨级钢杂装卸泊位(码头水工结构 4 万吨级),设计年吞吐能力钢杂 160 万吨、散货 200 万吨。

株洲港铜塘湾港区一期工程开建,2014 年 1 月试运行,2020 年 1 月竣工,总投资 4.25 亿元。项目主要建设 4 个 1000 吨级泊位(码头水工结构 2000 吨级),其中 2 个件杂货泊位、2 个多用途泊位;白祁庙作业区建设 1 个 1000 吨级(码头水工结构 2000 吨级)烟花爆竹泊位。设计年通过能力分别为件杂货 78.17 万吨和集装箱 16.76 万 TEU。

长湖申线浙江段航道扩建工程湖州枢纽改造工程开建,2013 年 3 月试通航,2018 年 1 月竣工,总投资 6074 万元。船闸通航标准二级,为单级单线船闸。

3 月

9 日,柳州港阳和港区码头工程(一期)开建,2014 年 1 月试运行,2019 年 1 月竣工,总投资 3.01 亿元。项目主要建设 5 个 1000 吨级货物泊位(其中多用途泊位 2 个、件杂货泊位 3 个,码头水工按 2000 吨级预留)和 2 个工作船泊位,设计年通过能力 120 万吨。

17 日,连云港港 30 万吨级航道一期工程开建,2016 年 4 月竣工,总投资 47.70 亿元。连云港港 30 万吨级航道呈人字形布置,建成时为我国投资规模最大的沿海航道,也是当年世界上规模最大的淤泥浅滩深水航道。

日照港石臼港区南区焦炭码头工程(南 7 号~南 8 号泊位)开建,2015 年 12 月试运行,2016 年 12 月竣工,总投资 14.28 亿元。项目主要建设 1 个 5 万吨级焦炭泊位和 1 个 7 万吨级焦炭泊位,设计年通过能力 730 万吨。

烟台港西港区一期工程开建,2013 年 12 月试运行,2017 年 2 月竣工,总投资 23.81 亿元。项目主要建设 2 个散货专用泊位,其中 1 个 30 万吨级矿石接卸泊位(码头水工结构 40 万吨级)、1 个 15 万吨级煤炭接卸泊位(码头水工结构 20 万吨级),设计年通过能力 1976 万吨。

江苏盐河航道整治工程(连云港)开建,2012 年 12 月竣工,总投资 3.67 亿元。按三级航道标准建设航道 15.95 千米。

5 月

镇江港新民洲港区新宇国际码头一期工程开建,2013 年 7 月试运行,2018 年 2 月竣工,总投资 4.01 亿元。项目主要建设 1 个 5 万吨级通用泊位和 1 个 5 万吨级多用途泊位(码头水工结构均为 7 万吨级),设计年通过能力 236 万吨。

金沙江向家坝水电站升船机工程开建,2018 年 5 月试通航,同月竣工。升船机按四级船闸标准设计,同时兼顾 1000 吨级单船。升船机最大提升高度 114.20 米,单级提升高度时为世界第一。

广西长洲水利枢纽三线、四线船闸工程开建,2016 年 10 月试通航,总投资 43.34 亿元。建设双线(三线和四线)船闸并列布置,闸室轴线间距 57 米。三线船闸中心线与已建 2 号船闸中心线间距为 130 米。双线船闸均为一级船闸,最大通过船舶吨级为 3000 吨级,设计年通过能力 9604 万吨(单向下行)。

6 月

镇江港谏壁港区谏壁发电厂煤码头工程开建,2015 年 2 月试运行,2016 年 6 月竣工,总投资 2.51 亿元。项目建设 1 个 5 万吨级煤码头泊位(码头水工结构 7 万吨级),设计年通过能力460万吨。

7月

京杭运河徐扬段续建二期工程——调整项目航道疏浚项目（大王庙至宿迁段）开建，2012年1月试运行，2012年4月竣工。按二级航道标准建设航道23.96千米。

北海港石步岭港区三期工程开建，概算总投资13.86亿元。项目主要建设2万吨级、3万吨级和5万吨级泊位各1个，其中3万吨级泊位（码头水工结构5万吨级），设计年通过能力200万吨。

北海邮轮码头工程开建（石步岭港区邮1号、邮2号泊位），目前尚未投产运营。项目主要建设5万总吨（泊位长度和码头水工结构均按10万总吨设计）和2万总吨邮轮泊位各1个，设计年通过能力100万人次，概算总投资7.23亿元。

温州港状元岙港区化工码头（一期）工程开建，2017年7月竣工，总投资6.52亿元。项目主要建设1个5万吨级液体化工码头泊位（码头水工结构8万吨级），设计年通过能力249.2万吨。

江苏连申线南通段航道整治工程开建，2013年12月试运行，总投资30.41亿元。按三级航道标准建设航道66.28千米（包含海安船闸段5.15千米）。

8月

连云港港赣榆港区一期（起步）工程开建，2012年12月竣工，总投资22.10亿元。项目主要建设1个5万吨级化学品码头（码头水工结构15万吨级），设计年通过能力190万吨；3个4万吨级杂货码头，设计年通过能力610万吨。

南宁港中心城港区牛湾作业区一期工程开建，2014年6月试运行，2018年1月竣工，总投资10.3亿元。项目主要建设11个泊位，包括3个1000吨级多用途泊位、3个2000吨级件杂货泊位和5个2000吨级多用途泊位，11个泊位水工结构和停泊区水深均按3000吨级船舶预留，设计年通过能力403万吨。

青岛港董家口港区港投万邦矿石码头20万吨级泊位工程（一期）开建，2012年12月竣工，总概算44.96亿元。项目主要建设1个30万吨级铁矿石泊位（码头水工结构40万吨级），设计年通过能力1600万吨；建设1个20万吨级铁矿石泊位，设计年通过能力1400万吨。该工程是国内第一个按40万吨级设计的专业矿石接卸泊位。

镇江港大港港区四期工程开建，2013年5月试运行，2015年5月竣工，总投资9.80亿元。项目主要建设2个5万吨级集装箱码头泊位，设计年通过能力60万TEU。

珠海港高栏港区神华煤炭储运中心一期工程开建，2013年1月试运行，2017年10月竣工，总投资45.34亿元。项目主要建设2个10万吨级和1个5万吨级煤炭码头泊位（码头水工结构15万吨级），设计年通过能力4080万吨。

南昌至湖口二级航道建设工程开建，2014年1月试运行，总投资1.28亿元。按二

(三)级航道标准整治航道 175 千米,其中南昌至吴城 94 千米为赣江尾间航道,吴城至湖口 81 千米为湖区航道。

松花江下游佳木斯至同江河段富锦绥东浅滩航道整治工程开建,2014 年 7 月试运行,2016 年 10 月竣工,总投资 9788 万元。按三级航道标准整治航道 23 千米。

9 月

26 日,舟山群岛国际邮轮码头工程开建,2014 年 6 月试运行,2017 年 6 月竣工,总投资 4.58 亿元。项目主要建设 1 个 10 万总吨邮轮码头泊位(码头水工结构 15 万总吨),设计年通过能力 57 万人次。

苏州港太仓港区煤炭码头工程开建,2013 年 12 月试运行,2014 年 6 月竣工,总投资 21.9 亿元。项目主要建设 1 个 10 万吨级和 1 个 5 万吨级卸煤泊位(码头水工结构 15 万吨级)、4 个 5000 吨级驳船装船泊位、6 个 1000 吨级驳船装船泊位,设计年通过能力 2700 万吨。

10 月

荆州港李埠港区一期综合码头工程开建,2018 年 1 月试运行,2019 年 11 月竣工,总投资 2.83 亿元。项目主要建设 4 个 1000 吨级件杂泊位,设计年通过能力 100 万吨;建设 2 个 1000 吨级散货泊位(码头水工结构 3000 吨级),设计年通过能力 360 万吨。

莆田港东吴港区国投湄洲湾煤炭码头一期工程开建,2017 年 10 月竣工,总投资 21.8 亿元。项目主要建设 1 个 7 万吨级、1 个 10 万吨级煤炭接卸泊位(码头水工结构均为 15 万吨级),设计年通过能力 1500 万吨。

11 月

武汉新港唐家渡港区楚江综合码头工程开建,2013 年 10 月试运行,总投资 3.83 亿元。项目主要建设 4 个 5000 吨级码头泊位(涨水季节 1 万吨级),其中散货泊位 2 个、件杂货泊位 2 个,设计年通过能力 255 万吨。

12 月

唐山港曹妃甸港区液化天然气项目 LNG 码头工程开建,2013 年 11 月试投产,2015 年 12 月竣工,总投资 6.62 亿元。项目主要建设 1 个 15 万吨级 LNG 卸船泊位,设计年通过能力 650 万吨。

江苏省盐城刘大线航道整治工程开建,2012 年 12 月试运行,总投资 13.19 亿元。按照四级航道标准整治航道 55.691 千米。

合肥合裕线航道改造工程开建,2017 年 4 月试运行,总投资 12.83 亿元。项目主要建设航道里程 131.2 千米,其中南淝河航道按限制性航道二级标准建设,巢湖湖区按天然及渠化河流航道二级标准建设,裕溪河按限制性航道二级标准建设。

2012 年

1 月

深圳招商局蛇口工业区太子湾片区综合开发项目邮轮母港工程（第一阶段）开建，2016 年 10 月试运行，2017 年 10 月竣工，总投资 12.30 亿元。项目主要建设 1 个 22 万总吨邮轮泊位、1 个 10 万总吨邮轮泊位和 1 个 2 万总吨滚装泊位，设计年旅客通过能力 600 万人次，其中高速客轮泊位设计年旅客通过能力 570 万人次，邮轮泊位设计年旅客通过能力 30 万人次。

湖南湘西土家族苗族自治州航运建设四级航道一期工程开建，总投资 2.32 亿元。按四级航道标准建设沅水干流大沄潭至泸溪航道约 48.6 千米；按六级航道标准建设沅水支流酉水保靖酉水大桥至碗米坡电站坝址航道约 18 千米、沅水支流酉水罗依溪航道约 3 千米；按七级航道标准建设沅水支流沱江凤凰县城至桃花岛航道约 4.2 千米。

嘉陵江亭子口水利枢纽升船机工程开建，2019 年 12 月竣工，总投资 9.87 亿元，通航建筑物按四级航道设计，2030 年设计年通过能力将达到 342.7 万吨。

2 月

池州港牛头山港区公用码头一期工程开建，2012 年 12 月竣工，2013 年 3 月 26 日验收，总投资 2.30 亿元。项目主要建设 3000 吨级（码头水工结构 5000 吨级）散货出口泊位 1 个、散货进口泊位 1 个、多用途泊位 1 个，设计年通过能力 196 万吨。

日照港岚山港区 30 万吨级原油码头扩建工程（油 7 号泊位）开建，2014 年 9 月试运行，2014 年 11 月竣工，总投资 4.41 亿元。项目主要建设 1 个 30 万吨级原油接卸泊位，设计年通过能力 1850 万吨。

天津港南疆港区浮式 LNG 接收终端项目配套码头工程开建，2014 年 10 月试投产，2016 年 5 月竣工，总投资 4.6 亿元。项目主要建设 1 个最大靠泊 26.6 万立方米 LNG 船的卸船泊位和 1 个浮式储存及再气化装置（FSRU）泊位，配套建设 3000 吨级工作船兼大件码头 1 座。设计年接卸能力不少于 220 万吨。该项目是我国首个浮式 LNG 项目。

梧州港中心港区李家庄码头三期工程开建，2013 年 10 月竣工，总投资 2.80 亿元。项目主要建设 2 个 3000 吨级集装箱码头泊位。

洋浦港油品码头及配套储运设施工程开建，2015 年 8 月试运行，2016 年 9 月竣工，总投资 29.10 亿元。项目主要建设 1 个 30 万吨级和 1 个 5 万吨级油码头泊位，设计年通过能力 2400 万吨。

西江航运干线南宁至贵港二级航道工程开建，2013 年 12 月试运行，2014 年 12 月竣工，总投资 6.86 亿元。按二级航道标准建设南宁（民生码头）至贵港枢纽河段航道 273 千米。

3月

长沙港铜官港区湖南华电长沙发电有限公司煤码头工程开建,2013 年 5 月试运行,2016 年 12 月竣工,总投资 3776 万元。项目主要建设 1 个 2000 吨级煤炭码头泊位,设计年通过能力 50 万吨。

嘉兴独山煤炭中转码头工程开建,2016 年 9 月投入试运行,2018 年 11 月竣工,总投资 26.99 亿元。项目主要建设 3 个 3.5 万吨级海运煤炭接卸泊位(码头水工结构 5 万吨级)、18 个 500 吨级内河装船和待泊泊位(码头水工结构 1000 吨级),设计年通过能力 3100 万吨。

连云港港徐圩港区一期工程开建,2012 年 12 月试运行,2013 年 12 月竣工,总投资 16.85 亿元。项目主要建设 2 个 10 万吨级通用散货码头泊位(码头水工结构 15 万吨级),设计年通过能力 1030 万吨。

珠海港高栏港区广东珠海液化 LNG 项目一期工程码头工程开建,2013 年 8 月竣工,总投资 7.96 亿元。项目主要建设 18.5 万吨级码头泊位,设计年通过能力 756 万吨。

珠海港万山港区中燃桂山油库多点系泊技术改造工程开建,2014 年 8 月试运行,2016 年 7 月竣工,总投资 2.38 亿元。项目拆除原有安全风险和环保风险大的多点系泊码头,原址改建为 1 个 10 万吨级成品油泊位(码头水工结构 15 万吨级),设计年通过能力 190 万吨。

海南马村港中海油南海西部油田海南码头项目(一期工程)开建,2014 年 3 月试运行,2016 年 3 月竣工,总投资约 6.03 亿元(不含收购资金 11.8 亿元)。项目主要建设 2 个油品泊位、2 个灰浆泊位、8 个件杂货装卸泊位和 1 个船舶维修泊位等共计 13 个泊位,并布置港口支持系统岸线 87 米和钻井平台维修区,设计年通过能力 153 万吨。

海口港新海港区汽车客货滚装码头一期工程开建,2014 年 5 月试运行,2015 年 12 月投产,2017 年 7 月竣工,总投资 25.17 亿元。项目主要建设 9 个 3000 总吨客货滚装泊位、1 个 5000 总吨客货滚装泊位(码头水工结构 1 万总吨、水域部分 5000 总吨),设计年通过能力 120 万辆次和 460 万人次。

4月

温州港乐清湾港区一期工程开建,2014 年 12 月试运行,2017 年 1 月竣工,总投资 21.87 亿元。项目主要建设 1 个 5 万吨级多用途码头泊位和 1 个 5 万吨级通用码头泊位(码头水工结构 10 万吨级),设计年通过能力 380 万吨。

洋浦港区小铲滩作业区起步工程开建,2016 年 9 月试运行,2017 年 9 月竣工,总概算 22.98 亿元,实际投资 22.03 亿元。项目主要建设 3 个 5 万吨级多用途泊位(码头水工结构 15 万吨级),设计年通过能力集装箱 62 万 TEU 和件杂货 90 万吨。

5月

九江港城区港区煤炭储备中心项目开建,2016年8月试运行,2017年7月竣工,总投资6.31亿元。项目主要建设3个5000吨级通用、散货码头泊位(码头水工结构1万吨级),设计年通过能力275万吨。

青岛港老港区邮轮码头工程开建,2012年12月竣工,总概算5.4亿元(不含邮轮客运中心建设费用)。项目主要建设1个15万总吨邮轮泊位(码头水工结构22.5万总吨),同时利用现有6号码头形成3万总吨、1万总吨邮轮泊位各1个,设计年旅客通过能力60万人次。

烟台港西港区30万吨级原油码头工程开建,2016年11月试运行,2017年12月竣工,总投资5.4亿元。项目主要建设1个30万吨级原油泊位及相应配套设施,设计年通过能力1600万吨。

梁山(邓楼)船闸开建,2015年7月试通航,2018年12月竣工,总投资5.189亿元。按二级航道标准建设单级单线船闸1座,设计年通过能力2120万吨。

6月

北部湾港钦州港域大榄坪南作业区北1号~3号泊位工程开建,2018年3月竣工,总投资9.80亿元。项目主要建设1个7万吨级汽车滚装码头泊位和2个5万吨级多用途码头泊位,设计年通过能力为滚装汽车37.2万辆、集装箱68万TEU和件杂货45万吨。

广州港南沙港区三期工程开建,2014年9月试运行,2017年5月竣工,总投资65.17亿元。项目主要建设4个10万吨级和2个7万吨级集装箱码头泊位(码头水工结构15万吨级),设计年通过能力570万TEU。

黄骅港散货港区矿石码头一期工程开建,2015年6月竣工,总投资57.90亿元。项目主要建设2个20万吨级铁矿石卸船泊位(码头水工结构25万吨级)及相应配套设施,设计年通过能力3000万吨。

莆田港湄洲湾航道三期工程开建,2019年12月竣工,总投资29.7亿元。项目主要将湄洲湾主航道通航能力提升至30万吨级;肖厝、东吴航道扩建至15万吨级;莆头航道扩建至7万吨级;新建5万吨级分道通航航道、石门澳15万吨级航道等。

沙颍河(安徽段)航道整治工程开建,截至2018年底仍然在建,总概算19.8亿元。按四级航道标准整治界首市常胜沟至颍上县沫河口航道206.2千米。

7月

海口港海南中油深南LNG储备库项目配套码头工程开建,2014年10月试运行,2016年3月竣工,水工工程投资1.72亿元。项目主要建设1个2万立方米LNG船卸船泊位(码头水工结构4万立方米),设计年通过能力250万立方米。

南京港西坝港区西坝作业区四期工程开建,2013年2月试运行,2014年6月竣工,总投资 1.08 亿元。项目主要建设 2 个 3 万吨级石化泊位(码头水工结构 5 万吨级),设计年通过能力 360 万吨。

南通港天生港区横港沙作业区新世界通用码头工程开建,2016 年 8 月试运行,2016 年 9 月竣工,总投资 16.61 亿元。项目主要建设 2 个 5 万吨级、2 个 3 万吨级通用散货泊位(码头水工结构 7 万吨级),设计年通过能力 873 万吨。

唐山港曹妃甸港区煤码头工程开建,总投资 58.8 亿元。项目主要建设 2 个 10 万吨级(码头水工结构 15 万吨级)、2 个 7 万吨级和 1 个 5 万吨级专业化煤炭装船泊位(码头水工结构 10 万吨级),设计年通过能力 5000 万吨。

8 月

长江南京以下 12.5 米深水航道建设工程一期工程开建,2014 年 10 月试运行,2015 年 12 月竣工,总投资 39.23 亿元。按一级航道标准建设航道 56 千米。

福州港江阴港区 11 号泊位工程开建,2017 年 4 月试运行,2017 年 11 月竣工,总投资 3.12 亿元。项目主要建设 1 个 5 万吨级液体化工码头(码头水工结构 10 万吨级),设计年通过能力 180 万吨。

合肥港综合码头二期工程开建,2016 年 8 月试运行,2017 年 7 月竣工,总投资 7.92 亿元。项目主要建设 4 个 2000 吨级件杂货及多用途泊位,设计年通过能力 59 万吨和 43 万 TEU。

10 月

泉州港秀涂作业区 16 号泊位工程开建,2019 年 9 月 19 日通过交工验收,总概算 2.55 亿元。项目主要建设 1 个 2 万吨级滚装码头泊位及相应配套设施、2 个工作船泊位,设计年通过能力 2 万吨。

天津港南疆港区 26 号铁矿石码头工程开建,2013 年 12 月试投产,2015 年 12 月竣工,总投资 31.66 亿元。项目主要建设 1 个 30 万吨级专业化矿石码头泊位(码头水工结构 40 万吨级),设计年矿石接卸能力 2300 万吨。

宜昌港主城港区白洋作业区一期工程开建,2017 年 1 月试运行,2018 年 7 月竣工,总投资 8.18 亿元。项目主要建设 2 个 3000 吨级散杂货码头泊位、2 个 3000 吨级件杂码头泊位和 2 个 3000 吨级多用途码头泊位(码头水工结构均为 5000 吨级),设计年通过能力 373 万吨。

11 月

马鞍山港郑蒲港区一期工程开建,2015 年 1 月试运行,2016 年 7 月竣工,总投资 3.70 亿元。项目主要建设 1 个 5000 吨级集装箱码头泊位、2 个 5000 吨级杂货码头泊位(码头水工结构 2 万吨级),设计年通过能力 220 万吨,其中集装箱 15 万 TEU、件杂货 130 万吨。

浙江富春江船闸扩建改造工程开建,2016 年 12 月试通航,总投资 10.61 亿元。建设

1 座单级单线四级船闸，设计水头 20.21 米，设计年通过能力 2560 万吨。

12 月

蚌埠港中心港区新港作业区码头二期工程开建，2016 年 10 月竣工，总投资 2.7 亿元。项目主要建设 4 个 1000 吨级泊位，包括 1 个杂货码头、1 个集装箱码头和 2 个多用途码头泊位，设计年通过能力集装箱 5.5 万 TEU、件杂货 57 万吨。

天津港 30 万吨级航道二期工程开建，2014 年 1 月竣工，总投资 8.68 亿元。在天津港 30 万吨级航道一期工程的基础上将航道进一步浚深，航道长度为 35.3 千米。

22 日，盐城港滨海港区中电投煤炭码头一期工程开建，2017 年 6 月试运行，2019 年 11 月竣工，总投资 38.23 亿元。项目主要建设 1 个 7 万吨级（码头水工结构 10 万吨级）和 1 个 10 万吨级（码头水工结构 15 万吨级）海港煤炭接卸泊位、1 个 3.5 万吨级和 1 个 5 万吨级海港煤炭装船泊位（码头水工结构 7 万吨级）、2 个 1000 吨级内河装船泊位，海港和河港各建设 1 个工作船泊位，设计年通过能力 3900 万吨。

沙颍河周口至逍遥段航运开发工程开建，2018 年 6 月试运行，总投资 10 亿元。按四级航道标准建设航道 56 千米。

贵州乌江构皮滩升船机开建，概算总投资 30.55 亿元。升船机为 500 吨级带中间渠道的三级垂直升船机，单级最大提升高度 127 米，最大提升高度水头 199 米，设计年通过能力双向 143 万吨。

2013 年

3 月

广东茂名港博贺新港区粤电煤炭码头工程开建，2019 年 6 月竣工，总投资 29.33 亿。项目主要建设 1 个 10 万吨级接卸泊位（码头水工结构 15 万吨级）、1 个 3.5 万吨级煤炭装船泊位（码头水工结构 5 万吨级）和 2 个工作船泊位（码头水工结构 1 万吨级），设计年通过能力 1824 万吨，其中接卸能力 1167 万吨、装船能力 657 万吨。

武汉新港阳逻港区三作业区一期工程起步阶段工程开建，2015 年 12 月试运行，2016 年 12 月竣工，总投资 21.91 亿元。项目主要建设 4 个 5000 吨级集装箱专用泊位（码头水工结构 1 万吨级），设计年通过能力 74 万 TEU。

葫芦岛港绥中港区通用码头工程开建，2017 年 1 月竣工，总投资 12.72 亿元。项目主要建设 3 个 5 万吨级通用泊位，设计年通过能力 515 万吨。

6 月

唐山港京唐港区 26 号和 27 号集装箱泊位工程开建，2015 年 10 月试投产，2017 年 1 月竣工，总投资 13.58 亿元。项目主要建设 2 个 7 万吨级集装箱专业化泊位（码头水工结构 10 万吨级），设计年通过能力 90 万 TEU。

烟台港栾家口港区 15 号、16 号、17 号泊位工程开建,2020 年 12 月竣工,总投资 4.16 亿元。项目主要建设 2 个 5 万吨级散杂货泊位和 1 个 3.5 万吨级散装水泥码头泊位,设计年通过能力 400 万吨。

7 月

芜湖港朱家桥外贸码头二期工程开建,2014 年 4 月试运行,2014 年 12 月竣工,总投资 2.88 亿元。项目主要建设 2 个 1 万吨级件杂泊位、1 个多用途泊位(码头水工结构 2 万吨级)及相应的配套设施,设计年通过能力件杂货 195 万吨、集装箱 10 万 TEU。

淮河出海航道高良涧船闸扩容工程开建,2015 年 12 月试运行,同月竣工,总投资 3.26 亿元。该船闸为三线船闸,通航等级为三级。

8 月

长沙港霞凝港区金霞作业区一期工程开建,2015 年 9 月试运行,2017 年 1 月竣工,总投资 4.38 亿元。项目主要建设 2 个 5000 吨级多用途泊位、1 个 2000 吨级杂货泊位、1 个 2000 吨级散粮泊位和 1 个 2000 吨级成品油泊位(码头水工结构 3000 吨级),设计年通过能力 255 万吨。

9 月

14 日,长江中游荆江航运治理一期工程(长江中游荆江航道整治工程)开建,2015 年 12 月投入试运营,2017 年 4 月竣工,总投资 44.20 亿元。按一级航道标准整治航道 280.5 千米。

11 月

淮安港淮阴港区城西作业区一期工程开建,2015 年 12 月试运行,2017 年 11 月竣工,总投资 1.72 亿元。项目主要建设 3 个 500 吨级散货泊位、1 个 1000 吨级散货泊位、3 个 500 吨级通用泊位和 1 个 1000 吨级通用泊位,设计年通过能力 251 万吨。

12 月

11 日,常州内河港金坛港区金城作业码头工程开建,总投资 3.7 亿元。项目主要建设 3 个 1000 吨级多用途码头泊位、2 个 1000 吨级件杂货码头泊位、2 个 1000 吨级通用散货码头泊位、5 个 500 吨级通用散货码头泊位和 3 个 500 吨级件杂货码头泊位,设计年通过能力 562 万吨。

池州港旅游码头工程开建,2016 年 10 月试运行,2017 年 2 月竣工,概算投资 8893 万元。项目主要建设 1 个 2000 吨级普通客轮泊位,设计年运送旅客 20 万人次。

来宾港象州港区猛山作业区一期工程开建,2015 年 12 月竣工,概算投资 1.37 亿元。项目主要建设 2 个 1000 吨级通用泊位(码头水工结构 2000 吨级),设计年通过能力 100 万吨,其中件杂货 45 万吨、散货 55 万吨。

梧州港中心港区大利口作业区码头一期工程(1 号、2 号泊位)开建,2015 年 12 月试运行,2019年8月竣工,总投资3.91亿元。项目主要建设2个1000吨级集装箱码头,设计年通过能力集装箱8万TEU、件杂货26万吨。

2014 年

1月

长沙港口主枢纽霞凝港区三期工程开建,2020年1月竣工,总投资7.05亿元。项目主要建设6个2000吨级多用途码头泊位(码头水工结构3000吨级),设计年通过能力200万吨。

唐山港京唐港区第四港池通用散杂货泊位工程开建,2014年8月试投产,2018年8月竣工,概算投资4.04亿元。项目主要建设1个20万吨级通用散货码头泊位(码头水工结构20万吨级),设计年通过能力800万吨。

无锡(江阴)港申夏港区港口集团通用码头工程开建,2015年2月试运行,2015年11月竣工,总投资13.48亿元。项目主要建设1个10万吨级散货泊位和1个10万吨级通用泊位(码头水工结构均为15万吨),设计年通过能力743万吨。

3月

武汉港金口港区安吉物流滚装码头一期工程开建,2017年2月竣工,总投资2.70亿元。项目主要建设1个3000吨级汽车滚装专用码头泊位,设计年通过能力12万辆。

北海港域铁山港西港区中石化广西液化天然气项目码头工程开建,2016年3月试运行,2017年3月竣工,总投资12.40亿元。项目主要建设1个26.6万立方米LNG船卸船泊位和2个工作船泊位,设计年通过能力610万吨。

4月

三亚凤凰岛国际邮轮港二期工程开建,2015年9月试运行,2018年5月竣工,总投资2.26亿元。项目主要建设2个15万吨级邮轮泊位(3号、4号邮轮泊位),设计年通过能力78万人次。

常州港录安洲港区4号泊位暨夹江码头二期工程开建,2016年1月试运行,2017年7月竣工,总投资7.27亿元。项目主要建设1个10万吨级和3个3000吨级通用散货码头泊位,设计年通过能力960万吨。

5月

13日,湖南省常德港德山新港区一期工程开建,2017年5月竣工,总投资2.51亿元。项目主要建设4个1000吨级散货泊位,设计年通过能力30万吨。

8月

马鞍山港慈湖综合码头工程开建,2015年12月试运行,2017年10月竣工,总投资2

亿元。项目主要建设 1 个 2 万吨级杂货泊位和 1 个 2 万吨级通用散货泊位,设计年通过能力 200 万吨。

11 月

淮安港市区港区新港作业区二期工程开建,2017 年 11 月试运行,总投资 2.72 亿元。项目主要建设 4 个 1000 吨级和 2 个 500 吨级多用途码头泊位(码头水工结构 2000 吨级),设计年通过能力 252 万吨和 30 万 TEU。

株洲航电枢纽二线船闸及渔道工程开建,2018 年 10 月试通航,同月竣工,总投资 11.9 亿元。该船闸为二级船闸,通航等级为二级,单向过闸设计年通过能力 2450 万吨。

12 月

23 日,上海港洋山深水港区四期工程开建,2017 年 12 月 10 日试生产,2018 年 12 月 25 日验收,总投资 139.67 亿元。项目主要建设 7 个 15 万吨级集装箱码头。该项目是我国首个全自动化集装箱码头。

四川岷江犍为航电枢纽船闸工程开建,2019 年 9 月试通航,总投资 104.24 亿元。该船闸为内河三级船闸,设计年通过能力 1474.67 万吨。

温州港状元岙港区二期工程开建,2016 年 9 月竣工,总投资 1.97 亿元。项目主要建设 1 个 5 万吨级集装箱专用码头泊位(码头水工结构 10 万吨级),设计年通过能力 55 万 TEU。

黄骅港煤炭港区四期工程竣工。通过一期至四期及扩容工程,共建成煤炭装船专用泊位 17 个,包括 10 万吨泊位 2 个、7 万吨级泊位 2 个、5 万吨级泊位 10 个、3.5 万吨级泊位 2 个(14 个 3.5~7 万吨级泊位中有 7 个泊位的水工结构兼顾 10 万吨级)、1 万吨级泊位 1 个,1.5 万吨级工作船、多用途码头各 1 个,以及相应的配套设施,设计年吞吐能力达到 2 亿吨。黄骅港已成为我国"西煤东运"第二通道的主要出海口。

2015 年

1 月

宁波—舟山港梅山港区滚装及杂货码头工程(原称"宁波—舟山港梅山港区多用途码头工程")开建,2016 年 2 月试运行,2017 年 3 月竣工,总投资 5.4 亿元。项目主要建设 1 个 7 万吨级滚装及杂货码头泊位,设计年通过能力 108 万吨、汽车 20 万辆。

6 月

长江南京以下 12.5 米深水航道建设工程二期工程开建,2018 年 4 月竣工,总投资 71 亿元。按一级航道标准整治航道 227 千米。

11 月

湘江 2000 吨级航道建设工程二期工程开建,2018 年 11 月试运行,总投资 31.24 亿元。按二级航道标准建设航道 154 千米。

12 月

21 日,三峡升船机实船试验开始。1000 吨级旅游船"长江电力"号驶入三峡升船机上游引航道。2016 年 9 月 18 日,三峡升船机开始试通航,并于 2019 年 12 月 27 日通过竣工验收,这标志着三峡工程的最后一个单项工程圆满完成建设任务。三峡升船机承船厢有效尺寸长 120 米、宽 18 米、水深 3.5 米,最大过船规模 3000 吨级,最大提升质量 1.55 万吨,最大提升高度 113 米,单向设计年通过能力 350 万吨。三峡升船机是三峡枢纽快速过坝通道,也是目前世界上规模和技术难度最大的升船机。

中国石化天津液化天然气(LNG)项目码头及陆域形成工程开建,2018 年 12 月竣工,总投资 18.66 亿元。项目主要建设 1 个可停靠 3 万～26.6 万立方米 LNG 船卸船泊位和 2 个工作船泊位及相应的配套设施,设计年通过能力 625 万吨。

武汉黄州港唐家渡港区钟家湾综合码头工程开建,概算总投资 4.05 亿元。项目主要建设 3 个 5000 吨级码头泊位,其中散货泊位、通用泊位、件杂货泊位各 1 个,设计年通过能力 288.5 万吨,其中散货 229.5 万吨、件杂货 59.0 万吨。

Record of
Port and Waterway Engineering
Construction in
China
中 国 水 运 工 程 建 设 实 录
(1978 — 2015)

附　　录

附录1
交通运输部水运科学研究院

一、概况

1956年8月,在中央"向科学进军"的号召下,交通部水运科学研究院(现交通运输部水运科学研究院,以下简称"水运院")应运而生,从此,新中国在水运科技领域有了自己的"国家队"。水运院是我国成立最早、规模最大的水路交通运输科研机构,也是我国唯一涵盖水路交通运输各个领域的综合性科研事业单位。

建院以来,水运院在不同历史时期高质量完成了一系列国家级和省部级重大科研课题,牵头组织开展了多项重大科研攻关,取得了系列重要科研成果,创造了中国水运科技史的多项第一,有力地支撑了我国水运事业蓬勃发展。如与苏联专家合作研究和设计制造我国第一台浮船吸煤机,规划我国第一条国际集装箱运输航线,研发国内第一只国际标准集装箱,设计国内第一台岸边集装箱装卸桥,开发第一套集装箱码头管理信息系统等。

作为水运科学研究的国家队,在交通运输部党组的正确领导下,水运院近年来始终以加快建设交通强国为使命,以水运科研高质量发展为主题,以"政治建院、科研立院、改革兴院、人才强院"建设为总抓手,持续瞄准"加快建设交通行业高端智库和世界一流科研机构"愿景目标,深化"为政府决策提供智力支撑、为行业重大工程提供技术支撑"的职能定位,在为部服务、科技支撑引领行业发展等方面作出了突出的贡献。水运院深度参与我国水运发展战略政策的研究和技术支撑工作,特别是在海运强国战略、内河优势发展战略、长江航运高质量发展、智能航运发展、建设世界一流港口、绿色航运等方面取得了多项重大研究成果。水运院在行业技术创新方面发挥了示范引领和支撑作用,如承担了水上溢油应急处置关键技术、基于船岸协同的船舶智能航行与控制关键技术等重大国家科研项目的研发;研制的"水运一号"搭载长征十一号运载火箭成功发射,成为全球首个依托商业卫星实现船舶在轨智能跟踪拍摄的卫星载荷。截至2019年底,水运院共完成各类科研项目8000余项,获得国家级科学奖励30项,省部级科技奖励400余项,取得专利近200项,拥有软件著作权百余项。

经过多年发展,水运院形成了以"水运经济、安全应急、环保节能、现代物流、智能水运"五大科研领域为主、基本全面覆盖水路交通运输各个方向的专业体系,集咨询服务、装备研发、工程设计、航运服务、交流培训五大产业板块于一体的业务领域。

水运院总占地面积约 17.2 万平方米,建筑面积约 6.6 万平方米,在大兴拥有一座占地 208 亩的大型综合性实验基地,在黄河小浪底库区建有 1000 余亩的洛阳华洋生态科技园,在天津和青岛正在规划建设海上溢油应急处置实验基地和智能航运研发基地。建有 1 个国家国际科技合作基地、3 个交通行业重点实验室、5 个院级重点实验室和 3 个政府决策支持平台。水运院创立发行《水运科技》《水运科学研究》《集装箱运输》和《船舶防污染》等多本内部刊物,定期向行业提供《水路交通决策参考》,定期发布中国港口股票指数和中国航运股票指数,是研判水运行业经济运行形势的重要指标。附图 1-1 为水运院本部。

附图 1-1　交通运输部水运科学研究院院本部

二、组织机构历史沿革

悠悠岁月,弹指挥间;春华秋实,沧桑巨变。从北兵马司 1 号到西土城路 8 号,从十数人到千余人,从临时板房到数万平方米科研大楼,从 4 个专业到全面覆盖水运各个领域。60 多年来,水运院历经变革,数易其地,但始终一路攻坚克难,砥砺前行,走过了从无到有、从有到专、从专到全、从全到精的光辉历程,为我国水运事业科学发展提供了坚强支撑,成为新中国水运科技发展的奠基人、先行者和主力军。

1956 年 6 月,交通部部务会议决定成立水运科学研究院筹备处,办公地点在北京市东四区交道口南大街交通部大楼(北兵马司 1 号)。在中央"向科学进军"的伟大号召下,8 月 1 日,交通部水运科学研究院应运而生。12 月,交通部批设院部、技术情报室,以及水运经济管理、港工航道、船型和船舶动力、船舶驾驶 4 个专业研究部门。实有人员 70 人。

1957 年 12 月,交通部水运科学研究院船型和船舶动力、船舶驾驶两个专业迁往上海(上海船舶科学研究所),港工航道专业迁往南京(南京水利科学研究所),人员减至

34 人。办公地点迁至北京东四前炒面胡同 33 号。

1958 年 2 月 7 日,交通部水运科学研究院更名为交通部水运科学研究所,交通部批准编制定员 45 人,8 月交通部调整批复编制定员 56 人。9 月 25 日,交通部水运科学研究所启用新印章。

1959 年 1 月,交通部水运科学研究所办公地点迁至国子监特 54 号。8 月 21 日,交通部颁布 1959 年组织机构和编制定员 89 人。

1960 年 11 月 28 日,交通部水运科学研究所与公路研究所合并,定名为交通部科学研究院,办公地点迁至学院东路 5 号院内北楼、东楼(现西土城 8 号院)。

1972 年 1 月 1 日,交通部科学研究院与铁道部科学研究院合并,定名为交通部科学研究院,办公地点迁至西直门外大柳树北原铁道部科学研究院大院。

1973 年 10 月 15 日,水运研究所作为合并后的交通部科学研究院所属单位启用新印章。

1975 年 1 月 29 日,交通部临时领导小组决定,原交铁合并的交通部科学研究院自 2 月 1 日起分为交通部科学研究院和铁道部科学研究院。

1977 年 12 月,在现西土城路 8 号院内自建 01 楼、02 楼,分别作为科研实验工厂和中心实验室使用。

1980 年 12 月,水运科学研究所主体(除运输室和情报室等部分)办公地点从铁科院搬回现西土城路 8 号院临时建筑的木板房内。

1981 年 4 月 9 日,水运科学研究所从交通部科学研究院分离,独立为局级单位,由部直接领导,定名为交通部水运科学研究所。

1983 年 3 月 31 日,交通部批设经济管理研究室、运输研究室等 12 个科室,批准编制 400 人。

1986 年 10 月 29 日,交通部批准水运科学研究所设置党委办公室、人事教育室等 18 个科室,核定编制 450 人。

1987 年 7 月,水运科学研究所搬入西土城路 8 号院新科研大楼办公,大楼总建筑面积 12229 平方米,水运科学研究所约占 5500 平方米。12 月 24 日,交通部同意将北京交通管理干部培训学院在大兴县安定镇原址的土地和设施划归水运科学研究所,用于建设试验场。土地总面积约 13 万平方米,房屋建筑面积约 1 万平方米。

1989 年 9 月 6 日,交通部决定恢复交通部科学研究院为部属一级事业单位(正局级),并将包括水运科学研究所在内的部直属科研所(院)划归交通部科学研究院领导。

1990 年 2 月 11 日,人事部批准水运科学研究所事业编制 480 人。

1992 年 9 月 28 日,大兴试验场正式投入使用。

1993 年 3 月 25 日,交通部批准设立党委办公室、人事教育室、科研计划管理室等 20 个科室和大兴科研试验场、交通部环境监测总站、运达交通技术开发公司 3 个直属单位。

1996年5月29日,交通部决定将交通部环境监测总站从水运科学研究所划出,成立交通部环境保护中心。

2005年11月,交通部批准水运科学研究所更名为交通部水运科学研究院。

2009年11月,交通部水运科学研究院更名为交通运输部水运科学研究院。

2011年1月31日,交通运输部批复水运院设置办公室、党群办公室等7个内设机构和经济政策与发展战略研究中心、法律研究中心等14个院属机构,人员编制490人。

2016年1月,交通运输部决定交通安全质量管理体系审核中心、交通运输部环境保护中心和中国海事服务中心由部海事局管理成建制调整为水运科学研究院管理。

三、机构与人员

截至2019年底,水运院现有7个机关职能部门、14个院属机构、3个院管单位、18个院属企业(含控股)、1个博士后科研工作站,挂靠有3个全国标准化技术委员会及分支机构、5个中国航海学会分支机构、7个专业工作机构(附图1-2)。通过完善人才引进、培养和激励机制,进一步加强了各类人才的统筹规划,人才队伍持续壮大,人才素质明显提升,人才结构不断优化。水运院现有职工1300人,其中在职职工1028人,离退休人员272人。院本部事业编制人员391人,其中硕士以上学历占72.7%,具有高级专业技术职称及以上占53.9%;企业及劳务人员152人。2016年1月,按照交通运输部部署,交通运输部环境保护中心、中国海事服务中心、交通安全质量管理体系审核中心3个中心成建制从部海事局划转至水运院,交通运输部环境保护中心在编职工23人;中国海事服务中心在编职工37人;北京中交绿通科技有限公司36人,华洋海事中心有限公司389人,此外还拥有船员4400人,每年向全球150家船东近400艘船舶派遣船员15000人次。

高层次人才培育力度不断加大,人才储备体系初步建立。其中,第三届交通运输部专家委员会委员3人,享受国务院政府特殊津贴8人次,交通运输部"新世纪十百千人才工程"第一层次人才3人,首批"新世纪百千万人才工程"国家级人选2人,交通运输青年科技英才12人,交通运输部科技创新领军人才2人,航海学会科技贡献突出人物5人,航海学会青年科技人才3人,院首席研究员3人,院青年首席研究员12人,院青年科技英才19人,历年入选国家和省部级专家库200余人次。

(一)标准化技术委员会

挂靠水运院的三大标准化技术委员会,借助部科技司提供的秘书处工作平台,提出多项国际标准和提案,在集装箱、港口机械、疏浚装备、环境保护等领域积极参与国际标准化组织活动,增强了我国在国际组织中的话语权,提高了水运院在国际标准化工作中的地位。

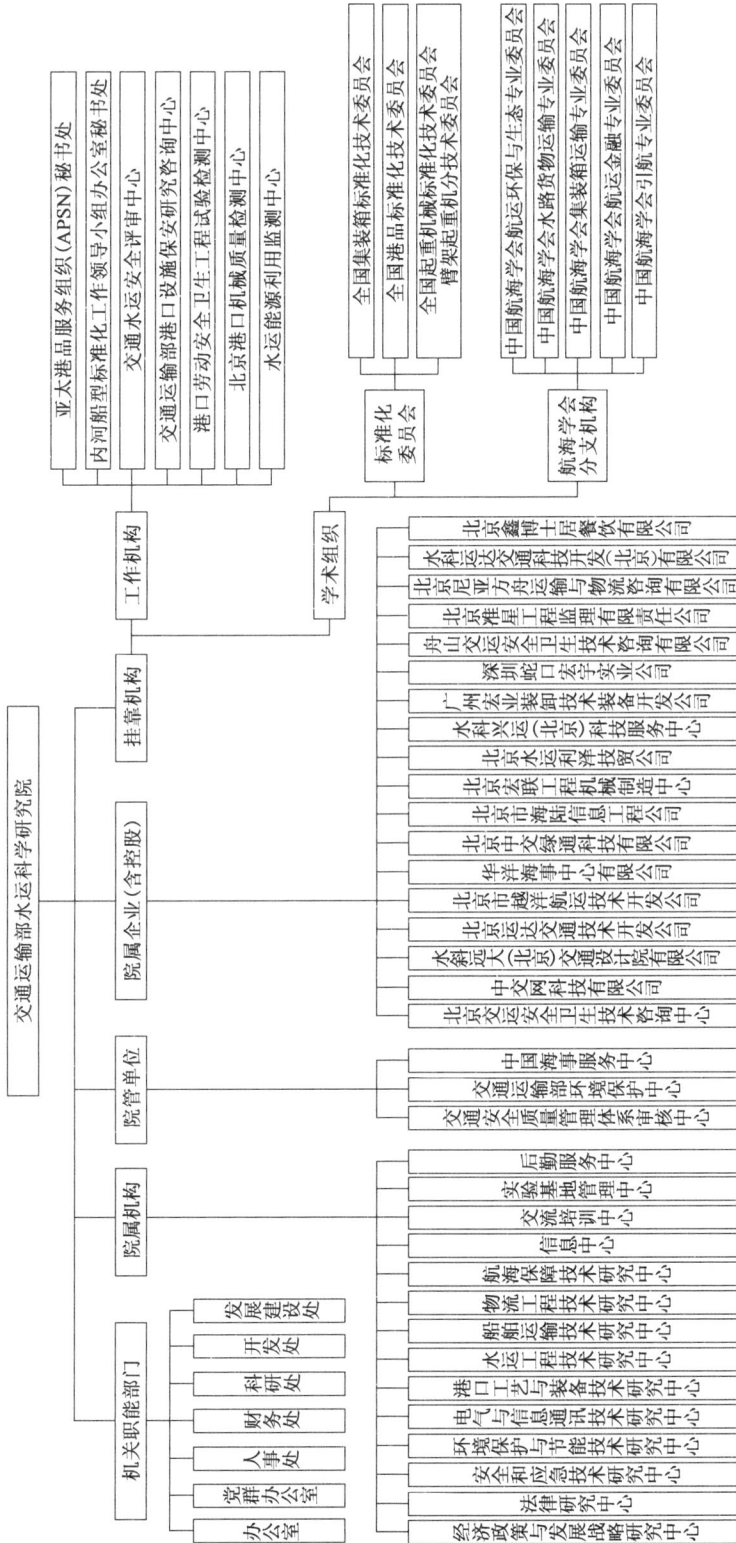

附图1-2　交通运输部水运科学研究院组织机构图

1. 全国集装箱标准化技术委员会

全国集装箱标准化技术委员会由国家标准化管理委员会统一领导，并受国家标准化管理委员会委托由交通运输部进行行业归口管理。负责我国集装箱领域内的国家标准与行业标准化技术归口管理工作，对口国际组织为 ISO/TC104（国际集装箱标准化技术委员会），担负着国内外集装箱信息与技术交流的重任。

2. 全国港口标准化技术委员会

全国港口标准化技术委员会于 2012 年成立，是我国港口行业首次设立的全国性标准化管理机构。委员会主要负责港口安全、管理、作业、服务等领域的标准化工作。致力于通过加强港口标准化工作，不断提升我国港口的管理水平、服务水平和综合实力，对港口转型升级发展起到积极促进作用。

3. 全国起重机械标准化技术委员会臂架起重机分技术委员会

全国起重机械标准化技术委员会臂架起重机分技术委员会由国家标准化管理委员会批准成立，为在全国起重机械标准化技术委员会下臂架起重机领域内从事全国性标准化工作的技术组织，负责臂架起重机运行专业标准化的技术归口工作，并协助全国起重机械标准化技术委员会承担国际标准化组织相应技术委员会的国内对口工作。

（二）中国航海学会分支机构

挂靠水运院的五大航海学会专业委员会，积极促进了水运行业技术交流与合作。

1. 中国航海学会航运环保与生态专业委员会

以促进航运可持续发展和环境保护事业的繁荣与发展，促进船舶污染学科领域和业务人才的成长与提高为目标，积极参与国内外相关学术团体的交流与合作，组织开展了丰富多彩的活动，内容涉及船舶溢油应急、有毒有害物质应急、船舶大气污染防治、船舶压载水、危险货物运输、船舶拆解、船舶防污染法规、船舶防污染经济、内河船舶防污染等多领域。原名为中国航海学会船舶防污染专业委员会，2020 年底名称调整为中国航海学会航运环保与生态专业委员会。

2. 中国航海学会水路货物运输专业委员会

由与中国水上危险货物运输有关的单位、部门和个人自愿组成的跨地区、跨部门、跨行业的专业学术组织。以开展行业创新、管理和政策等领域的科研、学术研讨与交流培训，组织国际友好交流合作活动，推动行业创新为主要业务，接受政府部门委托，开展危险行业相关调查，起草行业相关规定、规范、标准，对行业发展战略、政策和建议中的重大项目进行决策论证、成果鉴定，提出决策建议；开展域内的技术咨询、服务和产品推广等工作，普及危险货物知识。原名为中国航海学会危险货物运输委员会，2020 年底名称调整为中国航海学会水路货物运输专业委员会。

3. 中国航海学会集装箱运输专业委员会

是中国航海学会下设的一个全国性跨行业、跨部门的集装箱运输专业学术组织,为由委员单位自愿组成的非营利性机构,以促进中国集装箱运输业发展为宗旨,以信息交流、信息服务为主要业务,发挥了加强集装箱运输政府管理部门、企事业单位之间联系的桥梁作用。

4. 中国航海学会航运金融专业委员会

致力打造行业创新发展智库,搭建信息共享平台、学术交流平台,引领行业学术研究,调动各方资源,为繁荣航运保险学术、促进航运保险业态创新发展服务,提升航运保险业在现代航运服务业发展大局中的战略地位。原名为中国航海学会航运保险专业委员会,2020 年底名称调整为中国航海学会航运金融专业委员会。

5. 中国航海学会引航专业委员会

致力于通过举办引航专业的各种学术活动,提高引航员航海技能,保障引航安全,促进我国引航事业发展。以加强引航行业的科学管理为职责,为引航行政管理机关制定行业规范、建立行业约束机制、制止不正当竞争的决策提供建议,促进引航行业的健康发展;开展有关引航法律、法规等问题及引领安全、引航员自身安全的研究,向主管机关提出立法建议;扩大国际间的引航学术交流,与国际引航委员会(IMPA)建立联系,促进国际间引航学术活动,提高我国引航界在世界引航界的地位;受引航主管机关的委托,协助进行引航员培训;提供各种涉及引航员和引航安全的信息咨询及交流平台。

(三)专业工作机构

1. 亚太港口服务组织(APSN)秘书处

亚太港口服务组织成立于 2008 年 11 月,是一个由我国领导人倡议成立的第一个服务于亚太地区交通运输发展与合作的非营利性国际组织。APSN 旨在通过加强本地区港口行业的经济合作、能力建设、信息交流和人员往来,推动投资和贸易的自由化与便利化,实现亚太经合组织(APEC)成员经济体的共同繁荣。APSN 执行机构是秘书处,设在水运院。

2. 内河船型标准化工作领导小组办公室秘书处

根据部关于推进内河船型标准化工作部署要求和水运局的要求,具体承担内河船型标准化工作领导小组办公室秘书处工作职能。

3. 交通水运安全评审中心

根据 2003 年 7 月交通部人劳司批复成立交通水运安全评审中心,承担交通水运行业安全预评价、安全验收评价、安全现状综合评价、专项安全评价等评审工作。

4.交通运输部港口设施保安研究咨询中心

2003年11月,交通部批复成立交通部港口保安研究咨询中心,从事与港口设施保安相关的研究、咨询、人员培训、对外交流等工作。

5.港口劳动安全卫生工程试验检测中心

1999年2月,交通部人教司批复成立港口劳动安全卫生工程试验检测中心,承担港口工程防爆性能、石油码头及库区安全性能、港口装卸机械安全性能、交通行业劳动条件、劳动卫生事故分析及相关设备性能检测;劳动安全卫生新技术、新材料、新工艺在港口工程应用中的跟踪检测等。

6.北京港口机械质量检测中心

1999年5月,交通部人劳司批复成立北京港口机械质量检测中心,承担港口机械(包括国内外港口装卸、输送、搬运机械及航道疏浚、浮式起重机械)设备及其所用的主要材料、机构、配套产品的质量、性能、技术规格等检测工作。

7.水运能源利用监测中心

2007年,根据交通部人劳司批复成立水运能源利用监测中心,以对水运行业能源利用监测及相关技术研究为职责,组织开展水运行业节能运用技术、装置(产品)及材料的鉴定认定工作等。

四、科研条件

60余年的励精图治,奠定了交通运输部水运科学研究院雄厚的科研基础。

水运院占地面积17.2万平方米,建筑面积6.6万平方米,其中院本部科研楼建于1983年,总建筑面积为12358.3平方米,用于科研人员日常办公和部分作为实验室使用;综合楼建于2012年,总建筑面积为6750平方米,主要用于院机关职能部门日常办公使用;北楼建于1958年,2016年完成装修改造,建筑面积为2238.75平方米,主要作为科研实验室使用。

拥有1个大型综合性实验基地(大兴,附图1-3)、1个国家国际科技合作基地、3个行业重点实验室、5个院级实验室和多套重要实验系统与装备,在黄河小浪底库区建有1000余亩的洛阳华洋生态科技园,另外在天津和青岛正在规划建设海上溢油应急处置实验基地和智能航运研发基地。

经过多年发展,形成了以"三大平台、七大重点实验室"为主框架,布局合理、功能完善、运行高效、先进适用的科研条件体系。

附图 1-3　交通运输部水运科学研究院综合性实验基地

（一）实验基地

实验基地是水运院开展科学研究和科学实验、科研成果转化、新技术新产品产业化的开发平台。主要功能是为水运系统工程研究开发、港口装卸系统研究开发、港口环境保护和安全卫生研究开发、港口管理人员和操作维修人员培训提供环境模拟和阶段试验，为各种专用装卸设备、环保设备、电气设备、安全装置等新机型开发提供应用研究和试验手段。

实验基地于 1990 年由北京交通干部管理学院划拨给水运院，经过多年科研条件建设，水运院拥有交通运输港口物流装备及控制工程重点实验室、结构疲劳实验室、水上交通事故技术鉴定实验室、中交水运行业监测实验室、柴油机变速节能实验室、船岸供电安全实验系统、港口保安技术集成与评估试验系统、港口智能信息管理实验室、人机工程实验室及中试车间等重要实验条件，装备有各种精良的精密加工装备和实验仪器，能够为水运行业关键技术的基础性和应用性实验、研究、开发提供有力的支持。

（二）国际合作基地

2017 年 11 月获得科技部认定，致力于通过国际科技合作与示范，提高水路运输污染防治与重特大事故应急科技创新能力，提升我国在该领域的研究水平。基地集成了包括港航灾害事故模拟、环境遥感、交通水运行业节能监测、港口与船舶能耗与排放监测等实验系统，具备空间信息采集、遥感图像专业处理、海面实况浮标跟踪、决策支持信息分析、溢油源鉴别元素同位素分析等功能。与国外 10 余个研究机构建立了长期战略合作关系，承担国家级、省部级等各类项目 70 余项，其中涉及国际科技合作任务 42 个，形成多项有国际影响力的先进成果，发表高水平论文 80 余篇，取得专利授权 13 项，获得省部级奖励 16 项，出版专著 13 部，编制修订国家标准 7 项、行业标准 16 项，拥有软件著作权多项，引领该领域先进技术发展方向和示范应用。

（三）政府决策支持平台

1. 水运经济形势分析预测平台

该平台的建设主要依托"水路交通运输动态评估系统实验室"，在搭建大数据分析系统的基础上，继续完善数据库建设，深化实验室分析模块产品开发，加强实验室在多元数据整合、数据分析、计算能力、系统安全、远程控制、信息发布等方面的能力建设，进一步提高为行业提供信息资源、辅助决策、战略咨询的服务水平。

2. 内河航道网运行监测平台

该平台能够向社会提供内河航道基础和船舶交通流实时监测数据，并通过数据分析为航道管理部门提供航道网运行维护、应急处置和节能减排等技术支持。通过对高分遥感内河数字航道实验系统、内河航道网通航环境与交通流分析实验系统等实验系统的相关功能进行整合，完成平台建设，为部相关部门强化航道管理提供技术支撑。

3. 溢油及危化品事故应急决策技术支持平台

该平台在整合现有实验系统相关功能的基础上，进一步增强应急处置决策、跟踪报警等方面的技术支持能力。重点建设溢油及危化品事故应急处置仿真模拟系统、浮标环境跟踪定位与报警实验系统、溢油及危化品污染监视监测系统等，更新溢油及危化品事故污染模拟预测系统等，全面提升溢油及危化品事故应急处置方面的为部支持服务能力。

（四）交通运输行业重点实验室

1. 港口物流装备与控制工程交通运输行业重点实验室

港口物流装备与控制工程交通运输行业重点实验室于1999年获交通部批准成立，是交通运输行业第一批重点实验室。该实验室专业包括机械、电气、计算机、环境保护类学科领域，目前主要有港口物流装备与控制技术、港口工艺装备节能环保技术、港口物流流程自动控制技术、港口计算机模拟技术四大研究方向。

2. 集装箱运输智能化行业重点实验室

集装箱运输智能化行业重点实验室于2014年获得交通运输部行业重点实验室认定，主要聚焦在现代物流技术领域，以实现集装箱综合运输系统和现代物流的便捷、高效、安全、低成本为目标，以集装箱海铁联运、内贸集装箱新箱型、集装箱智能化运输为重点，在新型运输组织模式、新工艺、新装备、信息交换、可视化跟踪、技术标准等领域，围绕物流新技术开发和应用，以物流装备适应性、供应链业务仿真与预测、集装箱测控技术为重点，开展相关研究。

3. 无人船舶系统及设备关键技术交通运输行业重点实验室(共建)

无人船舶系统及设备关键技术交通运输行业重点实验室(以下简称"无人船重点实验室")于 2020 年 2 月 10 日获得交通运输部批复,由大连海事大学、中国船级社、水运院共同建设,定位于围绕交通强国、海洋强国发展战略,以重大科技任务攻关和核心装备研制为主线,开展战略性、前瞻性、基础性、系统性、集成性科技创新,着力突破无人船领域重大科学前沿问题,攻克事关国家核心竞争力和行业可持续发展的关键核心技术和装备,成为引领无人船关键技术发展的科学中心和创新高地。

(五)交通运输行业技术研发中心

交通运输行业卫生防疫技术研发中心是由交通运输部水运科学研究院北京交运安全卫生技术咨询中心联合北京大学公共卫生学院、上海理工大学、北京航天长峰股份有限公司、比亚迪汽车工业有限公司联合建立的。在交通运输通风消毒处置和无接触式检查筛查技术及装备研发、人员防疫保护技术及装备研发、人员与应急运输技术及装备研发、突发公共卫生事件决策技术研发 4 个研发方向,进行重大科技项目研发、成果验证及工程化、产业化应用工作。具体开展消毒技术、通风技术、无接触式检查筛查技术、个体防护装备技术、自动化监护技术、应急运输支持保障体系技术、人员和物资运输保障技术、隔离运输技术、疫情防控指挥与救援智能决策平台技术、突发公共卫生事件疫情防控技术的研发。

(六)院级重点实验室

1. 水运安全与应急技术重点实验室

该实验室建设以服务水路运输安全生产、事故应急等领域技术发展和管理为基本定位,在水运安全风险防控、水上危险品运输、船舶通航安全及航海保障、水上应急决策支持、货物运输安全等重点方向开展科学实验和技术测试。

2. 交通节能环保技术重点实验室

该实验室以服务绿色交通建设为基本定位,以水路运输领域为重点,在水运节能、减排、环保等重点方向开展科学实验和技术测试。

3. 智能航运重点实验室

该实验室建设以服务船舶运行、通航建筑物监管、水路运输等领域提升智能化水平为基本定位,在智能化识别、定位、跟踪、监控和一体化管理等方向开展科学实验和技术测试。

4.海上溢油应急处置重点实验室

该重点实验室依托天津实验基地建设,以服务水运行业溢油污染事故应急和处置技术发展为基本定位,在溢油污染机理、溢油事故各阶段特征、溢油事故应急、溢油后恢复处置等重点方向开展实验研究。目前已建成由溢油基本特性测试系统、基于典型环境的溢油装备及材料性能检测系统、典型环境溢油生态修复实验系统等七大子系统组成的综合实验系统,形成典型环境条件下溢油围控、回收及处置性能和技术效果测试试验能力。

5.水运职业健康技术重点实验室

水运职业健康技术重点实验室成立于1999年,是水运院重点实验室之一,是一个多科学综合实验室,面向社会提供检测分析技术服务。实验室通过了中国国家认证认可监督管理委员会实验室资质认定(CMA),目前已取得65项检测资质,其中化学有害因素检测项目52项、物理因素检测项目13项。2017年,取得职业卫生技术服务机构甲级资质,实验室业务范围包括化工、石化及医药、机械、设备、电器制造业、运输、仓储、科研、农林、公共服务业。该实验室技术服务主要涉及上述行业职业病危害因素检测、评价等工作。在为企业服务的同时,也积极开展职业卫生科研业务,参与交通部门、安监部门、卫生部门的各项科研工作,为政府和企业提供技术支撑。

(七)主要资质证书

经过多年的专业和业务积淀,水运院全面推行 ISO 9001 国际质量体系认证,是中国工程咨询协会会员单位,具有住建部、中国工程咨询协会、中国水土保持学会、中国国家认证认可管理委员会、北京市安全生产监督管理局、北京市应急管理局、北京市交通委员会路政局等多家单位颁发的多项资质证书。证书列表如下:

工程咨询单位甲级资信证书

职业卫生技术服务机构甲级资质证书

工程设计甲级资质证书

交通建设工程监理企业专项甲级资质证书

国家级计量认证证书

ISO 9001 质量管理体系认证证书

生产建设项目水土保持监测单位水平评价一星证书

国家级计量认证证书

海洋船舶船员服务机构

对外劳务合作经营

国际海运辅助业经营(船舶管理)

水路运输服务许可

建设项目水资源论证乙级资质证书

交通运输行业公路水路环境监测网成员单位证书

生产建设项目水土保持方案编制单位水平评价二星证书

环境保护部委托编制竣工环境保护验收调查报告和验收监测报告

民用无人驾驶航空器经营许可证

五、科研领域与典型成果

水运院经过多年发展,逐步形成了以"水运经济、安全应急、环保节能、现代物流、智能水运"五大科研领域为主、基本全面覆盖水路交通运输各个方向的专业体系。每年近700项科研成果为政府决策和行业发展提供了有力的智力支撑。其中,获得各类科研成果数量呈现逐年稳步增长趋势。建院以来,累计获国家级科学技术奖励30余项,获省部级科学技术奖励400余项,专利200余项,软件著作权百余项。"十三五"以来共获得国家级或省部级科学技术奖81项,其中国家科技进步二等奖1项,省部级特等奖1项、一等奖14项;出版专著、编著30部,发表三大检索及核心论文170篇,拥有软件著作权124项。

(一)水运经济

主要围绕水运行业发展战略、经济运行分析、政策法规三个方面坚持长期跟踪研究,为国务院、交通运输部和其他相关部委制定涉及水运行业的重大战略、政策和法规提供了重要的决策依据,并形成了实力雄厚的研究团队、成熟的研究方法体系和扎实的研究成果及数据资料基础。

1. 海运强国发展战略

本项目开创性提出"海运强国"发展战略框架体系,明确了以保障性、竞争性、引领性为核心的海运强国战略内涵,创造性划分了四阶段海运强国战略实施步骤,建立了各阶段发展目标体系;首次量化分析了海运业的周期性特点,论证了海运业在国民经济中战略性的基础和服务产业地位;创新性构建了"DESSPOR"产业战略分析模型,识别影响产业发展及其竞争力的7种要素与相互关系,为产业发展战略制定提供了新的分析方法和技术支撑;首次总结归纳了欧洲、美国和日本的海运发展模式,通过多因素综合分析提出了具有中国特色的海运发展模式;围绕海运强国战略目标、内涵和路径,系统地提出了具有可操作性的战略实施政策措施。研究成果荣获2014年中国航海学会科技奖一等奖。

2. 水运行业经济运行分析

作为交通运输部"交通经济运行分析"工作核心成员单位之一,水运院长期承担水运行业经济运行分析工作,形成了由国内外宏观经济数据、国际贸易数据、资本市场信息、港航设施和运行数据等构成的水运经济运行监测数据库和基于相关数据信息的成熟的分析机制。定期向国务院、交通运输部及相关部委汇报行业发展趋势及市场动态，编制了"水运行业景气指数""中国港航上市公司股指"等具有一定行业影响力的指数。

（二）安全应急

主要围绕水运安全风险防控、水上危险品运输安全保障、航海保障技术、应急决策支持4个研发方向，形成了全面服务水运安全发展的技术能力，为水运行业建设平安交通提供坚实的技术支撑。

1. 长江水运安全风险防控技术与示范

本项目为"十二五"国家科技支撑计划项目。项目开展了长江水运安全风险防控体系研究、内河智能交通控制网关键技术与示范、危险货物船舶运输安全控制与应急技术、港区储罐安全风险防控与应急技术、复杂航段安全驾驶与应急能力提升技术及应用等研究工作。项目形成了长江水运安全风险防控体系架构，制定了高毒性危险货物船舶运输、危险货物状态监测、港区储罐管线检测等技术标准，开发出航运安全信息共享服务、危险货物船舶运输全程监控与应急响应、港区储罐安全风险预警与应急等平台，研制了船岸数据通信移动客户终端、危险货物状态感知、典型液体化学品围控回收、港区储罐及管线便携检测等设备，研发了基于GIS的长江水运安全风险管控系统、航行安全应急演习演练系统和内河船舶驾驶模拟系统。项目研发形成相关新技术装备、系统、平台与新材料等17项，取得发明专利22项、实用新型专利8项，获得相关软件著作权22项，发表学术论文110篇，制定水运安全防控技术标准、规范、操作规程指南等29项。项目整体技术达到国际先进水平，有3项具体技术达到国际领先水平。项目研究显著提高了长江安全防控水平，为打造长江黄金水道中国经济新支撑带提供了技术支撑与保障。

2. 基于典型案例的港航特大安全风险防控研究

项目结合当前我国港航领域安全生产实际，分析存在的系统性安全风险，明确港航特大安全风险的概念、内涵和范围，创建了典型案例库，构建港航特大安全风险分布领域体系框架；科学运用系统论、矛盾论、条件论、事故树等理论与方法，提出了新的港航安全理念；系统分析提出我国港航特大安全风险因素构成、时间空间分布及成灾情形与条件；从行业发展的角度分析了港航特大安全风险的演变规律，系统提出了我国港航特大安全风险的防控措施，通过费用效益分析论证了重点领域相关措施的可行性和合理性。项目研究成果获得2019年中国航海学会科学技术奖一等奖。

（三）环保节能

围绕水运环境保护技术、船舶污染防治技术、港口节能减排技术3个研发方向，构建完善的技术及产品支撑体系,为水运行业建设绿色交通提供全面的技术支撑和保障。

1. 智能化水面溢油处置平台及成套装备研制

本项目为"十二五"国家科技支撑计划项目。项目开发重大海上溢油事故应急、溢油围控和回收、处置等技术与产品,包括智能化船用双臂架收油机与油囊、高效环保型消油剂与快速布控重型围油栏、高性能溢油吸附材料及回收利用技术、深水溢油事故处置机器人、水面溢油跟踪监测浮标与无人机监测装备、智能化控制水上溢油处置平台、海上重大溢油事故应急调度指挥集成技术。项目共取得20余项新产品、新系统、新材料及计算机软件等;形成技术标准6项、操作规程及指南10余项;取得国家专利40余项,其中发明专利26项;发表论文70篇。项目成果总体达到国际先进水平,有7项研究成果达到国际领先水平。项目研究显著提高了我国智能化水面溢油处置技术及装备水平。

2. 船舶与港口空气污染物排放控制研究

项目采用基于动力法和燃料法并自主创新的排放清单计算方法,对中国船舶和港口空气污染排放的现状、区域贡献和减排趋势进行了评估,进而提出了系统和有针对性的排放控制对策措施建议。项目研究形成了《中国船舶和港口空气污染现状、趋势与控制对策研究报告》和《中国船舶活动水平和排放控制区探讨研究报告》。项目取得发明专利1项,发表论文8篇,其中EI检索3篇,编辑发行《船舶防污染》专刊3期。

(四)现代物流

主要围绕物流系统优化与供应链管理、物流工艺装备与控制技术、物流信息共享与交换技术3个研发方向,推进我国港口物流、区域物流、企业物流发展,为发挥水运行业比较优势、推动综合运输体系建设提供技术支撑和服务。

现代物流关键技术标准研究及应用示范项目为"十二五"国家科技支撑计划项目。本项目重点研究了现代物流业务流程优化、物流信息系统和物流运营支撑服务的共性技术问题,开发了安全智能集装箱设备、新型内贸集装箱等新装备,并形成相关的国际/国家/行业标准;同时针对家电和集装箱两个典型物流行业,研制出具有自主知识产权的信息化业务平台系统和运营支撑服务平台系统;进行了集装箱多式联运物流作业优化方法和装备匹配性研究;开展技术标准应用示范,对标准进行验证和推广。项目共取得10余项新产品、新系统及计算机软件等;形成技术标准20余项;取得国家专利5项,其中发明专利3项;发表论文10篇。项目成果总体达到国际先进水平。项目研究的实施和应用,有利于提高我国物流发展水平。

(五)智能水运

主要围绕水运系统智能化、水运物联网技术、水上交通管控智能化、港航大数据与水运管理智能化4个研发方向，为推进我国智能水运综合建设提供坚实技术支撑与服务。

基于船岸协同的船舶智能航行与控制关键技术项目为国家重点研发计划项目。项目研究解决（或形成）海上复杂航行环境目标主动检测、识别、跟踪与融合，以及面向自主航行决策的信息表达与声光语义理解、多约束条件下的沿海船舶航线智能优化与内河船舶路径自主规划、远程驾驶与系统开发技术、面向多驾驶模式交通环境的船舶航行支持保障技术、虚实结合的船舶智能航行系统技术测试体系构建、船舶智能航行安全风险辨识与管控等关键技术，研发沿海和内河船舶远程驾驶、自主航行系统，开发船舶智能航行信息集成与交互平台、船舶远程驾驶与监控平台，形成较为成熟的基于船岸协同的船舶智能航行与控制系统。

六、业务范围与典型项目

科研专业齐全、全产业链经营是水运院的核心优势。依托雄厚的科技实力，水运院可为行业提供咨询、工程、产品、航运及培训等全方位服务。

（一）咨询

经过多年的专业和业务积淀，水运院能够承担水运行业各类项目的工程咨询和评价工作，在行业和企业发展战略、发展规划、政策咨询、工程前期规划咨询、工程可行性研究、港口与物流园区规划、内河航运规划、引航发展规划、信息化发展规划、港航安全评价、港口设施保安评价、环境影响评价、节能评估、船舶防污染评估、通航安全评估、航运政策法规咨询等领域业绩突出，取得了丰硕的研究成果。

1. 2030年的上海国际航运中心发展研究

2009年，《国务院关于推进上海加快发展现代服务业和先进制造业建设国际金融中心和国际航运中心的意见》要求推进建设上海国际航运中心。课题组从国际航运中心的内涵出发，提出上海国际航运中心到2020年成为全球先进的国际航运中心、2030年成为全球领先的国际航运中心的路径，从亚洲航运资源配置者聚集的平台，逐步引领全球航运资源的配置，成为国际航运中心。

2. 南京长江航运物流中心规划研究

受南京市发展改革委和交通运输局委托，研究按照"港、航、园、产、城"五位一体总体思路，突出港口、航运、园区、产业、城市的协调发展，首次提出了"航运物流中心"的内涵，创新地对南京长江航运物流中心进行了科学定位。

（二）工程

主要从事水运工程的设计、承包、监理。长期以来，水运院在水运工程领域积累了很多具有国际先进水平的技术,在水运工程设计、港口工艺、电控系统、信息化综合解决方案、港口机械工程试验检测、通信导航、海事救捞、现代物流工程等方面取得了诸多重要成果,其中港口工艺与自动化领域占据国内优势地位,散粮码头自动控制系统技术达到国际先进水平,并先后承担了国内外多项成套技术的研究、开发与建设,完成了多项国家行业标准的制定。

1. 散货输送电控系统工程

水运院拥有30余年散货输送电气自动化控制和信息通信工程研究的经验。为港口、电力、电子、冶金、石化、市政、环保、粮食储运等行业提供了系统设计、软硬件开发、设备供货、安装调试、运行维护、技术培训等一体化的优质服务。承担的散货输送电控系统工程有:广州新沙、广州西基、秦皇岛港、天津港、日照港、福州国电、防城港等多个煤炭、矿石储运工程;还承揽了上海良友、大连北良、盘锦中储粮、唐山中储粮、广州新沙、广州南沙、山东日照、福建漳州、厦门直属库、北京昌平粮库等大量粮食储运控制系统工程。完成多项省部级科研项目,承担多项省市级重点工程,获得了多个奖项和专利:"大型粮食园区储运监控技术在上海外高桥粮食码头的应用"荣获中国港口协会科技奖二等奖,"散粮卸船工艺流程自动控制技术研究"荣获国家经贸委"九五"国家技术创新优秀项目奖等。

2. 三峡通航船舶吃水检测设施工程

该工程建设双浮移动离船检测设施和单浮移动离船检测设施各一套,通过现代检测技术手段,实现通航船舶吃水深度高精度离船检测。保障了船舶安全通过通航建筑物,为通航管理部门科学执法提供手段,为通航指挥调度提供准确信息,在内河航运重点水域有很强的示范作用,该工程已取得几十项国家专利。该工程的实施有利于降低通航风险、提升通航效率,实现了船舶超载监控手段的多样化。

(三)产品

主要从事新技术、新装备、新产品的研发,特别是在移动登船桥、轻型轮胎式集装箱门式起重机、环保型轻漂除淤挖泥船、水面溢油回收设备、水面溢油跟踪浮标等方面的研究成果,多次获得国家级和省部级奖项,为行业技术进步作出了重要贡献,在国内具有较高的影响力和信誉。

邮轮码头旅客登船桥是用于接待豪华邮轮旅客上下船的现代化专用装备。水运院于2007年为厦门东渡国际邮轮中心提供了国内第一台轨道式邮轮旅客登船桥设备,上海吴淞口国际邮轮中心、青岛国际邮轮港、厦门东渡国际邮轮中心、广西北海邮轮港等均采购并使用了水运院的轨道式登船桥产品。水运院登船桥设备应用新型丝杠垂直升降技术、随动搭接技术、自动调平技术、应急撤回技术、无障碍坡道等人性化设计技术,有效保证旅客经由旅客通道便捷、舒适、安全、无障碍地上下豪华邮轮。多种形式登船桥创新产品的实际应用,使得我国邮轮码头旅客登船桥的科技水平进入了世界先进行列。

(四)航运服务

水运院所属中国海事服务中心承办全国船员、引航员、注册验船师、磁罗经校正人员等16个类别160余个科目的理论和评估考试,年均完成各类考试1万余期、2万场、50余万人次。开发船员考试系统、数据分析系统、评估管理系统等各类考试信息系统10余套。负责组织开展海事战略规划、政策法规、相关公约标准等研究及海事相关技术研发、咨询服务与成果转化,提供船员就业发展指导与咨询服务。

水运院所属华洋海事中心有限公司是一家集航运全产业链经营、信息软件开发等为主业的国有集团化企业。华洋海事中心有限公司是国内规模最大的船员劳务派遣与服务机构,自有船员约4400人,年派出1.5万人次;管理船队规模达32艘,总吨位近110万吨,船舶类型包括远洋和近洋超大型及大灵便型散货船、油化船、科考船、挖泥船等;建有自有船队营运9艘船舶,可控运力57.8万载重吨,全部走向国际航线;开展船舶监造服务,为客户在挪威、日本、中国监造各类船舶37艘次,总计238万载重吨;与挪威威尔森集团合作,每年为超过4500艘次的船舶提供代理服务;建有船员培训中心,占地3200平方米,拥有国内领先标准的5个本船模拟器和1套轮机模拟器,可开展履约补差培训、船东订制培训、职务晋升培训、综合技能提高培训、专项培训等各类船员培训服务。

(五)培训

水运院在港航管理、港口卫生保安、信息工程、现代物流、散货输送、集装箱技术、交通法律、安全环保、机电工程、船舶监造、海员服务等方向与国内外进行长期培训合作。

1. 港口设施保安培训系列

旨在全面提高相关港口设施工作人员的保安意识和工作能力,帮助各港口管理部门和港口企业健全和完善保安管理体系,增强保安突发事件防范和控制能力,主要面向港口设施保安相关管理人员。

2. 水路危险货物运输管理培训系列

旨在推动国际国内新发布危险品相关法规的贯彻落实,帮助各地方交通运输和港航管理部门及有关企事业单位开展学习和加深理解,进一步提高水路危险货物运输管理水平和应急救援能力,主要面向水路运输安全管理人员。

七、展望与未来

站在实现"两个一百年"奋斗目标的历史交汇点上,水运院将始终坚持以习近平新时代中国特色社会主义思想为指导,全面贯彻党的十九大和十九届二中、三中、四中、五中全会精神,坚决贯彻落实交通运输部党组的决策部署,坚持以高质量发展为主题,以深化供给侧结构性改革为主线,坚持创新驱动发展,紧紧围绕交通强国建设新要求,全面推进"政治建院、科研立院、改革兴院、人才强院"建设,切实履行水运科研国家队的职能,发挥水运科研技术优势,加强系统谋划和统筹推进,强化水运经济、安全应急、环保节能、现代物流、智能水运五大研究领域的创新能力,提升咨询服务、装备研发、工程设计、航运服务、交流培训五大产业板块的核心竞争力,切实发挥"为政府决策提供智力支撑、为行业发展提供技术支撑"的重要作用。

进入新发展阶段,水运院将坚定不移贯彻新发展理念,紧紧围绕加快构建新发展格局的总体要求,坚持面向世界科技前沿、面向经济主战场、面向国家重大需求、面向人民生命健康,抓住新机遇、担当新使命。以党建工作为统领,以改革创新为动力,以统筹融合为重点,以开放合作为指引,以人才发展为支撑。努力使为部服务能力、科研和市场开发水平跃上新台阶,科研条件支撑能力和利用水平明显提高,形成结构合理、素质优良的创新人才队伍,建立有行业竞争力、安全可控的科研信息化体系,支撑部决策和服务行业发展的能力、水平和影响力明显提升,成为有影响力的交通运输行业高端智库,向世界一流交通科研机构的目标迈进。

附录2
中国远洋海运集团有限公司

中国远洋海运集团有限公司(以下简称"中远海运集团")由中国远洋运输(集团)总公司与中国海运(集团)总公司于2016年2月18日重组而成,总部设在上海,是中央直接管理的特大型国有企业。中远海运集团重组后,连续获评国务院国资委经营业绩考核A级、党建考核A级,连续入列《财富》世界500强,排名逐年提升。同时,中远海运集团为《福布斯》全球最受信赖公司2000强榜唯一上榜航运企业、"全球最佳表现者"奖获得者。

中远海运集团是新中国航运事业的开创者,参与了从沿海到远洋、从追随到领跑的历史进程,是新中国成立以来航运的主力军,并亲历了改革开放40年、推动航运事业波澜壮阔的伟大变革,成为当前全球最大航运物流企业,为中国的改革开放和经济发展提供航运命脉。

一、历史沿革:百年风雨航程

从一叶扁舟孤帆远征到万吨巨轮百舸争流,中国远洋海运事业的开创和发展,掀开了新中国航运的序幕,推动了世界文明的交融。

1948年,随着解放战争的节节胜利,周恩来、任弼时等老一辈无产阶级革命家通过爱国人士和地下党员在香港开设了"华夏企业有限公司",为解放区筹措物资,成为新中国冲破敌对势力封锁的先驱。

(一)中海集团历程

1949年,中国共产党创立的新政权在一穷二白中开始了新中国航运事业新的拓荒。在新中国的召唤下,香港招商局及招商局旗下"海辽"轮等17艘船舶,高举爱国主义旗帜,毅然宣布起义,回到人民的怀抱,大量滞留海外的私营航商先后北归。1949年5月,上海市军管会接管招商局轮船公司。1949年7月,中共旅大地区党委创办大连轮船公司。1949年10月,广州市军管会接管招商局轮船公司广州分公司。1950年4月1日,由招商局改组而成的国营轮船总公司在上海成立,统一经营全国国营轮船运输业务。1951年7月,交通部在大连、上海、广州分设北洋、华东、华南区海运管理局,形成三大海运局(1953年后,北洋、华南区海运管理局合并成立上海海运管理局),成为恢复新中国航运业的基础力量。而且,经过三年奋斗,货运量已经超过招商局 77 年中最高的历史纪录。随着计划运输体系的形成、私营轮船业社会主义改造和第一个五年计划的完成,海运为国家经济服务的能力不断提升。之后,"大跃进"、三年困难时期和"文化大革命"等期间海运人始终坚守岗位,为航运经济持续发展作出了贡献。改革开放后,海运迎来发展的春天,1985 年 4 月 1 日,大连海运分局同上海海运局脱钩,正式成立大连轮船公司。自此三大海运局已各具规模,成为海上运输与陆岸产业相配套的、生产与社会功能兼备的国有大型企业。

伴随着经济的发展和改革的深入,1997 年 7 月 1 日,在上海海运(集团)公司、广州海运(集团)有限公司、大连海运(集团)公司、中国海员对外技术服务公司和中交船业公司 5 家交通部直属企业的基础上组建成立中国海运(集团)总公司。

(二)中远集团历程

1951 年 2 月 1 日,国营轮船总公司改组为中国轮船总公司,并迁往北京。1951 年 6 月 15 日,新中国第一家中外合资企业——中波轮船股份公司成立,开辟了第一条沟通亚欧的国际远洋航线。此后,中国先后与捷克斯洛伐克、阿尔巴尼亚、坦桑尼亚成立合资公司,为我国自营远洋运输船队的建立和发展打下了良好的基础。1958 年,交通部成立远洋运输局及其驻广州办事处,统一管理远洋船舶与外轮代理工作,筹建国家远洋运输企业和自营远洋船队。1961 年 4 月 27 日,新中国第一家远洋运输企业——中国远洋运输公司(后更名为中国远洋运输总公司)在北京成立,与交通部远洋运输局合署办公。同日,中远广州分公司在广州成立。公司成立第二天,第一艘悬挂中华人民共和国国旗的"光华"轮首航印度尼西亚雅加达,接运难侨回国,标志着新中国远洋船队的诞生,开辟了我国远洋事业的新纪元。从此,中国远洋运输走向快速发展之路。1992 年 12 月 25 日,中国远洋运输总公司更名为中国远洋运输(集团)总公司,同时提出了"下海、登陆、上天"的多元化发展战略。集团成立后,作为第一家进入海外资本市场的中国国企,积极开拓海外事业并进军国际资本市场。1993 年 2 月 16 日,由以中国远洋运输(集团)总公司为核心,中国外轮代理总公司、中国汽车运输总公司、中国船舶燃料供应总公司共同组建的中远集团在北京宣告成立。

(三)组建中远海运集团

2016 年 1 月 4 日,经国务院批准,中国远洋运输(集团)总公司与中国海运(集团)总公司重组成立中国远洋海运集团有限公司。同年 2 月 18 日,中国远洋海运集团有限公司在上海正式成立。

二、产业发展:打造6+1产业集群

2018年11月,习近平总书记在上海考察时指出,"经济强国必定是海洋强国、航运强国"❶,深刻阐明了海运与经济、海运与国家战略的关系,为我国未来海运事业的发展指明了方向。中远海运集团成立后,贯彻落实习近平总书记重要指示,稳步推进重组改革,积极服务国家战略,大力推进高质量发展,实现了规模与效益、改革与发展同步增长,成为全球最具竞争力的综合航运企业。

(一)深化改革

中远海运集团以深化国企改革"1+N"系列文件为指导,不断推进"深改""快改",先后完成总部、集运、航运金融、能源运输、散运、码头、物流、重工、海外区域公司及海外网络、中远海控、船员和船舶管理体制、财务公司、信息资源等20多个重点领域重组整合,资产交易规模最大、涉及上市公司最多、复杂程度最高。在推进改革重组的同时,不断推进机制体制创新,重点抓好董事会建设、混合所有制改革、股权激励机制改革和市场化经营机制改革,进一步释放改革红利、提升改革效益、焕发改革活力。

中远海运集团加快供给侧结构性改革,带头重组整合,通过资产重组、股权合作、战略联盟、联合开发等方式,推进央企专业化整合,发挥协同效应;带头创新发展,建立和完善技术创新体系,建设"互联网+"平台,促进跨界创新融合,培育战略性新兴产业;带头清理整顿,化解过剩产能,加快淘汰落后产能,清理亏损和低效无效资产;带头防范风险,关注债务高企和资金链紧张企业,加快资产重组,改善资产质量,防范和避免潜在风险。在深化改革中全面系统调整结构、优化布局。

两个布局:一是优化产业布局。加强顶层设计,把制定发展战略作为改革重组的第一项重点工作,将结构调整纳入企业发展战略。按照"规模增长、盈利能力、抗周期性、全球公司"四大维度,制定了打造航运、物流、航运金融、装备制造、航运服务、社会化服务及"互联网+"等"6+1"产业集群的战略规划。二是优化全球布局。作为航运业东半球平衡西半球的重要力量,中远海运集团服务国家"一带一路"倡议,加快全球化布局。在海外设立十大区域公司。与"一带一路"沿线29个港口洽谈合作,成功收购多个海外码头股权。

五个结构:一是调整船队结构。落实拆旧造新政策,累计拆解老旧船304艘,新造大型化、节能环保船132艘,平均船龄降至8.6年。二是调整客户结构。推进国货国运,与28家央企签订战略合作协议。与淡水河谷签订25年长期运输合同,大客户比例显著提高。三是调整资产结构。在香港、上海打造两个航运金融平台。深化央企股权合作,与中船、武钢、国投等置换股权。四是调整管理结构。在直属企业推进规范董事会建设,实施

---

❶ 坚定改革开放再出发信心和决心　加快提升城市能级和核心竞争力[N].人民日报,2018-11-08(1)。

差异化授权管理,提高投资决策效率。压缩管理层级,关闭340家公司,实现削减法人20%的目标。五是调整竞争结构。联合达飞、长荣、东方海外,组建全球最大的"海洋联盟",改变全球集装箱运输竞争格局。

(二)产业集群

围绕"规模增长、盈利能力、抗周期性、全球公司"四个战略维度,中远海运集团着力布局航运、物流、航运金融、装备制造、航运服务、社会化产业和基于商业模式创新的"互联网+"相关业务"6+1"产业集群,优先发展集装箱运输、港口、综合物流、航运金融产业,进一步促进航运要素的整合,持续做强做优做大航运主业,全力打造成为全球领先的综合物流供应链服务商。

1. 航运产业集群

集装箱运输、码头投资经营、油轮运输、液化天然气运输、干散货运输和客轮运输业务构成了中远海运集团的航运产业集群。作为核心产业集群,它将进一步巩固中远海运集团全球第一大综合航运企业的地位。2018年,中远海运集团收购东方海外,迅速进入全球班轮行业第一梯队,成为全球第三大班轮公司。2019年,中远海运集装箱运输有限公司、东方海外实现协同效益5.58亿美元。2019年9月,中远海运集团旗下中国第一艘自主运营豪华邮轮"鼓浪屿"号首航,成功进军邮轮市场。2019年11月,中远海运集团收购海南港航控股有限公司,共同推动优化整合海南省港口和航运资源,助力海南自贸区(港)建设。

2. 物流产业集群

包括工程物流、货运代理、仓储网络、多式联运、船舶代理等业务。定位于全球领先的综合性第三方物流服务商,将成为中国企业走向海外市场优先选择的全球物流合作伙伴。

3. 航运金融产业集群

包括船舶租赁、航运保险、供应链金融、物流园区投资、股权投资和以"一带一路"基础设施投资为主的资产投资。其发展目标是,成为中国第一的航运金融及物流金融产业集群,立足中国,逐步在全球范围内建立领先地位。2019年5月,中远海运集团收购香港胜狮货柜旗下造箱资产,造箱产能跃居全球第二。

4. 装备制造产业集群

包括船舶制造、海洋工程制造、船舶维修和集装箱制造等业务。作为中远海运集团重要产业集群,将继续巩固集团在海洋工程装备和船舶制造及相关领域的核心技术、市场份额等方面的领先优势。

5. 航运服务产业集群

包括船舶管理、船员管理、船舶备件采购、通导技术管理和燃料、物料供应等业务,将为航运主业提供坚实的保障。

6. 社会化产业集群

包括地产资源开发、酒店管理、医院、学校等社会化服务业务,是打造新产业的孵化器,也是培育专业人才的基地。

7. "互联网+"相关业务

基于商业模式创新的"互联网+"相关业务将以大数据的高品质服务新业态,推动各业务转型升级,实现互联网资源与航运要素的集成应用。

(三)综合实力

中远海运集团完善的全球化服务铸就了网络服务优势与品牌优势。码头、物流、航运金融、修造船等上下游产业链形成了较为完整的产业结构体系。

目前,中远海运集团是全球最大的综合航运企业和全球最大的码头运营商,海运主业涉及集装箱运输、港口码头、散货运输、能源运输、特种船运输和全球物流业务。在主要业务指标方面,实现了六个世界第一:

综合运力世界第一:1.045亿载重吨/1297艘;

干散货运力世界第一:4015万载重吨/420艘;

油气运力世界第一:2532万载重吨/199艘;

特种船队运力世界第一:434万载重吨/161艘;

集装箱码头吞吐量世界第一:1.26亿TEU;

全球船舶燃料销量世界第一:超过2600万吨。

另外,集装箱船队规模世界第三:307万TEU/501艘。集装箱租赁业务保有量规模达370万TEU,居世界第二。海洋工程装备制造接单规模及船舶代理业务也稳居世界前列。2019年货运量120560.54万吨、货物周转量34256.96亿吨海里,其中国内货运65250.72万吨、国内客运224万人。

至2020年,重组4年来,集团主要经济指标实现"三连增"(附表2-1~附表2-3)。

营 业 总 收 入   附表2-1

2016年	2017年	2018年	2019年
1976亿元	2343亿元	2818亿元	3050亿元

利 润 总 额   附表2-2

2016年	2017年	2018年	2019年
161亿元	193亿元	201亿元	230亿元

净　利　润　　　　　　　　　　　　　　　　　　附表2-3

2016 年	2017 年	2018 年	2019 年
40 亿元	150 亿元	146 亿元	166 亿元

中远海运集团是最早进入国际资本市场的中国企业之一。目前,中远海运集团在境内外控股 11 家上市公司。

①中远海运控股(A+H 股),集团集装箱运输与港口的上市平台,旗下拥有中远海运港口(香港上市)、东方海外国际(香港上市)。

②中远海运发展(A+H 股),集团航运金融产业境内平台,租赁业务、造箱业务。整合前为中海集团集装箱运输上市公司。

③中远海运能源(A+H 股),集团油轮、LNG 业务。

④中远海运特运(A 股),集团特种船运输。

⑤中远海运港口(香港上市),在中远海控旗下,主要负责港口运营。

⑥中远海运科技(A 股),航运信息化产业。

⑦中远海运国际香港(香港上市),社会化产业集群。

⑧中远海运国际新加坡(新加坡上市),为东南亚区域物流公司,整合前为中远集团造船工业上市平台。

⑨中远海运比雷埃夫斯港口(PPA)(希腊上市),比雷埃夫斯港运营。

⑩东方海外(香港上市),在中远海控旗下,集装箱运输。

⑪海峡股份(A 股),客运业务。

三、全球布局:成就全球最大航运企业

(一)全球化历程

1. 全球化初探时期(20 世纪 60 年代至 70 年代末)

本时期受国际环境影响,发展较慢。1961 年新中国第一家国有国际海运企业——中国远洋运输公司宣告成立,同年新中国第一艘自营远洋船"光华"轮首航。3 年后建立了中国到朝鲜、日韩、西欧的航线;到 1970 年,航线扩大到非洲东部、红海沿岸、北美洲、波斯湾、孟加拉湾、东南亚和澳大利亚等地区;至 1978 年,又进一步增加了我国至 43 个国家或地区的国际航线,初步形成了覆盖全球的航线布局。

2. 全球化布局时期(20 世纪 70 年代末至 21 世纪初)

党的十一届三中全会提出改革开放,促使中远、中海向着经营管理的国际化迈进。1978 年 9 月,"平乡城"轮装载着 162 个国际标准箱驶离上海,标志着中国远洋集装箱运输的正式开始。1979 年 4 月,中美建交后首航美国第一船"柳林海"轮到达美国,标志着

中美海上航线正式开通。这一时期,中远分别在欧洲、美洲、亚洲、大洋洲、非洲的近20个国家和地区派驻了航运代表。1980年建立第一家境外合营公司——荷兰跨洋公司;1988年建立第一家海外独资公司——中远(英国)有限公司。此后在汉堡成立了中远欧洲公司、汉远技术服务中心。初步形成了一个以中国内地为依托,以欧洲、北美、日本、东南亚和中国香港五大区域为辐射点的海外航运业务网络。1997年中海集团成立,依托沿海航运业务,很快将业务拓展至中国香港等地,并相继成立欧洲、北美、东南亚、西亚、非洲和南美7家控股公司,海外业务多元发展,形成较强的全球经营能力。

3. 全球化发展时期(21世纪初至2015年)

进入全球化发展新时期,在以中国内地为中心,以中国香港、美洲、欧洲、新加坡、日本、澳大利亚、韩国、西亚、非洲等九大区域公司为辐射点的全球架构基础上,加快"走出去"战略实施步伐。2008年11月,成功获得希腊比雷埃夫斯港集装箱码头35年特许经营权。中远集团在海外的资产和收入逐步接近总资产和总收入的50%,主要国际化经营指数接近联合国"全球跨国公司100强"标准。

4. 全球化引领时期(2016年至今)

2016年2月,按照党中央、国务院安排,中远集团和中海集团合并为中远海运集团。新集团迅速整合,确立了新的愿景和战略方向:围绕"规模增长、盈利能力、抗周期性、全球公司"四个战略维度,在全球优化产业布局,整合航运要素,形成"6+1"产业集群。2018年7月,中远海运集团完成对东方海外的收购,使集装箱船队规模达到300万TEU,迅速进入全球班轮行业第一梯队,超越法国达飞,成为全球第三大班轮公司。

(二)全球化布局

作为我国最早"走出去"和国际化经营程度最高的央企之一,中远海运集团重组以来进一步加快全球化布局。目前,中远海运集团国际化经营业务已遍布全球160多个国家和地区,航线覆盖全球1500多个港口,境外企业资产、企业收入、企业利润均超过集团总量的一半。

1. 全球化经营管理

目前,中远海运集团设有中国香港、欧洲、北美、南美、东南亚、澳大利亚、日本、韩国、非洲和西亚等十大区域公司,在境外50多个国家和地区设有1050家企业。对境外的区域公司按照全球业务协同、信息共享沟通、新兴业务孵化、管理服务支持、国际人才培养五个平台进行了定位,逐渐以航运、物流为核心向多元业务进行转型,开辟海外经营与发展的新格局。

2. 全球化海运市场

国际产业转移演进为产业链条、产品工序的分解和全球化配置,客户对全球商品的需求也在日益提高。而航运业由于拥有运量大、运距长、运费低廉、节能环保等优点,是全球化经济贸易产业链中不可缺少的一环。因此,对中远海运集团来讲,海运市场遍布全球各个角落。

3. 全球化海运资本

2019 年底,中远海运集团境外资产占集团总资产的 57.6% ;境外收入占比年均达到 56.2% ;境外利润占比年均达到 53.7% ,并在中国香港、新加坡和希腊拥有 7 家上市公司,境外资本已在中远海运集团中占据半壁江山。

4. 全球化海运客户

中远海运集团的客户遍布全球,如印度、日本、韩国和西欧各国等为世界煤炭的进口主体;原油进口大国主要集中在美国、欧洲国家、日本和印度;全球谷物种植地集中在美国、阿根廷、巴西;中国作为世界工厂,品类齐全的各类产品远销世界各地,远洋航线通往世界每一个角落的客户。

5. 全球化海运人才

中远海运集团一直注重对全球化人才的选拔、培养和任用。目前,中远海运集团境外员工总人数约 19489 人,其中外派中方员工仅 489 人,各国当地员工占境外员工总数的 97%。按集团新政策,海外企业正在逐步将部分关键岗位员工转换身份成为职业经理人。

6. 全球化海运交流

中远海运集团积极推动国际航运界交流合作,自 2004 年起牵头主办"国际海运年会",影响力不断扩大,成为国际海运界的年度盛事。尤其是近两年在中国国际进口博览会平台召开,更是引起了海内外的广泛关注,年会逾千人参加,是进博会最大的配套活动。中远海运集团连续 19 年为博鳌亚洲论坛提供核心保障,并连续两年主办年会分论坛。中远海运集团自 2013 年金砖国家工商理事会成立起即积极主导,投入其中。2019 年,集团董事长许立荣作为理事会中方主席,与五国领导人及工商界代表对话,提出解决方案,加强和促进金砖五国工商界间经济、贸易、商务和投资的联系与合作。

7. 全球化文化融合

中远海运集团在不同的国家和地区中实施跨文化管理,在异域文化环境中做到资本相容、智力相容、文化相容,把不同文化背景的各国员工凝聚起来,共同实施企业经营战略。

(三)领军"一带一路"

在"一带一路"建设上,中远海运集团积极发挥海外业务和各相关业务板块资源优势,以船舶为纽带,以港口投资为支点,以综合物流为支撑,以南北极运输为延伸,积极打造"点线面极"高效立体运营网络,为"一带一路"沿线国家及地区间的贸易往来、商品流通、基础设施建设等提供了全方位的综合物流供应链服务。

1. 突出支点作用,强化"一带一路"沿线港口布局

码头业务是中远海运集团的核心资源,是集团全球网络布局的基础和战略支撑点。2019 年底,中远海运集团全球投资经营码头共 56 个,在"一带一路"沿线投资额达到 558 亿元,"一带一路"沿线投资码头 18 个,包括比利时、荷兰、希腊、阿联酋、西班牙、新加坡、土耳其、秘鲁等国码头。其中位于希腊的中远海运比雷埃夫斯港被称为"一带一路"建设的经典案例。当地时间 2019 年 11 月 11 日,国家主席习近平和夫人彭丽媛在希腊总理米佐塔基斯夫妇陪同下,共同参观中远海运比雷埃夫斯港项目。习近平在现场指出:很高兴来到比雷埃夫斯港参观。百闻不如一见。今天我在这里看到,中国倡议的"一带一路"不是口号和传说,而是成功的实践和精彩的现实。❶ 比雷埃夫斯港是希腊最大港口,位于雅典西南约 10 千米处。2016 年,中远海运集团成功中标比雷埃夫斯港港务局私有化项目,正式成为港务局控股股东并接手运营管理,当前直接和间接地为当地 1 万多人创造了就业机会。该港现已成为地中海地区最大港口和全球发展最快的集装箱码头之一。希腊雅典经济与商业大学曾将"比雷埃夫斯港务局私有化案例"纳入 MBA 国际项目变革管理课程。

2. 突出纽带连接,优化"海上丝路"航线网络架构

为进一步推动"一带一路"互联互通,集团持续优化全球航线布局,相继开通欧亚等地区多条班轮航线。目前,中远海运集装箱运输有限公司在"一带一路"沿线布局集装箱班轮航线 189 条,投入运力 184 万 TEU,占中远海运集团总运力的 62%。2019 年截至 11 月,中远海运集团"一带一路"沿线完成集装箱运量 1162 万 TEU,同比增长 5.2%;完成散货运量 7066 万吨,同比增长 16.6%;完成油气运量 5589 万吨,同比下降 3%;完成杂货运量 851 万计费吨,同比增长 4.1%。

3. 突出全程物流,夯实"陆上丝路"物流服务基础

中远海运集团加大对亚欧海铁联运、亚欧国际班列业务的投入,先后开通班列共 18 列,2018 年完成箱量 2.35 万 TEU。支持互联互通南向通道建设,增加以广西钦州港为始发港或经停港的远洋航线,助推内陆沿边地区成为开放前沿,带动形成陆海内外联动、东西双向互济的开放格局。中远海运集团还大力推进以希腊比雷埃夫斯港为基地的"中欧陆海快线"建设,深入中东欧腹地开辟中国与东欧之间物流新通道。2019 年截至 11 月,中欧陆海快线累计完成货量 7.86 万 TEU,同比增长 71%。此外,中远海运集团积极围

---

❶ 习近平和希腊总理米佐塔基斯共同参观中远海运比雷埃夫斯港项目[N]. 人民日报,2019-11-13(1)。

绕"一带一路"沿线国家和地区,加强物流、仓储等基础设施的投资和建设,先后收购新加坡高昇物流公司,投资哈萨克斯坦霍尔果斯东门无水港、阿联酋阿布扎比码头集装箱拆装箱场站等重大物流项目。

4.突出空间拓展,开辟极地商业运营版图

中远海运集团是全球唯一一家运营南北极航线的航运企业,成为"北极蓝色经济通道"的先行者。自 2013 年开始探索北极航行以来,共派出 18 艘多用途船、半潜船,执行 31 个北极航次。2016 年完成全球首个南极科考站建设的商业运输服务项目。2019 年已实现北极商业运营常态化、规模化运营,比经苏伊士运河传统航线节约 7～10 天航程。中俄合作的亚马尔天然气项目被誉为"镶嵌在北极圈上的一颗能源明珠",上海 LNG 作为亚马尔项目的重要参与者,承担起开辟"北极蓝色经济通道"的历史重任。2019 年,中远海运集团在俄罗斯与诺瓦泰克等 4 家公司签署了《关于北极海运有限责任公司的协议》。中远海运集团加大投资 LNG 运输,至 2019 年底已接近 50 亿美元,未来将有越来越多的船舶穿越北极蓝色经济通道。

中远海运集团全球化发展之路,形成了独具中国企业特色的全球发展模式,即全网络布局、全产业发展、全链条带动、全方位融合、全要素共享。这种长期形成的发展模式,是中远海运集团应对各种风险挑战的重要法宝,是企业全球化发展行稳致远的底气所在。

四、核心价值:海运即国运

(一)文化理念

中远海运集团由中远集团和中海集团重组而成。中远、中海,源自同一个起点,熔铸同一根血脉,在图强报国中风雨兼程,在改革大潮中齐头并进,形成了共同的文化理念和一致的价值追求。为大力弘扬集团优秀历史文化传统,适应企业发展战略需求,中远海运集团制订了《中国远洋海运集团企业文化核心价值理念纲要》,主要包括:

①"四个一"文化目标。一个团队:打造一个积极进取的优秀团队;一个文化:建设一个同舟共济的和谐文化;一个目标:确立一个世界一流的奋斗目标;一个梦想:构筑一个实现卓越的伟大梦想。

②企业使命:创造价值,连接梦想。

③企业愿景:承载经济全球化使命,整合优势资源,打造以航运、综合物流及相关金融服务为支柱,多产业集群、全球领先的综合性物流供应链服务集团。

④企业价值观:客户为上,人才为本,安全为基,创新为魂。

⑤企业精神:同舟共济。

⑥企业作风:务实,高效,协调,融合,智慧。

⑦企业广告语:We are ready。

古老的海运业留下了永恒的航海文化,数千年来,虽风云变幻但历久弥新,虽跌宕起伏但经久不衰,闪耀着强国的底色,蕴含着奋斗的豪情。中远海运集团以航海文化砥砺企业文化,以企业文化发展航海文化,不断创新和发展航海文化核心理念体系,衍生出"三舱"精神和四个"坚守",已被纳入集团企业文化体系。

①弘扬"三舱"精神:理想信念坚定"压舱",坚守航运强国的初心使命,坚如磐石,矢志不渝,推动事业行稳致远、破浪前行;工作责任落实"满舱",聚焦世界一流的愿景目标,全力担当,实干兴企,促进企业提质增效、做强做优;精神状态迸发"爆舱",砥砺领航全球的壮志豪情,只争朝夕,砥砺奋进,引领企业跑赢未来、驶向卓越。

②做到四个"坚守":把稳舵,坚守航运强国的理想信念;定好锚,坚守脚踏实地的实干精神;扬起帆,坚守战风斗浪的奋斗精神;拧成绳,坚守同舟共济的团队精神。

中远海运集团坚持把"跨文化"管理作为"走出去"战略的一项重要工作,构建了一套跨文化条件下的企业管理文化体系。

①"本土化"运作。尊重世界文化的多元性,适应所在国家和民族的本土文化,坚持"本土化"方针,承认差异、尊重差异、包容差异,加强文化相融,坚持"在撞击中融合、在融合中创新、在创新中发展",构建了更加开放包容的新型文化,做到"入乡随俗""求同存异"。

②"全球化"思维。中远海运集团顺应全球化发展趋势,坚持"全球化"思维,注重吸收西方先进管理经验和外籍管理人员智慧,融合东西方优势,将文化理念融入各项管理制度、工作标准、考评体系中,构建了"战略、管理与文化"三位一体的现代综合管理体系。

③"人本化"理念。中远海运集团把企业以人为本与员工以企为家统一起来,采取各种有效措施,消除国籍、民族、区域、种族隔阂和政治干扰,树立"进了企业门,就是企业人"的人文理念,增强了外籍员工对企业的认同感和归属感,培养和造就了一支具有世界眼光、业务精湛、综合素质过硬的国际化人才队伍。

④"公民化"责任。中远海运集团恪守诚信经营,积极为所在国当地社会提供最好的企业运营和产品服务;履行社会责任,确保煤电运输,推进节能减排与环境保护工作,参与当地公益和慈善事业;强化文化传播,提高所在国政府和当地人民对企业的认知,提升企业国际影响,有效融入当地社会。

⑤"法治化"管理。中远海运集团崇尚法治精神,严格遵守国际公约和相关法律法规,尊崇契约精神,优化公司治理,依法公平参与市场竞争,在国内外树立了守法经营的良好企业形象。2018 年获得国资委法治央企建设 A 级单位荣誉。

(二)社会责任

中远海运集团不忘初心、牢记使命,积极履行央企责任,发挥"大国顶梁柱"作用。尽管和平与发展仍是当今时代的主题,但国际政治、军事斗争依然十分激烈,局部动荡频繁发生,粮食安全、能源安全、网络安全等全球性问题越加突出,恐怖主义更给当今世界增添了不安定因素。一旦发生以上重大安全事件,特殊情况下,中远海运集团作为国家船队,总是奋勇当先。如索马里、所罗门、利比亚动乱中的撤侨任务及我国能源进口运输等,中远海运集团每次都是责无旁贷、勇担先锋。此外,中远海运集团船队还担当了大量海上紧急救援任务,2019年全年海上搜救36起,成功救援104人。

中远集团、中海集团长期以来十分注重社会责任,分别建立了履行全球契约和社会责任的管理体系和长效机制。中远海运集团秉承两家集团的可持续发展理念,继续发挥央企表率作用,将主动承担和积极履行社会责任纳入企业发展战略之中,构筑以履行经济责任、环境责任、社会责任为主要内容的企业责任体系,将善尽社会责任作为企业价值主流和文化根基。

中远海运慈善基金会(前身为2005年12月20日设立的中远慈善基金会,2017年1月20日经民政部批准正式更名)是中远海运集团及成员单位捐资1亿元人民币作为原始基金发起、经国务院批准、由民政部注册登记的全国性慈善基金会,是我国首批由中央企业发起设立的非公募、非营利性慈善机构,是中远海运集团履行企业社会责任的重要平台。集团重组后,中远海运慈善基金会作为我国首批由国有企业发起设立的非公募基金会,不断加强力量,目前已形成了"远航·追梦""远航·家园""远航·健康""远航·暖心""远航·自强""远航·丝路"等"远航"系列慈善品牌项目,其中"远航·追梦"基础教育捐助项目于2010年被民政部授予中华慈善奖——"最具影响力项目"。中远海运慈善基金会始终坚持规范运作,管治公开透明,基金会透明度指数连续多年获得满分100分,排名并列全国第一,2018年被民政部评定为AAAA级社会组织。截至2019年12月31日,基金会组织实施慈善公益项目500多个,累计捐赠超6亿元人民币。企业的公益行为和正义之举,感召着广大职工汇聚爱心,公益慈善已成为集团员工凝心聚力、增进文化认同的重要平台。2019年11月,中远海运慈善基金会向希腊红十字会捐资善款50万欧元,慈善之光洒向"一带一路"。

中远海运集团扶贫援藏工作加大力度,对口援助湖南沅陵、湖南安化、云南永德、西藏洛隆、西藏类乌齐,2019年度投入扶贫资金6000万元,累计捐资超6亿元。2019年,类乌齐、洛隆、安化已成功脱贫。集团扶贫工作连续两年获评国务院扶贫考核最高等级"好"。

(三)重要奖项

2018年12月18日,庆祝改革开放40周年大会在北京召开,会上中共中央、国务院表彰了改革开放杰出贡献人员。中远海运集团董事长、党组书记许立荣荣膺"改革先锋",获习近平总书记接见。

2019年,中远海运集团所属上海海运退休职工杨怀远当选新中国70年"最美奋斗者"。

此外,中远海运集团重组以来,获得公司债券优秀发行人、最佳港口运营商奖、最具社会责任上市公司、金圆桌奖·董事会价值创造奖、国资委科技创新突出贡献企业、国务院国资委节能减排突出贡献企业等多项荣誉,荣登首届"新财富·中国最佳上市公司Top50"榜单。

从沿海到远洋,从追随到领跑,一代代风雨接力,一个个航路里程,中远海运集团用步履见证大国交通的天下纵横,用航迹注解大国前行的磅礴铿锵。新时代开启新航程。中远海运集团将矢志"创造价值、连接梦想",发扬"同舟共济"的企业精神,为建设交通强国、海洋强国凝心聚力,为全球发展和人类幸福砥砺奋进。

附录 3

招商局集团有限公司

　　招商局集团有限公司(以下简称"招商局")创立于1872年晚清洋务运动时期,是中国第一家现代企业,也是中国民族工商业的先驱。诞生伊始,招商局就以自强求富、实业救国为己任,肩负起"经国宏谟"的历史寄望,发行中国第一张股票,有效集合民间资本,开创中国商业全新的组织形式,带动一大批股份制企业先后成立,直接促进了中国近代股票交易市场的形成;组建中国近代第一支商船队,开辟中国商轮第一条近海航线、第一条长江航线,并以"招天下商,通五洲航"的宏大气魄,开航日本、东南亚,远航英国、美国,使中国旗帜首次飘扬于欧美海域。创业十余年间,招商局的船舶从4艘、2319吨发展到27艘、35318吨,固定资产总值从白银63.1万两增加到577万两,利润从白银8.2万两增加到63.7万两,迅速成长为中国航运界的龙头企业。

　　近代中国积贫积弱,航运利权被外国势力攫夺。招商局开业后,于江海各条航线独力抗击外国多家实力雄厚的航运企业,在高度激烈的市场竞争环境中不落下风,并于1877年成功收购美商旗昌轮船公司,开中国企业并购外国企业之先河,大大提高了民族企业的声望,国人士气亦为之振奋。成立仅数年,招商局就将中国航运利权收回五分之三以上,迫使外国航运企业降低运价,减少了商业发展和民众往来的交通成本。此外,招商局还承运漕粮,维护"国粮国运",保障了近代中国的粮食安全;参与办理赈灾事务,为灾区采买和运输粮米,积极履行社会责任;并在多次反侵略战争中派船运兵,以实际行动证明其作为一家爱国企业的使命和担当。

　　在开创中国近代民族航运业的同时,招商局还进行多元化投资,实现横向发展,将现代化的种子播撒在众多相关产业,为中国近代工商体系的建立作出了突出贡献。招商局在1874年创办中国第一家船舶修理厂——同茂铁厂之时,实现了中国人对现代修船业的最初探索并留下宝贵经验;从1875年开始相继创办保险招商局、仁和保险公司、济和保险公司、仁济和保险公司,为中国保险业的发展奠定了基础;1876年开办中国第一座现代化煤矿——开平矿务局,直接推动中国现代煤炭工业的起步;1887年创办中国第一家海关保税仓库——上海关栈,为中国自办保税仓库探索了经验;1897年投资创办中国第一家银行——中国通商银行,该行的成立标志着中国现代银行业的诞生,在中国金融史上具有划时代的意义;1908年投资创办中国第一家钢铁煤炭联合公司——汉冶萍公司,为中国钢铁工业的成长贡献了巨大力量。招商局不遗余力地推动中国近代民族工商业的发展，开辟了现代金融业、现代钢铁工业等众多堪称近代中国经济发展基石的重要领域，促使中国现代化事业由点到面全方位铺开，其壮举已超出单纯的企业层面，成为中国社会发生变革的重要起点之一，直接关系到中国现代化的进程。

抗日战争中，为拯救民族危亡，招商局深明大义、慷慨报国，在九江、马当等军事要地沉船塞港，先后沉船计24艘，约占当时招商局船舶总吨位的40%，做出了巨大牺牲，也有效地延缓了日军的侵略步伐，为中国军民及物资的后撤赢得了宝贵时间。在长江波涛中，招商局演绎了中国抗日战争史上极其悲壮、值得讴歌的一幕，充分体现了招商局和中国人民不屈外辱、保家卫国的斗争精神。同时，招商局还在抗日战争中放弃商业运输，主动承担军事运输任务。淞沪会战开始以后，沿海航线及通往华北的铁路先后被日军切断，长江成为战时交通的大动脉，其间招商局向上海前线运送了大批兵员和军需物资，并协助上海500余家工厂内迁，疏散运输各类物资无数。到1938年10月武汉沦陷时，招商局江海大轮抢运军民94万余人次，抢运军公物资及商货47万余吨，许多重要工厂、高校、科研单位得以安全西迁，减轻了侵略战争带来的损失，为中华民族的抗战事业保留了元气，招商局堪称这次中国版"敦刻尔克大撤退"的主演。

解放战争中，招商局位于上海的总公司和各地分支机构陆续被人民解放军接管，招商局员工在中国共产党地下党组织的领导下坚决开展护产斗争，抵制国民党势力转移招商局资产的行为。在中国共产党的领导下，1949年9月19日，招商局"海辽"轮的爱国志士在时代的转折点上选择了正确的方向，率先起义归国，并于开国大典当天，升起新中国海轮的第一面五星红旗。1950年1月15日，经过中国共产党的周密策划和正确指挥，香港招商局全体员工和13艘海轮庄严宣布起义，震动世界。香港招商局的办公楼、码头、仓库、轮船同时升起五星红旗，宣告香港招商局从此回到了人民的怀抱中。起义后，香港招商局经过9个月的护产斗争，历尽艰险，终于将所有起义船舶驶回新中国。周恩来总理在起义船舶全部归航后，亲自给香港招商局负责人及全体起义员工发电慰问嘉勉，高度肯定了这一义举："你们英勇不屈斗争，在维护祖国财产和发展人民航运事业上，是有很大贡献的。""海辽"轮及香港招商局起义是招商局高举爱国主义旗帜、勇敢奔向光明的重大壮举，也是招商局在党的领导下迎接企业新生，推动新中国航运发展和经济建设的重大启航。

新中国成立初期，招商局积极执行恢复江海航运的重要任务，1949年底实现长江干线的全面复航，1950年初恢复北洋航线运输，并组织船舶开航日本、苏联，在一定程度上恢复了远洋航线。水路运输的迅速恢复，对新中国成立初期城乡物资交流、商贸往来、工农业生产均起着重要作用，远洋航线的恢复更是有助于新中国打破西方国家的经济封锁。而招商局起义归来的17艘轮船共计33700载重吨，起义归来的700多名船员，奠定了新中国航运事业的基础,为恢复国民经济和打破外国封锁,发挥了积极的作用。从此,招商局在党的领导下,高举爱国主义旗帜,融入新中国的航运发展和经济建设,成为社会主义建设伟大奇迹的见证者、参与者和推动者。

1978 年,以党的十一届三中全会为标志,我国开启了改革开放的历史征程,社会主义现代化建设从此走上了持续发展的快车道。同年,交通部确定了招商局的经营方针为"立足港澳、背靠内地、面向海外、多种经营、买卖结合、工商结合",提出"应当冲破束缚,放手大干,争取时间,加快速度,适应国际市场的特点,走出门去搞调查,做买卖"。在党中央改革开放大旗的引领下,1979 年 1 月 6 日,交通部和广东省联名向党中央、国务院报送《关于我驻香港招商局在广东宝安建立工业区的报告》,提出由招商局在蛇口建立工业区。1 月 31 日该报告获中央批准,标志着中国第一个外向型经济开发区——招商局蛇口工业区正式成立。

改革开放如巨浪大潮,招商局这个弄潮儿充分运用中央赋予的自主权,在蛇口工业区的建设中勇于突破传统经济体制束缚,率先进行了以市场化为方向的改革,努力做到"工"善其事、"货"畅其流、"人"尽其才、"物"尽其用,在推动从计划经济向市场经济转变、从封闭向开放转变的历史转折中,为中国的"富起来、强起来"探索了新路,成为改革开放的"试管"和"窗口"。

"创业艰难百战多"。蛇口开发之初,是一片荒芜的海边滩涂、不毛之地,条件十分艰苦。招商局不驰于空想、不骛于虚声,埋头实干苦干,逢山开路、遇水架桥,既做改革的促进派,又做改革的实干家。仅用 4 个月的时间,就完成了蛇口开发一期基础工程的勘测设计工作,用双手创造了一个又一个奇迹,生动诠释了"招商速度、招商效率"。

1980 年 1 月,蛇口工业区正式招商引资,向世界发出投资邀请,作为中国对外开放的一个信号,在国内外引起强烈反响。为了保证引进外资有利于国家建设,有效保护环境,招商局明确提出了吸收外资的原则,即"三个为主""五不引进",为蛇口经济确定了生产型、外向型的发展方向和较高起点,走出了一条以长线为主、长短线投资相结合,以外资为主、内外资相结合的内涵式发展道路。

为了促进观念更新和思想解放,招商局在 1981 年喊出了"时间就是金钱,效率就是生命"这一振聋发聩的口号,铸就了全新的时间观念、效率观念、竞争观念、市场观念、契约观念、绩效观念和职业道德观念。1992 年,邓小平同志视察南方发表讲话,又一次吹响了思想解放的号角,招商局大力宣传"空谈误国,实干兴邦"的时代强音,充分体现了招商局脚踏实地推进改革开放和现代化建设的意志与决心。

改革开放离不开制度突破。招商局在蛇口工业区坚决破除利益固化的藩篱,坚决清除妨碍社会生产力发展的体制机制障碍,率先进行了一系列制度改革,包括工程招投标制度、干部人事制度、劳工用工制度、分配制度、住房制度、社会保险制度、企业股份制及党建工作、工会工作、新闻管理制度等改革,创造出多项中国第一或全国之最,创造了一个制度创新、体制机制创新的范本。

招商局率先创办了一批具有示范、引领作用的行业重点企业,包括新中国第一家由企业创办的股份制银行——招商银行、新中国第一家由企业创办的商业保险公司——平安保险、全球最大的集装箱制造企业——中集集团等,建立现代企业制度,打造市场竞争主体,突破了当时把计划经济同商品经济对立起来的传统观念,改变了与现实生产力水平不完全适应的单一公有制结构,成为搞活企业的标杆。

招商局在蛇口改革开放中的发展经验,被誉为"蛇口模式",其核心是企业摆脱行政的不合理干预,充分发挥自主权,按照市场法则和经济规律办事,运用经济手段管理经济、搞活经济,更好地激发人的积极性、主动性、创造性,更好地为社会生产力的解放和发展提供便利。"蛇口模式"对于中国沿海地区的改革开放具有重要的示范作用,其他地区的经济体制改革也从中获得启迪。

改革开放初期,招商局不断开拓新的业务领域,经济能力迅速壮大,所属企业日益增多。为了加强对下属企业的统一领导和宏观管理,筹划和协调各类业务的进一步开展,1985年11月12日,经国务院批准,招商局集团有限公司正式成立。此后,招商局积极贯彻"围绕航运、增强实力、扩大阵地、形成体系,发展多种经营,办好蛇口工业区,充分发挥航运支柱和内外交流的窗口作用"四十七字方针,一方面扩大航运阵地,不断完善航运体系,另一方面广泛开展投资,凡有益于国计民生的事业都积极开拓,努力经营。

20世纪90年代,招商局加快发展步伐,产业结构发生重大变化,基本形成了完整的航运体系和多元化发展格局。航运业务从单一的中转、代理转变为集船队、驳运、码头、仓储、修船、船贸、燃物料供应等为一体的航运体系。业务经营涉及金融、酒店、旅游、贸易、高科技开发、保险、房地产、开发区等众多领域,成为一家综合型的企业集团。

2001年,招商局开始进行战略整合,建立新的产业结构、资产结构、管理体系,重点发展交通运输及基础设施、金融服务、房地产开发与运营等核心产业,形成招商轮船、招商银行、招商地产等专业化公司,为招商局核心产业的发展提供了优质平台,招商局开始向专业化经营的方向迈进。2003年,招商局提出"再造招商局"的愿景,即争取创造招商局继晚清和改革开放时期后的第三次辉煌。2006年底,招商局总资产、净资产、利润、市值等综合指标都较2003年提升一倍多,"再造招商局"取得了丰硕的成果。

随着中国在21世纪初加快实施"走出去"战略,招商局亦开始实施国际化经营战略,加快"走出去"步伐,积极开拓海外业务,着力优化产业链和价值链。2007年,招商局明确提出要把自身打造成具有国际竞争力的和谐企业。

2010年,招商局联合中非发展基金收购尼日利亚庭堪岛集装箱码头(TICT)47.5%的股份并开始运营。TICT拥有770米长的海岸线及24万平方米的后方堆场,共建有3个集装箱泊位,是庭堪岛最大的集装箱码头,也是拉各斯第二大集装箱码头。

2011 年,招商局投资位于斯里兰卡的科伦坡国际集装箱码头(CICT)。该码头位于斯里兰卡西南部的深水自由港,是连接亚洲和欧洲贸易航线的必经之路和南亚重要中转枢纽。CICT 于 2011 年开工建设,2013 年正式开港运营,共建设 4 个泊位,码头岸线总长 1200 米。

2013 年,招商局耗资 4 亿欧元收购法国达飞海运全资拥有的 Terminal Link 港口公司 49% 的股份。该公司以欧洲、地中海及非洲区域的港口为基地,在全球 8 个国家投资了 15 个码头。

2013 年,招商局收购吉布提港口有限公司(PDSA)23.5% 股份,成为第二大股东。PDSA 的核心资产包括位于吉布提港的多功能港区(POD)、多哈雷集装箱码头(DCT)、外堆场(DDP),以及当时在建的多哈雷多功能码头(DMP)等资产。吉布提港地处亚丁湾西岸,面对红海南大门曼德海峡,是国际航运主航道的必经之地,可辐射东非、中东、红海及印度西岸地区,具有重要的战略地位。招商局投资入股吉布提港后,在提升港口运营管理能力的同时,提出把原来的港口进行转型升级,在距离老港口五六千米的地方新建一个现代化港口,在新老港口之间发展产业园区,集聚产业,发展当地经济。

乘着新世纪的浪潮,招商局自中国走出去,首站去往印度洋的斯里兰卡科伦坡港,沿欧亚主航线到达扼守红海的吉布提港,过苏伊士运河进入地中海的马耳他港,经黑海的土耳其、西北欧法国和比利时等国家,北上穿过丹麦海峡,到达辐射波罗的海的立陶宛。这些世界主要海上交通要道,招商局都提早去做了布局。到 2014 年,招商局就已经在全球四大洲 14 个国家和地区拥有 27 个港 54 个码头,集装箱泊位共 168 个,岸线长度 54000 米,散杂货泊位共 155 个,岸线长度 34000 米。

2014 年以来,招商局不断深化战略研究、细化战略目标、优化战略举措、强化战略管控,在准确把握"大转型时代"的历史方位及深刻认识新常态、新经济、新国策、新世情的基础上,按照国家要求和自身发展的需要,提出了到 2020 年前后把招商局建设成为"具有全球竞争力的世界一流企业"的战略目标。围绕这一目标,招商局推进"百千万亿工程"(打造一批百亿级利润、千亿级市值或营收、万亿级资产的业务),努力成为央企国家队、产业领先者、行业整合者。具体到产业定位,招商局将全力打造"三个世界一流"(世界一流的港口综合服务商、具有核心竞争力的世界一流航运企业、世界一流的智慧物流综合服务平台商)和"四个中国领先"(中国领先的高速公路投资运营和交通科技综合服务商、中国领先的海洋装备和邮轮制造企业、中国领先的城市及园区综合开发运营服务商、独具特色的中国领先的金融控股集团),培育保险、资产管理等一批新的特色金融服务产业和高端旅游、大健康等新的增长点。

"实业报国"既是招商局的历史初心,也是招商局始终坚守的时代使命。在初心的指引和使命的激励下,现在的招商局在实业经营的各个业务方面都已经距离世界一流或中国领先的目标越来越近。

港口业务方面。招商局于中国沿海主要枢纽港建立了完善的港口网络群,控股或参股的码头遍及香港、台湾、深圳、宁波、上海、青岛、天津、大连、营口、厦门、湛江、汕头等国际性、区域性集装箱枢纽港,是中国最大的公共码头营运商;并成功在非洲、东南亚、欧洲、北美洲及南美洲等地区进行投资。2018年,招商局港口完成集装箱总吞吐量10973万TEU,其大中华地区项目完成8907万TEU,海外项目完成2066万TEU,散杂货业务量完成5.15亿吨。2018年,招商局港口板块权益货物吞吐量列全球第一。

航运物流业务方面。截至2018年底,招商局航运业务船队总运力(含订单)有394艘船舶,合计4626万载重吨,排名世界第二;其中超大型油船(VLCC)和大型矿砂船(VLOC)规模均列世界第一,成品油船队规模列远东地区第一,滚装船队规模列中国第一。经过资产重组和资本运作,招商局航运已经形成"油散气特"全业态的业务格局,运输航线遍布全球,并在9个国家和地区设有服务网点。中国外运股份有限公司服务网络覆盖全国,遍及全球主要经济带,是中国规模最大的供应链综合物流企业,第三方物流和货运代理服务分别居全球第七名和第四名。截至2018年底,全国网络分布于32个省、自治区、直辖市以及香港特别行政区;海外63家机构分布于37个国家和地区。随着中外运长航与招商局物流航运业务重组整合深入推进,招商局综合物流航运板块通过优化资源配置,未来将打造成为世界500强企业。

公路业务方面。招商局投资经营的公路、桥梁、隧道等收费公路项目主要分布于全国公路主干线上,覆盖北京、天津、广东、浙江、广西等19个省、自治区、直辖市,总里程达到8824千米,其中主控里程达到1222千米,排名世界第四;建有国家级、省部级等各类研究开发平台20个,形成从勘察、设计、特色施工到投资、运营、养护、服务等公路全产业链业务形态。招商公路已逐渐成长为中国投资规模最大、覆盖区域最广、投资经营里程最长的全产业链综合性收费公路公司。

装备制造业务方面。招商局以招商工业为经营载体,业务领域涉及海洋装备修理改装、海洋装备制造、邮轮制造等。海洋装备修理改装业务经营单位为香港友联、蛇口友联和舟山友联。香港友联现为香港最大修船厂,蛇口友联现为中国排名前三位的大型修船厂,舟山友联于2018年被纳入招商工业旗下,三家船厂统一以"友联"品牌经营,已成为在国际上极具竞争力的修船高端品牌。近年来,招商局海洋装备制造业务异军突起,经营单位包括深圳重工、江苏重工和金陵船厂。深圳重工是华南地区最大的海工建造基地,中国首批7家海工"白名单"企业之一;江苏重工是华东地区重要的海工建造基地,拥有国内最大的海工干坞;金陵船厂是中国首批造船"白名单"企业,是国内领先的滚装船舶、特种船舶建造企业。以高技术企业为载体,招商局建造出自升式钻井平台、饱和潜水支持船、挖泥船、极地探险邮轮等一批"大国重器",用实际行动践行海洋强国战略。

城市和园区综合开发运营服务方面。招商蛇口以"中国领先的城市和园区综合开发运营服务商"为战略定位,聚焦园区开发与运营、社区开发与运营、邮轮产业建设与运营三大业务板块,以"前港—中区—后城"独特的发展经营模式,参与中国及"一带一路"重要节点的城市化建设。招商蛇口业务覆盖全球超65个城市和地区,开发精品项目超450个,服务百万客户。

历史上的招商局曾经创造过中国金融史上的多个第一,如今的招商局正继续发扬"招商血脉"中的"金融基因",在金融板块实施"4＋N"布局,涵盖银行、证券、基金、保险及资产管理、融资租赁等领域,基本实现了打造全功能、全牌照综合金融服务平台的战略构想。

由招商局发起并作为最大股东的招商银行,是中国领先的股份制商业银行。截至2018年底,招商银行全球分支机构逾1800家,拥有6家境外分行和3家境外代表处,平均总资产收益率(ROAA)和平均净资产收益率(ROAE)等均居国内上市银行前列,在全球银行品牌价值500强榜单上,招商银行已进入了全球10强,并荣获《亚洲银行家》杂志"亚太区最佳零售银行"称号,成为业界标杆。

招商证券是中国领先的上市证券公司之一。截至2018年底,在国内111个城市设有249家证券营业部和12家分公司,并通过招商证券国际有限公司在中国香港、英国、新加坡、韩国设有子公司,已构建起国内国际一体化的综合证券服务平台,连续11年保持A类AA级分类监管评级,树立了合规经营的典范。

招商资本专门从事另类投资与资产管理,是招商局投资业务的管理与发展平台。一方面,在市场中积极探索,不断培育出新的产业,以增强资本的活力;另一方面,整合招商局内部资源,推动金融与实业相结合。截至2018年底,招商资本管理总资产2700多亿元。招商局旗下还有博时基金、招商基金,基金管理总规模均超过1万亿元。招商局创新投资管理有限责任公司投资领域,聚焦于境内外的"互联网＋"和科技创新,包括金融、地产和物流交通等招商局的优势产业与互联网的结合,以及大健康、消费升级、人工智能等创新领域。

"仁和保险"成功复牌后成立的招商局仁和人寿保险股份有限公司2018年实现了珠三角地区机构布局全覆盖,将遵循金融保险业的发展规律和"保险姓保"的原则,走市场化、专业化、差异化的创新驱动型发展道路,持续推动"价值引领、创新驱动、科技赋能、风控保障"四大策略贯彻落实。以服务大众客户为基础,以服务高净值客户为特色,打造覆盖客户全生命周期的金融保险服务平台。实施数字化战略,建立数字化营销平台、服务平台和管理平台,努力实现"智慧保险、网络金融"的愿景。把医养产业作为业务支柱,打通国内外优质资源,大力完善医疗养老相关的保险产品、硬件设施、运营服务,让客户享受全球先进的医疗与养老服务。

招商平安资产管理有限责任公司以大风险化解为导向,以大资管为目标,用投资银行理念、基金化运作方式投资管理另类资产,致力于打造国内最具特色的一流资产管理公司。招商局融资租赁有限公司充分发挥与招商局产业板块间的协同效应,坚持市场化、专业化、国际化运营,力争成为特色鲜明的国内一流产业金融服务商,为客户提供全面、优质、高效的融资租赁解决方案。招商局金融集团于2017年独资发起创立了招商局金融科技有限公司,秉承招商局创新和开拓精神,利用科技建立强大的金融服务平台。

在实业与金融均具优势的招商局,正在推动产融结合。发挥金融功能,为实业板块设计量身定做"瘦身"方案盘活存量资产,提升资本效率,如通过为招商工业提供产融服务,帮助其走出发展困境。充分利用金融工具,优化财务结构,降低了财务杠杆,有效控制了风险。抓一批产融结合重点基金,包括地产并购基金、邮轮产业基金、招协健康基金等产业功能基金,服务支持实体产业转型发展。

"与祖国共命运,同时代共发展"是招商局遵循的核心价值观。在商业实践中,招商局亦始终将企业发展融入国家大势,大力践行"一带一路"倡议,把自身优势与沿线国家的发展需求有机结合,努力实现共赢发展,受到东道国的欢迎,为"一带一路"建设作出了积极贡献。截至2018年底,招商局境外总资产约7200亿元人民币,境外营业总收入约580亿元人民币,境外利润总额约50亿元人民币,在全球44个国家和地区拥有190多家境外实体企业,与"一带一路"倡议高度契合。招商局秉持"共商、共建、共享"的"一带一路"合作理念,在"一带"和"一路"上,海陆并举,重点开展了三个方面的探索与实践。

一是构建综合物流服务网络,贯通欧亚物流大通道。为满足"丝绸之路经济带"快速发展的投资和贸易需求,招商局全面推动了欧亚物流大通道建设,积极发挥综合物流服务优势,不断优化产品,发挥海外优势,实现多通道、多元化、全产业链发展。通过水运通道、陆运通道、空运通道、海外通道、汽运通道五大通道建设,打造"小前端、强运营"网络化的物流通道体系,通过发挥口岸、业务优势,逐步实现海外综合物流业务多元化发展。截至2018年底,中欧中亚班列全年累计开行802列,累计发运集装箱7万TEU。

二是优化完善布局全球港口网络。截至2018年,招商局已经在全球20个国家和地区投资了56个港口,大多位于"一带一路"沿线重要点位,为推动"一带一路"设施联通作出了突出贡献。其中比较重要的港口包括科伦坡港、伊斯坦布尔港昆波特码头、吉布提港、多哥洛美港、拉各斯港等。2017年9月4日,招商局收购巴西巴拉那瓜港TCP码头90%的股权,实现了在南美洲地区港口布局零的突破,形成了覆盖全球六大洲的港口网络。

三是投资开发海外园区,因地制宜复制招商局"蛇口模式"。根据"一带一路"建设陆上经济走廊的总体部署,招商局重点推进了中白工业园区项目,并在园内直接投资规模为5亿美元的中白商贸物流园。截至2018年,中白工业园已引入41家企业,签约投资额超过11亿美元。中白商贸物流园一期工程占地450亩,规模达10万平方米的物流设施已全部完工并投入运营,实现了当年考察、当年策划、当年投资、当年开工,成为中白工业园最早动工建设、最早投入运营的入园项目,同时也是中白工业园投资规模最大、建设规模最大的入园项目之一,实现了对习近平总书记的承诺。吉布提项目作为招商局"蛇口模式"海外试点项目已取得阶段性进展。2016年11月14日,在吉布提总理的见证下,招商局牵头与吉布提政府签署吉布提自贸区投资协议。自贸区规划面积约48.2平方公里,一期工程6平方公里,起步区2.4平方公里,投资约4亿美元。吉布提政府将港口周边最宝贵的岸线资源和土地资源与招商局合作开发,体现了对招商局的高度认可。吉布提国际自贸区一期起步区已完成工程建设,并于2018年7月举行了开园运营仪式,埃塞俄比亚总理、苏丹总统、索马里总统、卢旺达总统和吉布提总统、非盟主席等出席仪式。2018年,招商局全面启动了汉班托塔临港产业园区的设计和产业规划工作,并以汉班托塔港为依托,着力打造港口码头、海事服务、综合物流、临港工业、创新孵化器"五大平台",与后方工业园项目互为支撑,使汉港成为南亚区域重要的营商创业中心及国际物流分拨中心。

2018年,招商局集团各项经济指标再创新高:实现营业收入6484亿元,同比增长11.1%;利润总额1450亿元、净利润1073亿元,同比分别增长14.1%和10%;截至2018年底,集团总资产8万亿元,集团资产规模、利润总额、净利润在央企中均排名第一。招商局集团成为8家连续14年荣获国务院国资委经营业绩考核A级的央企之一和连续4个任期"业绩优秀企业"。2018年发布的《财富》世界500强榜单中,招商局和旗下招商银行双双入围。招商局成为拥有两个世界500强公司的企业。新时代,招商局以习近平新时代中国特色社会主义思想和党的十九大精神为指引,提出了"立足长远、把握当下、科技引领、拥抱变化"的战略原则,明确了"立足香港、深耕湾区、'一带一路'"的战略布局,按照"质量第一、效益优先、规模适度"的工作要求,未来将扎实推动提质增效和提升能力,不断提高核心竞争力;传承"招商血脉、蛇口基因",坚定不移深化市场化改革;推动创新驱动、科技引领,加快数字化转型;坚持底线思维,认真抓好风险管控;坚持人才强企,加强队伍建设;全面加强党的领导,进一步以高标准党建引领企业高质量发展。

近一个半世纪以来,招商局始终在不忘初心中稳健发展,在守正创新中勇毅奋进,不断续写百年老店薪火相传、基业长青故事的新篇章。在新时代的磅礴大潮中,招商局有无比充足的信心、底气和能力,实现招商梦,共圆中国梦。招商局这艘百年巨轮,正以改革创新、日新求变的精神,在建设具有全球竞争力的世界一流企业的航道上劈波斩浪、扬帆疾行。

附录 4
中国交通建设集团有限公司

经过百余年的发展壮大,中国交通建设集团有限公司(以下简称"中交集团")已成长为全球领先的特大型基础设施综合服务商,业务涵盖交通基础设施的投资建设运营、装备制造、房地产及城市综合开发等领域,能够为客户提供投资融资、咨询规划、设计建造、管理运营一揽子解决方案和一体化服务,产品和服务遍及全球 157 个国家和地区,建设或参与建设了港珠澳大桥、北京大兴国际机场、上海洋山港、京沪高铁、京新高速公路等一大批代表世界最高水平的交通基础设施,形成了全球领先的技术体系,在世界舞台上彰显了中国建造、中国制造、中国创造的强大竞争力。

截至 2020 年,中交集团在国务院国资委经营业绩考核中连续 15 年被评为 A 级,连续 14 年荣膺美国《工程新闻纪录》(ENR)亚洲最大国际承包商,位居《财富》世界 500 强第 78 位。

一、先行先试,奠定中国多个产业发展基础

中交集团目前拥有 60 余家全资、控股子公司,历史最早可追溯至 120 多年前。在一定程度上,中交集团的创业史和奋斗史就是一部中国疏浚工程、港口工程、公路工程、港口机械和筑路机械制造,以及房地产等产业的发展史。

(一)行业先行者

疏浚工程:1897 年,清政府批准在天津成立了中国第一家专业疏浚机构——海河工程局,以整治海河水患,改善海河通行能力。1905 年,为治理黄浦江,解决航道水深不足问题,清政府在上海成立浚浦工程总局。这两家机构是中国疏浚行业的肇始,分别是今天的中交天津航道局有限公司和中交上海航道局有限公司的前身。

港口工程:1946 年,南京国民政府组建塘沽新港工程局,建设天津塘沽码头和航道,这是中交第一航务工程局有限公司的前身,是新中国第一支专业筑港队伍。1953 年,交通部整合新中国水运工程建设力量,成立交通部航务工程总局,下设设计公司、筑港工程公司、疏浚公司、打捞公司。这其中大部分机构经过不断演变成为今天中交集团旗下的 5 家航务工程勘察设计院、4 家航务工程局和 3 家航道工程局。

公路工程:中交集团公路工程业务历史可追溯至新中国成立后的中国人民解放军公路工程第一师和华东支前公路修建委员会,于1950年参与建设华东支前公路,1952年参与建设海南岛海榆中线国防公路。1954年,为适应公路事业发展,交通部在各地原有公路修建指挥部和工程总队的基础上,先后组建7个公路工程局,还成立了设计局,均隶属交通部公路总局。这其中部分机构经过多次变更成为今天中交集团旗下的3家公路勘察设计院和2家公路工程局。

港口机械:1885年,民营资本家在上海创建通裕铁厂,1894年改名公茂机器造船厂,修造小火轮。新中国成立后,公茂机器造船厂几易其名,于1960年改名为交通部上海港口机械制造厂。随后,上海海运局鸿翔兴船厂港机车间并入,成为新中国第一家专门生产港口机械的企业,这就是今天中交集团旗下享誉全球的上海振华重工(集团)股份有限公司的早期历史。

公路机械:1949年,铁道兵团机械筑路工程总队成立,并于次年划至交通部,成立交通部国营建筑总公司机械筑路工程总队。1959年改组为陕西省筑路机械制造厂,1961年更名为交通部西安筑路机械制造厂。这就是今天的中交西安筑路机械有限公司的前身。该企业生产了我国第一台沥青混合料摊铺机、第一台稳定土拌和机。

房地产开发:改革开放后,房产的商品属性逐步被认知。1981年,经国务院批准组建中国房屋建设开发公司,后改制为中国房地产开发集团公司,成为我国第一家专业房地产开发企业。2010年,中房集团整体并入中交集团。

从行业肇始到改革开放之前的这段时期,也是中交集团的孕育成长期。这一时期,中交集团的核心队伍经历了从先行者到主力军的嬗变,逐渐发展成为中国水运工程和公路工程建设的国家队,为新中国交通基建事业作出了突出贡献。中交集团修建了新中国第一项水运工程——天津塘沽新港,设计建设了新中国第一座深水港口——湛江港。中交集团还参与建设了世界上海拔最高、线路最长的柏油公路——青藏公路,新中国首批国防公路、海南省第一条现代化公路——海口至榆林港中线公路,新中国一次性投资最大、技术标准最高的国防干线——0401国防公路(京原公路)。中交集团高质量参与完成了"三年大建港"的历史任务,企业技术实力、装备制造能力和管理水平得到极大提升。

(二)率先走出国门

1958—1978年,交通部援外办公室在蒙古国、越南、尼泊尔、赤道几内亚等国援建项目80余个,包括道路桥梁、港口码头、造船厂等。其中,援建的也门首都萨那至荷台达公路、巴基斯坦喀喇昆仑公路、马耳他30万吨级干船坞是当时的标志性工程。

1978年,党的十一届三中全会提出实行"对外开放、对内搞活经济"的方针。1979年,在交通部援外办的基础上,经国务院批准成立中国公路桥梁工程公司,其成为中国最早"走出去"的 4 家企业之一。1980 年,经国务院批准成立中国港湾工程公司。

这两家"走出去"企业初期业务主要以劳务输出、工程承包和援外项目为主,建设或参与建设了被非洲人民誉为"南南合作典范"的毛里塔尼亚友谊港、被肯尼亚命名为"中国路"的 A109 国道、东非建设标准最高的埃塞俄比亚首都亚的斯亚贝巴环城公路、赤道几内亚大陆 1 号国道、巴基斯坦瓜达尔港等一批有影响力的海外工程。两家企业在激烈的国际市场竞争中不断寻找差距、积累经验、快速成长,为中交集团国际化发展奠定了坚实基础。

(三)独立市场主体

改革开放以前,作为交通部直属单位,各航务和公路工程局、航道工程局、工程勘察设计院及机械制造厂接受交通部指令性计划,承担全国主要港口工程、航道工程、战略性公路工程的设计建设和机械设备制造任务。

随着国企改革和对外开放的步伐加快,从 20 世纪 80 年代开始,交通部对所属工程局、机械制造厂逐渐放权让利,扩大经营自主权,实施政企分开,让企业成为独立经营、自负盈亏的市场主体,工程勘察设计院则实施事业单位企业化管理。1988 年 12 月,中国港湾工程公司和交通部所属的航务工程局、航道工程局、航务工程勘察设计院、港机厂、航标厂等 14 家企业组建中国港湾建设总公司。1989 年,中国公路桥梁工程公司和交通部第一、第二公路工程局,以及西安、郴州、新津筑路机械厂等企业组建中国公路桥梁建设总公司,第一、第二公路勘察设计研究院等企业陆续划入。

党的十四大以后,国企改革开始进入转换机制、建立现代企业制度阶段,真正确立企业市场竞争主体地位。1996 年 12 月,中国港湾建设总公司改制为中国港湾建设(集团)总公司。1997 年 11 月,中国公路桥梁建设总公司与所属企业重组成立中国路桥(集团)总公司,囊括了交通部所属公路建设行业的设计、施工、装备制造等企业。两大集团实施以资本为纽带的母子公司管理体制,法人治理结构不断完善。1999 年,中港集团和路桥集团全面与交通部脱钩,纳入中央大型企业工委管理。

从改革开放到 2000 年左右的这段时期,是中交集团也是中国交通基建行业进入快速发展、加速追赶国际同行的重要时期,尤其是中港集团和路桥集团成立后,相关业务不断集约化、专业化,在国内外市场竞争中的地位和作用不断凸显。在这一时期,中交集团参与建设了中国第一个外向型工业园区——深圳蛇口工业区、中国第一座外海跨海大桥——东海大桥;设计建设或参与设计建设了中国第一条开工建设的高速公路——辽宁沈大高速公路、中国第一条省际高速公路——京津塘高速公路、中国第一座跨度超千米的特大悬索桥——江阴长江大桥、中国第一条海底隧道——厦门翔安海底隧道、中国第一个集装箱专用码头——天津港第三港池集装箱码头、中国第一个挖入式万吨级港口——京唐港、中国规模最大的水运工程——长江口深水航道治理一期二期工程、中国第一个由填海造陆而成的人工岛工程——澳门国际机场人工岛；研究编制了中国首个公路网规划及首批与国际接轨的行业技术标准等多个"全国首次"，为我国交通基建发展积累了宝贵经验、成套技术和专业人才。

二、因时而变，打造国企改革中交样板

国有企业改革的不断深入，必然伴随着国有资产管理体制改革的不断深化。2003 年 4 月，国务院国有资产监督管理委员会挂牌成立，履行出资人职责，承担监督所监管企业国有资产保值增值责任，指导推进国有企业改革和重组。中国港湾建设（集团）总公司、中国路桥（集团）总公司成为国务院国资委监管的中央企业。

（一）实施重组上市

推动国有企业整合重组是国企改革的战略方向。鉴于中港集团和路桥集团均属于交通基建行业，同根同源、业务互补、文化相似，强强联合有利于进一步拓展经营布局、整合优化资源、产生聚合效益、避免恶性竞争，在国务院国资委的大力推动下，两家企业经过充分沟通，达成重组意愿，并经国务院批准，于 2005 年合并重组设立中国交通建设集团有限公司。中交集团的重组摒弃了传统的"大吃小""强吃弱"或在现有基础上再"造"一个母公司的方式，而是整合两大集团总部形成一个新的总部，并注销两大集团。这被视为国资委监管的中央企业实现强强联合的典型案例，是国家实施大企业集团战略的一次有益实践。

完成重组后，中交集团马不停蹄，果断决策，用不到 9 个月的时间于 2006 年实现所属中国交通建设股份有限公司在香港联合交易所挂牌上市，成为我国首家实现境外整体上市的特大型国有企业，被国务院国资委誉为"大型中央企业重组改制境外整体上市的成功典范"。

中交集团通过整合资源，以全新姿态参与国内外市场竞争，呈现强劲发展势头，企业综合实力明显增强，实现了"1 加 1 远大于 2"的效果。重组前的 2004 年至重组后的 2007 年，中交集团资产总额由 610 亿元增加至 1760 亿元，年均增长 42.4%；新签合同额由 808 亿元增加至 2343 亿元，年均增长 42.6%；完成营业收入由 664 亿元增加至 1520 亿元，年均增长 31.8%；利润总额由 14.6 亿元增加至 82.5 亿元，年均增长 78.1%，用 3 年时间，再造了一个多中交。

2010 年，中国房地产开发集团公司整体并入中交集团，与中交集团原有房地产业务进行深度整合。2012 年，中国交通建设股份有限公司通过吸收合并子公司方式成功登陆国内 A 股市场。

（二）推动转型升级

面对世界经济复苏乏力、国内经济进入新常态、资源整合红利边际效益递减等新形势新问题，中交集团主动适应外部市场需求，全面加快企业转型升级发展。

2013 年，中交集团提出"五商中交"战略，即打造全球知名工程承包商、城市综合开发运营商、特色房地产商、基础设施综合投资商、海洋重工与港机装备制造集成商，由单一的工程承包商向投资商、运营商、发展商转型。通过投资并购进一步优化产业布局，补强产业短板，收购绿城中国控股有限公司成为其单一大股东并实现财务并表，进一步提升在房地产市场的影响力。先后成立中交财务有限公司、中交投资基金管理（北京）有限公司、中交融资租赁有限公司、中交资产管理有限公司，为中交集团实体产业发展提供有力的金融支撑。通过对价值链的重组再造，彻底改变基础设施建设业务"一头沉"的局面，核心目标是实现"三个升级"，即企业定位向"工""商"相融升级，市场布局向国内国际并重升级，内部关系向利益共同体、命运共同体升级。围绕"五商中交"战略，加快适应性组织建设，构建中交集团总部、事业部、区域总部"三驾马车"新型管理责任体系和总部、事业部、子公司"三位一体"新型发展责任体系。在"五商中交"战略引领下，实现了由工到商、由业务线形布局到产业立体发展的积极转变。

在"五商中交"战略基础上，中交集团提出"三者"市场定位，即成为政府与经济社会发展亟须的责任分担者、区域经济发展的深度参与者、政府购买公共服务的优质提供者，切实为经济社会发展分担责任、贡献力量、提供优质产品和服务。以"三者"为核心推进供给侧结构性改革，主动适应和引领经济新常态，促进中交集团新旧动能转换。这一阶段，中交集团在快速做大的同时持续提升发展质量、效益和综合实力，资产总量和业务规模持续扩大。

2019 年，中交集团新签合同额 13605 亿元、营业收入 6569.7 亿元、利润总额 320.9 亿元，较 2012 年，新签合同额 5380 亿元，增长 153%，营业收入 2986 亿元，增长 120%，利润总额 153 亿元，增长 110%。

（三）建设世界一流企业

打造国有资本投资公司是中交集团全面深化改革的重要举措。2016 年，中交集团获得国务院批准成为国有资本投资公司试点企业，是建筑类央企中唯一一家试点单位。中交集团确立了"一台多柱"框架，以服务国家重大战略为目标，引领现代综合交通和城市高质量发展，打造提供综合解决方案的产业投资控股平台。

尤其是党的十九大关于"推动国有资本做强做优做大"和"培育具有全球竞争力的世界一流企业"要求提出后，中交集团以加快"五个融合"、打造"五个一流"为关键着力点，开启新时代企业发展新征程并取得新成效。通过融国家之需,打造一流的综合竞争力;融改革之路,打造一流的产业发展能力;融市场之道,打造一流的创新发展能力;融企业之力,打造一流的全球资源配置能力;融文化之魂,打造一流的文化软实力。整合内部资源打造中交产业投资控股有限公司、中国城乡控股集团有限公司、中国交通信息科技集团有限公司等产业子集团;强化与民航局战略合作,成为中国民航机场建设集团有限公司的单一大股东,进一步完善基建全产业链;并购碧水源等知名上市公司,加快在新兴业务领域布局。"一台多柱"的总体框架初步成型,"一主多元"的产业布局逐步完善,中国交通建设股份有限公司、中交疏浚(集团)股份有限公司、上海振华重工(集团)股份有限公司在相关领域具有世界领先水平,中交房地产集团有限公司、中国城乡控股集团有限公司等子集团已成为支撑中交集团高质量发展的重要支柱。

中交集团正在全面持续深化改革,坚决落实党中央、国务院决策部署,确保国企改革三年行动坚定不移地执行,持续优化体制机制,推进各项改革任务落地见效。按照"面向世界、聚焦建设、突出主业、专注专业"的发展思路,坚持"三重两大两优四做"(重点项目、重要区域、重大市场,大交通、大城市,海外优先、江河湖海优先,做强投资、做大项目、做优资本、做实资产)经营策略,积极发挥全产业链一体化服务优势,实现企业高质量发展。积极开展对标世界一流管理提升行动,将中交集团打造成具有全球竞争力的科技型、管理型、质量型世界一流企业。

三、聚焦主业,打造享誉世界的中国名片

作为国民经济的基础性、先导性行业,我国交通基础设施建设行业经历了"由小到大""由弱到强",从"站起来"到"强起来"的过程。在这一高速发展的历史进程中,中交集团发挥了中流砥柱作用,打造了"中国路""中国桥""中国港""中国岛""中国装备"等名片,成为全球交通基础设施建设领域的领军企业。

"中国路":中交集团参与建设了世界最长的沙漠高速公路——京新高速公路、世界最长的双洞高速公路隧道——秦岭终南山公路隧道、世界规模最大的双管双层八车道过长江隧道——南京扬子江隧道、世界一次建成线路最长和技术标准最高的高速铁路——京沪高铁、世界第一条高原地区高速铁路——兰新高铁、世界第一条高寒地区高速铁路——哈大高铁;设计了世界第一条多年冻土区高速公路——青海共玉高速公路、中国最后一条通县公路——墨脱公路。在海外,中交集团设计建设运营了肯尼亚独立以来最大的基础设施项目——蒙内铁路、牙买加第一条现代化高速公路——南北高速公路;设计建设了埃塞俄比亚第一条现代化高速公路——亚的斯亚贝巴至阿达玛高速公路、中国在海外第一条水下盾构隧道——孟加拉国卡纳普里河底盾构隧道等。正在建设的新疆乌鲁木齐至尉犁高速公路是目前国内最大的 PPP 公路建设项目包,其中,天山胜利隧道建成后

将成为世界最长的高速公路隧道。马来西亚东海岸铁路是目前中国企业海外在建的最大铁路项目。据统计，中交集团设计建设的高速公路里程超过 5 万千米，占全球高速公路总里程的七分之一。已完工和在建铁路里程近 7500 千米，在建轨道交通里程超过 330 千米。

"中国桥"：中交集团设计建设了世界最长的跨海大桥——港珠澳大桥，它的建成标志着我国已经由桥梁大国迈向桥梁强国。除了港珠澳大桥，中交集团还设计建设或参与设计建设了世界第二长度跨海大桥——杭州湾大桥、世界第三长度跨海大桥——青岛胶州湾大桥、当时世界跨径最大的钢箱梁悬索桥——舟山西堠门大桥、世界第一座跨径超千米的斜拉桥——苏通长江大桥、世界最高的大桥——贵州北盘江大桥、世界最大跨径山区悬索桥——云南金安金沙江大桥、世界最大跨度公铁两用钢拱桥——沪苏通长江公铁大桥天生港专用航道桥。目前正在参与建设的江苏常泰长江大桥，不仅是世界首座集高速公路、城际铁路、一级公路为一体的过江通道，也是世界最大跨度斜拉桥。在海外，中交集团建设或参与建设了马来西亚槟城二桥、印度尼西亚泗水—马都拉大桥、塞尔维亚泽蒙—博尔察大桥、莫桑比克马普托跨海大桥、马尔代夫中马友谊大桥、美国旧金山新海湾大桥等知名桥梁。据统计，中交集团设计建设或参与设计建设了世界十大斜拉桥中的 5 座、世界十大悬索桥中的 5 座、世界十大跨海大桥中的 7 座。

"中国港"：中交集团集成了我国港口建设的科技实力，承担了我国绝大部分沿海等级以上码头的设计建设任务，承建了绝大部分沿海重要港口的航道工程。中交集团设计建设或参与设计建设了世界第一大集装箱港口——上海港、连续 11 年货物吞吐量蝉联世界第一的港口——宁波—舟山港、世界规模最大和自动化程度最高的集装箱码头——上海洋山港四期自动化码头、世界航道等级最高的人工深水港口——天津港、世界最大的煤炭输出港口——秦皇岛港、世界最大的矿石接卸码头——青岛港董家口港区 30 万吨（结构兼顾 40 万吨）矿石接卸码头、亚洲最大的原油码头——宁波—舟山港大榭港区 45 万吨原油码头、中国第一条 30 万吨级人工航道——宁波—舟山港虾峙门口外深水航道，建设运营了中国规模最大的邮轮母港——广州南沙国际邮轮母港。在海外，中交集团设计建设了 120 余个深水码头，足迹遍及东南亚、南亚、中东、非洲、南美洲等地区，包括巴基斯坦瓜达尔港、斯里兰卡汉班托塔港、科特迪瓦阿比让港、纳米比亚鲸湾港等。据统计，中交集团设计建设或参与设计建设了世界排名前 10 位港口中的 7 座，在国内累计设计建设万吨级及以上泊位近 2000 个。

"中国岛"：中交集团拥有世界最大的现代化疏浚船队，年疏浚能力超过 10 亿立方米。中交集团建设了澳门国际机场人工岛，该机场是我国第一座人工岛机场；参与设计建设了世界最大的单体围海吹填陆域形成工程——唐山曹妃甸工业区工程；设计建设了港珠澳大桥用于连接水下沉管隧道的东、西两座人工岛，总建设面积近 20 万平方米。目前正在建设的深中通道西人工岛面积 13.7 万平方米,相当于 19 个国际标准足球场。

"中国装备":上海振华重工(集团)股份有限公司制造的港机产品已进入全球 100 多个国家和地区的 200 多座港口,港口集装箱起重设备占据世界 70% 以上的市场份额,自主设计建造了世界最大全回转起重船——12000 吨"振华 30"起重船。中交集团投资建造了拥有自主知识产权的亚洲最大、最先进的自航绞吸式挖泥船——"天鲲"号,投资设计建造了世界第一艘海底隧道沉管浮运安装一体船——"一航津安 1"号、世界最大最先进的自升式碎石铺设整平船——"一航津平 2"号,参与研发建造了世界最大海上风电施工平台——"龙源振华叁"号。

目前,中交集团已发展成为世界最大的港口设计建设公司、世界最大的公路与桥梁设计建设公司、世界最大的疏浚公司、世界最大的集装箱起重设备制造公司、世界最大的海上石油钻井平台设计公司。

四、创新驱动,引领行业迈入世界一流

企业永续发展必须依靠科技引领。中交集团积极实施创新驱动发展战略,将科技创新作为提升发展质量、实现产业转型升级的关键驱动,打造科技创新企业策源地,系统培养了一大批科技领军人才和高水平创新团队。

中交集团现拥有 2 个国家工程研究中心、1 个国家工程技术研究中心、1 个国家重点实验室、5 个行业重点实验室、10 个行业研发中心、10 个国家认定企业技术中心,这是中交集团科技创新的支撑力量。中交集团被科技部、国务院国资委、全国总工会确定为"全国创新型企业",荣获国家科技进步企业创新工程奖二等奖。截至 2020 年,中交集团累计科研投入超过 300 亿元,获得国家科技进步奖 44 项、国家技术发明奖 4 项,获得中国土木工程詹天佑奖 95 项。

始终深耕主营业务科技创新最前沿,攻克"卡脖子"技术,是中交集团科技引领交通基建行业发展的核心竞争力。中交集团不断强化对前瞻性、前沿性和全局性重大关键技术的研发,在高等级公路建设、多年冻土研究、大跨径桥梁和长大山岭隧道建设养护、深水航道治理、离岸深水港建设、全自动化码头、水下沉管隧道施工、风电基础安装施工等方面,取得了领先世界的原创性关键核心技术群,带动了中国交通基建领域整体技术水平的提升,中交集团的科技创新能力在全球相关领域实现了从跟跑、并跑到领跑的历史性跨越。

多年冻土研究领域,中交集团所属中交第一公路勘察设计研究院有限公司三代人 40 余年坚守在青藏高原,共积累冻土观测数据 300 多万组,探索形成的冻土工程研究方法与测试技术,创建了我国冻土工程理论与技术体系。"多年冻土青藏公路建设和养护技术"荣获国家科学技术进步奖一等奖;参与的"寒区公路与隧道冻害预报和综合防治关键技

术""高海拔地区大型公路隧道建设与营运关键技术及应用"荣获国家科学技术进步奖二等奖。"高海拔高寒地区高速公路建设技术"通过科技部验收,为青藏高速公路建设提供了技术支撑。

桥梁建设方面,中交集团设计建设了一大批跨越江河、海湾及山区的特大型桥梁,创造了世界桥梁建设史上多个第一。千米级和多跨多塔斜拉桥技术、2000米级和多跨多塔悬索桥技术、新型锚碇技术、新型钢桁梁技术、跨海长桥技术等处于世界领先地位。"千米级斜拉桥结构体系、设计及施工控制关键技术"荣获国家科学技术进步奖一等奖,引领世界桥梁建设技术的新跨越。"港珠澳大桥岛隧工程建设成套技术"攻克外海筑岛和深水隧道一系列世界级技术难题,引领行业技术迈入世界一流。

港口建设方面,中交集团具备港口勘察设计、吹填造地、航道疏浚、码头及配套设施施工、港机设备制造和安装的全产业链服务优势,集成了我国港口建设的核心技术,代表了世界港口建设的最高水平。依托上海洋山港建设,中交集团牵头的"离岸深水港建设关键技术研究"荣获国家科学技术进步奖一等奖,使我国具备在世界任何地方建设港口的能力。

深水航道治理方面,为适应船舶大型化、航道深水化发展需求,中交集团掌握了国际领先的大型深水航道建设成套技术,推动了航道建设与疏浚产业不断发展。中交集团分三期参与设计建设了长江口深水航道整治工程,该工程是中国历史上规模最大、技术最复杂的水运工程,也是世界大型复杂河口航道治理的成功典范。"长江口深水航道治理工程成套技术"荣获国家科学技术进步奖一等奖。

装备制造方面,中交集团参与的"海上大型绞吸疏浚装备的自主研发与产业化"荣获国家科学技术进步奖特等奖。掌握了港口机械装备的核心技术,成为全球港机市场的领跑者,"新一代港口集装箱起重机关键技术研发与应用"获得国家科学技术进步奖一等奖;自主研发的"第四代自动化集装箱码头装卸系统",已成功应用于厦门港、青岛港和上海洋山港等港口集装箱码头,推动中国乃至全球传统码头向全自动化码头转型升级。自主研发的"300英尺以上自升式钻井平台设计与建造技术"极大提升我国海上重型装备的国际地位。超大直径隧道盾构机和环保智能型搅拌设备等装备及配套件打破国外技术封锁,部分技术达到国际先进水平。

中交集团牵头编制了多项行业国际技术标准和规范,成为中国技术标准"走出去"的先行者和主力军,主持完成5项ISO国际标准,持续提升我国在全球交通基建领域治理格局中的话语权和影响力。

五、牢记使命,积极践行国家战略

一直以来,作为交通基础设施建设的国家队,中交集团始终坚持融入国家战略,因时代大势而谋、应国家战略而动,成为国家战略的坚定践行者。

（一）主动对接国家战略

中交集团的实践证明,企业要做强做优做大,必须站得更高、看得更远,紧跟国家战略导向升级企业战略体系,紧盯关系国家安全、国民经济命脉和国计民生的重大领域和重要产业投放资源,围绕国家重大战略优化区域布局和产业布局。中交集团全方位对接京津冀协同发展,参与北京大兴国际机场、京张高铁、河北太行山高速公路、首都地区环线高速公路等重大基础设施建设,推动京津冀基础设施网络一体化。开展长江经济带建设,设立长三角区域总部,实施长江口深水航道治理工程,参与建设了以重庆果园港为代表的一批长江航运码头。融入粤港澳大湾区,组建粤港澳区域总部,深中通道、香港机场第三跑道项目建设稳步推进,港珠澳大桥成为连接粤港澳大湾区协同创新发展的重要纽带。参与雄安新区建设,实施"千年秀林"工程,深度参与白洋淀水域治理。发挥交通基建领域综合一体化优势,全面跟进雄安新区综合交通体系规划、智慧型综合管廊研究、智慧公交运营方案等绿色智慧城市建设,加快推进京雄高铁和京雄高速公路项目建设,争当雄安创新发展的先行者。

（二）坚决打赢脱贫攻坚战

中交集团承担了全国深度贫困的"三区三州"中云南省怒江傈僳族自治州泸水市、福贡县、贡山县、兰坪县和新疆维吾尔自治区英吉沙县共计5个县市的定点扶贫工作。中交集团全面贯彻党中央、国务院和国资委关于精准脱贫工作部署,压实压紧责任,发挥交通基础设施建设主业优势,聚力"交通脱贫、产业脱贫、教育脱贫、就业脱贫、消费脱贫、党建脱贫"六大领域。与怒江州共同组建中交怒江产业扶贫开发公司,以"计划＋市场""政府＋企业""短期＋长期"的全新模式,为开发式脱贫攻坚贡献"中交智慧""中交模式"。

截至2020年9月,中交集团累计向定点扶贫地区投入帮扶资金6.25亿元,助力怒江州和英吉沙县总体实现"两不愁三保障"目标,高质量完成38.68万人脱贫,366个贫困村达到出列标准。特别是得知怒江独龙族整体脱贫,习近平总书记回信勉励当地群众"脱贫只是第一步,更好的日子还在后头"❶,这既是云南省和怒江州脱贫攻坚的荣光,也是对中交集团定点帮扶工作成绩的充分肯定和激励。中交集团还被评为云南省脱贫攻坚"扶贫明星企业"。

六、海外优先,当好全球化发展排头兵

中交集团的企业基因是国际化经营。尤其是"一带一路"倡议的提出,成为中国在实

---

❶ 习近平回信勉励云南贡山独龙族群众同心协力建设好家乡守护好边疆　努力创造更加美好的明天[N].人民日报,2019-04-12(1)。

现自身发展的同时积极参与全球治理的重大举措。

（一）践行"一带一路"倡议

作为中国交通基建领域的领军企业，中交集团在"一带一路"建设中，秉承"让世界更畅通，让城市更宜居，让生活更美好"的企业愿景，推动"五商中交"在海外落地，与项目所在国分享中国经济发展的成功经验，重点推动连心桥、致富路、发展港、幸福城等优势产业"走出去"，成功实施了马尔代夫中马友谊大桥、莫桑比克马普托跨海大桥、巴基斯坦喀喇昆仑公路改扩建工程、肯尼亚蒙内铁路、牙买加南北高速公路、喀麦隆克里比深水港、纳米比亚鲸湾港、斯里兰卡科伦坡港口城等一大批标志性工程。这些工程是"中国智慧""中国方案"积极参与全球治理的集中体现，极大地提升了项目所在国交通基建能力和公共服务水平，带动了当地投资就业，使百姓拥有更多获得感和幸福感。中交集团建设运营的蒙内铁路是肯尼亚百年来建设的首条铁路，全部采用中国技术、中国标准、中国装备、中国管理，带动了中国铁路全产业链"走出去"。科伦坡港口城是斯里兰卡最大的外商投资项目，项目建成后将极大提升科伦坡的城市形象和斯里兰卡的国际竞争力。塞尔维亚泽蒙—博尔察大桥有效缓解了贝尔格莱德市区交通压力，将泽蒙和博尔察两地通行时间由1小时缩减至10分钟。

"共商、共建、共享"是"一带一路"倡议的基本原则。中交集团凭借丰富的国际化经验和完善的全球化营销网络，积极推动"一带一路"沿线资源开发利用，形成共同发展新格局。产业园区项目是开展国际产能合作的重要平台。中交集团以吉布提优势的盐业资源为依托，投资相关化工产业，引导产业链上下游配套企业入园，形成化工产业集群，带动吉布提相关产业技术水平提升和工业化进程，实现多方共赢。

（二）推进全球化发展

近年来，中交集团积极推动海外优先协同发展，在全球范围通过收并购整合优质资源，补齐短板，加快推进全球化发展。

2010年，中交集团全资收购全球领先的美国海上钻井平台设计服务和装备供应商F&G公司，完善海工产业链，打破发达国家对大型海工装备核心技术的垄断。2015年，中交集团完成对澳大利亚约翰·霍兰德（John Holland）公司全部股权的收购。该公司是澳大利亚第三大工程公司，是澳大利亚唯一同时拥有铁路建设管理和铁路运营牌照的企业。此次收购弥补了中交集团在铁路运营上的短板，拥有铁路设计、建设和运营的全产业链优势，强化了铁路项目一站式服务能力。2017年，中交集团完成对巴西康克玛特（Concremat）工程咨询设计公司80%股权的收购。康克玛特公司是巴西当地工程咨询设计行业排名第一的企业。通过收购打造属地化发展平台，推进了中交集团在巴西市场的战略布局,投资建设了圣路易斯港项目,这是中交集团第一个港口全产业链投资项目。中交集团在全球完成多宗并购后,顺利实现了对目标公司的平稳交接,在不断完善中交集团海外产业链和价值链的同时,也为目标公司发展注入了新动力。

中交集团在推进全球化发展中,以品质铸就品牌,拥有中国交建(CCCC)、中国港湾(CHEC)、中国路桥(CRBC)、振华重工(ZPMC)等国际知名品牌,各品牌在国际市场的知名度和美誉度不断提升。中交集团已成为项目所在国政府购买公共服务的优先合作对象,在国际舞台发出了强有力的中国声音。

七、党建引领,牢牢把住改革发展方向

中交集团党委始终把坚持党的领导、加强党的建设作为引领和保障企业改革发展的"根"与"魂",稳步构建了一流党建引领世界一流企业建设的党建工作格局,凭借优异的党建工作成绩,被中央党建领导小组秘书组确定为国有企业党建工作联系点。

坚持两个"一以贯之",继续健全中交集团党委常委会议事决策程序,完善议题督办机制,指导所属单位全面建立党委参与决策的体制机制,落实改革发展、生产经营重大事项党委前置讨论把关要求,党委把方向、管大局、保落实的领导作用有效发挥;根据不同企业特点制定党建工作总体要求纳入企业章程模板,党对企业的法定领导地位进一步明确;健全"双向进入、交叉任职"的领导体制,党的领导和法人治理结构体系持续完善。

坚持"四同步""四对接"工作要求,督促各级党组织认真履行党建工作主体责任,集中开展软弱涣散基层党组织整治工作,做到"应建必建""应换必换"、党员教育管理规范化、党建工作责任落实到位,各级党组织的领导力、组织力、执行力全面提升;把项目党建、混合所有制党建、区域化党建等作为重点,持续开展"三级联创"主题活动,大力探索具有中交特色的党建重点工作模式,打造"中交蓝·党旗红"党建品牌,基层党组织战斗堡垒作用日益增强。

深入学习贯彻全国国企党建工作会精神,制定《贯彻落实全国国有企业党的建设工作会议精神重点任务责任分解及落实情况表》,定期督导并将推进情况纳入年度党建工作考评,牢牢把握党对企业的领导这一根本原则,不断强基础、补短板、育特色、树品牌,持续提升一流党建引领一流企业发展的能力和水平。紧跟新时代党的建设总要求,建立完善中交集团党委常委党建工作联系点工作机制,印发《各级党委落实全面从严治党责任清单》,开展党建责任制考评、党组织书记抓基层党建述职和逐级上报年度党建工作报告工作,管党治党责任得到层层落实。

全面落实国有企业党建工作联系点建设的各项要求,坚持"抓党建就是抓发展、抓发展必须强党建"的工作理念,明确打造国企党建"五个示范点"的工作目标,制定印发《推进国有企业党建工作联系点建设实施意见》及配套的《开展基层党建标杆创建工作实施

方案》《创建党员示范岗实施方案》,积极搭建党员干部当先锋做模范的平台载体,高质量开展"一先两优"评选表彰,提升党的基本队伍建设质量。

八、大道行远,塑造负责任品牌形象

作为"大国重器",中交集团不断强化软实力建设,以社会主义核心价值观为引领,以坚定的文化自信和责任自觉凝聚强大合力,塑造负责任的品牌形象,引领企业高质量发展。

(一)全面提升文化软实力

企业文化是企业最重要的软实力,是企业生生不息、基业长青的内在动力。中交集团120余年的光辉历程,由先行者到主力军再到领先者,内生动力便是独特而优秀的文化基因。

多年来,中交集团在企业文化建设中,始终秉承"让世界更畅通,让城市更宜居,让生活更美好"的企业愿景,"交融天下,建者无疆"的企业精神,凝聚改革共识,汇聚发展力量,打造共筑梦想、共创价值、共享成就的中交"理想共同体",更加有力有效地为社会提供安全可靠的交通基础设施产品,为交通基建行业发展指引前行方向,为人类美好生活创造更好的条件和基础,并在此过程中积累沉淀具有中交特质的优秀文化。

工程项目是中交集团企业文化传承发展的重要载体。港珠澳大桥岛隧工程、上海洋山港、肯尼亚蒙内铁路等工程是中交集团近年来建设的具有重大战略意义的标志性工程。这些工程以鲜明的中交特色成为世界交通基建行业的巅峰之作,也是体现国家重大战略的典范之作,集中展现了中交集团产业报国、敢于担当的家国情怀,诚信守诺、使命必达的价值坚守,艰苦奋斗、顽强拼搏的意志品质,不懈探索、勇攀高峰的创新智慧,齐心聚力、包容互助的协作精神。这些优秀精神品质是对中交集团文化基因的不断丰富完善,契合时代要求和价值追求,将得到持续深入传承和发扬。中交集团3名个人先后获得国务院国资委"央企楷模"称号,3名个人先后获得交通运输部"感动交通十大年度人物"称号,7名个人和集体先后获得交通运输部"感动交通年度人物"称号。

(二)积极履行社会责任

中交集团不仅打造交通基础设施的"硬联通",也注重人文交流和民心交融的"软联通",以构建"人类命运共同体"为指引,以负责任、受尊敬的企业品牌助力国家形象塑造,为中华民族"强起来"提供重要支撑。

坚持合规经营。中交集团始终坚守现代商业文明,强化合规意识,严格遵守法律法规和商业道德,全力确保合同履约,保护知识产权。依法构建现代企业治理结构,不断完善治理体系、提升治理效能。将法治建设纳入企业发展规划,全面加强内部管控,提升风险管理水平。

保证安全生产。中交集团确定"零事故、零伤害"长期安全目标,成立了公路、水运安全质量环保研究中心,盾构、隧道监控中心和国家级救援队。不断完善安全生产制度和生产标准体系,严格执行安全生产责任制,做到安全生产培训到位、人财物资源配置到位、技术管理到位、过程监管到位,不断强化安全管理队伍建设,落实安全生产"一票否决"制。定期召开月度和季度安全生产委员会会议,研究部署安全生产工作重大事项。加大安全生产投入,设立规模为 1 亿元的安全生产专项资金。

确保产品质量。中交集团坚持"百年大计、质量第一"的质量方针,牢固树立"质量即是生命、质量决定发展效益和价值"的理念,积极落实质量强企战略,全面开展质量提升行动,为社会和用户提供优质满意的工程、产品和服务,以中交质量、中交品质在全球范围内树立中国企业新形象。截至 2019 年底,中交集团累计 91 个项目获得中国建设工程鲁班奖,261 个项目获得国家优质工程奖(含金奖 27 个)。

以价值创造者为本。"一带一路"倡议提出以来,中交集团在沿线国家和地区共参与建设了 1000 多个项目,有 1 万多名员工常年坚守海外,培育形成了熟悉国际商业规则、具有跨文化经营能力的多层次、多类别的国际化人才管理体系。推进员工属地化,在"一带一路"沿线国家和地区累计带动当地就业超过 20 万人次。牙买加南北高速公路项目运营公司除少数中方管理人员外,聘用当地员工超过 2000 人。依托项目和相关产业,为当地员工提供多元化的技术培训,做所在国的专业人才培养基地。肯尼亚蒙内铁路为当地培养了 100 多名留学生、1000 多名铁路运营管理人才和 5000 多名熟练技术工人。

加强环境保护。中交集团坚持绿色发展理念,全面推行绿色施工标准化管理,将环保理念贯穿到交通基础设施规划、设计、建设、运营和养护全过程,采取各种生态治理措施,保护项目所在地自然环境和生物多样性。肯尼亚蒙内铁路建设严格落实野生动物保护政策,沿线设置了 14 处野生动物通道,有的通道净高超过 6.5 米,方便长颈鹿等大型动物自由穿行。加纳特码港项目地处海龟产卵地,为最大限度保护海洋生物多样性,项目部建立海龟孕育中心,组建专业护龟队,保护海龟生存环境。

热心社会公益。中交集团积极开展捐资助学、扶危济困、抢险救灾、志愿服务等公益活动,促进民心相通。中交集团在四川汶川地震、芦山地震、舟曲特大山洪泥石流等国家重大自然灾害发生后,第一时间参与抢险救灾,捐款捐物。在非洲、东南亚等国家全额资助 200 余名青年学生来华留学,在项目沿线国家高校设置奖学金,捐建 30 多所中小学,为严重缺水地区居民打了上千口取水井,积极改善当地教育和生活条件。在西非地区大规模暴发埃博拉疫情时,积极宣传防控知识,捐赠防护用品。

发布责任报告。截至2020年,中交集团已连续13年发布社会责任报告,是较早发布报告的中央企业之一,发布了中国企业首份"一带一路"专题社会责任报告。蒙内铁路项目在肯尼亚发布中国企业海外首份项目社会责任报告,获得联合国环境规划署等国际机构好评。多次获得"中国社会责任海外履责奖""人民企业社会责任奖""海外履责典范企业奖"等荣誉。

凡是过往,皆为序章。下一步,中交集团将继续坚持以习近平新时代中国特色社会主义思想为指导,按照国企改革三年行动工作部署,坚持"三重两大两优四做"经营策略,对标世界一流企业,更加积极主动贯彻新理念、聚焦新目标、落实新部署、创造新业绩,不断推动企业高质量发展,为实现中华民族伟大复兴的中国梦贡献更大力量。